HAMMOND

ATLAS CARTOGRÁFICO TERRESTRE

HAMMOND

ATLAS
CARTOGRÁFICO
TERRESTRE

Índice

La Interpretación De Los Mapas

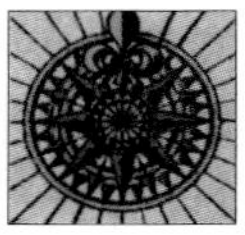

Estas páginas, pensadas para que puedan aprovecharse mejor los mapas, explican principios cartográficos tales como escala, proyección y simbología. Esta sección también incluye una breve explicación de la política de fronteras y nombres geográficos que se aplicaron en la elaboración del atlas.

Sección Temática

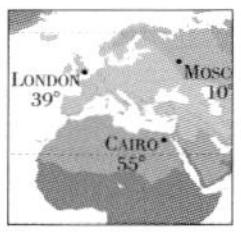

Esta sección describe aspectos clave de factores sociales, económicos y geográficos. De esta forma, desentraña las complejas relaciones entre las personas y su entorno. La cobertura incluye el Sistema Solar, terremotos, volcanes, vulcanismo, desastres naturales, cambio climático, migración humana, religiones, diversidad ligüística, recursos hídricos, combustibles fósiles, husos horarios y la evolución de la cartografía.

Sección Satelital

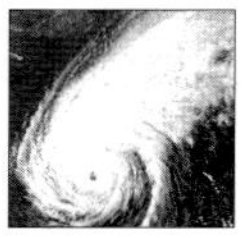

Esta sección informativa ofrece imágenes satelitales espectaculares de características geográficas importantes, acompañadas de información confiable que ilustra temas importantes, tales como el clima, cráteres de meteoritos, cuerpos de agua, desiertos, formaciones costeras, patrones de asentamiento, regiones polares y cordilleras.

Mapas Del Mundo

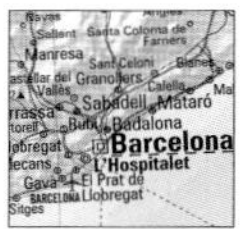

Esta colección de mapas regionales fue generada a partir de una base de datos informática estructurada por latitud y longitud. La topografía realista se logra combinando la información del mapa político con la información digital hipsométrica y batimétrica del relieve. Los mapas se encuentran distribuidos por continentes y cada sección se presenta con una asombrosa imagen satelital y un mapa político. En cada sección también se incluyen mapas continentales temáticos que permiten las comparaciones geográficas particulares. Más de 70 mapas incluidos destacan áreas metropolitanas y otras de especial interés. Los números que acompañan cada registro indican la escala del mapa (M=millón; K=mil).

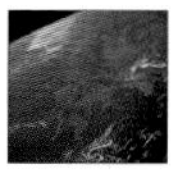

Europa y Norte de Asia

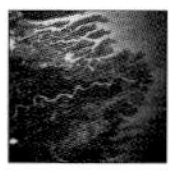

Asia

Australia

África

Norteamérica

Sudamérica

BANDERAS, ESTADÍSTICAS, ÍNDICE

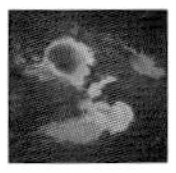

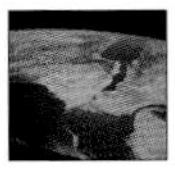

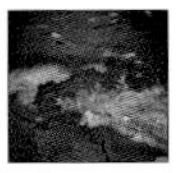

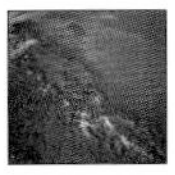

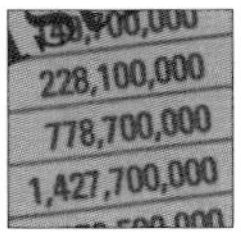

La sección sobre las Estadísticas mundiales incluye los planetas del Sistema Solar, las dimensiones de la Tierra, los océanos y mares principales, picos montañosos relevantes, lagos más grandes y las principales islas. La sección sobre los Países del mundo presenta la bandera nacional y los datos geográficos importantes sobre cada país independiente, como el área, la población, capital, ciudad más grande, punto más alto y unidad monetaria. Los Husos horarios del mundo generados por computadora reflejan los cambios más recientes en el huso horario mundial. Un índice maestro enumera 80,000 lugares y demás características que aparecen en este atlas, con sus números de página y referencias alfanuméricas fáciles de usar.

Atlas Cartográfico Terrestre

CONTENIDOS COMPLETOS
© COPYRIGHT 2008 POR
HAMMOND WORLD ATLAS CORPORATION
Todos los derechos reservados. Ninguna parte de este libro podrá reproducirse ni utilizarse de cualquier modo o por cualquier medio, electrónico o mecánico como fotocopiar o grabar, o por cualquier almacenamiento de información o sistema de recuperación, sin la autorización escrita del editor.
Impreso en Italia.

BIBLIOTECA DEL CONGRESO
NÚMERO DE CONTROL: 2008929767

AGRADECIMIENTO POR LAS FOTOGRAFÍAS (p.4-5):
NASA - National Aeronautics and Space Administration. Imágenes de la Tierra desde el espacio: Hurocán Floyd; Península de Peloponeso, Grecia; Pakistán - Delta del río Indus; Australia - Lago Eyre; Egipto - Península de Sinai; Estados Unidos - Gran Cañón; Argentina/Chile - montañas de los Andes.

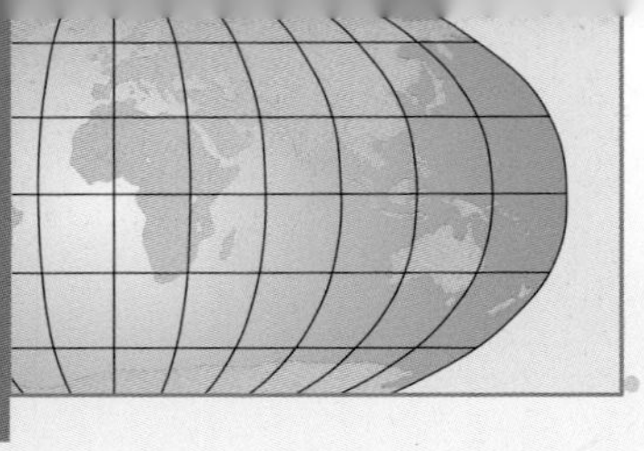

FIGURA 3
Proyección cónica
La idea original de una proyección cónica es cubrir el globo con un cono para luego proyectar sobre este último las líneas de latitud y longitud (paralelos y meridianos) desde el centro del planeta. Para elaborar un mapa de trabajo, simplemente se abre el cono y se deja en posición plana. La proyección cónica aquí empleada es una modificación de esta idea. Un cono puede ser tangente a cualquier paralelo estándar elegido. Una versión conocida de una proyección cónica, denominada Proyección Conforme Cónica de Lambert, emplea dos paralelos estándares cerca de la parte superior e inferior del mapa para reducir errores de escala

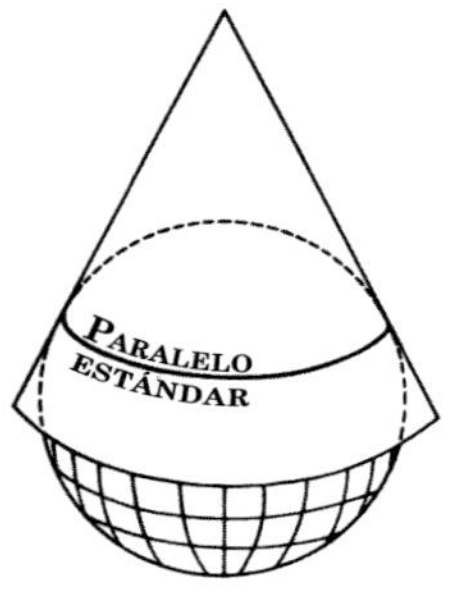

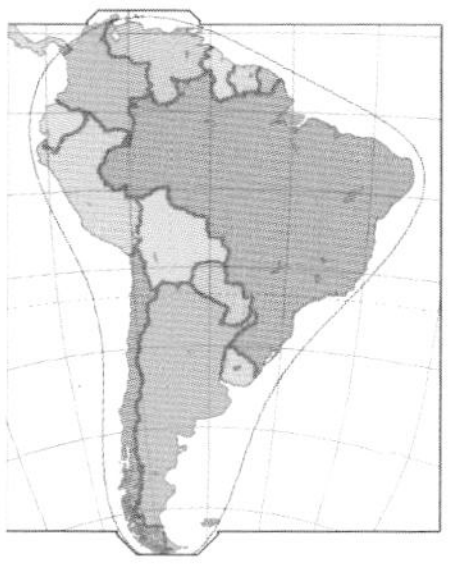

FIGURA 4
Proyección conforme óptima de Hammond
Como todos los mapas conformes, la proyección Óptima preserva exactamente los ángulos y minimiza la distorsión en las formas. Esta proyección tiene más éxito que las anteriores a la hora de expandir la curvatura en todo el mapa, lo que produce el mapa con la menor distorsión posible.

E n pocas palabras, el reto del cartógrafo es representar la superficie curva de la Tierra sobre un plano horizontal.

Para lograr este complejo objetivo, los cartógrafos implementaron las proyecciones cartográficas – ecuaciones que rigen esta conversión de datos geográficos.

Esta sección analiza algunas de las proyecciones más utilizadas y presenta una nueva, la proyección Conforme Óptima de Hammond.

PRINCIPIOS Y TÉRMINOS GENERALES

La Tierra gira alrededor de su eje una vez al día. Sus extremos son los polos Norte y Sur; la línea que rodea la Tierra entre los dos polos se denomina Ecuador. El arco desde el Ecuador hacia cada polo se divide en 90 grados de latitud. El Ecuador representa la latitud 0º. Los círculos de igual latitud, denominados paralelos, generalmente se muestran cada quinto o décimo grado.

El Ecuador se divide en 360 grados. Las líneas que rodean el planeta de un polo a otro a través de los grados del Ecuador se denominan meridianos o círculos máximos. Todos los meridianos tienen la misma longitud, pero por acuerdo internacional, se eligió el meridiano que atraviesa el Observatorio de Greenwich cerca de Londres como primer meridiano o longitud 0º. La distancia en grados desde el primer meridiano hasta cualquier punto en el este u oeste es su longitud.

Mientras que todos los meridianos tienen la misma longitud, los paralelos se acortan a medida que se aproximan a los polos. Mientras que un grado de latitud representa aproximadamente 69 millas (112 km) en cualquier lugar del mundo, un grado de longitud varía de 69 millas (112 km) en el Ecuador a cero en los polos. Cada grado de latitud y longitud se divide en 60 minutos. Cada minuto de latitud equivale a una milla náutica (1,15 millas terrestres o 1,85 km).

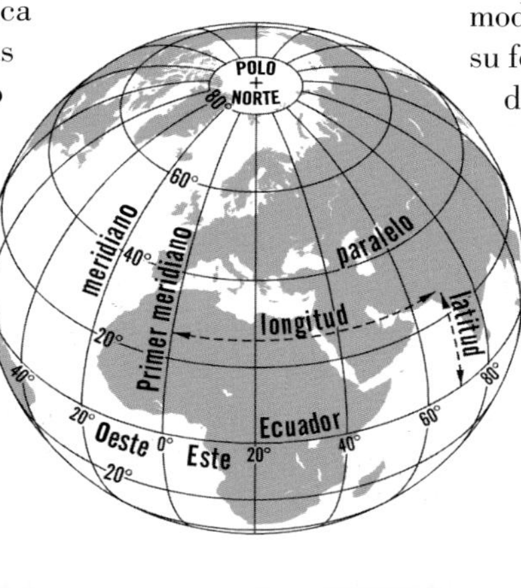

CÓMO APLANAR UNA ESFERA: EL ARTE DE CONTROLAR LA DISTORSIÓN

Existe sólo una manera de representar una esfera con absoluta precisión: en un globo. Todos los intentos de proyectar la superficie del planeta sobre un plano extienden o estiran la esfera de modo dispar a medida que se aplana, lo que inevitablemente distorsiona formas, distancias, áreas (los tamaños aparecen mayores o menores que el tamaño real), ángulos o dirección.

Como la representación de una esfera en un plano horizontal siempre crea distorsión, sólo los paralelos o meridianos (u otros conjuntos de líneas) pueden conservar la misma longitud que en un globo a la escala correspondiente.

Las demás líneas deben ser demasiado largas o demasiado cortas. En consecuencia, la escala de un planisferio no puede ser precisa en todos los lugares, ya que siempre habrá escalas diferentes en distintas partes de un mapa. En mapas mundiales o áreas muy extensas, las variaciones de la escala pueden ser extremas. La mayoría de los mapas trata de preservar la precisión de las relaciones del área (proyecciones equivalentes del área) o de los ángulos y las formas (proyecciones conformes); algunos intentan lograr un equilibrio total.

PROYECCIONES: EJEMPLOS SELECCIONADOS

Proyección de Mercator (Fig.1): esta proyección es particularmente útil porque todas las direcciones de la brújula aparecen como líneas rectas, lo que la convierte en una valiosa herramienta de navegación. Del mismo modo, cada pequeña región se ajusta a su forma en un globo – de ahí el nombre de proyección conforme. No obstante, como sus meridianos son líneas verticales espaciadas de modo uniforme que nunca convergen (a diferencia de lo que sucede en el globo), los paralelos horizontales se deben trazar a mayor distancia en latitudes más altas para conservar una relación correcta.

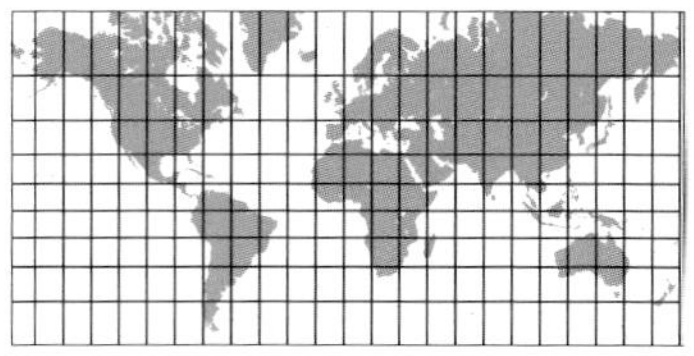

FIGURA 1 **Proyección de Mercator**

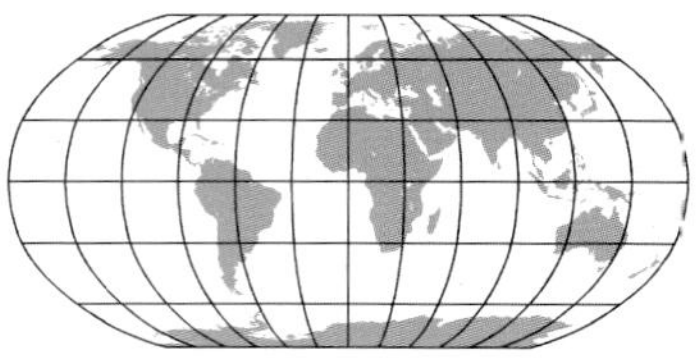

FIGURA 2 **Proyección de Robinson**

Sólo el Ecuador es preciso en la escala y el tamaño de las áreas en las latitudes más altas se distorsiona drásticamente.

Proyección de Robinson (Fig. 2): esta proyección fue utilizada en la elaboración de los mapas mundiales políticos y físicos de las páginas 64-67. En ella se combinan elementos tanto de las proyecciones conformes como de las equivalentes del área para mostrar toda la Tierra con formas relativamente precisas y áreas razonablemente equivalentes.

Proyección cónica (Fig. 3): frecuentemente utilizada en cartas de navegación aérea y para elaborar la mayoría de los mapas nacionales y regionales de este atlas. (Véase texto en margen izquierdo).

PROYECCIÓN CONFORME ÓPTIMA DE HAMMOND

Como lo indica su nombre, esta nueva proyección conforme (Fig. 4) presenta la visión óptima de una región al reducir los cambios en la escala al mínimo grado posible sobre toda una región. Mientras que los mapas conformes preservan por lo general todas las pequeñas formas, las grandes pueden distorsionarse bastante debido a escalas cambiantes, lo que ocasiona una importante imprecisión en las medidas de distancia. El concepto que subyace en la proyección Conforme Óptima es que, para cada región del planeta, existe una proyección ideal donde se puede realizar una variación en la escala lo más pequeña posible. En consecuencia, y a diferencia de las otras, la proyección Conforme Óptima no emplea una fórmula estándar para construir un mapa, sino que cada mapa es una proyección única – la proyección óptima correspondiente a esa área en particular.

Después de que el cartógrafo define el área en cuestión, un sofisticado programa de computación evalúa el tamaño y la forma de la región y proyecta el mapa conforme con la menor distorsión posible.

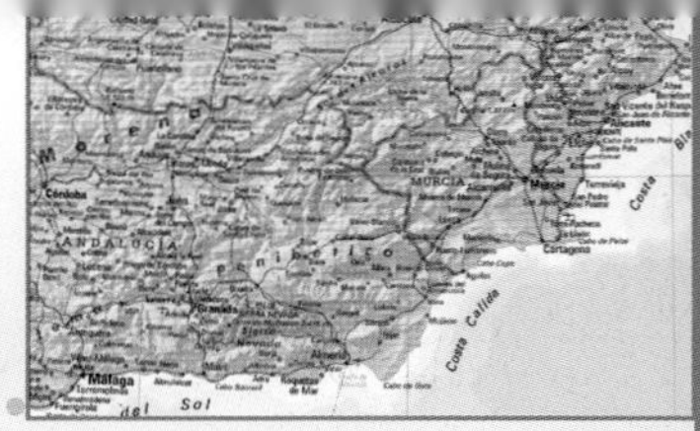

SÍMBOLOS UTILIZADOS EN LOS MAPAS DEL MUNDO

Frontera de primer orden (nacional)

Frontera terrestre demarcada
Frontera acuática demarcada
Frontera en disputa
Frontera por armisticio
Frontera de hecho
Indefinida

Frontera de segundo orden (interna)

Frontera de distrito terrestre - administrativa
Frontera acuática

Frontera de tercer orden (interna)

Frontera de distrito terrestre - administrativa
Frontera acuática

Ciudades y pueblos

Stockholm   Capitales primarias (nacionales)
Salt Lake City   Capitales secundarias (internas)
Manchester   Capitales terciarias (internas)
Pueblos
□   Distrito de la ciudad o barrio
Límites de ciudad o área urbana

Transporte

✈ Aeropuerto internacional
✈ Aeropuerto
Autopistas / Carreteras
Vías ferroviarias
Rutas de transbordadores
Túneles (carreteras / vías ferroviarias)

Formaciones de drenaje

Línea costera, río
Río intermitente
Canal
Lago, embalse
Lago intermitente
Lago seco
Salina
Pantano, marisma

Otros elementos físicos

▲ Elevación
⊃⊂ Paso
• Cataratas
✳ Rápidos
Área arenosa o desértica
Flujo de lava
Glaciar o barrera de hielo

Elementos culturales

∴ Yacimientos arqueológicos, ruinas
• Represa
♠ Parque
✕ Área de animales salvajes
■ Área de interés
⌣ Pozo
⊗ Base aérea
⊗ Base naval
Línea internacional de cambio de fecha

Muros antiguos
Reservas nativas, reservas
Reserva militar o gubernamental
Parque estatal o área de recreación
Parque nacional, bosque o área de recreación o vida salvaje

Índicador de altitud

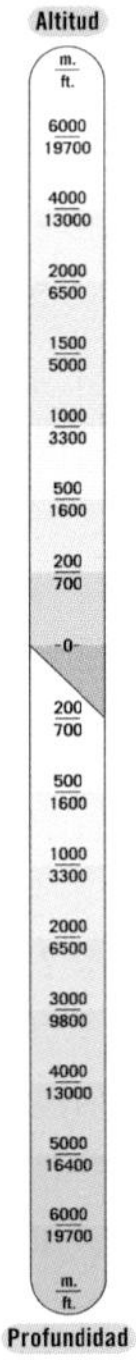

Altitud
m. ft.
6000 / 19700
4000 / 13000
2000 / 6500
1500 / 5000
1000 / 3300
500 / 1600
200 / 700
-0-
200 / 700
500 / 1600
1000 / 3300
2000 / 6500
3000 / 9800
4000 / 13000
5000 / 16400
6000 / 19700
m. ft.
Profundidad

Los matices de color de esta barra representan la altitud de la tierra y la profundidad de los océanos. Los cambios de color se indican en metros y pies. El sombreado selectivo de ciertas áreas terrestres indica las regiones que tienen una variación significativa de relieve. Este índice se encuentra junto a cada mapa.

ABREVIATURAS USADAS EN LOS MAPAS

Abor. Rsv.	Reserva aborigen	Fk.	Bifurcación		nacional	Pk.	Pico
Admin.	Administración	For.	Bosque	NHS	Sitio histórico	Plat.	Meseta
AFB	Base de las Fuerzas Aéreas	Ft.	Fuerte		nacional	PN	Parque nacional
		G.	Golfo	NL	Costa nacional	Prom.	Promontorio
Amm. Dep.	Depósito de municiones	Govt.	Gobierno		del lago	Prsv.	Área protegida
		Gd.	Gran	NM	Monumento	Pt.	Punto
Arch.	Archipiélago	Gt.	Gran		nacional	R.	Rio
Aut.	Autónomo	Har.	Puerto	NMEM	Área conmemorativa nacional	Rec.	Recreación
B.	Bahía	Hist.	Histórico/a			Ref.	Refugio
Bfld.	Campo de batalla	Hts.	Altitud	NMILP	Parque Nacional Militar	Reg.	Región
		I., Is.	Islas			Rep.	República
Bk.	Arroyo o quebrada	Ind. Res.	Reserva india	No.	Norte	Res.	Embalse, reserva
		IR	internacional	NP	Parque Nacional	Sa.	Sierra
Br.	Brazo	Int'l	internacional	NPP	Parque nacional y reserva	Sd.	Sonda
C.	Cabo	Isth.	Itsmo			So.	Sur
Can.	Canal	Jct.	Empalme	NPRSV	Zona protegida nacional	SP	Parque estatal
Cap.	Capital	L.	Lago			Spr., Sprgs.	Manantial Manantiales
C.G.	Guarda costera	Lag.	Laguna	NRA	Área de recreación nacional	St.	Estado
Chan.	Canal natural	Mem.	Área establecida en memoria	NRIV	Río nacional	Sta.	Estación
Co.	Condado					Stm.	Arroyo
Consv.	Conservación	Mil.	Militar	NRSV	Reserva nacional	Str.	Estrecho
Cord.	Cordillera	Mon.	Monumento			Terr.	Territorio
Cr.	Riachuelo	Mt.	Monte	NS	Línea costera nacional	Tun.	Túnel
Ctr.	Centro	Mtn.	Montaña			Twp.	Municipio
Dep.	Depósito	Mts.	Montañas	NWR	Refugio nacional de vida salvaje	UNDOF	Fuerza de las Naciones Unidas de Observación de la Separación
Depr.	Depresión	Nat.	Natural				
Des.	Desierto	Nat'l	Nacional				
Dist.	Distrito	Nav.	Naval	Obl.	oblast (región)		
DMZ	Zona desmilitarizada	NB	Campo de batalla nacional	Occ.	Ocupado		
				Okr.	Okrug	Val.	Valle
Est.	Estuario			Passg.	Paso	Vill.	Villa
Fed.	Federal	NHP	Parque histórico	Pen.	Península		

E l Atlas Mundial Abreviado ha sido diseñado para ser ameno y fácil de usar. Lleva muy poco tiempo familiarizarse con su diagramación.

SÍMBOLOS, COLORES Y DENOMINACIONES DE LOS MAPAS

El cartógrafo selecciona los elementos naturales y culturales que considera más valiosos para el usuario del mapa. Para la legibilidad de los mapas, es necesario que elementos pequeños se representen con símbolos que, si tenemos en cuenta el tamaño de la escala, son más grandes de lo real. Debido a que estos símbolos más grandes implican una pérdida de espacio en el mapa, es necesario omitir elementos menos importantes en áreas muy saturadas.

La mayoría de los elementos en los mapas se representan por medio de símbolos convencionales, líneas y patrones impresos en colores adecuados. El cuadro que está a la izquierda muestra los símbolos que se utilizan en este atlas. Los elementos acuáticos se indican con azul. Los elementos lineales se representan por medio de líneas de diversos anchos, estilos y colores. Los elementos individuales se representan por medio de un símbolo genérico o una figura.

Se agregarán notas para explicar los elementos que no puedan mostrarse con claridad.

ESCALAS

La escala de un mapa es la relación entre la distancia en el mapa y la misma distancia en la superficie terrestre. Una escala de 1:3 M significa que 1 pulgada (2,54 centímetros) en el mapa representa 3.000.000 de pulgadas (47 millas o 76 km.) de la superficie terrestre. En consecuencia, una escala 1:1M es mayor que una de 1:3M, de la misma forma que 1/1 es mayor que 1/3.

Las áreas más densamente pobladas se muestran a una escala de 1:1M, mientras que las áreas metropolitanas se muestran a 1:500.000 o 1:1M. Otras zonas muy pobladas se representan a una escala de 1:3M y 1:6M, lo que permite comparar con precisión áreas y distancias de regiones similares. El resto de las regiones, incluso los mapas continentales, se representan con una escala de 1:9M o menor.

POLÍTICAS DE FRONTERAS

Este atlas se rige por las políticas de fronteras del Departamento de Estado de Estados Unidos. Las fronteras en disputa, por armisticio o de hecho se indican con un símbolo especial.

Las fronteras de las naciones independientes son las reconocidas por la Organización de las Naciones Unidas o el gobierno de Estados Unidos.

Tipos de letra en los mapas

Los cartógrafos usan distintos tipos de letra para identificar distintos elementos en los mapas. A continuación se detallan los tipos de letra utilizados en este Atlas. .

Áreas políticas principales
LUXEMBURGO

Divisiones políticas internas
SAXONY-ANHALT

Regiones
Polabská Ni´zina

Ciudades y pueblos
Norfolk Sumter Smyrna

Barrios
BIGGIN HILL

Puntos de interés
MISSION SAN BUENAVENTURA

Cuerpos de agua
L. Elsinore

Cabos, puntos, picos y pasos
Pt. La Jolla Pacifico Mtn.

Islas, penínsulas
Isla del Cabo Breton

Montañas y áreas elevadas
Serra do Norte

Desiertos, llanuras y valles
San Fernando Valley

Comentario sobre los nombres

Nuestra fuente para los nombres geográficos es la lista aprobada por el Comité Estadounidense de Nombres Geográficos o los nombres y publicaciones oficiales de los gobiernos extranjeros. Este atlas también utiliza nombres convencionalmente aceptados de ciertos lugares extranjeros de gran importancia. El Comité Estadounidense de Nombres Geográficos define un nombre convencionalmente aceptado como "un nombre cuyo uso esté aprobado, además del nombre local oficial o en reemplazo de este último".

Para que los mapas sean más comprensibles para los lectores de habla hispana, muchos accidentes geográficos en países extranjeros se tradujeron por medio de nombres más cercanos al idioma español. La nomenclatura de ciudades, pueblos, villas y nombres de Estados Unidos se presenta conforme a las formas y ortografía del Servicio Postal de Estados Unidos.

El sistema solar

Nuestra estrella solar y los planetas que la orbitan

El Sol es sólo una estrella entre las miles de millones existentes en nuestra galaxia, la Vía Láctea. El sistema solar incluye nueve planetas (y sus lunas identificadas): Mercurio, Venus, la Tierra (una luna), Marte (2), Júpiter (48), Saturno (35), Urano (27), Neptuno (9) y el recientemente "descendido" Plutón (3) (véase explicación al final de la página 9), además de otros objetos más pequeños, como cometas, meteoritos y asteroides. Muchos de estos últimos son inferiores a los 100 km de diámetro, y casi todas sus trayectorias pasan entre Marte y Júpiter. A diferencia de las estrellas, los planetas, sus lunas y los pequeños cuerpos celestes no emiten luz y los vemos sólo porque el Sol los ilumina.

Vistos con un telescopio, los planetas parecen discos de diferentes tamaños. Las imágenes transmitidas desde naves espaciales brindan información sobre las características de su superficie. Los planetas se mueven a lo largo de órbitas elípticas sobre planos que apenas se desvían de la órbita de la Tierra. Los observadores antiguos y medievales, confundidos por los aparentes cambios de dirección, no pudieron explicar el movimiento de los planetas, según lo observado desde la Tierra.

Datos claves: el Sol	
Diámetro:	1,392,000 km
Masa:	333,000 x masa terrestre
Densidad media:	1.409 g/ccm
Distancia desde la Tierra:	149.6 mill. km
Tiempo del viaje de luz Sol – Tierra	8 min 20 s

Datos claves: la Luna	
Distancia Tierra - Luna:	384,403 km
Masa:	0.0123 x masa terrestre
Densidad media:	3.34 g/ccm
Temperatura diurna:	214°F
Temperatura nocturna:	−240 °F

Planetas	Masa (x masa terrestre)	Densidad (g/ccm)
Mercurio	0.055	5.43
Venus	0.815	5.24
Tierra	1.000	5.52
Marta	0.107	3.93
Júpiter	318.0	1.33
Saturno	95.1	0.70
Urano	14.4	1.30
Neptuno	17.2	1.76
Plutón	0.002	1.7

Tamaños y distancias

Debido a su composición de metales y rocas (planetas rocosos), Mercurio, Venus, la Tierra y Marte, los planetas interiores y "parecidos a la Tierra", son relativamente densos. Los exteriores, planetas Jovianos – Júpiter, Saturno, Urano, Neptuno – y Plutón, el planeta enano, están principalmente compuestos de gases (hidrógeno, helio y metano, entre otros) y agua congelada. El cinturón de asteroides se ubica entre los planetas interiores y exteriores. La distribución de la luz y materia pesada ocurrió durante la primera etapa del sistema solar, a medida que los materiales más ligeros se condensaron en las regiones externas del sistema. Salvo por Plutón, los otros planetas (conocidos como planetas gigantes) son considerablemente más grandes que la Tierra. El diámetro de Júpiter es once veces mayor que el de la Tierra y el de Saturno casi diez veces más. El diámetro del Sol es diez veces mayor que el de Júpiter. Una comparación de las masas de los objetos en el sistema solar revela incluso diferencias más marcadas. Si se juntan, las masas de todos los planetas (incluido Plutón) equivalen sólo al 13% de la masa solar, y Júpiter solo representa el 70% del total. Las distancias y los tamaños relativos pueden explicarse con el siguiente ejemplo: la distancia entre el Sol y Plutón es de 5,9 miles de millones de kilómetros. Si el diámetro del Sol fuera de un metro, Plutón mediría dos milímetros de ancho, y la distancia entre los dos sería de cuatro kilómetros.

Nacidos de una nube de polvo

Hace unos cinco mil millones de años, una nube de polvo interestelar se comenzó a condensar, como resultado quizás de la cercanía de una supernova. A medida que las fuerzas gravitacionales aumentaban, el centro de la nube aumentó su densidad, mientras que la concentración de masa en el medio aceleraba la rotación del sistema. Gradualmente se formó un disco plano del que luego emergieron los planetas. Las temperaturas en el centro del disco rondaban los dieciocho millones de grados F, lo que generó la fusión nuclear de los átomos de hidrógeno. El Sol comenzó a irradiar. En el centro, 655 millones de toneladas de hidrógeno se transformaban en 650 millones de toneladas de helio cada segundo, mientras que cinco millones de toneladas de materia se transformaban en energía. Dentro de cinco mil millones de años, cuando su energía nuclear se haya consumido, el Sol entrará en su fase final, donde primero se transformará en un gigante rojo y luego en un enano blanco.

La fuente fiable de calor de la Tierra

El Sol produce temperaturas de hasta 27 millones de grados F en su centro. La presión en ese punto es 200 mil millones de veces la registrada en la superficie terrestre. La superficie solar visible es la fotosfera, con aproximadamente 400 km de espesor y una temperatura media de 9.900 grados F. Las manchas solares se forman donde las líneas del campo magnético atraviesan la superficie. Los gránulos (burbujas gigantes), con un diámetro aproximado de 1.500 km, se forman en la superficie superior de la fotosfera y burbujean hacia arriba. Las llamas de gas (prominencias) se disparan desde la capa exterior (cromosfera) y alcanzan alturas de hasta decenas de miles de kilómetros. La atmósfera exterior del Sol (corona) tiene una densidad muy baja y temperaturas aproximadas de 1,8 millones de grados F. Se extiende más allá de la fotosfera con alturas equivalentes a varias veces el radio del Sol.

Planetas interiores

Mercurio, el segundo planeta más pequeño luego de Plutón, es el más cercano al Sol. Posiblemente, los humanos no podrían sobrevivir en temperaturas superficiales de 780° F durante el día y 325° F por la noche. La atmósfera (helio, argón) sobre el paisaje similar a la Luna y con cráteres, es extremadamente delgada.

No es posible ver la superficie de Venus desde la Tierra. Espesas nubes de dióxido de carbono (96%), nitrógeno (3%) y trazas de vapor de agua y otros gases reflejan el 65% de los rayos solares, lo que convierte a Venus en el tercer objeto más brillante del cielo, luego del Sol y la Luna.

El efecto invernadero ocasionado por su manto de gases eleva las temperaturas superficiales de los cráteres y campos de lava (80%) del planeta a temperaturas en el rango de los 850° F. No existe agua líquida, ni ríos ni océanos, sólo unas cuantas dunas.

La distancia entre la Tierra y el Sol es favorable para la vida que conocemos y las temperaturas no son ni muy altas ni muy bajas.

Durante mucho tiempo la gente supuso que podía existir alguna forma de vida en Marte – vida inteligente o al menos primitiva. Se comprobó que el patrón de líneas en la superficie del planeta que parecía una red de canales de irrigación era una ilusión óptica, aunque la existencia de valles marcados por meandros sí sugiere que los ríos deben haber fluido por ellos en algún tiempo. Los paisajes de cráteres fríos del "Planeta Rojo" (con mínimos invernales de -225° F en las capas polares) están marcados por desiertos rocosos. El volcán en escudo más grande de Marte mide 700 km de ancho y 25 km de alto y se presume que su antigüedad es de varios cientos de millones de años.

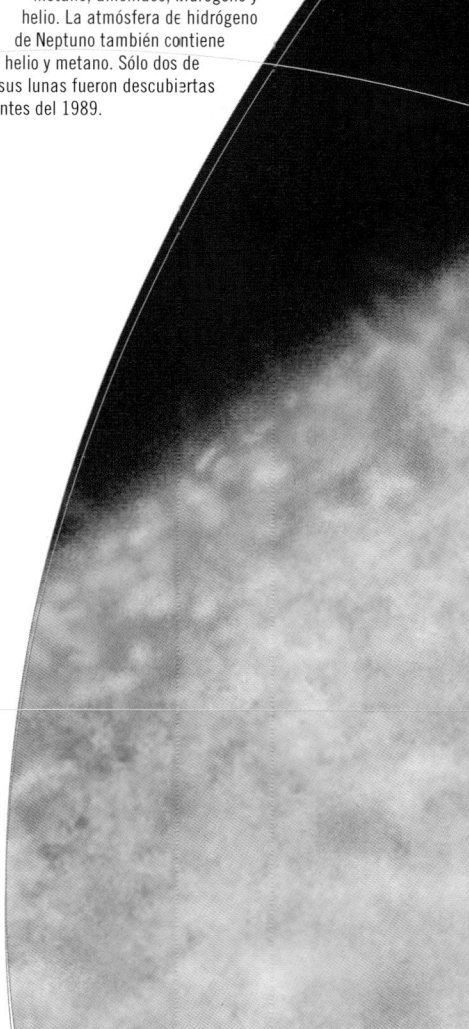

El más pequeño del grupo

Plutón, planeta de nuestro sistema solar, fue descubierto en 1930. La baja temperatura de su superficie (-440° F) no puede tolerar una atmósfera gaseosa y presumiblemente los gases existentes se congelaron hace mucho tiempo.

Peso medio 1

Poco se sabe sobre la estructura interna de Neptuno. Su densidad de 1,76 g/ccm sugiere que tiene un núcleo rocoso, probablemente rodeado de un manto de agua congelada, metano, amoníaco, hidrógeno y helio. La atmósfera de hidrógeno de Neptuno también contiene helio y metano. Sólo dos de sus lunas fueron descubiertas antes del 1989.

Relaciones predecibles

Los planetas se desplazan en órbitas elípticas sobre planos que, a diferencia de las órbitas de los cometas, se "inclinan" apenas fuera del plano orbital de la Tierra. Los planetas interiores, Mercurio, Venus, la Tierra y Marte están más cerca del Sol y reciben mayor radiación solar cálida que los planetas exteriores distantes, mucho más fríos, en consecuencia.

Peso medio 2

Visto con el telescopio, Urano parece un disco azul verdoso sin características superficiales visibles. En 1986 el Voyager 2 suministró una imagen más detallada que reveló estructuras de nubes, la presencia de un campo magnético y diez lunas que no se habían descubierto previamente. La mayor densidad del planeta evidencia una composición de metales más pesados que los de Saturno. La atmósfera de este planeta está compuesta principalmente de hidrógeno y helio.

El sistema solar

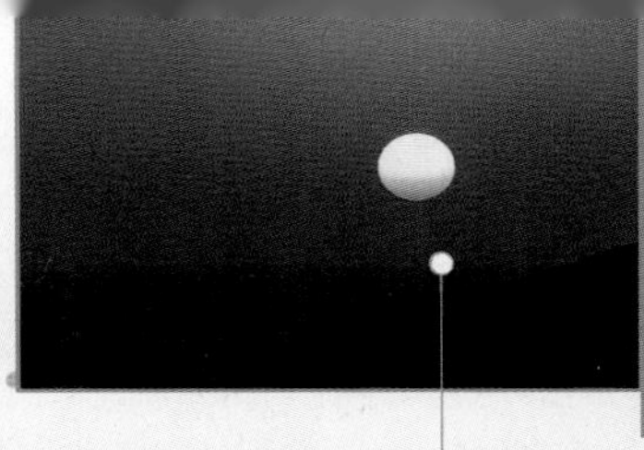

Nuestra Luna

Cuando el 21 de julio de 1969 los astronautas Armstrong y Aldrin dieron los primeros pasos sobre la Luna, cumplieron un sueño humano anhelado desde siempre. Desde entonces, se ha planificado enviar una misión tripulada a Marte. Si bien esa meta no se cumplió todavía, varias naves espaciales sin tripulación exploraron las profundidades del espacio y llegaron a lugares tan lejanos como Neptuno.

El planeta azul

La vista desde la ventanilla de una nave espacial muestra lo perdido en el espacio que está nuestro planeta, que en comparación con los planetas gigantes, parece infinitamente pequeño. Si la humanidad ha de sobrevivir, debemos administrar los recursos prudentemente.

Visto desde el espacio exterior, nuestro planeta aparece predominantemente de color azul.

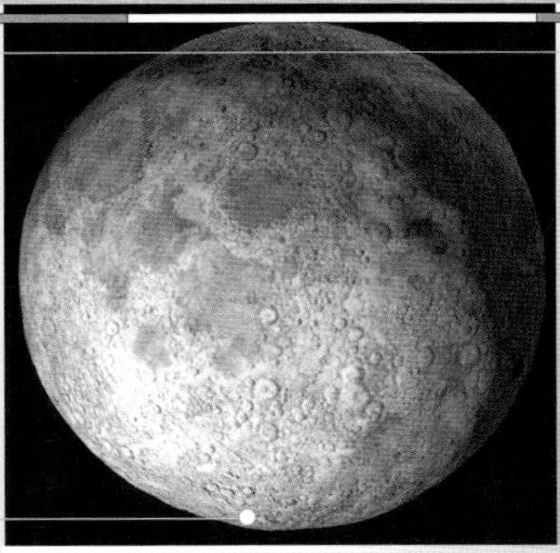

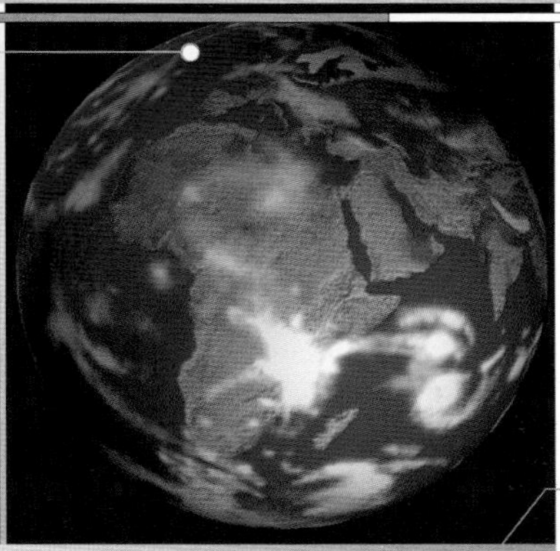

Una deslumbrante bola de fuego

Sólo cuando el Sol se ubica justo por encima del horizonte se puede mirar sin necesidad de protegerse los ojos. Desde esta posición, la luz solar viaja más lejos en la atmósfera y los rayos azules cargados de energía son en gran parte filtrados. Mirar directamente al Sol al mediodía y sin protección provoca un daño irreparable a la retina.

Gemelos gigantes

Los anillos de Saturno y varias lunas de Júpiter son claramente visibles incluso con un telescopio pequeño. Estos planetas gigantes son tan grandes que, en comparación, la Tierra parece diminuta. Al igual que otros planetas gigantes, Júpiter también cuenta con un sistema de anillos, aunque no tan prominente como el de Saturno. Ambos planetas tienen muchas lunas y están rodeados por grupos de nubes. Sus atmósferas se componen de hidrógeno, helio y diminutas mezclas de metano y amoníaco. Hacia el interior, estos gases experimentan transiciones de estado gaseoso a líquido (en la superficie planetaria) y a sólido (en sus núcleos). Los dos gigantes poseen fuertes campos magnéticos.

Io, el planeta más recóndito de Júpiter, adquirió fama por las imágenes enviadas a la Tierra por el Voyager, que nos dieron la primera oportunidad de observar la actividad volcánica extraterrestre. Fuentes de lava arrojadas a velocidades de hasta 1.000 m/s se desplazaban a 300 m por encima de las áreas circundantes cubiertas de lava multicolor y dióxido de azufre congelado.

No es fácil ser Plutón

Si bien originariamente se lo consideró un planeta oficial, en agosto de 2006, la Unión Astronómica Internacional (UAI) descendió el estatus de Plutón y le otorgó categoría de planeta enano.

De acuerdo con las nuevas normas establecidas por la UAI, un planeta oficial debe cumplir con tres criterios: 1) debe orbitar el Sol, 2) ser lo suficientemente grande para que la gravedad lo transforme en una esfera y 3) debe haber quitado de su camino otros objetos en su área orbital.

Plutón no cumple con el tercer criterio dado que orbita entre muchos de los objetos helados del cinturón de Kuiper – una región destacada más allá de la órbita de Neptuno.

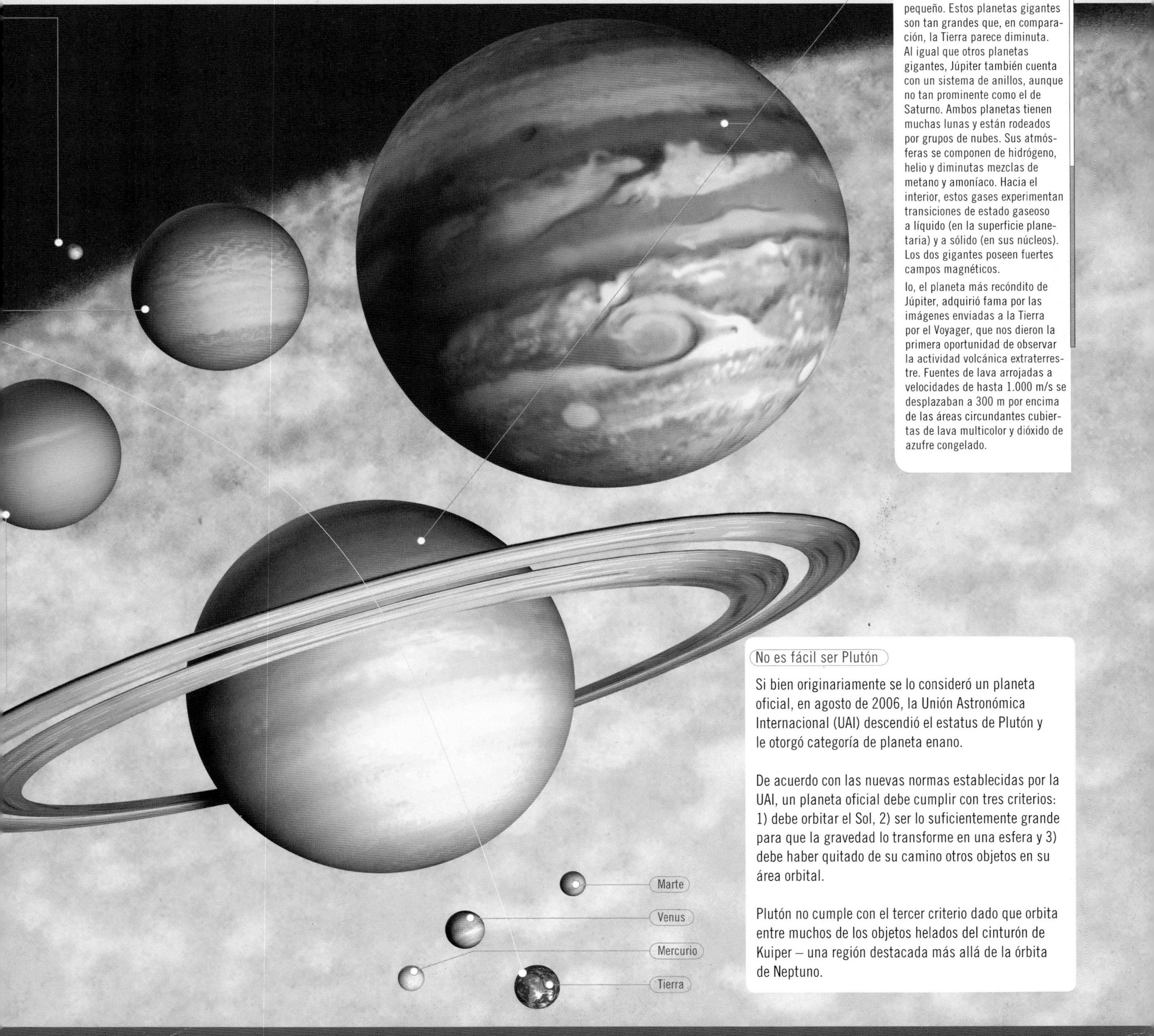

Marte

Venus

Mercurio

Tierra

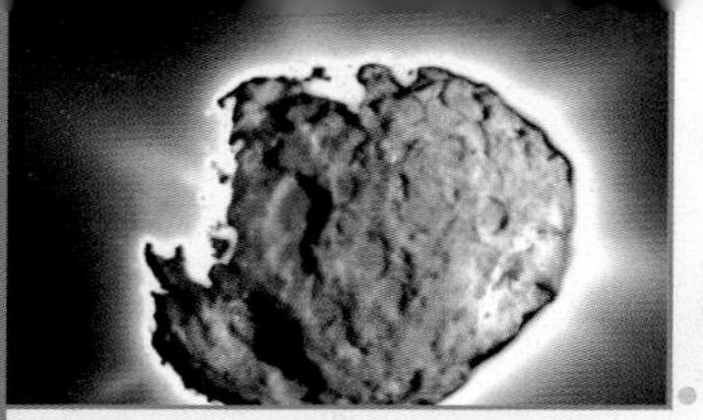

Cometas y asteroides

Polvo espacial, ciencia y superstición

Desde la antigüedad, los cometas y meteoritos - rayos de luz que generan los asteroides en curso de colisión con la Tierra – han inspirado respeto y miedo en culturas del mundo. Para nuestros antepasados, una espada de fuego llameante que atravesaba el cielo era un mensaje de dioses enojados y vengativos – un símbolo de muerte y destrucción inminente. La mitología babilónica describía fuego, azufre e inundaciones con la llegada de un cometa. Las profecías romanas hablaban de un "gran incendio que caía a la Tierra desde el cielo". Los extensos atlas chinos sobre cometas, que se remontan al menos al 240 d.C, informan de las misteriosas apariciones y trayectorias de cientos de "estrellas con cola larga de faisán" y las asocian con desastres naturales. En 1456, el Papa Calixto III llegó a excomulgar al cometa de Halley por considerarlo un instrumento del demonio, ya que coincidió con la invasión turca a los Balcanes.

Con la mirada en el cielo

Si bien muchos cometas son demasiado pequeños o pálidos para visualizarlos sin un telescopio, el brillo cósmico característico del cometa Halley o del cometa Hyakutake es fácil de ver a simple vista. En 1997, el cometa Hale-Boop, el más activo en más de 400 años, llegó a estar a 197 millones de kilómetros de la Tierra y cautivó a científicos y observadores casuales con una exhibición espectacular durante 500 días.

¿Cómo es posible que estos objetos interestelares iluminen el cielo vespertino a cientos de millones de kilómetros de distancia? Los cometas y asteroides contienen rocas, hielo, polvo y volúmenes de información sobre los inicios de nuestro sistema solar y el nacimiento de nuestro planeta.

Anatomía de una bola de nieve sucia

El centro o núcleo de un cometa es una bola sólida de hielo y gas entremezclada con pequeñas cantidades de polvo. Una oscura capa de polvo y roca cubre la mayor parte del hielo, por lo que algunas veces se denomina a los cometas "bolas de nieve sucias" o "bolas de lodo heladas". A medida que la órbita del cometa lo acerca al Sol, o al sistema solar interior, el hielo en la superficie de su núcleo se convierte en gas y genera la coma – una nube densa de agua, dióxido de carbono y otros gases presentes en el núcleo – que se agranda y despliega su luminiscencia a medida que el cometa se calienta. La radiación solar aleja las partículas de polvo de la coma, lo que crea una cola de polvo mientras que partículas eléctricamente cargadas y de rápido movimiento salen de la coma para formar una cola de iones. La cola de polvo, la parte de un cometa más visible a simple vista, puede alcanzar hasta 10 millones de kilómetros, y la de iones puede superar los 100 millones de kilómetros.

Los cometas pierden hielo y polvo en cada viaje alrededor del Sol y con el tiempo pueden volverse menos activos o inactivos. Si un cometa quema todo su núcleo de hielo, podría disiparse entre nubes de polvo o convertirse en una formación rocosa inactiva, como los asteroides.

Origen de los cometas – La nube de Oort y el cinturón de Kulper

El cometa de Halley no sólo es la "bola de nieve sucia" más famosa sino que también es el primer cometa definido como periódico - es visible a simple vista una vez cada 76 años, a medida que su órbita se aproxima al Sol. En su libro A Synopsis of the Astronomy of Comets [Sinopsis de la astronomía de los cometas], Edmund Halley (1656 - 1742) afirmó que los cometas de 1531, 1607 y 1682 fueron en realidad uno solo, y pronosticó su vuelta en 1758. Halley tuvo razón y es por eso que, en su honor, el cometa recibió su nombre.

Los cometas de período corto, como el de Halley, tardan menos de 200 años en orbitar el Sol y se mueven por una trayectoria cercana a las órbitas de otros planetas. La fuerza gravitacional de los planetas exteriores puede empujar objetos del cinturón de Kuiper – región más allá de Neptuno – hacia el Sol donde se convierten en cometas activos. Todos los años se descubren una docena o más de "nuevos" cometas, muchos de los cuales son cometas de período corto que orbitan el Sol en períodos entre 30 y 200 años.

Los cometas que tardan más de 200 años en orbitar el Sol se conocen como cometas de período largo y son menos comunes que sus pares de período corto. Los cometas de período largo se encuentran en la nube de Oort alrededor del borde exterior de nuestro sistema solar. Como los efectos físicos y gravitacionales del Sol son extremadamente débiles en la nube de Oort – ubicada 1.000 veces más lejos del Sol que Plutón – los miles de millones de cometas y demás cuerpos helados encontrados allí son fácilmente impulsados fuera de la órbita por fuerzas provenientes de estrellas pasajeras. Los cometas de período largo empujados fuera de su órbita en la nube de Oort se podrían ver de vez en cuando en el sistema solar interior, aunque no volverán a ser vistos jamás – un viaje alrededor del Sol puede tardar 30 millones de años.

Encuentros cercanos con asteroides y meteoritos

Denominados planetas menores en algunas ocasiones, los asteroides son rocas sobrantes de la formación del sistema solar hace 4.6 mil millones de años, significativamente más pequeños que los cometas – el asteroide más grande, Ceres, tiene un diámetro aproximado de 1.000. Si la masa total de todos los asteroides se reuniera en un solo objeto, los científicos presumen que ese objeto mediría menos de 1.500 km de ancho (menos de la mitad del diámetro de nuestra Luna).

Los asteroides orbitan el Sol en el cinturón de asteroides o cinturón principal ubicado entre Marte y Júpiter. Probablemente, esta área de nuestro sistema solar contenga millones de con tamaños que varían desde 1.000 km de diámetro a cuerpos inferiores a 1 km de ancho. Mientras los asteroides orbitan alrededor del Sol, la gravedad de Júpiter y los encuentros con Marte o asteroides cercanos pueden expulsarlos del cinturón principal hacia las órbitas de los planetas. Por ejemplo, algunos científicos creen que

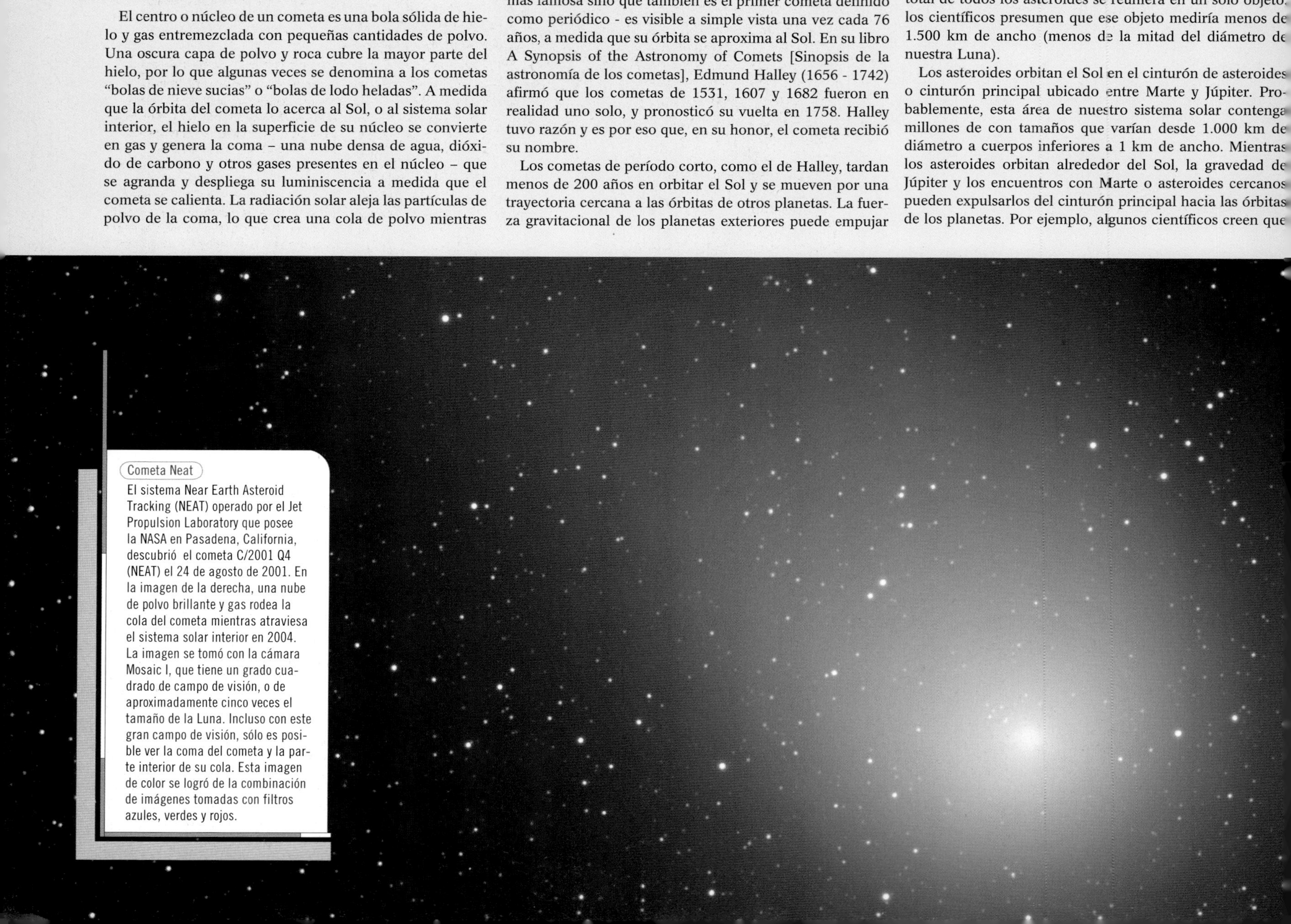

Cometa Neat

El sistema Near Earth Asteroid Tracking (NEAT) operado por el Jet Propulsion Laboratory que posee la NASA en Pasadena, California, descubrió el cometa C/2001 Q4 (NEAT) el 24 de agosto de 2001. En la imagen de la derecha, una nube de polvo brillante y gas rodea la cola del cometa mientras atraviesa el sistema solar interior en 2004. La imagen se tomó con la cámara Mosaic I, que tiene un grado cuadrado de campo de visión, o de aproximadamente cinco veces el tamaño de la Luna. Incluso con este gran campo de visión, sólo es posible ver la coma del cometa y la parte interior de su cola. Esta imagen de color se logró de la combinación de imágenes tomadas con filtros azules, verdes y rojos.

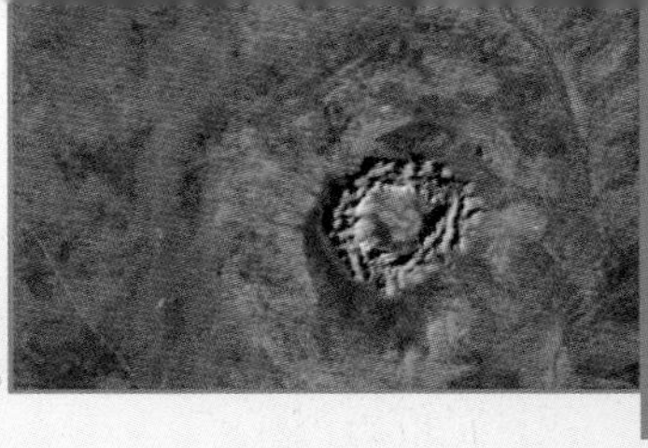

Cometas y asteroides

las lunas de Marte, Fobos y Deimos, podrían ser asteroides capturados. Los asteroides cercanos a la Tierra (AsCT) tienen órbitas que los acercan a unos 195 km del Sol; se cree que muchos de ellos son fragmentos del cinturón principal sacudidos por una combinación de colisiones de asteroides y la influencia gravitacional de Júpiter. Algunos asteroides cercanos a la Tierra podrían ser el núcleo de cometas de corto período muertos.

La clasificación científica de los asteroides se realiza teniendo en cuenta cómo reflejan o absorben la luz – objetos brillantes reflejan luz; objetos oscuros, absorben luz. Según este sistema, los asteroides se dividen en 3 grupos: tipo C, tipo S y tipo M. El setenta y cinco por ciento de los asteroides conocidos son de tipo C (carbonoso), una roca muy oscura con una composición similar al Sol. El diecisiete por ciento es de tipo S (silíceo), una roca relativamente brillante compuesta de hierro metálico mezclado con silicatos de hierro y de magnesio. Los otros asteroides, de tipo M (metálico), son relativamente brillantes con una composición de hierro metálico.

Gran parte del conocimiento que tenemos sobre los asteroides proviene del análisis de los restos espaciales que llegan a la Tierra. Un asteroide o fragmento de colisión de asteroides con una órbita que chocará con la de la Tierra se denomina meteoroide. A menudo conocido como estrella fugaz, "meteoro" es el término correspondiente al rayo de luz que se dispara en el cielo. Cuando el meteoroide llega a la Tierra, se denomina "meteorito".

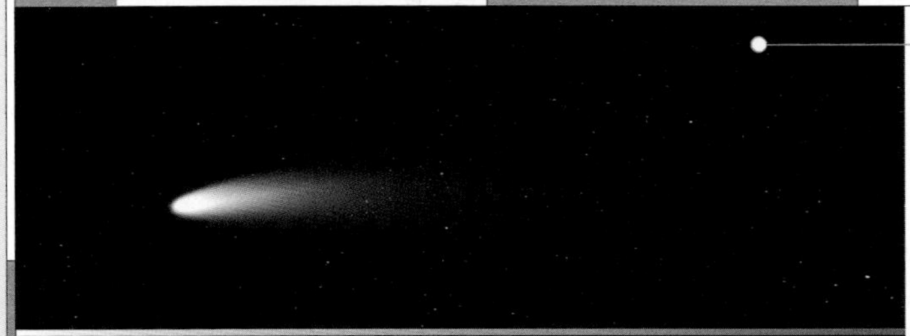

Descubrimiento del cometa Hale – Bopp

El 23 de julio de 1995, Alan Hale (Nuevo México) y Thomas Bopp (Arizona) descubrieron por su cuenta un cometa inusualmente brillante fuera de la órbita de Júpiter (¡7,15 AU!). El nuevo cometa, denominado C/1995 01, es el más lejano descubierto por aficionados y 1.000 veces más brillante que el cometa Halley a la misma distancia.

Por lo general, los cometas están inertes cuando se encuentran más allá de la órbita de Júpiter, por lo que se especuló que el cometa Hale – Bopp es bastante grande o bien que ha experimentado un estallido de brillo (o ambas opciones). El cometa es el más brillante desde el cometa West de 1976. Según imágenes del telescopio espacial Hubble, se determinó que su diámetro es de aproximadamente 40 km.

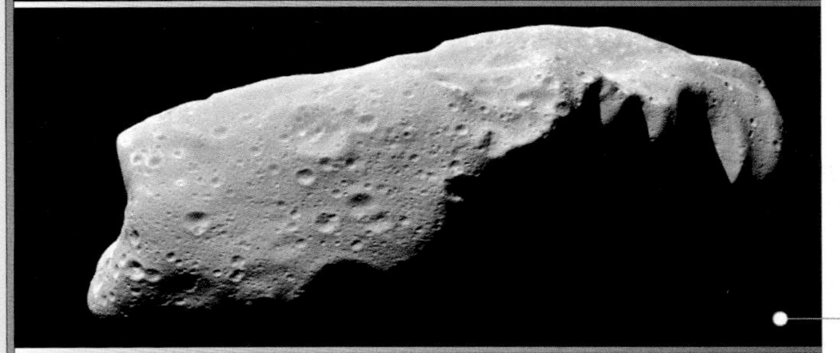

Asteroide Ida

Ida es el segundo asteroide encontrado por una nave espacial. Parece tener alrededor de 52 kilómetros (32 millas) de largo. Se trata de un asteroide con forma irregular perteneciente a la clase S (como meteoritos pedregosos o meteoritos de hierro pedregosos), según los científicos.

Este asteroide forma parte de la familia Koronis, presumiblemente fragmentos sobrantes de la destrucción de un asteroide anterior en una colisión catastrófica.

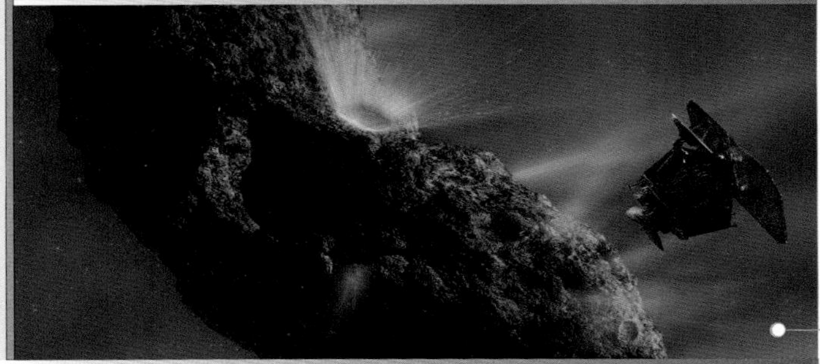

Concepto de impacto profundo del artista

Los cometas son cápsulas del tiempo portadoras de pistas sobre la formación y evolución del sistema solar. Su composición es de hielo, gas y polvo, restos primitivos de las regiones distantes y más frías del sistema solar formadas 4.5 mil millones de años atrás. Impacto Profundo, una misión de descubrimiento de la NASA, es la primera misión espacial en investigar bajo la superficie de un cometa y revelar los secretos de su interior. beneath the surface of a comet and reveal the secrets of its interior.

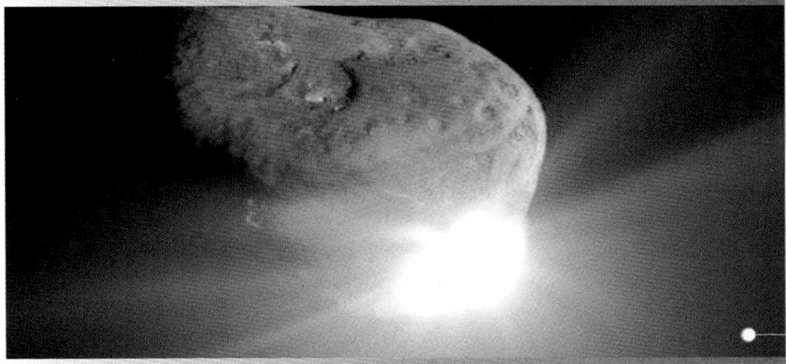

Misión Impacto Profundo, cumplida

El 4 de julio de 2005, la nave espacial Impacto Profundo llegó al cometa Tempel 1 para impactarlo con una masa de 370 kg (820-lbs), y creó un cráter con un diámetro de unos 800 pies. La misión Impacto Profundo arrojó resultados inesperados sobre la estructura y composición de los cometas.

Los científicos de la misión encontraron la primera evidencia definitiva de hielo en la superficie de un cometa. Los análisis del penacho de eyección indicaron que los cometas contienen una cantidad sustancial de material orgánico y por lo tanto podrían haberlo traído a la Tierra a principios de la historia del planeta.

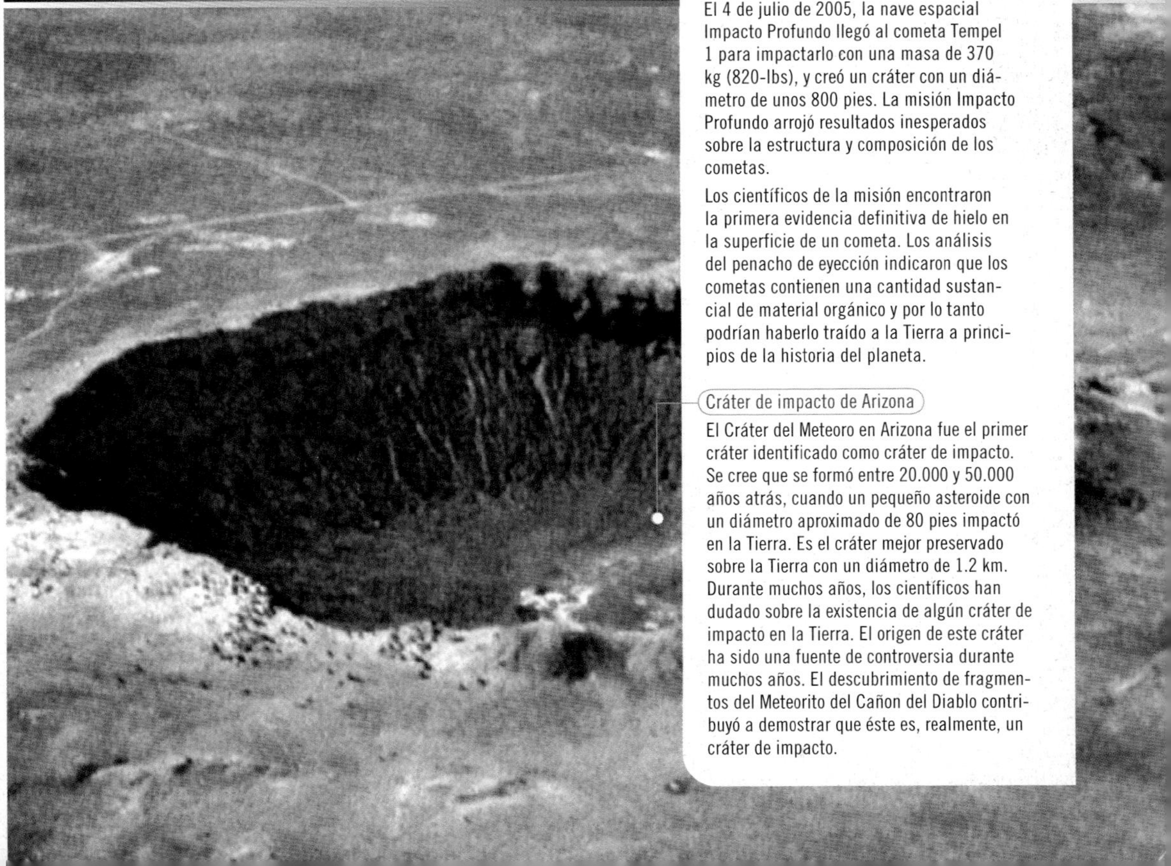

Cráter de impacto de Arizona

El Cráter del Meteoro en Arizona fue el primer cráter identificado como cráter de impacto. Se cree que se formó entre 20.000 y 50.000 años atrás, cuando un pequeño asteroide con un diámetro aproximado de 80 pies impactó en la Tierra. Es el cráter mejor preservado sobre la Tierra con un diámetro de 1.2 km. Durante muchos años, los científicos han dudado sobre la existencia de algún cráter de impacto en la Tierra. El origen de este cráter ha sido una fuente de controversia durante muchos años. El descubrimiento de fragmentos del Meteorito del Cañón del Diablo contribuyó a demostrar que éste es, realmente, un cráter de impacto.

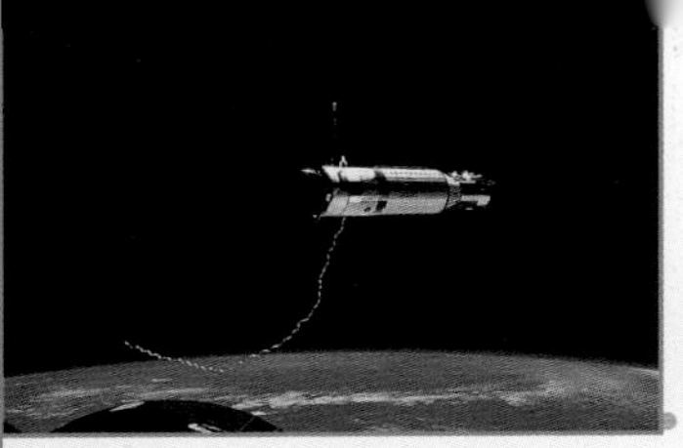

Planeta Tierra

¡...y realmente se mueve!

Si pudiésemos ver desde una gran distancia el suelo aparentemente firme y quieto que pisamos, veríamos que no está tan quieto como parece. Nuestro planeta es un cuerpo celeste dinámico que rota en su propio eje y gira alrededor del sol. El mismísimo punto sobre el que estamos parados gira en una órbita complicada a través del espacio.

Danzando sobre un volcán

Un tipo muy distinto de movimiento ocurre con frecuencia de forma desapercibida, es el movimiento de un punto de la Tierra con relación a otro y ocurre tan lentamente que se necesitan instrumentos extraordinariamente precisos para probar que realmente ocurren. Sin embargo, una película en la que 10 millones de años se comprimieran en un segundo, ofrecería evidencia impactante sobre cuánto ha cambiado la Tierra desde la prehistoria, hasta llegar a ser el planeta que conocemos actualmente. Los términos clave que se utilizan para describir este proceso son "deriva continental" y "tectónica de placas". Los únicos efectos de estos procesos que percibimos directamente son en general catastróficos: los terremotos y los maremotos, seguidos con frecuencia de tsunamis inmensos. Estos fenómenos en general acompañan los movimientos de grandes placas ubicadas en las partes superiores de la corteza terrestre.

Tal como ocurre con nuestras percepciones de las posiciones y movimientos de objetos en el cielo, mucho de lo que experimentamos en la Tierra, como la alternancia del día y la noche y el cambio de estaciones, es consecuencia del movimiento de nuestro planeta. La alternancia del día y la noche parecería fácil de explicar. La tierra da una vuelta completa en su propio eje cada 24 horas y por eso cada lugar del planeta experimenta un amanecer y un atardecer.

¡Pero aún hay más! Hay regiones de la Tierra en las que el sol no sale durante meses y no se pone nuevamente durante meses. Esto ocurre en las zonas polares de los círculos ártico y antártico y estos períodos se conocen como noche polar y día polar.

La causa de ambos y del cambio de estaciones en el resto del planeta es que el eje rotatorio de la Tierra está inclinado 23,5° en relación con el plano de la órbita terrestre alrededor del sol. Dado que el ángulo del eje no cambia a medida que la Tierra gira alrededor del sol (su extremo norte siempre apunta hacia la Estrella del Norte) un hemisferio siempre está más cerca del sol: el hemisferio norte durante el verano boreal y el hemisferio sur durante el invierno boreal. Sólo durante los equinoccios de primavera y otoño, en los que el día y la noche tienen la misma duración, ambos hemisferios reciben la misma intensidad de radiación solar.

La luna: calendario y reloj

La Tierra tiene una compañera incondicional en su viaje alrededor del sol: la Luna. Los movimientos de la Tierra y la Luna son la base de nuestra forma de determinar el tiempo, el ritmo de nuestros relojes y el sistema de nuestro calendario. Las unidades de tiempo correspondientes son los días, los meses y los años, es decir, el intervalo entre una llegada del sol a su cenit y la próxima, el período entre dos lunas llenas y el tiempo que le lleva a la tierra dar una vuelta completa alrededor del sol. Es necesario realizar precisas mediciones astronómicas para medir la duración de estos períodos. Los astrónomos antiguos descubrieron que ni una vuelta de la Tierra alrededor del Sol ni de la Luna alrededor de la Tierra era igual a la cantidad de vueltas de la Tierra sobre su propio eje. Hay aproximadamente 365 días y 1/4 en un año y cerca de 29 días y 1/2 en un mes lunar. Por esa razón, es muy difícil diseñar un calendario preciso y

confiable. Se debe contar con sofisticados sistemas de corrección para mantener el calendario al día con los movimientos de los cuerpos celestes. Según el sistema que se use, se utiliza la adición de días o meses al calendario a intervalos regulares (por ejemplo, en los años bisiestos).

Manto superior
Manto inferior
Corteza contin
Corteza océani
Núcleo externo
Núcleo interno

Luz y sombras

Durante un eclipse solar, la Luna pasa entre la Tierra y el Sol, mientras que durante un eclipse lunar pasa por la sombra creada por la Tierra y se oscurece. Depende de sus posiciones, tanto la Luna como el Sol pueden oscurecerse de forma total o parcial. Se puede observar un eclipse solar total desde un lugar donde se refleje la sombra de la Luna. Durante un eclipse lunar total, la Luna está completamente cubierta bajo la sombra de la Tierra.

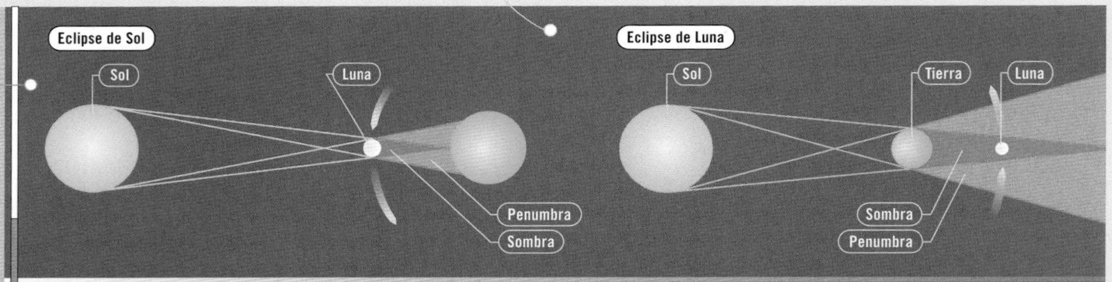

Eclipse de Sol
Sol | Luna
Penumbra
Sombra

Eclipse de Luna
Sol | Tierra | Luna
Sombra
Penumbra

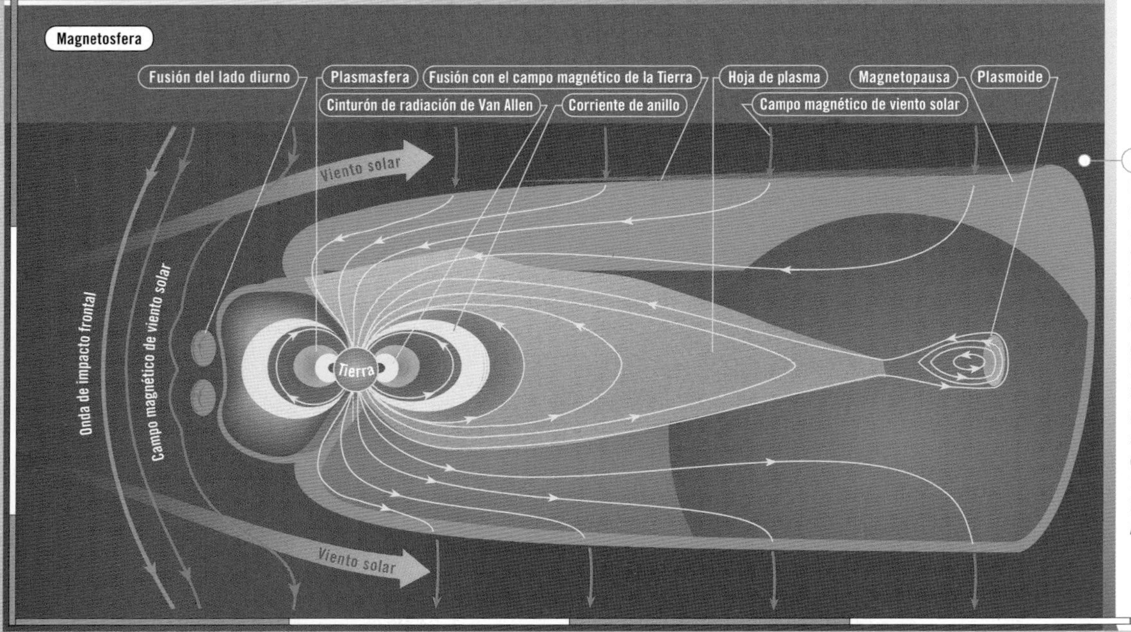

Magnetosfera

Fusión del lado diurno | Plasmasfera | Fusión con el campo magnético de la Tierra | Hoja de plasma | Magnetopausa | Plasmoide
Cinturón de radiación de Van Allen | Corriente de anillo | Campo magnético de viento solar

Viento solar
Onda de impacto frontal
Campo magnético de viento solar
Tierra
Viento solar

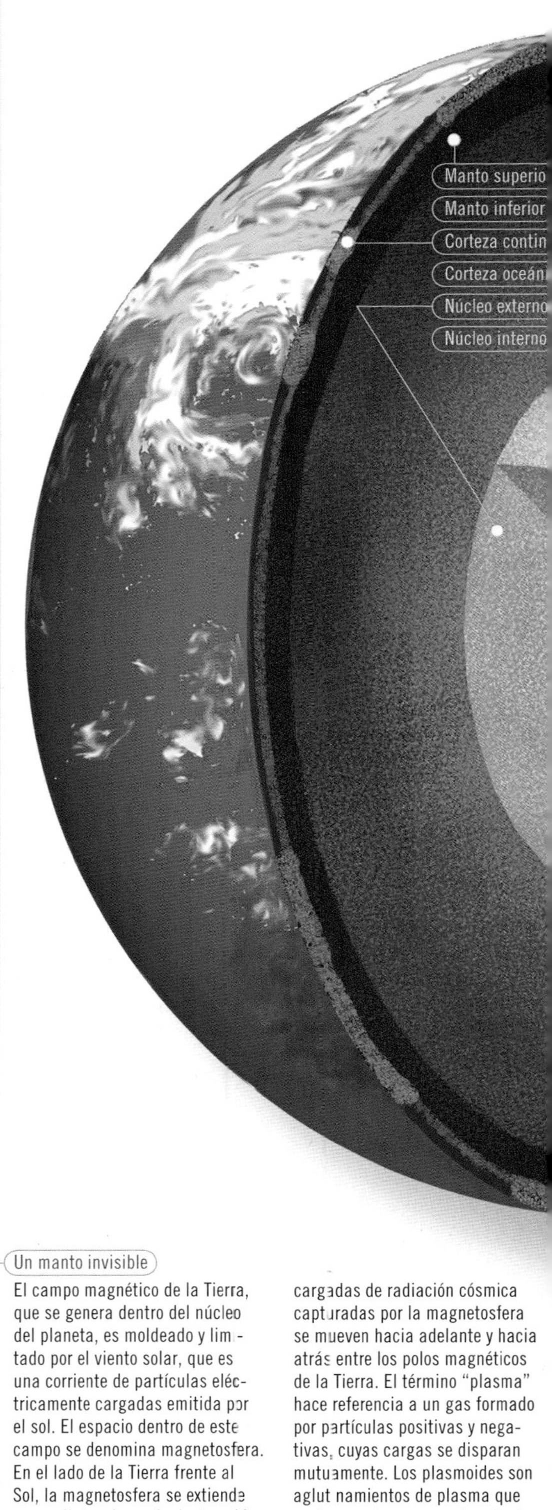

Un manto invisible

El campo magnético de la Tierra, que se genera dentro del núcleo del planeta, es moldeado y limitado por el viento solar, que es una corriente de partículas eléctricamente cargadas emitida por el sol. El espacio dentro de este campo se denomina magnetosfera. En el lado de la Tierra frente al Sol, la magnetosfera se extiende a una distancia equivalente a 10 a 20 radios terrestres. En el lado opuesto, arrastra una cola de 1.000 radios terrestres de largo. En el cinturón de radiación de Van Allen, partículas eléctricamente cargadas de radiación cósmica capturadas por la magnetosfera se mueven hacia adelante y hacia atrás entre los polos magnéticos de la Tierra. El término "plasma" hace referencia a un gas formado por partículas positivas y negativas, cuyas cargas se disparan mutuamente. Los plasmoides son aglutinamientos de plasma que se desprenden y son catapultados desde la cola de la magnetosfera.

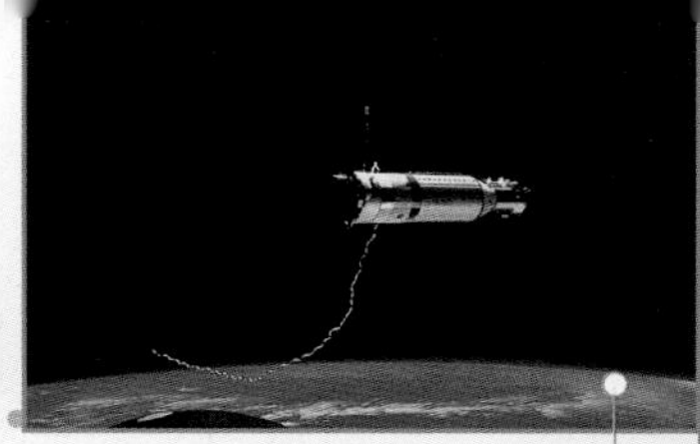

Frecuentemente es necesario corregir los relojes en los últimos días de junio o diciembre por un motivo distinto: la rotación irregular de la Tierra. Esta irregularidad no se descubrió hasta los años 30, una vez que se inventaron los relojes de cuarzo que eran más exactos que la rotación de la Tierra. Estas pequeñas correcciones consisten en el agregado de algunos segundos.

La Tierra vista desde el espacio

Aunque la humanidad ha sabido durante mucho tiempo que la Tierra es un objeto en el espacio, como el Sol y la Luna, no se comprendía cabalmente este concepto hasta que comenzó la era de la exploración espacial a principios de los años 60. La imagen muestra una maniobra temprana de acoplamiento durante la misión Gemini 8 en 1996.

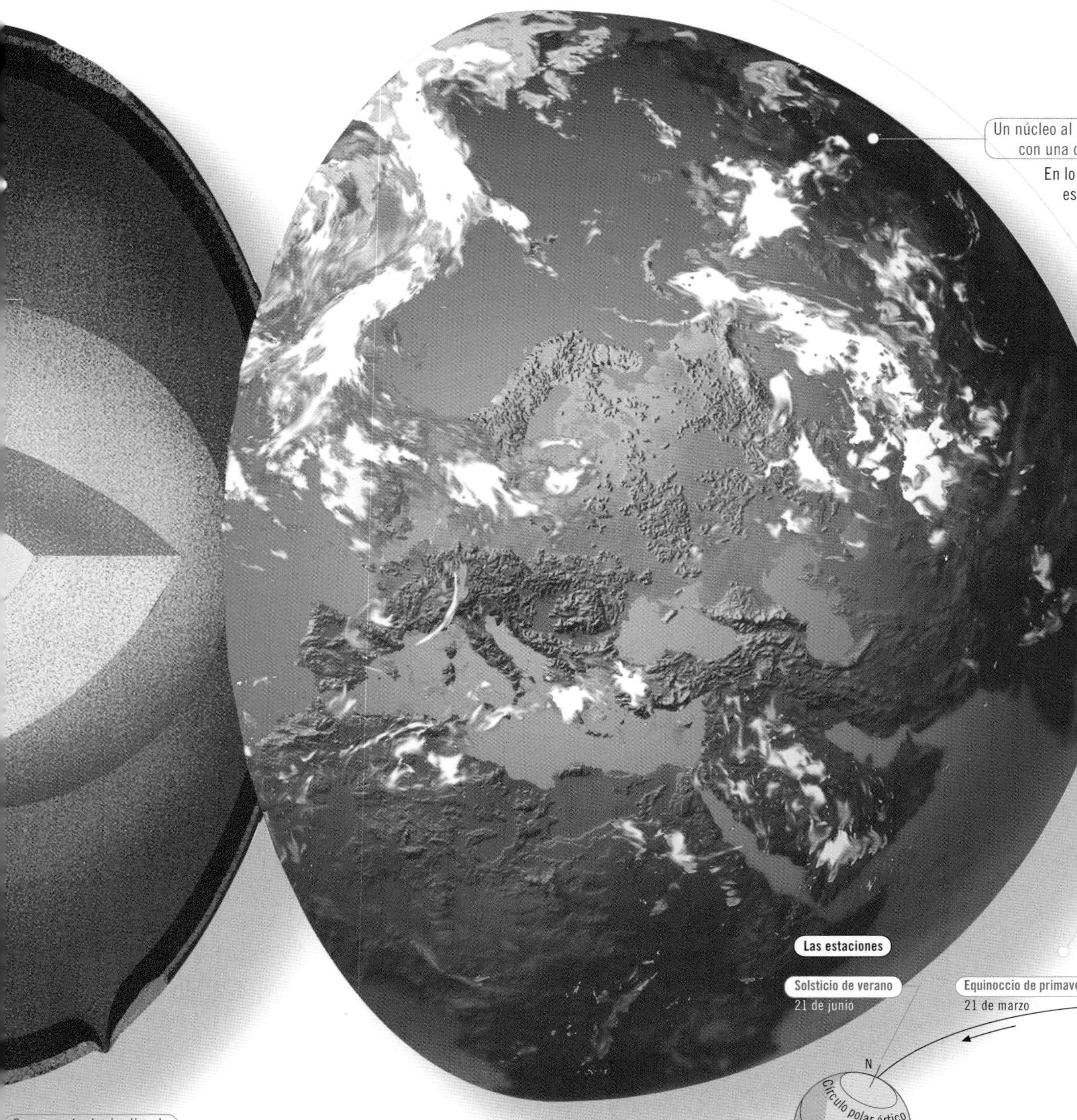

Un núcleo al rojo vivo con una cubierta fría

En lo que se refiere a la estructura estática, la Tierra puede dividirse básicamente en corteza, manto y núcleo. El manto se divide en manto superior e inferior y el núcleo en núcleo externo e interno. La corteza y el manto están formados por roca, mientras que el núcleo consiste principalmente de hierro y níquel. El núcleo externo (hierro y óxido de hierro) está fundido y tiene consistencia líquida. El núcleo interno (hierro y níquel) es sólido. La corteza continental es mucho más gruesa que la oceánica.

Como un techo inclinado

Las diferencias estacionales de temperatura se deben a que el eje rotatorio de la Tierra no es exactamente perpendicular al plano de la órbita alrededor del Sol. Como consecuencia, la Tierra inclina su región polar norte hacia el Sol durante el verano boreal y la región polar sur se inclina hacia el Sol durante el invierno boreal. En el primer caso, el hemisferio norte queda expuesto a radiación solar más fuerte y en el segundo caso, es el hemisferio sur el que recibe la cálida influencia del Sol. En los equinoccios de primavera y otoño,

cuando el día y la noche tienen la misma duración, ambos hemisferios quedan expuestos a la misma cantidad de radiación solar.

Las figuras más grandes que representan a la Tierra muestran la distribución de la luz solar en el solsticio de verano (cerca del 21 de junio, a la izquierda) y el solsticio de invierno (cerca del 21 de diciembre, a la derecha).

La intensidad de calor que reciben las distintas partes del planeta, y por lo tanto la diferencia en temperatura de las cuatro estaciones, dependen en gran medida del

ángulo con el que llega la radiación solar a la Tierra. La hora, la latitud geográfica y el momento del año también son factores influyentes.

La forma elíptica de la órbita de la Tierra también ejerce una pequeña influencia en la temperatura. En su parte más distante (afelio) y en su parte más cercana (perihelio) al Sol, la distancia entre la Tierra y el Sol es 1,7% mayor o menor que la distancia promedio. Por esto, en estos puntos la radiación solar es cerca de 3,5% más fuerte o débil, respectivamente.

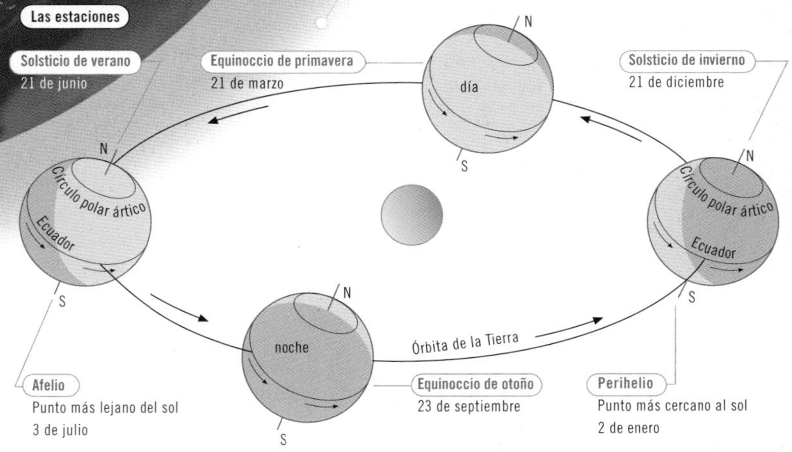

Las estaciones

Solsticio de verano — 21 de junio

Equinoccio de primavera — 21 de marzo

Solsticio de invierno — 21 de diciembre

día

N — S — Círculo polar ártico — Ecuador

N — S — Círculo polar ártico — Ecuador

noche

Órbita de la Tierra

Afelio — Punto más lejano del sol — 3 de julio

Equinoccio de otoño — 23 de septiembre

Perihelio — Punto más cercano al sol — 2 de enero

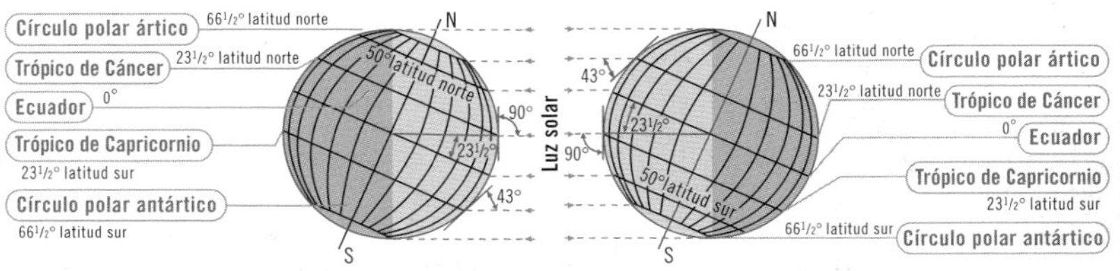

Círculo polar ártico — 66¹/₂° latitud norte
Trópico de Cáncer — 23¹/₂° latitud norte
Ecuador — 0°
Trópico de Capricornio — 23¹/₂° latitud sur
Círculo polar antártico — 66¹/₂° latitud sur

Luz solar

66¹/₂° latitud norte — Círculo polar ártico
23¹/₂° latitud norte — Trópico de Cáncer
0° — Ecuador
23¹/₂° latitud sur — Trópico de Capricornio
66¹/₂° latitud sur — Círculo polar antártico

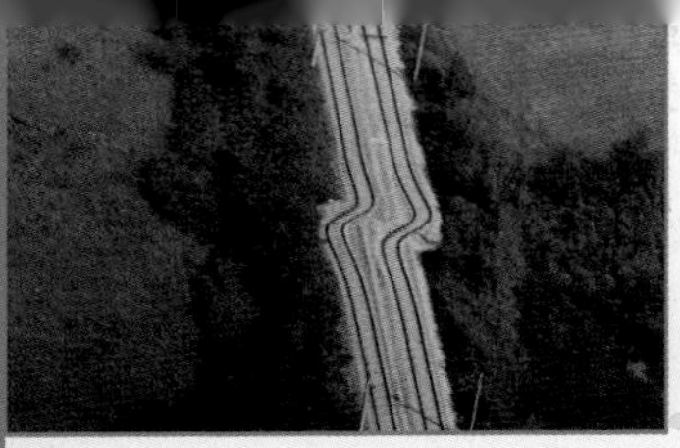

Terremotos: peligro en las profundidades

Cuando la tierra tiembla bajo los pies

En plena Edad Media, se creía que los terremotos eran obra de seres míticos sobrenaturales o señales de la ira de Dios. El temblor que destruyó Lisboa en una catastrófica sucesión de incendios e inundaciones el 1 de noviembre de 1775 hizo que muchas personas se cuestionaran los sistemas filosóficos preponderantes. ¿Podíamos seguir viendo nuestro mundo como "el mejor de todos los mundos posibles" y como un planeta regido por leyes naturales confiables? ¿Y por qué había sido Lisboa justamente, una ciudad con iglesias y monasterios piadosos, elegida por Dios para semejante castigo? Este seísmo marcó el inicio de la sismología. El ministro portugués Pombal hizo recopilar informes de testigos de todo el país y el ingeniero inglés John Michell calculó la velocidad de las ondas de choque. Surgieron preguntas acerca del origen y las causas del temblor.

La tierra inquieta

Aunque casi nunca lo notamos, la corteza terrestre se mueve en forma constante. Los océanos y la atmósfera tienen patrones de movimiento natural y lo mismo ocurre con las masas de tierra y los continentes, que parecen estar fijos en su lugar. Sin embargo, estos movimientos son tan lentos que no los percibimos. Los movimientos breves (menos de un minuto), abruptos y rápidos de grandes segmentos de la corteza son mucho más evidentes y peligrosos. Su origen son las tensiones dentro de la Tierra. La amplitud de estos movimientos del suelo puede ser de varios decímetros. La energía liberada en el proceso se dispersa en ondas elásticas longitudinales y transversales en el interior del planeta. Las ondas longitudinales, denominadas P u ondas primarias, se mueven más rápido y alcanzan los puntos distantes más rápido que las transversales, denominadas S o secundarias. Las ondas más lentas pero más energizadas son las de superficie, las ondas L y Rayleigh.

El origen de un terremoto, denominado foco o hipocentro, puede estar cerca de la superficie o dentro de las profundidades de la corteza terrestre.

Sobre la base de su distancia del epicentro, que es el punto de mayor movimiento de superficie, los sismólogos clasifican los terremotos como superficiales, intermedios y de foco profundo. En profundidades mayores a 720 km, la roca es tan suave y maleable que no ocurren movimientos abruptos.

En promedio cada año ocurren 10.000 terremotos de grado 4 o más en la escala de Richter. Entre 10 y 15 de ellos causan daños importantes. En 1999, más de 22.000 personas murieron como consecuencia de terremotos, mientras que el número total de muertes de los años precedentes fue de alrededor de 10.000. Cerca del 15% de la superficie terrestre se ve gravemente afectada por la actividad sísmica. Otro 40% se clasifica como prácticamente libre de riesgo.

Medición de la energía de los terremotos y sus efectos

Los terremotos se registran en sismogramas por medio de instrumentos de medición muy sensibles, los sismógrafos. La dirección, distancia y energía de un terremoto se pueden deducir de la información del sismograma, por ejemplo de la amplitud de las ondas generadas por un terremoto. La energía se expresa como magnitud, que se calcula de acuerdo con la amplitud superficial, la duración de las ondas y una función de calibración. Los terremotos se clasifican en la Escala de Richter de Magnitud de Terremotos teniendo en cuenta la máxima amplitud medida a una distancia de 100 km del epicentro. Los valores de magnitud van de cero a entre 7,7 y 8,6, pero la escala no tiene un límite máximo.

California espera al "gran terremoto"

El Servicio Geológico de Estados Unidos (USGS, por sus siglas en inglés) estima que la probabilidad de que ocurra un terremoto de gran magnitud en el norte de California para el año 2020 es del 70%. Los expertos de esta institución anticipan un seísmo comparable al terremoto de San Francisco de 1906, que registró un valor de 8,3 en la escala de Richter y devastó gran parte de la ciudad, provocó varios incendios y causó cerca de 2.000 muertes. El terremoto en Northridge, cerca de Los Ángeles en 1994 causó 60 muertes y los daños totales se estimaron entre 30 y 40 mil millones de dólares, un récord en Estados Unidos. La Costa Oeste de Estados Unidos es una de las zonas con más peligro de todo el mundo. La Placa Pacífica empuja a la Placa Norteamericana sobre varias líneas de falla, de las cuales la más conocida es la Falla de San Andrés. Estos movimientos no son graduales y regulares sino abruptos y violentos y son responsables de una serie aparentemente interminable de terremotos. En California se registran cerca de 7.800 seísmos cada año, pero la mayoría de ellos sólo puede detectarse por medio de instrumentos sismográficos sensibles.

Las ondas sísmicas exploran el interior del planeta

Las perforaciones sísmicas son solo pequeños pinchazos a la corteza terrestre ya que con 13 km, la perforación más profunda realizada sólo alcanzó una profundidad equivalente al 0,2% del radio de la Tierra. Aprendemos mucho más de la estructura del interior del planeta por medio de las ondas sísmicas, que penetran el núcleo y van más allá. Este método es la base del modelo de capas terrestres, con una corteza (con un grosor de 50 a 70 km debajo de los continentes y de 5 a 10 km debajo de los océanos), un manto (2.900 km, dividido en dos por un área de transición) y un núcleo (el externo de una profundidad de 5.200 km y el interno de 6.371 Km). Las relaciones entre la velocidad y los hallazgos experimentales dan lugar a conclusiones acerca de la densidad, temperatura y composición química y mineral de las diferentes zonas.

¿Son predecibles los terremotos?

Algunas personas en la antigua China observaron un comportamiento inusual de los animales justo antes de que hubiera actividad sísmica, aunque sólo se dieron cuenta más tarde. Actualmente, aun los sismólogos disienten acerca de la posibilidad de predecir la ubicación, momento y magnitud de los seísmos. Los investigadores han tratado de identificar signos confiables durante décadas. Por medio de dispositivos de registro automáticos, miden de forma sistemática características específicas, tales como temperatura, composición química, concentración de gas (radón) y resistencia eléctrica bajo el agua, el nivel de aguas subterráneas y comportamiento de manantiales, movimientos en las líneas de falla y deformaciones en la superficie terrestre. Todos estos fenómenos podrían ser indicadores de actividad sísmica inminente, pero no siempre es así.

Manejo de crisis: ayuda de emergencia en caso de desastres

En países industrializados que se ven amenazados por terremotos, tales como Japón y Estados Unidos (en particular California) e Italia, se han desarrollado planes para responder a los desastres naturales. Los niños en jardines de infancia y escuelas en Japón y California aprenden reglas sobre cómo proceder cuando hay peligro. En Japón, se realizan ejercicios de emergencia por desastres de forma general. Los planes se modifican sobre la base de la experiencia obtenida en esas emergencias. California ha creado una red de estaciones de emergencia descentralizadas que cuentan con personal y equipamiento para satisfacer las necesidades locales. Las autoridades centrales de Japón no pudieron dar una respuesta adecuada durante el terremoto de Kobe.

Construcción a prueba de terremotos: ¿Sólo una ilusión?

El primer edificio diseñado para resistir un terremoto fue construido por el arquitecto estadounidense Frank Lloyd Wright en Tokio, entre 1916 y 1922. Sobrevivió al terremoto de 1923 prácticamente sin daños. Desde ese momento, los arquitectos han utilizado métodos especiales de construcciones estáticas o flexibles en distintos lugares en Japón, California y otras partes del mundo. Varios países han aprobado

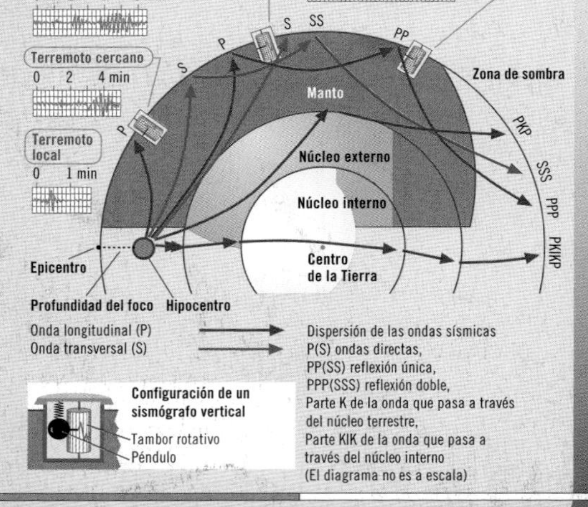

Ondas sísmicas

Terremoto regional
0   2   4   8 min

Terremoto cercano
0   2   4 min

Terremoto local
0   1 min

Terremoto cercano
0   4   8   12   16 min

Manto

Núcleo externo

Núcleo interno

Zona de sombra

Centro de la Tierra

Epicentro

Profundidad del foco   Hipocentro

Onda longitudinal (P)
Onda transversal (S)
Dispersión de las ondas sísmicas
P(S) ondas directas,
PP(SS) reflexión única,
PPP(SSS) reflexión doble,
Parte K de la onda que pasa a través del núcleo terrestre,
Parte KIK de la onda que pasa a través del núcleo interno
(El diagrama no es a escala)

Configuración de un sismógrafo vertical
Tambor rotativo
Péndulo

Terremotos: Peligro en las profundidades

Zonas de gran actividad sísmica

El 90% de los terremotos ocurren debido a la actividad sísmica (la actividad volcánica y el colapso de áreas huecas en la Tierra causan el 10% restante). Por eso, la teoría de las placas tectónicas ha dado lugar a nuevos hallazgos con respecto a las causas y la distribución de los seísmos. Como muestra este mapa de epicentros, la actividad sísmica es más intensa en los márgenes de las placas. El cinturón del Pacífico coincide principalmente con zonas de subducción, que se inclinan hacia el interior del continente y esto explica la ocurrencia de terremotos de foco profundo. El cinturón Mediterráneo-Transasiático está alineado con la convergencia de placas continentales. En los bordes de las placas que se alejan entre sí cerca de las dorsales oceánicas se originan terremotos más leves.

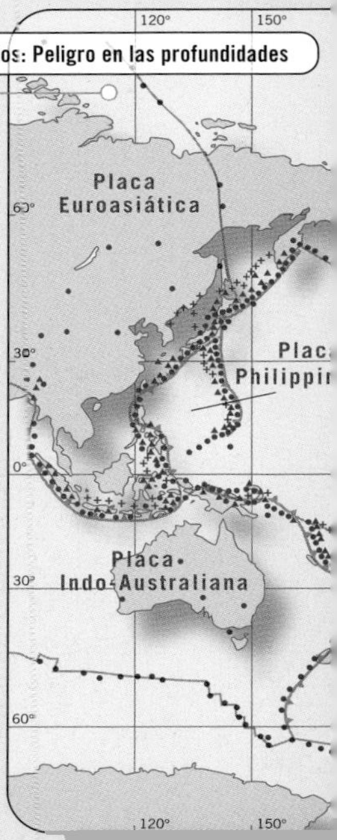

Placa Euroasiática

Placa Philippina

Placa Indo-Australiana

Donde va la bola: el primer sismógrafo

El primer dispositivo creado para registrar la actividad sísmica fue inventado en China en el siglo I D.C. Esta vasija de forma redonda está adornada con ocho figuras de dragones, cada una frente a un sapo sentado en la base. Cuando ocurre un temblor, comienza a moverse el péndulo dentro de la vasija. La boca del dragón que está del lado opuesto a la dirección de la onda de choque se abre y deja caer una bola dentro de la boca del sapo que se encuentra debajo. Se creía que esto indicaba la dirección del terremoto.

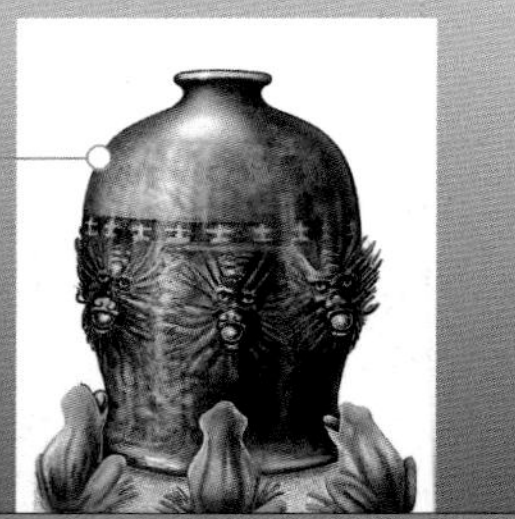

Un terremoto expone las debilidades de la sociedad japonesa

El temblor que sacudió la ciudad industrial y portuaria de Kobe, en Japón, en la mañana del 17 de enero de 1995, sólo duró unos segundos. Más de 20.000 edificios resultaron gravemente dañados o destruidos. Murieron 6.423 personas y 350.000 perdieron sus hogares. Los soportes bajo 500 m en la autopista Hanshin se colapsaron y la construcción elevada, supuestamente a prueba de terremotos, se destruyó completamente. Los edificios de varios pisos de los alrededores no sufrieron daños. El aparentemente bien organizado sistema de ayuda y rescate en caso de desastres resultó ser muy poco eficaz.

Terremotos: peligro en las profundidades

normas de construcción sobre este tema en los últimos años. Las técnicas de construcción en células y las "estructuras tipo sándwich", que consisten de placas de acero y caucho colocadas dentro de los cimientos de edificios altos, absorben las ondas de choque de los seísmos. Las estructuras de acero en general son más seguras que los edificios de piedra o ladrillo. Los edificios con estructuras de madera también ofrecen una resistencia mayor a los terremotos si se toman ciertas medidas de seguridad. Las escuelas, los hospitales y otros edificios públicos están sujetos a regulaciones especialmente exigentes. La experiencia reciente indica que muchos puentes, rampas de autopistas y estructuras similares necesitan mejorarse para cumplir con las normas de seguridad. El sustrato suelto, en particular los rellenos hechos por el hombre o las zonas ribereñas, son muy susceptibles a los daños por terremotos. Mucho depende de la calidad de la construcción, un tema que genera preocupación en los países en desarrollo. Es importante considerar que los daños más importantes durante los terremotos de gran magnitud, como el de San Francisco en 1906 y el de Kobe en 1995, ocurrieron debido a incendios causados por la rotura de gasoductos. Aunque los terremotos no pueden prevenirse, las medidas de precaución reducen en gran medida los daños.

Una "curva" en el paisaje

Muy rara vez los movimientos de la corteza terrestre son tan evidentes como los de esta foto: una curva de 3 a 5 metros en la línea de vías ferroviarias cerca de Izmit, en Turquía, en agosto de 1999.

Estructura del edificio y daños

Con sus tiendas y estacionamientos subterráneos, los subsuelos son la parte más débil de estructuras que en el resto de sus partes son fuertes y están reforzadas con concreto. Cuando colapsan, es posible que todo el edificio caiga. (Wufeng, Taiwán, 21 de septiembre de 1999).

Placa Euroasiática

Placa Norteamericana

Placa Anatólica

Placa del Caribe

Placa Arábiga

Placa Africana

Pacífica

Placa de Cocos

Placa Sudamericana

Placa de Nazca

Placa Antártica

Antártica

+ Terremoto profundo: Foco entre 300 – 720 km de profundidad
▲ Terremoto intermedio: Foco a 70 – 300 km de profundidad
▲ Terremoto superficial: Foco a 0 – 70 km de profundidad

〜 Zonas de subducción
—— Otros límites de placas

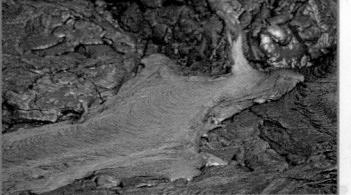

Vulcanismo: las fuerzas desbocadas del interior del planeta

Suelo fértil y peligro constante

En las primeras horas de la mañana del 27 de agosto de 1883, la pequeña isla volcánica de Krakatoa, ubicada en el estrecho de Sundra, se vio sacudida por violentas explosiones que prácticamente pa
tieron en dos la paradisíaca isla. El ruido atronador de la explosión se escuchó a más de 5.000 km de distancia y la presión atmosférica aumentó cerca de 1.45 milibares en Tokio. Terremotos inmenso
azotaron las cosas de Java y Sumatra y provocaron tsunamis que viajaban a la velocidad de un avión. Cerca de 36.000 personas murieron como consecuencia directa de las erupciones. Y esta no fue la
erupción volcánica más catastrófica de la historia. Las erupciones en la isla indonesa de Sumbawa en 1815 eyectaron más de 180 km cúbicos de lava y cenizas, en comparación con los 20 km cúbicos d
Krakatoa. El volcán, los maremotos y la hambruna que siguieron resultaron en otras 90.000 muertes. El polvo en la atmósfera cubrió el cielo por semanas.

Un infierno burbujeante bajo nosotros

La corteza sólida que flota sobre la roca fundida calient
del manto superior es en realidad muy delgada. La cortez
continental tiene un grosor máximo de 70 km, mientra
que la oceánica tiene en general un grosor de 5 a 10 km

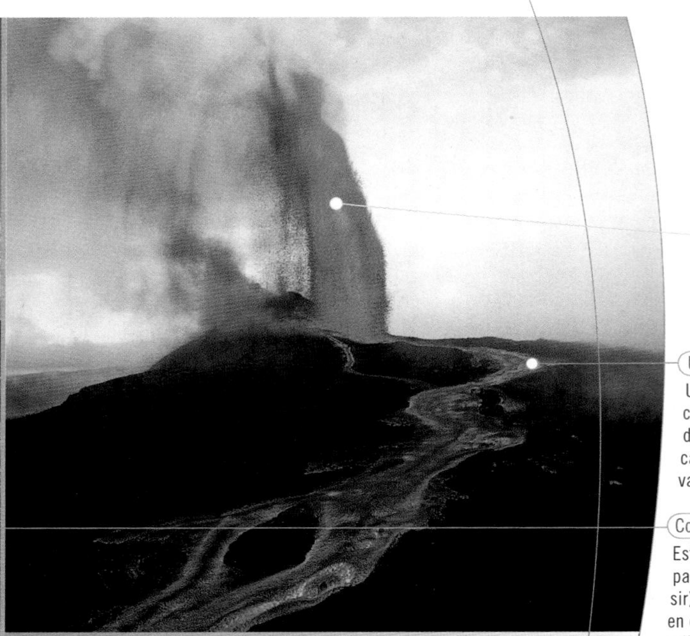

Una erupción en Hawai

Una erupción del Kilauea en Hawai
comienza con una fuente de lava que
dura varias horas. El gas que sale
catapulta la roca fundida al rojo vivo
varios cientos de metros hacia arriba.

Corriente rápida

Esta es la traducción literal de la
palabra islandesa para géiser (gey-
sir). El agua de lluvia que se cuela
en el suelo volcánico caliente se
calienta y sale eyectada, a menudo
en intervalos regulares, a través de
fisuras en las rocas. (Fotografía: Géi-
seres en la región de Rotorua, Nueva
Zelanda). El proceso es parte de la
fase decreciente de la actividad
volcánica.

Surgimiento volcánico en un glaciar

En 1996, el volcán debajo del glaciar
Vatnajökull, en Islandia, derritió un
agujero en el manto glaciar y envió
nubes de ceniza hasta a 4.000 m de
altura. Las erupciones de lava que
siguieron fueron acompañadas de
seísmos de gran magnitud.

Lava Aa y Pahoehoe

Una película se forma en la superficie de la lava pahoehoe, fina y
al rojo vivo, a medida que fluye.
Una vez que se enfría y solidifica,
la lava puede tomar el aspecto de
largas sogas trenzadas.

Una bendición volcánica

La energía geotérmica es una fuente de energía alternativa disponible
en regiones con actividad volcánica, tales como Italia, Islandia y
Nueva Zelanda.

Vulcanismo: las fuerzas desbocadas del interior del planeta

¡Imagínese una naranja de 12 cm de diámetro con una cáscara de sólo 0,3 mm! Por eso, no es extraño que la corteza terrestre sea tan frágil. La roca fundida se acumula en grandes cámaras de magma debajo de la superficie y sube cuando encuentra una falla o abertura. El magma que sale a la superficie se denomina lava.

Volcanes inofensivos y peligrosos

Las características del flujo de la lava dependen de su composición química y de su contenido gaseoso. La fina lava basáltica (50%SiO2), como la que sale del Klauea (Hawai) a menudo es eyectada en fuentes que alcanzan cierta altura y luego fluyen suavemente desde el cráter. El magma andesítico, rico en ácido silícico (60% SiO2) es catapultado desde el Monte Santa Elena a alturas de varios kilómetros. Los gases escapan fácilmente del magma fino, mientras que el más espeso y muy gaseoso acumula presiones que se liberan de repente y en forma explosiva cerca de la superficie, y la presión en el exterior disminuye rápidamente. En estos puntos, la lava sale despedida del volcán como el champagne de una botella agitada previamente. La lava basáltica forma volcanes relativamente planos (12 grados) en escudo, como los de Hawai, o suelos basálticos (Dekkan, India).

La lava más ácida tiende a hacer erupción en forma violenta, aunque también puede fluir tranquilamente por las pendientes de los volcanes. La alternancia de sedimentos de lava y toba volcánica forma estratovolcanes cónicos con pendientes de hasta 30° de inclinación. El volcán más famoso de este tipo es el Monte Fuji en Japón. Cuando la presión subterránea no tiene forma de escapar se forman domos de lava que elevan las capas más superiores y la superficie de la Tierra. El poder destructivo de las erupciones explosivas hace que sea muy peligroso vivir en estas áreas. El peor episodio de este tipo ocurrió en la Montagne Pelée, en la isla Martinica en 1902. Aire extremadamente caliente (1.440°F) cargado de cenizas envolvió a la ciudad cercana de Saint-Pierre en una nube hirviente y mató a 29.000 personas. El único sobreviviente se encontró en la prisión de la isla.

Volcanes: cañones gigantes de suciedad

Las erupciones volcánicas también arrojan grandes bloques de roca (bombas) a grandes distancias en las áreas circundantes. Las partículas finas son eyectadas hasta a 10 km dentro de la atmósfera, donde circulan alrededor de la Tierra durante años. Las bombas, el lapilli (fragmentos de 2 a 64mm) y la ceniza más fina caen a la tierra y forman la toba volcánica. Los fragmentos que no se han enfriado lo suficiente se fusionan en clinkers. La roca cocida en grandes masas se convierte en brechas volcánicas. Las tormentas que se forman en las nubes altas sobre el volcán provocan lluvias intensas que a menudo causan aludes de lodo que destruyen todo a su paso en dirección a los valles inferiores.

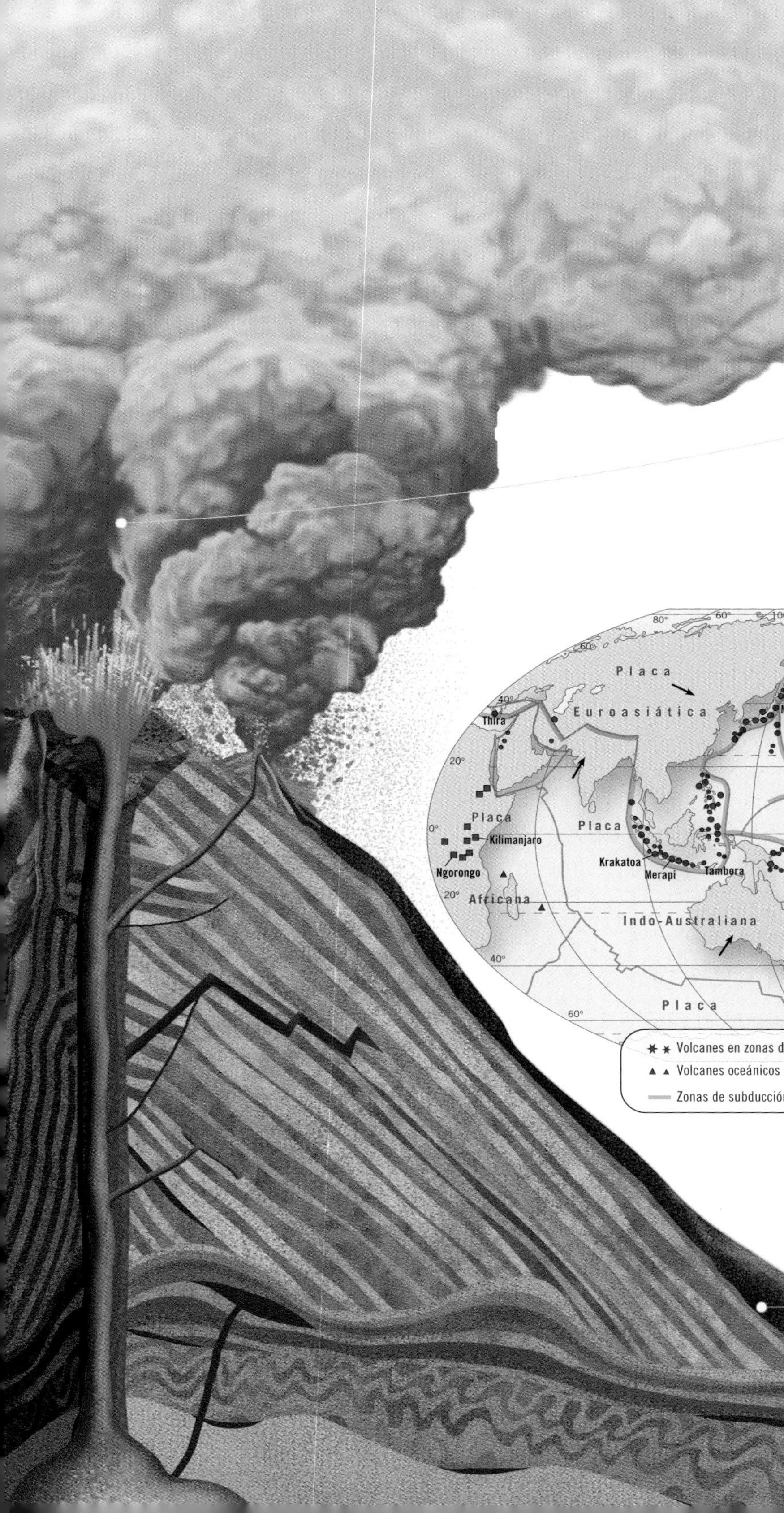

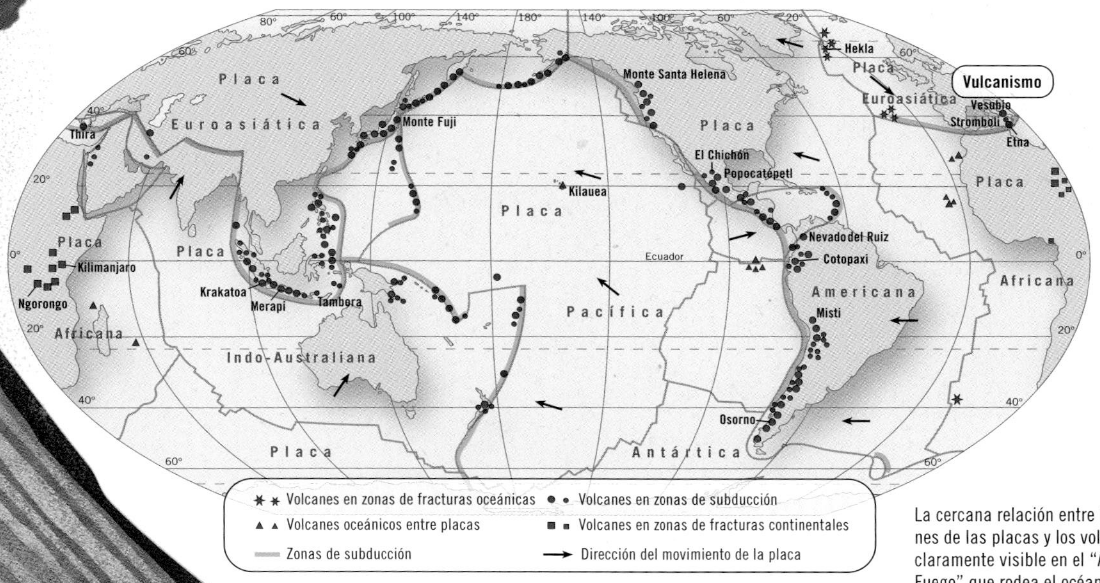

Mapa:

Vulcanismo

Placa Euroasiática · Placa Euroasiática · Placa Americana · Placa Africana · Placa Pacífica · Placa Indo-Australiana · Placa Antártica

Hekla · Monte Santa Helena · Monte Fuji · Thira · Vesubio · Stromboli · Etna · El Chichón · Popocatépetl · Kilauea · Nevado del Ruiz · Cotopaxi · Kilimanjaro · Krakatoa · Merapi · Tambora · Ngorongo · Misti · Osorno · Ecuador

✱✱ Volcanes en zonas de fracturas oceánicas   • • Volcanes en zonas de subducción
▲▲ Volcanes oceánicos entre placas   ■■ Volcanes en zonas de fracturas continentales
— Zonas de subducción   → Dirección del movimiento de la placa

La cercana relación entre los márgenes de las placas y los volcanes es claramente visible en el "Anillo de Fuego" que rodea el océano Pacífico. En las dorsales oceánicas también se encuentran numerosos volcanes. Los volcanes de puntos calientes pueden aparecer en cualquier lugar. Donde haya volcanes, es seguro que también habrá terremotos

El interior de un volcán:
Estructura de un estratovolcán.

El agua moldea el paisaje

El viaje del agua: del mar a las montañas y de vuelta al mar

La vida llegó a la Tierra gracias al agua, que ingresó a la nube de gas que rodea al planeta en estado gaseoso, liberada del magma fundido. El proceso de enfriamiento produjo las primeras lluvias y comenzaron a formarse los mares. En el protector ambiente acuático y gracias al aumento en la concentración de oxígeno, la vida estalló repentinamente hace cientos de millones de años. Venimos del agua y la necesitamos para vivir. El cuerpo humano tiene un 70% de agua y aunque podemos vivir semanas sin alimentos, moriríamos en unos días sin agua. Más de la mitad de la humanidad sufre de escasez de agua potable limpia. El 80% de las enfermedades que causan millones de muertes cada año se transmiten por agua contaminada. El agua es una sustancia vital y portadora de vida, que está distribuida en forma muy desigual. Algunos mueren de sed y otros mueren ahogados.

Desde lo alto de la atmósfera hasta la Tierra: el ciclo del agua

¿Cómo hace el agua para volver al mar? Las gotas de lluvia que caen a la tierra tienen varias formas de volver a los cuerpos de agua de los que proceden. Pueden evaporarse, fluir por sobre la superficie o infiltrarse en la tierra y luego surgir de manantiales. El agua que permanece en la superficie llega al mar en cuestión de semanas. Sin embargo, el agua que se encuentra en un lago de agua dulce puede tardar años en llegar nuevamente al océano. El agua que cae en forma de nieve y se convierte en hielo en las regiones más frías de la Tierra, como en la región antártica, posiblemente no regrese al mar en cientos de miles de años. Una vez allí, está lista para comenzar otro largo viaje. Muchas moléculas de agua se refugian en las profundidades del mar y así escapan de la rutina del viaje constante.

El ciclo del agua comienza con la evaporación de agua en estado líquido, que ocurre principalmente en la superficie oceánica. A una temperatura de 77ºF (25ºC) este pro-

ceso consume cerca de 583 calorías por gramo de agua. Las moléculas de vapor de agua transportan esta energía cinética a grandes distancias. El agua se condensa nuevamente sólo después de un viaje de horas o días a través del aire. En ese momento, se forman las gotas de agua durante la transición del estado gaseoso al líquido y el calor de la evaporación se libera nuevamente. De esta forma, el calor del Caribe, por ejemplo, viaja a través de la Corriente del Golfo hasta Noruega. Cuando se congelan las gotas de lluvia, y cambian su estado de líquido a sólido, se liberan 79,4 calorías por gramo de agua. Por lo tanto, aunque parezca extraño, el proceso de congelamiento libera calor. Las moléculas se mueven con más lentitud en el hielo que en el agua en estado líquido.

El agua moldea montañas y valles día y noche

Salvo raras excepciones, el agua fluye colina abajo hacia el mar y forma rápidamente vías de drenaje sobre la superficie. Como la energía cinética del agua que corre rápidamente colina abajo arrastra materiales, se forman largos cortes en

la tierra: los valles de arroyos y ríos. Naturalmente, quedar cordilleras elevadas entre estos valles. El resultado es un alivio para montañas y valles. De acuerdo con la elevación y la inclinación, se crean y cortan montañas de distintas alturas por la acción del agua y del hielo (glaciares). Cuanto más alta es la cadena montañosa, más escarpadas son las formas que crea el agua.

La gota que perfora la piedra

El agua es el elemento más importante en el proceso de desgaste que da forma a las rocas, tal como ocurre con los automóviles cuando ceden ante el óxido (corrosión) La piedra caliza es uno de los tipos de roca más solubles y a menudo se encuentran largas cuevas y otras formaciones cársticas en las formaciones de piedra caliza. Además de su efecto corrosivo, el agua en movimiento también ejerce una acción mecánica que acelera el proceso de des-

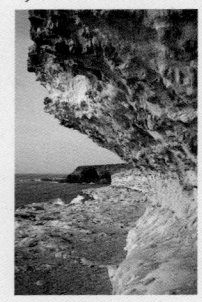

trucción rocosa.

Las olas golpean con increíble fuerza las formaciones costeras altas (un metro cúbico de agua pesa aproximadamente una tonelada). Además la arena y los guijarros son agentes abrasivos. Aunque estas fuerzas son más débiles en los ríos, con el tiempo una gran cantidad de material es erosionado y arrastrado de las riberas y los lechos. Los valles profundos en forma de V y los cañones ofrecen evidencia contundente del poder destructivo del agua. La erosión de riberas y lechos por el fluir del agua forma valles de variadas formas.

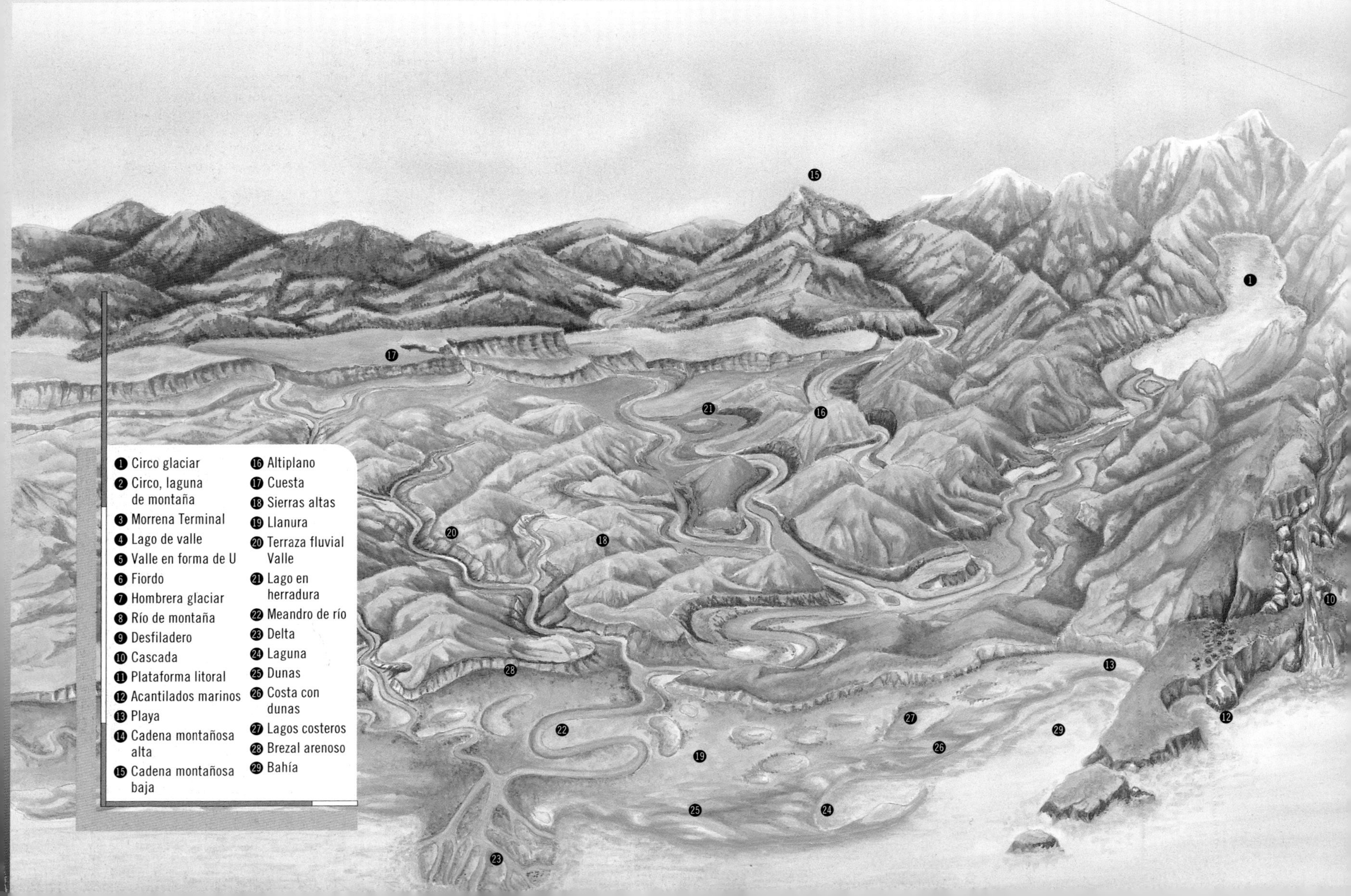

El efecto del viento, el agua y la sal se combinan para hacer un corte en la formación rocosa de la isla de Lanzarote.

1. Circo glaciar
2. Circo, laguna de montaña
3. Morrena Terminal
4. Lago de valle
5. Valle en forma de U
6. Fiordo
7. Hombrera glaciar
8. Río de montaña
9. Desfiladero
10. Cascada
11. Plataforma litoral
12. Acantilados marinos
13. Playa
14. Cadena montañosa alta
15. Cadena montañosa baja
16. Altiplano
17. Cuesta
18. Sierras altas
19. Llanura
20. Terraza fluvial Valle
21. Lago en herradura
22. Meandro de río
23. Delta
24. Laguna
25. Dunas
26. Costa con dunas
27. Lagos costeros
28. Brezal arenoso
29. Bahía

El agua moldea el paisaje

El hielo glaciar tiene un poder erosivo aún mayor. La gran presión que ejerce el hielo causa erosión severa (detersión, abrasión glaciar o exaración) aun cuando fluye lentamente. Bloques de piedra del tamaño de una casa pueden romperse y ser arrastrados corriente abajo. De esta forma se forman los valles profundos en forma de U. El material erosionado se deposita en morrenas glaciares. El agua y el hielo cubren tres cuartas partes de la superficie terrestre. Aunque la cantidad total de agua en la tierra, cerca de 1,4 mil millones de km2 es casi imposible de imaginar, este gran tesoro es poco útil para nosotros, dado que el 96,5% es agua salada. Los métodos desarrollados para la desalinización del agua son demasiado caros para la mayoría de los países. Y es muy poco práctico pensar en arrastrar icebergs de la zona antártica a las regiones áridas del mundo. Es posible que la escasez de agua en el futuro llegue a amenazar la vida de muchos en varios lugares del planeta.

No hay escape del agua

Aunque el agua escasea en muchas partes del mundo, miles de personas mueren o pierden sus hogares en desastres producidos por el agua cada año. Las inundaciones, los tifones y los tsunamis asolan regiones enteras. El derretimiento de la nieve y las lluvias torrenciales hacen que los ríos se llenen y desborden en áreas bajas. A menudo los diques no resisten o no son lo suficientemente altos.

Cuando el suelo se congela en el invierno y se cubre de una espesa capa de nieve, sólo se necesita un breve período de temperatura cálida seguida por fuertes lluvias para derretir la nieve y provocar inundaciones graves en los valles. El suelo congelado evita que el agua se infiltre en el suelo y acelera la velocidad del escurrimiento en la superficie.

Un espectáculo de la naturaleza
Una atronadora catarata se precipita de una empinada caída en Islandia. La energía del fluir del agua, que el hombre aún no ha explotado totalmente, es una fuerza poderosa que aquí sigue erosionando el desnivel del terreno.

Aplanado y nivelado
El oleaje en la costa vasca cerca de Saint-Jean-de-Luz ha desgastado los valles en terraza de los Pirineos en una planicie de abrasión.

Fuente de vida
El agua es muy escasa en el desierto. Conocer las pocas y escondidas fuentes de agua es crucial para sobrevivir en estas regiones extremadamente áridas. Los manantiales superficiales como este en Aïr Massif (Nigeria) son raros y el agua a menudo debe extraerse de pozos o perforaciones hechas en la arena de los lechos de ríos secos.

Fuerza irrefrenable
El agua del derretimiento de nieve y hielo fluye hacia el mar. El derretimiento de aspecto blancuzco del glaciar fluye sin obstáculos a los valles inferiores. La arena fina dispersa en el agua está formada por el material rocoso que es arrastrado por la presión inmensa del glaciar. En regiones montañosas, la fuerza del fluir del agua es tan fuerte que incluso mueve grandes bloques de piedra.

Inundaciones
Cuando se derrite la nieve en primavera o las lluvias son muy intensas en verano, a menudo se inundan las planicies costeras y las regiones europeas al pie de los montes alpinos.

El mundo subterráneo
La erosión subterránea crea cuevas (fotografía: Cueva Wyandotte, Indiana, Estados Unidos). El agua actúa como solvente de la piedra caliza y la acción erosiva es acentuada por la disolución del carst. En este proceso, el dióxido de carbono (CO_2) actúa como un catalizador en la transformación del carbonato de calcio en carbonato ácido de calcio, que es altamente soluble y es arrastrado por el agua de carst.

Desastres naturales, catástrofes humanas

¿Es la humanidad un peligro para la naturaleza?

Todos los días, los medios nos ofrecen información acerca de un desastre natural ocurrido en alguna parte del mundo. Nuestras pantallas nos muestran imágenes de devastación y, a menudo, del desarrollo mismo de estos eventos catastróficos. La opinión pública suele dejar de lado la evaluación seria de las causas subyacentes de estos fenómenos debido a estos informes sensacionalistas.

Sin embargo, hay muchas preguntas que no podemos ignorar: ¿Hasta qué punto somos responsables? ¿Está la raza humana destinada a la destrucción o podemos encontrar una forma de evitarla?

Un regalo de Navidad devastador

El día de Navidad en 1974, la tormenta tropical Tracy arrasó con la ciudad de Darwin, en el norte de Australia. Con vientos promedio de 140 km/h y ráfagas de hasta 260 km/h, la tormenta destruyó por completo más de 5.000 de las 8.000 casas construidas sobre pilotes. Murieron 49 personas y los daños a la propiedad alcanzaron los 3 mil millones de dólares australianos.

Escape del infierno

En los primeros días de abril de 1991, el Pinatubo, un volcán en la isla filipina de Luzon, hizo erupción por primera vez en la historia de la humanidad. En junio, la montaña se colapsó y perdió 300 m de altura. Nubes al rojo vivo se diseminaron como avalanchas y alcanzaron distancias de hasta 20 km. Diez kilómetros cúbicos de cenizas, gas y otros materiales volcánicos fueron catapultados a la estratósfera a alturas de hasta 40 km. Las lluvias torrenciales causadas por una tormenta tropical convirtieron la ceniza acumulada en torrentes inmensos de lodo. Más de 200.000 personas huyeron de la catástrofe, pero se perdieron 400 vidas. La expulsión de cenizas y partículas con ácido sulfúrico hicieron que las temperaturas promedio en la atmósfera cerca del nivel del suelo cayeran hasta 0,9° F en todo el mundo.

De los 45.000 habitantes de Darwin, 25.000 fueron evacuados por aire y 10.000 personas huyeron con sus automóviles hacia el Sur. Este fue el mayor desastre natural de la historia de Australia.

Tornados: remolinos peligrosos

El delgado embudo de un tornado se lanza amenazador hacia la tierra. El aire que se eleva dentro del embudo rota a velocidades que pueden llegar a los 200 km/h hacia el interior. La fuerza de succión generada dentro del embudo parte edificios por la mitad y hace explotar los pulmones y vasos sanguíneos de las víctimas humanas. Los objetos arrastrados se convierten en proyectiles peligrosos y el polvo y el agua son lanzados a gran altura en la atmósfera. El camino del embudo, que se mueve a velocidades de 50 a 60 km/h, es delgado y bien delineado y también lo es el rastro de destrucción casi total que deja a su paso. La extensión de los daños puede deberse en parte a que la mayoría de las casas en Estados Unidos son livianas y están hechas de madera.

Los desastres marcan en curso de la historia de nuestro planeta

La historia de la Tierra nos muestra que los eventos catastróficos siempre han jugado un papel en el desarrollo mundial y regional e incluso han afectado la evolución de los organismos vivientes. Sin embargo, desde nuestra perspectiva actual bastante limitada, solemos ignorar el tiempo que implican estos procesos. Los expertos continúan debatiendo si la extinción masiva de formas de vida ocurrida cerca de 65 millones de años atrás fue causada por una colisión con un cuerpo extraterrestre, por una explosión de actividad volcánica u otros eventos geológicos o tectónicos. La mayoría concuerda con que la extinción de los dinosaurios, junto con muchas otras formas de vida animal, permitió el desarrollo de los mamíferos y, en última instancia, la aparición del homo sapiens. Sin embargo, cuando hablamos de desastres naturales, en general pensamos en eventos que afectan a los humanos de forma directa.

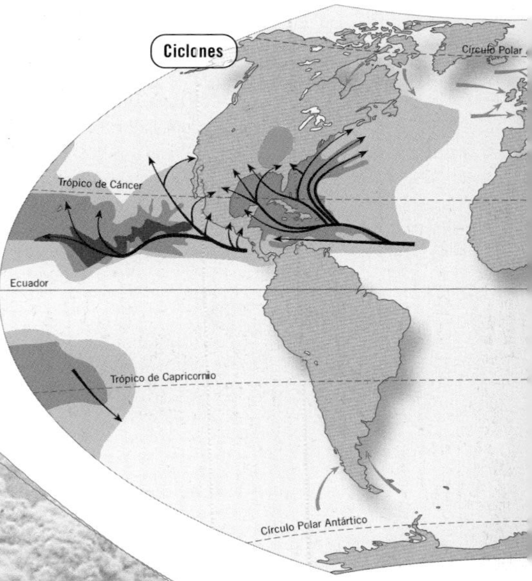

Ciclones

Círculo Polar

Trópico de Cáncer

Ecuador

Trópico de Capricornio

Círculo Polar Antártico

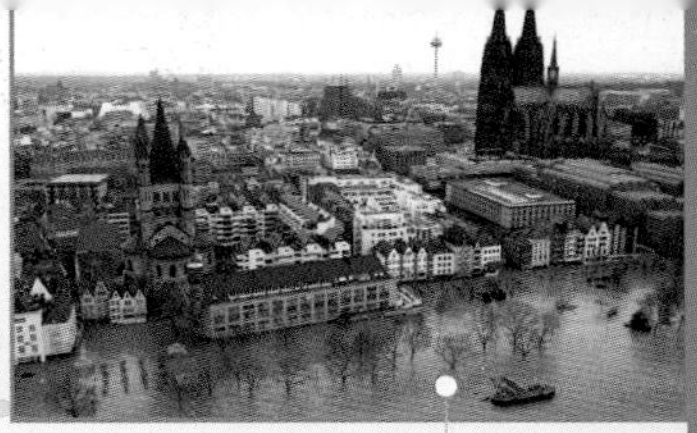

Desastres naturales, catástrofes humanas

El inmenso poder destructivo de la Tierra

Nuestra "inquieta Tierra" presenta muchos peligros. Los terremotos y las erupciones volcánicas se concentran en ciertas regiones. A pesar de que no es posible evitar que ocurran, se puede tomar precauciones contra sus consecuencias. La cantidad de terremotos de gran magnitud (7.0 o más en la escala de Richter) no aumentó durante el siglo XX. Sin embargo, las consecuencias en vidas humanas y daños materiales han aumentado constantemente, debido al aumento de la población y la densidad de construcciones. Otros factores que también influyen son la diseminación de asentamientos en lugares peligrosos que antes se evitaban y el aumento del valor de las propiedades inmuebles y los bienes (en forma particular en las áreas metropolitanas), que ha sido causado por la mejora en el estilo de vida. Además, las sociedades modernas y las nuevas tecnologías son más susceptibles al daño. El crecimiento explosivo de la población es otro factor a considerar. El terremoto de Kobe (1995) demostró claramente que la actividad sísmica no sólo afecta a países en vías de desarrollo sino también a las naciones industrializadas. Lo mismo se aplica a los fenómenos volcánicos. Nos encontramos en medio de un debate acalorado acerca de los peligros que representan la atmósfera y el agua en nuestro planeta. ¿Está aumentando la cantidad de incidentes? ¿Se están volviendo más graves? ¿Quién tiene la culpa? ¿La naturaleza o el hombre? Un tema íntimamente relacionado es el efecto de la humanidad sobre el clima. Los huracanes no son el único fenómeno climático destructivo. Los largos períodos de lluvias intensas o tormentas de nieve, el granizo, el hielo, las sequías, las olas de calor y los períodos de frío extremo, los incendios en bosques, arbustos y praderas causados por rayos, las avalanchas, la niebla y el smog, todos provocan destrucción. El exceso de lluvias provoca inundaciones, deslizamientos y avalanchas de lodo.

Tiempos tormentosos

Las tormentas más peligrosas nacen en los trópicos: huracanes en las costas del norte y centro de América, tifones en las aguas del este y sudeste de Asia y ciclones en la Bahía de Bengala (Bangladesh). A menudo vagan durante días por el mar en dirección oeste, sólo para girar abruptamente al norte o al sur antes de llegar a la costa. Sus zonas de baja presión miden entre 300 y 1.000 km de diámetro. El centro (denominado "ojo") está libre de nubes y en perfecta calma. Está rodeado por una espiral de nubes que rota a velocidades de hasta 400 km/h. Las lluvias torrenciales se desatan de nubes gigantescas que se elevan a más de 15.000 m. Las tormentas que llegan a tierra provocan grandes desastres agravados por los tsunamis, pero luego rápidamente pierden intensidad y se disipan. El huracán Andrew causó daños por valor de 30 mil millones de dólares. Se espera que con Katrina la cifra llegue a cerca de 200 mil millones. En 1970 en Bangladesh, más de 300.000 personas murieron por las inundaciones causadas por ciclones. La energía desatada por estas tormentas es equivalente a la de varias bombas atómicas.

Los tornados que ocurren con frecuencia en la región del medio oeste de Estados Unidos nacen cuando al aire húmedo y cálido del Golfo de México se le superpone el aire seco y frío de las montañas Rocosas o del Ártico. La diferencia de temperatura (entre 36º y 54º F) genera vientos de increíble velocidad. Cada año, se registran en Estados Unidos un promedio de 750 tornados. Han costado la vida de cientos de personas, a pesar de la buena organización del sistema de alarmas.

Tormentas tropicales peligrosas

Las tormentas tropicales se originan sobre aguas cuya temperatura superficial es de al menos 48ºF entre 5º y 30º de latitud norte o sur durante los últimos días del verano o los primeros del otoño. Una masa de aire húmedo y cálido con formaciones de nubes altas del tipo cumulonimbos se une sobre la superficie del agua. La condensación de vapor de agua libera grandes cantidades de energía de calor que acelera el movimiento del aire que se eleva y la velocidad de la masa de nubes que se mueve en círculos. Las tormentas tropicales surgen debido a la irrupción de centros de baja presión en forma de "olas" en el cinturón de alta presión o por la intrusión de centros de baja presión de la zona de vientos del oeste dentro del cinturón de circulación tropical. Debido a la desviación causada por la rotación de la Tierra (efecto Coriolis) las tormentas giran en la dirección de las manecillas del reloj en el hemisferio sur y en la dirección opuesta en el hemisferio norte. Cerca del Ecuador no ocurren tormentas ciclónicas debido a que el efecto Coriolis es demasiado débil para acelerar la rotación de las masas de aire.

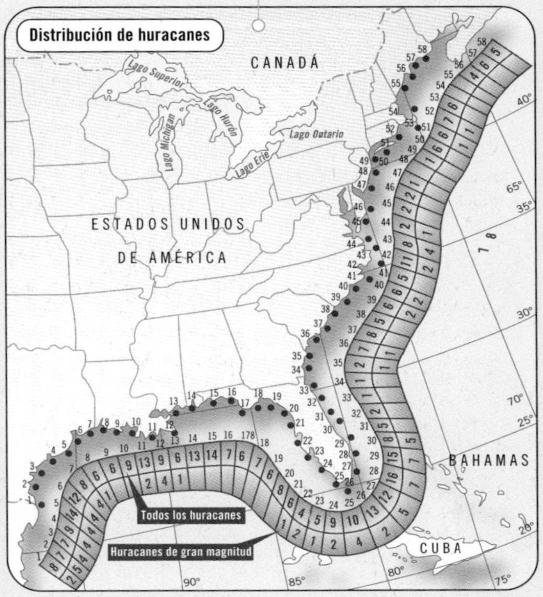

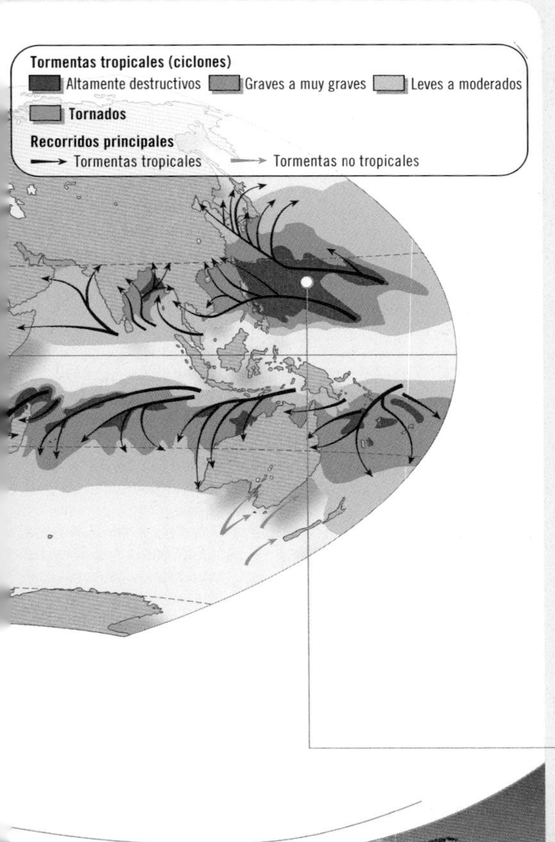

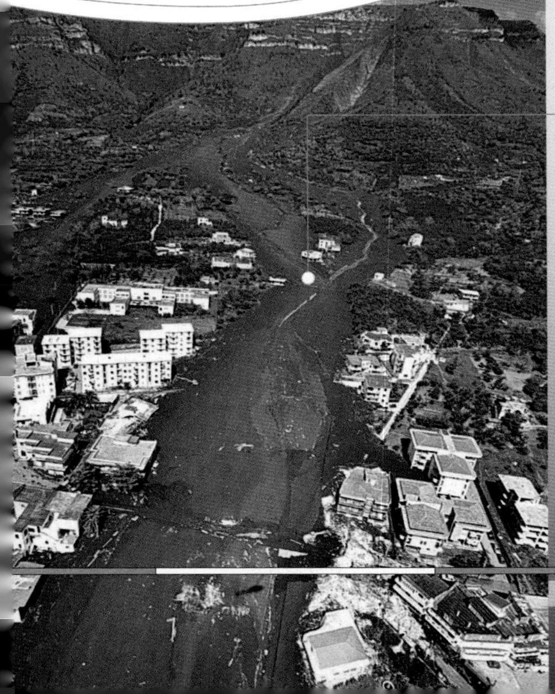

Cuando la tierra se desliza

La saturación de restos o roca suave y porosa en las laderas de las montañas causada por fuertes lluvias o el derretimiento de la nieve puede provocar grandes deslizamientos o avalanchas de lodo. Cuando estas inmensas masas de lodo y restos son arrastradas hacia los valles inferiores, dejan a su paso un camino de destrucción en el paisaje. Este tipo de avalanchas de lodo ocurren con frecuencia en los Apeninos (fotografía tomada cerca de Sarno, al este del monte Vesubio), en particular en zonas donde las laderas han quedado sin vegetación debido a la deforestación o el uso de tierras para pasturas.

Los que buscan, encuentran

El mapa divide la costa este y sudeste de Estados Unidos en 58 unidades numeradas, cada una de 80 km de longitud. Sobre la base de una extensa observación, es posible estimar la probabilidad de que ocurran huracanes en un determinado año por medio de un valor porcentual. La cantidad de huracanes "normales" (velocidades mayores a 33 m/seg.) se ingresa en la fila interna de casilleros. Los huracanes de gran magnitud (56 m/seg y más) se ingresan en los casilleros externos, que tienen varios espacios en blanco. La actividad de huracanes es mayor en agosto y septiembre.

Un año sí y otro no

La inundaciones causadas por grandes caudales de agua en el Rin (fotografía: Colonia) y sus afluentes son fenómenos casi normales. Los datos recogidos en estaciones de medición del nivel del agua permiten a las autoridades emitir alertas e iniciar procedimientos de evacuación. Los diques y las medidas de precaución establecidas para estos casos, tales como muros de contención móviles, pueden ayudar a prevenir algunas de las consecuencias, pero de ninguna manera pueden evitar todo el daño. Las inundaciones en 1993 y 1995 causaron daños totales a la propiedad de 5 mil millones de dólares.

Distribución de huracanes

Todos los huracanes

Huracanes de gran magnitud

¿Llegará la gran inundación?

La elevación del nivel del agua es causada en general por períodos inusualmente largos de precipitación intensa o por el derretimiento rápido de la nieve invernal. Los informes continuos de inundaciones catastróficas nos dan la impresión de que estos fenómenos se están volviendo más frecuentes ¿Son el resultado del cambio climático mundial que se refleja en el aumento de precipitaciones en Europa Central y la región central de Estados Unidos? Las inundaciones catastróficas han ocurrido con frecuencia en el pasado, como nos muestran las marcas dejadas por el aumento del nivel del agua. Sin embargo, sus consecuencias eran de menor gravedad, dado que la agricultura y el desarrollo urbano eran mucho menores que ahora. Varias intervenciones humanas en el balance de la naturaleza han acelerado los escurrimientos y han aumentado el peligro de inundaciones. Algunos ejemplos de esta intervención son la deforestación, el sellamiento del suelo (casas, desarrollos urbanos, etc.), la compactación del suelo (por acción de máquinas de arado y la conversión de marismas en campos), constricción del lecho de los ríos por medio de diques y represas, enderezamiento de los cauces y el drenaje de pantanos, como en el caso de los ríos Mississippi, Missouri y Rojo. Otro factor que influye es el asentamiento del suelo y la elevación de los niveles de los lechos por la acumulación de depósitos de cieno. Alarmados por el aumento de la frecuencia y las consecuencias de las inundaciones, los expertos y las autoridades regulatorias han creado programas de renaturalización de los ríos. Sin embargo, los esfuerzos para restaurar las planicies de flujo natural (áreas de retención) a menudo se enfrentan con la reticencia de los agricultores locales.

Tormentas tropicales (ciclones)

- Altamente destructivos
- Graves a muy graves
- Leves a moderados

Tornados

Recorridos principales

→ Tormentas tropicales   → Tormentas no tropicales

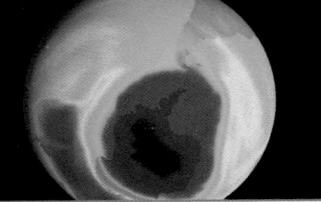

El cambiante clima mundial

... y el rol de la humanidad en el proceso

La historia del clima de la Tierra es una de cambios, algunos graduales, otros súbitos y repentinos. Los períodos de relativa calma y estabilidad como el Holoceno, iniciado unos 10.000 años atrás, son la excepción más que la regla. No obstante, fue precisamente esta estabilidad climática la que permitió el desarrollo de la civilización humana. En la actualidad, la intervención humana en los procesos climáticos aumenta. ¿Somos meramente un factor de alteración menor en la interacción con las poderosas fuerzas de la naturaleza, o es la humanidad causante de poner en riesgo el equilibrio climático mundial?

Variaciones en la órbita terrestre

En el punto culminante de la última edad de hielo, unos 20.000 años atrás, capas de hielo de varios miles de metros de espesor cubrieron importantes porciones de América del Norte y Europa del Norte. El hielo se extendió en América del Norte hasta la región comprendida en la actualidad por los Grandes Lagos. El sur del terreno de hielo era estepa ártica, como las regiones de tundra actuales. Sobre la base de muestras de perforación tomadas de depósitos con una antigüedad de miles e incluso millones de años, de capas de sedimento del fondo del océano o del hielo continental de la Antártida y Groenlandia, por ejemplo, fue posible reconstruir los patrones de temperatura y demás características del clima pasado. Durante al menos dos millones de años, ciclos relativamente regulares rigieron el clima de la Tierra. Las edades de hielo que duraron aproximadamente 100.000 años alternaron períodos cálidos que duraron, por lo general, alrededor de 10.000 años. Estos ciclos son generados por cambios sutiles en la órbita terrestre alrededor del Sol, así como en la inclinación del eje de la Tierra. Estos cambios, denominados variaciones de Milankovitch, afectan la distribución estacional y geográfica de la radiación

solar – aunque la cantidad total de radiación que llega a la Tierra permanece constante. No queda demasiado claro por qué el clima de la Tierra reacciona tan drásticamente ante estos patrones de radiación cambiantes. Un factor crucial es aparentemente la intensidad de la luz solar en verano sobre los continentes del hemisferio norte, ya que cuando la nieve del invierno no se derrite por completo, grandes capas de hielo comienzan a formarse; reflejan la radiación solar, lo que posteriormente ocasiona enfriamiento. Lo que entendemos de las variaciones de Milankovitch es que el Holoceno es una fase cálida inusualmente larga, lo que significaría que no se espera una nueva edad de hielo por varias decenas de miles de años.

Cambios climáticos abruptos

Hace muy poco los científicos tomaron conocimiento de que la última edad de hielo estuvo marcada por una serie de cambios climáticos abruptos y repentinos. En el curso de los denominados Eventos Dansgaard-Oeschger (de los cuales se sabe que más de 20 tuvieron lugar durante la última edad de hielo), las temperaturas promedio de la región del Atlántico Norte aumentaron rápidamente – sólo en unos

años – entre 11 y 14º F. Estos períodos inusualmente cálidos duraron varios cientos o miles de años, y sus efectos repercutieron alrededor del planeta – incluso en la Antártida. Es evidente que, los súbitos cambios en el curso de las corrientes marinas jugaron un rol importante en estos súbitos cambios climáticos.

Incluso el Holoceno, el período cálido relativamente estable actual, no se libró de los cambios climáticos. Unos 5.500 años atrás, el Sahara dejó de ser un paisaje de pantanos, lagos y áreas de vegetación habitadas por muchos animales grandes y humanos para convertirse en el desierto que conocemos en la actualidad. Lo más seguro es que este proceso haya sido impulsado por un cambio en la órbita terrestre, lo que devino en una cadena nefasta de eventos: una reducción gradual de las lluvias, que como consecuencia provocó una disminución en el crecimiento vegetal, lo que, a su vez, generó mayor reducción en las precipitaciones.

Balance de radiación

La temperatura terrestre se regula mediante un simple balance de radiación. En promedio, la energía recibida del Sol es equivalente a la que la Tierra irradia al espacio. Si se recibe demasiada energía, las temperaturas aumentan y la Tierra irradia mayor calor hasta que se restablece el equilibrio. Si la Tierra no tuviera atmósfera, su temperatura promedio sería cercana a 0º F. La atmósfera inhibe la radiación térmica de la superficie terrestre, principalmente debido al efecto aislante del vapor de agua y dióxido de car-

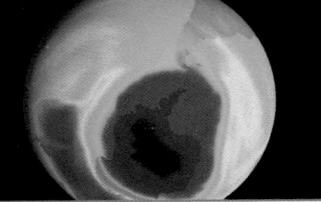

Lago helado, 1830
Del siglo quince al siglo dieciocho, las temperaturas europeas eran de 1,8 a 3,6º F más frías que en la actualidad. Este período frío se conoce como la "Pequeña Edad de Hielo". El lago Constanza se heló completamente casi cada 20 años durante ese período, pero sólo una vez en el siglo veinte (1963). Los habitantes de las regiones alpinas a menudo perdieron cosechas y padecieron hambre durante la "Pequeña Edad de Hielo". En 1830, el artista local Nicolaus Hug pintó esta Vista del Lago Constanza Helado.

D. Ettelbeyer pinxit. Aussicht auf dem Dam in Constanz nach dem überfrornen Bodensee im Jahre 1830. *Nicolaus Hug fecit 1830.*

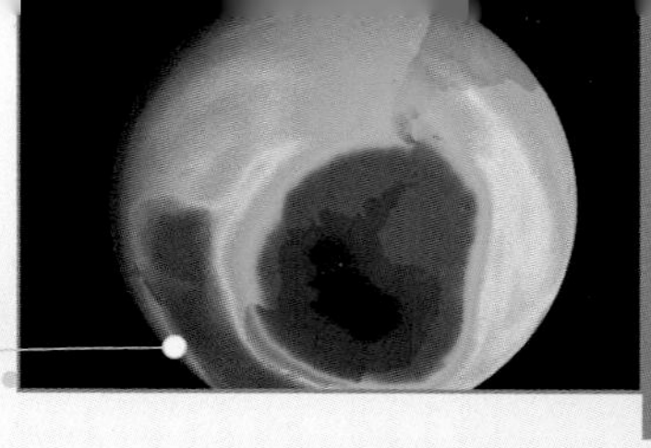

El cambiante clima mundial

bono, denominados gases invernaderos. En consecuencia, la superficie terrestre se calienta hasta que el equilibrio de radiación se restablece a la temperatura promedio actual de aproximadamente 59º F; es este efecto invernadero natural el que hace que nuestro planeta sea habitable. Los cambios en la composición de la atmósfera o en la superficie de hielo reflectante y masas de nubes pueden afectar el balance de radiación y por lo tanto aumentar o disminuir las temperaturas.

El factor humano

El impacto humano en el clima mundial se remonta a la Edad Media, momento en el cual las personas comenzaron a talar bosques con el fin de tener espacio para actividades agrícolas, lo que incrementó los niveles de dióxido de carbono en la atmósfera y creó áreas de superficie más claras que reflejan con mayor intensidad la luz solar. Sin embargo, no fue hasta la Revolución Industrial en la primera mitad del siglo diecinueve en que la humanidad desarrolló los medios para alterar significativamente el equilibrio de radiación. La causa principal de estos cambios humanos es el uso de combustibles fósiles – carbón, petróleo y gas natural. El combustible fósil que quemamos cada año tardó aproximadamente un millón de años en acumularse. El carbono que contienen estos materiales se oxida durante la combustión y se libera al aire como dióxido de carbono (CO_2). Casi la mitad permanece en la atmósfera, mientras que el resto es absorbido por los océanos y la biosfera. Desde el comienzo de la Era Industrial, la concentración de dióxido de carbono en la atmósfera aumentó de 280 partes por millón (ppm) a 360 ppm, lo que, en consecuencia, fortaleció el efecto invernadero. Otros gases liberados durante las actividades humanas intensifican el efecto invernadero incluso más; entre ellos se encuentran el metano y los fluorocarbonos, responsables también del agujero de ozono.

Las concentraciones de gases invernaderos en la atmósfera han aumentado en los últimos años, con un incremento de las temperaturas promedio globales de alrededor de 1,25º F - en la tierra y el mar. Los glaciares de montaña se están derritiendo en todo el mundo (el volumen total del glaciar en los Alpes ya se redujo a la mitad). El Hielo Ártico se afinó casi un 40 por ciento en los últimos 30 años.

Al emplear sofisticadas técnicas de reconocimiento de patrones, los climatólogos han intentado determinar hasta qué punto estas tendencias son realmente atribuibles a emisiones antropogénicas e identificar otras posibles causas (como fluctuaciones en el Sol). Los hallazgos indican que, en el mejor de los casos, la tendencia de calentamiento acelerado observada desde 1970 es ampliamente un fenómeno humano.

A fines del siglo diecinueve, los científicos alertaron, sobre la base de simples cálculos, que las crecientes concentraciones de dióxido de carbono en la atmósfera conducirían al calentamiento global. En la actualidad, el clima mundial puede reproducirse con la ayuda de poderosas computadoras, lo que hace posible reconstruir los patrones climáticos pasados y proyectar escenarios para el futuro. Si las concentraciones de gases invernaderos en la atmósfera continúan aumentando al ritmo actual, se puede esperar que las temperaturas mundiales se incrementen entre 2,7 9,9 grados F durante los próximos cien años. Si esto sucede, la Tierra se calentará más de lo que lo ha estado durante los últimos 100.000 años. Una consecuencia sería un aumento entre 20 y 90 centímetros del nivel del mar, que persistiría por siglos incluso si se detuviera la tendencia de calentamiento. Del mismo modo, el calentamiento provocaría cambios en los patrones de precipitación y posiblemente sequías e inundaciones, lo que pone en riesgo muchos de los ecosistemas involucrados en el proceso. Inundaciones causadas por tormentas amenazarían las regiones costeras al nivel del mar y varias naciones insulares del Pacífico se hundirían bajo el mar.

En un esfuerzo por aminorar el proceso de calentamiento global, muchas de las naciones que participaron en la conferencia internacional de Kyoto, Japón en 1997, suscribieron un Tratado sobre el Clima que obliga a las naciones industriales a reducir, para el año 2012, las emisiones de gases invernaderos un cinco por ciento por debajo de los niveles de 1990. El tratado no entró en vigencia aún, ya que sólo unas pocas naciones lo ratificaron, y representa, en el mejor de los casos, sólo un primer paso hacia una eficaz protección climática.

Balance de radiación y efecto invernadero

Si se calcula un valor de 100% para la cantidad de radiación solar que realmente afecta el balance de radiación global (342,5 watts por metro cuadrado), sólo el 45% (en promedio global a largo plazo) llega efectivamente a la superficie terrestre; el resto se absorbe o dispersa. La capacidad reflectante total de la Tierra (incluidas la atmósfera y las nubes) se denomina albedo terrestre, y equivale al 30% en un promedio anual.

El calor efectivo que irradia la superficie terrestre es del 18%. Esto se compara con la diferencia entre el 114% - valor que se esperaría si la Tierra no tuviera atmósfera – y el 96% - correspondiente a la radiación reflejada por la atmósfera (efecto invernadero). La diferencia entre la radiación solar entrante y la radiación terrestre saliente (27%) en la superficie se compensa por corrientes de calor.

Agujero amenazante

En 1985, investigadores británicos descubrieron un agujero en la capa de ozono de la atmósfera superior – nuestra protección contra la radiación cósmica peligrosa. Una de las causas identificadas fue la liberación a la atmósfera de fluorocarbonos industrialmente producidos, como los empleados en las latas de aerosol. El Protocolo de Montreal de 1987 convocó a que se prohibieran estos gases a nivel global, meta que sería paulatinamente alcanzada. En la actualidad, estos gases apenas se utilizan, por lo que los científicos pronostican que el agujero de ozono irá cerrándose gradualmente durante las próximas décadas. Sin embargo, llevará más de 100 años, probablemente, restablecer la totalidad de la capa de ozono.

Tendencias del calentamiento global, 1976 – 1999

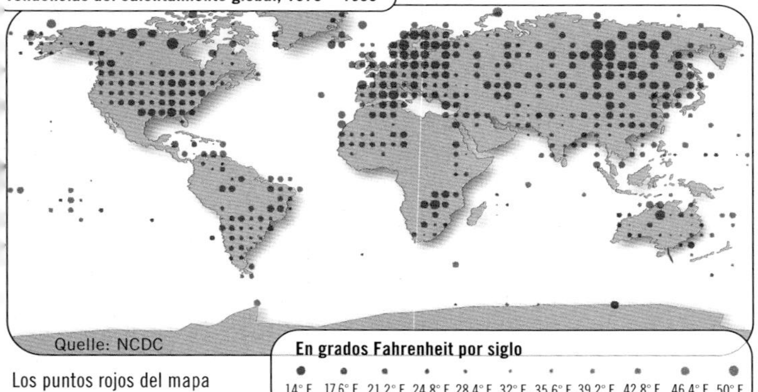

Quelle: NCDC

En grados Fahrenheit por siglo

14° F   17.6° F   21.2° F   24.8° F   28.4° F   32° F   35.6° F   39.2° F   42.8° F   46.4° F   50° F

Los puntos rojos del mapa indican las regiones que han aumentado sus temperaturas, mientras que los azules muestran las que se han enfriado. Los datos disponibles para el resto de las áreas son insuficientes.

Balance y efecto invernadero

Concentración de CO_2 en la atmósfera

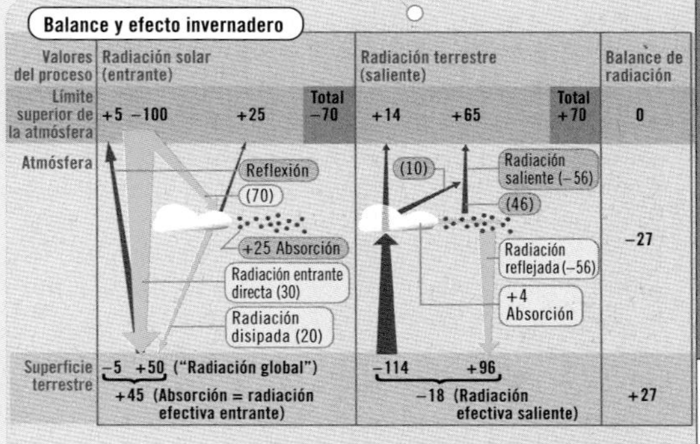

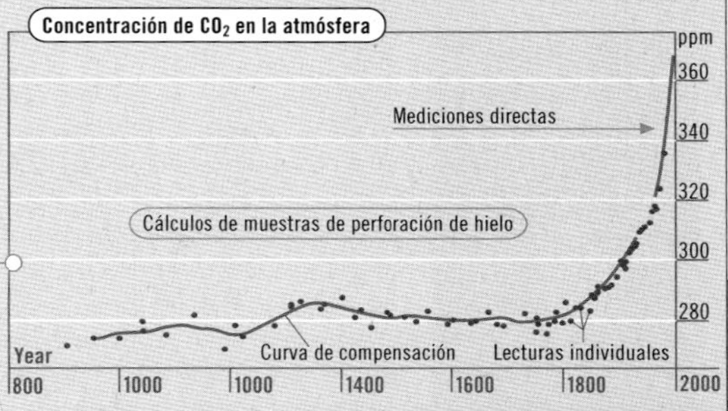

Mediciones directas

Cálculos de muestras de perforación de hielo

Year · Curva de compensación · Lecturas individuales

800 · 1000 · 1000 · 1400 · 1600 · 1800 · 2000

100.000-años curvas climáticas

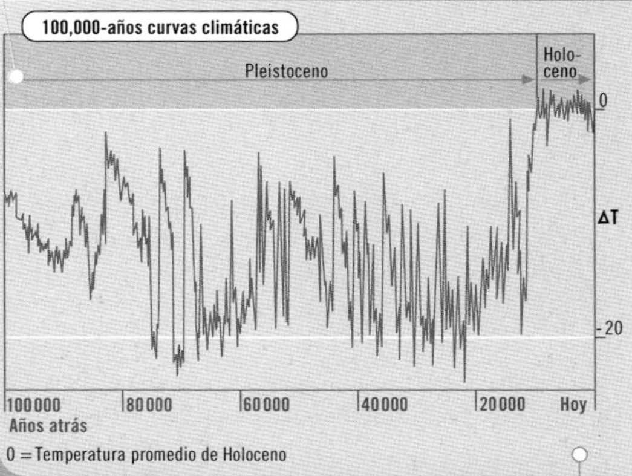

Pleistoceno · Holoceno

ΔT

100000 · 80000 · 60000 · 40000 · 20000 · Hoy
Años atrás

0 = Temperatura promedio de Holoceno

Curvas climáticas correspondientes a los últimos 100.000 años del hielo de Groenlandia

Esta curva climática de Groenlandia muestra el clima persistentemente cálido de los últimos 10.000 años, el Holoceno. Durante los 100.000 años de la edad de hielo precedentes, el clima no sólo era mucho más frío, sino que también estaba sujeto a súbitas fluctuaciones.

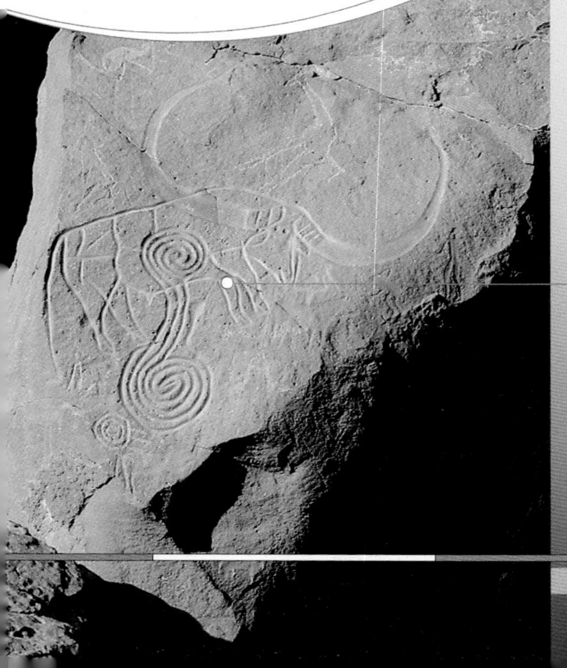

Pintura en rocas saharianas

Hasta alrededor de 6.000 años atrás, el Sahara era mucho más verde que en la actualidad. Una gran cantidad de dibujos en las rocas ofrecen pruebas de un clima mucho más húmedo. El búfalo Homoioceras antiquus (Oued Djerat, Meseta de Tassili, Argelia) se extinguió a comienzos del Holoceno.

Aumento alarmante

Los análisis de las burbujas de aire en el hielo antártico y las mediciones tomadas en Mauna Loa (Hawai) desde 1957 nos brindan mucha información sobre la concentración de dióxido de carbono en la atmósfera: aproximadamente 280 ppm durante períodos cálidos como el Holoceno, 200 ppm en las edades de hielo, etc.

Vegetación – el manto botánico de la tierra

Vida vegetal y humana – una reevaluación

Según el Libro del Génesis, Dios creó las plantas en el tercer día, y llamó a que la Tierra "produzca hierbas, plantas que den semilla...y árboles frutales que den fruto...Y Dios vio que esto era bueno" (Génesis 1:11). La humanidad apareció en escena más tarde. Según los cálculos actuales, los seres humanos han destruido desde entonces cerca del 30% de los 62 millones de kilómetros cuadrados originales de bosque sobre la Tierra, transformado muchas de las inmensas praderas de nuestro planeta en tierras baldías (desertificación) por el sobrecultivo, y alterado el carácter de la vegetación natural en muchas regiones del mundo. Intervenimos en los patrones naturales de crecimiento y distribución, manipulamos la composición genética mediante experimentos de cultivo y reemplazamos la flora local por formaciones de crecimiento secundario en áreas amplias. No obstante, a pesar de esta masiva intervención humana en el reino vegetal, más del 99% de la biomasa terrestre – cerca de 1.8 trillones de toneladas de material orgánico (300 toneladas por cada ser humano vivo) – es materia vegetal.

La creación de la vida humana y animal

En su famoso "Cántico del hermano Sol", San Francisco de Asís habló de "...nuestra hermana la madre Tierra, la cual nos sustenta y gobierna, y produce diversos frutos y coloridas flores y hierbas". Sus palabras reflejan una visión simple de la naturaleza y un reconocimiento implícito de la relación cósmica, vital y cercana entre todos los organismos vivos (biosfera) y la capa inorgánica terrestre (litosfera), un misterio que las ciencias biológicas modernas no resolvieron hasta muchos años después. Biólogos, ecologistas y bioquímicos concuerdan en que la vida animal, y por lo tanto la humana, no podrían existir en su forma actual sin el manto botánico de la Tierra.

Las plantas como fábricas químicas y bombas nutrientes

Las hojas de las plantas contienen clorofila (el pigmento que las hace verdes) que utilizan para convertir el agua que penetra por sus raíces y el dióxido de carbono (CO_2) absorbido del aire en glucosa (azúcar) con la ayuda de la luz (energía solar) capturada de sus superficies en un complicado proceso denominado fotosíntesis. A través de sus raíces, que en algunas plantas (el trigo, por ejemplo) forman redes de zarcillos fibrosos microscópicamente finos con longitudes combinadas de hasta varios cientos de kilómetros, absorben del suelo una amplia variedad de elementos esenciales para toda la vida sobre la Tierra, y los procesan con la glucosa en materia orgánica, conjuntamente denominados biomasa (el peso seco de la materia orgánica).

Mediante este proceso, una cantidad de elementos, como acero, fósforo, calcio, magnesio, nitrógeno y azufre esenciales para muchos procesos fisiológicos, se incorporan en la biomasa y pasan, a través de la cadena alimentaria, al organismo de animales herbívoros y por último al de los carnívoros (los humanos también, independientemente de si comen carne o no, ya que el consumo de proteína animal es virtualmente inevitable para los consumidores modernos).

De este modo, la bomba masiva global de nutrientes de la vegetación natural extrae más de dos kilómetros cúbicos por año – aproximadamente seis mil millones de toneladas – de minerales y sustancias de todas las clases de la corteza terrestre y los aporta que sustento a animales y seres humanos (alrededor de una tonelada por cada ser humano vivo de la Tierra).

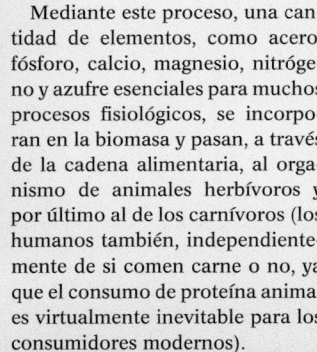

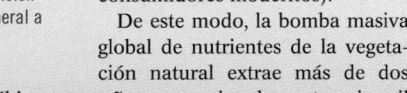

Un pelo radical lanza un ataque bioquímico sobre una calcita: la primera etapa en la transición de sustancia mineral a química.

Vegetación reconstructora del suelo

La biomasa vegetal que consumen los organismos animales se devuelve al eterno ciclo mineral como heces o en los mismos cuerpos de los organismos muertos. Del mismo modo, la biomasa no consumida se remineraliza cuando el humus se forma mediante la descomposición de las hojas caídas y las plantas muertas. El reemplazo mineral resultante de la actividad bioquímica y física de las raíces, por un lado, y la acumulación de biomasa, por el otro, son importantes procesos reconstructores del suelo que funcionan dentro de una red ecológica junto con factores no biológicos, como el calor y la humedad de la vegetación en una región específica.

Árboles – los "asistentes ambientales" anónimos

Los árboles son la forma de vida vegetal más grande. Un árbol caducifolio de entre 15 y 20 metros de alto genera tres millones de litros de oxígeno por año (cuatro veces más de lo que un único ser humano necesita por año) mediante el proceso de fotosíntesis. En un año, el mismo árbol también filtra con su follaje 7.000 kg de polvo desde el aire y extrae hasta 7.000 litros de agua del suelo con sus raíces, lo que contribuye significativamente a prevenir la erosión del suelo – un problema que puede adquirir dimensiones catastróficas en áreas deforestadas. En la actualidad, por cada ser humano sobre la Tierra, hay cerca de 500 árboles que trabajan para brindar importantes servicios ambientales.

¿Cómo crecen las flores pequeñas y cómo nos dan alimento las plantas?

La descripción anterior muestra la importancia del reino vegetal. Ante el rol fundamental que juegan las plantas en nuestras vidas, es vergonzoso darse cuenta cuán poco conocemos sobre ellas. La mayoría de las personas de los países industrializados del mundo pueden nombrar por lo menos 20 marcas de autos, pero no llegan a esa cantidad si se trata de plantas. Sin embargo, los botánicos identificaron más de 360.000 variedades, de las cuales casi 180.000 son plantas florecientes.

Las "plantas superiores" clasificadas en familias de árboles, arbustos, flores y pastos no son difíciles de identificar con seguridad. La dificultad y el suspenso real comienzan con el intento de establecer distinciones científicas claras entre las variedades de "organismos vegetales inferiores" o microflora: hongos, las varias especies de algas, líquenes como comunidades simbióticas de hongos y algas, e incluso los tipos de bacterias que se clasifican como formas de vida vegetal – las "pequeñas bestias" descubiertas y descritas por Antonie van Leewenhoek (1632 - 1723) con la ayuda de su microscopio casero.

Si bien entre 10.000 y 50.000 variedades comestibles de plantas están disponibles para el consumo humano, sólo se utilizan alrededor de 150 y 200 especies (entre el 0,3 y 2%) para propósitos nutricionales. Más del 75% de toda la energía consumida por los seres humanos en la forma de materia vegetal proviene solamente de alrededor de diez plantas de cultivo (entre el 0,002 y 0,1% de todas las especies comestibles de plantas).

La capa de rayas coloridas y brillantes de la Tierra

Las plantas no tienen medios de locomoción; por lo tanto, las características que exhiben como plantas indicadoras en la etapa presente del desarrollo evolutivo son siempre prueba de su adaptación a las condiciones predominantes en sus ambientes locales (conocidas como condiciones del hábitat). Se incluyen características como órganos de retención de agua (en cactus o agaves de regiones áridas), siste-

mas de raíces amplios y superficiales (como los del abedul) en regiones de permahielo donde el suelo se derrite por unos meses durante el verano, o una capa gruesa de pelo como protección contra la evaporación en regiones alpinas (la flor de nieve es un ejemplo). Por lo tanto, entendemos por qué el cinturón de vegetación correspondiente generalmente a zonas climáticas de la Tierra, comunidades de plantas que los botánicos denominan zonas de vegetación, cubren la Tierra como una capa rayada con colores brillantes. La misma explicación se aplica a los patrones típicos de vegetación en regiones montañosas que reflejan la falta de calor en elevaciones progresivamente más altas, un fenómeno descrito con referencia específica a América del Sur por Alexander von Humboldt a principios del siglo XVIII.

(2) Vegetación de tundra

Con temperaturas anuales promedio generalmente inferiores a 5° F, el suelo de permahielo apenas se derrite unos centímetros en verano. Con un período de crecimiento de 30–90 días, este tipo de vegetación, que forma un cinturón constante sólo en el hemisferio norte, se caracteriza por una abundancia extraordinaria de líquenes (en el norte del Ártico) y prados sin árboles, verdes en verano y cubiertos de flores (en el sur subpolar).

(11) Vegetación alpina

La vegetación alpina más impresionante se encuentra en los Andes (ver fotografías). En este caso, la jerarquía de los niveles de vegetación, del bosque tropical al Páramo, a las praderas (puna húmeda) y la puna fría, alta y propensa a la escarcha en elevaciones cercanas a los 5.000 m, donde el pasto es escaso y los líquenes abundantes, reflejan los efectos del calor decreciente a elevaciones progresivamente más altas.

La capa superior del suelo de permahielo se derrite a principios del verano.

Los prados de tundra florecen a mediados del verano.

Erosión del suelo tras la deforestación en Perú.

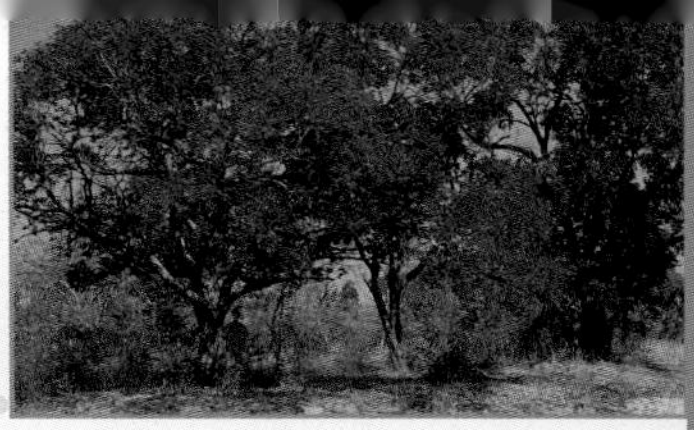

Vegetación – el manto botánico de la tierra

(5) Bosque tropical caducifolio

A pesar de que las precipitaciones anuales superan los 1.000 mm, estos bosques con árboles de tronco largo que se vuelven completamente verdes sólo cerca de sus copas durante la lluviosa estación del verano, tienen un período de crecimiento relativamente corto, ya que el agua escasea durante el resto del año (foto: Caprivi, Namibia). Los bosques monzónicos del sur y sudeste asiáticos representan una forma especial de esta clase de vegetación.

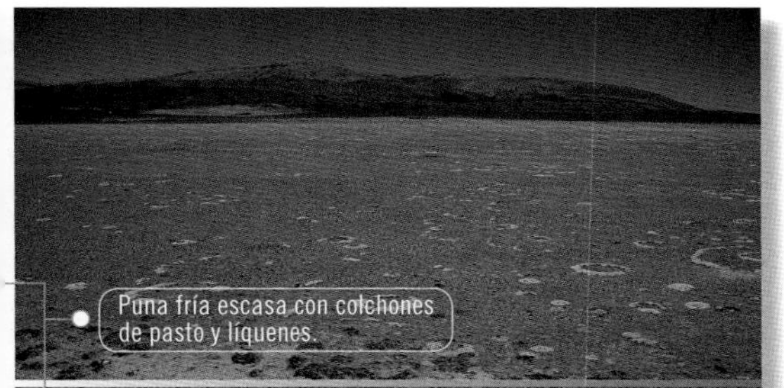

Puná fría escasa con colchones de pasto y líquenes.

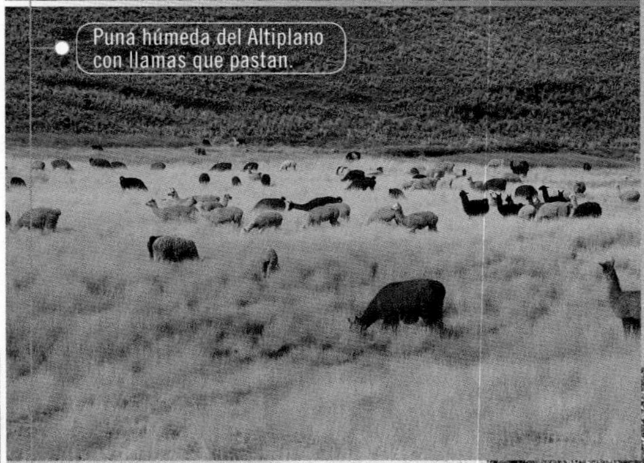

Puná húmeda del Altiplano con llamas que pastan.

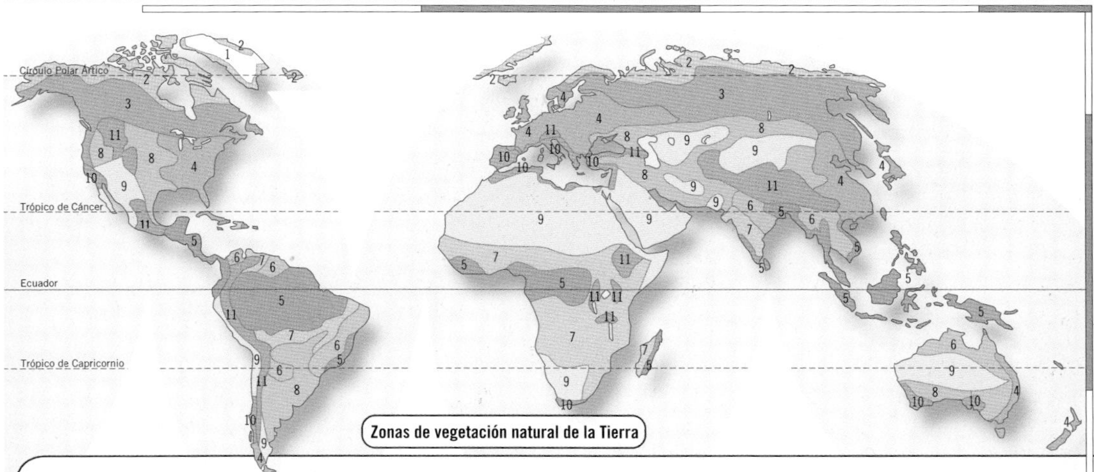

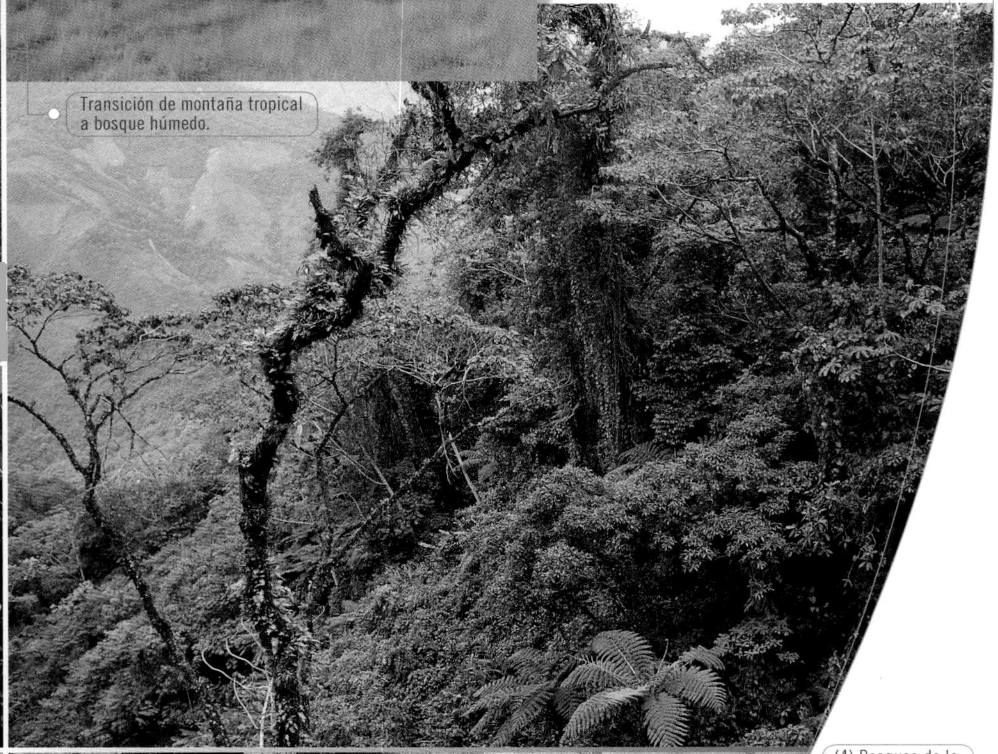

Transición de montaña tropical a bosque húmedo.

Zonas de vegetación natural de la Tierra

1 Cubierta de hielo permanente	7 Sabana tropical y pradera
2 Yermos polares y tundra	8 Pradera subtropical y estepa
3 Bosque boreal, taiga	9 Desierto y desierto semiárido
4 Bosque templado y tierra cultivada	10 Vegetación mediterránea, plantas esclerófilas
5 Bosque tropical lluvioso	11 Vegetación alpina
6 Bosque tropical caducifolio	

(3) Taiga – el cinturón de vegetación continental del norte

Las temperaturas anuales promedio en estas regiones cubiertas por bosques boreales siempre verdes y bosques de coníferas verdes en verano con sólo unas pocas especies, que se extienden por el mundo únicamente en regiones de permahielo del hemisferio norte, se encuentran cerca de los 32° F. Al cubrir unos 20 millones de kilómetros cuadrados (cerca del 13% del terreno seco de la Tierra), representan la formación forestal más grande.

(5) Bosque tropical lluvioso

En los trópicos, donde la lluvia cae durante todo el año y las precipitaciones anuales superan generalmente los 2.000 mm, las temperaturas determinan la naturaleza de los bosques. El bosque lluvioso ecuatorial siempre verde y de niveles múltiples - hábitat de una amplia variedad de especies – es predominante en áreas al nivel del mar con temperaturas anuales medias de 72 - 82° F. Los bosques montanos con menos especies son predominantes en elevaciones superiores a los 1.000 m y temperaturas promedio de 57 - 72° F. Los bosques de niebla, que se caracterizan por tener usneas, epifitos y helechos arborescentes, son predominantes sólo en elevaciones superiores a los 2.000 m y a temperaturas promedio de sólo 40 - 57° F. Conjuntamente, estos tres tipos de bosques ocupan un área total aproximada de 12.5 millones de kilómetros cuadrados (aproximadamente el 8% del terreno seco de la Tierra), y corren serio peligro sobre todo en las elevaciones más bajas como consecuencia de la explotación forestal y deforestación a gran escala. Si bien han sido destruidos casi por completo en la actualidad, los bosques de manglares son la forma de vegetación más común a lo largo de las costas tropicales.

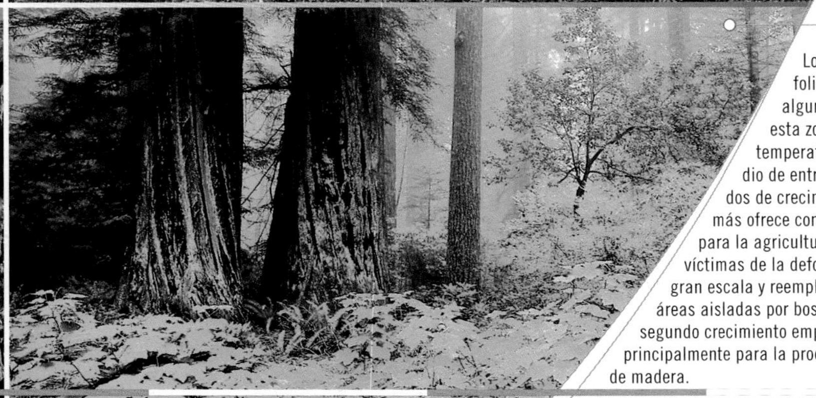

(4) Bosques de la zona templada

Los bosques mixtos, caducifolios y verdes en verano que alguna vez sobrevivieron en esta zona climática que con temperaturas anuales promedio de entre 43 y 54° F y períodos de crecimiento de 200 días más ofrece condiciones ideales para la agricultura, han sido víctimas de la deforestación a gran escala y reemplazados en áreas aisladas por bosques de segundo crecimiento empleados principalmente para la producción de madera.

(7) Sabanas – diversidad máxima de paisaje

Por lo general, se piensa en las sabanas como vastas praderas tropicales (como el Parque Nacional Serengeti). En la actualidad, muestran una cantidad de rasgos diferentes. Si bien el pasto es la cobertura dominante en la sabana, el espectro de formaciones vegetales comprende vegetación seca, espinosa y de arbustos, crecimiento floreciente de matorrales, áreas densamente arboladas e incluso bosques verdaderos (como bosques de galería a lo largo de las orillas de ríos o las regiones boscosas del Mopane o Miombo del sur africano). Las lluvias en el verano y la ausencia de invierno térmico son características de todos los tipos de sabanas.

(8) Estepas – praderas no tropicales bajo el arado

Donde una vez se extendieron hacia el horizonte praderas con climas de veranos secos y por lo general inviernos extremadamente fríos (en las llanuras norteamericanas o en las regiones de suelo negro del sur de Rusia), los seres humanos reemplazaron la vegetación natural de pastos cortos y secos y estepas de pastos largos húmedas por amplios campos para el cultivo de granos. En muchos lugares, estas actividades agrícolas a escala industrial contribuyeron al deterioro del suelo, despejando el camino para el viento y la erosión del agua.

(9) Vegetación en desiertos

La vegetación en desiertos y regiones semiáridas (donde los climas son apenas más favorables) se encuentra idealmente adaptada a las condiciones extremas de sus ambientes (escasez de agua, calor, escarcha nocturna o invernal, tormentas de arena, etc.). Las formas de vida vegetal superiores han desarrollado herramientas adecuadas de supervivencia: órganos que retienen el agua, cutículas de hojas que inhiben la evaporación, suspensión de la actividad metabólica durante períodos de calor extremo ("vida latente") u órganos vegetales subterráneos (raíces, sobre todo) desproporcionadamente grandes (en relación con la biomasa arriba del suelo). La microflora —comúnmente ignorada por los seres humanos— está representada en abundancia sobre la superficie por algas, hongos, y mantos de líquenes que incluso pueden verse en imágenes satelitales.

(10) Vegetación mediterránea

La vegetación natural original de las regiones mediterráneas, clasificadas como zonas de clima subtropical con inviernos húmedos, era bosque esclerófilo siempre verde (bosques de encina en la región mediterránea actual). El uso humano indiscriminado derivó en que mucha de esta vegetación original fuera reemplazada por formaciones de segundo crecimiento como arbustos de amplias hojas y pequeños árboles (matorral, chaparral o maquis) e incluso vegetación más pobre de maleza (garriga).

Migración humana

Una visión global de las poblaciones cambiantes

La historia de la humanidad es una de migración – y lo ha sido desde que los primeros humanos habitaron la Tierra. Inmigrantes y emigrantes – hordas invasoras y refugiados de guerra – migraciones masivas: todos estos términos describen aspectos de un problema complicado que actualmente es de vital importancia a nivel mundial.

Causas de la migración poblacional

Además de las causas naturales de muchos movimientos poblacionales significativos (inundaciones, degradación del suelo, desertificación, etc.), las personas tienden a migrar principalmente por motivos ideológicos y económicos. Además de los muchos casos desafortunados de migración involuntaria (destierro, deportación, huida por persecución, esclavitud, etc.), los factores de empuje y atracción se encuentran entre las causas más comunes de la migración a gran escala. La sobrepoblación, la falta de trabajo y las consecuentes penurias económicas y sociales que acompañan este fenómeno son y han sido factores "de empuje" importantes que contribuyen a la migración y emigración regionales. Por otro lado, la prosperidad y abundancia de trabajo en otros países atraen a trabajadores y refugiados económicos, como factores "de atracción", con la promesa de mejores condiciones de vida y oportunidades para el progreso social. Una revisión de la historia económica y social de la época moderna muestra claramente que los avances políticos en muchas áreas del mundo se han moldeado por movimientos poblacionales principales – desde el desplazamiento de esclavos africanos hasta la emigración europea (por motivos económicos o políticos, principalmente) hacia el Nuevo Mundo, Australia, Nueva Zelanda y Sudáfrica. En aproximadamente cien años, entre 1830 y 1928, emigraron casi seis millones de alemanes, cerca del 90% hacia EE.UU. y el resto a Canadá, Brasil, Australia, Argentina, Sudáfrica y Asia.

Entre líneas enemigas

En el otoño de 1996, cientos de miles de refugiados hutu escaparon de la zona de guerra en el Zaire Oriental para regresar a su tierra natal en Ruanda, un país devastado por la guerra.

Habilidades solicitadas en el exterior

Jóvenes inmigrantes de Alemania en Brasil (1925): las habilidades y el conocimiento automotriz son fundamentales para un nuevo comienzo.

Exilio involuntario

Los cautivos africanos a menudo eran encadenados: les ataban las manos a un palo durante su viaje a la esclavitud.

Gente en bote

Cientos de miles de vietnamitas dejaban su tierra natal, a menudo en botes sobrecargados y no aptos para la navegación, en busca de refugio en países no comunistas del sureste asiático, incluso después de la guerra de Vietnam. Un destino favorito era la ex colonia británica de Hong Kong.

Siglos XVI y XVII: españoles y portugueses

Siglo XVII y XVIII: trata de esclavos

Siglo XVIII y XIX: migración continental norteamericana

Siglo XVIII y XX: europeos hacia regiones extranjeras

Migración humana

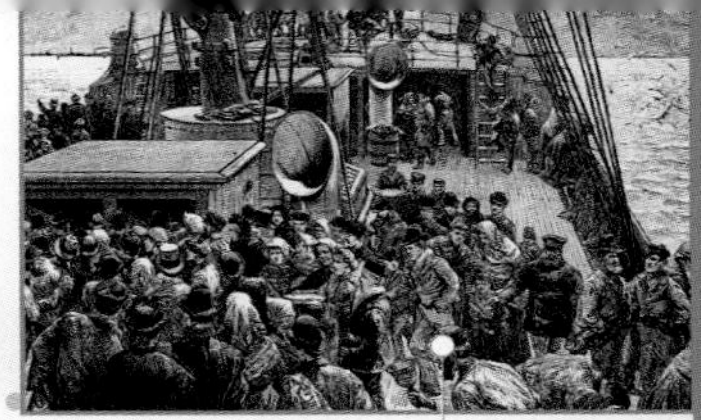

Multitudes de refugiados

Es probable que la guerra sea la causa más frecuente de migraciones masivas involuntarias. Además de las dos Guerras Mundiales, una cantidad de guerras y hostilidades locales más recientes fueron las causantes de que grandes grupos de refugiados abandonaran su tierra natal en África (Congo, Ruanda, las Guineas), Afganistán y el Oriente Medio (donde conflictos políticos y militares sin resolver entre israelíes y palestinos y problemas con poblaciones kurdas han persistido durante décadas). La prueba notable de que las diferencias religiosas e ideológicas así como las hostilidades étnicas pueden provocar mayores migraciones de refugiados se puede encontrar en los estados de los Balcanes, el sudeste de Asia (antagonismo cristiano-musulmán) y en el subcontinente indio (conflictos entre musulmanes e hindúes).

Los refugiados ambientales son personas que debieron dejar su tierra natal por la degradación de sus ambientes naturales y el consecuente deterioro o pérdida de los fundamentos tradicionales de la vida. La escasez y contaminación hídricas, erosión del suelo, deforestación, desertificación, y cambios que afectan la diversidad animal y vegetal están forzando a que crecientes cantidades de personas abandonen su tierra de origen.

Los refugiados económicos son propensos a dejar su tierra de origen en busca de mejores condiciones de vida –principalmente en países occidentales industrializados– al empeorar los desequilibrios sociales, y sobre todo, económicos de proporciones regionales o globales. Ejemplos destacados incluyen la inmigración mexicana hacia EE.UU, el flujo ascendente de migrantes de Europa del este hacia Europa central y occidental, y la cantidad creciente de africanos y asiáticos ingresados de contrabando en los estados miembros de la Unión Europea de la mano de bandas organizadas.

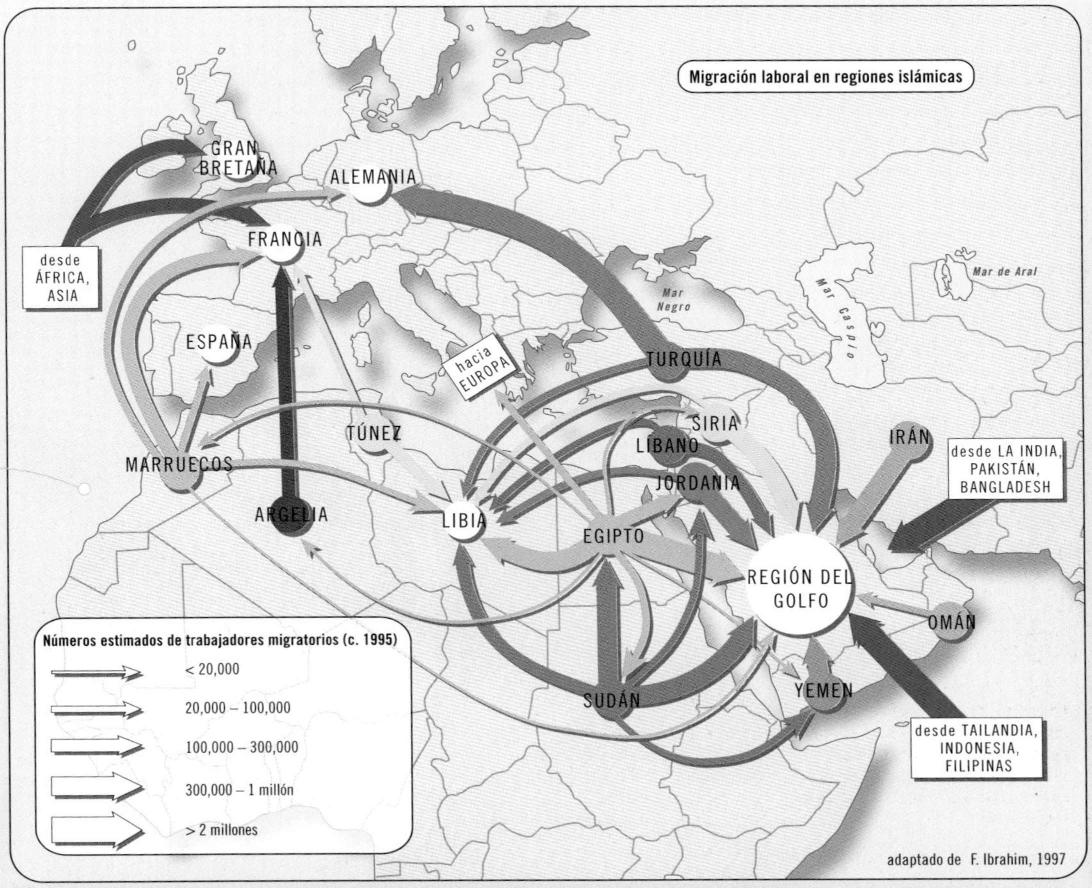

Migración laboral en regiones islámicas

Números estimados de trabajadores migratorios (c. 1995)

→	< 20,000
→	20,000 – 100,000
→	100,000 – 300,000
→	300,000 – 1 millón
→	> 2 millones

adaptado de F. Ibrahim, 1997

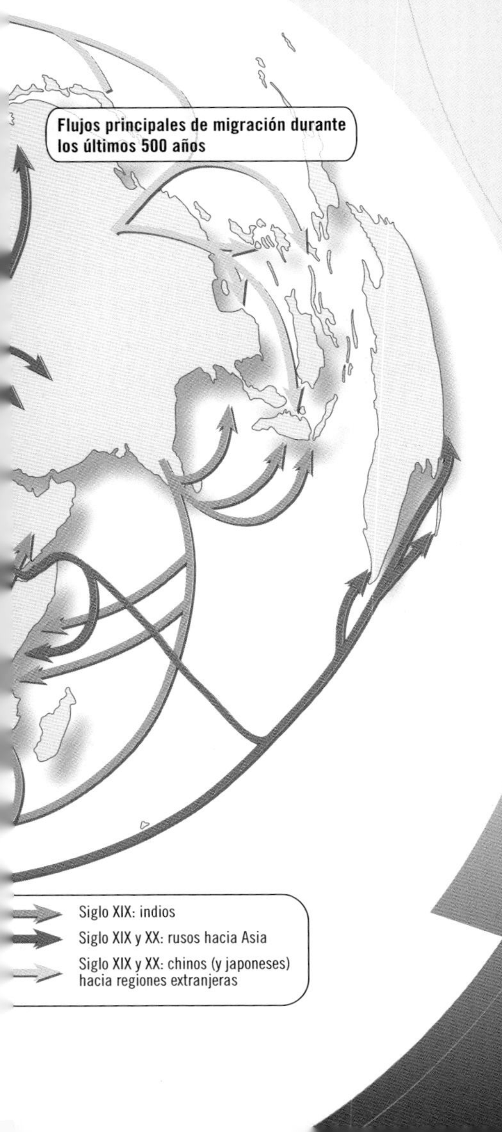

Flujos principales de migración durante los últimos 500 años

→	Siglo XIX: indios
→	Siglo XIX y XX: rusos hacia Asia
→	Siglo XIX y XX: chinos (y japoneses) hacia regiones extranjeras

Consecuencias de los desastres en la población mundial, 1969 - 1993

Tipo de desastre	Afectadas	No. de personas sin hogar	Víctimas mortales	No. de eventos
Sequía y hambruna	57,906,000	23,000	74,000	438
Inundaciones	47,850,000	3,178,000	12,000	1,366
Tormentas tropicales	9,417,000	1,066,000	29,000	1,551
Terremotos	1,765,000	224,000	22,000	640
Corrimiento de tierras	132,000	107,000	1,600	218
Erupciones volcánicas	95,000	13,000	1,000	98
Accidentes técnicos	53,000	8,400	600	310
Incendios	33,000	88,000	3,300	583

En un barco emigrante

Durante el siglo XIX, miles de emigrantes irlandeses se embarcaron en búsqueda de una vida mejor en el Nuevo Mundo; la mayoría de ellos huyeron durante la hambruna irlandesa de la patata de 1845-50. El grabado en madera muestra a los pasajeros del bote emigrante mientras son llamados a desayunar mediante el sonido de una campana.

Migración laboral

A diferencia de los multitudinarios y diversos grupos de más o menos migrantes involuntarios, quienes dejan su tierra natal en busca de trabajo, comúnmente lo hacen de modo voluntario sobre la base de consideraciones personales. Los siguientes ejemplos podrán ilustrar este fenómeno.

En América del Norte, los trabajadores migratorios son requeridos principalmente como peones de cosecha inexpertos en el sector agropecuario. La mayoría de estas personas vienen del sur – de México o del Caribe. Según cálculos oficiales, en 2001 había alrededor de 8.5 millones de mexicanos viviendo y trabajando en EE.UU, de los cuales cerca de tres millones lo hacían ilegalmente. En muchos casos, estos trabajadores migratorios han sido ingresados de contrabando por bandas organizadas. Patrones migratorios específicos han tomado forma en EE.UU a través de los años. Una cantidad significativa de trabajadores migratorios se desempeña como recolectores de fruta en Florida durante el invierno antes de trasladarse al norte hacia los estados de Nueva Inglaterra para ayudar en la cosecha de tomates, patatas y manzanas en el verano. Un segundo flujo de trabajadores migratorios se traslada de Texas a la región del Medio Oeste o Costa Oeste en busca de trabajo como recolectores de frutas, vegetales, remolacha azucarera o algodón. Una tercera corriente se mueve rumbo al norte a través de la Costa Oeste desde el sudeste de California hacia Washington para trabajar durante las cosechas de frutas y vegetales.

Los trabajadores migratorios por lo general contribuyen de modo significativo al mantenimiento de los estándares de vida e incluso al aumento de la prosperidad, como claramente lo muestra el ejemplo de los pequeños países productores de petróleo del Golfo Pérsico. Los "braceros" no sólo representan hasta el 80% de sus poblaciones sino que las instituciones sociales y los sectores económicos – servicios públicos, escuelas, universidades, hospitales, hogares privados, administraciones nacionales y municipales, el negocio de la construcción y hasta cierto punto la propia industria petrolera – dependen ampliamente de los trabajadores extranjeros y difícilmente podrían funcionar sin ellos.

Perspectivas

Catástrofes ambientales, crecimiento acelerado de la población y estancamiento económico en algunas regiones; crecimiento lento de la población acompañado de sólida expansión económica en otras; disputas políticas y conflictos regionales, guerras civiles y hambrunas – todos estos factores continuarán causando migraciones poblacionales de gran escala y olas de refugiados en el siglo XXI. En una economía global, es difícil que un país no sufra las consecuencias de estos avances.

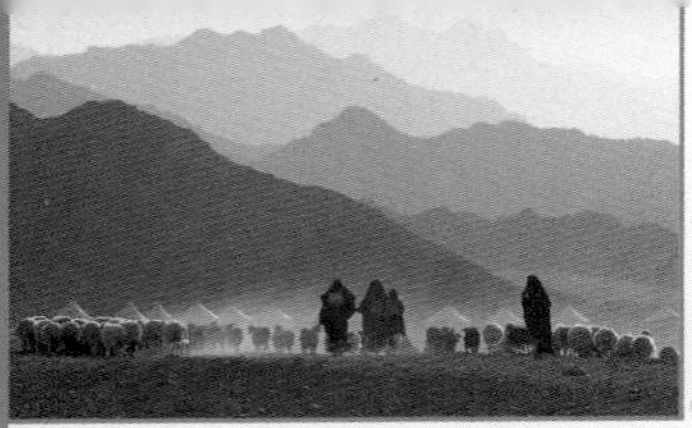

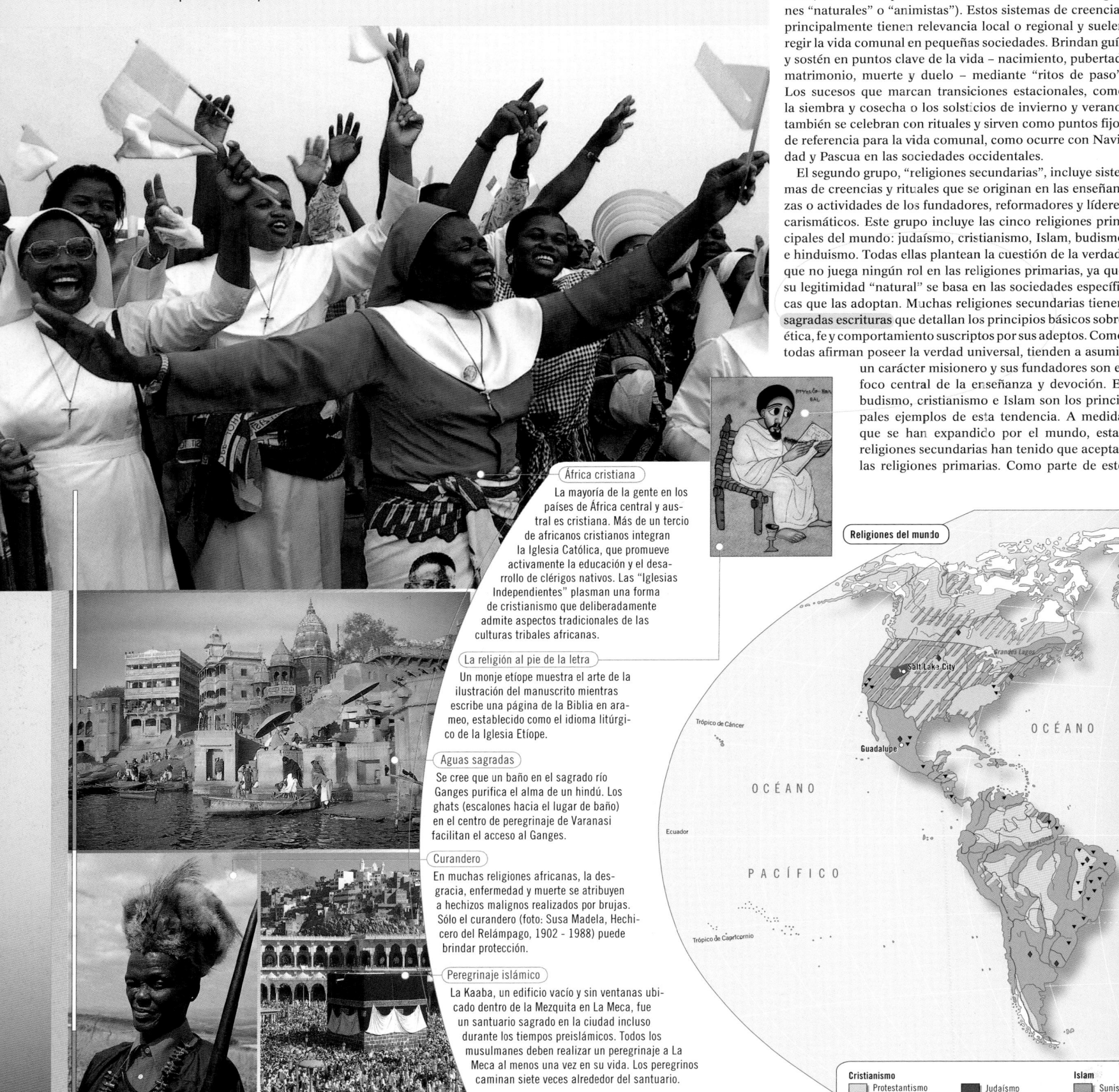

Religiones del mundo

¿Un poder divino? Muchos conceptos de divinidad

La religión es una expresión de las respuestas humanas al experimentar la divinidad en rituales y doctrinas. Se manifiesta de distintas maneras en las diferentes culturas y épocas, y si bien se distingue de otras manifestaciones culturales, las refleja y moldea al mismo tiempo. La religión está siempre orientada a la comunidad y siempre conlleva normas éticas, aunque éstas puedan variar significativamente de un conjunto de creencias y principios a otro. La religión adquiere forma pública en rituales y peregrinajes, en lugares específicos y en las enseñanzas de líderes religiosos. La fe religiosa integra y modela la vida de quienes la comparten.

Un fenómeno masivo

Desde tiempos prehistóricos, todas las sociedades humanas han adoptado creencias religiosas de alguna clase. Se distinguen dos tipos básicos de religión. El primero se denomina "religión primaria". Es el origen y fundamento de todas las religiones y queda aún claramente reflejado en las "religiones tribales" (aunque por lo general se las denomina, de modo impreciso e incluso indeterminado, religiones "naturales" o "animistas"). Estos sistemas de creencias principalmente tienen relevancia local o regional y suelen regir la vida comunal en pequeñas sociedades. Brindan guía y sostén en puntos clave de la vida – nacimiento, pubertad, matrimonio, muerte y duelo – mediante "ritos de paso". Los sucesos que marcan transiciones estacionales, como la siembra y cosecha o los solsticios de invierno y verano, también se celebran con rituales y sirven como puntos fijos de referencia para la vida comunal, como ocurre con Navidad y Pascua en las sociedades occidentales.

El segundo grupo, "religiones secundarias", incluye sistemas de creencias y rituales que se originan en las enseñanzas o actividades de los fundadores, reformadores y líderes carismáticos. Este grupo incluye las cinco religiones principales del mundo: judaísmo, cristianismo, Islam, budismo e hinduismo. Todas ellas plantean la cuestión de la verdad, que no juega ningún rol en las religiones primarias, ya que su legitimidad "natural" se basa en las sociedades específicas que las adoptan. Muchas religiones secundarias tienen sagradas escrituras que detallan los principios básicos sobre ética, fe y comportamiento suscriptos por sus adeptos. Como todas afirman poseer la verdad universal, tienden a asumir un carácter misionero y sus fundadores son el foco central de la enseñanza y devoción. El budismo, cristianismo e Islam son los principales ejemplos de esta tendencia. A medida que se han expandido por el mundo, estas religiones secundarias han tenido que aceptar las religiones primarias. Como parte de este

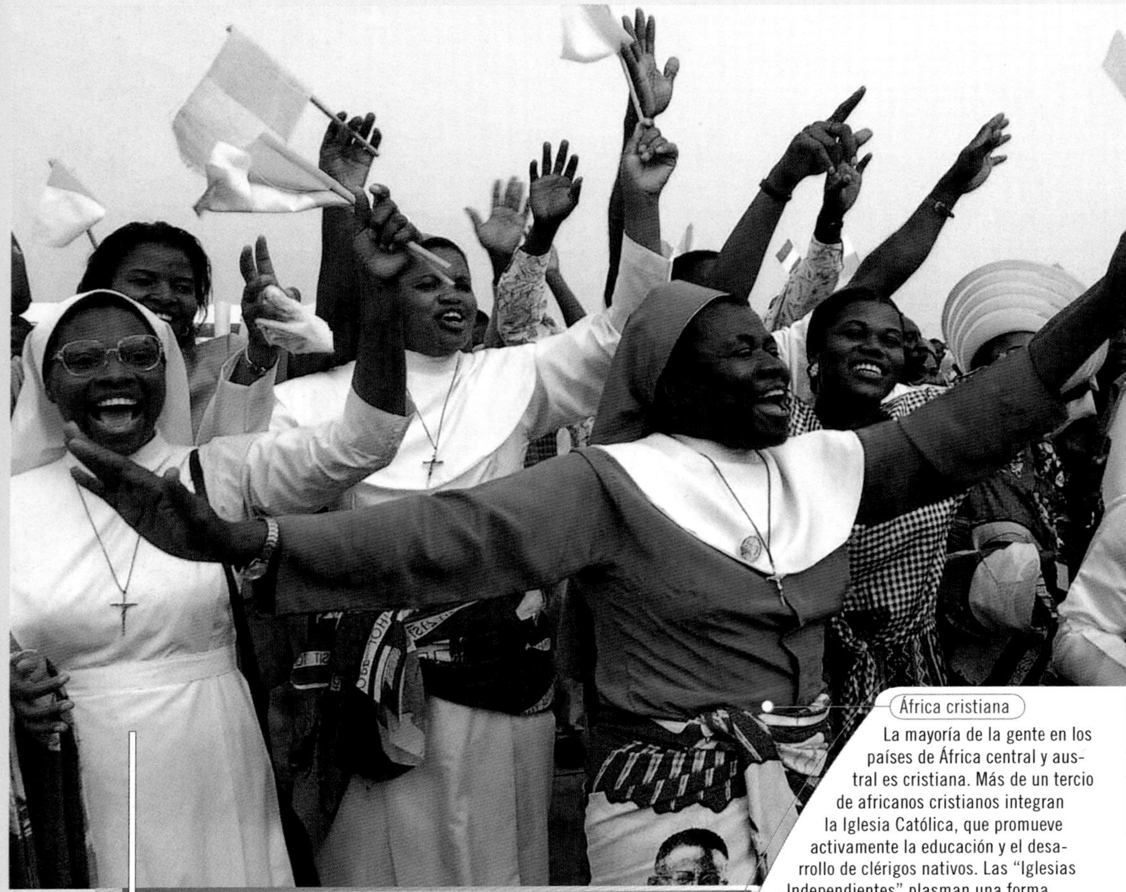

África cristiana

La mayoría de la gente en los países de África central y austral es cristiana. Más de un tercio de africanos cristianos integran la Iglesia Católica, que promueve activamente la educación y el desarrollo de clérigos nativos. Las "Iglesias Independientes" plasman una forma de cristianismo que deliberadamente admite aspectos tradicionales de las culturas tribales africanas.

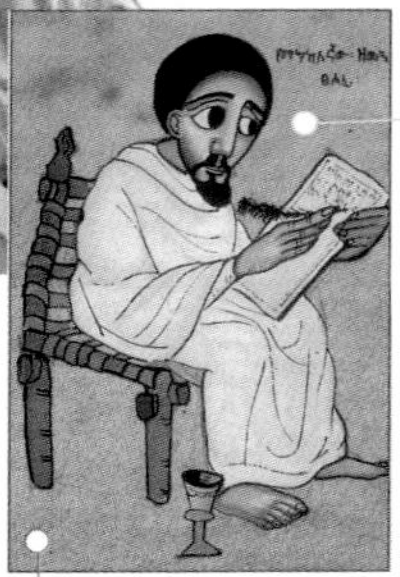

La religión al pie de la letra

Un monje etíope muestra el arte de la ilustración del manuscrito mientras escribe una página de la Biblia en arameo, establecido como el idioma litúrgico de la Iglesia Etíope.

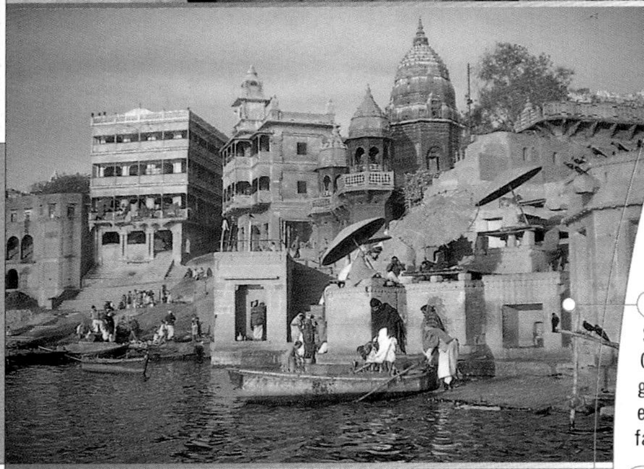

Aguas sagradas

Se cree que un baño en el sagrado río Ganges purifica el alma de un hindú. Los ghats (escalones hacia el lugar de baño) en el centro de peregrinaje de Varanasi facilitan el acceso al Ganges.

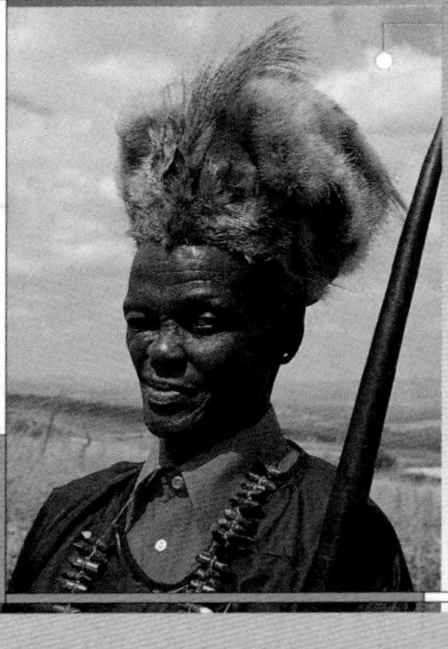

Curandero

En muchas religiones africanas, la desgracia, enfermedad y muerte se atribuyen a hechizos malignos realizados por brujas. Sólo el curandero (foto: Susa Madela, Hechicero del Relámpago, 1902 - 1988) puede brindar protección.

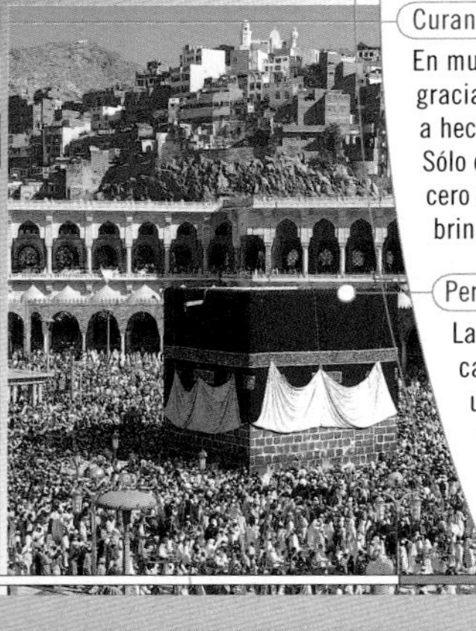

Peregrinaje islámico

La Kaaba, un edificio vacío y sin ventanas ubicado dentro de la Mezquita en La Meca, fue un santuario sagrado en la ciudad incluso durante los tiempos preislámicos. Todos los musulmanes deben realizar un peregrinaje a La Meca al menos una vez en su vida. Los peregrinos caminan siete veces alrededor del santuario.

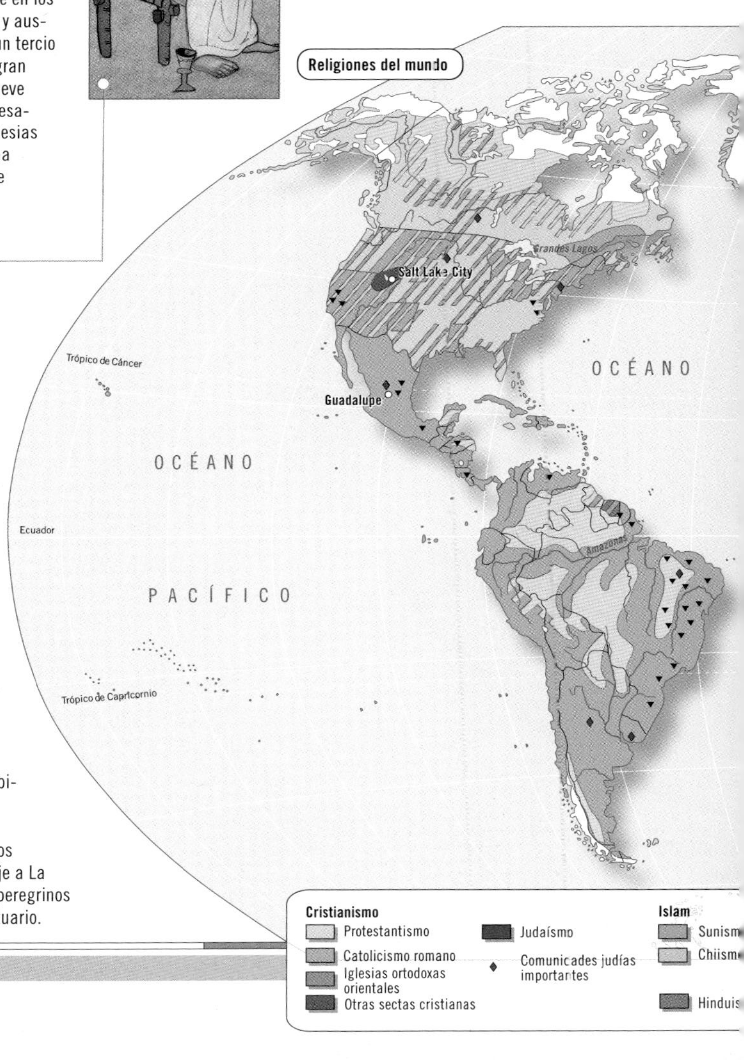

Religiones del mundo

OCÉANO

OCÉANO

PACÍFICO

Trópico de Cáncer

Ecuador

Trópico de Capricornio

Salt Lake City

Grandes Lagos

Guadalupe

Cristianismo		Islam
Protestantismo	Judaísmo	Sunismo
Catolicismo romano	Comunidades judías importantes	Chiismo
Iglesias ortodoxas orientales		
Otras sectas cristianas		Hinduismo

proceso, adoptaron y adaptaron los rituales sagrados exis-tentes, lugares y tiempos, los reinterpretaron y excluyeron los elementos que no podían ajustarse a sus enseñanzas. Por ejemplo, el budismo se transformó en budismo maha-yana en China como respuesta a las influencias regionales. El cristianismo se dividió en una rama oriental (ortodoxa) influenciada por las religiones de Grecia y Asia Menor, y en una forma de catolicismo occidental (romana) orienta-da hacia las religiones romanas más dogmáticas. El Islam adoptó elementos judeo-cristianos ya existentes, como cla-ramente muestra la vida de Mahoma.

Cuando las grandes religiones se enfrentan a una pér-dida de vitalidad y comienzan a abandonar sus doctrinas originales por influencia del entendimiento progresivo, de las estructuras modernas de pensamiento y de la presión de los sistemas políticos, aparecen los reformadores, se fundan nuevas sectas y toman forma los movimientos de resurgencia fundamentalista, tal como vemos hoy en día en todo el mundo. Esta tendencia se refleja en nuevas sectas y movimientos religiosos en Japón (tenrykyo y otros), Esta-dos Unidos (mormones, Hijos de Dios, etc.), Latinoaméri-ca (umbanda, culto vudú), India (neohinduismo) y África (iglesia kimbanguista, aladura, etc.), así como también en las categóricamente piadosas religiones de la Nueva Era.

La religión: ¿una fuente de conflicto?

Todas las religiones intentan controlar la vida de sus integrantes y por lo tanto tienen un rol importante en la vida pública. Los movimientos religiosos radicales, general-mente fundamentalistas, también buscan ejercer influencia política, aunque a menudo se exponen también a la mani-pulación por parte de las fuerzas políticas. En vista de los peligros que enfrentan las sociedades en el mundo actual, sería conveniente que las religiones recordaran su función humanitaria y apoyaran el desarrollo de un sistema ético que permita a los humanos vivir juntos y en paz.

Religiones del mundo

Religiones	Fecha de origen	Sagradas escrituras	Número de adherentes	% de población mundial
Cristianismo	30 d.C	Biblia	2 mil millones	33% – con un incremento en el Tercer Mundo
Islam	622 d.C	Corán	1.3 mil millones	20% – en aumento
Hinduismo y neohinduismo	c. 1,500 a.C	Vedas, Upanishads	900 millones	15% – estacionaria
Ateos y agnósticos	–	–	900 millones	15% – en disminución
Budismo	c. 530 a.C	Tipitaka	360 millones	6% – estacionaria
Complejo religioso chino (culto a los antepasados y la naturaleza, taoísmo, confucianismo*)	c. 1,500 a.C	–	230 millones	5%
Religiones tribales	Prehistórica	Tradición oral	91 millones	2%
Religiones yorubas: cultos vudú, umbanda, etc.	¿?	–	30 millones	<1%
Nuevos movimientos religiosos (caodismo, Soka-Gakkai, Ananda Marga, etc.)	Siglos XIX/XX	–	30 millones	<1%
Sikhismo	1500 d.C	Adi Granth	18 millones	<1%
Judaísmo	Exilio babilónico (587– 538 a.C)	Torah, Talmud	15 millones	<1%
Chamanismo	Prehistórica	Tradición oral	12 millones	<1%
Espiritismo*	Post 1800	–	10 millones	<1%
Bahaísmo	1863 d.C	El Libro Más Sagrado	4 millones	<1%
Shinto	Siglo VI d.C	Kojiki, Nihongi, Fudoki	4 millones	<1%
Jainismo	Siglos VI/V a.C	Canon amplio de literatura prácrita	3 millones	<1%
Parseísmo	500 – 250 a.C	Avesta	150,000	<1%

* No es una religión en sentido estricto

Ritos del matrimonio judío

La novia y el novio cubren sus cabezas con un talit (manto de oración) durante la ceremonia del matrimonio.

El desierto – origen de todas las grandes religiones

Los israelíes eran nómadas, como estos pastores de la Península del Sinaí. Se cree que en un principio veneraban a dioses protectores y divi-nidades locales. Cada tribu tenía su propio dios, al que se llegaba mediante los ancia-nos de la tribu ("padres").

Armonía y paz

La meditación es un ejercicio religioso importante para los budistas, ya que libera el corazón del sufrimiento y la mente de la ignorancia. La sencilla túnica color azafrán simboliza sencillez y autone-gación; la higuera evoca el árbol de Bodhi debajo del cual Buda recibió la iluminación.

Budismo del Norte y del Sur
Budismo lamaísta

Complejo religioso chino (confucianismo, taoísmo)
Shinto
Religiones tribales, Chamanismo

Movimientos religiosos nuevos
Santuarios y lugares religiosos
Áreas despobladas

Círculo Polar Ártico
Wittenberg
Canterbury
Lourdes
Roma
Monte Athos
Estambul
Kairouan
Jerusalén
Mashhad
Wutaishan
Tai Shan
Nara Fuji
Medina
Meca
Amritsar
Lasa
Oei Shan
Allahabad
Benarés
Calcuta
Rangún
Rameswaram
Kandy
Mar de Aral
Lago Baikal

OCÉANO PACÍFICO
OCÉANO ÍNDICO
OCÉANO ATLÁNTICO

La diversidad lingüística mundial

Un solo mundo, miles de idiomas

Según el criterio que se aplique para distinguirlos, en nuestro planeta se hablan entre 2.500 y 6.500 idiomas. Esta gran diferencia en el cálculo refleja no solo lo difícil que es distinguir con certeza un dialecto de un idioma, sino también nuestra ignorancia acerca de muchos idiomas que sólo son hablados por pequeños grupos en regiones tales como la cuenca amazónica, Nueva Guinea y el interior de África.

Los idiomas europeos solo son una pequeña parte del total; en el continente se hablan entre 70 y 165 lenguas distintas. En Papua Nueva Guinea se hablan cerca de 750 idiomas, más que en ningún otro país del mundo. Sólo algunos países tienen un solo idioma, Islandia es un ejemplo de ello.

La mayoría de los países albergan hablantes de varias lenguas distintas y sus variedades. Todos los años desaparecen algunos idiomas y los descubrimientos de idiomas nuevos son poco frecuentes aún hoy.

Europoide		Africa
Francés	Indio	Bosquimano (San)	Massai
Indoeuropeo		Khoisan	Nilo-Sahar

Lenguas muertas, legados vivos

Algunos idiomas mueren con sus últimos hablantes, mientras que otros se preservan porque constituyen la base del conocimiento, se enseñan en escuelas (árabe clásico), se usan solo en contextos religiosos (hebreo antiguo) o se estudian como puntos de referencia históricos en lingüística (sánscrito). Algunos, tales como el griego o el latín son una fuente de terminología científica o conservan su vitalidad como idiomas literarios (chino clásico).

El inglés, un idioma importante a nivel mundial

La globalización también afecta a los idiomas. El inglés se ha convertido en el idioma dominante en todo el mundo, a pesar de que está muy atrás del chino en lo que respecta al número de hablantes nativos. En los campos del deporte, la cultura, el mundo tecnológico de las computadoras y las telecomunicaciones, el turismo, el discurso científico y las comunicaciones de negocios, el inglés ha logrado un nivel de utilidad, prestigio e influencia mundial que no admite comparaciones. Las organizaciones internacionales ejercen una influencia considerable en la política idiomática que protege otras lenguas. En las Naciones Unidas, por ejemplo, el árabe, chino, francés, ruso y español son, junto con el inglés, los idiomas oficiales. La Unión Europea ha otorgado la categoría de idiomas oficiales a todos los idiomas de sus países miembros.

Resurgimiento étnico: resistencia local

Los movimientos de emancipación de los sesenta y setenta llevaron a una reflexión sobre la importancia del idioma en el contexto del resurgimiento étnico. El énfasis repentinamente cambió de "utilidad" a "adecuación" a nivel mundial en la preocupación por la diversidad lingüística. Los idiomas de grupos "minoritarios" que se hablaban en colonias que habían logrado la independencia se reconocieron como dignos del mismo tratamiento y categoría. Idiomas que durante siglos se habían preservado y pasado de una generación a otra sólo en forma oral se analizaron y describieron en forma sistemática, se adaptaron a una forma estandarizada de escritura y se documentaron en material educativo y de referencia, tales como libros de texto, manuales para docentes, diccionarios y gramáticas. Algunos ejemplos de estos idiomas son el feroés, un idioma germánico insular y el swahili, la lengua franca en África. Las señales de tránsito bilingües o trilingües, las marquesinas en varios idiomas y una mayor presencia en los medios ofrecen evidencia visible y audible de la nueva categoría de muchos idiomas que fueron desestimados alguna vez.

Los sistemas de escritura: las claves del idioma

Durante más de tres mil años, los humanos hemos utilizado una gran variedad de sistemas de escritura para presentar el lenguaje verbal natural en forma visual. Los pueblos de culturas antiguas como la egipcia, la inuit o la maya desarrollaron varias formas de jeroglíficos. Los sumerios crearon el sistema cuneiforme y los pueblos de otras civilizaciones establecieron sistemas que incluían signos para representar palabras y sílabas. La mayor parte de la escritura utilizada actualmente utiliza símbolos para representar sonidos específicos. Los sistemas de escritura que se usan hoy en día en Europa y Norteamérica tienen su origen en el alfabeto fenicio desarrollado en el siglo X a.C., que también sirvió de base para los sistemas de escritura arábiga y hebrea. Los lingüistas identificaron cuatros grandes grupos de alfabetos: el griego (latín, cóptico, cirílico, armenio y georgiano), el semítico (árabe, hebreo, etíope), el indico (devanagari, bengalí, tibetano, burmano, tailandés, khmer) y de Asia del Este (chino, japonés, coreano). Todos los seres humanos tenemos un idioma, pero no todos manejamos la forma escrita. El analfabetismo es bastante común, en particular en países del tercer mundo. En Haití, por ejemplo, el 55% de la población no sabe leer ni escribir. El analfabetismo alcanza al 40% de la población de la República Centroafricana y el 62% de los yemeníes no pueden leer el periódico ni escribir una nota corta. Incluso los países ricos e industrializados del mundo tienen que enfrentar el problema del analfabetismo, dado que el 5% de sus habitantes no pueden leer ni expresarse en forma escrita y de esta manera quedan excluidos de la vida cultural y económica.

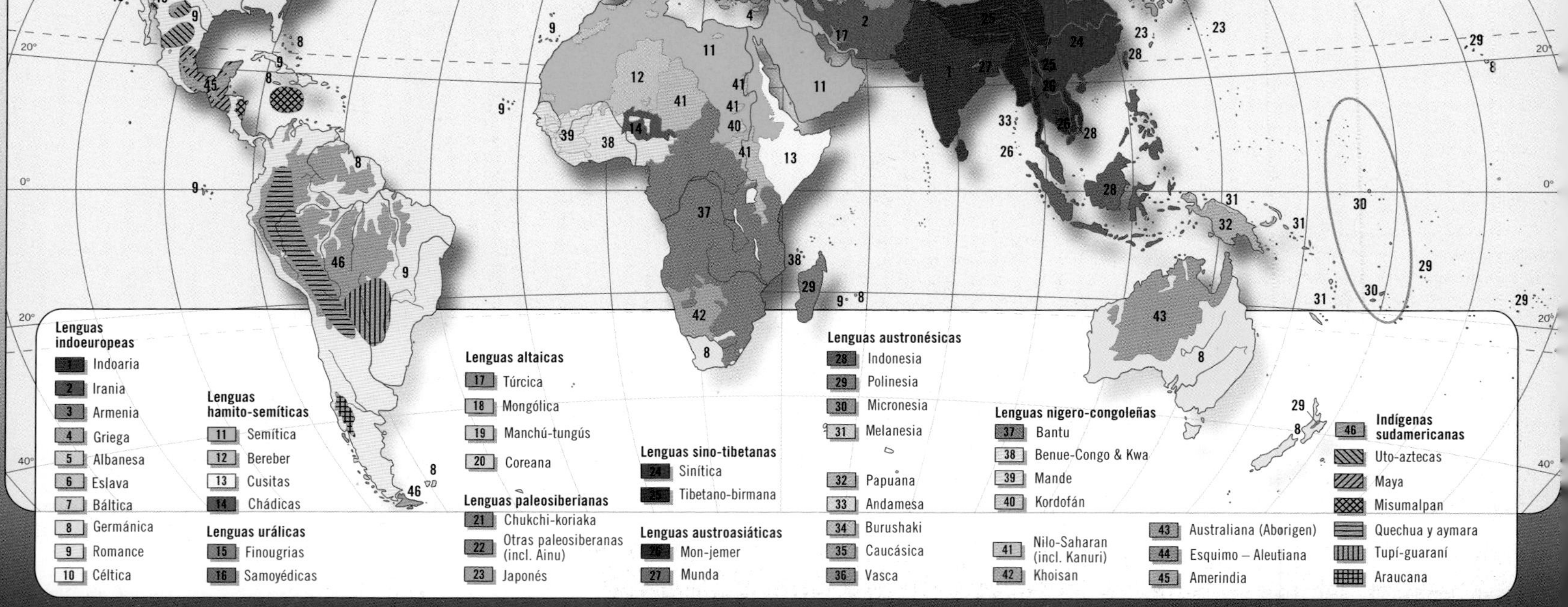

Lenguas del mundo

Legend

Lenguas indoeuropeas
1 Indoaria
2 Irania
3 Armenia
4 Griega
5 Albanesa
6 Eslava
7 Báltica
8 Germánica
9 Romance
10 Céltica

Lenguas hamito-semíticas
11 Semítica
12 Bereber
13 Cusitas
14 Chádicas

Lenguas urálicas
15 Finougrias
16 Samoyédicas

Lenguas altaicas
17 Túrcica
18 Mongólica
19 Manchú-tungús
20 Coreana

Lenguas paleosiberianas
21 Chukchi-koriaka
22 Otras paleosiberanas (incl. Ainu)
23 Japonés

Lenguas sino-tibetanas
24 Sinítica
25 Tibetano-birmana

Lenguas austroasiáticas
26 Mon-jemer
27 Munda

Lenguas austronésicas
28 Indonesia
29 Polinesia
30 Micronesia
31 Melanesia
32 Papuana
33 Andamesa
34 Burushaki
35 Caucásica
36 Vasca

Lenguas nigero-congoleñas
37 Bantu
38 Benue-Congo & Kwa
39 Mande
40 Kordofán
41 Nilo-Saharan (incl. Kanuri)
42 Khoisan
43 Australiana (Aborigen)
44 Esquimo – Aleutiana
45 Amerindia

Indígenas sudamericanas
46 Indígenas sudamericanas
Uto-aztecas
Maya
Misumalpan
Quechua y aymara
Tupí-guaraní
Araucana

La diversidad lingüística mundial

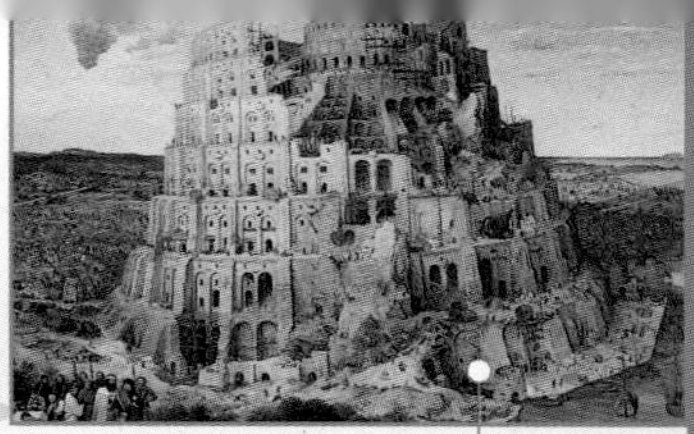

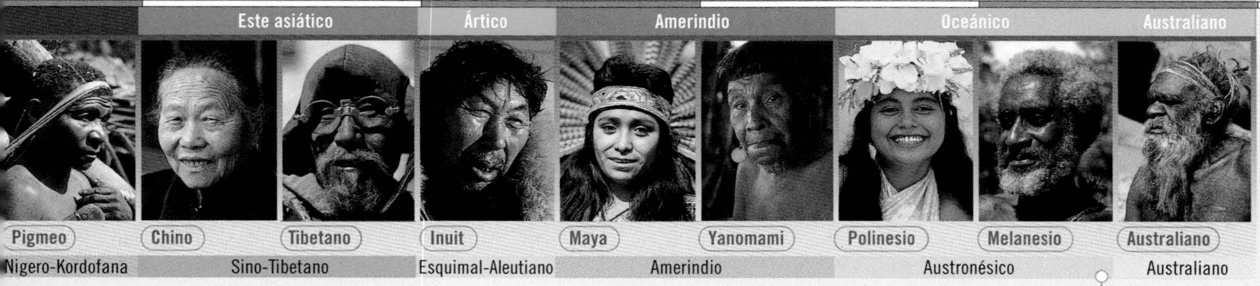

Este asiático		Ártico	Amerindio		Oceánico		Australiano

Pigmeo	Chino	Tibetano	Inuit	Maya	Yanomami	Polinesio	Melanesio	Australiano
Nigero-Kordofana	Sino-Tibetano		Esquimal-Aleutiano	Amerindio		Austronésico		Australiano

La diversidad lingüística ¿Una maldición?

Originalmente, ¿los humanos hablábamos un mismo idioma? La idea, que ya no es aceptada, se expresa en la historia bíblica de la torre de Babel, ilustrada en la pintura de Pieter Bruegel, padre, de 1563. Según este relato, la diversidad lingüística fue un castigo de Dios por el orgullo y la ambición humanos.

Intercambio lingüístico: el factor extranjero

Todos los idiomas han cambiado con el correr de los siglos. Además de la evolución orgánica natural de los idiomas, éstos se ven influenciados por el contacto entre los hablantes de distintas comunidades lingüísticas: conquistadores y conquistados, grupos lingüísticos vecinos, etc. De esta forma, los idiomas se enriquecen unos a otros con "material extranjero", es decir la adopción y adaptación de palabras y formas. Este fenómeno es conocido por los historiadores lingüísticos como la superposición de estratos: los sustratos son restos del idioma de los pueblos conquistados o exterminados en el idioma de los vencedores, por ejemplo, los restos de lengua céltica en las lenguas romance. Los superestratos son los elementos que los conquistadores introducen en el idioma de los vencidos pero que no desplazan completamente el idioma original, tal como la influencia franconia en el francés. Los adstratos son las influencias lingüísticas que no reflejan una relación de jerarquía, tales como el contacto entre hablantes de lenguas germánicas y romances en las fronteras.

El nacimiento de nuevos idiomas: lenguas pidgins y criollas

Las lenguas pidgins y criollas son el producto de una forma especial de interacción lingüística que ocurre principalmente cuando hablantes de idiomas distintos se comunican unos con otros. Tales idiomas se han desarrollado a través de la actividad comercial en economías influenciadas por la esclavitud en el Nuevo Mundo, África, el sudeste de Asia y Oceanía. Las lenguas pidgin se caracterizan por tener estructuras muy simplificadas que facilitan la comunicación pero que no se encuentran en ninguno de los dos idiomas de origen. Cuando este tipo de lengua queda establecida y se pasa de generación en generación, se la denomina lengua criolla. Muchas lenguas criollas se han normalizado y adoptado como idiomas nacionales oficiales, en Haití, Mauricio y las Seychelles, por ejemplo. De esta forma, las lenguas contribuyen a la formación de la identidad nacional o local.

El futuro de los idiomas

Aunque muchos predijeron la posible finalización de la diversidad lingüística, los idiomas han demostrado ser extraordinariamente resistentes. Aun hoy, algunos esperan y creen que la globalización establecerá el inglés como el medio internacional de comunicación. Sin embargo, también se han hecho esfuerzos para proteger el derecho a hablar la lengua nativa propia, que se basa en convenciones internacionales de derechos humanos. Gradual pero indudablemente, la gente está descubriendo que la diversidad lingüística tiene el potencial de enriquecer a la humanidad. No es, como sugiere la Biblia, el castigo de Dios por el orgullo, la vanidad y la ambición humanos. En la era de la tecnología, las lenguas que permanecen abiertas al progreso y son capaces de integrarlo a sus sistemas dinámicos sobrevivirán y asegurarán la preservación de la diversidad lingüística en el siglo XXI.

Un monumento al idioma

Un ejemplo muy importante de un idioma literario desarrollado a través de un esfuerzo voluntario es el afrikáans, que se habla en Sudáfrica. Este monumento al idioma es único y se erigió en Paarl, cerca de Ciudad del Cabo. Conmemora el movimiento lingüístico fundado por los Boers en 1875.

La fisonomía de la diversidad

Fotografías de personas de los grupos étnicos referidos y su familia de lenguas (barra inferior).

Distribución geográfica de idiomas en el mundo

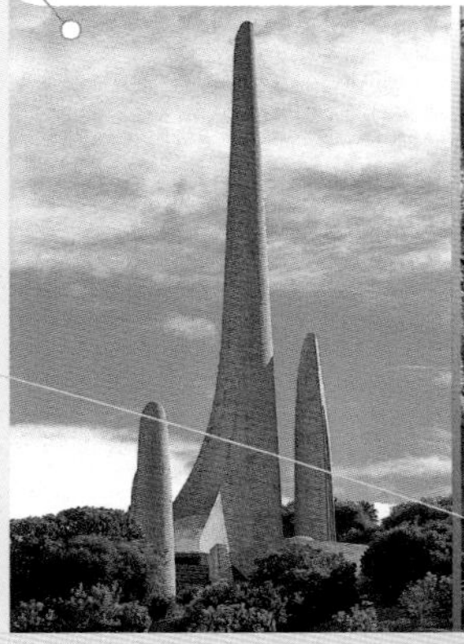

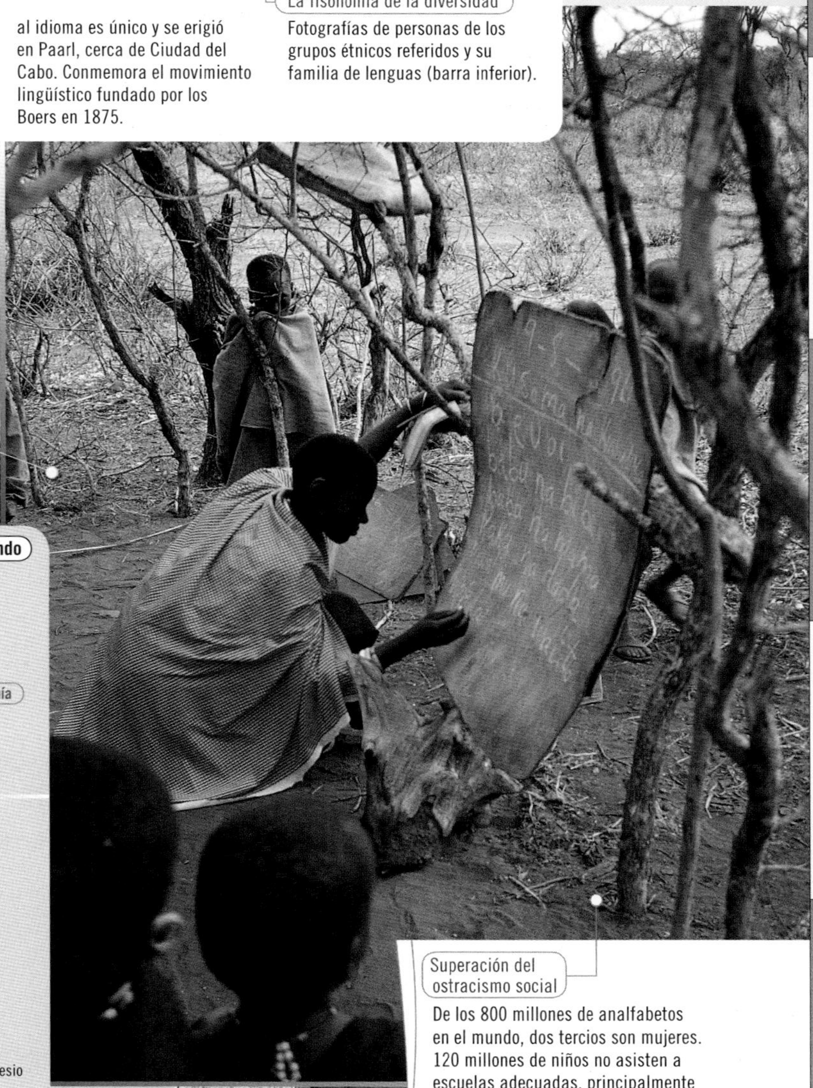

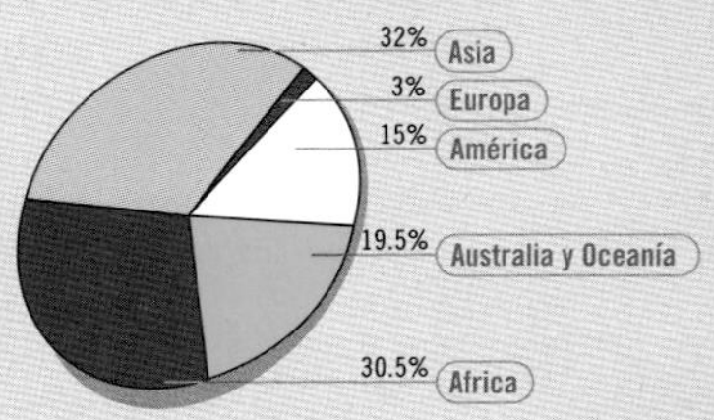

- 32% Asia
- 3% Europa
- 15% América
- 19.5% Australia y Oceanía
- 30.5% África

Idiomas más hablados por cantidad de hablantes, nativos y como segunda lengua

Millones	
940	Chino
475	Inglés
395	Hindi
375	Español
300	Ruso
215	Árabe
200	Bengalés
185	Portugués
155	Malayo / Indonesio
125	Japonés
122	Francés
118	Alemán
100	Urdu

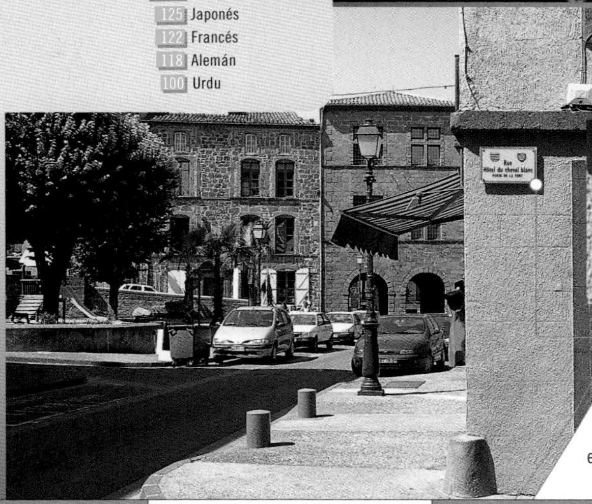

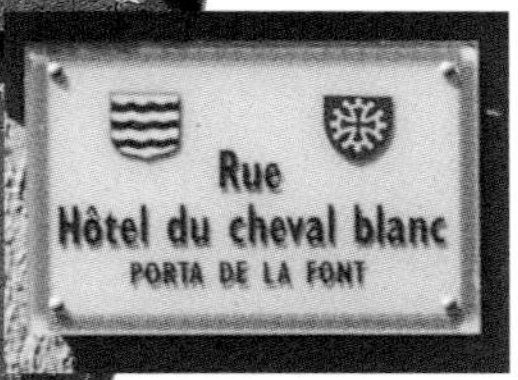

Superación del ostracismo social

De los 800 millones de analfabetos en el mundo, dos tercios son mujeres. 120 millones de niños no asisten a escuelas adecuadas, principalmente por falta de recursos. Esta fotografía muestra una escuela massai al aire libre en el este de África.

Señal de tránsito bilingüe

Actualmente, se tiene una mayor consideración por las minorías lingüísticas en muchos países. (Fotografía: señal en francés y occitano en Adge). La diferencia se expresa en el distinto tamaño de las letras.

El agua como recurso y fuente de conflictos

"Oro azul" – nuestro recurso más preciado

Durante la Década Hidrológica Internacional (DHI 1964-1974), se lanzó un esfuerzo global para garantizar las reservas de agua del mundo con el auspicio de la UNESCO. Según los resultados, los expertos ahora concuerdan en que hay abundante agua en el mundo, aunque todavía no es suficiente para satisfacer las necesidades de toda la raza humana en el siglo XXI. De acuerdo con las proyecciones presentadas en la Conferencia Mundial del Agua celebrada en La Haya en marzo de 2000, unos 3.3 miles de millones de personas (37% de la población mundial) sufrirán la falta de agua en 2025 (la cifra ya ha alcanzado los dos mil millones); sólo alrededor del 0,29% del suministro total de agua en la Tierra es agua dulce apta para el consumo humano (para beber, higienizarse y elaborar bienes de consumo), mientras que la población continúa creciendo a pasos agigantados. Durante el siglo XX, la población humana aumentó de 1.6 mil millones a más de 6 mil millones de personas, que en la actualidad comparten un total máximo de 4.2 millones de kilómetros cúbicos de agua dulce líquida – un suministro que no puede incrementarse significativamente. Por lo tanto, toda nueva incorporación a la población mundial reduce la cantidad de agua disponible para cada persona sobre la Tierra.

¿Cuánta agua necesita un ser humano?

Los habitantes de zonas con climas templados - por ejemplo los norteamericanos – necesitan entre dos y tres litros de agua por día para satisfacer sus necesidades físicas y fisiológicas básicas. Quienes viven en climas calurosos necesitan seis o más litros por día. Para un trabajador de los yacimientos petrolíferos de Arabia Saudita, una ración diaria de doce litros de líquido es casi suficiente. Si saci su sed con cerveza, los doce litros deben multiplicarse por 60 (lo que da 720 litros como resultado total), dado que s necesitan 60 litros de agua dulce para elaborar un litro d cerveza. Un estudiante que calma su sed de conocimient con tres libros de un kilogramo cada uno y los ubica e su biblioteca, debe – como el trabajador del yacimient petrolífero que bebe cerveza – asumir la responsabilida por el consumo de al menos 750 litros de agua, ya que pro ducir un kilogramo de papel requiere aproximadament 250 litros. Ante la falta mundial de agua, debería llamar la reflexión el hecho de que sean necesarios entre 20.00 y 30.000 litros de agua para fabricar un auto de pasajero promedio, sobre todo cuando se considera que existen 75 millones de autos en las rutas del mundo, y que un paí como China (con un quinto de la población mundial) s

Falta de agua como consecuencia de la densidad poblacional

En Shangai existen más de 1.000 pozos profundos. La extracción de aguas subterráneas hizo que los distritos centrales se hundieran más de 13 cm por año durante los últimos años.

Distribución desigual

Los recursos hídricos mundiales no están distribuidos de modo justo. Sólo un cuarto de la población mundial tiene acceso a un suministro de agua suficiente.

Recursos hídricos mundiales

CANADÁ · RUSIA · ESTADOS UNIDOS · KAZAJISTÁN · MÉXICO · OCÉANO · ARGELIA · LIBIA · PR CHINA · SUDÁN · INDIA · OCÉANO · ÍNDICO · CONGO · INDONESIA · BRASIL · ATLÁNTICO · OCÉANO · PACÍFICO · ARGENTINA · AUSTRALIA

Excedente de agua · Escasez creciente · Suministro suficiente · Falta de agua

Agua del desierto

El proyecto colosal del "Gran Río Artificial" de Muammar Qaddafi ha estado en construcción desde 1984. Más de 1.000 km de tuberías con un diámetro de cuatro metros transportan agua fósil desde profundidades de 400 a 1.500 m en el sudeste de Libia hacia la región costera.

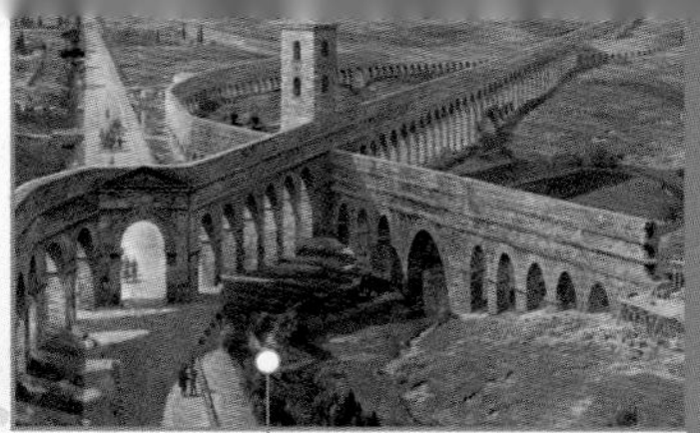

El agua como recurso y fuente de conflictos

está motorizando a pasos agigantados. Es más alarmante incluso la inmensa cantidad de agua dulce necesaria para garantizar un suministro adecuado de alimentos a la creciente población mundial. Según las condiciones climáticas, la elaboración de un kilogramo de cereal requiere entre 1.000 y 2.000 litros de agua dulce (o de 1.000 a 2.000 toneladas de agua por tonelada de cereal). Por lo tanto, nuestro pan o plato de arroz diario – como nuestra mínima ración de agua dulce – es un factor muy importante en el cálculo del consumo de agua per cápita, aunque rara vez se le preste atención. Las cifras publicadas correspondientes al "consumo promedio diario de agua por persona por día" (128 litros en Alemania y alrededor del doble en Estados Unidos) sólo reflejan el consumo doméstico apreciable, y por lo tanto ofrecen un falso panorama sobre el consumo real de agua, el que – sobre todo cuando se mira desde una perspectiva global – va más allá de las necesidades domésticas diarias.

¿Quién necesita agua y cuánta usa?

De acuerdo con el cálculo más preciso y reciente sobre la demanda mundial de agua dulce (en 1990), los hogares privados, que (combinados con pequeños negocios y el consumo público) registran el 7,6% del consumo total, son el grupo consumidor más pequeño pero también el más significativo, seguido, en mayor número, por la industria (24,6%). Con el 67,8%, la agricultura, en su rol de productora de alimentos para el mundo, es con diferencia, la mayor consumidora. A diferencia de la industria, que generalmente usa poca agua para uso industrial o como agua de proceso (aunque suele retornar al ciclo del agua como agua residual contaminada), la agricultura consume agua en la producción de biomasa. A pesar de los esfuerzos mundiales por fomentar el ahorro de los recursos hídricos, es probable que el crecimiento desenfrenado de la población mundial posicione la falta de agua como el problema global número uno del siglo XXI.

Las estadísticas de la escasez

De acuerdo con las pautas de la Organización Mundial de la Salud (OMS), un ser humano del siglo XXI necesita una ración per cápita anual mínima de 1.000 metros cúbicos de agua dulce (o 2.470 litros por día para la elaboración de alimentos y producción de energía, productos industriales, higiene, educación, tráfico y demás cuestiones) para mantener un estándar de vida adecuado en nuestros tiempos, sin poner en riesgo la salud (el consumo per cápita actual es de 3.000 metros cúbicos por año en EE.UU. y 1.500 en otros países industrializados).

La falta de agua no se restringe necesariamente a zonas climáticas específicas. La cantidad de recursos hídricos (precipitaciones así como también ríos afluentes y aguas subterráneas) disponibles por año para la población de un determinado país es mucho más importante para medir la escasez. En consecuencia, los países con un suministro de agua dulce inferior a 1.000 metros cúbicos por persona se clasifican como áreas de emergencia hídrica. Los problemas graves por falta de agua surgen cuando el suministro natural es inferior a 1.700 – 2.000 metros cúbicos por persona (nivel de estrés hídrico). Las regiones con suministros renovables entre 2.000 y 2.500 metros cúbicos y más per cápita no se consideran críticas. África tiene la cantidad más grande de países con poca agua, donde casi 300 millones de personas (un tercio de la población) viven en condiciones de emergencia hídrica.

Motivos de la escasez

Estadísticamente hablando, las reservas de agua dulce en nuestro "planeta azul" son suficientes para satisfacer las necesidades de toda la humanidad. Sin embargo, una cantidad de factores contradice esta ingenua evaluación estadística. En primer lugar, las reservas de agua dulce no se distribuyen en partes iguales por el mundo, y la presencia de agua en una determinada región no necesariamente significa que las demás condiciones de vida sean favorables

Agua para Roma

Las ciudades del Imperio Romano recibían agua mediante un sistema de acueductos. Esta pintura de Zeno Diemer da una impresión de la antigua red romana de suministro de agua.

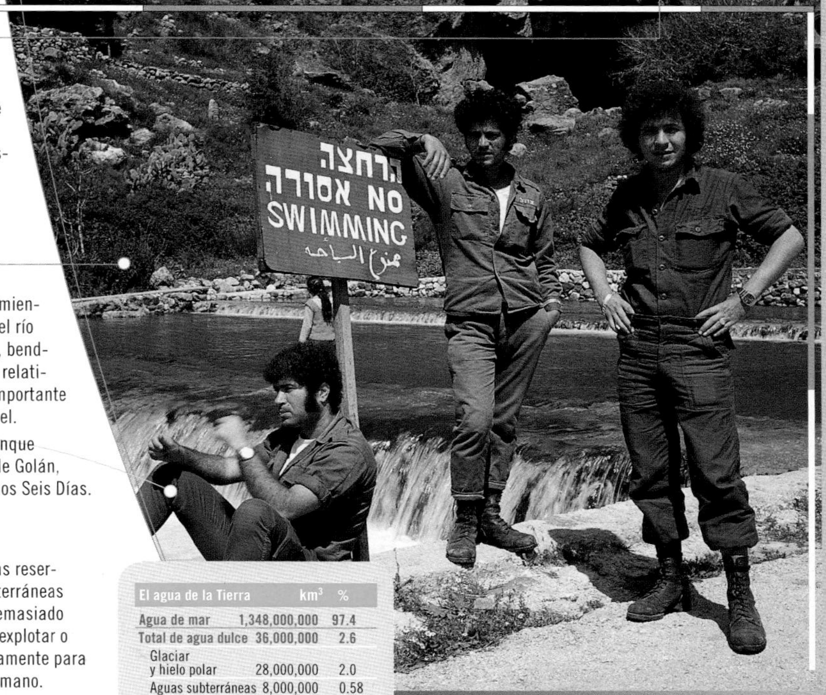

La "Guerra por el Agua" en los Altos del Golán

Soldados israelíes en el nacimiento del Banias, un afluente del río Jordán. Los Altos del Golán, bendecidos por precipitaciones relativamente altas, son una importante fuente de agua para Israel.

Última foto, derecha: tanque destruido de los Altos de Golán, luego de la Guerra de los Seis Días.

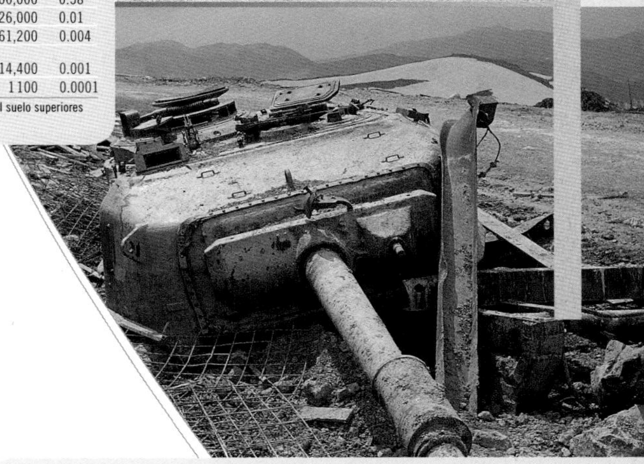

Casi la mitad de las reservas de aguas subterráneas del mundo son demasiado profundas para explotar o mineralizar altamente para el consumo humano.

El agua de la Tierra	km³	%
Agua de mar	1,348,000,000	97.4
Total de agua dulce	36,000,000	2.6
Glaciar y hielo polar	28,000,000	2.0
Aguas subterráneas	8,000,000	0.58
Lagos	126,000	0.01
Humedad del suelo*	61,200	0.004
Vapor de agua atmosférico	14,400	0.001
Ríos	1100	0.0001

* contenida en las capas del suelo superiores no saturadas

para los humanos. En segundo lugar, el agua dulce proveniente del cielo en forma de precipitación rara vez permanece donde cae. La naturaleza del agua – su movilidad – determina su corriente, evaporación o filtración en profundidades inalcanzables en todos los lugares donde es urgentemente necesaria para los seres humanos y la economía. En tercer lugar, la población mundial se concentra, en un grado creciente, en regiones relativamente poco habitables de la Tierra (alrededor del 90% de la raza humana ocupa el cuatro por ciento del terreno seco mundial) y supera la capacidad hidrológica de estas regiones por ser demasiado numerosa. Por último, los humanos, como seres económicos – a diferencia de los animales y las plantas – tienden a cargar el agua dulce con muchas clases de sustancias extrañas (principalmente químicos) que la vuelven no apta para reutilizarla como agua potable, lo que, por lo tanto, exacerba su escasez, sobre todo en aglomeraciones urbanas densamente pobladas.

Medidas paliativas

Las culturas avanzadas con grandes poblaciones se vieron obligadas a tratar con el problema de la escasez de agua incluso en la antigüedad; es por eso que las medidas de ingeniería hidráulica para obtener y almacenar el agua escasa y vital se encuentran entre las estructuras técnicas más antiguas conocidas por la humanidad. En India, China, Yemen y Egipto se encontraron vestigios de sistemas de irrigación del 3er milenio a.C. Mucho tiempo atrás, en el 1700 a.C, el rey babilónico Hammurabi promulgó importantes leyes sobre el uso del valioso recurso hídrico en el Código de Hammurabi.

Las ciudades antiguas de Pérgamo (Anatolia occidental) y Roma son ejemplos sobresalientes de los primeros sistemas de suministro de agua urbanos que incluyen acueductos técnicamente sofisticados. En el primer siglo d.C, los romanos diariamente transportaban 600.000 metros cúbicos de agua a su ciudad y suministraban 600 litros por día a cada habitante. Los sistemas modernos de obtención de agua emplean otros medios además del transporte de agua de larga distancia mediante tuberías y canales (por ejemplo, el Acueducto de California y el "Gran Río Artificial" en Libia). En la actualidad, unos

800.000 pequeños y grandes diques previenen, en todo el mundo, la afluencia rápida de agua, lo que hace que haya más agua disponible para beber o usar en actividades agrícolas u operaciones industriales que la contenida en todos los ríos del mundo.

¿Guerras por el agua?

Para el año 2025, los expertos pronostican un crecimiento poblacional de entre un 30% y 70% en las regiones del mundo con poca agua. Es muy probable que esto provoque un aumento en la competencia por el agua, no sólo entre ciudades y entre agricultura e industria, sino también entre naciones.

El cuarenta por ciento de la población mundial vive en regiones alimentadas por ríos que fluyen a través de más de dos países, y más de 200 áreas con conflictos políticos ampliamente atribuibles a disputas sobre el uso del agua de esos ríos claramente acentúan la magnitud de la falta de agua como fuente potencial de conflictos políticos.

Las regiones más volátiles de conflicto sobre el agua con serio potencial de enfrentamientos armados se ubican en el río Ganges (disputas por el uso entre la India y Bangladesh), los ríos Tigris y Éufrates (Turquía, Siria, Irak), el río Jordán (Israel, Siria, Cisjordania, Jordania) y el río Nilo (Egipto, Sudán, Etiopía, Eritrea). Las guerras "reales" por el agua se han dado en pocas ocasiones a lo largo de la historia, pero su escasez ha sido a menudo la chispa que encendió el polvorín de conflictos religiosos, étnicos o territoriales existentes.

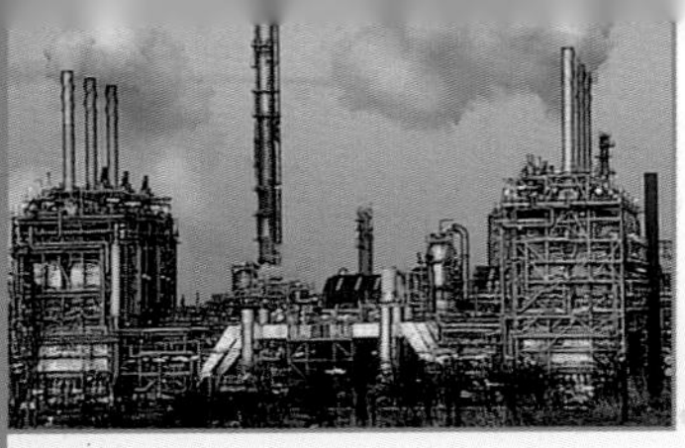

Combustibles fósiles: producción y comercio internacional

Competencia por las reservas de energía de la Tierra

El rápido aumento reciente de los precios de los combustibles y el aceite de calefacción nos recuerda cuán vulnerables son nuestros sistemas sociales y económicos y cómo dependemos de los países que producen petróleo. Nuestro mundo altamente tecnológico consume grandes cantidades de energía y la mayoría de los países industrializados no tienen suficientes recursos para satisfacer sus propias necesidades. Los grupos formados por los países productores de petróleo aseguran cierta estabilidad en el mercado, pero también refuerzan la dependencia de los países importadores de los proveedores de materias primas. Las compañías transnacionales y multinacionales que trabajan en los mercados de materias primas tienen la capacidad de evadir los acuerdos de estos grupos casi a voluntad. Además de los problemas políticos y económicos asociados con los combustibles fósiles, los problemas ambientales también están cobrando gran importancia.

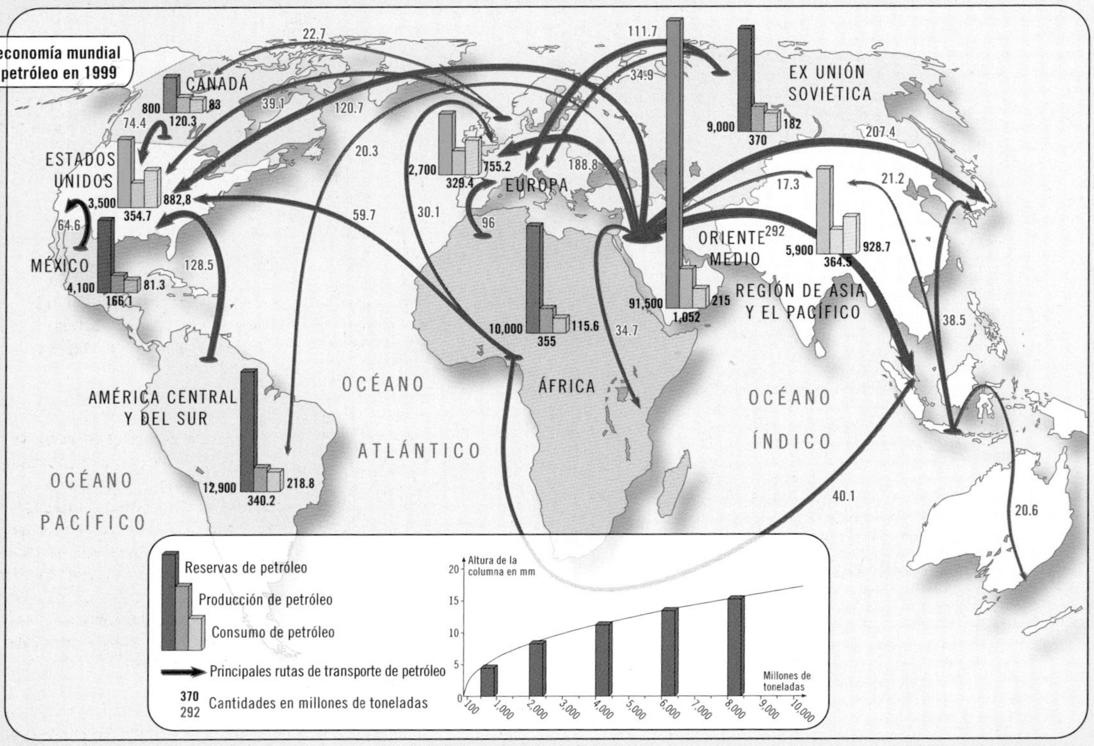

La economía mundial del petróleo en 1999

Reservas de petróleo
Producción de petróleo
Consumo de petróleo
→ Principales rutas de transporte de petróleo
370 / 292 Cantidades en millones de toneladas

Altura de la columna en mm / Millones de toneladas

La creciente necesidad de energía

Las sociedades cazadoras y recolectoras satisfacían sus necesidades de energía con madera, una fuente de energía renovable. Esto no cambió mucho durante la transición a la agricultura y domesticación de animales, pero la madera comenzó a escasear en zonas deforestadas. No fue sino hasta que el hombre comenzó a procesar minerales para hacer elementos de acero con carbón o madera como combustibles que las fuentes de energía renovable comenzaron a presentar graves problemas. Los bosques, que alguna vez parecieron infinitos, se destruyeron a un ritmo que superaba ampliamente su capacidad de recuperación. Los molinos de agua y viento se utilizaban para procesar productos agrícolas y luego fueron adoptados por la industria textil. La llegada de la industrialización y los vehículos mecánicos (locomotoras a vapor) creó la necesidad de contar con combustibles fósiles con más energía (carbón). En términos de rendimiento de energía, una tonelada de carbón era equivalente al rendimiento anual de dos acres de bosque. La electrificación aumentó la demanda de combustibles fósiles y facilitó el transporte de la energía. Sin embargo, esto solo era posible en los "países desarrollados". Alrededor de 1900, la madera, el agua y la tracción humana y animal aún satisfacían un tercio de la necesidad de energía mundial. Hace solo algunas décadas, la madera era la única fuente de calefacción y energía para cocinar para un tercio de la población mundial. Hoy en día, los planes a futuro para el consumo y manejo de la energía deben tener en cuenta el aumento rápido de demanda de energía en los países del Tercer Mundo, que ya se puede prever.

El bosque subterráneo

El carbón bituminoso se utilizaba en forma ocasional en las civilizaciones antiguas y su uso aumentó durante la Edad Media. La explotación a gran escala, que incluye la minería subterránea, no comenzó hasta el siglo XIX, cuando el carbón se volvió una fuente indispensable de energía. La producción mundial de carbón aumentó rápidamente de doce millones de toneladas (1820) a 1,2 mil millones de toneladas (1910). En esos tiempos, el 85% de todo el carbón producido en el mundo se extraía de Alemania, Gran Bretaña y Estados Unidos. Aunque la producción mundial se ha estancado en los últimos años (1998: 3,7 mil millones de toneladas) o ha crecido en forma marginal, los centros más importantes de actividad minera cambiaron debido a cuestiones de costo. Las operaciones mineras difíciles y costosas en la Unión Europea (Gran Bretaña, Alemania y Francia) disminuyeron marcadamente en favor del carbón más barato de países como Estados Unidos. La industria de la minería de carbón bituminoso en Alemania, por ejemplo, tiene altos subsidios dado que el carbón local cuesta más de $140 la tonelada, mientras que el carbón importado está por debajo de los $36. China, Australia, Colombia, Sudáfrica y otros países aumentaron su producción no solo para cubrir la demanda interna, sino también para exportar. Se estima que las reservas explotables de carbón llegan al menos a los 550 mil millones de toneladas de unidades de carbón bituminoso y se concentran principalmente en Rusia, Estados Unidos, China, Australia e India. Debido a su alto contenido de agua y bajo rendimiento energético, este tipo de carbón se usa principalmente en la producción de electricidad y no se transporta a grandes distancias.

El petróleo: "Oro Negro"

Más de 140 años después del descubrimiento del petróleo en Pensilvania (1859), los desarrollos económicos y políticos mundiales dependen ahora más que nunca de su disponibilidad. La causa principal es la motorización y el aumento en el uso de vehículos motorizados para transportar personas y materiales, aunque el petróleo también se usa para calefacción, en plantas de energía y como materia prima industrial. Después de un comienzo modesto (1900: 20 millones de toneladas), la producción de petróleo aumentó drásticamente después de la Segunda Guerra Mundial (1950: 523; 1999: 4,1 mil

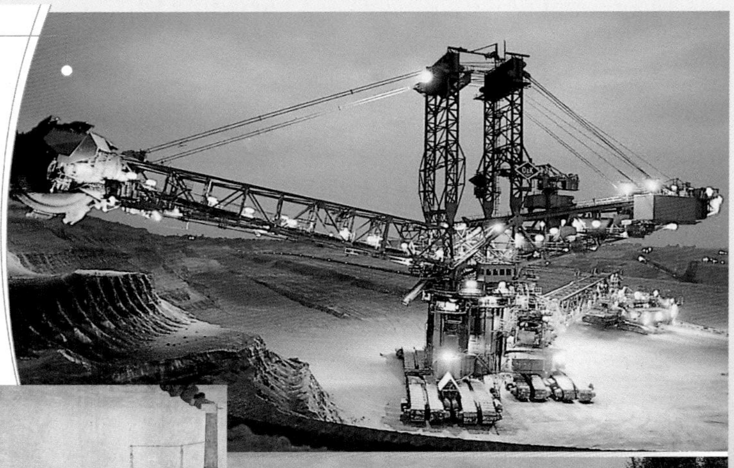

Destrucción del paisaje

Los depósitos de carbón bituminoso en general no están a gran profundidad y, por lo tanto, su extracción se realiza de forma casi exclusiva en minas a cielo abierto. En los campos de carbón bituminoso del Rin (fotografía) grandes rotopalas retiran capas de sedimentos que se encuentran sobre el carbón. Estas máquinas pueden mover más de 200.000 m2 de material por día.

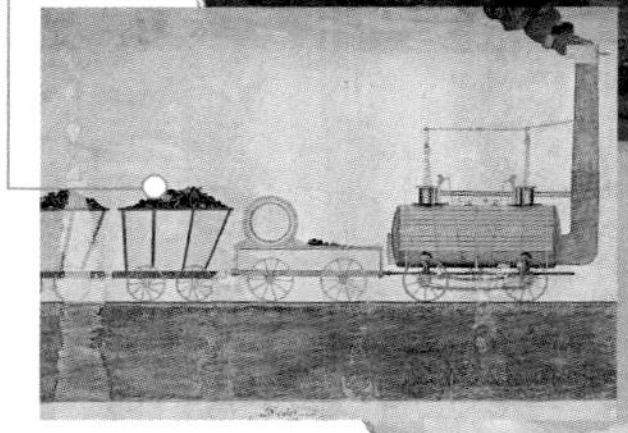

Fuerza motriz

La invención del motor de vapor a carbón desató la revolución industrial. El desarrollo de vías ferroviarias (fotografía: locomotora construida por George Stephenson alrededor de 1815), hizo posible el transporte a gran escala de carbón, productos industriales y agrícolas y personas rápidamente y a grandes distancias. Los motores ruidosos que lanzaban humo dieron lugar a las primeras quejas sobre contaminación ambiental.

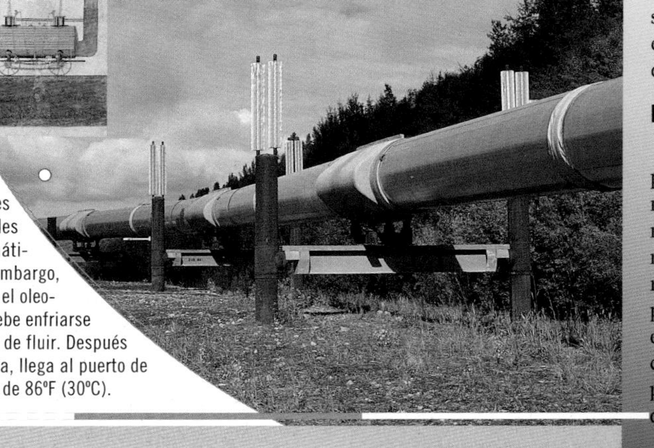

Protección contra el calor y el frío

Los diseñadores del Oleoducto de Alaska (1.320 km de largo, 1974-77) tuvieron que buscar formas de proteger el delicado ecosistema del suelo permanentemente helado (permafrost), que sólo se descongela superficialmente en verano y que se movería si se expusiera a temperaturas más altas. Los tubos se colocaron sobre soportes por encima del suelo y se les colocaron unidades automáticas de enfriamiento. Sin embargo, el petróleo que ingresa en el oleoducto a 176°F (80°C) no debe enfriarse demasiado porque dejaría de fluir. Después de cuatro semanas y media, llega al puerto de Valdez a una temperatura de 86°F (30°C).

Combustibles fósiles: producción y comercio internacional

Historia del precio del crudo

En $ por barril

Auge del petróleo en Pensilvania | Comienzo de la producción en Sumatra | Expropiación en Irán | Crisis de Suez | Guerra de Yom Kippur Revolución en Irán | Guerra del Golfo Pérsico

1861 1870 1880 1890 1900 1910 1920 1930 1940 1950 1960 1970 1980 1990 2000

Del petróleo crudo al consumidor

Los productos derivados del petróleo, tales como el aceite de calefacción, la gasolina, el combustible diésel, el kerosén y el alquitrán, se producen por medio de la destilación, el refinamiento y el craqueo.

Islas artificiales

El desarrollo de prospectos de petróleo y gas en el suelo oceánico y la explotación de los descubrimientos requieren de inmensas plataformas que se arrastran hasta el sitio de perforación y se anclan con gigantescas construcciones de acero o concreto. Deben ser capaces de soportar fuertes mareas y tormentas, en particular en el Mar del Norte. El petróleo o el gas se llevan a tierra por medio de tuberías o buques transbordadores.

millones de toneladas). Diariamente, cerca de 10 millones de toneladas de petróleo se extraen de varios miles de pozos en todo el mundo. La cantidad de gas natural producida simultáneamente es equivalente al valor energético de seis millones de toneladas de petróleo. El problema actual de suministro de petróleo y el aumento repentino de precios nos hace recordar la crisis petrolera de 1973, cuando los precios aumentaron un 600% debido a la escasez provocada intencionalmente después de la guerra entre árabes e israelíes. La consecuencia fue una crisis económica mundial. Años antes, en 1960, siete países exportadores de petróleo formaron la OPEC (Organización de Países Exportadores de Petróleo), que ahora tiene 11 miembros. Su objetivo era obtener una parte mayor de las ganancias de la exportación de petróleo y ejercer más influencia política como grupo.

El fin de la Era del Petróleo predicho por el Club de Roma en 1973 nunca llegó. El aumento repentino en los precios hizo posible que se utilizaran reservas de petróleo que antes habían parecido demasiado costosas para explotar. Gracias a nuevos campos en el Mar del Norte y Alaska, el suministro aumentó más rápido que la demanda y el poder de la OPEC disminuyó temporalmente.

El gas natural, un combustible cada vez más popular

La demanda de gas natural ha estado aumentando constantemente durante los últimos 30 a 40 años. Puede transportarse fácilmente por gasoductos y se utiliza para calefacción de edificios y para generar electricidad. La producción se concentra principalmente en los países de la Comunidad de Estados Independientes (CEI) (Ex URSS) y en Estados Unidos. Este último país, que también importa gas natural de Canadá y México, consume más de un cuarto de la producción mundial total. Las reservas más grandes están en Rusia (36%), los otros países de la CEI, Oriente Medio

y el sudeste de Asia y más del 40% de ellas pertenecen a estados miembros de la OPEC. Alemania importa cerca del 80% de su gas natural, principalmente de Rusia, Noruega y los Países Bajos.

¿Se acerca una crisis energética?

Actualmente, el 90% de la demanda energética mundial se satisface con combustibles fósiles. Los países industrializados constituyen cerca del 60% de la demanda total. Durante los últimos 30 años, el consumo de energía primaria ha aumentado a una tasa del 2% anual, aunque la caída del Bloque del Este disminuyó en gran medida el ritmo del crecimiento. El aumento de la motorización en los países en desarrollo podría impulsar la tasa de aumento al doble dentro de los próximos 20 años. Más de la mitad de la energía consumida por países de la Unión Europea es importada (Alemania 60%). Aunque tiene sólo un 4,5% de la población mundial, Estados Unidos usa 25% de la producción anual de energía primaria. Europa (excepto los países de la CEI) no se queda atrás, con más del 20%. A los niveles de consumo actuales, las reservas de petróleo conocidas (aproximadamente 150 mil millones de toneladas) durarían más de 40 años y las reservas de gas natural (al menos 150 trillones de metros cúbicos) más de 60. Además, las nuevas tecnologías permiten una explotación más eficiente de los yacimientos y el descubrimiento de otros nuevos y esto podría llegar a duplicar las reservas conocidas. También hay reservas no explotadas de arenas alquitranadas, esquistos bituminosos y petróleo crudo pesado. Sin embargo, estas reservas son costosas de explotar y aumentarían el precio del producto. Dado que dos tercios de las reservas más fáciles de explotar están en la región del Golfo Pérsico (principalmente en Arabia Saudita), el poder de la OPEC es un factor muy importante en la economía mundial. Los paí-

ses de la OPEC tienen hoy en día el 75% de las reservas conocidas y controlan el 40% de la producción mundial. Sin embargo, tanto Oriente Medio como la región del mar Caspio son inestables a nivel político, lo que implica que las interrupciones de producción son probables.

Protección de la atmósfera terrestre

En los últimos años, dos temas han dominado los debates acerca de la administración de la energía a nivel mundial: el principio de sostenibilidad y la amenaza o la existencia real del calentamiento global como consecuencia del efecto invernadero producido por el hombre. La resolución conjunta de casi todos los países industrializados (aprobada en 1992 sin Estados Unidos) con el objetivo de disminuir el uso de combustibles fósiles, gas natural y carbón a los niveles de 1990 para el año 2005 no ha dado resultado hasta el momento. La resistencia a la energía nuclear, que representa un 7,4% de la energía primaria en todo el mundo, podría causar más emisiones de CO_2 debido al aumento de la dependencia del petróleo, el gas y el carbón. Es probable que tome todavía algún tiempo lograr un uso eficaz y a gran escala de fuentes de energía renovables, que hoy en día representan el 2,7% de la energía primaria proveniente en su mayor parte de energía hidroeléctrica. Otras fuentes de energía renovable son las células fotovoltaicas de energía solar, plantas de calentamiento solar, células de combustible, plantas generadoras de energía eólica y de biomasa, la energía geotérmica, las bombas de calor y la energía oceánica, proveniente de las olas y mareas y el calor del océano. También será necesario encontrar nuevas formas de conservar la energía, ya que sin importar el tamaño actual de nuestras reservas de combustible fósil, en última instancia son limitadas.

División de latierra en husos horarios

La bolsa de valores siempre está abierta... ¡en algún lugar del mundo!

Cuando queremos llamar a alguien que está en Europa, debemos tener en cuenta la diferencia horaria para asegurarnos de no despertar a nadie a mitad de la noche. Las personas de negocios y las líneas aéreas deben estar siempre atentas a estas diferencias. Los especuladores de la bolsa de valores son felices porque siempre hay una bolsa abierta en alguna parte del mundo, ya sea en Sydney, Nueva York o Francfort del Meno.

Hora local vs. zona horaria

Hace mucho tiempo, las horas locales eran distintas prácticamente en todos lados. Después de todo, es natural que el mediodía se marque a la hora en que el sol alcanza su cenit. La diferencia horaria entre dos pueblos en la misma latitud separados sólo por 50 km es de tres minutos. Antes de que se construyeran las vías ferroviarias, esas diferencias no eran importantes, dado que los viajes eran lentos aun en el mejor de los casos. Sin embargo, hacia el final del siglo XVIII se establecieron horas locales medias y se consideraron obligatorias para ciertas zonas centrales y sus alrededores: la hora de Ginebra en 1780, la hora de Berlín en 1820, la de París en 1826, la de Zurich en 1832, las de Pulkow y Greenwich en 1848 y las de Varsovia y Bern en 1853. Los norteamericanos apoyaron particularmente la idea de establecer un sistema internacional para medir el tiempo. En 1873, todavía había 71 horarios ferroviarios distintos en vigencia. Ese año, Sandford Fleming, el ingeniero jefe de la Canadian Pacific Railway sugirió establecer un sistema de 24 meridianos a intervalos de 15 grados (con una diferencia de una hora) y asignarle a cada uno un horario fijo. Eso dividiría al mundo en 24 zonas horarias pero ¿por dónde empezar? ¿Qué meridiano se tomaría como el cero?

Sin considerar las distintas zonas horarias vigentes en los distintos países del mundo, los marinos habían llegado a un acuerdo general de usar la hora de Greenwich. Pero también había meridianos cero en Ferro (ahora Hierro), Venecia y muchos otros lugares. En una conferencia realizada en Washington en 1884, 27 países acordaron establecer el meridiano cero en Greenwich y dividir el planeta en dos hemisferios geográficos, el hemisferio occidental y el oriental. También se establecieron sistemas horarios en muchos otros países de Europa como respuesta a la creciente internacionalización de los viajes y el transporte. En Alemania, que todavía estaba compuesta por varios estados independientes, muchos de ellos pequeños, el sistema ferroviario sólo podía funcionar en forma correcta si se llegaba a un acuerdo con respecto a un sistema horario establecido. Esto se logró con el Reichsgesetz de 1893 y Francia no se unió al sistema hasta 1911.

La mayoría de los husos horarios tienen 15 grados de ancho y ocupan una parte del planeta entre los 7,5 grados al Este y Oeste de uno de los 24 meridianos. La hora es la misma en todos los lugares dentro del mismo huso horario. En algunas regiones, los límites de los husos horarios no coinciden con las líneas de longitud sino con las fronteras nacionales de algunos países. El objetivo es asegurarse de que la misma hora se aplique a todos los lugares dentro de un mismo país. Sin embargo, muchos países son demasiado grandes para entrar en un solo huso horario. Estados Unidos, por ejemplo, está dividido en cuatro husos horarios.

Las personas que viven en Los Ángeles deben llamar a sus familiares de la Costa Este por la tarde para evitar despertarlos en medio de la noche. Las cadenas televisivas deben determinar el mejor horario para emitir los programas y llegar a la mayor cantidad posible de televidentes. En ciertas circunstancias, las cadenas reconocen la necesidad de transmitir ciertos programas, tales como las "últimas noticias", en horas poco favorables. Los países que ocupan varios husos horarios necesitan sistemas que dejen bien en claro a qué hora se refieren cuando se anuncia algún horario. En Estados Unidos, los horarios se identifican con los nombres de Este, Central, de las Montañas y del Pacífico.

¿Qué isla será la primera?

A medida que se aproximaba el año 2000, varios países insulares en el Pacífico se propusieron ser los primeros en recibir el nuevo milenio. Las islas Fiji establecieron el horario de verano y adelantaron sus relojes para ser los primeros en celebrar. Tonga cambió la línea de cambio de fecha internacional al borde oriental de su territorio y se colocó 13 horas adelante de Greenwhich. Pero este reino insular no tuvo oportunidad frente a Kiribati, con su extenso territorio oceánico de 3.870 km de Oeste a Este. La parte de la línea de cambio de fecha que sobresale hacia el Este corre por la frontera este de Kiribati. La isla Caroline, el atolón más oriental, recibió el nombre de Isla del Milenio (14 horas por delante de Greenwhich).

Cuando el clima es más agradable

El horario de verano, es decir, la práctica de adelantar el reloj una hora durante los meses de verano en el hemisferio norte, ha existido en Gran Bretaña e Irlanda desde 1916. En Estados Unidos, se estableció nuevamente en 1967 después de haber sido usado en ambas Guerras Mundiales como una forma de conservar la energía y aprovechar mejor la luz del día. El efecto deseado de ahorro de energía nunca se consiguió, pero la gente disfruta tener una hora extra de ocio mientras brilla el sol y considera el horario de verano como una mejora en la calidad de vida.

Un día menos

La gente reconoció la necesidad de establecer líneas de cambio de fecha internacionales cuando la "Victoria", una nave de la flota de Magallanes, regresó a España después de dar la vuelta al mundo el 6 de septiembre de 1522. Los registros en la bitácora de la nave estaban atrasados un día de la fecha correcta. La expedición había "ganado tiempo" constantemente porque había viajado al Oeste y logró ahorrar un día entero para cuando completó la vuelta al planeta.

El primer reloj de bolsillo

Se cree que Peter Henlein inventó el primer reloj a resortes. Desde 1510, produjo una serie de relojes pequeños y portátiles con forma de lata: los primeros relojes de bolsillo.

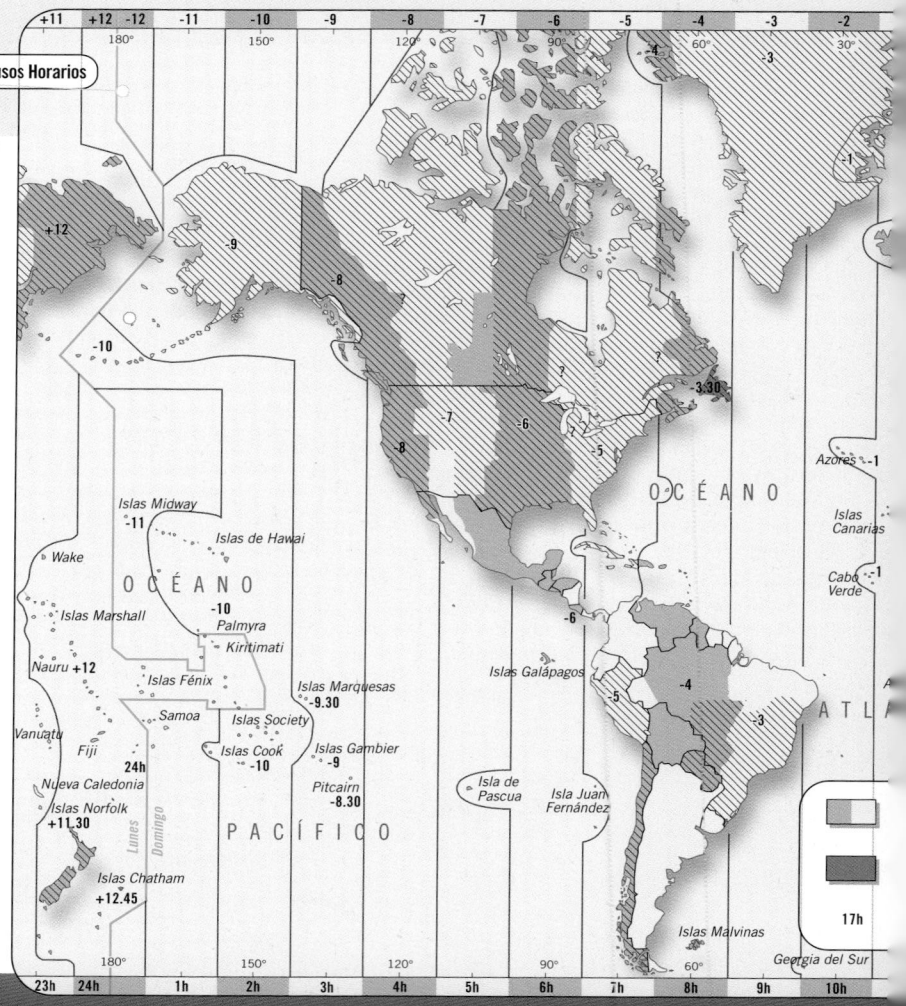

Husos Horarios

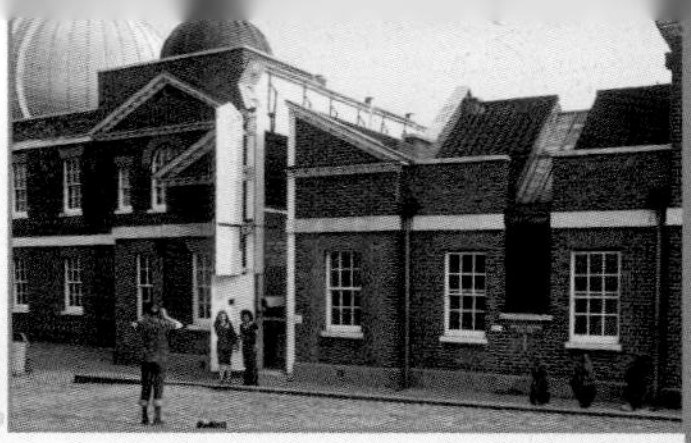

División de latierra en husos horarios

Meridiano Cero

La línea de unión de nuestro sistema de medir el tiempo atraviesa el observatorio de Greenwich (actualmente Flamsteed House), establecido en 1675.

Quienes cruzan la línea internacional de cambio de fecha de Este a Oeste deben adelantar su calendario un día, y quienes lo hacen en la dirección opuesta deben atrasarlo un día. Si algún viajero no sigue esta convención en su travesía alrededor del mundo de Oeste a Este, encontrará que está adelantado un día cuando llegue al punto de partida. Esto le ocurrió a Phileas Fogg en la famosa novela de Julio Verne.

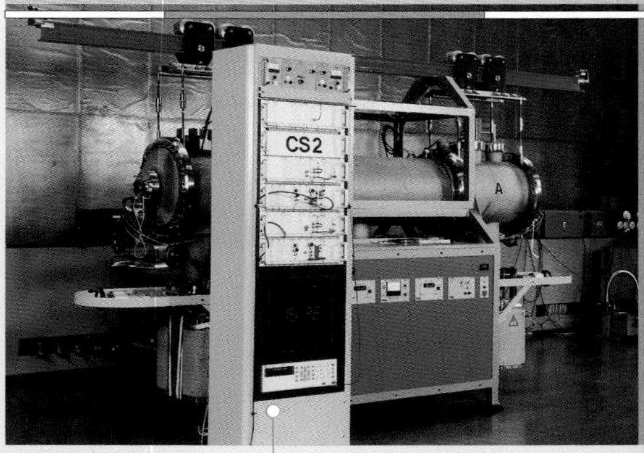

El más preciso

El reloj atómico CS 2 en la Oficina Federal de Física y Tecnología en Braunschweig, Alemania, es uno de los relojes más precisos del mundo. Es preciso a un segundo en dos millones de años.

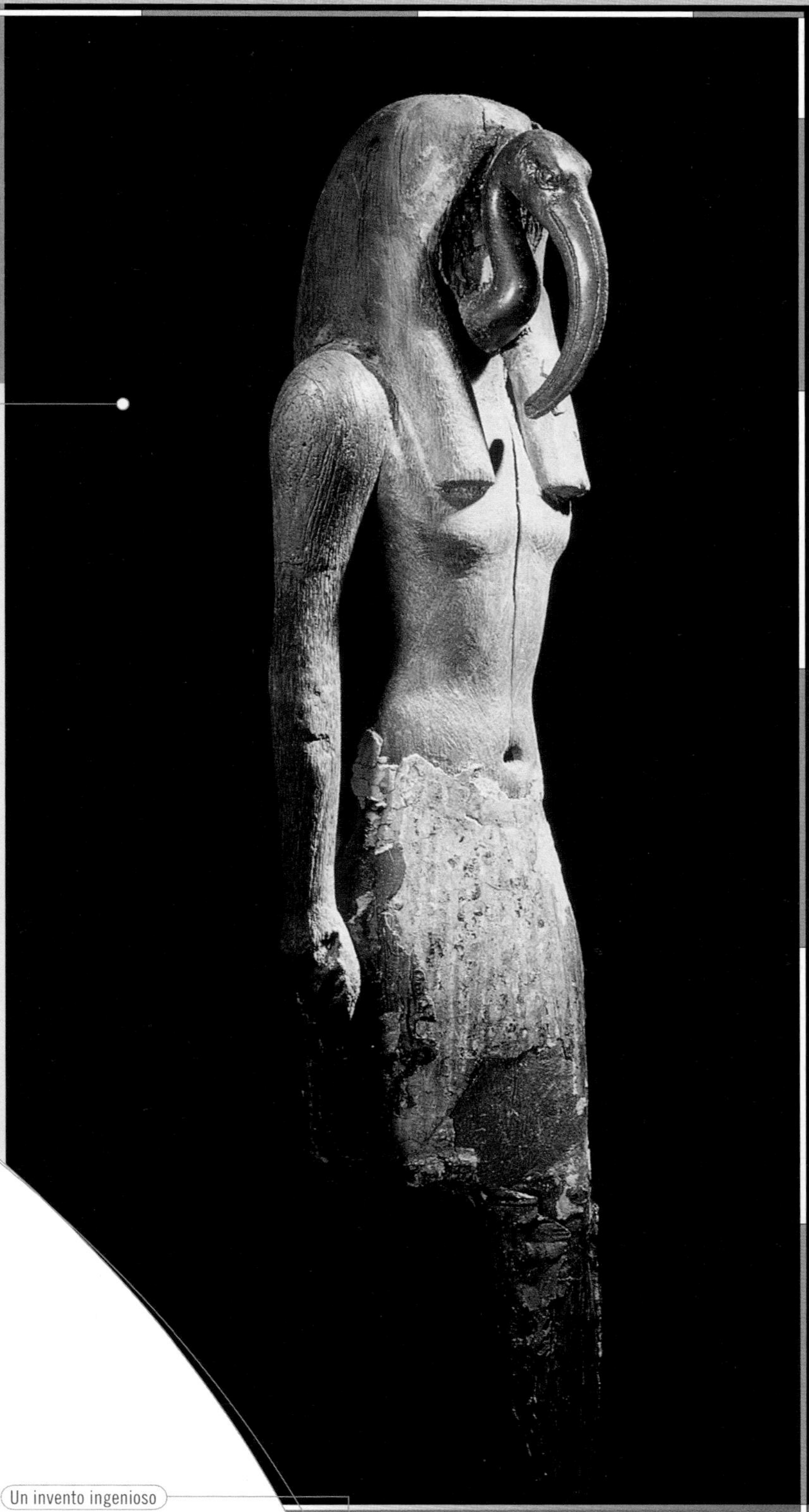

El guardián del tiempo

Los antiguos egipcios llegaron a tener un vasto conocimiento astronómico. Ya en el 2750 a.C. habían desarrollado un calendario lunar y uno solar que dividía el año en 365 días. Las ciencias y el cálculo del tiempo eran del dominio del dios de la luna, Thot, que a menudo se representaba como una figura humana con cabeza de Ibis.

Línea internacional de cambio de fecha

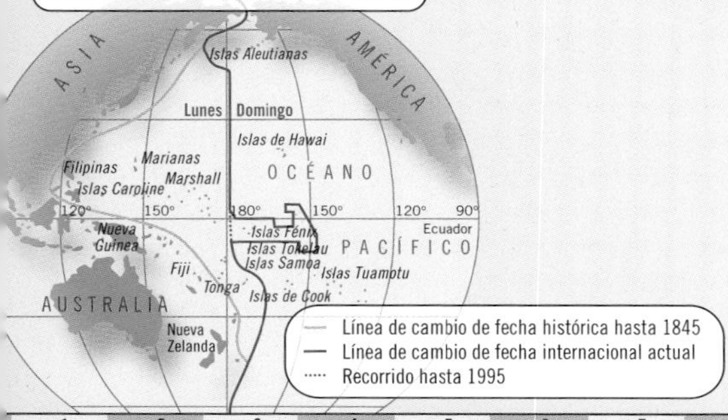

ASIA — AMÉRICA

Islas Aleutianas
Lunes | Domingo
Islas de Hawai
Filipinas
Islas Carpline | Marianas | Marshall | OCÉANO
Nueva Guinea | PACÍFICO | Ecuador
Islas Fénix
Islas Tokelau
Islas Samoa | Islas Tuamotu
Fiji | Tonga | Islas de Cook
AUSTRALIA
Nueva Zelanda

— Línea de cambio de fecha histórica hasta 1845
— Línea de cambio de fecha internacional actual
···· Recorrido hasta 1995

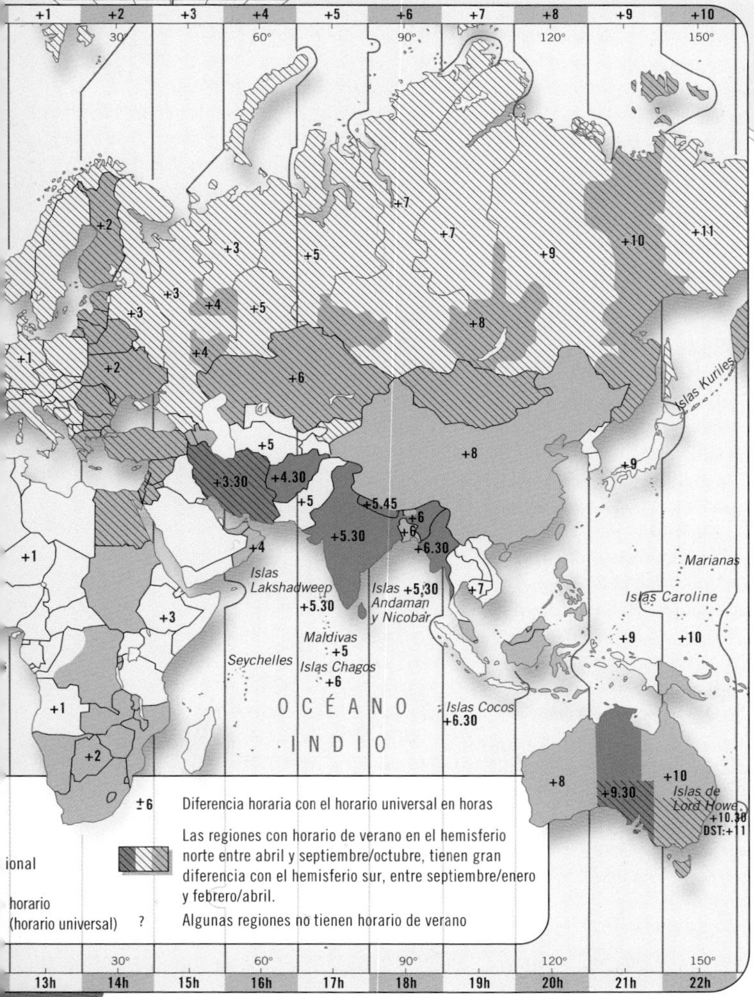

Un invento ingenioso

Reloj solar ecuatorial portátil hecho por Johann Georg Vogler (1750), con un anillo ajustable para la hora. El reloj se coloca de frente al norte con ayuda de la brújula y el plano del anillo de la hora se alinea con un punto de la escala curva de latitud que concuerda con la latitud del lugar de medición. De esta forma, la barra del reloj que proyecta sombra se coloca paralela al eje de la Tierra, de manera que su extremo apunta al polo norte y el anillo de la hora queda paralelo al ecuador.

±6 Diferencia horaria con el horario universal en horas

Las regiones con horario de verano en el hemisferio norte entre abril y septiembre/octubre, tienen gran diferencia con el hemisferio sur, entre septiembre/enero y febrero/abril.

(horario universal) ? Algunas regiones no tienen horario de verano

13h | 14h | 15h | 16h | 17h | 18h | 19h | 20h | 21h | 22h

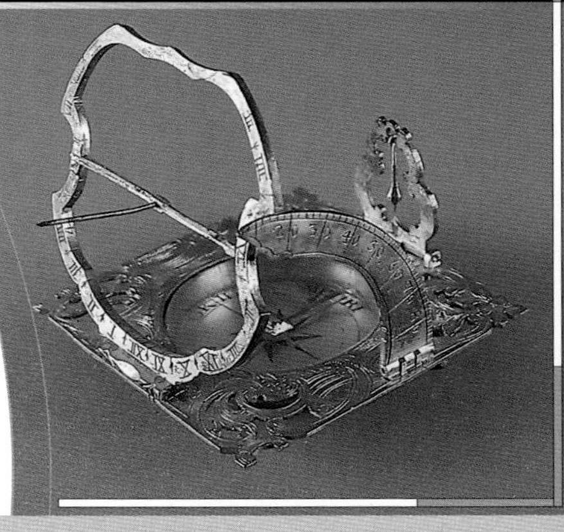

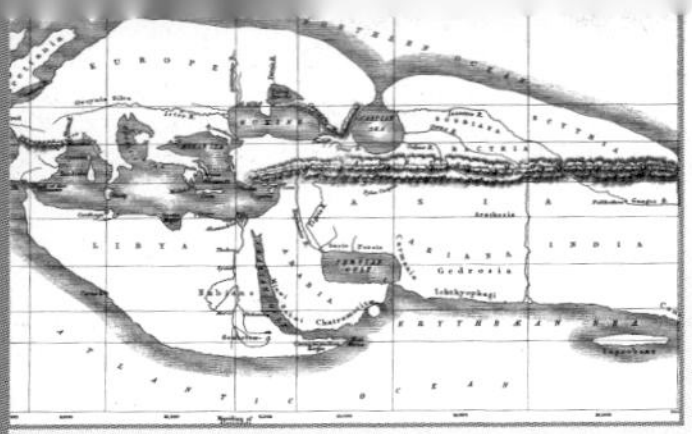

La evolución de la cartografía

Creando una foto del mundo

Los primeros mapas dieron a la humanidad un medio para crear una imagen abstracta y altamente simplificada de la Tierra. Antes de que se inventaran las aeronaves, el planeta ya había sido representado – desde una vista aérea, es decir- en una escala más pequeña y medible de acuerdo con principios matemáticos. Sin embargo, los mapas no son más que un reflejo de la realidad social – del conocimiento, de las visiones políticas y creencias religiosas de una época determinada. La precisión y confiabilidad de un mapa provienen del modo en el que se realizó, del grado de precisión alcanzado por el grabador, litógrafo, o dibujante, del dominio que tenga el impresor de su arte y de la habilidad de los lectores de mapas para reconocer los aspectos familiares de su mundo.

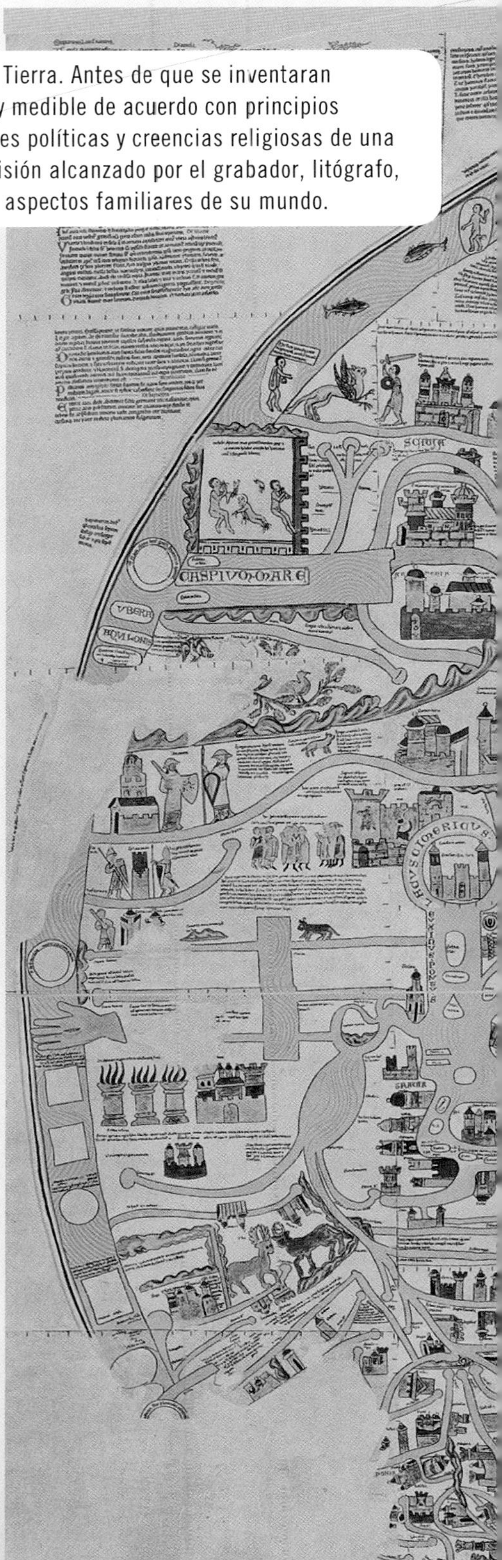

Cartografía

Desde mediados del siglo XIX, cuando se introdujo el término "cartografía" por primera vez, el arte del trazado de mapas pasó de ser una sub-disciplina que atendía las necesidades de la geodesia y geografía a una ciencia con derecho propio. A comienzos del siglo XX, la cartografía había desarrollado sus propios métodos y conceptos claramente definidos.

Dada su importancia militar, los inmensos costos de su realización y la naturaleza detallada de sus contenidos, los mapas topográficos fueron monopolio del estado en Europa hasta la última mitad del siglo XIX. Con el cambio del siglo XVIII al XIX, las naciones europeas comenzaron a establecer servicios estadísticos y oficinas que publicaban algunos de sus datos en mapas tópicos para un amplio uso público.

Del disco a la esfera

Incluso las culturas antiguas tenían mapas de territorios conocidos que mostraban las propiedades y los límites. Excelentes ejemplos incluyen el dibujo sobre una roca del asentamiento neolítico en Çatal Hüyük que data aproximadamente del año 6200 a.C, el mapa de 3.500 años de la ciudad de Nippur en Babilonia, y mapas elaborados por los antiguos griegos.

Los primeros trazadores de mapas veían la Tierra como un disco plano, habitado en el centro e inaccesible en los bordes externos. A medida que se avanzó en el conocimiento, el disco se expandió. El nuevo entendimiento obtenido mediante las conquistas de Alejandro Magno y las observaciones de navegantes y científicos dieron origen a la idea de que la Tierra es una esfera, para la cual Eratóstenes calculó una circunferencia de 37.700 km (o 46.250 km, según el método de conversión aplicado) en el siglo 250 a.C. Además, llevó sus investigaciones un paso más adelante al proyectar los segmentos tridimensionales de la esfera sobre una superficie plana y superponer su mapa con un sistema de coordenadas según la longitud y el ancho del mar Mediterráneo.

En el siglo II d.C, el astrónomo, astrólogo y cartógrafo Tolomeo de Alejandría desarrolló la primera proyección cartográfica orientada al norte con líneas de latitud longitudinalmente verdaderas. Las instrucciones de Tolomeo respecto del trazado de mapas se distribuyeron en copias, comentarios y traducciones a geógrafos y cartógrafos - y junto con ellas, su error más notorio: su globo tenía una circunferencia de sólo 29.000 km.

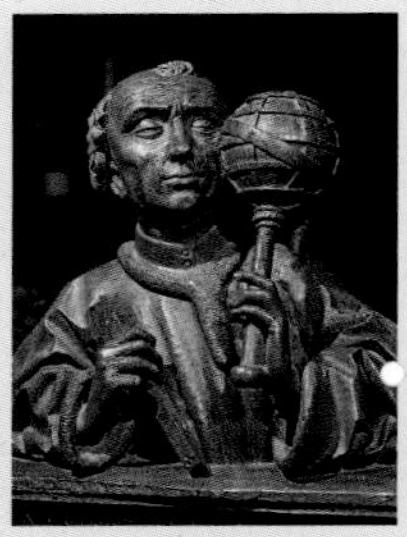

Inmortalizado en un salón de coro: una escultura de Claudius Ptolemaeus (Tolomeo) se encuentra en el salón de coro de la catedral de Ulm (Michael Erhart, c.1470). La publicación de su Geografía en Ulm en 1482, revivió el antiguo concepto sobre la forma del mundo.

Mapamundi – la imagen cristiana del mundo

Durante los varios siglos siguientes, la teología moldeó la visión de la humanidad respecto del mundo y su representación en los mapas. La influencia romana decayó, y el centro del nuevo mundo cristiano pasó hacia el este, a Jerusalén. Por lo tanto, los mapas del cristianismo estaban orientados al este y, una vez más, representaban la Tierra como un disco plano. Al igual que todas las obras de ese período, proclamaban la grandeza de Dios y la Iglesia.

El surgimiento del Islam en el siglo VI d.C desafió la visión cristiana dominante. Los cartógrafos árabes incorporaron la tradición antigua de Tolomeo (la Tierra como una esfera) a su sistema científico y expandieron sus conocimientos del mundo mediante extensos viajes y el uso de instrumentos astronómicos.

Descubriendo la Tierra

Los mapas empleados por los navegantes y comerciantes no eran documentos de filosofía religiosa, sino que tenían fines prácticos, y por lo tanto eran tan precisos como era posible, dadas las circunstancias. Los portulanos del Mediterráneo mostraban costas y accidentes geográficos en detalle y, como demostraron los estudios, contenían sólo errores menores de distancia.

Sin embargo, los mapas de los países extranjeros y las franjas litorales se mantenían, por lo general, en las cajas fuertes de los gobernantes y comerciantes, y se daban a conocer para uso público sólo cuando esas regiones pasaban a ser ampliamente conocidas. Incluso Colón no contaba con los mapas más corrientes en su viaje de "descubrimiento" a América. Si bien los vikingos habían llegado a América del Norte mucho antes que él, Colón navegó hacia el oeste por un "desconocido" Atlántico (guiado por el cálculo incorrecto de la circunferencia de la Tierra de Tolomeo) y esperaba encontrar la India. A principios del año 1507, Martin Waldseemüller introdujo las regiones recientemente descubiertas en un mapa mundial.

Motivadas por la posibilidad de encontrar nuevos mundos más allá del horizonte, y encandiladas por las riquezas infinitas, las naciones europeas lanzaron su campaña de exploración mundial.

Estudiando el planeta

La circunnavegación del planeta que se realizó en la expedición de Magallanes ha brindado pruebas prácticas de que la Tierra es una esfera. Los posteriores avances científicos y el desarrollo de mejores instrumentos permitieron que los cartógrafos mejoraran la precisión y el detalle de sus mapas mundiales durante los siguientes siglos. Las regiones desconocidas de la Tierra se habitaron en los mapas por seres imaginarios – una expresión de horror vacui, la falta de voluntad de los trazadores de mapas de revelar al público general las deficiencias en su conocimiento. Posteriormente, sólo se representaron como "manchas blancas".

La era de la precisión cartográfica basada en principios matemáticos comenzó en la última mitad del siglo XVIII. En las naciones europeas se llevaron a cabo estudios topográficos con fines militares y administrativos. Los datos obtenidos mediante estos esfuerzos son útiles, incluso en la actualidad, como fundamento para la planificación de países modernos.

Una vez que fue posible explorar la Tierra desde el espacio en el siglo XX, las últimas manchas blancas desaparecieron de los mapas mundiales y los cartógrafos tuvieron acceso a todos los datos geográficos que pudieran necesitar. El procesamiento de datos electrónicos liberó a los trazadores de mapas de las arduas tareas de dibujar y grabar los mapas, lo que los convirtió en especialistas de la comunicación gráfica.

Imagen del mundo medieval

Elaborado entre 1230 y 1240, el Mapamundi de Ebstorf es un ejemplo de la cartografía medieval cristiana. Dibujado con una configuración TO, transpone el cuerpo de Cristo sobre el mapa conocido. Rodeadas por el océano en forma de O, las masas continentales de la Tierra están separadas por la T (de los mares interiores) – el símbolo de la muerte de Cristo en la cruz. El mapa original fue destruido por el fuego en un bombardeo aéreo en Hanover en 1943. Una copia del mapa grande (358 x 356 cm) sobrevivió en 30 partes.

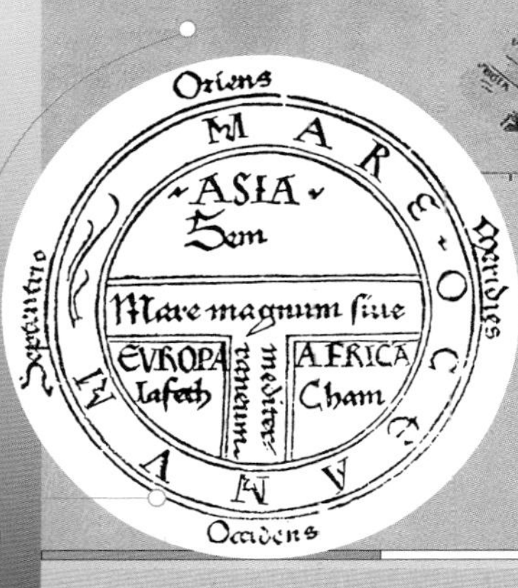

El mundo esquemático

Mapa mundial esquemático (mapa TO) de Isidoro de Sevilla (1472) que ilustró la imagen cristiana del mundo.

La evolución de la cartografía

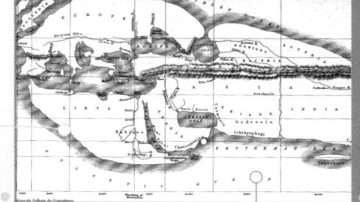

Primer sistema coordinado

Esta reconstrucción de un mapa de Eratóstenes (3er siglo a.C) muestra el mundo conocido en un sistema coordinado basado en la ubicación del mar Mediterráneo.

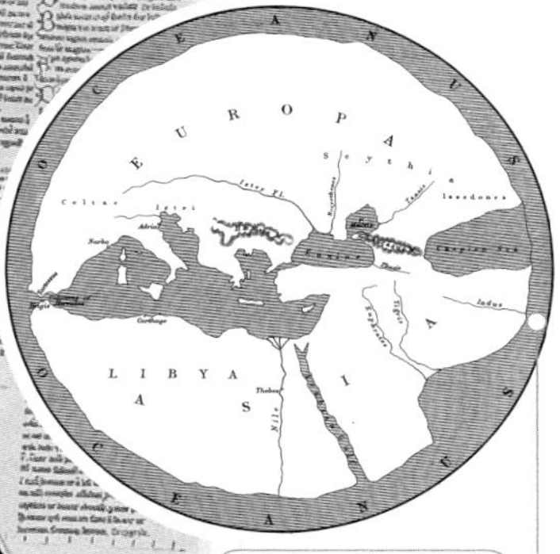

Rodeada por el océano

El mapa de Hecateo de Mileto (c.500 a.C) reconstruido de textos, muestra la Tierra como un disco, con los continentes de Europa y Asia rodeados por un océano.

Itinerario romano

La Tabula Peutingeriana muestra el enfoque pragmático del gobierno romano. Representa la red de caminos como un itinerario esquemático sin escala, con indicadores de rutas, estaciones postales y ciudades en forma de signatura.

Origen del nombre "América"

Américo Vespucio y las regiones de Sudamérica que descubrió.

Detalle de un mapa del cartógrafo Martin Waldseemüller de Freiburg donde el nombre "América" (en honor a Vespucio) apareció por primera vez. El mapa se imprimió en Saint - Dié (Lorraine) en1507.

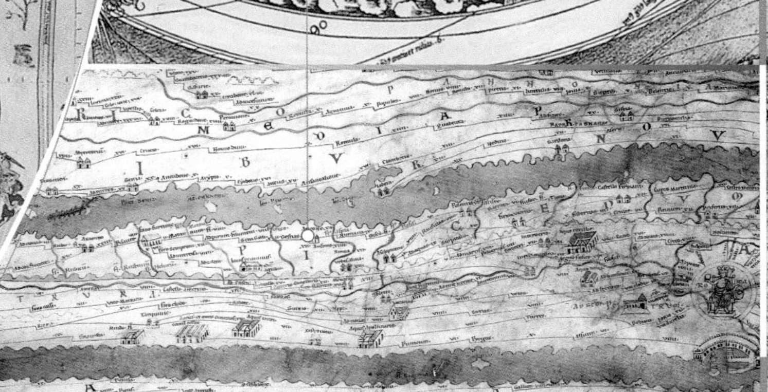

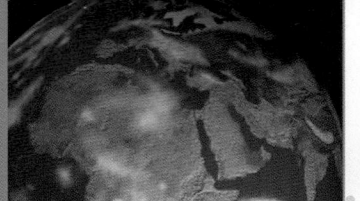

La Tierra desde el espacio

Imagen topográfica

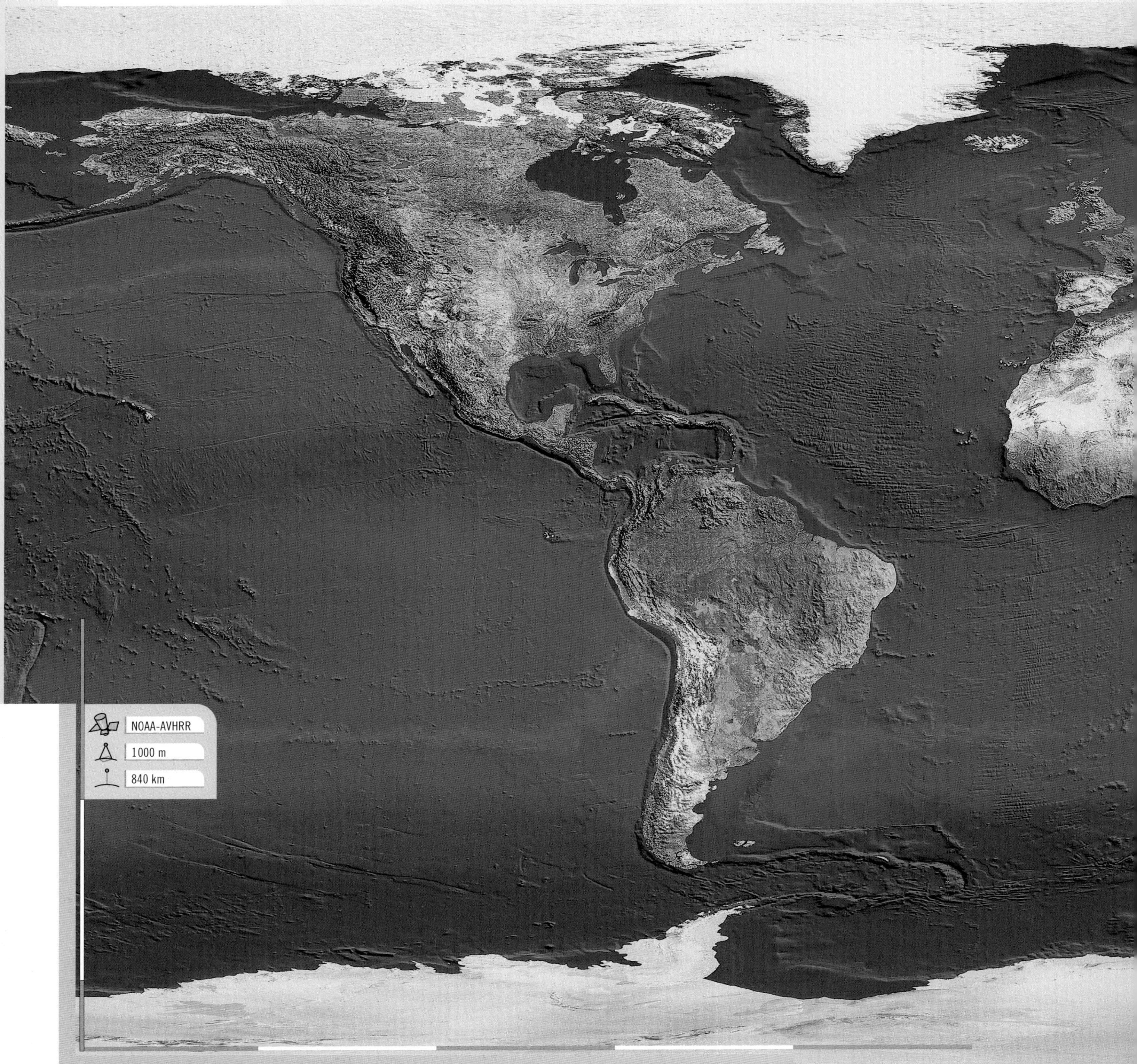

NOAA-AVHRR

1000 m

840 km

Vista de la Tierra desde el espacio

Varios miles de imágenes de las series de satélites del Organismo Nacional del Océano y la Atmósfera (NOAA) de Estados Unidos fueron necesarias para compilar esta foto sin nubes de la Tierra.

En la representación elegida para este mapa de imágenes satelitales, las regiones polares se extienden a lo largo de toda la longitud del Ecuador. Los continentes son fieles al formar las latitudes norte y sur de 35 grados, aproximadamente, pero la distorsión se vuelve más extrema hacia los polos.

La imagen satelital compuesta brinda un buen panorama de los paisajes principales de los continentes y sus patrones de vegetación. Una característica particularmente llamativa es el cinturón de desiertos que rodea el planeta.

(Copyright: GEOSPACE/World Sat. International Corp.2000)

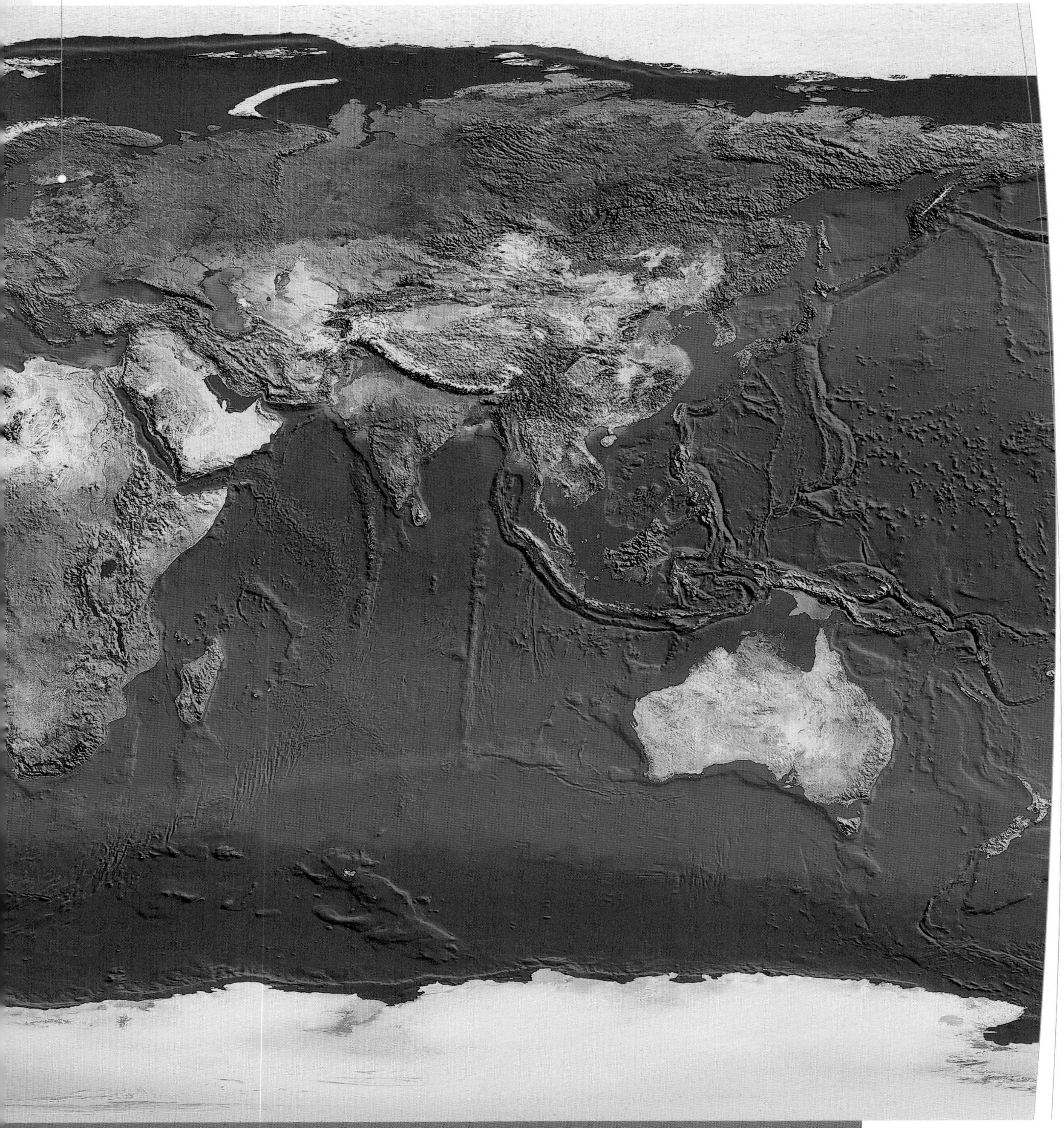

Clima   Cambios en la capa de ozono – El agujero de ozono

La enorme cantidad de clorofluorocarbonos (CFC), utilizados por ejemplo en aerosoles y como refrigerantes en las neveras, liberada a la atmósfera cada año produce modificaciones químicas que destruyen la cobertura protectora de la capa de ozono que rodea la Tierra. La capa de ozono absorbe algo de la nociva radiación ultravioleta B emitida por el Sol y contribuye a regular el equilibrio térmico de la atmósfera. La reducción de la capa de ozono es más grave sobre el hemisferio sur durante los meses de septiembre y octubre. La NASA y el Programa de Investigación de Ozono de la Unión Europea han estado observando cambios producidos en la capa de ozono durante muchos años. Las fluctuaciones estacionales se ilustran en la serie de imágenes siguiente, donde se muestra que las concentraciones de ozono pueden reducirse a la mitad de sus niveles normales en determinados años.

Las temperaturas atmosféricas más elevadas sobre el Ártico (en comparación con la región polar del sur) reducen el peligro de reducción de la capa de ozono, aunque la secuencia de imágenes muestra un aumento también ahí. El manto de ozono sobre el Ártico no es tan fino como el de la estratosfera antártica. Sin embargo, los análisis químicos demostraron que la composición de la atmósfera sobre las regiones polares del norte sufrió casi el mismo grado de perturbación que la que se que se encuentra sobre la Antártida.

Muchas de las consecuencias de la disminución de ozono en la atmósfera para la humanidad son bien conocidas. El aumento en la intensidad de la radiación UV provoca quemaduras solares y cáncer de piel además del perjuicio general en el sistema inmunológico humano. Los niveles altos de radiación UV también tienen un impacto duradero sobre la vida vegetal.

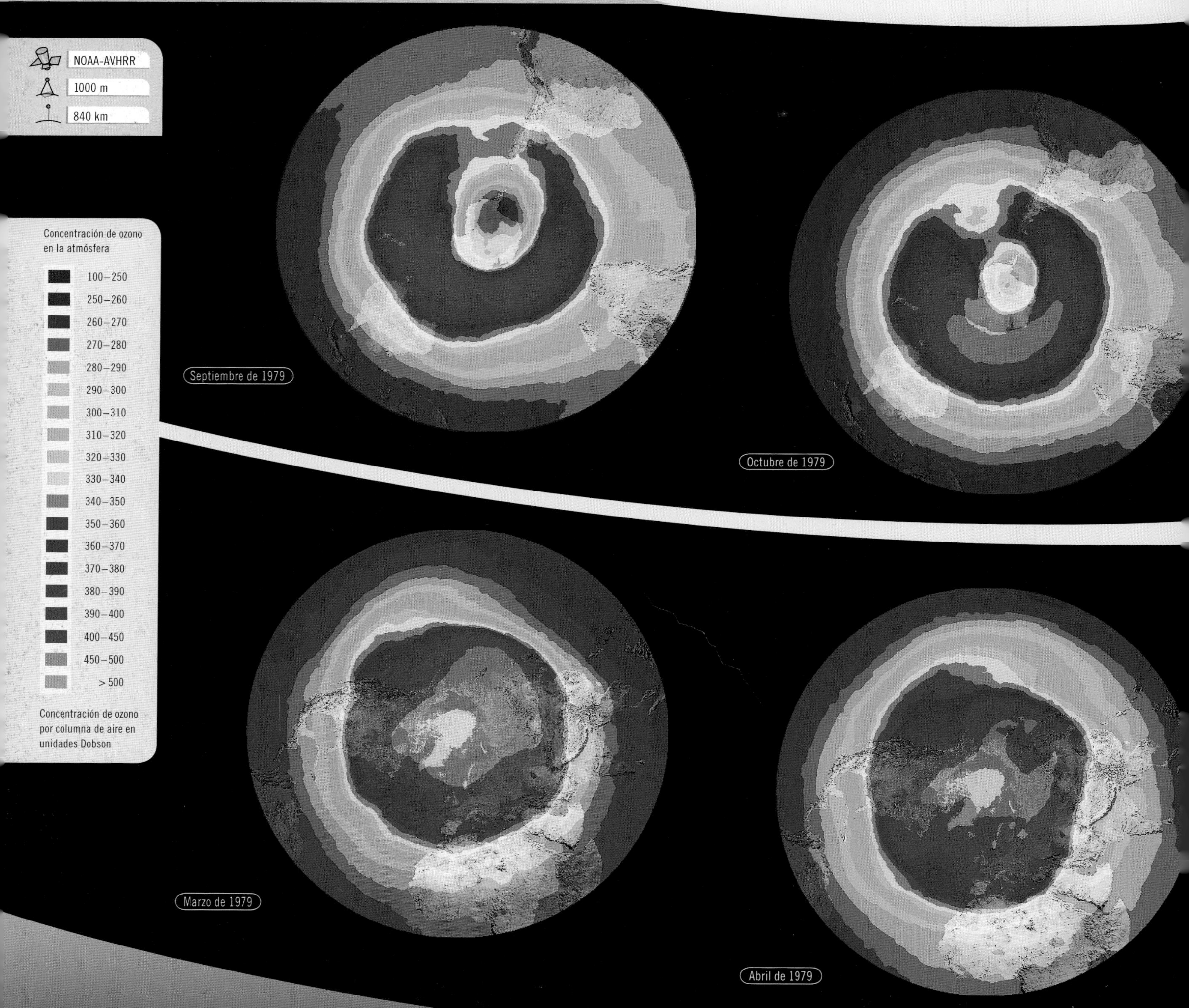

NOAA-AVHRR

1000 m

840 km

Concentración de ozono
en la atmósfera

■	100—250
■	250—260
■	260—270
■	270—280
■	280—290
■	290—300
■	300—310
■	310—320
■	320—330
■	330—340
■	340—350
■	350—360
■	360—370
■	370—380
■	380—390
■	390—400
■	400—450
■	450—500
■	> 500

Concentración de ozono
por columna de aire en
unidades Dobson

Septiembre de 1979

Octubre de 1979

Marzo de 1979

Abril de 1979

Periódicamente se observa una marcada reducción de la concentración de ozono en la estratosfera antártica hacia finales del invierno del sur.

Octubre de 1990

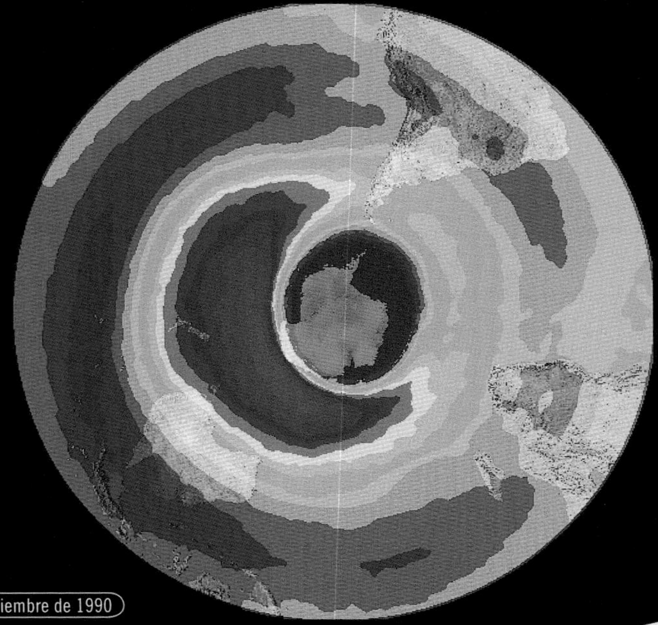

Septiembre de 1990

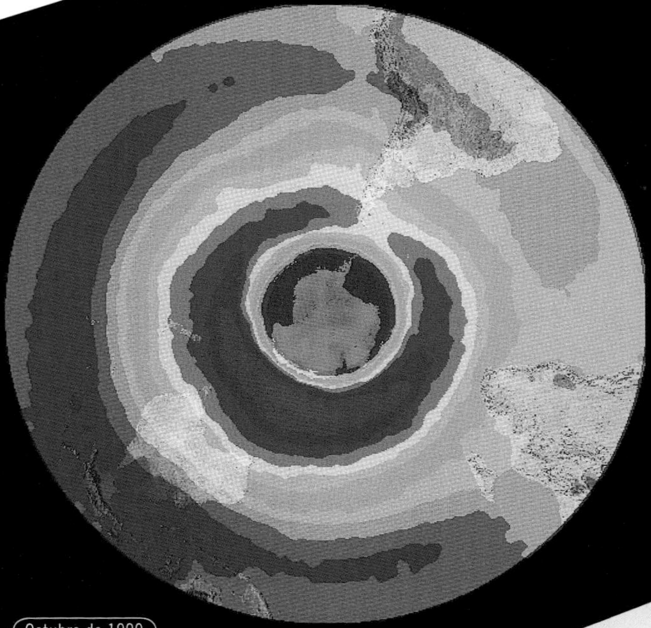

Abril de 1990

Marzo de 1990

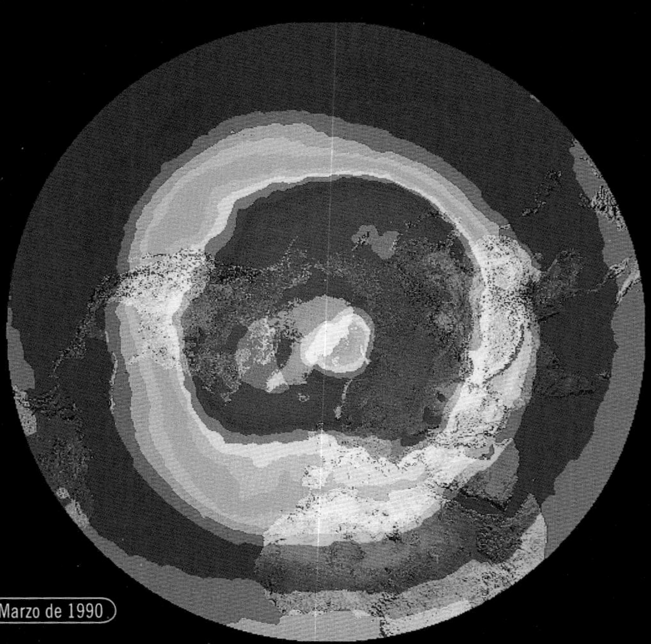

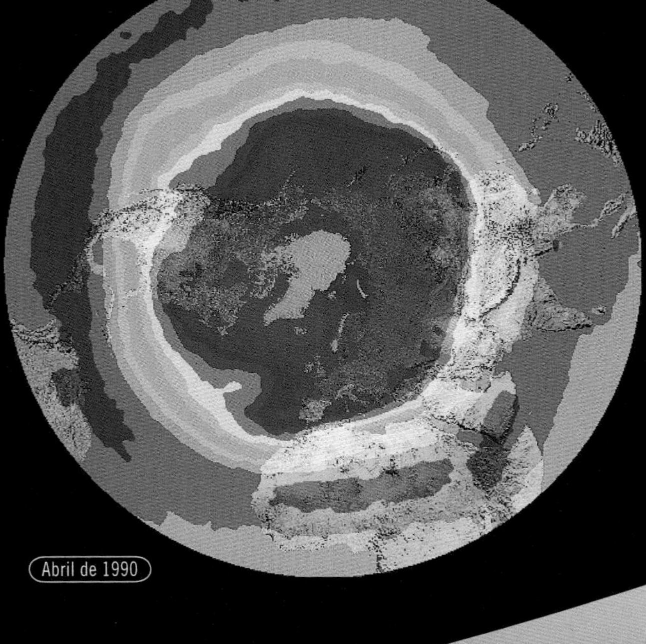

Hemisferio norte:

La capa de ozono no es tan fina sobre el Ártico como lo es sobre la estratosfera antártica, ya que las temperaturas promedio en la atmósfera del Polo Norte suelen ser unos 18°F más altas que sobre la Antártida.

Conexiones vivas con el centro de la Tierra

Landsat TM

30 m

705 km

ago. 20, 1986

Estados Unidos

Italia

Monte Saint Helens

La erupción del Monte Saint Helens en la Cordillera de las
Cascadas del estado de Washington fue uno de los sucesos
naturales más espectaculares de la última mitad del siglo XX.
Todos los volcanes activos de Norteamérica se ubican en esta
cadena montañosa que se extiende desde el norte de California hacia Canadá. La región sin vegetación en el centro de la
imagen es el área de devastación volcánica que rodea el cráter
(caldera) oval colapsado y el lago Spirit.
Con una altura inicial de 2.948 m, la montaña conocida por los indios
como el "Guardián del Fuego", perdió alrededor de 400 m de elevación
durante la erupción del 18 de mayo de 1980. Avalanchas de nieve
derretida, lodo y restos de rocas se precipitaron hacia dos valles de
ríos, barriendo puentes y viviendas y abriendo largas franjas a través
de los bosques. Una amplia fuente de ceniza se esparció hasta 23 km
en la estratosfera desde el fracturado flanco norte de la montaña. La
onda expansiva derribó, como si fueran cerillas, todos los árboles que
había a varias millas del cono. Sesenta personas perdieron la vida en
este infierno.
Erupciones menos violentas tuvieron lugar en 1984, 1986, 1989 y 1991.

Monte Etna

El monte Etna, el volcán activo más alto de Europa, emerge sobre la costa este de Sicilia, entre
Catania y Taormina, a orillas del mar Jónico.
La última erupción significativa de este monte
(con una elevación actual de 3.350 m) tuvo
lugar en 2001 y amenazó al pueblo de Nicolosi.
Esta imagen térmica muestra los patrones de
distribución de la temperatura en la superficie
del poderoso volcán. El rojo indica las áreas con
altas temperaturas; el azul representa temperaturas superficiales más bajas. La radiación solar
(superficies expuestas versus las cubiertas)
influye marcadamente en las temperaturas.
Los cráteres parásitos son típicos del monte
Etna, y el más grande de ellos es claramente
reconocible en los lados oeste y sudeste del volcán. También son visibles las numerosas fisuras
y fuentes de vapor mediante las que se liberan
los gases del magma.

N

Landsat TM

30 m

705 km

nov. 27, 1984

Cráter del meteorito

Una amenaza del espacio exterior

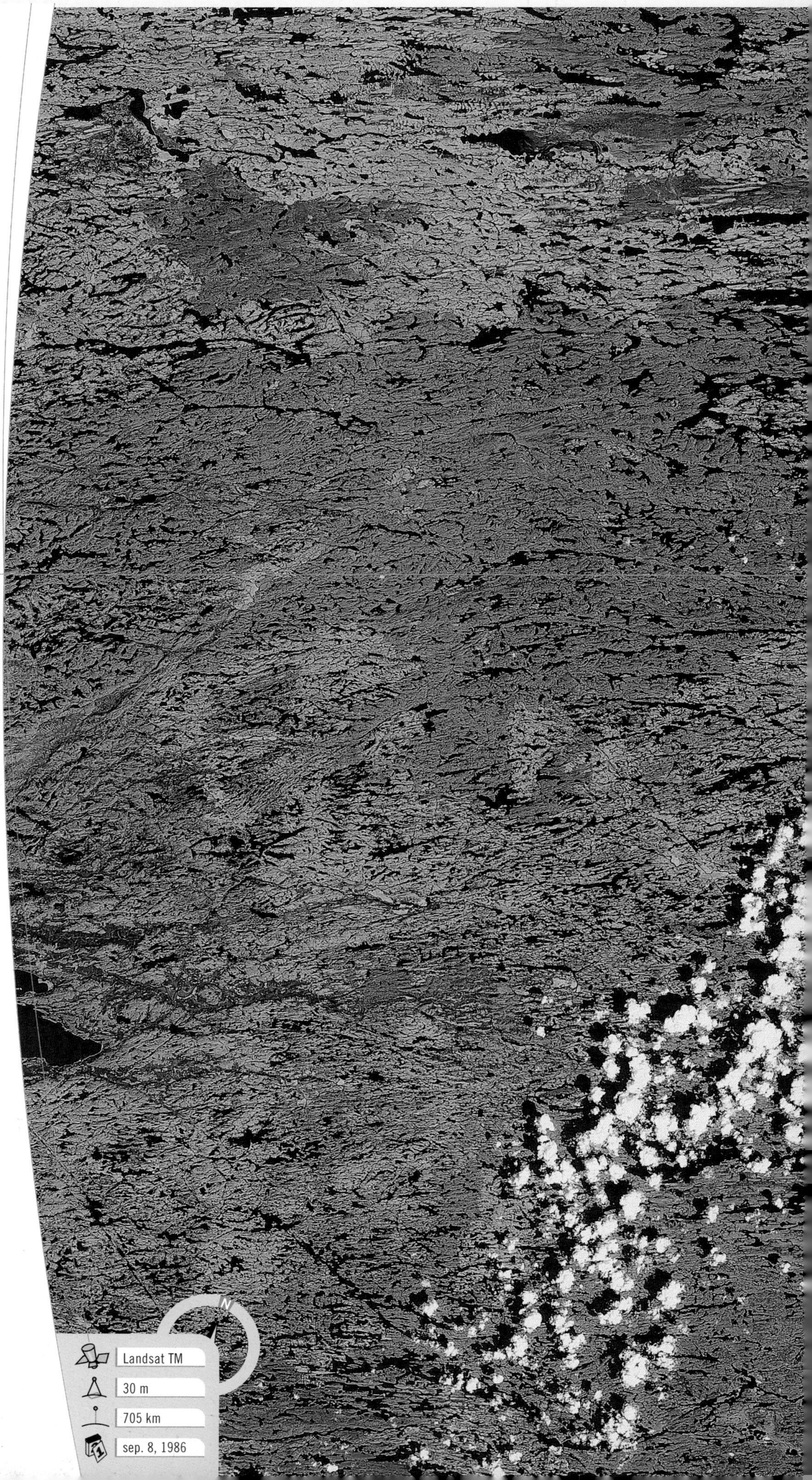

Lago Clearwater

Esta imagen satelital muestra las dos cuencas del lago Clearwater en la provincia canadiense de Quebec. Los lechos del lago son producto de un suceso extremadamente raro — el impacto de "meteoritos mellizos" — que ocurre aproximadamente sólo una vez cada un millón de años, cuando dos fragmentos de meteorito presumiblemente relacionados chocan contra la Tierra de modo consecutivo. Los complejos cráteres formados por el impacto de meteoritos grandes se caracterizan por una formación montañosa central.

Las islas del más grande de los dos lagos son vestigios visibles de esa formación montañosa central, dejadas al descubierto luego de que los cráteres se llenaran de agua.

Se estima que el impacto que formó los lagos ocurrió hace unos 300 millones de años.

Landsat TM	
30 m	
705 km	
sep. 8, 1986	

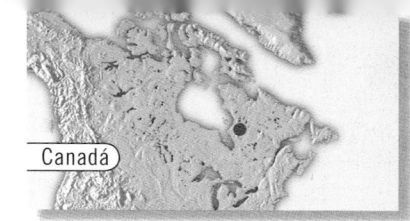

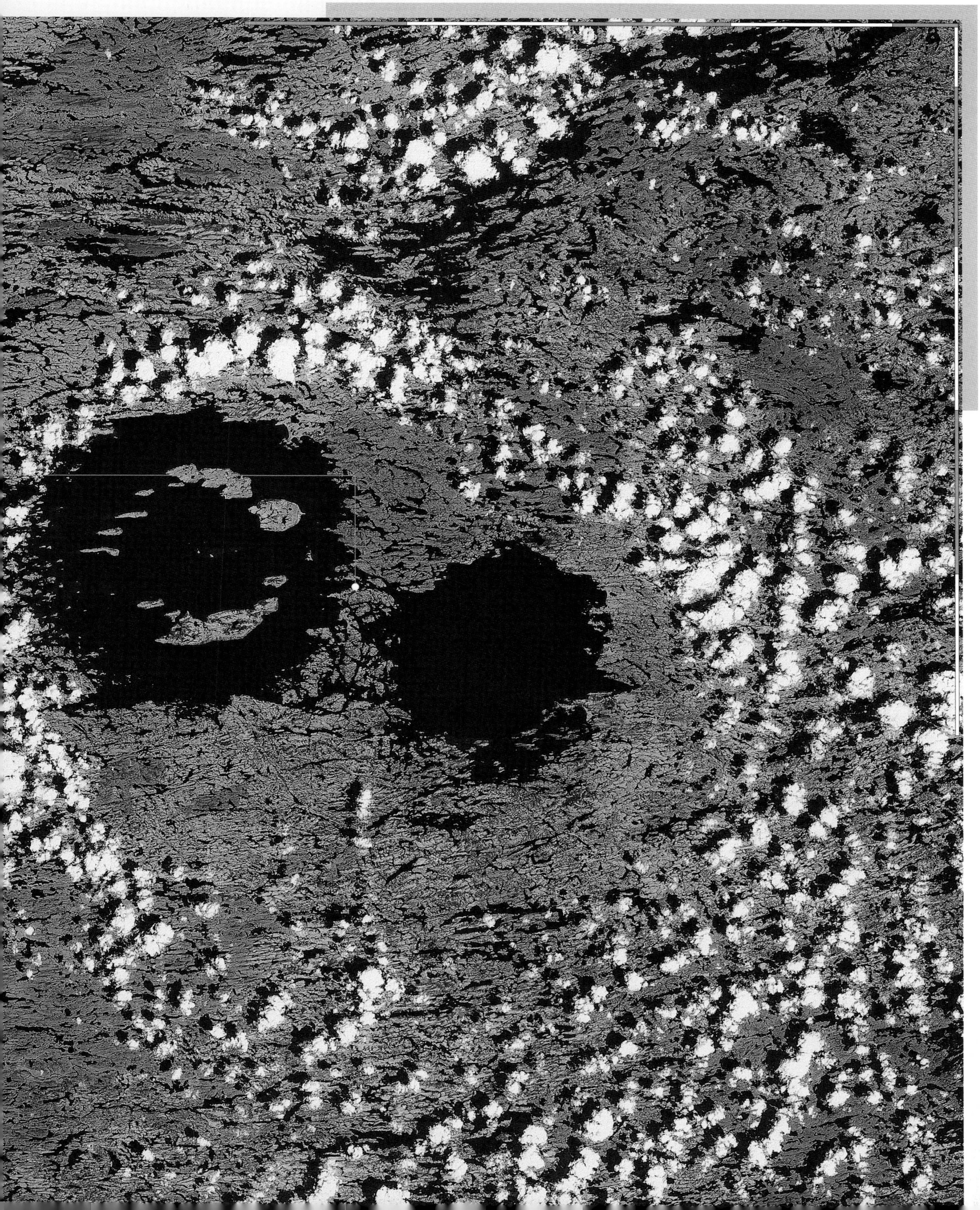

Cuerpos de agua

Ríos – Los vasos sanguíneos de un país

Landsat ETM

15 m

705 km

nov. 3, 1999

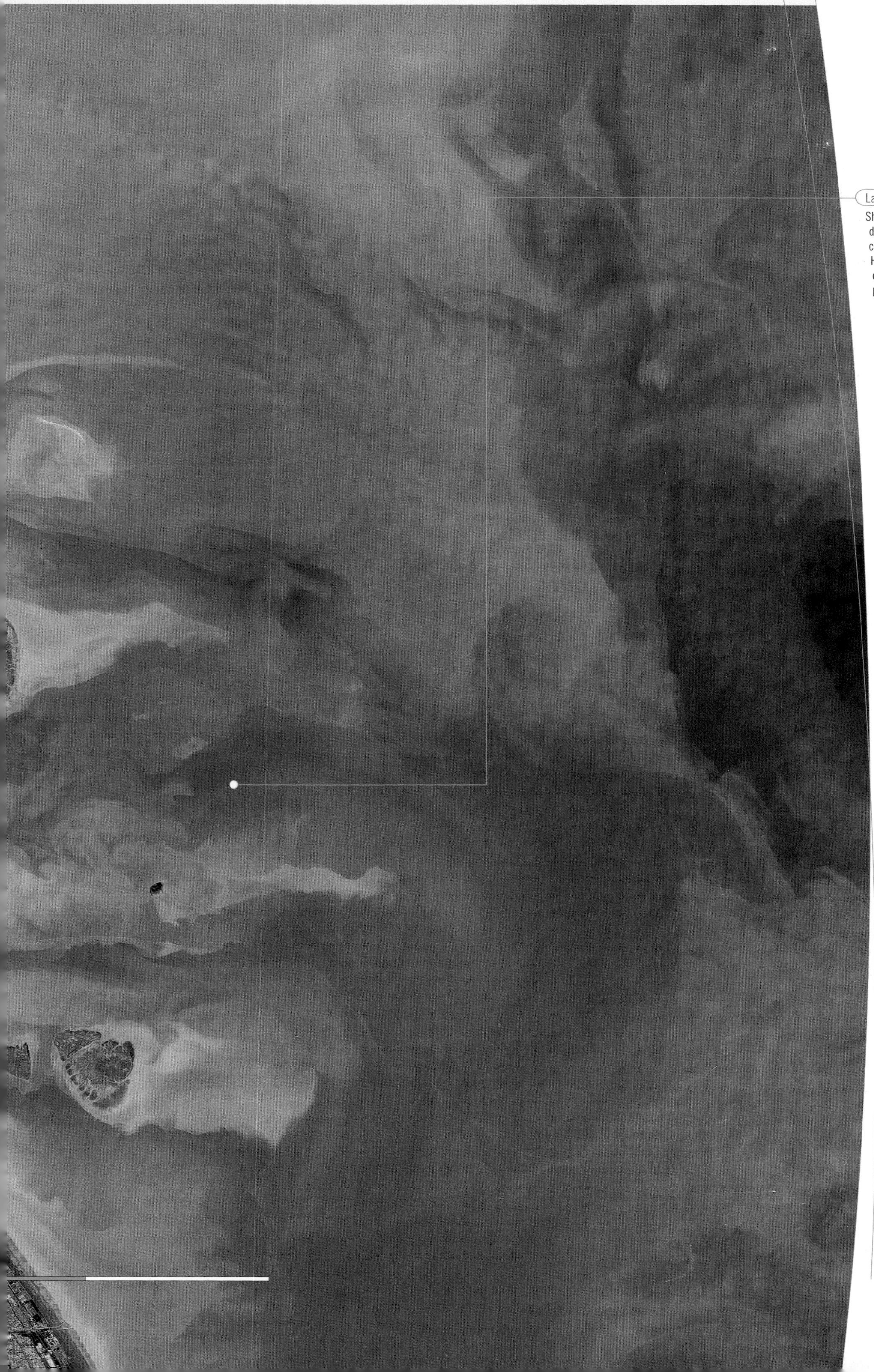

La boca del Yangtzé (Chang)

Shanghai es el puerto más importante
de China y su metrópolis más grande;
comienza en la confluencia del río
Huang y del Yangtzé en la parte este
del lago Taihu. A comienzos del siglo
pasado, la ciudad albergó a unos
12 millones de personas; casi 20
millones de personas viven en la zona
metropolitana de Shanghai. La aper-
tura de China al comercio internacional impulsó el rápido crecimiento de
la ciudad durante los últimos años,
lo que se evidencia en un sistema
amplio de autopistas urbanas y
nuevos complejos de edificios altos.
Las tierras desarrolladas casi se
duplicaron entre 1980 y 2000.
Durante el proceso, se eliminó el
cinturón de vegetación que daba
la vuelta a la ciudad (visible en
lugares como manchas de color
verde claro en la imagen satelital).
desarrollo ha sido particularmente
intensivo en el distrito de Pudong
sobre la orilla derecha del Huang,
donde grandes áreas de la
vieja ciudad fueron demolidas y
reemplazadas por nuevos centros
comerciales e industriales.

Desiertos   Cambiantes mares de arena

El Sahara cerca de Amguid, Argelia

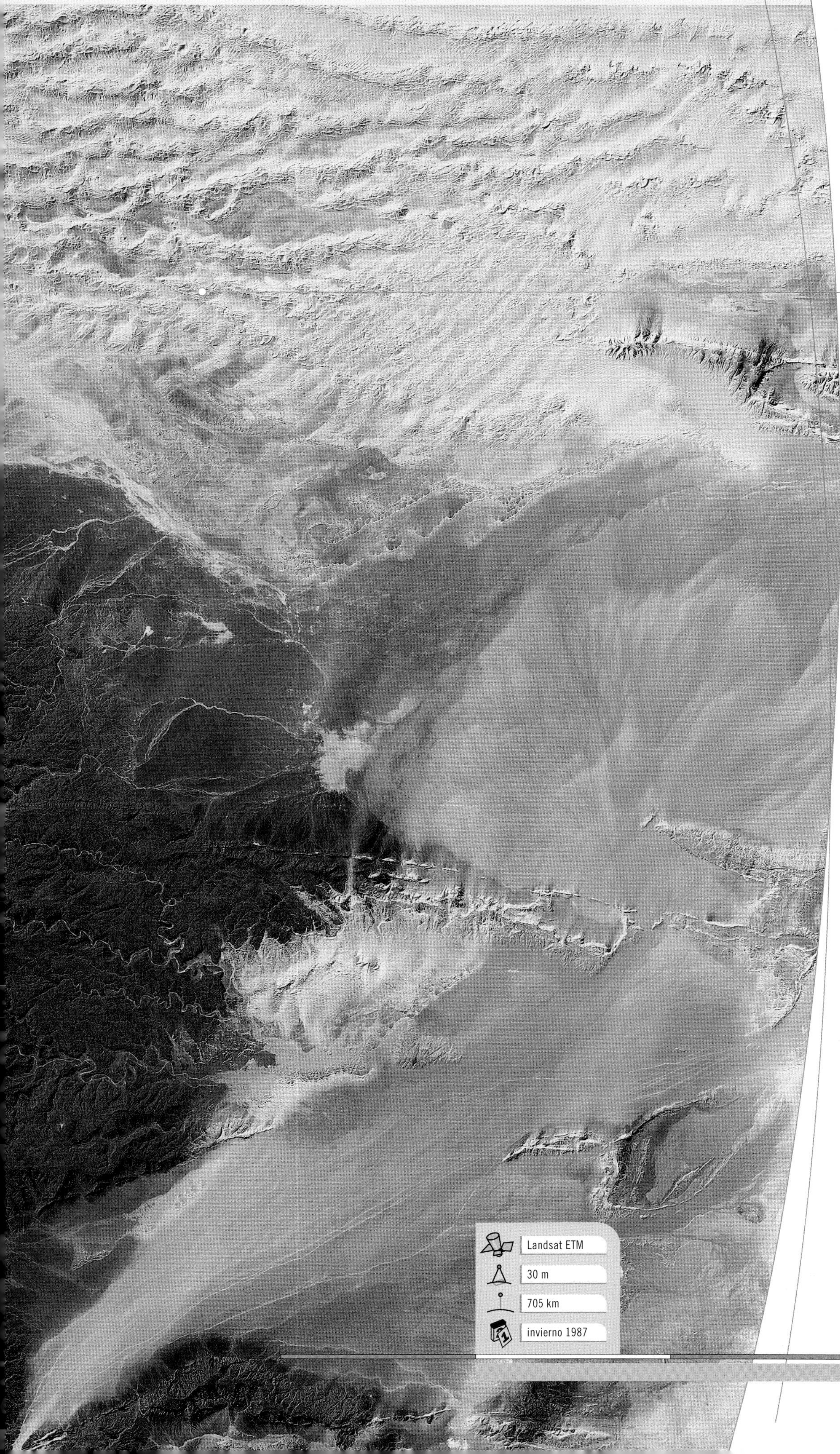

El Sahara presenta una apariencia distinta en muchos lugares. Los paisajes pueden distinguirse por las diferencias en el material de la superficie – roca expuesta, grava, arena o arcilla salina. Una gran porción de la imagen se encuentra ocupada por las superficies cubiertas de sedimentos de la Hamada de Tinrhert (áreas en gris claro y marrón-rojizo). Este desierto pedregoso se conoce como Serir en Argelia. El segundo tipo de desierto en el Sahara se caracteriza por mantos de arena y dunas. Una particularidad sobresaliente del paisaje en esta imagen satelital es la lengua de arena ubicada en la parte superior de la foto, con su patrón regular de figuras con forma de estrellas. Las llanuras de arcilla salina (con una coloración turquesa azulada) se encuentran en amplias depresiones donde los vados – valles secos por los que el agua fluye sólo después de intensas lluvias – se ensanchan. Las áreas en marrón oscuro son los brazos norteños del área montañosa de la meseta de Tassili, con picos que llegan a una altura de 1.800 m.

Landsat ETM

30 m

705 km

invierno 1987

Formaciones costeras   El arrecife más grande del mundo

Landsat TM

30 m

705 km

julio 13, 2000

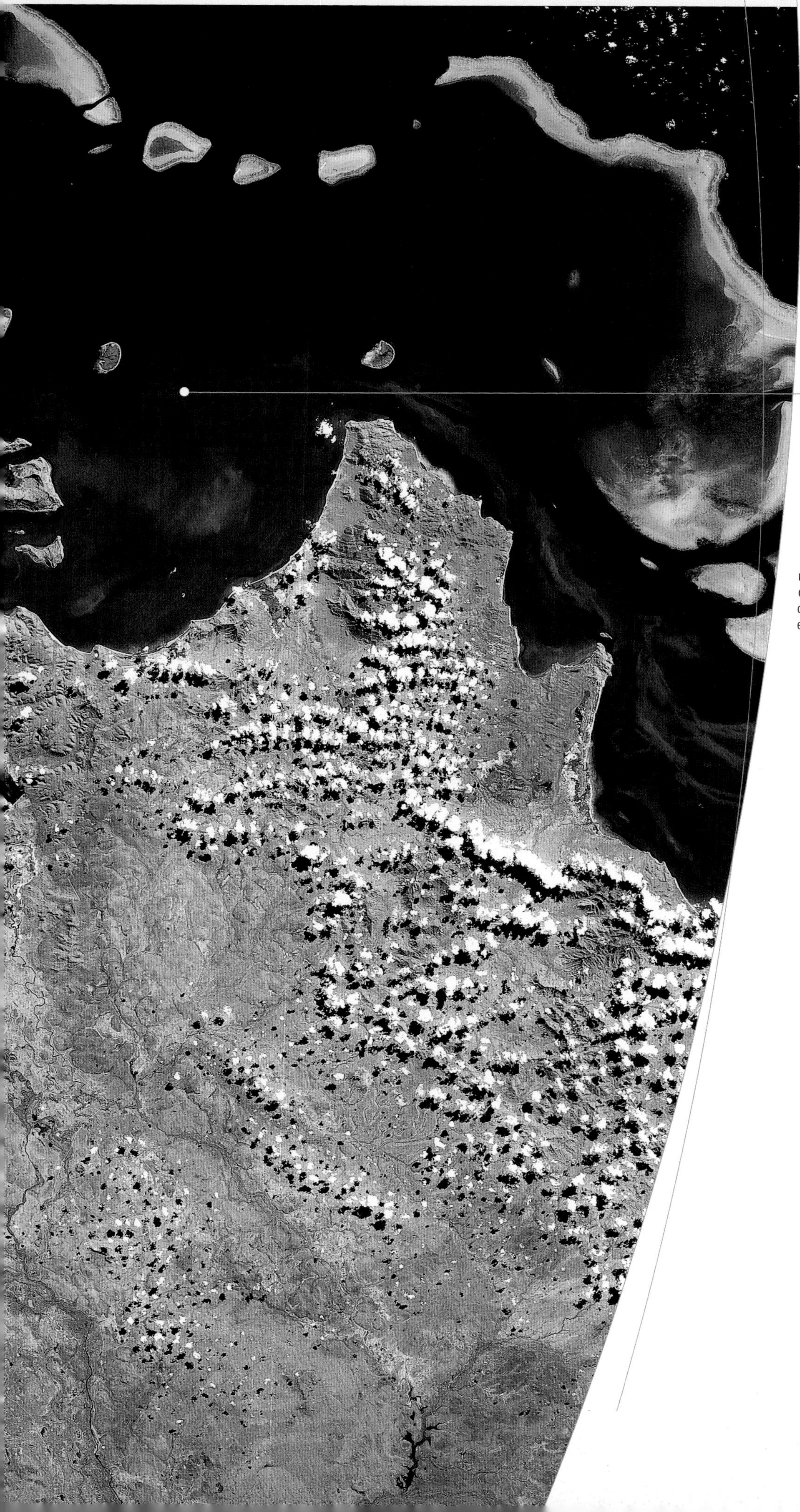

La Gran Barrera de Arrecifes

El arrecife de coral más grande del mundo se ubica paralelo a la costa de de Australia, frente a las costas de Queensland. Esta imagen satelital muestra la Bahía Princess Charlotte en la costa sur de la península de Cabo York. La cadena de arrecifes de coral largos, ovalados o circulares sólo puede verse desde el aire. Están cubiertos por aguas bajas y se ven de color turquesa y azul claro que contrasta claramente con el azul profundo del mar abierto. La vista aérea también nos permite notar otra cosa: la Gran Barrera de Arrecifes no es un sistema de arrecifes linear y continuo, sino que está compuesto por varios arrecifes individuales de distintos tamaños distribuidos en un patrón pintoresco en la laguna.

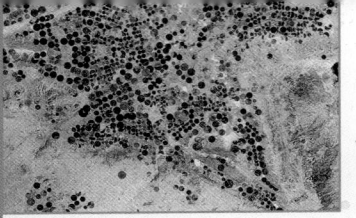

Vegetación y uso de la Tierra · Excavación de nuevos asentamientos en el desierto

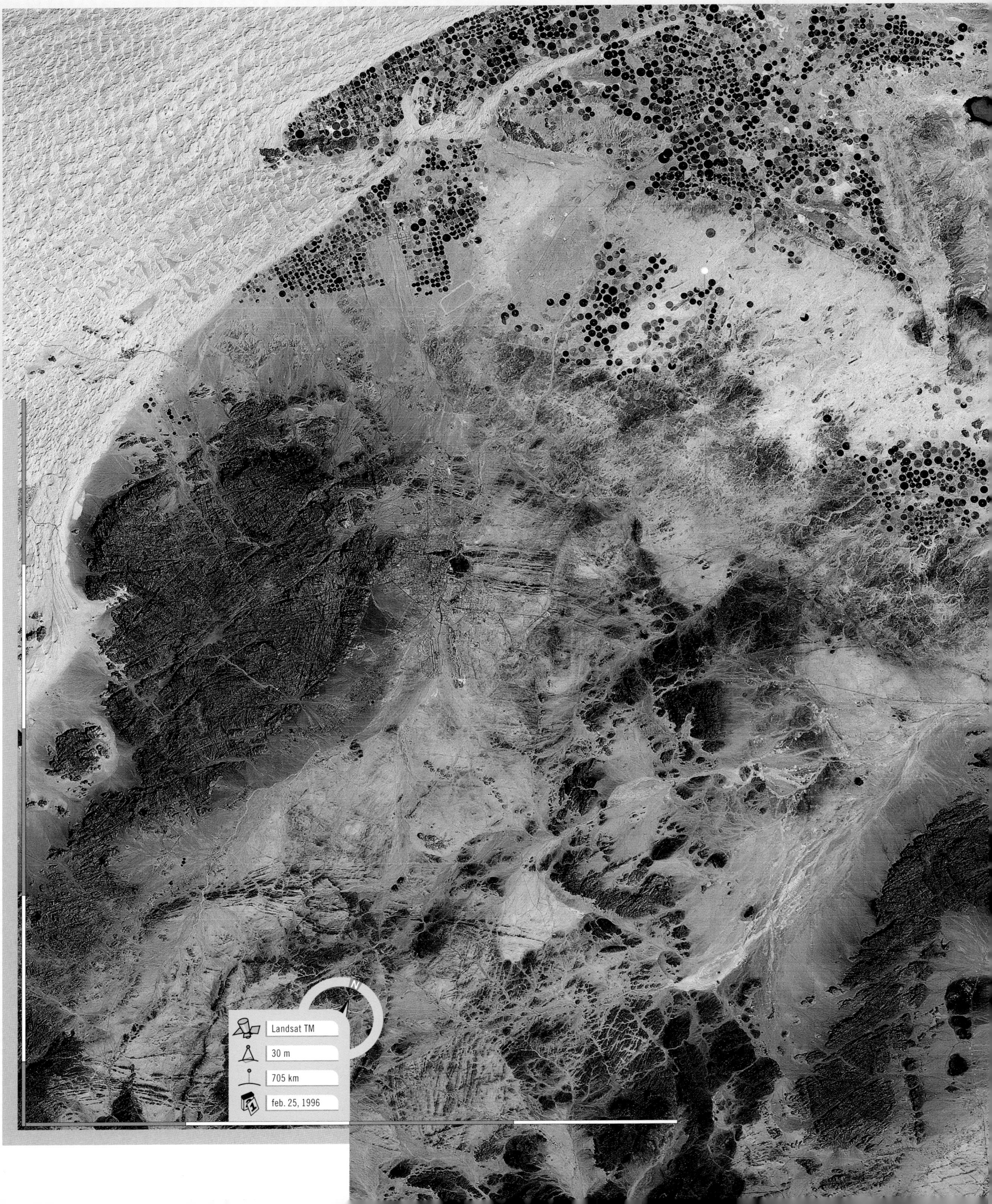

Landsat TM

30 m

705 km

feb. 25, 1996

Arabia Saudita – Ha-'il

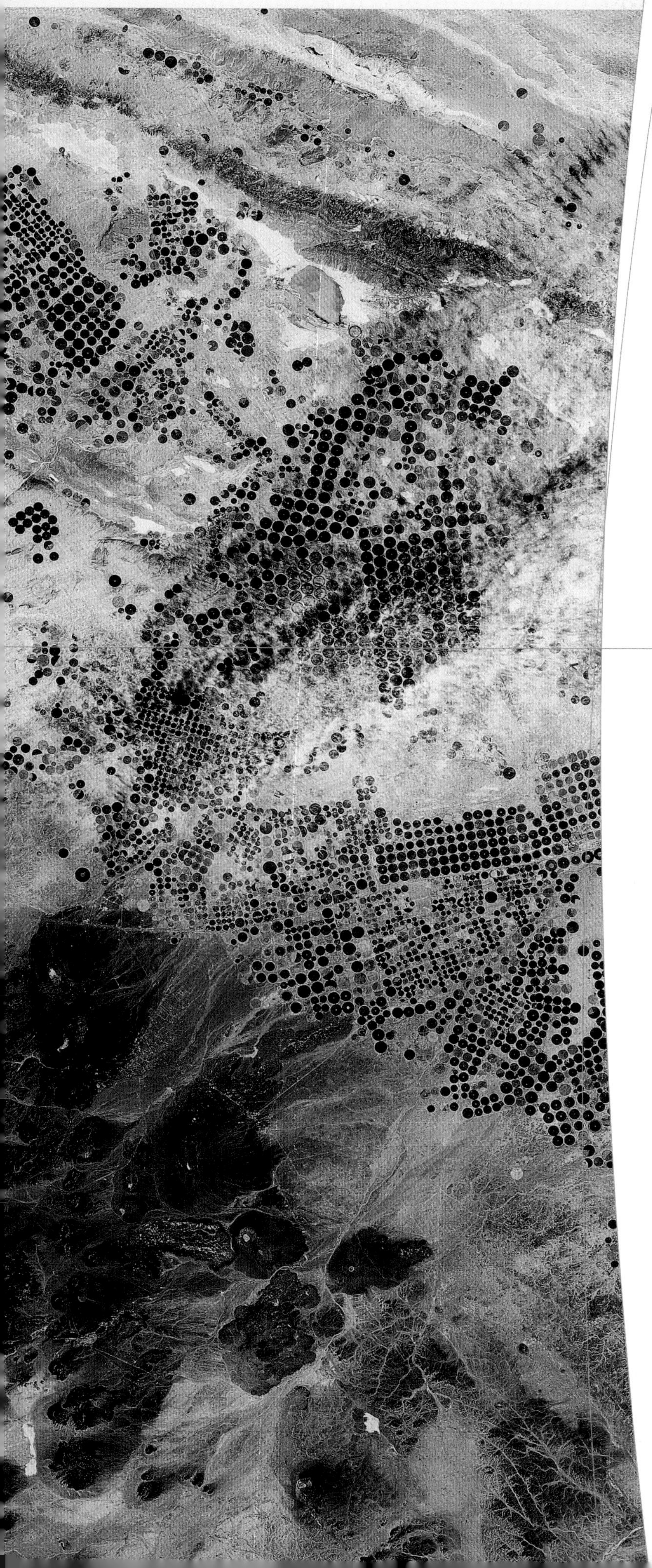

Mesetas extensas intercaladas con cadenas montañosas e inselbergs caracterizan la topografía de las montañas de Arabia central. Al Norte, las tierras altas cristalinas se extienden hasta el borde del desierto de arena de An Nafūd. Se observan zonas circulares distribuidas como papel confeti sobre la arena amarilla de Wadi Ha-'il, pequeñas áreas de cultivo en medio del desierto árido, irrigadas con sistemas de riego rotativos que se alimentan en cierta medida de aguas fósiles. El agua es impulsada por bombas y tuberías y se distribuye durante períodos específicos de tiempo en finos velos de lluvia. Este proceso permite a los agricultores fertilizar sus campos de forma eficiente al agregar nutrientes al agua para las plantas. La irrigación excesiva provoca suelos pantanosos que dificultan el cuidado de los campos. El índice de evaporación es extremadamente alto en las regiones áridas de Arabia Saudita y la dirección cambiante de los vientos puede hacer que el vapor de agua se distribuya de forma desigual.

Patrones de asentamiento La ciudad y el campo

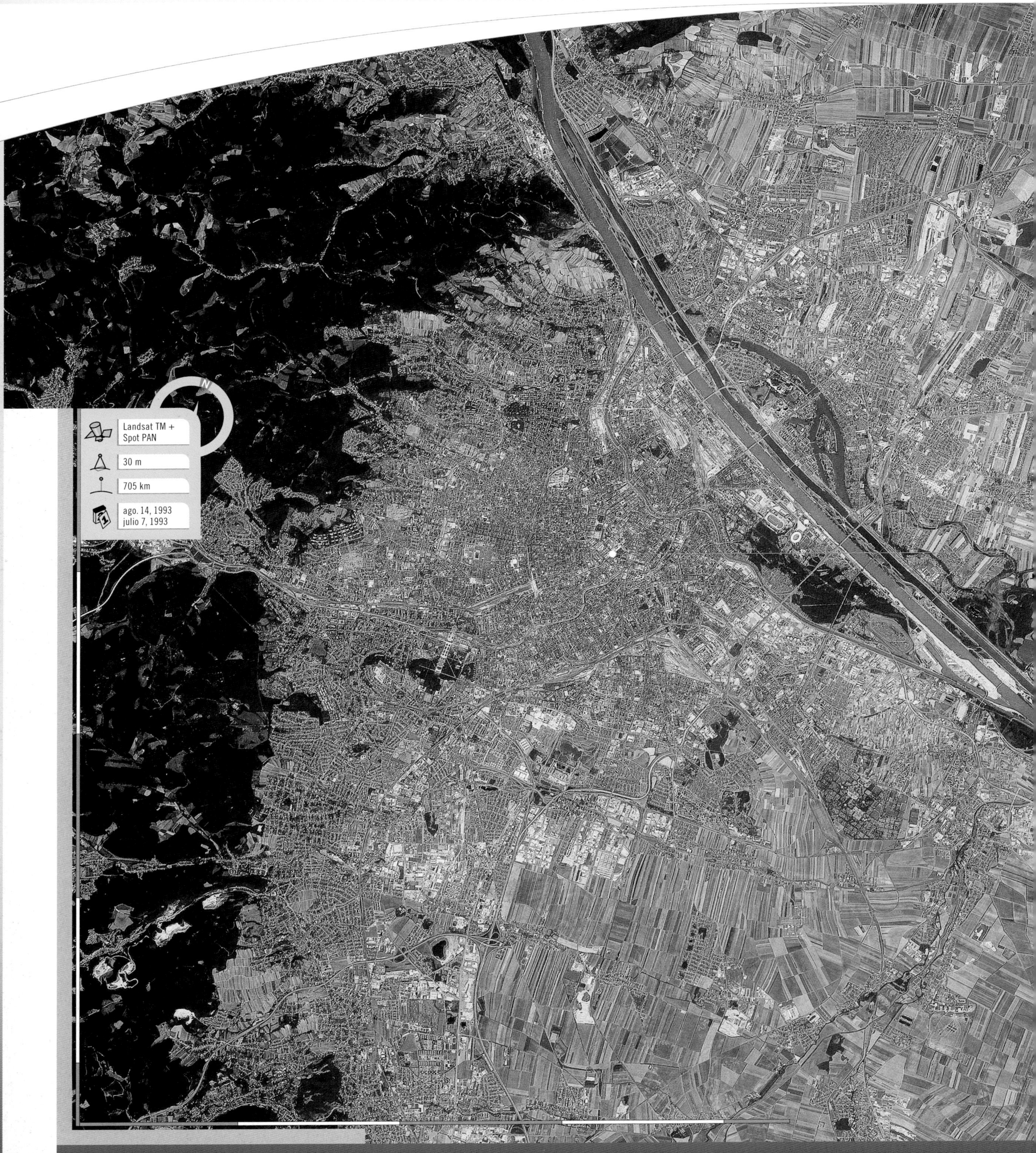

Landsat TM +
Spot PAN

30 m

705 km

ago. 14, 1993
julio 7, 1993

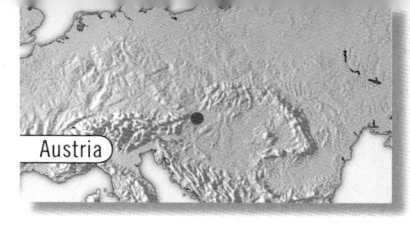

Viena

La metrópolis del Danubio se encuentra en una posición
muy favorable, donde los Alpes descienden hasta la Gran
Llanura húngara, que es un punto de encuentro tradicional
de las rutas de comercio europeas. De una simple villa,
evolucionó hasta convertirse en una gran ciudad sólo en
algunos siglos. El Danubio, cuyo curso ha sido alterado dos
veces durante los siglos pasados, es el eje natural de la
región. Los antiguos meandros del viejo Danubio en la parte
norte de la imagen satelital son actualmente importantes
áreas urbanas de recreación. El nuevo Danubio, que corre
paralelo al río, se creó en 1970 para prevenir inundaciones.
Un resultado de esta medida para la regulación hídrica es
la Isla del Danubio, un parque y área de recreación muy
populares para los vieneses.

El lago Neusiedler

A pesar de su tamaño de aproximadamente 269 km2, que
incluye 120 km2 de campos circundantes de cañas, el
Neusiedler no recibe ni desemboca sus aguas por medio de
ningún río de tamaño significativo. Su turbidez y coloración
verde grisácea no son el resultado de la contaminación
sino de la presencia de miles de millones de partículas
suspendidas que nunca se hunden completamente hasta el
fondo de este lago poco profundo y barrido por los vientos.
La frontera entre Austria y Hungría puede verse claramente
en esta imagen satelital. El paisaje en el estado austriaco
de Burgenland está cubierto por una intrincada trama de
parcelas deforestadas que indican la intensa actividad
agrícola. Esto provoca un marcado contraste con los
grandes campos del otro lado de la frontera, restos de las
granjas colectivas de épocas ya pasadas.

Landsat TM +
Spot PAN

30 m

705 km

ago. 14, 1993
ago. 10, 1992

Problemas ambientales

Fenómenos naturales y la influencia del hombre

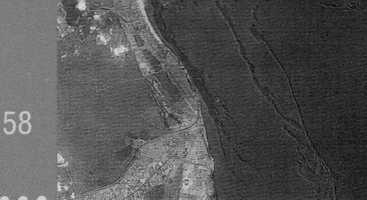

Landsat TM

30 m

705 km

sep. 9, 1989

Italia

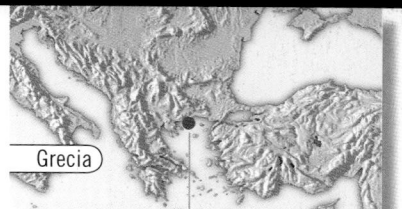
Grecia

Una alfombra de algas

Esta imagen satelital muestra una parte de la costa italiana adriática entre Chioggia en el Norte y Fano en el Sur. Son particularmente notorias las franjas rojas que contrastan con el azul del mar Adriático. El color rojo indica la presencia de vegetación en la imagen coloreada artificialmente y las franjas representan la acumulación de algas flotando en el mar.

La formación de cieno de algas en el Mediterráneo es un fenómeno natural que se ve intensificado por extensos períodos de buen clima y mares calmos. Actualmente, un fenómeno muy común en el Mediterráneo es la aparición de inmensos cardúmenes de medusas, que se cree llegan atraídos por las algas que crecen debido a la abundancia de nutrientes provenientes de las aguas con residuos orgánicos de los hogares, las industrias y las actividades agrícolas.

Esta imagen satelital ofrece una impresionante evidencia de la expansión de la alfombra de algas. Este tipo de fenómenos no puede mostrarse por ningún otro medio con tanta claridad y a un costo comparable.

Incendios forestales en la isla de Tasos

Con una superficie de 398 km², Tasos es la segunda isla más grande del norte del mar Egeo y la isla más septentrional de Grecia. La montaña más alta de esta isla irregular es Ipsario, que se eleva a 1.203 m.

Inmensas áreas forestales en Grecia son devastadas de forma regular por incendios durante los meses de verano. Los incendios son principalmente causados por períodos de sequía que pueden llegar a durar meses, aunque algunos son causados intencionalmente. Los incendios forestales desastrosos que ocurrieron en 1985 y 1987 destruyeron una gran parte de los árboles de la isla. Sin embargo, a pesar del gran daño causado por estos incendios, Tasos sigue siendo una isla verde y alguna vez fue la más boscosa de Grecia. Las zonas rojas que se ven en la parte sur de la isla muestran las regiones destruidas por los incendios de 1985.

Landsat TM

30 m

705 km

abril 4, 1986

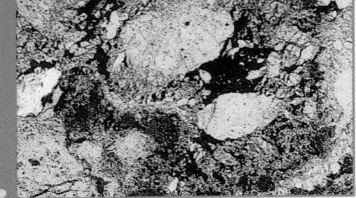

Regiones polares

Bajo la influencia del frío y el hielo

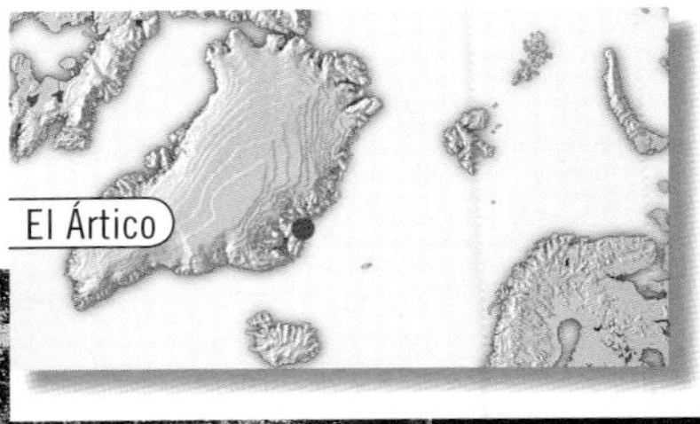

El Ártico

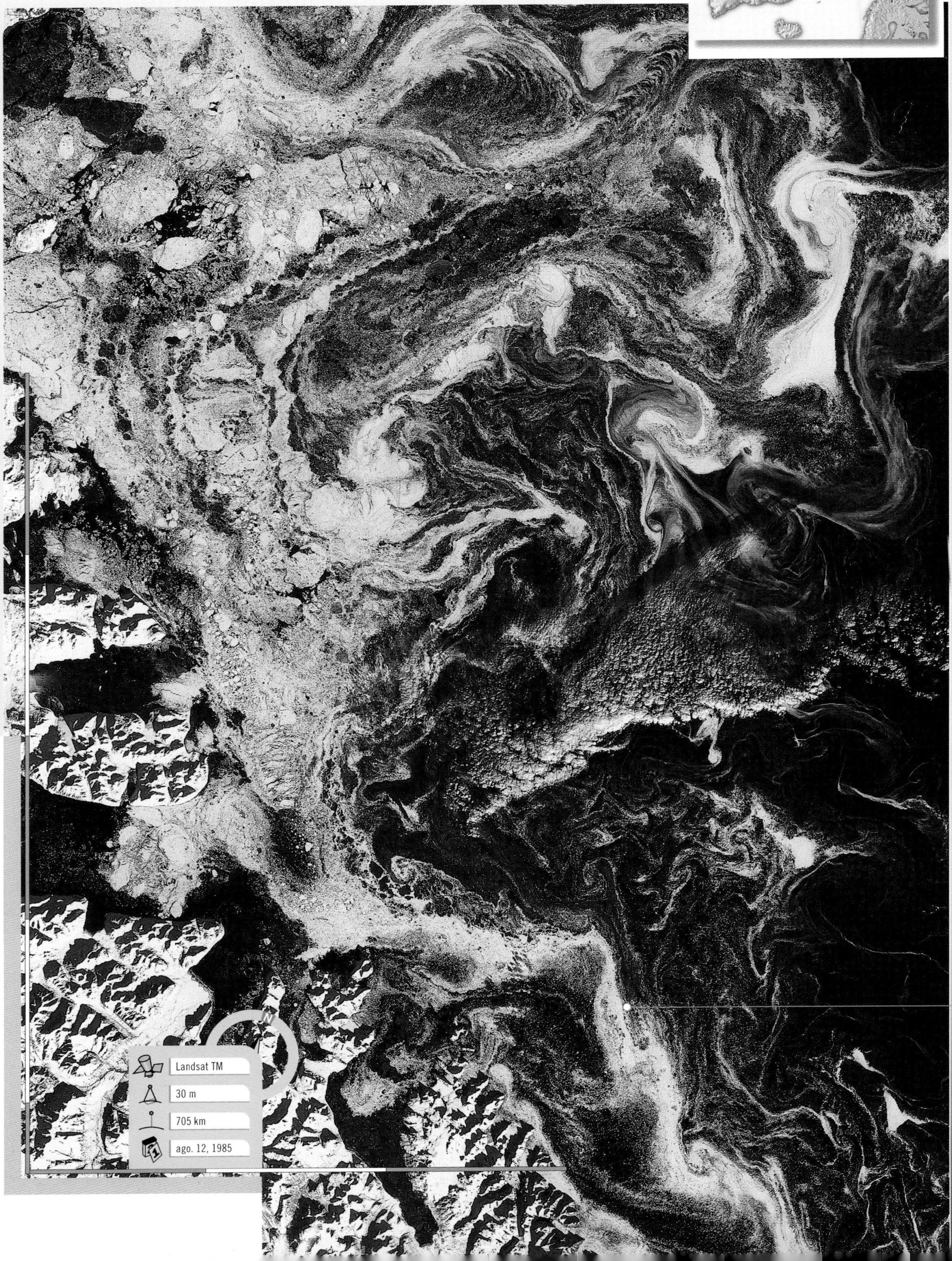

Landsat TM

30 m

705 km

ago. 12, 1985

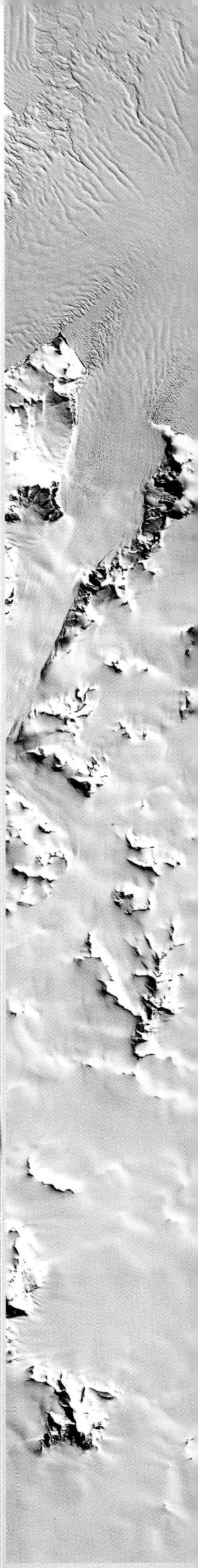

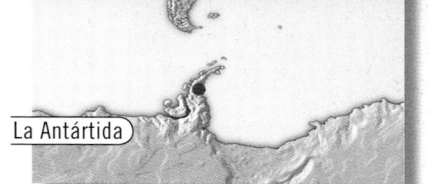
Landsat TM

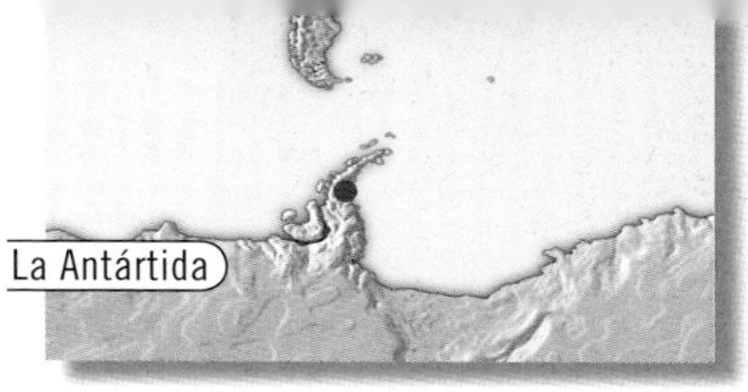

30 m

705 km

ene. 28, 1988

Eddies en el Ártico

El intercambio entre el agua cálida que avanza desde el Sur y las masas
frías de las regiones polares se ve afectado no solo por variaciones en
temperatura sino también por la diferencia de densidad de las masas
de agua marina con distintos grados de salinidad. La convergencia de
masas de agua con distintas propiedades, en este caso en la costa este
de Groenlandia, dispara interacciones muy complejas. A su vez, éstas
crean "remolinos" marinos, también conocidos como "eddies".

La barrera de hielo Larsen en la Antártida

A diferencia del hielo marino, que se crea
cuando se congela el agua de mar, el hielo
de las barreras consiste principalmente
en agua dulce congelada. Parte de ella
es producto directo de la solidificación de
las precipitaciones, pero una parte mucho
mayor es el resultado de la contribución de
inmensos flujos de hielo provenientes del
continente antártico. El hielo de las barreras
llega a tener un espesor de hasta 1500 m
en la línea en la que se encuentra con el
manto glaciar antártico.

Cordilleras   Alturas glaciales

Landsat TM	
30 m	
705 km	
sep. 28, 1985	

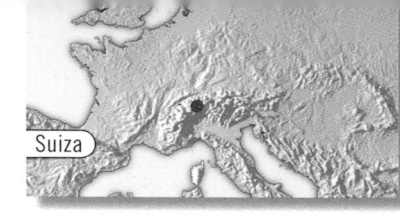

(El glaciar Aletsch)

El glaciar Aletsch sobresale notoriamente en el terreno irregular de
los Alpes berneses en esta imagen satelital. Su largo total es de
24.1 km (según una medición realizada en 1996) y su área total es
de 87 km2 (1975). Es el glaciar más largo y extenso de los Alpes. El
glaciar principal, denominado "Gran Aletsch", fluye generalmente
en dirección sur desde la intersección de varios campos de neviza en
Concordia Platz hacia el bosque de Aletsch.

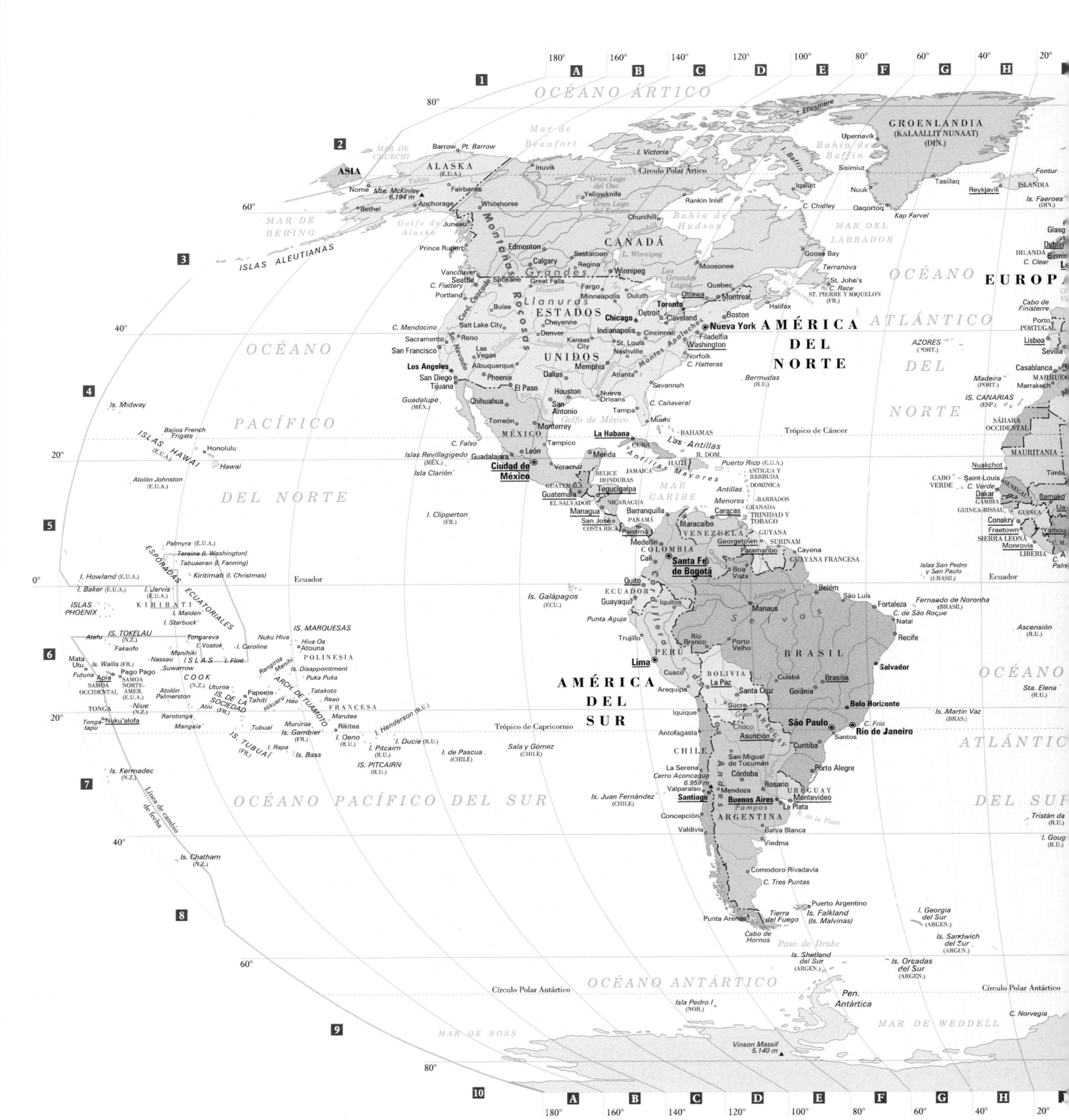

Población
- ⊛ Más de 5,000,000
- ● 2,000,000 - 4,999,999
- ◉ 500,000 - 1,999,999
- ○ Menos de 500,000

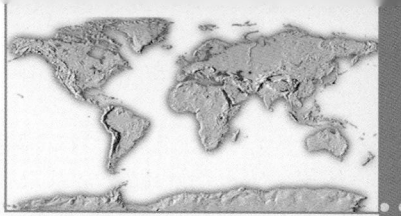
Escala 1:80,000,000 Proyección de Robinson

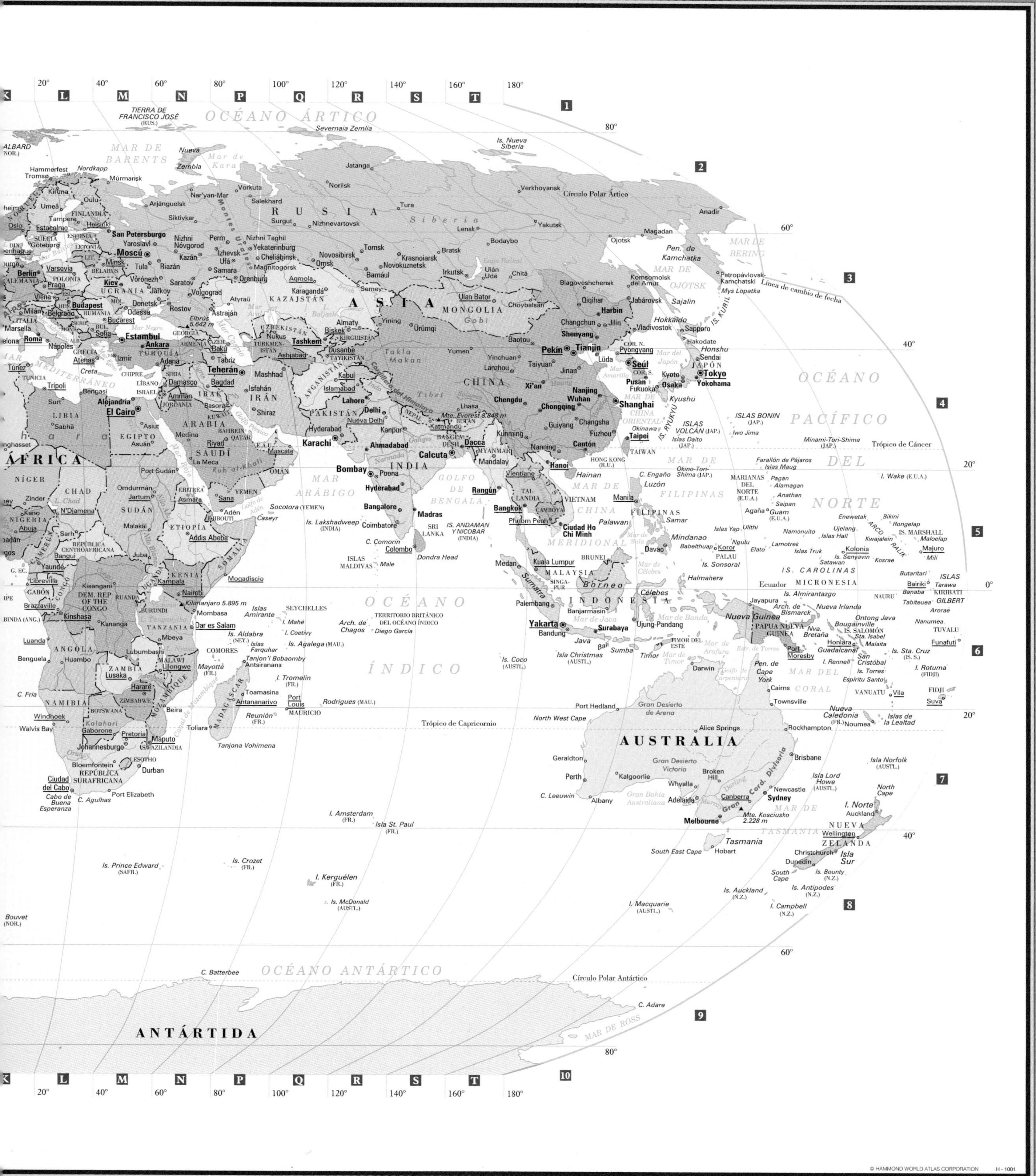

MI 600 1200 1800 2400

KM 600 1200 1800 2400 3000 3600

© HAMMOND WORLD ATLAS CORPORATION   H - 1001

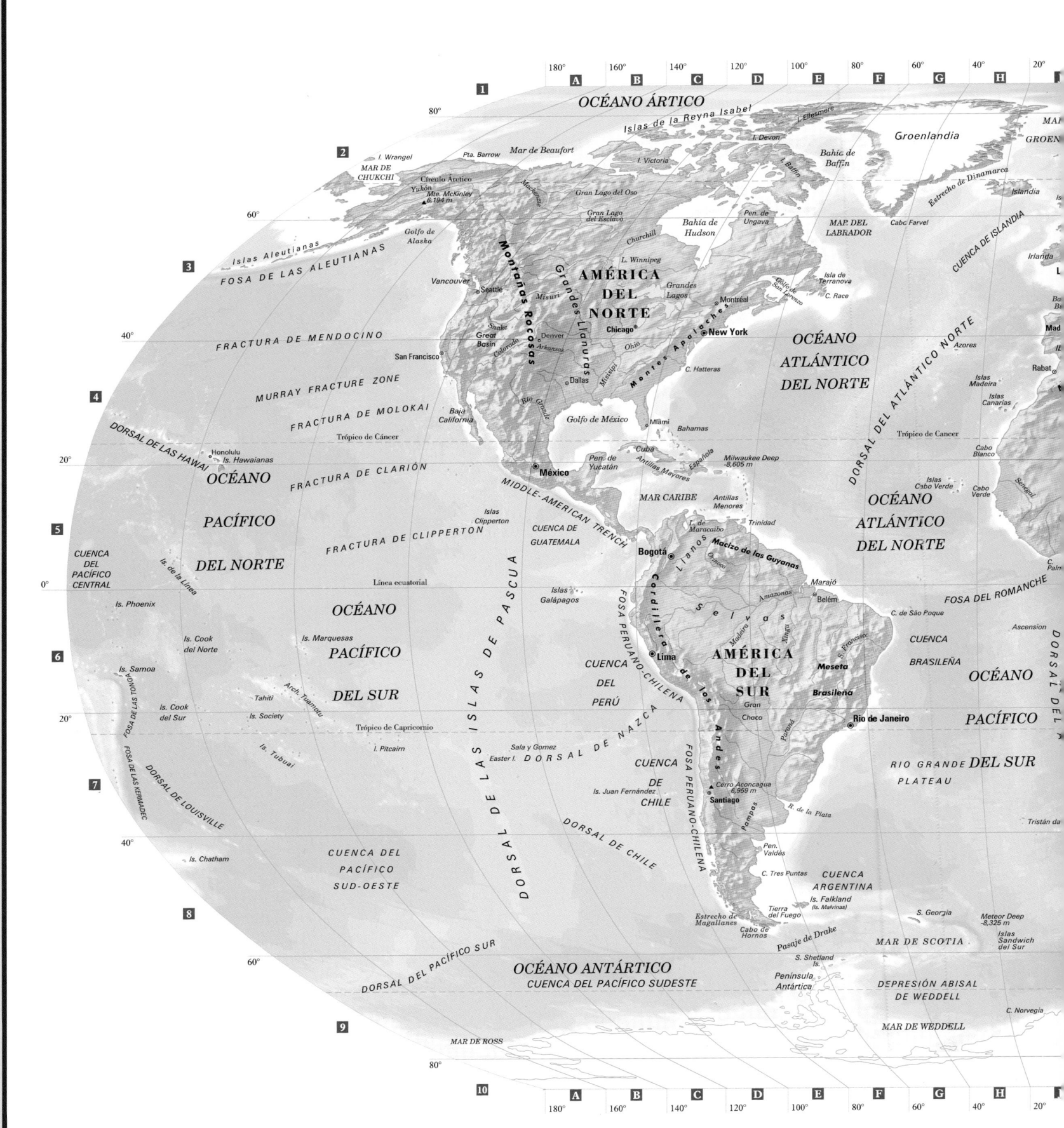

OCÉANO ÁRTICO

Islas de la Reyna Isabel

I. Wrangel · Pta. Barrow · Mar de Beaufort · I. Devon · I. Ellesmere · Groenlandia · GROEN.

MAR DE CHUKCHI · Círculo Ártico · Yukón · Mte. McKinley 6,194 m · Mackenzie · Gran Lago del Oso · I. Victoria · Bahía de Baffin · I. Baffin · Estrecho de Dinamarca · Islandia

Islas Aleutianas · Golfo de Alaska · Gran Lago del Esclavo · Pen. de Ungava · Bahía de Hudson · Churchill · MAR. DEL LABRADOR · Cabo Farvel · CUENCA DE ISLANDIA · Irlanda

FOSA DE LAS ALEUTIANAS · Vancouver · Seattle · Montañas Rocosas · L. Winnipeg · Grandes Lagos · Golfo de San Lorenzo · Isla de Terranova · C. Race

Grandes Llanuras · AMÉRICA DEL NORTE · Misuri · Chicago · Montréal · OCÉANO ATLÁNTICO DEL NORTE · Azores

FRACTURA DE MENDOCINO · Snake · Great Basin · Denver · Ohio · Montes Apalaches · New York · DORSAL DEL ATLÁNTICO NORTE · Islas Madeira · Mad.

San Francisco · Colorado · Arkansas · Misisipí · C. Hatteras · Rabat · It.

MURRAY FRACTURE ZONE · Dallas · Islas Canarias

FRACTURA DE MOLOKAI · Baja California · Río Grande · Golfo de México · Miami · Trópico de Cancer · Cabo Blanco

Trópico de Cáncer · Bahamas · Cuba · Senegal

Honolulu · Is. Hawaianas · DORSAL DE LAS HAWAI · Pen. de Yucatán · Antillas Mayores · Española · Milwaukee Deep -8,605 m · Islas Cabo Verde · Cabo Verde · OCÉANO ATLÁNTICO DEL NORTE

OCÉANO · México · MAR CARIBE · Antillas Menores · C. Palm.

FRACTURA DE CLARIÓN · MIDDLE-AMERICAN TRENCH · L. de Maracaibo · Trinidad

PACÍFICO · Islas Clipperton · CUENCA DE GUATEMALA · Bogotá · Llanos · Macizo de las Guyanas

CUENCA DEL PACÍFICO CENTRAL · DEL NORTE · FRACTURA DE CLIPPERTON · Orinoco · Marajó

Is. de la Línea · Línea ecuatorial · Islas Galápagos · Cordillera · Selvas · Amazonas · Belém · FOSA DEL ROMANCHE

Is. Phoenix · FOSA PERUANO-CHILENA · Madera · Xingu · S. Francisco · Ascension

OCÉANO · Is. Marquesas · Lima · AMÉRICA DEL SUR · CUENCA BRASILEÑA · OCÉANO

Is. Cook del Norte · DORSAL DE LAS ISLAS DE PASCUA · CUENCA DEL PERÚ · Meseta · Paraná

Is. Samoa · PACÍFICO · Tahiti · Brasileña · Brasileña

Arch. Tuamotu · DEL SUR · Andes · Gran Choco · PACÍFICO

Is. Cook del Sur · Is. Society · Río de Janeiro

Trópico de Capricornio · Sala y Gomez · FOSA DE LAS KERMADEC · DORSAL DE LOUISVILLE · I. Pitcairn · Easter I. · DORSAL DE NAZCA · RIO GRANDE DEL SUR

Is. Tubuai · CUENCA DE CHILE · FOSA PERUANO-CHILENA · PLATEAU · Tristán da

Is. Juan Fernández · Cerro Aconcagua 6,959 m · R. de la Plata

Santiago · Pampas · Pen. Valdés

CUENCA DEL PACÍFICO SUD-OESTE · DORSAL DE CHILE · C. Tres Puntas · CUENCA ARGENTINA

Is. Chatham · Is. Falkland (Is. Malvinas) · S. Georgia · Meteor Deep -8,325 m

Tierra del Fuego · Islas Sandwich del Sur

Estrecho de Magallanes · Cabo de Hornos · Pasaje de Drake · MAR DE SCOTIA

DORSAL DEL PACÍFICO SUR · S. Shetland Is. · OCÉANO ANTÁRTICO · Península Antártica · DEPRESIÓN ABISAL DE WEDDELL

CUENCA DEL PACÍFICO SUDESTE · C. Noruega

MAR DE ROSS · MAR DE WEDDELL

Población

- ⊚ Más de 5,000,000
- ⊙ 500,000 - 1,999,999
- ⊙ 2,000,000 - 4,999,999
- ○ Menos de 500,000

El mundo - Físico

20° 40° 60° 80° 100° 120° 140° 160° 180°

K L M N P Q R S T

1 2 3 4 5 6 7 8 9 10

OCÉANO ÁRTICO

Svalbard

Tierra de Francisco José

Severnaya Zemlya

80°

Spitsbergen

Islas de Nueva Siberia

MAR DE BARENTS

Nordkapp

Novaya Zemlya

Mar de Kara

Pen. Yamal

Mts. Kjolen

Pen. de Kola

Mar Blanco

Yenisey

Tunguska Inferior

Siberia Central

Lena

Círculo Ártico

Montes de Kolima

Siberia Occidental

Siberia Oriental

Ob'

Montes Urales

Estocolmo

L. Ladoga

Moscú

Occidental

Lena

Aldan

60°

MAR DE BERING

MAR DE OJOTSK

Pen. de Kamchatka

Angara

L. Baykal

Mar Báltico

E U R O P A

Dnipro

Danubio

Cárpatos

Volga

Estepas de Kirguistán

Irtysh

A S I A

Mts. Altai

Sajalín

Amur

Alpes

Cáucaso

Mar Aral

L. Balkhash

Is. Kuriles

CADENA SUBMARINA DEL EMPERADOR

Mar Negro

Mar Adriático

Roma

Estanbúl

El'brus 5,642 m

Mar Caspio

Tian Shan

Mts. Kunlun

Desierto de Gobi

Hokkaidō

CUENCA DEL PACÍFICO NOROESTE

40°

MAR MEDITERRÁNEO

Sicilia

Mar Egeo

Mtes. Taurus

Amu Darya

Desierto de Takla Makan

Beijing

Mar del Japón

FOSA DEL JAPÓN

Tokyō

Chipre

Tigris

Éufrates

Tehrān

Montes Zagros

Hindu Kush

Mts. Kuenlun

Huang

Mar Amarillo

Honshū

Cairo

Golfo Pérsico

Himalaya

Indus

Salween

Mar de China Oriental

Chang

Mt. Everest 8,848 m

Sahara

Río Nilo

Colinas del Mar Rojo

Hijāz

Mar Rojo

Península de Arabia

Karāchi

Ganges

Is. Ryukyu

FOSA DE RYUKYU

OCÉANO

Ahaggar

Rub al Khali

MAR ARÁBIGO

Narmada

Mumbai (Bombay)

Ayeyarwady

Red

Taiwán

Trópico de Cancer

PACÍFICO

20°

ÁFRICA

GOLFO DE BENGALA

Hainan

L. Chad

Sudán

Golfo de Adén

Socotra

Blue Nile

Mekong

Mar de China Meridional

Luzón

Manila

FOSA DE FILIPINAS

Islas Marianas

Challenger Deep -11,033 m

FOSA DE LAS MARIANAS

DEL NORTE

Macizo de Etiopía

DORSALES CARLSBERG

Islas Andamán

Istmo de Kra

Palawan

Mindanao

Islas Marshall

White Nile

C. Comorin

Sri Lanka

Mar de Sulú

Islas Carolinas

Bioko

Congo

Maldive Is.

Pen. de Malaya

Mar de Célebes

Halmahera

CUENCA DEL PACÍFICO CENTRAL

Cuenca del Congo

Kilimanjaro 5,895 m

L. Victoria

Línea ecuatorial

OCÉANO

Sumatra

Borneo

Célebes

Línea ecuatorial

CUENCA DE MELANESIA

0°

Kinshasa

L. Tanganyika

CUENCA DE SOMALIA

Seychelles

DORSAL

Chagos Arch.

DORSAL DE BENGALA

Jakarta

Mar de Java

Java

Mar de Banda

Arch. Bismarck

Nueva Guinea

Nueva Bretaña

Islas Salomón

CUENCA DE ANGOLA

L. Nyasa

Islas Comoros

DEL ÍNDICO

ÍNDICO

CENTRAL

FOSA DE JAVA

-7,450 m

Is. Cocos

Mar del Timor

Mar de Arafura

Str. de Torres

Lusaka

Zambezi

Canal de Mozambique

Madagascar

Golfo de Carpentaria

Pen. Cape York

Mar del Coral

Nuevas Hébrides

Fiji Is.

Namib Desert

Reunión

Mauritius

Gran Barrera de Arrecifes

Nueva Caledonia

20°

CUENCA DE LAS BALLENAS

Johannesburg

Orange

Drakensberg

DORSAL DEL ÍNDICO ATLÁNTICO

AUSTRALIA

Gran Desierto Victoria

DORSAL ROTO

Cabo de la Buena Esperanza

DORSAL DEL ÍNDICO SUR

C. Leeuwin

Gran Bahía Australiana

Darling

Gran Cordillera Divisoria

Sydney

C. Norte

CUENCA DE AUSTRALIA MERIDIONAL

Murray

Mt. Kosciusko 2,228 m

Melbourne

Mar de Tasmania

I. Norte

Tasmania

40°

I. Sur

Kerguelen

Is. McDonald

DORSAL DEL ÍNDICO SUR

MESETA DE LAS KERGUELEN

CUENCA ANTÁRTICA AUSTRALIANA

LLANURA ABISAL DE ENDERBY

OCÉANO ANTÁRTICO

60°

Círculo Antártico

Cabo Batterbee

C. Adare

MAR DE ROSS

ANTÁRTIDA

80°

Escala 1:80,000,000 Proyección de Robinson

MI 600 1200 1800 2400

KM 600 1200 1800 2400 3000 3600

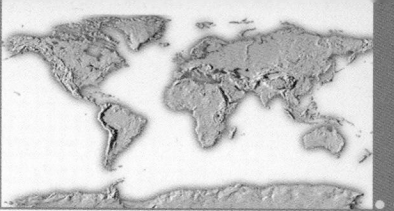

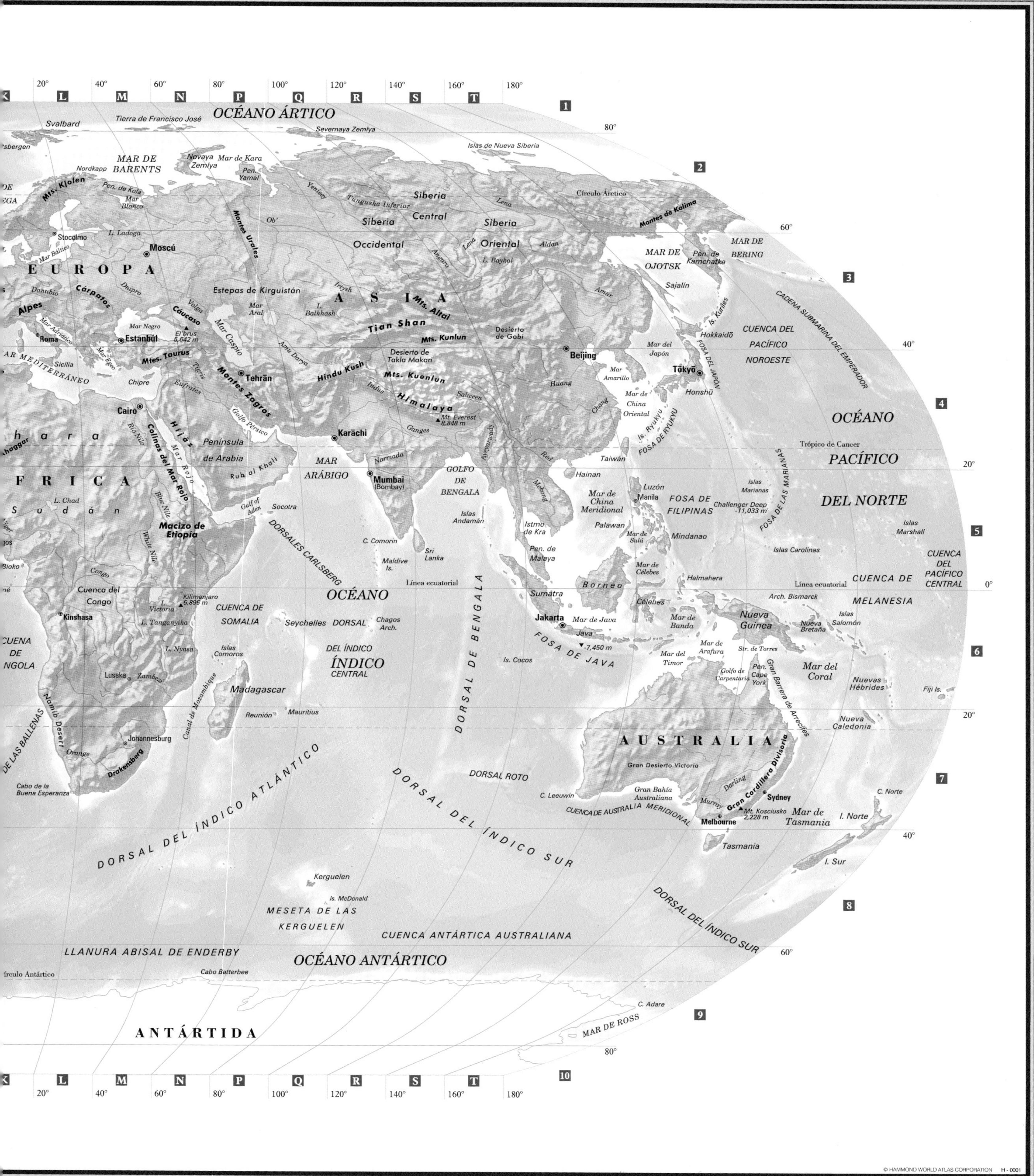

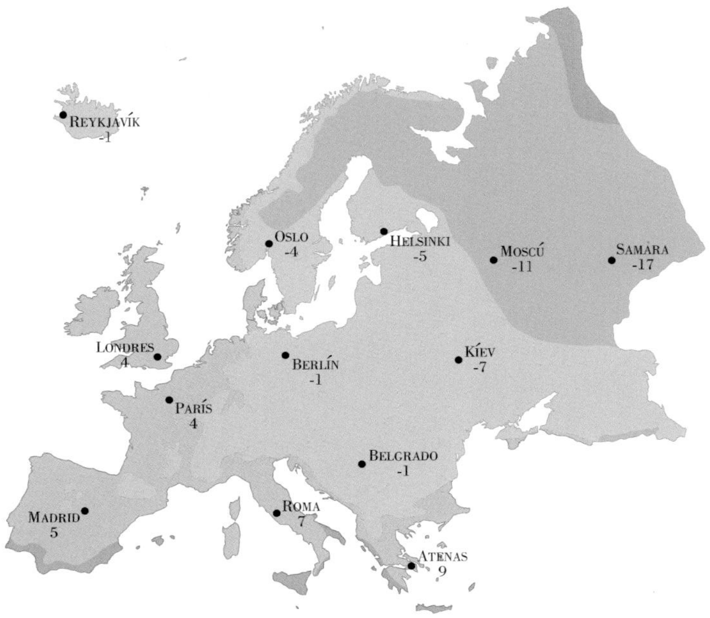

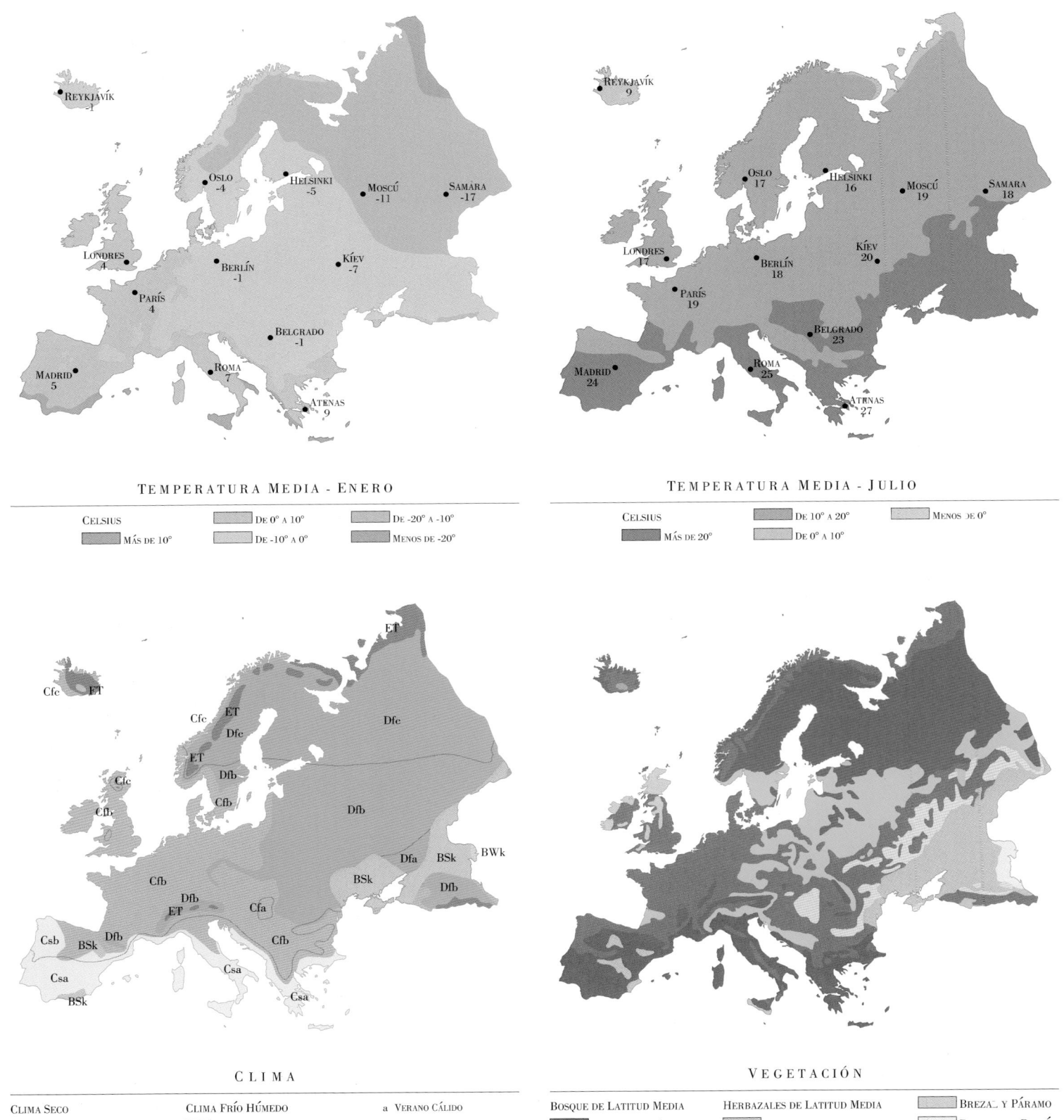

TEMPERATURA MEDIA - ENERO

CELSIUS
- DE 0° A 10°
- DE -20° A -10°
- MÁS DE 10°
- DE -10° A 0°
- MENOS DE -20°

TEMPERATURA MEDIA - JULIO

CELSIUS
- DE 10° A 20°
- MENOS DE 0°
- MÁS DE 20°
- DE 0° A 10°

CLIMA

CLIMA SECO
- BS SEMIÁRIDO
- BW ÁRIDO } k FRÍO

CLIMA CÁLIDO HÚMEDO
- Cf SIN ESTACIÓN SECA
- Cs VERANO SECO

CLIMA FRÍO HÚMEDO
- Df SIN ESTACIÓN SECA
- Ds VERANO SECO

CLIMA POLAR FRÍO
- ET VERANO CORTO Y FRESCO, INVIERNO LARGO Y FRÍO
- EF ESCARCHA PERENNE

- a VERANO CÁLIDO
- b VERANO FRESCO
- c VERANO CORTO Y FRESCO

GRADACIÓN DE KOEPPEN-GEIGER

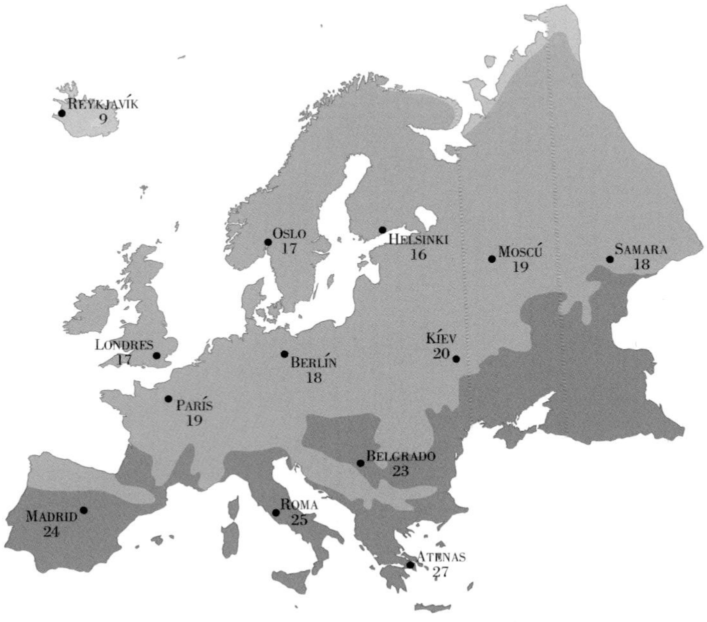

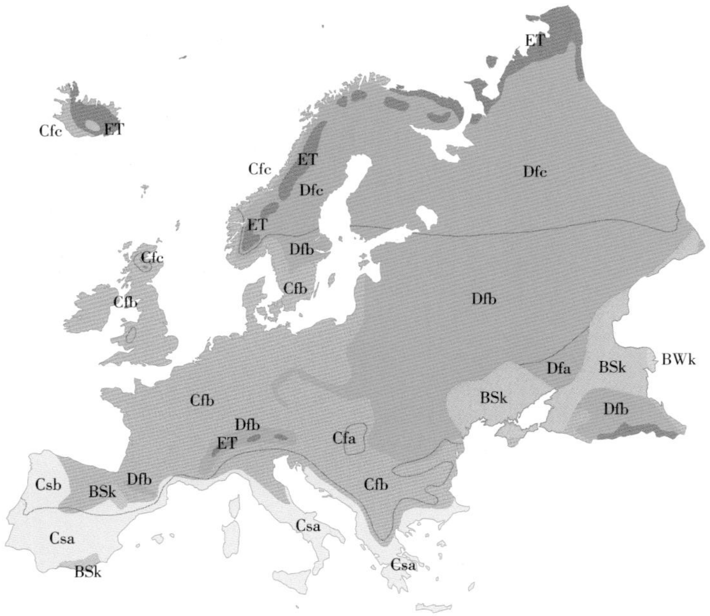

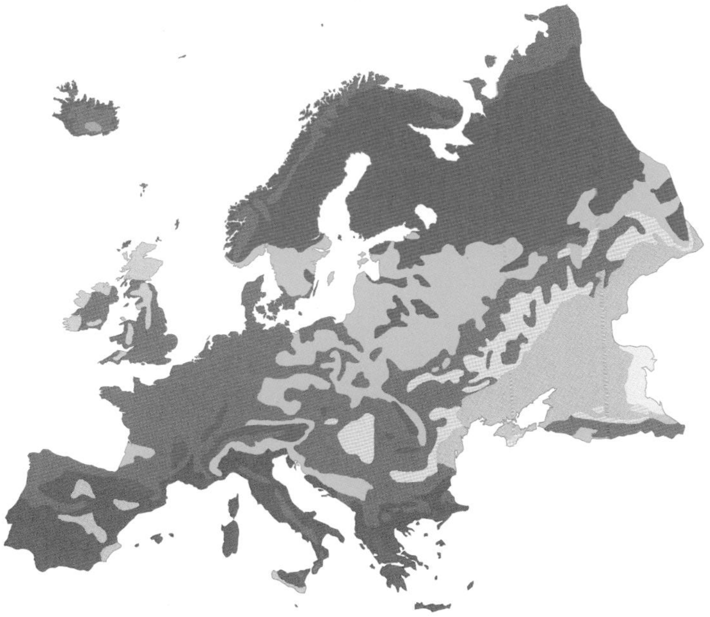

VEGETACIÓN

BOSQUE DE LATITUD MEDIA
- BOSQUE DE CONÍFERAS
- BOSQUE CADUCIFOLIO
- BOSQUE MIXTO
- BOSQUE Y ARBUSTOS (MEDITERRÁNEO)

HERBAZALES DE LATITUD MEDIA
- HIERBAS CORTAS (ESTEPA)
- ESTEPA BOSCOSA

- BREZAL Y PÁRAMO
- DESIERTO Y REGIÓN ARBUSTIVA SECA
- TUNDRA Y ALPINA
- NIEVES PERPETUAS

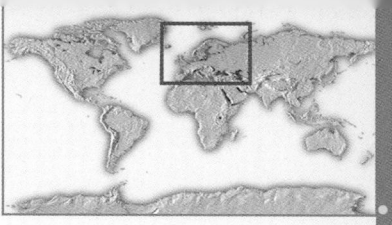
Europa - Comparaciones Geográficas

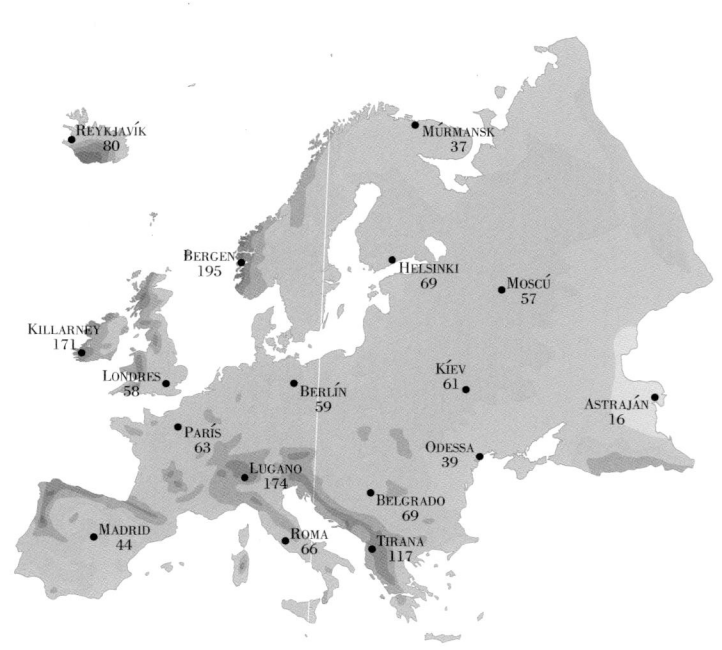

REYKJAVÍK 80

MÚRMANSK 37

BERGEN 195

HELSINKI 69

MOSCÚ 57

KILLARNEY 171

LONDRES 58

KÍEV 61

BERLÍN 59

ASTRAJÁN 16

PARÍS 63

ODESSA 39

LUGANO 174

BELGRADO 69

MADRID 44

ROMA 66

TIRANA 117

PRECIPITACIÓN ANUAL MEDIA

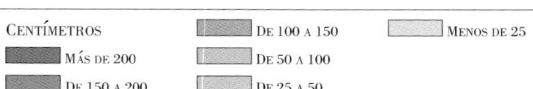

CENTÍMETROS		
	DE 100 A 150	MENOS DE 25
MÁS DE 200	DE 50 A 100	
DE 150 A 200	DE 25 A 50	

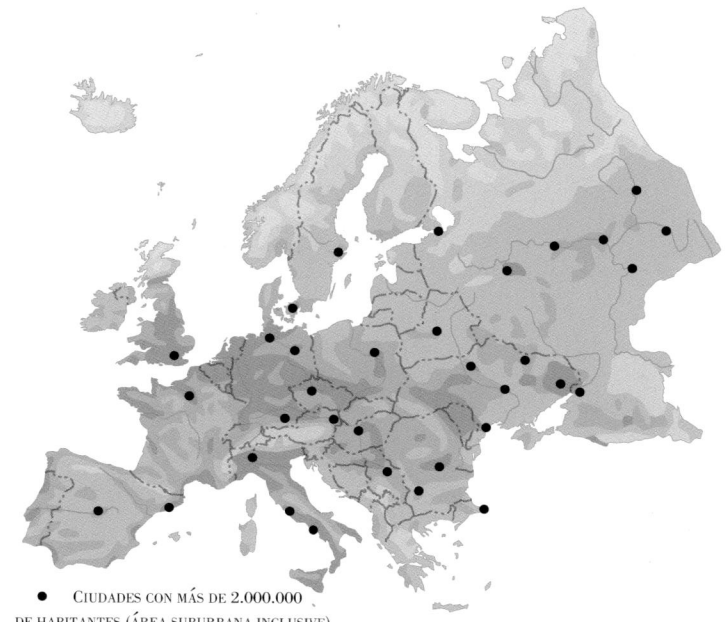

● CIUDADES CON MÁS DE 2.000.000
DE HABITANTES (ÁREA SUBURBANA INCLUSIVE)

DISTRIBUCIÓN DE LA POBLACIÓN

DENSIDAD POR KILÓMETRO CUADRADO	DE 50 A 100	DE 1 A 10
MÁS DE 100	DE 10 A 50	MENOS DE 1

PIELES

PIELES

PIELES

AVENA

LINO

CENTENO

CENTENO

CÁÑAMO

TRIGO

LÁCTEOS

CENTENO

PAPA

REMOLACHA AZUCARERA

TRIGO

OVINOS

AVENA

PAPA

CENTENO

BOVINOS

LÁCTEOS

PORCINOS

AVENA

TRIGO

MAÍZ

PORCINOS

OVINOS

VIÑEDOS

CEBADA

MAÍZ

TABACO

TÉ

LÁCTEOS

TRIGO

MAÍZ

TRIGO

VIÑEDOS

VIÑEDOS

OVINOS

TABACO

VIÑEDOS

OVINOS

FRUTALES

OLIVARES

OLIVARES VIÑEDOS

OLIVARES

USOS DE LA TIERRA

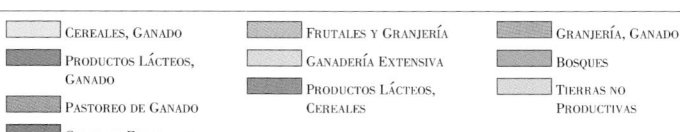

CEREALES, GANADO	FRUTALES Y GRANJERÍA	GRANJERÍA, GANADO
PRODUCTOS LÁCTEOS, GANADO	GANADERÍA EXTENSIVA	BOSQUES
PASTOREO DE GANADO	PRODUCTOS LÁCTEOS, CEREALES	TIERRAS NO PRODUCTIVAS
CULTIVOS ESPECIALES		

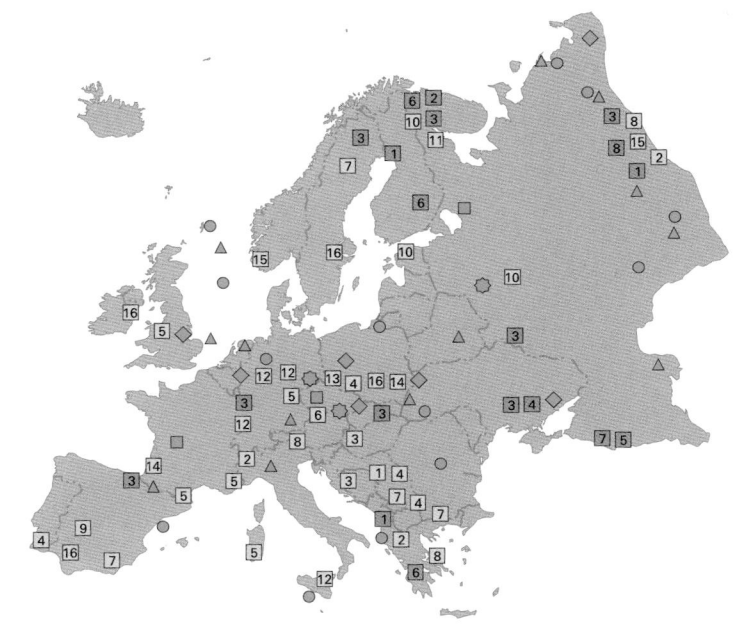

RECURSOS MINERALES

ENERGÍA Y COMBUSTIBLES	HIERRO Y ALEACIONES DE HIERRO	OTROS PRINCIPALES RECURSOS		
◆ CARBÓN	1 CROMO	1 ANTIMONIO	7 PLOMO	13 PLATA
⬟ LIGNITO	2 COBALTO	2 ASBESTO	8 MAGNESITA	14 AZUFRE
▲ GAS NATURAL	3 MINERAL DE HIERRO	3 BAUXITA	9 MERCURIO	15 TITANIO
● PETRÓLEO	4 MANGANESO	4 COBRE	10 FOSFATOS	16 ZINC
▪ URANIO	5 MOLIBDENO	5 FLUORITA	11 PLATINO	
	6 NÍQUEL	6 GRAFITO	12 POTASA	
	7 TUNGSTENO			
	8 VANADIO			

© HAMMOND W.A.C.

ÁREA DE OPTIMIZACIÓN
La línea roja que rodea este mapa define el "Área de Optimización." Dentro de esta curva límite aparece el mapa conforme más exacto que puede hacerse de la región. Fuera del área optimizada, la distorsión aumenta rápidamente, y pueden aparecer separaciones u otras irregularidades en la cuadrícula.
(Ver página 6 para información adicional.)

ÁREA DE OPTIMIZACIÓN

Población

■ Más de 3,000,000
■ 1,000,000 - 2,999,999
● 500,000 - 999,999
● 100,000 - 499,999
○ Menos de 100,000

Escala 1:17,000,000   Proyección Conforme Óptima

MI   100   200   300   400   500   600
KM   200   400   600   800

Longitud Oeste de Greenwich   0°   Longitud Este de Greenwich

© HAMMOND WORLD ATLAS CORPORATION   H - 1002

164

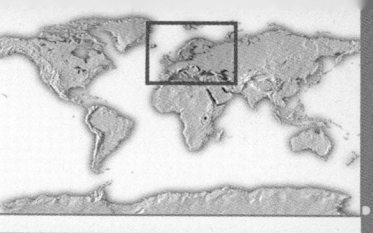

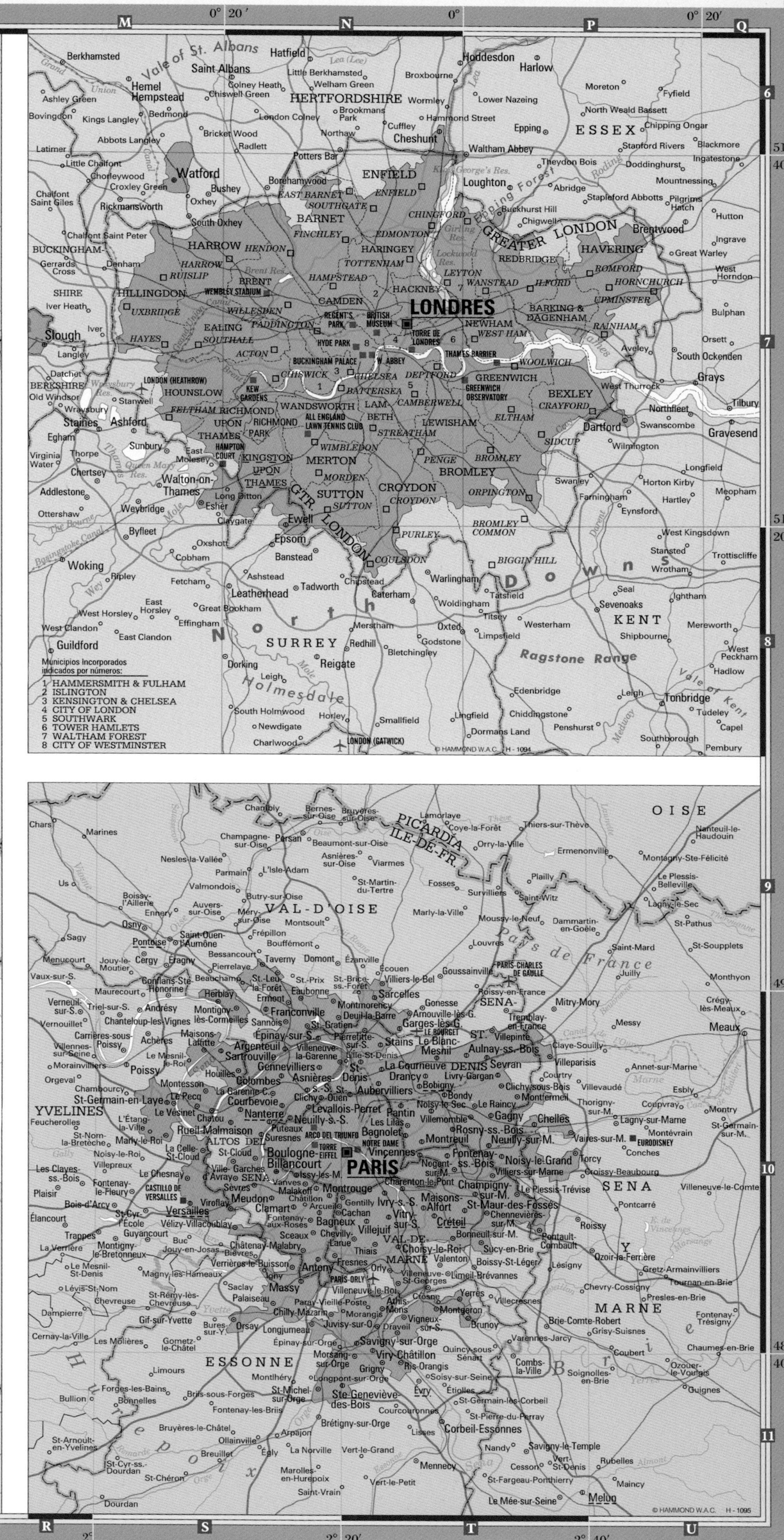

Municipios incorporados
indicados por números:
1. HAMMERSMITH & FULHAM
2. ISLINGTON
3. KENSINGTON & CHELSEA
4. CITY OF LONDON
5. SOUTHWARK
6. TOWER HAMLETS
7. WALTHAM FOREST
8. CITY OF WESTMINSTER

© HAMMOND W.A.C.   H - 1094

© HAMMOND W.A.C.   H - 1095

Escala 1:570,000   Proy. Cónica Conf. de Lambert

MI   5   10   15
KM   5   10   15   20

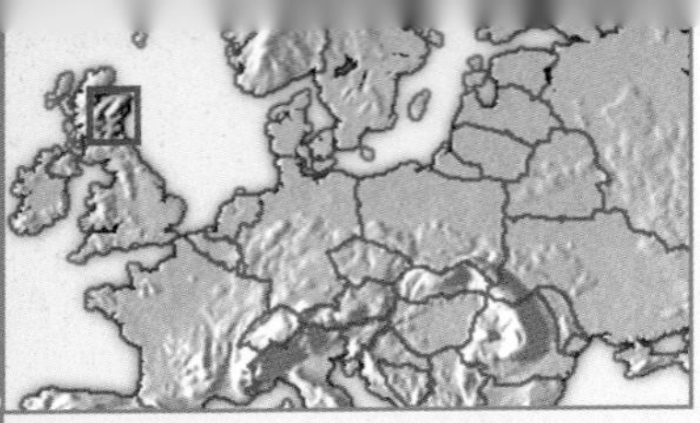

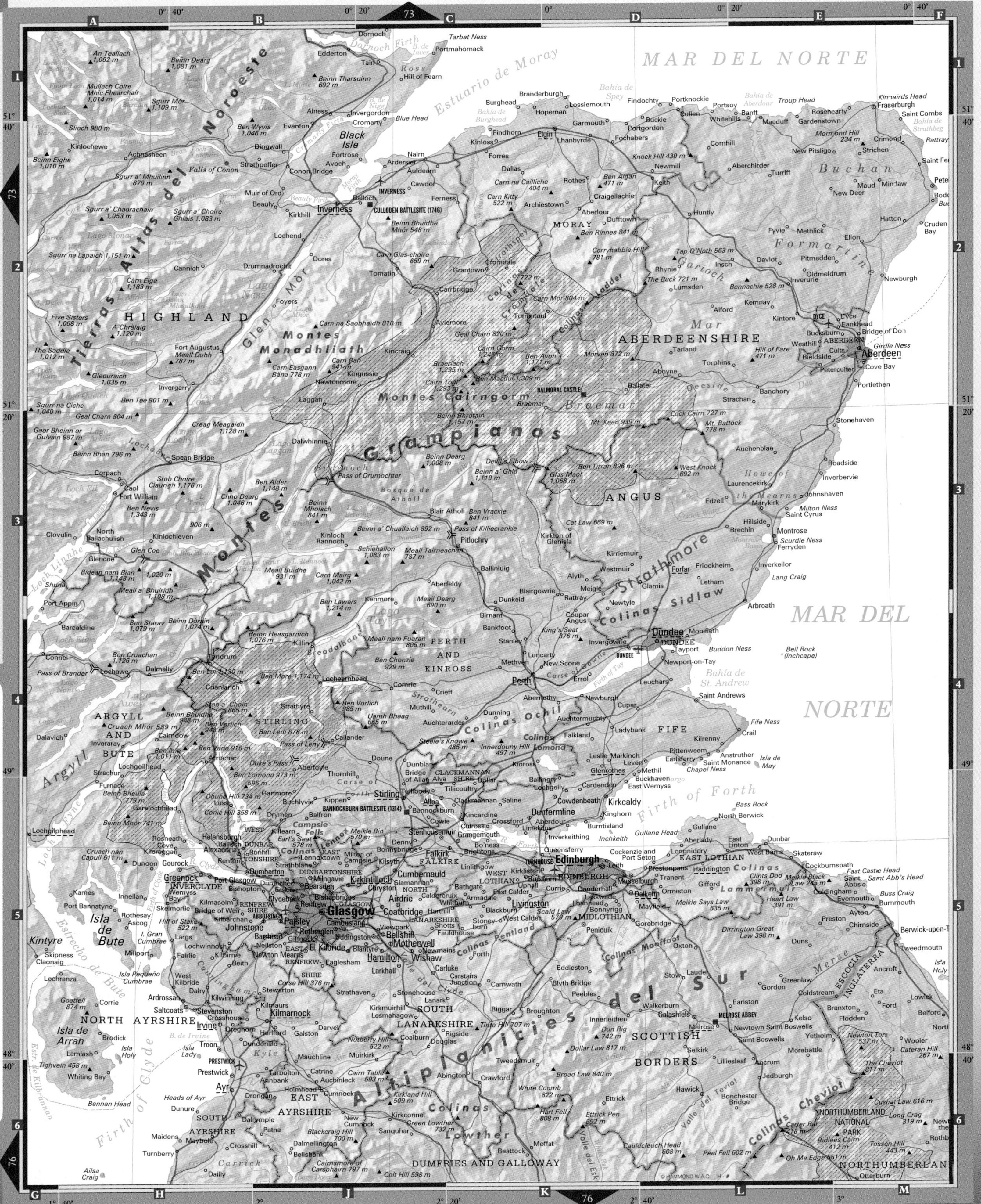

Reino Unido, Irlanda

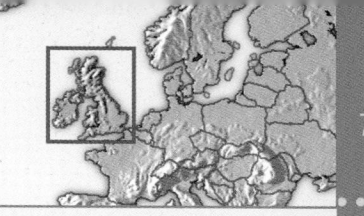

ESCOCIA
IRLANDA DEL NORTE
IRLANDA
GALES
INGLATERRA
Gran Bretaña
FRANCIA
OCÉANO ATLÁNTICO
MAR DEL NORTE
MAR DE IRLANDA
MAR CÉLTICO
CANAL DE LA MANCHA
Canal de San Jorge
Canal de Bristol
Hébridas Exteriores
Hébridas Interiores
Montes Grampianos
Tierras Altas del Noroeste
Montes Cambrios
Montes Cheviot
Isla de Man (R.U.)
Islas de Scilly
Isla de Wight
Islas Shetland (R.U.)
Islas Órcadas
La misma escala que el mapa principal.
LONDRES
Dublín
Belfast
Edimburgo
Glasgow
Cardiff
Aberdeen
Dundee
Inverness
Liverpool
Manchester
Birmingham
Leeds
Sheffield
Bristol
Newcastle upon Tyne
Cork
Limerick
Galway
Londonderry
© HAMMOND W.A.C. H-1096
© HAMMOND WORLD ATLAS CORPORATION H-1004
Escala 1:3,400,000 Proy. Cónica Conf. de Lambert
MI 0 25 50 75 100
KM 0 25 50 75 100 125 150

92
82

MAR DE IRLANDA

ESCOCIA

IRLANDA DEL NORTE

IRLANDA

Leinster

Ulster

Isla de Man
(R.U.)

Península de Lleyn

SNOWDONIA

Canal del Norte

Canal de San Jorge

Bahía de Cardigan

Población

■ Más de 2,000,000
◧ 1,000,000 - 1,999,999
● 500,000 - 999,999
◉ 250,000 - 499,999
● 100,000 - 249,999
◉ 30,000 - 99,999
○ 10,000 - 29,999
○ Menos de 10,000

MAR DEL NORTE

INGLATERRA

Escala 1:1,140,000   Proy. Cónica Conf. de Lambert

MI · 10 · 20 · 30
KM · 10 · 20 · 30 · 40

© HAMMOND WORLD ATLAS CORPORATION   H - 1005

Sur de Inglaterra y Gales

Población

■ Más de 2.000.000	◉ 500.000 - 999.999	● 100.000 - 249.999	○ 10.000 - 29.999
▣ 1.000.000 - 1.999.999	◎ 250.000 - 499.999	○ 30.000 - 99.999	○ Menos de 10.000

Escala 1:1,140,000 Proy. Cónica Conf. de Lambert.

MI   10   20   30
KM   10   20   30   40

Irlanda Surcentral

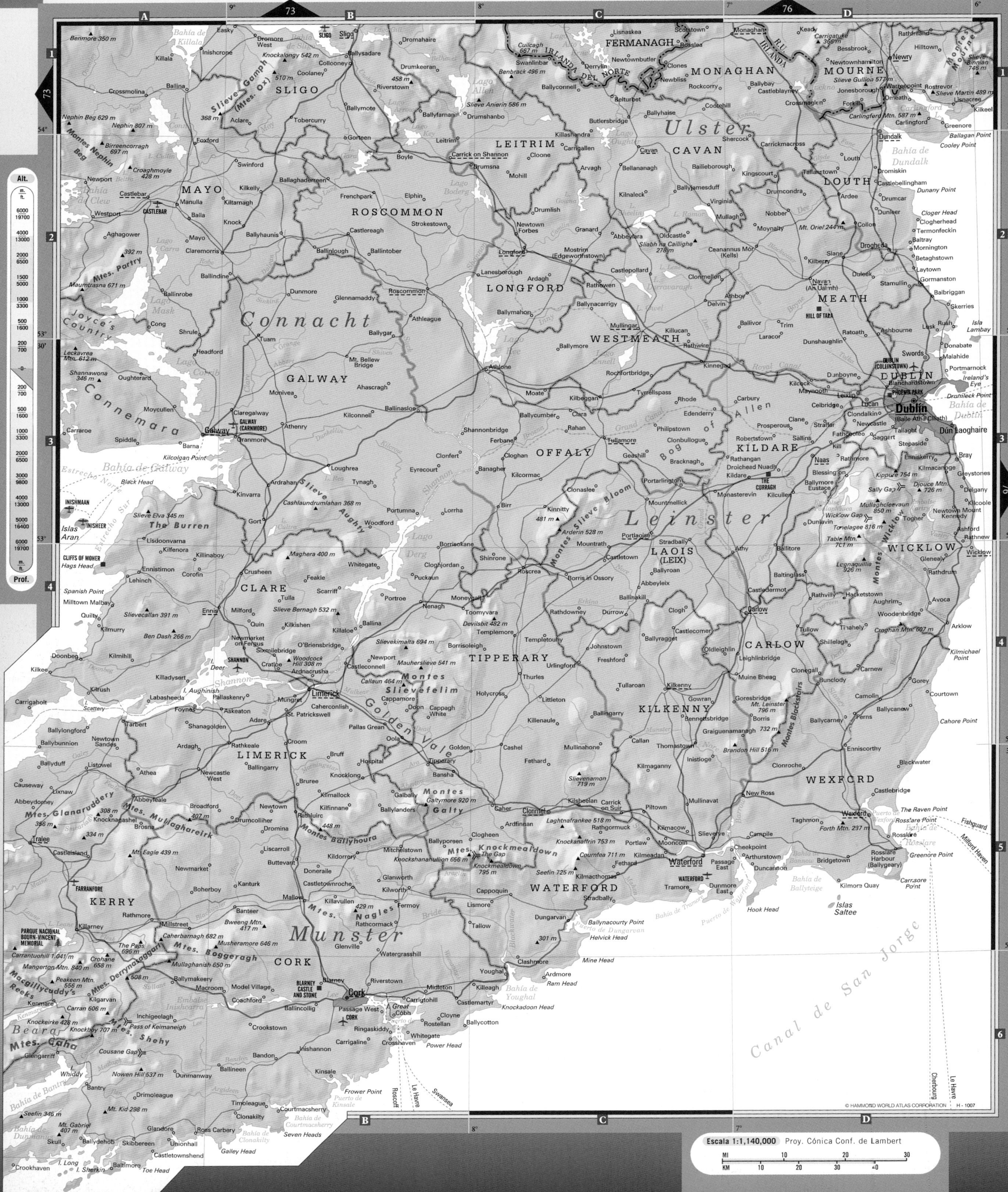

Escala 1:1,140,000 Proy. Cónica Conf. de Lambert

© HAMMOND WORLD ATLAS CORPORATION   H - 1007

Escandinavia y Finlandia, Islandia

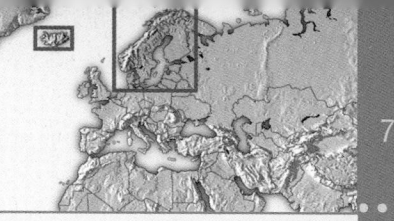

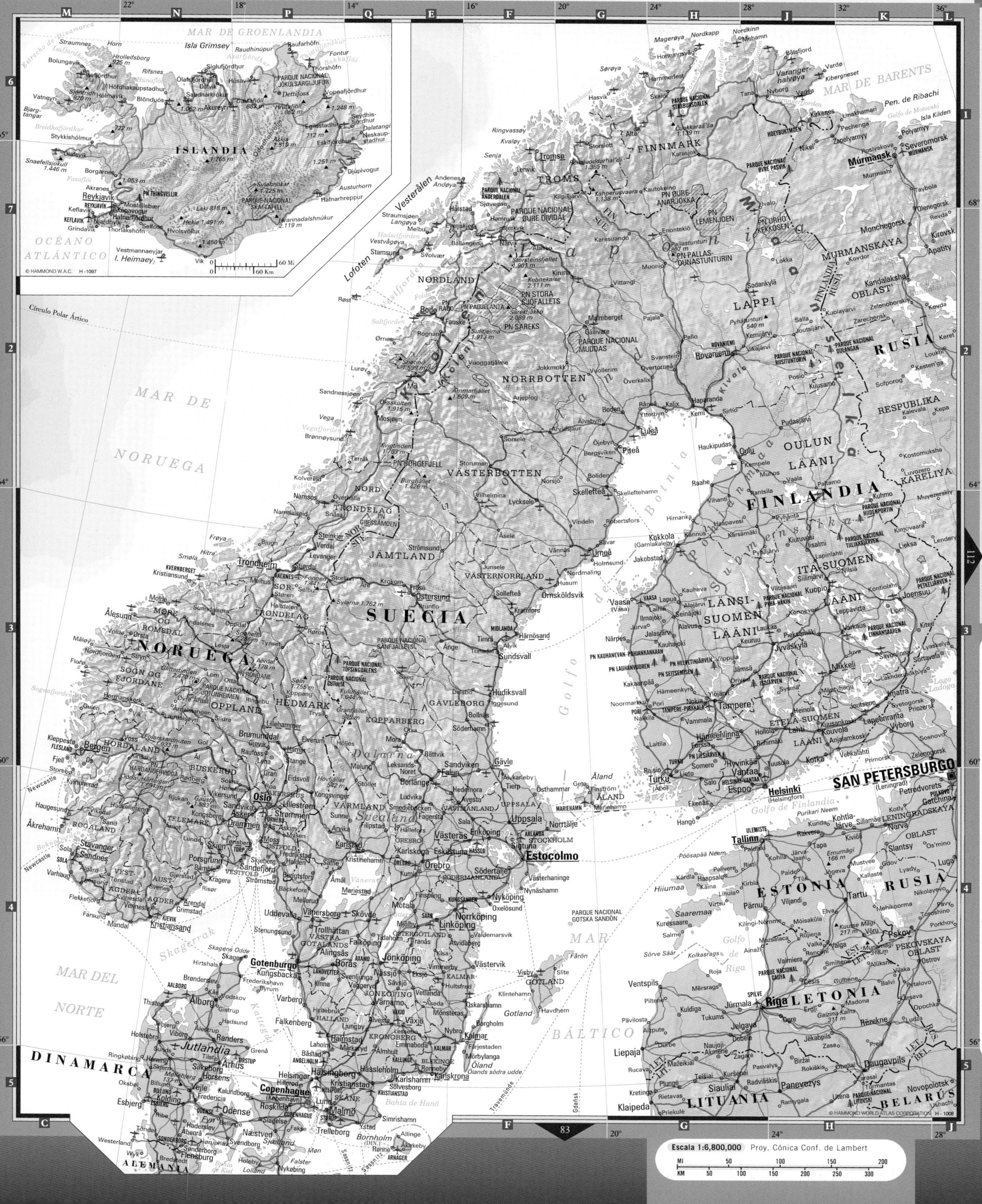
MAR DE GROENLANDIA
ISLANDIA
Reykjavik
Akureyri
Isla Grimsey
OCÉANO ATLÁNTICO
I. Heimaey
© HAMMOND W.A.C. H-1097
MAR DE BARENTS
Pen. de Ribachi
Múrmansk
MURMANSKAYA OBLAST
RESPUBLIKA KARELIYA
RUSIA
FINNMARK
TROMS
NORDLAND
NORRBOTTEN
VÄSTERBOTTEN
JÄMTLAND
VÄSTERNORRLAND
LAPPI
OULUN LÄÄNI
FINLANDIA
ITÄ-SUOMEN LÄÄNI
LÄNSI-SUOMEN LÄÄNI
ETELÄ-SUOMEN LÄÄNI
Círculo Polar Ártico
MAR DE NORUEGA
Lofoten
Vesterålen
Tromsø
Bodø
Kiruna
Luleå
Oulu
Trondheim
Umeå
Vaasa
Tampere
Turku
Helsinki
SAN PETERSBURGO
Tallinn
ESTONIA
LETONIA
Riga
LITUANIA
BELARÚS
NORUEGA
SUECIA
Bergen
Oslo
Estocolmo
Uppsala
Gotenburgo
Malmö
Copenhague
DINAMARCA
Jutlandia
ALEMANIA
MAR DEL NORTE
Skagerrak
Kattegat
MAR BÁLTICO
Golfo de Botnia
Golfo de Finlandia
Golfo de Riga
Gotland
Öland
Bornholm
Saaremaa
Hiiumaa
Åland
Escala 1:6,800,000 Proy. Cónica Conf. de Lambert
© HAMMOND WORLD ATLAS CORPORATION H-1008
Alt.
Prof.
112
83

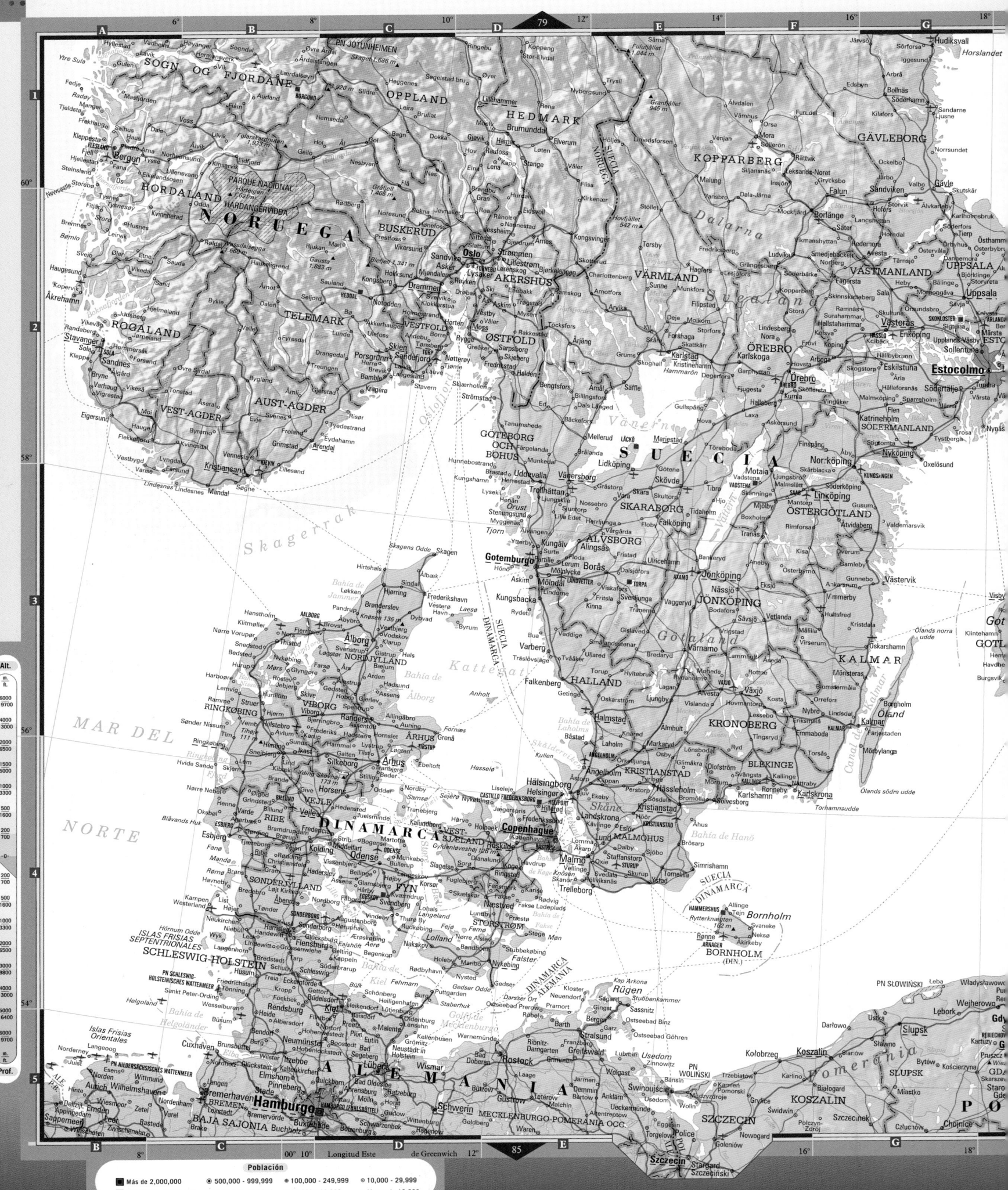

Longitud Este de Greenwich

Población

■ Más de 2,000,000	● 500,000 - 999,999	○ 100,000 - 249,999	○ 10,000 - 29,999
▣ 1,000,000 - 1,999,999	◎ 250,000 - 499,999	◌ 30,000 - 99,999	○ Menos de 10,000

Alt.

m. ft.

6000 19700

4000 13000

2000 6500

1500 5000

1000 3300

500 1600

200 700

-0-

200 700

500 1600

1000 3300

2000 6500

3000 9800

4000 13000

5000 16400

6000 19700

m. ft.

Prof.

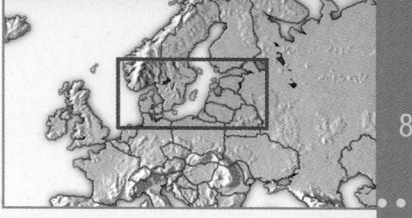

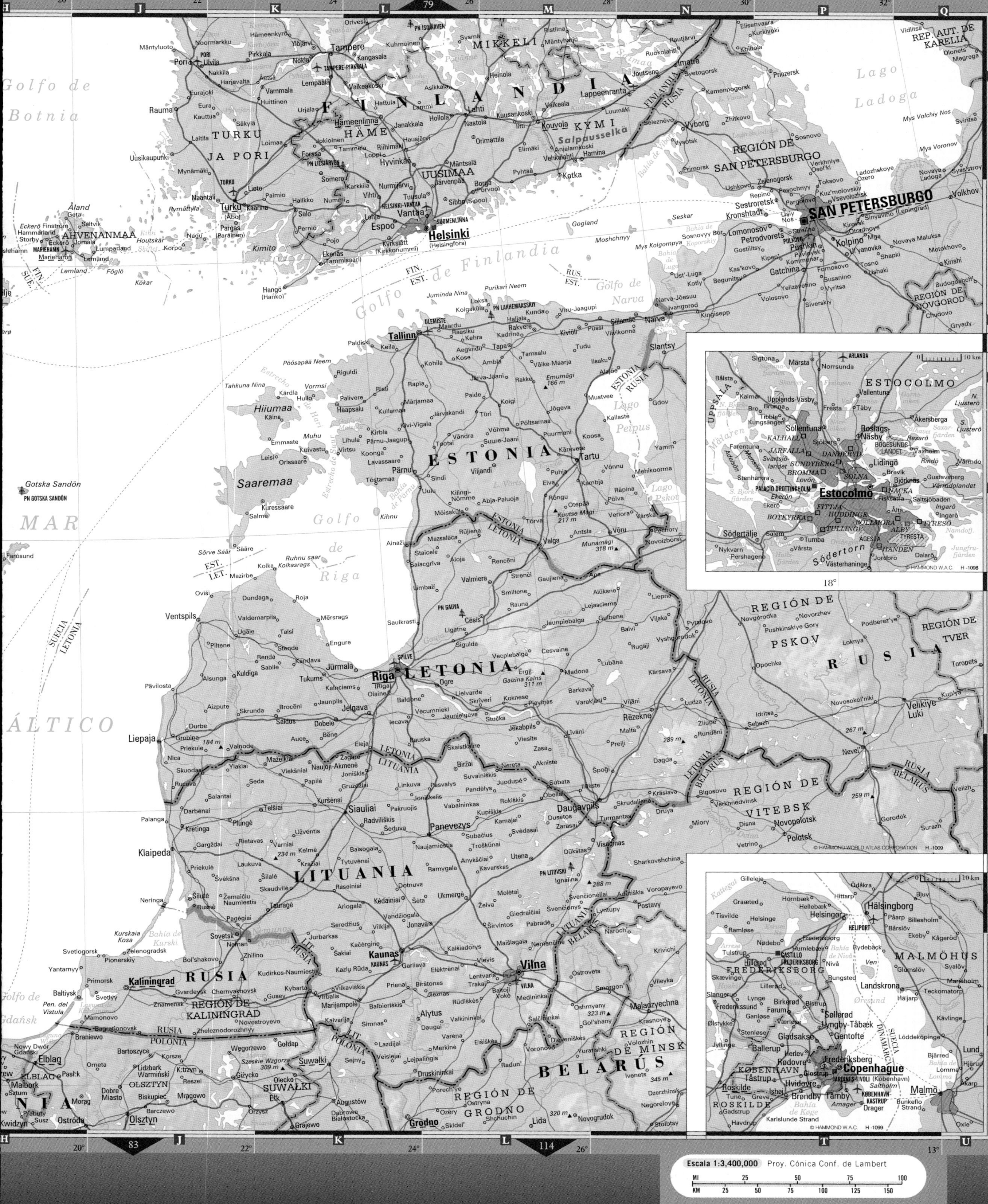

Escala 1:3,400,000   Proy. Cónica Conf. de Lambert

MI	25	50	75	100
KM	25	50	75	100	125	150

Insets: ESTOCOLMO · Copenhague

© HAMMOND W.A.C. H-1098
© HAMMOND WORLD ATLAS CORPORATION H-1009
© HAMMOND W.A.C. H-1099

MAR DEL NORTE

Población

■ Más de 2,000,000 ● 500,000 - 999,999 ● 100,000 - 249,999 ○ 10,000 - 29,999
■ 1,000,000 - 1,999,999 ● 250,000 - 499,999 ● 30,000 - 99,999 ○ Menos de 10,000

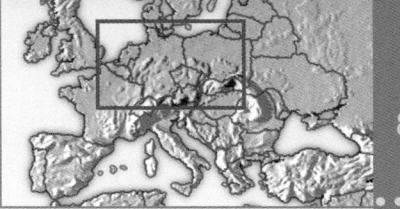

Escala 1:3,400,000 Proy. Cónica Conf. de Lambert

| MI | 25 | 50 | 75 | 100 |
| KM | 25 | 50 | 75 | 100 | 125 | 150 |

© HAMMOND WORLD ATLAS CORPORATION

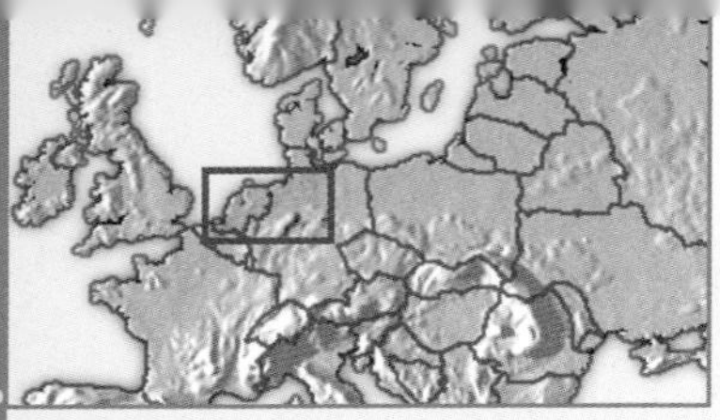

Población

- ■ M\as de 2,000,000
- ■ 1,000,000 - 1,999,999
- ● 500,000 - 999,999
- ● 250,000 - 499,999
- ● 100,000 - 249,999
- ● 30,000 - 99,999
- ◉ 10,000 - 29,999
- ○ Menos de 10,000

Escala 1:1,140,000 Proy. Cónica Conf. de Lambert

MI 10 20 30
KM 10 20 30 40

BAJA SAJONIA

ALEMANIA

SCHLESWIG-HOLSTEIN

MECKLENBURGO-POMERANIA OCCIDENTAL

Hamburgo
HAMBURGO

BREMEN
Bremen
Bremerhaven

Oldenburg

Hannover

Brunswick

Bielefeld

Osnabrück

Münster

ANIA NORTE-

ESTFALIA

HESSE

TURINGIA

SAJONIA-ANHALT

Harz

Lüneburger Heide

Ostfriesland

Münsterland

Sauerland

Teutoburger Wald

Wiehengebirge

Wesergebirge

Bahía de Frisias Orientales

Helgoländer

Cuxhaven
Wilhelmshaven
Emden
Aurich
Leer
Meppen
Lingen
Rheine
Dortmund
Bochum
Hamm
Paderborn
Kassel
Gotinga
Hildesheim
Salzgitter
Wolfsburg
Goslar
Celle
Uelzen
Lüneburg
Stade
Pinneberg
Harburg
Buxtehude
Verden
Nienburg
Minden
Herford
Detmold
Höxter
Soest
Unna
Wernigerode

© HAMMOND WORLD ATLAS CORPORATION   H-1011

Población

■ Más de 2,000,000	⊛ 500,000 - 999,999	⊙ 100,000 - 249,999	⊙ 10,000 - 29,999
▣ 1,000,000 - 1,999,999	⊙ 250,000 - 499,999	⊙ 30,000 - 99,999	○ Menos de 10,000

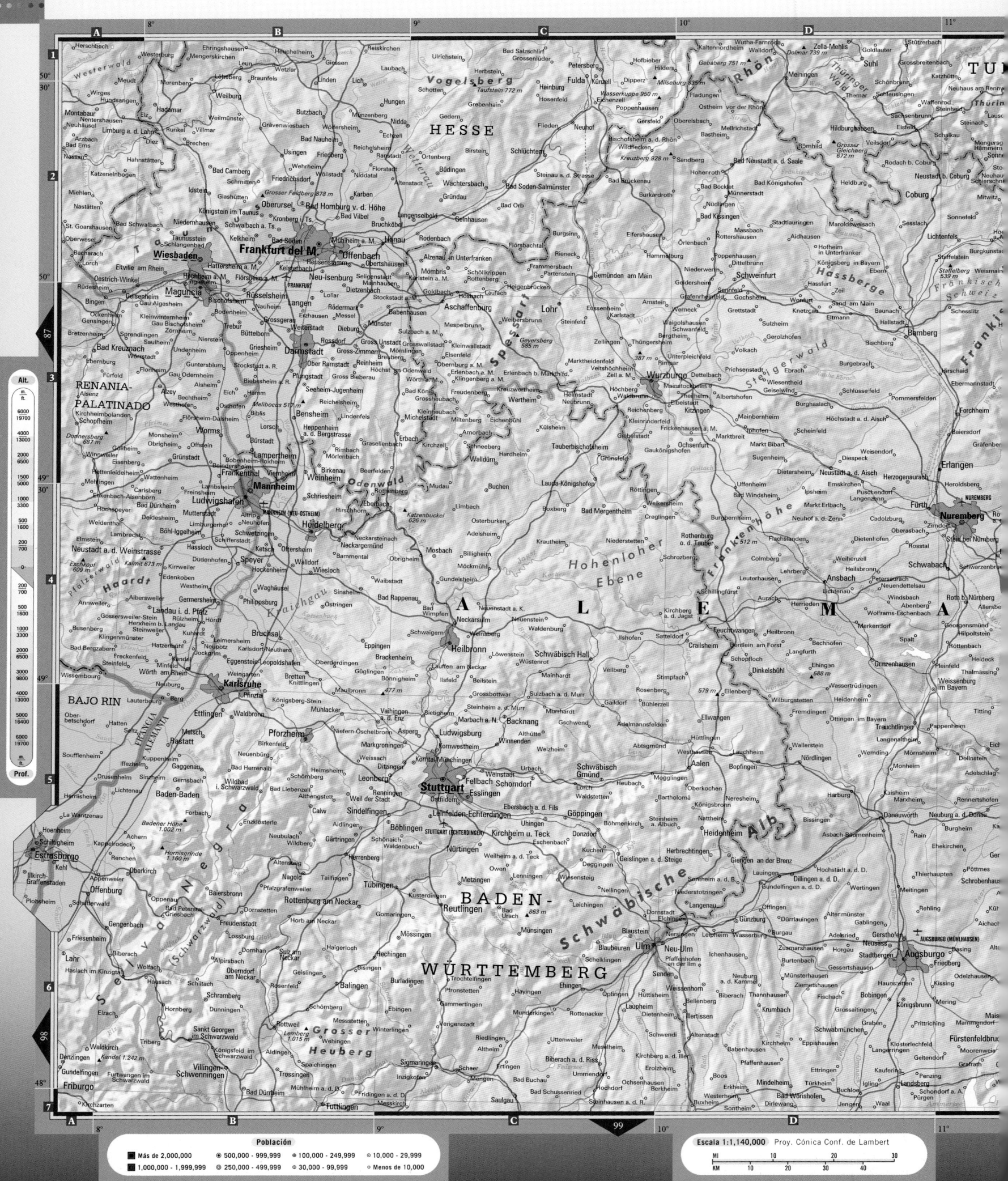

Población

| ■ Más de 2,000,000 | ● 500,000 - 999,999 | ● 100,000 - 249,999 | ◉ 10,000 - 29,999 |
| ■ 1,000,000 - 1,999,999 | ● 250,000 - 499,999 | ◉ 30,000 - 99,999 | ○ Menos de 10,000 |

Escala 1:1,140,000 Proy. Cónica Conf. de Lambert

Alemania Oriental

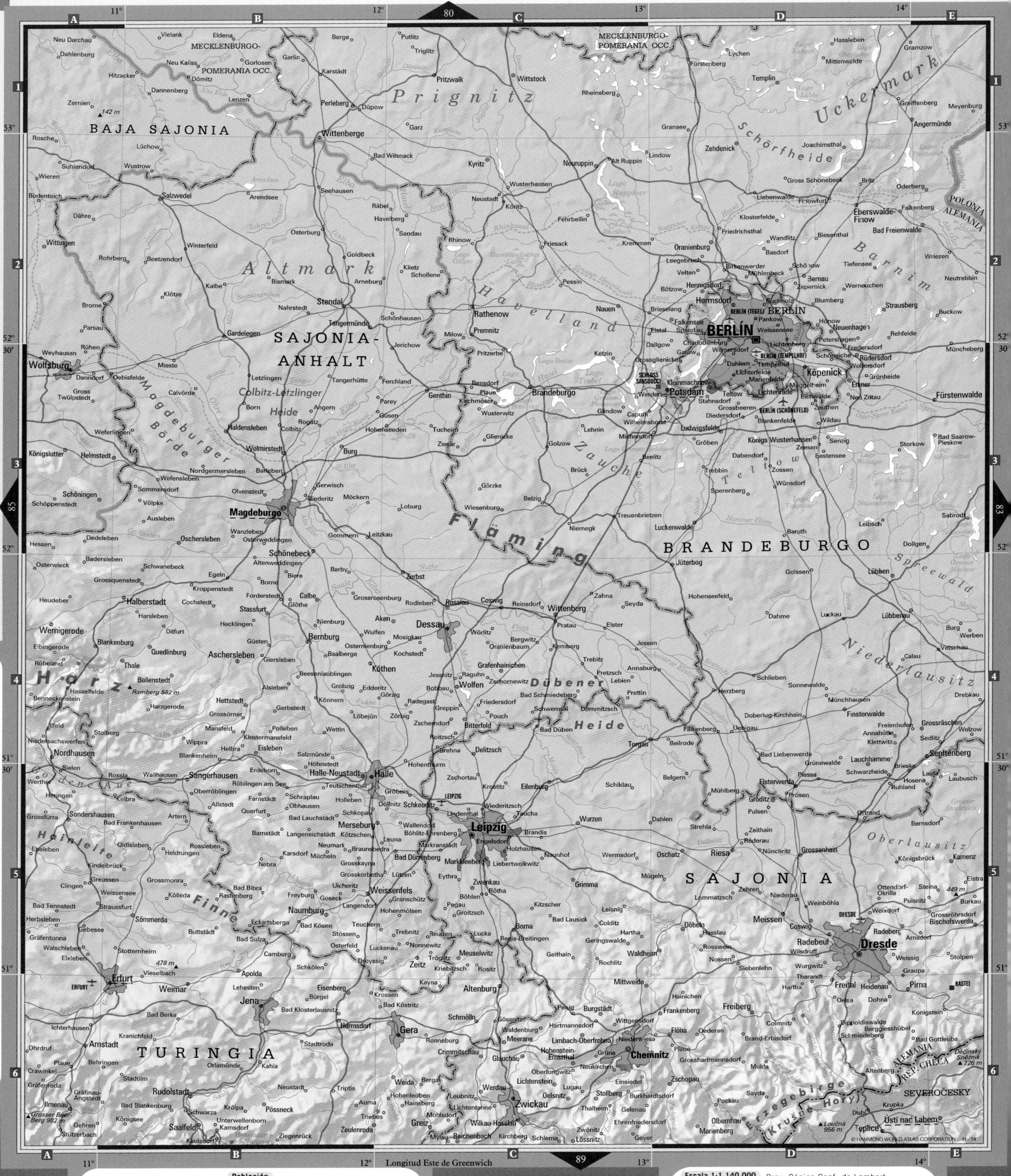

90

BAJA SAJONIA

MECKLENBURGO-
POMERANIA OCC.

MECKLENBURGO-
POMERANIA OCC.

Prignitz

Altmark

SAJONIA-
ANHALT

Magdeburger Börde

Magdeburgo

Havelland

BERLÍN

Potsdam

Zauche

Fläming

BRANDEBURGO

Spreewald

Harz

Dübener Heide

Niederlausitz

Halle

Leipzig

SAJONIA

Oberlausitz

Dresde

Finne

TURINGIA

Erfurt

Jena

Gera

Chemnitz

Erzgebirge (Krušné Hory)

ALEMANIA
REP. CHECA

SEVEROČESKY

Población

■ Más de 2,000,000	◉ 500,000 - 999,999	● 100,000 - 249,999	○ 10,000 - 29,999
■ 1,000,000 - 1,999,999	◉ 250,000 - 499,999	◉ 30,000 - 99,999	○ Menos de 10,000

Escala 1:1,140,000   Proy. Cónica Conf. de Lambert

MI   10   20   30
KM   10   20   30   40

© HAMMOND WORLD ATLAS CORPORATION   H-14

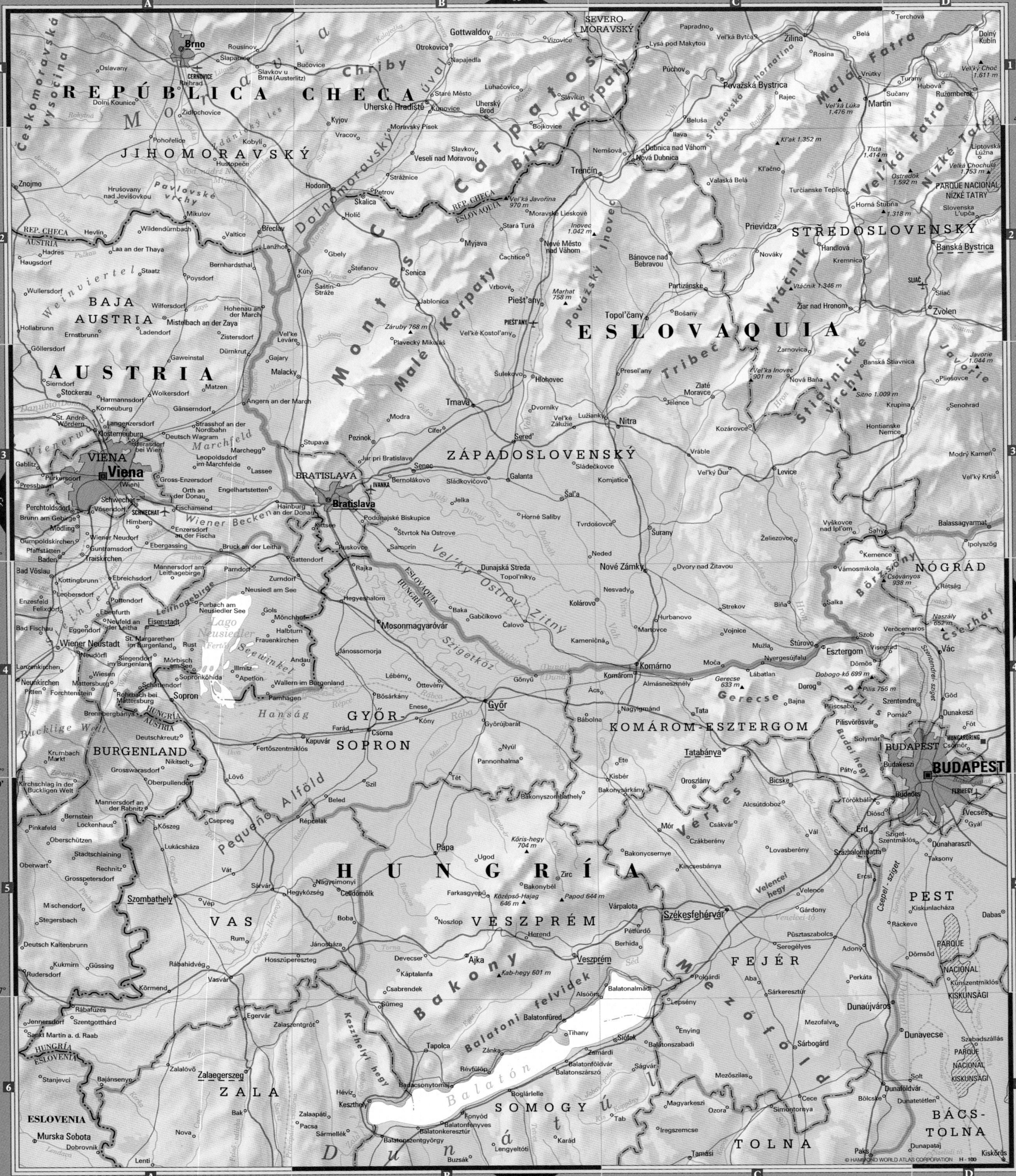

REINO UNIDO
Gran Bretaña
Canal de la Mancha
Golfo de Vizcaya
Golfo de León
FRANCIA
BÉLGICA
ESPAÑA
NORTE-PASO DE CALAIS
PICARDÍA
ALTA NORMANDÍA
BAJA NORMANDÍA
BRETAÑA
ILE-DE-FRANCE
CHAMPAÑA-ARDENAS
PAÍS DEL LOIRA
CENTRAL
BORGOÑA
POITOU-CHARENTES
LIMOUSIN
AUVERNIA
RÓDANO-ALPES
AQUITANIA
PIRINEOS MERIDIONALES
LANGUEDOC-ROSELLÓN
Macizo Central
Islas Anglonormandas (R.U.)
Paso de Calais
Bahía del Sena
Golfo de St. Malo
Montes de Bretaña
Colinas de Normandía
Pirineos
PARIS
Bruselas
Lille
Amiens
Rouen
Le Havre
Caen
Cherbourg
Brest
Rennes
Nantes
Angers
Le Mans
Tours
Orléans
Reims
Dijon
Lyon
Clermont-Ferrand
Limoges
Poitiers
La Rochelle
Burdeos
Toulouse
Montpellier
Nimes
Marsella
Perpiñán
Bilbao
San Sebastián
Vitoria
Pamplona
Logroño
Southampton
Portsmouth
Brighton
Plymouth
Dunkerque
Calais
Alt.
m.
ft.
6000 19700
4000 13000
2000 6500
1500 5000
1000 3300
500 1600
200 700
-0-
200 700
500 1600
1000 3300
2000 6500
3000 9800
4000 13000
5000 16400
6000 19700
Prof.
Población
Más de 2,000,000
1,000,000 - 1,999,999
500,000 - 999,999
250,000 - 499,999
100,000 - 249,999
30,000 - 99,999
10,000 - 29,999
Menos de 10,000
84
94
95
B
C
D
E
F
2°
0°
4°
46°
44°
3
4
5

Escala 1:3,400,000   Proy. Cónica Conf. de Lambert

MI   25   50   75   100

KM   25   50   75   100   125   150

© HAMMOND WORLD ATLAS CORPORATION   H - 1016

Población

■ Más de 2,000,000	◉ 500,000 - 999,999	◎ 100,000 - 249,999	◦ 10,000 - 29,999
▣ 1,000,000 - 1,999,999	◉ 250,000 - 499,999	◦ 30,000 - 99,999	◦ Menos de 10,000

FRANCIA

Toulouse

Marsella

Golfo de Léon

Costa Azul

ANDORRA

PIRINEOS MERIDIONALES

Andorra la Vella

CATALUÑA

Zaragoza

Lérida

Manresa

Terrassa · Sabadell

L'Hospitalet · Barcelona

Badalona

Costa Brava

Costa Dorada

Tarragona

Reus

Villanueva i la Geltrú

MAR MEDITERRÁNEO

Islas Baleares

Golfo de Valencia

Costa del Azahar

Valencia

Costa Blanca

Alicante

Elche

Cartagena

Mallorca

Palma · PALMA DE MALLORCA

Menorca

Mahón

Ciudadela

Ibiza

Isla Formentera

Isla Cabrera

Golfo de San Jorge

Tortosa

Castellón de la Plana

Sagunto

Torrevieja

Recuadro K–L (Barcelona):

Manresa

CATALUÑA

Terrassa · Sabadell

Granollers

Mataró

Badalona

Santa Coloma de Gramanet

Sant Adrià de Besòs

Barcelona

L'Hospitalet de Llobregat

El Prat de Llobregat

Sitges

Vilanova i la Geltrú

MAR MEDITERRÁNEO

PARQUE NACIONAL MONTSENY

0 — 10 Mi / 0 — 10 Km

© HAMMOND W.A.C. H-1103

Recuadro M–N (Madrid):

Sierra de Guadarrama

Puerto de Navacerrada

CASTILLA-LA MANCHA

El Escorial

San Lorenzo de El Escorial

VALLE DE LOS CAÍDOS

Colmenar Viejo

San Sebastián de los Reyes

Alcobendas

MADRID

Alcalá de Henares

Torrejón de Ardoz

Pozuelo de Alarcón

MADRID

PALACIO REAL · MUSEO DEL PRADO

Móstoles

Alcorcón · Leganés

Getafe

Fuenlabrada

Parla · Pinto

Arganda

0 — 10 Mi / 0 — 10 Km

© HAMMOND W.A.C. H-1106

Recuadro P–Q (Lisboa):

LISBOA

SANTARÉM

Sintra

Amadora

Lisboa

Almada

Barreiro

Montijo

SETÚBAL

Setúbal

Cabo da Roca

Cascais

Estoril

OCÉANO ATLÁNTICO

Costa do Sol

Bahía de Setúbal

0 — 10 Mi / 0 — 10 Km

© HAMMOND W.A.C. CJ-1101

Recuadro U–V (Madeira):

OCÉANO ATLÁNTICO

MADEIRA (PORT.)

Pôrto Santo

Santana · Machico

Câmara de Lobos · FUNCHAL

Funchal

Ilhas Desertas

0 — 60 Mi / 0 — 60 Km

© HAMMOND W.A.C. H-1105

Recuadro (Azores):

OCÉANO ATLÁNTICO

Corvo

Santa Cruz das Flores

Flores

Graciosa · Santa Cruz da Graciosa

São Jorge · Calheta

Terceira · Praia da Vitória

Angra do Heroísmo

Faial · Horta

Pico · Lajes do Pico

Pico 2.351 m

AZORES (PORTUGAL)

Ribeira Grande · São Miguel

NORDELA

Ponta Delgada · Vila Franca do Campo

Povoação

Santa María · Vila do Porto

ATLÁNTICO

0 — 60 Mi / 0 — 60 Km

© HAMMOND W.A.C. H-1102

Recuadro (Islas Canarias):

OCÉANO ATLÁNTICO

ISLAS CANARIAS (ESPAÑA)

La Palma · Santa Cruz de la Palma

PARQUE NACIONAL LA CALDERA DE TABURIENTE

Los Llanos de Aridane

Tenerife

Puerto de la Cruz · La Laguna

Santa Cruz de Tenerife

Pico de Teide

PN TEIDE

Lanzarote · Arrecife

PARQUE NACIONAL TIMANFAYA

Corralejo · Fuerteventura

Puerto del Rosario

Gomera

Hierro · Valverde

Gran Canaria

Las Palmas de Gran Canaria

Telde · Agüimes

Maspalomas

MARRUECOS

SAHARA OCC. (Ocupada por Marruecos)

0 — 60 Mi / 0 — 60 Km

© HAMMOND W.A.C. H-1104

Escala 1:3,400,000   Proy. Cónica Conf. de Lambert

MI 25 50 75 100

KM 25 50 75 100 125 150

CANAL DE LA MANCHA

ISLAS ANGLONORMANDAS
(R.U.)

Guernsey

Jersey

Golfo de St. Malo

Cotentin

MANCHE

Las Siete Islas

COTES-D'ARMOR

Montes de Bretaña

FINISTÈRE

Iroise

Bahía de Douarnenez

Bretaña

Montagnes Noires

MORBIHAN

ILLE Y VILAIN

Rennes

Bahía de Audierne

Islas Glénan

Islas Groix

Península de Quiberon

Península de Rhuys

GOLFO DE VIZCAYA

Isla Belle

LOIRA

ATLÁNTICO

PAÍS DEL LOIRA

Nantes

Población			
■ Más de 2,000,000	◉ 500,000-999,999	◉ 100,000-249,999	◦ 10,000-29,999
▪ 1,000,000-1,999,999	◉ 250,000-499,999	◦ 30,000-99,999	◦ Menos de 10,000

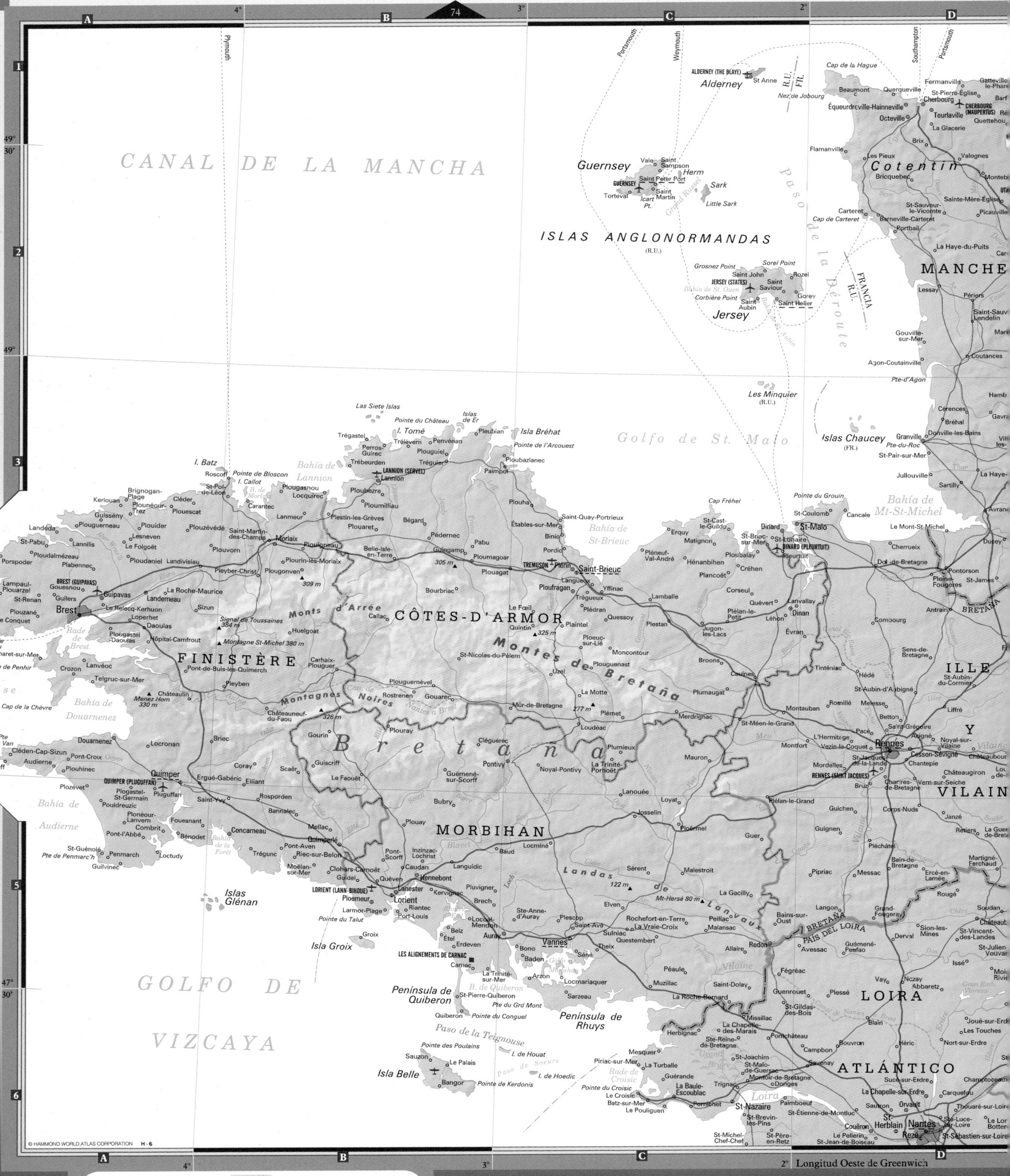

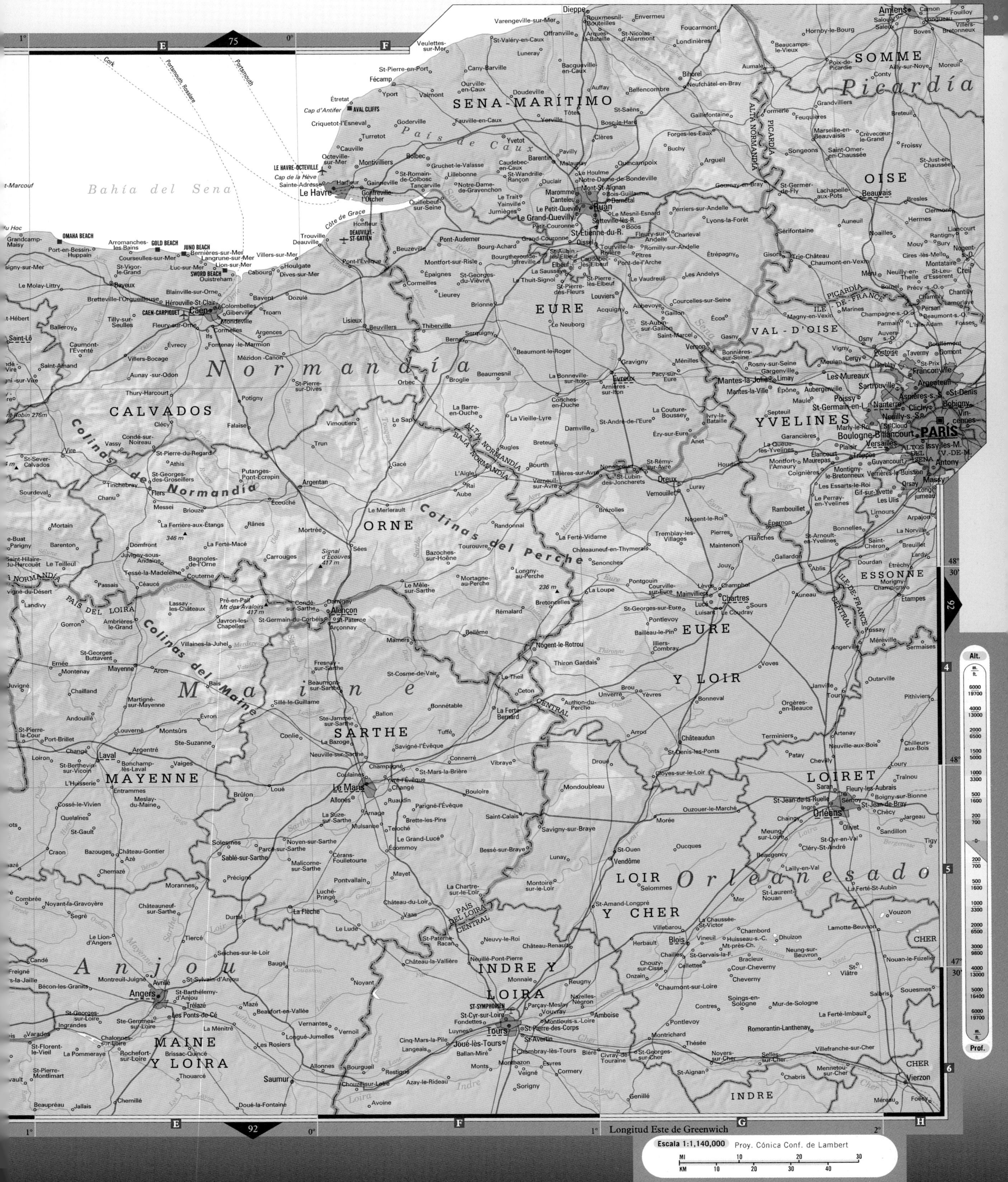
Bahía del Sena
SENA-MARÍTIMO
SOMME
Picardía
OISE
EURE
VAL-D'OISE
YVELINES
PARÍS
ESSONNE
CALVADOS
Normandía
ORNE
Colinas de Normandía
Colinas del Perche
EURE Y LOIR
MAYENNE
Maine
SARTHE
Colinas del Maine
LOIRET
LOIR Y CHER
Orleanesado
INDRE Y LOIRA
MAINE Y LOIRA
Anjou
INDRE
CHER
Le Havre
Ruán
Caen
Alençon
Chartres
Le Mans
Laval
Orléans
Blois
Tours
Angers
Saumur
Vierzon
Dieppe
Amiens
Beauvais
Evreux
Versailles
Longitud Este de Greenwich
Escala 1:1,140,000
Proy. Cónica Conf. de Lambert
MI
KM
Alt.
Prof.

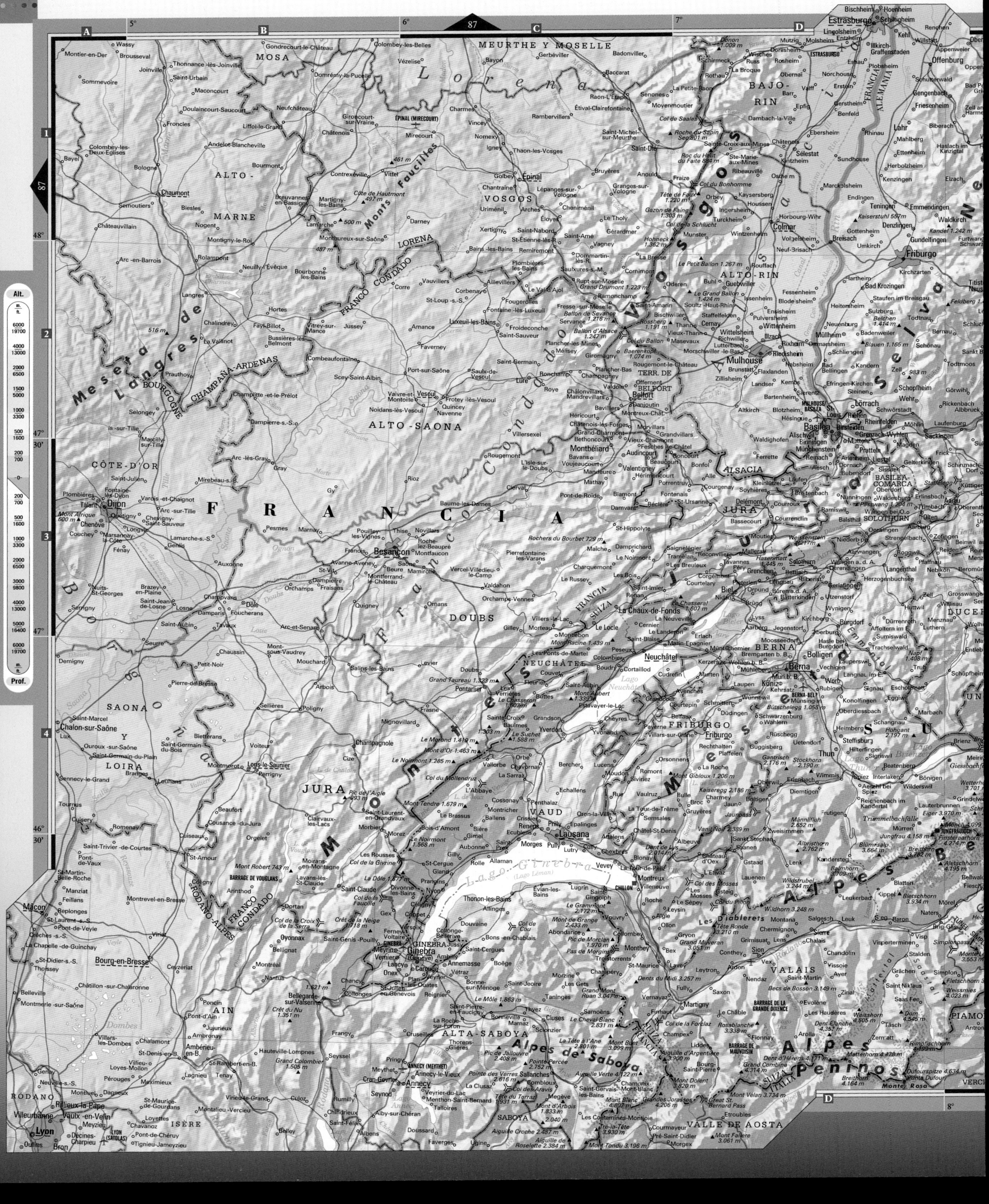

87
A
B
C
D
5°
6°
7°
8°
48°
47° 30'
47°
46° 30'
46°
MEURTHE Y MOSELLE
MOSA
Lorena
ALTO-MARNE
VOSGOS
Vosgos
Monts Faucilles
Meseta de Langres
CHAMPAÑA-ARDENAS
BOURGOGNE
CÔTE-D'OR
ALTO-SAONA
FRANCIA
Franco Condado
FRANCO CONDADO
LORENA
DOUBS
JURA
SAONA Y LOIRA
Borgoña
AIN
RÓDANO-ALPES
RÓDANO
ISÈRE
SABOYA
ALTA-SABOYA
Alpes de Saboya
VALLE DE AOSTA
BAJO-RIN
ALTO-RIN
ALSACIA
TERR. DE BELFORT
ALEMANIA
Selva Negra
SUIZA
BASILEA-COMARCA
SOLOTHURN
BERNA
FRIBURGO
NEUCHÂTEL
VAUD
VALAIS
ITALIA
Montes Jura
Alpes Peninos
Alpes Berneses
Lago Neuchâtel
Lago Ginebra (Lago Léman)
Lago de Thun
Estrasburgo
Friburgo
Colmar
Mulhouse
Basilea
Belfort
Montbéliard
Épinal
Chaumont
Langres
Dijon
Besançon
Vesoul
Dole
Lons-le-Saunier
Chalon-sur-Saône
Mâcon
Bourg-en-Bresse
Lyon
Annecy
Chambéry
Ginebra
Lausana
Neuchâtel
Berna
Biel
Thun
Sion
Montreux
Vevey
Mont Blanc 4.807 m
Monte Rosa
Matterhorn 4.478 m
Alt.
m.
ft.
6000 19700
4000 13000
2000 6500
1500 5000
1000 3300
500 1600
200 700
0
200 700
500 1600
1000 3300
2000 6500
3000 9800
4000 13000
5000 16400
6000 19700
Prof.

Región de los Alpes centrales

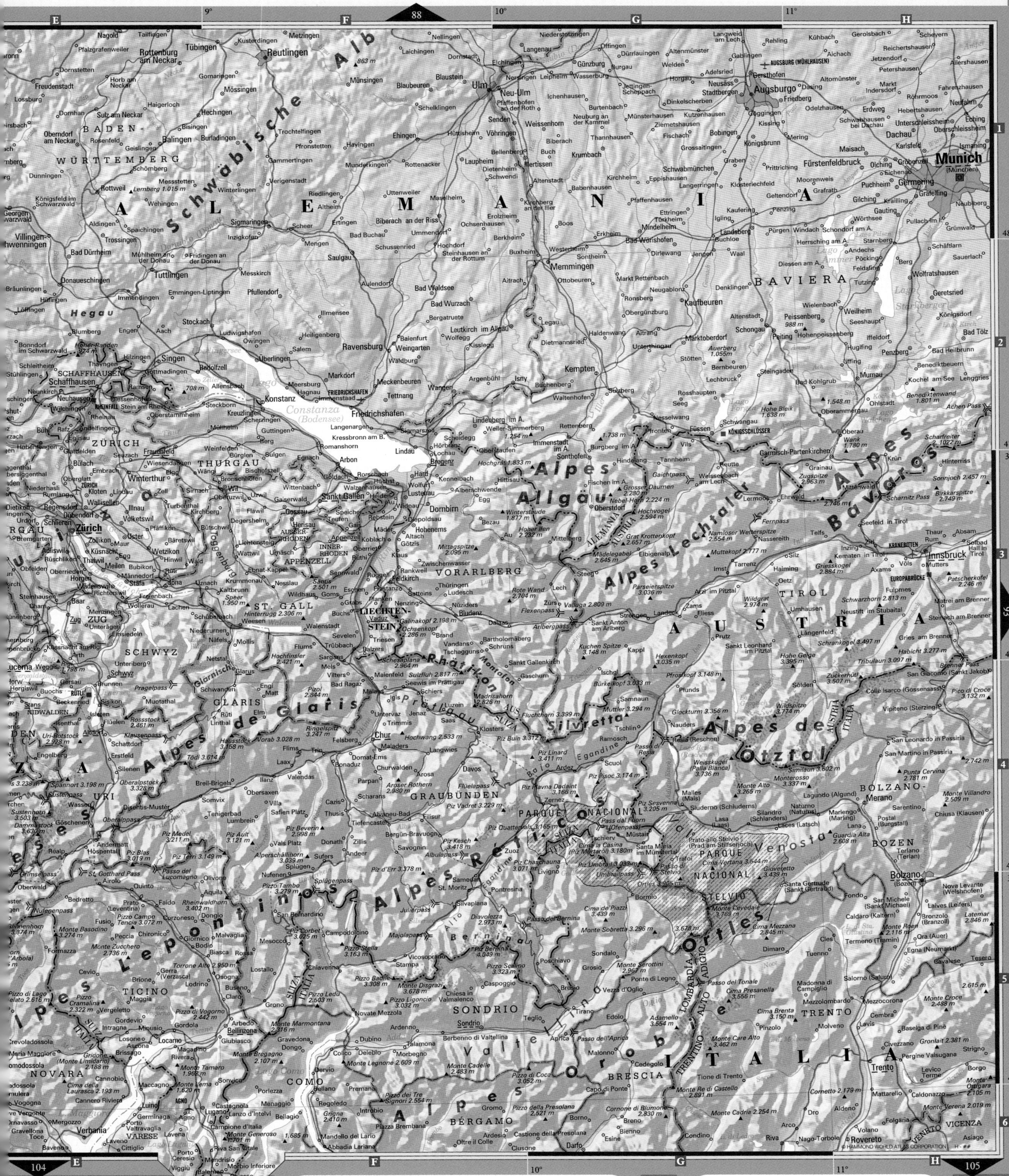

Población

■ Más de 2,000,000	● 500,000 - 999,999
■ 1,000,000 - 1,999,999	● 250,000 - 499,999

● 100,000 - 249,999   ○ 10,000 - 29,999
● 30,000 - 99,999   ○ Menos de 10,000

Escala 1:1,140,000   Proj. Cónica Conf. de Lambert

MI   10   20   30
KM   10   20   30   40

Alt.

m.
ft.

6000
19700

4000
13000

2000
6500

1000
3300

500
1600

200
700

– 0 –

200
700

500
1600

1000
3300

2000
6500

3000
9800

4000
13000

5000
16400

6000
19700

Prof.

Población

■ Más de 2,000,000	● 500,000 - 999,999	● 100,000 - 249,999	◦ 10,000 - 29,999
■ 1,000,000 - 1,999,999	● 250,000 - 499,999	◦ 30,000 - 99,999	◦ Menos de 10,000

Longitud Este de Greenwich

Escala 1:1,140,000   Proy. Cónica Conf. de Lambert

MI   10   20   30

KM   10   20   30   40

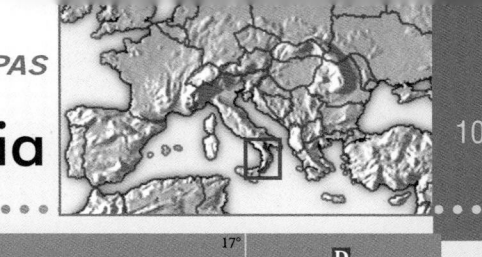

Población

■ Más de 2,000,000	◉ 500,000 - 999,999	⊙ 100,000 - 249,999	⊙ 10,000 - 29,999
▣ 1,000,000 - 1,999,999	◎ 250,000 - 499,999	⊙ 30,000 - 99,999	• Menos de 10,000

Escala 1:1,140,000   Proy. Cónica Conf. de Lambert

© HAMMOND WORLD ATLAS CORPORATION   H - 20

MALTA

Población

■ Más de 2,000,000	● 500,000 - 999,999	● 100,000 - 249,999	● 10,000 - 29,999
□ 1,000,000 - 1,999,999	● 250,000 - 499,999	● 30,000 - 99,999	○ Menos de 10,000

Escala 1:1,140,000 Proy. Cónica Conf. de Lambert

Longitud Este de Greenwich

© HAMMOND WORLD ATLAS CORPORATION

Centro de Italia, Malta

105
110
101
D
E
F
G
14°
15°
16°
43°
42° 30'
42°
41° 30'
1
2
3
4
MAR
ADRIÁTICO
CROACIA
ITALIA
Split
Vis
Svetae
Biševo
Palagruža
I. Pianosa
Islas Tremiti
Macerata
Morrovalle
Civitanova Alta
Portocivitanova
Porto Sant'Elpidio
Corridonia
Montegranaro
ABBADIA DI FIASTRA
Monte Urano
Porto San Giorgio
Fermo
Pedaso
ASCOLI PICENO
Cupra Marittima
Grottammare
San Benedetto del Tronto
Ascoli Piceno
MARCHE
ABRUZOS
Martinsicuro
Alba Adriatica
Tortoreto Lido
Giulianova
Cologna Spiaggia
Roseto degli Abruzzi
Teramo
TERAMO
Pineto
Atri
Silvi
Montesilvano Marina
Pescara
Francavilla al Mare
PESCARA
Chieti
Ortona
San Vito Chietino
Gran Sasso d'Italia
Aquila
AQUILA
Apennino de los Abruzos
Sulmona
CHIETI
Lanciano
Fossacesia
Torino di Sangro
Punta della Penna
Vasto
Marina di Vasto
San Salvo
Termoli
Campomarino
Monti di Frentani
MOLISE
Avezzano
PARQUE NACIONAL ABRUZZO
ISERNIA
Isernia
CAMPOBASSO
Campobasso
Apennino Napolitano
Monti del Sannio
Monti del Matese
Sora
Frosinone
FROSINONE
Cassino
ABBAZIA DI MONTECASSINO
LACIO
CAMPANIA
Monti Aurunci
Monti Ausoni
Gaeta
Formia
Golfo de Gaeta
CASERTA
Caserta
BENEVENTO
Benevento
Lesina
L. di Lesina
Lago Varano
Promontorio del Gargano
Vieste
Peschici
San Severo
San Marco in Lamis
Monte Sant'Angelo
Manfredonia
Golfo de Manfredonia
Lucera
Foggia
FOGGIA
PUGLIA
Zapponeta
Margherita di Savoia
Barletta
Trani
Andria
Canosa di Puglia
Cerignola
Corato
BARI
CASTEL DEL MONTE
Minervino Murge
AVELLINO
Avellino
Ariano Irpino
Melfi
Venosa
BASILICATA
Potenza
POTENZA
SALERNO
Salerno
Golfo de Salerno
Battipaglia
Eboli
Nápoles
NÁPOLES
Golfo de Nápoles
Torre del Greco
Torre Annunziata
Castellammare di Stabia
Sorrento
Pozzuoli
Isla de Ischia
Ischia
Procida
Capri
Isla de Capri
Amalfi
Positano
Cava de' Tirreni
Nocera Inferiore
Aversa
Acerra
Afragola
Marano di Napoli
Giugliano in Campania
Apennino Lucano
TARENTO
Gravina di Puglia
Génova
Palermo, Messina

Norte de Italia

Monte Rosa
VALLE DE AOSTA
Valle de Aosta
SUIZA
ITALIA
VARESE
COMO
BÉRGAMO
LECCO
BRESCIA
NOVARA
VERCELLI
TURÍN
Turín
(Torino)
Milán
(Milano)
MILÁN
PAVÍA
Pavía
CREMONA
Cremona
Piacenza
PIACENZA
ASTI
Asti
ALEJANDRÍA
Alejandría
Monferrato
CUNEO
Cuneo
SAVONA
Savona
IMPERIA
Imperia
GÉNOVA
Génova
(Genova)
LA SPEZIA
La Spezia
MASSA
CARRARA
PARMA
Parma
LIVORNO
Livorno
Lucca
Pisa
Apenino Ligur
Apenino
Alpi Apuane
Golfo de Génova
Riviera di Levante
Riviera di Ponente
Mar de Liguria
MÓNACO
ITALIA
FRANCIA
PIAMONTE
LIGURIA
LOMBARDÍA
EMILIA-ROMAÑA
TOSCANA
Valle del Po
Alt.
Prof.
Población
Más de 2,000,000
1,000,000 - 1,999,999
500,000 - 999,999
250,000 - 499,999
100,000 - 249,999
30,000 - 99,999
10,000 - 29,999
Menos de 10,000

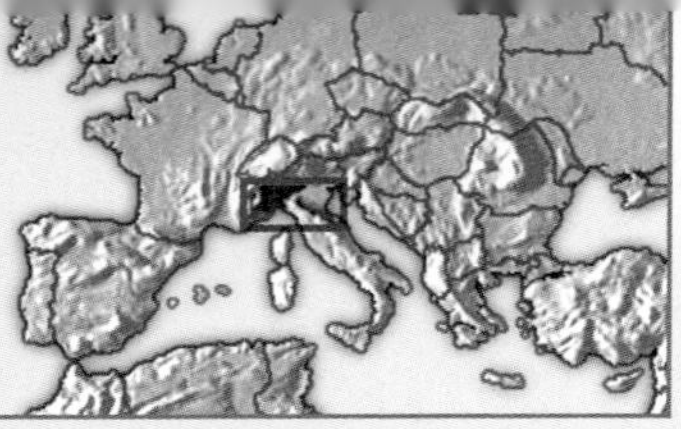

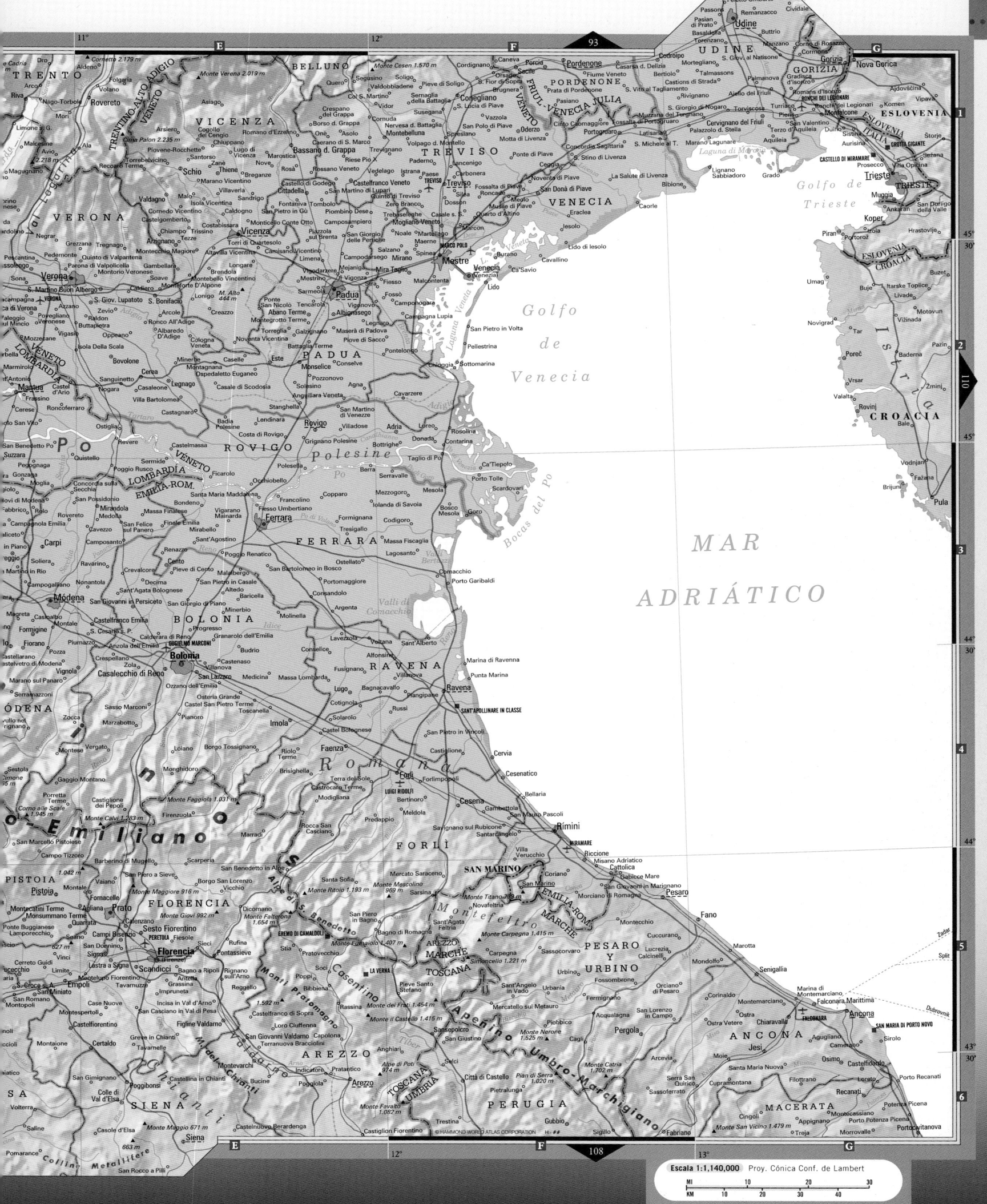

Escala 1:1,140,000 Proy. Cónica Conf. de Lambert

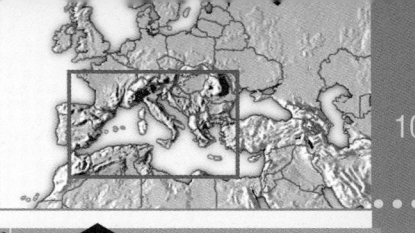

Escala 1:6,800,000   Proy. Cónica Conf. de Lambert

MI		50		100		150		200
KM	50	100	150	200	250	300		

HAMMOND WORLD ATLAS CORPORATION   H-23

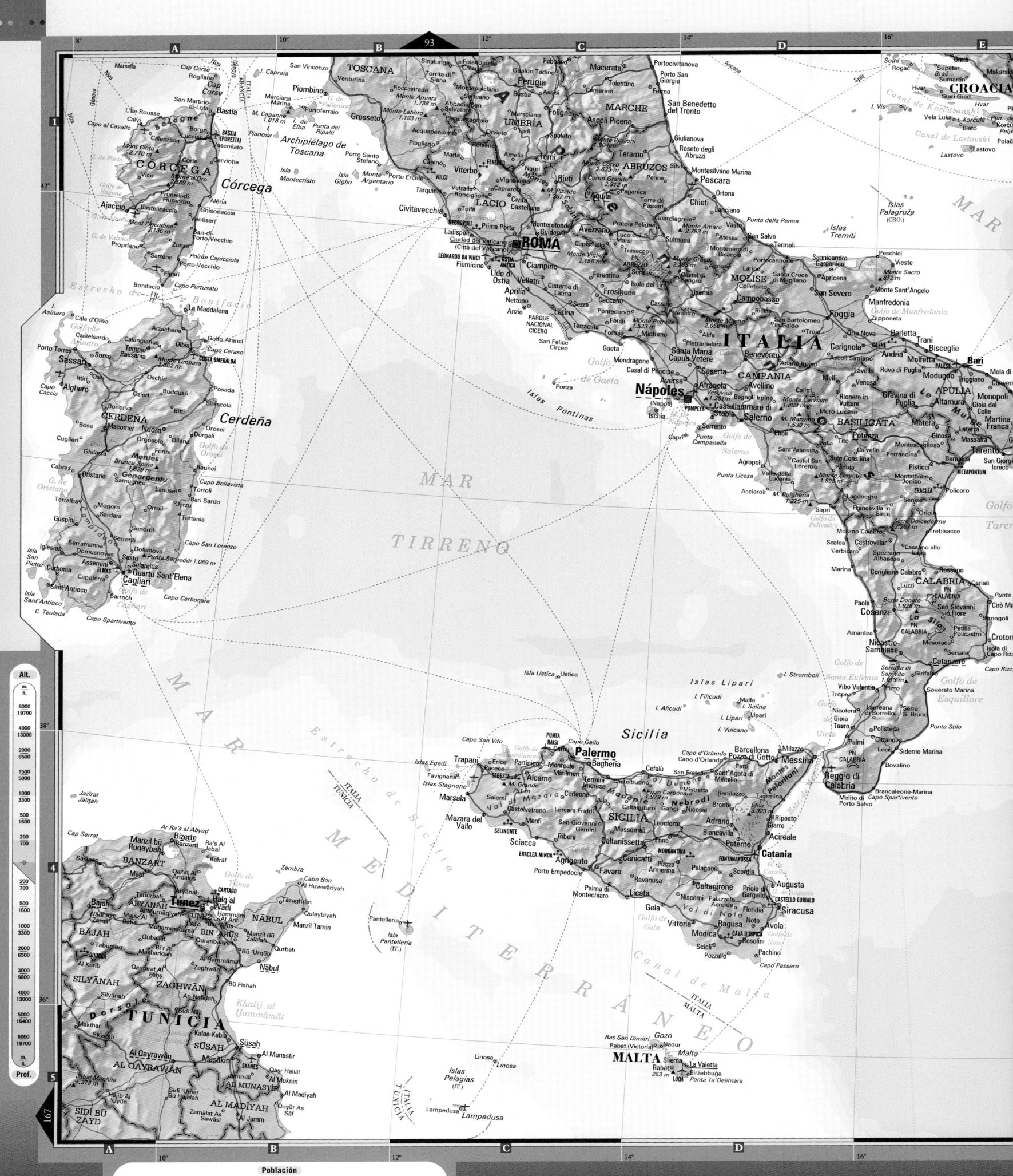

Población

■ Más de 2,000.000	● 500.000 - 999,999	● 100.000 - 249,999	● 10.000 - 29,999
■ 1.000.000 - 1.999,999	● 250.000 - 499,999	● 30.000 - 99,999	● Menos de 10.000

Sur de Italia, Albania, Grecia

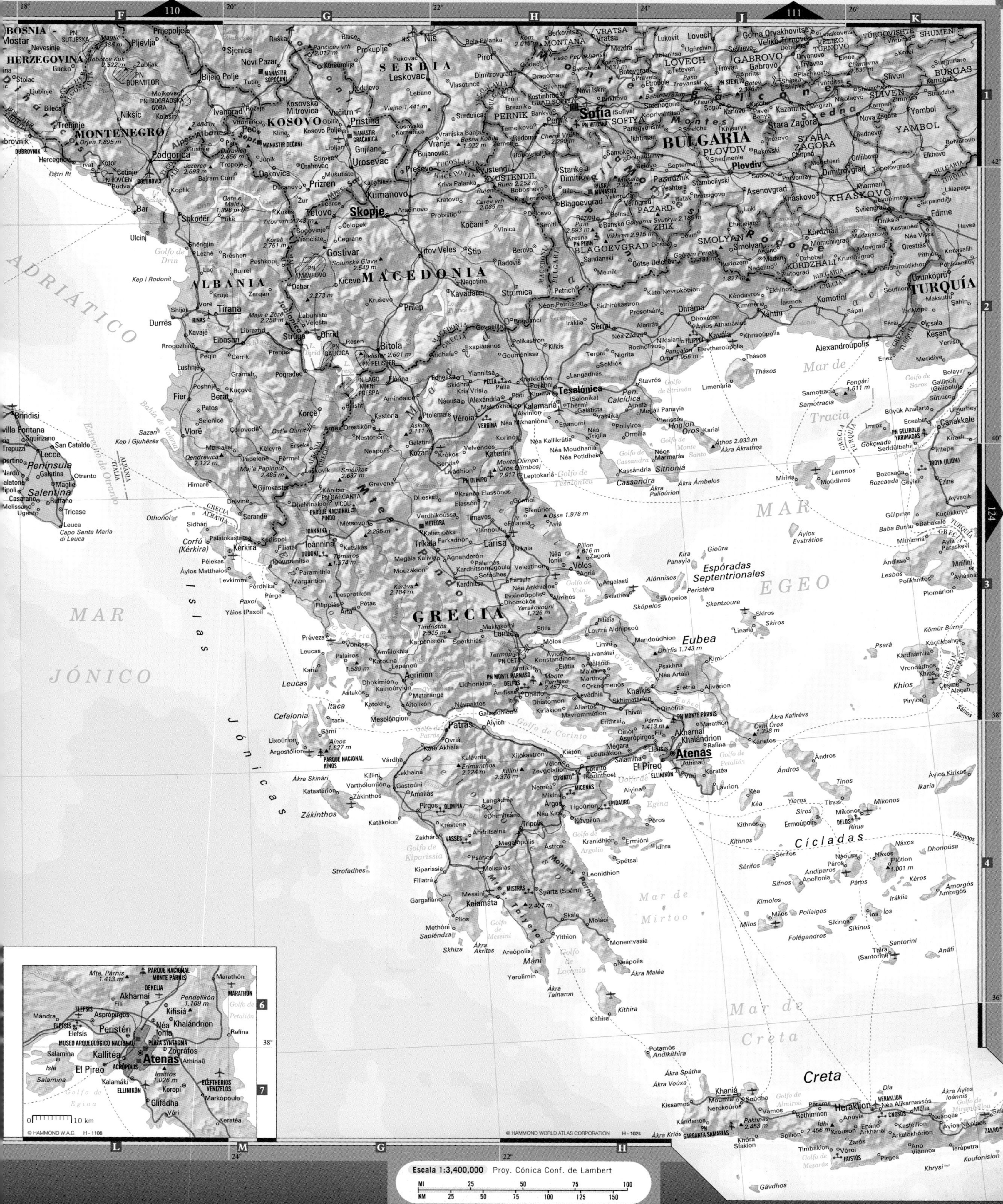
110
111
124
BOSNIA - HERZEGOVINA
MONTENEGRO
SERBIA
KOSOVO
BULGARIA
MACEDONIA
ALBANIA
GRECIA
TURQUÍA
Podgorica
Skopje
Sofia
Tirana
Tesalónica (Salonika)
Atenas (Athínai)
El Pireo
Plovdiv
MAR ADRIÁTICO
MAR JÓNICO
Islas Jónicas
MAR EGEO
Mar de Tracia
Mar de Mirtoo
Mar de Creta
Golfo de Corinto
Eubea
Espóradas Septentrionales
Cícladas
Creta
Corfú (Kérkira)
Cefalonia
Zákinthos
Lemnos
Lesbos
Khíos
Sámos
Ikaría
Náxos
Santorini
Kíthira
Heraklion
Khaniá
Pátras
Lárisa
Vólos
Ioánnina
Kavála
Alexandroúpolis
Brindisi
Lecce
Peninsula Salentina
Estrecho de Otranto
Monte Olimpo (Oros Olimbos) 2.917 m
Mte. Párnis 1.413 m
Atenas
Peristéri
Kallithéa
Glifádha
Escala 1:3,400,000 Proy. Cónica Conf. de Lambert
MI 25 50 75 100
KM 25 50 75 100 125 150
© HAMMOND WORLD ATLAS CORPORATION H - 1024
© HAMMOND W.A.C. H - 1108

Población

■ Más de 2,000,000	◉ 500,000 - 999,999	◯ 100,000 - 249,999	○ 10,000 - 29,999
▣ 1,000,000 - 1,999,999	◎ 250,000 - 499,999	⊙ 30,000 - 99,999	· Menos de 10,000

Hungria, Estados Balcánicos del Norte

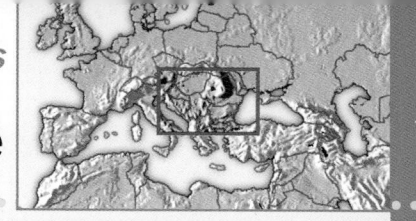

Escala 1:3,400,000 Proy. Cónica Conf. de Lambert

Más de 2,000,000 · 500,000 - 999,999 · 100,000 - 249,999 · 10,000 - 29,999
1,000,000 - 1,999,999 · 250,000 - 499,999 · 30,000 - 99,999 · Menos de 10,000

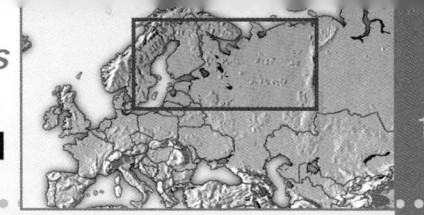
Escala 1:6,800,000   Proy. Cónica Conf. de Lambert

© HAMMOND WORLD ATLAS CORPORATION   H-102

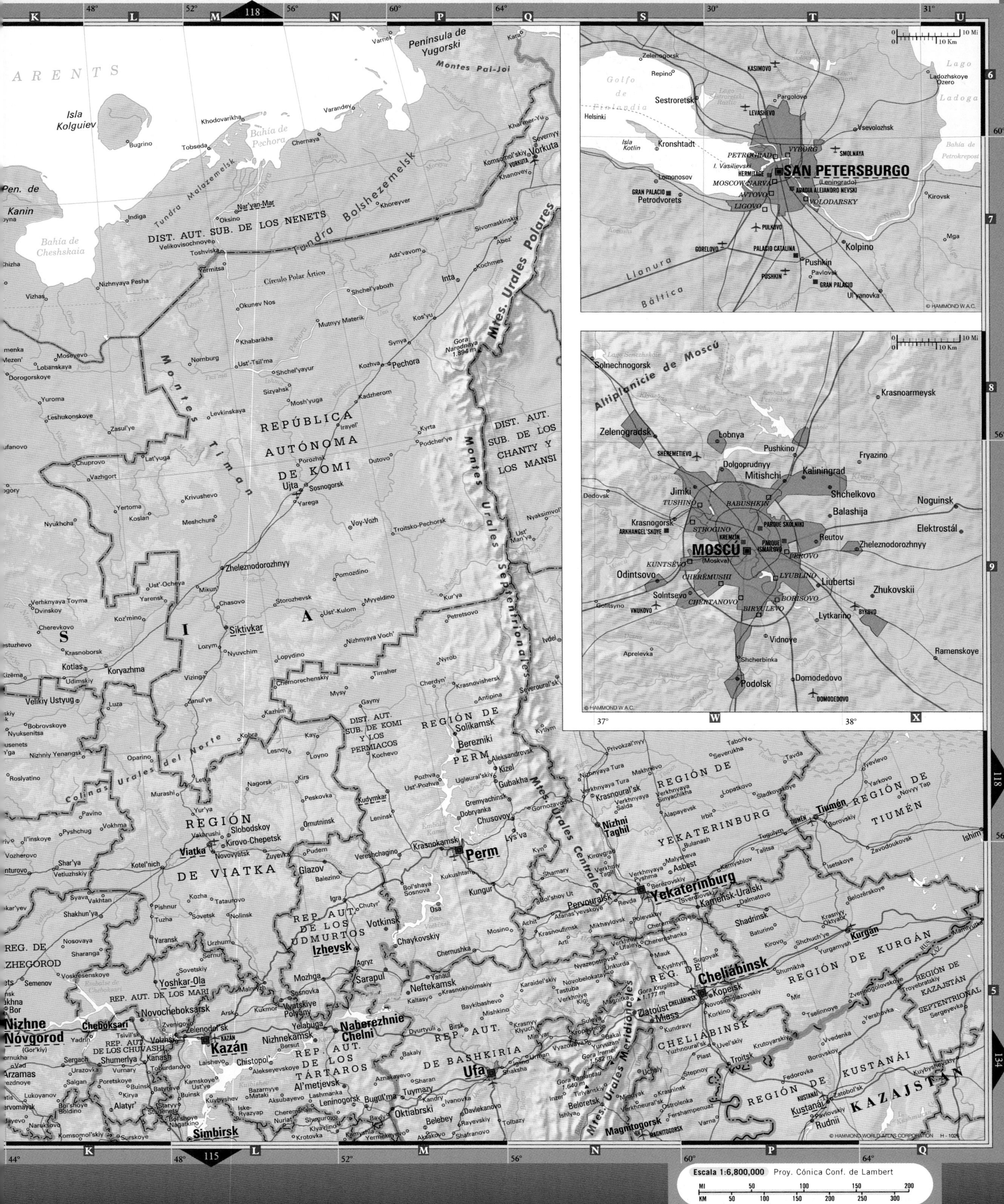

Población
◼ Más de 2,000,000   ● 500,000 - 999,999   ● 100,000 - 249,999   ● 10,000 - 29,999
◻ 1,000,000 - 1,999,999   ● 250,000 - 499,999   ● 30,000 - 99,999   ○ Menos de 10,000

Europa Sudoriental

113
118
126

G H J K L M

44° 48° 52° 56° 60° 64°

1 2 3 4 5

52° 48° 44° 40°

RUSIA

KAZAJSTÁN

UZBEKISTÁN

TURKMENISTÁN

GEORGIA

ARMENIA

AZERBAIYÁN

IRÁN

MAR CASPIO

Mar Aral

REG. DE NIZHEGOROD

REP. AUT. DE CHUVASHI

REP. AUT. DE LOS TÁRTAROS

REP. AUT. DE LOS MORDVANOS

REG. DE SIMBIRSK

REP. AUT. DE BASHKIRIA

REG. DE CHELIABINSK

REG. DE KUSTANÁI

REG. DE ORENBURG

REGIÓN DE SAMARA

REGIÓN DE PENZA

REG. DE TAMBOV

REGIÓN DE SARATOV

REGIÓN DE URALSK

REG. DE VOLGOGRADO

REG. DE ASTRAJÁN

REG. DE ATYRAŪ

REGIÓN DE AQTÖBE

REPÚBLICA AUTÓNOMA DE LOS CALMUCOS

TERRITORIO DE STAVROPOL

REPÚBLICA AUT. DE KARAKALPAK

REGIÓN DE MANGISTAUZ

REGIÓN DE TASHAUZ

REGIÓN DE BALJAN

REP. AUT. DE DAGUESTÁN

REP. AUT. DE LOS CHECHEN E INGUSH

REP. AUT. DE LOS KABARDINOS Y BALKAR

REG. AUT. DE OSETIA DEL SUR

REP. AUT. DE OSETIA SEPT.

REP. AUT. DE ABJASIA

REP. AUT. DE ADZHARIA

REG. AUT. DE NAGORNO-KARABAJ

REP. AUT. DE NAJICHEVAN

Ul'yanovsk

Toliatti

Samara

Saransk

Penza

Saratov

Engels

Uralsk

Orenburg

Orsk

Aqtöbe

Magnitogorsk

Kustanái

Volgogrado

Volzhskii

Astraján

Atyraū

Elista

Stavropol

Grozni

Majashkalá

Vladikavkaz

Nalchik

Tbilisi

Ereván

Bakú

Sumgait

Aqtaū

Krasnovodsk

Nebit-Dag

Ryn-Peski

Península de Buzachi

Meseta de Ustiurt

Meseta de Manguishlak

Golfo de Kara-Bogaz-Gol

Kara Kum

Mtes. Mugodzharskoie

Gran Desierto de Borsuki

Cáucaso

© HAMMOND WORLD ATLAS CORPORATION H 1027

Escala 1:6,800,000 Proy. Cónica Conf. de Lambert

MI 0 50 100 150 200

KM 0 50 100 150 200 250 300

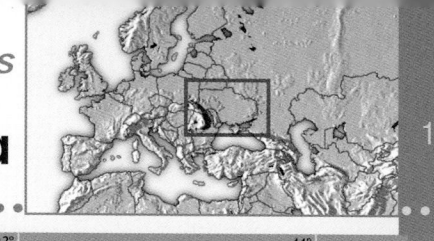

Población

- ■ Más de 2,000,000
- ■ 1,000,000 - 1,999,999
- ⊛ 500,000 - 999,999
- ⊙ 100,000 - 499,999
- ⊚ 50,000 - 99,999
- ○ Menos de 50,000

Las Divisiones Administrativas tienen los mismos nombres que sus respectivas capitales, a excepción de las siguientes:

1. República de Adiguesia
2. República de Karacháevo-Cherkesia
3. República de Kabardino-Balkaria
4. República de Osetia-Alania
5. República de Ingushetia
6. República de Chechenia
7. República de Daguestán
8. República de Mordovia
9. República de Chuvashia
10. República de Mari El
11. República de Tártaristán
12. República de Bashkortostán
13. República de Udmurtia
14. República de Jakasia
15. República de Buriatia

© HAMMOND WORLD ATLAS CORPORATION   H - 1029

Escala 1:20,500,000   Proy. Cónica Conf. de Lambert

MI   200   400   600
KM   200   400   600   800

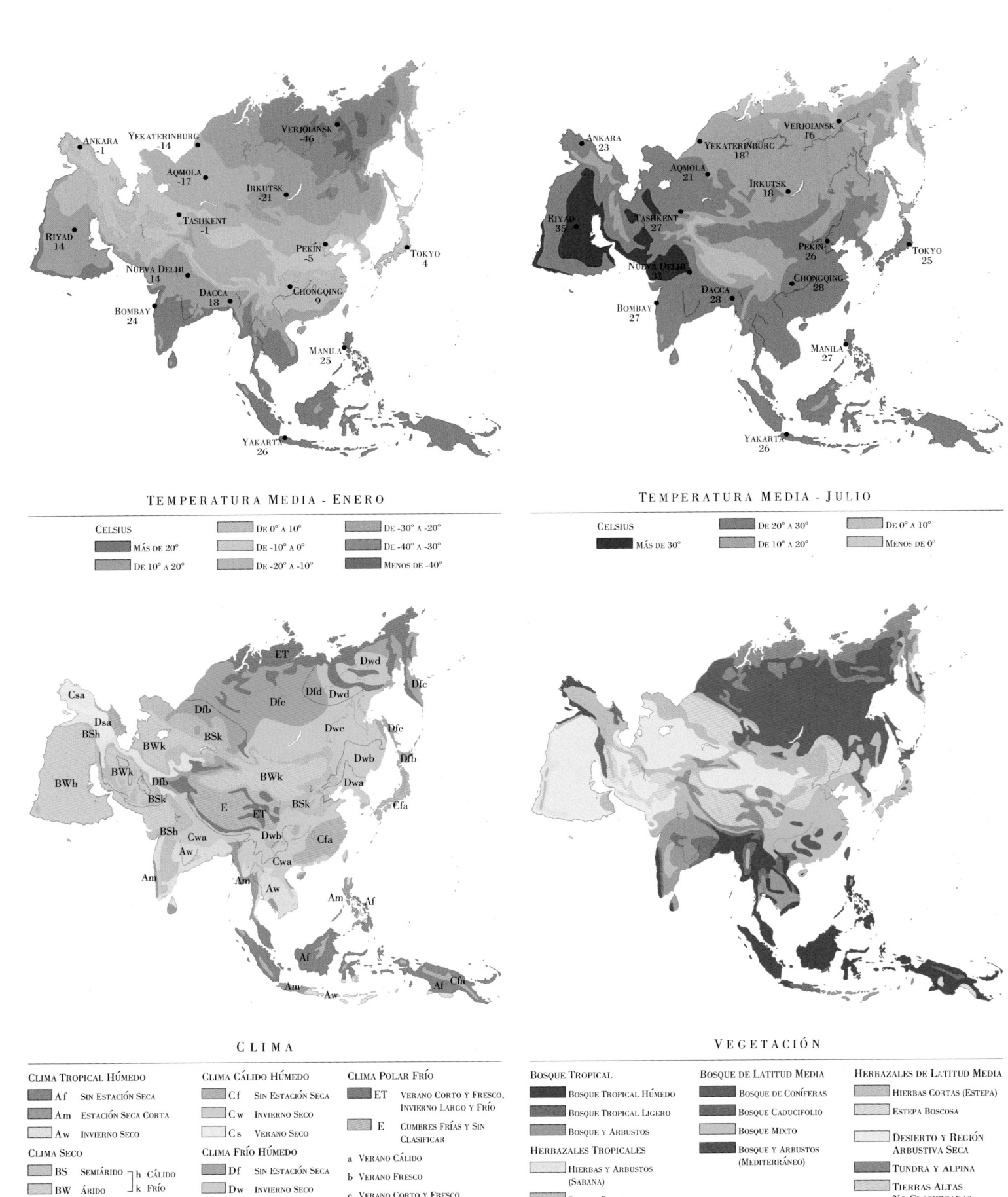

TEMPERATURA MEDIA - ENERO

CELSIUS

MÁS DE 20°

DE 10° A 20°

DE 0° A 10°

DE -10° A 0°

DE -20° A -10°

DE -30° A -20°

DE -40° A -30°

MENOS DE -40°

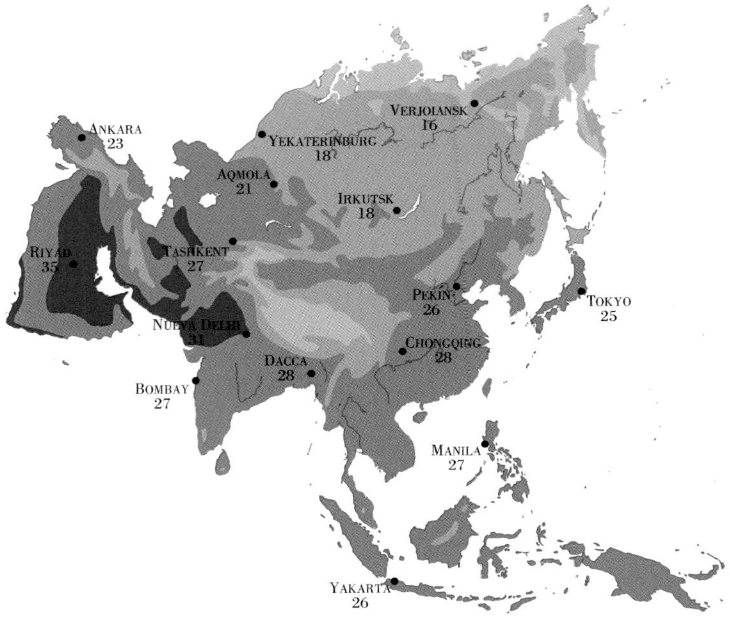

TEMPERATURA MEDIA - JULIO

CELSIUS

MÁS DE 30°

DE 20° A 30°

DE 10° A 20°

DE 0° A 10°

MENOS DE 0°

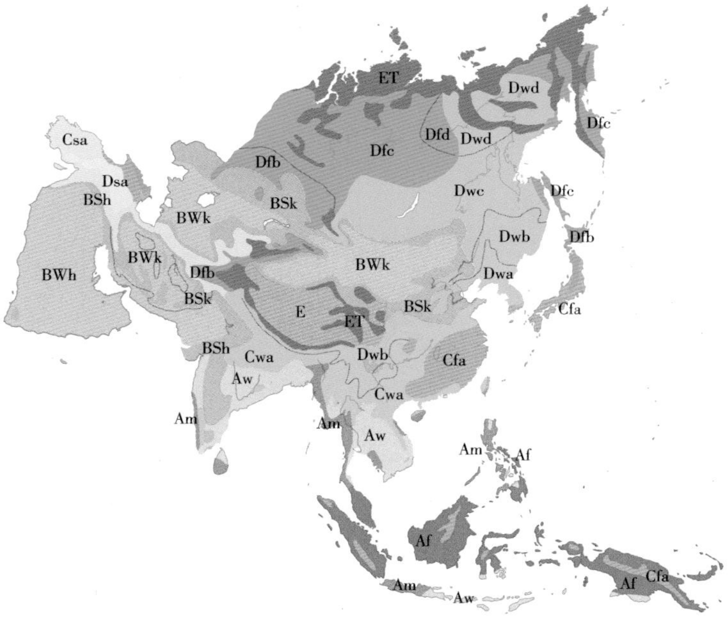

CLIMA

CLIMA TROPICAL HÚMEDO

Af   SIN ESTACIÓN SECA

Am   ESTACIÓN SECA CORTA

Aw   INVIERNO SECO

CLIMA SECO

BS   SEMIÁRIDO

BW   ÁRIDO

  h CÁLIDO

  k FRÍO

GRADACIÓN DE KOEPPEN-GEIGER

CLIMA CÁLIDO HÚMEDO

Cf   SIN ESTACIÓN SECA

Cw   INVIERNO SECO

Cs   VERANO SECO

CLIMA FRÍO HÚMEDO

Df   SIN ESTACIÓN SECA

Dw   INVIERNO SECO

Ds   VERANO SECO

CLIMA POLAR FRÍO

ET   VERANO CORTO Y FRESCO, INVIERNO LARGO Y FRÍO

E   CUMBRES FRÍAS Y SIN CLASIFICAR

a   VERANO CÁLIDO

b   VERANO FRESCO

c   VERANO CORTO Y FRESCO

d   INVIERNO MUY FRÍO

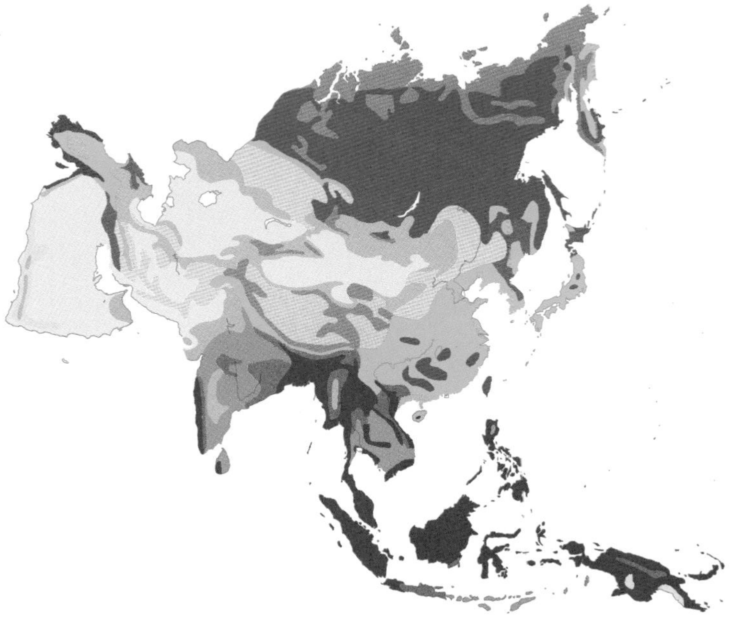

VEGETACIÓN

BOSQUE TROPICAL

BOSQUE TROPICAL HÚMEDO

BOSQUE TROPICAL LIGERO

BOSQUE Y ARBUSTOS

HERBAZALES TROPICALES

HIERBAS Y ARBUSTOS (SABANA)

SABANA BOSCOSA

BOSQUE DE LATITUD MEDIA

BOSQUE DE CONÍFERAS

BOSQUE CADUCIFOLIO

BOSQUE MIXTO

BOSQUE Y ARBUSTOS (MEDITERRÁNEO)

HERBAZALES DE LATITUD MEDIA

HIERBAS CORTAS (ESTEPA)

ESTEPA BOSCOSA

DESIERTO Y REGIÓN ARBUSTIVA SECA

TUNDRA Y ALPINA

TIERRAS ALTAS NO CLASIFICADAS

Asia - Comparaciones Geográficas

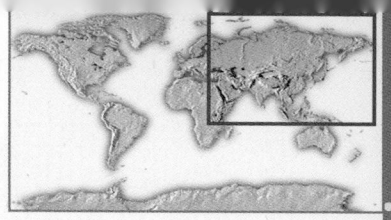

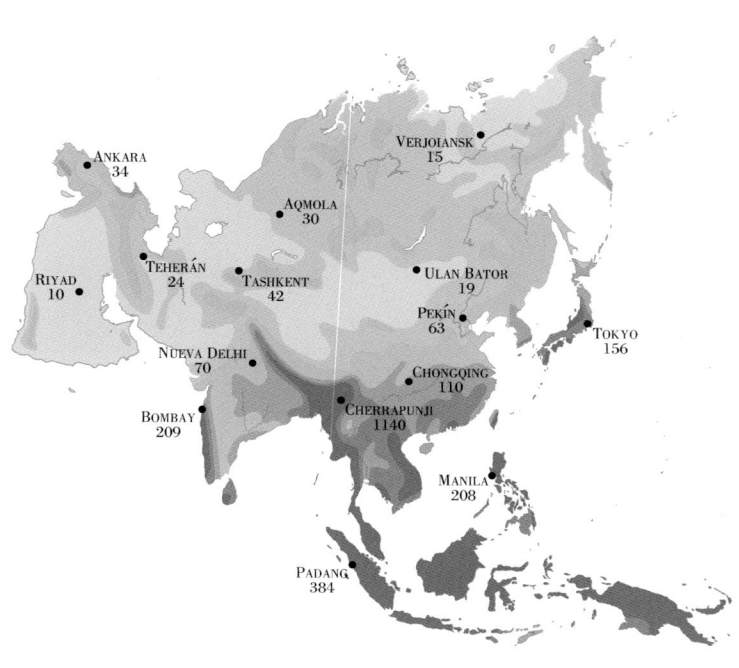

ANKARA
34

VERJOIANSK
15

AQMOLA
30

TEHERÁN
24

TASHKENT
42

ULAN BATOR
19

RIYAD
10

PEKÍN
63

TOKYO
156

NUEVA DELHI
70

CHONGQING
110

BOMBAY
209

CHERRAPUNJI
1140

MANILA
208

PADANG
384

PRECIPITACIÓN ANUAL MEDIA

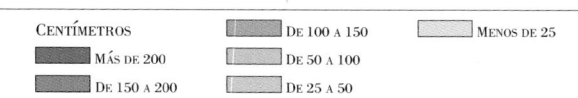

CENTÍMETROS | DE 100 A 150 | MENOS DE 25
MÁS DE 200 | DE 50 A 100 |
DE 150 A 200 | DE 25 A 50 |

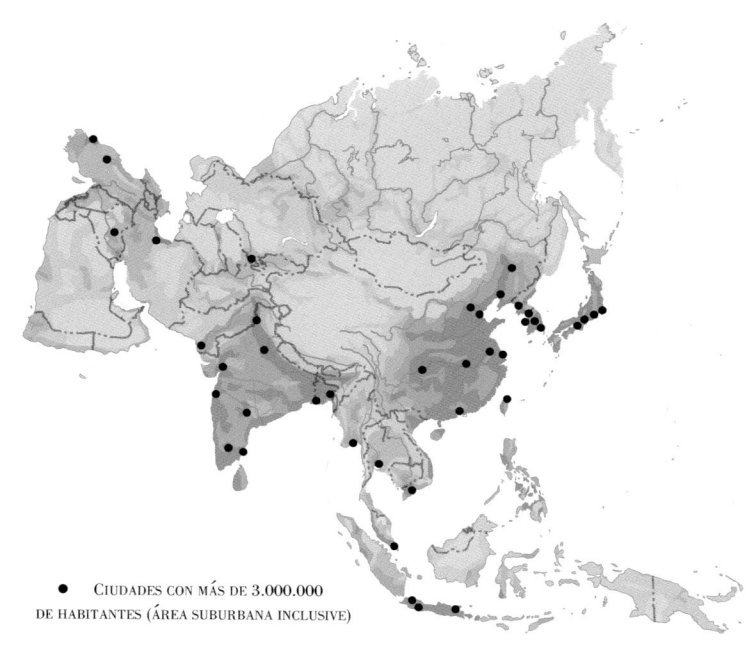

● CIUDADES CON MÁS DE 3.000.000
DE HABITANTES (ÁREA SUBURBANA INCLUSIVE)

DISTRIBUCIÓN DE LA POBLACIÓN

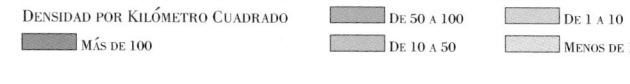

DENSIDAD POR KILÓMETRO CUADRADO | DE 50 A 100 | DE 1 A 10
MÁS DE 100 | DE 10 A 50 | MENOS DE 1

PIELES
BOVINOS
AVENA
PAPA
AVENA TRIGO
PIELES
TRIGO
AVENA
OVINOS
ALGODÓN
OVINOS
PAPA
SOYA
OVINOS
ARROZ
TRIGO
SOYA
ARROZ TÉ
FRUTALES TÉ
MAÍZ ALGODÓN TÉ
BOVINOS
TRIGO
TÉ
ARROZ ARROZ TÉ
ALGODÓN ARROZ
YUTE
PORCINOS
CAÑA DE
AZÚCAR
MANÍ
ARROZ
YUCA
MAÍZ
ARROZ
TÉ
FRUTALES
CAÑA
CAÑA DE
AZÚCAR
TABACO
TRIGO
OLIVARES OVINOS
FRUTALES OVINOS
DÁTILES
DÁTILES
CAUCHO
CAUCHO
CAUCHO
COCO
ESPECIAS
ARROZ
CAFÉ
COCO
ESPECIAS
ESPECIAS
COCO
CACAO

USOS DE LA TIERRA

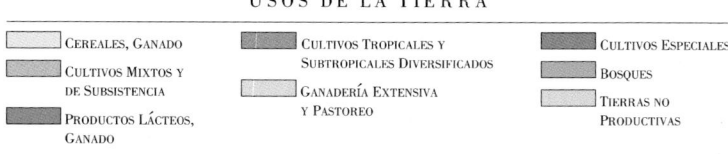

CEREALES, GANADO | CULTIVOS TROPICALES Y SUBTROPICALES DIVERSIFICADOS | CULTIVOS ESPECIALES
CULTIVOS MIXTOS Y DE SUBSISTENCIA | GANADERÍA EXTENSIVA Y PASTOREO | BOSQUES
PRODUCTOS LÁCTEOS, GANADO | | TIERRAS NO PRODUCTIVAS

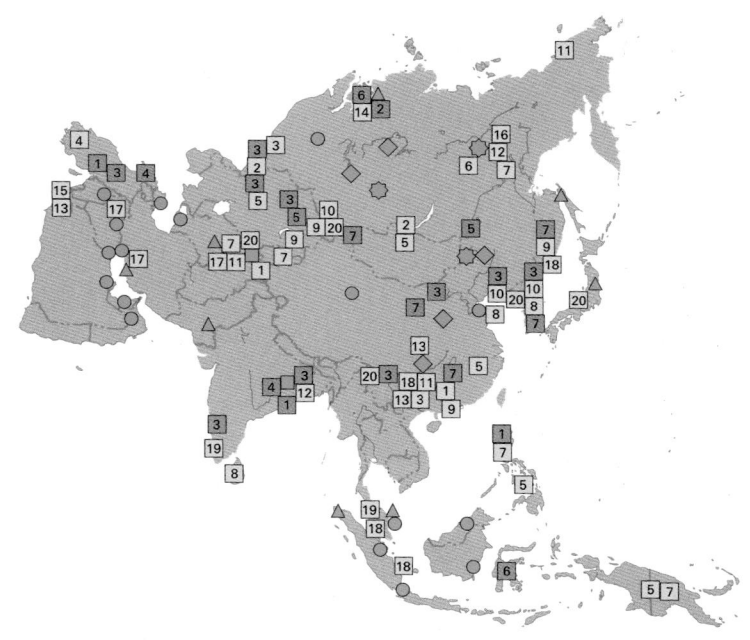

RECURSOS MINERALES

ENERGÍA Y COMBUSTIBLES

◆ CARBÓN
⬟ LIGNITO
▲ GAS NATURAL
● PETRÓLEO
■ URANIO

HIERRO Y ALEACIONES DE HIERRO

1 CROMO
2 COBALTO
3 MINERAL DE HIERRO
4 MANGANESO
5 MOLIBDENO
6 NÍQUEL
7 TUNGSTENO

OTROS PRINCIPALES RECURSOS

1 ANTIMONIO
2 ASBESTO
3 BAUXITA
4 BÓRAX
5 COBRE
6 DIAMANTES
7 ORO

8 GRAFITO
9 PLOMO
10 MAGNESITA
11 MERCURIO
12 MICA
13 FOSFATOS
14 PLATINO

15 POTASA
16 PLATA
17 AZUFRE
18 ESTAÑO
19 TITANIO
20 ZINC

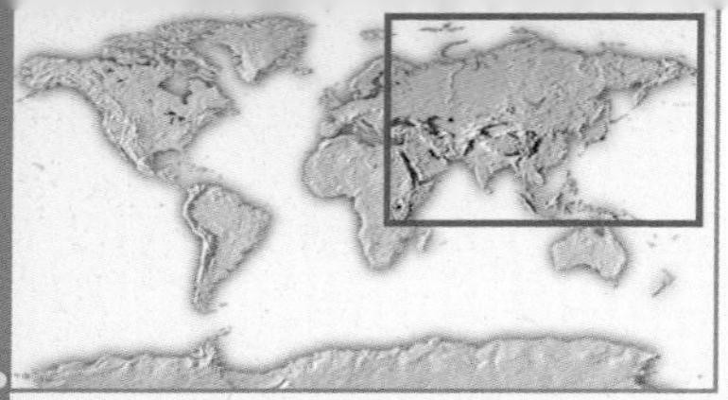

ÁREA DE OPTIMIZACIÓN

La línea roja que rodea este mapa define el "Área de Optimización." Dentro de esta curva límite aparece el mapa conforme más exacto que puede hacerse de la región. Fuera del área optimizada, la distorsión aumenta rápidamente, y pueden aparecer separaciones u otras irregularidades en la cuadrícula.
(Ver página 6 para información adicional.)

© HAMMOND WORLD ATLAS CORPORATION H - 1030

Población

- Más de 3,000,000
- 1,000,000 - 2,999,999
- 500,000 - 999,999
- 100,000 - 499,999
- Menos de 100,000

Escala 1:48,000,000 Proyección Conforme Óptima

Mi 500 1000 1500
KM 500 1000 1500 2000

Este de la Región Mediterránea

Población

- ■ Más de 2,000,000
- ■ 1,000,000 - 1,999,999
- ● 500,000 - 999,999
- ● 250,000 - 499,999
- ○ 100,000 - 249,999
- ○ 30,000 - 99,999
- ○ 10,000 - 29,999
- ○ Menos de 10,000

* WEST BANK AND GAZA STRIP ARE ISRAELI OCCUPIED WITH CURRENT STATUS SUBJECT TO THE ISRAELI-PALESTINIAN INTERIM AGREEMENT — PERMANENT STATUS TO BE DETERMINED.

Escala 1:3,400,000 Proy. Cónica Conf. de Lambert

MI 25 50 75 100
KM 25 50 75 100 125 150

© HAMMOND WORLD ATLAS CORPORATION

Población

■ Más de 2,000,000	⊕ 500,000 - 999,999	⊙ 100,000 - 249,999	○ 10,000 - 29,999
▣ 1,000,000 - 1,999,999	⊛ 250,000 - 499,999	⊚ 30,000 - 99,999	∘ Menos de 10,000

Norte de Oriente Medio

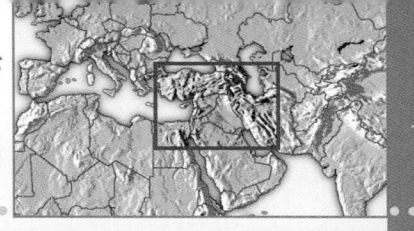

RUSIA
GEORGIA
Tbilisi
AZERBAIYÁN
Bakú
ARMENIA
Ereván
Mar Caspio
TURKMENISTÁN
Golfo de Kara-Bogaz-Gol
Krasnovodsk
Ashjabad
Tabriz
Urmia
Montes Zagros
Montes Elburz
TEHERÁN
Qom
Isfahán
Desierto de Kavir
Desierto de Lut
IRÁN
KHURASAN
ISFAHÁN
YAZD
KERMAN
FARS
Shiraz
Kerman
Yazd
Mosul
Kirkuk
BAGDAD
Karbala
Najaf
Basora
KUWAIT
Kuwait
ARABIA SAUDÍ
Golfo Pérsico
Bandar-e Büshehr
Bandar Abbas
Estrecho de Ormuz
OMÁN
Mar Negro
Mar de Mármara
ESTAMBUL
Escala 1:6,800,000 Proy. Cónica Conf. de Lambert
MI 50 100 150 200
KM 50 100 150 200 250 300
© HAMMOND W.A.C. H-1113

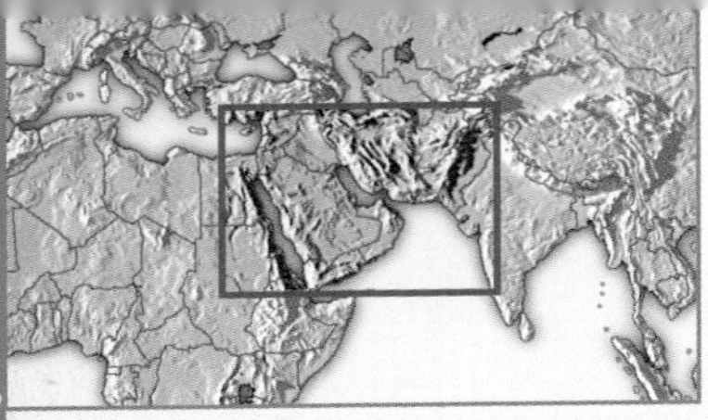

Asia Suroccidental

Población

■ Más de 2,000.000	◉ 500,000 - 999,999	● 100,000 - 249,999	⊙ 10,000 - 29,999
▣ 1,000.000 - 1,999.999	◉ 250,000 - 499,999	⊙ 30,000 - 99,999	∘ Menos de 10,000

*Azad Kashmir and the Northern Areas are administered
by Pakistan but do not have provincial status.

Escala 1:10,200,000   Proy. Cónica Conf. de Lambert

Población

■ Más de 2,000,000	● 500,000 - 999,999	● 100,000 - 249,999	○ 10,000 - 29,999
■ 1,000,000 - 1,999,999	● 250,000 - 499,999	○ 30,000 - 99,999	∘ Menos de 10,000

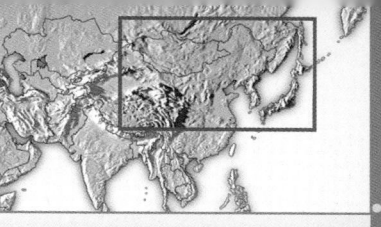

MAR DEL JAPÓN

COREA DEL SUR

DEL SUR

TAEGU

Ulsan

Ch'angwŏn

Masan Kimhae

PUSAN (JIKHALSI)
PUSAN

Isla Tsu

Isla Koje

Shimonoseki

Kitakyushu

Fukuoka
FUKUOKA

SAGA

Sasebo

NAGASAKI

Nagasaki

KUMAMOTO

Kumamoto

JAPÓN

MIYASAKI

Miyasaki

Kagoshima

KAGOSHIMA

MAR DE
CHINA

ORIENTAL

Kyushu

Islas Oki

PARQUE NACIONAL
SAN'IN-KAIGIN

Matsue
Yonago TOTTORI
Tottori

SHIMANE

OKAYAMA
HYŌGO

Kyoto

Kobe

OSAKA
Okayama

HIROSHIMA Chugoku

Hiroshima
Fukuyama Kurashiki Himeji
Akashi

Takamatsu

YAMAGUCHI KAGAWA

Yamaguchi TOKUSHIMA

Matsuyama
EHIME
Kochi
KOCHI
Shikoku

WAKAYAMA

OCÉANO

PACÍFICO

MAR DE
Amakusa

© HAMMOND WORLD ATLAS CORPORATION   H - 1035

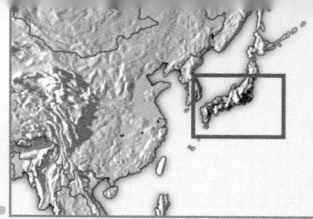

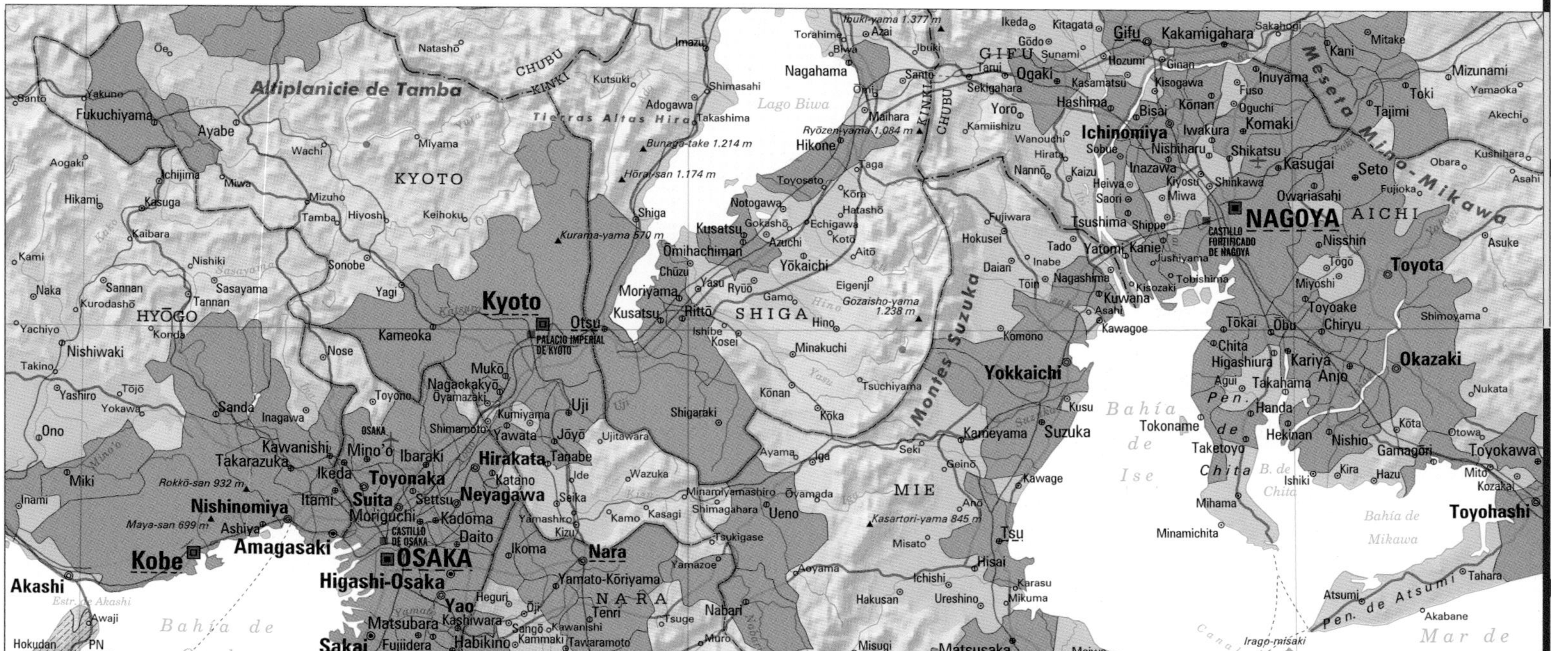

Escala 1:3,400,000 Proy. Cónica Conf. de Lambert

MI	25	50	75	100
KM	25	50	75	100	125	150

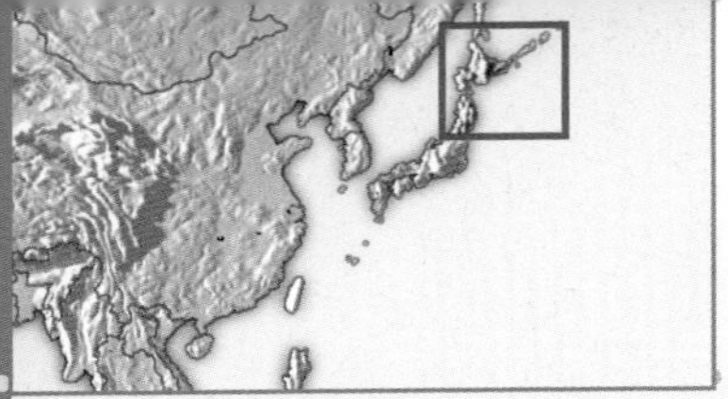

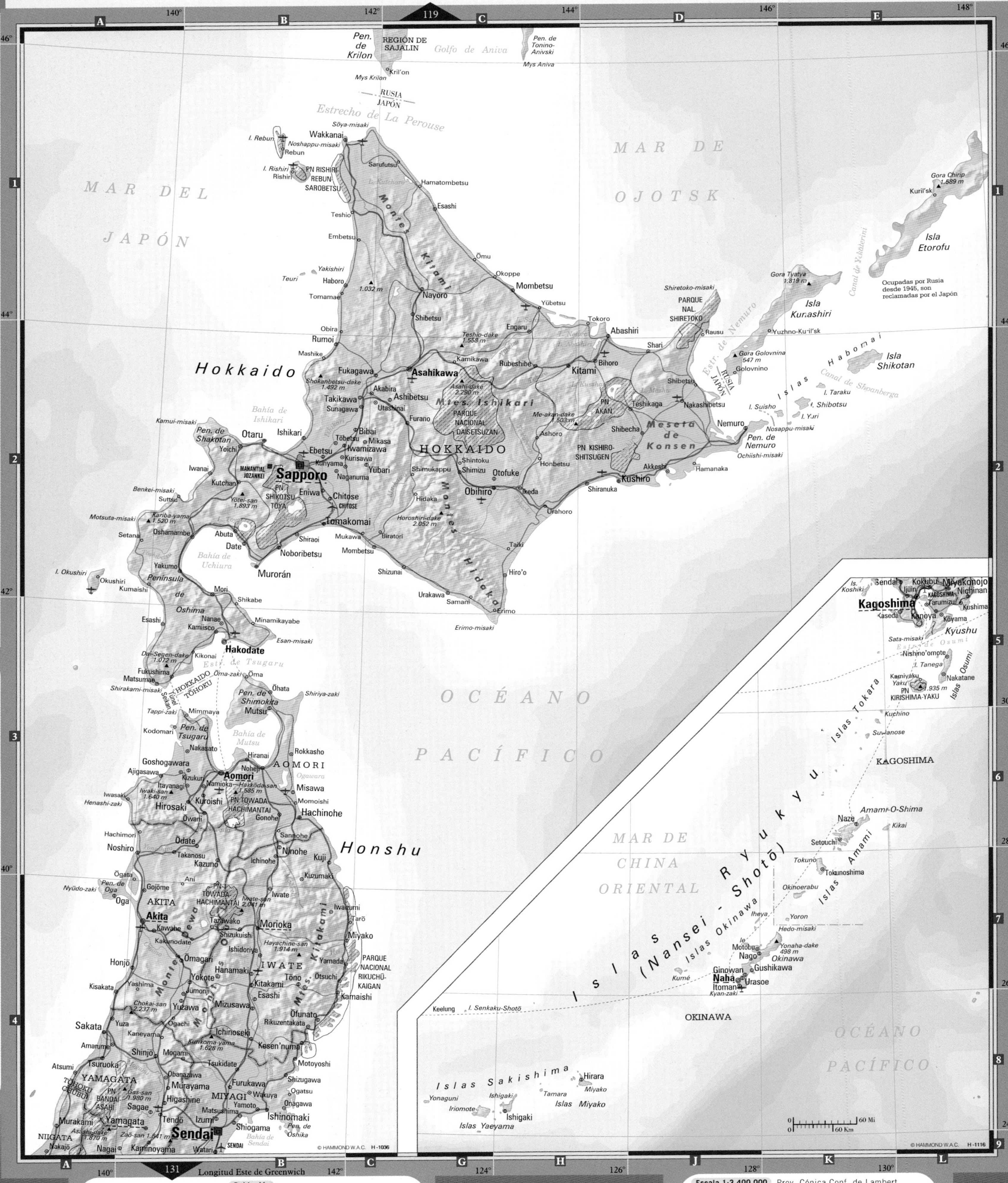

Población

- ■ Más de 2,000,000
- ■ 1,000,000 - 1,999,999
- ● 500,000 - 999,999
- ● 250,000 - 499,999
- ● 100,000 - 249,999
- ● 30,000 - 99,999
- ⊙ 10,000 - 29,999
- ○ Menos de 10,000

Escala 1:10,200,000   Proy. Cónica Conf. de Lambert

| MI | 100 | 200 | 300 |
| KM | 100 | 200 | 400 |

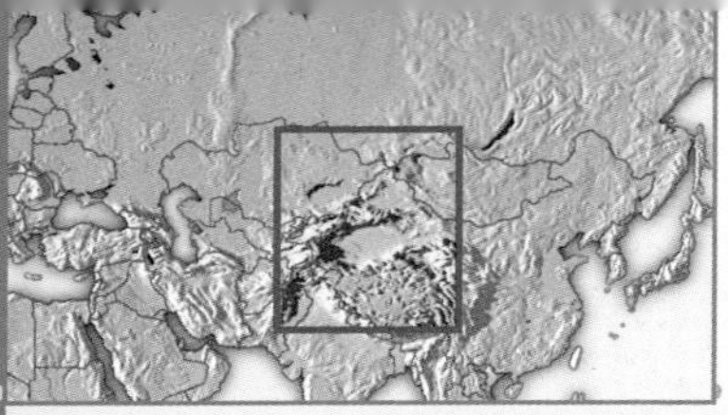

Población

■ Más de 2,000,000
■ 1,000,000 - 1,999,999
◼ 500,000 - 999,999
◉ 250,000 - 499,999
● 100,000 - 249,999
⊙ 30,000 - 99,999
○ 10,000 - 29,999
· Menos de 10,000

Escala 1:6,800,000 Proy. Cónica Conf. de Lambert

MI   50   100   150   200
KM   50 100 150 200 250 300

Alt.
6000 / 19700
4000 / 13000
2000 / 6500
1500 / 5000
1000 / 3300
500 / 1600
200 / 700
200 / 700
500 / 1600
1000 / 3300
2000 / 6500
3000 / 9800
4000 / 13000
5000 / 16400
6000 / 19700
Prof.

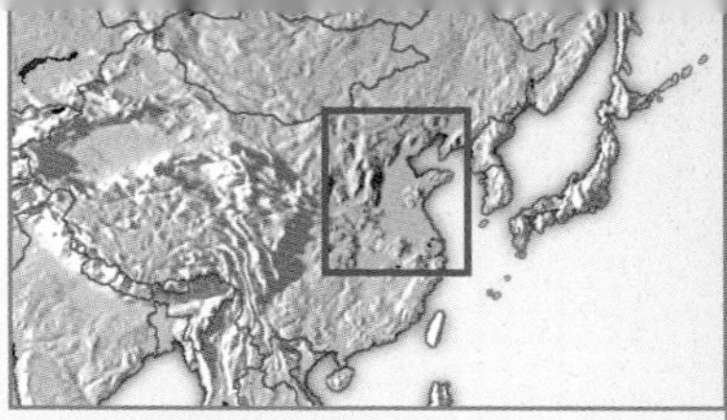

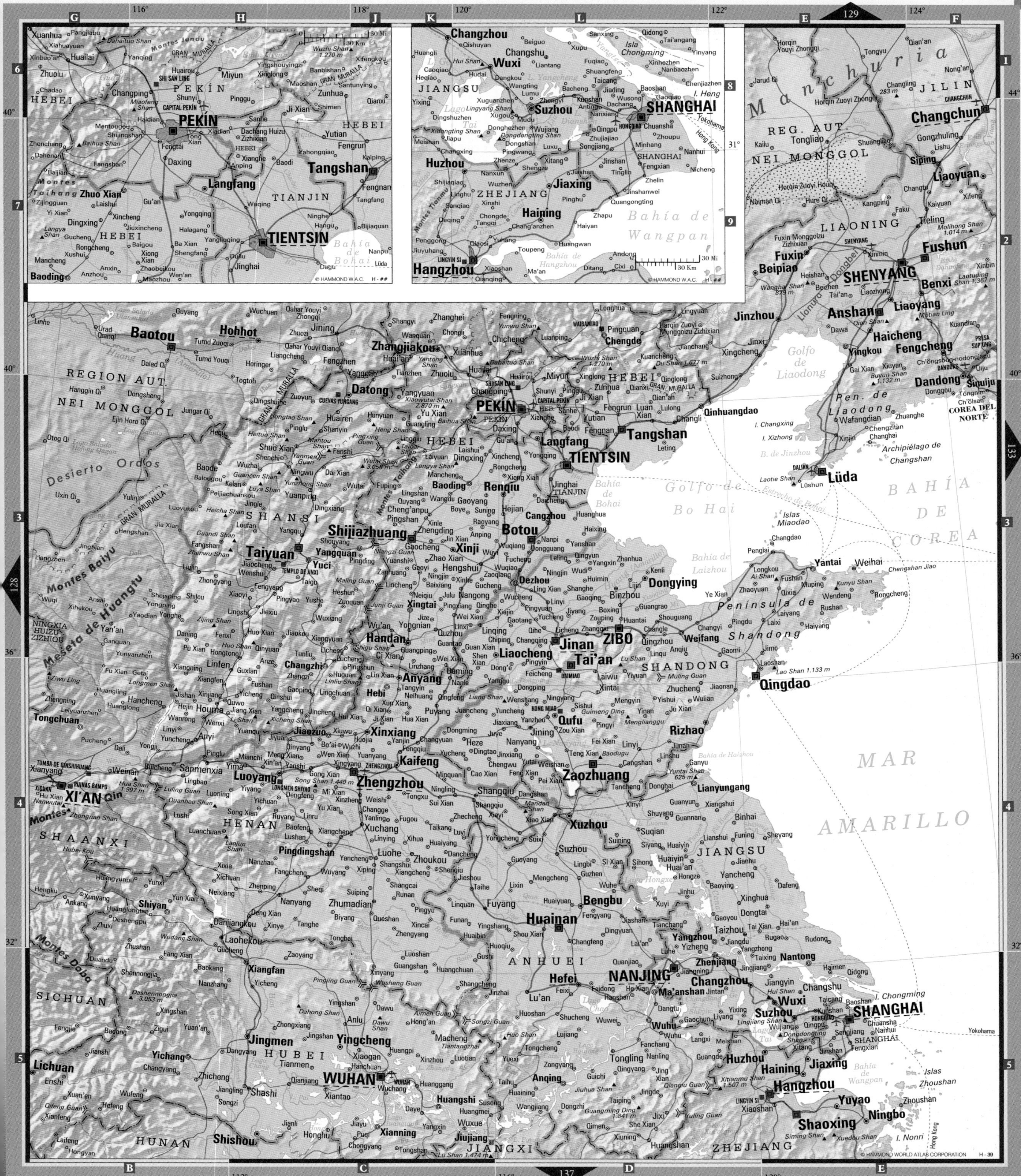

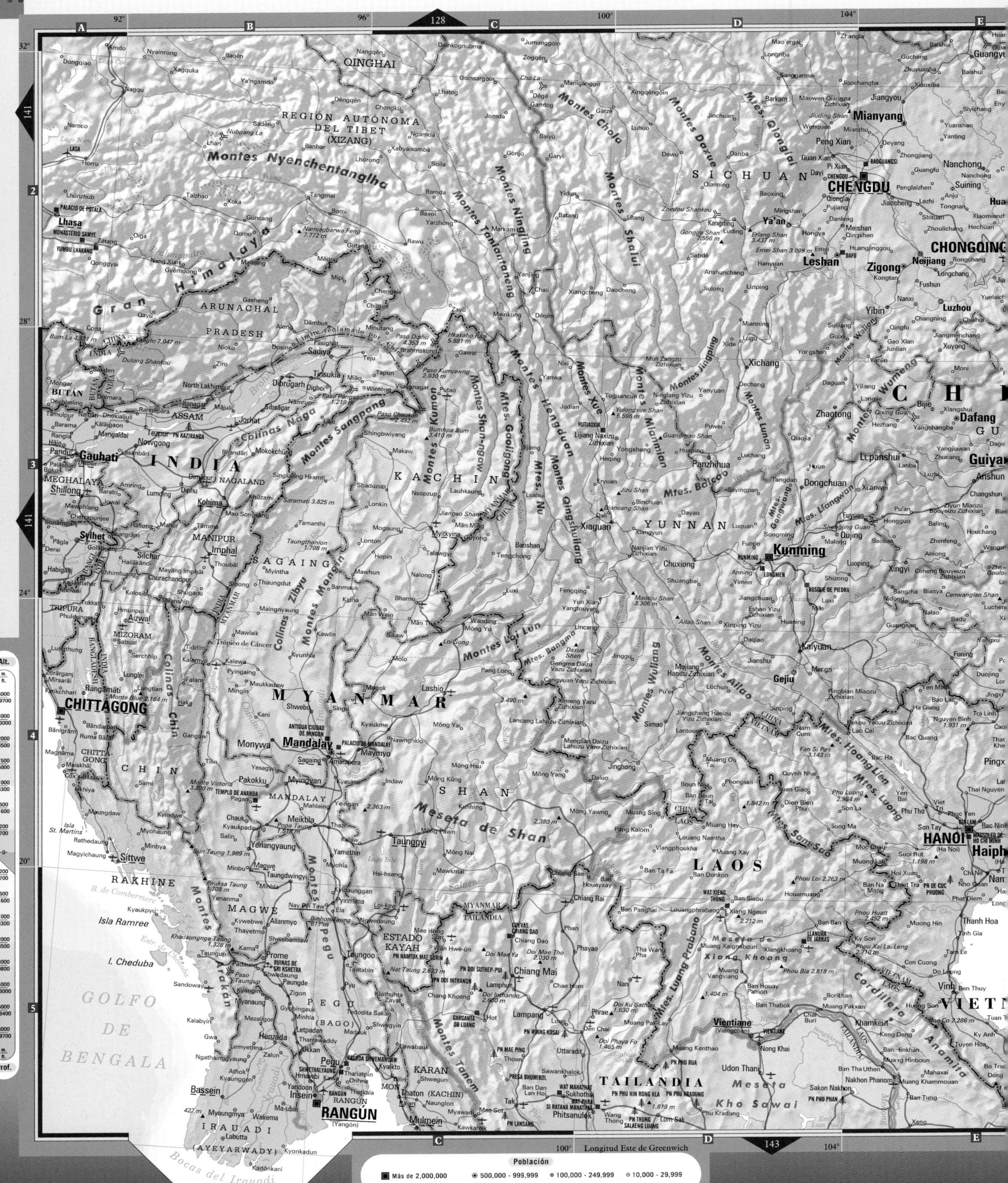

Población

- ■ Más de 2,000,000
- ■ 1,000,000 - 1,999,999
- ● 500,000 - 999,999
- ● 250,000 - 499,999
- ● 100,000 - 249,999
- ● 30,000 - 99,999
- ◦ 10,000 - 29,999
- ◦ Menos de 10,000

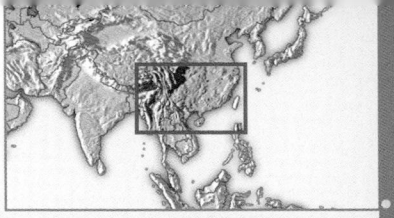

MAR DE CHINA ORIENTAL

MAR DE CHINA MERIDIONAL

Golfo de Tonkín

Estrecho de Formosa

Escala 1:6.800.000 Proy. Cónica Conf. de Lambert

© HAMMOND WORLD ATLAS CORPORATION H - 1040

Longitud Este de Greenwich

127
142
128
70°
75°
80°
85°
90°
20°
15°
10°
5°
A
B
C
D
E
2
3
4
5
6
PAKISTÁN
PUNJAB
HARYANA
REG. AUT. DEL TIBET (XIZANG)
NEPAL
Gran Desierto Índico (Thar)
RAJASTHAN
UTTAR PRADESH
SIND
GUJARAT
MADHYA PRADESH
Meseta Chota Nagpur
JHARKHAND
BIHAR
BENGALA OCC.
BANGLADESH
CHHATTISGARH
ORISSA
MAHARASTRA
I N D I A
Montes Satpura
Meseta del Deccan
ANDHRA PRADESH
KARNATAKA
Ghates Occidentales
Ghates Orientales
KERALA
TAMIL NADU
SRI LANKA
Montes Siwalik
Gran Himalaya
KARACHI
Hyderabad
DELHI
Nueva Delhi
Faridabad
Meerut
Moradabad
Ghaziabad
Bareilly
Agra
JAIPUR
Jodhpur
KANPUR
LUCKNOW
Katmandú
Allahabad
Benarés
Patna
Gwalior
Kota
Bhopal
Indore
AHMADABAD
Vadodara
Rajkot
Bhavnagar
SURAT
Jabalpur
Ranchi
Jamshedpur
Dhanbad
Asansol
Durgapur
Howrah
CALCUTA
DACCA
Khulna
NAGPUR
Raipur
Bhilai
Amravati
Nasik
Thana
Kalyan
BOMBAY
PUNE
Aurangabad
Cuttack
Bhubaneswar
Sholapur
HYDERABAD
Secunderabad
Warangal
Vijayawada
Guntur
Visakhapatnam
Rajahmundry
Hubli-Dharwar
Belgaum
Kolhapur
Sangli
BANGALORE
Mysore
MADRAS
Salem
Coimbatore
Tiruchchirappalli
Madurai
Kozhikode
Cochin
Thiruvananthapuram
Pondicherry
Colombo
Sri Jayewardenepura Kotte
Jaffna
Trincomalee
Kandy
Galle
Matara
Golfo de Kutch
Golfo de Cambay
DAMAN Y DIU
DADRA Y NAGAR HAVELI
GOA
MAR ARÁBIGO
GOLFO DE BENGALA
Bocas del Ganges
Costa de Malabar
Costa de Coromandel
Mar de Laquedivas
Islas Laquedivas
LAQUEDIVAS
Kavaratti
INDIA
MALDIVAS
Canal Paralelo Ocho
Islas Maldivas
Golfo de Mannar
Estr. de Palk
C. Comorin
OCÉANO ÍNDICO
Alt.
m.
ft.
6000 19700
4000 13000
2000 6500
1500 5000
1000 3300
500 1600
200 700
-0-
Prof.
Población
Más de 2,000,000
1,000,000 - 1,999,999
500,000 - 999,999
250,000 - 499,999
100,000 - 249,999
30,000 - 99,999
10,000 - 29,999
Menos de 10,000

Asia Suroriental

Escala 1:10,200,000   Proy. Cónica Conf. de Lambert

© HAMMOND WORLD ATLAS CORPORATION   H - 1041

Población

■ Más de 2.000.000	◉ 500.000 - 999.999	◎ 100.000 - 249.999	⊙ 10.000 - 29.999
▣ 1.000.000 - 1.999.999	◉ 250.000 - 499.999	⊚ 30.000 - 99.999	○ Menos de 10.000

Planicie del Ganges

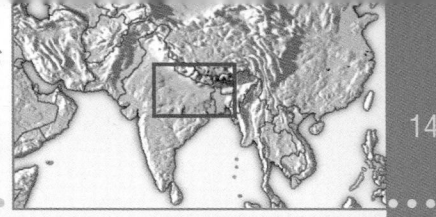

Montes Gangdise

CHINA

REGIÓN AUTÓNOMA DEL TIBET

(XIZANG)

Tíbet

Lhasa

MONASTERIO SAMYE

PALACIO DE POTALA

Himalaya

Montes Mahabarat

Montes Churia

Monte Everest 8.848 m

Katmandú

BĀGMATI

NARAYANI

JANAKPUR

SAGARMATHA

MECHI

KOSI

SIKKIM

Gangtok

BUTÁN

Montes Negros

ARUNACHAL PRADESH

NEPAL

INDIA

BENGALA OCC.

ASSAM

Gauhati

BIHAR

Patna

Muzaffarpur

Rangpur

MEGHALAYA

Shillong

Colinas Khasi

Chota

JHARKHAND

Ranchi

Jamshedpur

Raurkela

ORISSA

Colinas Rajmahal

RAJSHAHI

Rajshahi

DACCA

SYLHET

Sylhet

BANGLADESH

DACCA

Narayanganj

TRIPURA

Agartala

INDIA

BENGALA OCCIDENTAL

Durgapur

Asansol

Bankura

Krishnagar

Khulna

KHULNA

COMARCAS MTÑAS. DE CHITTAGONG

CHITTAGONG

Hooghly-Chinsura

Chandannagar

Serampore

Howrah

CALCUTA

BARISAL

Barisal

CHITTAGONG

Golfo de Bengala

Sundarbans

Bocas del Ganges

Trópico de Cáncer

© HAMMOND WORLD ATLAS CORPORATION   H-42

Escala 1:3.400.000   Proy. Cónica Conf. de Lambert

MI 25 50 75 100

KM 25 50 100 150

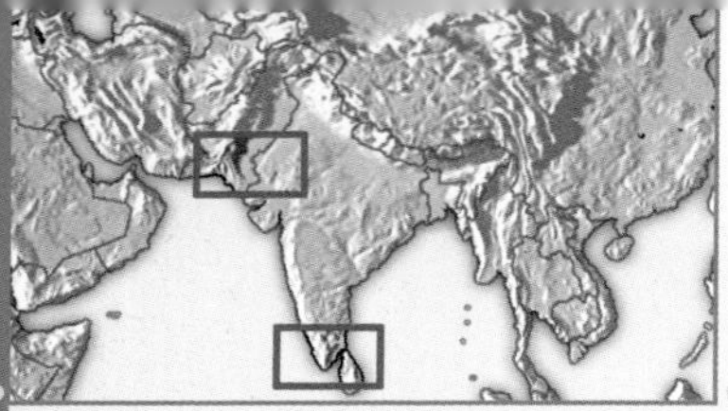

Planicie de Punjab, Sur de India

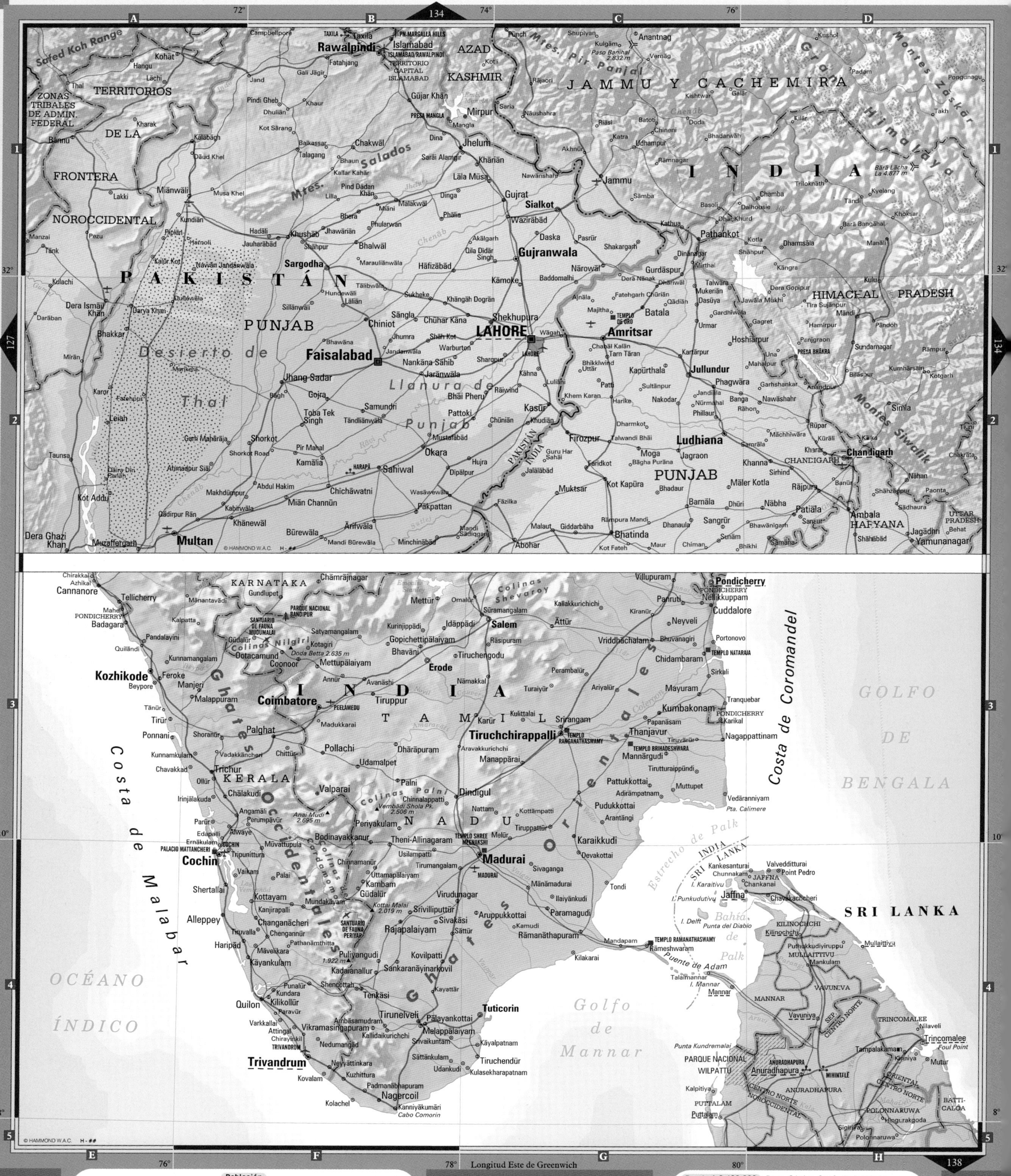

Población

| ■ Más de 2.000.000 | ⊙ 500.000 - 999.999 | ○ 100.000 - 249.999 | ∘ 10.000 - 29.999 |
| □ 1.000.000 - 1.999.999 | ⊙ 250.000 - 499.999 | ⊙ 30.000 - 99.999 | ∘ Menos de 10.000 |

Escala 1:3.400.000 Proy. Cónica Conf. de Lambert

Longitud Este de Greenwich

Escala 1:6.800.000 Proy. Cónica Conf. de Lambert

MI   50   100   150   200
KM 50 100 150 200 250 300

© HAMMOND WORLD ATLAS CORPORATION H-1044

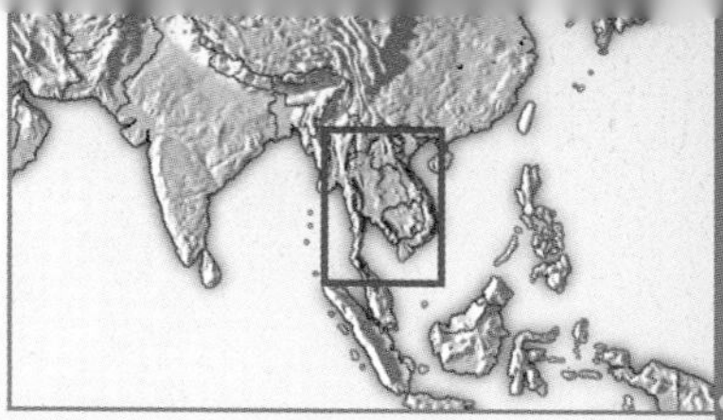

Malasia, Sumatra, Java

Población

■ Más de 2,000,000	● 500,000 - 999,999
■ 1,000,000 - 1,999,999	● 250,000 - 499,999

● 100,000 - 249,999   ◎ 10,000 - 29,999
● 30,000 - 99,999   ○ Menos de 10,000

Escala 1:6,800,000   Proy. Cónica Conf. de Lambert

Longitud Este de Greenwich

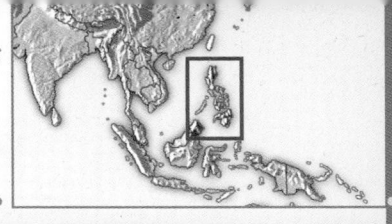

Población

■ Más de 2,000,000 | ◉ 500,000 - 999,999 | ◉ 100,000 - 249,999 | ◎ 10,000 - 29,999
■ 1,000,000 - 1,999,999 | ◉ 250,000 - 499,999 | ◉ 30,000 - 99,999 | ○ Menos de 10,000

Indonesia, Malasia

FILIPINAS
Luzón
Mindoro
Panay
Negros
Cebú
Bohol
Palawan
Mindanao
Davao
Zamboanga
General Santos
Mar de Sulu
Mar de Mindanao
Mar de Sibuyan
Mar de Visayan
Archipiélago de Sulu
Tawi-tawi
Sabah
Borneo
Tarakan
Samarinda
Balikpapan
Kota Kinabalu
MAR DE CÉLEBES
Islas Talaud
Islas Sangihe
Manado
Halmahera
Ternate
Minahasa
Golfo de Tomini
Célebes (Sulawesi)
Palu
Estrecho de Makassar
Golfo de Tolo
Golfo de Bone
Ujung-Pandang
Kendari
Islas Banggai
Islas Sula
Isla Obi
Mar de Halmahera
Mar de las Molucas
Molucas
Mar de Ceram
Buru
Ceram
Ambon
Islas Banda
MAR DE BANDA
Islas Kai
Islas Aru
Islas Tanimbar
Isla Yamdena
Islas Barat Daya
Isla Wetar
MAR DE FLORES
Islas Menores de la Sonda
Flores
Sumbawa
Sumba
Isla Sawu
Isla Roti
Timor
Kupang
Dili
TIMOR DEL ESTE
Mar de Savu
Mar de Timor
INDONESIA
OCÉANO PACÍFICO
Ecuador
Nueva Guinea
Península de Doberai
Pen. de Bomberai
Irian Jaya
Montes Van Rees
Montes Maoke
Puncak Jaya 5.030 m
Jayapura
Merauke
Mar de Arafura
Bahía de Cenderawasih
I. Biak
PAPUA NUEVA GUINEA
Isla Yos Sudarso
© HAMMOND W.A.C. H - 1127
© HAMMOND WORLD ATLAS CORPORATION H - 1047
Escala 1:10,200,000 Proy. Cónica Conf. de Lambert
MI 0 100 200 300
KM 0 100 200 300 400

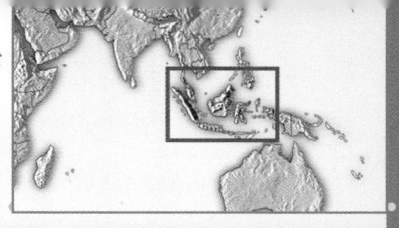

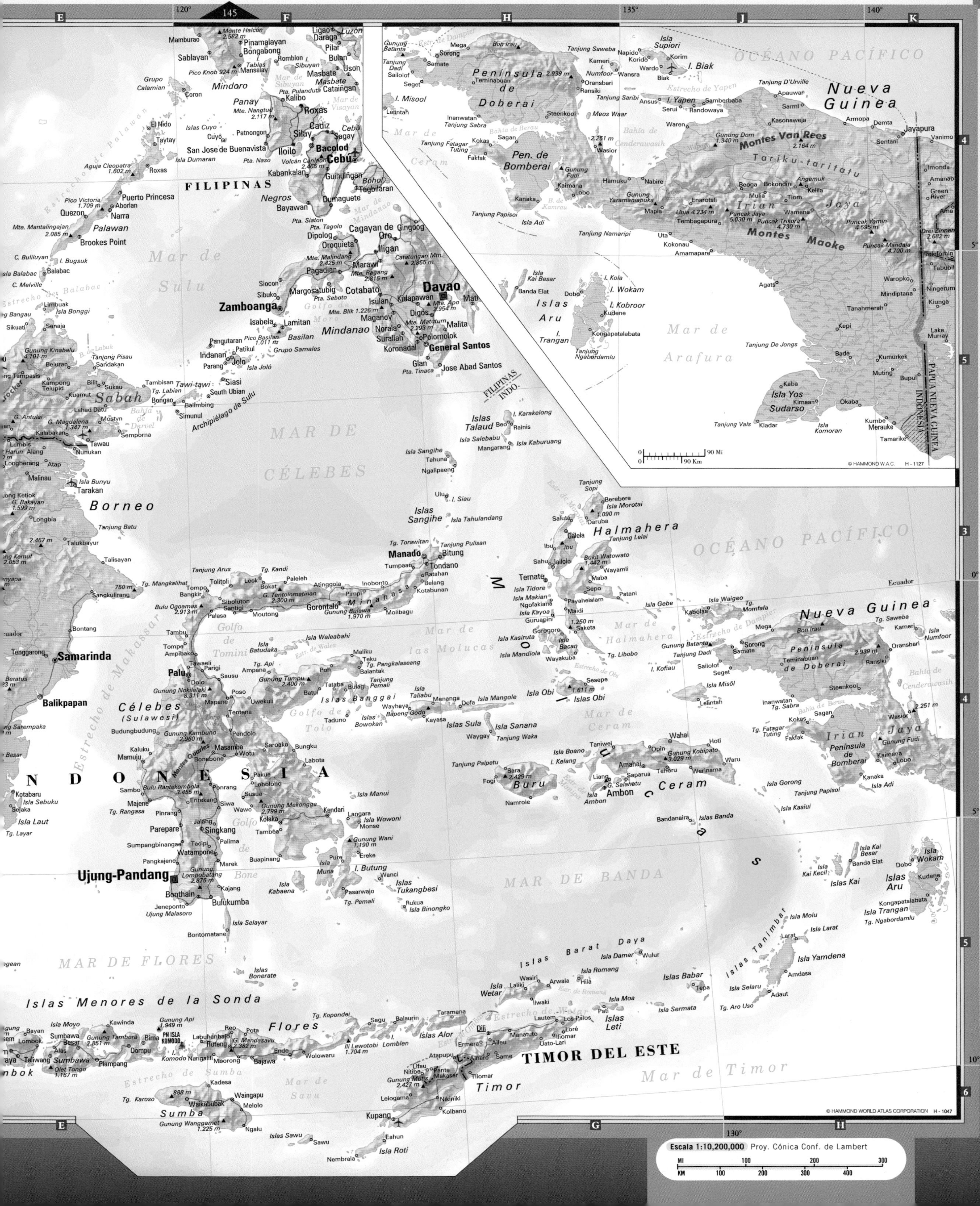

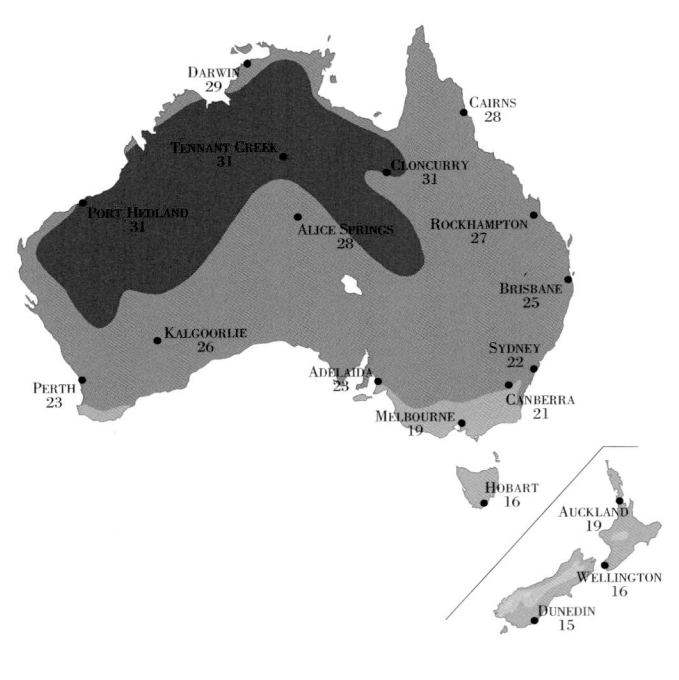

TEMPERATURA MEDIA - ENERO

CELSIUS

DE 20° A 30°

DE 0° A 10°

MÁS DE 30°

DE 10° A 20°

MENOS DE 0°

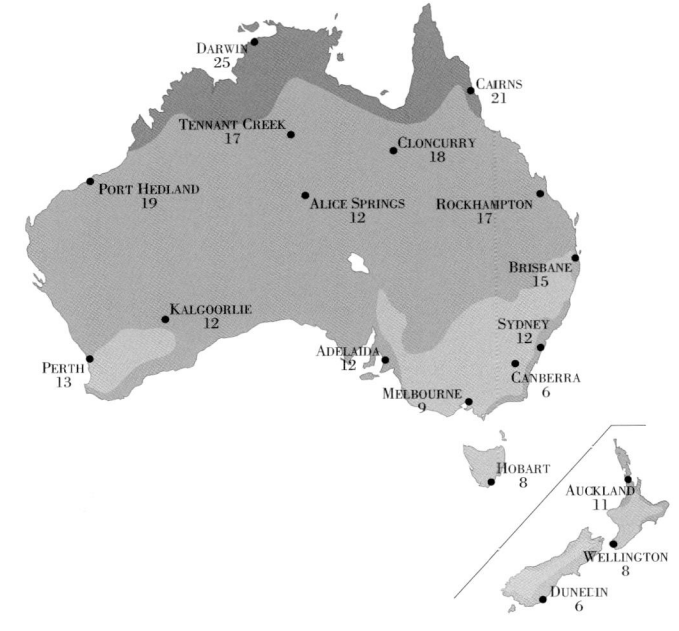

TEMPERATURA MEDIA - JULIO

CELSIUS

DE 10° A 20°

MENOS DE 0°

MÁS DE 20°

DE 0° A 10°

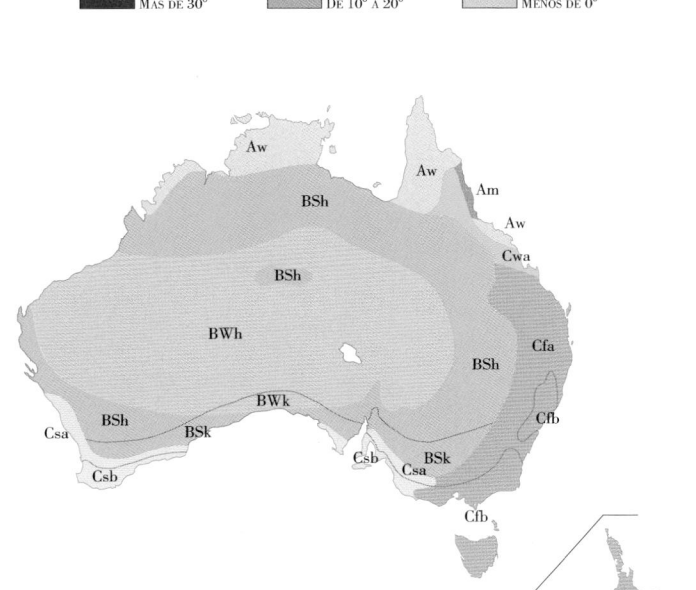

CLIMA

CLIMA TROPICAL HÚMEDO

Am ESTACIÓN SECA CORTA

Aw INVIERNO SECO

CLIMA SECO

BS SEMIÁRIDO

BW ÁRIDO

h CÁLIDO

k FRÍO

CLIMA CÁLIDO HÚMEDO

Cf SIN ESTACIÓN SECA

Cw INVIERNO SECO

Cs VERANO SECO

CLIMA FRÍO HÚMEDO

Df SIN ESTACIÓN SECA

a VERANO CÁLIDO

b VERANO FRESCO

GRADACIÓN DE KOEPPEN-GEIGER

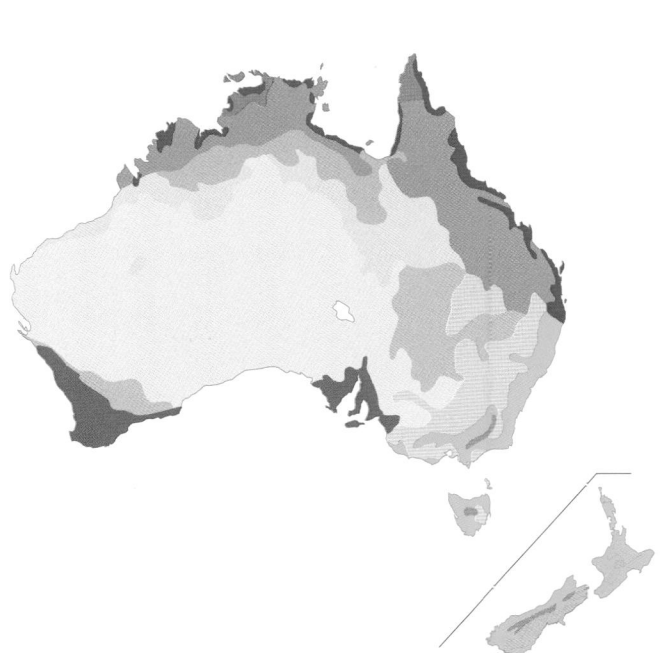

VEGETACIÓN

BOSQUE TROPICAL

BOSQUE TROPICAL HÚMEDO

BOSQUE TROPICAL LIGERO

BOSQUE Y ARBUSTOS

HERBAZALES TROPICALES

HIERBAS Y ARBUSTOS
(SABANA)

SABANA BOSCOSA

BOSQUE DE LATITUD MEDIA

BOSQUE MIXTO

ZONA BOSCOSA MIXTA

BOSQUE Y ARBUSTOS
(MEDITERRÁNEO)

HERBAZALES DE
LATITUD MEDIA

MALEZA Y HELECHALES

DESIERTO Y REGIÓN
ARBUSTIVA SECA

ALPINA

Australia - Comparaciones Geográficas

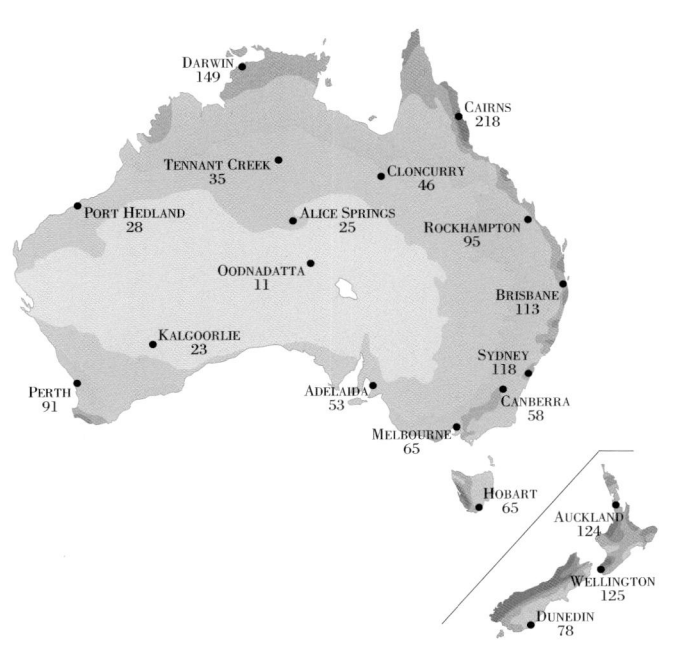

DARWIN
149

CAIRNS
218

TENNANT CREEK
35

CLONCURRY
46

PORT HEDLAND
28

ALICE SPRINGS
25

ROCKHAMPTON
95

OODNADATTA
11

BRISBANE
113

KALGOORLIE
23

SYDNEY
118

PERTH
91

ADELAIDA
53

CANBERRA
58

MELBOURNE
65

HOBART
65

AUCKLAND
124

WELLINGTON
125

DUNEDIN
78

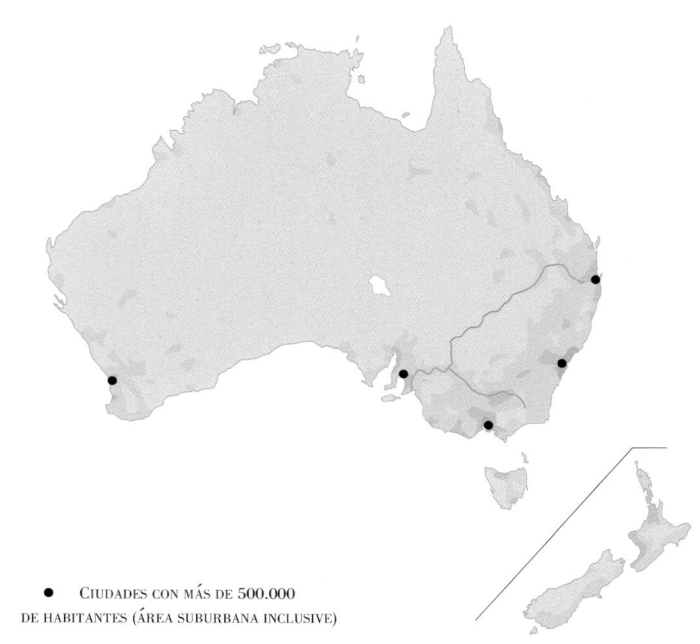

● CIUDADES CON MÁS DE 500.000
DE HABITANTES (ÁREA SUBURBANA INCLUSIVE)

PRECIPITACIÓN ANUAL MEDIA

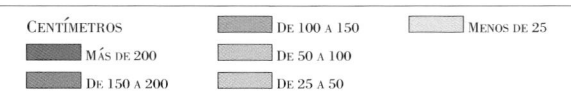

CENTÍMETROS
MÁS DE 200
DE 150 A 200
DE 100 A 150
DE 50 A 100
DE 25 A 50
MENOS DE 25

DISTRIBUCIÓN DE LA POBLACIÓN

DENSIDAD POR KILÓMETRO CUADRADO
MÁS DE 50
DE 10 A 50
DE 1 A 10
MENOS DE 1

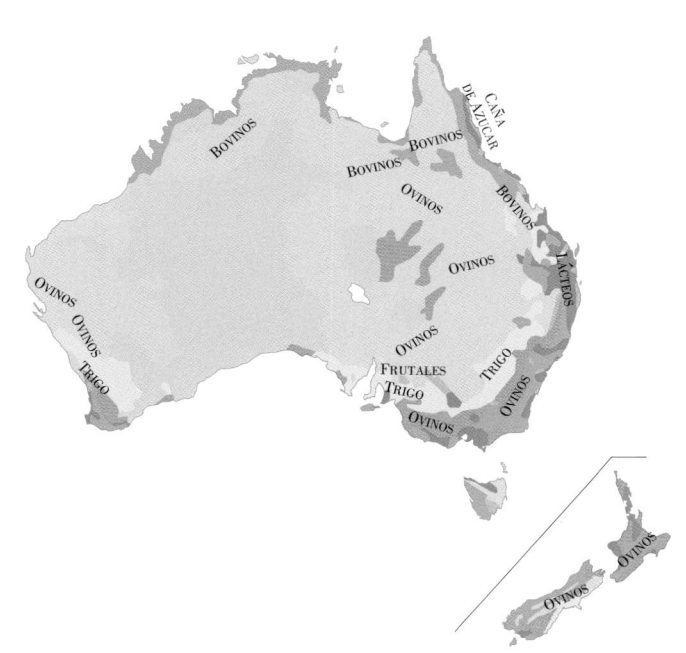

CAÑA DE AZÚCAR

BOVINOS

BOVINOS

BOVINOS

BOVINOS

OVINOS

OVINOS

LÁCTEOS

OVINOS

OVINOS

OVINOS

TRIGO

FRUTALES

TRIGO

TRIGO

OVINOS

OVINOS

OVINOS

OVINOS

USOS DE LA TIERRA

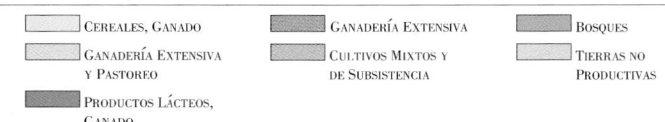

CEREALES, GANADO
GANADERÍA EXTENSIVA Y PASTOREO
PRODUCTOS LÁCTEOS, GANADO
GANADERÍA EXTENSIVA
CULTIVOS MIXTOS Y DE SUBSISTENCIA
BOSQUES
TIERRAS NO PRODUCTIVAS

RECURSOS MINERALES

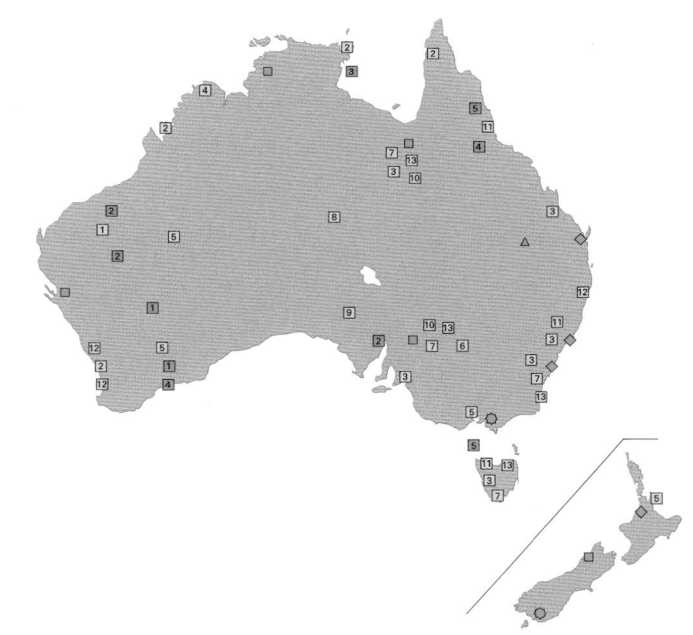

ENERGÍA Y COMBUSTIBLES
◆ CARBÓN
⬡ LIGNITO
▲ GAS NATURAL
■ URANIO

HIERRO Y ALEACIONES DE HIERRO
1 COBALTO
2 MINERAL DE HIERRO
3 MANGANESO
4 NÍQUEL
5 TUNGSTENO

OTROS PRINCIPALES RECURSOS
1 ASBESTO
2 BAUXITA
3 COBRE
4 DIAMANTES
5 ORO
6 YESO
7 PLOMO
8 MICA
9 ÓPALOS
10 PLATA
11 ESTAÑO
12 TITANIO
13 ZINC

© HAMMOND W.A.C.

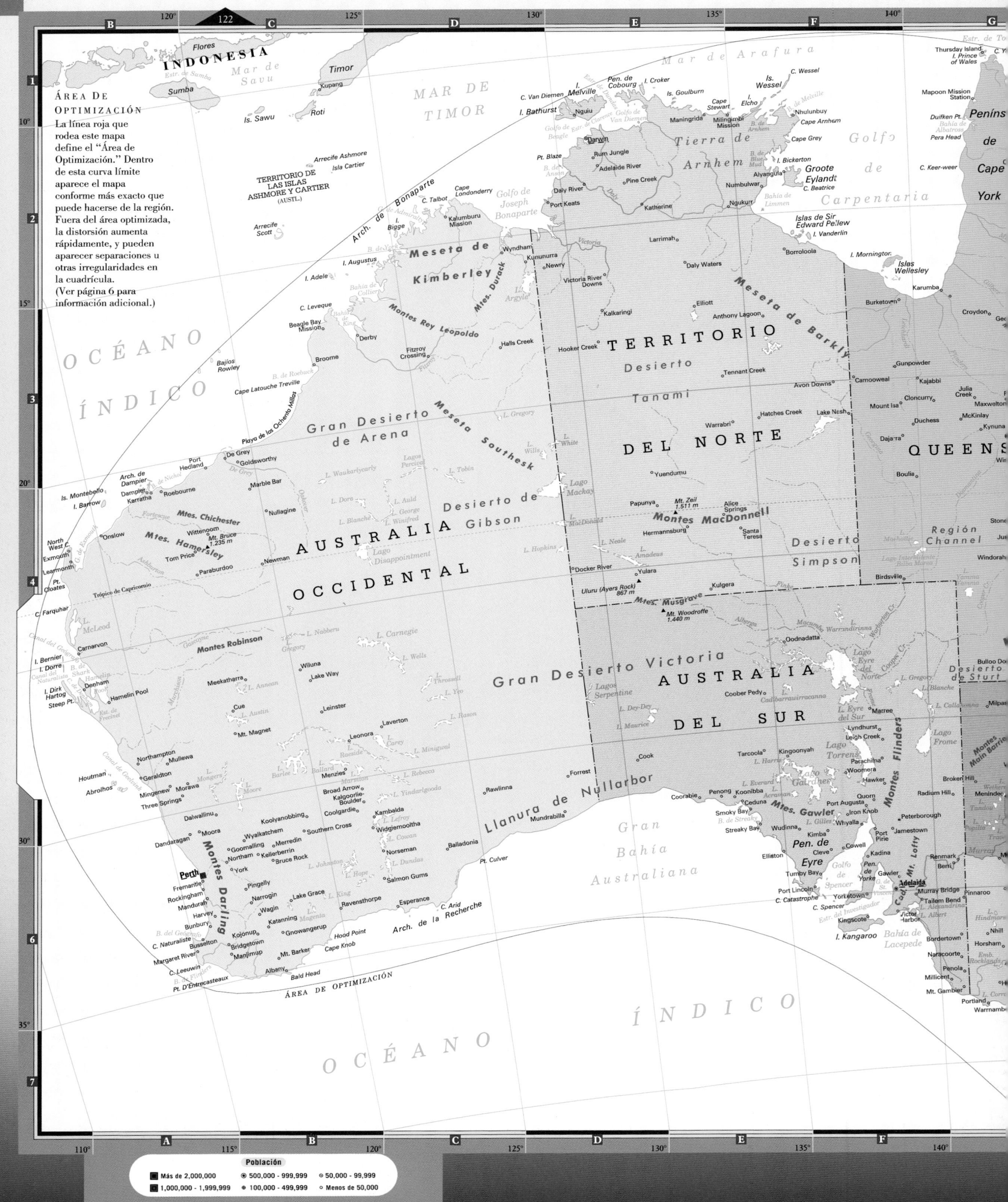

ÁREA DE OPTIMIZACIÓN

La línea roja que rodea este mapa define el "Área de Optimización." Dentro de esta curva límite aparece el mapa conforme más exacto que puede hacerse de la región. Fuera del área optimizada, la distorsión aumenta rápidamente, y pueden aparecer separaciones u otras irregularidades en la cuadrícula. (Ver página 6 para información adicional.)

Población

■ Más de 2,000,000	◉ 500,000 - 999,999	◒ 50,000 - 99,999
▣ 1,000,000 - 1,999,999	● 100,000 - 499,999	○ Menos de 50,000

145° H 150° J 155° K 160° L 165° M 170°

1
10°
158

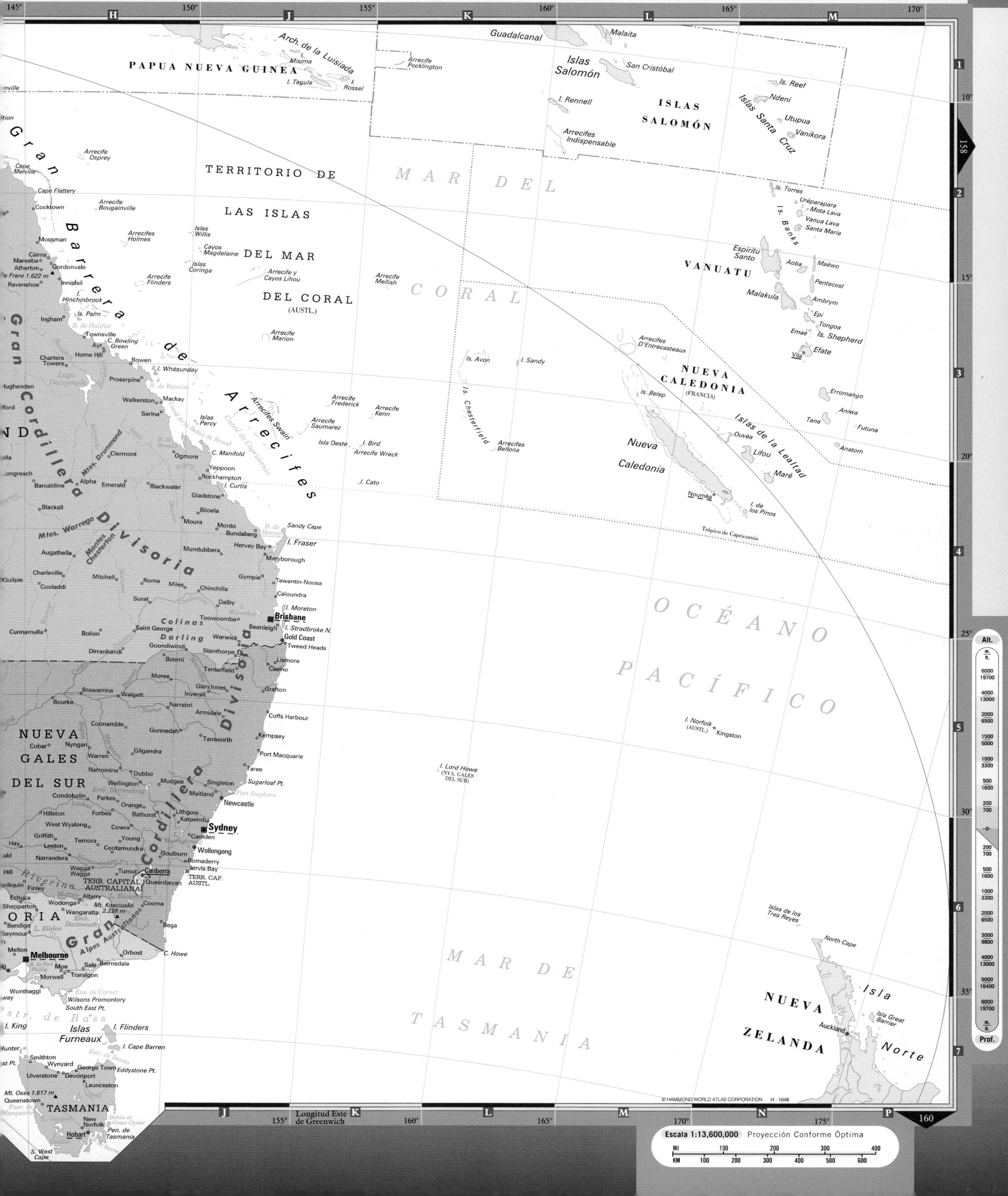

PAPUA NUEVA GUINEA
Arch. de la Luisiada
I. Misima
I. Tagula
I. Rossel

Guadalcanal
Malaita
Arrecife Pocklington
San Cristóbal
Islas Salomón
Is. Reef
Ndeni
Utupua
Vanikora

ISLAS SALOMÓN

Islas Santa Cruz

Arrecifes Indispensable

TERRITORIO DE

2

MAR DEL

Is. Torres
Uréparapara
Mota Lava
Vanua Lava
Santa María

Is. Banks

Cooktown
Cape Flattery
Arrecife Osprey
Cape Melville

LAS ISLAS

Arrecife Bougainville
Mossman
Arrecifes Holmes

Islas Willis

DEL MAR

Espíritu Santo
Aoba
Maéwo

VANUATU

Pentecost

Cairns
Mareeba
Atherton
Gordonvale
Mt. Frere 1.622 m
Ravenshoe
Innisfail
Hinchinbrook
Is. Palm
Ingham
B. de Halifax

Islas Coringa
Arrecife Flinders

Cayos Magdaleine
Arrecife y Cayos Lihou

DEL CORAL
(AUSTL.)

Arrecife Mellish

CORAL

Malakula
Ambrym

Epi
Emaé
Tongoa
Is. Shepherd
Efate
Vila

15°

Townsville
Ayr
C. Bowling Green
Home Hill
Charters Towers
Lago Dalrymple

Arrecife Marion

Arrecifes D'Entrecasteaux

NUEVA CALEDONIA
(FRANCIA)

Bowen
Proserpine
I. Whitsunday
B. de Repulse
Mackay
Walkerston
Sarina

Is. Avon
I. Sandy

Is. Belep

Erromango
Aniwa

3

Clermont
Ogmore
Islas Percy
Arrecifes Swain

Arrecife Frederick
Arrecife Kenn

Is. Chesterfield

Nueva Caledonia

Ouvéa
Lifou
Maré

Tana
Futuna

Anatom

Alpha
Emerald
Blackwater
Moura
Monto
Blackall
Biloela
Gladstone
Clermont

Isla Oeste
I. Bird
Arrecife Wreck
Arrecife Saumarez

Arrecifes Bellona

Nouméa
I. de los Pinos

20°

Barcaldine
Longreach
Augathella
Mtes. Drummond
Montes Chesterton
Mtes. Warrego

Rockhampton
Yeppoon
I. Curtis

J. Cato

Trópico de Capricornio

OCÉANO

4

Charleville
Mitchell
Roma
Miles
Chinchilla
Dalby

Sandy Cape
B. de Hervey
I. Fraser
Maryborough
Gympie

PACÍFICO

Cooladdi
Surat
Toowoomba
Colinas
Darling

Tewantin-Noosa
Caloundra
I. Moreton

Cunnamulla
Saint George
Dirranbandi
Goondiwindi
Boomi
Moree

Brisbane
Beenleigh
Beaudesert
Gold Coast
Tweed Heads
I. Stradbroke N.

25°

Bollon
Stanthorpe
Warwick
Tenterfield
Lismore
Casino

Cordillera Divisoria

Brewarrina
Bourke
Walgett
Narrabri
Glen Innes
Inverell
Grafton

Coffs Harbour

NUEVA

Cobar
Nyngan
Gilgandra
Coonamble
Gunnedah
Armidale
Tamworth

Kempsey

I. Norfolk
(AUSTL.)
Kingston

GALES

Narromine
Dubbo
Muswellbrook

Port Macquarie

5

DEL SUR

Condobolin
Parkes
Forbes
Wellington
Orange
Mudgee
Singleton
Maitland

Taree
Sugarloaf Pt.
Port Stephens

I. Lord Howe
(NVA. GALES DEL SUR)

30°

Hillston
West Wyalong
Cowra
Bathurst
Lithgow
Katoomba
Newcastle

Griffith
Temora
Young
Cootamundra
Camden

Sydney
Wollongong

Hay
Leeton
Narrandera
Wagga Wagga
Tumut
Goulburn
Queanbeyan
Canberra
Jervis Bay
Bomaderry

TERR. CAP.
AUSTL.

Finley
Echuca
Wodonga
Albury
Wangaratta
Cooma
Bega

Riverina

TERR. CAPITAL AUSTRALIANA

Mt. Kosciusko 2.228 m

Islas de los Tres Reyes

6

VICTORIA
Shepparton
Bendigo
Emb. Dartmouth
Emb. Eildon

Gran Cordillera Divisoria
Alpes Australianos

North Cape

Seymour
Melton
Melbourne
Orbost
C. Howe

2000
6500
3000
9800

Wonthaggi
Moe
Morwell
Sale
Bairnsdale
Traralgon

MAR DE

NUEVA

Isla Great Barrier

35°

Wilsons Promontory
South East Pt.

Str. de Bass

TASMANIA

ZELANDA

Isla Norte

Auckland

I. King
Islas Furneaux
I. Flinders
I. Cape Barren

7
160

Smithton
Wynyard
Ulverstone
Devonport
George Town
Eddystone Pt.
Launceston

Mt. Ossa 1.617 m
Queenstown
TASMANIA
Hobart
New Norfolk
Pen. de Tasmania
S. West Cape

© HAMMOND WORLD ATLAS CORPORATION   H - 1048

J 155° K 160° L 165° M 170° N 175° P

Longitud Este de Greenwich

Escala 1:13,600,000   Proyección Conforme Óptima

MI   100   200   300   400
KM   100   200   300   400   500   600

Alt.
m. ft.
6000 19700
4000 13000
2000 6500
1500 5000
1000 3300
500 1600
200 700
0
200 700
500 1600
1000 3300
2000 6500
3000 9800
4000 13000
5000 16400
6000 19700
m. ft.
Prof.

Población

■ Más de 2.000.000	● 500.000 - 999.999	● 100.000 - 249.999	○ 10.000 - 29.999
■ 1.000.000 - 1.999.999	● 250.000 - 499.999	● 30.000 - 99.999	○ Menos de 10.000

Papua Nueva Guinea, Norte de Australia

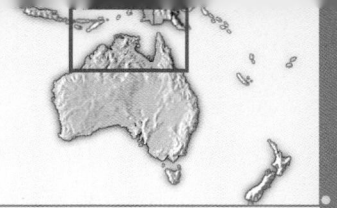

Escala 1:6,800,000 Proy. Cónica Conf. de Lambert

MI   50   100   150   200
KM 50 100 150 200 250 300

Población

■ Más de 2,000,000
◉ 500,000 - 999,999
● 100,000 - 249,999
⦿ 10,000 - 29,999
▣ 1,000,000 - 1,999,999
◎ 250,000 - 499,999
⊙ 30,000 - 99,999
○ Menos de 10,000

128° · 132° · 136° · 140°

TERRITORIO DEL NORTE

QUEENSLAND

AUSTRALIA DEL SUR

AUSTRALIA DEL SUR

NUEVA GALES DEL SUR

VICTORIA

TIERRA ABOR. LAGO GREGORY
TIERRA ABORIGEN BALWINA
TIERRA ABORIGEN AUSTRALIA CENTRAL
TIERRA ABOR. NGARTI
SANTUARIO DE FAUNA DESIERTO TANAMI
TRA. ABOR. WARLMANPA
TRA. ABOR. WARLPIRI
TRA. ABOR. MCLAREN CR.
TRA. ABOR. KAYTEJ
TRA. ABOR. WARRABRI
TRA. ABOR. ALYAWARRA
TRA. ABOR. ALYAWARRA
TRA. ABOR. CHILLA WELL
TRA. ABOR. MT. BARKLY
TRA. ABOR. MOUNT ALLAN
TRA. ABOR. YUNKANJINI
TRA. ABOR. TI-TREE
TIERRA ABORIGEN HAASTS BLUFF
PN SIMPSON GAP
Montes MacDonnell
PN FINKE GORGE
TRA. ABOR. SANTA TERESA
PN IULURU
TRA. ABOR. LAGO AMADEUS
Mtes. Musgrave
TIERRAS ABORIGENES
PITJANTJATJARA
Gran Desierto Victoria
AUSTRALIA DEL SUR
RESERVA NATURAL GRAN DESIERTO VICTORIA
TIERRA ABORIGEN MARALINGA - TJARUTJA
ÁREA RESTRINGIDA WOOMERA
PARQUE NATURAL
PARQUE NAL. NULLARBOR
TIERRA ABOR. YALATA
Nullarbor
Gran Bahía Australiana
PARQUE NATURAL YUMBARRA
Pen. de Eyre
Montes Gawler
Montes Flinders
PN GAMMON RANGES
PARQUE NAL. MONTES FLINDERS
Lago Eyre
PARQUE NACIONAL LAGO EYRE
PARQUE NACIONAL WITJIRA
PARQUE NATURAL DESIERTO DE SIMPSON
PARQUE NACIONAL DESIERTO DE SIMPSON
Desierto de Simpson
Desierto de Sturt
QUEENSLAND
NUEVA GALES DEL SUR
PN STURT
PARQUE NAL. KINCHEGA
PARQUE NATURAL DANGGALI
PARQUE NAL. MUNGO
PARQUE NAL. MALLEE CLIFFS
PN HATTAH-KULKYNE
PARQUE NAT. NGARKAT
PARQUE NATURAL BILLIAT
Golfo de Spencer
Golfo de St. Vincent
Pen. de Yorke
PN INNES
PN LINCOLN
PN COFFIN BAY
PN FLINDERS CHASE
I. Kangaroo
Adelaida

Trópico de Capricornio

Recuadro (Adelaida)

© HAMMOND W.A.C. H-1125
ELIZABETH
SALISBURY
PARAFIELD
PUERTO ADELAIDA de St.
PROSPECT
GRANGE
CENTRO DE FESTIVALES
ZOOLÓGICO DE ADELAIDA
MORIALTA CONSERVATION PARK
HENLEY BEACH
MARINELAND
ADELAIDA INTL.
UNLEY
Adelaida
GLENELG
BRIGHTON
MITCHAM
PARQUE REC. BELAIR
STIRLING
Golfo de St. Vincent
I. Torres
PARQUE NAL. PARA WIRRA
Mount Pleasant
Birdwood
Mount Torrens
Woodside
Lobethal
Balhannah
Hahndorf
Nairne
Mount Barker
8
9

Escala 1:6,800,000 Proy. Cónica Conf. de Lambert
MI 50 100 150 200
KM 50 100 150 200 250 300

© HAMMOND WORLD ATLAS CORPORATION H - 1050

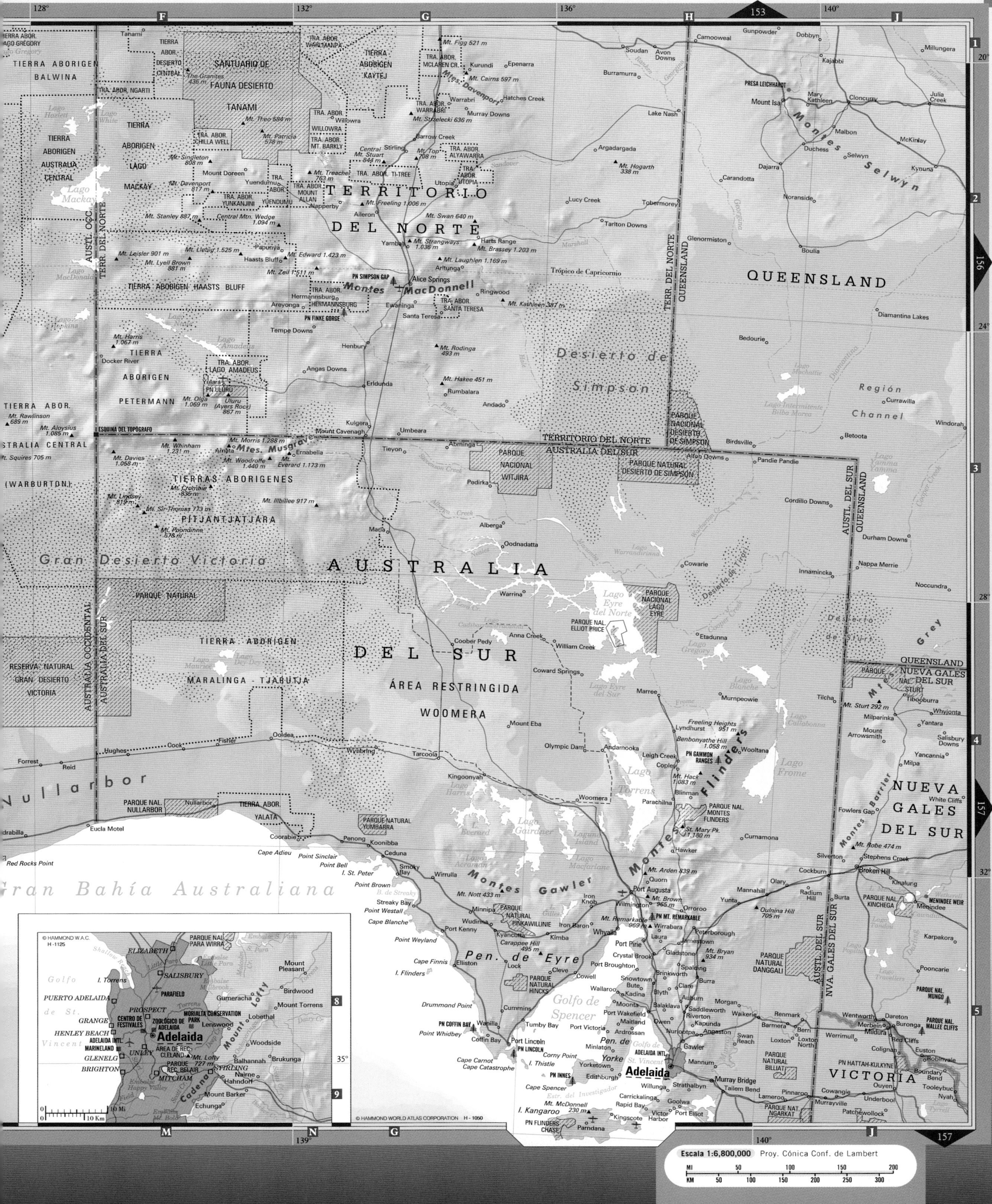

Australia Nororiental

151

Población

■ Más de 2,000,000	◉ 500,000 - 999,999
■ 1,000,000 - 1,999,999	◉ 250,000 - 499,999
● 100,000 - 249,999	○ 10,000 - 29,999
● 30,000 - 99,999	○ Menos de 10,000

Escala 1:6,800,000 Proy. Cónica Conf. de Lambert

MI 50   100   150   200
KM 50 100 150 200 250 300

Alt.

6000 / 19700
4000 / 13000
2000 / 6500
1500 / 5000
1000 / 3300
500 / 1600
200 / 700
-0-
200 / 700
500 / 1600
1000 / 3300
2000 / 6500
3000 / 9800
4000 / 13000
5000 / 16400
6000 / 19700

prof.

© HAMMOND WORLD ATLAS CORPORATION

Map of Southeastern Australia (Australia Suroriental) showing the states of Queensland, Nueva Gales del Sur (New South Wales), Victoria, Tasmania, and parts of Australia del Sur, including major cities Sydney, Melbourne, Canberra, Newcastle, Wollongong, Hobart, and Adelaida.

Población

- ■ Más de 2,000,000
- ■ 1,000,000 - 1,999,999
- ● 500,000 - 999,999
- ● 250,000 - 499,999
- ● 100,000 - 249,999
- ● 30,000 - 99,999
- ○ 10,000 - 29,999
- ○ Menos de 10,000

Escale 1:6,800,000 Proy. Cónica Conf. de Lambert

| MI | 50 | 100 | 150 | 200 |
| KM | 50 | 100 | 150 | 200 | 250 | 300 |

Inset map (bottom right): Melbourne metropolitan area, Escale 1:6,800,000

© HAMMOND W.A.C.   H - 1128

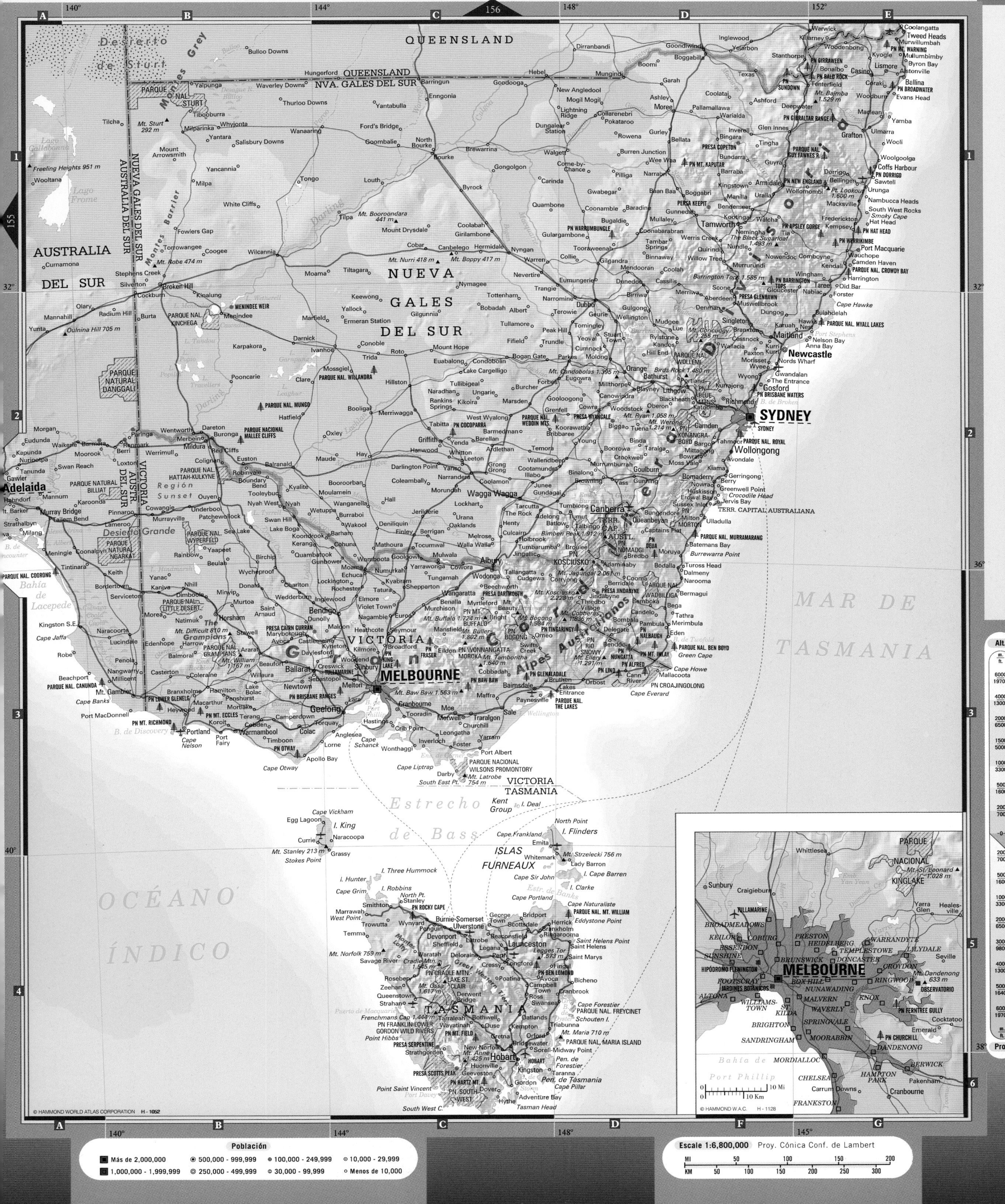

Población
■ Más de 3,000,000   ● 500,000 - 999,999   ○ Menos de 100,000
■ 1,000,000 - 2,999,999   ● 100,000 - 499,999

Centro del Océano Pacífico

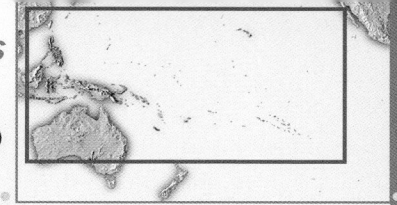

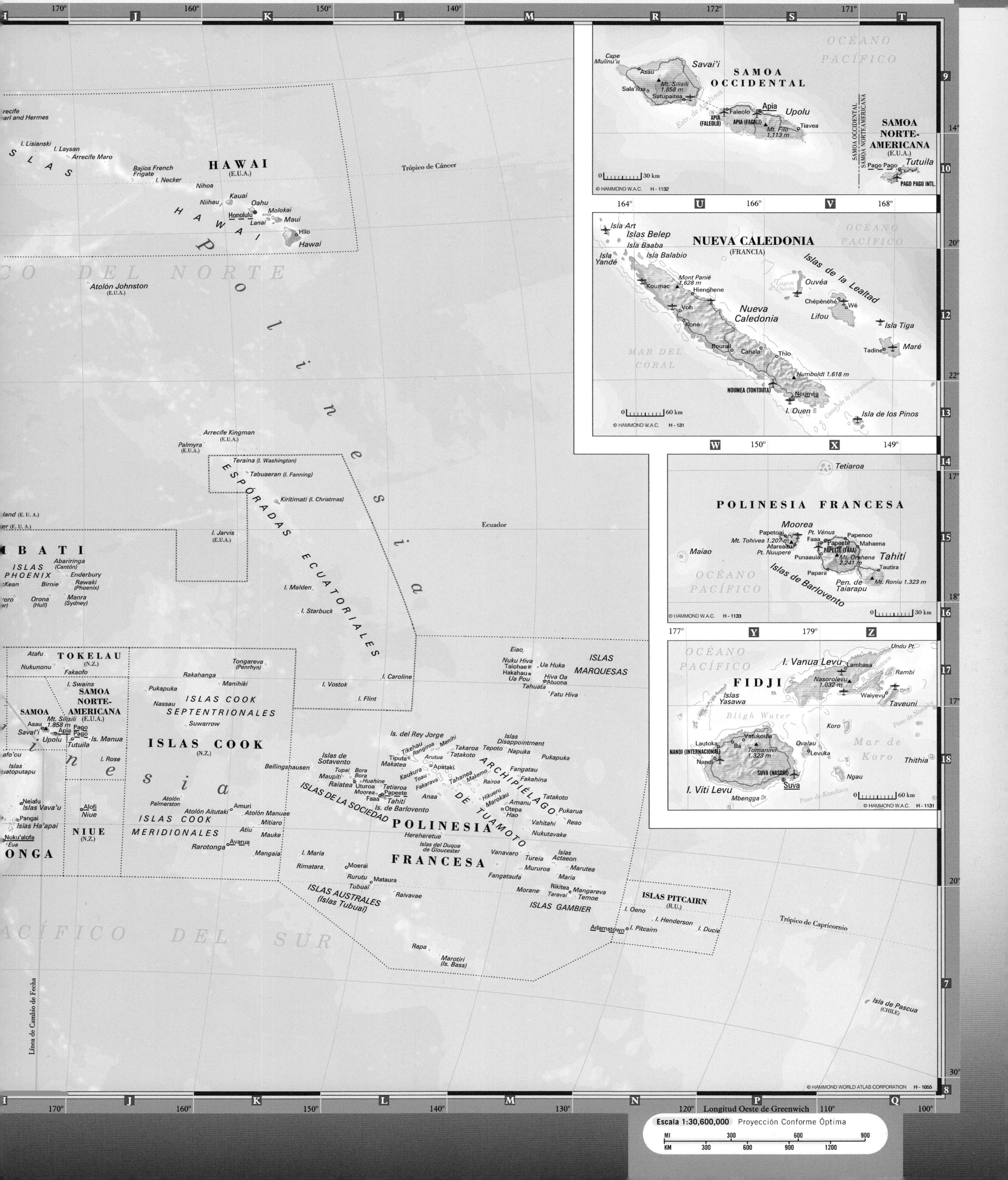

SAMOA OCCIDENTAL

OCÉANO PACÍFICO

Cape Mulinu'u
Asau · Savai'i
Sala'ilua · Mt. Silisili 1.858 m · Satupaitea
Faleolo · Apia · Upolu
APIA (FALEOLO) · APIA (FAGALI) · Mt. Filo 1.113 m · Tiavea
Estr. de Apolima

SAMOA OCCIDENTAL / SAMOA NORTE-AMERICANA

SAMOA NORTE-AMERICANA (E.U.A.)
Pago Pago · Tutuila
PAGO PAGO INTL.

0 ___ 30 km
© HAMMOND W.A.C. H-1132

164° U 166° V 168°

NUEVA CALEDONIA (FRANCIA)
OCÉANO PACÍFICO
Isla Art · Islas Belep
Isla Baaba
Isla Balabio
Isla Yandé
Koumac · Mont Panié 1.628 m · Hienghene
Islas de la Lealtad
Voh · Ouvéa · Chépénéhé · Wé
Koné · Lifou
Nueva Caledonia · Isla Tiga
Bourail · Tadine · Maré
MAR DEL CORAL
Canala · Thio
Humboldt 1.618 m
NOUMEA (TONTOUTA) · Nouméa
I. Ouen · Isla de los Pinos
Canal de la Havannah

0 ___ 60 km
© HAMMOND W.A.C. H-131

W 150° X 149°

Tetiaroa

POLINESIA FRANCESA
Moorea · Pt. Vénus · Papenoo
Papetoai · Mt. Tohivea 1.207 m · Faaa · Mahaena
Maiao · Afareaitu · PAPEETE (FAAA)
Pt. Nuupere · Punaauia · Mt. Orohena 2.241 m · Tahití
OCÉANO PACÍFICO · Tautira
Maiao · Papara · Pen. de Taiarapu
Islas de Barlovento · Mt. Roniu 1.323 m

0 ___ 30 km
© HAMMOND W.A.C. H-1133

177° Y 179° Z

OCÉANO PACÍFICO
Undu Pt.
I. Vanua Levu · Lambasa · Rambi
FIDJI · Nasorolevu 1.032 m
Islas Yasawa · Waiyevu · Taveuni
Bligh Water · Koro
Vatukoula · Mar de Koro
Lautoka · Ba · Tomaniivi 1.323 m · Ovalau · Levuka
NANDI (INTERNACIONAL) · Nandi
Paso de Nanuku
SUVA (NASORI) · Thithia
I. Viti Levu · SUVA · Ngau
Mbengga · Paso de Kandavu

0 ___ 60 km
© HAMMOND W.A.C. H-1131

170° I J 160° K 150° L 140° M R 172° S 171° T

HAWAI (E.U.A.)
recife · I. Lisianski · I. Laysan
arl and Hermes · Arrecife Maro
I. Necker · Nihoa
Niihau · Kauai · Oahu · Molokai
Honolulu · Lanai · Maui
Trópico de Cáncer
Hilo · Hawai

ISLAS

OCÉANO DEL NORTE

Atolón Johnston (E.U.A.)

Arrecife Kingman (E.U.A.)
Palmyra (E.U.A.)
Teraina (I. Washington)
Tabuaeran (I. Fanning)
Kiritimati (I. Christmas)
ESPÓRADAS ECUATORIALES

I. Jarvis (E.U.A.)
Ecuador

POLINESIA

BATI
ISLAS PHOENIX
Abariringa (Cantón)
Kean · Enderbury
Birnie · Rawaki (Phoenix)
oro · Orona (Hull) · Manra (Sydney)

I. Malden
I. Starbuck

TOKELAU (N.Z.)
Atafu · Nukunonu · Fakaofo
I. Swains
SAMOA NORTE-AMERICANA (E.U.A.)
SAMOA
Asau · Mt. Silisili 1.858 m · Apia · Pago
Saval'i · Upolu · Tutuila · I. Manua
afo'u · I. Rose

Tongareva (Penrhyn)
Rakahanga · Manihiki
Pukapuka
Nassau
ISLAS COOK SEPTENTRIONALES
Suwarrow

I. Vostok
I. Caroline

Eiao
Nuku Hiva · Ua Huka
Taiohae · Hiva Oa
Hakahau · Ua Pou · Atuona
ISLAS MARQUESAS
Tahuata
Fatu Hiva

ISLAS COOK (N.Z.)
Bellingshausen
Neiafu · Islas Vava'u
Pangai · Alofi · Niue
Islas Ha'apai
Nuku'alofa
'Eua
NIUE (N.Z.)
ONGA
uatoputapu
I. Rose

Atolón Palmerston
Atolón Aitutaki · Amuri
ISLAS COOK MERIDIONALES
Atiu · Atolón Manuae
Mitiaro · Mauke
Rarotonga · Avarua
Mangaia

Is. del Rey Jorge
Tikehau · Rangiroa · Manihi
Tiputa · Arutua · Takaroa · Tepoto · Napuka
Makatea · Takatoto · Pukapuka
Kaukura · Toau · Fangatau
ISLAS DE SOTAVENTO
Tupai · Bora Bora · Huahine · Fakarava · Fakahina
Maupiti · Raiatea · Uturoa · Tetiaroa · Anaa · Amanu · Fangataufa
Moorea · Tahiti · Makemo · Hikueru · Marokau
Faaa · Papeete · I. de Barlovento · Otepa · Hao · Vahitahi
ISLAS DE LA SOCIEDAD · Rairoa · Reao
POLINESIA · Nukutavake
Hereheretue
I. María · Islas del Duque de Gloucester
Rimatara · Moerai · Vanavaro · Tureia · Islas Actaeon
Rurutu · Mururoa · María · Marutea
Tubuai · Mataura · Fangataufa · Rikitea · Taraval · Temoe
Raivavae · Morane · Mangareva
ISLAS AUSTRALES (Islas Tubuai)
FRANCESA
ISLAS GAMBIER · I. Oeno
ISLAS PITCAIRN (R.U.)
I. Henderson · I. Ducie
Adamstown · I. Pitcairn
Trópico de Capricornio
Rapa
Marotiri (Is. Bass)

PACÍFICO DEL SUR

Línea de Cambio de Fecha

Isla de Pascua (CHILE)

ARCHIPIÉLAGO DE TUAMOTO
Islas Disappointment

© HAMMOND WORLD ATLAS CORPORATION H-1055

170° J 160° K 150° L 140° M 130° N 120° P Longitud Oeste de Greenwich 110° Q 100°

Escala 1:30,600,000 Proyección Conforme Óptima
MI ___ 300 ___ 600 ___ 900
KM ___ 300 ___ 600 ___ 900 ___ 1200

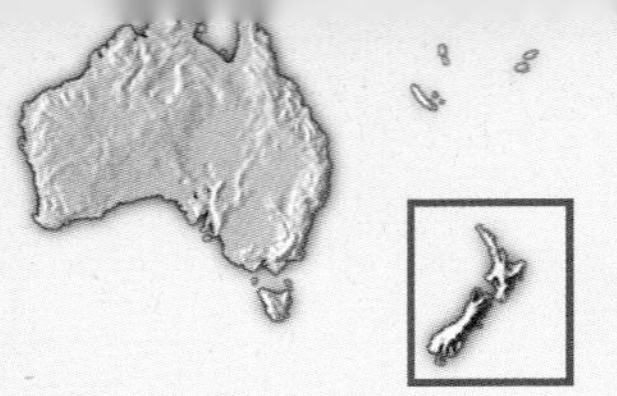

Isla Norte

Isla Sur

MAR DE TASMANIA

OCÉANO PACÍFICO

Alpes del Sur

Alt.
m. / ft.
6000 / 19700
4000 / 13000
2000 / 6500
1500 / 5000
1000 / 3300
500 / 1600
200 / 700
-0-
200 / 700
500 / 1600
1000 / 3300
2000 / 6500
3000 / 9800
4000 / 13000
5000 / 16400
6000 / 19700
m.
Prof.

© HAMMOND WORLD ATLAS CORPORATION   H - 1053

Longitud Este 172° de Greenwich

Auckland inset

Golfo de Hauraki

Puerto de Manukau

© HAMMOND W.A.C.   H - 129

Wellington inset

MAR DE TASMANIA

Estrecho de Cook

© HAMMOND W.A.C.   H - 130

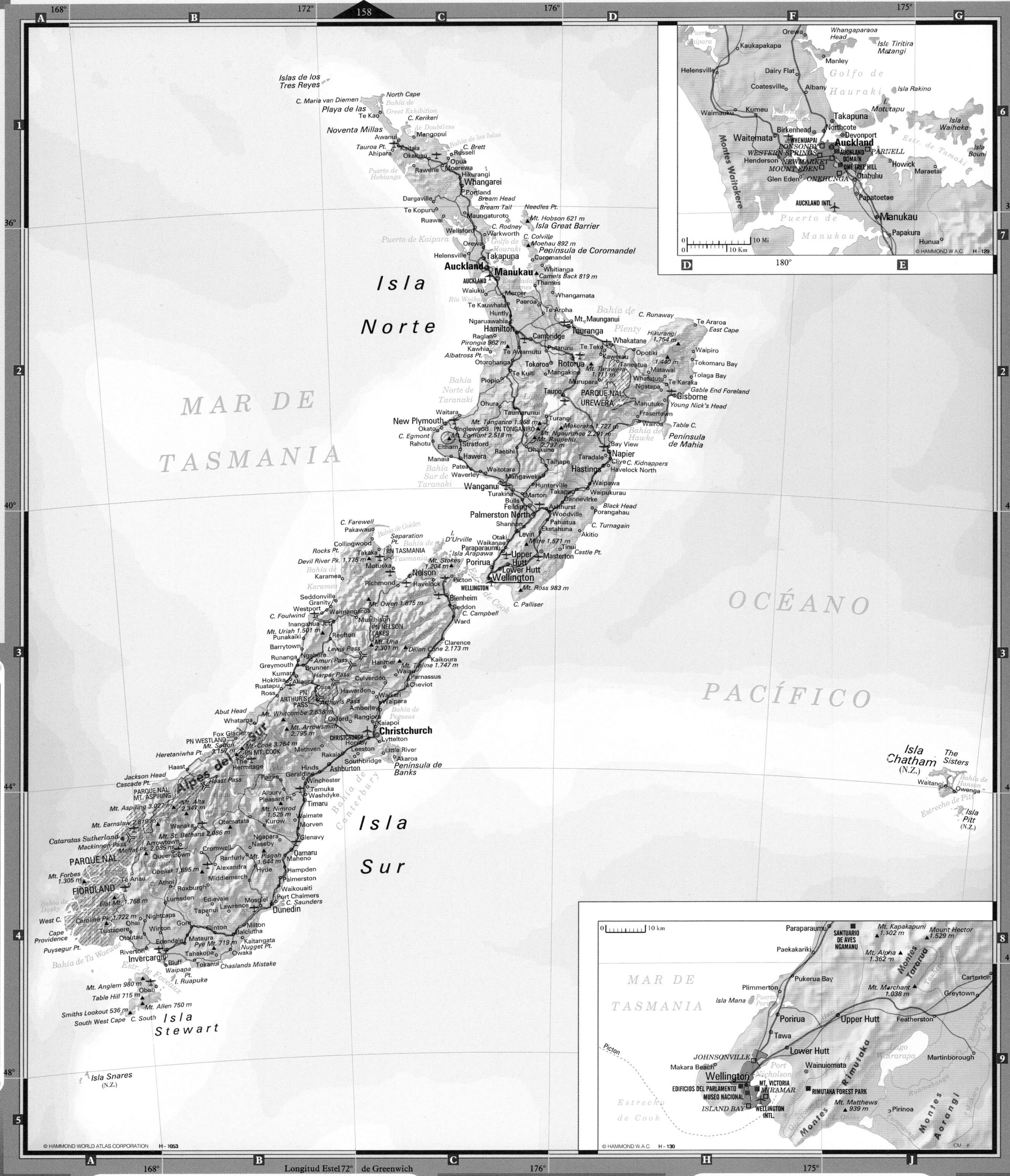

Población
- ■ Más de 2,000,000
- ■ 1,000,000 - 1,999,999
- ● 500,000 - 999,999
- ● 250,000 - 499,999
- ● 100,000 - 249,999
- ● 30,000 - 99,999
- ○ 10,000 - 29,999
- ○ Menos de 10,000

Escala 1:6,800,000   Proy. Cónica Conf. de Lambert

MI   50   100   150   200
KM 50 100 150 200 250 300

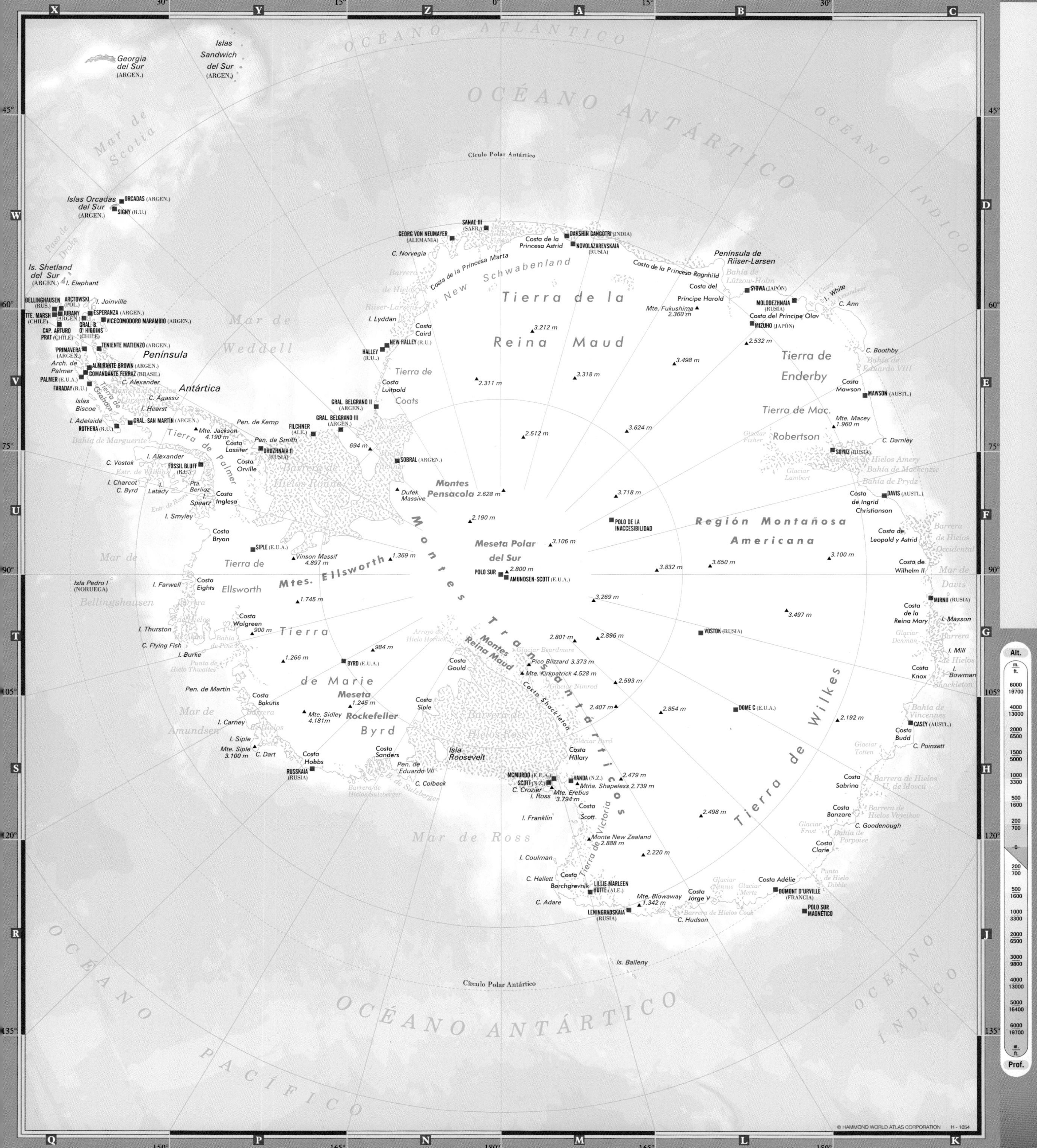

Escala 1:27,500,000 — Proyección Conforme Óptima

© HAMMOND WORLD ATLAS CORPORATION H - 1064

CASABLANCA 12
ARGEL 12
TRÍPOLI 12
EL CAIRO 12
TOMBOUCTOU 22
JARTUM 24
N'DJAMENA 24
MONROVIA 26
LAGOS 26
ADDIS ABEBA 15
DUALA 27
MOGADISCIO 27
BRAZZAVILLE 26
NAROBI 19
LUSAKA 22
TANANARIVE 19
WINDHOEK 23
JOHANNESBURGO 19
CIUDAD DEL CABO 19

TEMPERATURA MEDIA - ENERO

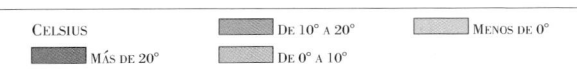

CELSIUS
MÁS DE 20°
DE 10° A 20°
DE 0° A 10°
MENOS DE 0°

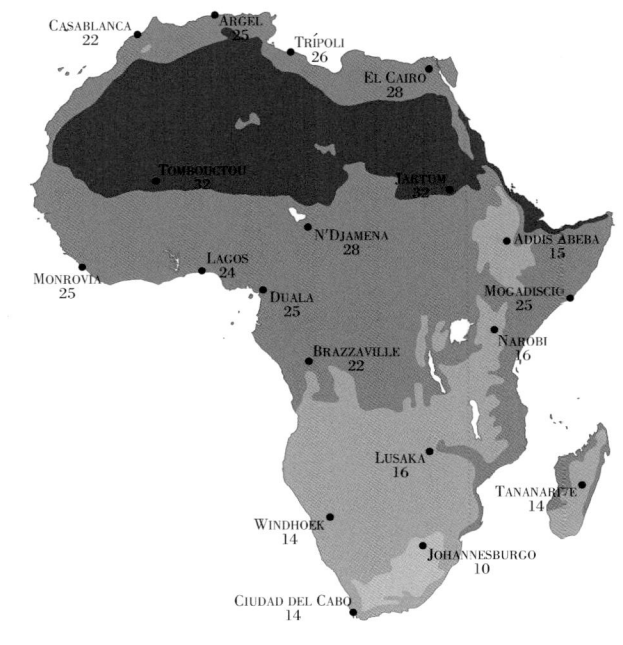

CASABLANCA 22
ARGEL 25
TRÍPOLI 26
EL CAIRO 28
TOMBOUCTOU 32
JARTUM 32
N'DJAMENA 28
ADDIS ABEBA 15
LAGOS 24
MONROVIA 25
DUALA 25
MOGADISCIO 25
BRAZZAVILLE 22
NAROBI 16
LUSAKA 16
TANANARIVE 14
WINDHOEK 14
JOHANNESBURGO 10
CIUDAD DEL CABO 14

TEMPERATURA MEDIA - JULIO

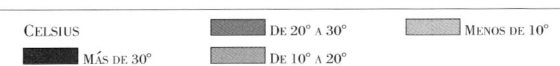

CELSIUS
MÁS DE 30°
DE 20° A 30°
DE 10° A 20°
MENOS DE 10°

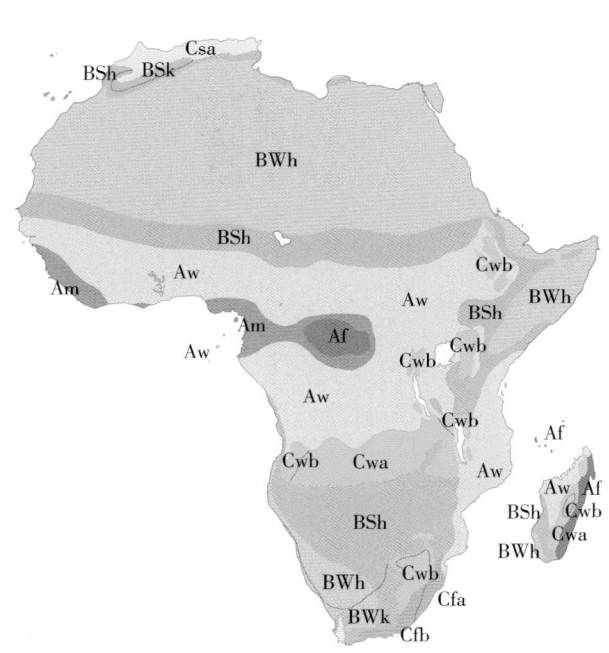

Csa
BSh BSk
BWh
BSh
Aw
Am
Cwb
Aw
BSh
BWh
Am
Af
Cwb
Cwb
Aw
Cwb
Aw
Af
Cwb
Cwa
Aw
Aw Af
BSh Cwb
BSh
Cwa
BWh
BWh
Cwb
Cfa
BWk
Cfb

CLIMA

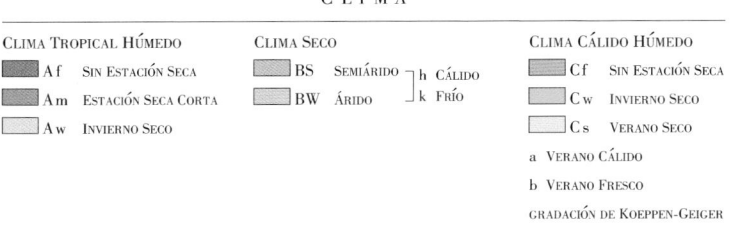

CLIMA TROPICAL HÚMEDO
Af SIN ESTACIÓN SECA
Am ESTACIÓN SECA CORTA
Aw INVIERNO SECO

CLIMA SECO
BS SEMIÁRIDO
BW ÁRIDO
h CÁLIDO
k FRÍO

CLIMA CÁLIDO HÚMEDO
Cf SIN ESTACIÓN SECA
Cw INVIERNO SECO
Cs VERANO SECO
a VERANO CÁLIDO
b VERANO FRESCO
GRADACIÓN DE KOEPPEN-GEIGER

VEGETACIÓN

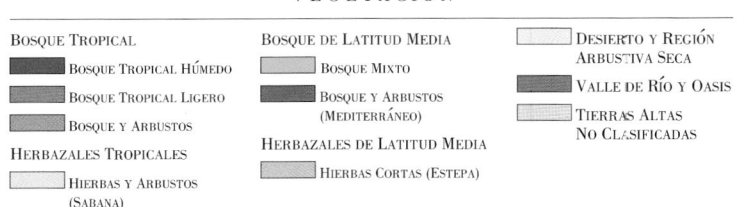

BOSQUE TROPICAL
BOSQUE TROPICAL HÚMEDO
BOSQUE TROPICAL LIGERO
BOSQUE Y ARBUSTOS

HERBAZALES TROPICALES
HIERBAS Y ARBUSTOS (SABANA)
SABANA BOSCOSA

BOSQUE DE LATITUD MEDIA
BOSQUE MIXTO
BOSQUE Y ARBUSTOS (MEDITERRÁNEO)

HERBAZALES DE LATITUD MEDIA
HIERBAS CORTAS (ESTEPA)

DESIERTO Y REGIÓN ARBUSTIVA SECA
VALLE DE RÍO Y OASIS
TIERRAS ALTAS NO CLASIFICADAS

África - Comparaciones Geográficas

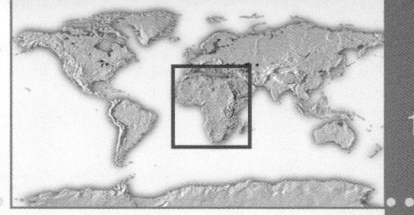

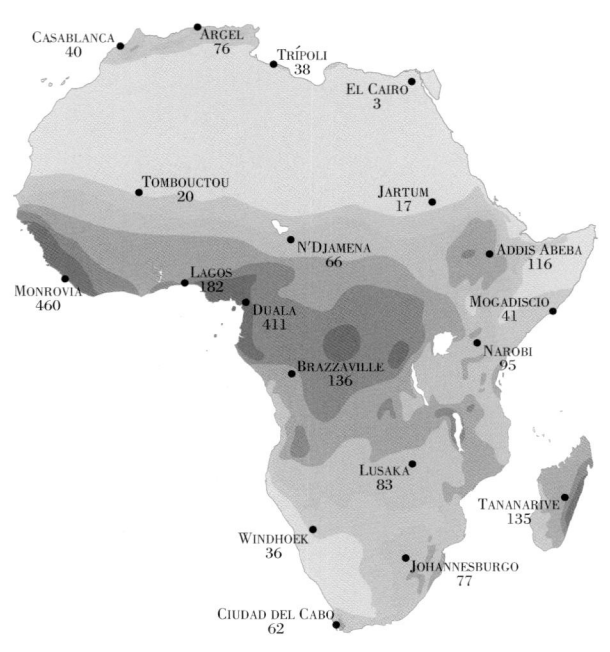

PRECIPITACIÓN ANUAL MEDIA

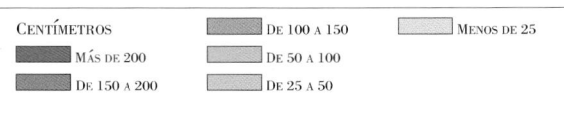

CENTÍMETROS
DE 100 A 150 · MENOS DE 25
MÁS DE 200 · DE 50 A 100
DE 150 A 200 · DE 25 A 50

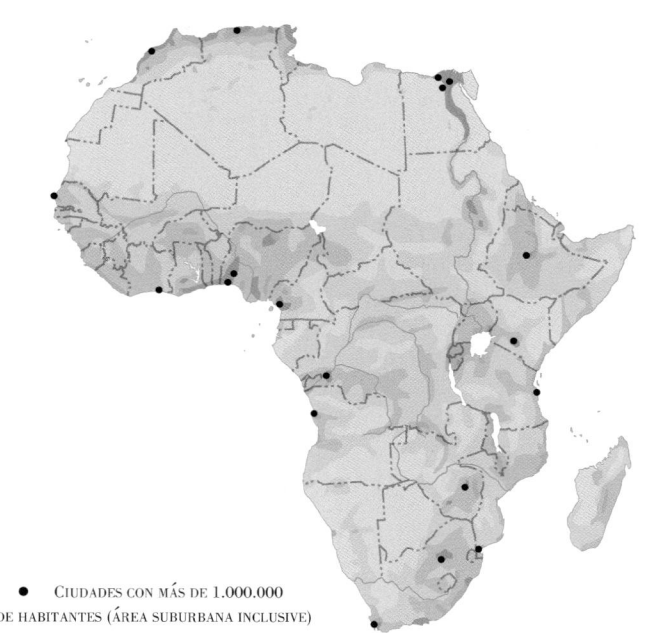

● CIUDADES CON MÁS DE 1.000.000
DE HABITANTES (ÁREA SUBURBANA INCLUSIVE)

DISTRIBUCIÓN DE LA POBLACIÓN

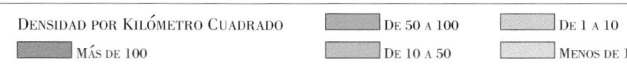

DENSIDAD POR KILÓMETRO CUADRADO
DE 50 A 100 · DE 1 A 10
MÁS DE 100 · DE 10 A 50 · MENOS DE 1

USOS DE LA TIERRA

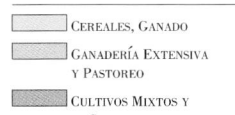 CEREALES, GANADO
GANADERÍA EXTENSIVA Y PASTOREO
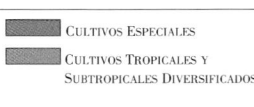 CULTIVOS MIXTOS Y DE SUBSISTENCIA
CULTIVOS ESPECIALES
CULTIVOS TROPICALES Y SUBTROPICALES DIVERSIFICADOS
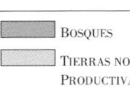 BOSQUES
TIERRAS NO PRODUCTIVAS

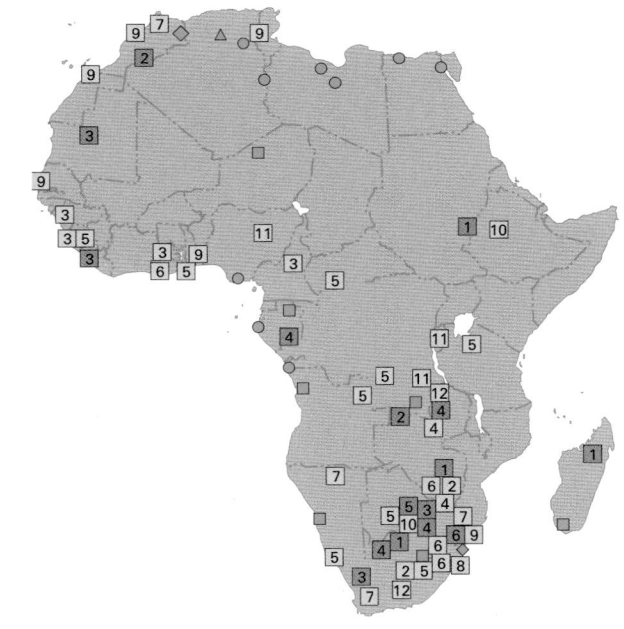

RECURSOS MINERALES

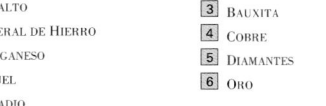

ENERGÍA Y COMBUSTIBLES
◆ CARBÓN
▲ GAS NATURAL
● PETRÓLEO
■ URANIO

HIERRO Y ALEACIONES DE HIERRO
1 CROMO
2 COBALTO
3 MINERAL DE HIERRO
4 MANGANESO
5 NÍQUEL
6 VANADIO

OTROS PRINCIPALES RECURSOS
1 ANTIMONIO
2 ASBESTO
3 BAUXITA
4 COBRE
5 DIAMANTES
6 ORO
7 PLOMO
8 MICA
9 FOSFATOS
10 PLATINO
11 ESTAÑO
12 ZINC

© HAMMOND W. A. C.

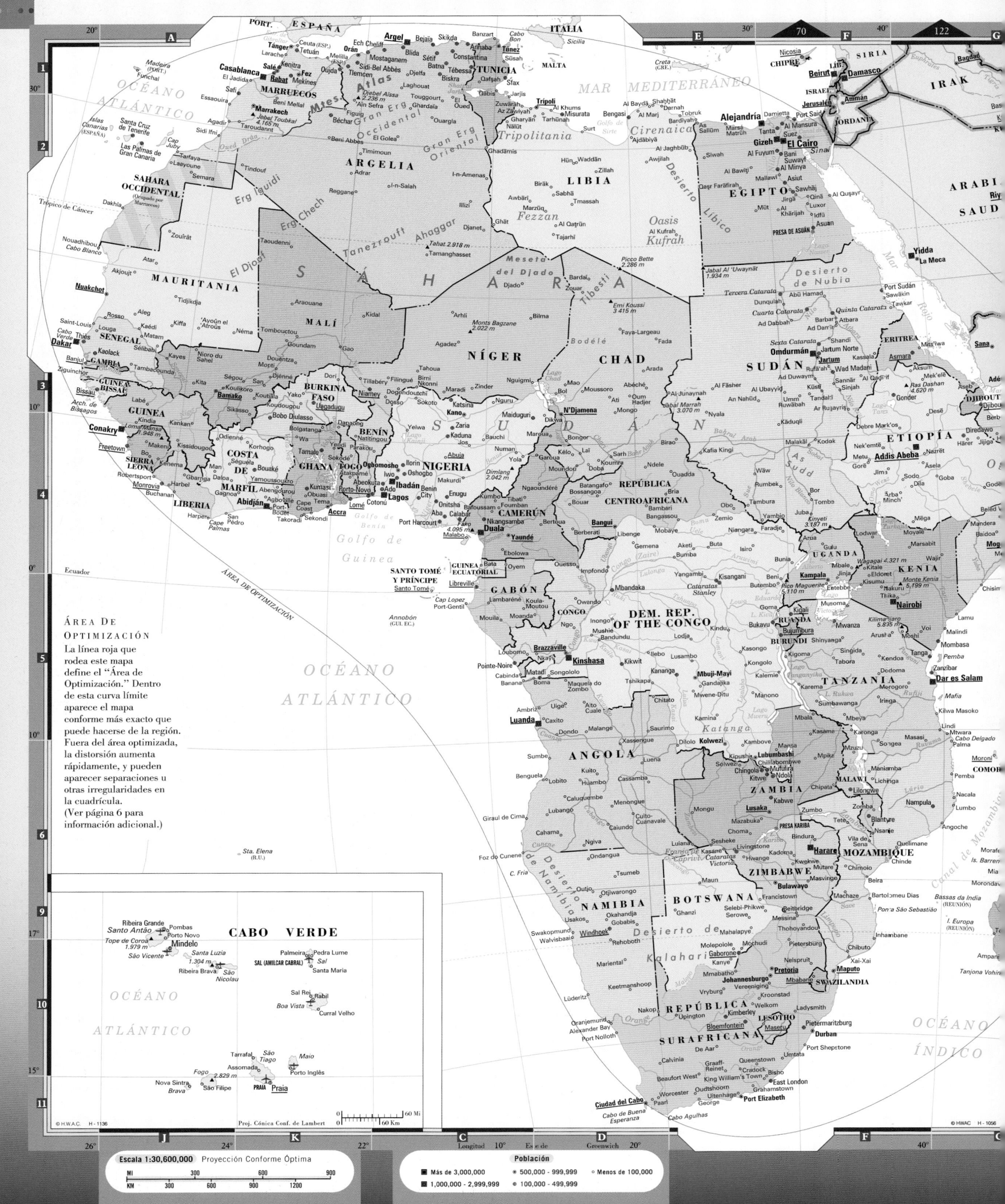

ÁREA DE
OPTIMIZACIÓN
La línea roja que
rodea este mapa
define el "Área de
Optimización." Dentro
de esta curva límite
aparece el mapa
conforme más exacto que
puede hacerse de la región.
Fuera del área optimizada,
la distorsión aumenta
rápidamente, y pueden
aparecer separaciones u
otras irregularidades en
la cuadrícula.
(Ver página 6 para
información adicional.)

CABO VERDE

Escala 1:30,600,000   Proyección Conforme Óptima

Población
■ Más de 3,000,000   ● 500,000 - 999,999   ○ Menos de 100,000
■ 1,000,000 - 2,999,999   ○ 100,000 - 499,999

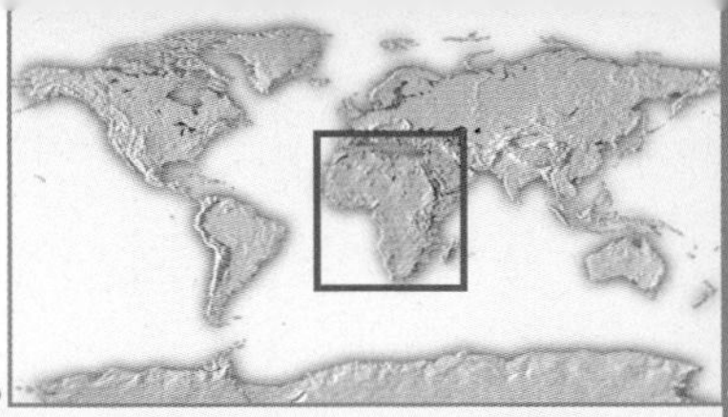

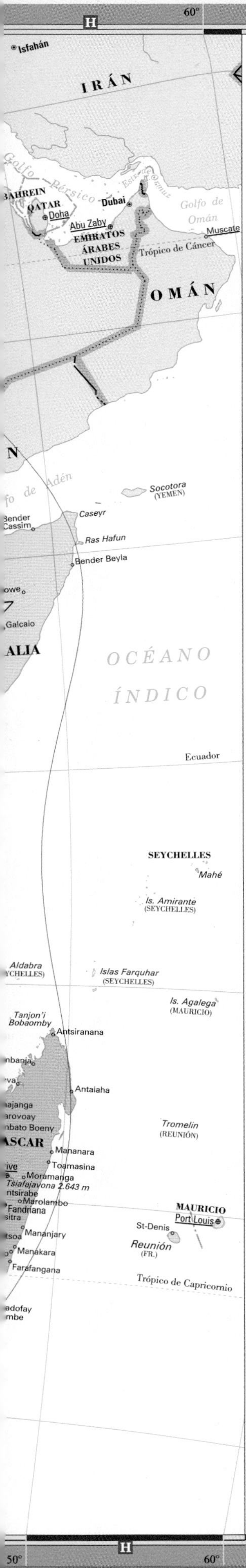
Isfahān
IRÁN
Golfo Pérsico
BAHREIN
QATAR
Doha
Dubai
Abu Zaby
EMIRATOS ÁRABES UNIDOS
Golfo de Omán
Muscate
Trópico de Cáncer
OMÁN
Golfo de Adén
Socotora (YEMEN)
Caseyr
Ras Hafun
Bender Beyla
Galcaio
OCÉANO ÍNDICO
Ecuador
SEYCHELLES
Mahé
Is. Amirante (SEYCHELLES)
Aldabra
Islas Farquhar (SEYCHELLES)
Is. Agalega (MAURICIO)
Antsiranana
Antalaha
Tromelin (REUNIÓN)
Mananara
Toamasina
Moramanga
Marolambo
Manakara
Farafangana
MAURICIO
Port Louis
St-Denis
Reunión (FR.)
Trópico de Capricornio

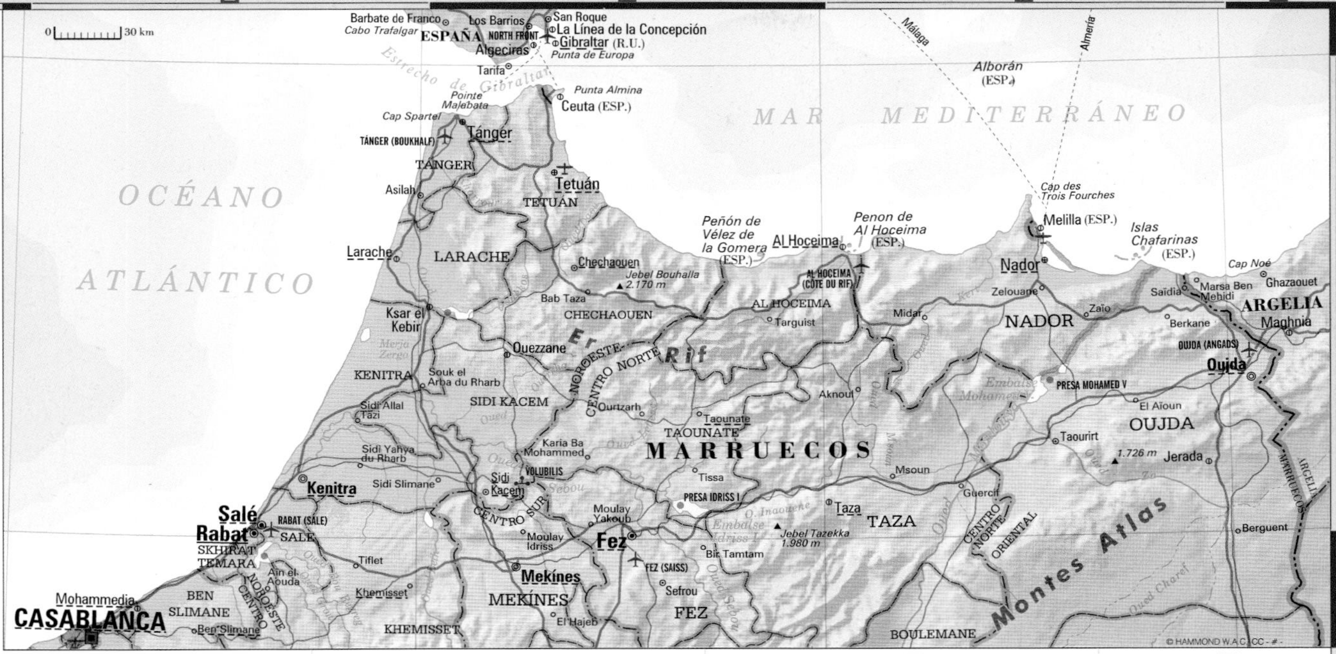
ESPAÑA
Gibraltar (R.U.)
Estrecho de Gibraltar
Ceuta (ESP.)
Tánger
Tetuán
OCÉANO ATLÁNTICO
MAR MEDITERRÁNEO
Alborán (ESP.)
Peñón de Vélez de la Gomera (ESP.)
Al Hoceima
Melilla (ESP.)
Islas Chafarinas (ESP.)
Larache
Nador
ARGELIA
Oujda
Kenitra
MARRUECOS
Rif
Salé
Rabat
CASABLANCA
Mekínes
Fez
Taza
Montes Atlas
© HAMMOND W.A.C.

Argel
MAR MEDITERRÁNEO
Cherchell
Blida
Médéa
Bouira
Béjaïa
Mostaganem
Orán
Relizane
Tiaret
Tell Atlas
ARGELIA
Sidi-Bel-Abbès
Tlemcen
Saïda
Djelfa
M'Sila
Montes Atlas
© HAMMOND W.A.C.

MAR MEDITERRÁNEO
Bizerte
Golfo de Túnez
Túnez
Cartago
Annaba
Skikda
Constantina
Guelma
Souk Ahras
Pantelleria
Isla Pantelleria (IT.)
Nābul
Al Hammāmāt
Sūsah
Al Munastīr
Al Qayrawān
TUNICIA
Dorsale
ARGELIA
Batna
Tébessa
Khenchela
Mts. de Tébessa
Aurès
Isla Pelagie (IT.)
Isla Lampedusa
SFAX
© HAMMOND W.A.C.

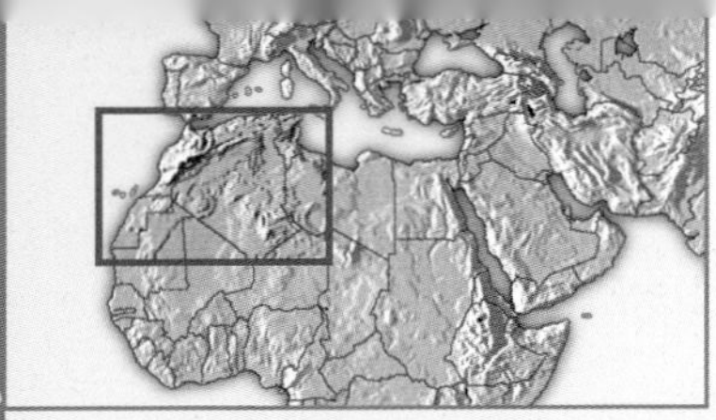

ARGELIA está dividida internamente en 48 wilayas que tienen el mismo nombre de sus respectivas capitales. TUNICIA está dividida internamente en 23 provincias que tienen el mismo nombre de sus respectivas capitales.

OCÉANO ATLÁNTICO

Islas Madeira (PORT.)

Islas Canarias (ESPAÑA)

SAHARA OCCIDENTAL (Ocupado por Marruecos)

MARRUECOS

ESPAÑA

MAURITANIA

MALI

TINDOUF

TIRIS ZEMMOUR

Trópico de Cáncer

Alt.
m. / ft.
6000 / 19700
4000 / 13000
2000 / 6500
1500 / 5000
1000 / 3300
500 / 1600
200 / 700
-0-
200 / 700
500 / 1600
1000 / 3300
2000 / 6500
3000 / 9800
4000 / 13000
5000 / 16400
6000 / 19700
m. / ft.
Prof.

Población

■ Más de 2,000,000	◉ 500,000 - 999,999	◉ 100,000 - 249,999	◉ 10,000 - 29,999
▪ 1,000,000 - 1,999,999	◉ 250,000 - 499,999	◉ 30,000 - 99,999	○ Menos de 10,000

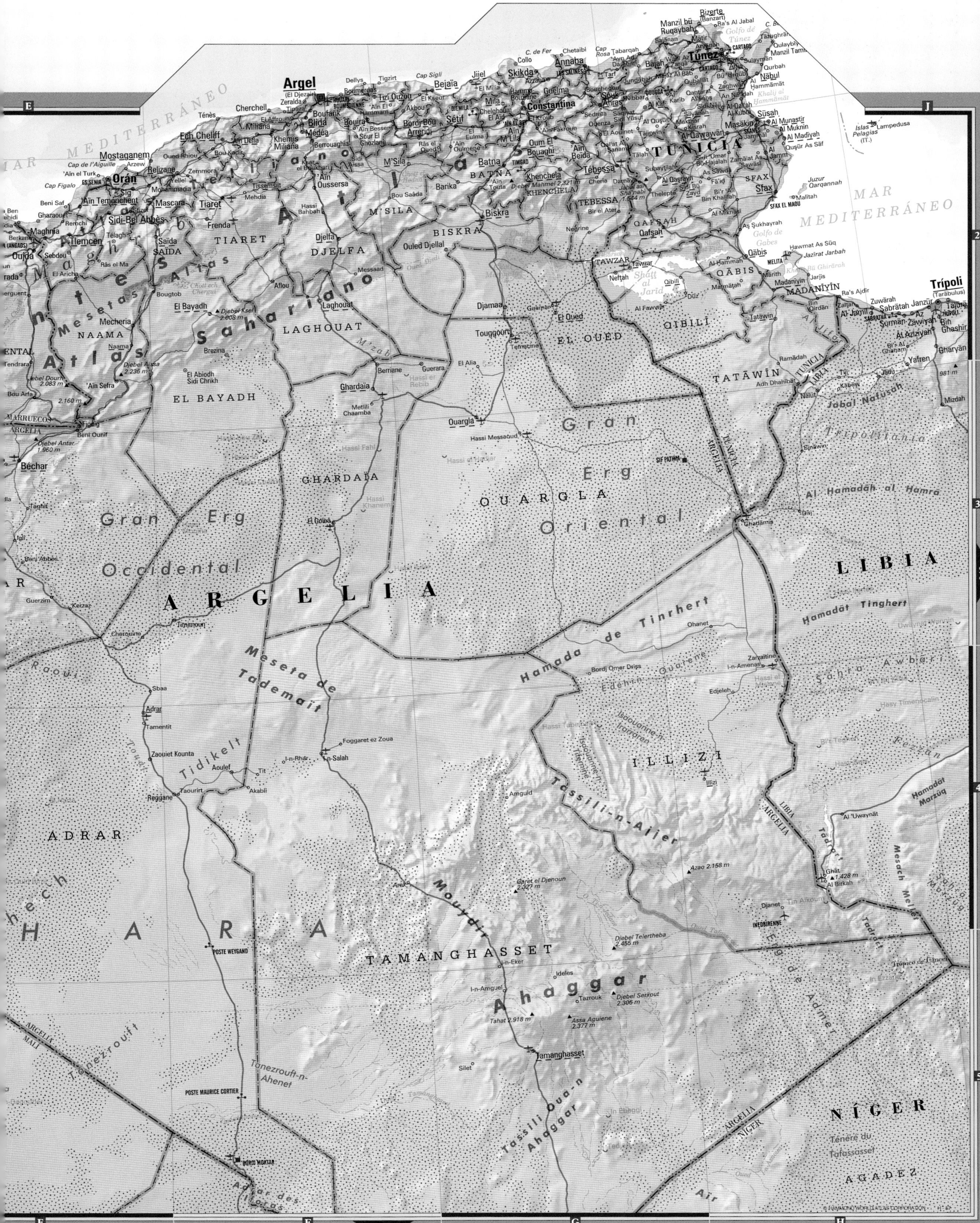

MAR MEDITERRÁNEO

Argel (El Djezaïr)

Orán

TUNICIA

Constantina

Annaba

Túnez

CARTAGO

MAR MEDITERRÁNEO

Islas Pelagias (IT.) Lampedusa

Trípoli (Tarabulus)

MADANĪYĪN

QĀBIS

QAFSAH

Qafsah

TAWZAR

BISKRA

DJELFA

LAGHOUAT

TIARET

NAAMA

Atlas Sahariano

Mesetas Atlas

Montes Atlas

EL BAYADH

Béchar

GHARDAÏA

Ghardaïa

Ouargla

Hassi Messaoud

Gran Erg Oriental

OUARGLA

EL OUED

QIBILI

LIBIA

Gran Erg Occidental

ARGELIA

Meseta de Tademaït

ADRAR

Adrar

Tidikelt

In-Salah

Hamada de Tinrhert

Tassili-n-Ajjer

ILLIZI

Ghadāmis

Ghāt

Tripolitania

Al Hamādah al Hamra

Fezzan

SAHARA

TAMANGHASSET

Ahaggar

Tahat 2.918 m

Tamanghasset

Tassili Oua-n-Ahaggar

BORDJ MOKTAR

NÍGER

AGADEZ

MARRUECOS

ARGELIA

MALI

Escala 1:6.800,000 Proyección Policónica

MI 50 100 150 200

KM 50 100 150 200 250 300

166
A
B
C
D
16°
12°
8°
4°
20°
MAURITANIA
ADRAR
INCHIRI
TRARZA
BRAKNA
TAGANT
GORGOL
GUIDIMAKA
HODH EL GHARBI
HODH ECH CHARGUI
TOMBOUCTOU
Nuakchot
DAKHLET NOUADHIBOU
Cap Timiris
Nouâmghâr
Atar
Tidjikdja
Kiffa
Aïoun el Atrous
Néma
SENEGAL
SAINT-LOUIS
Saint-Louis
LOUGA
DIOURBEL
KAOLACK
FATICK
TAMBACOUNDA
KOLDA
ZIGUINCHOR
Dakar
Thiès
M'Bour
Kaolack
GAMBIA
Banjul
GUINEA BISSAU
Bissau
Arch. de Bissagos
GUINEA
Fouta Djallon
Conakry
Kindia
Labé
Kankan
Faranah
SIERRA LEONA
Freetown
Bo
Kenema
MALI
KAYES
Kayes
BAMAKO
Bamako
SÉGOU
Ségou
SIKASSO
Sikasso
MOPTI
KOSSI
HOUET
Bobo Dioulasso
LIBERIA
Monrovia
Buchanan
Harper
COSTA DE MARFIL
Bouake
Yamoussoukro
Abidján
Man
Daloa
OCÉANO ATLÁNTICO
Costa de la Pimienta
Costa de Marfil
Alt.
Prof.
m.
ft.
6000 19700
4000 13000
2000 6500
1500 5000
1000 3300
500 1600
200 700
-0-
© HAMMOND WORLD ATLAS CORPORATION H - 1058
Población
Má de 2,000,000
1,000,000 - 1,999,999
500,000 - 999,999
250,000 - 499,999
100,000 - 249,999
30,000 - 99,999
10,000 - 29,999
Menos de 10,000

África Sudoccidental

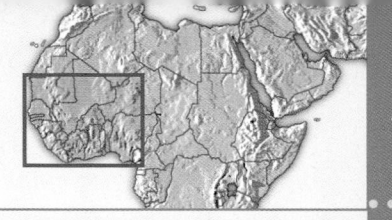

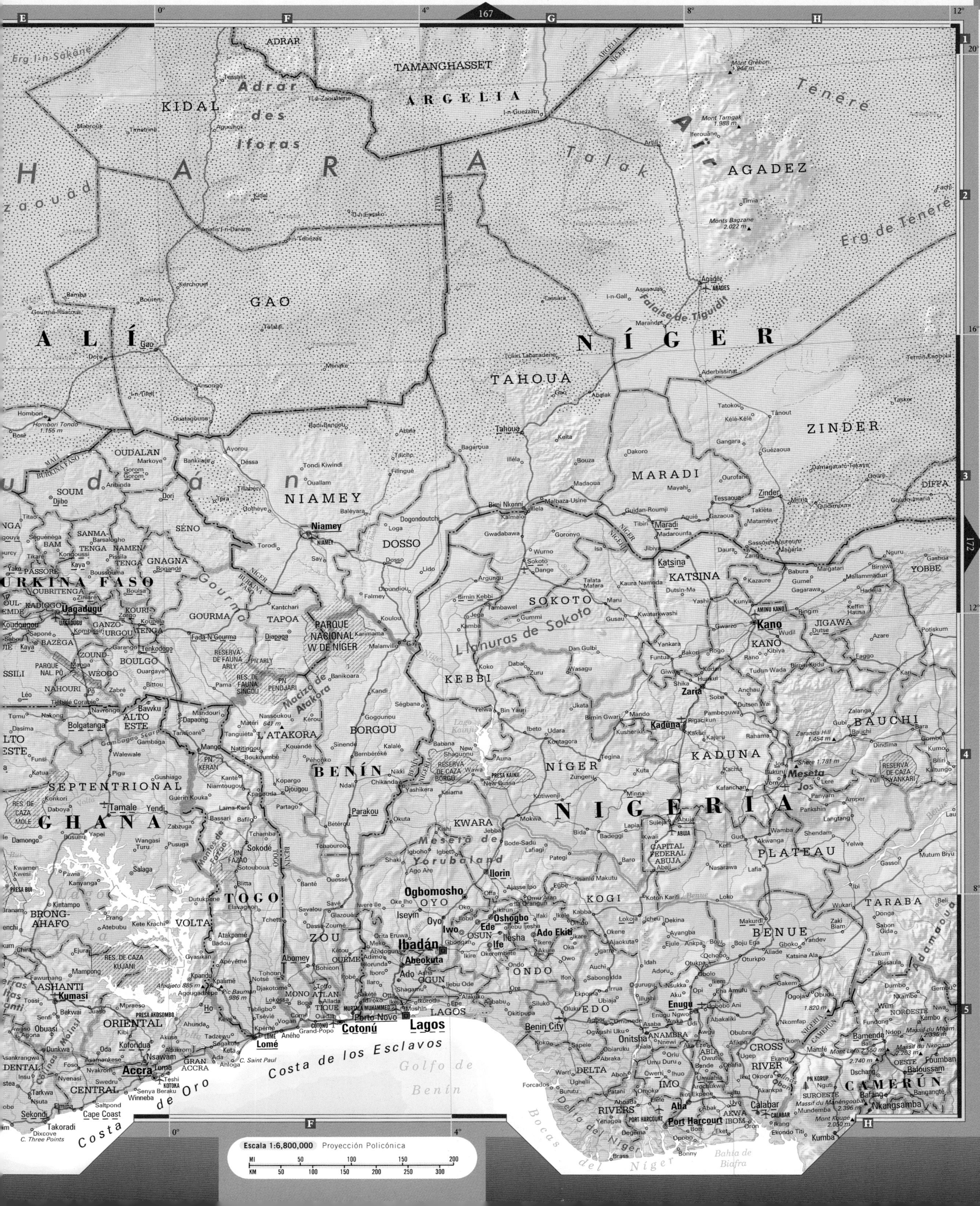
ARGELIA
TAMANGHASSET
ADRAR
KIDAL
Adrar des Iforas
GAO
MALÍ
NÍGER
AGADEZ
Aïr
Ténéré
Erg de Ténéré
Talak
Falaise de Tiguidit
TAHOUA
ZINDER
MARADI
DIFFA
NIAMEY
Niamey
DOSSO
TILLABÉRI
BURKINA FASO
Uagadugu
SAHEL
GOURMA
TAPOA
PARQUE NACIONAL W DE NÍGER
GHANA
Tamale
Kumasi
Accra
SEPTENTRIONAL
ASHANTI
BRONG-AHAFO
VOLTA
ORIENTAL
CENTRAL
TOGO
Lomé
BENÍN
Cotonú
Porto Novo
L'ATAKORA
BORGOU
ZOU
OUÉMÉ
Macizo de Atakora
NIGERIA
Lagos
Ibadán
Abeokuta
Ogbomosho
Ilorin
Kano
Kaduna
Zaria
Sokoto
Katsina
Abuja
CAPITAL FEDERAL ABUJA
Jos
Meseta de Jos
Enugu
Port Harcourt
Benin City
Calabar
SOKOTO
KATSINA
KANO
JIGAWA
YOBBE
BAUCHI
KADUNA
KEBBI
NÍGER
KWARA
PLATEAU
KOGI
BENUE
TARABA
OYO
OGUN
ONDO
OSUN
EDO
DELTA
RIVERS
IMO
ANAMBRA
ABIA
CROSS RIVER
LAGOS
Llanuras de Sokoto
Meseta de Yorubaland
Lago Kainji
CAMERÚN
Adamaoua
Costa de los Esclavos
Golfo de Benín
Costa de Oro
Bocas del Níger
Bahía de Biafra
Escala 1:6,800,000 Proyección Policónica
MI 0 50 100 150 200
KM 0 50 100 150 200 250 300

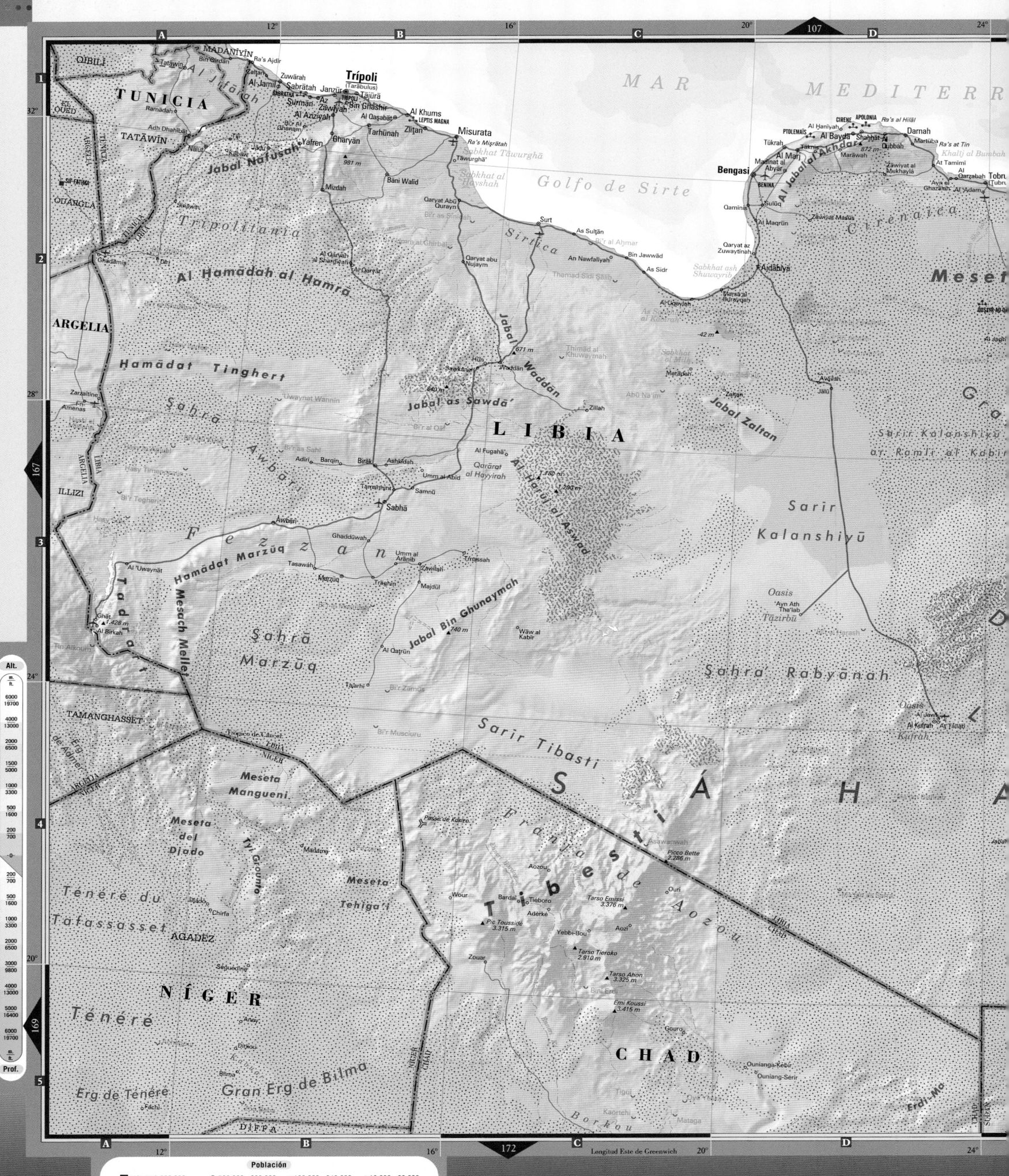

Población

■ Más de 2,000,000	⊙ 500,000 - 999,999	⊙ 100,000 - 249,999	⊙ 10,000 - 29,999
■ 1,000,000 - 1,999,999	⊙ 250,000 - 499,999	⊙ 30,000 - 99,999	∘ Menos de 10,000

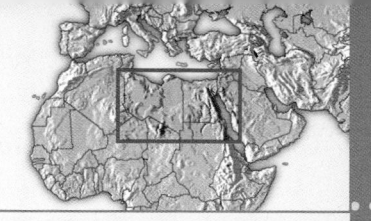

Longitud Este de Greenwich

Población

■ Más de 2,000,000	◉ 500,000 - 999,999	◉ 100,000 - 249,999	◦ 10,000 - 29,999
▣ 1,000,000 - 1,999,999	◎ 250,000 - 499,999	◎ 30,000 - 99,999	· Menos de 10,000

Alt.

m.
ft.
6000 / 19700
4000 / 13000
2000 / 6500
1500 / 5000
1000 / 3300
500 / 1600
200 / 700
0
200 / 700
500 / 1600
1000 / 3300
2000 / 6500
3000 / 9800
4000 / 13000
5000 / 16400
6000 / 19700
m. / ft.

Prof.

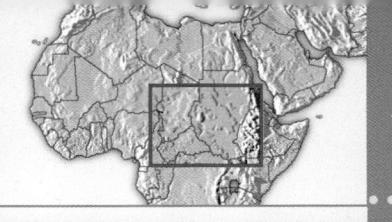

Escala 1:6.800.000 Proy. Cónica Conf. de Lambert

| MI | 50 | 100 | 150 | 200 |
| KM | 50 | 100 | 150 | 200 | 250 | 300 |

© HAMMOND WORLD ATLAS CORPORATION

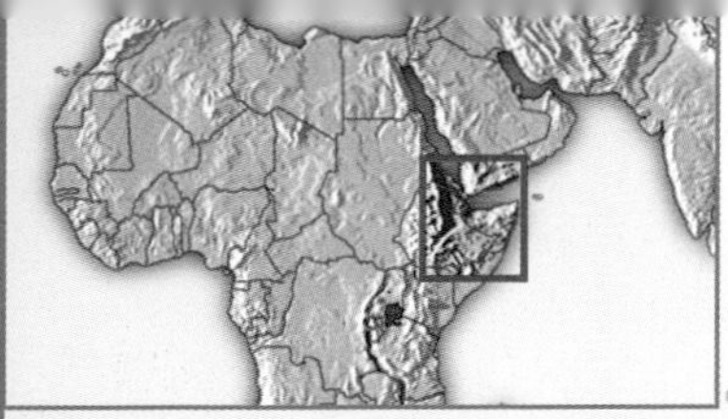

Etiopía, Somalia

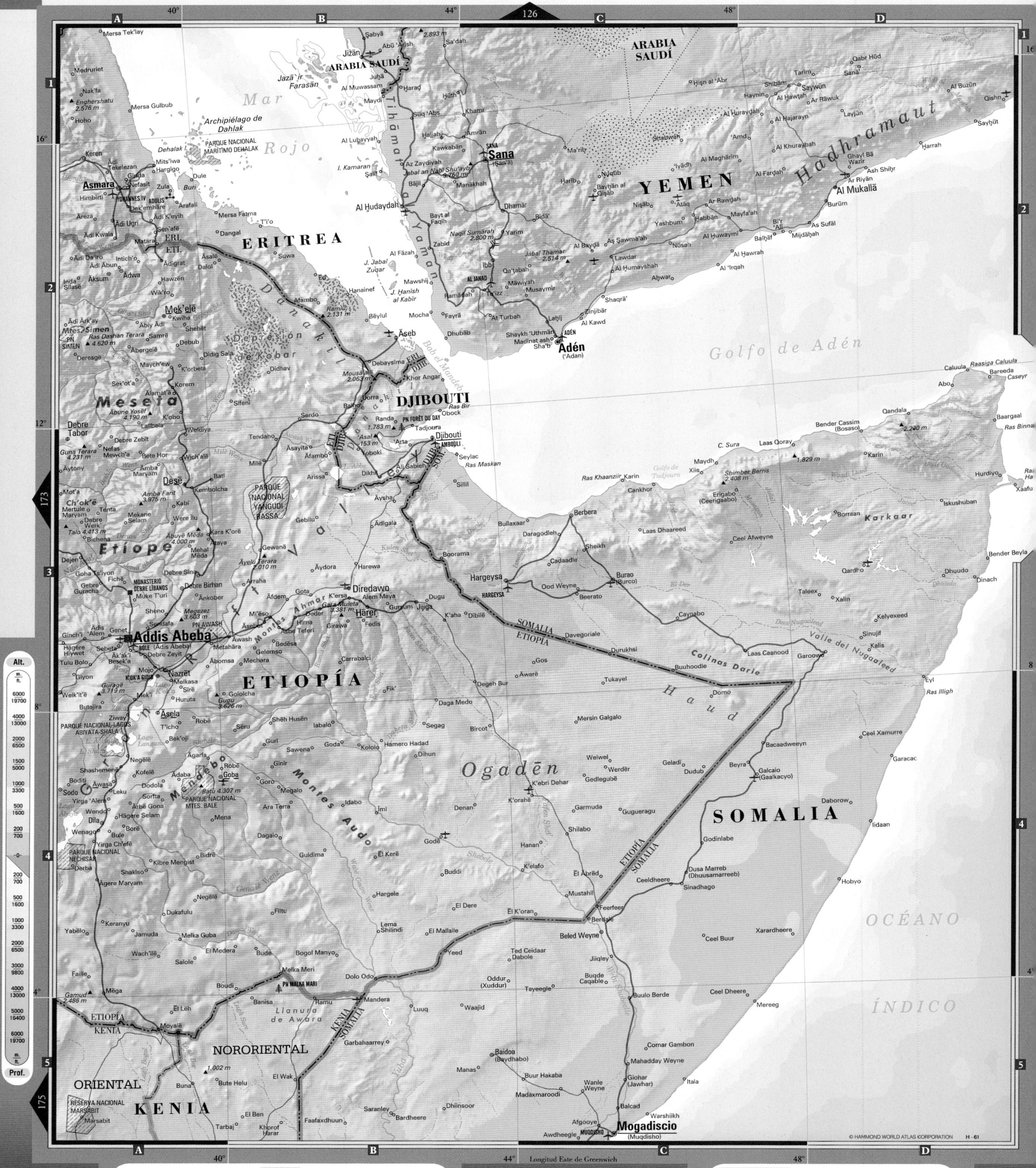

Población

■ Más de 2,000,000	● 500,000 - 999,999	◎ 100,000 - 249,999	⊙ 10,000 - 29,999
▣ 1,000,000 - 1,999,999	◉ 250,000 - 499,999	⊚ 30,000 - 99,999	∘ Menos de 10,000

Escala 1:6,800,000   Proy. Cónica Conf. de Lambert

MI   50   100   150   200
KM   50   100   150   200   250   300

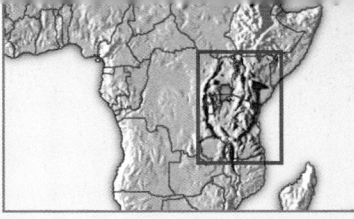

174

UGANDA

SOMALIA

Mogadiscio (Muqdisho)

KENIA

ORIENTAL

RIFT VALLEY

NORORIENTAL

Kampala

Nairobi

CENTRAL

NYANZA

MARA

COSTA

Mwanza

MWANZA

SHINYANGA

ARUSHA

KILIMANJARO

Arusha

Moshi

Mombasa

TABORA

SINGIDA

TANGA

Tanga

PEMBA

Dodoma
DODOMA

TANZANIA

ZANZIBAR NORTE
ZANZIBAR OESTE
ZANZIBAR SUR

Zanzíbar (Kisauni)

Dar es Salam

MOROGORO

Morogoro

PWANI

MBEYA

Mbeya

RUKWA

IRINGA

Iringa

RESERVA DE CAZA SELOUS

LINDI

Lindi

SEPTEN-TRIONAL

MALAWI

Mzuzu

ZAMBIA

RUVUMA

MTWARA

CABO DELGADO

MOZAMBIQUE

COMORES
Gran Comore

OCÉANO ÍNDICO

Lago Victoria

Lago Turkana

Lago Malawi (Nyasa)

Ecuador

Longitud Este de Greenwich

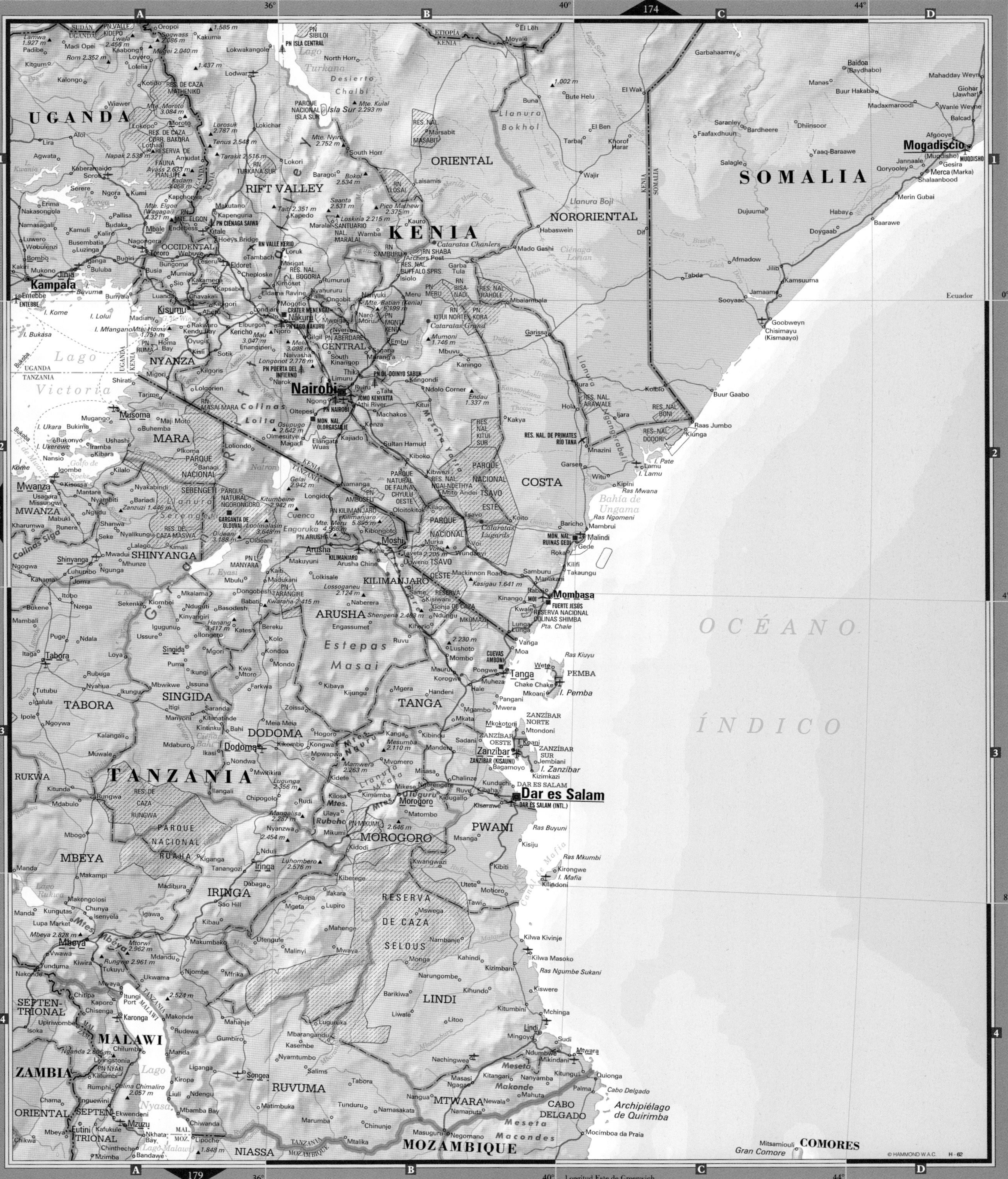

Población
- ■ Más de 2,000,000
- ■ 1,000,000 - 1,999,999
- ● 500,000 - 999,999
- ● 250,000 - 499,999
- ◉ 100,000 - 249,999
- ○ 30,000 - 99,999
- ⊙ 10,000 - 29,999
- ○ Menos de 10,000

Escala 1:6,800,000 Proy. Cónica Conf. de Lambert

MI 50   100   150   200
KM 50 100 150 200 250 300

Alt.
m.
ft.
6000 / 19700
4000 / 13000
2000 / 6500
1500 / 5000
1000 / 3300
500 / 1600
200 / 700
0
200 / 700
500 / 1600
1000 / 3300
2000 / 6500
3000 / 9800
4000 / 13000
5000 / 16400
6000 / 19700
m.
Prof.

© HAMMOND W.A.C.   H-62

NIGERIA

Delta del Níger

Bahía de Biafra

Golfo de Guinea

SANTO TOMÉ Y PRÍNCIPE

Príncipe

Santo Tomé

OCÉANO ATLÁNTICO

CAMERÚN

Duala

Yaundé

GUINEA ECUATORIAL

RÍO MUNI

Libreville

GABÓN

Port-Gentil

Pointe-Noire

CABINDA (ANGOLA)

Cabinda

CONGO

Brazzaville

KINSHASA

D.R. Congo

D.R. CONGO

Matadi

ZAIRE

Luanda

BENGO

ANGOLA

BIÉ

REPÚBLICA CENTROAFRICANA

BANDUNDU

MALANJE

LUNDA NORTE

© HAMMOND WORLD ATLAS CORPORATION

Población

Más de 2,000,000 | 500,000 - 999,999 | 100,000 - 249,999 | 10,000 - 29,999
1,000,000 - 1,999,999 | 250,000 - 499,999 | 30,000 - 99,999 | Menos de 10,000

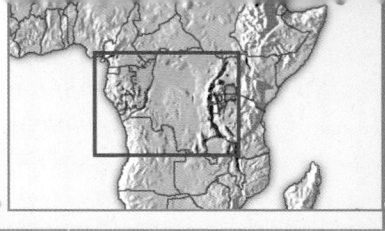

Escala 1:6,800,000 Proy. Cónica Conf. de Lambert

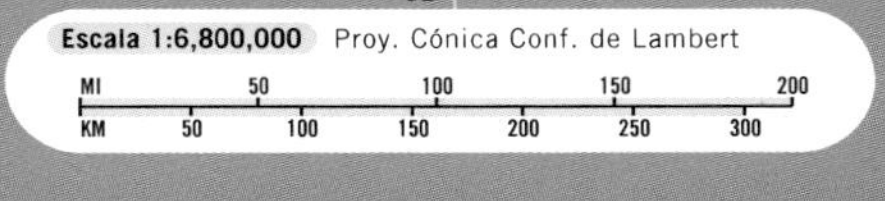

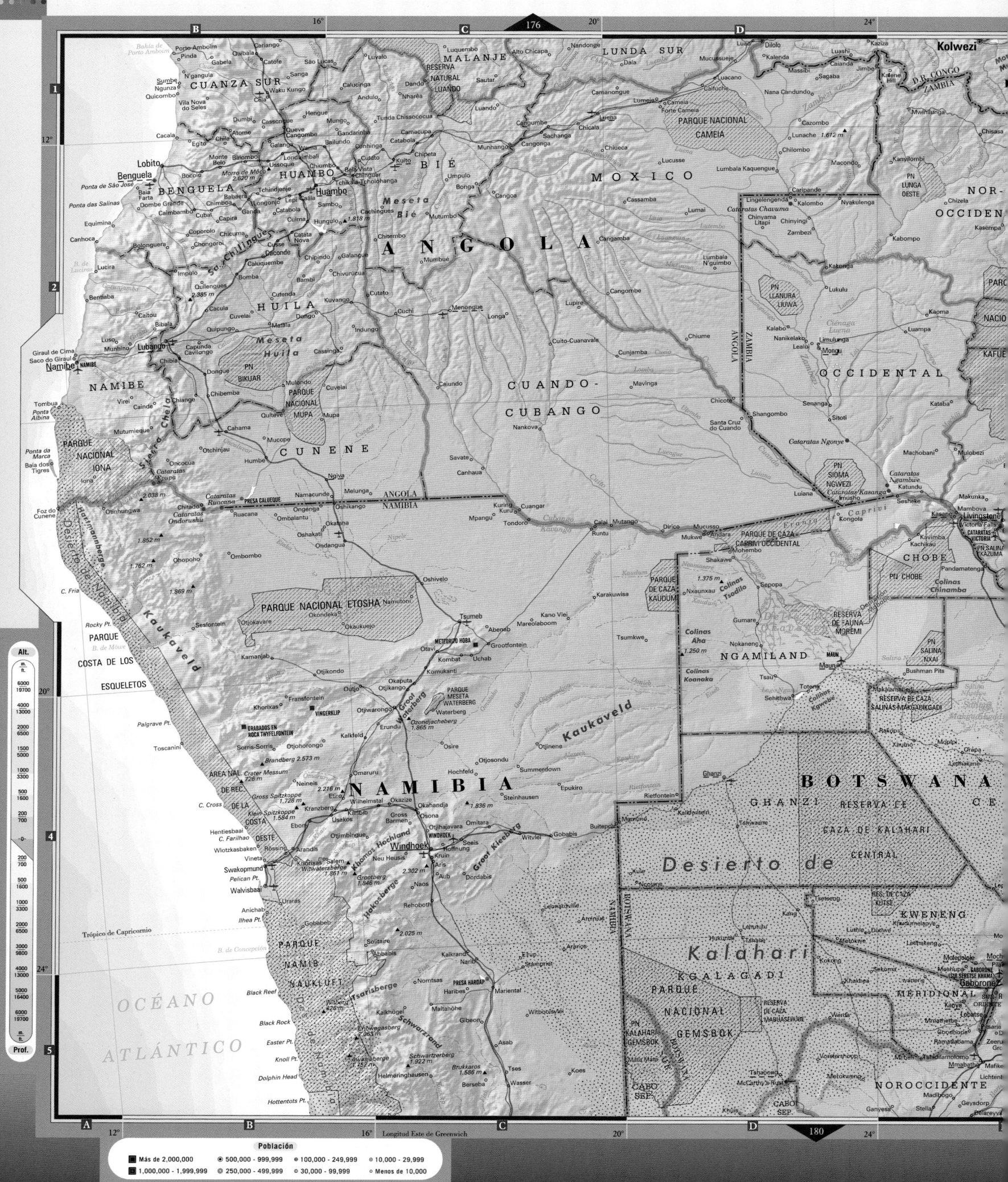

Población

- ■ Más de 2,000,000
- ■ 1,000,000 - 1,999,999
- ● 500,000 - 999,999
- ◉ 250,000 - 499,999
- ● 100,000 - 249,999
- ◉ 30,000 - 99,999
- ⊙ 10,000 - 29,999
- ○ Menos de 10,000

África Sudcentral

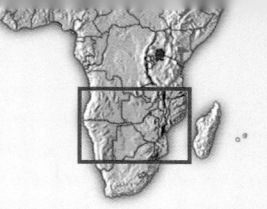

177
181
F
G
H
J
28°
32°
36°
40°
20°
24°
TANZANIA
ZAMBIA
MALAWI
MOZAMBIQUE
ZIMBABWE
REPÚBLICA SURAFRICANA
SWAZILANDIA
BOTSWANA
Lusaka
Lilongwe
Harare
Maputo
Lubumbashi
Ndola
Kitwe
Blantyre
Zomba
Beira
Bulawayo
Pretoria
Johannesburgo
Soweto
Nampula
Quelimane
Inhambane
Tete
Chipata
Kabwe
Mbabane
NIASSA
CABO DELGADO
NAMPULA
ZAMBÉZIA
TETE
SOFALA
MANICA
INHAMBANE
GAZA
MAPUTO
COPPERBELT
CENTRAL
LUAPULA
SEPTENTRIONAL
ORIENTAL
LUSAKA
MERIDIONAL
MASHONALAND CENTRAL
MASHONALAND OESTE
MASHONALAND ESTE
MANICALAND
MIDLANDS
MASVINGO
MATABELELAND NORTE
MATABELELAND SUR
LIMPOPO
MPUMALANGA
GAUTENG
Canal de Mozambique
OCÉANO ÍNDICO
Trópico de Capricornio
Isla Europa (REUNIÓN)
Bassas da India (REUNIÓN)
Escala 1:6,800,000
Proy. Cónica Conf. de Lambert
MI 0 50 100 150 200
KM 0 50 100 150 200 250 300
© HAMMOND WORLD ATLAS CORPORATION H - 64

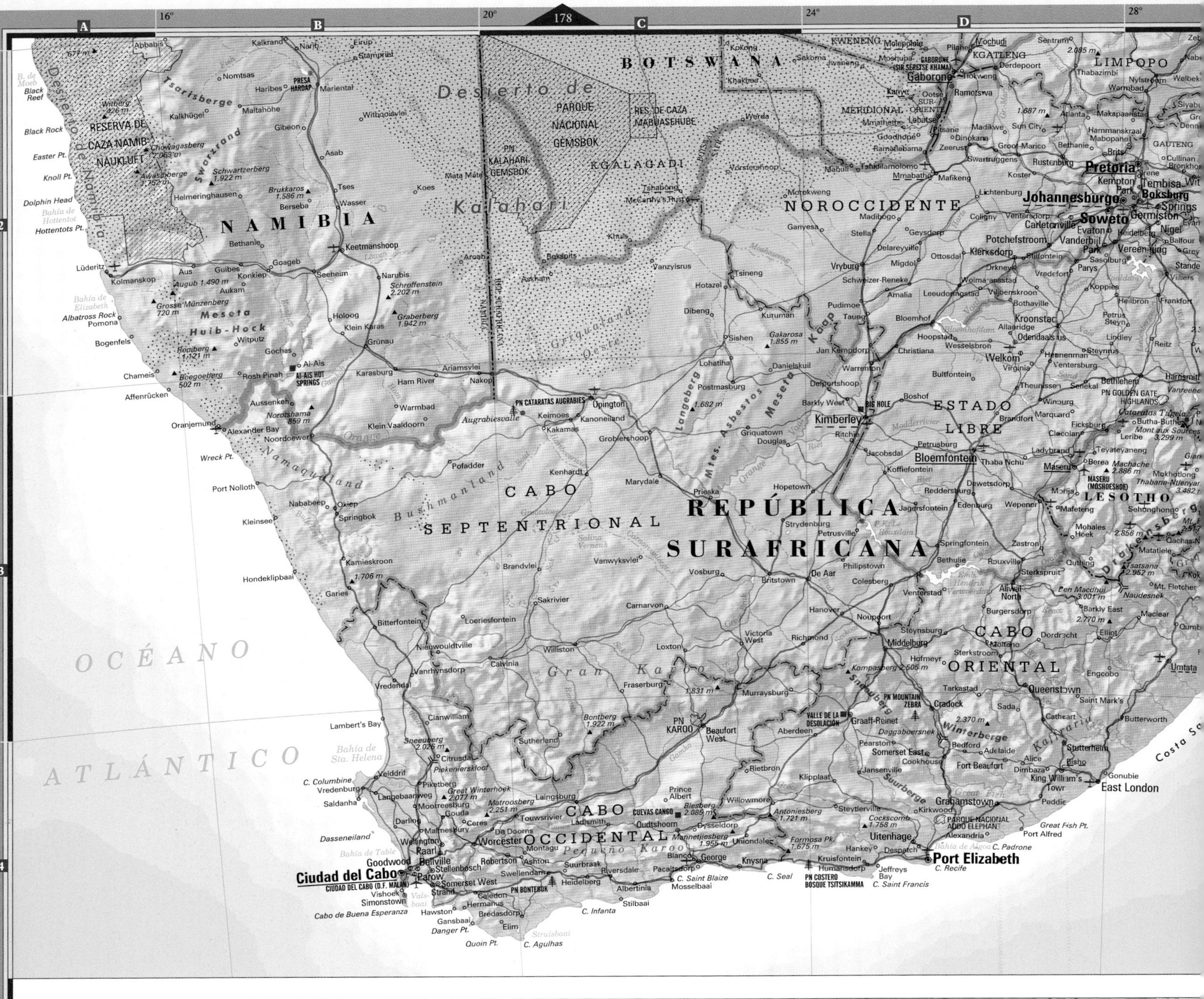

Población

■ Más de 2,000,000	◉ 500,000 - 999,999	◎ 100,000 - 249,999	◦ 10,000 - 29,999
■ 1,000,000 - 1,999,999	◉ 250,000 - 499,999	◎ 30,000 - 99,999	∘ Menos de 10,000

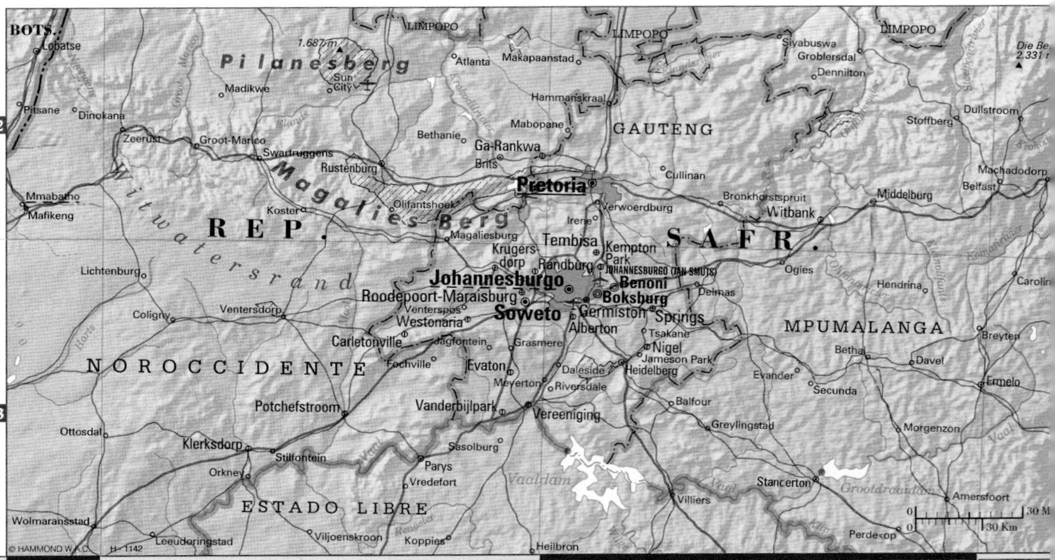

179

MOZAMBIQUE
INHAMBANE
GAZA
MAPUTO
PN KRUGER
Maputo
MAPUTO (INTERNACIONAL)
Cabo das Correntes
Ponta Závora
Ponta do Ouro
Botelerpunt
Cabo de Santa Maria

Mbabane
SWAZILANDIA
Manzini (MATSAPA)

KWAZULU-NATAL

Durban (LOUIS BOTHA)

Lago Sta. Lucía
Leven Pt.
Kaap Vidal
St. Lucia Estuary
C. Saint Lucia
Richard's Bay

Port Shepstone
Uvongo Beach
Margate

COMORES
Mitsamiouli
MAHAYA Gran Comore
MORONI
Moroni
Foumbouni
Mutsamudu Anjouan
Oani Simã Domoni
Mohéli Fomboni Moya
Nioumachoua OUANI
MOHELI
Banco del Geyser

MAYOTTE (FRANCIA)
Mamoutzou Dzaoudzi
Dembeni DZAOUDZI
Sada Bandeli

Islas Gloriosas (REUNIÓN)

Tanjon'i Bobaomby
Andranovondrona
Antsiranana
PN MONTAGNE D'AMBRE 1.475 m
Sadjoavato
Ampisikinana

Tanjon' Androntany
Tampon Ambohitra
Ampombiantambo
Nosy Mitsio
Ambilobe 1.171 m Iharana
Nosy Be
Dzamandzar Beramanja
Andoany
ANTSIRANANA
Ambanja Bemanevika
Marovato Ampanefena
Ambanja Marotaolana Bemanevika
Bealanana Maromokotro 2.876 m Sambava
Befotaka Doany 2.133 m
Analalava Antsambalahy
Ankerika Andapa Antalaha
Antsohihy Anahidrano Antsirabato
Antonibe Narinda Befandriana
Matsoandakana
Mariarano Andasibe Maroantsetra
Mahajanga Bonzini Tsarahonenana Pen. de Masoala
Katsepe Tsinjomitondraka Marovato Ambinanitelo
MAHAJANGA Andohajango Kalandy Rantabe
Mitsinjo Marovoay Ankazomborona Marotandrano Mananara
Soalala Manarantsandry Mampikony Meseta Analamaitso Tanjon'i Masoala
Madirovalo Tsaratanana 1.268 m Sandrakatsy
Ambato Boeny Tsaramandroso Miarinarivo Antanambe
Nosy Chesterfield Ambalajanakomby Mahaboboka Soanierana-Ivongo
Besalampy Maevatanana Antanimenabaka
Mahabe Mahazoma Amboavory Vohimena Fenoarivo-Atsinanana
Tanjona Vilanandro Tanamba Imerimandroso Vavatenina
Juan de Nova (REUNIÓN) Morarano Chrome Ambohitsilaozana
Tambohorano Ambatomainty Andriba Manakambahiny Nosy Ste. Marie
Meseta Ikahavo Kiangara 1.565 m Ambato Ambodifototra
Maintirano Bekodoka Beravina Ambatondrazaka
Betanantanana Kiranomena Ankazobe Andilanatoby
Antsalova Fenoarivo Anjozorobe Andaingo Gara
Nosy Barren (Is. Barren) Ankavandra Soavinandriana **TOAMASINA**
Masoarivo Bekopaka Itondy **TANANARIVE** Ambalarondra Toamasina
Ampefy Mahitsy 1.542 m **Tananarive** Aminananony
Arivonimamo Miarinarivo Anivorano
Manandaza Itasy Moramanga
Miandrivazo ARIVONIMAMO Andramasina
Mandoto Behenjy Ambatolampy Lakato
Belo-Tsiribihina Berevo Ambohimandroso Anosibe an' Ala
Ankazomiricitra Ampitatafika Vatomandry
Antsirabe Antanifotsy
Antsirabe Soanindrariny Ambohimilanja
2.254 m Ilaka Marolambo
Marofandilia Ambatolahy Ambodiharina
Morondava Mahabo Ankilizato Malaimbandy Soavina 1.014 m Ambinanindrano
Belo Befasy Mandronarivo Ambohimpandroso Iakora Mesomeloka
Beronono Mandrosonoro Fandriana Mahazoarivo Nosy-Varika
Mandabe Ambatofinandrahana Vohilava
Andranopasy Marerano Tsitondroina Ambohinihaonana
MADAGASCAR
Bekoropaka Ambahikily Ikalamavony Ranomiena Kianjavato Mananjary
Ambatofinandrahana **Fianarantsoa** Antsenavolo
Morombe Tapandava Manja Beroroha **Ifanadiana** Sindrohy
Ankiliabo Tanandro Ankaramena Ambohimahasoa Namorona
Befandriana Berenty Fanjia Lokomby Manakara
Antanimieva Ankazoabo **FIANARANTSOA** Ambalavao Andémaka
Vondrozo Vohipeno
Andranolava PN DE ISALO 1.304 m Zazafotsy Tangainony Farafangana
Manombo Sakaraha Ranohira Atambohobe Karianga
Ihosy Ivohibe
Maniry Ivohibe Matanga
TOLIARA
Ankililioka Miary Andriandampy Ranotsara Vangaindrano
Andranovory Ianakafy 1.824 m Andranolalina
Toliara Bezaha Benenitra Midongy Atsimo
Ambohimahavelona Tongobory Vohitrambo
Saint-Augustin Betroka Mahabo Befotaka
Betioky Antokonosy Manambondro
Soalara Isoanala Manantenina
Beheloka Soamanonga Gogogogo Berekta Esira Manantenina
Berekta Tsivory
Ejeda Imanombo
Bekily Bekitro 820 m
Ampanihy Tranoroa Behara
Itampolo Antanimora Amboasary
Androka Beloha Ambondro Ambovombe
Tsiombe Antaritarika
Tanjona Vohimena Betanty

OCÉANO ÍNDICO

Canal de Mozambique

Trópico de Capricornio

MAURICIO
C. Malheureux
Triolet Poudre d'Or
Port Louis
Beau Bassin
Quatre Bornes Curepipe
827 m Mahébourg
Rose Belle
SIR SEEWOOSAGUR RAMGOOLAM
Souillac

REUNIÓN (FRANCIA)
Le Port Saint-Denis
GILLOT
Saint-Paul Saint-André
Saint-Benoît
Piton des Neiges 3.069 m
Saint-Leu Pointe des Cascades
Le Bretagne Piton de la Fournaise 2.631 m
Le Tampon
Saint-Louis
Saint-Pierre Saint-Joseph

Arch. de las Mascareñas

MAURICIO
REUNIÓN

30 Mi
30 Km

© HAMMOND WORLD ATLAS CORPORATION H - 1065

Escala 1:6,800,000 Proyección Policónica
MI 50 100 150 200
KM 50 100 150 200 250 300

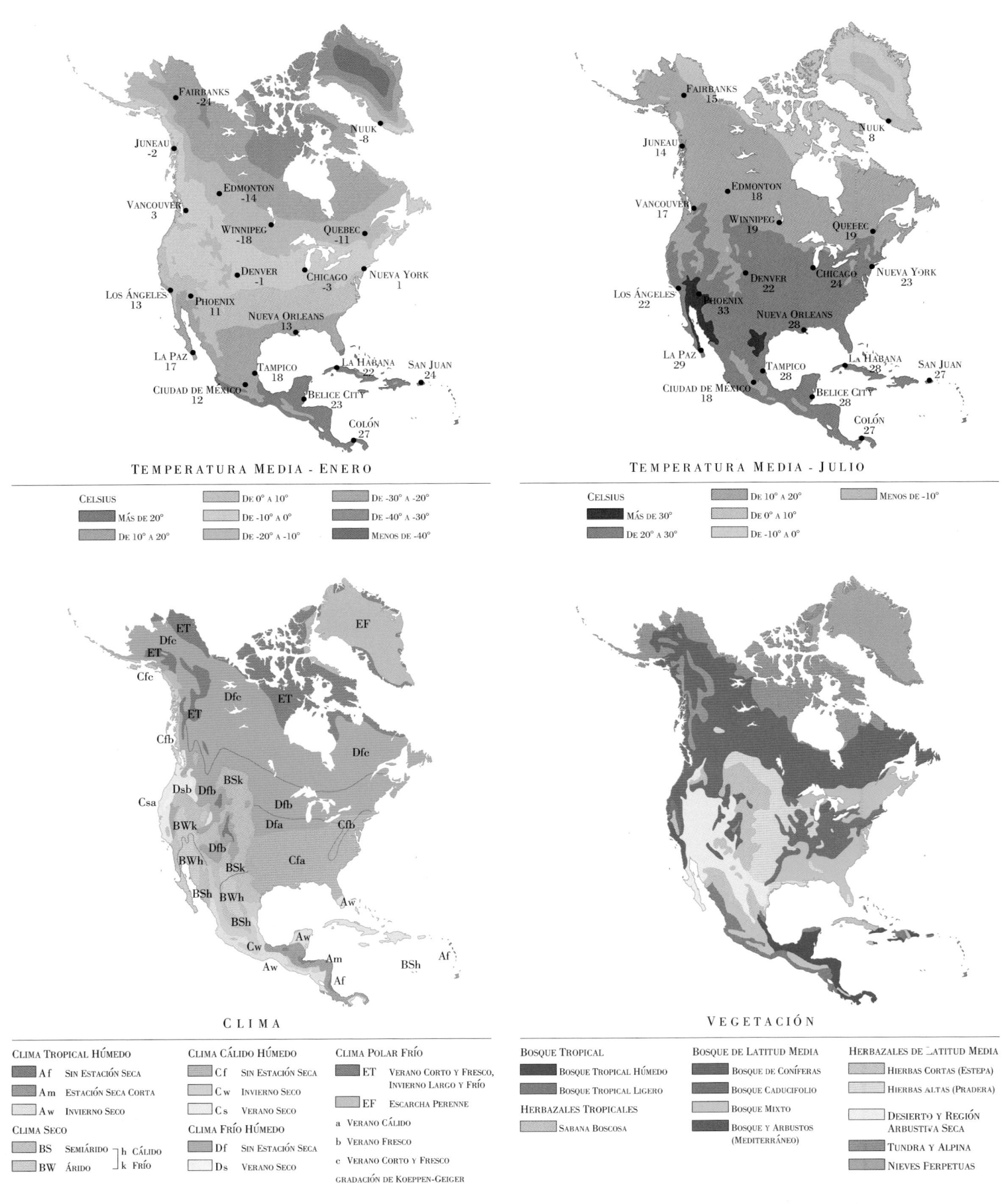

TEMPERATURA MEDIA - ENERO

CELSIUS
DE 0° A 10°   DE -30° A -20°
MÁS DE 20°   DE -10° A 0°   DE -40° A -30°
DE 10° A 20°   DE -20° A -10°   MENOS DE -40°

TEMPERATURA MEDIA - JULIO

CELSIUS
DE 10° A 20°   MENOS DE -10°
MÁS DE 30°   DE 0° A 10°
DE 20° A 30°   DE -10° A 0°

CLIMA

CLIMA TROPICAL HÚMEDO
Af   SIN ESTACIÓN SECA
Am   ESTACIÓN SECA CORTA
Aw   INVIERNO SECO

CLIMA SECO
BS   SEMIÁRIDO   ┐ h CÁLIDO
BW   ÁRIDO   ┘ k FRÍO

CLIMA CÁLIDO HÚMEDO
Cf   SIN ESTACIÓN SECA
Cw   INVIERNO SECO
Cs   VERANO SECO

CLIMA FRÍO HÚMEDO
Df   SIN ESTACIÓN SECA
Ds   VERANO SECO

CLIMA POLAR FRÍO
ET   VERANO CORTO Y FRESCO, INVIERNO LARGO Y FRÍO
EF   ESCARCHA PERENNE
a   VERANO CÁLIDO
b   VERANO FRESCO
c   VERANO CORTO Y FRESCO
GRADACIÓN DE KOEPPEN-GEIGER

VEGETACIÓN

BOSQUE TROPICAL
BOSQUE TROPICAL HÚMEDO
BOSQUE TROPICAL LIGERO

HERBAZALES TROPICALES
SABANA BOSCOSA

BOSQUE DE LATITUD MEDIA
BOSQUE DE CONÍFERAS
BOSQUE CADUCIFOLIO
BOSQUE MIXTO
BOSQUE Y ARBUSTOS (MEDITERRÁNEO)

HERBAZALES DE LATITUD MEDIA
HIERBAS CORTAS (ESTEPA)
HIERBAS ALTAS (PRADERA)
DESIERTO Y REGIÓN ARBUSTIVA SECA
TUNDRA Y ALPINA
NIEVES PERPETUAS

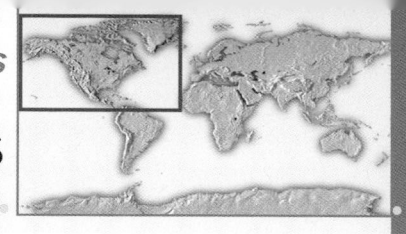
Norteamérica - Comparaciones Geográficas

PRECIPITACIÓN ANUAL MEDIA

CENTÍMETROS		DE 100 A 150		MENOS DE 25
MÁS DE 200		DE 50 A 100		
DE 150 A 200		DE 25 A 50		

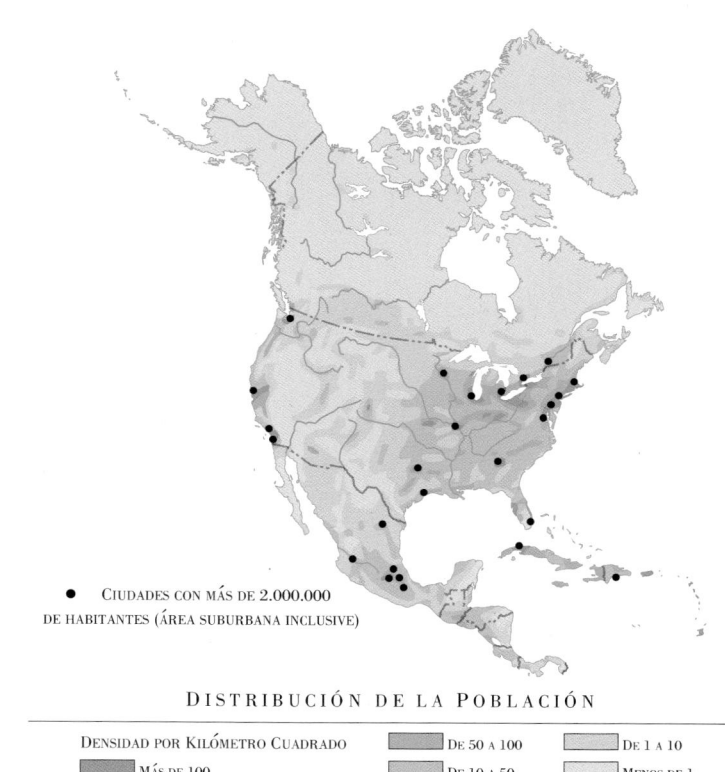

● CIUDADES CON MÁS DE 2.000.000
DE HABITANTES (ÁREA SUBURBANA INCLUSIVE)

DISTRIBUCIÓN DE LA POBLACIÓN

DENSIDAD POR KILÓMETRO CUADRADO		DE 50 A 100		DE 1 A 10
MÁS DE 100		DE 10 A 50		MENOS DE 1

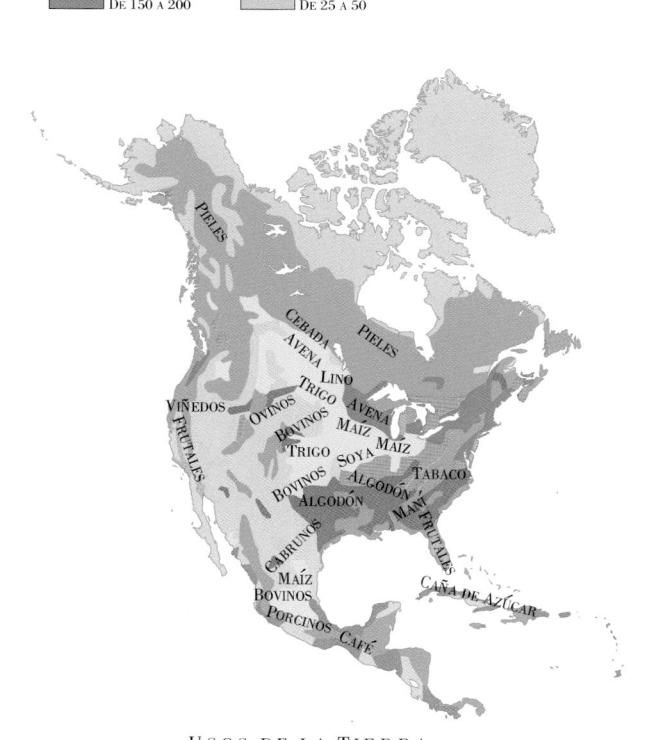

USOS DE LA TIERRA

	CEREALES, GANADO		ALGODÓN Y CULTIVOS ESPECIALES		LÁCTEOS
	GANADERÍA EXTENSIVA Y AGRICULTURA LIMITADA		CULTIVO TROPICALES DIVERSIFICADOS		BOSQUES
	CULTIVOS MIXTOS, GRANJERÍA Y FRUTALES		GRANJERÍA		TIERRAS NO PRODUCTIVAS

RECURSOS MINERALES

ENERGÍA Y
COMBUSTIBLES

◆ CARBÓN
▲ GAS NATURAL
● PETRÓLEO
■ URANIO

HIERRO Y ALEACIONES
DE HIERRO

1 COBALTO
2 MINERAL DE HIERRO
3 MANGANESO
4 MOLIBDENO
5 NÍQUEL
6 TUNGSTENO
7 VANADIO

OTROS PRINCIPALES RECURSOS

1 ANTIMONIO	7 ORO	13 PLATINO
2 ASBESTO	8 GRAFITO	14 POTASA
3 BAUXITA	9 PLOMO	15 PLATA
4 BÓRAX	10 MERCURIO	16 AZUFRE
5 COBRE	11 MICA	17 TITANIO
6 FLUORITA	12 FOSFATOS	18 ZINC

© HAMMOND W.A.C.

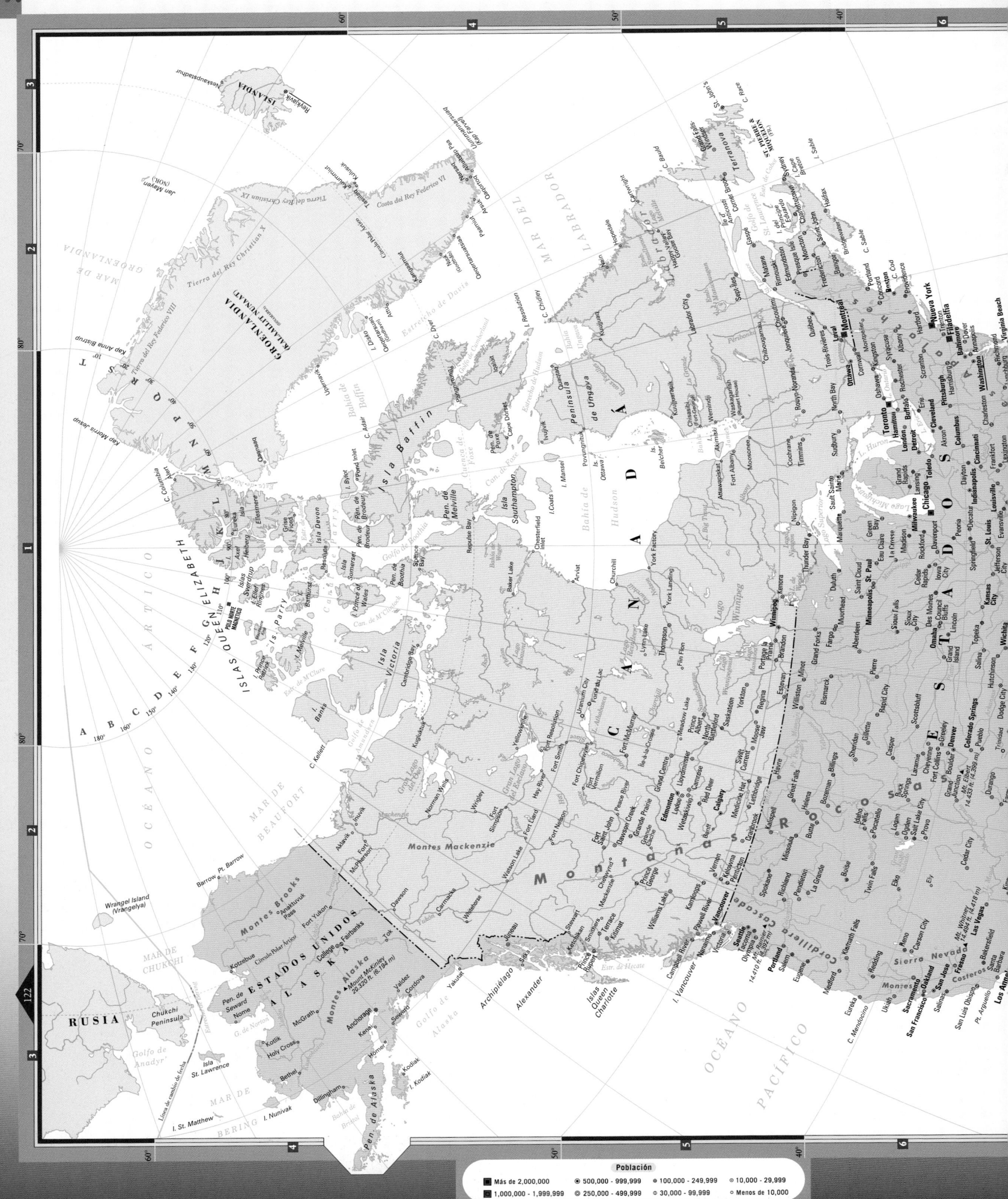

Población

■ Más de 2,000,000	⬤ 500,000 - 999,999	⦿ 100,000 - 249,999	○ 10,000 - 29,999
■ 1,000,000 - 1,999,999	⬤ 250,000 - 499,999	⦿ 30,000 - 99,999	○ Menos de 10,000

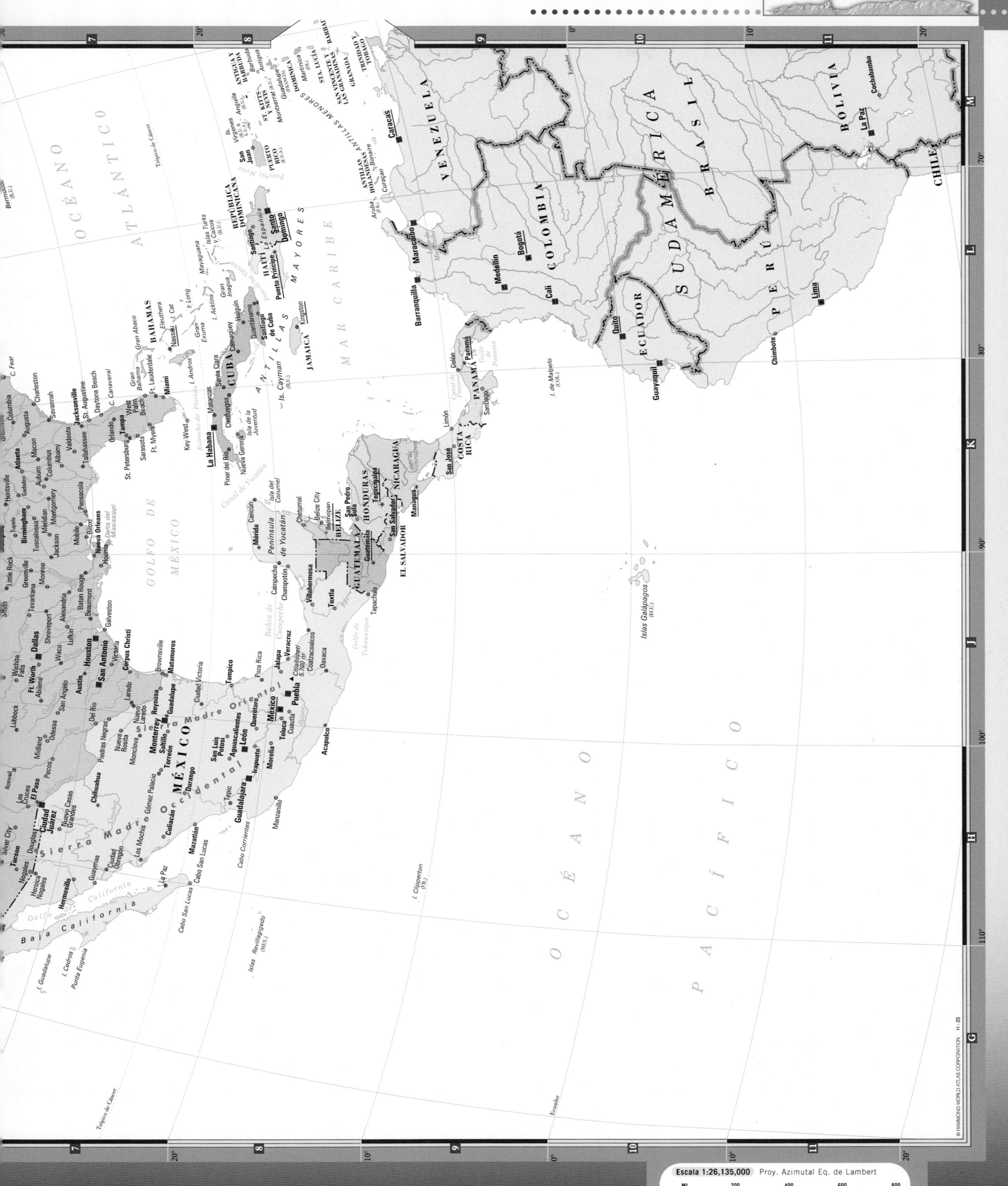

Escala 1:26,135,000   Proy. Azimutal Eq. de Lambert

Map of North America (Canada and Western United States)

Water bodies and seas

MAR DE BEAUFORT
OCÉANO PACÍFICO
Golfo de Alaska
Golfo de Amundsen
Golfo de Boothia
Golfo de Queen Maud
Estrecho de Larsen

Major regions / provinces / territories

ESTADOS UNIDOS
ALASKA
Montes Alaska
TERR. DEL YUKÓN
TERRITORIOS DEL NOROESTE
NUNAVUT
COLUMBIA BRITÁNICA
ALBERTA
SASKATCHEWAN
MANITOBA
Meseta
Mtes. Franklin
Mtes. Mackenzie
Mtes. Caribou
Mtes. Birch
Mtes. Skeena
Montañas Rocosas
WASHINGTON
OREGÓN
IDAHO
MONTANA
WYOMING
CALIFORNIA
NEVADA
UTAH
DAKOTA DEL NORTE
DAKOTA DEL SUR
NEBRASKA
MINNESOTA
IOWA
WISCONSIN
Gran Cuenca
Meseta de Columbia
ESTADOS UNIDOS
CANADÁ
Isla Banks
Isla Victoria
Isla Prince of Wales
Isla Somerset
Península de Boothia
Península de Prince Albert
Península de Wollaston
Archipiélago Alexander
Islas Queen Charlotte
Isla Vancouver

Cities and places (selection)

Anchorage, Kenai, Cordova, Valdez, Juneau, Sitka, Ketchikan, Prince Rupert, Terrace, Kitimat, Prince George, Vancouver, Victoria, Seattle, Tacoma, Olympia, Portland, Salem, Eugene, Medford, Redding, Eureka, Sacramento, San Francisco, San José, Santa Cruz, Santa Rosa, Reno, Carson City, Salt Lake City, Provo, Boise, Helena, Butte, Bozeman, Billings, Great Falls, Missoula, Spokane, Yakima, Calgary, Edmonton, Red Deer, Lethbridge, Medicine Hat, Banff, Jasper, Saskatoon, Regina, Moose Jaw, Prince Albert, Winnipeg, Brandon, Fargo, Bismarck, Minot, Grand Forks, Aberdeen, Sioux Falls, Rapid City, Pierre, Minneapolis, Saint Paul, Duluth, Rochester, Yellowknife, Hay River, Fort Smith, Fort Chipewyan, Fort McMurray, Churchill, Thompson, Thunder Bay, Whitehorse, Dawson, Fort Nelson, Watson Lake, Inuvik, Tuktoyaktuk, Cambridge Bay, Baker Lake

Parks

PARQUE NACIONAL NAHANNI
PARQUE NACIONAL WOOD BUFFALO
PARQUE NACIONAL PRINCE ALBERT
PARQUE NACIONAL BANFF
PARQUE NACIONAL JASPER
PARQUE NACIONAL YELLOWSTONE
PARQUE NACIONAL GRAND TETON
PARQUE NACIONAL GLACIER
PARQUE NACIONAL YOHO
PARQUE NACIONAL KOOTENAY
PARQUE NACIONAL WATERTON
PN REDWOOD
PN LAGO CRATER
PN LASSEN VOLCÁNICO
PN YOSEMITE
PN MONTE RAINIER
PN NORTH CASCADES
PN OLYMPIC
PN VOYAGEURS
PN BADLANDS
PN ROOSEVELT
PN MONTE RIDING
ZONA NAC. DE REC. BIGHORN CANYON
ZONA NAC. DE REC. FLAMING GORGE
PN GRASSLANDS

Elevation scale (Alt.)

m. / ft.
6000 / 19700
4000 / 13000
2000 / 6500
1500 / 5000
1000 / 3300
500 / 1600
200 / 700
0
Prof.:
200 / 700
500 / 1600
1000 / 3300
2000 / 6500
3000 / 9800
4000 / 13000
5000 / 16400
6000 / 19700

Población
- Más de 2,000,000
- 1,000,000 - 1,999,999
- 500,000 - 999,999
- 100,000 - 499,999
- 50,000 - 99,999
- Menos de 50,000

Coordinates: 150°, 110°, 100°, 120°, 90°, 60°, 50°, 40°
Grid references: A, B, F, G, D, E

215

Escala 1:13,600,000   Proy. Cónica Conf. de Lambert

MI   100   200   300   400

KM   100   200   300   400   500   600

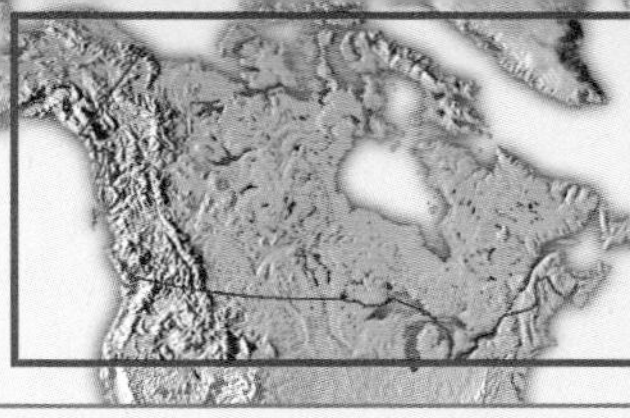

Ver pág. 177 para el mapa de Alaska.

Población

- ■ Más de 2,000,000
- ■ 1,000,000 - 1,999,999
- ◉ 500,000 - 999,999
- ◉ 100,000 - 499,999
- ⊙ 50,000 - 99,999
- ○ Menos de 50,000

© HAMMOND W.A.C.   H - 1158

© HAMMOND W.A.C.   H - 1157

Meseta Laurentian

ONTARIO · CANADÁ · QUEBEC · NUEVO BRUNSWICK · NUEVA ESCOCIA · TERRANOVA · MAINE

MINNESOTA · WISCONSIN · MICHIGAN · IOWA · ILLINOIS · INDIANA · OHIO · MISSOURI · KENTUCKY · TENNESSEE

NUEVA YORK · PENNSYLVANIA · N.J. · DEL. · MD. · VIRGINIA OCC. · VIRGINIA · MASS · CONN. · R.I. · N.H. · VT.

Chicago · Detroit · Cleveland · Columbus · Cincinnati · Indianapolis · St. Louis · Nashville · Memphis

KANSAS · OKLAHOMA · ARKANSAS · LOUISIANA · MISSISSIPPI · ALABAMA · GEORGIA · CAROLINA DEL NORTE · CAROLINA DEL SUR

FLORIDA · Dallas · Houston · San Antonio · Nueva Orleans · Atlanta · Jacksonville · Tallahassee · Orlando · Tampa · Miami

OCÉANO ATLÁNTICO

GOLFO DE MÉXICO

BAHAMAS · Nassau · CUBA · La Habana · HAITÍ · REPÚBLICA DOMINICANA · Santo Domingo

MAR CARIBE · YUCATÁN · QUINTANA ROO · Mérida · Cancún

Trópico de Cáncer

Escala 1:13,600,000   Proy. Cónica Conf. de Lambert

© HAMMOND WORLD ATLAS CORPORATION

COLUMBIA
BRITÁNICA

WASHINGTON

IDAHO

OREGON

OCÉANO

PACÍFICO

Vancouver

Seattle

Portland

Spokane

Tacoma

Olympia

Yakima

Montañas Costeras

Montes del Pacífico

Meseta Interior

Población

■ Más de 2,000.000	● 500.000 - 999.999	● 100.000 - 249.999	○ 10.000 - 29.999
■ 1.000.000 - 1.999.999	● 250.000 - 499.999	○ 30.000 - 99.999	○ Menos de 10.000

Alt.
Prof.

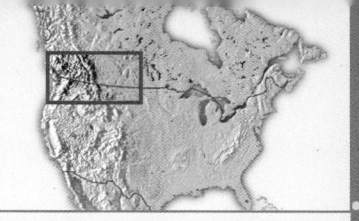

Escala 1:3,400,000   Proy. Cónica Conf. de Lambert

Población

- ■ Más de 2,000,000
- ■ 1,000,000 - 1,999,999
- ◉ 500,000 - 999,999
- ◎ 250,000 - 499,999
- ● 100,000 - 249,999
- ⊚ 30,000 - 99,999
- ⊙ 10,000 - 29,999
- ∘ Menos de 10,000

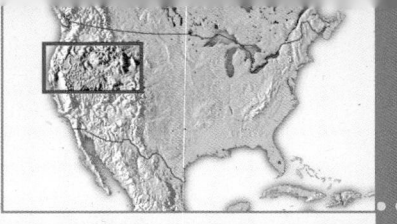

Escala 1:3,400,000   Proy. Cónica Conf. de Lambert

MI   25   50   75   100
KM   25   50   75   100   125   150

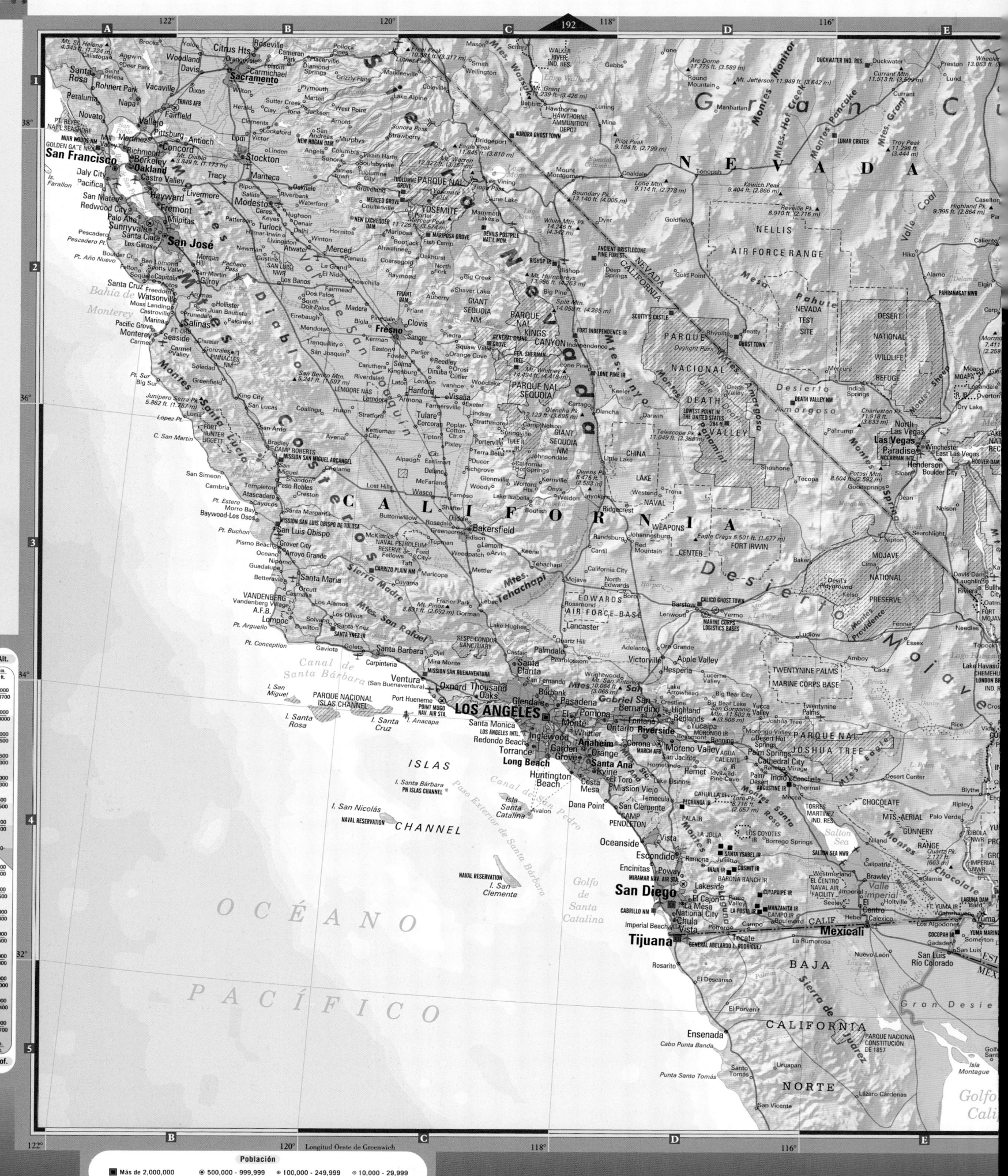

Población

- ■ Más de 2,000,000
- ● 500,000 - 999,999
- ⊙ 100,000 - 249,999
- ○ 10,000 - 29,999
- ■ 1,000,000 - 1,999,999
- ⦿ 250,000 - 499,999
- ⊚ 30,000 - 99,999
- ∘ Menos de 10,000

Estados Unidos Sudoriental

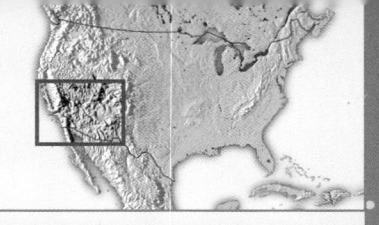

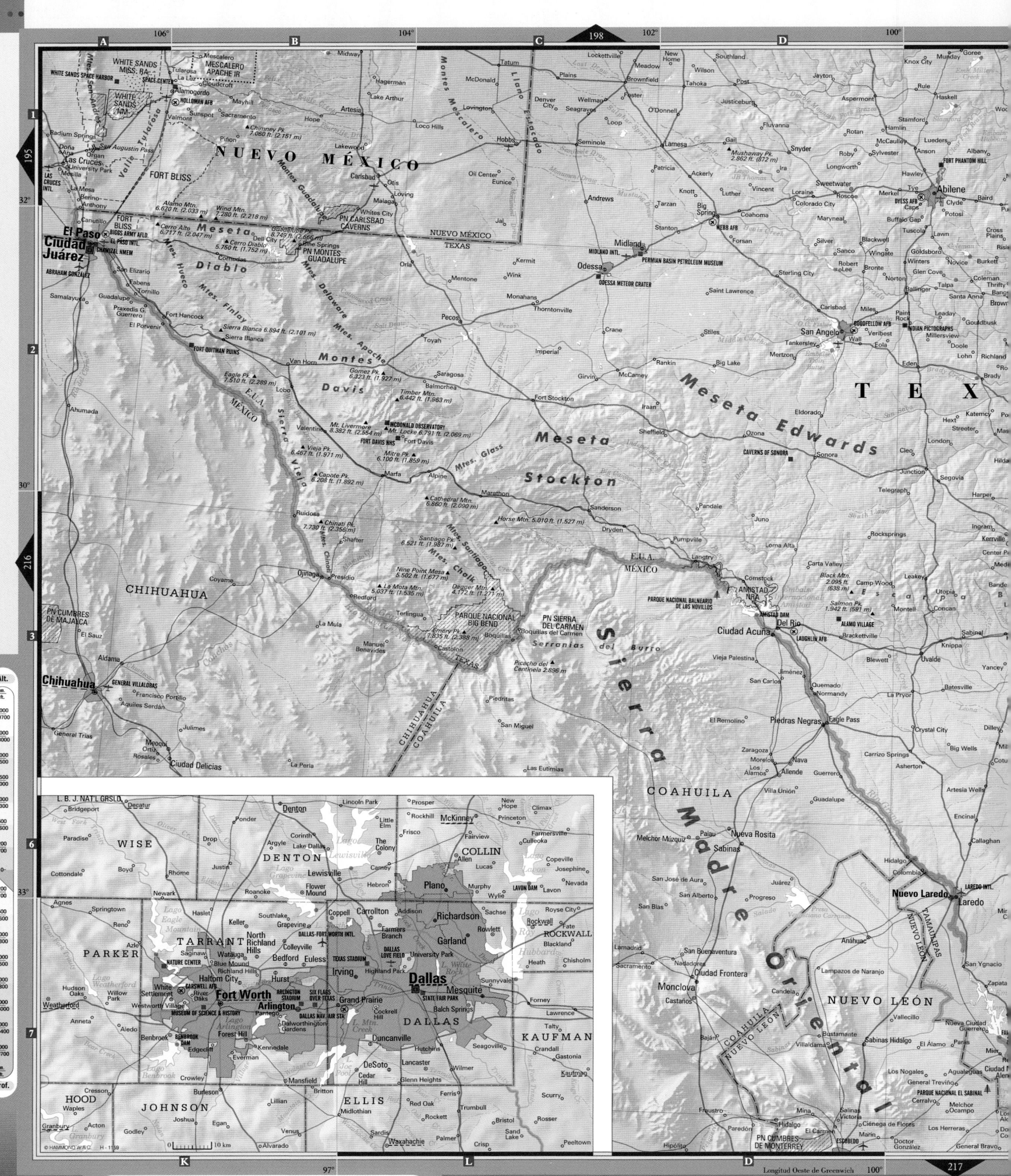

Población

- ■ Más de 2,000,000
- ⦿ 500,000 - 999,999
- ● 100,000 - 249,999
- ⊙ 10,000 - 29,999
- ■ 1,000,000 - 1,999,999
- ⦿ 250,000 - 499,999
- ● 30,000 - 99,999
- ○ Menos de 10,000

Región del Sur de Texas

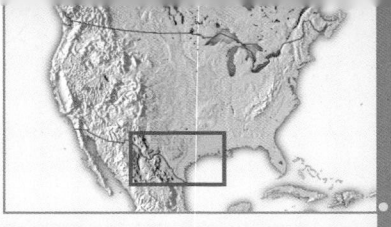

Escala 1:3,400,000   Proy. Cónica Conf. de Lambert

© HAMMOND WORLD ATLAS CORPORATION   H - 1083

© HAMMOND W.A.C.   H - 1160

Población

■ Más de 2,000,000	⊛ 500,000 - 999,999	⊚ 100,000 - 249,999	⊙ 10,000 - 29,999
▦ 1,000,000 - 1,999,999	⊛ 250,000 - 499,999	⊚ 30,000 - 99,999	○ Menos de 10,000

Región de las Grandes Llanuras del Sur

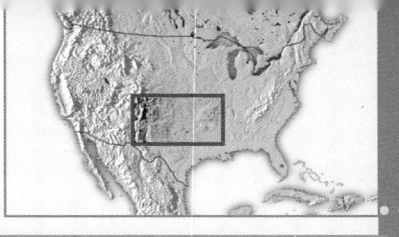

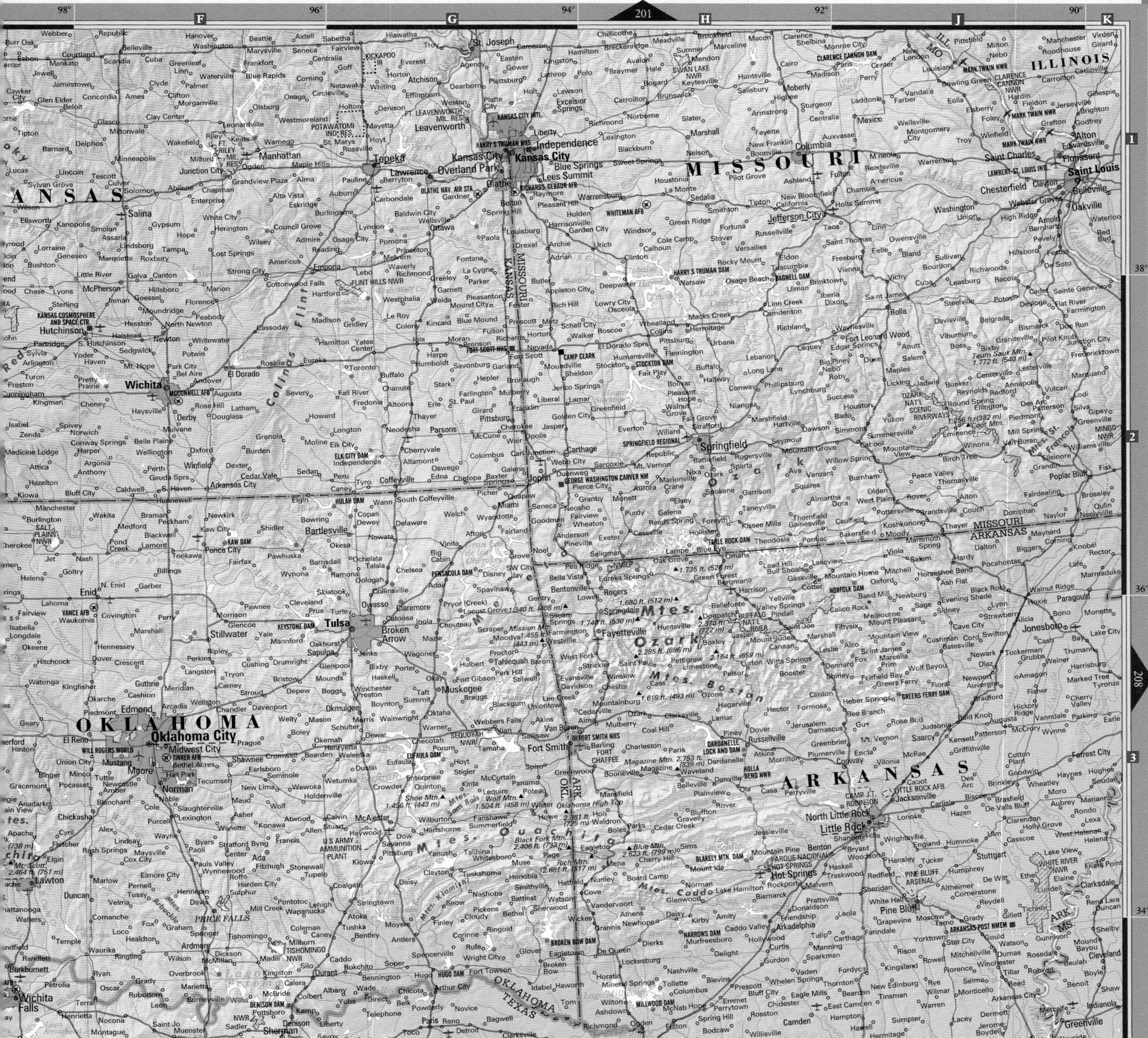

Escala 1:3,400,000   Proy. Cónica Conf. de Lambert

Grandes Llanuras Centrales

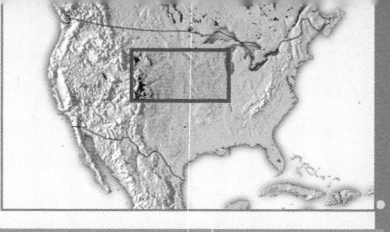

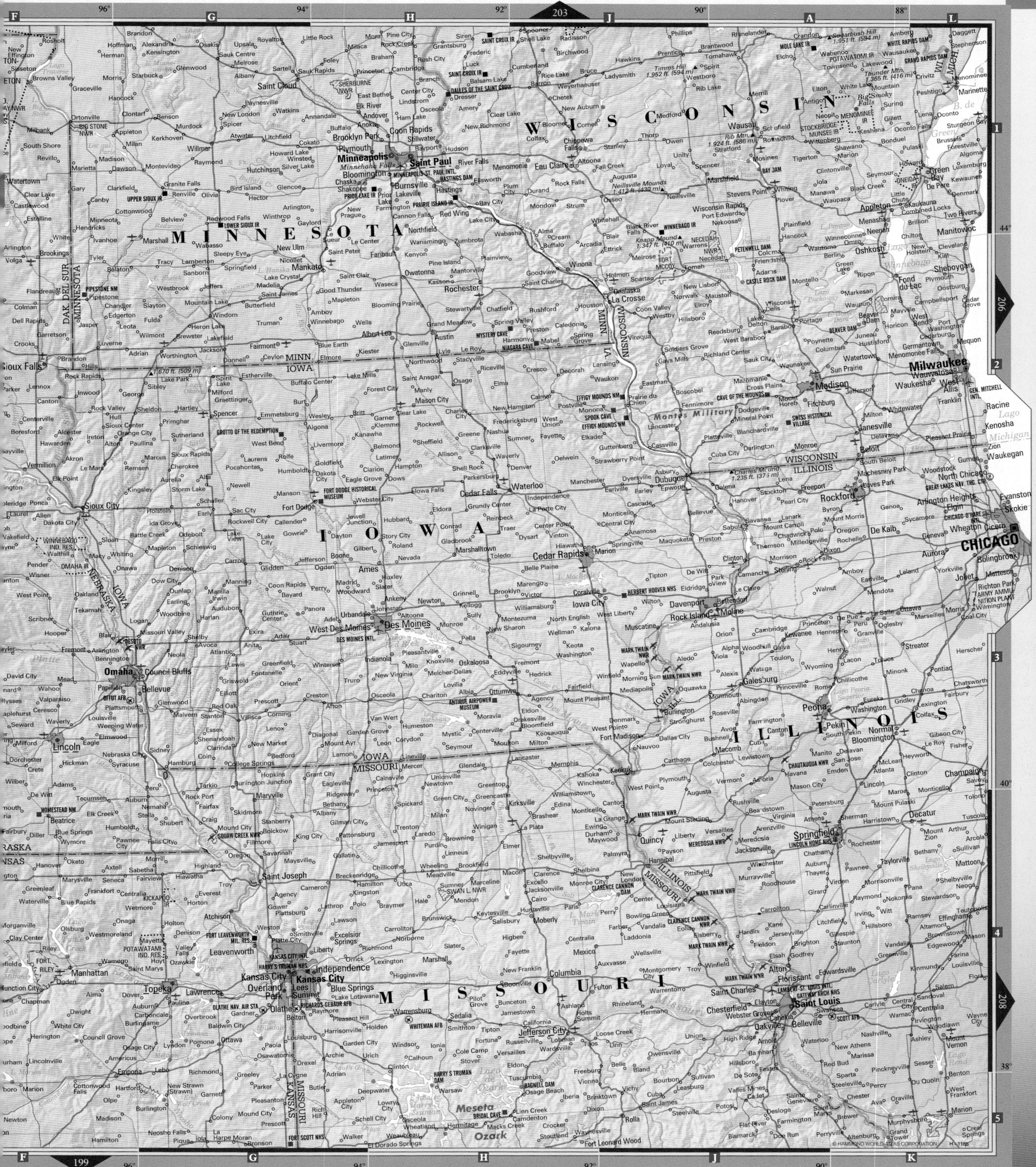

Escala 1:3,400,000   Proy. Cónica Conf. de Lambert

Población

- ■ Más de 2.000.000
- ◉ 500.000 - 999.999
- ◉ 100.000 - 249.999
- ◦ 10.000 - 29.999
- ▪ 1.000.000 - 1.999.999
- ◉ 250.000 - 499.999
- ◦ 30.000 - 99.999
- ◦ Menos de 10.000

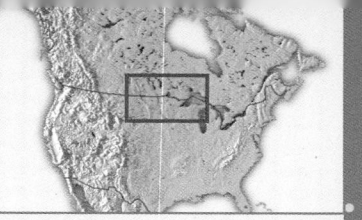

Escala 1:3,400,000 Proy. Cónica Conf. de Lambert

© HAMMOND WORLD ATLAS CORPORATION H-1006

Escala 1:3,400,000   Proy. Cónica Conf. de Lambert

MI 25 50 75 100

KM 25 50 75 100 125 150

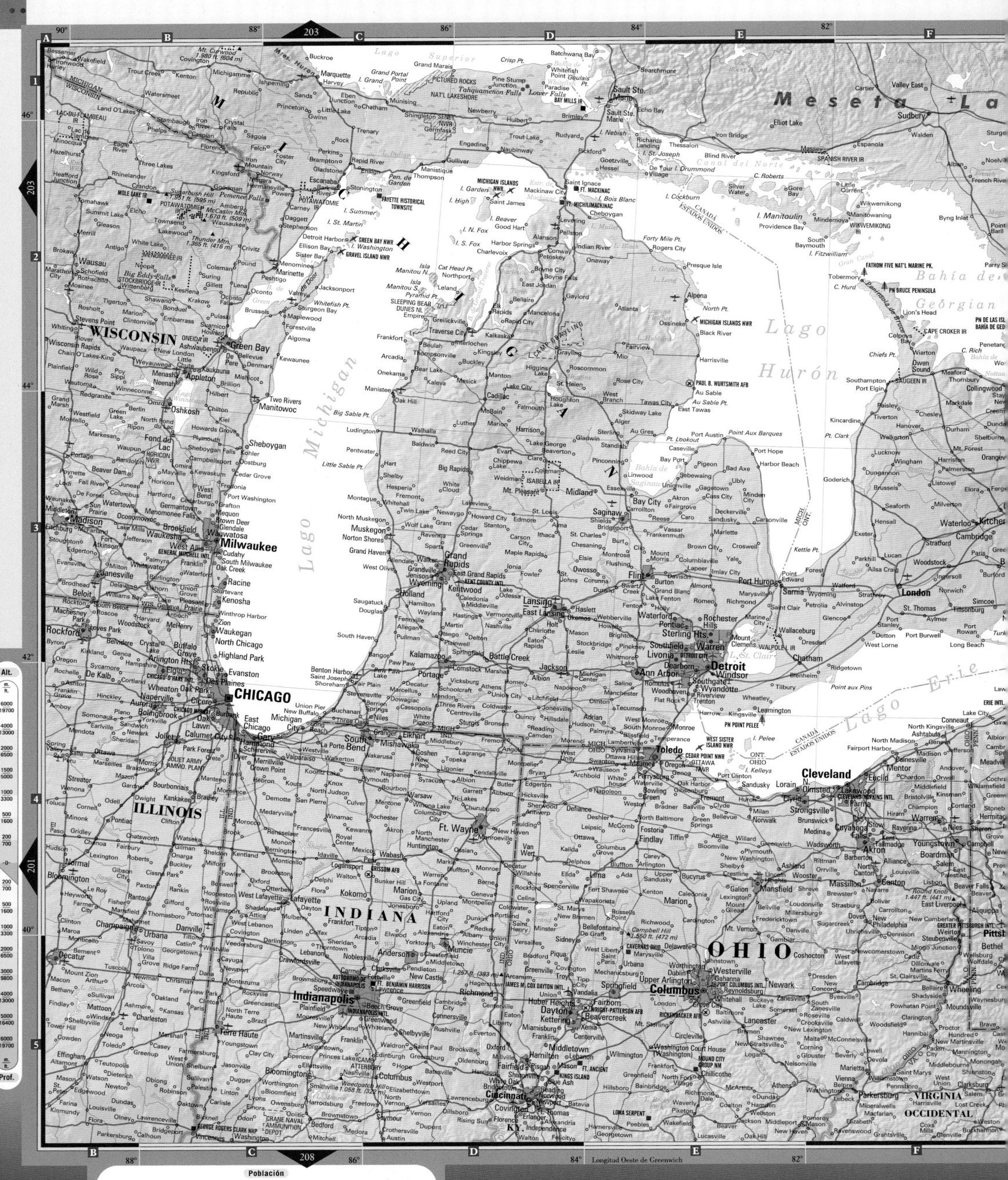

Población

- Más de 2,000,000
- 1,000,000 - 1,999,999
- 500,000 - 999,999
- 250,000 - 499,999
- 100,000 - 249,999
- 30,000 - 99,999
- 10,000 - 29,999
- Menos de 10,000

Región de los Grandes Lagos

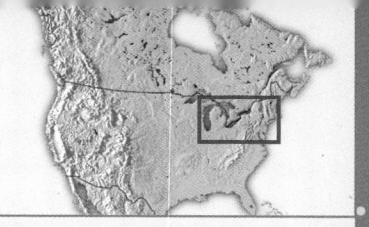

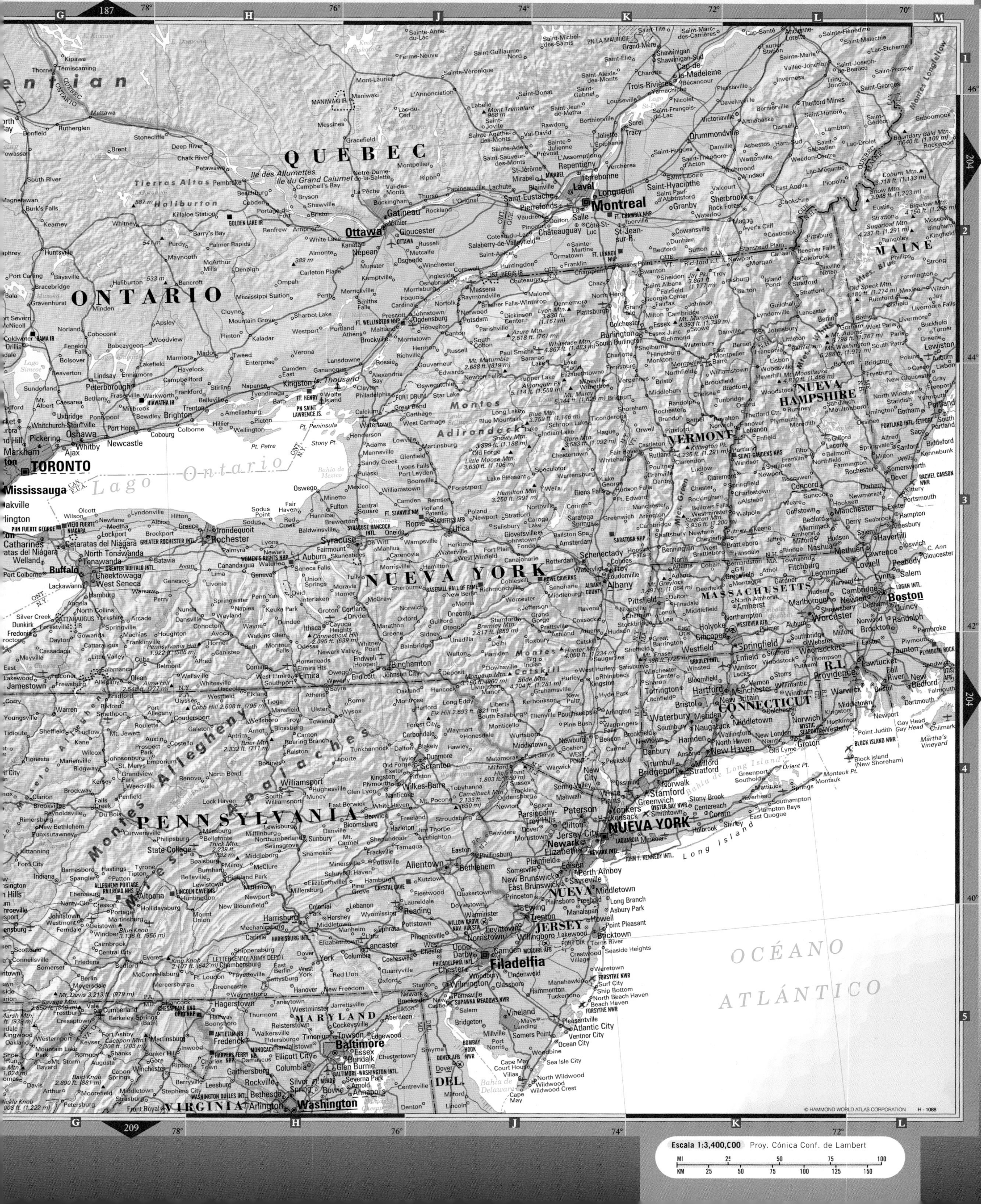

Escala 1:3,400,000   Proy. Cónica Conf. de Lambert

© HAMMOND WORLD ATLAS CORPORATION   H - 1088

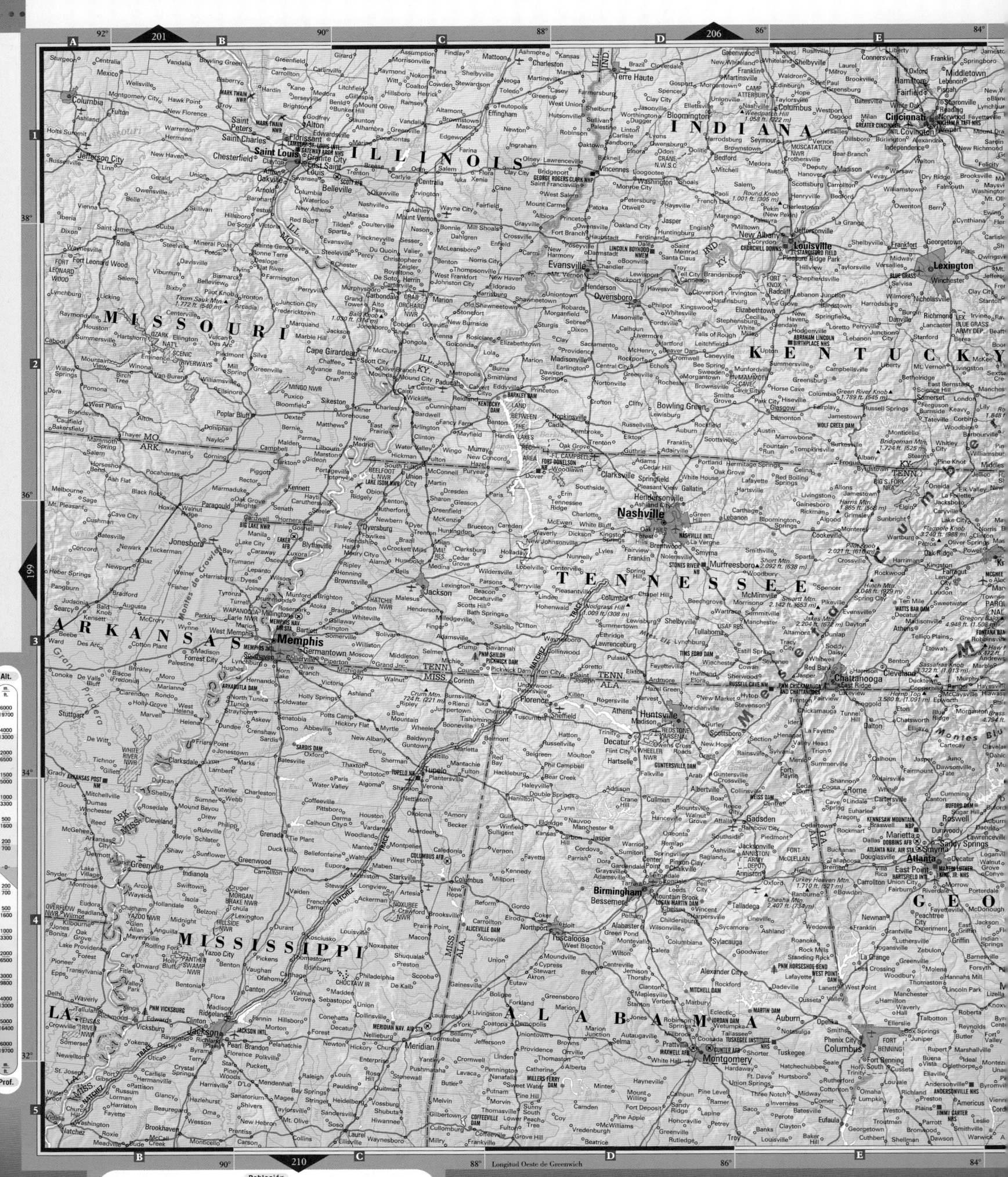

Este Central de Estados Unidos

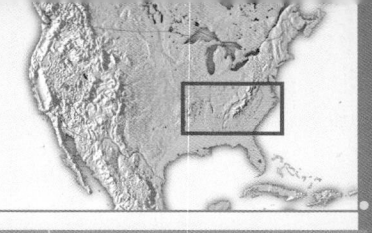

Escala 1:3,400,000 Proy. Cónica Conf. de Lambert

MI   25   50   75   100
KM   25   50   75   100   125   150

Población

■ Más de 2,000,000	◉ 500,000-999,999	◉ 100,000-249,999	◎ 10,000-29,999
■ 1,000,000-1,999,999	◉ 250,000-499,999	◉ 30,000-99,999	◦ Menos de 10,000

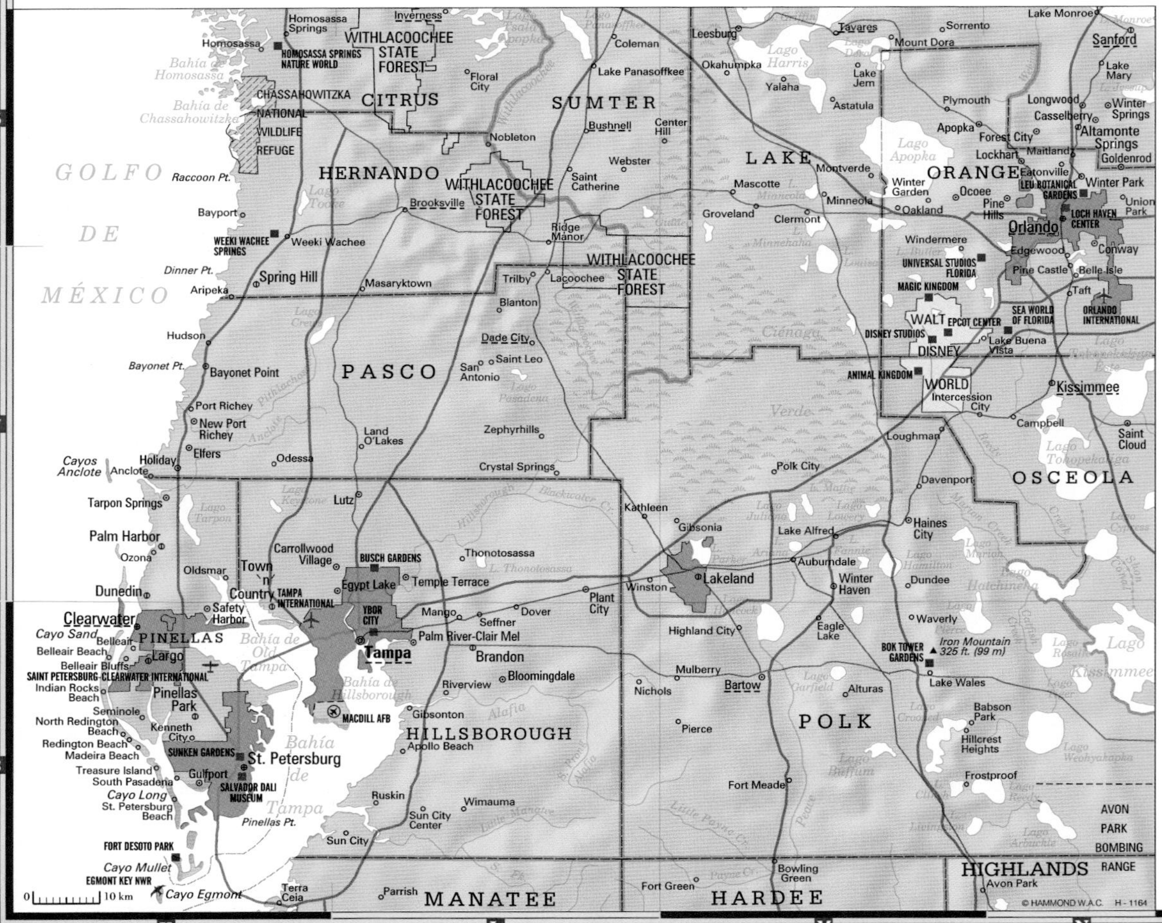

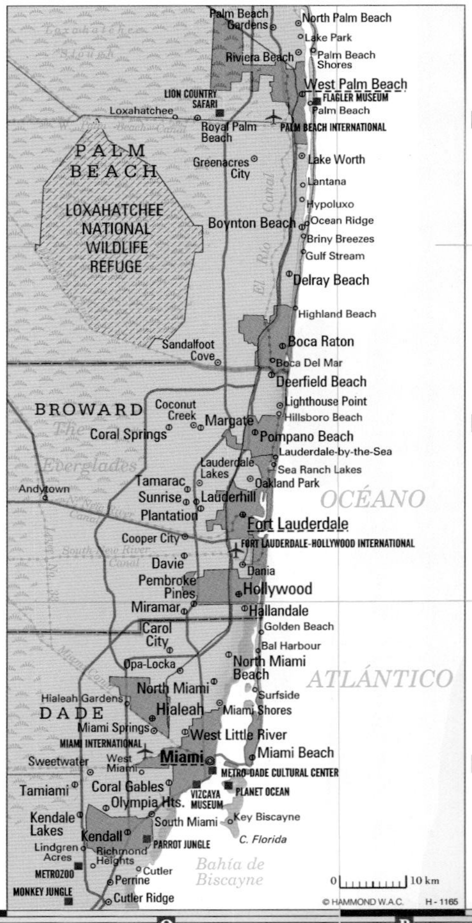

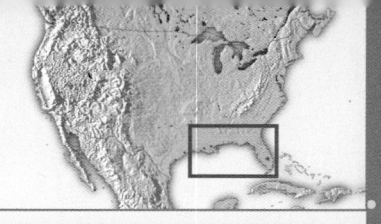

© HAMMOND WORLD ATLAS CORPORATION   H - 1090

Longitud Oeste de Greenwich

Escala 1:3,400,000   Proy. Cónica Conf. de Lambert

Población

Símbolo	Rango
■ Más de 2,000,000	◉ 500,000 - 999,999	◎ 100,000 - 249,999	⊙ 10,000 - 29,999
▣ 1,000,000 - 1,999,999	◉ 250,000 - 499,999	◎ 30,000 - 99,999	○ Menos de 10,000

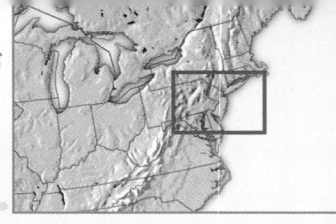

205

CONNECTICUT

NUEVA YORK — ROCKLAND — WESTCHESTER — BERGEN

Bahía de Long Island

OCÉANO ATLÁNTICO

Long Island

NUEVA YORK

Newark · Jersey City · BROOKLYN · QUEENS

Estrecho de la — Isla Block — Block Island

SUFFOLK · NASSAU

MONMOUTH

NUEVA JERSEY

MORRIS · ESSEX · UNION · MIDDLESEX · PASSAIC · SUSSEX · ORANGE

FAIRFIELD · Stamford · Greenwich · Yonkers · New Rochelle · White Plains

Staten Island — RICHMOND — Sandy Hook

Bahía de Raritan

OCÉANO ATLÁNTICO

© HAMMOND WORLD ATLAS CORPORATION H-1092

© HAMMOND W.A.C. H-1171

Escala 1:1,140,000 Proy. Cónica Conf. de Lambert

| MI | | 10 | 20 | 30 |
| KM | 10 | 20 | 30 | 40 |

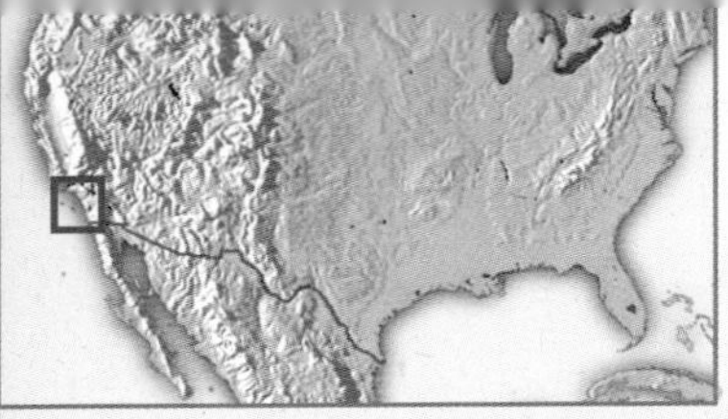

Población

■ Más de 2,000,000	◉ 500,000 - 999,999	◉ 100,000 - 249,999	◉ 10,000 - 29,999
■ 1,000,000 - 1,999,999	◉ 250,000 - 499,999	◉ 30,000 - 99,999	• Menos de 10,000

Escala 1:1,140,000   Proy. Cónica Conf. de Lambert

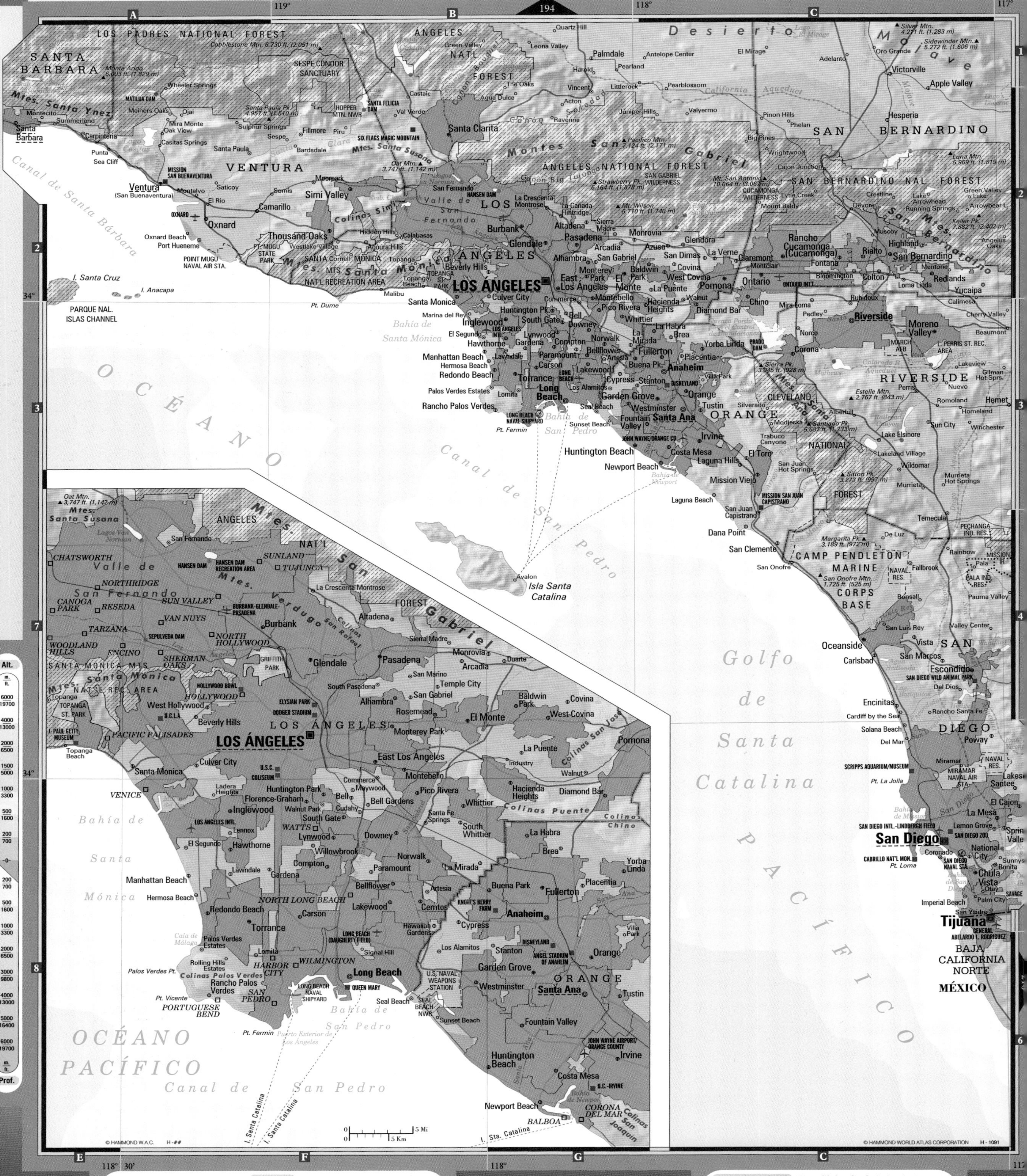

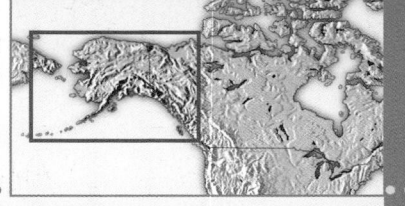

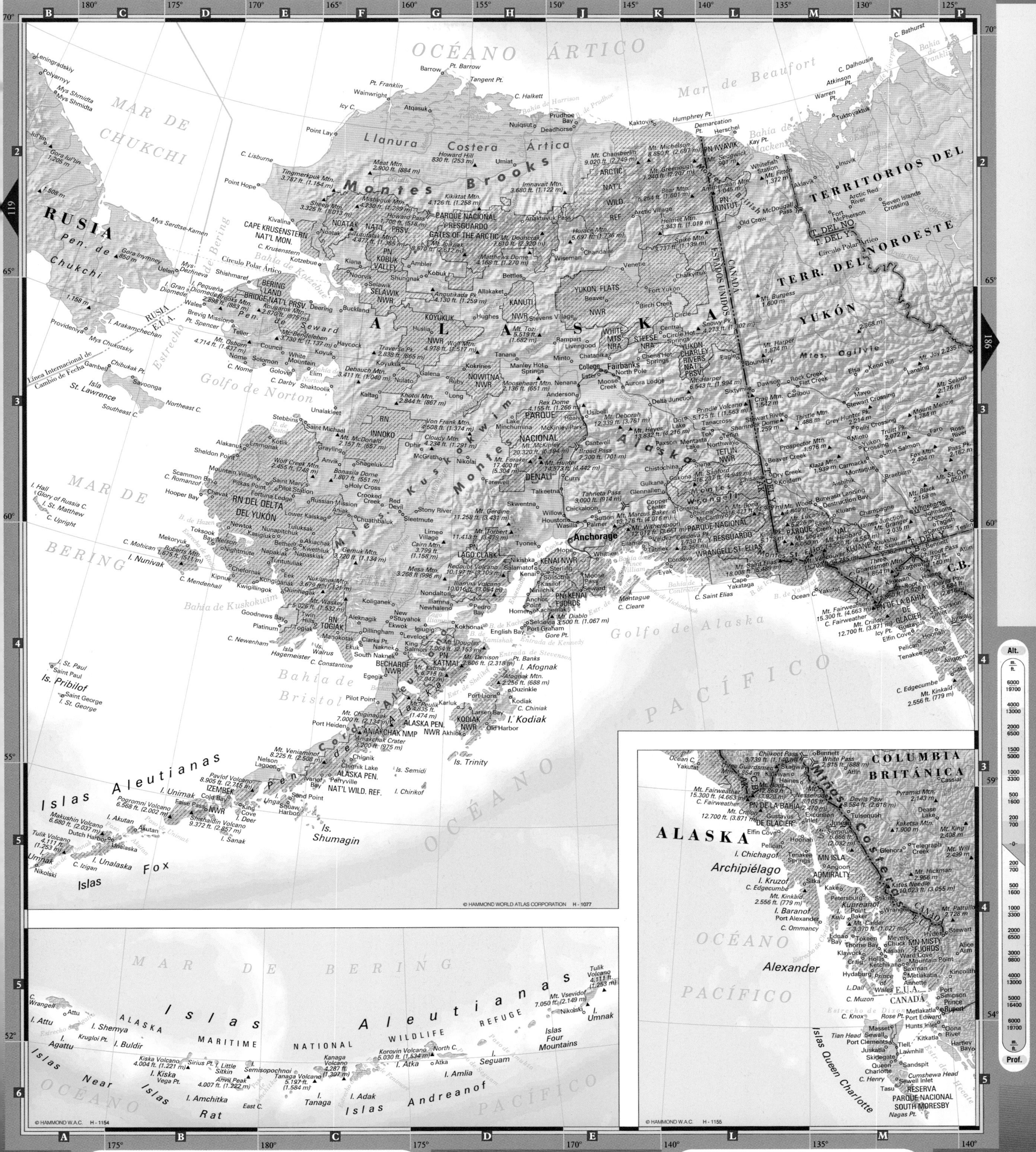

Población

■ Más de 2,000,000	● 500,000 - 999,999
■ 1,000,000 - 1,999,999	● 250,000 - 499,999
	⊙ 100,000 - 249,999
	○ 30,000 - 99,999
	○ 10,000 - 29,999
	○ Menos de 10,000

México del Norte y Central

TEXAS
NUEVO LEÓN
TAMAULIPAS
SAN LUIS POTOSÍ
GUANAJUATO
QUERÉTARO
HIDALGO
MÉXICO
MORELOS
PUEBLA
TLAXCALA
VERACRUZ
GUERRERO
OAXACA
TABASCO
CHIAPAS
CAMPECHE
YUCATÁN
QUINTANA ROO
GUATEMALA
BELICE
GOLFO DE MÉXICO
Bahía de Campeche
Península de Yucatán
Isthmus of Tehuantepec
Sierra Madre Oriental
Sierra Madre del Sur
Llanura Costera del Golfo
Llanura del Río Grande
Trópico de Cáncer
Dallas
Fort Worth
Abilene
San Angelo
Waco
Austin
San Antonio
Corpus Christi
Laredo
Nuevo Laredo
Reynosa
Matamoros
Brownsville
Monterrey
Saltillo
Guadalupe
Ciudad Victoria
Tampico
Ciudad Madero
Poza Rica
Jalapa
Veracruz
Querétaro
Morelia
Tlalnepantla
Naucalpán
Ecatepec
Netzahualcóyotl
Ciudad de México
Toluca
Puebla
Cuernavaca
Chilpancingo
Acapulco
Coatzacoalcos
Villahermosa
Ciudad del Carmen
Campeche
Mérida
Progreso
Cancún
Cozumel
Chetumal
Belize City
Belmopan
CD. DE MÉXICO
Pachuca
Tlaxcala
Córdoba
Orizaba
Tehuacán
Cordillera Neo Volcánica
CIUDAD DE MÉXICO
DISTRITO FEDERAL
Cuautitlán Izcalli
Nicolás Romero
Coacalco
Buenavista
López Mateos
Chimalhuacán
Los Reyes
Ixtapaluca
Chalco
Metepec
Escala 1:6,800,000 Proy. Cónica Conf. de Lambert

199
218

Longitud Oeste de Greenwich

Población

■ Más de 2,000,000	⊙ 500,000 - 999,999	● 100,000 - 249,999	⊙ 10,000 - 29,999
■ 1,000,000 - 1,999,999	⊙ 250,000 - 499,999	● 30,000 - 99,999	○ Menos de 10,000

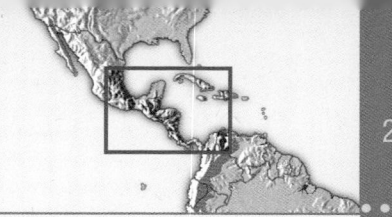

Escala 1:6.800.000   Proy. Cónica Conf. de Lambert

MI	50	100	150	200
KM	50	100	150	200	250	300

Antillas Orientales, Bahamas

Longitud Oeste de Greenwich

84° 80° 76° 72°

210

Bahamas / Florida region

OCÉANO ATLÁNTICO

GOLFO DE MÉXICO

FLORIDA

West Palm Beach
Fort Lauderdale
Miami
Naples
C. Romano
Cape Coral
Fort Myers
La Belle
Moore Haven
Punta Gorda
Cape Coral

Highland Pt.
Shark Pt.
Cape Sable
PARQUE NACIONAL EVERGLADES
Bahía de Biscayne
Key Largo
Dry Tortugas
Key West
Cayos de Florida
Estrecho de Florida

Gran Bahama
Cayo Gran Sale
West End
Settlement Pt.
Freeport
Hope Town
Marsh Harbour
Gran Abaco
Isla de Moore
Canal Providence del Noroeste
Islas Bimini
Islas Berry
Spanish Wells
Current
Nicholls Town
Nassau
Isla New Providence
Governors Harbour
Eleuthera
Powell Pt.
Rock Sound
Andros Town
Isla Andros
Gran Banco de las Bahamas
Estrecho de Exuma
Cayo Gran Guana
Gran Exuma
George Town
Trópico de Cáncer
Isla Cat
The Bight
Hawks Nest Pt.
Cockburn Town
Southwest Pt.
San Salvador (Isla Watling)
Cayo Rum
Isla Long
Clarence Town

Lengua del Océano

BAHAMAS

Samana (Cayo Atwood)
Isla Crooked
Northeast Pt.
Cayos Plana
Cayo Long (Isla Fortune)
Mayaguana
Abraham's Bay
Salina Pt.
Isla Acklins
Paso de Mayaguana
Providenciales
Islas Caicos
Cockburn Harbour
Caicos Norte
Caicos Centro
Caicos Este
Grand Turk
Islas Turks
Isla Pequeña Inagua
Northeast Pt.
Cayo Ambergris
Gran Inagua
Matthew Town
Southeast Pt.
Islas Turks y Caicos (R.U.)

© HAMMOND W.A.C.   H-1068

Islas Turks y Caicos (R.U.)
Kew
Caicos Norte
Caicos Centro
Caicos Este
Islas Caicos
Cayo Ambergris
Grand Turk
Islas Turks

OCÉANO ATLÁNTICO

La Española

Cap-Haïtien
Monte Cristi
Villa Isabela
Puerto Plata
Sosúa
Fort-Liberté
Dajabón
Esperanza
Moca
Nagua
Limbé
Grande Rivière du Nord
Sabaneta
Mao
Santiago
Salcedo
San Francisco de Macorís
Cabo Samaná
REPÚBLICA DOMINICANA
HAÏTI
Hinche
Banica
PARQUE NACIONAL Pico Duarte 3.175 m
Vega
Moca
Cotuí
Samaná
PN LOS HAITISES
Miches
Mirebalais
Juan de Herrera
Jarabacoa
Constanza
Bonao
Monte Plata
Hato Mayor
El Seibo
Pétionville
San Juan
San Cristóbal
Villa Altagracia
San Pedro de Macorís
Higüey
Puerto Príncipe
PN ISLA CABRITOS
Neiba
Azua
Baní
Santo Domingo de Haina
Santo Domingo
La Romana
PN DEL ESTE
Cabral
Barahona
Bajos de Haina
I. Saona
Enriquillo
Pedernales
Cabo Beata
Isla Beata
Bahía de Ocoa

Fosa de Puerto Rico

Antillas Mayores

Paso de la Mona
I. Mona
Cabo Rojo

PUERTO RICO (E.U.A.)
Aguadilla
Isabela
Arecibo
San Juan
Carolina
Charlotte Amalie
Mayagüez
Utuado
Bayamón
El Yunque 1.065 m
Caguas
Fajardo
St. Thomas
Yauco
Yabucoa
Isla Vieques (P.R.)
Ponce
Guayama
RES. NAVAL E.U.A.
Frederiksted
Christiansted
St. Croix (E.U.A.)

Islas Vírgenes
Anegada (R.U.)
I. Tortola (R.U.)
Virgin Gorda (R.U.)
Road Town
St. John (E.U.A.)
PN ISLAS VÍRGENES

The Valley
Anguila (R.U.)
St-Martin (FR.)
Marigot
St-Barthélemy (FR.)
Gustavia
St. Maarten (A.H.)
Saba (A.H.)
Codrington
Barbuda
St. Eustatius (A.H.)
Oranjestad
ANTIGUA Y BARBUDA
St. Kitts
PN BRIMSTONE HILL
Basseterre
Saint John's
Falmouth
Charlestown
Nevis
Boggy Pk. 402 m
Antigua
SAINT KITTS Y NEVIS
Nevis Pk. 1.096 m
Montserrat (R.U.)
Plymouth

Paso de Anegada

Islas Sotavento

Paso de Guadalupe
Port-Louis
Grande-Terre
Basse-Terre
Pointe-à-Pitre
Guadalupe (FRANCIA)
PN GUADALUPE
Soufrière 1.484 m
Morne Constant 205 m
Basse-Terre
Marie-Galante

Islas Las Aves (VEN.)

Paso de Dominica

Portsmouth
Marigot
Morne Diablotín 1.447 m
DOMINICA
Roseau

Paso de Martinica

Mt. Pelée 1.397 m
Sainte-Marie
Saint-Pierre
FORT DESAIX
Martinica (FRANCIA)
Fort-de-France

Canal de Santa Lucía

Gros Islet
Castries
SANTA LUCÍA
Mt. Gimie 958 m
Micoud
Vieux Fort

Paso de San Vicente

Soufrière 1.234 m
Barrouallie
San Vicente
Georgetown
SAN VICENTE Y LAS GRANADINAS
Kingstown
Bequia

Canouan

Carriacou
Gouyave
Sauteurs
Saint George's
Mt. St. Catherine 840 m
GRANADA

Antillas Menores

Islas Barlovento

BARBADOS
Mt. Hillaby 336 m
Bathsheba
Bridgetown

MAR CARIBE

Antillas Menores

Aruba (P.B.)
Oranjestad
Arasji
Jamanota 188 m
St. Christoffel Pk. 372 m
Sint Nicolaas
Ascension
Malmok 240 m
Onima
Cabo San Ramón
Curaçao
Willemstad
Kralendijk
Bonaire
El Vinculo
Islas Los Roques
El Roque
Isla La Orchila

Punta Gallinas
COLOMBIA
Puerto López
Castilletes
Los Taques
Buena Vista
ANTILLAS HOLANDESAS
Santa Ana
Jadacaquiva
Cabure
PN MEDANOS DE CORO
Cojoro
Cabo San Román
Punta Cardón
Islas Las Aves

Golfo de Venezuela
Paraguaipoa
San Rafael
San José
DEPENDENCIAS FEDERALES
Mitare
Coro
FALCON
San Juan de los Cayos

ZULIA
Maracaibo
San Francisco
Cabimas
Ciudad Ojeda
Lago de Maracaibo
Pedregal
Churuguara
Piedra Grande
Agua Larga
Jacura
PN CUEVA DE LA QUEBRADA DEL TORO
Chichiriviche
Tucacas
PN MORROCOY
Puerto Cabello
San Felipe
YARACUY
Aroa
LARA
Barquisimeto
Carora
Siquisique
Quíbor
Cubiro
Chivacoa
Morón
Valencia
Turmero
Maracay
ARAGUA
Victoria
Guacara
Güigüe
Sabana de Uchire

Isla La Tortuga

Isla Margarita
Juangriego
NUEVA ESPARTA
La Asunción
PN LAGUNA DE LA RESTINGA
Porlamar
PN PENÍNSULA DE MACANAO
I. Cubagua
I. Coche

Isla Blanquilla

Islas Los Testigos

Barcelona
ANZOÁTEGUI
Puerto La Cruz
Caracas
Maiquetía
Petare
Los Teques
MIRANDA
D.F.
PN HENRI PITTIER
PN GUATOPO
Cabo Codera

VENEZUELA
Cumaná
SUCRE
Carúpano
El Pilar
Irapa
Güiria
PN PEN. DE PARIA
San Antonio del Golfo
Cariaco
Casanay
Maturín
MONAGAS
Caripito
Pedernales

G. de Paria

Port of Spain
El Cerro del Aripo 940 m
Arima
San Fernando
Point Fortin
Siparia
Fullarton
TRINIDAD Y TOBAGO
Tobago
Charlotteville
Roxborough
Scarborough 576 m

Boca del Dragón

Punta Galera
Sangre Grande
Rio Claro
Tabaquite

Trinidad

© H.W.A.C.   H-1068

72° 68° 64° 60°
Longitud Oeste de Greenwich

Población			
■ Más de 2,000,000	⊙ 500,000 - 999,999	⊙ 100,000 - 249,999	⊙ 10,000 - 29,999
□ 1,000,000 - 1,999,999	⊙ 250,000 - 499,999	⊙ 30,000 - 99,999	∘ Menos de 10,000

Escala 1:6,800,000   Proy. Cónica Conf. de Lambert

MI	50	100	150	200
KM	50	100	150	200	250	300

Alt.
m / ft
6000 / 19700
4000 / 13000
2000 / 6500
1500 / 5000
1000 / 3300
500 / 1600
200 / 700
-0-
200 / 700
500 / 1600
1000 / 3300
2000 / 6500
3000 / 9800
4000 / 13000
5000 / 16400
6000 / 19700
Prof.

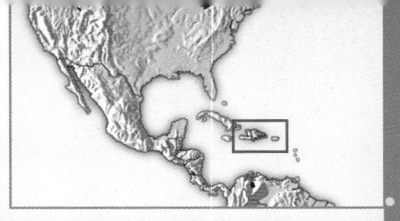

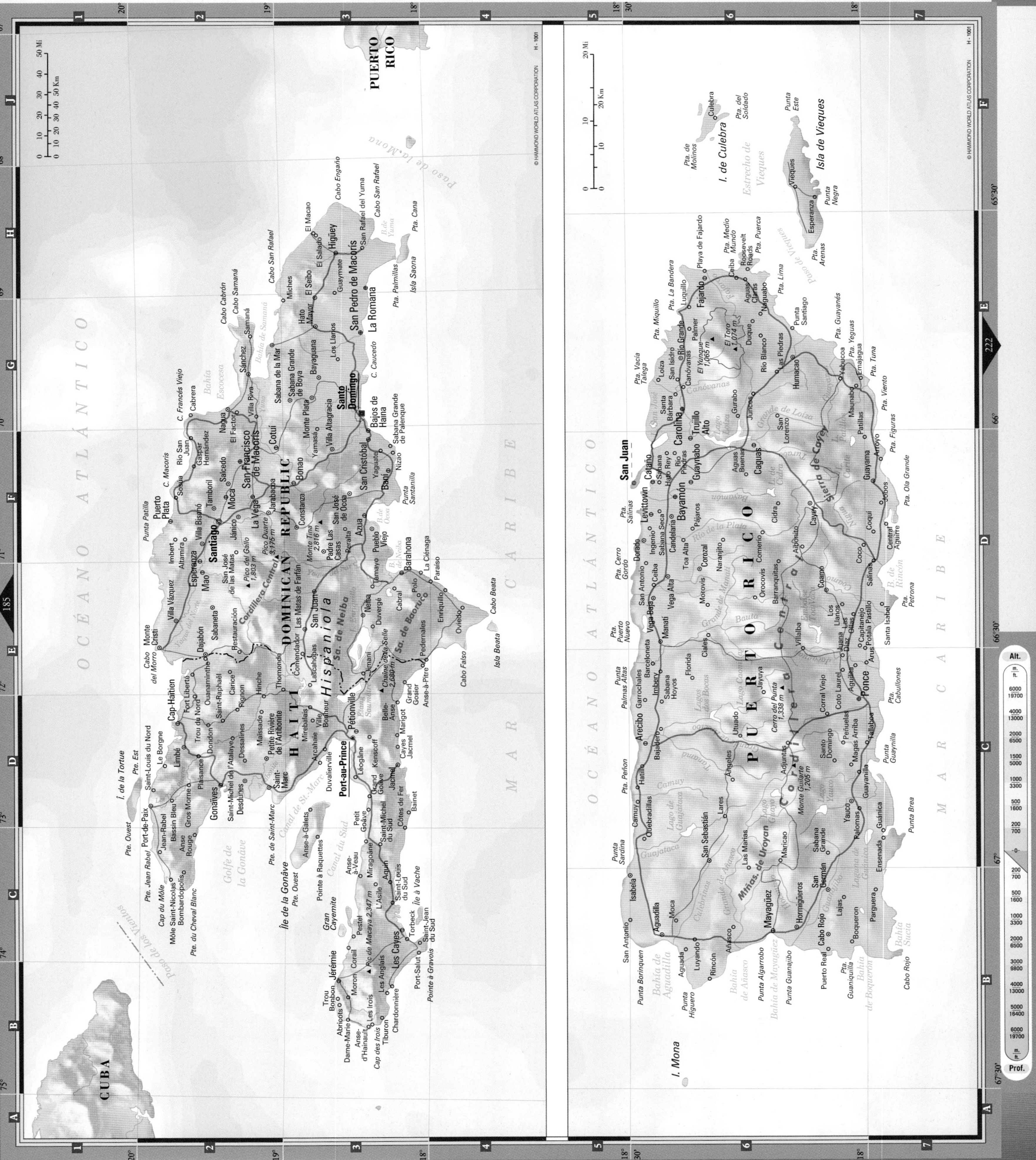

Población

- ■ Más de 2,000,000
- ■ 1,000,000 - 1,999,999
- ⬤ 500,000 - 999,999
- ⬤ 250,000 - 499,999
- ⬤ 100,000 - 249,999
- ⬤ 30,000 - 99,999
- ⊙ 10,000 - 29,999
- ∘ Menos de 10,000

TEMPERATURA MEDIA - ENERO

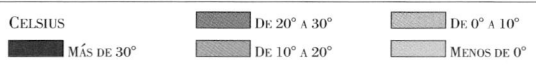

CELSIUS		DE 20° A 30°		DE 0° A 10°
	MÁS DE 30°		DE 10° A 20°		MENOS DE 0°

TEMPERATURA MEDIA - JULIO

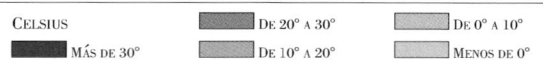

CELSIUS		DE 20° A 30°		DE 0° A 10°
	MÁS DE 30°		DE 10° A 20°		MENOS DE 0°

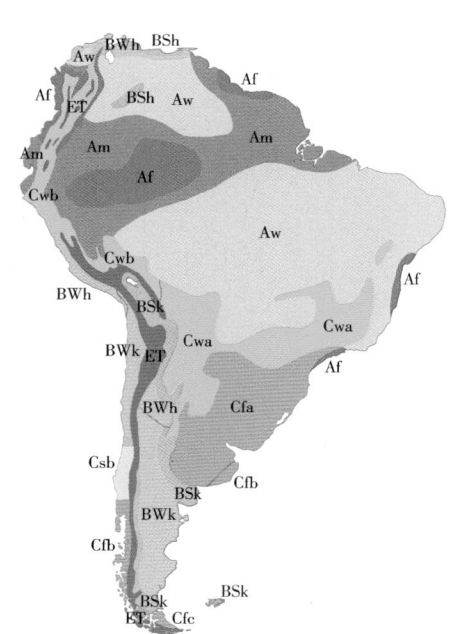

CLIMA

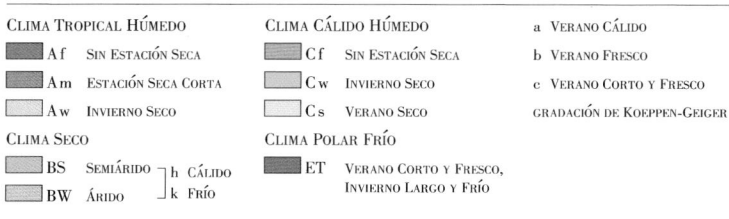

CLIMA TROPICAL HÚMEDO
- Af SIN ESTACIÓN SECA
- Am ESTACIÓN SECA CORTA
- Aw INVIERNO SECO

CLIMA SECO
- BS SEMIÁRIDO
- BW ÁRIDO
  - h CÁLIDO
  - k FRÍO

CLIMA CÁLIDO HÚMEDO
- Cf SIN ESTACIÓN SECA
- Cw INVIERNO SECO
- Cs VERANO SECO

CLIMA POLAR FRÍO
- ET VERANO CORTO Y FRESCO, INVIERNO LARGO Y FRÍO

- a VERANO CÁLIDO
- b VERANO FRESCO
- c VERANO CORTO Y FRESCO

GRADACIÓN DE KOEPPEN-GEIGER

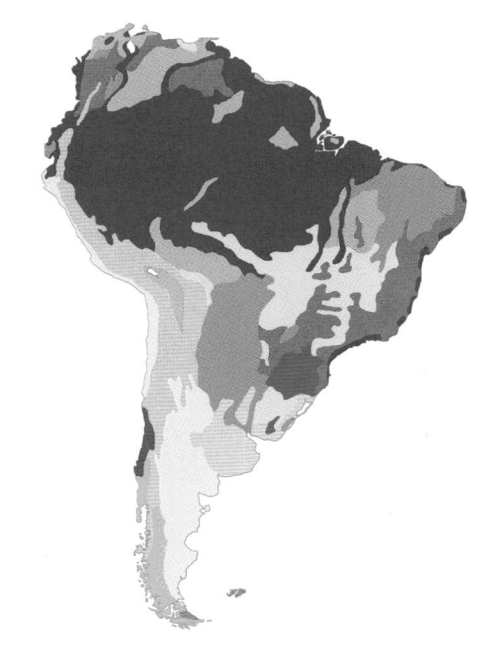

VEGETACIÓN

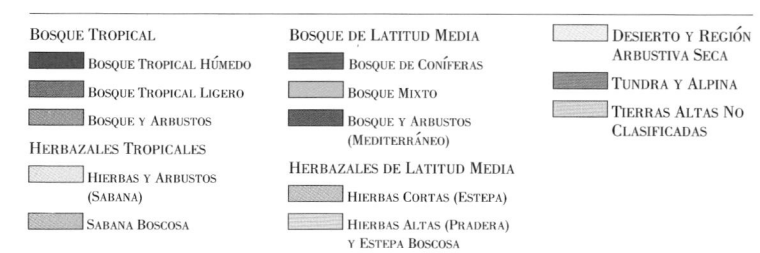

BOSQUE TROPICAL
- BOSQUE TROPICAL HÚMEDO
- BOSQUE TROPICAL LIGERO
- BOSQUE Y ARBUSTOS

HERBAZALES TROPICALES
- HIERBAS Y ARBUSTOS (SABANA)
- SABANA BOSCOSA

BOSQUE DE LATITUD MEDIA
- BOSQUE DE CONÍFERAS
- BOSQUE MIXTO
- BOSQUE Y ARBUSTOS (MEDITERRÁNEO)

HERBAZALES DE LATITUD MEDIA
- HIERBAS CORTAS (ESTEPA)
- HIERBAS ALTAS (PRADERA) Y ESTEPA BOSCOSA

- DESIERTO Y REGIÓN ARBUSTIVA SECA
- TUNDRA Y ALPINA
- TIERRAS ALTAS NO CLASIFICADAS

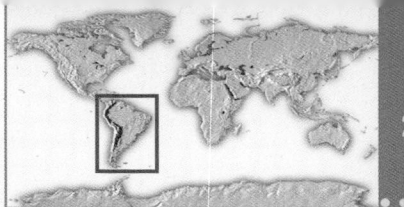

Sudamérica - Comparaciones Geográficas

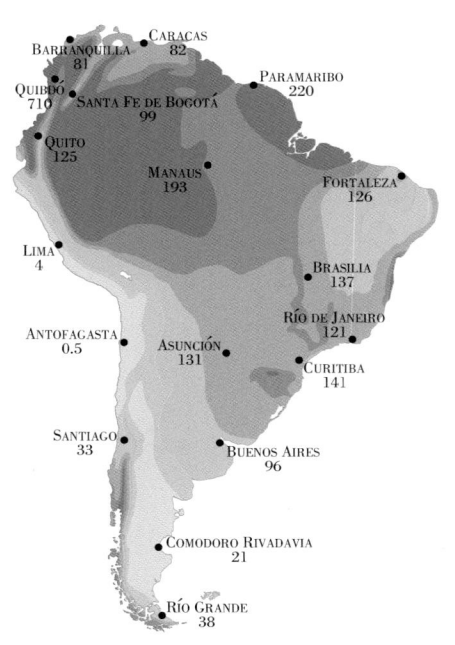

BARRANQUILLA 81
CARACAS 82
PARAMARIBO 220
QUIBDÓ 710
SANTA FE DE BOGOTÁ 99
QUITO 125
MANAUS 193
FORTALEZA 126
LIMA 4
BRASILIA 137
RÍO DE JANEIRO 121
ANTOFAGASTA 0.5
ASUNCIÓN 131
CURITIBA 141
SANTIAGO 33
BUENOS AIRES 96
COMODORO RIVADAVIA 21
RÍO GRANDE 38

PRECIPITACIÓN ANUAL MEDIA

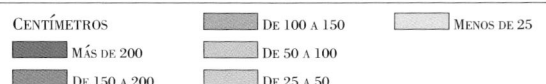

CENTÍMETROS
■ MÁS DE 200
■ DE 150 A 200
□ DE 100 A 150
□ DE 50 A 100
□ DE 25 A 50
□ MENOS DE 25

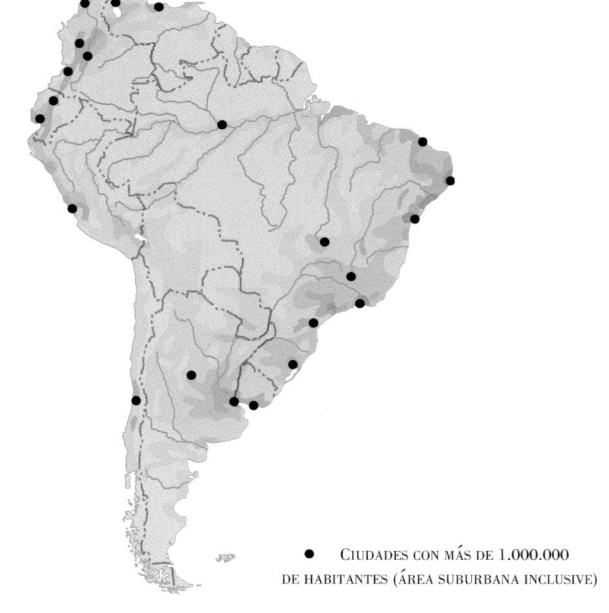

● CIUDADES CON MÁS DE 1.000.000
DE HABITANTES (ÁREA SUBURBANA INCLUSIVE)

DISTRIBUCIÓN DE LA POBLACIÓN

DENSIDAD POR KILÓMETRO CUADRADO
■ MÁS DE 100
□ DE 50 A 100
□ DE 10 A 50
□ DE 1 A 10
□ MENOS DE 1

ARROZ
PORCINOS CAFÉ CACAO
BOVINOS BOVINOS
CAFÉ
VAINILLA
BANANO NUECES DEL BRASIL
CAUCHO SILVESTRE
BANANO MAÍZ
ALGODÓN
AGAVE
OVINOS
BOVINOS
OVINOS MAÍZ
TABACO CACAO CAÑA DE AZÚCAR
BOVINOS
BOVINOS PORCINOS
ALGODÓN
BOVINOS
PORCINOS
CÍTRICOS
ALGODÓN TABACO
TÉ BANANO CAFÉ
CAÑA DE AZÚCAR
OVINOS BOVINOS PORCINOS TABACO
QUEBRACHO TABACO SOYA
MAÍZ OVINOS ARROZ MAÍZ
VIÑEDOS LINO MAÍZ
VIÑEDOS BOVINOS
TRIGO
OVINOS
OVINOS

USOS DE LA TIERRA

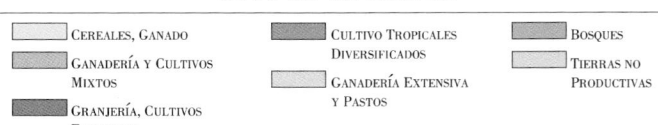

□ CEREALES, GANADO
□ GANADERÍA Y CULTIVOS MIXTOS
■ GRANJERÍA, CULTIVOS ESPECIALES
■ CULTIVO TROPICALES DIVERSIFICADOS
□ GANADERÍA EXTENSIVA Y PASTOS
■ BOSQUES
□ TIERRAS NO PRODUCTIVAS

RECURSOS MINERALES

ENERGÍA Y COMBUSTIBLES
◆ CARBÓN
▲ GAS NATURAL
● PETRÓLEO
■ URANIO

HIERRO Y ALEACIONES DE HIERRO
1 CROMO
2 MINERAL DE HIERRO
3 MANGANESO
4 MOLIBDENO
5 NÍQUEL
6 TUNGSTENO

OTROS PRINCIPALES RECURSOS
1 ANTIMONIO
2 ASBESTO
3 BAUXITA
4 COBRE
5 DIAMANTES
6 ORO
7 YODO
8 PLOMO
9 MICA
10 NITRATOS
11 FOSFATOS
12 PLATA
13 ESTAÑO
14 TITANIO
15 ZINC

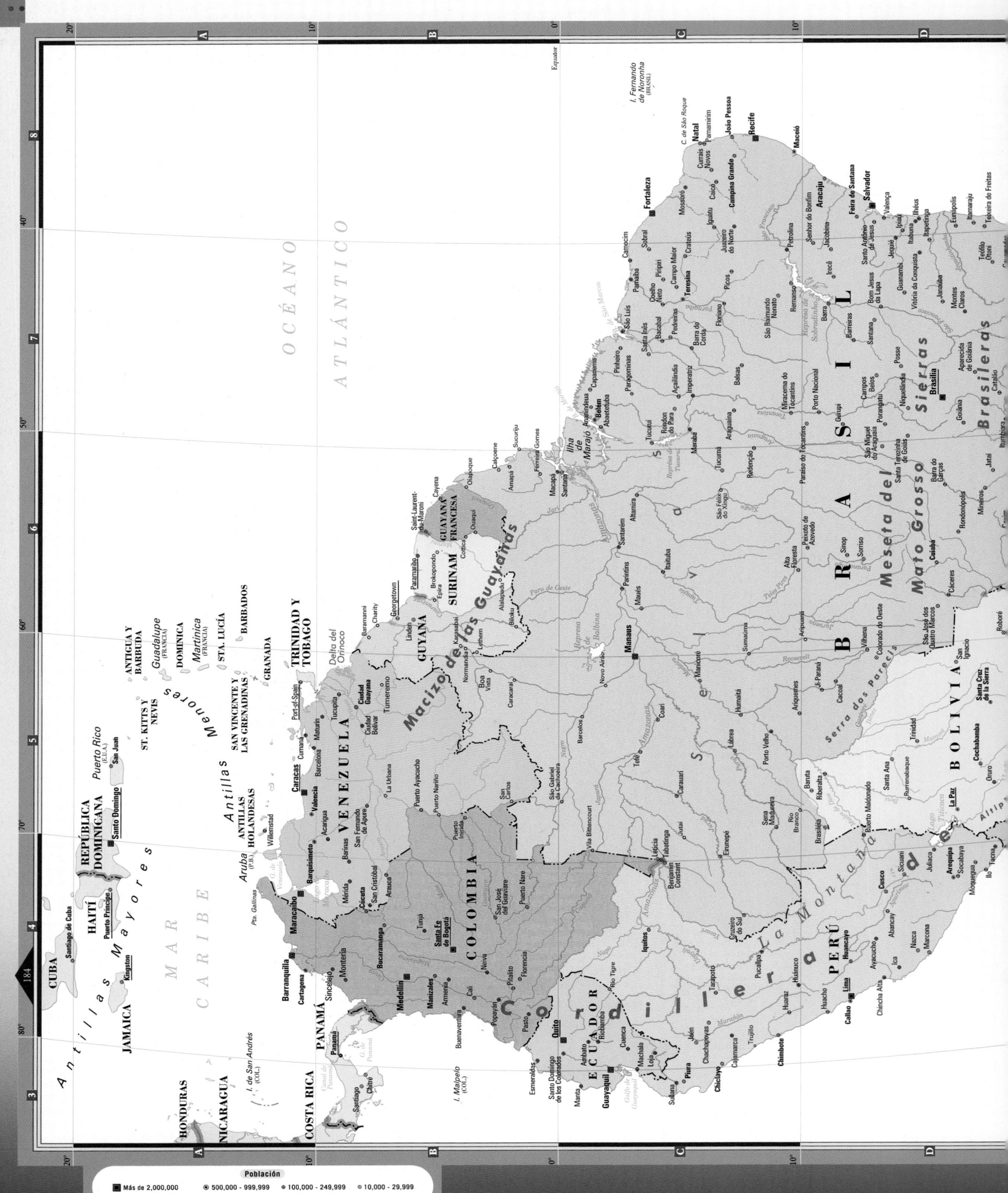

OCÉANO

ATLÁNTICO

Población

■ Más de 2,000,000	⊙ 500,000 - 999,999	● 100,000 - 249,999	○ 10,000 - 29,999
▣ 1,000,000 - 1,999,999	⦿ 250,000 - 499,999	○ 30,000 - 99,999	○ Menos de 10,000

Equator

CUBA
Santiago de Cuba
HAITÍ
Puerto Príncipe
REPÚBLICA
DOMINICANA
Santo Domingo
JAMAICA
Kingston
Puerto Rico
(E.U.A.)
San Juan
ST. KITTS Y
NEVIS
ANTIGUA Y
BARBUDA
Guadalupe
(FRANCIA)
DOMINICA
Martinica
(FRANCIA)
STA. LUCÍA
BARBADOS
SAN VICENTE Y
LAS GRENADINAS
GRANADA
TRINIDAD Y
TOBAGO

Antillas Mayores
MAR
CARIBE
Antillas Menores
Antillas
HOLANDESAS
ANTILLAS
Aruba
(P.B.)
Willemstad

HONDURAS
NICARAGUA
COSTA RICA
PANAMÁ
Panamá

I. de San Andrés
(COL.)
I. Malpelo
(COL.)

Barranquilla
Cartagena
Sincelejo
Montería
Medellín
Manizales
Armenia
Cali
Buenaventura
Pasto
Popayán
Pasto

Maracaibo
Mérida
Cúcuta
San Cristóbal
Barquisimeto
Valencia
Caracas
Barcelona
Cumaná
Maturín
Ciudad
Bolívar
Ciudad
Guayana
Tucupita
VENEZUELA
Acarigua
Barinas
San Fernando
de Apure
La Urbana
Puerto Ayacucho

COLOMBIA
Santa Fe
de Bogotá
Tunja
Bucaramanga
Neiva
Florencia
Pitalito
Arauca
Puerto Carreño
Puerto Inírida
San José
del Guaviare
Puerto Narino

ECUADOR
Quito
Esmeraldas
Santo Domingo
de los Colorados
Manta
Guayaquil
Machala
Cuenca
Loja
Riobamba
Ambato
Portoviejo

PERÚ
Lima
Callao
Chimbote
Trujillo
Chiclayo
Piura
Sullana
Iquitos
Pucallpa
Huánuco
Huancayo
Ayacucho
Ica
Nazca
Arequipa
Cusco
Abancay

BOLIVIA
La Paz
Cochabamba
Oruro
Santa Cruz
de la Sierra
Trinidad
Riberalta

Delta del
Orinoco
Port-of-Spain
Barcelona

GUYANA
Georgetown
Linden
SURINAM
Paramaribo
GUAYANA
FRANCESA
Cayena
Saint-Laurent-
du-Maroni

Macizo de las Guayanas

BRASIL
Manaus
Belém
Macapá
Santarém
Fortaleza
São Luis
Teresina
Natal
Recife
Maceió
João Pessoa
Campina Grande
Aracaju
Salvador
Feira de Santana
Brasília
Goiânia
Cuiabá

Meseta del Mato Grosso

Sierras Brasileras

I. Fernando
de Noronha
(BRASIL)
C. de São Roque

Cordillera de La Montaña

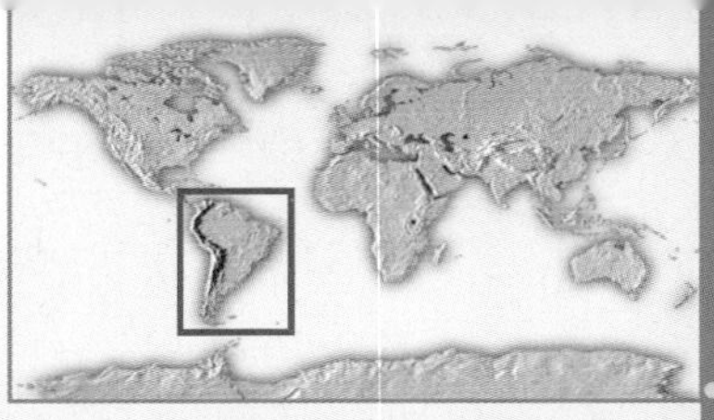

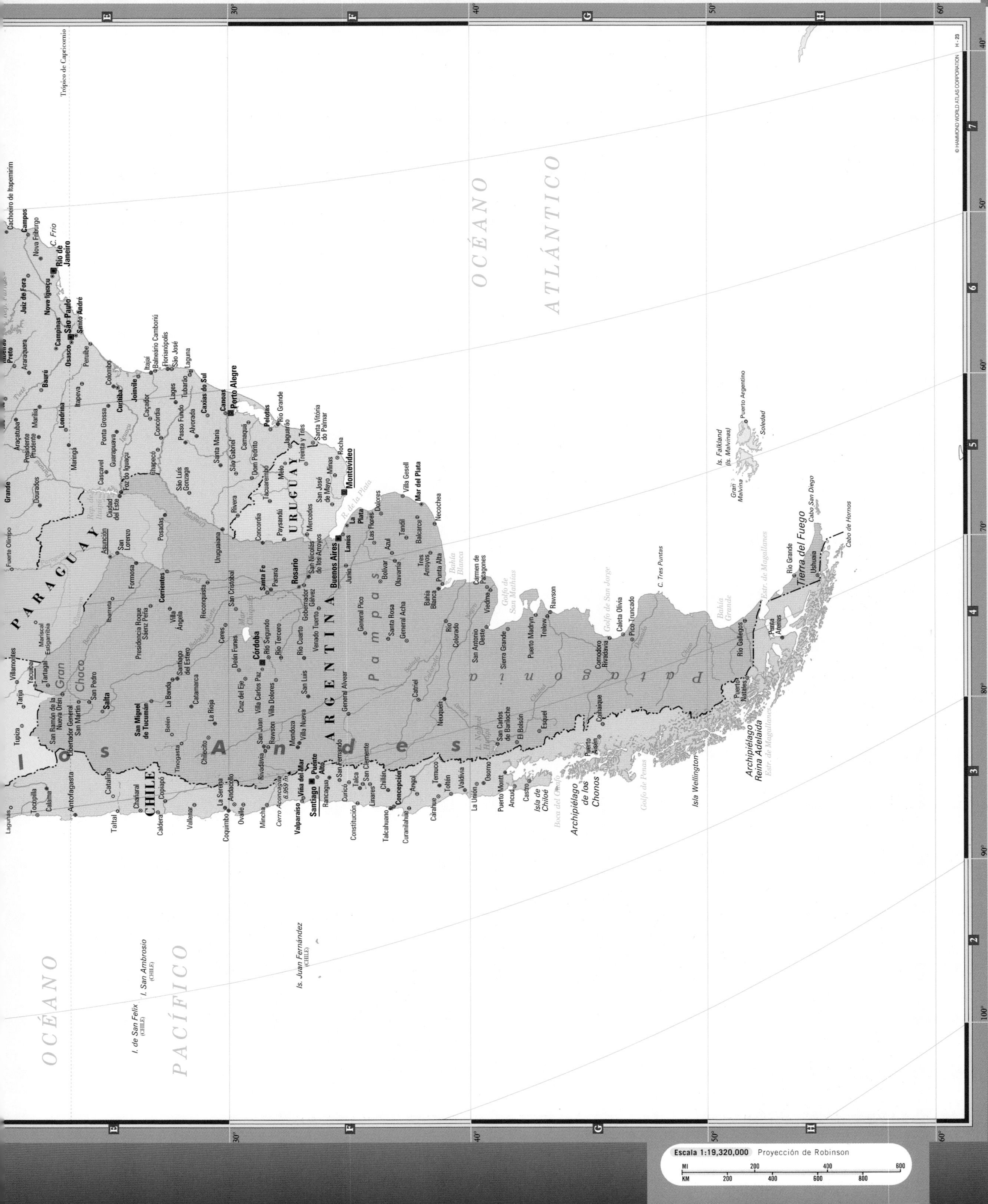

OCÉANO ATLÁNTICO

OCÉANO PACÍFICO

Trópico de Capricornio

PARAGUAY

ARGENTINA

URUGUAY

CHILE

Gran Chaco

Pampa

Patagonia

Los Andes

Río de Janeiro
São Paulo
Santo André
Campinas
Osasco
Nova Iguaçu
Juiz de Fora
Campos
Nova Friburgo
Cachoeiro de Itapemirim
Curitiba
Joinville
Colombo
Londrina
Maringá
Ponta Grossa
Presidente Prudente
Araçatuba
Bauru
Marília
Grande
Dourados
Araraquara
Preto
Cascavel
São Luís Gonzaga
Foz do Iguaçu
Guaraguava
Itapeva
Itajaí
Balneário Camboriú
Florianópolis
São José
Penha
Tubarão
Laguna
Caçador
Passo Fundo
Concórdia
Chapecó
Santa Maria
Lages
Caxias do Sul
Canoas
Porto Alegre
Pelotas
Rio Grande
Santa Vitória do Palmar
Alvorada

Ciudad del Este
Posadas
Encarnación
Asunción
San Lorenzo
Formosa
Corrientes
Resistencia
Villa Angela
Presidencia Roque Sáenz Peña
Mariscal Estigarribia
Fuerte Olimpo
Puerto Olimpo
Villamontes
Yacuíba
Tartagal
Tarija
Tupiza
San Ramón de la Nueva Orán
Libertador General San Martín
Salta
San Pedro
Santiago del Estero
La Banda
Catamarca
San Miguel de Tucumán
Belén
Tinogasta
Chilecito
La Rioja
San Juan
Villa Carlos Paz
Córdoba
Río Segundo
Río Tercero
Deán Funes
Cruz del Eje
Río Cuarto
Villa Dolores
San Luis
Villa Nueva
Mendoza
Rivadavia
General Alvear
San Rafael
Malargüe

Rivera
Tacuarembó
Paysandú
Mercedes
Salto
Concordia
Uruguaiana
São Gabriel
Santana do Livramento
Bagé
Dom Pedrito
São Borja
Melo
Treinta y Tres
Minas
San José de Mayo
Montevideo
Rocha
Maldonado

Buenos Aires
La Plata
Lanús
Zárate
San Nicolás de los Arroyos
Rosario
Santa Fe
Paraná
San Cristóbal
Reconquista
Ceres
Gobernador Gálvez
Venado Tuerto
Junín
Pergamino
Dolores
Las Flores
Tandil
Azul
Olavarría
Bolívar
General Pico
Santa Rosa
General Acha
Neuquén
San Carlos de Bariloche
El Bolsón
Esquel

Mar del Plata
Villa Gesell
Necochea
Balcarce
Tres Arroyos
Bahía Blanca
Punta Alta
Carmen de Patagones
Viedma
Sierra Grande
Río Colorado
San Antonio Oeste
Puerto Madryn
Trelew
Rawson
Comodoro Rivadavia
Caleta Olivia
Pico Truncado
Puerto Deseado
Río Gallegos

Bahía Blanca
Bahía Grande
Golfo San Matías
Golfo de San Jorge
Bahía Grande
C. Tres Puntas

Valparaíso
Santiago
Viña del Mar
Puente Alto
Rancagua
San Fernando
Talca
Curicó
San Clemente
Linares
Chillán
Concepción
Talcahuano
Constitución
Angol
Temuco
Valdivia
Osorno
Puerto Montt
Ancud
Castro
La Unión
Cauquenes
Curanilahue
Coquimbo
La Serena
Ovalle
Mincha
Illapel
Vallenar
Caldera
Copiapó
Chañaral
Taltal
Catalina
Antofagasta
Calama
Tocopilla
Iquique
Lagunas

Cerro Aconcagua 6,959 m

Isla de Chiloé
Boca del Guafo
Archipiélago de los Chonos
Golfo de Penas
Isla Wellington
Archipiélago Reina Adelaida
Estr. de Magallanes

Tierra del Fuego
Río Grande
Ushuaia
Punta Arenas
Puerto Natales
Coihaique
Cabo San Diego
Cabo de Hornos

Is. Falkland (Is. Malvinas)
Gran Malvina
Soledad
Puerto Argentino

I. de San Félix (CHILE)
I. San Ambrosio (CHILE)
Is. Juan Fernández (CHILE)

L. Nahuel Huapí

Río de la Plata

Población

- ■ Más de 2,000,000
- ■ 1,000,000 - 1,999,999
- ◉ 500,000 - 999,999
- ◉ 100,000 - 499,999
- ◉ 50,000 - 99,999
- ◦ Menos de 50,000

55° · H · 50° · J · 45° · K · 40° · L · 35° · M · 30° · N

OCÉANO ATLÁNTICO

GUAYANA FRANCESA

SURINAM

Paramaribo
Nieuw-Amsterdam
Totness
Albina
Saint-Laurent du Maroni
Sinnamary
Kourou
Cayenne
Rémire
Pointe Béhague
Cabo Orange
PN DO CABO ORANGE
Brokopondo
Juliana Top ▲ 1,230 m
Cottica
Ouaqui
Saül
Régina
Oiapoque
Calçoene
Ilha de Maracá
Amapá
Cabo do Norte

Serra Tumucumaque
Serra Lombard

Macapá
Mazagão
I. Janaucu
I. Caviana
I. Mexiana
I. Queimada

Ilha Grande de Gurupá
Ilha de Marajó

Oriximiná
Óbidos
Alenquer
Almeirim
Breves
Soure
Salvaterra
Salinópolis
Vigia
Bragança
Capanema

Serra Jauaru

Monte Alegre
Santarém
Portel
Cametá
Mocajuba
Paragominas

Belém
Abaetetuba
Igarapé-Miri
Castanhal
Turiaçu
Cururupu

Altamira
Tucuruí
Pinheiro
São Luís
Rosário
Penalva
Viana
Itapecuru-Mirim
Parnaíba
Camocim

PN DOS LENÇÓIS MARANHENSES

PN DA AMAZÔNIA (TAPAJÓS)

Itaituba

Sa. do Gurupí
Marabá
Itupiranga
Santa Inês
Pindaré-Mirim
Granja
Sobral
Itapipoca
Caucaia
Fortaleza

Atol das Rocas
Fernando de Noronha (BRAZIL)

Sa. dos Carajás

Araguatins
Imperatriz
Barra do Corda
Corcatá
Codó
Caxias
Coelho Neto
Piripiri
Ipu
Tianguá
Itapagé
Baturité
Cascavel
Aracati

São Félix do Xingu

Grajaú
Presidente Dutra
Timon
Teresina
Crateús
Quixeramobim
Quixadá
Russas
Macau
Cabo de São Roque

Gradaús
Araguaína
Tocantinópolis
Colinas
Regeneração
Floriano
Oeiras
Picos
Ouricuri
Juazeiro do Norte

Mossoró
Açu
Ceará-Mirim
Natal
Macaíba
Parnamirim
Nova Cruz

Maloca
Conceição do Araguaia
Balsas
São João do Piauí

Campina Grande
Santa Rita
João Pessoa
Bayeux
Goiana

Serra da Seringa

Miracema do Tocantins
Paraíso do Tocantins
Porto Nacional
Corrente

Vitória de Santo Antão
Recife
Olinda
Jaboatão
Caruaru

PN DO ARAGUAIA

Chapada das Mangabeiras

Sa. do Tabatinga
Barra
Xique-Xique
Irecê

Petrolina
Juazeiro
PN DE PAULO AFONSO
Paulo Afonso

Garanhuns
Palmares
União dos Palmares
Rio Largo

Alta Floresta
Santa Teresinha

Sinop

PARQUE NACIONAL DO XINGU

Barreiras
Ibotirama
Jacobina
Morro do Chapéu
Senhor do Bonfim
Campo Formoso
Ribeira do Pombal
Lagarto
Itabaiana
Aracaju
Arapiraca
Maceió
Penedo

Planalto do Mato Grosso

Nova Xavantina
Porangatu
Barreiras
Feira de Santana
Itaberaba
Candeias
Salvador
I. de Tinharé

Cuiabá
Poxoréo
Barra do Garças
Aragarças
Araguaiana
Ceres
Goiás
Formosa
Januária
Monte Azul
Guanambi
Caculé
Vitória da Conquista
Itapetinga
Ilhéus
Itabuna

Rondonópolis
Guiratinga
Iporá
Trindade
Anápolis
Luziânia
Unaí
Brasília
PN DE BRASÍLIA

Espinosa
Brumado
Ipiaú
Ubatã
Jequié
Ubaitaba
Pau Brasil
Canavieiras

Alto Garças
Mineiros
Jataí
Santa Helena de Goiás
Goiânia
Goiatuba
Pires do Rio
Paracatu

Planalto Central

Janaúba
Salinas
Itaobim
Almenara
Jequitinhonha

PN DE MONTE PASCOAL

Rio Verde de Mato Grosso
Coxim
PN DAS EMAS
Quirinópolis
Itumbiara
Catalão
Ipameri
Piripora
Montes Claros
Bocaiúva
Araçuaí
Itamaraju
Prado

Diamantina
Montanha
Pinheiros
Nanuque
Ponta da Baleia

Paranaíba
Uberlândia
Araguari
Monte Carmelo
Patrocínio
João Pinheiro
Três Marias
Corinto
Curvelo
Pico de Itambé 2,033 m
Teófilo Otoni
Nova Venécia
São Mateus

Uberaba
Ituiutaba
Araxá
Abaeté
Sete Lagoas
Ipatinga
Governador Valadares
São Gabriel da Palha
Colatina

Campo Grande
Três Lagoas
São José do Rio Prêto
Frutal
Lagoa da Prata
Contagem
Itabira
Itaúna
Timóteo
Caratinga
Baixo Guandu
Linhares

Dourados
Ponta Porã
Nova Andradina
Fernandópolis
Andradina
Bebedouro
Catanduva
Aparecida
Divinópolis
Formiga
Conselheiro Lafaiete
Ponte Nova
Manhuaçu
Viçosa
Pico da Bandeira ▲ 2,890 m
Vitória
Vila Velha
Guarapari
Argolas

Araçatuba
Dracena
Birigui
Penápolis
Barretos
Franca
Piuí
Campo Belo
Cachoeiro de Itapemirim
Itapemirim

Presidente Epitácio
Nova Esperança
Presidente Venceslau
Presidente Prudente
Tupã
Ribeirão Prêto
Araraquara
Poços de Caldas
Alfenas
Lavras
Varginha
Barbacena
Juiz de Fora
Além Paraíba
Campos
Muriaé
Itaperuna
Cabo de São Tomé

Paranavaí
Marília
Assis
Ourinhos
Bauru
São Carlos
Jaú
Rio Claro
Limeira
Americana
Mogi-Guaçu
Três Corações
Pouso Alegre
Volta Redonda
Barra Mansa
Itajubá
Taubaté
Nova Iguaçu
Petrópolis
Macaé

Maringá
Londrina
Piracicaba
Campinas
Jundiaí
Sorocaba
Avaré
São José dos Campos
Rio de Janeiro
Niterói

Osasco
São Paulo
Santo André
Santos

Tropic of Capricorn

© HAMMOND WORLD ATLAS CORPORATION

Escala 1:13,600,000 Proyección Cónica Conforme de Lambert
MI 100 200 300 400
KM 100 200 300 400 500 600

Población

■ Más de 2,000,000	● 500,000 - 999,999	● 100,000 - 249,999	● 10,000 - 29,999
■ 1,000,000 - 1,999,999	● 250,000 - 499,999	● 30,000 - 99,999	○ Menos de 10,000

Escala 1:6,800,000   Proy. Cónica Conf. de Lambert

| MI | 50 | 100 | 150 | 200 |
| KM | 50 | 100 | 150 | 200 | 250 | 300 |

© HAMMOND WORLD ATLAS CORPORATION   H - 1070

Guyanas, Brasil del Norte

MAR CARIBE

Farallón Centinela

Caracas

Valencia

Maracay

Los Teques

CARABOBO

ARAGUA

MIRANDA

COJEDES

GUÁRICO

Cordillera de la Costa

Medellín

Manizales

Pereira

Armenia

Ibagué

SANTA FE DE BOGOTÁ

ANTIOQUIA

BOYACÁ

CALDAS

RISARALDA

QUINDÍO

TOLIMA

CUNDINAMARCA

SANTANDER

DISTRITO CAPITAL

VALLE DEL CAUCA

META

OCÉANO ATLÁNTICO

Ecuador

Rocas (BRASIL)

Cabo Gurupi

I. de Santana

PARQUE NACIONAL DOS LENÇOIS MARANHENSES

I. do Caju

São Luís

Teresina

Fortaleza

Natal

João Pessoa

Recife

Mossoró

Campina Grande

Olinda

Parnaíba

Caxias

Juazeiro do Norte

Petrolina

Juazeiro

MARANHÃO

PIAUÍ

CEARÁ

RIO GRANDE DO NORTE

PARAÍBA

PERNAMBUCO

ALAGOAS

BAHÍA

Serra das Alpercatas

Caatinga

Chapada do Araripe

PARQUE NACIONAL DA SERRA DA CAPIVARA

PARQUE NACIONAL DE SETE CIDADES

PARQUE NACIONAL DE PAULO AFONSO

Planalto da Borborema

Cabo de São Roque

Escala 1:6,800,000 Proy. Cónica Conf. de Lambert

MI 0 50 100 150 200

KM 0 50 100 150 200 250 300

Islas Galápagos
(ECUADOR)

GALÁPAGOS

PERÚ

ECUADOR

COLOMBIA

LORETO

ACRE

MADRE DE DIOS

OCÉANO PACÍFICO

Población

| ■ | Más de 2.000.000 | ◉ | 500.000 - 999.999 | ◎ | 100.000 - 249.999 | ○ | 10.000 - 29.999 |
| ■ | 1.000.000 - 1.999.999 | ◉ | 250.000 - 499.999 | ◎ | 30.000 - 99.999 | ○ | Menos de 10.000 |

Perú, Bolivia del Norte, Brasil Occidental

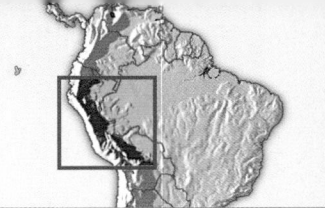

Escala 1:6,800,000   Proy. Cónica Conf. de Lambert

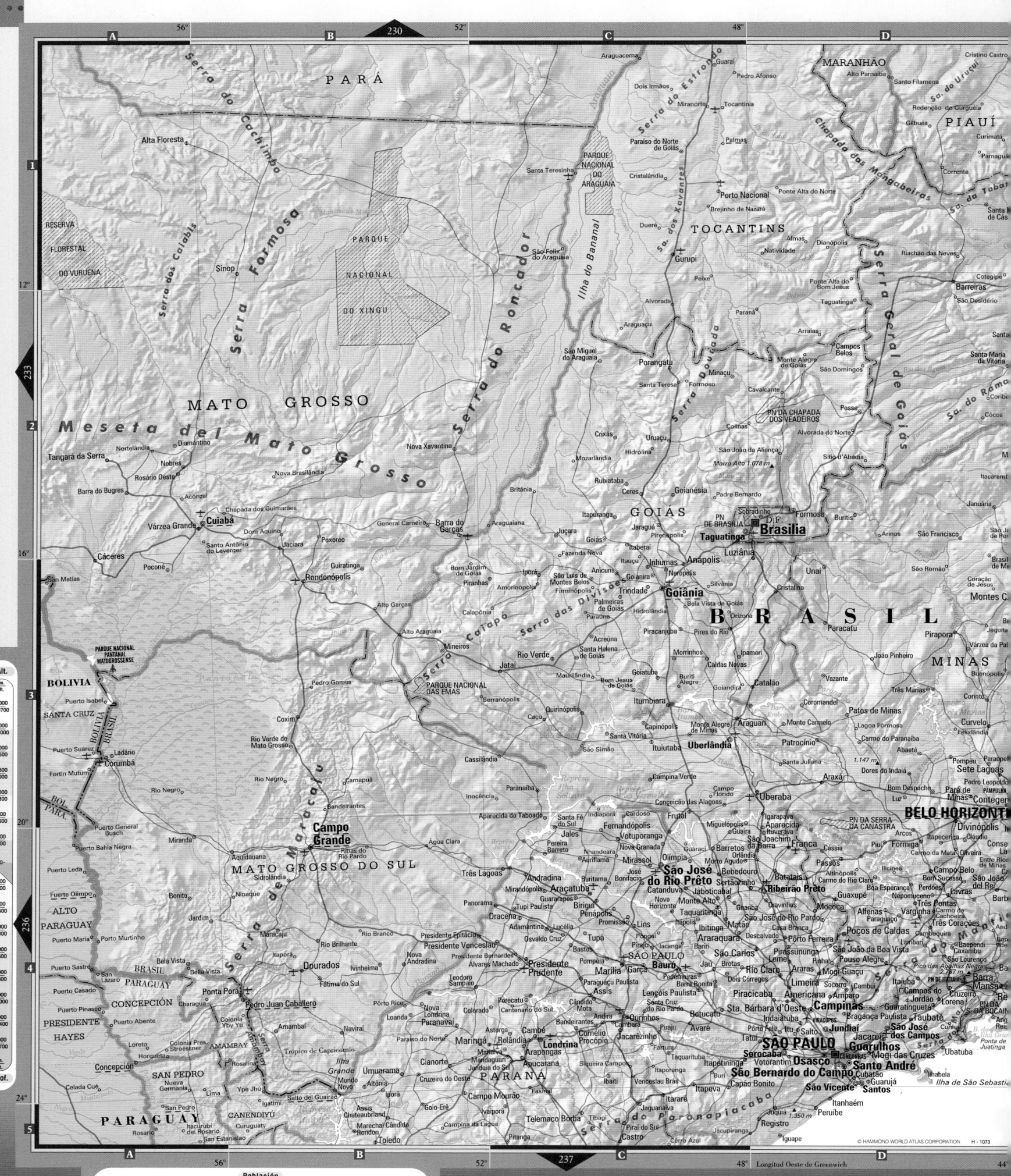

234

Escala 1:6,800,000   Proy. Cónica Conf. de Lambert

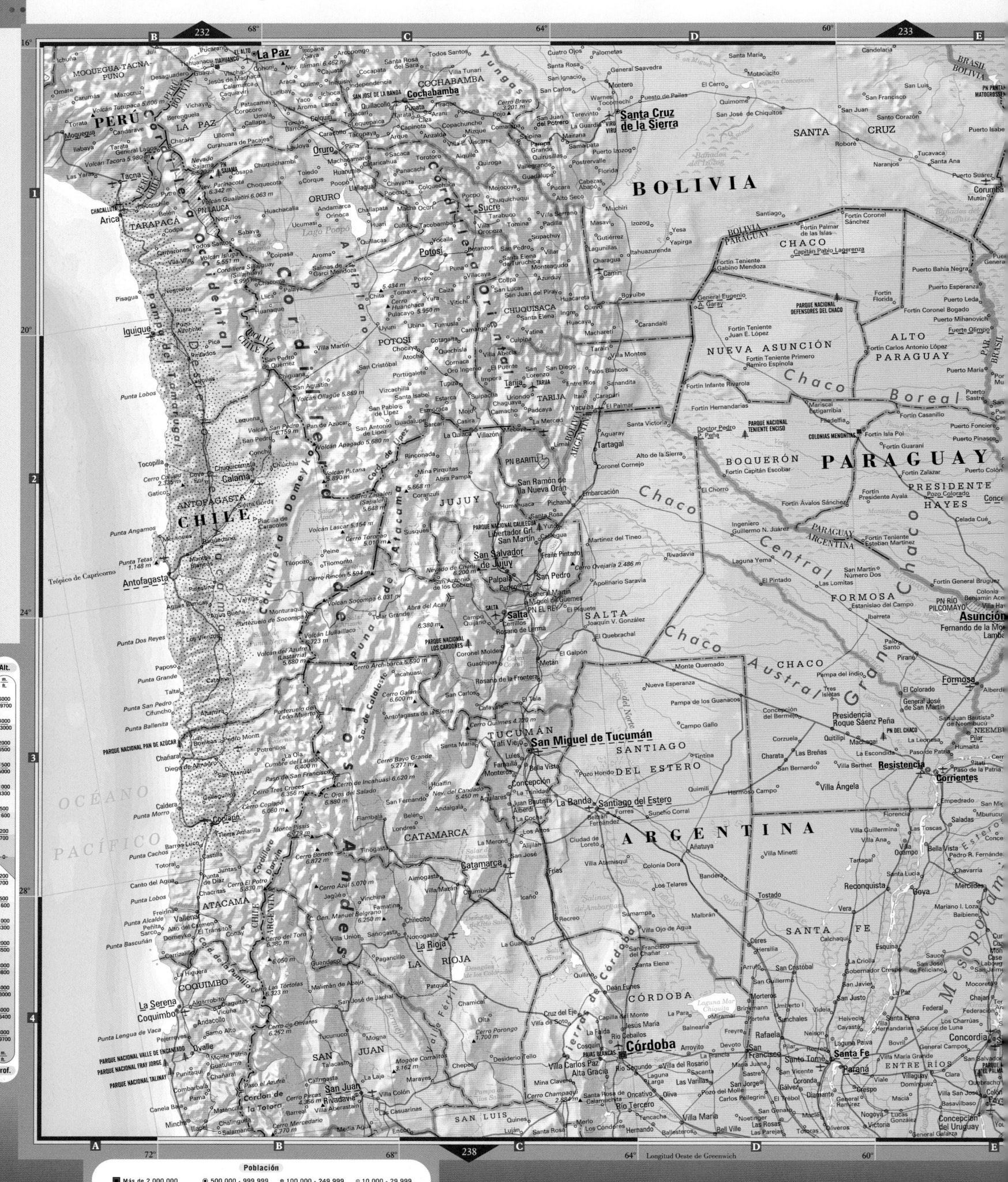

Población

■ Más de 2,000,000	⊛ 500,000 - 999,999	⊛ 100,000 - 249,999	⊙ 10,000 - 29,999
■ 1,000,000 - 1,999,999	⊛ 250,000 - 499,999	⊛ 30,000 - 99,999	• Menos de 10,000

Sudamérica Central

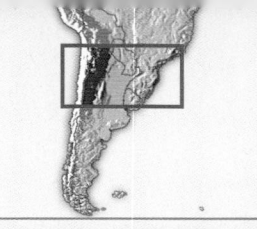

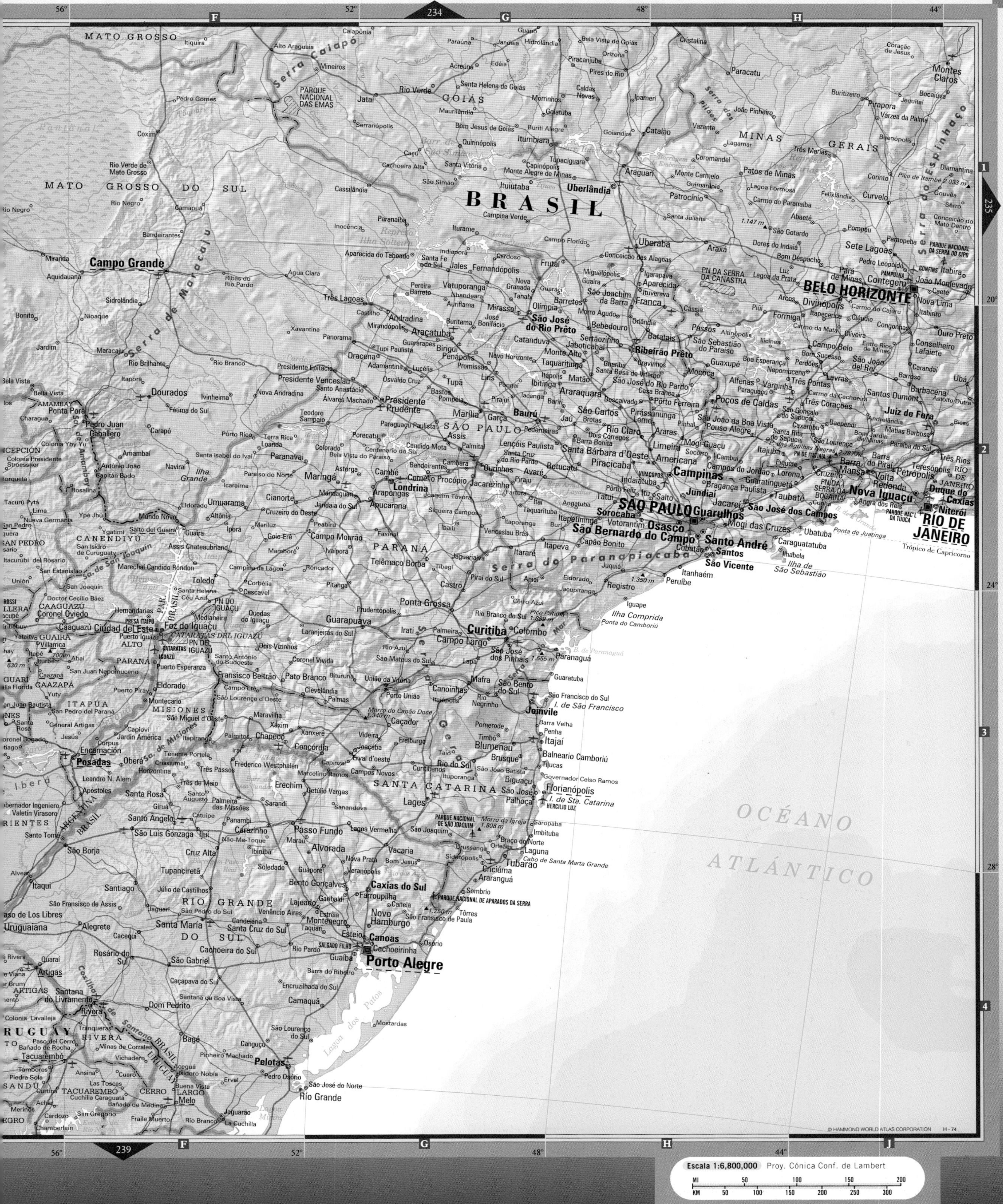

Escala 1:6,800,000 Proy. Cónica Conf. de Lambert

| MI | | 50 | | 100 | | 150 | | 200 |
| KM | 50 | 100 | 150 | 200 | 250 | 300 |

© HAMMOND WORLD ATLAS CORPORATION   H-74

Regiones de Chile indicadas por números:
1 Región Metropolitana de Santiago
2 Libertador General Bernardo O'Higgins
236
239
72°
68°
64°
60°
76°
32°
36°
40°
44°
B
C
D
E
A
P
Q
R
Longitud Oeste de Greenwich
OCÉANO PACÍFICO
CHILE
ARGENTINA
Cordillera de los Andes
Patagonia
Altiplanicie del Payún
SAN JUAN
MENDOZA
SAN LUIS
CÓRDOBA
SANTA FE
ENTRE RÍOS
BUENOS AIRES
LA PAMPA
NEUQUÉN
RÍO NEGRO
CHUBUT
SANTA CRUZ
COQUIMBO
VALPARAÍSO
MAULE
BÍO-BÍO
LA ARAUCANÍA
LOS LAGOS
AISÉN DEL GENERAL CARLOS IBÁÑEZ DEL CAMPO
SANTIAGO
Viña del Mar
Valparaíso
Rancagua
Talca
Concepción
Temuco
Valdivia
Osorno
Puerto Montt
Coihaique
Mendoza
San Juan
San Luis
Río Cuarto
Rosario
Santa Fe
Paraná
Santa Rosa
Bahía Blanca
Neuquén
Viedma
Rawson
Trelew
Puerto Madryn
Comodoro Rivadavia
San Carlos de Bariloche
Cerro Aconcagua 6.959 m
Golfo de San Matías
Península de Valdés
Golfo de San Jorge
Archipiélago de los Chonos
Isla Chiloé
Península de Taitao
Meseta de Montemayor
Gran Bajo Oriental
Pampa Húmeda
Alt.
m.
ft.
6000 19700
4000 13000
2000 6500
1500 5000
1000 3300
500 1600
200 700
-0-
200 700
500 1600
1000 3300
2000 6500
3000 9800
4000 13000
5000 16400
6000 19700
Prof.
© HAMMOND WORLD ATLAS CORPORATION H - 1075
ARG.
Viña del Mar
Valparaíso
SANTIAGO
Puente Alto
Maipú
San Bernardo
Rancagua
OCÉANO PACÍFICO
CHILE
0 30 km
34°
72°
70°

Población

■ Más de 2,000,000
◉ 500,000 - 999,999
⊕ 100,000 - 249,999
⊙ 10,000 - 29,999
▣ 1,000,000 - 1,999,999
◎ 250,000 - 499,999
⊖ 30,000 - 99,999
○ Menos de 10,000

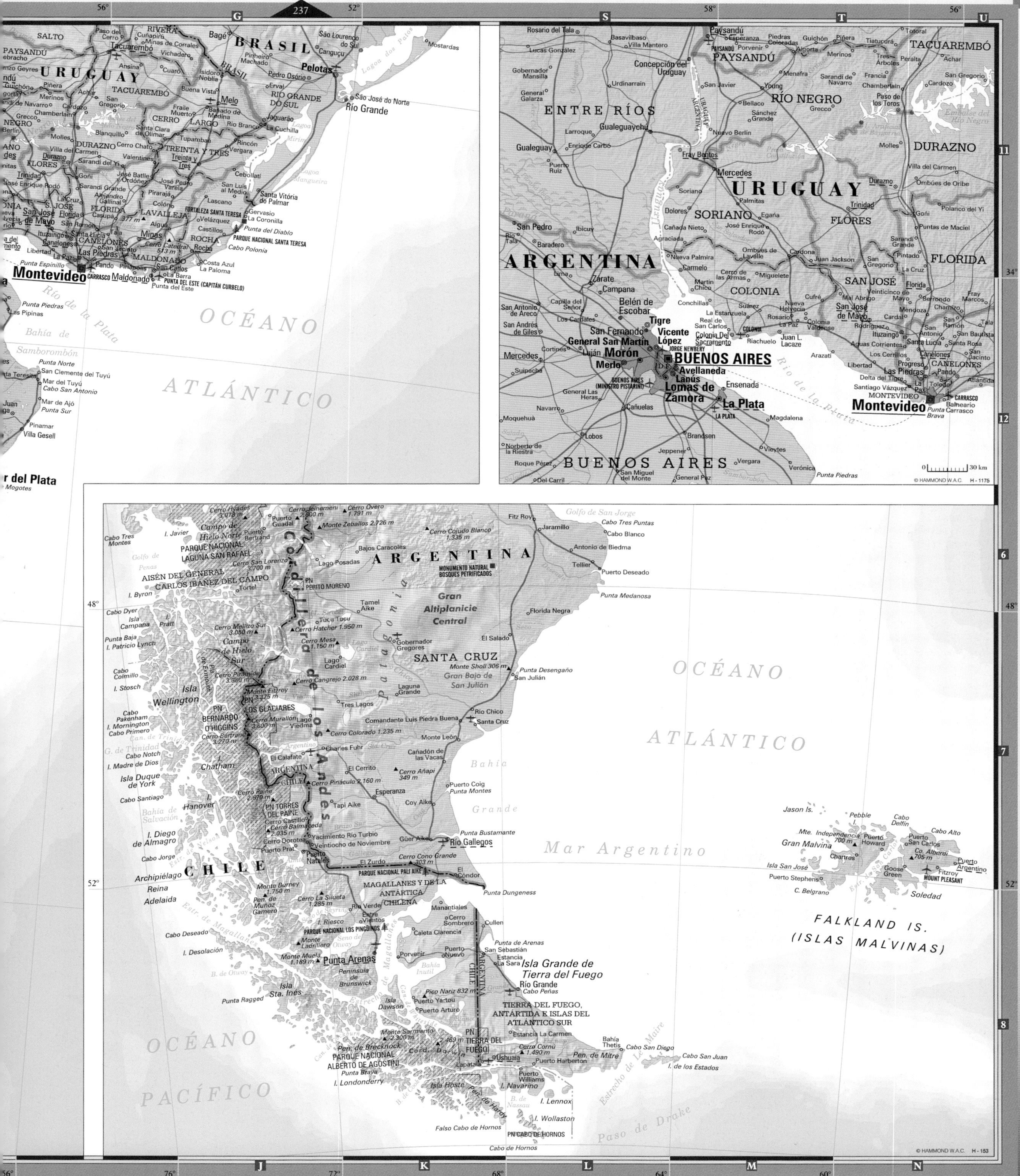

Banderas Mundiales y Guía de Referencia

Países del Mundo

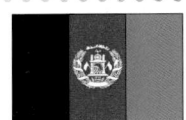

Afganistán
Página/Ubicación: 127/H2
Área: 250,775 mi.²
    649,507 km.²
Población: 29,547,078
Capital: Kabul
C. más poblada: Kabul
Punto más alto: Nowshak
Moneda: Afghani

Albania
Página/Ubicación: 109/F2
Área: 11,110 mi.²
    28,749 km.²
Población: 3,544,808
Capital: Tirana
C. más poblada: Tirana
Punto más alto: Korab
Moneda: Lek

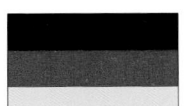

Alemania*
Página/Ubicación: 82/E3
Área: 137,803 mi.²
    356,910 km.²
Población: 82,424,609
Capital: Berlín
C. más poblada: Berlín
Punto más alto: Zugspitze
Moneda: Euro

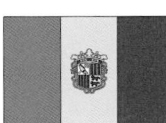

Andorra
Página/Ubicación: 95/F1
Área: 174 mi.²
    450 km.²
Población: 69,865
Capital: Andorra la Vella
C. más poblada: Andorra la Vella
Punto más alto: Pico Comapedrosa
Moneda: Euro

Angola
Página/Ubicación: 164/D6
Área: 481,351 mi.²
    1,246,700 km.²
Población: 10,978,552
Capital: Luanda
C. más poblada: Luanda
Punto más alto: Morro de Môco
Moneda: Kwanza

Antigua y Barbuda
Página/Ubicación: 220/F3
Área: 171 mi.²
    443 km.²
Población: 68,320
Capital: Saint John's
C. más poblada: Saint John's
Punto más alto: Boggy Peak
Moneda: Dólar Caribe-Este

Arabia Saudita
Página/Ubicación: 126/D4
Área: 756,981 mi.²
    1,960,582 km.²
Población: 25,100,425
Capital: Riad
C. más poblada: Riad
Punto más alto: Jabal Sawdā'
Moneda: Rial

Argelia
Página/Ubicación: 164/B2
Área: 919,519 mi.²
    2,381,740 km.²
Población: 33,357,089
Capital: Argel
C. más poblada: Argel
Punto más alto: Tahat
Moneda: Dinar argelino

Argentina
Página/Ubicación: 225/F5
Área: 1,068,296 mi.²
    2,766,890 km.²
Población: 39,144,753
Capital: Buenos Aires
C. más poblada: Buenos Aires
Punto más alto: Cerro Aconcagua
Moneda: Peso argentino

Armenia
Página/Ubicación: 115/H5
Área: 11,506 mi.²
    29,800 km.²
Población: 3,325,307
Capital: Ereván
C. más poblada: Ereván
Punto más alto: Monte Aragat
Moneda: Dram

Australia
Página/Ubicación: 150
Área: 2,966,136 mi.²
    7,682,300 km.²
Población: 19,913,144
Capital: Canberra
C. más poblada: Sydney
Punto más alto: Mt. Kosciusko
Moneda: Dólar australiano

Austria*
Página/Ubicación: 93/L3
Área: 32,375 mi.²
    83,851 km.²
Población: 8,174,762
Capital: Viena
C. más poblada: Viena
Punto más alto: Grossglockner
Moneda: Euro

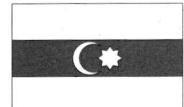

Azerbaiyán
Página/Ubicación: 115/H4
Área: 33,436 mi.²
    86,600 km.²
Población: 7,868,385
Capital: Bakú
C. más poblada: Bakú
Punto más alto: Bazar Djuzi
Moneda: Manat azerbaiyano

Bahamas, Las
Página/Ubicación: 220/B2
Área: 5,382 mi.²
    13,939 km.²
Población: 299,697
Capital: Nassau
C. más poblada: Nassau
Punto más alto: Mt. Alvernia
Moneda: Dólar bahameño

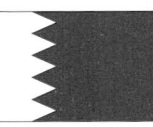

Bahréin
Página/Ubicación: 126/F3
Área: 240 mi.²
    622 km.²
Población: 677,886
Capital: Manama
C. más poblada: Al-Muharraq
Punto más alto: Jabal Dukhān
Moneda: Dinar bahreino

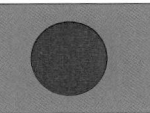

Bangladesh
Página/Ubicación: 138/E3
Área: 55,598 mi.²
    144,000 km.²
Población: 141,340,476
Capital: Dhaka
C. más poblada: Dhaka
Punto más alto: Keokradong
Moneda: Taka

Barbados
Página/Ubicación: 220/G4
Área: 186 mi.²
    430 km.²
Población: 278,289
Capital: Bridgetown
C. más poblada: Bridgetown
Punto más alto: Mt. Hillaby
Moneda: Dólar de Barbados

Bélgica*
Página/Ubicación: 82/C3
Área: 11,781 mi.²
    30,513 km.²
Población: 10,348,276
Capital: Bruselas
C. más poblada: Bruselas
Punto más alto: Botrange
Moneda: Euro

Belice
Página/Ubicación: 218/D2
Área: 8,867 mi.²
    22,966 km.²
Población: 272,945
Capital: Belmopán
C. más poblada: Ciudad de Belice
Punto más alto: Pico Victoria
Moneda: Dólar beliceño

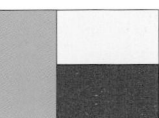

Benín
Página/Ubicación: 169/F4
Área: 43,483 mi.²
    112,620 km.²
Población: 7,250,033
Capital: Porto-Novo
C. más poblada: Cotonú
Punto más alto: Sokbaro
Moneda: Franco CFA

Bielorrusia
Página/Ubicación: 70/G3
Área: 80,154 mi.²
    207,600 km.²
Población: 10,310,520
Capital: Minsk
C. más poblada: Minsk
Punto más alto: Dzyarzhynskaya
Moneda: Rublo ruso

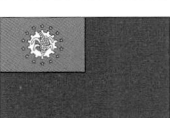

Birmania
Página/Ubicación: 139/G3
Área: 261,969 mi.²
    678,500 km.²
Población: 42,720,196
Capital: Nay Pyi Taw, Rangún
C. más poblada: Rangún
Punto más alto: Hkakabo Razi
Moneda: Kyat

Bolivia
Página/Ubicación: 224/D5
Área: 424,163 mi.²
    1,098,582 km.²
Población: 8,724,156
Capital: Sucre
C. más poblada: La Paz
Punto más alto: Nevado Sajama
Moneda: Boliviano

Bosnia y Herzegovina
Página/Ubicación: 110/C3
Área: 19,940 mi.²
    51,645 km.²
Población: 4,007,608
Capital: Sarajevo
C. más poblada: Sarajevo
Punto más alto: Maglič
Moneda: Marco convertible

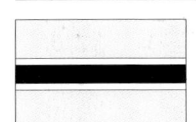

Botswana
Página/Ubicación: 164/E7
Área: 231,803 mi.²
    600,370 km.²
Población: 1,561,973
Capital: Gaborone
C. más poblada: Gaborone
Punto más alto: Colinas de Tsodilo
Moneda: Pula

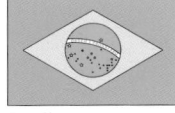

Brasil
Página/Ubicación: 224/D6
Área: 3,286,470 mi.²
    8,511,965 km.²
Población: 184,101,109
Capital: Brasilia
C. más poblada: São Paulo
Punto más alto: Pico da Neblina
Moneda: Real

Brunéi
Página/Ubicación: 146/D2
Área: 2,226 mi.²
    5,765 km.²
Población: 365,251
Capital: Bandar Seri Begawan
C. más poblada: Bandar Seri Begawan
Punto más alto: Bukit Pagon
Moneda: Dólar de Brunei

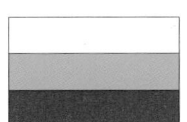

Bulgaria*
Página/Ubicación: 111/G4
Área: 42,823 mi.²
    110,912 km.²
Población: 7,517,973
Capital: Sofía
C. más poblada: Sofía
Punto más alto: Musala
Moneda: Lev

Burkina Faso
Página/Ubicación: 169/E3
Área: 105,869 mi.²
    274,200 km.²
Población: 13,574,820
Capital: Uagadugú
C. más poblada: Uagadugú
Punto más alto: Tena kourou
Moneda: Franco CFA

Burundi
Página/Ubicación: 177/G3
Área: 10,747 mi.²
    27,835 km.²
Población: 6,231,221
Capital: Bujumbura
C. más poblada: Bujumbura
Punto más alto: Monte Heha
Moneda: Franco burundés

*Miembro de la Unión Europea

Países del Mundo

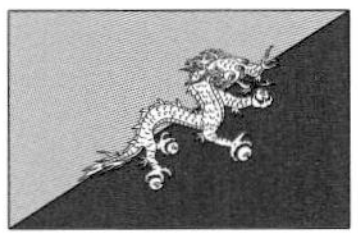

Bután
Página/Ubicación: 138/E2
Área: 18,147 mi.^{2}
47,000 km.^{2}
Población: 2,185,569
Capital: Thimbu
C. más poblada: Thimbu
Punto más alto: Kula Kangri
Moneda: Ngultrum

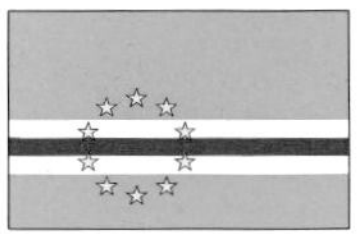

Cabo Verde
Página/Ubicación: 64/H5
Área: 1,557 mi.^{2}
4,033 km.^{2}
Población: 415,294
Capital: Praia
C. más poblada: Praia
Punto más alto: Monte Fogo
Moneda: Escudo Caboverdiano

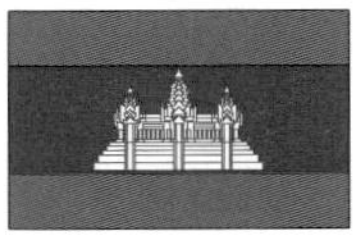

Camboya
Página/Ubicación: 139/H5
Área: 69,898 mi.^{2}
181,036 km.^{2}
Población: 13,363,421
Capital: Phnom Penh
C. más poblada: Phnom Penh
Punto más alto: Phnum Aoral
Moneda: Riel

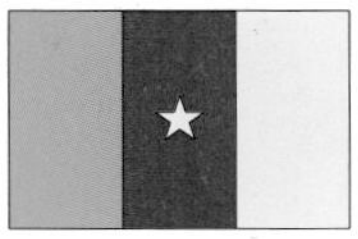

Camerún
Página/Ubicación: 164/D4
Área: 183,568 mi.^{2}
475,441 km.^{2}
Población: 16,063,678
Capital: Yaundé
C. más poblada: Duala
Punto más alto: Mt. Fako
Moneda: Franco CFA

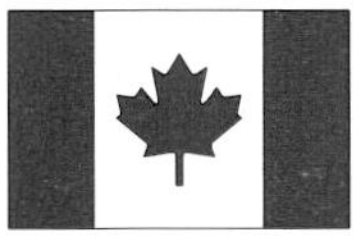

Canadá
Página/Ubicación: 186
Área: 3,851,787 mi.^{2}
9,976,139 km.^{2}
Población: 32,507,874
Capital: Ottawa
C. más poblada: Toronto
Punto más alto: Mt. Trudeau
Moneda: Dólar canadiense

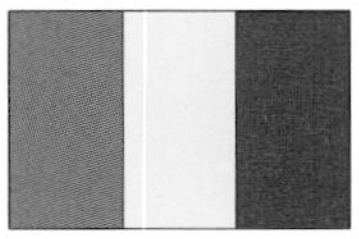

Chad
Página/Ubicación: 164/D3
Área: 495,752 mi.^{2}
1,283,998 km.^{2}
Población: 9,538,544
Capital: N'Djamena
C. más poblada: N'Djamena
Punto más alto: Emi Koussi
Moneda: Franco CFA

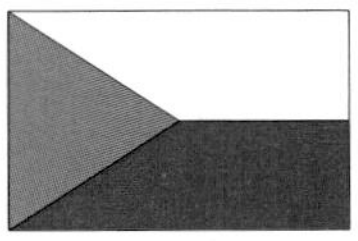

Checa, República*
Página/Ubicación: 83/H4
Área: 30,387 mi.^{2}
78,703 km.^{2}
Población: 10,246,178
Capital: Praga
C. más poblada: Praga
Punto más alto: Monte Sněžka
Moneda: Corona checa

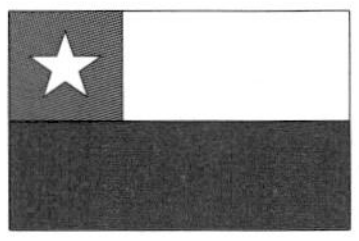

Chile
Página/Ubicación: 225/E4
Área: 292,257 mi.^{2}
756,946 km.^{2}
Población: 15,827,180
Capital: Santiago
C. más poblada: Santiago
Punto más alto: Nevado Ojos del Salado
Moneda: Peso chileno

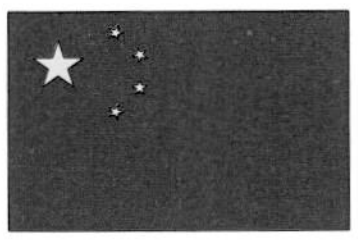

China
Página/Ubicación: 122/J6
Área: 3,705,386 mi.^{2}
9,596,960 km.^{2}
Población: 1,294,629,555
Capital: Pekín
C. más poblada: Shanghái
Punto más alto: Monte Everest
Moneda: Renminbi

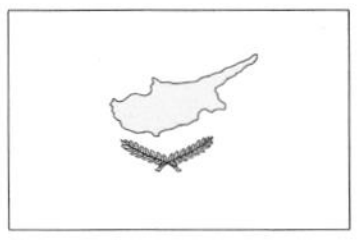

Chipre*
Página/Ubicación: 123/C2
Área: 3,571 mi.^{2}
9,250 km.^{2}
Población: 775,927
Capital: Nicosia
C. más poblada: Nicosia
Punto más alto: Monte Olimpo
Moneda: Euro

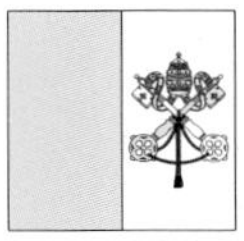

Ciudad del Vaticano
Página/Ubicación: 102/C4
Área: 0.17 mi.^{2}
0.44 km.^{2}
Población: 911
Capital: —
C. más poblada: —
Punto más alto: 246 ft. (75 m)
Moneda: Euro

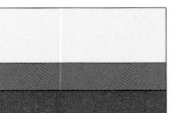

Colombia
Página/Ubicación: 228/C4
Área: 439,513 mi.^{2}
1,138,339 km.^{2}
Población: 42,310,775
Capital: Santa Fe de Bogotá
C. más poblada: Santa Fe de Bogotá
Punto más alto: Pico Cristóbal Colón
Moneda: Peso colombiano

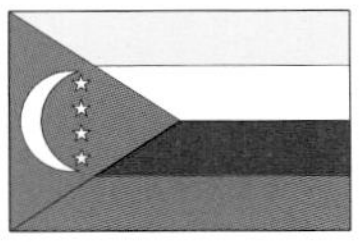

Comoras
Página/Ubicación: 164/G6
Área: 838 mi.^{2}
2,170 km.^{2}
Población: 651,901
Capital: Moroni
C. más poblada: Moroni
Punto más alto: Karthala
Moneda: Franco comorano

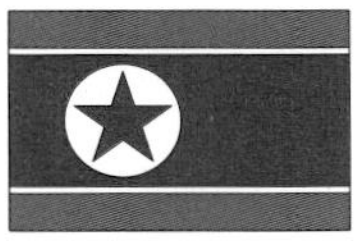

Corea del Norte
Página/Ubicación: 133/D2
Área: 46,540 mi.^{2}
120,539 km.^{2}
Población: 22,697,553
Capital: Pyongyang
C. más poblada: Pyongyang
Punto más alto: Paektu-san
Moneda: Won norcoreano

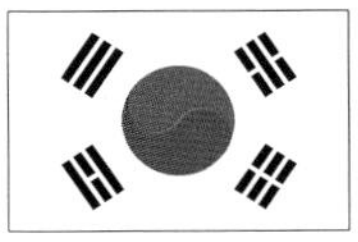

Corea del Sur
Página/Ubicación: 133/D4
Área: 38,023 mi.^{2}
98,480 km.^{2}
Población: 48,598,175
Capital: Seúl
C. más poblada: Seúl
Punto más alto: Monte Halla
Moneda: Won surcoreano

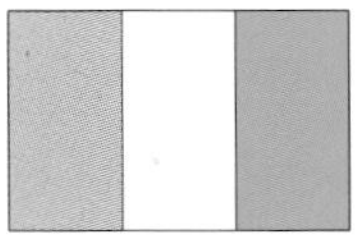

Costa de Marfil
Página/Ubicación: 168/D5
Área: 124,504 mi.^{2}
322,465 km.^{2}
Población: 17,327,724
Capital: Yamusukro
C. más poblada: Abidján
Punto más alto: Monte Nimba
Moneda: Franco CFA

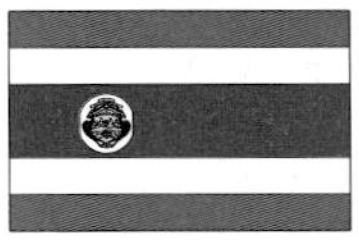

Costa Rica
Página/Ubicación: 219/F4
Área: 19,730 mi.^{2}
51,100 km.^{2}
Población: 4,356,507
Capital: San José
C. más poblada: San José
Punto más alto: Cerro Chirripó
Moneda: Colón costarricense

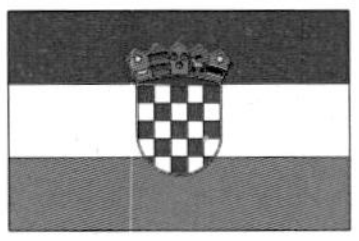

Croacia
Página/Ubicación: 110/B3
Área: 22,050 mi.^{2}
57,110 km.^{2}
Población: 4,435,960
Capital: Zagreb
C. más poblada: Zagreb
Punto más alto: Dinara
Moneda: Kuna

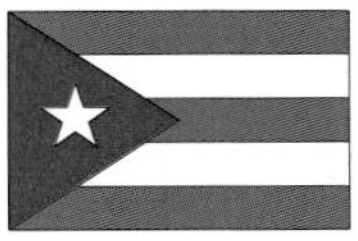

Cuba
Página/Ubicación: 219/F1
Área: 42,803 mi.^{2}
110,860 km.^{2}
Población: 11,308,764
Capital: La Habana
C. más poblada: La Habana
Punto más alto: Pico Turquino
Moneda: Peso cubano

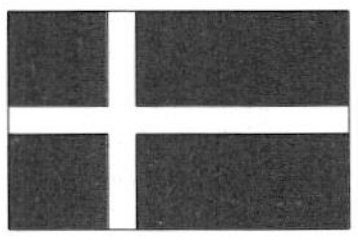

Dinamarca*
Página/Ubicación: 80/C4
Área: 16,629 mi.^{2}
43,069 km.^{2}
Población: 5,413,392
Capital: Copenhage
C. más poblada: Copenhage
Punto más alto: Yding Skovhøj
Moneda: Corona danesa

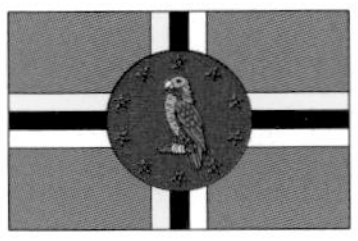

Dominica
Página/Ubicación: 220/F4
Área: 290 mi.^{2}
751 km.^{2}
Población: 69,278
Capital: Roseau
C. más poblada: Roseau
Punto más alto: Morne Diablotins
Moneda: Dólar del Caribe Oriental

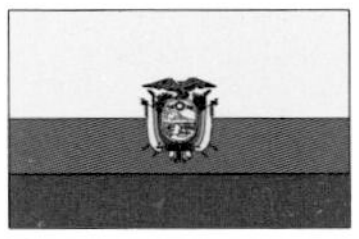

Ecuador
Página/Ubicación: 228/B5
Área: 109,483 mi.^{2}
283,561 km.^{2}
Población: 13,971,798
Capital: Quito
C. más poblada: Guayaquil
Punto más alto: Chimborazo
Moneda: Dólar estadounidense

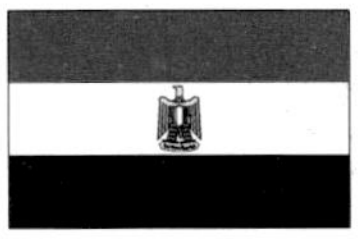

Egipto
Página/Ubicación: 171/F3
Área: 386,659 mi.^{2}
1,001,447 km.^{2}
Población: 76,117,421
Capital: El Cairo
C. más poblada: El Cairo
Punto más alto: Mt. Catherine
Moneda: Libra egipcia

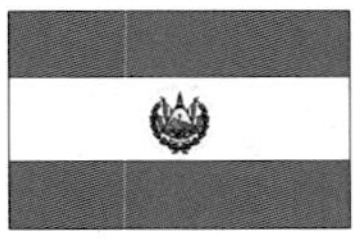

El Salvador
Página/Ubicación: 218/D3
Área: 8,124 mi.^{2}
21,040 km.^{2}
Población: 6,587,541
Capital: San Salvador
C. más poblada: San Salvador
Punto más alto: El Pital
Moneda: Dólar estadounidense

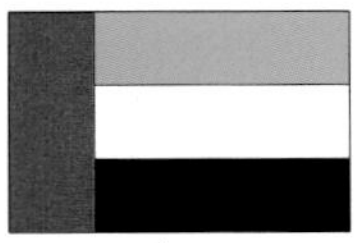

Emiratos Árabes Unidos
Página/Ubicación: 126/F4
Área: 29,182 mi.^{2}
75,581 km.^{2}
Población: 2,523,915
Capital: Abu Dhabi
C. más poblada: Dubai
Punto más alto: Jabal Yibir
Moneda: Dirham de EE. AA. UU.

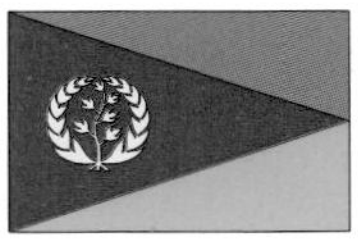

Eritrea
Página/Ubicación: 164/F3
Área: 46,842 mi.^{2}
121,320 km.^{2}
Población: 4,447,307
Capital: Asmara
C. más poblada: Asmara
Punto más alto: Soira
Moneda: Nafka

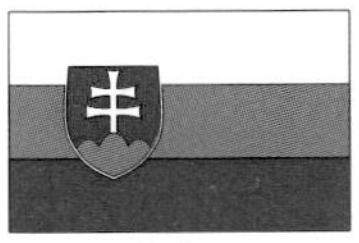

Eslovaquia*
Página/Ubicación: 83/K4
Área: 18,924 mi.^{2}
49,013 km.^{2}
Población: 5,423,567
Capital: Bratislava
C. más poblada: Bratislava
Punto más alto: Gerlachovský Stít
Moneda: Corona eslovaca

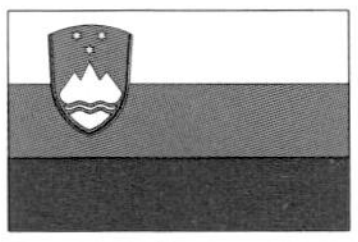

Eslovenia*
Página/Ubicación: 110/B3
Área: 7,898 mi.^{2}
20,456 km.^{2}
Población: 1,938,282
Capital: Liubliana
C. más poblada: Liubliana
Punto más alto: Monte Triglav
Moneda: Euro

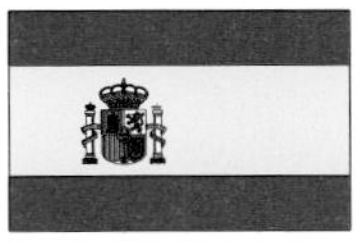

España*
Página/Ubicación: 94/C2
Área: 194,881 mi.^{2}
504,742 km.^{2}
Población: 40,280,780
Capital: Madrid
C. más poblada: Madrid
Punto más alto: Pico de Teide
Moneda: Euro

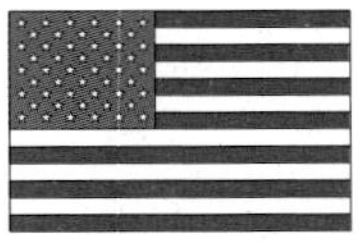

Estados Unidos de América
Página/Ubicación: 188
Área: 3,618,765 mi.^{2}
9,372,610 km.^{2}
Población: 301,139,947
Capital: Washington, D.C.
C. más poblada: New York
Punto más alto: Mt. McKinley
Moneda: Dólar estadounidense

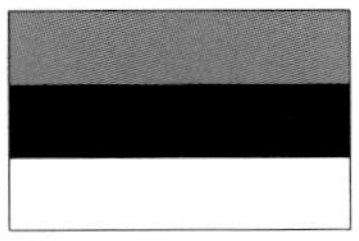

Estonia*
Página/Ubicación: 81/L2
Área: 17,413 mi.^{2}
45,100 km.^{2}
Población: 1,401,945
Capital: Tallinn
C. más poblada: Tallinn
Punto más alto: Munamägi
Moneda: Corona estonia

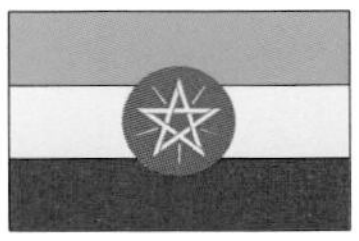

Etiopía
Página/Ubicación: 164/F4
Área: 435,184 mi.^{2}
1,127,127 km.^{2}
Población: 67,851,281
Capital: Adís Abeba
C. más poblada: Adís Abeba
Punto más alto: Ras Dejen
Moneda: Birr

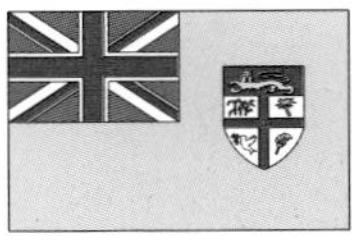

Fiji
Página/Ubicación: 158/G6
Área: 7,055 mi.^{2}
18,272 km.^{2}
Población: 880,874
Capital: Suva
C. más poblada: Suva
Punto más alto: Tomaniivi
Moneda: Dólar fiyiano

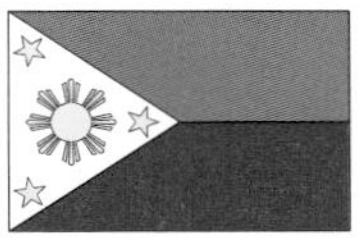

Filipinas
Página/Ubicación: 145/C2
Área: 115,830 mi.^{2}
300,000 km.^{2}
Población: 86,241,697
Capital: Manila
C. más poblada: Ciudad Quezón
Punto más alto: Monte Apo
Moneda: Peso filipino

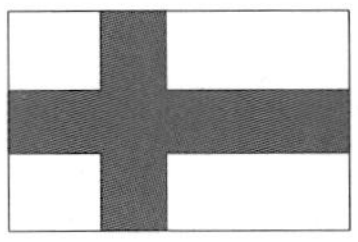

Finlandia*
Página/Ubicación: 79/H2
Área: 130,128 mi.^{2}
337,032 km.^{2}
Población: 5,214,512
Capital: Helsinki
C. más poblada: Helsinki
Punto más alto: Haltia
Moneda: Euro

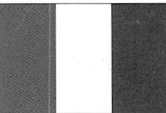

Francia*
Página/Ubicación: 92/D3
Área: 211,208 mi.^{2}
547,030 km.^{2}
Población: 60,424,213
Capital: París
C. más poblada: París
Punto más alto: Mont Blanc
Moneda: Euro

*Miembro de la Unión Europea

Países del Mundo

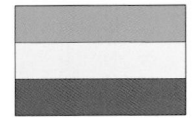

Gabón
Página/Ubicación: 176/B3
Área: 103.346 mi.²
　　　267.666 km.²
Población: 1,355,246
Capital: Libreville
C. más poblada: Libreville
Punto más alto: Mt. Iboundji
Monetary Unit: Franco CFA

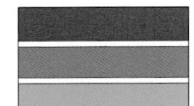

Gambia
Página/Ubicación: 168/B3
Área: 4,363 mi.²
　　　11,300 km.²
Población: 1,546,848
Capital: Banjul
C. más poblada: Banjul
Punto más alto: 174 ft. (53 m)
Monetary Unit: Dalasi

Georgia
Página/Ubicación: 115/G4
Área: 26,911 mi.²
　　　69,700 km.²
Población: 4,909,633
Capital: T'bilisi
C. más poblada: T'bilisi
Punto más alto: Mt'a Shkhara
Monetary Unit: Lari

Ghana
Página/Ubicación: 169/E4
Área: 92,099 mi.²
　　　238,536 km.²
Población: 20,757,032
Capital: Accra
C. más poblada: Accra
Punto más alto: Afadjato
Monetary Unit: Cedi

Granada
Página/Ubicación: 220/F5
Área: 133 mi.²
　　　344 km.²
Población: 89,357
Capital: St. George's
C. más poblada: St. George's
Punto más alto: Mt. St. Catherine
Monetary Unit: Dólar Caribe-Este

Grecia*
Página/Ubicación: 109/G3
Área: 50,944 mi.²
　　　131,945 km.²
Población: 10,647,529
Capital: Atenas
C. más poblada: Atenas
Punto más alto: Mt. Olympus
Monetary Unit: Euro

Guatemala
Página/Ubicación: 218/D3
Área: 42,042 mi.²
　　　108,899 km.²
Población: 14,280,596
Capital: Guatemala
C. más poblada: Guatemala
Punto más alto: Tajumulco
Monetary Unit: Quetzal

Guinea
Página/Ubicación: 168/C4
Área: 94,925 mi.²
　　　245,856 km.²
Población: 9,246,462
Capital: Conakry
C. más poblada: Conakry
Punto más alto: Mt. Nimba
Monetary Unit: Franco guineano

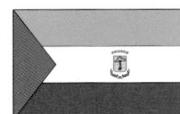

Guinea Ecuatorial
Página/Ubicación: 176/B2
Área: 10,831 mi.²
　　　28,052 km.²
Población: 523,051
Capital: Malabo
C. más poblada: Malabo
Punto más alto: Basile
Monetary Unit: Franco CFA

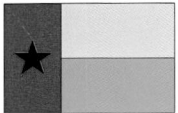

Guinea-Bissau
Página/Ubicación: 168/B3
Área: 13,948 mi.²
　　　36,125 km.²
Población: 1,388,363
Capital: Bissau
C. más poblada: Bissau
Punto más alto: 984 ft. (300 m)
Monetary Unit: Franco CFA

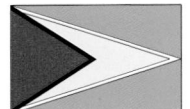

Guyana
Página/Ubicación: 229/G3
Área: 83,000 mi.²
　　　214,970 km.²
Población: 705,803
Capital: Georgetown
C. más poblada: Georgetown
Punto más alto: Mt. Roraima
Monetary Unit: Dólar guyanés

Haiti
Página/Ubicación: 221/D3
Área: 10,694 mi.²
　　　27,697 km.²
Población: 7,656,166
Capital: Puerto Príncipe
C. más poblada: Puerto Príncipe
Punto más alto: Pic la Selle
Monetary Unit: Gourde

Honduras
Página/Ubicación: 218/E3
Área: 43,277 mi.²
　　　112,087 km.²
Población: 6,823,568
Capital: Tegucigalpa
C. más poblada: Tegucigalpa
Punto más alto: Cerro de las Minas
Monetary Unit: Lempira

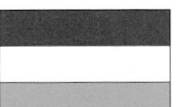

Hungía*
Página/Ubicación: 90/D2
Área: 35,919 mi.²
　　　93,030 km.²
Población: 10,032,375
Capital: Budapest
C. más poblada: Budapest
Punto más alto: Kékes
Monetary Unit: Forint

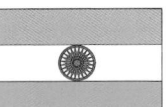

India
Página/Ubicación: 122/G7
Área: 1,269,339 mi.²
　　　3,287,588 km.²
Población: 1,065,070,607
Capital: Nueva Delhi
C. más poblada: Mumbai
Punto más alto: Kanchenjunga
Monetary Unit: Indian rupee

Indonesia
Página/Ubicación: 147/E4
Área: 741,096 mi.²
　　　1,919,440 km.²
Población: 238,452,952
Capital: Yakarta
C. más poblada: Yakarta
Punto más alto: Puncak Jaya
Monetary Unit: Rupiah

Irak
Página/Ubicación: 126/D2
Área: 168,753 mi.²
　　　437,072 km.²
Población: 25,374,691
Capital: Bagdad
C. más poblada: Bagdad
Punto más alto: Haji Ibrahim
Monetary Unit: Dinar iraqí

Irán
Página/Ubicación: 122/E6
Área: 636,293 mi.²
　　　1,648,000 km.²
Población: 69,018,924
Capital: Teherán
C. más poblada: Teherán
Punto más alto: Qolleh-ye Daṁavand
Monetary Unit: Rial iraní

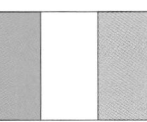

Irlanda*
Página/Ubicación: 73/P10
Área: 27,136 mi.²
　　　70,282 km.²
Población: 3,969,558
Capital: Dublín
C. más poblada: Dublín
Punto más alto: Carrauntoohil
Monetary Unit: Euro

Islandia
Página/Ubicación: 79/N7
Área: 39,768 mi.²
　　　103,000 km.²
Población: 282,151
Capital: Reykjavik
C. más poblada: Reykjavík
Punto más alto: Hvannadalshnukúr
Monetary Unit: Corona islandesa

Islas Marshall
Página/Ubicación: 158/G3
Área: 70 mi.²
　　　181 km.²
Población: 57,738
Capital: Majuro
C. más poblada: Majuro
Punto más alto: 33 ft. (10 m)
Monetary Unit: Dólar estadounidense

Islas Salomón
Página/Ubicación: 158/E6
Área: 11,500 mi.²
　　　29,785 km.²
Población: 523,617
Capital: Honiara
C. más poblada: Honiara
Punto más alto: Mt. Makarakomburu
Monetary Unit: Dólar de las Is. Salomón

Israel
Página/Ubicación: 123/C3
Área: 8,019 mi.²
　　　20,770 km.²
Población: 6,199,008
Capital: Jerusalén
C. más poblada: Jerusalén
Punto más alto: Har Meron
Monetary Unit: Nuevo shequel

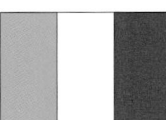

Italia*
Página/Ubicación: 70/F4
Área: 116,303 mi.²
　　　301,225 km.²
Población: 58,057,477
Capital: Roma
C. más poblada: Roma
Punto más alto: Mont Bianco
Monetary Unit: Euro

Jamaica
Página/Ubicación: 219/G2
Área: 4,243 mi.²
　　　10,990 km.²
Población: 2,713,130
Capital: Kingston
C. más poblada: Kingston
Punto más alto: Blue Mountain Pk.
Monetary Unit: Dólar jamaicano

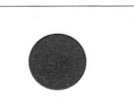

Japón
Página/Ubicación: 122/Q4
Área: 145,882 mi.²
　　　377,835 km.²
Población: 127,333,002
Capital: Tokyo
C. más poblada: Tokyo
Punto más alto: Fujiyama
Monetary Unit: Yen

Jordania
Página/Ubicación: 126/C2
Área: 34,445 mi.²
　　　89,213 km.²
Población: 5,611,202
Capital: Ammán
C. más poblada: Ammán
Punto más alto: Jabal Ramm
Monetary Unit: Dinar jordano

Kazajstán
Página/Ubicación: 118/G5
Área: 1,049,150 mi.²
　　　2,717,300 km.²
Población: 16,798,552
Capital: Astaná
C. más poblada: Almaty
Punto más alto: Khan-Tengri
Monetary Unit: Tenge

Kenia
Página/Ubicación: 164/F4
Área: 224,960 mi.²
　　　582,646 km.²
Población: 32,021,856
Capital: Nairobi
C. más poblada: Nairobi
Punto más alto: Mt. Kenya
Monetary Unit: Chelin keniata

Kirguistán
Página/Ubicación: 134/F4
Área: 76,641 mi.²
　　　198,500 km.²
Población: 4,965,081
Capital: Biskek
C. más poblada: Biskek
Punto más alto: Pik Pobedy
Monetary Unit: Som kirguís

*Miembro de la Unión Europea

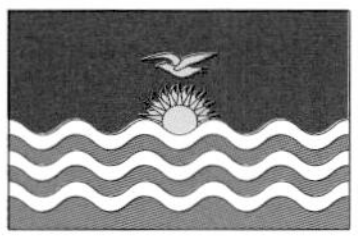

Kiribati
Página/Ubicación: 158/H5
Área: 277 mi.²
717 km.²
Población: 100,798
Capital: Tarawa
C. más poblada: Tarawa
Punto más alto: Banaba Island
Moneda: Dólar de Kiribati y autraliano

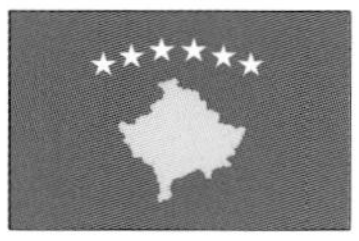

Kósovo
Página/Ubicación: 110/E4
Área: 4,203 mi.²
10,887 km.²
Población: 2,126,708
Capital: Pristina
C. más poblada: Pristina
Punto más alto: Dararica
Moneda: Euro

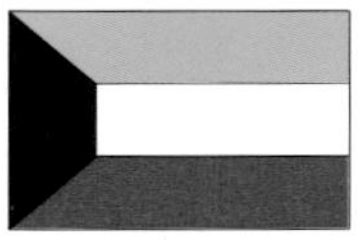

Kuwait
Página/Ubicación: 126/E3
Área: 6,880 mi.²
17,820 km.²
Población: 2,257,549
Capital: Kuwait
C. más poblada: Kuwait
Punto más alto: 1,003 ft. (306 m)
Moneda: Dólar kuwaití

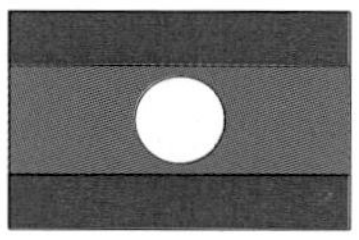

Laos
Página/Ubicación: 143/C2
Área: 91,428 mi.²
236,800 km.²
Población: 6,068,117
Capital: Vientaine
C. más poblada: Vientaine
Punto más alto: Phou Bia
Moneda: Kip

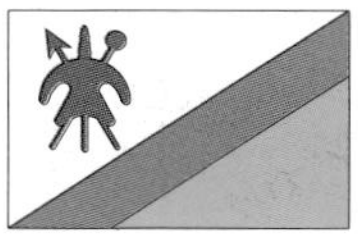

Lesotho
Página/Ubicación: 180/E6
Área: 11,720 mi.²
30,355 km.²
Población: 1,865,040
Capital: Maseru
C. más poblada: Maseru
Punto más alto: Thabana-Ntlenyana
Moneda: Loti

Letonia*
Página/Ubicación: 81/L3
Área: 24,749 mi.²
64,100 km.²
Población: 2,332,078
Capital: Riga
C. más poblada: Riga
Punto más alto: Gaizina Kalns
Moneda: Lat

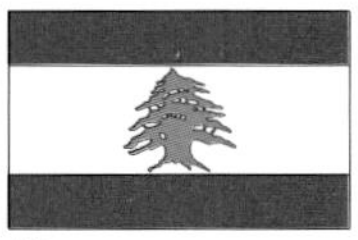

Líbano
Página/Ubicación: 123/D3
Área: 4,015 mi.²
10,399 km.²
Población: 3,777,218
Capital: Beirut
C. más poblada: Beirut
Punto más alto: Qurnat as Sawda'
Moneda: Libra libanesa

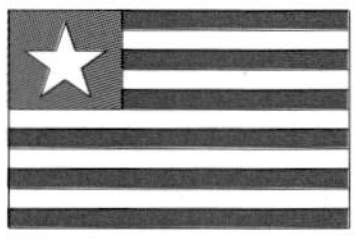

Liberia
Página/Ubicación: 168/C5
Área: 43,000 mi.²
111,370 km.²
Población: 3,390,635
Capital: Monrovia
C. más poblada: Monrovia
Punto más alto: Mt. Wuteve
Moneda: Dólar liberiano

Libia
Página/Ubicación: 170/C2
Área: 679,358 mi.²
1,759,537 km.²
Población: 5,631,585
Capital: Trípoli
C. más poblada: Trípoli
Punto más alto: Bīkkū Bīttī
Moneda: Dinar libio

Liechtenstein
Página/Ubicación: 99/F3
Área: 61 mi.²
158 km.²
Población: 33,436
Capital: Vaduz
C. más poblada: Schaan
Punto más alto: Grauspitz
Moneda: Franco suizo

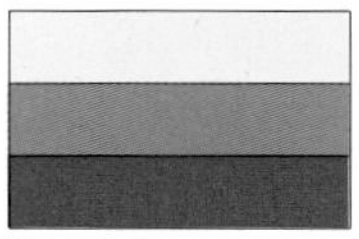

Lituania*
Página/Ubicación: 81/K4
Área: 25,174 mi.²
65,200 km.²
Población: 3,584,836
Capital: Vilna
C. más poblada: Vilna
Punto más alto: Juozapines
Moneda: Litas

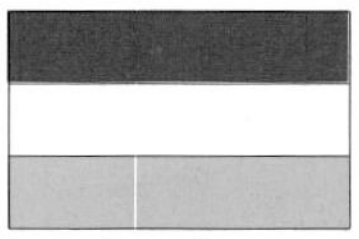

Luxemburgo*
Página/Ubicación: 87/E4
Área: 999 mi.²
2,587 km.²
Población: 462,690
Capital: Luxemburgo
C. más poblada: Luxemburgo
Punto más alto: Buurgplaatz
Moneda: Euro

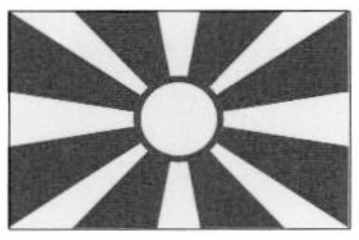

Macedonia
Página/Ubicación: 111/G2
Área: 9,781 mi.²
25,333 km.²
Población: 2,071,210
Capital: Skopje
C. más poblada: Skopje
Punto más alto: Korab
Moneda: Dinar macedonio

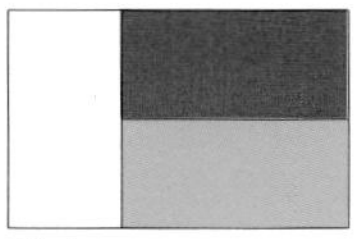

Madagascar
Página/Ubicación: 181/H8
Área: 226,657 mi.²
587,041 km.²
Población: 17,501,871
Capital: Antananarivo
C. más poblada: Antananarivo
Punto más alto: Maromokotro
Moneda: Ariary

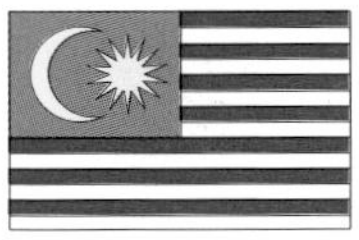

Malasia
Página/Ubicación: 146/C2
Área: 127,316 mi.²
329,750 km.²
Población: 23,522,482
Capital: Kuala Lumpur
C. más poblada: Kuala Lumpur
Punto más alto: Gunung Kinabalu
Moneda: Ringgit

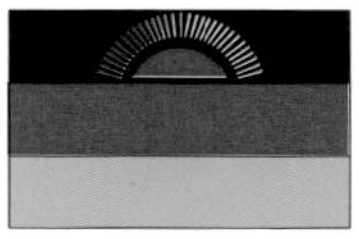

Malawi
Página/Ubicación: 164/F6
Área: 45,747 mi.²
118,485 km.²
Población: 11,906,855
Capital: Lilongüe
C. más poblada: Blantyre
Punto más alto: Sapitwa
Moneda: Kwacha de Malawi

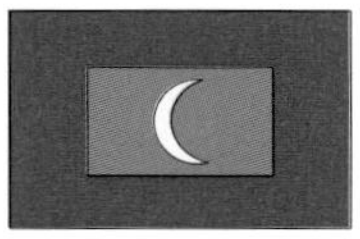

Maldivas
Página/Ubicación: 122/G9
Área: 115 mi.²
298 km.²
Población: 339,330
Capital: Malé
C. más poblada: Malé
Punto más alto: 8 ft. (2.4 m)
Moneda: Rufiyaa

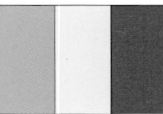

Mali
Página/Ubicación: 164/B3
Área: 478,764 mi.²
1,240,000 km.²
Población: 11,956,788
Capital: Bamako
C. más poblada: Bamako
Punto más alto: Hombori Tondo
Moneda: Franco CFA

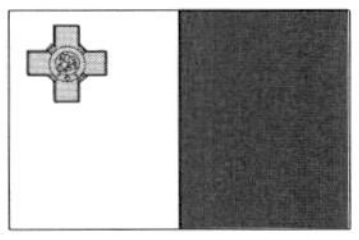

Malta*
Página/Ubicación: 102/H8
Área: 122 mi.²
316 km.²
Población: 403,342
Capital: La Valeta
C. más poblada: La Valeta
Punto más alto: Ta'Dmejrek
Moneda: Euro

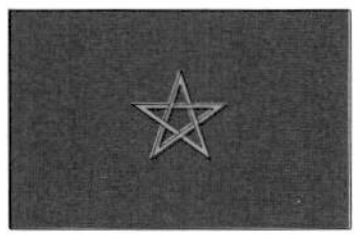

Morruecos
Página/Ubicación: 166/D2
Área: 172,414 mi.²
446,550 km.²
Población: 32,209,101
Capital: Rabat
C. más poblada: Casablanca
Punto más alto: Jebal Toubkal
Moneda: Dirham marroquí

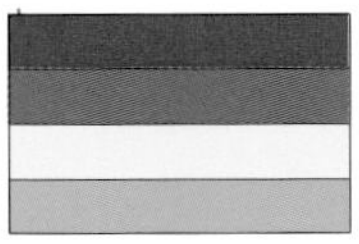

Mauricio
Página/Ubicación: 181/S15
Área: 718 mi.²
1,860 km.²
Población: 1,220,481
Capital: Port Louis
C. más poblada: Port Louis
Punto más alto: Mont Piton
Moneda: Rupia de Mauricio

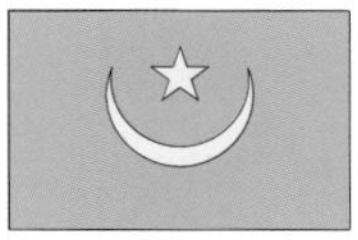

Mauritania
Página/Ubicación: 164/A3
Área: 317.953 mi.²
1,030,700 km.²
Población: 2,998,563
Capital: Nuakchot
C. más poblada: Nuakchot
Punto más alto: Kediet Ijill
Moneda: Ouguiya

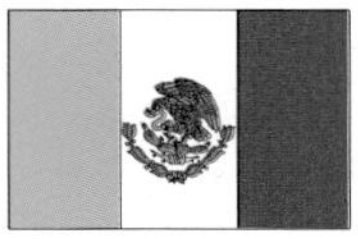

México
Página/Ubicación: 185/H7
Área: 761,601 mi.²
1,972,546 km.²
Población: 104,959,594
Capital: Ciudad de México
C. más poblada: Ciudad de México
Punto más alto: Citlaltépetl
Moneda: Mexican peso

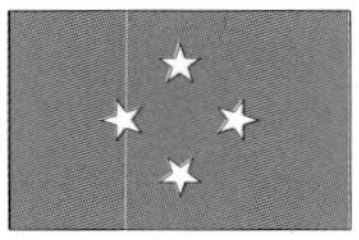

Micronesia
Página/Ubicación: 158/D4
Área: 271 mi.²
702 km.²
Población: 108,155
Capital: Palikir
C. más poblada: Kolonia
Punto más alto: Totolom
Moneda: Dólar estadounidense

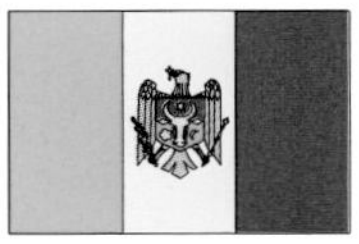

Moldova
Página/Ubicación: 111/H2
Área: 13,012 mi.²
33,700 km.²
Población: 4,446,455
Capital: Chişinău
C. más poblada: Chĭsinau
Punto más alto: Dealul Balanesti
Moneda: Leu moldavo

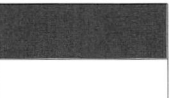

Mónaco
Página/Ubicación: 100/J8
Área: 0.7 mi.²
1.9 km.²
Población: 32,270
Capital: Monaco
C. más poblada: —
Punto más alto: Mont Agel
Moneda: Euro

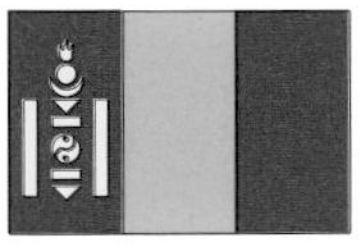

Mongolia
Página/Ubicación: 128/E2
Área: 606,163 mi.²
1,569,962 km.²
Población: 2,751,314
Capital: Ulán Bator
C. más poblada: Ulán Bator
Punto más alto: Nayramadlīn Orgil
Moneda: Tugrik

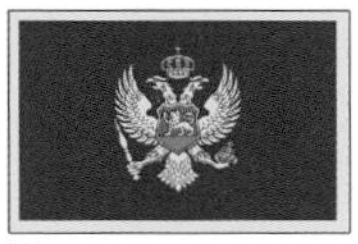

Montenegro
Página/Ubicación: 110/D4
Área: 5,333 mi.²
13,812 km.²
Población: 620,150
Capital: Podgorica
C. más poblada: Podgorica
Punto más alto: Bobotov Kuk
Moneda: Euro

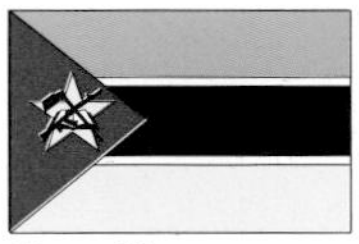

Mozambique
Página/Ubicación: 164/F6
Área: 309,494 mi.²
801,590 km.²
Población: 18,811,731
Capital: Maputo
C. más poblada: Maputo
Punto más alto: Monte Binga
Moneda: Metical

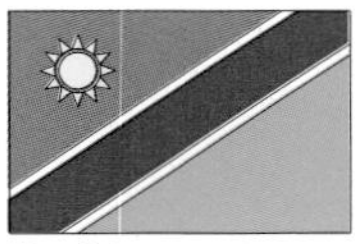

Namibia
Página/Ubicación: 164/D7
Área: 318,694 mi.²
825,418 km.²
Población: 1,954,033
Capital: Windhoek
C. más poblada: Windhoek
Punto más alto: Königstein
Moneda: Dólar namibio

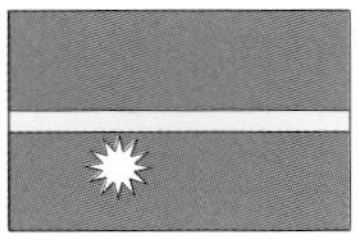

Nauru
Página/Ubicación: 158/F5
Área: 7.7 mi.²
20 km.²
Población: 12,809
Capital: Yaren
C. más poblada: Yaren
Punto más alto: 200 ft. (61 m)
Moneda: Dólar australiano

Nepal
Página/Ubicación: 140/D1
Área: 54,663 mi.²
141,577 km.²
Población: 27,070,666
Capital: Kathmandú
C. más poblada: Kathmandu
Punto más alto: Mt. Everest
Moneda: Rupia nepalí

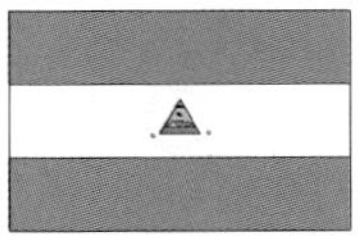

Nicaragua
Página/Ubicación: 219/E3
Área: 49.998 mi.²
129,494 km.²
Población: 5,232,216
Capital: Managua
C. más poblada: Managua
Punto más alto: Pico Mogotón
Moneda: Córdoba

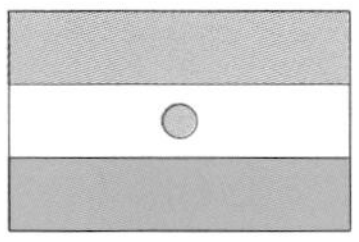

Niger
Página/Ubicación: 164/C3
Área: 489,189 mi.²
1,267,000 km.²
Población: 11,360,538
Capital: Niamey
C. más poblada: Niamey
Punto más alto: Bagzane
Moneda: Franco CFA

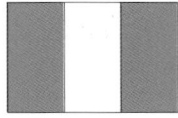

Nigeria
Página/Ubicación: 164/C4
Área: 356,668 mi.²
923,770 km.²
Población: 137,253,133
Capital: Abuja
C. más poblada: Lagos
Punto más alto: Chappal Waddi
Moneda: Naira

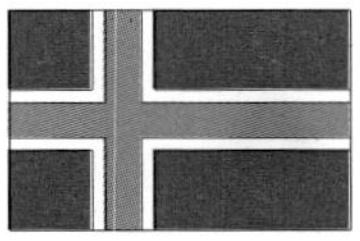

Noruega
Página/Ubicación: 79/C3
Área: 125,053 mi.²
323,887 km.²
Población: 4,574,560
Capital: Oslo
C. más poblada: Oslo
Punto más alto: Galdhøppigen
Moneda: Corona noruega

*Miembro de la Unión Europea

Países del Mundo

Nueva Zelanda
Página/Ubicación: 160
Área: 103,736 mi.²
　　　268,676 km.²
Población: 3,993,817
Capital: Wellington
C. más poblada: Auckland
Punto más alto: Mt. Cook
Moneda: Dólar neozelandés

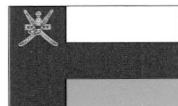

Omán
Página/Ubicación: 127/G4
Área: 82,031 mi.²
　　　212,460 km.²
Población: 2,903,165
Capital: Mascate
C. más poblada: Mascate
Punto más alto: Jabal ash Shams
Moneda: Rial omaní

Países Bajos*
Página/Ubicación: 82/C3
Área: 14,413 mi.²
　　　37,330 km.²
Población: 16,318,199
Capital: Ámsterdam
C. más poblada: Ámsterdam
Punto más alto: Vaalserberg
Moneda: Euro

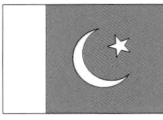

Pakistán
Página/Ubicación: 127/H3
Área: 310,403 mi.²
　　　803,944 km.²
Población: 153,705,278
Capital: Islamabad
C. más poblada: Karachi
Punto más alto: K2 (Godwin-Austen)
Moneda: Rupia pakistaní

Palaos
Página/Ubicación: 158/C4
Área: 177 mi.²
　　　458 km.²
Población: 20,016
Capital: Koror
C. más poblada: Koror
Punto más alto: Mt. Ngerchelchauus
Moneda: Dólar estadounidense

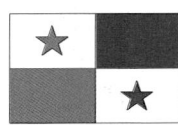

Panamá
Página/Ubicación: 219/F4
Área: 30,193 mi.²
　　　78,200 km.²
Población: 3,000,463
Capital: Panamá
C. más poblada: Panamá
Punto más alto: Barú
Moneda: Balboa, Dólar estadounidense

Papúa Nueva Guinea
Página/Ubicación: 158/D5
Área: 178,259 mi.²
　　　461,690 km.²
Población: 5,420,280
Capital: Port Moresby
C. más poblada: Port Moresby
Punto más alto: Mt. Wilhelm
Moneda: Kina

Paraguay
Página/Ubicación: 225/E5
Área: 157,047 mi.²
　　　406,752 km.²
Población: 6,191,368
Capital: Asunción
C. más poblada: Asunción
Punto más alto: Cerro Pero
Moneda: Guaraní

Perú
Página/Ubicación: 232/C3
Área: 496,222 mi.²
　　　1,285,215 km.²
Población: 28,863,494
Capital: Lima
C. más poblada: Lima
Punto más alto: Nevado Huascarán
Moneda: Nuevo sol

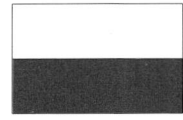

Polonia*
Página/Ubicación: 83/K2
Área: 120,725 mi.²
　　　312,678 km.²
Población: 38,626,349
Capital: Varsovia
C. más poblada: Varsovia
Punto más alto: Rysy
Moneda: zloty

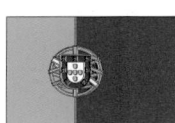

Portugal*
Página/Ubicación: 94/A3
Área: 35,549 mi.²
　　　92,072 km.²
Población: 10,119,250
Capital: Lisboa
C. más poblada: Lisboa
Punto más alto: Serra da Estrela
Moneda: Euro

Qatar
Página/Ubicación: 126/F3
Área: 4,247 mi.²
　　　11,000 km.²
Población: 840,290
Capital: Doha
C. más poblada: Doha
Punto más alto: Ṭuwayyir al Ḩamīr
Moneda: Rial qatarí

Reino Unido*
Página/Ubicación: 73/R9
Área: 94,399 mi.²
　　　244,493 km.²
Población: 60,270,708
Capital: Londres
C. más poblada: Londres
Punto más alto: Ben Nevis
Moneda: Libra esterlina

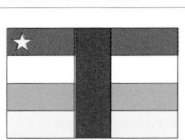

República Cetroafricana
Página/Ubicación: 164/D4
Área: 240,533 mi.²
　　　622,980 km.²
Población: 3,742,482
Capital: Bangui
C. más poblada: Bangui
Punto más alto: Mt. Ngaoui
Moneda: Franco CFA

República de Sudáfrica
Página/Ubicación: 164/E7
Área: 471,008 mi.²
　　　1,219,912 km.²
Población: 42,718,530
Capital: Cape Town; Pretoria
C. más poblada: Johannesburg
Punto más alto: Njesuti
Moneda: Rand

República del Congo
Página/Ubicación: 164/D4
Área: 132,046 mi.²
　　　342,000 km.²
Población: 2,998,040
Capital: Brazzaville
C. más poblada: Brazzaville
Punto más alto: Mt. Berongou
Moneda: Franco CFA

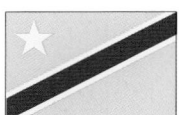

República Dem. del Congo
Página/Ubicación: 164/E5
Área: 905,563 mi.²
　　　2,345,410 km.²
Población: 58,317,930
Capital: Kinshasa
C. más poblada: Kinshasa
Punto más alto: Margherita Peak
Moneda: Franco congoleño

República Dominicana
Página/Ubicación: 221/E3
Área: 18,815 mi.²
　　　48,730 km.²
Población: 8,833,634
Capital: Santo Domingo
C. más poblada: Santo Domingo
Punto más alto: Pico Duarte
Moneda: Peso oro dominicano

Ruanda
Página/Ubicación: 177/G3
Área: 10,169 mi.²
　　　26,337 km.²
Población: 7,954,013
Capital: Kigali
C. más poblada: Kigali
Punto más alto: Karisimbi
Moneda: Franco Ruandés

Rumania*
Página/Ubicación: 111/F3
Área: 91,699 mi.²
　　　237,500 km.²
Población: 22,355,551
Capital: Bucarest
C. más poblada: Bucarest
Punto más alto: Moldoveanu
Moneda: Leu

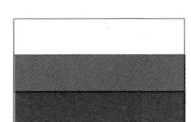

Rusia
Página/Ubicación: 118/H3
Área: 6,592,812 mi.²
　　　17,075,400 km.²
Población: 144,112,353
Capital: Moscú
C. más poblada: Moscú
Punto más alto: El'brus
Moneda: Rublo

Samoa
Página/Ubicación: 159/H6
Área: 1,104 mi.²
　　　2,860 km.²
Población: 177,714
Capital: Apia
C. más poblada: Apia
Punto más alto: Mt. Silisili
Moneda: Tala

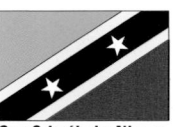

San Cristóbal y Nieves
Página/Ubicación: 220/F3
Área: 104 mi.²
　　　269 km.²
Población: 38,836
Capital: Basseterre
C. más poblada: Basseterre
Punto más alto: Mt. Liamuiga
Moneda: Dólar Caribe-Este

San Marino
Página/Ubicación: 101/F5
Área: 23.4 mi.²
　　　60.6 km.²
Población: 28,503
Capital: San Marino
C. más poblada: San Marino
Punto más alto: Monte Titano
Moneda: Euro

San Vicente y las Granadinas
Página/Ubicación: 220/F4
Área: 131 mi.²
　　　340 km.²
Población: 117,193
Capital: Kingstown
C. más poblada: Kingstown
Punto más alto: Soufière
Moneda: Dólar Caribe-Este

Santa Lucía
Página/Ubicación: 220/F4
Área: 238 mi.²
　　　616 km.²
Población: 164,213
Capital: Castries
C. más poblada: Castries
Punto más alto: Mt. Gimie
Moneda: Dólar Caribe-Este

Santo Tomé y Príncipe
Página/Ubicación: 176/A2
Área: 371 mi.²
　　　960 km.²
Población: 181,565
Capital: Santo Tomé
C. más poblada: Santo Tomé
Punto más alto: Pico de São Tomé
Moneda: Dobra

Senegal
Página/Ubicación: 144/B3
Área: 75,954 mi.²
　　　196,720 km.²
Población: 10,852,147
Capital: Dakar
C. más poblada: Dakar
Punto más alto: 1,906 ft. (581 m)
Moneda: Franco CFA

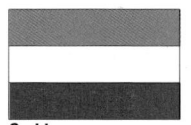

Serbia
Página/Ubicación: 110/D3
Área: 34,185 mi.²
　　　88,538 km.²
Población: 10,212,395
Capital: Belgrado
C. más poblada: Belgrado
Punto más alto: Ðaravica
Moneda: Dinar serbio

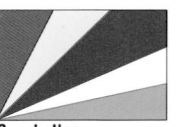

Seychelles
Página/Ubicación: 65/M6
Área: 176 mi.²
　　　455 km.²
Población: 80,832
Capital: Victoria
C. más poblada: Victoria
Punto más alto: Morne Seychellois
Moneda: Rupia de Seychelles

*Miembro de la Unión Europea

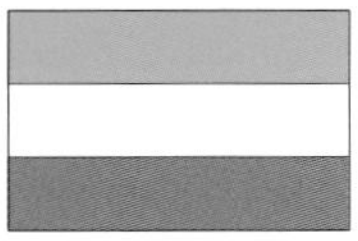

Sierra Leona
Página/Ubicación: 168/B4
Área: 27,699 mi.²
71,740 km.²
Población: 5,883,889
Capital: Freetown
C. más poblada: Freetown
Punto más alto: Loma Mansa
Moneda: Leone

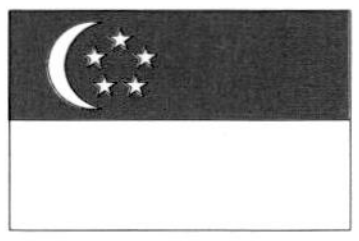

Singapur
Página/Ubicación: 144/C2
Área: 244 mi.²
632.6 km.²
Población: 4,767,974
Capital: Singapur
C. más poblada: Singapur
Punto más alto: Bukit Timah
Moneda: Dólar de Singapur

Siria
Página/Ubicación: 124/D3
Área: 71,498 mi.²
185,180 km.²
Población: 18,016,874
Capital: Damasco
C. más poblada: Damasco
Punto más alto: Jabal ash Shaykh
Moneda: Libra siria

Somalia
Página/Ubicación: 174/C4
Área: 246,200 mi.²
637,658 km.²
Población: 8,304,601
Capital: Mogadiscio
C. más poblada: Mogadiscio
Punto más alto: Shimbiris
Moneda: Chelín somalí

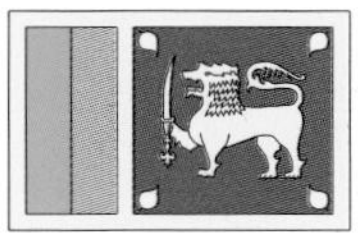

Sri Lanka
Página/Ubicación: 138/D6
Área: 25,332 mi.²
65,610 km.²
Población: 19,905,165
Capital: Colombo
C. más poblada: Colombo
Punto más alto: Pidurutalagala
Moneda: Rupia de Sri Lanka

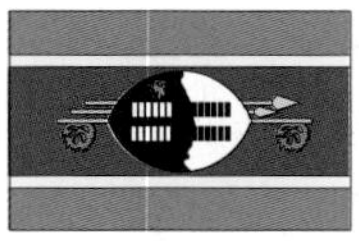

Suazilandia
Página/Ubicación: 181/E2
Área: 6,705 mi.²
17,366 km.²
Población: 1,169,241
Capital: Mbabane; Lobamba
C. más poblada: Mbabane
Punto más alto: Emlembe
Moneda: Lilangeni

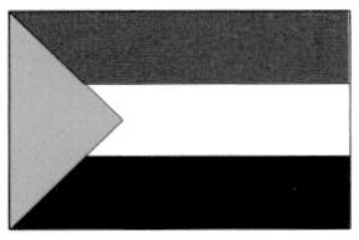

Sudán
Página/Ubicación: 164/E3
Área: 967,494 mi.²
2,505,809 km.²
Población: 39,148,162
Capital: Jartum
C. más poblada: Omdurmán
Punto más alto: Kinyeti
Moneda: Dinar sudanés

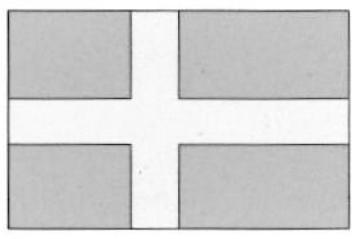

Suecia*
Página/Ubicación: 79/E3
Área: 173,665 mi.²
449,792 km.²
Población: 8,986,400
Capital: Estocolmo
C. más poblada: Estocolmo
Punto más alto: Kebnekaise
Moneda: Corona

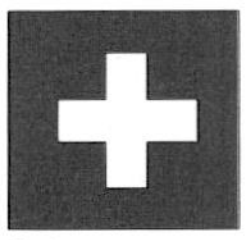

Suiza
Página/Ubicación: 98/D4
Área: 15,943 mi.²
41,292 km.²
Población: 7,450,867
Capital: Berna
C. más poblada: Zúrich
Punto más alto: Dufourspitze
Moneda: Franco suizo

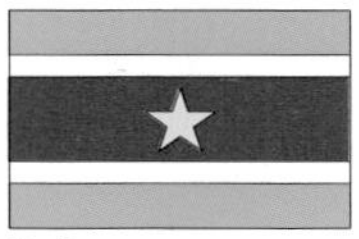

Surinam
Página/Ubicación: 229/G3
Área: 63,039 mi.²
163,270 km.²
Población: 436,935
Capital: Paramaribo
C. más poblada: Paramaribo
Punto más alto: Juliana Top
Moneda: Dólar surinamés

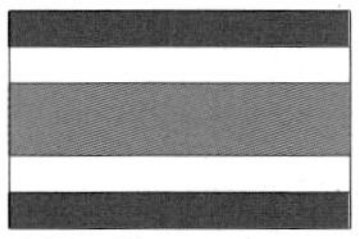

Tailandia
Página/Ubicación: 143/C3
Área: 198,455 mi.²
513,998 km.²
Población: 64,865,523
Capital: Bangkok
C. más poblada: Bangkok
Punto más alto: Doi Inthanon
Moneda: Baht

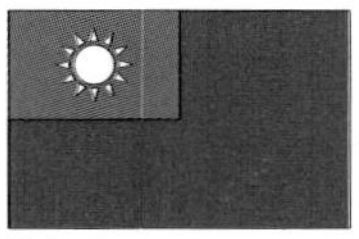

Taiwán
Página/Ubicación: 137/J3
Área: 13,971 mi.²
26,185 km.²
Población: 22,749,838
Capital: T'aipei
C. más poblada: T'aipei
Punto más alto: Yü Shan
Moneda: Nuevo Dólar taiwanés

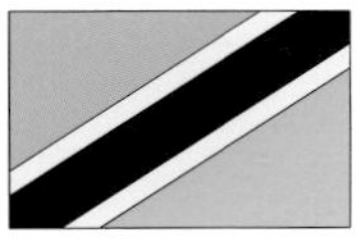

Tanzania
Página/Ubicación: 164/F5
Área: 364,699 mi.²
945,090 km.²
Población: 36,588,225
Capital: Dodoma
C. más poblada: Dar es Salaam
Punto más alto: Kilimanjaro
Moneda: Chelín tanzano

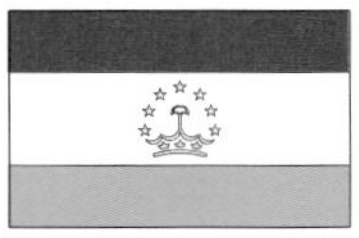

Tayikistán
Página/Ubicación: 134/E5
Área: 55,251 mi.²
143,100 km.²
Población: 7,011,556
Capital: Dusambé
C. más poblada: Dusambé
Punto más alto: Pik Imeni Ismail Samani
Moneda: Somoni

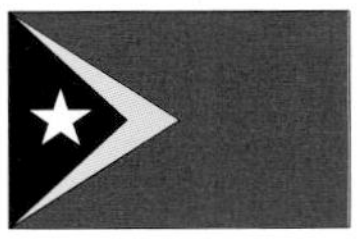

Timor del Este
Página/Ubicación: 147/G5
Área: 5,743 mi.²
14,874 km.²
Población: 1,019,252
Capital: Dili
C. más poblada: Dili
Punto más alto: Teta Mailau
Moneda: Dólar estadounidense

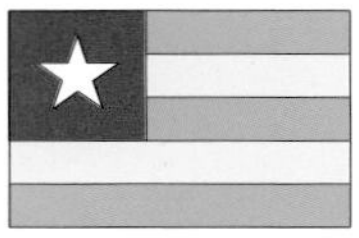

Togo
Página/Ubicación: 169/F4
Área: 21,927 mi.²
56,790 km.²
Población: 5,556,812
Capital: Lomé
C. más poblada: Lomé
Punto más alto: Mt. Agou
Moneda: Franco CFA

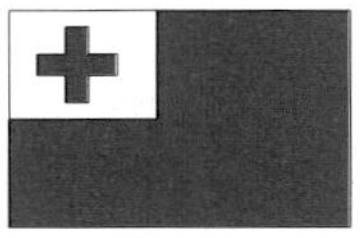

Tonga
Página/Ubicación: 159/H7
Área: 289 mi.²
748 km.²
Población: 110,237
Capital: Nuku'alofa
C. más poblada: Nuku'alofa
Punto más alto: Kao Island
Moneda: Pa'anga

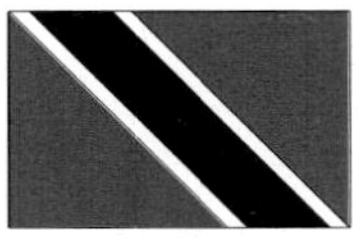

Trinidad y Tobago
Página/Ubicación: 220/F5
Área: 1,980 mi.²
5,128 km.²
Población: 1,096,585
Capital: Port-of-Spain
C. más poblada: Port-of-Spain
Punto más alto: El Cerro del Aripo
Moneda: Dólar trinitense

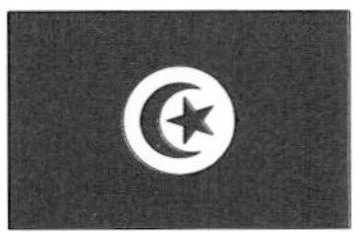

Túnez
Página/Ubicación: 167/H2
Área: 63,170 mi.²
163,610 km.²
Población: 10,032,050
Capital: Túnez
C. más poblada: Túnez
Punto más alto: Jebel ech Chambi
Moneda: Dinar tuniciano

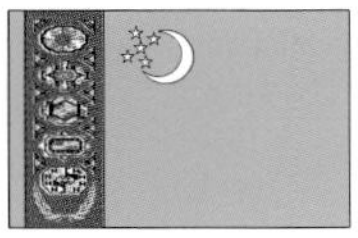

Turkmenistán
Página/Ubicación: 134/C5
Área: 188,455 mi.²
488,100 km.²
Población: 4,863,169
Capital: Asjabad
C. más poblada: Asjabad
Punto más alto: Ayrybaba
Moneda: Manat turcomano

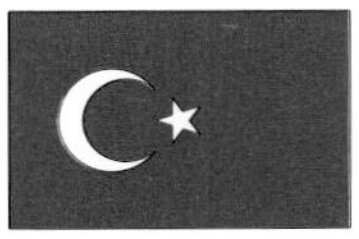

Turquía
Página/Ubicación: 1324/C2
Área: 301,382 mi.²
780,580 km.²
Población: 68,893,918
Capital: Ankara
C. más poblada: Istanbul
Punto más alto: Mt. Ararat
Moneda: Nueva lira turca

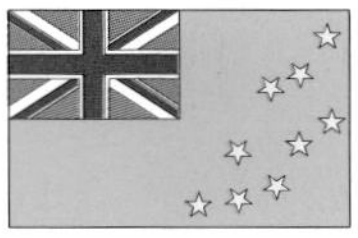

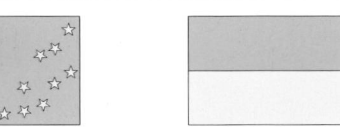

Tuvalu
Página/Ubicación: 158/G5
Área: 9.78 mi.²
25.33 km.²
Población: 11,468
Capital: Funafuti
C. más poblada: —
Punto más alto: 16 ft. (5 m)
Moneda: Dólar tuvaluano y australiano

Ucrania
Página/Ubicación: 114/D2
Área: 233,089 mi.²
603,700 km.²
Población: 47,732,079
Capital: Kiev
C. más poblada: Kiev
Punto más alto: Hoverla
Moneda: Hryvnia

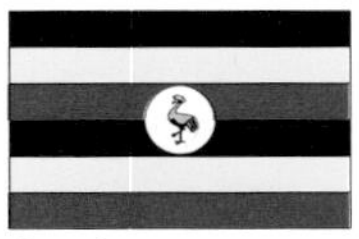

Uganda
Página/Ubicación: 164/F4
Área: 91,076 mi.²
235,887 km.²
Población: 26,404,543
Capital: Kampala
C. más poblada: Kampala
Punto más alto: Margherita Peak
Moneda: Chelín ugandés

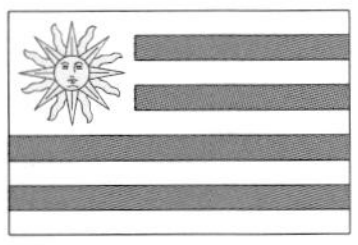

Uruguay
Página/Ubicación: 225/F6
Área: 68,039 mi.²
176,220 km.²
Población: 3,440,205
Capital: Montevideo
C. más poblada: Montevideo
Punto más alto: Cerro Catedral
Moneda: Peso uruguayo

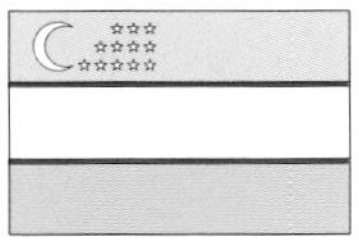

Uzbekistán
Página/Ubicación: 134/D4
Área: 172,741 mi.²
447,400 km.²
Población: 26,410,416
Capital: Tashkent
C. más poblada: Tashkent
Punto más alto: Adelunga Toghi
Moneda: Som uzbeko

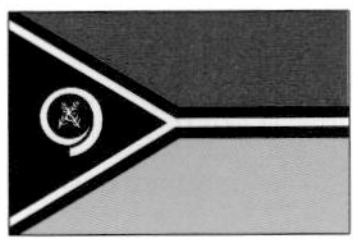

Vanuatu
Página/Ubicación: 158/F6
Área: 5,700 mi.²
14,763 km.²
Población: 202,609
Capital: Port-Vila
C. más poblada: Port-Vila
Punto más alto: Tabwemasana
Moneda: Vatu

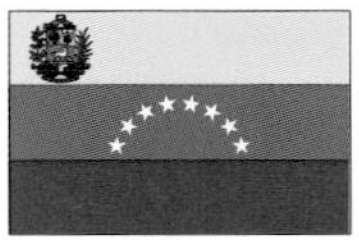

Venezuela
Página/Ubicación: 229/E3
Área: 352,143 mi.²
912,050 km.²
Población: 25,017,387
Capital: Caracas
C. más poblada: Caracas
Punto más alto: Pico Bolívar
Moneda: Bolívar

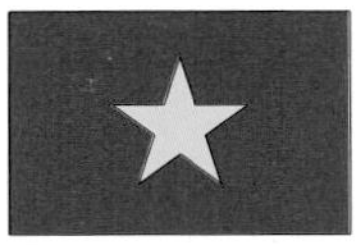

Vietnam
Página/Ubicación: 143/D2
Área: 127,243 mi.²
329,560 km.²
Población: 82,689,518
Capital: Hanói
C. más poblada: Ho Chi Minh City
Punto más alto: Fan Si Pan
Moneda: Dong

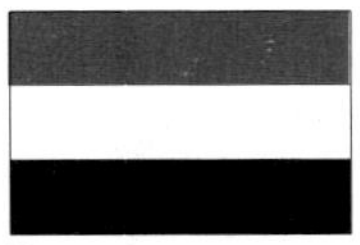

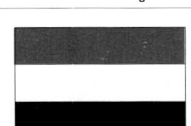

Yemen
Página/Ubicación: 126/E5
Área: 203,849 mi.²
527,970 km.²
Población: 20,024,867
Capital: Saná
C. más poblada: Aden
Punto más alto: Nabi Shuayb
Moneda: Rial yemení

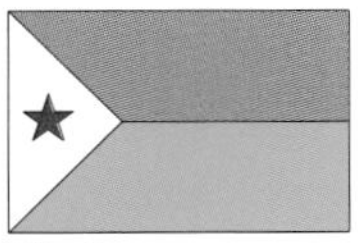

Yibuti
Página/Ubicación: 174/B2
Área: 8,494 mi.²
22,000 km.²
Población: 466,900
Capital: Djibouti
C. más poblada: Djibouti
Punto más alto: Moussa Ali
Moneda: Franco yibutano

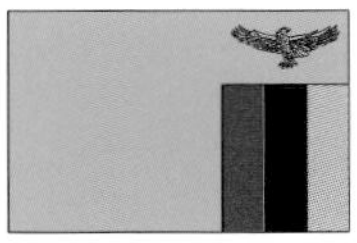

Zambia
Página/Ubicación: 179/F2
Área: 290,568 mi.²
752,618 km.²
Población: 10,462,436
Capital: Lusaka
C. más poblada: Lusaka
Punto más alto: Mafinga Hills
Moneda: Kwacha zambiano

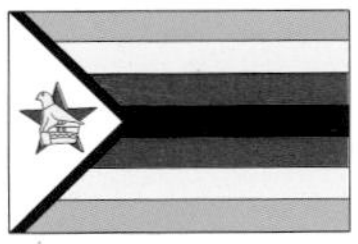

Zimbabue
Página/Ubicación: 179/F3
Área: 150,803 mi.²
390,580 km.²
Población: 12,671,860
Capital: Harare
C. más poblada: Harare
Punto más alto: Inyangani
Moneda: Dólar zimbabuense

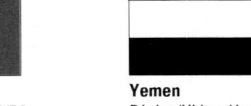

*Miembro de la Unión Europea

Estadísticas mundiales

ELEMENTOS DEL SISTEMA SOLAR

	Distancia media del Sol: en millas	En kilómetros	Período de revolución alrededor del Sol	Período de rotación sobre el eje	Diámetro ecuatorial en millas	En kilómetros	Gravedad superficial (Tierra = 1)	Masa (Tierra = 1)	Densidad media (agua = 1)	Cantidad de satélites
Mercurio	35,990,000	57,900,000	87.97 días	58.7 días	3,032	4,880	0.38	0.055	5.4	0
Venus	67,240,000	108,200,000	224.70 días	243.7 días†	7,521	12,104	0.91	0.815	5.2	0
Tierra	93,000,000	149,700,000	365.26 días	23h 56m	7,926	12,755	1.00	1.00	5.5	1
Marte	141,610,000	227,900,000	686.98 días	24h 37m	4,221	6,794	0.38	0.107	3.9	2
Júpiter	483,675,000	778,400,000	11.86 años	9h 55m	88,846	142,984	2.36	317.8	1.3	62‡
Saturno	886,572,000	1,426,800,000	29.46 años	10h 30m	74,898	120,536	0.92	95.2	0.7	59‡
Urano	1,783,957,000	2,871,000,000	84.01 años	17h 14m†	31,763	51,118	0.89	14.5	1.3	27
Neptuno	2,795,114,000	4,498,300,000	164.79 años	16h 6m	30,778	49,532	1.13	17.1	1.6	13‡
Plutón*	3,670,000,000	5,906,400,000	247.70 años	6.4 días†	1,413	2,274	0.07	0.002	2.1	3‡

† Movimiento retrógrado   ‡ Incluye satélites denominados provisionalmente   * Plutón no es más considerado planeta por la Unión Astronómica Internacional

Fuente: NASA, National Space Science Center

DIMENSIONES DE LA TIERRA

	Área en: millas cuadradas	kilómetros cuadrados
Área superficial	196,939,000	510,072,000
Superficie terrestre	57,506,000	148,940,000
Superficie de agua	139,433,000	361,132,000

	Distancia en: millas	kilómetros
Circunferencia ecuatorial	24,902	40,075
Circunferencia polar	24,860	40,007
Diámetro ecuatorial	7,926.4	12,756.4
Diámetro polar	7,899.8	12,713.6
Radio ecuatorial	3,963.2	6,378.2
Radio polar	3,949.9	6,356.8
Volumen de la Tierra	2.6×10^{11} millas cúbicas	10.84×10^{11} kilómetros cuadrados
Masa o peso	6.6×10^{21} toneladas cortas	6.0×10^{21} toneladas métricas
Distancia máxima del Sol	94,600,000 millas	152,000,000 kilómetros
Distancia mínima del Sol	91,300,000 millas	147,000,000 kilómetros

OCÉANOS Y MARES PRINCIPALES

	Área en: millas cuadradas	Km. cuadrados	Profundidad máxima en: pies	metros
Océano Pacífico	63,855,000	165,384,000	36,198	11,033
Océano Atlántico	31,744,000	82,217,000	28,374	8,648
Océano Índico	28,417,000	73,600,000	25,344	7,725
Océano Ártico	5,427,000	14,056,000	17,880	5,450
Mar Caribe	970,000	2,512,300	24,720	7,535
Mar Mediterráneo	969,000	2,509,700	16,896	5,150
Mar de la China Meridional	895,000	2,318,000	15,000	4,600
Mar de Bering	875,000	2,266,250	15,800	4,800
Golfo de México	600,000	1,554,000	12,300	3,750
Mar de Ojotsk	590,000	1,528,100	11,070	3,370
Mar de China Oriental	482,000	1,248,400	9,500	2,900
Mar Amarillo	480,000	1,243,200	350	107
Mar de Japón	389,000	1,007,500	12,280	3,740
Bahía de Hudson	317,500	822,300	846	258
Mar del Norte	222,000	575,000	2,200	670
Mar Negro	185,000	479,150	7,365	2,245
Mar Rojo	169,000	437,700	7,200	2,195
Mar Báltico	163,000	422,170	1,506	459

LOS CONTINENTES

	Población	Área total en: millas cuadradas	Área total en: kilómetros cuadrados	Porcentaje de tierra en el mundo
Asia	4,004,788,000	17,128,500	44,362,815	29.5
Africa	935,813,000	11,707,000	30,321,130	20.2
América del Norte	523,686,000	9,363,000	24,250,170	16.2
América del Sur	380,017,000	6,879,725	17,818,505	11.9
Antártica	— — —	5,405,000	14,000,000	9.4
Europa	727,228,000	4,057,000	10,507,630	7.0
Australia	20,434,000	2,967,893	7,686,850	5.1

CANALES DE NAVEGACIÓN PRINCIPALES

	Longitud en: millas	Km.	Profundidad mínima en: pies	metros
Volga-Báltico, Rusia	225	362	—	—
Mar Blanco-Báltico, Rusia	140	225	16	5
Suez, Egipto	100.76	162	42	13
Albert, Bélgica	80	129	16.5	5
Moscú-Volga, Rusia	80	129	18	6
Volga-Don, Rusia	62	100	—	—
Göta, Suecia	54	87	10	3
Kiel (Nord-Ostsee), Alemania	53.2	86	38	12
Canal de Panamá	50.72	82	41.6	13
Houston Ship, EE.UU.	50	81	36	11

ISLAS MÁS GRANDES

	Área en: millas cuadradas	kilómetros cuadrados		Área en: millas cuadradas	kilómetros cuadrados		Área en: millas cuadradas	kilómetros cuadrados
Groenlandia	840,000	2,175,600	Irlanda	27,136	70,282	Somerset, Canadá	9,570	24,786
Nueva Guinea	305,000	789,950	Banks, Canadá	27,038	70,028	Cerdeña, Italia	9,301	24,090
Borneo	286,000	740,740	Tasmania, Australia	26,410	68,402	Shikoku, Japón	6,860	17,767
Madagascar	226,656	587,040	Ceylon, Sri Lanka	25,332	65,610	Nueva Caledonia, Francia	6,530	16,913
Baffin, Canadá	195,928	507,454	Svalbard, Noruega	23,957	62,049	Nordaustlandet, Noruega	6,409	16,599
Sumatra, Indonesia	164,000	424,760	Devon, Canadá	21,331	55,247	Samar, Filipinas	5,050	13,080
Honshū, Japón	88,000	227,920	Novaya Zemlya (i.norte), Rusia	18,600	48,200	Negros, Filipinas	4,906	12,707
Gran Bretaña	84,400	218,896	Tierra del Fuego, Chile y Argentina	18,301	47,400	Palawan, Filipinas	4,550	11,785
Victoria, Canada	83,896	217,290	Marajó, Brasil	17,991	46,597	Panay, Filipinas	4,446	11,515
Ellesmere, Canadá	75,767	196,236	Alexander, Antártida	16,700	43,250	Jamaica	4,232	10,961
Célebes, Indonesia	72,986	189,034	Axel Heiberg, Canadá	16,671	43,178	Hawai, EE.UU.	4,038	10,458
Isla Sur, Nueva Zelanda	58,393	151,238	Melville, Canadá	16,274	42,150	Viti Levu, Fiyi	4,010	10,386
Java, Indonesia	48,842	126,501	Southampton, Canadá	15,913	41,215	Cabo Bretón, Canadá	3,981	10,311
Isla Norte, Nueva Zelanda	44,187	114,444	New Britain, Papúa, Nueva Guinea	14,100	36,519	Mindoro, Filipinas	3,759	9,736
Cuba	42,803	110,860	Taiwán	13,836	35,835	Kodiak, Alaska	3,670	9,505
Terranova, Canadá	42,031	108,860	Kyushu, Japón	13,770	35,664	Chipre	3,572	9,251
Luzón, Filipinas	40,420	104,688	Hainan, China	13,127	33,999	Puerto Rico, EE.UU.	3,435	8,897
Islandia	39,768	103,000	Príncipe de Gales, Canadá	12,872	33,338	Córcega, Francia	3,352	8,682
Mindanao, Filipinas	36,537	94,631	Spitsbergen, Noruega	12,355	31,999	New Ireland, Papúa, Nueva Guinea	3,340	8,651
Hokkaido, Japón	30,436	78,829	Vancouver, Canadá	12,079	31,285	Creta, Grecia	3,218	8,335
Sakhalin, Rusia	29,500	76,405	Timor, Indonesia	11,527	29,855	Anticosti, Canadá	3,066	7,941
La Española, Haití y Rep. Dominicana	29,399	76,143	Sicilia, Italia	9,926	25,708	Wrangel, Rusia	2,819	7,301

MONTAÑAS PRINCIPALES

	Altura en: pies	metros		Altura en: pies	metros		Altura en: pies	metros
Everest, Nepal-China	29,028	8,84	Pissis, Argentina	22,241	6,779	Margherit (Ruwenzori), África	16,795	5,119
K2 (Godwin Austen), Pakistán-China	28,250	8,611	Mercedario, Argentina	22,211	6,770	Kazbek, Georgia-Rusia	16,558	5,047
Kanchenjunga, Nepal-India	28,208	8,598	Huascarán, Perú	22,205	6,768	Puncak Jaya, Indonesia	16,503	5,030
Lhotse, Nepal-China	27,923	8,511	Llullaillaco, Chile-Argentina	22,057	6,723	Blanc, Francia	15,771	4,807
Makalu, Nepal-China	27,789	8,470	Nevada Ancohuma, Bolivia	21,489	6,550	Klyuchevskaya Sopka, Rusia	15,584	4,750
Dhaulagiri, Nepal	26,810	8,172	Chimborazo, Ecuador	20,561	6,267	Fairweather, Br. Col., Canadá	15,300	4,663
Nanga Parbat, Pakistán	26,660	8,126	McKinley, Alaska	20,320	6,194	Dufourspitze (Mte. Rosa), Italia - Suiza	15,203	4,634
Anapurna, Nepal	26,504	8,078	Trudeau, Yukon, Canadá	19,524	5,951	Ras Dashen, Etiopía	15,157	4,620
Nanda Devi, India	25,645	7,817	Cotopaxi, Ecuador	19,347	5,897	Matterhorn, Suiza	14,691	4,478
Rakaposhi, Pakistán	25,550	7,788	Kilimanjaro, Tanzania	19,340	5,895	Whitney, California, EE.UU.	14,494	4,418
Kongur Shan, China	25,325	7,719	El Misti, Perú	19,101	5,822	Elbert, Colorado, EE.UU.	14,433	4,399
Tirich Mir, Pakistán	25,230	7,690	Pico Cristóbal Colón, Colombia	18,947	5,775	Rainier, Washington, EE.UU.	14,410	4,392
Gongga Shan, China	24,790	7,556	Huila, Colombia	18,865	5,750	Shasta, California, EE.UU.	14,162	4,317
Ismail Samani Peak, Tajikistán	24,590	7,495	Citlaltépetl (Orizaba), México	18,700	5,700	Pikes Peak, Colorado, EE.UU.	14,110	4,301
Pico Pobedy, Kirguistán	24,406	7,439	Damavand, Irán	18,605	5,671	Finsteraarhorn, Suiza	14,022	4,274
Chomo Lhari, Bhutan-China	23,997	7,314	El'brus, Rusia	18,510	5,642	Mauna Kea, Hawai, EE.UU.	13,796	4,205
Muztag, China	23,891	7,282	St. Elías, Alaska, EE.UU.-Yukon, Canadá	18,008	5,489	Mauna Loa, Hawai, EE.UU.	13,677	4,169
Cerro Aconcagua, Argentina	22,831	6,959	Dykh-tau, Rusia	17,070	5,203	Jungfrau, Suiza	13,642	4,158
Ojos del Salado, Chile-Argentina	22,572	6,880	Batian (Kenya), Kenya	17,058	5,199	Grossglockner, Austria	12,457	3,797
Bonete, Chile-Argentina	22,546	6,872	Ararat, Turquía	16,946	5,165	Fujiyama, Japón	12,389	3,776
Tupungato, Chile-Argentina	22,310	6,800	Vinson Massif, Antártida	16,864	5,140	Cook, Nueva Zelanda	12,349	3,764

LOS RÍOS MÁS LARGOS

	Longitud en en: millas	Km		Longitud en en: millas	Km		Longitud en en: millas	Km
Nilo, África	4,145	6,671	Río Grande, Mexico-EE.UU.	1,885	3,034	Kama, Rusia	1,252	2,031
Amazonas, Sudamérica	4,007	6,448	Syrdarlya-Naryn, Asia	1,859	2,992	Don, Rusia	1,222	1,967
Mississippi-Missouri-Red Rock,EE.UU.	3,710	5,971	Indus, Asia	1,800	2,897	Red, EE.UU.	1,222	1,966
Chang Jiang (Yangzte), China	3,500	5,633	Danubio, Europa	1,775	2,857	Columbia, EE.UU.-Canadá	1,214	1,953
Ob'-Irtysh, Rusia-Kazajstán	3,362	5,411	Brahmaputra, Asia	1,700	2,736	Tigris, Asia	1,181	1,901
Yenisey-Angara, Rusia	3,100	4,989	Tocantins, Brasil	1,677	2,699	Darling, Australia	1,160	1,867
Huang He (Amarillo), China	2,950	4,747	Salween, Asia	1,675	2,696	Angara, Rusia	1,135	1,827
Congo, África	2,780	4,474	Éufrates, Asia	1,650	2,655	Sungari, Asia	1,130	1,819
Amur-Shilka-Onon, Asia	2,744	4,416	Xi (Si), China	1,650	2,655	Pechora, Rusia	1,124	1,809
Lena, Rusia	2,734	4,400	Amu Darya, Asia	1,616	2,601	Snake, EE.UU.	1,038	1,670
Mackenzie-Peace-Finlay, Canadá	2,635	4,241	Nelson-Saskatchewan, Canadá	1,600	2,575	Churchill, Canadá	1,000	1,609
Paraná-La Plata, Sudamérica	2,630	4,232	Orinoco, Sudamérica	1,600	2,575	Pilcomayo, Sudamérica	1,000	1,609
Mekong, Asia	2,610	4,200	Paraguay, Sudamérica	1,584	2,549	Uruguay, Sudamérica	994	1.600
Niger, África	2,580	4,152	Kolyma, Rusia	1,562	2,514	Platte-N. Platte, EE.UU.	990	1,593
Missouri-Red Rock, EE.UU.	2,564	4,125	Ganges, Asia	1,550	2,494	Ohio, EE.UU.	981	1,578
Yenisey, Rusia	2,500	4,028	Zhayyq (Ural), Kazajstán, Rusia	1,509	2,428	Magdalena, Colombia	956	1,538
Misisipi, EE.UU.	2,348	3,778	Japurá, Sudamérica	1,500	2,414	Pecos, EE.UU.	926	1,490
Murray-Darling, Australia	2,310	3,718	Arkansas, EE.UU.	1,450	2,334	Oka, Rusia	918	1,477
Volga, Rusia	2,290	3,685	Colorado, EE.UU.-México	1.450	2,334	Canadian, EE.UU.	906	1,458
Madeira, Sudamérica	2,013	3,240	Negro, Sudamérica	1,400	2,253	Colorado, Texas, EE.UU.	894	1,439
Purus, Sudamérica	1,995	3,211	Dnepr (Dnyapro, Dnipro), Rusia-Bielorrusia-Ucrania	1,368	2,202	Dnister (Nistru), Ucrania-Moldova	876	1,410
Yukon, Alaska-Canadá	1,979	3,185	Orange, África	1,350	2,173	Fraser, Canadá	850	1,369
Zambezi, África	1,950	3,138	Ayeyarwady, Myanmar	1,325	2,132	Rin, Europa	820	1,319
Sao Francisco, Brasil	1,930	3,106	Brazos, EE.UU.	1,309	2,107	Dvina del Norte, Rusia	809	1,302
St. Lawrence, Canadá-EE.UU.	1,900	3,058	Ohio-Allegheny, EE.UU.	1,306	2,102	Ottawa, Canadá	790	1,271

PRINCIPALES LAGOS NATURALES

	Área en millas cuadradas	Km cuadrados	Profundidad máxima en: pies	metros		Área en millas cuadradas	Km cuadrados	Profundidad máxima en: pies	metros
Mar Caspio, Asia	143,243	370,999	3,264	995	Lago Eyre, Australia*	3,500-0	9,065-0	–	–
Lago Superior, EE.UU., Canadá	31,820	82,414	1,329	405	Lago Titicaca, Perú-Bolivia	3,200	8,288	1,000	305
Lago Victoria, África	26,628	69,215	270	82	Lago Nicaragua, Nicaragua	3,100	8,029	230	70
Lago Huron, EE.UU.-Canadá	23,010	59,596	748	228	Lago Athabasca, Canadá	3,064	7,936	400	122
Lago Michigan, EE.UU.	22,400	58,016	923	281	Lago Reindeer, Canadá*	2,568	6,651	–	–
Mar Aral, Kasajtan-Uzbekistán	15,830	41,000	213	65	Lago Turkana (Rudolf), África	2,463	6,379	240	73
Lago Tanganyika, África	12,650	32,764	4,700	1,433	Ysyk-Köl, Kirguistán	2,425	6,281	2,303	702
Lago Baykal, Rusia	12,162	31,500	5,316	1,620	Lago Torrens, Australia*	2,230	5,776	–	–
Lago Great Bear, Canadá	12,096	31,328	1,356	413	Vänern, Suecia	2,156	5,584	328	100
Lago Nyasa (Malawi), África	11,555	29,928	2,320	707	Lago Nettilling, Canadá*	2,140	5,543	–	–
Lago Great Slave, Canadá	11,031	28,570	2,015	614	Lago Winnipegosis, Canadá	2,075	5,374	38	12
Lago Erie, EE.UU.-Canadá	9,940	25,745	210	64	Lago Albert, África	2,075	5,374	160	49
Lago Winnipeg, Canadá	9,417	24,390	60	18	Lago Kariba, Zambia-Zimbabwe	2,050	5,310	295	90
Lago Ontario, EE.UU.-Canadá	7,540	19,529	775	244	Lago Nipigon, Canadá	1,872	4,848	540	165
Lago Balkhash, Kasajstán	7,081	18,340	87	27	Lago Mweru, África	1,800	4,662	60	18
Lago Chad, África*	7,000	18,130	25	8	Lago Manitoba, Canadá	1,799	4,659	12	4
Lago Ladoga, Rusia	6,900	17,871	738	225	Lago Khanka, China-Rusia	1,700	4,403	33	10
Lago Maracaibo, Venezuela	5,120	13,261	100	31	Lago Kioga, Uganda	1,700	4,403	25	8
Tonle Sap, Camboya*	3,860-965	10,000-2,500	–	–	Lake of the Woods, EE.UU.-Canadá	1,679	4,349	70	21
Lago Onega, Rusia	3,761	9,741	377	115	* Estas cifras están sujetas a cambios estacionales				

Mapa de los Husos Horarios

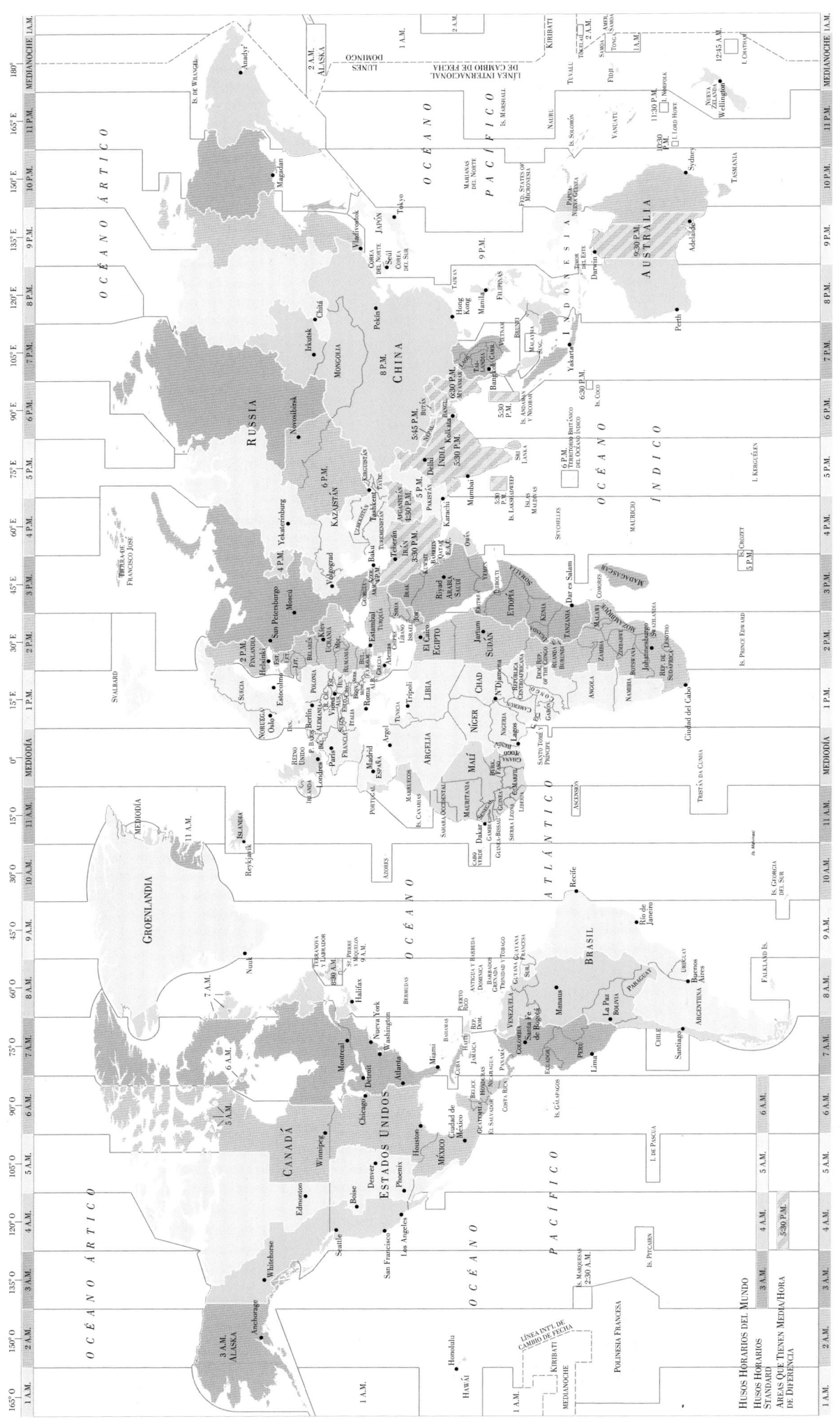
Husos Horarios del Mundo
Husos Horarios Standard
Areas que Tienen Media/Hora de Diferencia
Océano Ártico
Océano Pacífico
Océano Atlántico
Océano Índico
Línea Internacional de Cambio de Fecha
Lunes
Domingo
Mediodía
Medianoche
Groenlandia
Canadá
Estados Unidos
México
Brasil
Argentina
Chile
Perú
Bolivia
Colombia
Venezuela
Islandia
España
Francia
Alemania
Italia
Polonia
Ucrania
Turquía
Egipto
Libia
Argelia
Malí
Níger
Chad
Sudán
Etiopía
Kenia
Tanzania
Angola
Namibia
Arabia Saudí
Irán
Afganistán
Pakistán
India
Kazajistán
Mongolia
Rusia
China
Japón
Filipinas
Indonesia
Australia
Nueva Zelanda
Alaska
Hawái
Anchorage
Whitehorse
Seattle
San Francisco
Los Angeles
Edmonton
Boise
Denver
Phoenix
Winnipeg
Houston
Chicago
Detroit
Atlanta
Montreal
Nueva York
Washington
Miami
Halifax
Nuuk
Reykjavik
Ciudad de México
Santa Fe de Bogotá
Manaus
Lima
La Paz
Santiago
Buenos Aires
Río de Janeiro
Recife
Londres
París
Madrid
Berlín
Roma
Oslo
Estocolmo
Helsinki
San Petersburgo
Moscú
Kiev
Estambul
Atenas
El Cairo
Argel
Trípoli
Dakar
Lagos
N'Djamena
Jartum
Riyad
Dar es Salam
Johannesburgo
Ciudad del Cabo
Bakú
Teherán
Volgogrado
Yekaterinburgo
Karachi
Tashkent
Delhi
Mumbai
Kolkata
Novosibirsk
Irkutsk
Chitá
Pekín
Bangkok
Hong Kong
Manila
Yakarta
Seúl
Vladivostok
Tokyo
Magadan
Anadyr'
Darwin
Perth
Adelaide
Sydney
Wellington
Honolulu

En este índice encontrará la lista completa de todos los lugares y accidentes geográficos incluidos en el Atlas. Los nombres siguen un estricto orden alfabético haciendo caso omiso de guiones o espacios. Al lado de cada nombre se indica el país o área al que éste pertenece. Excepción hecha de ciudades, pueblos, países y áreas de interés cultural, todas las entradas van acompañadas de una referencia que señala el tipo de accidente o su rasgo distintivo, trátese de una provincia, un río, una isla, un pico, etc. El número de página y el código alfanumérico se encuentran a la derecha de cada entrada. El número de página remite al mapa en escala más grande, donde dicho nombre aparece. El código hace referencia a la cuadrícula

que forman las líneas horizontales y verticales de la latitud y la longitud, respectivamente, en cada uno de los mapas. Siguiendo las letras en línea recta, de derecha a izquierda, y los números de arriba a abajo, se ubicará con facilidad la cuadrícula en donde está el lugar que se busca. Los insertos (mapas en recuadro) tienen su propio código alfanumérico. Los nombres de accidentes a los que les corresponde un símbolo se encontrarán bajo el nombre del accidente y remiten al mapa donde aparece dicho símbolo. Todos los otros se encuentran buscando la primera letra del nombre propio. Cuando un nombre posee otro subordinado o alternativo, ambos nombres tendrán entrada en el índice. Las principales abreviaturas están a continuación.

Abreviaturas del Índice

A
Ab.	Alberta
Abr. Roc.	Abrigo Rocoso
Acad.	Academia
Acad. Mil.	Academia Militar
Acu.	Acueducto
Aer.	Aeropuerto
Aer. Con.	Aeropuerto Condado
Aer. Est.	Aeropuerto Estatal
Aer. Intl.	Aeropuerto Internacional
Aer. Mun.	Aeropuerto Municipal
Aer. Reg.	Aeropuerto Regional
A.F.B.	Base Fuerza Aérea
Afg.	Afganistán
Afd.	Pista Aérea
Afr.	África
Ak.	Alaska
Al.	Alabama
Alb.	Albania
Ale.	Alemania
Alt., Alts.	Altiplanicie
Amér. N.	América del Norte
Amér. S.	América del Sur
Amm. Dep.	Depósito Municiones
And.	Andorra
Ang.	Angola
Anglo.	Islas Anglonormandas
Angu.	Anguilla
Ant.	Antártida
Ant. Fr.	Tierras Australes y Antárticas de Francia
Ant. Hol.	Antillas Holandesas
Anti.	Antigua y Barbuda
Ar.	Arkansas
Arb.	Arboleda
Arcf.	Arrecife
Arcfs.	Arrecifes
Arch.	Archipiélago
Are.	Arenales
Arg.	Argelia
Argen.	Argentina
Arm.	Armenia
Arr.	Arroyo
Ar. S.	Arabia Saudí
Aus.	Austria
Austl.	Australia
Aut.	Autónoma
Az.	Arizona
Azer.	Azerbaiyán
Azor.	Azores

B
Bahm.	Bahamas
Bahr.	Bahrein
Bang.	Bangladesh
Bar.	Barbados
Bél.	Bélgica
Bela.	Belarús
Beli.	Belice
Berm.	Bermudas
B.F.A.	Base de la Fuerza Aérea
Bfld.	Campo de Batalla
Bol.	Bolivia
Bos.	Bosque
Bosn.	Bosnia - Herzegovina
Bots.	Botswana
Bras.	Brasil
Br. Oc. Ín.	Territorio Británico del Océano Índico
Br. P.	Brazo Pantanos

C
Bru.	Brunei
Bul.	Bulgaria
Bur.	Burundi
Burk.	Burkina Faso
Ca.	California
Cab. V.	Cabo Verde
Cad.	Cadena
Cafr.	República Centroafricana
Cai.	Islas Caimán
Cal.	Caleta
Cam.	Camerún
Camb.	Camboya
Can.	Canadá
Cana.	Islas Canarias
Cap.	Capital
Casc.	Cascada
Cats.	Cataratas
Cav.	Cavernas
C.B.	Columbia Británica
C. Bat.	Campo de Batalla
Cen.	Centro
C.G.	Guarda Costera
Chip.	Chipre
Cién.	Ciénaga
Cisj.	Cisjordania
C. Marf.	Costa de Marfil
C.N.	Carolina del Norte
Co.	Colorado
Col.	Colombia
Col. Terr.	Collectividad Territorial
Com.	Comunidad
Com. Aut.	Comunidad Autónoma
Como.	Comores
Con.	Condado
Cont.	Continente
Cook	Islas Cook
Cor. N.	Corea del Norte
Cor. S.	Corea del Sur
C. Rica	Costa Rica
Cro.	Croacia
C.S.	Carolina del Sur
Ct.	Connecticut

D
D.C.	Distrito de Columbia
De.	Delaware
Depen.	Dependencia
Depr.	Depresión
Dept.	Departamento
Des.	Desierto
Din.	Dinamarca
Dist.	Distrito
Dist. Fed.	Distrito Federal
Div.	División
Djib.	Djibouti
D.N.	Dakota del Norte
Dom.	Dominica
D.R.Congo	República Democrática del Congo
D.S.	Dakota del Sur

E
E.A.U.	Emiratos Árabes Unidos
Ecua.	Ecuador
Egip.	Egipto
El Salv.	El Salvador
Emb.	Embalse
Ens.	Ensenada
Eri.	Eritrea
Es.	Escocia
Esc.	Escarpa
Esl.	Eslovenia
Eslo.	Eslovaquia
Esp.	España
Est.	Estado
Esta.	Estación
Esto.	Estonia

Estr.	Estrecho
Estu.	Estuario
Eti.	Etiopía
E.U.A., EUA	Estados Unidos de América
Eur.	Europa

F
Faer.	Islas Faeroes
Far.	Farallón
Fars.	Farallones
Fil.	Filipinas
Fin.	Finlandia
Fl.	Florida
F. Lav.	Flujo de Lava
Fra.	Francia
Ft.	Fuerte

G
Ga.	Georgia (E.U.A.)
Galá.	Islas Galápagos
Gam.	Gambia
Game	Animales
Gar.	Garganta
Gaza	Franja de Gaza
G.C.	Guarda Costera
Geor.	Georgia
Gib.	Gibraltar
Glac.	Glaciar
Gob.	Gobernación
Govt.	Gobierno
Gra.	Granada
Gre.	Grecia
Groen.	Groenlandia
Grsld.	Pradera
Gua.	Guatemala
Guad.	Guadalupe
Gua. Fr.	Guayana Francesa
Gui.	Guinea
Gui. Bis.	Guinea Bissau
Gui. Ec.	Guinea Ecuatorial
Guy.	Guyana

H
Hi.	Hawai
Hist.	Histórico
H.K.	Hong Kong
Hon.	Honduras
Hun.	Hungría

I
Ia.	Iowa
Id.	Idaho
Il.	Illinois
I.M.	Isla de Man
In.	Indiana
Indo.	Indonesia
Ind. Res.	Reserva Indígeno
Ing.	Inglaterra
Intl.	Internacional
Irl.	Irlanda
Ir. N.	Irlanda del Norte
Isl.	Islandia
Isr.	Israel
Ita.	Italia

J
Jam.	Jamaica
Jor.	Jordania

K
Kaz.	Kazajstán
Kir.	Kiribati
Kirg.	Kirguistán
Kos.	Kosovo
Ks.	Kansas
Kuw.	Kuwait
Ky.	Kentucky

L
La.	Louisiana
Lag.	Laguna
Lakesh.	Ribera de Lago
Les.	Lesotho
Let.	Letonia
Líba.	Líbano
Libe.	Liberia
Liech.	Liechtenstein
Lit.	Lituania
Llan.	Llanura

Llan. Cos.	Llanura Costera
Llans.	Llanuras
L. Sal.	Lago Salado
Lux.	Luxemburgo

M
Ma.	Massachusetts
Mac.	Macizo
Mace.	Macedonia
Mad.	Madagascar
Madr.	Islas Madeira
Mal.	Malawi
Malay.	Malaysia
Mald.	Maldivas
Malv.	Islas Malvinas
Mar.	Marisma
Mar. N.	Marianas del Norte
Marr.	Marruecos
Mart.	Martinica
Mau.	Mauricio
Maur.	Mauritania
May.	Mayotte
Mb.	Manitoba
Md.	Maryland
Me.	Maine
Mem.	Commemorativo
Mes.	Meseta
Méx.	México
Mi.	Michigan
Micr.	Estados Fed. de Micronesia
Mil.	Militar
Mis.	Misiones
Mn.	Minnesota
Mo.	Missouri
Mol.	Moldova
Món.	Mónaco
Mon.	Monumento
Mong.	Mongolia
Mont.	Montenegro
Monts.	Montserrat
Moz.	Mozambique
Mrsh.	Islas Marshall
Ms.	Mississippi
Mt.	Montana
Mte.	Monte
Mtña.	Montaña
Mtñas.	Montañas
Mts.	Montes
Mun. Inc.	Municipio Incorporado
Mur.	Muralla
Mya.	Myanmar

N
Nal.	Nacional
Nam.	Namibia
Natl.	Nacional
Nav.	Naval
Nav. Air Sta.	Base Aeronaval
N.B.	Nuevo Brunswick
N. Cal.	Nueva Caledonia
Ne.	Nebraska
N.E.	Nueva Escocia
N.H.	Nueva Hampshire
Nic.	Nicaragua
Nige.	Nigeria
N.J.	Nueva Jersey
N.M.	Nuevo México
Nor.	Noruega
Nun.	Nunavut
Nv.	Nevada
N.Y.	Nueva York
N.Z.	Nueva Zealanda

O
Obl.	Oblast
Oh.	Ohio
Ok.	Oklahoma
On.	Ontario
Ond.	Ondulación
Or.	Oregón

P
Pa.	Pennsylvania
Pac.	Islas del Pacífico

Pak.	Pakistán
Pan.	Panamá
Par.	Paraguay
Parq. Nal.	Parque Nacional
Parq. Reg.	Parque Regional
P.B.	Países Bajos
P.E.	Isla del Príncipe Eduardo
Pen.	Península
Pitc.	Islas Pitcairn
Pkwy.	Avenida
P.N.G.	Papua Nueva Guinea
Pol.	Polonia
Pol. Fr.	Polinesia Francesa
Por.	Portugal
Prad.	Pradera
Pref.	Prefectura
P. Rico	Puerto Rico
Prom.	Promontorio
Prov.	Provincia
Prov. Aut.	Provincia Autónoma
Prsv.	Resguardo
Pta.	Punta
Puer.	Puerto

Q
Qu.	Quebec

R
Ráp.	Rápidos
R. Ch.	República Checa
R. Dom.	República Dominicana
Rec. Area	Zona Recreación
Ref.	Refugio
Reg.	Región
Reg. Aut.	Región Autónoma
Reg. Hist.	Región Histórica
Reg. Mon.	Región Montañosa
Rep.	República
Rep. Aut.	República Autónoma
Res.	Reservación
Res. Intl.	Reserva Internacional
Reun.	Reunión
R.I.	Rhode Island
Rsv.	Reserva
R.U., RU	Reino Unido
Rua.	Ruanda
Rum.	Rumania
Rvwy.	Río

S
Safr.	República Surafricana
Sáh. Occ.	Sáhara Occidental
Sal.	Islas Salomón
Saln.	Salina
Salns.	Salinas
Salr.	Saladar
Sam. Am.	Samoa Norteamericana
Sam. Occ.	Samoa Occidental
Sanct.	Santuario
Seash.	Litoral
Sen.	Senegal
Serb.	Serbia
Sey.	Seychelles
Sin.	Singapur
Site.	Lugar
Sk.	Saskatchewan
S. Le.	Sierra Leona
Sn. Mar.	San Marino
Sn. V.	San Vicente y las Granadinas
Som.	Somalia
Sr. L.	Sri Lanka
Sta. E.	Santa Elena
Sta. L.	Santa Lucía

St
St. K.	Saint Kitts y Nevis
Sto. T.	Santo Tomé y Príncipe
St. P.	Saint Pierre y Miquelon
Sue.	Suecia
Suri.	Surinam
Sval.	Svalbard
Swaz.	Swazilandia

T
Tah.	Tahití
Tai.	Taiwan
Tail.	Tailandia
T. Alt.	Tierras Altas
Tan.	Tanzania
Tay.	Tayikistán
T. Baja.	Tierra Baja
T. del Este	Timor del Este
Terr.	Territorio
Ters.	Terromontero
Tn.	Tennessee
T. No.	Territorios del Noroeste
Tnva.	Terranova
Tok.	Tokelau
Trg.	Instrucción
Trin.	Trinidad y Tobago
Trks.	Islas Turks y Caicos
Tun.	Tunicia
Tur.	Turquía
Turk.	Turkmenistán
Tuv.	Tuvalu
Tx.	Texas

U
Ucr.	Ucrania
Uga.	Uganda
Uru.	Uruguay
Ut.	Utah
Uzb.	Uzbequistán

V
Va.	Virginia
Van.	Vanuatu
Vat.	Ciudad del Vaticano
Vec.	Vecindario
Ven.	Venezuela
Vie.	Vietnam
Vir. Br.	Islas Vírgenes Británicas
Vír. No.	Islas Vírgenes Norteamericanas
V. Occ.	Virginia Occidental
Vol.	Volcán
Vt.	Vermont

W
Wa.	Washington
Wall.	Wallis y Futuna
Wi.	Wisconsin
Wild. Ref.	Refugio de Fauna
Wy.	Wyoming

Y
Yk.	Territorio del Yukon

Z
Zam.	Zambia
Zim.	Zimbabwe
Zona Oc.	Zona Ocupada

A

Aa (río), Ale. 84/D5
Aabach (río), Suiza 99/E3
Aach (río), Ale. 99/F2
Aalbach (río), Ale. 88/C3
Aalburg, P.B. 84/C5
Aalen, Ale. 88/D5
Aalsmeer, P.B. 84/B4
Aalst, Bél. 86/D2
Aalten, P.B. 84/D5
Aalter, Bél. 86/C1
Aar (río), Ale. 88/B2
Aarau, Suiza 98/E3
Aarberg, Suiza 98/D3
Aarburg, Suiza 98/D3
Aardenburg, P.B. 84/A6
Aare (río), Suiza 98/D3
Aargau (cantón), Suiza 98/E3
Aarred, Sebjet (lago seco), Sáh.Occ. 166/B4
Aarschot, Bél. 87/D2
Aartselaar, Bél. 86/D1
Aarwangen, Suiza 98/D3
Aba, China 128/E5
Aba, Hun. 91/C5
Aba, Nige. 169/G5
Aba, D.R.Congo 177/G2
Abā as Su'ūd, Ar.S. 126/D5
Abacaxis (río), Bras. 230/B4
Abadab (pico), Sudán 126/C5
Abadab, Jabal (pico), Sudán 171/G5
Abadán, Irán 125/G4
Ābādeh, Irán 125/H4
Abadía Fountains, Ing,R.U. 75/G3
Abadía Melrose, Es,R.U. 72/D5
Abadla, Arg. 167/E3
Abádszalók, Hun. 110/E2
Abaeté, Bras. 234/D3
Abaetetuba, Bras. 230/D3
Abaí, Par. 237/F3
Abaiang (isla), Kir. 158/G4
Abajo (mtñas.), Ut,EUA 188/D4
Abakan, Rusia 118/K4
Abala, Congo 176/C3
Abala, Níger 169/F3
Aban, Rusia 118/K4
Abancay, Perú 232/C4
Abanga (río), Gui.Ec., Gabón 176/B2
Abano Terme, Ita. 105/E2
Abapó, Bol. 236/D1
Abaq Qi, China 128/G3
Abarán, Esp. 94/E3
Abariringa (Canton) (isla), Kir. 159/H5
Abar Kūh, Irán 125/H4
Abashiri, Japón 132/D1
Abashiri (lago), Japón 132/C2
Abasolo, Méx. 217/E4
Abasolo, Méx. 217/F3
Abay, Kaz. 118/H5
Ābaya (lago), Eti. 173/H4
Abaza, Rusia 134/F1
Abbadia di Fiastra, Ita. 103/D1
Abbadia Lariana, Ita. 104/C1
Abbadia San Salvatore, Ita. 102/B2
Abbazia di Casamari, Ita. 103/D4
Abbazia di Fossanova, Ita. 102/D5
Abbazia di Montecassino, Ita. 103/D4
Abbazia di Monte Oliveto Maggiore, Ita. 102/B1
Abbe (lago), Eti. 174/B3
Abbert (río), Irl. 78/B3
Abbeville, Al,EUA 211/F2
Abbeville, CS,EUA 209/F3
Abbeville, Ga,EUA 209/F5
Abbeville, La,EUA 210/B3
Abbeville, Fra. 86/A3
Abbey (pico), Austl. 153/G3
Abbeyfeale, Irl. 78/A5
Abbey Head (pta.), Es,R.U. 74/E2
Abbeyleix, Irl. 78/C4
Abbiategrasso, Ita. 104/B2
Abbot (pico), Austl. 156/B3
Abbot (pta.), Austl. 153/H4
Abbot, Barrera de Heilos, Ant. 161/T
Abbot, Mount (pico), Austl. 153/G5
Abbottābād, Pak. 127/K2
Abcoude, P.B. 84/B4
'Abd al 'Azīz, Jabal (mtñas.), Siria 124/D2
Abdul Hakīm, Pak. 142/B2
Abdulino, Rusia 115/K1
Abéché, Chad 164/E3
Abejorral, Col. 231/K6
Abemama (isla), Kir. 158/G4
Abenberg, Ale. 88/D4
Abengourou, C.Marf. 168/E5
Åbenrå, Din. 80/C4
Abens (río), Ale. 89/E5
Abensberg, Ale. 89/E5
Abeokuta, Nige. 169/F5
Aber-Ath, Gales,R.U. 76/B2
Abercarn, Gales,R.U. 76/C3
Aberdare, Gales,R.U. 76/C3
Aberdare, Parq. Nal., Kenia 175/B2
Aberdeen, Austl. 157/D2
Aberdeen (lago), Nun,Can. 186/G2
Aberdeen, DS,EUA 200/E1
Aberdeen, Md,EUA 212/B4
Aberdeen, Ms,EUA 208/C4
Aberdeen, Wa,EUA 190/C4
Aberdeen, Es,R.U. 72/D2
Aberdeen, Safr. 180/D4
Aberdour (bahía), Es,R.U. 72/D1
Abergavenny, Gales,R.U. 76/C3
Abergele, Gales,R.U. 74/E5
Abert (lago), Or,EUA 192/C2
Abertillery, Gales,R.U. 76/C3
Aber Wrac'h (río), Fra. 96/A3
Aberystwyth, Gales,R.U. 76/B2
Abez', Rusia 113/P2
Abhá, Ar.S. 126/D5
Abhar, Irán 125/G2
Abhe Bad (lago), Djib. 174/B3
Ābhē Bid (lago), Eti. 174/B3
Abide, Serraníade (mts.), Col. 219/G4
'Abidīn, Sudán 173/G2
Abidján, C.Marf. 168/D5
Abidos (ruinas), Egip. 171/F3
Abiko, Japón 131/J7
Abilene, Ks,EUA 199/F1
Abilene, Tx,EUA 196/E1
Abingdon, Va,EUA 209/G2
Abingdon, Ing,R.U. 77/E3
Abino (pta.), On,Can. 205/S10
Abinsk, Rusia 117/K5
Abiquiu (emb.), NM,EUA 195/J2
Abiquiu (lago), NM,EUA 198/A2
Abitibi (lago), On,Can. 187/H4
Abitibi (río), On,Can. 187/H4
Ābiy Ādī, Eti. 174/A2
Ābīyata (lago), Eti. 174/A4
Abja-Paluoja, Esto. 81/L2
Abjasia, República de, Geor. 115/G4
Ablach (río), Ale. 88/C6
Ablis, Fra. 97/G3
Abnūb, Egip. 171/F3
Abohar, India 142/C2
Aboisso, C.Marf. 168/E5
Abomey, Benín 169/F5
Abongabong (mtña.), Indo. 144/B1
Abong-Mbang, Cam. 172/B5
Abony, Hun. 110/E2
Aborian (mte.), Fil. 145/B3
Aborlan, Fil. 145/B3
Åbo (Turku), Fin. 81/K1
Abourasséin (pico), Cafr. 172/E3
Abovyan, Arm. 115/H4
Abqaiq, Ar.S. 126/E3
Abra (río), Fil. 145/C1
Abra del Acay (paso), Argen. 236/C3
Abraham González (aer.intl.), Méx. 196/A2
Abraham's Bay, Bahm. 220/C2
Abrantes, Por. 94/A3
Abra Pampa, Argen. 236/C2
Abreojos, Punta (pta.), Méx. 216/B3
Abries (río), Fra. 100/C4
Abrud, Rum. 110/F2
Abruzos (reg.), Ita. 103/E4
Abruzzese, Appennino (mtñas.), Ita. 103/D3
Abruzzo, Parq. Nal., Ita. 103/D4
Absam, Aus. 99/H3
Absaroka (mtñas.), Mt, Wy,EUA 193/H1
Abtsgmünd, Ale. 88/D5
Abū al Abyaḑ (isla), E.A.U. 126/F4
Abū 'Alī (isla), Ar.S. 125/G5
Abū Dawm, Sudán 173/F1
Abū Dawm, Sudán 173/G1
Abū Ḩabl (río seco), Sudán 172/F2
Abū Ḩammād, Egip. 123/B4
Abū Ḩummuş, Egip. 123/B4
Abuja (cap.), Nige. 169/G4
Abuja (terr.), Nige. 169/G4
Abū Kabīr, Egip. 123/B4
Abū Kamāl, Siria 124/E3
Abukuma (colinas), Japón 131/G2
Abukuma (río), Japón 131/G2
Abulug, Fil. 145/C1
Abū Madd, Ra's (pta.), Ar.S. 171/H3
Abuná (río), Bol. 233/E3
Abunã, Bras. 233/E3
Abunã (río), Bras. 233/E3
Ābune Yosēf (pico), Eti. 174/A2
Abū Qashsh, Cisj. 123/G8
Abu Road, India 138/B3
Abu Rujmayn, Jabal (mtñas.), Siria 124/D3
Abu Shagara, Ras (cabo), Sudán 171/H4
Abu Simbel (ruinas), Egip. 171/F4
Abut (pta.), N.Z. 160/B3
Abuta, Japón 132/B2
Ābuyē Mēda (pico), Eti. 174/A3
Abuyog, Fil. 145/D3
Abu Zaby (cap.), E.A.U. 127/F4
Abū Z̧aby (Abu Zabi) (cap.), E.A.U. 127/F4
Åby, Sue. 80/G2
Abyaḑ, Ar Ra's al (cabo), Tun. 108/A4
Åbybro, Din. 80/C3
Acacías, Col. 228/C4
Acacoyagua, Méx. 218/C2
Acadian Village, La,EUA 210/B2
Acadia, Parq. Nal., Me,EUA 204/C3
Acahay, Par. 237/E3
Acajutiba, Bras. 235/F1
Acámbaro, Méx. 217/E4
Acambay, Méx. 216/K7
Acandí, Col. 228/B2
Acaponeta, Méx. 216/D4
Acaponeta (río), Méx. 216/D4
Acapulco, Méx. 217/E5
Acará, Bras. 230/D3
Acaraí (mtñas.), Bras. 230/B2
Acaraú, Bras. 231/F3
Acaraú (río), Bras. 231/F3
Acari, Bras. 231/G4
Acari (río), Bras. 230/B4
Acari (mtñas.), Bras., Guy. 229/G4
Acarí, Perú 232/C4
Acarigua, Ven. 228/D2
Acatlán, Méx. 218/B2
Acatzingo de Hidalgo, Méx. 217/M8
Acayucan, Méx. 218/C2
Accha, Perú 232/D4
Acciaroli, Ita. 101/B2
Accomac, Va,EUA 209/K2
Accra (cap.), Gha. 169/E5
Accrington, Ing,R.U. 75/F4
Aceguá, Uru. 239/G1
Aceh (prov.), Indo. 144/B1
Acerenza, Ita. 103/F6
Acerno, Ita. 103/F6
Acerra, Ita. 103/E6
Aceuchal, Esp. 94/B3
Ach (río), Aus. 89/G6
Achaguas, Ven. 228/D3
Achao, Chile 238/B4
Achar, Uru. 239/F2
Acheng, China 129/K2
Achères, Fra. 71/S10
Achern, Ale. 88/B5
Achhnera, India 140/A2
Achicourt, Fra. 86/B3
Achiel-le-Grand, Fra. 86/B3
Achigan (río), Qu,Can. 205/N6
Achill (isla), Irl. 72/F10
Achill Head (pta.), Irl. 72/F10
Achim, Ouadi (río seco), Chad 172/C2
Achinsk, Rusia 118/K4
Achocalla, Bol. 233/D5
Achoma, Perú 232/D4
A'Chràlaig (mtña.), Es,R.U. 72/A2
Acht, Hohe (pico), Ale. 87/G3
Achuapa, Nic. 218/E3
Achupallas, Ecua. 232/B1
Acigné, Fra. 96/D4
Acıpayam, Tur. 124/B2
Acireale, Ita. 108/D4
Ackerman, Ms,EUA 208/C4
Acklins (isla), Bahm. 220/C2
Acland (pico), Austl. 156/C4
Acme, NM,EUA 198/B4
Acobamba, Perú 232/C4
Acolla, Perú 232/C3
Acomayo, Perú 232/B3
Acomayo, Perú 232/D4
Aconcagua (pico), Argen. 238/C2
Aconchi, Méx. 216/C2
Acopiara, Bras. 231/G4
Acora, Perú 232/D4
Acorizal, Bras. 234/A2
Acquapendente, Ita. 102/B2
Acquaviva Picene, Ita. 103/D2
Acquedolci, Ita. 101/A6
Acqui Terme, Ita. 104/B3
Acraman (lago), Austl. 155/G5
Acre (río), Amér.S. 233/D3
Acre (est.), Bras. 232/D3
Acreúna, Bras. 234/C3
Acri, Ita. 101/C4
Acropolis, Gre. 109/L7
Ács, Hun. 91/C4
Actaeon (islas), Pol.Fr. 159/M7
Actopan, Méx. 217/F4
Actopan, Méx. 217/F5
Açu, Bras. 231/G4
Aculeo (lago), Chile 238/Q9
Acumal, Méx. 218/E1
Acuña, Méx. 196/D3
Acworth, Ga,EUA 209/L6
Ada, Mn,EUA 202/F4
Ada, Ok,EUA 199/F3
Ada, Gha. 169/F5
Ada, Serb. 110/E3
Adair (cabo), Nun,Can. 187/J1
Adair (bahía), Méx. 195/F5
Adaja (río), Esp. 94/C2
Adak (estr.), Ak,EUA 215/C6
Adak (isla), Ak,EUA 215/C6
Adam (pico), Malv. 239/M7
Adamán (mar), Asia 139/F5
Adamantina, Bras. 234/C4
Adamaoua (mes.), Cam., Nige. 172/B4
Adamello (pico), Ita. 99/G5
Adaminaby, Austl. 157/D3
Adams (lago), CB,Can. 190/E2
Adams (río), CB,Can. 190/E2
Adams (mte.), NH,EUA 207/L2
Adams (mte.), Wa,EUA 190/D4
Adam's Bridge (bajío), Sr.L. 142/G4
Adamstown, Pitc. 159/M7
Adamwa (mes.), Cam., Nige. 169/H5
Adana, Tur. 123/D1
Adana (prov.), Tur. 123/D1
Adapazari, Tur. 111/K5
Adare (cabo), Ant. 161/M
Adare, Irl. 78/B4
Adarza (mtña.), Fra. 92/C5
Add (río), Es,R.U. 72/A4
Adda (río), Ita. 104/C2
Adda (río), Sudán 172/D3
Ad Dahnā' (des.), Ar.S. 125/F5
Ad Damazin, Sudán 173/G3
Ad Damīr, Sudán 173/G1
Ad Dammam, Ar.S. 126/F3
Ad Daqahlīyah (gob.), Egip. 123/B4
Ad Dawḩah (Doha) (cap.), Qatar 126/F3
Ad Dawr, Irak 125/E3
Addicks (emb.), Tx,EUA 197/M9
Ad Dilinjāt, Egip. 123/B4
Addis Abeba (cap.), Eti. 174/A3
Addison, Me,EUA 204/D3
Addison, Tx,EUA 196/L7
Addison (Webster Springs), VOcc,EUA 209/G1
Ad Dīwānīyah, Irak 125/F4
Addlestone, Ing,R.U. 71/M7
Addo Elephant, Parq. Nal., Safr. 180/D4
Ad Dubburá, Sudán 173/G1
Ad Dujayl, Irak 125/F3
Ad Duwaym, Sudán 173/G2
Addy, Wa,EUA 190/F3
Adel, Ga,EUA 211/G2
Adel, Ia,EUA 201/G3
Adelaida, Austl. 155/H5
Adelaide (isla), Ant. 161/V
Adelaide (aer.intl.), Austl. 155/M8
Adelaide (río), Austl. 152/C3
Adelaide (pen.), Nun,Can. 186/G2
Adelaide, Safr. 180/D4
Adelaide River, Austl. 152/C3
Adelanto, Ca,EUA 214/C1
Adele (isla), Austl. 150/C3
Adèle (isla), Austl. 152/A3
Adelebsen, Ale. 85/G5
Adélie (costa), Ant. 161/K
Adelong, Austl. 157/D2
Adelsheim, Ale. 88/C4
Adelsön (isla), Sue. 81/R7
Adén (golfo), Áfr., Asia 174/C2
Adén, Yemen 126/D6
Adendorf, Ale. 85/H2
Adh Dhirā', Jor. 123/D4
Adi (isla), Indo. 147/H4
Adieu (cabo), Austl. 155/G5
Adige (río), Ita. 105/F2
Adige (Etsch) (río), Ita. 99/H6
Ādīgrat, Eti. 174/A2
Adigue, Región de, Rusia 117/L5
Adilābād, India 138/C4
Adilcevaz, Tur. 125/E2
Adirāmpatnam, India 142/G3
Adirondack (mtñas.), NY,EUA 207/J2
Ādī Ugrī, Eri. 173/H2
Adıyaman, Tur. 124/D2
Adıyaman (prov.), Tur. 124/D2
Adjud, Rum. 111/H2
Adjuntas (emb.), Méx. 217/F4
Adliswil, Suiza 99/E3
Admer, 'Erg d' (des.), Arg., Níger 167/H4
Admiralty (ens.), Nun,Can. 187/H1
Admiralty (isla), Ak,EUA 186/C3
Admiralty (golfo), Austl. 152/B3
Ado (río), Japón 131/L9
Ado, Nige. 169/F5
Adobe Creek (emb.), Co,EUA 200/C4
Adogawa, Japón 131/M9
Adolfo López Mateos, Méx. 216/B3
Adoni, India 138/C4
Adony, Hun. 91/C5
Adour (río), Fra. 92/C5
Adra, Esp. 94/D4
Adra, India 141/F4
Adrano, Ita. 108/D4
Adrar, Arg. 167/E4
Adrar (wilaya), Arg. 167/E4
Adrar (reg.), Maur. 168/B1
Adrar bou Nasser (pico), Marr. 166/E2
Adrar des Iforas (mtñas.), Malí 169/F1
Adria, Ita. 105/F2
Adrian, Mi,EUA 206/D4
Adriático (mar), Eur. 106/G2
Adro, Ita. 104/C1
Aduana del Sásabe, Méx. 195/G5
Adulis (ruinas), Eri. 174/A2
Adur (río), Ing,R.U. 77/F5
Ādwa, Eti. 174/A2
Adwick le Street, Ing,R.U. 75/G4
Ady, Tx,EUA 198/C3
Adycha (río), Rusia 119/P3
Adyge Aut. Rep., Rusia 114/G3
Adzharia, Rep. Aut., Geor. 115/G4
Adz'va (río), Rusia 113/N2
Ae, Irl. 74/E1
Aerø (isla), Din. 80/D4
Aeron (río), Gales,R.U. 76/B2
Aesch, Suiza 98/D3
Äetsä, Fin. 81/K1
Ae, Water of (río), Es,R.U. 74/E1
Afadjoto (pico), Gha. 169/F5
'Afak, Irak 125/F3
Afambo, Eri. 174/B2
Āfambo, Eti. 174/B3
Afándou, Gre. 107/L3
Afek, Parq. Nal., Isr. 123/F7
Aff (río), Fra. 96/C5
Affric, Loch (lago), Es,R.U. 72/A2
Affton, Mo,EUA 208/B1
Afganistán 127/H2
Aflou, Arg. 167/F2
Afmadow, Som. 175/C1
Afobaka (presa), Suri. 230/C1
Afogados da Ingàzeira, Bras. 231/G4
Afognak (isla), Ak,EUA 215/H4
Afognak (mtña.), Ak,EUA 215/H4
Afollé (reg.), Maur. 168/C2
Afonso Bezerra, Bras. 231/G4
Afragola, Ita. 103/E6
Afrânio, Bras. 231/F5
África 164/*
'Afrīn, Siria 123/E1
'Afrīn (río), Siria 123/E1
Afrin (río), Tur. 123/E1
Afrique (mtña.), Fra. 98/A3
Afrodisias (ruinas), Tur. 124/B2
Afşin, Tur. 124/D2
Afte (río), Ale. 85/F5
Afuá, Bras. 230/D3
Afuidich, Sebjet (lago seco), Sáh.Occ. 166/B5
'Afula, Isr. 123/D3
Afwein, Lac (río seco), Kenia 175/B1
Afyon, Tur. 124/B2
Afyon (prov.), Tur. 124/B2
Afzalgarh, India 140/B1
Agadez, Níger 169/G2
Agadez (dept.), Níger 169/H2
Agadir, Marr. 166/C3
Agadyr', Kaz. 134/B2
Agago (río), Uga. 177/H2
Agalega (islas), Mau. 165/H6
Agana (cap.), Guam 158/D3
Agaña (cap.), Guam 65/S5
Agano (río), Japón 131/F2
Agartala, India 141/H4
Agassiz (cabo), Ant. 161/V
Agattu (estr.), Ak,EUA 215/A5
Agattu (isla), Ak,EUA 215/A5
Agbor, Nige. 169/G5
Agboville, C.Marf. 168/D5
Agdash, Azer. 115/H4
Agde, Fra. 92/E5
Agde, Cap d' (cabo), Fra. 92/E5
Agdzhabedi, Azer. 115/H4
Agen, Fra. 92/D4
Agency (lago), Or,EUA 192/B2
Ageo, Japón 131/H7
Ager (río), Aus. 89/G7
Agerbæk, Din. 80/C4
Agerisee (lago), Suiza 99/E3
Agesta (parq.reg.), Sue. 81/S7
Agger (río), Ale. 85/E6
Aggteleki, Parq. Nal., Hun. 110/E1
Āghā Jārī, Irán 125/G4
Agiabampo, Méx. 216/C3
Agiabampo (lag.), Méx. 216/C3
Ağın, Tur. 124/D2
Aginskoye, Rusia 128/G1
Agliana, Ita. 105/E5
Ağlıköy, Tur. 124/C1
Agly (río), Fra. 92/E5
Agna, Ita. 105/E2
Agneaux, Fra. 97/D2
Agneaux, Pic de (pico), Fra. 100/C3
Agnes, Tx,EUA 196/K7
Agnita, Rum. 111/G3
Agno, Ita. 99/E5
Agno (río), Ita. 105/E1
Agno, Suiza 99/E6
Agnone, Ita. 103/E4
Agny (río), Fra. 100/B1
Ago, Japón 131/M10
Agogna (río), Ita. 104/B2
Agoo, Fil. 137/J5
Agordo, Ita. 93/K3
Agout (río), Fra. 92/D5
Agra, India 140/B2
Agrado, Col. 228/C4
Ágreda, Esp. 94/E2
Agri (río), Ita. 101/C2
Ağri (prov.), Tur. 125/E2
Agriá, Gre. 109/H3
Agrigento, Ita. 108/C4
Agrihan (isla), Mar.N. 158/D3
Ağrı (Monte Ararat) (pico), Tur. 115/H5
Agrínion, Gre. 109/G3
Agrio (río), Argen. 238/C3
Agropoli, Ita. 101/A2
Agryz, Rusia 113/M4
Agsumal, Sebjet (lago seco), Sáh.Occ. 166/B4
Água Branca, Bras. 231/F4
Água Branca, Bras. 231/G4
Agua Buena, Chile 236/B3
Agua Caliente, Az,EUA 195/F4
Aguachica, Col. 228/C2
Água Clara, Bras. 234/B4
Aguadas, Col. 228/C3
Agua de Dios, Col. 231/L7
Aguadilla, P.Rico 221/B6
Aguadilla (bahía), P.Rico 221/B6
Agua Dulce, Ca,EUA 214/B2
Agua Dulce, Méx. 218/C2
Aguadulce, Pan. 219/F4
Agua Fria (río), Az,EUA 195/F4
Agua Hedionda (lag.), Ca,EUA 214/C4
Aguaí, Bras. 235/J7
Agua Larga, Ven. 228/D2
Agualeguas, Méx. 196/E4
Agualva-Cacém, Por. 95/P10
Aguan (río), Hon. 218/E3
Aguanaval (río), Méx. 216/E3
Aguapeí (río), Bras. 234/C4
Aguapey (río), Argen. 237/E4
Agua Prieta, Méx. 195/H5
Aguaray, Argen. 236/D2
Aguarico (río), Ecua. 228/C5
Aguaro-Guariquito, Parq. Nal., Ven. 229/E2
Águas (colinas), Bras. 235/L6
Aguasay, Ven. 229/F2
Águas Belas, Bras. 235/F1
Aguas Blancas, Chile 236/B3
Aguascalientes, Méx. 216/E4
Aguascalientes (est.), Méx. 216/E4
Águas da Prata, Bras. 235/K6
Águas de Lindóia, Bras. 235/K7
Águas Formosas, Bras. 235/E3
Agua Vermelha (emb.), Bras. 234/C3
Aguaytía (río), Perú 232/C3
Agueda (río), Esp. 94/B2
Águeda, Por. 94/A2
Agugliano, Ita. 105/G5
Agui, Japón 131/M10
Aguijan (isla), Mar.N. 158/D3
Aguila, Az,EUA 195/F4
Aguilar, Esp. 94/C4
Aguilar de Campóo, Esp. 94/C1
Aguilares, Argen. 236/C3
Aguilas, Esp. 94/E4
Agüimes, Cana.,Esp. 95/X17
Aguja (pta.), Perú 232/A2
Agulhas (cabo), Safr. 180/C4
Agulhas Negras, Pico das (pico), Bras. 234/D4
Agung (vol.), Indo. 144/F5
Agusan (río), Fil. 145/D3
Agustín Codazzi, Col. 228/C2
Agutaya, Fil. 145/C3
Aha (colinas), Bots. 178/D3
Ahaggar (mes.), Arg. 167/G5
Ahaggar (mtñas.), Arg. 164/C2
Ahaggar, Tassili Oua-n (mtñas.), Arg. 167/G5
Ahar, Irán 125/F2
Ahaus, Ale. 84/E4
Ahbach (río), Ale. 87/F3
Ahenet, Tanezrouft-n- (des.), Arg. 167/F5
Aherlow (río), Irl. 78/B5
Ahırlı, Tur. 124/C2
Ahlat, Tur. 124/E2
Ahlen, Ale. 85/E5
Ahlerstedt, Ale. 85/G2
Ahmadabad, India 138/B3
Ahmadnagar, India 138/B4
Ahmadpur East, Pak. 127/K3
Ahmadpur Siāl, Pak. 142/A2
Ahmar (mtñas.), Eti. 174/B3
Ahmar, 'Erg el (des.), Malí 166/D4
Ahome, Méx. 216/C3
Ahon, Tarso (pico), Chad 170/C4
Ahr (río), Ale. 87/F3
Ahrāmāt al Jīzah (Pirámides de Giza), Egip. 123/B5
Ahraurā, India 140/D3
Ahrensburg, Ale. 85/H1
Ahse (río), Ale. 85/F5
Ahuacatlán, Méx. 216/D4
Ahuachapán, El Salv. 218/D3
Ahualulco, Méx. 217/E4
Ahumada, Méx. 196/A2
Åhus, Sue. 80/F4
Aḩuzzam, Isr. 123/F8
Ahvaz, Irán 125/G4
Ahvenanmaa (prov.), Fin. 81/H1
Ai (río), China 133/C2
Ai-Ais Hot Springs, Nam. 180/B2
Aibag Gol (río), China 135/B2
Aibignan, Fra. 100/B4
Aichach, Ale. 88/E6
Aichi (pref.), Japón 131/E3
Aidlingen, Ale. 88/B5
Aiffres, Fra. 92/C3
Aigle, Suiza 98/C5
Aigle, Pic de l' (pico), Fra. 98/B4
Aigoual (mtña.), Fra. 92/E4
Aiguá, Uru. 239/G2
Aigues (río), Fra. 100/A4
Aigues Tortes y Lago de San Mauricio, Parq. Nal., Esp. 95/F1
Aiguille, Cap de l' (cabo), Arg. 165/Q16
Aija, Perú 232/B3
Aikawa, Japón 131/F1
Aiken, CS,EUA 209/G4
Ailao (mtña.), China 136/D3
Ailao (mtñas.), China 136/D4
Ailigandí, Pan. 219/G4
Ailinglapalap (atolón), Mrsh. 158/F4
Aille (río), Fra. 100/C6
Aillon (río), Fra. 100/C1
Ailsa Craig (isla), Es,R.U. 72/A6
Ailuk (atolón), Mrsh. 158/G3
Aime, Fra. 100/C1
Aimogasta, Argen. 236/C4
Aimorés, Bras. 235/E3
Aimorés (mtñas.), Bras. 235/E3
Ain (dept.), Fra. 100/B1
Ain (río), Fra. 98/B5
Ainaži, Let. 81/L3
'Aïn Beïda, Arg. 165/V18
'Aïn Beniau, Arg. 165/S15
'Aïn Bessem, Arg. 165/S15
'Aïn Defla, Arg. 165/R15
'Aïn Defla (wilaya), Arg. 165/R15
'Aïn El Hammam, Arg. 165/T15
'Aïn el Turk, Arg. 165/Q16
'Aïn Fakroun, Arg. 165/V17
'Aïn M'Lila, Arg. 165/V17
Aínos (pico), Gre. 109/G3
Aínos, Parq. Nal., Gre. 109/G3
'Aïn Oulmene, Arg. 165/U18
'Aïn Oussersa, Arg. 165/S16
'Aïn Sefra, Arg. 167/E2
Ainslie (lago), NE,Can. 205/G2
Ainsworth, Ne,EUA 200/E2
'Aïn Taya, Arg. 165/S15
'Aïn Temouchent, Arg. 165/Q16
'Ain Temouchent (wilaya), Arg. 165/Q16
'Aïn Touta, Arg. 165/U18
Aipe, Col. 228/C4
Aiquile, Bol. 236/C1
Aïr (mes.), Níger 167/G5
Aïr (mes.), Níger 169/G2
Airabu (isla), Indo. 144/D2
Airaines, Fra. 86/A4
Airasca, Ita. 104/A3
Airdrie, Ab,Can. 191/G2
Airdrie, Es,R.U. 72/C5
Aire (río), Fra. 86/D5
Aire (río), Ing,R.U. 75/G4
Aire, Canal de (canal), Fra. 86/B2
Aire, Point of (pta.), Gales,R.U. 75/E5
Aire-sur-l'Adour, Fra. 92/C5
Aire-sur-la-Lys, Fra. 86/B2
Air Force (isla), Nun,Can. 187/J2
Airola, Ita. 103/E5
Airvault, Fra. 92/C3
Aisch (río), Ale. 88/D3
Aiseau-Presles, Bél. 86/D3
Aisén del General Carlos Ibáñez del Campo (reg.), Chile 238/B5
Ai Shan (mtña.), China 135/E3
Aisne (río), Bél. 87/E3
Aisne (dept.), Fra. 86/C4
Aisne (río), Fra. 86/C5
Aïssa (pico), Arg. 164/B1
Aïssa, Djebel (mtña.), Arg. 167/E2
Aist (río), Aus. 89/H6
Aitape, P.N.G. 158/D5
Aiterach (río), Ale. 89/F5
Aitkin, Mn,EUA 203/H4
Aitō, Japón 131/M9
Aitolikón, Gre. 109/G3
Aitutaki, Cook 159/J6
Aiuaba, Bras. 231/F4
Aiud, Rum. 111/F2
Aiuruoca (río), Bras. 235/M7
Aix (mte.), Wa,EUA 190/D4
Aix-en-Provence, Fra. 100/B6
Aix-les-Bains, Fra. 100/B1
Aíyina, Gre. 109/H4
Aiyínion, Gre. 109/H2
Aíyion, Gre. 109/H3
Aizpute, Let. 81/J3
Aizu-Wakamatsu, Japón 131/F2
Aīzwal, India 136/B4
Ajaccio, Fra. 108/A2
Ajaccio (golfo), Fra. 108/A2
Ajalpan, Méx. 217/F5
Ajax, On,Can. 207/G3
Ajay (río), India 141/F4
Aj Bogd (pico), Mong. 128/D3
Aj Bogd Uul (pico), Mong. 134/G3
Ajdābiyā, Libia 170/D2
Ajdovščina, Esl. 105/G1
Ajigasawa, Japón 132/B3
'Ajjah, Cisj. 123/G7
Ajka, Hun. 91/B5
Ajmer, India 138/B2
Ajo, Cabo de (cabo), Esp. 94/D1
Ajuchitlán, Méx. 217/E5
Ajusco (mte.), Méx. 217/Q10
Ajuy, Fil. 145/C3
Aka (río), Japón 131/F1
Akabane, Japón 131/N10
Akabira, Japón 132/C2
Akademik Obruchev (mtñas.), Rusia 134/F1
Akagera, Parq. Nal., Rua. 177/G3
Akaishi-dake (mtña.), Japón 131/F3
Akan (lago), Japón 132/D2
Akan, Parq. Nal., Japón 132/D2
Akaroa, N.Z. 160/C3
Åkarp, Sue. 80/E4
Akashi, Japón 130/D3
Akashi (estr.), Japón 131/K10
Akbarpur, India 140/B2
Akbarpur, India 140/D2
Akbou, Arg. 165/T15
Akçaabat, Tur. 124/D1
Akçadağ, Tur. 124/D2
Akçakale, Tur. 124/D2
Akçakoca, Tur. 111/K5
Akçapınar, Tur. 124/D2
Akchâr (reg.), Maur. 168/B2
Akchatau, Kaz. 118/H5
Akdağmadeni, Tur. 124/C2
Akdar, Al Jabal (mtñas.), Omán 126/G4
Akdar, Al Jabal al (mtñas.), Libia 107/J4
Ak-Dovurak, Rusia 134/F1
Akechi, Japón 131/N9
Aken, Ale. 90/C4
Åkersberga, Sue. 80/H2
Akershus (con.), Nor. 80/D2
Aketi, D.R.Congo 177/E2
Akharnaí, Gre. 109/H3
Akhḑar, Al Jabal al (mtñas.), Libia 170/D1
Akhelóos (río), Gre. 109/G3
Akhisar, Tur. 124/A2
Akhmīm, Egip. 171/F3
Akhsu, Azer. 115/J4
Akhtopol, Bul. 111/H4
Akhtuba (río), Rusia 115/H3
Akhtubinsk, Rusia 115/H2
Akhtyrka, Ucr. 117/H2
Akhtyrskiy, Rusia 117/K5
Aki, Japón 130/C4
Aki (río), Japón 131/H7
Akigawa, Japón 131/H7
Akimiski (isla), Nun,Can. 187/H3
Akıncı (pta.), Tur. 123/D1
Akıncılar, Tur. 124/D1
Akishima, Japón 131/H7
Akita, Japón 132/B4
Akita (dept.), Japón 132/B4
Akitio, N.Z. 160/D3
Akjoujt, Maur. 168/B2
Akkaraipattu, Sr.L. 138/D6
Akkerhaugen, Nor. 80/C2
Akkeshi, Japón 132/D2
'Akko, Isr. 123/D3
Akkrum, P.B. 84/C2
Akkystau, Kaz. 115/K2
Aklavik, TNO,Can. 215/L2
'Aklé 'Aouâna (duna), Malí, Maur. 168/D2
Aknīste, Let. 81/L3
Akō, Japón 130/D3
Ākobo Wenz (río), Eti. 173/G4
Akola, India 138/C3
Akonolinga, Cam. 172/B5
Āk'ordat, Eri. 173/H2
Akören, Tur. 124/C2
Akot, Sudán 173/F4
Akou, Gabón 176/C3
Akpatok (isla), Nun,Can. 187/K2
Akpazar, Tur. 124/D2
Akpınar, Tur. 111/J5
Akqi, China 134/C3
Akranes, Isl. 79/M7
Ákrathos, Ákra (cabo), Gre. 109/J2
Åkrehamn, Nor. 80/A2
Akrítas, Ákra (cabo), Gre. 109/G4
Akron, Co,EUA 200/C3
Akron, Oh,EUA 206/F4
Aksai Chin (reg.), China, India 134/C4
Aksaray, Tur. 124/C2
Aksaray (prov.), Tur. 124/C2
Aksay, China 128/C4
Aksay, Kaz. 115/K2
Aksay, Rusia 117/K4
Akşehir, Tur. 124/B2
Aksehir (lago), Tur. 124/B2
Akseki, Tur. 123/B1
Aksoran (pico), Kaz. 134/C2
Aksu, China 134/D3
Aksu (río), China 134/C3
Aksu (río), Kaz. 134/C2
Aksu, Tur. 123/B1
Aksu (río), Tur. 123/B1
Āksum, Eti. 173/H2
Aktash, Rusia 118/G6
Aktau, Kaz. 118/H4
Aktepe, Tur. 123/E1
Aktiúbinsk, Kaz. 115/L2
Aktiubinsk, Región de, Kaz. 115/L3
Aktogay, Kaz. 134/C2
Akune, Japón 130/B4
Akureyri, Isl. 79/N6
Akuse, Gha. 169/F5
Akutan (isla), Ak,EUA 215/E5
Akwa Ibom (est.), Nige. 169/G5
Akyab (Sittwe), Mya. 136/B4
Ak"yar, Rusia 115/L2
Akyazı, Tur. 111/K5
Akzhal, Kaz. 134/D2
Ål, Nor. 80/C1
Ala (río), China 128/B3
Ala, Ita. 105/E1
Ala (pta.), Ita. 102/A2
Alabama (est.), E.U.A. 189/J5
Alabama (río), Al,EUA 208/D4
Alabaster, Al,EUA 208/D4
Alabat, Fil. 145/C2
Alaca, Tur. 124/C1
Alacahan, Tur. 124/D2
Alaçam, Tur. 124/C1
Alaçatı, Tur. 109/K3
Alacranes, Embalse (emb.), Cuba 219/F1
Alafia (río), Fl,EUA 210/L8
Alafia, South Prong (río), Fl,EUA 210/L8
Alagir, Rusia 115/H4
Alagnon (río), Fra. 92/E4
Alagoa Grande, Bras. 231/H4
Alagoas (est.), Bras. 235/F1
Alagoinhas, Bras. 235/F2
Alagón, Esp. 95/E2
Alagón (río), Esp. 94/B2
Alah (río), Fil. 145/D4
Al Aḩmadi, Kuw. 125/G4
Alajärvi, Fin. 79/G3
Alajõe, Esto. 81/M2
Alajuela, C.Rica 219/E4
Alakol (lago), Kaz. 134/D2
Al 'Āl, Jor. 123/D4
Alalapadu, Suri. 230/B2
Alalaú (río), Bras. 230/A3
Al 'Amādīyah, Irak 125/E2
Alamagan (isla), Mar.N. 158/D3
Al 'Amārah, Irak 125/F4
'Alāmarvdasht (río), Irán 125/H5
Alameda, NM,EUA 195/J3
Alamikamba, Nic. 219/E3
Alamo (lago), Az,EUA 195/F3
Alamo, Ga,EUA 209/F4
Alamo (mtña.), NM,EUA 196/B1
Alamo, Tn,EUA 208/C3
Alamo, Méx. 217/F4
Alamogordo, NM,EUA 198/B4
Alamor, Ecua. 232/A2
Álamos, Méx. 216/C2
Álamos, Méx. 216/C3
Alamosa, Co,EUA 198/B2
Alamo, The, Tx,EUA 197/E3
Alamo Village, Tx,EUA 196/D3
Åland (isla), Fin. 81/H1
Alantika (mtñas.), Cam., Nige. 172/B3
Alanya, Tur. 123/C1
Alaotra (lago), Mad. 181/J7

Alapaha (río), Ga,EUA 211/G2
Alapayevsk, Rusia 113/P4
Alapli, Tur. 111/K5
Al 'Aqabah, Jor. 123/D5
Al 'Arab, Baḩr (río), Sudán 173/E3
Alarcón (emb.), Esp. 94/D3
Al 'Arīsh, Egip. 123/C4
Alaşehir, Tur. 124/B2
Alashtar, Irán 125/G3
Al 'Āşimah (gob.), Jor. 123/E3
Alaska (est.), E.U.A. 215/*
Alaska (golfo), Ak,EUA 215/J4
Alaska (mtñas.), Ak,EUA 215/H3
Alaska (pen.), Ak,EUA 215/F4
Alassio, Ita. 104/B5
Alatri, Ita. 103/D4
Alatyr', Rusia 71/H3
Alaverdi, Arm. 115/H4
Alavus, Fin. 79/G3
Alaw (río), Gales,R.U. 74/D5
Alawa Ngandi, T. Abor., Austl. 152/D3
Alaw, Llyn (lago), Gales,R.U. 74/D5
Al 'Ayn, Ar.S. 171/H3
Al 'Ayn, E.A.U. 127/G4
Alayor, Esp. 94/C3
Alayskiy (mtñas.), Kirg. 134/B4
Alazeya (río), Rusia 119/R3
Al 'Azīzīyah, Irak 125/F3
Al 'Azīzīyah, Libia 170/B1
Alb (río), Ale. 88/B5
Alba, Ita. 104/B3
Alba (con.), Rum. 111/F2
Alba Adriatica, Ita. 103/D2
Al Bāb, Siria 124/D2
Albacete, Esp. 94/E3
Alba de Tormes, Esp. 94/C2
Al Badrashayn, Egip. 123/B5
Alba Fucens (ruinas), Ita. 103/D3
Al Baḩr al Aḩmar (gob.), Egip. 171/G3
Albaida, Esp. 95/E3
Albairate, Ita. 104/B2
Alba Iulia, Rum. 111/F2
Al Bājūr, Egip. 123/B4
Ålbæk, Din. 80/D3
Albalate del Arzobispo, Esp. 95/E2
Al Balqā' (gob.), Jor. 123/D3
Al Balyanā, Egip. 171/G3
Albanella, Ita. 101/B2
Albania 109/F2
Albano (lago), Ita. 102/C4
Albano Laziale, Ita. 102/C4
Albany, Austl. 154/C5
Albany (río), On,Can. 187/H3
Albany, Ga,EUA 211/F2
Albany, Ky,EUA 208/E2
Albany, Mo,EUA 201/G3
Albany (cap.), NY,EUA 207/K3
Albany, Or,EUA 192/B1
Albany, Tx,EUA 196/E1
Albarine (río), Fra. 98/B6
Albatross (bahía), Austl. 153/F3
Albatross (pta.), Nam. 180/A2
Albatross (pta.), N.Z. 160/C2
Al Batrūn, Líba. 123/D2
Al Bayḑā, Libia 170/D1
Al Bayḑā', Yemen 174/C2
Albbruck, Ale. 98/E2
Albegna (río), Ita. 102/B2
Albemarle (pta.), Ecua. 232/J6
Albemarle, CN,EUA 209/G3
Albemarle (bahía), CN,EUA 209/J3
Alben (pico), Ita. 93/H4
Albenga, Ita. 104/B4
Alben, Monte (pico), Ita. 104/C1
Albens, Fra. 98/B6
Alberche (río), Esp. 94/C2
Alberdi, Par. 236/E3
Albersdorf, Ale. 82/E1
Albert, Austl. 157/C2
Albert (ens.), Austl. 157/A2
Albert (lago), Austl. 150/F7
Albert (canal), Bél. 87/E2
Albert, Fra. 86/B4
Albert (lago), D.R.Congo, Uga. 177/G2
Alberta (prov.), Can. 186/E3
Alberta, Al,EUA 208/D4
Alberta, La,EUA 210/B1
Albert Edward, Mount (pico), P.N.G. 153/G2
Alberti, Argen. 238/E2
Albertirsa, Hun. 110/D2
Albert Lea, Mn,EUA 201/H2
Alberto de Agostini, Parq. Nal., Chile 239/J8
Alberton, Safr. 180/Q13
Albertville, Al,EUA 208/D3
Albertville, Fra. 100/C1
Albi, Fra. 92/E5
Albia, Ia,EUA 201/H3
Albignasego, Ita. 105/E2
Albina (pta.), Ang. 178/A2
Albina, Suri. 230/C1
Albinea, Ita. 104/D3
Albino, Ita. 104/C1
Albion, Il,EUA 208/C1
Albion, In,EUA 206/D4
Albion, Mi,EUA 206/D3
Albion, Ne,EUA 200/E3
Albion, NY,EUA 207/G3
Al Bīrah, Cisj. 123/D4
Al Birkah, Libia 170/A3
Albisola Marina, Ita. 104/B4
Albisola Superiore, Ita. 104/B4
Alblasserdam, P.B. 84/B5
Alborán (isla), Esp. 106/C4
Ålborg (bahía) 80/D3
Ålborg, Din. 80/C3
Ålborg (bahía), Din. 80/D3
Albox, Esp. 94/D4
Albristhorn (pico), Suiza 98/D5
Albstadt, Ale. 99/F1
Albufeira, Por. 94/A4
Al Buḩayrah (gob.), Egip. 123/B4
Albula (río), Suiza 99/F4
Albuñol, Esp. 94/D4
Albuquerque, NM,EUA 198/A3
Alburno (pico), Ita. 103/F6
Alburquerque, Esp. 94/B3
Al Burullus (lago), Egip. 123/B4
Albury, Austl. 157/C3
Albury, N.Z. 160/B4
Alby, Sue. 81/S7
Alca, Perú 232/C4
Alcabideche, Por. 95/P10
Alcácer do Sal, Por. 94/A3
Alcalá, Col. 231/K7
Alcalá de Chivert, Esp. 95/F2
Alcalá de Guadaira, Esp. 94/C4
Alcalá de Henares, Esp. 94/D2
Alcalá de los Gazules, Esp. 94/C4
Alcalá la Real, Esp. 94/D4
Alcalde (pta.), Chile 236/B4
Alcamo, Ita. 108/C4
Alcanadre (río), Esp. 95/E2
Alcanar, Esp. 95/E2
Alcañiz, Esp. 95/E2
Alcântara, Bras. 231/E3
Alcántara (emb.), Esp. 94/B3
Alcantara (río), Ita. 101/A7
Alcântaras, Bras. 231/F3
Alcantarilla, Esp. 94/E4
Alcaraz (mtñas.), Esp. 106/C3
Alcaraz (mts.), Esp. 94/D3
Alcaudete, Esp. 94/C4
Alcázar de San Juan, Esp. 94/D3
Alcira, Argen. 238/D2
Alcira, Esp. 95/E3
Alçıtepe, Tur. 111/H5
Alcobaça, Bras. 235/F3
Alcobaça, Por. 94/A3
Alcobendas, Esp. 94/D2
Alcoche, Bol. 233/E4
Alcochete, Por. 95/Q10
Alcora, Esp. 95/E2
Alcorcón, Esp. 94/D2
Alcorisa, Esp. 95/E2
Alcoy, Esp. 95/E3
Alcudia, Esp. 95/G3
Aldabra (islas), Sey. 165/G5
Aldama, Méx. 196/B3
Aldan, Rusia 119/N4
Aldan (mes.), Rusia 119/N4
Aldan (río), Rusia 119/P3
Aldarhaan, Mong. 134/G2
Alde (río), Ing,R.U. 77/H2
Aldea Típica Coreana, Cor.S. 133/D4
Aldeia Nova de São Bento, Por. 94/B4
Aldenhoven, Ale. 87/F2
Alder (lago), Wa,EUA 190/C4
Alderley Edge, Ing,R.U. 75/F5
Alderney (isla), Anglo,R.U. 96/C1
Aldersgrove (Belfast) (aer.intl.), IrN,R.U. 74/B2
Aldershot, On,Can. 205/R9
Aldershot, Ing,R.U. 77/F4
Aldine, Tx,EUA 197/G3
Aldingen, Ale. 88/B6
Aldred (lago), Pa,EUA 212/B4
Aldridge, Ing,R.U. 77/E1
Aledo, Il,EUA 201/J3
Aleg, Maur. 168/B2
Alegre, Bras. 235/E4
Alegrete, Bras. 237/F4
Alejandría, Bol. 233/E4
Alejandría, Egip. 171/F2
Alejandría (aer.intl.), Egip. 171/F2
Alejandría (gob.), Egip. 123/A4
Alejandría (prov.), Ita. 104/B3
Alejandro Gallinal, Uru. 239/G2
Alejandro Roca, Argen. 238/E2
Alejo Ledesma, Argen. 238/E2
Aleksandriya, Ucr. 117/G3
Aleksandrov, Rusia 112/H4
Aleksandrovac, Serb. 110/E4
Aleksandrov Gay, Rusia 115/J2
Aleksandrovka, Rusia 117/K4
Aleksandrovka, Ucr. 116/G3
Aleksandrovsk, Rusia 113/N4
Aleksandrovskoye, Rusia 115/G3
Aleksandrovsk-Sakhalinskiy, Rusia 129/N1
Aleksandrów Kujawski, Pol. 83/K2
Aleksandrów Łódzki, Pol. 83/K3
Alekseyevka, Kaz. 134/B1
Alekseyevka, Rusia 117/K2
Aleksin, Rusia 112/H5
Aleksinac, Serb. 110/E4
Alemania 82/E3
Alemdar, Tur. 125/N6
Além Paraíba, Bras. 235/E4
Alençon, Fra. 97/F4
Alenquer, Bras. 230/C3
Alento (río), Ita. 101/B2
Alento (río), Ita. 103/E3
Alenuihaha (canal), Hi,EUA 188/T10
Alepo, Siria 123/E1
Alepo (prov.), Siria 124/D3
Alerce Andino, Parq. Nal., Chile 238/B4
Aleşd, Rum. 110/F2
Alessandria, Ita. 104/B3
Ålestrup, Din. 80/C3
Ålesund, Nor. 79/C3
Aletschhorn (pico), Suiza 98/D5
Aleutiana, Cordillera (mtñas.), Ak,EUA 215/G4
Aleutianas (islas), Ak,EUA 215/E5
Ale Water (río), Es,R.U. 72/D6
Alexander (cabo), Ant. 161/V
Alexander (isla), Ant. 161/V
Alexander (pico), Austl. 154/B2
Alexander (pta.), Austl. 153/E3
Alexander (arch.), Ak,EUA 215/L4
Alexander, Tx,EUA 197/E1
Alexander Bay, Safr. 180/B3
Alexander City, Al,EUA 208/E4
Alexandra, N.Z. 160/B4
Alexandria, Austl. 153/E4
Alexandria, Bras. 231/G4
Alexandria, CB,Can. 190/C1
Alexandria, DS,EUA 200/F2
Alexandria, Ky,EUA 208/E1
Alexandria, La,EUA 210/B2
Alexandria, Mn,EUA 203/G5
Alexandria, Va,EUA 212/A6
Alexándria, Gre. 109/H2
Alexandria, Es,R.U. 72/B5
Alexandria, Rum. 111/G4
Alexandria, Safr. 180/D4
Alexandria (Al Iskandarīyah), Egip. 123/A4
Alexandrina (ens.), Austl. 157/A2
Alexandrina (lago), Austl. 150/F7
Alexandroúpolis, Gre. 109/J2
Alexeck (río seco), Nam. 178/C4
Alexis Creek, CB,Can. 190/C1
Aley (río), Rusia 134/D1
Aleysk, Rusia 134/D1
Alfafar, Esp. 95/E3
Al Fallūjah, Irak 125/E3
Alfama, Por. 95/P10
Alfarim, Por. 95/P11
Alfaro, Esp. 94/E1
Al Fāsher, Sudán 173/E2
Al Fashn, Egip. 171/F2
Al Fatḩah, Irak 125/E3
Al Fāw, Irak 125/G4
Alfbach (río), Ale. 87/F3
Alfeld, Ale. 85/G5
Alfenas, Bras. 234/D4
Alfiós (río), Gre. 109/G4
Alfonsine, Ita. 105/F4
Alfonso Bonilla Aragon (aer.intl.), Col. 228/B4
Alfred (mtña.), CB,Can. 190/B2
Alfred, Me,EUA 204/B4
Alfred, Parq. Nal., Austl. 157/D3
Alfreton, Ing,R.U. 75/G5
Alfter, Ale. 87/G2
Al Fugaha', Libia 170/C3
Al Fuḩūd, Irak 125/F4
Al Fuyum (gob.), Egip. 171/F2
Alga, Kaz. 115/L2
Ålgård, Nor. 80/A2
Algarrobito, Chile 236/B4
Algarrobo, Chile 238/Q9
Algeciras, Col. 228/C4
Algeciras, Esp. 94/C4
Algemesí, Esp. 95/E3
Alger (wilaya), Arg. 165/S15
Alger (Argel) (cap.), Arg. 165/S15
Algermissen, Ale. 85/G4
Algete, Esp. 95/N8
Al Ghammās, Irak 125/F4
Al Gharbīyah (gob.), Egip. 171/F2
Al Ghazāl, Baḩr (río), Sudán 173/F3
Alghero, Ita. 108/A2
Alginet, Esp. 95/E3
Algoa (bahía), Safr. 180/D4
Algodón (río), Perú 228/C5
Algodonales, Esp. 94/C4
Algona, Ia,EUA 201/G2
Algonquin (pico), NY,EUA 207/K2
Algorta, Uru. 239/F2
Algueirão, Por. 95/P10
Algund (Lagundo), Ita. 99/H4
Al Ḩadīthah, Ar.S. 123/E4
Al Ḩadīthah, Irak 124/E3
Al Ḩaḑr, Irak 125/E3
Al Ḩaffah, Siria 123/E2
Al Ḩajar ash Sharqī (mtñas.), Omán 127/G4
Al Ḩallānīyah (isla), Omán 127/G5
Alhama de Granada, Esp. 94/D4
Alhama de Murcia, Esp. 94/E4
Alhambra, Ca,EUA 214/B2
Al Hammām, Egip. 171/F2
Alhandra, Bras. 231/H4
Alhandra, Por. 95/Q10
Al Ḩārithah, Irak 125/F4
Al Ḩasakah, Siria 124/E2
Al Ḩasakah (prov.), Siria 124/E2
Alhaurín el Grande, Esp. 94/C4
Al Ḩawāmidīyah, Egip. 123/B5
Al Ḩawṭah, Ar.S. 126/E3
Al Ḩawṭah, Yemen 174/D2
Al Ḩayy, Irak 125/F3
Al Ḩillah, Ar.S. 126/E4
Al Ḩillah, Irak 125/F3
Al Ḩillah, Sudán 173/E2
Al Hindīyah, Irak 125/F3
Al Hirmil, Líba. 123/E2
Al Hoceima (isla), Esp. 165/N13
Al Hoceima, Marr. 165/N13
Al Ḩudaydah, Yemen 174/B2
Al-Hufūf, Ar.S. 126/E3
Alia, Ita. 108/C4
'Alīābād, Irán 125/H4
Aliağa, Tur. 124/A2
Aliákmon (río), Gre. 109/G2
Aliákmonos (lago), Gre. 109/G2
'Alī al Gharbī, Irak 125/F3
Alíartos, Gre. 109/H3
'Alī ash Sharqī, Irak 125/F3
Alibey (lago), Ucr. 116/F5
Alibeyköy, Tur. 111/J5
Alicante, Esp. 95/E3
Alice (río), Austl. 156/A1
Alice, Tx,EUA 197/E4
Alice (pta.), Ita. 101/D4
Alice, Safr. 180/D4
Alice & Mitchell Rivers, Parq. Nal., Austl. 156/A1
Alice Arm, CB,Can. 215/N4
Alice Springs, Austl. 155/G2
Aliceville (lago), Al, Ms,EUA 208/C4
Alicia, Fil. 145/C4
Alicudi (isla), Ita. 101/A5
Alife, Ita. 103/E5
Alīganj, India 140/B2
Aligarh, India 140/B2
Alīgudarz, Irán 126/E2
Alijilán, Argen. 236/C4
Alima (río), Congo 176/C3
Alingsås, Sue. 80/E3
Alīpur, Pak. 138/B2
Alīpur Duār, India 141/G2
Aliquippa, Pa,EUA 206/F4
Al Iskandarīyah, Irak 125/F3
Aliskerovo, Rusia 119/S3
Al Ismā'īlīyah (gob.), Egip. 123/B4
Al Ismā'īlīyah (Ismailía), Egip. 123/C4
Alisos (río), Méx. 216/C2
Alistráti, Gre. 109/H2
Alivérion, Gre. 109/J3
Aliwal North, Safr. 180/D3
Al Jaghbūb, Libia 170/E2
Al Jamīl, Libia 170/B1
Al Jamm, Tun. 165/X18
Al Jawf, Ar.S. 124/D4
Al Jawf, Libia 170/D3
Al Jifārah (llan.), Arg., Tun. 106/F4
Al Junaynah, Ar.S. 126/D4
Al Junaynah, Sudán 172/D2
Aljustrel, Por. 94/A4
Al Kāf, Tun. 165/W17
Al Kāf (gob.), Tun. 165/W17
Al Karak, Jor. 123/D4
Alken, Bél. 87/E2
Al Khābūrah, Omán 127/G4
Al Khalīl (Hebrón), Cisj. 123/D4
Al Khāliş, Irak 125/F3
Al Khānkah, Egip. 123/B4
Al Khārijah, Egip. 171/F3
Al Khiḑr, Irak 125/F4
Al Khobar, Ar.S. 126/F3
Al Khums, Libia 170/B1
Al Khurṭūm Baḩrī (Khartoum North), Sudán 173/G2
Al Khurṭūm (Khartoum) (cap.), Sudán 173/G2
Alkmaar, P.B. 84/B3
Al Kūfah, Irak 125/F3
Al Kufrah, Libia 170/D3
Al Kūt, Irak 125/F3
Alku, Wādī (río seco), Sudán 173/E2
Al Lādhiqīyah (dist.), Siria 123/D2
Al Lādhiqīyah (Latakia), Siria 123/D2
Allagash (río), Me,EUA 204/C2
Allahabad, India 140/C3
Allaire, Fra. 96/C5
Allakh-Yun', Rusia 119/P3
All-American (canal), Ca,EUA 194/E4
Allan, Sk,Can. 202/A2
Allan (colinas), Sk,Can. 202/A2
Allanburg, On,Can. 205/S9
Allanmyo, Mya. 136/B5
Allanson, Austl. 154/C5
Allan Water, On,Can. 203/J2
'Allāqī, Wādī al (río seco), Egip. 171/G4
Allariz, Esp. 94/B1
Allaro (río), Ita. 101/C6
Allatoona (lago), Ga,EUA 208/E3
Allatoona (lago), Ga,EUA 209/L6
Allauch, Fra. 100/B6
Allegan, Mi,EUA 206/D3
Allegheny (mtñas.), E.U.A. 189/L3
Allegheny (río), E.U.A. 207/G4
Allen, Argen. 238/D3
Allen, Tx,EUA 197/F1
Allen (pico), N.Z. 160/B4
Allen (río), Ing,R.U. 76/B5
Allen, Bog of (cién.), Irl. 78/C3
Allende, Méx. 196/D3
Allendorf, Ale. 85/F6
All England Lawn Tennis Club, Ing,R.U. 71/N7
Allen, Lough (lago), Irl. 78/B1
Allensbach, Ale. 99/F2
Allentown, Pa,EUA 212/C2
Allentsteig, Aus. 83/H4
Alleppey, India 142/F4
Aller (río), Ale. 85/G3
Allerkanal (canal), Ale. 85/H4
Allersberg, Ale. 88/E4
Allershausen, Ale. 89/E6
Allevard, Fra. 100/C2
Allgäu (mtñas.), Aus., Ale. 99/G3
Alli (río), Ita. 101/C4
Alliance, Ne,EUA 200/C2
Alliance, Oh,EUA 206/F4
Allier (río), Fra. 92/E3
Alligator (pta.), Austl. 153/F4
Alligator (lago), Fl,EUA 211/H3
Alligator River (ens.), CN,EUA 209/K3
Allingåbro, Din. 80/D3
Allinges, Fra. 98/C5
Allingham, Austl. 153/E4
Allison, Ia,EUA 201/H2
Alliston, On,Can. 207/G2
Alloa, Es,R.U. 72/C4
Allones, Fra. 97/F5
Allora, Austl. 156/C5
Allouez, Wi,EUA 203/K5
Allow (río), Irl. 78/B5
Allschwil, Suiza 98/D2
Allstedt, Ale. 90/B5
Allumettes (isla), Qu,Can. 207/H2
Allumiere, Ita. 102/B3
Alluvial City, La,EUA 210/D3
Alm (río), Aus. 89/G7
Alma, Ga,EUA 211/G2
Alma, Ks,EUA 199/F1
Alma, Mi,EUA 206/D3
Alma, Ne,EUA 200/E3
Alma (colina), NY,EUA 207/G3
Alma, Wi,EUA 201/J1
Almacelles, Esp. 95/F2
Almadén, Esp. 94/C3
Almada, Por. 94/A3
Al Madīnah al Fikrīyah, Egip. 124/B5
Al Madīnah (Medina), Ar.S. 171/H3
Al Madīyah, Tun. 167/H2
Al Madīyah (gob.), Tun. 108/B5
Al Mafraq, Jor. 123/E3
Almafuerte, Argen. 238/D2
Al Maghrib (reg.), Arg., Marr. 166/E2
Almagro, Esp. 94/D3
Al Mahdīyah, Tun. 165/X18
Al Mahdīyah (gob.), Tun. 165/X18
Al Mahdīyīn, Tun. 165/X18
Al Maḩmūdīyah, Egip. 123/B4
Al Maḩmūdīyah, Irak 125/F3
Almalık, Uzb. 134/A3
Al Mālikīyah, Siria 124/E2
Al Malik, Wādī (río seco), Sudán 173/F1
Al Manāmah (Manama) (cap.), Bahr. 126/F3
Almanor (lago), Ca,EUA 192/C3
Almansa, Esp. 95/E3
Al Manşūrah, Egip. 123/B4
Al Manzilah, Egip. 123/B4
Al Manzilah (lago), Egip. 123/B4
Al Manzilah (lago), Egip. 124/B4
Almanzora (río), Esp. 94/D4
Almanzor, Pico de (pico), Esp. 94/C2
Al Marāghah, Egip. 171/F3
Al Marj, Libia 170/D1
Almas, Bras. 234/D1
Almas (río), Bras. 234/C2
Almásneszmély, Hun. 91/C4
Almas, Pico das (pico), Bras. 235/E2
Al Maṭarīyah, Egip. 123/C4
Almaty, Kaz. 134/C3
Al Mawşil (Mosul), Irak 125/E2
Al Mayādin, Siria 124/E3
Almazán, Esp. 94/D2
Almaznyy, Rusia 119/M3
Almazora, Esp. 95/E3
Al Mazra'ah, Jor. 123/D4
Alme (río), Ale. 85/F5
Almeirim, Bras. 230/C3
Almeirim, Por. 94/A3
Almelo, P.B. 84/D4
Almenara, Bras. 235/E3
Almenara, Esp. 95/E3
Almenara (mtña.), Esp. 94/D3
Almendra (emb.), Esp. 94/B2
Almendra (emb.), Esp. 94/C2
Almendralejo, Esp. 94/B3
Almere, P.B. 84/C4
Almería, Esp. 94/D4
Almería (golfo), Esp. 95/D4
Al'metjevsk, Rusia 71/J3
Älmhult, Sue. 80/F3
Almina (pta.), Esp. 94/C5
Almina (pta.), Marr. 165/M13
Al Minūfīyah (gob.), Egip. 123/B4
Al Minyā, Egip. 171/F2
Al Minyā (gob.), Egip. 171/F3
Al Miqdādīyah, Irak 125/F3
Almirantazgo (islas), P.N.G. 158/D5
Almirante Montt (golfo), Chile 239/J7
Almirós, Gre. 109/H3
Almiroú (golfo), Gre. 109/J5
Almodôvar, Por. 94/A4
Almodóvar del Campo, Esp. 94/C3
Almodóvar del Río, Esp. 94/C4
Almoloya, Méx. 217/Q10
Almond (río), Es,R.U. 72/C4
Almont (río), Fra. 71/U11
Almonte, On,Can. 207/H2
Almonte, Esp. 94/B4
Almora, India 140/B1
Almoradí, Esp. 95/E3
Al Mubarraz, Ar.S. 126/E3
Al Mudawwarah, Jor. 124/C4
Al Mukallā, Yemen 174/D2
Al Muknīn, Tun. 165/X18
Al Munastīr, Tun. 165/X18
Al Munastīr (gob.), Tun. 165/X18
Almuñécar, Esp. 94/D4
Almus, Tur. 124/D1
Al Musayyib, Irak 125/F3
Alness, Es,R.U. 72/B1
Alness (río), Es,R.U. 72/B1
Alnwick, Ing,R.U. 73/L9
Alofi (cap.), Niue 159/J6
Alofi (isla), Wall. 158/H6
Aloha, Or,EUA 190/C5
Aloja, Let. 81/L3
Ålond (isla), Fin. 112/C3
Along, India 136/B2
Alónnisos (isla), Gre. 109/H3
Alor (isla), Indo. 152/B2
Alor (islas), Indo. 152/B2
Álora, Esp. 94/C4
Alor Gajah, Malay. 144/C2
Alor Setar, Malay. 144/C1
Alotau, P.N.G. 158/E6
Aloysius (pico), Austl. 155/F3
Alpachiri, Argen. 238/E3
Alpe di Poti (pico), Ita. 105/E6
Alpe di Succiso (pico), Ita. 104/D4
Alpen, Ale. 84/D5
Alpena, Mi,EUA 206/E2
Alpercatas (mtñas.), Bras. 231/E4
Alperschällihorn (pico), Suiza 99/F4
Alpes (mtñas.), Eur. 93/G4
Alpes Albaneses Septentrionales (mtñas.), Alb., Mont. 110/D4
Alpes Australianos (mtñas.), Austl. 157/C3
Alpes de Alta Provenza (dept.), Fra. 100/C4
Alpes del Sur (mtñas.), N.Z. 160/B4
Alpes de Ötztal (mtñas.), Aus., Ita. 99/G4
Alpes Dináricos (mtñas.) (mts.), Bosn., Cro. 109/E1
Alpes Grayos (mts.), Fra., Ita. 100/C1
Alpes Japoneses, Parq. Nal., Japón 131/E2
Alpes Marítimos (dept.), Fra. 100/D5
Alpes Peninos (mtñas.), Ita., Suiza 98/D6
Alpes Réticos (mtñas.), Ita., Suiza 99/F5
Alpha, Austl. 156/B3
Alpha (mte.), N.Z. 160/J8
Alpharetta, Ga,EUA 209/M6
Alphen aan de Rijn, P.B. 84/B4
Alpiarça, Por. 94/A3
Alpiepexi, Méx. 217/F5
Alpignano, Ita. 104/A2
Alpine, Az,EUA 195/H4
Alpine, Tx,EUA 196/C2
Alpirsbach, Ale. 88/B6
Alpköy, Tur. 124/D2
Alpnach, Suiza 99/E4
Alportel, Por. 94/B4
Alps-Minami, Parq. Nal., Japón 131/F3
Alpu, Tur. 124/B2
Al Qābil, Omán 127/G4
Al Qādisīyah (gob.), Irak 125/F4
Al Qāhirah (El Cairo) (cap.), Egip. 123/B4
Al Qā'im, Irak 124/E3
Al Qal'ah Al Kubrá, Tun. 167/H2
Al Qalyūbīyah (gob.), Egip. 123/B4
Al Qāmishlī, Siria 124/E2
Al Qanāṭir al Khayrīyah, Egip. 123/B4
Al Qantarah, Egip. 123/C4
Al Qaryah al Shar-qīyah, Libia 170/B2
Al Qaşabāt, Libia 170/B1
Al Qāsim, Irak 125/F3
Al Qaşr, Egip. 171/F3
Al Qaşr, Jor. 123/D4
Al Qaşrayn, Tun. 165/W18
Al Qaşrayn (gob.), Tun. 165/W18
Al Qayrawān, Tun. 165/X18
Al Qayrawān (gob.), Tun. 165/W18
Alqōsh, Irak 125/E2
Al Qubbah, Libia 170/D1
Al Qunayţirah (prov.), Siria 124/C3
Al Qurnah, Irak 125/F4
Al Quşayr, Egip. 171/G3
Al Quşayr, Siria 123/E2
Al Quţayfah, Siria 123/E3
Al Quwayrah, Jor. 123/D5
Als (isla), Din. 80/C4
Alsace, Ballon d' (mtña.), Fra. 82/D5
Alsacia (reg.), Fra. 87/G6
Alsacia (reg.hist.), Fra. 98/D2
Alsager, Ing,R.U. 75/F5
Alsask, Sk,Can. 191/K2
Alsasua, Esp. 94/D1
Alsdorf, Ale. 87/F2
Alsea (bahía), Or,EUA 192/A1
Alsenz (río), Ale. 88/A3
Alsfeld, Ale. 82/E3
Alsózsolca, Hun. 110/E1
Alstead, NH,EUA 207/K3
Alster (río), Ale. 85/H1
Alstonville, Austl. 157/E1
Alsunga, Let. 81/J3
Alt (río), Ing,R.U. 75/F4
Alta, Nor. 79/G1
Alta (pico), N.Z. 160/B4
Ålta, Sue. 81/S7
Alta Austria (prov.), Aus. 89/H6
Altach, Aus. 99/F3
Altadena, Ca,EUA 214/B2
Alta Floresta, Bras. 234/A1
Alta Gracia, Argen. 238/D1
Alta Gracia, Nic. 219/E4
Altagracia de Orituco, Ven. 231/G8
Altai (mtñas.), Asia 134/D1
Altai del Gobi (mtñas.), Mong. 128/D3
Altai, Territorio de, Rusia 118/J4
Ältal-ér (río), Hun. 91/C4
Altamaha (río), Ga,EUA 211/H2
Altamira, Bras. 230/C3
Altamira, Chile 236/B3
Altamira, Méx. 217/F4
Altamira do Maranhão, Bras. 231/E4
Altamirano, Méx. 216/N7
Altamont, Or,EUA 192/C2
Altamont, Tn,EUA 208/E3
Altamonte Springs, Fl,EUA 210/N6
Altamonte Springs, Fl,EUA 211/H3
Altamura, Ita. 108/E2
Altamura (isla), Méx. 216/C3
Alta Normandía (reg.), Fra. 97/G1
Altar (vol.), Ecua. 228/B5
Altar, Méx. 216/C2
Altar de los Sacrificios (ruinas), Gua. 218/D2
Alta Saboya (dept.), Fra. 98/C5
Altavilla Irpina, Ita. 103/E6
Altavilla Silentina, Ita. 103/F6
Altavilla Vicentina, Ita. 105/E1
Altay, China 128/B2
Altay, Mong. 128/B2
Altay, Mong. 128/C3
Altay, Mong. 128/D2
Altdorf, Suiza 99/E4
Altdorf bei Nürnberg, Ale. 89/E4
Altea, Esp. 95/E3
Alte Elbe (río), Ale. 90/B3
Alte Elde (río), Ale. 90/B1
Altena, Ale. 85/E6
Altenau (río), Ale. 85/F5
Altenbeken, Ale. 85/F5
Altenberg bei Linz, Aus. 89/H6
Altenburg, Ale. 90/C6
Altenburg, Mo,EUA 201/K5
Altenglan, Ale. 87/G4
Altenmünster, Ale. 88/D6
Altenstadt, Ale. 88/B2
Altenstadt, Ale. 88/D6
Altensteig, Ale. 88/B5
Altentreptow, Ale. 83/G2
Alte Oder (río), Ale. 90/E2
Alter do Chão, Bras. 230/C3
Alter Rhein (río), Ale. 84/D5
Alte Wipper (río), Ale. 90/B4
Altheim, Ale. 88/C6
Altheim, Aus. 89/G6
Althengstett, Ale. 88/B5
Althofen, Aus. 93/L3
Althütte, Ale. 88/C5
Altındere, Parq. Nal., Tur. 124/D1
Altinópolis, Bras. 234/D4
Altınözü, Tur. 123/E1
Altıntaş, Tur. 124/B2
Altınyayla, Tur. 123/A1
Altiplano (mes.), Bol., Perú 232/D4
Altkirch, Fra. 98/D2
Altmark (reg.), Ale. 90/B2
Altmühl (río), Ale. 89/E5
Altmünster, Aus. 89/G7
Alto (pico), Bras. 234/D2
Alto (lago), Ca,EUA 192/C3
Alto (des.), Or,EUA 192/C1
Alto (mtña.), Tx,EUA 196/B2
Alto (pico), Ita. 102/B1
Alto (río), Ita. 105/E2
Alto Araguaia, Bras. 234/B3
Alto de la Sierra, Argen. 236/D2
Alto del Carmen, Chile 236/B4
Alto de Tamar (pico), Col. 219/H5
Alto Egandine (valle), Suiza 99/F5
Alto Este (reg.), Gha. 169/E4
Alto Garças, Bras. 234/B3
Alto Kotto (pref.), Cafr. 172/D4
Alto Longá, Bras. 231/F4
Alto Lucero, Méx. 217/N7
Alto-Marne (dept.), Fra. 98/B1
Alto Molócuè, Moz. 179/H2
Altomonte, Ita. 101/C3
Alto, Monte (pico), Ita. 105/E2
Altomünster, Ale. 88/E6
Alton, Il,EUA 201/J4
Alton, Mo,EUA 199/J2
Alton, Ing,R.U. 77/F4
Altona, Ale. 85/G1
Altona, Austl. 157/F5
Altona, Mb,Can. 202/F3
Altônia, Bras. 234/B4
Alto Oeste (reg.), Gha. 169/E4
Alto Ogooue (prov.), Gabón 176/C3
Altoona, Ia,EUA 201/H3
Altoona, Ks,EUA 199/G2
Altoona, Pa,EUA 207/G4
Alto Paraguai, Bras. 233/G4
Alto Paraguay (dept.), Par. 236/E2
Alto Paraná (dept.), Par. 237/F3
Alto Parnaíba, Bras. 231/E5
Altopascio, Ita. 105/D5
Alto Pencoso, Argen. 238/D2
Alto Purús (río), Perú 232/C3
Alto-Rin (dept.), Fra. 98/D2
Altos, Bras. 231/F4
Altos Alpes (dept.), Fra. 100/C3
Alto Sangha (pref.), Cafr. 172/B4
Alto Santo, Bras. 231/G4
Alto Saona (dept.), Fra. 98/B2
Altos de la Campana, Parq. Nal., Pan. 219/G4
Altos del Sena (dept.), Fra. 71/S10
Alto Seco, Bol. 236/C1
Alto Támesis (valle), Ing,R.U. 77/E3
Altotonga, Méx. 217/F5
Altötting, Ale. 89/F6
Alto Yuruá (río), Perú 232/C3
Alto Zaire (reg.), D.R.Congo 177/F2
Altrincham, Ing,R.U. 75/F5
Altrip, Ale. 88/B4
Altun (mtñas.), China 128/C4
Altun Ha (ruinas), Beli. 218/D2
Alturas, Ca,EUA 192/C3
Altus, Ok,EUA 198/E3
Altynkul', Uzb. 115/L4
Altynovka, Ucr. 117/G2
Al Ubayyiḑ, Sudán 173/F2
Alucra, Tur. 124/D1
Alūksne, Let. 81/M3
Aluminé, Argen. 238/C3
Alun (río), Gales,R.U. 74/E5
Alupka, Ucr. 117/H5
Al Uqşur (Luxor), Egip. 171/G3
Ālūs, Irak 124/E3
Alushta, Ucr. 117/H5
Al 'Uwaynāt, Jabal (pico), Sudán 171/E4
Al 'Uzayr, Irak 125/F4
Alva, Ok,EUA 199/E2
Alva, Es,R.U. 72/C4
Alvängen, Sue. 80/E3
Alvarado, Col. 231/L7
Alvarado, Méx. 217/G5
Álvares Machado, Bras. 234/C4
Álvarez, Argen. 238/E2
Alvarez (aer.intl.), Méx. 217/F5
Alvaro Obregón (emb.), Méx. 216/C3
Alvdal, Nor. 79/D3
Älvdalen, Sue. 80/F1
Alvear, Argen. 237/E4
Alverca, Por. 94/A3
Alverca do Ribatejo, Por. 95/P10
Alveringem, Bél. 86/B1
Alvesta, Sue. 80/F3
Alveston, Ing,R.U. 76/D4
Alviano (lago), Ita. 102/C2
Alvignano, Ita. 103/E5
Alvik, Sue. 79/F3
Älvkarleby, Sue. 80/G1
Alvorada, Bras. 234/C2
Alvorada do Norte, Bras. 234/D2
Alvord (des.), Or,EUA 192/D2
Älvsborg (con.), Sue. 80/E3
Älvsbyn, Sue. 79/G2
Al Wādī al Jadīd (gob.), Egip. 171/F3
Alwar, India 140/A2
Al Wāsiţah, Egip. 123/B5
Alwaye, India 142/F3
Alxa Youqi, China 128/E4
Alxa Zuoqi, China 128/F4
Al Yāmūn, Cisj. 123/G7
Alyangula, Austl. 153/E3
Alyawarra, T. Abor., Austl. 155/G2
Alytus, Lit. 81/L4
Alz (río), Ale. 89/F7
Alz (río), Aus. 110/A1
Alzano Lombardo, Ita. 104/C1
Alzenau in Unterfranken, Ale. 88/C2
Alzette (río), Lux. 87/F4
Alzey, Ale. 88/B3
Alzkanal (canal), Ale. 89/F6
Amacayacú, Parq. Nal., Col. 232/D1
Amacuro (río), Guy., Ven. 229/F2
Amacuzac (río), Méx. 217/K8
Amada (ruinas), Egip. 126/B4
Amadeus (lago), Austl. 155/F3
Amadjuak (lago), Nun,Can. 187/J2
Amadora, Por. 94/A3
Amaga, Col. 231/K6
Amagasaki, Japón 131/L10
Amager (isla), Din. 81/T9
Amagi, Japón 130/B4
Amagi-san (mtña.), Japón 131/F3
Amaguaña, Ecua. 228/B5
Amajac (río), Méx. 217/L6
Amakusa (mar), Japón 130/A4
Amakusa-Unzen, Parq. Nal., Japón 130/A4
Åmål, Sue. 80/E2
Amala (río), Kenia 175/A2
Amalat (río), Rusia 128/G1
Amalfi, Col. 228/C3
Amaliás, Gre. 109/G4
Amalner, India 138/C3
Amaluza, Ecua. 232/B2
Amambaí, Bras. 234/B4
Amambaí (río), Bras. 234/B4
Amambay (mtñas.), Bras., Par. 234/B4

Amam – Aqaba

Aqmol – Athab 253

Aqmola (cap.), Kaz. 134/B1
Aqqikkol (lago), China 134/E4
'Aqrabah, Cisj. 123/D3
'Aqrah, Irak 125/E2
Aquapei (río), Bras. 237/G2
Aquarius (mtñas.), Az,EUA 195/F3
Aquarius (mes.), Ut,EUA 193/H4
Aquia, Perú 232/B3
Aquidabán (río), Par. 234/A4
Aquidauana, Bras. 234/B4
Aquidauana (río), Bras. 237/F1
Aquila, Méx. 216/E5
Aquileia, Ita. 105/G1
Aquiles Serdán, Méx. 196/B3
Aquin, Haiti 219/H2
Aquino, Ita. 103/D5
Aquiraz, Bras. 231/G3
Aquisgrán, Ale. 87/F2
Aquitania (reg.), Fra. 92/C4
Ar (río), China 128/D4
Ara (río), Irl. 78/B5
Ara (río), Japón 131/F2
Ara, Tur. 124/C1
'Arabah, Wādī (río seco), Egip. 171/G2
Araban, Tur. 124/D2
Arabatsk (bahía), Ucr. 117/H5
Arabatsk, Tierra de (pen.), Ucr. 117/H5
'Arab, Baḩr Al (río), Sudán 173/E3
Arabia (pen.), Asia 126/D3
Arabia Saudita 126/D4
Arábigo (mar), Asia 127/H5
Arábigo (des.), Egip. 123/B5
'Arab, Jabal al (mtñas.), Siria 123/E3
Arabopó, Ven. 229/F3
Arabs (golfo), Egip. 171/F2
Araç (río), Tur. 114/E4
Araca, Bol. 236/C1
Araça (río), Bras. 229/F4
Aracajú, Bras. 235/F1
Aracataca, Col. 228/C2
Aracati, Bras. 231/G4
Araçatuba, Bras. 234/C4
Araceli, Fil. 145/B3
Aracena, Esp. 94/B4
Aračinovo, Mace. 110/E4
Aracoiba, Bras. 231/G4
Aracruz, Bras. 235/E3
Araçuaí, Bras. 235/E3
Araçuaí (río), Bras. 235/E3
'Arad, Isr. 124/C4
Arad (con.), Rum. 110/E2
Arad, Rum. 110/E2
Ārādān, Irán 125/H3
'Arafāt, Jabal (mtña.), Ar.S. 126/D4
Arafura (mar), Austl., Indo. 152/D2
Aragats, Gora (pico), Arm. 115/H4
Araglin (río), Irl. 78/B5
Arago (cabo), Or,EUA 192/A2
Aragon (com.aut.), Esp. 95/E2
Aragón (reg.), Esp. 106/C2
Aragón (río), Esp. 94/E1
Aragon, NM,EUA 195/H4
Aragua (est.), Ven. 229/E2
Araguacema, Bras. 234/C1
Araguaçu, Bras. 234/C2
Araguaia (río), Bras. 230/D4
Araguaiana, Bras. 234/C2
Araguaia, Parq. Nal., Bras. 234/C1
Araguaína, Bras. 230/D4
Araguari, Bras. 234/C3
Araguari (río), Bras. 230/D2
Araguari (río), Bras. 234/C3
Araguatins, Bras. 230/D4
Arai, Japón 131/F2
Araioses, Bras. 231/F3
Arak (río), Eur., Asia 71/H5
Arak, Irán 125/G3
Arakamchechan (isla), Rusia 215/D3
Arakán (mtñas.), Mya. 136/B4
Árakhthos (río), Gre. 109/G3
Araklı, Tur. 124/E1
Aral (mar), Uzb., Kaz. 118/G5
Aralık, Tur. 125/F2
Aralsor (lago), Kaz. 115/H2
Aramac, Austl. 156/B3
Aramon, Fra. 100/A5
Ārān, Irán 125/G3
Aran (isla), Irl. 73/G9
Aran (islas), Irl. 78/A3
Aranda de Duero, Esp. 94/D2
Arandelovac, Serb. 110/E3
Arani, Bol. 236/C1
Aranjuez, Esp. 94/D2
Aran Mawddwy (mtña.), Gales,R.U. 74/E6
Aransas (río), Tx,EUA 197/F3
Aransas Pass, Tx,EUA 197/F4
Arantāngi, India 142/G3
Aranuka (isla), Kir. 158/G4
Arapaho, Ok,EUA 198/E3
Arapawa (isla), N.Z. 160/C3
Arapey, Uru. 236/E4
Arapicos, Ecua. 232/B1
Arapiraca, Bras. 235/F1
Arapiuns (río), Bras. 230/C3
Arapkir, Tur. 124/D2
Arapongas, Bras. 234/C4
'Ar'ara, Isr. 123/G7
Araracuara, Col. 228/C5
Araranguá, Bras. 237/G4
Araraquara, Bras. 234/C4
Araras, Bras. 234/D4
Ararat, Austl. 157/B3
Ararat (Ağri) (pico), Tur. 125/F2
Arari, Bras. 231/E3
Arari (lago), Bras. 230/D3
Arāria, India 141/F2
Araripe (alts.), Bras. 231/F4
Araripina, Bras. 231/F4
Araruna, Bras. 231/H4
Aras (río), Asia 124/F2
Aratas (emb.), Bras. 231/F4
Aratoca, Col. 228/C3
Aratuba, Bras. 231/G4
Arauá (río), Bras. 233/E2
Arauca, Col. 228/D3
Arauca (dept.), Col. 228/D3
Arauca (río), Col., Ven. 229/E3
Arauco, Chile 238/B3
Arauquita, Col. 228/D3
Araure, Ven. 228/D2
Arawa, P.N.G. 158/E5
Arawale, R. N., Kenia 175/C2
Araxá, Bras. 234/D3
Araya (pen.), Ven. 229/E2
Arayat (mte.), Fil. 145/C2
Arazatí, Uru. 239/T12
Ārba Minch', Eti. 173/H4
Arbeláez, Col. 231/L7
Arboga, Sue. 80/F2
Arbois, Fra. 98/B4
Arbois, Mont d' (mtña.), Fra. 98/C6
Arbola, Punta d' (pico), Ita. 99/E5
Arboletes, Col. 228/B2
Arbon, Suiza 99/F2
Arborfield, Sk,Can. 191/N1
Arborg, Mb,Can. 202/F2
Arbroath, Es,R.U. 72/D3
Arbuckle (lago), Fl,EUA 211/H4
Arbuckle (mtñas.), Ok,EUA 199/F3
Arc (mtña.), Nv,EUA 192/E4
Arc (río), Fra. 100/B5
Arc (río), Fra. 100/C2
Arcachon, Fra. 92/C4
Arcachon (lag.), Fra. 92/C4
Arcachon, Pointe d' (pta.), Fra. 92/C4
Arcadia, Ca,EUA 214/B2
Arcadia, Fl,EUA 211/H4
Arcadia, La,EUA 197/H1
Arcata, Ca,EUA 192/A3
Arcata (bahía), Ca,EUA 192/A3
Arce, Ita. 103/D4
Arceburgo, Bras. 235/K6
Arcelia, Méx. 217/E5
Arc-en-Barrois, Fra. 98/B2
Arcene, Ita. 104/C1
Arceto, Ita. 105/D3
Archeboc, Pointe d' (pico), Fra. 100/C1
Archena, Esp. 94/E3
Archer (río), Austl. 156/A1
Archer Bend, Parq. Nal., Austl. 156/A1
Archer City, Tx,EUA 199/E4
Arches, Parq. Nal., Ut,EUA 193/J4
Archibarca (pico), Argen. 236/C3
Archidona, Esp. 94/C4
Arcisate, Ita. 104/B1
Arco, Id,EUA 193/G2
Arco, Ita. 105/D1
Arco del Triunfo, Fra. 71/S10
Arcola, Tx,EUA 197/M9
Arcola, Ita. 104/C4
Arcole, Ita. 105/E2
Arçonnay, Fra. 97/F4
Arcopongo, Bol. 236/C1
Arcos, Bras. 234/D4
Arcosanti, Az,EUA 195/F3
Arcos de Jalón, Esp. 94/D2
Arcos de la Frontera, Esp. 94/C4
Arcoverde, Bras. 231/G5
Arctic Bay, Nun,Can. 187/H1
Arctic Red (río), TNO,Can. 215/M2
Arctic Red River, TNO,Can. 215/M2
Arda (río), Bul. 111/G5
Arda (río), Ita. 104/C3
Ardabil, Irán 125/G2
Ardagh, Irl. 78/C2
Ardahan, Tur. 125/E1
Ardakān, Irán 125/H3
Ardal, Irán 125/G4
Årdalstangen, Nor. 80/B1
Ardanuç, Tur. 124/E1
Ardea, Ita. 102/C4
Ardèche (dept.), Fra. 100/A3
Ardèche (río), Fra. 92/F4
Ardee, Irl. 78/D2
Arden (pico), Austl. 155/H5
Arden, Din. 80/C3
Ardenas (bos.), Bél. 87/E4
Ardennes (bos.), Bél., Fra. 92/F1
Ardennes (dept.), Fra. 86/D4
Ardennes, Canal des (canal), Fra. 87/D4
Ardenno, Ita. 99/F5
Arderin (mtña.), Irl. 78/C3
Ardeşen, Tur. 124/E1
Ardesio, Ita. 104/C1
Ardestān, Irán 125/H3
Ardila (río), Esp. 94/B3
Ardino, Bul. 111/G5
Ardivachar (pta.), Es,R.U. 73/H8
Ardle (río), Es,R.U. 72/C3
Ardlethan, Austl. 157/C2
Ardmore, Ok,EUA 199/F3
Ardmore, Pa,EUA 212/C3
Ardnamurchan (pta.), Es,R.U. 73/H8
Ardooie, Bél. 86/C2
Ardres, Fra. 86/A2
Ardrossan, Austl. 155/H5
Ardrossan, Es,R.U. 72/B5
Ards (dist.), IrN,R.U. 74/C2
Ards (pen.), IrN,R.U. 74/C3
Åre, Sue. 79/E3
Areado, Bras. 235/K6
Arecibo, P.Rico 221/C6
Areia Branca, Bras. 231/G4
Arena (pta.), Ca,EUA 192/B4
Arena de la Ventana, Punta (pta.), Méx. 216/C3
Arenal (vol.), C.Rica 219/E4
Arenales White, NM,EUA 195/J4
Arenápolis, Bras. 233/G4
Arena (pta.), Méx. 216/C4
Arenas de San Pedro, Esp. 94/C2
Arenas (pta.), Argen. 239/K8
Arendal, Nor. 80/C2
Arendonk, Bél. 84/C6
Arenig Fawr (mtña.), Gales,R.U. 74/E6
Arenys de Mar, Esp. 95/L6
Arenys de Munt, Esp. 95/L6
Arenzano, Ita. 104/B4
Arenzville, Il,EUA 201/J4
Areo, Ven. 229/F2
Arequipa, Perú 232/D5
Arequipa (dept.), Perú 232/C4
Arequito, Argen. 238/E2
Arévalo, Esp. 94/C2
Arezzo, Ita. 105/E6
Arezzo (prov.), Ita. 105/E5
Arfa' Deh, Irán 125/H3
Arga (río), Esp. 92/C5
Argamasilla de Alba, Esp. 94/D3
Argamasilla de Calatrava, Esp. 94/C3
Arganda, Esp. 95/N9
Argao, Fil. 145/C3
Argatone (pico), Ita. 103/D4
Argel (cap.), Arg. 164/C1
Argelès-Gazost, Fra. 92/C5
Argelès-sur-Mer, Fra. 92/E5
Argelia 167/F3
Argelia, Col. 231/K6
Argen (río), Ale. 99/F2
Argenbühl, Ale. 99/F2
Argences, Fra. 97/E2
Argens (río), Fra. 100/C6
Argenta, CB,Can. 190/F2
Argenta, Ita. 105/E3
Argentan, Fra. 97/E3
Argentario (mtña.), Ita. 102/B3
Argentat, Fra. 92/D4
Argentera (pico), Ita. 93/G4
Argenteuil, Fra. 71/S10
Argenteuil, Fra. 92/E2
Argentière, Aiguille d' (pico), Suiza 98/D6
Argentina 225/F5
Argentina (río), Ita. 104/A5
Argentino (lago), Argen. 239/J7
Argentona, Esp. 95/L6
Argenton-sur-Creusot, Fra. 92/D3
Argeş (con.), Rum. 111/G3
Argeş (río), Rum. 111/G3
Arghandab (río), Afg. 127/J2
Argideen (río), Irl. 78/B6
Argıthanı, Tur. 124/B2
Argolis (golfo), Gre. 109/H4
Argonne (bos.), Fra. 87/E5
Argopuro (pico), Indo. 144/F4
Árgos, Gre. 109/H4
Árgos Orestikón, Gre. 109/G2
Argostólion, Gre. 109/G3
Arguello (pta.), Ca,EUA 194/B3
Arguenon (río), Fra. 96/C4
Arguin (bahía), Maur. 168/A1
Arguin, Cap d' (cabo), Maur. 166/A5
Argun' (río), China, Rusia 119/M4
Argut (río), Rusia 134/E2
Arguvan, Tur. 124/D2
Argyle (lago), Austl. 152/C4
Argyll (dist.), Es,R.U. 72/A4
Ar Horqin Qi, China 129/J3
Århus, Din. 80/D3
Århus (con.), Din. 80/D3
Ariana (lago), Fl,EUA 210/M7
Ariano Irpino, Ita. 103/F5
Arianza (río), Esp. 94/C1
Ariari (río), Col. 228/C4
Arias, Argen. 238/E2
Arica, Chile 236/B1
Arica, Col. 228/D5
Arica (Chacalluta) (aer.intl.), Chile 236/B1
Arıcak, Tur. 124/E2
Ariccia, Ita. 102/C4
Arid (cabo), Austl. 154/D5
Arida, Japón 130/D3
Aridhaía, Gre. 109/H2
Arido (mte.), Ca,EUA 214/A1
Aridol, Sebjet (lago seco), Sáh.Occ. 166/B4
Ariège (río), Fra. 92/D5
Arienzo, Ita. 103/E5
Arifiye, Tur. 111/K5
Ārifwāla, Pak. 142/B2
Arīḩā, Siria 123/E2
Arīḩā (Jericó), Cisj. 123/D4
Arikaree (río), Co,EUA 198/C1
Arilje, Serb. 110/E4
Arima, Trin. 220/F5
Arinos, Bras. 234/D2
Arinos (río), Bras. 234/A1
Ario, Méx. 217/E5
Ariogala, Lit. 81/K4
Aripao, Ven. 229/E3
Aripine, Az,EUA 195/G3
Aripo, El Cerro del (mtña.), Trin. 229/F2
Aripuanã, Bras. 230/A5
Aripuanã (río), Bras. 230/A4
Ariquemes, Bras. 233/F3
Arish, Austl. 156/B2
'Arīsh, Wādī al (río seco), Egip. 171/G2
Arismendi, Ven. 228/D2
Arivaca, Az,EUA 195/G5
Arivechi, Méx. 216/C2
Arivonimamo, Mad. 181/H7
Ariyalūr, India 142/G3
Arizaro (saln.), Argen. 236/C3
Arize (río), Fra. 95/F1
Arizona, Argen. 238/D2
Arizona (est.), E.U.A. 195/F3
Arizpe, Méx. 216/C2
Årjäng, Sue. 80/E2
Arjánguelsk (Arkhangel'sk), Rusia 112/J2
Arjánguelsk, Región de, Rusia 112/H3
Arjeplog, Sue. 79/F2
Arjona, Col. 228/C2
Arjona, Esp. 94/C4
Arkadak, Rusia 117/M2
Arkadelphia, Ar,EUA 199/H3
Arkaig, Loch (lago), Es,R.U. 72/A3
Arkansas (est.), E.U.A. 189/H4
Arkansas (río), E.U.A. 189/H4
Arkansas City, Ar,EUA 199/J4
Arkansas City, Ks,EUA 199/F2
Arkansas, Salt Fork (río), Ok,EUA 199/F2
Arkanū (pico), Libia 170/E4
Arkhángelos, Gre. 124/B2
Arkhangel'sk (Arjánguelsk), Rusia 112/J2
Arkhangel'skaya, Rusia 117/L5
Arkhangel'skoye, Rusia 115/G2
Arkhara, Rusia 129/L2
Arkhipo-Osipovka, Rusia 117/K5
Arklow, Irl. 78/D4
Arkona, Kap (cabo), Ale. 83/G1
Arkonam, India 138/C5
Arkticheski Institut (islas), Rusia 118/H2
Arlanza (río), Esp. 94/C1
Arlazón (río), Esp. 94/C1
Arles, Fra. 100/A5
Arlesheim, Suiza 98/D3
Arleux, Fra. 86/C3
Arlington, Tx,EUA 197/F1
Arlington (lago), Tx,EUA 196/K7
Arlington, Va,EUA 212/A6
Arló, Hun. 83/L4
Arlon, Bél. 87/E4
Arluno, Ita. 104/B1
Arly (río), Fra. 100/C1
Arly, Parq. Nal., Burk. 169/F4
Arly Res., Benín 169/F4
Arm (río), Sk,Can. 191/M2
Armadale, Austl. 154/K7
Armadale, Es,R.U. 72/C5
Armadillo, Méx. 196/D4
Armagh, IrN,R.U. 74/B3
Armagh (dist.), IrN,R.U. 74/B3
Armançon (río), Fra. 92/F3
Armando Laydner (emb.), Bras. 234/C4
Armant, Egip. 171/G3
Armavir, Rusia 71/H4
Arme, Cap d' (cabo), Fra. 93/G5
Armenia 115/H4
Armenia, Col. 228/C3
Armentières, Fra. 86/B2
Armería, Méx. 216/E5
Armero, Col. 228/C3
Armidabán (río), Par. 237/E2
Armidale, Austl. 157/D1
Armilla, Esp. 94/D4
Armour, DS,EUA 200/E2
Armstrong, Argen. 238/E2
Armthorpe, Ing,R.U. 75/G4
Ārmūr, India 138/C4
Armutlu, Tur. 111/J5
Arnage, Fra. 97/F5
Arnaía, Gre. 109/H2
Arnaud (río), Qu,Can. 187/J3
Arnauti (cabo), Chip. 123/C2
Arnavutköy, Tur. 125/M6
Arnedo, Esp. 94/D1
Arneiroz, Bras. 231/F4
Arnèke, Fra. 86/B2
Årnes, Nor. 80/D1
Arnett, Ok,EUA 198/E2
Arnheim, Mi,EUA 203/K4
Arnhem (bahía), Austl. 153/E3
Arnhem (cabo), Austl. 153/E3
Arnhem (reg.), Austl. 150/E2
Arnhem, P.B. 84/C5
Arnhem, Tierra Aborigen, Austl. 152/D3
Arni, India 138/C5
Arno (río), Ita. 104/D5
Arno (atolón), Mrsh. 158/G4
Arnold (río), Austl. 152/D3
Arnold, Md,EUA 212/B5
Arnold, Mi,EUA 203/L4
Arnold, Mo,EUA 199/J1
Arnold, Ne,EUA 200/D3
Arnold (pta.), NJ,EUA 212/C5
Arnold, Ing,R.U. 75/G5
Arnold's Cove, Tnva,Can. 205/K2
Arnon (río), Fra. 92/E3
Arnouville-lès-Gonesse, Fra. 71/T10
Arnprior, On,Can. 207/H2
Arnsberg, Ale. 85/F6
Arnstadt, Ale. 90/A6
Arnstein, Ale. 88/C3
Arnstorf, Ale. 71/F5
Aroab, Nam. 180/B2
Aroases, Bras. 231/F4
Aroche, Esp. 94/B4
Arolsen, Ale. 85/G6
Aroma, Bol. 236/C2
Aromas, Ca,EUA 194/B2
Aron (río), Fra. 92/E3
Arona, Cana.,Esp. 95/X16
Arona, Ita. 104/B1
Aronde (río), Fra. 86/B4
Arorae (isla), Kir. 158/G5
Aroroy, Fil. 145/C2
Aroser Rothern (pico), Suiza 99/F4
Aro Usu (cabo), Indo. 152/C2
Arowhana (pico), N.Z. 160/C2
Arpaçay, Tur. 125/E1
Arpajon, Fra. 71/S11
Arpajon-sur-Cere, Fra. 92/E4
Arquata Scrivia, Ita. 104/B3
Arque, Bol. 236/C1
'Arrābah, Cisj. 123/G7
Arrah, India 141/E3
Arraias, Bras. 234/D2
Arraias (río), Bras. 234/B1
Arraiján, Pan. 219/G4
Ar Ramādī, Irak 125/E3
Ar Ramthā, Jor. 123/E3
Arran (isla), Es,R.U. 72/A5
Arrancabarba (mtña.), Nic. 219/E4
Ar Raqqah, Siria 124/D3
Ar Raqqah (prov.), Siria 124/D2
Arras, Fra. 86/B3
Ar Rastan, Siria 123/E2
Arrats (río), Fra. 95/F1
Ar Rawḑah, Ar.S. 126/D3
Ar Rawḑah, Yemen 174/C2
Arrecifal, Col. 228/D4
Arrecife, Cana. 166/B3
Arrecifes, Argen. 238/E2
Arrée (mtñas.), Fra. 96/B4
Arresø (lago), Din. 81/T9
Arriaga, Méx. 218/C2
Ar Rifā'ī, Irak 125/F4
Arriondas, Esp. 94/C1
Ar Riyāḑ (Riyadh) (cap.), Ar.S. 126/E4
Arronches, Por. 94/B3
Arrone (río), Ita. 102/B3
Arrone (río), Ita. 102/C3
Arroscia (río), Ita. 104/B4
Arroux (río), Fra. 92/F3
Arrow Alto (lago), CB,Can. 190/F2
Arrow Bajo (lago), CB,Can. 190/E3
Arrowbear Lake, Ca,EUA 214/C2
Arrowhead (lago), Tx,EUA 199/E4
Arrow, Lough (lago), Irl. 78/B1
Arrowrock (emb.), Id,EUA 193/F2
Arrowsmith (pta.), Austl. 153/E3
Arrowsmith (pico), N.Z. 160/B3
Arrowtown, N.Z. 160/B4
Arroyito, Argen. 236/D4
Arroyo de la Luz, Esp. 94/B3
Arroyo Grande, Bol. 232/D3
Arroyo Grande, Ca,EUA 194/B3
Arroyo Seco, NM,EUA 198/B2
Arrufó, Argen. 236/D4
Ar Rumaythah, Irak 125/F4
Ar Ruşayfah, Jor. 123/E3
Ar Ruţbah, Irak 124/E3
Års, Din. 80/C3
Arsen'yev, Rusia 129/L3
Ārsī (prov.), Eti. 174/A3
Arsiero, Ita. 105/E1
Arsk, Rusia 113/L4
Arslanköy, Tur. 123/D1
Ars-sur-Moselle, Fra. 87/F5
Art (isla), N.Cal. 159/T11
Artá, Esp. 95/G3
Árta, Gre. 109/G3
Arta (golfo), Gre. 109/G3
Artashat, Arm. 115/H5
Arteaga, Méx. 216/E5
Arteaga, Méx. 217/E3
Arteijo, Esp. 94/A1
Artem, Rusia 129/L3
Artemisa, Cuba 219/F1
Artëm-Ostrov, Azer. 115/J4
Artëmovo, Ucr. 117/J3
Artemovsk, Ucr. 117/K3
Artemovskiy, Rusia 119/M4
Artena, Ita. 102/C4
Artern, Ale. 90/B5
Artesia, Ca,EUA 214/B3
Artesia, NM,EUA 198/B4
Arth, Suiza 99/E3
Arthabaska, Qu,Can. 204/B3
Arthur (pta.), Austl. 156/C3
Arthur (río), Austl. 154/C5
Arthur City, Tx,EUA 199/G4
Arthur Kill (estr.), NJ, NY,EUA 213/J9
Arthurs Pass, Parq. Nal., N.Z. 160/B3
Ártica (llan. cos.), Ak,EUA 215/F2
Ártico (oceáno) 64/A1
Artigas, Uru. 237/E4
Artigas (dept.), Uru. 237/E4
Artik, Arm. 115/G4
Artogne, Ita. 104/D1
Artois (colinas), Fra. 92/E1
Artois (reg.), Fra. 86/A2
Artois, Collines de l' (colinas), Fra. 86/B2
Artova, Tur. 124/D1
Artuby (río), Fra. 100/C5
Artur Nogueira, Bras. 235/J7
Arturo Merino Benitez (Santiago) (aer.intl.), Chile 238/Q9
Artux, China 134/C4
Artvin, Tur. 124/E1
Artvin (prov.), Tur. 124/E1
Aru (islas), Indo. 152/D1
Arua, Uga. 177/G2
Aruba (isla), P.B. 220/D4
Arucas, Cana. 166/B3
Arujá, Bras. 235/K8
Arun (río), China 141/F1
Arun (río), Nepal 141/F2
Arun (río), Ing,R.U. 77/F5
Arunachal Pradesh (est.), India 141/J2
Arundel, Ing,R.U. 77/F5
Aruppukkottai, India 142/G4
'Ārūrah, Cisj. 123/G7
Arus (cabo), Indo. 147/F3
Arusha, Tan. 175/B2
Arusha (prov.), Tan. 175/B3
Arusha, Parq. Nal., Tan. 175/B2
Arutua (atolón), Pol.Fr. 159/L6
Aruvi (río), Sr.L. 142/H4
Aruwimi (río), D.R.Congo 177/F2
Arvada, Co,EUA 200/B4
Arvan (río), Fra. 100/C2
Arvayheer, Mong. 128/E2
Arve (río), Fra. 98/C6
Arvidsjaur, Sue. 79/F2
Arvika, Sue. 80/E2
Arvin, Ca,EUA 194/C3
Arvo (lago), Ita. 101/C4
Arvo (río), Ita. 101/C4
Arvon (mte.), Mi,EUA 203/K4
Aryānah (gob.), Tun. 165/X17
Arys', Kaz. 134/A3
Arz (río), Fra. 96/C5
Arzachena, Ita. 108/A2
Arzamas, Rusia 71/H3
Arzano, Ita. 103/E6
Arzbach, Ale. 88/A2
Arzen, Ale. 85/G4
Arzew, Arg. 165/Q16
Arzfeld, Ale. 87/F3
Arzgir, Rusia 115/H3
Arzignano, Ita. 105/E1
Arzúa, Esp. 94/A1
As, Bél. 87/E1
Ås, Nor. 80/D2
Aš, R.Ch. 89/F2
Asaba, Nige. 169/G5
Asadābād, Irán 125/G3
Asagny, Parq. Nal., C.Marf. 168/D5
Asahan (río), Indo. 144/B2
Asahi, Japón 131/G3
Asahi (río), Japón 130/C3
Asahi-Bandai, Parq. Nal., Japón 131/G2
Asahi-dake (mtña.), Japón 132/C2
Asahikawa, Japón 132/C2
Asaka, Japón 131/H7
Asake (río), Japón 131/M9
'Asal, Djib. 174/B3
'Asal (mtña.), Djib. 174/B3
Asama-yama (mtña.), Japón 131/F2
Asan (bahía), Cor.S. 133/D4
Asansol, India 141/F4
Asariyya (mtñas.) 123/E2
Asashi-dake (mtña.), Japón 131/F1
Asbach, Ale. 87/G2
Asbach-Bäumenheim, Ale. 88/D5
Asbest, Rusia 113/P4
Asbestos, Qu,Can. 204/B3
Asbestos (mtñas.), Safr. 180/C3
Asbury Park, NJ,EUA 213/D3
Ascea, Ita. 101/B2
Ascención, Bol. 233/F4
Ascención (bahía), Méx. 217/J5
Ascención (isla), UK. 64/J6
Ascensión, Argen. 238/E2
Ascensione, Monte dell' (pico), Ita. 103/D2
Aschach (río), Aus. 89/G6
Aschach an der Donau, Aus. 89/H6
Aschaffenburg, Ale. 88/C3
Aschersleben, Ale. 90/B4
Asciano, Ita. 102/B1
Asco (río), Fra. 108/A1
Ascoli Piceno, Ita. 103/D2
Ascoli Piceno (prov.), Ita. 103/D1
Ascoli Satriano, Ita. 103/F5
Ascona, Suiza 99/E5
Ascope, Perú 232/B2
Ascot, Ing,R.U. 77/F4
Ascotan, Salar de (saln.), Bol. 236/B2
Āseb, Eri. 174/B2
Åseda, Sue. 80/F3
Āsela, Eti. 174/A4
Åsele, Sue. 79/F2
Asenovgrad, Bul. 111/G4
Aserei, Monte (pico), Ita. 104/C3
Asgat, Mong. 128/G2
Asha, Nige. 169/F5
Ashanti (reg.), Gha. 169/E5
Ashbourne, Irl. 78/D3
Ashbourne, Ing,R.U. 75/G5
Ashburton (río), Austl. 154/C2
Ashburton, N.Z. 160/C3
Ashburton, Ing,R.U. 76/C5
Ashby (canal), Ing,R.U. 77/E1
Ashby-de-la-Zouch, Ing,R.U. 75/G6
Ashchurch, Ing,R.U. 76/D3
Ashcroft, CB,Can. 190/D2
Ashdown, Ar,EUA 199/G4
Asheboro, CN,EUA 209/H3
Ashern, Mb,Can. 202/E2
Asheville, CN,EUA 209/F3
Ash Flat, Ar,EUA 199/J2
Ashford, Austl. 157/D1
Ashford, Ing,R.U. 71/M7
Ashgrove, On,Can. 205/R8
Ashhurst, N.Z. 160/C3
Ashibetsu, Japón 132/C2
Ashington, Ing,R.U. 75/G1
Ashiya, Japón 131/L10
Ashizuri-misaki (cabo), Japón 130/C4
Ashjabad (cap.), Turk. 125/J2
Ashkal (lago), Tun. 165/W17
Ashland, Al,EUA 208/E4
Ashland, Ks,EUA 198/E2
Ashland, Ky,EUA 209/F1
Ashland, Me,EUA 204/C2
Ashland, Ms,EUA 208/C3
Ashland, NY,EUA 207/J3
Ashland, Oh,EUA 206/E4
Ashland, Or,EUA 192/B2
Ashland, Tx,EUA 197/G1
Ashland, Wi,EUA 203/J4
Ashland City, Tn,EUA 208/D2
Ashley, Austl. 157/D1
Ashley, DN,EUA 202/E4
Ashmore (arcf.), Austl. 152/A3
Ashmūn, Egip. 123/B4
Ashoknagar, India 140/A3
Ashoro, Japón 132/C2
Ash Shabakah, Irak 124/E4
Ash Shāmīyah, Irak 125/F4
Ash Shāriqah, E.A.U. 127/G3
Ash Sharqāt, Irak 125/E3
Ash Sharqīyah (gob.), Egip. 123/B4
Ash Shaţrah, Irak 125/F4
Ash Shawbak, Jor. 123/D4
Ashta, India 138/C3
Ashtabula, Oh,EUA 206/F4
Ashtarak, Arm. 115/H4
Ashti, India 138/C3
Ashton, Safr. 180/C4
Ashton-in-Makerfield, Ing,R.U. 75/F5
Ashton-under-Lyne, Ing,R.U. 75/F5
Ashuapmushuan (río), Qu,Can. 204/A1
Ashville, Al,EUA 208/D4
Ashwabay (mte.), Wi,EUA 203/J4
Ashwaubenon, Wi,EUA 203/K5
Asia 122/*
Asia, Perú 232/B4
Asiago, Ita. 105/E1
Asidonhoppo, Suri. 230/C2
Asikkala, Fin. 81/L1
Asilah, Marr. 165/L13
Asillo, Perú 232/D4
Asina, Ita. 103/D4
Asinara (golfo), Ita. 108/A2
Asinara (isla), Ita. 108/A2
Asino, Rusia 118/J4
'Asīr (mtñas.), Ar.S., Yemen 126/D5
Asis, Ras (cabo), Sudán 171/H5
Asiut, Egip. 171/F3
Aşkale, Tur. 124/E2
Askeaton, Irl. 78/B4
Asker, Nor. 80/D2
Askersund, Sue. 80/F2
Askim, Nor. 80/D2
Askim, Sue. 80/D3
Áskion (pico), Gre. 109/G2
Askiz, Rusia 134/F1
Askja (cráter), Isl. 79/P6
Asmara (cap.), Eri. 173/H2
Asnen (lago), Sue. 80/F3
Asnières-sur-Seine, Fra. 71/S10
Asola, Ita. 104/D2
Asolo, Ita. 105/E1
Aso, Parq. Nal., Japón 130/B4
Āsosa, Eti. 173/G3
Aso-san (mtña.), Japón 130/B4
Asoteriba, Jabal (pico), Sudán 171/H4
Asotin, Wa,EUA 190/F4
Aspe, Esp. 95/E3
Aspen, Co,EUA 198/A1
Aspen (lago), Or,EUA 192/B2
Aspendos (ruinas), Tur. 123/B1
Aspen Grove, CB,Can. 190/D3
Aspen Hill, Md,EUA 212/A5
Asperg, Ale. 88/C5
Aspermont, Tx,EUA 196/D1
Aspetuck (río), Ct,EUA 213/E1
Aspiring (pico), N.Z. 160/B4
Aspromonte (mtñas.), Ita. 101/B6
Asprópirgos, Gre. 109/H3
Aspy (bahía), NE,Can. 205/G2
Asquith, Sk,Can. 202/A1
Assa Aguiene (pico), Arg. 167/G5
'Assâba, Massif de l' (reg.), Maur. 168/C2
As Sabkhah, Siria 124/D3
As Sa'dīyah, Irak 125/F3
Aş Şaff, Egip. 123/B5
Aş Şāfī, Jor. 123/D4
Assag, Uad (río seco), Sáh.Occ. 166/B4
As Sālimīyah, Ar.S. 126/E4
As Salimiyah, Kuw. 125/G4
As Sallūm, Egip. 171/E2
As Salmān, Irak 125/F4
As Salţ, Jor. 123/D3
Assam (est.), India 141/H2
As Samāwah, Irak 125/F4
As Sanţah, Egip. 123/B4
Assaré, Bras. 231/G4
Assaria, Ks,EUA 199/F1
Aş Şarīḩ, Jor. 123/D3
Assateague I. Nat'l Seash., Md,EUA 209/K1
As Şawma'ah, Yemen 174/C2
Asse, Bél. 86/D2
Assegairivier (río), Safr. 179/F5
Assemini, Ita. 108/A3
Assen, P.B. 84/D2
Assenede, Bél. 86/C1
Assens, Din. 80/C4
Assens, Din. 80/D3
Assentoft, Din. 80/D3
Assesse, Bél. 87/E3
Assi (río), Ita. 101/C5
As Sidr, Ar.S. 171/H4
As Sidr, Libia 170/C2
As Sinbillāwayn, Egip. 123/B4
Assiniboia, Sk,Can. 202/B3
Assiniboine (mtña.), CB,Can. 190/G2
Assiniboine (río), Mb, Sk,Can. 202/D2
Assis, Bras. 234/C4
Assis Chateaubriand, Bras. 234/B5
Assisi, Ita. 102/C1
Assling, Ale. 89/F7
Asso, Ita. 104/C1
Asso (río), Ita. 103/D1
Assomada, Cab.V. 164/K10
Assou (río), Fra. 95/G1
As Sudd (reg.), Sudán 173/F4
Aş Şukhayrah, Tun. 167/H2
As Sukhnah, Siria 124/D3
As Sulaymānīyah, Irak 125/F3
As Sulaymánīyah (gob.), Irak 125/F3
As Sulţān, Libia 170/C2
Aş Şummān (mtñas.), Ar.S. 125/F5
As Suwaydā, Siria 123/E3
As Suwaydā' (dist.), Siria 123/E3
Aş Şuwayrah, Irak 125/F3
Astakós, Gre. 109/G3
Astara, Azer. 115/J5
Asten, Aus. 89/H6
Asten, P.B. 84/C6
Asti, Ita. 104/B3
Asti (prov.), Ita. 104/B3
Astico (río), Ita. 105/E1
Astillero, Perú 232/D4
Astipálaia, Gre. 107/K3
Astipálaia (isla), Gre. 107/K3
Astolfo Dutra, Bras. 235/P6
Astorga, Bras. 234/C4
Astoria, NY,EUA 213/K8
Astoria, Or,EUA 190/C4
Åstorp, Sue. 80/E3
Astra, Argen. 238/D5
Astraján, Rusia 71/H4
Astraján, Región de, Rusia 115/H3
Astrodome, Tx,EUA 197/M9
Astrone (río), Ita. 102/B1
Asturias, Principado de (com.aut.), Esp. 94/B1
Asuán, Egip. 171/G3
Asuán (presa), Egip. 171/G4
Asuka, Japón 131/L10
Asuke, Japón 131/N9
Asunción, Bol. 233/E3
Asunción (isla), Mar.N. 158/D3
Asunción (cap.), Par. 236/E4
Asunción Ixtaltepec, Méx. 218/C2
Asunción Nochixtlán, Méx. 217/F5
Asunción (Silvio Pettirossi) (aer.intl.), Par. 237/E4
Asunden (lago), Sue. 80/F2
Asunta, Bol. 233/E5
Aswad, Al Harūj al (colinas), Libia 170/C3
Aswān (gob.), Egip. 171/G4
Asyūţ (gob.), Egip. 171/F3
Asyūţī, Wādī al (río seco), Egip. 171/G2
Atabapo (río), Col., Ven. 229/E4
Atabey, Tur. 124/B2
Atacama (mes.), Argen. 236/C3
Atacama (des.), Chile 236/B2
Atacama (reg.), Chile 236/B4
Atacama (saln.), Chile 236/B2
Atacames, Ecua. 228/B4
Atacora (mts.), Benín 169/F4
Atafu (isla), Tok. 159/H5
Atakpamé, Togo 169/F5
Atalaia, Bras. 235/F1
Atalaia do Norte, Bras. 232/D2
Atalándi, Gre. 109/H3
Atalaya, Perú 232/C3
Atamanovka, Kaz. 128/G1
Atami, Japón 131/F3
Atar, Maur. 168/B1
Atarfe, Esp. 94/D4
Atarra, India 140/C3
Atas Bogd (pico), Mong. 128/D3
Atascadero, Ca,EUA 194/B3
Atascosa, Tx,EUA 197/E3
Atascosa (río), Tx,EUA 197/E3
Atasu, Kaz. 134/B2
Atatürk (emb.), Tur. 124/D2
Atauro (isla), Indo. 152/B2
Atbara (río), Eti., Sudán 164/F3
Atbara, Sudán 173/G1
'Atbarah, Nahr (río), Sudán 173/G1
Atbasar, Kaz. 134/A1
Atchafalaya (bahía), La,EUA 210/C3
Atchafalaya (río), La,EUA 197/J2
Atchison, Ks,EUA 199/G1
Atco, NJ,EUA 212/D4
Atebubu, Gha. 169/E5
Ateelva (río), Nor. 79/G1
Atella, Ita. 103/F6
Atella (río), Ita. 103/F6
Atén, Bol. 232/D4
Atenas (Athínai) (cap.), Gre. 109/H4
Atencingo, Méx. 216/L7
Atenco, Méx. 217/Q9
Atenco, Méx. 217/R9
Atengo (río), Méx. 216/D4
Aterno (río), Ita. 103/D3
Atessa, Ita. 103/E3
Ath, Bél. 86/C2
Athabasca (río), Ab,Can. 186/E3

Athabasca (lago), Ab, Sk,Can. 186/F3
Āthār Şabrātah (ruinas), Libia 107/G4
Āthār Ţulmaythah (Ptolemaïs) (ruinas), Libia 170/D1
Athboy, Irl. 78/D2
Athena, Or,EUA 192/D1
Athenia, NJ,EUA 213/J8
Athenry, Irl. 78/B3
Athens, Ar,EUA 199/H3
Athens, Ga,EUA 209/F4
Athens, Oh,EUA 206/E5
Athens, Pa,EUA 207/H4
Athens, Tn,EUA 208/E3
Athens, Tx,EUA 197/G1
Atherstone, Ing,R.U. 77/E1
Atherton, Austl. 156/B2
Atherton, Ing,R.U. 75/F4
Athi (río), Kenia 175/B2
Athínai (Atenas), Gre. 109/H4
Athis, Fra. 97/E3
Athis-Mons, Fra. 71/T10
Athlone, Irl. 78/C3
Athok, Mya. 136/B5
Athol, N.Z. 160/B4
Atholl (bos.), Es,R.U. 72/C3
Áthos (pico), Gre. 109/J2
Athy, Irl. 78/D4
Ati, Chad 172/C2
Atibaia, Bras. 235/K8
Atíbaia (río), Bras. 235/K7
Atico, Perú 232/C5
Atikokan, On,Can. 203/J3
Atil, Méx. 216/C2
Atitlán (lago), Gua. 218/D3
Atiu (isla), Cook 159/K7
Atizapan, Méx. 217/Q10
Atizapan (aer.), Méx. 217/Q9
Atka (isla), Ak,EUA 215/C5
Atka, Rusia 119/R3
Atkarsk, Rusia 115/H2
Atkins, Va,EUA 209/G2
Atkinson (pta.), TNO,Can. 215/M2
Atkinson (isla), Tx,EUA 197/N9
Atlanta (cap.), Ga,EUA 208/E4
Atlanta, Safr. 180/D2
Atlanta Hartsfield (aer.intl.), Ga,EUA 208/E4
Atlanta Nav. Air Sta., Ga,EUA 208/E4
Atlantic (llan.cos.), E.U.A. 209/G4
Atlantic, Ia,EUA 201/G3
Atlantic (pico), Wy,EUA 193/J2
Atlantic Beach, Fl,EUA 211/H2
Atlantic City, NJ,EUA 212/D5
Atlántico (océano) 64/G3
Atlántico (dept.), Col. 228/C2
Atlántico del Norte (océano) 64/H3
Atlántida, Uru. 239/U12
Atlantique (prov.), Benín 169/F5
Atlas (mtñas.), Áfr. 166/E2
Atlas Moyen (mtñas.), Marr. 166/D2
Atlasovo, Rusia 119/R4
Atlas Sahariano (mtñas.), Arg., Marr. 167/E2
Atlas, Tell (mtñas.), Arg. 106/D3
Atlas Telliano (mtñas.), Arg., Marr. 167/E2
Atlatlahuaca, Méx. 217/Q10
Atlin, CB,Can. 215/M4
Atlin (lago), CB,Can. 215/M4
Atlixco, Méx. 217/F5
Atocha, Bol. 236/C2
Atoka, Ok,EUA 199/F3
Atoka (emb.), Ok,EUA 199/F3
Atomium, The, Bél. 86/D2
Atona, Pol.Fr. 159/M5
Atotonilco el Grande, Méx. 217/L6
Atoui, Khatt (río seco), Maur. 166/B5
Atouila, 'Erg (des.), Malí 166/D5
Atoyac, Méx. 217/E5
Atoyac (río), Méx. 218/B2
Atrai (río), Bang. 141/G3
Atrak (río), Irán 125/J2
Ätran (río), Sue. 80/E3
Atrato (río), Col. 228/B3
Atrauli, India 140/B1
Atri, Ita. 103/D2
Atsugi, Japón 131/H7
Atsumi, Japón 131/N10
Atsumi (pen.), Japón 131/N10
Aţ Ţafīlah, Jor. 123/D4
At Taif, Ar.S. 126/D4
Attalens, Suiza 98/C4
At Tall, Siria 123/E3
Attalla, Al,EUA 208/D3
At Tall al Kabīr, Egip. 123/B4
At Ta'mīn (gob.), Irak 125/E3
Attapu, Laos 143/D3
Attares, Méx. 196/C3
Attean (mtña.), Me,EUA 204/B3
Attel (río), Ale. 89/F6
Attendorn, Ale. 85/E6
Atter (lago), Aus. 89/G7
Attert, Bél. 87/E4
'Attīl, Cisj. 123/G7
Attingal, India 142/F4
Attoyac (río), Tx,EUA 197/G2
Attu (isla), Ak,EUA 215/A5
Aţ Ţūr, Cisj. 123/D4
Aţ Ţūr, Egip. 171/G2
Āttūr, India 142/G3
At Turbah, Yemen 126/D6
Atuel (río), Argen. 238/D2
Atui, Uad (río seco), Sáh.Occ. 166/B5
Atuntaqui, Ecua. 228/B4
Atuona, Pol.Fr. 159/M5
Åtvidaberg, Sue. 80/G2
Atwater, Ca,EUA 194/B2
Atwood, Ks,EUA 198/D1
Atwood, Ok,EUA 199/F3
Atwood (Samana) (cayos), Bahm. 220/C2
Atzcapotzalco (vec.), Méx. 217/Q10
Au, Suiza 99/F3
Auari (río), Bras. 229/E3
Aubagne, Fra. 100/B6
Aubange, Bél. 87/E4
Aube (dept.), Fra. 86/D6
Aube (río), Fra. 98/A2
Aubenas, Fra. 92/F4
Aubergenville, Fra. 97/G3
Auberry, Ca,EUA 194/C2
Aubert, Mont (pico), Suiza 98/C4
Aubervilliers, Fra. 71/T10
Aube-sur-Rîle, Fra. 97/F3
Aubetin (río), Fra. 86/C6
Aubette (río), Fra. 86/A5
Aubevoye, Fra. 86/A5
Aubignon, Fra. 100/B4
Aubigny-sur-Nère, Fra. 92/E3
Aubin, Fra. 92/E4
Aubrac (mtñas.), Fra. 92/E4
Auburn, Austl. 155/H5
Auburn, Al,EUA 208/E4
Auburn, Ca,EUA 192/C4
Auburn, In,EUA 206/D4
Auburn, Ma,EUA 207/L3
Auburn, Me,EUA 204/B3
Auburn, Ne,EUA 201/G3
Auburn, NY,EUA 207/H3
Auburn, Wa,EUA 190/C4
Auburndale, Fl,EUA 210/M7
Auburndale, Fl,EUA 211/H3
Aubusson, Fra. 92/E4
Aucá (pico), Argen. 238/C3
Auce, Let. 81/K3
Auch, Fra. 92/D5
Auchel, Fra. 86/B3
Auchinleck, Es,R.U. 72/B6
Auchterarder, Es,R.U. 72/C4
Aucilla (río), Fl,EUA 211/G2
Auckland, N.Z. 160/C2
Auckland (aer.intl.), N.Z. 160/C2
Auckland (islas), N.Z. 65/S8
Auckland Domain, N.Z. 160/F6
Aude (río), Fra. 92/E5
Auderghem, Bél. 86/D2
Audeux (río), Fra. 98/C3
Audierne (bahía), Fra. 96/A5
Audincourt, Fra. 98/C3
Audo (mts.), Eti. 174/B4
Audruicq, Fra. 86/B2
Audubon, Ia,EUA 201/G3
Audun-le-Tiche, Fra. 87/E5
Aue, Ale. 89/F1
Aue (río), Ale. 85/E2
Aue (río), Ale. 85/F3
Auen (río), Fra. 96/B4
Auerbach, Ale. 89/F1
Auerbach in der Oberpfalz, Ale. 89/E3
Auerberg (mtña.), Ale. 99/G2
Auer (Ora), Ita. 99/H5
Auersberg (pico), Ale. 89/F2
Aufess (río), Ale. 88/E3
Augathella, Austl. 156/B4
Auger (cats.), Id,EUA 193/F2
Augher, IrN,R.U. 74/A3
Aughinish (isla), Irl. 78/A4
Aughrim, Irl. 78/D4
Auglaize (río), Oh,EUA 206/D4
Augrabiesvalle (cats.), Safr. 180/C3
Augsburgo, Ale. 88/D6
Augub (pico), Nam. 180/A2
Augusta, Austl. 154/B5
Augusta (pta.), Col. 219/H4
Augusta, Ar,EUA 199/J3
Augusta, Ga,EUA 209/G4
Augusta (cap.), Me,EUA 204/C3
Augusta, Ita. 108/D4
Augusta (golfo), Ita. 108/D4
Augustdorf, Ale. 85/F5
Augustenborg, Din. 80/C4
Augustów, Pol. 83/M2
Augustus (isla), Austl. 150/C3
Augustus (pico), Austl. 154/C3
Au in der Hallertau, Ale. 89/E5
Auk Bok (isla), Mya. 143/B3
Auki, Sal. 158/F5
Auld (lago), Austl. 154/D2
Aulencia (río), Esp. 95/M9
Aulendorf, Ale. 99/F2
Aulla, Ita. 104/C4
Aulnay-sous-Bois, Fra. 71/T10
Aulne (río), Fra. 96/B4
Aulneau (pen.), On,Can. 203/G3
Aulnoye-Aymeries, Fra. 86/C3
Ault, Piz (pico), Suiza 99/F4
Auma, Ale. 90/B6
Auma (río), Ale. 90/B6
Aumühle, Ale. 85/H1
Aune (río), Fra. 97/F5
Auneau, Fra. 97/G4
Aunette (río), Fra. 86/B5
Auning, Din. 80/D3
Auob (río seco), Nam. 178/C5
Auobrivier (río seco), Safr. 180/C2
Aur (isla), Malay. 144/D2
Aur (atolón), Mrsh. 158/G4
Aurach (río), Ale. 88/D3
Auraiya, India 140/B2
Aurangabad, India 140/E3
Auray, Fra. 96/C5
Aureilhan, Fra. 92/D5
Aurès (mtñas.), Arg. 106/E4
Aurich, Ale. 85/E2
Auriflama, Bras. 234/C4
Aurillac, Fra. 92/E4
Auriol, Fra. 100/B6
Aurland, Nor. 80/B1
Aurora, Bras. 231/G4
Aurora, On,Can. 207/G3
Aurora, Co,EUA 200/B4
Aurora, Il,EUA 201/L3
Aurora, Ne,EUA 200/E3
Aurora (pueblo fantasma), Nv,EUA 194/C1
Aurora, Fil. 145/C2
Aurora, Fil. 145/C4
Aurora, Parq. Nal., Fil. 145/C2
Aurora, Guy. 229/G3
Aurukun, T. Abor., Austl. 156/A1
Aurunci (mtñas.), Ita. 103/D5
Aus, Nam. 180/B2
Ausable (río), On,Can. 206/F3
Au Sable (pta.), Mi,EUA 206/E2
Au Sable (río), Mi,EUA 206/D2
Ausoni (mtñas.), Ita. 103/D5
Ausser-Rhoden (demi-canton), Suiza 99/F3
Aussillon, Fra. 92/E5
Aust-Agder (con.), Nor. 80/B2
Austerlitz (Slavkov u Brna), R.Ch. 91/A1
Austin (lago), Austl. 154/C3
Austin (isla), Nun,Can. 186/G2
Austin, Mn,EUA 201/H2
Austin (cap.), Tx,EUA 197/F2
Austin (br.p.), Tx,EUA 197/M9
Australes (Tubuaï) (islas), Pol.Fr. 159/K7
Australia 150/*
Australia Central, T. Abor., Austl. 155/F2
Australia Central (Warburton), T. Abor., Austl. 155/E3
Australia del Sur (est.), Austl. 150/E5
Australian, CB,Can. 190/C1
Australia Occidental (est.), Austl. 150/B4
Australind, Austl. 154/B5
Austria 93/L3
Austrialiana, Territorio Capital, Austl. 157/D3
Austurhorn (pta.), Isl. 79/P7
Autazes, Bras. 230/B3
Auterive, Fra. 95/F1
Authie (río), Fra. 86/B3
Authion (río), Fra. 97/E6
Autlán, Méx. 216/D5
Automne (río), Fra. 86/B5
Autore (pico), Ita. 102/D4
Autreppe, Bél. 86/C3
Autun, Fra. 92/F3
Auvernia (reg.), Fra. 92/E4
Auvers-sur-Oise, Fra. 71/S9
Auvézère (río), Fra. 92/D4
Auxerre, Fra. 92/E3
Auxi-le-Château, Fra. 86/B3
Auxonne, Fra. 98/B3
Aux Sables (río), On,Can. 206/E1
Auyán-Tepuí (pico), Ven. 229/F3
Auyuittuq, Parq. Nal., Nun,Can. 187/K2
Auzangate (pico), Perú 232/D4
Āvaj, Irán 125/G3
Avallon, Fra. 92/E3
Avaloirs, Mont de (mtña.), Fra. 97/E4
Avalon (pen.), Tnva,Can. 205/L2
Avalon, Ca,EUA 214/B4
Avanāshi, India 142/F3
Avaré, Bras. 234/C4
Avcilar, Tur. 125/M7
Avebury Stone Circle (ruinas), Ing,R.U. 77/E4
Aveiro, Por. 94/A2
Aveiro (dist.), Por. 94/A2
Aveley, Ing,R.U. 71/P7
Avelgem, Bél. 86/C2
Avelino (prov.), Ita. 103/F6
Avellaneda, Argen. 238/F2
Avellino, Ita. 103/E6
Avelon (río), Fra. 86/A4
Avenal, Ca,EUA 194/B2
Avenches, Suiza 98/D4
Avenel, NJ,EUA 213/D2
Aver (río), Fra. 86/A46
Aversa, Ita. 103/E6
Avesnes-sur-Helpe, Fra. 86/C3
Avesta, Sue. 80/G1
Aveyron (río), Fra. 92/D4
Avezzano, Ita. 103/D3
Avich, Loch (lago), Es,R.U. 72/A4
Avigliana, Ita. 100/D2
Avigliano, Ita. 103/F6
Avignon, Fra. 100/A5
Aviḫayil, Isr. 123/F7
Ávila de los Caballeros, Esp. 94/C2
Avilés, Esp. 94/C1
Avio, Ita. 105/D1
Avion, Fra. 86/B3
Aviron (pta.), Tnva,Can. 205/J2
Avis, Por. 94/B3
Avisio (río), Ita. 99/H5
Aviz, Por. 94/B3
Avlum, Din. 80/C3
Avoca, Austl. 157/B3
Avoca, Austl. 157/C4
Avoca (río), Irl. 78/D4
Avola, CB,Can. 190/E2
Avola, Ita. 108/D4
Avon (islas) 151/K3
Avon (río), Austl. 154/C5
Avon, Fra. 92/E2
Avon (río), Es,R.U. 72/C2
Avon (río), Es,R.U. 72/C5
Avon (con.), Ing,R.U. 76/D4
Avon (río), Ing,R.U. 76/C6
Avon (río), Ing,R.U. 76/D4
Avon (río), Ing,R.U. 77/E2
Avon (río), Ing,R.U. 77/E5
Avonbeg (río), Irl. 78/D4
Avondale, Austl. 157/D2
Avondale, Az,EUA 195/F4
Avonlea, Sk,Can. 202/B2
Avonmore (río), Irl. 74/B6
Avon Valley, Parq. Nal., Austl. 154/C4
Avon Water (río), Es,R.U. 72/B5
Avranches, Fra. 96/D3
Avre (río), Fra. 86/B4
Avre (río), Fra. 97/E2
Avre (río), Fra. 97/F3
Avrillé, Fra. 97/E5
Awaji, Japón 131/L10
Awaji (isla), Japón 130/D3
A'waj, Nahr al (río), Siria 123/E3
Awans, Bél. 87/E2
Awanui, N.Z. 160/C1
Awara (llan.), Kenia 174/B5
Āwash, Eti. 174/B3
Awash, Parq. Nal., Eti. 174/A3
Āwash Wenz (río), Eti. 173/H3
Awasibberge (pico), Nam. 178/B5
Awaso, Gha. 169/E5
Awat, China 134/D3
Awatere (río), N.Z. 160/C3
Awbārī, Libia 170/B3
Awbārī, Şaḩrā (des.), Libia 170/B3
Awbeg (río), Irl. 78/B5
Awe, Loch (lago), Es,R.U. 72/A4
Āwira Wenz (río), Eti. 174/A2
Awjilah, Libia 170/D2
Awsīm, Egip. 123/B4
Axams, Aus. 99/H3
Axarfjördhur (bahía), Isl. 79/P6
Axe (río), Ing,R.U. 76/D4
Axe (río), Ing,R.U. 76/D5
Axel, P.B. 84/A6
Axel Heiberg (isla), Nun,Can. 187/S7
Axial, Co,EUA 193/K3
Axim, Gha. 169/E5
Axios (río), Gre. 109/H2
Axixá de Goiás, Bras. 230/E4
Axminster, Ing,R.U. 76/D5
Axochiapan, Méx. 217/L8
Ay, Fra. 86/D5
Ay (río), Rusia 113/N5
Ayabaca, Perú 232/B2
Ayabe, Japón 130/D3
Ayacucho, Argen. 238/F3
Ayacucho, Perú 232/C4
Ayaguz, Kaz. 134/D2
Ayaguz (río), Kaz. 134/D2
Ayakkum (lago), China 134/E4
Ayama, Japón 131/M10
Ayamonte, Esp. 94/B4
Ayan, Rusia 119/P4
Ayancık, Tur. 124/C1
Ayanganna (pico), Guy. 229/G3
Ayanka, Rusia 119/S3
Ayapel, Col. 228/C2
Ayapel, Serranía (mts.), Col. 219/H5
Ayaş, Tur. 124/C1
Ayase, Japón 131/H7
Ayass (pico), Uga. 175/A1
Ayaviri, Perú 232/D4
'Aybāl, Jabal (Har Eval) (mtña.), Cisj. 123/G7
Aybastı, Tur. 124/D1
Aydabul, Kaz. 134/A1
Aydın, Tur. 124/A2
Aydin (prov.), Tur. 124/B2
Aydıncık, Tur. 123/C1
Aydınkent, Tur. 123/B1
Aydinli, Tur. 125/N7
Aydıntepe, Tur. 124/E1
Aydyrlinskiy, Rusia 115/L1
Āyelu Terara (pico), Eti. 174/B3
Ayers Rock (Uluru) (pico), Austl. 155/F3
Ayeyarwady (Irrawaddy) (div.), Mya. 136/B5
Ayiá, Gre. 109/H3
Ayía Paraskeví, Gre. 109/K3
Ayiásos, Gre. 109/K3
Ayina (río), Áfr. 176/C2
Áyios Athanásios, Gre. 109/J2
Áyios Evstrátios (isla), Gre. 109/J3
Áyios Ioánnis, Ákra (cabo), Gre. 109/J5
Áyios Kírikos, Gre. 109/K4
Áyios Nikólaos, Gre. 109/J5
Aykhal, Rusia 119/M3
Aylesbury, Ing,R.U. 77/F3
Aylesford, Ing,R.U. 77/G4
Aylmer, On,Can. 206/F3
Aylmer (lago), TNO,Can. 186/F2
Aylsham, Ing,R.U. 77/H1
Ayna, Perú 232/C4
'Ayn al 'Arab, Siria 124/D2
'Ayn, Ra's al, Siria 126/D1
Ayolas, Par. 237/E3
Ayon (isla), Rusia 119/S3
Ayora, Esp. 95/E3
Ayotoxco, Méx. 216/M6
Ayotzintepec, Méx. 217/F5
Ayr, Austl. 156/B2
Ayr, Es,R.U. 72/B6
Ayr (río), Es,R.U. 72/B5
Ayrancı, Tur. 124/C2
Ayre, Point of (pta.), Ing,R.U. 74/D3
Ayr, Heads of (pta.), Es,R.U. 72/B6
Ayton, Es,R.U. 72/D5
Ayton, Ing,R.U. 75/H3
Aytos, Bul. 111/H4
Aytré, Fra. 92/C3
Ayutinskiy, Rusia 117/L4
Ayutla, Méx. 216/D4
Ayutthaya (ruinas), Tail. 143/C3
Ayvacık, Tur. 109/K3
Ayvalık, Tur. 124/A2
Aywaille, Bél. 87/E3
Azad Kashmir (terr.), Pak. 142/B1
Azahar (costa), Esp. 95/F3
Azaj, Japón 131/M9
Azamgarh, India 140/D2
Azángaro, Perú 232/D4
Azángaro (río), Perú 232/D4
Azao (pico), Arg. 167/H4
Azaouad (reg.), Malí 169/E2
Azaouak, Vallée de l' (uadi), Malí, Níger 169/G2
Azapa, Chile 232/D5
Āzarān, Irán 125/F2
Āzarbāyjān-e Bākhtarī (gob.), Irán 125/F2
Azarbayjan-e Khavari (gob.), Irán 125/F2
Azay-le-Rideau, Fra. 97/F6
A'zāz, Siria 123/E1
Azé, Fra. 97/E5
Azefal, Galb (mtñas.), Sáh.Occ. 166/B5
Azefal, Guelb (mtñas.), Maur. 166/B5
Azemmour, Marr. 166/C2
Azerbaiyán 115/H4
Azhu-Tayga, Gora (pico), Rusia 134/E1
'Azīz, Jabal 'Abd al (mtñas.), Siria 124/D2
Aznakayevo, Rusia 113/M5
Aznalcóllar, Esp. 94/B4
Azogues, Ecua. 228/B5
Azores (islas), Por. 95/R12
Azores (reg.aut.), Por. 95/R12
Azoum, Bahr (río seco), Chad 172/D3
Azourki, Jebel (mtña.), Marr. 166/D3
Azov, Rusia 117/K4
Azov (mar), Rusia, Ucr. 117/H4
Azovskoye, Ucr. 117/H5
Azoyú, Méx. 218/B2
Azpeitia, Esp. 94/D1
Azrou, Marr. 166/D2
Aztec, Az,EUA 195/F4
Aztec, NM,EUA 195/J2
Aztec Ruins Nat'l Mon., NM,EUA 195/H2
Azua, R.Dom. 221/F3
Azuaga, Esp. 94/C3
Azuay (prov.), Ecua. 228/B5
Azuchi, Japón 131/M9
Azueiro (pen.), Pan. 228/A3
Azuero (pen.), Pan. 219/F5
Azufre (vol.), Argen. 236/B3
Azuga, Rum. 116/C5
Azul (río), Amér.N. 217/H5
Azul, Argen. 238/F3
Azul (mtña.), C.Rica 219/E4
Azul, Cordillera (mtñas.), Perú 232/B2
Azuma-san (mtña.), Japón 131/G2
Azumaya-san (mtña.), Japón 131/F2
'Azūm, Wādī (río seco), Sudán 172/D2
Azur, Côte d' (costa), Fra. 93/G5
Azurduy, Bol. 236/C1
Azure (mtña.), NY,EUA 207/J2
Azusa, Ca,EUA 214/C2
Azzaba, Arg. 165/V17
Az Zabābidah, Cisj. 123/G7
Az Zabadānī, Siria 123/E3
Aẓ Ẓāhirīyah, Cisj. 123/D4
Azzano Decimo, Ita. 93/K4
Azzano San Paolo, Ita. 104/C1
Az Zaqāzīq, Egip. 123/B4
Azzate, Ita. 104/B1
Az Zāwiyah, Libia 170/B1
Az Zaydīyah, Yemen 174/B2
Az Zubayr, Irak 125/F4
'Azzūn, Cisj. 123/G7

B

Ba (río), China 137/E2
Ba, Fidji 159/Y18
Bà (río), Es,R.U. 72/B3
Ba (río), Vie. 143/E3
Baaba (isla), N.Cal. 159/U11
Ba'al Hazor (Tall 'Āsūr) (mtña.), Cisj. 123/G8
Baar, Suiza 99/E3
Baarawe, Som. 175/D1
Baarle-Nassau, P.B. 84/B6
Baarn, P.B. 84/C4
Baatsagaan, Mong. 128/D2
Baba (mtñas.), Afg. 127/J2
Baba (pico), Bul. 111/F4
Baba (pta.), Tur. 124/B1
Baba Burnu (pta.), Tur. 114/D4
Babaçulândia, Bras. 230/E4
Babadag, Rum. 111/J3
Babaeski, Tur. 111/H5
Babahoyo, Ecua. 228/B5
Babai Khola (río), Nepal 140/C1
Babakale, Tur. 109/K3
Bab al Mandeb (estr.), Áfr., Asia 174/B2
Babar (isla), Indo. 152/C1
Babar (islas), Indo. 152/C1
Babat, Indo. 144/C3
Babayevo, Rusia 112/G4
Babbacombe (bahía), Ing,R.U. 76/C5
Babbitt, Nv,EUA 192/D4
Bābel (gob.), Irak 125/F3
Babelthuap (isla), Palau 158/C4
Babenhausen, Ale. 88/B3
Babenhausen, Ale. 88/D6
Babensham, Ale. 89/F6
Babi (isla), Indo. 144/B2
Babia Gora (pico), Pol. 114/A2
Babian (río), China 136/D4
Babilonia (ruinas), Irak 125/F3
Babīna, India 140/B3
Babinda, Austl. 156/B2
Babine (río), CB,Can. 186/D3
Babol, Irán 125/H2
Bábolna, Hun. 91/B4
Bābol Sar, Irán 125/H2
Baboquivari (mtñas.), Az,EUA 195/G5
Baboua, Cafr. 172/B4
Babuyan (canal), Fil. 145/C1
Babuyan (isla), Fil. 145/C1
Babuyan (islas), Fil. 145/C1
Babylon, NY,EUA 213/E2
Bacabal, Bras. 230/B4
Bacabal, Bras. 231/E4
Bacadéhuachi, Méx. 216/C2
Bacajá (río), Bras. 230/D4
Bacalar, Méx. 217/H5
Bacalar (lag.), Méx. 218/D2
Bacan (isla), Indo. 147/G4
Bacarra, Fil. 145/C1
Bacău, Rum. 111/H2
Bacău (con.), Rum. 111/H2
Bac Can, Vie. 143/D1
Baccarat, Fra. 98/C1
Bacchiglione (río), Ita. 105/F2
Bacerac, Méx. 216/C2
Bac Giang, Vie. 143/D1
Bachíniva, Méx. 216/D2
Bachu, China 134/C4
Back (río), Nun,Can. 186/G2
Back (río), Md,EUA 212/B5
Bačka (reg.), Serb. 110/D3
Bačka Palanka, Serb. 110/D3
Bačka Topola, Serb. 110/D3
Backbone (mtña.), Md, Wv,EUA 207/G5
Bäckefors, Sue. 80/E2
Backnang, Ale. 88/C5
Bac Lieu, Vie. 143/D4
Bac Ninh, Vie. 143/D1
Baco (mte.), Fil. 145/C2
Bacolod, Fil. 145/C3
Bacoor, Fil. 145/E7
Bac Quang, Vie. 143/D1
Bácsalmás, Hun. 9/D2
Bács-Kiskun (con.), Hun. 110/D2
Bács-Tolna (con.), Hun. 91/D6
Bacton, Ing,R.U. 77/H1
Bacup, Ing,R.U. 75/F4
Bacuri, Bras. 231/E3
Bad (río), DS,EUA 200/D1
Bad Abbach, Ale. 89/F5
Badagara, India 142/E3
Badain Jarah (des.), China 128/E3
Badain Jaran (des.), China 119/L5
Badajós (lago), Bras. 233/F1
Badajoz, Esp. 94/B3
Badalona, Esp. 95/L7
Bad Axe, Mi,EUA 206/E3
Bad Bellingen, Ale. 98/D2
Badbergen, Ale. 85/E3
Bad Bergzabern, Ale. 88/B4
Bad Berka, Ale. 90/B6
Bad Berleberg, Ale. 85/F6
Bad Berneck, Ale. 89/E2
Bad Blankenburg, Ale. 90/B6
Bad Bocklet, Ale. 88/D2
Bad Breisig, Ale. 87/G2
Bad Brückenau, Ale. 88/C2
Bad Buchau, Ale. 88/C6
Bad Camberg, Ale. 88/B2
Bad Doberan, Ale. 82/F1
Baddomalhi, Pak. 142/C2
Bad Driburg, Ale. 85/G5
Bad Düben, Ale. 90/C4
Bad Dürkheim, Ale. 88/B4
Bad Dürrenberg, Ale. 90/C5
Bad Dürrheim, Ale. 88/B6
Bad Ems, Ale. 88/A2
Baden, Aus. 91/A3
Baden, Suiza 99/E3
Baden-Baden, Ale. 88/B5
Bad Endorf, Ale. 89/F7
Badener (pico), Ale. 88/B5
Badenoch (dist.), Es,R.U. 72/B3
Badenweiler, Ale. 98/D2
Baden-Württemberg (est.), Ale. 88/C6
Baderna, Cro. 105/G2
Bad Essen, Ale. 85/F4
Bad Frankenhausen, Ale. 90/B5
Bad Freienwalde, Ale. 90/E2
Bad Gandersheim, Ale. 85/H5
Badgastein, Aus. 93/K3
Badger, Tnva,Can. 205/J1
Badger (pico), Mt,EUA 191/L5
Badgingarra, Parq. Nal., Austl. 154/B4
Bad Goisern, Aus. 93/K3
Bad Gottleuba, Ale. 90/D6
Bad Hall, Aus. 89/H6
Bad Harzburg, Ale. 85/H5
Bad Heilbrunn, Ale. 99/H2
Bad Herrenalb, Ale. 88/B5
Bad Hersfeld, Ale. 82/E3
Bad Hofgastein, Aus. 93/K3
Bad Homburg vor der Höhe, Ale. 88/B2
Bad Honnef, Ale. 87/G2
Bad Hönningen, Ale. 87/G2
Badia Polesine, Ita. 105/E2
Badile, Pizzo (pico), Ita. 99/F5
Badin (lago), CN,EUA 209/G3
Badīn, Pak. 127/J4
Badiraguato, Méx. 216/D3
Bad Ischl, Aus. 93/K3
Bad Karlshafen, Ale. 85/G5
Bad Kissingen, Ale. 88/D2
Bad König, Ale. 88/C3
Bad Königshofen, Ale. 88/D2
Bad Kösen, Ale. 90/B5
Bad Köstritz, Ale. 90/C6
Bad Kreuznach, Ale. 88/A3
Bad Krozingen, Ale. 98/D2
Badlands (alts.), DN,EUA 202/C4
Badlands (colinas), DS,EUA 200/C2
Badlands, Parq. Nal., DS,EUA 200/C2
Bad Langensalza, Ale. 85/H6
Bad Lauchstädt, Ale. 90/B5
Bad Lausick, Ale. 90/C5
Bad Lauterberg, Ale. 85/H5
Bad Leonfelden, Aus. 89/H5
Bad Liebenwerda, Ale. 90/D4
Bad Liebenzell, Ale. 88/B5
Bad Lippspringe, Ale. 85/F3
Bad Marienberg, Ale. 87/G2
Bad Mergentheim, Ale. 88/C4
Bad Munder am Deister, Ale. 85/G4
Bad Münster am Stein, Ale. 87/G4
Bad Münstereifel, Ale. 87/F2
Bad Nauheim, Ale. 88/B2
Bad Nenndorf, Ale. 85/G4
Bad Neuenahr-Ahrweiler, Ale. 87/G2
Bad Neustadt an der Saale, Ale. 88/D2
Bad Oeynhausen, Ale. 85/F4
Bad Oldesloe, Ale. 82/F2
Badong, China 135/B5
Bad Orb, Ale. 88/C2
Badovinci, Serb. 110/D3
Bad Peterstal-Griesbach, Ale. 88/B6
Bad Pyrmont, Ale. 85/G5
Bad Ragaz, Suiza 99/F3
Badrah, Irak 125/F3
Bādrāh, Pak. 127/J3
Bad Rappenau, Ale. 88/C4
Badravati, India 138/C5
Bad Reichenhall, Ale. 82/G5
Bad Saarow-Pieskow, Ale. 90/E3
Bad Sachsa, Ale. 85/H5
Bad Salzdetfurth, Ale. 85/H4
Bad Salzschlirf, Ale. 88/C1
Bad Salzuflen, Ale. 85/F4
Bad Salzungen, Ale. 82/F3
Bad Sankt-Leonhard im Lavanttal, Aus. 93/L3
Bad Sassendorf, Ale. 85/F5
Bad Schallerbach, Aus. 89/G6
Bad Schmiedeberg, Ale. 90/C4
Bad Schussenried, Ale. 88/C6
Bad Schwalbach, Ale. 88/B2
Bad Schwartau, Ale. 82/F2
Bad Segeberg, Ale. 82/F2
Bad Söden am Taunus, Ale. 88/B2
Bad Soden-Salmünster, Ale. 88/C2
Bad Sooden-Allendorf, Ale. 85/G6
Bad Tölz, Ale. 99/H2
Badu, China 136/E3
Badu, China 137/G3
Badu, China 137/H3
Badua (río), India 141/F3
Badulla, Sr.L. 138/D6
Bad Urach, Ale. 88/C6
Bāduriā, India 141/G4
Bad Vilbel, Ale. 88/B2
Bad Vöslau, Aus. 91/A4
Bad Waldsee, Ale. 99/F2
Bad Wildungen, Ale. 85/G6
Bad Wimpfen, Ale. 88/C4
Bad Windsheim, Ale. 88/D3
Bad Wörishofen, Ale. 88/D6
Bad Wurzach, Ale. 99/F2
Bad Zwischenahn, Ale. 85/E2
Baekaezo (río), CB,Can. 190/B1
Baena, Esp. 94/C4
Baependi, Bras. 234/D4
Baerenkopf (mtña.), Fra. 98/C2
Baesweiler, Ale. 87/F2
Baeza, Esp. 94/D4
Bafang, Cam. 169/H5
Baffin (bahía), Amér.N. 184/M2
Baffin (isla), Nun,Can. 187/H1
Baffin (bahía), Tx,EUA 197/F4
Baffle (pta.), Tx,EUA 197/N9
Bafia, Cam. 172/A4
Bafing (río), Gui., C.Marf. 168/D4
Bafing (río), Gui., Malí 168/C3
Bafoulabé, Malí 168/C3
Bafoussam, Cam. 169/H5
Bāfq, Irán 125/H4
Bafra, Tur. 124/C1
Bafra Burnu (cabo), Tur. 124/D1
Bāft, Irán 125/J4
Bag (l.sal.), China 135/B3
Bagaces, C.Rica 219/E4
Bagadó, Col. 228/B3
Bagaha, India 140/E2
Bagahak, Gunung (pico), Malay. 145/B4
Bagamoyo, Tan. 175/B3
Baganga, Fil. 145/D4
Bagaroua, Níger 169/G3
Bagaud (isla), Fra. 100/C6
Bagbiringula (pta.), Austl. 153/E3
Bagda (mtñas.), China 134/E3
Bagdad, Méx. 197/F5
Bagdarin, Rusia 128/G1
Bagé, Bras. 237/F4
Bagenkop, Din. 80/D4
Bagerovo, Ucr. 117/J5
Baggao, Fil. 145/C1
Bağgöze, Tur. 124/E2
Baggy (pta.), Ing,R.U. 76/B4
Bāgh, Pak. 142/B2
Baghain (río), India 140/C3
Baghdád (gob.), Irak 125/F3
Baghdad (Baghdād) (cap.), Irak 126/D2
Bagheria, Ita. 108/C3
Baghlān, Afg. 127/J1
Bāghpat, India 140/A1
Bāghū, Irán 125/J5
Baginda (cabo), Indo. 144/D3
Bağırpaşa (pico), Tur. 124/E2
Bagley, Mn,EUA 203/G4
Bāgmati (río), India 141/E2
Bāgmati (zona), Nepal 140/E2
Bagnacavallo, Ita. 105/F4
Bagnara Calabra, Ita. 101/B6
Bagnères-de-Bigorre, Fra. 92/D5
Bagnères-de-Luchon, Fra. 92/D5
Bagneux, Fra. 71/S10
Bagni di Lucca, Ita. 104/D4
Bagni di Tivoli, Ita. 102/C4
Bagno a Ripoli, Ita. 105/E5
Bagno di Romagna, Ita. 105/E5
Bagnolet, Fra. 71/T10
Bagnoli Irpino, Ita. 103/F6
Bagnolo Cremasco, Ita. 104/C2
Bagnolo in Piano, Ita. 105/D3
Bagnolo Mella, Ita. 104/D2
Bagnolo San Vito, Ita. 105/D2
Bagnols-sur-Cèze, Fra. 100/A4
Bagnoregio, Ita. 102/C2
Bago, Fil. 145/C3
Bagoe (río), C.Marf., Malí 168/D3
Bagolino, Ita. 104/D1
Bago (Pegu) (div.), Mya. 136/B5
Bagre, Bras. 230/D3
Bagua Grande, Perú 232/B2
Baguío, Fil. 145/C1
Baguirmi (reg.), Chad 172/C2
Bagun Serai, Malay. 144/C1
Bagzane (pico), Níger 169/H2
Bahādurganj, India 141/F2
Bahādurganj, Nepal 140/D2
Bahādurgarh, India 140/A1
Bahamas 220/B2
Baharampur, India 138/E3
Bahau, Malay. 144/C2
Bahāwalnagar, Pak. 134/B6
Bahawalpur, Pak. 127/K3
Bahçe, Tur. 124/D2
Bahçesaray, Tur. 125/E2
Baheri, India 140/B1
Bahi (cién.), Tan. 175/A3
Bahía (est.), Bras. 235/E2
Bahia Asunción, Méx. 216/B3
Bahía Blanca, Argen. 238/E3
Bahía Bustamante, Argen. 238/D5
Bahía de Caráquez, Ecua. 228/A5
Bahía de Glacier, Parq. Nal., Ak,EUA 215/L4
Bahía de los Angeles, Méx. 216/B2
Bahía de Tortugas, Méx. 216/B3
Bahía Honda, Cuba 138/D3
Bahía (islas), Hon. 218/E2
Bahía Kino, Méx. 216/C2
Bahía Mansa, Chile 238/B4
Bahía Thetis, Argen. 239/L8
Bahihua (mtña.), China 135/C3
Bahir Dar, Eti. 173/H3
Bahjoi, India 140/B1
Bahlah, Omán 127/G4
Bahraich, India 140/C2
Baḩr al Arab (río), Sudán 164/E3
Baḩr al Milḩ (lago), Irak 125/E3
Bahr Aouk (río), Cafr., Chad 164/D4
Bahrein 126/F3
Bahrein (golfo), Bahr., Ar.S. 126/F3
Bai (río), China 135/C2
Bai (río), China 135/C4
Baia de Aramă, Rum. 110/F3
Baia Mare, Rum. 111/F2
Baiano, Ita. 103/E6
Baião, Bras. 230/D3
Baia Sprie, Rum. 111/F2
Baibiene, Argen. 236/E4
Baïbokoum, Chad 172/B4
Baicao (mtñas.), China 136/D3
Baicheng, China 129/J2
Baicheng, China 134/D3
Băicoi, Rum. 111/G3
Baidaratskaya (bahía), Rusia 118/G2
Baidoa (Baydhabo), Som. 175/C1
Baidong (lago), China 135/D5
Baie-Comeau, Qu,Can. 204/C1

Baie-des-Bacons, Qu,Can. 204/C1
Baie-du-Poste, Qu,Can. 187/J3
Baienfurt, Ale. 99/F2
Baiersbronn, Ale. 88/E5
Baiersdorf, Ale. 88/E3
Baie-Saint-Paul, Qu,Can. 204/B2
Baie Verte, Tnva,Can. 187/L4
Baigorrita, Argen. 238/E2
Ba'ījī, Irak 125/E3
Baikal (lago), Rusia 65/Q3
Baikal (mtñas.), Rusia 119/L4
Bailadores, Ven. 228/D2
Băile Govora, Rum. 116/C5
Băile Herculane, Rum. 110/F3
Bailén, Esp. 94/D3
Băile Olăneşti, Rum. 111/G3
Băileşti, Rum. 111/F3
Băile Tuşnad, Rum. 111/G2
Bailieborough, Irl. 78/D2
Bailivanish, Es,R.U. 73/H8
Bailleul, Fra. 86/B2
Bailong, China 128/F5
Bailong (río), China 128/E5
Bailu (río), China 135/C4
Baima, China 128/E5
Baimuru, P.N.G. 153/G1
Bain (río), Ing,R.U. 75/H5
Bainang, China 141/G1
Bainbridge, Ga,EUA 211/F2
Bain-de-Bretagne, Fra. 96/D5
Baingoin, China 134/E5
Bains, Sommet des (mtña.), Fra. 100/C3
Baipadgué, Chad 172/B4
Baiquan, China 129/K2
Bairab (lago), China 134/D4
Bairāgnia, India 141/E2
Baird (ens.), Ak,EUA 215/F3
Baird, Tx,EUA 196/E1
Bairiki (cap.), Kir. 158/G4
Bairin Youqi, China 129/H3
Bairnsdale, Austl. 157/C3
Bā'ir (uadi), Jor. 123/E4
Bais, Fil. 145/C3
Baise (río), Fra. 92/D5
Baisha, China 137/F5
Baisha, China 137/G4
Baisha, China 137/H3
Baishan, China 137/F3
Baishi (pico), China 137/H3
Baishui, China 136/E1
Baishui, China 137/G2
Baisogala, Lit. 81/K4
Baitadi, Nepal 140/C1
Bai Thuong, Vie. 143/D2
Baiyü (mtña.), China 137/G3
Baixa de Banheira, Por. 95/P10
Baixa Grande, Bras. 235/E2
Baixiang, China 135/C3
Baixo Guandu, Bras. 235/E3
Baiyin, China 128/E4
Baiyu (mtñas.), China 135/B3
Baja (pta.), Chile 239/J7
Baja, Hun. 110/D2
Baja Austria (prov.), Aus. 91/A2
Baja California (est.), Méx. 216/B2
Baja California (pen.), Méx. 216/B2
Baja California Sur (est.), Méx. 216/B3
Bājah, Tun. 165/W17
Bājah (gob.), Tun. 165/W17
Baján, Méx. 196/D4
Baja Normandía (reg.), Fra. 92/C2
Bajánsenye, Hun. 91/A6
Baja (pta.), Méx. 216/B2
Baja Sajonia (est.), Ale. 85/G3
Bajestān, Irán 125/J3
Bājil, Yemen 174/B2
Bajina Bašta, Serb. 110/D4
Bajimba (pico), Austl. 157/E1
Bajmok, Serb. 110/D3
Bajna, Hun. 91/C4
Bajo (des.), Or,EUA 192/C2
Bajo Boquete, Pan. 219/F4
Bajo de los Caracoles, Argen. 238/C5
Bajo Erne (lago), IrN,R.U. 73/H9
Bajo Kotto (pref.), Cafr. 172/D4
Bajo (lago), Ca,EUA 192/D3
Bajone (pta.), Moz. 179/J2
Bajo Palena, Chile 238/B4
Bajo Rin (dept.), Fra. 98/D1
Bajos de Haina, R.Dom. 221/F3
Bajo Zaire (reg.), D.R.Congo 176/C4
Bak, Hun. 91/A6
Bakal, Rusia 113/N5
Bakala, Cafr. 172/D4
Bakali (río), D.R.Congo 176/D4
Bakanas (río), Kaz. 134/C2
Bakau, Gam. 168/A3
Bakayan (pico), Indo. 147/E3
Bakel, P.B. 84/C6
Bakel, Sen. 168/B3
Baker (lago), Nun,Can. 186/G2
Baker (río), Chile 239/J6
Baker, La,EUA 210/C2
Baker, Mt,EUA 202/B4
Baker (pico), Ok,EUA 199/E3
Baker, Or,EUA 192/E1
Baker (mte.), Wa,EUA 190/D3
Baker (isla), PacEUA 159/H4
Baker Hill, Al,EUA 208/E5
Baker Lake, Nun,Can. 186/G2
Bakersfield, Ca,EUA 194/C3
Bakersville, CN,EUA 209/F2
Bakharden, Turk. 115/L5
Bakhmach, Ucr. 117/G2
Bakhta, Rusia 118/J3
Bākhtarān (gob.), Irán 125/F3
Bakhtegān (lago), Irán 125/H4
Bakhtīārī & Chahār Maḩāll (gob.), Irán 125/G4
Bakhtiyārpur, India 141/E3
Bakhuis (mtñas.), Suri. 229/G4
Bakkaflói (bahía), Isl. 79/P6
Baklan, Tur. 124/B2
Bako, Eti. 173/H3
Bako, Eti. 173/H4
Bakokandi (río), D.R.Congo 173/F5
Bakony (mtñas.), Hun. 91/B6
Bakonybél, Hun. 91/B5
Bakonycsernye, Hun. 91/C5
Bakouma, Cafr. 172/D4
Bakovský Potok (río), R.Ch. 89/G2
Bakoye (río), Guí., Malí 168/C4
Bakú (cap.), Azer. 71/H4
Bakú, D.R.Congo 177/G2
Bakutis (costa), Ant. 161/S
Balā, Tur. 124/C2
Balabac, Fil. 145/B4
Balabac (isla), Fil. 145/B4
Balabac (estr.), Malay., Fil. 147/E2
Ba'labakk, Líba. 123/E3
Balabio (isla), N.Cal. 159/U12
Balad, Irak 125/F3
Balagansk, Rusia 128/E1
Bālāghāt, India 140/C5
Balagne (mts.), Fra. 108/A1
Balagtas, Fil. 145/E6
Balaguer, Esp. 95/F2
Balaïtous (mtña.), Fra. 92/C5
Balaka, Mal. 179/G2
Balakhany, Azer. 115/J4
Balakhna, Rusia 113/J4
Balaklava, Austl. 155/H5
Balaklava, Ucr. 117/G5
Balakovo, Rusia 71/H3
Balal, Laga (río seco), Kenia 175/B1
Bal'amā, Jor. 123/E3
Balambangan (isla), Malay. 145/B4
Bālā Morghab, Afg. 127/H1
Balan, Gui. 168/C4
Bălan, Rum. 111/G2
Balancán, Méx. 217/H5
Balanga, Fil. 145/C2
Ba Lang An (cabo), Vie. 143/E3
Balangero, Ita. 104/A2
Bālāngīr, India 138/D3
Balao, Ecua. 232/B1
Balaoan, Fil. 145/C1
Balarāmpur, India 141/F4
Balashov, Rusia 71/H3
Balassagyarmat, Hun. 91/D3
Balatón (lago), Hun. 91/B6
Balatonalmádi, Hun. 91/C5
Balatonfüred, Hun. 91/B6
Balatoni felvidek (colinas), Hun. 91/B6
Balbina (emb.), Bras. 230/B3
Balboa, Ca,EUA 214/G8
Balbriggan, Irl. 78/D2
Balcad, Som. 174/C5
Balcanes (mtñas.), Eur. 70/F4
Balcarce, Argen. 238/F3
Balcarres, Sk,Can. 202/C2
Balcary (pta.), Es,R.U. 74/E2
Balchik, Bul. 111/J4
Balch Springs, Tx,EUA 196/L7
Balclutha, N.Z. 160/B4
Balcones (mes.), Tx,EUA 217/E2
Bald (pta.), Austl. 154/C5
Bald (pico), Va,EUA 209/G2
Bald (mtña.), Wa,EUA 190/D4
Bald Eagle, Monte (mts.), Pa,EUA 212/A1
Bald Knob (colina), Il,EUA 208/C2
Baldock, Ing,R.U. 77/F3
Baldone, Let. 81/L3
Bald Rock, Parq. Nal., Austl. 157/E1
Baldwin, Mi,EUA 206/D3
Baldwin, NY,EUA 213/L9
Baldwin Park, Ca,EUA 214/C2
Baldy (mtña.), Mb,Can. 202/D2
Baldy (pico), Az,EUA 195/H4
Baldy (mtña.), Mt,EUA 191/K3
Baldy (colina), Ne,EUA 200/D3
Baldy Beacon (mtña.), Beli. 218/D2
Balē (prov.), Eti. 174/B4
Baleares (islas), Esp. 95/F3
Baleia, Ponta da (pta.), Bras. 235/F3
Baleine (río), Qu,Can. 187/K3
Baleine, Grande Rivière de la (río), Qu,Can. 187/J3
Baleine, Petite Rivière de la (río), Qu,Can. 187/J3
Balen, Bél. 87/E1
Baler, Fil. 145/C2
Balerna, Suiza 99/F6
Balesa (río seco), Kenia 175/B1
Baleshwar, India 138/E3
Baley, Rusia 128/H1
Balfour, Safr. 180/E2
Bali, Cam. 169/H5
Bali, India 138/B2
Bali (estr.), Indo. 144/F5
Bali (isla), Indo. 144/F4
Bali (mar), Indo. 144/F4
Bali (prov.), Indo. 144/F5
Bali (río), Indo. 153/E1
Balikesir, Tur. 124/A2
Balikesir (prov.), Tur. 124/A2
Balıkesir (prov.), Tur. 114/C5
Balikpapan, Indo. 147/E4
Balimo, P.N.G. 153/F1
Baling, China 136/E3
Baling, Malay. 144/C1
Balingasag, Fil. 145/D3
Balingen, Ale. 88/B6
Bali Oeste, Parq. Nal., Indo. 144/F5
Baljan, Región de (obl.), Turk. 115/K4
Baljash, Kaz. 134/C2
Baljash (lago), Kaz. 134/B2
Ball (mtña.), Ab,Can. 190/G2
Ballagan (pta.), Irl. 78/D2
Ballaghaderreen, Irl. 78/B2
Ballangen, Nor. 79/F1
Ballan-Miré, Fra. 97/F6
Ballantrae, Es,R.U. 74/C1
Ballarat, Austl. 157/B3
Ballard (lago), Austl. 154/D4
Ballarpur, India 138/C4
Ballenita (pta.), Chile 236/B3
Ballenstedt, Ale. 90/B4
Balleny (islas), Ant. 161/L
Ballesteros, Argen. 238/E2
Ballesteros, Fil. 145/C1
Ball Ground, Ga,EUA 208/E3
Ballina, Austl. 157/E1
Ballina, Irl. 78/A1
Ballina, Irl. 78/B4
Ballinakill, Irl. 78/C4
Ballinamallard, IrN,R.U. 73/H9
Ballinasloe, Irl. 78/B3
Ballinderry (río), IrN,R.U. 74/B2
Ballindine, Irl. 78/B2
Ballinger, Tx,EUA 196/E2
Ballingry, Es,R.U. 72/C4
Ballinrobe, Irl. 78/A2
Ballivián, Bol. 232/D5
Ballon, Fra. 97/F4
Ballon d'Alsace (mtña.), Fra. 98/C2
Ballon de Sevance (mtña.), Fra. 98/C2
Ballone (pico), Ita. 102/A2
Ballston Spa, NY,EUA 207/K3
Ballycastle, Irl. 73/G9
Ballycastle, IrN,R.U. 74/B1
Ballyclare, IrN,R.U. 74/B2
Ballyeaston, IrN,R.U. 74/C2
Ballyhaunis, Irl. 78/B2
Ballyheigue, Irl. 72/G10
Ballyhoura (mtñas.), Irl. 78/B5
Ballymena, IrN,R.U. 74/B2
Ballymena (dist.), IrN,R.U. 74/B2
Ballymoney, IrN,R.U. 74/B1
Ballymoney (dist.), IrN,R.U. 74/B1
Ballymote, Irl. 78/B1
Ballynacourty (pta.), Irl. 78/C5
Ballynahinch, IrN,R.U. 74/C3
Ballyquintin (pta.), IrN,R.U. 74/C3
Ballyshannon, Irl. 73/G9
Ballyteige (bahía), Irl. 78/D5
Balmaceda, Chile 238/C5
Balmaceda (pico), Chile 239/J7
Balmazújváros, Hun. 110/E2
Balmhorn (pico), Suiza 98/D5
Balmoral, Austl. 157/B3
Balmoral, Zam. 179/F2
Balmoral, Castillo, Es,R.U. 72/C2
Balnearia, Argen. 236/D4
Balneario Camboriú, Bras. 237/G3
Balneario Carras, Uru. 239/T12
Balneario Carrasco, Uru. 239/T12
Balneario Claromecó, Argen. 238/E3
Balneario de los Novillos, Parq. Nal., Méx. 196/D3
Balonne (río), Austl. 156/C4
Bālotra, India 138/B2
Balrāmpur, India 140/D2
Balranald, Austl. 157/B2
Balş, Rum. 111/G3
Balsam Lake, Wi,EUA 201/H1
Bálsamo (pta.), Ecua. 228/A5
Balsapuerto, Perú 232/B2
Balsas, Bras. 231/E4
Balsas (río), Bras. 231/E4
Balsas (río), Méx. 216/E5
Bålsta, Sue. 81/R6
Balsthal, Suiza 98/D3
Balta, Ucr. 116/E4
Baltanás, Esp. 94/C2
Baltasar Brum, Uru. 237/E4
Baltasound, Es,R.U. 73/P12
Báltica (llan.), Rusia 113/U7
Báltico (mar), Eur. 80/H2
Baltic-Volga (canal), Rusia 112/H3
Balţīm, Egip. 123/B4
Baltimore, Md,EUA 212/B5
Baltiysk, Rusia 81/H4
Baltrum (isla), Ale. 85/E1
Balud, Fil. 145/C2
Bælum, Din. 80/D3
Baluran, Parq. Nal., Indo. 144/F5
Balurghat, India 141/G3
Balve, Ale. 85/E6
Balvi, Let. 81/M3
Balwina, Terr. Abor., Austl. 155/E2
Balya, Tur. 124/A2
Balykshi, Kaz. 115/J3
Balzar, Ecua. 228/B5
Balzers, Liech. 99/F3
Bam (prov.), Burk. 169/E3
Bam (lago), China 134/F5
Bam, Irán 125/J4
Bam, Rusia 129/J1
Bamaji (lago), On,Can. 203/J2
Bamako (cap.), Malí 168/D3
Bamako (reg.), Malí 168/D3
Bama Yaozu Zizhixian, China 137/E3
Bamba, Malí 168/E2
Bamba, D.R.Congo 176/D2
Bambana (río), Nic. 219/E3
Bambari, Cafr. 164/E4
Bamberg, Ale. 88/D3
Bamberg, CS,EUA 209/G4
Bambio, Cafr. 172/C5
Bamble, Nor. 80/C2
Bambouto (mtñas.), Cam. 172/B4
Bamc D'arguin, Parq. Nal., Maur. 168/B2
Bamenda, Cam. 169/H5
Bāmīān, Afg. 127/J2
Bamian (mtña.), China 137/G3
Bamingui, Cafr. 172/D4
Bamingui (río), Cafr. 172/C3
Bamingui-Bangoran (pref.), Cafr. 172/D3
Bamingui-Bangoran, Parq. Nal., Cafr. 172/C4
Bamingui-Gribingui, Reserva de Fauna, Cafr. 172/C4
Bamingui-Konkourou, Reserva de Fauna, Cafr. 172/D4
Bammental, Ale. 88/B4
Bampo (ruinas), China 135/B4
Bampūr (río), Irán 127/H3
Bamu (río), P.N.G. 153/F1
Bamyili, Austl. 152/D3
Banaba (isla), Kir. 158/F5
Banabuiu (emb.), Bras. 231/G4
Bañado de Medina, Uru. 239/G2
Bañado de Rocha, Uru. 237/F4
Banagher, Irl. 78/C3
Banahao (mte.), Fil. 145/C2
Banamba, Malí 168/D3
Banana (islas), S.Le. 168/B4
Bananal, Bras. 235/M7
Bananal (isla), Bras. 234/C1
Bananeiras, Bras. 231/H4
Banar (río), Bang. 141/H3
Banarlı, Tur. 111/H5
Banās (río), India 138/B2
Banas (río), India 140/A2
Banās, Ra's (pta.), Egip. 171/G4
Banat (reg.), Rum., Serb. 107/J1
Banatsko Novo Selo, Serb. 110/E3
Banaue, Fil. 145/C1
Bana, Wādī (río seco), Yemen 174/C2
Banaz, Tur. 124/B2
Banbar, China 136/B2
Ban Boun Tai, Laos 143/C1
Banbridge, IrN,R.U. 74/B3
Banbridge (dist.), IrN,R.U. 74/B3
Banbury, Ing,R.U. 77/E2
Banc d'Arguin, Parq. Nal., Maur. 168/B2
Banchette, Ita. 104/A2
Ban Chiang (ruinas), Tail. 143/C2
Banchory, Es,R.U. 72/D2
Banco (pta.), C.Rica 219/F4
Bancroft, On,Can. 207/H2
Bāndā, India 138/D2
Banda, India 140/B3
Bāndā, India 140/C3
Banda (islas), Indo. 147/H4
Banda (mar), Indo. 152/B1
Banda (cabo), Méx. 194/D5
Banda, D.R.Congo 177/F1
Banda Aceh, Indo. 144/A1
Bandahara (pico), Indo. 144/B2
Bandai-Asahi, Parq. Nal., Japón 131/F1
Bandai-san (mtña.), Japón 131/G2
Bandama (río), C.Marf. 168/D5
Bandama Blanc (río), C.Marf. 168/D4
Bandama Rouge (río), C.Marf. 168/D4
Bandar Abbas, Irán 125/J5
Bandar Beheshtī (Chāh Behār), Irán 127/H3
Bandar-e Anzalī, Irán 125/G2
Bandar-e Būshehr, Irán 125/G4
Bandar-e Deylam, Irán 125/G4
Bandar-e Lengeh, Irán 125/H5
Bandar-e Māhshahr, Irán 125/G4
Bandar-e Rīg, Irán 125/G4
Bandar-e Torkeman, Irán 125/H2
Bandar Seri Begawan (cap.), Bru. 145/A4
Bandeira do Sul, Bras. 235/K6
Bandeirantes, Bras. 234/B3
Bandeirantes, Bras. 234/C4
Bandeira, Pico da (pico), Bras. 235/E4
Bandeli, May. 181/H6
Bandelier National Mon., NM,EUA 195/J3
Bandera, Argen. 236/D4
Bandera (vol.), NM,EUA 195/H3
Bandera, Tx,EUA 196/E3
Banderilla, Méx. 217/N7
Bandhavgarh, Parq. Nal., India 140/C4
Bandholm, Din. 80/D4
Bandiagara, Malí 168/E3
Bandipura, India 134/B5
Bandipur, Parq. Nal., India 142/F3
Bandırma, Tur. 111/H5
Bandirma (golfo), Tur. 111/J5
Band Mill, Ar,EUA 199/J2
Bandol, Fra. 100/B6
Bandon, Irl. 78/B6
Bandon (río), Irl. 78/B6
Ban Don, Vie. 139/J5
Bandundu, D.R.Congo 176/D3
Bandundu (reg.), D.R.Congo 176/D4
Bandung, Indo. 144/D4
Banegas, Bol. 233/F5
Bañeres, Esp. 95/E3
Banes, Cuba 219/H1
Banff, Ab,Can. 190/G2
Banff, Es,R.U. 72/D1
Banff, Parq. Nal., Ab, CB,Can. 188/C1
Banfora, Burk. 168/D4
Banga, India 142/C2
Bangakalis (isla), Indo. 144/C2
Bangalore, India 138/C5
Bangalow, Austl. 156/D5
Bangangté, Cam. 172/A4
Bangaon, India 141/G4
Bangar, Fil. 137/J5
Bangassou, Cafr. 164/E4
Bangau (cabo), Malay. 147/E2
Bangeta, Mount (pico), P.N.G. 153/G1
Banggai (islas), Indo. 147/F4
Banggong (lago), China 134/C5
Banghiang (río), Laos 143/D2
Bangil, Indo. 144/F4
Bangka (estr.), Indo. 144/D3
Bangka (isla), Indo. 144/D3
Bangkalan, Indo. 144/F4
Bangkaru (isla), Indo. 144/B2
Bangkok (aer.intl.), Tail. 143/C3
Bangkok (bahía), Tail. 143/C3
Bangkok (Krung Thep) (cap.), Tail. 143/C3
Bangladesh 141/G4
Bang Lang (emb.), Tail. 143/C5
Bangma (mtñas.), China 136/C4
Bangor, Me,EUA 204/C3
Bangor, Gales,R.U. 74/D5
Bangor, IrN,R.U. 74/C2
Bangoran (río), Cafr. 172/C3
Bangoran-Bamingui, Parq. Nal., Cafr. 172/C4
Bangor-is-y-Coed, Gales,R.U. 75/F6
Bangs (mte.), Az,EUA 195/F2
Bangued, Fil. 145/C1
Bangui (cap.), Cafr. 164/D4
Bangui, Fil. 145/C1
Bangui, Gui.Ec. 176/B2
Banhā, Egip. 123/B4
Banhine, Parq. Nal., Moz. 179/G4
Ban Houayxay, Laos 143/C1
Bani, Cafr. 172/D3
Bani (río), Malí 168/D3
Baní, R.Dom. 221/F3
Bánica, R.Dom. 220/D3
Banifing (río), Burk., Malí 168/D3
Bani, Jbel (mtñas.), Marr. 166/D3
Banī Mazār, Egip. 171/F2
Banister (río), Va,EUA 209/H2
Banī Suhaylah, Gaza 123/D4
Banī Suwayf, Egip. 171/F2
Banī Suwayf (gob.), Egip. 171/F2
Bāni Walīd, Libia 170/B2
Bāniyās, Siria 123/D2
Banja Koviljača, Serb. 110/D3
Banja Luka, Bosn. 110/C3
Banjarmasin, Indo. 146/D4
Banjul (cap.), Gam. 168/A3
Bānka, India 141/F3
Ban Kantang, Tail. 143/B5
Bankas, Malí 168/E3
Ban Kengkok, Laos 139/J4
Bankeryd, Sue. 80/F3
Ban Khampho, Laos 143/D3
Bankhead (lago), Al,EUA 208/D4
Ban Khuan Niang, Tail. 143/C5
Bankim, Cam. 172/A4
Banks (cabo), Austl. 157/B3
Banks (estr.), Austl. 157/C4
Banks (isla), Austl. 153/F2
Banks (isla), CB,Can. 186/C3
Banks (isla), TNO,Can. 186/D1
Banks (pta.), Ak,EUA 215/H4
Banks (lago), Wa,EUA 190/E4
Banks (pen.), N.Z. 160/C3
Banks (islas), Van. 158/F6
Bankstown, Austl. 156/H8
Bānkura, India 141/F4
Bankya, Bul. 109/H1
Ban Loboy, Laos 143/D2
Ban Mdrack, Vie. 143/E3
Ban Mong, Vie. 143/D1
Ban Muangsen, Laos 143/D2
Bann (río), Irl. 78/D4
Bann (río), IrN,R.U. 74/B2
Banna (río), Ita. 104/A3
Bannack, Mt,EUA 193/G1
Bannalec, Fra. 96/B5
Ban Nape, Laos 143/D2
Ban Na San, Tail. 143/B4
Banning, Ca,EUA 194/D4
Bannock (pico), Id,EUA 193/G2
Bannockburn, Es,R.U. 72/C4
Bannockburn, Batalla de (1314), Es,R.U. 72/C4
Bannow (bahía), Irl. 78/D5
Bannu, Pak. 142/A1
Banon, Fra. 100/B4
Baños, Ecua. 232/B1
Bánovce nad Bebravou, Eslo. 91/C2
Banovići, Bosn. 110/D3
Ban Pak Phanang, Tail. 143/C4
Ban Phon, Laos 143/D3
Bansberia, India 141/G4
Bānsi, India 140/B3
Bānsi, India 140/D2
Ban Sieou, Laos 143/C2
Bansin, Ale. 83/H2
Banská Bystrica, Eslo. 91/D2
Banská Štiavnica, Eslo. 91/C3
Bansko, Bul. 111/F5
Banstead, Ing,R.U. 71/N8
Bānswāra, India 138/B3
Bantalor Game Ref., NB,Can. 204/D2
Bantayan, Fil. 145/C3
Bantayan (isla), Fil. 145/C3
Bantenan (cabo), Indo. 144/F5
Ban Thabok, Laos 143/C2
Bantong Group (islas), Tail. 143/B5
Bantry, Irl. 78/A6
Bantry (bahía), Irl. 78/A6
Bañuelo (mtña.), Esp. 94/C3
Ban Xebang-Nouan, Laos 143/D3
Banyak (islas), Indo. 144/A2
Banyo, Cam. 172/A4
Banyoles, Esp. 95/G1
Banyuwangi, Indo. 144/F5
Banyuwangi Selatan, Parq. Nal., Indo. 144/F5
Banz, P.N.G. 153/G1
Banzare (costa), Ant. 161/J
Banzart (lago), Tun. 165/W17
Banzart (Bizerte), Tun. 165/W17
Baode, China 135/B3
Baodi, China 135/D3
Baodi, China 135/H7
Baoding, China 135/C3
Baoding, China 135/G7
Baodugu (mtña.), China 135/D4
Baofeng, China 135/C4
Baoguangsi, China 136/E2
Bao Ha, Vie. 143/D1
Baoji, China 128/F5
Baojing, China 139/J2
Baokang, China 135/B5
Bao Lac, Vie. 143/D1
Bao Loc, Vie. 143/D4
Baoro, Cafr. 172/B4
Baoruco, Sierra de (mts.), R.Dom. 219/J2
Baoshan, China 135/E5
Baoshan, China 136/C3
Baoshan, China 137/J2
Baotou, China 135/B2
Baoulé (río), C.Marf., Malí 168/D4
Baoulé (río), Malí 168/C3
Baoxing, China 136/D2
Baoying, China 135/D4
Bāpatla, India 138/D4
Bapaume, Fra. 86/B3
Bāqa el Gharbiyya, Isr. 123/D3
Baqên, China 136/B1
Ba Quan (cabo), Vie. 143/D4
Ba'qūbah, Irak 125/F3
Baquedano, Chile 236/B2
Bar (río), Fra. 86/D5
Bar, Ucr. 116/D3
Bar, Mont. 110/D4
Bara, Indo. 147/G4
Bara, Nige. 169/H4
Ba Ra, Vie. 143/D4
Barabai, Indo. 146/E4
Barabinsk, Rusia 118/H4
Baraboo, Wi,EUA 201/J2
Baraboo (río), Wi,EUA 201/J2
Baracaldo, Esp. 94/D1
Barachois (pta.), NE,Can. 205/G3
Baracoa, Cuba 219/H1
Baradá (río), Siria 123/E3
Baradero, Argen. 238/F2
Baradine, Austl. 157/D1
Baragoi, Kenia 175/B1
Baraguá, Cuba 219/G1
Barahona, R.Dom. 221/E3
Barajas (aer. intl.), Esp. 94/D2
Barajevo, Serb. 110/E3
Barāk (río), India 136/B3
Barākar (río), India 141/F3
Baralaba, Austl. 156/C4
Baram (cabo), Malay. 146/D3
Baram (río), Malay. 145/A4
Baramanni, Guy. 229/G3
Bārāmati, India 138/B4
Baramita, Guy. 229/F3
Bārān, India 138/C2
Baranikha, Rusia 119/S3
Baranoa, Col. 228/C2
Barano d'Ischia, Ita. 103/D6
Baranof (isla), Ak,EUA 215/L4
Baranovichi, Bela. 114/C1
Baranya (con.), Hun. 110/C3
Barão de Cocais, Bras. 235/E3
Barão de Grajaú, Bras. 231/F4
Barão de Melgaço, Bras. 233/H5
Baraolt, Rum. 111/G2
Baraque de Fraiture (colina), Bél. 87/E3
Baras, Fil. 145/D2
Bārāsat, India 141/G4
Barat Daya (islas), Indo. 152/B1
Baraut, India 140/A1
Baraya, Col. 228/C4
Barbacena, Bras. 234/E4
Barbacoas, Col. 228/B4
Barbados 220/G4
Barbalha, Bras. 231/G4
Barbaros, Tur. 111/H5
Barbas (cabo), Sáh.Occ. 166/A5
Barbastro, Esp. 95/F1
Barbate de Franco, Esp. 94/C4
Barbeau (pico), Nun,Can. 187/T6
Barbera del Valles, Esp. 95/L6
Barberaz, Fra. 100/B1
Barberino di Mugello, Ita. 105/E5
Barberton, Oh,EUA 206/F4
Barberton, Safr. 181/E2
Barbezieux-Saint-Hilaire, Fra. 92/C4
Bar Bigha, India 141/E3
Barbil, India 141/E4
Barbona, Monte (pico), Ita. 104/D5
Barbosa, Col. 228/C3
Barbourville, Ky,EUA 208/F2
Barbuda (isla), Anti. 220/F3
Barby, Ale. 90/B4
Barcaldine, Austl. 156/B3
Barcaldine, Es,R.U. 72/A3
Barcarena, Bras. 230/D3
Barcarrota, Esp. 94/B3
Barcău (río), Rum. 107/J1
Barcellona Pozzo di Gotto, Ita. 101/B6
Barcelona, Esp. 95/G2
Barcelona, Ven. 229/E2
Barcelona-Prat (aer.intl.), Esp. 95/L7
Barcelonnette, Fra. 100/C4
Barcelos, Bras. 229/F5
Barcelos, Por. 94/A2
Barcin, Pol. 83/J2
Barclay, Tx,EUA 197/F2
Barcoo (río), Austl. 156/A4
Barcs, Hun. 110/C3
Barczewo, Pol. 83/L2
Barda, Azer. 125/F1
Bardagué, Enneri (río seco), Chad 170/C4
Bardas Blancas, Argen. 238/C2
Bardawīl, Sabkhat al (lag.), Egip. 123/C4
Bardejov, Eslo. 83/L4
Bardīyah, Libia 171/E2
Bārdoli, India 138/B3
Bardolino, Ita. 105/D1
Bardonecchia, Ita. 100/C2
Bardsdale, Ca,EUA 214/B2
Bardsey (isla), Gales,R.U. 74/D6
Bardstown, Ky,EUA 208/E2
Bardwell, Ky,EUA 208/C2
Bareggio, Ita. 104/B2
Bareilly, India 140/B1
Barei, Wādī (río seco), Sudán 172/D2
Barellan, Austl. 157/C2
Barendrecht, P.B. 84/B5
Barentin, Fra. 97/F1
Barents (mar) 65/L2
Bäretswil, Suiza 99/E3
Barfleur, Pointe de (pta.), Fra. 96/D1
Barga, China 134/D5
Barga, Ita. 104/D4
Bargara, Austl. 156/D4
Bargarh, India 138/D3
Barge, Ita. 100/D3
Bargo, Austl. 157/D2
Bargteheide, Ale. 85/H1
Barguzin (río), Rusia 128/F1
Bārh, India 141/E3
Barhaj, India 140/D2
Barham, Austl. 157/C2
Bar Harbor, Me,EUA 204/C3
Barhiya, India 141/F3
Bāri, India 140/A2
Bari, Ita. 108/E2
Bari (prov.), Ita. 103/G5
Bari, D.R.Congo 176/D2
Bariano, Ita. 104/C1
Baricella, Ita. 105/E3
Barichara, Col. 228/C3
Barīdī, Ra's (pta.), Ar.S. 171/H3
Barigazzo, Monte (pico), Ita. 104/C3
Barika, Arg. 165/U18
Barile, Ita. 103/F6
Barillas, Gua. 218/D3
Barima (río), Guy., Ven. 229/G2
Barima-Waini (reg.), Guy. 229/F3
Barinas, Ven. 228/D2
Barinas (est.), Ven. 228/D2
Barinitas, Ven. 228/D2
Baripāda, India 141/F5
Bariri, Bras. 234/C4
Barisal, Bang. 141/H4
Barisal (dist.), Bang. 141/H4
Barisan (mtñas.), Indo. 144/C3
Bari Sardo, Ita. 108/A3
Barisciano, Ita. 103/D3
Barito (río), Indo. 146/D4
Baritu, Parq. Nal., Argen. 236/C2
Bark (lago), On,Can. 207/G2
Bark (pta.), Wi,EUA 203/J4
Barka Kāna, India 141/E4
Barkava, Let. 81/M3
Barker (emb.), Tx,EUA 197/G3
Barki Saria, India 141/E3
Barkley (bahía), CB,Can. 190/B3
Barkley (lago), Ky, Tn,EUA 208/D2
Barkly (mes.), Austl. 153/D4
Barkly East, Safr. 180/D3
Barkol (Barkol Kazak Zizhixian), China 128/C3
Barkol Kazak Zizhixian (Barkol), China 134/F3
Barleben, Ale. 90/B3
Bar-le-Duc, Fra. 87/E6
Barlee (lago), Austl. 154/C4
Barlee (mts.), Austl. 154/B2
Barlee Range Nature Rsv., Austl. 154/B2
Barletta, Ita. 103/G5
Barlin, Fra. 86/B3
Barlinek, Pol. 83/H2
Barling, Ar,EUA 199/G3
Barlovento (islas), Pol.Fr. 159/K6
Barlovento (islas), West Indies 220/F4
Barmedman, Austl. 157/C2
Barmer, India 138/B2
Barmera, Austl. 155/J5
Barmstedt, Ale. 85/G1
Barnāla, India 142/C2
Barnaúl, Rusia 134/D1
Bärnbach, Aus. 110/B2
Barnegat (bahía), NJ,EUA 213/D4
Barnegat (ens.), NJ,EUA 213/D4
Barnesboro, Pa,EUA 207/G4
Barnesville, Ga,EUA 208/E4
Barnet, Vt,EUA 207/K2
Barnet (mun.inc.), Ing,R.U. 71/N7
Barneveld, P.B. 84/C4
Barnim (reg.), Ale. 90/D2
Barnoldswick, Ing,R.U. 75/F4
Barnsley, Ing,R.U. 75/G4
Barnstable, Ma,EUA 204/B5
Barnstaple, Ing,R.U. 76/B4
Barnstaple (Bideford) (bahía), Ing,R.U. 76/B4
Barnstorf, Ale. 85/F3
Barntrup, Ale. 85/G5
Barnum, Wy,EUA 193/K2
Barnwell, CS,EUA 209/G4
Baro, Gui. 168/C4
Baro, Nige. 169/G4
Baroghil (Khyber) (paso), Afg. 127/K1
Barone, Monte (pico), Ita. 104/B1
Baro Wenz (río), Eti. 173/G3
Barpeta, India 141/H2
Barques, Point Aux (pta.), Mi,EUA 206/E2
Barquisimeto, Ven. 228/D2
Barquisimeto (aer.intl.), Ven. 228/D2
Barr, Fra. 98/D1
Barr, Es,R.U. 74/D1
Barra, Bras. 235/E1
Barra (isla), Es,R.U. 73/H8
Barraba, Austl. 157/D1
Barra Bonita, Bras. 234/C4
Barrackpur, India 141/G4
Barra del Colorado, Parq. Nal., C.Rica 219/F4
Barra de Río Grande, Nic. 219/F3
Barra do Bugres, Bras. 234/A2
Barra do Corda, Bras. 231/E4
Barra do Garças, Bras. 234/B2
Barra do Piraí, Bras. 234/E4
Barra do Ribeiro, Bras. 237/G4
Barra Falsa, Ponta da (pta.), Moz. 179/G4
Barra Head (pta.), Es,R.U. 73/H8
Barra Mansa, Bras. 234/D4
Barranca, Peru 232/B2
Barranca, Peru 232/B3
Barrancabermeja, Col. 228/C3
Barranca del Cobre, Parq. Nal., Méx. 216/D3
Barranca de Upía, Col. 228/C3
Barrancas, Argen. 238/C3
Barrancas (río), Argen. 236/E4
Barrancas, Chile 238/C2
Barrancas, Col. 228/C2
Barrancas, Ven. 229/F2
Barranco de Loba, Col. 228/C2
Barrancos, Por. 94/B3
Barranquilla, Col. 228/C2
Barra, Ponta da (pta.), Moz. 179/G4
Barra Punta Gorda, Nic. 219/F4
Barras, Bras. 231/F4
Barras, Col. 228/C4
Barra Velha, Bras. 237/G3
Barre, Vt,EUA 207/K2
Barreal, Argen. 238/C1
Barre de Portugais (pta.), Gabón 176/B3
Barreiras, Bras. 235/E1
Barreirinha, Bras. 230/B3
Barreirinhas, Bras. 231/F3
Barreiro, Por. 94/A3
Barreiros, Bras. 231/F4
Barren (río), Tn,EUA 208/D2
Barren (islas), Mad. 164/G7

Belzy – Bisch
257

Belzy, Mol. 111/H2
Bełżyce, Pol. 83/M3
Bemanevika, Mad. 181/J6
Bemaraha (mes.), Mad. 181/H7
Bemarivo (río), Mad. 181/H7
Bembezi (río), Zim. 179/F3
Bembibre, Esp. 94/B1
Bemboka, Austl. 157/D3
Bemidji, Mn,EUA 203/G4
Bemmel, P.B. 84/C5
Ben Aigan (colina), Es,R.U. 72/C1
Ben Alder (mtña.), Es,R.U. 72/B3
Benalla, Austl. 157/C3
Benalmádena, Esp. 94/C4
Benalto, Ab,Can. 191/G1
Benarés, India 138/D2
Benares (Vārānāsi), India 140/D3
Benavente, Esp. 94/C2
Benavides, Bol. 233/E4
Ben Avon (mtña.), Es,R.U. 72/C2
Benbane Head (pta.), IrN,R.U. 74/B1
Benbecula (isla), Es,R.U. 73/H8
Benbonyathe (pico), Austl. 155/H4
Ben Boyd, Parq. Nal., Austl. 157/D3
Benbrack (mtña.), Irl. 78/C1
Benbrook, Tx,EUA 197/F1
Benbrook (lago), Tx,EUA 196/K7
Benchley, Tx,EUA 197/F2
Ben Chonzie (mtña.), Es,R.U. 72/C4
Ben Cleuch (mtña.), Es,R.U. 72/C4
Ben Cruachan (mtña.), Es,R.U. 72/A4
Bend, Or,EUA 192/C1
Benda (cabo), Indo. 144/E4
Ben Dash (mtña.), Irl. 78/A4
Ben Davis (pta.), NJ,EUA 212/C5
Bende, Nige. 169/G5
Bendel (est.), Nige. 169/G5
Bendeleben (mte.), Ak,EUA 215/F2
Bendemeer, Austl. 157/D1
Bender Cassim (Bosaso), Som. 174/D3
Benderi, Mol. 111/J2
Bendigo, Austl. 157/C3
Bendorf, Ale. 80/C4
Bēne, Let. 81/K3
Bene Beraq, Isr. 123/F7
Benedict (mtña.), Tnva,Can. 187/L3
Benediktbeuern, Ale. 99/H2
Benediktenwand (pico), Ale. 99/H2
Beneditinos, Bras. 231/F4
Beneraid (colina), Es,R.U. 74/D1
Benešov, R.Ch. 89/H3
Benevento (prov.), Ita. 103/E5
Benfeld, Fra. 98/D1
Benfleet, Ing,R.U. 77/G3
Benga, Moz. 179/G3
Bengala (golfo), Asia 138/E4
Bengala Occidental (est.), India 141/E5
Bengasi, Libia 170/D1
Bengbu, China 135/D4
Benge, Wa,EUA 190/E4
Benghisa, Ponta Ta' (pta.), Malta 102/H8
Ben Giang, Vie. 143/D3
Bengkalis, Indo. 144/C2
Bengkayang, Indo. 146/C3
Bengkulu, Indo. 144/C3
Bengkulu (prov.), Indo. 144/C4
Bengo (bahía), Ang. 176/C5
Bengo (prov.), Ang. 176/C5
Bengo (río), Ang. 176/C5
Bengough, Sk,Can. 202/B3
Bengtsfors, Sue. 80/E2
Benguela, Ang. 178/B2
Benguela (dist.), Ang. 178/B2
Benguerua (isla), Moz. 179/G4
Ben Gurion (aer.intl.), Isr. 123/D3
Bengweulu (cién.), Zam. 179/F1
Bengweulu, Ciénaga (lago), Zam. 177/G5
Ben Hope (mtña.), Es,R.U. 73/J7
Beni (dept.), Bol. 233/E4
Beni (río), Bol. 233/E3
Beni, Nepal 140/D1
Beni, D.R.Congo 177/G2
Beni Abbes, Arg. 167/E3
Benicarló, Esp. 95/F2
Benidorm, Esp. 95/E3
Benifayó, Esp. 95/E3
Benigánim, Esp. 95/E3
Ben Ime (mtña.), Es,R.U. 72/B4
Beni Mellal, Marr. 166/D2
Benín 169/F4
Benín (golfo), Áfr. 169/F5
Benin City, Nige. 169/G5
Beni Ounif, Arg. 167/E2
Benisa, Esp. 95/F3
Benito Juárez, Méx. 216/D2
Benjamín (isla), Chile 238/B5
Benjamin, Tx,EUA 198/E4
Benjamin Constant, Bras. 232/D2
Benjamín Hill, Méx. 216/C2
Benkei-misaki (cabo), Japón 132/B2
Benkelman, Ne,EUA 200/D3
Ben Lawers (mtña.), Es,R.U. 72/B3
Ben Ledi (mtña.), Es,R.U. 72/B4
Ben Lomond, Parq. Nal., Austl. 157/C4
Ben Lui (mtña.), Es,R.U. 72/B4
Ben Macdui (mtña.), Es,R.U. 72/C2
Benmore (mtña.), Irl. 78/A1
Ben More (mtña.), Es,R.U. 72/B4
Ben More Assynt (mtña.), Es,R.U. 73/J7
Bennachie (colina), Es,R.U. 72/D2
Bennane Head (pta.), Es,R.U. 74/C1
Bennan Head (pta.), Es,R.U. 72/A6
Bennett (pico), Co,EUA 198/A2
Bennett (isla), Rusia 119/R2
Bennettsville, CS,EUA 209/H3
Ben Nevis (mtña.), Es,R.U. 72/B3
Bennington, Vt,EUA 207/K3
Benom (pico), Malay. 144/C2
Benoni, Safr. 180/Q13
Be, Nosy (isla), Mad. 181/J6
Bénoué (río), Chad 172/B3
Bénoué, Parq. Nal., Cam. 172/B3
Ben Quang, Vie. 143/D2
Ben Rinnes (mtña.), Es,R.U. 72/C2
Bensheim, Ale. 88/B3
Ben Slimane, Marr. 165/L14
Benson, Mn,EUA 203/G5
Ben Starav (mtña.), Es,R.U. 72/A3
Benta (río), Hun. 91/C5
Ben Tee (mtña.), Es,R.U. 72/B2
Bentheim, Ale. 85/E4
Ben Thuy, Vie. 136/E5
Bentiaba, Ang. 178/B2
Bentiaba (río), Ang. 178/B2
Bentinck (isla), Austl. 153/E4
Ben Tirran (mtña.), Es,R.U. 72/C3
Bentley, Ing,R.U. 75/G4
Bento Gonçalves, Bras. 237/G4
Benton, Ar,EUA 199/H3
Benton, Il,EUA 201/K5
Benton, Ky,EUA 208/C2
Benton, La,EUA 197/H1
Benton, Mo,EUA 208/C2
Benton, Tn,EUA 208/E3
Bentong, Malay. 144/C2
Benton Harbor, Mi,EUA 206/C3
Bentonville, Ar,EUA 199/G2
Ben Tre, Vie. 143/D4
Benue (est.), Nige. 169/G5
Benue (río), Nige. 169/G4
Ben Vane (mtña.), Es,R.U. 72/B4
Ben Vorlich (mtña.), Es,R.U. 72/B4
Ben Vrackie (mtña.), Es,R.U. 72/C3
Ben Wheeler, Tx,EUA 197/G1
Ben Wyvis (mtña.), Es,R.U. 72/B1
Benxi, China 133/B2
Benxi, China 133/C2
Beočin, Serb. 110/D3
Beograd (aer.intl.), Serb. 110/E3
Beohāri, India 140/C3
Béoux (río), Fra. 100/B3
Beppu, Japón 130/B4
Beppu (bahía), Japón 130/B4
Bequia (isla), Sn.V. 220/F4
Bequimão, Bras. 231/E3
Beras Basah (cabo), Malay. 144/C1
Berat, Alb. 109/F2
Beratus (pico), Indo. 147/E4
Beratzhausen, Ale. 89/E4
Berau (bahía), Indo. 147/H4
Berau (río), Indo. 147/E3
Berbenno di Valtellina, Ita. 99/F5
Berbera, Som. 174/C3
Berberati, Cafr. 164/D4
Berbice (río), Guy. 229/G3
Berchem, Bél. 86/D1
Berching, Ale. 89/E4
Berchtesgaden, Ale. 93/K3
Berchtesgaden, Parq. Nal., Ale. 93/K3
Berck, Fra. 86/A3
Berdiansk, Ucr. 71/G4
Berdiansk (bahía), Ucr. 117/J4
Berdsk, Rusia 118/J4
Beregomet, Ucr. 116/C3
Bereina, P.N.G. 153/G2
Bereketa, Mad. 181/H8
Berekum, Gha. 169/E5
Berenguela, Bol. 236/B1
Berenice (ruinas), Egip. 171/G4
Berens (isla), Mb,Can. 202/F1
Beresford, NB,Can. 204/E2
Bereşti, Rum. 111/H2
Berettyo (río), Hun. 110/E2
Berettyóújfalu, Hun. 110/E2
Berevo, Mad. 181/H7
Bereza, Bela. 114/C1
Berezhany, Ucr. 116/C3
Berezina (río), Bela. 114/D1
Berezino, Bela. 81/N5
Bereznik, Rusia 112/J3
Berezniki, Rusia 71/J3
Berezovka, Ucr. 116/F4
Berezovo, Rusia 118/G3
Berëzovskiy, Rusia 113/P4
Berezovyy, Rusia 129/L1
Berg (río), Safr. 180/B4
Berg, Suiza 99/F2
Berga, Ale. 90/C6
Bergama, Tur. 124/A2
Bérgamo, Ita. 104/C1
Bérgamo (prov.), Ita. 104/C1
Berg bei Rohrbach, Aus. 89/G5
Bergen, Ale. 82/E2
Bergen, Ale. 85/G3
Bergen, Nor. 80/A1
Bergen, P.B. 84/B3
Bergen-Belsen, Ale. 85/G3
Berg en Dal, Suri. 230/C1
Bergenfield, NJ,EUA 213/E2
Bergen op Zoom, P.B. 84/B6
Bergerac, Fra. 92/D4
Bergeresse (río), Fra. 97/H5
Bergeyk, P.B. 84/C6
Bergheim, Ale. 87/F2
Bergheim, Tx,EUA 197/E3
Bergisch Gladbach, Ale. 85/E6
Bergkamen, Ale. 85/E5
Bergnäset, Sue. 112/D2
Bergneustadt, Ale. 85/E6
Bergrheinfeld, Ale. 82/F4
Bergsviken, Sue. 79/G2
Bergtheim, Ale. 88/D3
Berguent, Marr. 165/N13
Bergues, Fra. 86/B2
Bergum, P.B. 84/C2
Bergumermeer (lago), P.B. 84/D2
Bergviken (lago), Sue. 80/G1
Berh, Mong. 128/G2
Berhala (estr.), Indo. 144/C3
Berhampore, India 141/G3
Berhampur, India 138/D4
Berhida, Hun. 91/C5
Berikat (cabo), Indo. 144/D3
Bering (isla), Rusia 119/S4
Bering (estr.), Rusia, Ak,EUA 215/E3
Beringen, Bél. 87/E1
Bering Land Bridge Nat'l Prsv., Ak,EUA 215/E2
Beringovskiy, Rusia 119/T3
Beritarikap (cabo), Indo. 144/C3
Berja, Esp. 94/D4
Berkel (río), Ale. 84/D4
Berkel, P.B. 84/B5
Berkeley, Ca,EUA 194/A2
Berkeley Heights, NJ,EUA 212/D2
Berkeley Springs (Bath), VOcc,EUA 207/G5
Berkhamsted, Ing,R.U. 71/M6
Berkhout, P.B. 84/C3
Berkner (isla), Ant. 161/W
Berkovitsa, Bul. 111/F4
Berkshire (con.), Ing,R.U. 77/E4
Berkshire Downs (alts.), Ing,R.U. 77/E4
Berlaimont, Fra. 86/C3
Berlanga de Duero, Esp. 94/D2
Berlare, Bél. 86/C1
Berlicum, P.B. 84/C5
Berlín (cap.), Ale. 90/D2
Berlín (est.), Ale. 90/D2
Berlin, NH,EUA 207/L2
Berlin (mtña.), Nv,EUA 192/E4
Berlín (Schönefeld) (aer.intl.), Ale. 90/D3
Berlín (Tegel) (aer.intl.), Ale. 90/D2
Berlioz (pta.), Ant. 161/V
Bermagui, Austl. 157/D3
Bermejillo, Méx. 216/E3
Bermejo, Argen. 238/D1
Bermejo (río), Argen. 236/C4
Bermejo (río), Argen. 236/E3
Bermejo, Antiguo Cauce del (río), Argen. 236/D3
Bermeo, Esp. 94/D1
Bermudas (isla), R.U. 185/M6
Berna (cantón), Suiza 98/D3
Berna (cap.), Suiza 98/D4
Bernabé Rivera, Uru. 237/E4
Bernal, Perú 232/A2
Bernalda, Ita. 101/C2
Bernalillo, NM,EUA 198/A3
Bernard (río), TNO,Can. 186/D1
Bernardo O'Higgins, Parq. Nal., Chile 239/J7
Bernardston, Ma,EUA 207/K3
Bernau, Ale. 98/E2
Bernaude, Roche (mtña.), Fra. 100/C2
Bernay, Fra. 97/F2
Bernburg, Ale. 90/B4
Berne (río), Ale. 85/F2
Berneses, Alpes (mts.), Suiza 98/D5
Bernhardswald, Ale. 89/F4
Bernier (isla), Austl. 154/B3
Bernier (bahía), Nun,Can. 186/G1
Bernina (mtñas.), Ita., Suiza 99/F5
Bernina (pico), Suiza 93/H3
Bernina, Piz (pico), Suiza 99/F5
Bernissart, Bél. 86/C3
Bernkastel-Kues, Ale. 87/G4
Bernsbach, Ale. 89/F1
Bernsdorf, Ale. 90/E5
Béron (río), Fra. 97/E5
Beroroha, Mad. 181/H8
Beroun, R.Ch. 89/H3
Berounka (río), R.Ch. 89/H3
Berovo, Mace. 110/F5
Berra, Ita. 105/E3
Berre (lag.), Fra. 100/B6
Berre-L'Étang, Fra. 100/B6
Berri, Austl. 155/J5
Berriane, Arg. 167/F2
Berridale, Austl. 157/D3
Berriedale, Es,R.U. 73/K7
Berrien Springs, Mi,EUA 206/C4
Berrigan, Austl. 157/C2
Berriozábal, Méx. 218/C2
Berrondo, Uru. 239/T12
Berrotarán, Argen. 238/D2
Berrouaghia, Arg. 165/S15
Berry, Austl. 157/D2
Berry (islas), Bahm. 220/B1
Berry (pta.), NE,Can. 205/G3
Berry (mtña.), Pa,EUA 212/A2
Berry (canal), Fra. 97/G6
Berry (reg.), Fra. 92/D3
Berry (reg.hist.), Fra. 106/D1
Berry Head (pta.), Gales,R.U. 76/C6
Berryville, Va,EUA 209/J1
Bersenbrück, Ale. 85/E3
Bershad', Ucr. 116/E3
Berste (río), Ale. 90/D4
Berthierville, Qu,Can. 207/K1
Bertolínia, Bras. 231/F4
Bertoua, Cam. 172/B4
Bertram, Mount (pico), Austl. 152/B4
Bertrand (pico), Argen. 239/J7
Bertrix, Bél. 87/E4
Bertuzzi, Valli (lag.), Ita. 105/F3
Beru (isla), Kir. 158/G5
Beruit (isla), Malay. 146/D3
Bervie Water (río), Es,R.U. 72/D3
Berwick, Austl. 157/G5
Berwick, NE,Can. 204/E3
Berwick, Pa,EUA 212/B1
Berwick-upon-Tweed, Ing,R.U. 72/D5
Berwyn (mtñas.), Gales,R.U. 74/E6
Bès (río), Fra. 100/C4
Besalampy, Mad. 181/H7
Besançon, Fra. 98/C3
Besar (isla), Indo. 152/A2
Besar (pico), Indo. 147/E4
Besar (pico), Malay. 144/C2
Besbre (río), Fra. 92/E3
Beshahr, Irán 118/F6
Beshlo Wenz (río), Eti. 174/A3
Beşiri, Tur. 124/E2
Beška, Serb. 110/E3
Beskids (mtñas.), Pol. 83/K4
Beskol', Kaz. 134/D2
Beslan, Rusia 115/H4
Besna Kobila (pico), Serb. 110/F4
Besni, Tur. 124/D2
Besozzo, Ita. 104/B1
Bessacarr, Ing,R.U. 75/G4
Bessancourt, Fra. 71/S9
Bessarabia (reg.), Mol. 111/J2
Bessarabka, Mol. 111/J2
Bessbrook, IrN,R.U. 74/B3
Bessemer, Al,EUA 208/D4
Bessemer, Mi,EUA 206/A1
Besshoky, Gora (pico), Kaz. 115/K3
Best, Tx,EUA 217/E2
Best, P.B. 84/C6
Bestensee, Ale. 90/D3
Bestobe, Kaz. 134/B1
Bestwig, Ale. 85/F6
Beswick, Austl. 152/D3
Beswick, Terr. Abor., Austl. 152/D3
Betanantanana, Mad. 181/H7
Betania, Col. 231/K6
Betanzos, Bol. 236/C1
Betanzos, Esp. 94/A1
Bet Guvrin, Isr. 123/F8
Beth (río), Marr. 165/M14
Beth Alpha Synagogue, Parq. Nal., Isr. 123/G6
Bethanie, Nam. 180/B2
Bethanie, Safr. 180/D2
Bethany, Mo,EUA 201/G3
Bethel, Ak,EUA 215/F3
Bethel, Me,EUA 204/B3
Bethel, Vt,EUA 207/K3
Bethel Park, Pa,EUA 206/F4
Bétheny, Fra. 86/D5
Bethesda, Md,EUA 212/A6
Bethesda, Gales,R.U. 74/D5
Béthisy-Sainte-Pierre, Fra. 86/B5
Bethlehem, NH,EUA 207/L2
Bethlehem, Pa,EUA 212/C2
Bethlehem, Safr. 180/E3
Bethlehem (Bayt Laḩm), Cisj. 123/D4
Bethoncourt, Fra. 98/C2
Beth, Oued (río), Marr. 166/D2
Bethpage, NY,EUA 213/E2
Bethulie, Safr. 180/D3
Béthune, Fra. 86/B2
Béthune (río), Fra. 86/A4
Betioky, Mad. 181/H8
Betpak-Dala (des.), Kaz. 134/A2
Betroka, Mad. 181/H8
Betschdorf, Fra. 87/G6
Bet She'an, Isr. 123/D3
Bet Shemesh, Isr. 123/F8
Betsiamites (río), Qu,Can. 204/C1
Betsiamites, Pointe de (pta.), Qu,Can. 204/C1
Betsiboka (río), Mad. 181/H7
Betsie (pta.), Mi,EUA 203/L5
Bette (pico), Libia 170/C4
Bettembourg, Lux. 87/F4
Bettiah, India 141/E2
Bettlach, Suiza 98/D3
Betton, Fra. 96/D4
Betūl, India 140/A5
Betulia, Col. 231/K6
Betuwe (reg.), P.B. 84/C5
Betwa (río), India 140/B3
Betzdorf, Ale. 87/G2
Beulah, Austl. 157/B2
Beulah, Mi,EUA 206/C2
Beulakerwijde (lago), P.B. 84/D3
Beult (río), Ing,R.U. 77/G4
Beuningen, P.B. 84/C5
Beuvron (río), Fra. 97/G5
Beuvronne (río), Fra. 71/U10
Beuvry, Fra. 86/B2
Beuzeville, Fra. 97/F2
Bevagna, Ita. 102/C2
Bevensen, Ale. 85/H2
Bevent, Wi,EUA 203/K5
Bever (río), Ale. 85/E4
Bévera (río), Fra. 100/D5
Beveren, Bél. 86/D1
Beverin, Piz (pico), Suiza 99/F4
Beverley, Austl. 154/C5
Beverley, Ing,R.U. 75/H4
Beverly Hills, Ca,EUA 214/B2
Beverstedt, Ale. 85/F2
Beverungen, Ale. 85/G5
Beverwijk, P.B. 84/B4
Bewār, India 140/B3
Bewdley, Ing,R.U. 76/D2
Bewl Bridge (emb.), Ing,R.U. 77/G4
Bex, Suiza 98/D5
Bexbach, Ale. 87/G5
Bexhill, Ing,R.U. 77/G5
Bexley (mun.inc.), Ing,R.U. 71/P7
Beykoz, Tur. 111/J5
Beylerbeyi, Tur. 111/J5
Beylerbeyi Palace, Tur. 125/N6
Beyne-Heusay, Bél. 87/E2
Beyneu, Kaz. 115/K3
Beyoğlu, Tur. 125/M6
Beypazarı, Tur. 111/K5
Beypore, India 142/E3
Beypore (río), India 142/F3
Beyşehir, Tur. 124/B2
Beyşehir (lago), Tur. 124/B2
Bezaha, Mad. 181/H8
Bezdan, Serb. 110/D3
Bezděz (pico), R.Ch. 89/H1
Bezdrev (lago), R.Ch. 89/H4
Bezhetsk, Rusia 112/H4
Béziers, Fra. 92/E5
Bhabua, India 140/D3
Bhadaur, India 142/C2
Bhadohī, India 140/D3
Bhadrak, India 138/E3
Bhadreswar, India 138/A3
Bhagalpur, India 141/F3
Bhāi Pheru, Pak. 142/B2
Bhairab (río), Bang. 141/G4
Bhakkar, Pak. 142/A2
Bhaktapur, Nepal 141/E2
Bhalwāl, Pak. 142/B1
Bhamo, Mya. 136/C3
Bhānrer (mts.), India 140/B4
Bharatpur, India 140/A2
Bharatpur, Nepal 140/E2
Bhareli (río), India 136/B3
Bharthana, India 140/B2
Bharuch, India 138/B3
Bhātāpāra, India 138/D3
Bhatinda, India 142/C2
Bhatkal, India 138/B5
Bhatpara, India 141/G4
Bhavāni, India 142/F3
Bhavāni (río), India 142/F3
Bhavnagar, India 138/B3
Bhawāna, Pak. 142/B2
Bhawāni Mandi, India 138/C3
Bhawānipatna, India 138/D4
Bhera, Pak. 142/B1
Bheri (zona), Nepal 140/C1
Bhilai, India 138/D3
Bhilwara, India 138/B2
Bhīma (río), India 138/C4
Bhimavaran, India 138/D4
Bhimunipatnam, India 138/D4
Bhind, India 140/B2
Bhīnmāl, India 138/B3
Bhiwandi, India 138/B4
Bhojpur, Nepal 141/F2
Bhola, Bang. 141/H4
Bhongaon, India 140/B2
Bhopal, India 140/A4
Bhor, India 138/B4
Bhraoin, Loch (lago), Es,R.U. 72/A1
Bhuban, India 138/E3
Bhubaneswar, India 138/E3
Bhūj, India 138/A3
Bhusawal, India 138/C3
Bhuvanagiri, India 142/G3
Bi (río), China 134/F5
Biá (río), Bras. 233/E2
Bia (río), Gui., C.Marf. 168/E5
Biache-Saint-Vaast, Fra. 86/B3
Biafra (bahía), Áfr. 176/A2
Biak (isla), Indo. 147/J4
Biał a Podlaska, Pol. 83/M2
Biał a Podlaska (prov.), Pol. 83/M3
Biallystok, Pol. 83/M2
Biał obrzegi, Pol. 83/L3
Biał ogard, Pol. 83/J2
Biał owieski, Parq. Nal., Pol. 83/K4
Bialystok (prov.), Pol. 83/M2
Bianca (pico), Ita. 93/J3
Biancavilla, Ita. 108/D4
Bianco, Ita. 101/C6
Bianco (pico), Ita. 103/D4
Biandronno, Ita. 104/B1
Biarritz, Fra. 92/C5
Biasca, Suiza 99/E5
Bibā, Egip. 171/F2
Bibai, Japón 132/B2
Bibbiano, Ita. 104/D3
Bibbiena, Ita. 105/E5
Biberach an der Riss, Ale. 88/C6
Biberist, Suiza 98/D3
Bibiyana (río), Bang. 141/H3
Bibiyana (río), Bang., India 136/A3
Biblián, Ecua. 228/B5
Biblis, Ale. 88/B3
Bic, Qu,Can. 204/C1
Bicas, Bras. 235/E3
Bicas, Bras. 235/N6
Bicaz, Rum. 111/H2
Biccari, Ita. 103/F5
Bicester, Ing,R.U. 77/E3
Bicheno, Austl. 157/D4
Bickerton (isla), Austl. 153/E3
Bickle (mtña.), VOcc,EUA 209/H1
Bickleton, Wa,EUA 190/D5
Bicske, Hun. 91/C5
Bidadari, Tanjong (cabo), Malay. 145/B4
Bidaga (ráp.), C.Marf. 168/D5
Bīdar, India 138/C4
Biddeford, Me,EUA 204/B4
Biddiyā, Cisj. 123/D3
Biddū, Cisj. 123/G8
Biddulph, Ing,R.U. 75/F5
Bidean nam Bian (mtña.), Es,R.U. 72/A3
Bideford, Ing,R.U. 76/B4
Bideford (Barnstaple) (bahía), Ing,R.U. 76/B4
Bidente (río), Ita. 105/F4
Bidford on Avon, Ing,R.U. 77/E2
Bīdokht, Irán 125/J3
Bidor, Malay. 144/C1
Bi Doup (pico), Vie. 143/E3
Bidouze (río), Fra. 95/E1
Bié (dist.), Ang. 178/C2
Bié (mes.), Ang. 178/C2
Biebesheim am Rhein, Ale. 88/B3
Biebzra (río), Pol. 83/M2
Biederitz, Ale. 90/B3
Biega-Kahuzi, Parq. Nal., D.R.Congo 177/F3
Biel, Suiza 98/D3
Bielawa, Pol. 83/J3
Bieldside, Es,R.U. 72/D2
Bielefeld, Ale. 85/F4
Bieler (lago), Nun,Can. 187/J1
Bieler (lago), Suiza 98/D3
Biella, Ita. 104/B1
Bielsko (prov.), Pol. 83/K4
Bielsko-Biala, Pol. 83/K4
Bielsk Podlaski, Pol. 83/M2
Bienenbüttel, Ale. 85/H2
Bien Hoa, Vie. 143/D4
Bienne (río), Fra. 98/B5
Bienno, Ita. 104/D1
Bien Son, Vie. 143/D1
Bientina, Ita. 104/D5
Bienvenue, Gua.Fr. 230/C2
Bienville (lago), Qu,Can. 187/J3
Bierum, P.B. 84/D2
Bierutów, Pol. 83/J3
Biesbosch (reg.), P.B. 84/B5
Biese (río), Ale. 90/B2
Biesenthal, Ale. 90/D2
Biesme (río), Fra. 84/D5
Bietigheim, Ale. 88/C5
Bietschhorn (pico), Suiza 98/D5
Bièvre, Bél. 87/E4
Bièvre (río), Fra. 71/S10
Bièvres, Fra. 71/S10
Biferno (río), Ita. 103/E4
Big (des.), Austl. 157/B2
Big (isla), On,Can. 203/G3
Big (isla), Nun,Can. 187/J2
Big (río), TNO,Can. 186/D1
Big (río), Mo,EUA 199/J1
Big (mtña.), Nv,EUA 192/D3
Big (mtña.), VOcc,EUA 209/H1
Biga, Tur. 111/H5
Bigadiç, Tur. 124/B2
Big Bald (mtña.), NB,Can. 204/D2
Big Baldy (mtña.), Mt,EUA 191/J4
Big Belt (mtñas.), Mt,EUA 191/J4
Big Bend, Parq. Nal., Tx,EUA 196/C3
Big Black (río), Ms,EUA 208/B4
Big Blue (río), Ks,EUA 199/F1
Big Blue (río), Ks, Ne,EUA 201/F3
Big Blue, West Fork (río), Ne,EUA 200/F3
Bigbury (bahía), Ing,R.U. 76/C6
Big Eau Pleine (emb.), Wi,EUA 201/K1
Bigelow (mtña.), Me,EUA 207/L2
Biggar, Sk,Can. 191/L1
Biggasee (lago), Ale. 87/G1
Bigge (río), Ale. 85/E6
Bigge (isla), Austl. 152/B3
Biggenden, Austl. 156/D4
Biggesee (emb.), Ale. 85/E6
Biggin Hill, Ing,R.U. 71/P8
Biggleswade, Ing,R.U. 77/F2
Big Hole (río), Mt,EUA 193/G1
Bighorn (río), Mt,EUA 191/L5
Bighorn (mtñas.), Wy,EUA 193/K1
Bighorn Canyon, Zona Nal. de Rec., Mt, Wy,EUA 193/J1
Bight, The, Bahm. 220/C1
Big Lake, Tx,EUA 196/D2
Big Lake Ranch, CB,Can. 190/D1
Big Lost (río), Id,EUA 193/G2
Big Marine (lago), Mn,EUA 203/Q6
Big Muddy (río), Il,EUA 201/K5
Big Nemaha, North Fork (río), Ne,EUA 201/F3
Bignona, Sen. 168/A3
Big Pine (colina), Pa,EUA 212/C1
Big Pines, Ca,EUA 214/C2
Big Piney (río), Mo,EUA 199/H2
Big Raccoon (río), In,EUA 206/C5
Big Rapids, Mi,EUA 206/D3
Big Sable (pta.), Mi,EUA 206/C2
Big Sandy (río), Ky, VOcc,EUA 209/F1
Big Sandy (río), Tn,EUA 208/C2
Big Sandy (río), Wy,EUA 193/J2
Bigsby (isla), On,Can. 203/G3
Big Sioux (río), Ia, DS,EUA 201/F2
Big Smoky (cats.), Wi,EUA 201/K1
Big Spencer (mtña.), Me,EUA 204/C3
Big Spring, Tx,EUA 196/D1
Big Sunflower (río), Ms,EUA 208/B4
Big Sur, Ca,EUA 194/B2
Big Thompson (río), Co,EUA 200/B3
Big Timber, Mt,EUA 191/K5
Big Trout (lago), On,Can. 186/H3
Big Tujunga (cañón), Ca,EUA 214/B2
Big Wood (río), Id,EUA 193/F2
Bihać, Bosn. 110/B3
Bihar, India 141/E3
Bihar (est.), India 141/E3
Biharamulo, Tan. 177/G3
Biharamulo, Res. de Fauna, Tan. 177/G3
Bihārīganj, India 141/F3
Biharkeresztes, Hun. 110/E2
Bihor (con.), Rum. 110/F2
Bihorel, Fra. 86/A4
Bihoro, Japón 132/D2
Bijagós (arch.), Gui.Bis. 168/A4
Bijapur, India 138/C4
Bījār, Irán 125/F3
Bijāwar, India 140/B3
Bijeljina, Bosn. 110/D3
Bijelo Polje, Mont. 110/D4
Bijia (mtña.), China 137/H3
Bijiang, China 136/C3
Bijie, China 136/E3
Bijnor, India 140/B1
Bikaner, India 138/B2
Bikar (atolón), Mrsh. 158/G3
Bikin, Rusia 129/L2
Bikin (río), Rusia 129/M2
Bikini (atolón), Mrsh. 158/F3
Bikramganj, India 140/E3
Bikuar, Parq. Nal., Ang. 178/B2
Bilāri, India 140/B1
Bilāsipāra, India 141/H2
Bilaspur, India 140/B1
Bilāspur, India 140/D4
Bilāspur, India 142/D2
Bilauktaung (mts.), Mya., Tail. 143/B3
Bilba Morea (lago), Austl. 155/H3
Bilbao, Esp. 94/D1
Bilbays, Egip. 123/B4
Bileća, Bosn. 110/D4
Bilecik, Tur. 124/B1
Bilecik (prov.), Tur. 111/K5
Bílé Karpaty (mtñas.), R.Ch. 91/B2
Bił goraj, Pol. 83/M3
Bilgrām, India 140/C2
Bilibino, Rusia 119/S3
Bilin, Mya. 136/C5
Bilin (río), Mya. 143/B2
Bílina, R.Ch. 89/G1
Bílina (río), R.Ch. 89/G2
Bilioso (río), Ita. 103/G6
Biliran (isla), Fil. 145/D3
Biliu (río), China 133/B3
Billabong (arr.), Austl. 157/C2
Bille (río), Ale. 85/H1
Billerbeck, Ale. 85/E5
Billère, Fra. 92/C5
Billerica, Ma,EUA 204/B4
Billiat, Parq. Nal., Austl. 155/J5
Billigheim, Ale. 88/C4
Billiluna, Terr. Abor., Austl. 152/B4
Billinge, Ing,R.U. 75/F5
Billingham, Ing,R.U. 75/G2
Billings, Mt,EUA 191/K5
Billiton (isla), Indo. 122/K10
Billund, Din. 80/C4
Bill Williams (río), Az,EUA 195/E3
Bilma, Níger 170/B5
Biloela, Austl. 156/C4
Biloku, Guy. 229/G4
Biloxi, Ms,EUA 210/D2
Bilq\mas Qism Awwal, Egip. 124/B4
Bilsi, India 140/B1
Biltine, Chad 172/D2
Biltine (pref.), Chad 172/D2
Bilzen, Bél. 87/E2
Bima, Indo. 147/E5
Bimberi (pico), Austl. 157/D2
Bimbo, Cafr. 172/C4
Bimini (islas), Bahm. 220/B1
Bina (río), Ale. 89/F6
Bina-Etāwa, India 140/B3
Binalong, Austl. 157/D2
Bin 'Arūs (gob.), Tun. 108/B4
Binbrook, Ing,R.U. 75/H5
Binche, Bél. 86/D3
Binchuan, China 136/D3
Binder, Mong. 128/G2
Binder Foulbé, Chad 172/B3
Bindki, India 140/C2
Bindoy, Fil. 145/C3
Bindura, Zim. 179/F3
Binéfar, Esp. 95/F2
Binga (mtña.), Moz. 179/G3
Bingara, Austl. 157/D1
Bingen, Ale. 88/A3
Bingerville, C.Marf. 168/E5
Binghamton, NY,EUA 207/J3
Bin Ghashīr, Libia 170/B1
Bin Ghunaymah, Jabal (mtñas.), Libia 170/B3
Bingley, Ing,R.U. 75/G4
Bingöl, Tur. 124/E2
Bingöl (prov.), Tur. 124/E2
Binhai, China 135/D4
Binh Chanh, Vie. 143/D4
Binh Chau, Vie. 143/D4
Binhon (pico), Mya. 136/B5
Binh Son, Vie. 143/E3
Binic, Fra. 96/C3
Binisalem, Esp. 95/G3
Binjai, Indo. 144/B2
Bin Jawwād, Libia 170/C2
Binkılıç, Tur. 111/J5
Binnah, Ras (cabo), Som. 174/D3
Binnaway, Austl. 157/D1
Binningen, Suiza 98/D2
Binongko (isla), Indo. 152/A1
Bin Qirdān, Tun. 167/H2
Bintan (isla), Indo. 144/D2
Bintang (mts.), Malay. 144/C1
Bintang (pico), Malay. 144/C1
Binyamina, Isr. 123/F6
Binyang, China 137/F4
Binzhou, China 135/D3
Bío-Bío (reg.), Chile 238/B3
Bío-Bío (río), Chile 238/B3
Biodi, D.R.Congo 177/G2
Biograd, Cro. 110/B4
Biogradska, Parq. Nal., Mont. 110/D4
Bioko (reg.), Gui.Ec. 176/B2
Bioko (Fernando Po) (isla), Gui.Ec. 176/B2
Bīr, India 138/C4
Bira, Rusia 129/L2
Birāk, Libia 170/B3
Birama (pta.), Cuba 219/G1
Birao, Cafr. 172/D3
Birātnagar, Nepal 141/F2
Biratori, Japón 132/C2
Birch (mts.), Ab,Can 186/E3
Birch Hills, Sk,Can. 191/M1
Birchip, Austl. 157/B2
Birch River, Mb,Can. 202/D1
Bird (isla), Ant. 161/X
Bird (isla), Austl. 151/K4
Birds Rock (pico), Austl. 157/D2
Birecik, Tur. 124/D2
Bir el Ater, Arg. 167/H2
Bīrganj, Nepal 141/E2
Birigui, Bras. 234/C4
Biritiba-Mirim, Bras. 235/K8
Bīrjand, Irán 118/F6
Bīrjand, Irán 127/G2
Birkat Qārūn (lago), Egip. 123/B5
Birkenau, Ale. 88/B3
Birkenebeu, Kir. 158/G4
Birkenfeld, Ale. 88/B5
Birkenhead, N.Z. 160/F6
Birkenhead, Ing,R.U. 75/E5
Birken-Honigsessen, Ale. 87/G2
Birkenwerder, Ale. 90/D2
Birkirkara, Malta 102/H8
Birkkarspitze (pico), Aus. 99/H3
Bîrlad, Rum. 111/H2
Birlad (río), Rum. 111/H2
Birlik, Kaz. 134/B3
Birmingham, Al,EUA 208/D4
Birmingham, Ing,R.U. 77/E2
Birmingham (aer.intl.), Ing,R.U. 77/E2
Birmitrapur, India 141/E4
Birnhorn (pico), Aus. 93/K3
Birnie (isla), Kir. 159/H5
Birni Nkonni, Níger 169/G3
Birobidzhan, Rusia 129/L2
Bīrpur, India 141/F2
Birr, Irl. 78/C3
Birranga (mtñas.), Rusia 118/K2
Birreencorragh (mtña.), Irl. 78/A2
Birs (río), Suiza 98/D3
Birse (río), Suiza 98/D3
Birsfelden, Suiza 98/D2
Birsk, Rusia 113/M5
Birstein, Ale. 88/C2
Biru, China 128/C5
Biruaca, Ven. 229/E3
Biruni, Uzb. 118/G5
Biržai, Lit. 81/L3
Bi'r Zayt, Cisj. 123/G8
Birżebuġa, Malta 102/J8
Bis (lago), Rum. 111/F4
Bisaccia, Ita. 103/F5
Bisai, Japón 131/M9
Bīsalpur, India 140/B1
Bisa-Nadi, Res. Nal., Kenia 175/B1
Bisbee, Az,EUA 195/H5
Biscarrosse, Fra. 92/C4
Biscarrosse (lag.), Fra. 92/C4
Biscay (bahía), Eur. 92/B4
Biscayne (bahía), Fl,EUA 210/P8
Biscayne, Parq. Nal., Fl,EUA 211/H5
Bisceglie, Ita. 108/E2
Bischberg, Ale. 88/D3
Bischheim, Fra. 98/D1
Bischofsheim, Ale. 88/B3
Bischofsheim an der Rhön, Ale. 88/D2
Bischofshofen, Aus. 93/K3
Bischofswerda, Ale. 90/E5

Bischofszell, Suiza 99/F3
Bischwiller, Fra. 87/G6
Biscoe (islas), Ant. 161/V
Biscoe (Fredonia), Ar,EUA 208/B3
Biscubio (río), Ita. 105/F5
Biscucuy, Ven. 228/D2
Biševo (isla), Cro. 103/G1
Bīshah (río seco), Ar.S. 126/D4
Bishnupur, India 141/F4
Bisho, Safr. 180/D4
Bishop Auckland, Ing,R.U. 75/G2
Bishopbriggs, Es,R.U. 72/B5
Bishop's Falls, Tnva,Can. 205/K1
Bishop's Stortford, Ing,R.U. 77/G3
Bishopton, Es,R.U. 72/B5
Bishopville, CS,EUA 209/G3
Bisignano, Ita. 101/C3
Bisingen, Ale. 88/B6
Bisk, Rusia 134/E1
Biskek (cap.), Kirg. 134/B3
Biskra, Arg. 167/G2
Biskra (wilaya), Arg. 167/G2
Biskupiec, Pol. 83/L2
Bislig, Fil. 145/D3
Bismarck (cap.), DN,EUA 202/D4
Bismarck (arch.), P.N.G. 158/D5
Bismarck (mar), P.N.G. 153/G1
Bismarck (mts.), P.N.G. 153/G1
Bismil, Tur. 124/E2
Bismuna (lag.), Nic. 219/F3
Bison, DS,EUA 200/C1
Bispgarden, Sue. 112/C3
Bispingen, Ale. 85/H2
Bissau (cap.), Gui.Bis. 168/B4
Bissendorf, Ale. 85/F4
Bissett, Mb,Can. 203/G2
Bissigh, Lach (río seco), Som. 175/C1
Bissingen, Ale. 88/D5
Bistrița, Rum. 111/G2
Bistrița (río), Rum. 116/C4
Bistrița-Năsăud (con.), Rum. 111/G2
Bistrup, Din. 81/T9
Biswān, India 140/C2
Bita (río), Col. 228/D3
Bitagron, Suri. 230/B1
Bitam, Gabón 176/B2
Bitburg, Ale. 87/F4
Bitche, Fra. 87/G5
Bitéa, Ouadi (río seco), Chad 172/D2
Bitkin, Chad 172/C3
Bitlis, Tur. 124/E2
Bitlis (prov.), Tur. 124/E2
Bitola, Mace. 110/E5
Bitonto, Ita. 110/C5
Bitrița (río), Rum. 111/G2
Bitschwiller, Fra. 98/D2
Bitterfeld, Ale. 90/C4
Bitterroot (mtñas.), Id, Mt,EUA 193/F1
Bitti, Ita. 108/A2
Bitung, Indo. 147/G3
Bituruna, Bras. 237/G3
Biwa, Japón 131/M9
Biwa (lago), Japón 130/E3
Bixby, Ok,EUA 199/G3
Biyalā, Egip. 123/B4
Biyang, China 135/C4
Bizard (isla), Qu,Can. 205/N7
Bizerte (Banzart), Tun. 165/W17
Bjargtangar (pta.), Isl. 79/M6
Bjärred, Sue. 81/U9
Bjelovar, Cro. 110/C3
Bjerringbro, Din. 80/C3
Björknäs, Sue. 81/S7
Bjørnafjorden (fiordo), Nor. 80/A1
Bjørne (pen.), Nun,Can. 187/S7
Bjugn, Nor. 79/D3
Bjuv, Sue. 80/E3
Blace, Serb. 110/E4
Blachownia, Pol. 83/K3
Black (bos.), Ale. 98/D2
Black (isla), Mb,Can. 202/F2
Black (bahía), On,Can. 203/K3
Black (río), On,Can. 203/M3
Black (mtña.), Yk,Can. 215/M3
Black (río), China 143/C1
Black (río), Ar,EUA 208/B3
Black (mesa), Az,EUA 195/G2
Black (mtñas.), Az,EUA 194/E3
Black (río), Az,EUA 195/H4
Black (río), CN,EUA 209/H3
Black (río), CS,EUA 209/H4
Black (colinas), DS, Wy,EUA 200/C1
Black (mtña.), Id,EUA 190/G4
Black (mtña.), Ky,EUA 209/F2
Black (río), La,EUA 210/C2
Black (lago), Mi,EUA 206/D2
Black (río), Mo,EUA 208/B3
Black (mesa), NM,EUA 195/J3
Black (mts.), NM,EUA 195/J4
Black (mesa), Ok,EUA 198/C2
Black, Tx,EUA 198/C3
Black (mtña.), Tx,EUA 196/C3
Black (mtña.), Tx,EUA 196/D3
Black (río), Wi,EUA 201/J1
Black (pta.), Nam. 178/B5
Black (pta.), N.Z. 160/D3
Black (mtña.), Gales,R.U. 76/C3
Black (mtñas.), Gales,R.U. 76/C3
Black (pta.), Ing,R.U. 76/A6
Black (río), Vie. 139/H3
Blackadder Water (río), Es,R.U. 72/D5
Blackall, Austl. 156/B4
Blackburn, Es,R.U. 72/C5
Blackburn, Ing,R.U. 75/F4
Blackbutt, Austl. 156/D4
Black Butte (lago), Ca,EUA 192/B4
Black Canyon of the Gunnison Nat'l Mon., Co,EUA 193/K4
Blackcraig (colina), Es,R.U. 72/B6
Black (Da) (río), Vie. 143/C1
Black Diamond, Ab,Can. 191/G2
Blackdown (colina), Ing,R.U. 77/F4
Blackdown (colinas), Ing,R.U. 76/C5
Blackdown Tableland, Parq. Nal., Austl. 156/C3
Blackfalds, Ab,Can. 191/H1
Blackfoot, Id,EUA 193/G2
Blackfoot (emb.), Id,EUA 193/H2
Blackfoot (río), Id,EUA 193/H2
Black Forest, Co,EUA 200/B4
Black Fork (mtña.), Ok,EUA 199/G3
Blackhall (mtña.), Wy,EUA 200/A3
Black Hammer (colina), DN,EUA 202/E4
Black Head (pta.), Irl. 78/A3
Black Head (pta.), IrN,R.U. 74/C2
Blackheath, Austl. 157/D2
Black Horse, DS,EUA 200/D1
Black Isle (pen.), Es,R.U. 72/B1
Black Lake, Qu,Can. 204/B2
Black Lake (br.p.), La,EUA 199/H4
Blackland, Tx,EUA 196/L7
Blackmoor (alt.), Ing,R.U. 76/B6
Black Mountain, CN,EUA 209/F3
Black Mountain, Parq. Nal., Austl. 156/B1
Black Pine (pico), Id,EUA 193/G2
Blackpool, Ing,R.U. 75/E4
Black Reef (pta.), Nam. 178/B5
Black River, Jam. 219/G2
Black River Falls, Wi,EUA 201/J1
Black Rock (des.), Nv,EUA 192/D3
Black Rock (pta.), RI,EUA 213/G1
Blackrod, Ing,R.U. 75/F4
Blacksburg, Va,EUA 209/G2
Blackshear, Ga,EUA 211/G2
Blackshear (lago), Ga,EUA 211/G2
Blackstairs (mtñas.), Irl. 78/D4
Black Sturgeon (río), On,Can. 203/K3
Black Sugarloaf (pico), Austl. 157/D1
Blacktown, Austl. 156/G8
Blackville, NB,Can. 204/E2
Black Warrior (río), Al,EUA 208/D4
Black Warrior, Locust Fork (río), Al,EUA 208/D4
Black Warrior, Mulberry Fork (río), Al,EUA 208/D4
Blackwater, Austl. 156/C3
Blackwater (río), Mo,EUA 201/H4
Blackwater (río), Va,EUA 209/J2
Blackwater, Irl. 78/D5
Blackwater (río), Irl. 78/E5
Blackwater (río), Irl. 78/D2
Blackwater (emb.), Es,R.U. 72/B3
Blackwater (río), Ing,R.U. 77/G3
Blackwater (río), IrN,R.U. 74/B3
Blackwood (río), Austl. 154/B5
Bladensburg, Parq. Nal., Austl. 156/A3
Bladnoch (río), Es,R.U. 74/D2
Blagnac, Fra. 92/D5
Blagodarniy, Rusia 115/G3
Blagoevgrad, Bul. 111/F4
Blagoevgrad (prov.), Bul. 111/F4
Blagoveshchensk, Rusia 129/K1
Blain, Fra. 96/D6
Blaine, Me,EUA 204/D2
Blaine, Mn,EUA 203/H5
Blaine Lake, Sk,Can. 191/L1
Blainville, Qu,Can. 207/K2
Blainville-sur-Orne, Fra. 97/E2
Blair, Ne,EUA 201/F3
Blair (colina), Pa,EUA 212/C1
Blairstown, NJ,EUA 212/D2
Blairsville, Ga,EUA 208/F3
Blaise (río), Fra. 97/G3
Blaise (río), Fra. 98/A1
Blaj, Rum. 111/F2
Blaka, Enneri (río seco), Níger 170/B4
Blake (pta.), Mi,EUA 203/K3
Blakely, Ga,EUA 211/F2
Blanc (cabo), Maur. 164/A2
Blanca (bahía), Argen. 238/E3
Blanca, Esp. 94/E3
Blanca (costa), Esp. 95/E4
Blanca (pico), Tx,EUA 196/B2
Blanca, Punta (pta.), Méx. 216/B2
Blanche (cabo), Austl. 155/G5
Blanche (lago), Austl. 154/D2
Blanche (lago), Austl. 155/H2
Blanche (río), Fra. 100/C4
Blanc, Mont (mtña.), Fra. 98/C6
Blanc Nez (cabo), Fra. 86/A2
Blanco (río), Argen. 236/B4
Blanco (río), Argen. 239/K6
Blanco (lago), Chile 239/K8
Blanco (cabo), C.Rica 219/E4
Blanco (cabo), Fra. 100/C6
Blanco (río) Mex. 216/N8
Blanco (mar), Rusia 112/H2
Bland, Va,EUA 209/G2
Blanding, Ut,EUA 195/H2
Blanes, Esp. 95/G2
Blanes, Serre de (mtña.), Fra. 95/G1
Blangy-sur-Bresle, Fra. 86/A4
Blanice (río), R.Ch. 83/G4
Blankenberge, Bél. 86/C1
Blankenburg, Ale. 90/A4
Blankenfelde, Ale. 90/D3
Blankenheim, Ale. 87/F3
Blanquilla (isla), Ven. 220/E5
Blansko, R.Ch. 83/J4
Blantyre, Mal. 179/G2
Blantyre, Es,R.U. 72/B5
Blaricum, P.B. 84/C4
Blarney, Irl. 78/B6
Blarney Castle and Stone, Irl. 78/B6
Blas, Piz (pico), Suiza 99/E4
Blatná, R.Ch. 89/G4
Blato, Cro. 110/C4
Blau (río), Ale. 88/C6
Blaubeuren, Ale. 88/C6
Blauen (pico), Ale. 98/D2
Blaustein, Ale. 88/C6
Blava (río), Eslo. 91/B2
Blåvands (pta.), Din. 80/C4
Blåvands Huk (pta.), Din. 82/E1
Blavet (río), Fra. 96/B5
Blaye, Fra. 92/C4
Blayney, Austl. 157/D2
Blaze (pta.), Austl. 152/C3
Bleckede, Ale. 85/H2
Bled, Esl. 110/B2
Blefjell (pico), Nor. 80/C2
Blégny, Bél. 87/E2
Bléharies, Bél. 86/C2
Bleiburg, Aus. 110/B2
Bleicherode, Ale. 85/H6
Bleick, Hohe (pico), Ale. 99/G2
Bleiswijk, P.B. 84/B4
Blekinge (con.), Sue. 80/F3
Blendecques, Fra. 86/B2
Blenheim, On,Can. 206/F3
Blenheim, N.Z. 160/C3
Blenheim Palace, Ing,R.U. 77/E3
Blénod-lès-Pont-à-Mousson, Fra. 87/F6
Bléone (río), Fra. 100/C4
Blera, Ita. 102/C3
Bléré, Fra. 97/G6
Blesberg (pico), Safr. 180/C4
Blessington, Irl. 78/D3
Bleus (mtñas.), D.R.Congo 177/G2
Blevins, Ar,EUA 199/H4
Blewett Falls (lago), CN,EUA 209/H3
Blida, Arg. 165/S15
Blida (wilaya), Arg. 165/S15
Blieloch-Stausee (emb.), Ale. 89/E2
Blies (río), Ale. 87/G5
Blies (río), Fra. 87/G5
Bliesbruck, Fra. 87/G5
Blieskastel, Ale. 87/G5
Bligh Water (bahía), Fidji 159/Y18
Blik (mte.), Fil. 145/D4
Blind Bay, CB,Can. 190/E2
Blinnenhorn (pico), Suiza 99/E5
Blitar, Indo. 144/F5
Blithfield (emb.), Ing,R.U. 75/G6
Blizzard (pico), Ant. 161/L
Block (isla), RI,EUA 213/G1
Bloemendaal, P.B. 84/B4
Bloemfontein (cap.), Safr. 180/D3
Bloemhofdam (emb.), Safr. 180/D2
Blois, Fra. 97/G5
Blokker, P.B. 84/C3
Blomstermåla, Sue. 80/G3
Blonay, Suiza 98/C5
Blönduós, Isl. 79/N6
Bloodvein (río), Mb,Can. 203/G2
Bloodvein (río), On,Can. 203/G2
Bloody Foreland (pta.), Irl. 73/G9
Bloomfield, Ct,EUA 207/K4
Bloomfield, Ia,EUA 201/H3
Bloomfield, In,EUA 206/C5
Bloomfield, Mo,EUA 208/C2
Bloomfield, NJ,EUA 213/D2
Bloomfield River Abor. Community, Austl. 156/B1
Bloomingdale, Fl,EUA 210/L8
Blooming Grove, Tx,EUA 197/F1
Bloomington, Ca,EUA 214/C2
Bloomington, Il,EUA 201/K3
Bloomington, In,EUA 206/C5
Bloomington, Mn,EUA 203/H5
Bloomsburg, Pa,EUA 212/B1
Blora, Indo. 144/E4
Blotzheim, Fra. 98/D2
Blouberg (pico), Safr. 179/F4
Bloubergstrand, Safr. 180/L10
Blountstown, Fl,EUA 211/F2
Blountville, Tn,EUA 209/F2
Blovice, R.Ch. 89/G3
Blowaway (pico), Ant. 161/L
Blšanka (río), R.Ch. 89/G3
Bludenz, Aus. 99/F3
Blue (mtña.), NB,Can. 204/D2
Blue (mtña.), Ar,EUA 199/G3
Blue, Az,EUA 195/H4
Blue (río), Co,EUA 198/A1
Blue (colina), DN,EUA 202/D4
Blue (mtñas.), Me,EUA 207/L2
Blue (mtña.), NH,EUA 204/B3
Blue (mtña.), NY,EUA 207/J3
Blue (río), Ok,EUA 199/F3
Blue (mtñas.), Or, Wa,EUA 192/D1
Blue (mtña.), Pa,EUA 212/B3
Blue (mtñas.), Pa,EUA 212/B3
Blue (colinas), Wi,EUA 203/J5
Blue (mtña.), India 136/B4
Blue Ash, Oh,EUA 206/D5
Blue Cypress (lago), Fl,EUA 211/H4
Blue Earth, Mn,EUA 201/G2
Blue Earth (río), Mn,EUA 201/G2
Bluefield, VOcc,EUA 209/G2
Bluefields, Nic. 219/F4
Bluefields (bahía), Nic. 219/F4
Blue Head (pta.), Es,R.U. 72/C1
Blue Hill, Me,EUA 204/C3
Bluejoint (lago), Or,EUA 192/D2
Blue Knob (colina), Pa,EUA 207/G4
Blue Lagoon, Parq. Nal., Zam. 179/E2
Blue Lake, Parq. Nal., Austl. 156/D4
Blue Marsh (lago), Pa,EUA 212/B3
Blue Mesa (emb.), Co,EUA 198/A1
Blue Mountain (pico), Jam. 219/G2
Blue Mountains, Parq. Nal., Austl. 157/D2
Blue Mud (bahía), Austl. 153/D3
Bluenose (lago), Nun,Can. 186/E2
Blue Nose (mtña.), Mt,EUA 193/F1
Blue Ridge (mtñas.), E.U.A. 209/G2
Blue Ridge, Ga,EUA 208/E3
Blue Ridge Pkwy., CN, Va,EUA 209/G2
Blue Springs, Mo,EUA 199/G1
Bluestem (lago), Ok,EUA 199/F2
Bluestone (lago), VOcc,EUA 209/G2
Bluff, Austl. 156/C3
Bluff (pico), Austl. 154/C5
Bluff (pta.), Austl. 154/B3
Bluff (pta.), CN,EUA 209/J3
Bluff, N.Z. 160/B4
Bluff Face (mts.), Austl. 152/B4
Bluffton, In,EUA 206/D4
Blumenau, Bras. 237/G3
Blumenthal, Ale. 85/G2
Blümlisalp (pico), Suiza 98/D5
Blumone, Cornone di (pico), Ita. 104/D1
Blustry (mtña.), CB,Can. 190/D2
Blyth, Austl. 155/H5
Blyth, Ing,R.U. 75/G1
Blyth, Ing,R.U. 75/G5
Blyth (río), Ing,R.U. 77/H2
Blythe, Ca,EUA 194/E4
Blythe (río), Ing,R.U. 75/F6
Blytheville, Ar,EUA 208/C3
B'nom M'hai (pico), Vie. 143/D4
Bo, S.Le. 168/C5
Boac, Fil. 145/C2
Boaco, Nic. 218/E3
Boa Esperança, Bras. 234/D4
Boa Esperança (emb.), Bras. 231/E4
Bo'ai, China 135/C4
Boano (isla), Indo. 147/G4
Boa Nova, Bras. 230/B5
Boardman, Oh,EUA 206/F4
Boas (río), Nun,Can. 187/H2
Boa Viagem, Bras. 231/G4
Boa Vista, Bras. 230/A2
Boa Vista (aer.intl.), Bras. 230/A2
Boa Vista (isla), Cab.V. 164/K10
Boavita, Col. 228/C3
Bobai, China 137/F4
Bobaomby (cabo), Mad. 165/G6
Bobbili, India 138/D4
Bobbio, Ita. 104/C3
Bobenheim-Roxheim, Ale. 88/B3
Bobigny, Fra. 86/B6
Bobingen, Ale. 88/D6
Böblingen, Ale. 88/C5
Bobo Diulasso, Burk. 168/D4
Bobonong, Bots. 179/F4
Bobotov Kuk (pico), Mont. 110/D4
Bobovdol, Bul. 110/F4
Bóbr (río), Pol. 83/H3
Bobrava (río), R.Ch. 91/A1
Bobrka, Ucr. 116/C3
Bobrov, Rusia 117/L2
Bobruisk, Bela. 114/D1
Bob Sandlin (lago), Tx,EUA 199/G4
Bobures, Ven. 228/D2
Boby (pico), Mad. 181/H8
Boca de Aroa, Ven. 228/D2
Boca del Dragón (estr.), Trin., Ven. 229/F2
Boca del Grita, Ven. 228/C2
Boca del Pao, Ven. 229/E2
Boca del Pepé, Col. 228/B3
Boca del Río, Méx. 217/F5
Boca do Acre, Bras. 233/E3
Bocaina, Bras. 231/F4
Bocaina (mtñas.), Bras. 235/M7
Bocairente, Esp. 95/E3
Bocaiúva, Bras. 234/E3
Bocaranga, Cafr. 172/B4
Boca Raton, Fl,EUA 210/P7
Bocas del Danubio (delta), Rum. 111/J3
Bocas del Ródano (dept.), Fra. 100/A5
Bocay, Nic. 219/E3
Bochil, Méx. 218/C2
Bochnia, Pol. 83/L4
Bocholt, Ale. 84/D5
Bocholt, Bél. 87/E1
Bochum, Ale. 85/E6
Bockau, Ale. 89/F1
Bockenem, Ale. 85/H4
Boconó, Ven. 228/D2
Bocq (río), Bél. 87/D3
Boda, Cafr. 172/C4
Bodafors, Sue. 80/F3
Bodalla, Austl. 157/D3
Bodaybo, Rusia 119/M4
Boddington, Austl. 154/C5
Bode (río), Ale. 90/B4
Bodega (bahía), Ca,EUA 192/B4
Bodegraven, P.B. 84/B4
Bodélé (reg.), Chad 172/C1
Boden, Sue. 79/G2
Bodenheim, Ale. 88/B3
Bodenkirchen, Ale. 89/F6
Bodenmais, Ale. 89/G4
Bodensee (Constance) (lago), Ale., Suiza 99/F2
Bodenteich, Ale. 85/H3
Boderg, Lough (lago), Irl. 78/B2
Bodhan, India 138/C4
Bodie (isla), NC 209/K3
Bodināyakkanūr, India 142/F3
Bodkin (pta.), Md,EUA 212/B5
Bodmin, Ing,R.U. 76/B6
Bodmin Moor (alt.), Ing,R.U. 76/B5
Bodø, Nor. 79/E2
Bodocó, Bras. 231/G4
Bodonchiyn (río), Mong. 128/C2
Bodrog (río), Hun. 110/E1
Bodrum, Tur. 124/A2
Bo Duc, Vie. 143/D4
Bődvaszilas, Hun. 110/E1
Boegoeberg (pico), Nam. 180/A2
Boekel, P.B. 84/C5
Boende, D.R.Congo 177/E3
Boerne, Tx,EUA 197/E3
Boeuf (río), La,EUA 208/B4
Bogal, Lach (río seco), Kenia 175/B1
Bogalusa, La,EUA 210/D2
Bogan (río), Austl. 157/C1
Bogandé, Burk. 169/E3
Bogan Gate, Austl. 157/C2
Bogatić, Serb. 110/D3
Bogatynia, Pol. 83/H3
Boğazkale-Alacahöyük, Parq. Nal., Tur. 124/C1
Boğazlıyan, Tur. 124/C2
Bogcang (río), China 134/E5
Bogd, Mong. 128/E2
Bogda (mtñas.), China 128/B3
Bogda (pico), China 128/B3
Bogda Feng (pico), China 134/E3
Bogdanci, Mace. 110/F5
Bogdanovka, Geor. 115/G4
Bogen, Ale. 89/F5
Bogen, Nor. 112/C1
Bogense, Din. 80/D4
Bogesundslandet (parq.reg.), Sue. 81/S7
Boggabilla, Austl. 157/D1
Boggabri, Austl. 157/D1
Boggeragh (mtñas.), Irl. 78/A5
Boggy (pico), Anti. 220/F3
Boglárlelle, Hun. 91/B6
Bogliasco, Ita. 104/C4
Bogne Homo (río), Ms,EUA 210/D2
Bognor Regis, Ing,R.U. 77/F5
Bogny-sur-Meuse, Fra. 87/D4
Bogo, Cam. 172/B3
Bogo, Fil. 145/D3
Bogodukhov, Ucr. 117/H2
Bogong (pico), Austl. 157/C3
Bogong, Parq. Nal., Austl. 157/C3
Bogor, Indo. 144/D4
Bogoria, Res. Nat., Kenia 175/B1
Bogotá (río), Col. 231/L8
Bogovinje, Mace. 110/E5
Bogra, Bang. 141/G3
Bogra (dist.), Bang. 141/G3
Bogrie (colina), Es,R.U. 74/E1
Boguchar, Rusia 117/L3
Bogué, Maur. 168/B2
Bogue Chitto (río), La,EUA 210/C2
Boguila, Cafr. 172/C4
Bohai (golfo), China 135/D3
Bohai (estr.), China 135/E3
Bo Hai (Chihli) (golfo), China 135/D3
Bohain-en-Vermandois, Fra. 86/C4
Bohemia (reg.), R.Ch. 89/G3
Bohemia, Selva de (alts.), Ale. 89/G4
Böhlen, Ale. 90/C5
Böhl-Iggelheim, Ale. 88/B4
Böhlitz-Ehrenberg, Ale. 90/C5
Böhme (río), Ale. 85/G3
Böhmenkirch, Ale. 88/C5
Bohmte, Ale. 85/F4
Bohol (estr.), Fil. 145/C3
Bohol (isla), Fil. 145/C3
Bo Ho Su, Vie. 136/E5
Bohu, China 134/E3
Boiano, Ita. 108/D2
Boinu (río), Mya., India 136/B4
Boipeba (isla), Bras. 235/F2
Boiro, Esp. 94/A1
Bois (río), Bras. 234/C3
Bois (isla), Tnva,Can. 205/K2
Bois Blanc (isla), Mi,EUA 206/D2
Bois-d'Arcy, Fra. 71/S10
Bois-des-Filion, Qu,Can. 205/N6
Boise (cap.), Id,EUA 192/E2
Boise (mtñas.), Id,EUA 192/F2
Boise (río), Id,EUA 192/E2
Boise City, Ok,EUA 198/C2
Bois-Guillaume, Fra. 86/A5
Boissevain, Mb,Can. 202/D3
Boissy-Saint-Léger, Fra. 71/T10
Boizenburg, Ale. 85/H2
Bojador (cabo), Fil. 145/C1
Bojano, Ita. 103/E5
Boji (llan.), Kenia 175/C1
Bojkovice, R.Ch. 91/B1
Bojnūrd, Irán 125/J2
Bojonegoro, Indo. 144/E4
Bokaro, India 138/E3
Boké (com.), Gui. 168/B4
Bokhan, Rusia 128/E1
Bokhol (llan.), Kenia 175/B1
Boknafjorden (fiordo), Nor. 80/A2
Boko, Congo 176/C4
Boko, India 141/H3
Boko, Kaz. 134/D2
Bokol (pico), Kenia 175/B1
Bokoro, Chad 172/C2
Bokpyin, Mya. 143/B4
Boksburg, Safr. 180/E2
Bok Tower, Fl,EUA 211/H4
Bok Tower Gdns., Fl,EUA 210/M8
Bol, Chad 172/B2
Bola, Bahr (río seco), Chad 172/C3
Bolama, Gui.Bis. 168/B4
Bolama, D.R.Congo 177/E2
Bolaños (río) 216/E4
Bolaños, Méx. 216/E4
Bolaños de Calatrava, Esp. 94/D3
Bolayır, Tur. 111/H5
Bolbec, Fra. 97/F1
Bölcske, Hun. 91/C6
Boldeşti-Scăeni, Rum. 111/H3
Boldon, Ing,R.U. 75/G2
Bole, China 134/D3
Bole, Gha. 169/E4
Boleng (pico), Indo. 152/A2
Bolesławiec, Pol. 83/H3
Bolgatanga, Gha. 169/E4
Boli, China 129/L2
Boliden, Sue. 79/G2
Bolinao, Fil. 145/B1
Bolinao (cabo), Fil. 145/B1
Boling, Tx,EUA 197/G3
Bolívar, Argen. 238/E3
Bolívar, Bol. 233/E4
Bolívar, Col. 228/B3
Bolívar (dept.), Col. 228/C2
Bolívar, Ecua. 228/A4
Bolívar (prov.), Ecua. 228/B5
Bolivar, Mo,EUA 199/H2
Bolivar, Tn,EUA 208/C3
Bolivar (pen.), Tx,EUA 197/G3
Bolívar, Perú 232/B2
Bolívar (est.), Ven. 229/E3
Bolívar, Cerro (mtña.), Ven. 229/F3
Bolívar (pico), Ven. 228/D2
Bolivia 226/F7
Bolivia, CN,EUA 209/H3
Bolkhov, Rusia 114/F1
Bollate, Ita. 104/C1
Bollendorf, Ale. 87/F4
Bollène, Fra. 100/A4
Bolligen, Suiza 98/D4
Bollin (río), Ing,R.U. 75/F5
Bollmora, Sue. 81/S7
Bollnäs, Sue. 80/G1
Bollullos Par del Condado, Esp. 94/B4
Bolmen (lago), Sue. 80/E3
Bolnisi, Geor. 115/H4
Bolobo, D.R.Congo 176/D3
Bolognesi, Perú 232/C2
Bolognesi, Perú 232/C3
Bologoye, Rusia 112/G4
Bolomba, D.R.Congo 176/D2
Bolon', Rusia 129/M2
Bolon (lago), Rusia 129/M2
Bolonchén de Rejón, Méx. 218/D2
Bolonia, Ita. 105/E4
Bolonia (prov.), Ita. 105/E3
Bolovens (mes.), Laos 143/D3
Bolpebra, Bol. 232/D3
Bolpur, India 141/F4
Bolsena, Ita. 102/B2
Bolsena (lago), Ita. 102/B2
Bol'shaya Breëstovitsa, Bela. 83/N2
Bol'shaya Khobda (río), Kaz. 115/K2
Bol'shaya Kinel' (río), Rusia 115/K1
Bol'shaya Rogovaya (río), Rusia 113/P2
Bol'shaya Synya (río), Rusia 113/N2
Bol'shaya Ussurka (río), Rusia 129/L2
Bolshevik (isla), Rusia 119/L2
Bol'shezemel'skaya (tundra), Rusia 113/M2
Bolshoi Bolvanski Nos (pta.), Rusia 118/F2
Bolshoi Liajovski (isla), Rusia 119/Q2
Bol'shoy Irgiz (río), Rusia 115/H2
Bol'shoy Uzen' (río), Kaz., Rusia 115/J2
Bol'shoy Yenisey (río), Rusia 128/D1
Bolsover, Ing,R.U. 75/G5
Bolsward, P.B. 84/C2
Bolt Head (pta.), Gales,R.U. 76/C6
Bolton, On,Can. 205/R8
Bolton, Ing,R.U. 75/F4
Bolu, Tur. 111/K5
Bolu (prov.), Tur. 111/K5
Bolungavík, Isl. 79/M6
Bolus Head (pta.), Irl. 72/F11
Bolvadin, Tur. 124/B2
Bóly, Hun. 110/D3
Bolzano (Bozen), Ita. 99/H5
Bolzano-Bozen (prov.), Ita. 99/H4
Boma, D.R.Congo 176/C4
Bomaderry, Austl. 157/D2
Bomba, Ang. 178/B2
Bombala, Austl. 157/D3
Bombay (Mumbai), India 138/B4
Bomberai (pen.), Indo. 147/H4
Bom Conselho, Bras. 235/F1
Bom Despacho, Bras. 234/D3
Bomi, China 136/B2
Bomi, Libe. 168/C5
Bom Jardim de Goiás, Bras. 234/B3
Bom Jardim de Minas, Bras. 234/D4
Bom Jesus, Bras. 231/F5
Bom Jesus, Bras. 231/H4
Bom Jesus da Gurguéia (mtñas.), Bras. 235/E1
Bom Jesus da Lapa, Bras. 235/E2
Bom Jesus de Goiás, Bras. 234/C3
Bom Jesus do Itabapoana, Bras. 235/E4
Bom Jesus dos Perdões, Bras. 235/K8
Bomlitz, Ale. 85/G3
Bømlo (isla), Nor. 80/A2
Bomokandi (río), D.R.Congo 177/F2
Bom Sucesso, Bras. 234/D4
Bomu (río), D.R.Congo 173/E4
Bon (cabo), Tun. 108/B4
Bona (mte.), Ak,EUA 215/K3
Bon Air, Va,EUA 209/J2
Bonaire (isla), Ant.Hol. 220/D4
Bonalbo, Austl. 157/E1
Bonampak (ruinas), Méx. 218/D2
Bonanza (pico), Wa,EUA 190/D3
Bonao, R.Dom. 221/F3
Bonaparte (arch.), Austl. 152/B3
Bonaparte (río), CB,Can. 190/D2
Bonaparte (mte.), Wa,EUA 190/E3
Bonasila (mtña.), Ak,EUA 215/F3
Bonaventure, Qu,Can. 204/E1
Bonaventure (río), Qu,Can. 204/E1
Bonavista, Tnva,Can. 205/L1
Bonavista (cabo), Tnva,Can. 205/L1
Bonchamp-lès-Laval, Fra. 97/E4
Bondeno, Ita. 105/E3
Bondi, Austl. 156/H8
Bondo, D.R.Congo 177/E2
Bondoc (pen.), Fil. 145/C2
Bondoukou, C.Marf. 168/E4
Bondowoso, Indo. 144/F4
Bonefro, Ita. 103/E4
Bönen, Ale. 85/E5
Bon-Encontre, Fra. 92/D4
Bonerate (islas), Indo. 147/F5
Bonete (pico), Argen. 236/B4
Bonfouca, La,EUA 210/D2
Bong (lago), China 134/F5
Bong (con.), Libe. 168/C5
Bong (mts.), Libe. 168/C5
Bonga, Ang. 178/C2
Bonga, Eti. 173/H4
Bongabong, Fil. 145/C2
Bongaigaon, India 141/H2
Bongandanga, D.R.Congo 177/E2
Bongao, Fil. 147/E2
Bonggaw, Fil. 145/B4
Bonggi (isla), Indo. 145/B5
Bonggi (isla), Malay. 146/E2
Bongka (río), Indo. 147/F4
Bongo, D.R.Congo 176/E2
Bongo, D.R.Congo 177/E4
Bongolava (alts.), Mad. 181/H7
Bongo, Massif des (mes.), Cafr. 172/D3
Bongor, Chad 164/D3
Bongou (río), Cafr. 172/D4
Bong Son, Vie. 143/E3
Bonham, Tx,EUA 199/F4
Bonheiden, Bél. 86/D1
Bonhill, Es,R.U. 72/B5
Bonifacio (estr.), Fra., Ita. 108/A2
Bonifay, Fl,EUA 211/F2
Bonin (islas), Japón 158/D2
Boni, Res. Nal., Kenia 175/C2
Bonita, Az,EUA 195/H4
Bonita, Ca,EUA 214/C5
Bonita Springs, Fl,EUA 211/H4
Bonito, Bras. 234/A4
Bonito (pico), Hon. 218/E3
Bonito de Santa Fé, Bras. 231/G4
Bonn, Ale. 87/G2
Bonndorf im Schwarzwald, Ale. 99/E2
Bonne (río), Fra. 100/B3
Bonners Ferry, Id,EUA 190/F3
Bonne-sur-Ménoge, Fra. 98/C5
Bonnet (lago), Mb,Can. 202/F2
Bonnétable, Fra. 97/F4
Bonneuil-sur-Marne, Fra. 71/T10
Bonneval, Fra. 97/G4
Bonneville, Fra. 98/C5
Bonnie, Il,EUA 208/C1
Bonnie Doone, CN,EUA 209/H3
Bonnières-sur-Seine, Fra. 86/A5
Bönnigheim, Ale. 88/C4
Bonnybridge, Es,R.U. 72/C5
Bonnyrigg, Es,R.U. 72/C5
Bonnyville, Ab,Can. 186/E3
Bono, Fra. 96/C5
Bonorva, Ita. 108/A2
Bonsall, Ca,EUA 214/C4
Bon Secour, Al,EUA 210/E2
Bon Secour (bahía), Al,EUA 210/E2
Bons-en-Chablais, Fra. 98/C5
Bontberg (pico), Safr. 180/C4
Bontebok, Parq. Nal., Safr. 180/C4
Bonthain, Indo. 147/E5
Bonthe, S.Le. 168/B5
Bontoc, Fil. 137/J5
Bonvavista (bahía), Tnva,Can. 205/L1
Bonyhád, Hun. 110/D2
Booker T. Washington Nat'l Mon., Va,EUA 209/H2
Boom, Bél. 86/D1
Boone, CN,EUA 209/G2
Boone, Ia,EUA 201/H2
Boone (río), Ia,EUA 201/H2
Booneville, Ar,EUA 199/H3
Booneville, Ky,EUA 208/F2
Booneville, Ms,EUA 208/C3
Boonton, NJ,EUA 212/D2
Böörtsagaan (lago), Mong. 128/D2
Boonville, In,EUA 208/D1
Boonville, Mo,EUA 199/H1
Boopi (río), Bol. 233/E5
Boorabbin, Parq. Nal., Austl. 154/D4
Boorama, Som. 174/B3
Booroondara (pico), Austl. 157/C1
Boorowa, Austl. 157/D2
Boostedt, Ale. 82/F1
Booster, Ar,EUA 199/H3
Boot (arcf.), P.N.G. 153/G2
Boothby (cabo), Ant. 161/D
Boothia (golfo), Nun,Can. 186/G1
Boothia (pen.), Nun,Can. 186/G1
Bootle, Ing,R.U. 75/E5
Bopfingen, Ale. 88/D5
Bo Phloi, Tail. 143/B3
Bopili, D.R.Congo 177/E2
Boppard, Ale. 87/G3
Boppy (pico), Austl. 157/C1
Boqueirão (colinas), Bras. 235/E1
Boquerón (dept.), Par. 236/D2
Boquete (pico), Argen. 238/C4
Boquilla (emb.), Méx. 216/D3
Bor, R.Ch. 89/F3
Bor, Rusia 113/K4
Bor, Sudán 173/F4
Bor, Tur. 124/C2
Bor, Serb. 110/F3
Bora Bora (isla), Pol.Fr. 159/K6
Boracho (pico), Tx,EUA 196/B2
Borah (pico), Id,EUA 193/G1
Borås, Sue. 80/E3
Borāzjān, Irán 125/G4
Borba, Bras. 230/B4
Borba, Por. 94/B3
Borbera (río), Ita. 104/B3
Borbonesado (reg.hist.), Fra. 92/D3
Borbonesado (reg.hist.), Fra. 106/D1
Borbore (río), Ita. 104/B3
Borborema (mes.), Bras. 231/G4
Borča, Serb. 110/E3
Borchen, Ale. 85/F5
Borchgrevink (costa), Ant. 161/M
Borçka, Tur. 115/G4
Borculo, P.B. 84/D4
Borda (cabo), Austl. 155/H5
Borda da Mata, Bras. 235/K7
Borden, Austl. 154/C5
Borden (isla.), Nun,Can. 187/R7
Borden (pen.), Nun,Can. 187/H2
Borders (reg.), Es,R.U. 72/C6
Bordertown, Austl. 157/B3
Bordighera, Ita. 104/A5

Bordj – Brook
259

Bordj Bou Adderidj (wilaya), Arg. 165/T15
Bordj Bou Arreridj, Arg. 165/T15
Bordj el Bahri (cabo), Arg. 95/G4
Bordj el Kiffan, Arg. 165/S15
Bordj Flye Sainte-Marie, Arg. 166/E4
Bordj Manaïel, Arg. 165/S15
Bordj Moktar, Arg. 167/F5
Bordj Omar Driss, Arg. 167/G3
Bordreaux (lago), La,EUA 210/C3
Borehamwood, Ing,R.U. 71/N7
Boretto, Ita. 104/D3
Borgä (Porvoo), Fin. 81/L1
Borgarnes, Isl. 79/N7
Borgaro Torinese, Ita. 104/A2
Børgefjell, Parq. Nal., Nor. 79/E2
Borgentreich, Ale. 85/G5
Börger, Ale. 85/E3
Borger, Tx,EUA 198/D3
Borger, P.B. 84/D3
Borgerhout, Bél. 86/D1
Borges Blanques, Esp. 95/F2
Borghetto Lodigiano, Ita. 104/C2
Borghetto Santo Spirito, Ita. 104/B4
Borgholm, Sue. 80/G3
Borgholzhausen, Ale. 85/F4
Borghorst, Ale. 85/E4
Borgia, Ita. 101/C5
Borgloon, Bél. 87/E2
Borgne (lago), La,EUA 210/D3
Borgne (río), Suiza 98/D5
Borgo, Fra. 108/A1
Borgo, Ita. 99/H5
Borgo a Mozzano, Ita. 104/D5
Borgofranco d'Ivrea, Ita. 104/A1
Borgomanero, Ita. 104/B1
Borgoña (reg.), Fra. 92/E3
Borgoña (reg.hist.), Fra. 98/A3
Borgonovo Val Tidone, Ita. 104/C2
Borgo San Dalmazzo, Ita. 100/D4
Borgo San Lorenzo, Ita. 105/E5
Borgosatollo, Ita. 104/D2
Borgosesia, Ita. 104/B1
Borgo Tossignano, Ita. 105/E4
Borgou (prov.), Benín 169/F4
Borgo Val di Taro, Ita. 104/C3
Borgo Vercelli, Ita. 104/B2
Borgund, Nor. 80/B1
Borgu, Res. de Caza, Nige. 169/F4
Bori, Nige. 169/G5
Borisoglebsk, Rusia 71/H3
Borisov, Bela. 81/N4
Borisovka, Rusia 117/J2
Borispol', Ucr. 116/F2
Boriziny, Mad. 181/H6
Borja, Esp. 94/E2
Borja, Perú 232/B2
Borken, Ale. 84/D5
Borki, Ucr. 117/J3
Borkou (reg.), Chad 172/C1
Borkou-Ennedi-Tibesti (pref.), Chad 172/C1
Borkum, Ale. 84/D1
Borkum (isla), Ale. 84/D1
Bor, Lach (río seco), Kenia 175/B1
Borlänge, Sue. 80/F1
Bormes, Fra. 100/C6
Bormida (río), Ita. 104/B3
Bormida di Millesimo (río), Ita. 104/B3
Bormida di Spigno (río), Ita. 104/B4
Bormio, Ita. 99/G5
Born, P.B. 84/C6
Borna, Ale. 90/C5
Borndiep (canal), P.B. 84/C2
Borne, Ale. 90/B4
Borne (río), Fra. 98/C6
Borne, P.B. 84/D4
Bornel, Fra. 86/B5
Bornem, Bél. 86/D1
Borneo (isla), Asia 146/E3
Bornheim, Ale. 87/F2
Bornholm (con.), Din. 80/F4
Bornholm (isla), Din. 80/F4
Bornholmsgat (canal), Sue. 83/H1
Borno (est.), Nige. 172/B2
Bornos, Esp. 94/C4
Börnsen, Ale. 85/H2
Bornu (llans.), Nige. 172/B2
Boro (río seco), Sudán 173/E3
Borobudur (ruinas), Indo. 144/E4
Borodino, Rusia 118/K4
Borodino, Ucr. 116/E4
Borodyanka, Ucr. 116/E2
Borohoro (mtñas.), China, Kaz. 134/D3
Borongan, Fil. 145/D3
Borovichi, Rusia 112/G4
Borovlyanka, Rusia 134/D1
Borovsk, Rusia 114/F1
Borovskiy, Rusia 113/Q4
Borovskoy, Kaz. 113/Q5
Borre, Nor. 80/D2
Borroloola, Austl. 153/E4
Borroloola, T. Abor., Austl. 153/E4
Borşa, Rum. 116/B4
Borsec, Rum. 116/C4
Borshchovochni (mtñas.), Rusia 129/H1
Borsod-Abaúj-Zemplén (con.), Hun. 110/E1
Borso del Grappa, Ita. 105/E1
Borssele, P.B. 84/A6
Bortala (río), China 134/D3
Bort-les-Orgues, Fra. 92/E4
Boruca, C.Rica 219/F4
Borujerd, Irán 125/G3
Bor Ul (mtñas.), China 128/D3
Borzhomi, Geor. 125/E1
Borzna, Ucr. 116/G2
Börzsöny (mtñas.), Hun. 91/C4
Borzya, Rusia 128/H1
Bosa, Ita. 108/A2
Bosanska Dubica, Bosn. 110/C3
Bosanska Gradiška, Bosn. 110/C3
Bosanska Kostajnica, Bosn. 110/C3
Bosanska Krupa, Bosn. 110/C3
Bosanski Brod, Bosn. 110/D3
Bosanski Petrovac, Bosn. 110/C3
Bosanski Šamac, Bosn. 110/D3
Bősárkány, Hun. 91/B4
Bosaso (Bender Cassim), Som. 174/D3
Bosavi, Mount (pico), P.N.G. 153/F1
Boscastle, Ing,R.U. 76/B5
Boscawen, NH,EUA 207/L3
Bosc-le-Hard, Fra. 86/A4
Boscoreale, Ita. 103/E6
Boscotrecase, Ita. 103/E6
Bose, China 136/E4
Bósforo (estr.), Tur. 111/J5
Boshnyakovo, Rusia 129/N2
Boskoop, P.B. 84/B4
Boskovice, R.Ch. 83/J4
Bosna (río), Bosn. 110/D3
Bosnia-Herzegovina 110/C3
Bošnjáci, Cro. 110/D3
Bōsō (pen.), Japón 131/G3
Bosobolo, D.R.Congo 176/D1
Bosque, NM,EUA 198/A3
Bosques Petrificados, Mon. Nal., Argen. 239/K6
Bossangoa, Cafr. 164/D4
Bossembele, Cafr. 172/C4
Bossier City, La,EUA 197/H1
Bossut (cabo), Austl. 152/A4
Bostān, Irán 125/G4
Bostānābād-e Bālā, Irán 125/F2
Bosten (lago), China 134/E3
Boston (mtñas.), Ar, Ok,EUA 199/H3
Boston (cap.), Ma,EUA 207/L3
Boston, Tx,EUA 199/G4
Boston, Ing,R.U. 75/H6
Bostwick (pta.), NY,EUA 213/F1
Bosut (río), Cro. 110/D3
Boswil, Suiza 99/E3
Botād, India 138/B3
Botany (bahía), Austl. 156/H8
Botelerpunt (pta.), Safr. 181/F2
Botelhos, Bras. 235/K6
Botev (pico), Bul. 109/J1
Botevgrad, Bul. 111/F4
Bothel, Ale. 85/G2
Bothel, Ing,R.U. 75/E2
Bothwell, Austl. 157/C4
Botkyrka, Sue. 81/R7
Botletle (río), Bots. 178/D4
Botnia (golfo), Fin., Sue. 112/C3
Botoşani, Rum. 116/D4
Botoşani (con.), Rum. 111/H2
Botou, China 135/D3
Bo Trach, Vie. 143/D2
Botrange (mtña.), Bél. 87/F3
Botricello, Ita. 101/C5
Botrivier, Safr. 180/L11
Botswana 164/E7
Bottanuco, Ita. 104/C1
Botte Donato (pico), Ita. 101/C4
Bottesford, Ing,R.U. 75/H4
Bottesford, Ing,R.U. 75/H6
Botticino, Ita. 104/D1
Bottineau, DN,EUA 202/D3
Bottineau, Parq. de Invrerno, DN,EUA 202/D3
Bottrighe, Ita. 105/F2
Bottrop, Ale. 84/D5
Botucatu, Bras. 234/C4
Botwood, Tnva,Can. 205/K1
Bou (río), C.Marf. 168/D4
Bouaké, C.Marf. 168/D5
Bouar, Cafr. 164/D4
Bouba Ndjida, Parq. Nal., Cam. 172/B3
Boubín (pico), R.Ch. 89/G5
Boubre (río), Fra. 100/B1
Bouca, Cafr. 172/C4
Bouc-Bel-Air, Fra. 100/B6
Bouchain, Fra. 86/C3
Bouchegouf, Arg. 165/V17
Boucherville, Qu,Can. 205/P6
Bouchet (mtña.), Fra. 100/D3
Boucle du Baoulé, Parq. Nal., Malí 168/C3
Boudreaux (lago), La,EUA 210/C3
Boudry, Suiza 98/C4
Bouenza (reg.), Congo 176/C3
Bouenza (río), Congo 176/C3
Boufarik, Arg. 165/S15
Bouffémont, Fra. 71/S9
Bougainville (arcf.), Austl. 156/B1
Bougainville (cabo), Austl. 152/B3
Bougainville (cabo), Malv. 239/N7
Bougainville (isla), P.N.G. 158/E5
Bougara, Arg. 165/S15
Bougar'oûn (cabo), Arg. 165/V17
Bougouni, Malí 168/D4
Bougouriba (prov.), Burk. 168/E4
Bougtob, Arg. 167/F2
Bouguenais, Fra. 92/C3
Bouhalla, Jebel (mtña.), Marr. 165/M13
Bou Hamdane (río), Arg. 165/V17
Bouillon, Bél. 87/E4
Bouira, Arg. 165/S15
Bouira (wilaya), Arg. 165/S15
Bou Ismaïl, Arg. 165/S15
Bou Izakarn, Marr. 166/C3
Boujad, Marr. 166/D2
Bou Kadir, Arg. 165/R15
Boukhalf (Tangier) (aer.intl.), Marr. 165/M13
Boulay-Moselle, Fra. 87/F5
Boulazac, Fra. 92/D4
Boulder, Austl. 158/B8
Boulder, Co,EUA 200/B3
Boulder, Mt,EUA 191/H4
Boulder (río), Mt,EUA 191/J4
Boulder City, Nv,EUA 194/E3
Boulder Creek, Ca,EUA 194/A2
Boulemane, Marr. 166/D2
Boulgo (prov.), Burk. 169/E4
Boulia, Austl. 155/H2
Boulkiemde (prov.), Burk. 169/E3
Boulogne (río), Fra. 92/C3
Boulogne-Billancourt, Fra. 71/S10
Boulogne-sur-Mer, Fra. 73/M11
Boulogne sur Mer, Fra. 77/H5
Boulogne-sur-Mer, Fra. 86/A2
Boulsworth (colina), Ing,R.U. 75/F4
Boumba (río), Cam. 176/C2
Boumerdas, Arg. 165/S15
Boumerdas (wilaya), Arg. 165/S15
Boumort (mtña.), Esp. 95/F1
Bouna, C.Marf. 168/E4
Boundary (pico), Nv,EUA 194/C2
Boundary Bald (mtña.), Me,EUA 204/B3
Boundary Waters Canoe Wild. Area, Mn,EUA 203/J3
Bound Brook, NJ,EUA 212/D2
Boundiali, C.Marf. 168/D4
Boun Nua, Laos 143/C1
Bountiful, Ut,EUA 193/H3
Bounty (islas), N.Z. 65/T8
Bouquet (cañón), Ca,EUA 214/B1
Bouquet (emb.), Ca,EUA 214/B1
Bourail, N.Cal. 158/F7
Bourbet, Rochers du (mtña.), Fra. 98/C3
Bourbeuse (río), Mo,EUA 201/J4
Bourbonnais, Il,EUA 206/C4
Bourbourg, Fra. 86/B2
Bou Regreg (río), Marr. 165/L14
Bourem, Malí 169/E2
Bouressa (uadi), Malí 169/F2
Bourganeuf, Fra. 92/D4
Bourg-de-Péage, Fra. 100/B2
Bourg-en-Bresse, Fra. 98/B5
Bourges, Fra. 92/E3
Bourget (lago), Fra. 100/B1
Bourg-lès-Valence, Fra. 100/A3
Bourgneuf (bahía), Fra. 92/B3
Bourgogne, Fra. 86/D5
Bourgogne (canal), Fra. 98/B3
Bourgoin-Jallieu, Fra. 100/B1
Bourg-Saint-Andéol, Fra. 100/A4
Bourg-Saint-Maurice, Fra. 100/C1
Bourg-Saint-Pierre, Suiza 98/D6
Bourgtheroulde-Infreville, Fra. 97/F2
Bourgueil, Fra. 97/F6
Bourke, Austl. 157/C1
Bourmont, Fra. 98/B1
Bourne-les-Bains, Fra. 98/B2
Bournemouth, Ing,R.U. 77/E5
Bourn-Vincent Mem., Parq. Nal., Irl. 78/A5
Bourquim (colina), Ne,EUA 200/D3
Bourtanger Moor (reg.), Ale. 85/E3
Bousbecque, Fra. 86/C2
Bou Sellam, Oued (río), Arg. 165/T15
Bousso, Chad 172/C3
Boussois, Fra. 86/D3
Boutilimit, Maur. 168/B2
Bouvard (cabo), Austl. 154/B5
Bouvet (isla), Nor. 65/K8
Bouxières-aux-Dames, Fra. 87/F6
Bouxwiller, Fra. 87/G6
Bouzonville, Fra. 87/F5
Bouzy, Fra. 86/C5
Bovalino, Ita. 101/C6
Bova Marina, Ita. 101/B7
Bovenden, Ale. 85/G5
Boven Tapanahoni (río), Suri. 230/C2
Bovenwijde (lago), P.B. 84/D3
Boves, Ita. 104/A4
Bovezzo, Ita. 104/D1
Bovill, Id,EUA 190/F4
Bovingdon, Ing,R.U. 71/M6
Bovino, Ita. 103/F5
Bovīr Aḩmadi and Kohkīlūyeh (gob.), Irán 125/G4
Bovolone, Ita. 105/E2
Bovril, Argen. 236/E4
Bow (río), Ab,Can. 191/H2
Bowbells, DN,EUA 202/C3
Bowdon, Ing,R.U. 75/F5
Bowen, Argen. 238/D2
Bowen, Austl. 156/C3
Bowen Merwede (canal), P.B. 84/C5
Bowie, Az,EUA 195/H4
Bowie, Md,EUA 212/B6
Bow Island, Ab,Can. 191/J3
Bowling Green (cabo), Austl. 156/B2
Bowling Green, Ky,EUA 208/D2
Bowling Green, Mo,EUA 199/J1
Bowling Green, Oh,EUA 206/E4
Bowling Green, Va,EUA 209/J1
Bowling Green Bay, Parq. Nal., Austl. 156/B2
Bowman (isla), Ant. 161/G
Bowman (mtña.), CB,Can. 190/D2
Bowman (bahía), Nun,Can. 187/J2
Bowman, DN,EUA 202/C4
Bowman-Haley (lago), DN,EUA 202/C4
Bowokan (islas), Indo. 147/F4
Bowral, Austl. 157/D2
Bowron (río), CB,Can. 190/D1
Bowutu (mtñas.), P.N.G. 153/G1
Boxberg, Ale. 88/C4
Box Elder (río), Mt,EUA 202/B5
Boxelder, Wy,EUA 193/L2
Box Hill, Austl. 157/C3
Box Hill, Austl. 157/G5
Boxholm, Sue. 80/F2
Boxing, China 135/D3
Boxmeer, P.B. 84/C5
Boxtel, P.B. 84/C5
Boyabat, Tur. 124/C1
Boyacá (dept.), Col. 228/C3
Boyalik, Tur. 125/M6
Boyanup, Austl. 154/B5
Boyarka, Ucr. 116/F2
Boyd-Konangra, Parq. Nal., Austl. 157/D2
Boydton, Va,EUA 209/H2
Boye, China 135/C3
Boyer (río), IA,EUA 201/G2
Boyne (río), Irl. 78/D2
Boyne Island, Austl. 156/C3
Boynton Beach, Fl,EUA 210/P6
Boynton Beach, Fl,EUA 211/H4
Boysen (emb.), Wy,EUA 193/J2
Boyuibe, Bol. 236/D2
Boyup Brook, Austl. 154/C5
Boz (pta.), Tur. 124/B1
Bozcaada (isla), Gre. 109/J3
Bozdoğan, Tur. 124/B2
Bozeman, Mt,EUA 191/J5
Bozen (Bolzano), Ita. 99/H5
Bozkir, Tur. 124/C2
Bozkurt, Tur. 114/E4
Bozova, Tur. 124/D2
Bozüyük, Tur. 124/B2
Bozyazı, Tur. 123/C1
Bozzolo, Ita. 104/D2
Bra, Ita. 104/A3
Braan (río), Es,R.U. 72/C3
Brabante (prov.), Bél. 86/D2
Brabante Septentrional (prov.), P.B. 84/C5
Brač (isla), Cro. 110/C4
Bracciano, Ita. 102/C3
Bracciano (lago), Ita. 102/C3
Bracebridge, On,Can. 207/G2
Brach, Fra. 96/C5
Bracigliano, Ita. 103/E6
Bräcke, Sue. 112/B3
Brackenheim, Ale. 88/C4
Brackettville, Tx,EUA 196/D3
Bracknell, Ing,R.U. 77/F4
Braço do Norte, Bras. 237/G4
Braço Menor do Araguaia (río), Bras. 234/C2
Brad, Rum. 110/F2
Bradano (río), Ita. 101/C2
Bradda Head (pta.), IM,R.U. 74/D3
Bradenton, Fl,EUA 211/G4
Bradford, On,Can. 207/G2
Bradford, Me,EUA 204/C3
Bradford, Pa,EUA 207/G4
Bradford, Vt,EUA 207/K3
Bradford, Ing,R.U. 75/G4
Bradford on Avon, Ing,R.U. 76/D4
Bradley, Il,EUA 206/C4
Bradley, Me,EUA 204/C3
Bradninch, Ing,R.U. 76/C5
Brady, Tx,EUA 196/E2
Braemar, Es,R.U. 72/C2
Braeriach (mtña.), Es,R.U. 72/C2
Braeside, Austl. 154/D2
Braga, Por. 94/A2
Braga (dist.), Por. 94/A2
Bragado, Argen. 238/E2
Bragança, Bras. 231/E3
Bragança, Por. 94/B2
Bragança (dist.), Por. 94/B2
Bragança Paulista, Bras. 234/D4
Brahmaputra (río), Asia 139/F2
Brahmaputra (Yarlung Zangbo) (río), China 141/G1
Braich-y-Pwll (pta.), Gales,R.U. 74/D6
Braid (río), IrN,R.U. 74/B2
Brăila (con.), Rum. 111/H3
Brăila, Rum. 111/H3
Braine-l'Alleud, Bél. 86/D2
Braine-le-Comte, Bél. 86/D2
Brainerd, Mn,EUA 203/G4
Braintree, Ing,R.U. 77/G3
Braithwaithe (pta.), Austl. 152/D2
Brak (río), Safr. 180/C3
Brake, Ale. 85/F2
Brakel, Ale. 85/G5
Brakel, Bél. 86/C2
Brakna (reg.), Maur. 168/B2
Bralorne, CB,Can. 190/C2
Bram, Fra. 92/E5
Bramdrupdam, Din. 80/C4
Bramley (mtña.), NY,EUA 207/J3
Bram, Monte (pico), Ita. 100/D4
Brampton, On,Can. 207/G3
Brampton, Ing,R.U. 75/F2
Bramsche, Ale. 85/E4
Bran (río), Es,R.U. 72/A1
Brancaleone-Marina, Ita. 101/C7
Branco (río), Bras. 229/F5
Brandberg (pico), Nam. 178/B4
Brande, Din. 80/C4
Brandenburg, Ale. 90/C3
Brandenburg, Ky,EUA 208/D2
Brandenburgo (est.), Ale. 90/D3
Brand-Erbisdorf, Ale. 90/D6
Brandizzo, Ita. 104/A2
Brandon, Mb,Can. 202/E3
Brandon, Fl,EUA 210/L8
Brandon, Fl,EUA 211/G4
Brandon, Mn,EUA 203/G5
Brandon, Ms,EUA 208/C4
Brandon (mtña.), Irl. 78/D4
Brandon, Ing,R.U. 77/G2
Brandsen, Argen. 238/F2
Brandvlei, Safr. 180/C3
Brandýs nad Labem, R.Ch. 89/H2
Branges, Fra. 98/B4
Braniewo, Pol. 83/K1
Brannenburg, Ale. 82/G5
Brantford, On,Can. 206/F3
Branxholm, Austl. 157/C4
Branxton, Austl. 157/D2
Branxton, Ing,R.U. 72/D5
Branzoll (Bronzolo), Ita. 99/H5
Bras d'Or (lago), NE,Can. 205/G2
Brasil 224/D6
Brasiléia, Bras. 232/D3
Brasileras (mes.), Bras. 224/D7
Brasília (cap.), Bras. 234/D2
Brasília de Minas, Bras. 234/D3
Brasilia, Parq. Nal de, Bras. 234/C2
Braşov, Rum. 111/G3
Braşov (con.), Rum. 111/G3
Brasschaat, Bél. 84/B6
Brassey (pico), Austl. 155/G2
Brasstown Bald (pico), Ga,EUA 208/F3
Brat (isla), Cro. 107/H2
Bratislava (cap.), Eslo. 91/B3
Bratislava (reg.), Eslo. 91/B3
Bratislava (Ivanka) (aer.intl.), Eslo. 91/B3
Bratsigovo, Bul. 111/G4
Bratsk, Rusia 119/L4
Bratskoye, Ucr. 116/F4
Brattleboro, Vt,EUA 207/K3
Bratunac, Bosn. 110/D3
Braubach, Ale. 87/G3
Braulio Carrillo, Parq. Nal., C.Rica 219/F4
Braunau am Inn, Aus. 89/G6
Braunfels, Ale. 88/B1
Braunlage, Ale. 85/H5
Bräunlingen, Ale. 99/E2
Braunsbedra, Ale. 90/B5
Braunschweig (Brunswick), Ale. 85/H4
Brava (isla), Cab.V. 164/J11
Brava (pta.), Chile 239/K8
Brava (costa), Esp. 95/G2
Brava (pta.), Uru. 239/T12
Bråviken (ens.), Sue. 80/G2
Bravo (pico), Bol. 236/C1
Bravo (pico), Perú 232/B2
Bravo (río), Ven. 228/C2
Bravo del Norte (Rio Grande) (río), Méx. 196/D3
Brawley, Ca,EUA 194/E4
Bray (isla), Nun,Can. 187/J2
Bray, Irl. 78/D3
Bray-Dunes, Fra. 86/B1
Braye (río), Fra. 97/F5
Bray Head (pta.), Irl. 74/B5
Bray-sur-Somme, Fra. 86/B4
Brazeau (mtña.), Ab,Can. 190/F1
Brazeau (río), Ab,Can. 190/F1
Brazo Casiquare (río), Ven. 229/E4
Brazópolis, Bras. 235/L7
Brazos (río), Tx,EUA 197/G3
Brazos, Clear Fork (río), Tx,EUA 198/E4
Brazos, Double Mountain Fork (río), Tx,EUA 198/D4
Brazos, North Fork Double Mountain Fork (río), Tx,EUA 198/D4
Brazos, Salt Fork (río), Tx,EUA 198/D4
Brazo Sur (río), Argen. 239/K7
Brazzaville (cap.), Congo 176/C4
Brčko, Bosn. 110/D3
Brda (río), Pol. 82/J2
Brdy (mtñas.), R.Ch. 89/G3
Brea, Ca,EUA 214/C3
Breadalbane (dist.), Es,R.U. 72/B4
Breakenridge (mtña.), CB,Can. 190/D3
Bream (pta.), N.Z. 160/C1
Breamish (río), Ing,R.U. 72/E6
Bream Tail (pta.), N.Z. 160/C2
Breaza, Rum. 111/G3
Brebbia, Ita. 104/B1
Brebes, Indo. 144/E4
Brêche (río), Fra. 97/H2
Brechen, Ale. 88/B2
Brecht, Bél. 84/B6
Breckenridge, Co,EUA 200/A4
Breckenridge, Mn,EUA 202/F4
Breckenridge, Tx,EUA 197/E1
Breckerfeld, Ale. 85/E6
Breckland (reg.), Ing,R.U. 77/G2
Brecknock (pen.), Chile 239/K8
Břeclav, R.Ch. 91/A2
Brecon, Gales,R.U. 76/C3
Brecon Beacons (mtñas.), Gales,R.U. 76/C3
Brecon Beacons, Parq. Nal., Gales,R.U. 76/C3
Bréda (río), Fra. 100/C2
Breda, P.B. 84/B5
Bredaryd, Sue. 80/E3
Bredasdorp, Safr. 180/C4
Bredebro, Din. 80/C4
Bredene, Bél. 86/B1
Bredstedt, Ale. 82/E1
Bree, Bél. 87/E1
Breë (río), Safr. 180/B4
Breezy (pta.), NY,EUA 213/E2
Breg (río), Ale. 99/E1
Bregagno, Monte (pico), Ita. 99/F5
Bregalinca (río), Mace. 110/F5
Breganze, Ita. 105/E1
Bregenz, Aus. 99/F2
Bregenzer Ache (río), Aus. 99/F3
Bregovo, Bul. 110/F3
Bréhat (isla), Fra. 96/C3
Brehna, Ale. 90/C4
Breidhafjördhur (bahía), Isl. 79/M6
Breisach, Ale. 98/D1
Breitenauriegel (pico), Ale. 89/G5
Breitenbach, Ale. 87/G5
Breithorn (pico), Suiza 98/D5
Breithorn (pico), Suiza, Ita. 98/D6
Breitling (lago), Ale. 90/C3
Brejinho de Nazaré, Bras. 234/C1
Brejo, Bras. 231/F3
Brejo de Cruz, Bras. 231/G4
Brejo Santo, Bras. 231/G4
Brembate di Sopra, Ita. 104/C1
Brembilla, Ita. 104/C1
Brembo (río), Ita. 104/C1
Bremen, Ale. 85/F2
Bremen (est.), Ale. 85/F1
Bremen (est.), Ale. 85/F2
Bremer (río), Austl. 156/E7
Bremerhaven, Ale. 85/F1
Bremerton, Wa,EUA 190/C4
Bremervörde, Ale. 85/G2
Bremgarten, Suiza 99/E3
Bremgarten bei Bern, Suiza 98/D4
Bremnes, Nor. 80/A2
Brend (río), Ale. 88/D2
Brendola, Ita. 105/E2
Brendon (colinas), Ing,R.U. 76/C4
Brenham, Tx,EUA 197/F2
Brenig, Llyn (lago), Gales,R.U. 74/E5
Brenne (río), Fra. 98/B4
Brenner (río), Austl. 155/N9
Brenno (río), Suiza 99/E4
Breno, Ita. 104/D1
Brent (emb.), Ing,R.U. 71/N7
Brent (mun.inc.), Ing,R.U. 71/N7
Brent (río), Ing,R.U. 71/N7
Brenta (río), Ita. 105/F2
Brenta, Cima (pico), Ita. 99/G5
Brentwood, NY,EUA 213/E2
Brentwood, Tn,EUA 208/D2
Brentwood, Ing,R.U. 71/P7
Brenz (río), Ale. 88/D5
Brescello, Ita. 104/D3
Brescia, Ita. 104/D1
Brescia (prov.), Ita. 104/D1
Breslau, Tx,EUA 197/F3
Bresle (río), Fra. 86/A4
Bresles, Fra. 86/B5
Bresque (río), Fra. 100/C5
Bressana, Ita. 104/C2
Bressanone, Ita. 93/J3
Bressay (isla), Es,R.U. 73/P12
Bressuire, Fra. 92/C3
Brest, Bela. 83/M2
Brest, Fra. 96/A4
Brest, Rade de (puer.), Fra. 96/A4
Brest, Región de, Bela. 83/M2
Bretagne (reg.), Fra. 96/D4
Bretagne (pta.), Reun. 181/R15
Bretaña (mtñas.), Fra. 96/C4
Bretaña (reg.hist.), Fra. 96/B4
Bretaña, Perú 232/C2
Breteuil, Fra. 97/H1
Breteuil-sur-Iton, Fra. 97/F3
Breteuil-sur-Noye, Fra. 86/B4
Brethren, Mi,EUA 203/L5
Brétigny-sur-Orge, Fra. 71/S11
Breton, Ab,Can. 191/G1
Breton (estr.), La,EUA 210/D3
Breton (isla), La,EUA 210/D3
Bretoncelles, Fra. 97/F4
Brett (cabo), N.Z. 160/C1
Brettach (río), Ale. 88/C4
Brette-les-Pins, Fra. 97/F5
Bretten, Ale. 88/B4
Breuberg, Ale. 88/C3
Breueh (isla), Indo. 144/A1
Breukelen, P.B. 84/B4
Breuna, Ale. 85/G6
Brevard, CN,EUA 209/F3
Breves, Bras. 230/D3
Brevik, Nor. 80/C2
Brevik, Sue. 81/S7
Brevoort (isla), Nun,Can. 187/K2
Brewarrina, Austl. 157/C1
Brewster (cabo), Austl. 152/B3
Brewster, Ne,EUA 200/E3
Brewton, Al,EUA 210/E2
Brežice, Esl. 110/B3
Brezina, Arg. 167/F2
Březnice, R.Ch. 89/G3
Breznik, Bul. 110/F4
Brezoi, Rum. 111/G3
Bria, Cafr. 164/E4
Briançon, Fra. 93/G4
Briancon, Fra. 100/C3
Brianne, Lyn (emb.), Gales,R.U. 76/C2
Briansk, Rusia 114/E1
Briare, Fra. 92/E3
Bric de Rubren (mtña.), Fra. 100/C3
Brice, Tx,EUA 198/D3
Brick, NJ,EUA 213/D3
Bricquebec, Fra. 96/D2
Bric Rosso (pico), Ita. 100/D3
Bridal Cave, Mo,EUA 201/H4
Bridal Veil (cats.), Co,EUA 193/K5
Bride (río), Irl. 78/B5
Bridge (río), CB,Can. 190/C2
Bridgeman (mtña.), Ky,EUA 208/E2
Bridgend, Gales,R.U. 76/C4
Bridge of Allan, Es,R.U. 72/C4
Bridge of Don, Es,R.U. 72/D2
Bridge of Weir, Es,R.U. 72/B5
Bridgeport, Ca,EUA 194/C1
Bridgeport, Ct,EUA 207/K4
Bridgeport (lago), Tx,EUA 197/F1
Bridgeton, NJ,EUA 212/C5
Bridgetown, Austl. 154/C5
Bridgetown (cap.), Bar. 220/G4
Bridgetown, Oh,EUA 206/D5
Bridgeville, Qu,Can. 204/E1
Bridgewater, Austl. 157/C4
Bridgewater, NE,Can. 204/E3
Bridgnorth, Ing,R.U. 76/D1
Bridgwater, Ing,R.U. 76/D4
Bridgwater (bahía), Ing,R.U. 76/C4
Bridlington, Ing,R.U. 75/H3
Bridlington (bahía), Ing,R.U. 75/H3
Bridport, Austl. 157/C4
Bridport, Vt,EUA 207/K3
Bridport, Ing,R.U. 76/D5
Brie (reg.), Fra. 71/U10
Briec, Fra. 96/A4
Brie-Comte-Robert, Fra. 71/T10
Brieg Brzeg, Pol. 83/J3
Brielle, P.B. 84/B5
Brienza, Ita. 101/B2
Brienzer (lago), Suiza 98/D4
Brier (isla), NE,Can. 204/D3
Brier (mtña.), Pa,EUA 207/H4
Brieselang, Ale. 90/D2
Briey, Fra. 87/E5
Brig, Suiza 93/G3
Brigach (río), Ale. 99/E1
Brigantine, NJ,EUA 213/D5
Brig-Glis, Suiza 98/D5
Brigham City, Ut,EUA 193/G3
Brighouse, Ing,R.U. 75/G4
Bright, Austl. 157/C3
Brightlingsea, Ing,R.U. 77/H3
Brighton, Austl. 155/M9
Brighton, On,Can. 207/H2
Brighton, Co,EUA 200/B4
Brighton, Mi,EUA 206/E3
Brighton, Ing,R.U. 77/F5
Brignais, Fra. 100/A1
Brignoles, Fra. 100/C6
Brihadeshwara, India 142/G3
Briis-sous-Forges, Fra. 71/S11
Brijuni, Cro. 105/G3
Brikama, Gam. 168/A3
Brilhante (río), Bras. 234/B4
Brilon, Ale. 85/F6
Brimstone Hill, Parq. Nal., St.K. 220/F3
Brindisi, Ita. 109/E2
Brinkmann, Argen. 236/D4
Brinkworth, Austl. 155/H5
Brinkworth, Ing,R.U. 76/E3
Briny Breezes, Fl,EUA 210/P6
Brion (isla), Qu,Can. 205/G2
Brion, Esp. 94/A1
Brionne, Fra. 97/F2
Brisbane, Austl. 156/D4
Brisbane (aer.intl.), Austl. 156/D4
Brisbane (río), Austl. 156/F6
Brisbane, Parq. For., Austl. 156/E6
Brisbane Ranges, Parq. Nal., Austl. 157/C3
Brisbane Waters, Parq. Nal., Austl. 157/D2
Brisco, CB,Can. 190/F2
Brisighella, Ita. 105/E4
Bristol (bahía), Ak,EUA 215/F4
Bristol (lago seco), Ca,EUA 194/E3
Bristol, Ct,EUA 207/K4
Bristol, Fl,EUA 211/F2
Bristol, Pa,EUA 212/D3
Bristol, RI,EUA 207/L4
Bristol, Tn,EUA 209/F2
Bristol, Tx,EUA 196/L7
Bristol, Vt,EUA 207/K2
Bristol (canal), R.U. 76/B4
Bristol, Ing,R.U. 76/D4
Britânia, Bras. 234/C2
Británico, Museo, Ing,R.U. 71/N7
British (mtñas.), Yk,Can, Ak,EUA 215/K2
British Empire (mts.), Nun,Can. 187/S6
Brits, Safr. 180/D2
Britstown, Safr. 180/C3
Britton, DS,EUA 200/F1
Britton, Tx,EUA 196/K7
Brive-la-Gaillarde, Fra. 92/D4
Brives-Charensac, Fra. 92/E4
Briviesca, Esp. 94/D1
Brivio, Ita. 104/C1
Brix, Fra. 96/D1
Brlik, Kaz. 134/B3
Brno, R.Ch. 91/A1
Bro, Sue. 81/R6
Broad (río), CN, CS,EUA 209/G3
Broad (río), Ga,EUA 209/F4
Broad, Canal de la Bahía de (canal) 151/H4
Broadford, Austl. 157/C3
Broadkill (río), De,EUA 212/C6
Broad Law (mtña.), Es,R.U. 72/C6
Broadmeadows, Austl. 157/F5
Broad Sound (canal), Austl. 156/C3
Broadstairs, Ing,R.U. 77/H4
Broadus, Mt,EUA 191/M5
Broadwater, Parq. Nal., Austl. 157/E1
Broadway, Ing,R.U. 77/E2
Broadway (colina), Ing,R.U. 77/E2
Broa, Ensenada de la (bahía), Cuba 219/F1
Broby, Sue. 80/F3
Broceni, Let. 81/K3
Brochet, Mb,Can. 186/F3
Brock (isla), Nun,Can. 187/R7
Brocken (pico), Ale. 85/H5
Brockman (pico), Austl. 154/C2
Brockport, NY,EUA 207/H3
Brockton, Ma,EUA 207/L3
Brockville, On,Can. 207/J2
Brodeur (pen.), Nun,Can. 186/G1
Brodnica, Pol. 83/K2
Brody, Ucr. 116/C2
Broek Op Langedijk, P.B. 84/B3
Broken (bahía), Austl. 157/D2
Broken Arrow, Ok,EUA 199/G2
Broken Back (cráter), NM,EUA 195/J4
Broken Bow, Ne,EUA 200/E3
Broken Bow (lago), Ok,EUA 199/G3
Broken Hill, Austl. 155/J4
Brokeoff (mtñas.), NM,EUA 198/B4
Brokopondo, Suri. 230/C1
Brokopondo (dist.), Suri. 230/C1
Brolo, Ita. 101/A6
Brome, Ale. 90/A2
Bromley, Ing,R.U. 71/P7
Bromley (mun.inc.), Ing,R.U. 71/P7
Bromley, Zim. 179/F3
Bromley Common, Ing,R.U. 71/P7
Bromma, Sue. 81/R7
Bromo (mtña.), Indo. 144/F4
Bromölla, Sue. 80/F3
Bromo-Tengger-Semeru, Res. Nal., Indo. 144/F5
Bromsgrove, Ing,R.U. 76/D2
Bron, Fra. 100/A1
Bronaugh, Mo,EUA 199/G2
Brønderslev, Din. 80/C3
Brong-Ahafo (reg.), Gha. 169/E5
Broni, Ita. 104/C2
Bronnitsy, Rusia 112/H5
Brønnøysund, Nor. 79/E2
Brøns, Din. 80/C4
Bronschhofen, Suiza 99/F3
Bronson, Fl,EUA 211/G3
Bronte, On,Can. 205/R9
Bronte, Ita. 108/D4
Bronx (río), NY,EUA 213/K8
Brooker, Fl,EUA 211/G3
Brookes Point, Fil. 145/B3
Brookfield, Vt,EUA 207/K2
Brookfield, Wi,EUA 206/B3
Brook Forest, Co,EUA 198/B1
Brookhaven, Ms,EUA 208/B5
Brookhaven, NY,EUA 213/F2
Brookings, DS,EUA 201/F1

260 Brook – Caern

Brooklyn Center, Mn,EUA 203/P6
Brooklyn Park, Md,EUA 212/B5
Brooklyn Park, Mn,EUA 203/H5
Brookmans Park, Ing,R.U. 71/N6
Brook Park, Mn,EUA 203/H5
Brooks, Ab,Can. 191/J2
Brooks (mtñas.), Ak,EUA 215/F2
Brookside, De,EUA 212/C4
Brooksville, Fl,EUA 210/L6
Brooksville, Fl,EUA 211/G3
Brooksville, Ky,EUA 208/E1
Brookton, Austl. 154/C5
Brookville, In,EUA 206/D5
Brookville (lago), In,EUA 208/E1
Brookville, Pa,EUA 207/G4
Broomall, Pa,EUA 212/C4
Broome, Austl. 152/A4
Broomfield, Co,EUA 200/B4
Brørup, Din. 82/E1
Brösarp, Sue. 80/F4
Brosna (río), Irl. 78/C3
Brossard, Qu,Can. 205/P7
Brotas, Bras. 234/C4
Brou, Fra. 97/G4
Brough Head (pta.), Es,R.U. 73/N13
Broughton, Es,R.U. 72/C5
Broughton, Ing,R.U. 77/F2
Broughton Island, Nun,Can. 187/K2
Brouwershaven, P.B. 84/A5
Brovary, Ucr. 116/F2
Brovst, Din. 80/C3
Brown (pico), Austl. 155/H5
Brown (pta.), Austl. 155/G5
Brown (mte.), Mt,EUA 191/J3
Brown (pta.), Wa,EUA 190/B4
Brown Clee (colina), Ing,R.U. 76/D2
Brown Deer, Wi,EUA 206/C3
Brownfield, Tx,EUA 196/C1
Brownhills, Ing,R.U. 77/E1
Brownlee (emb.), Id, Or,EUA 192/E1
Brownsburg, In,EUA 206/C5
Brownsea (isla), Ing,R.U. 77/E5
Browns Mills, NJ,EUA 212/D4
Brownstown, In,EUA 206/C5
Brownsville, Ky,EUA 208/D2
Brownsville, NY,EUA 213/K9
Brownsville, Tn,EUA 208/C3
Brownsville, Tx,EUA 197/F5
Brownville, Me,EUA 204/C3
Brown Willy (colina), Ing,R.U. 76/B5
Brownwood, Tx,EUA 196/E2
Brownwood (lago), Tx,EUA 196/E2
Broxburn, Es,R.U. 72/C5
Broye (río), Suiza 98/C4
Broyle (cabo), Tnva,Can. 205/L2
Bruay-en-Artois, Fra. 86/B3
Bruay-sur-l'Escaut, Fra. 86/C3
Bruce (pico), Austl. 154/C2
Bruce (pen.), On,Can. 206/F2
Bruce Peninsula, Parq. Nal., On,Can. 206/F2
Bruce Rock, Austl. 154/C4
Bruche (río), Fra. 98/D1
Bruchhausen-Vilsen, Ale. 85/G3
Bruchköbel, Ale. 88/B2
Bruchmühlbach-Miesau, Ale. 87/G5
Bruchsal, Ale. 88/B4
Brucht (río), Ale. 85/G5
Brück, Ale. 90/C3
Bruck an der Grossglockner-strasse, Aus. 93/K3
Bruck an der Leitha, Aus. 91/A3
Bruck an der Mur, Aus. 93/L3
Bruckberg, Ale. 89/F5
Bruckmühl, Ale. 82/F5
Brue (río), Ing,R.U. 76/D4
Brügg, Suiza 98/D3
Brüggen, Ale. 84/D6
Brugnera, Ita. 105/F1
Brühl, Ale. 87/F2
Bruinisse, P.B. 84/B5
Bruino, Ita. 104/A2
Brujas, Bél. 86/C1
Brukkaros (pico), Nam. 178/C5
Brule (lago), Mn,EUA 203/J4
Brumado, Bras. 235/E2
Brumath, Fra. 87/G6
Brummen, P.B. 84/D4
Brumunddal, Nor. 80/D1
Bruncu Spina (pico), Ita. 108/A2
Brune (río), Fra. 86/D4
Bruneau (río), Id,EUA 192/F2
Brunei 145/A4
Brunei (bahía), Bru. 145/A4
Brunete, Esp. 95/M9
Brunette (isla), Tnva,Can. 205/J2
Brunflo, Sue. 79/E3
Brunico, Ita. 93/J3
Brunna, Sue. 81/R6
Brunn am Gebirge, Aus. 91/A3
Brunnen, Suiza 99/E4
Brunner, N.Z. 160/B3
Brunoy, Fra. 71/T10
Brunsbüttel, Ale. 85/G1
Brunssum, P.B. 87/E2
Brunstatt, Fra. 98/D2
Brunswick, Austl. 157/F5
Brunswick (pen.), Chile 239/J8
Brunswick, Ga,EUA 211/H2
Brunswick, Md,EUA 209/J1
Brunswick, Me,EUA 204/C4
Brunswick, Oh,EUA 207/F4
Brunswick (Braunschweig), Ale. 85/H4
Brunswick Heads, Austl. 156/D5
Brunswick Junction, Austl. 154/B5
Brus (lag.), Hon. 219/E3
Brusciano, Ita. 103/E6
Bruselas (aer.intl.), Bél. 86/D2
Bruselas (cap.), Bél. 86/D2
Brush (colina), DN,EUA 202/E4
Brushy Creek, Tx,EUA 197/G2
Brusque, Bras. 237/G3
Bruthen, Austl. 157/C3
Bruyères, Fra. 98/C1
Bruyères-le-Châtel, Fra. 71/S11
Bruyères-sur-Oise, Fra. 71/S9
Bruz, Fra. 96/D4
Bruzual, Ven. 228/D2
Bryan (costa), Ant. 161/U
Bryan (pico), Austl. 155/H5
Bryan, Oh,EUA 206/D4
Bryan, Tx,EUA 197/F2
Bryanka, Ucr. 117/K3
Bryansk (reg), Rusia 117/G1
Bryce Canyon, Parq. Nal., Ut,EUA 195/F2
Brymbo, Gales,R.U. 75/E5
Bryn Brawd (mtña.), Gales,R.U. 76/C2
Bryne, Nor. 80/A2
Bryson City, CN,EUA 209/F3
Bryukhovetskaya, Rusia 117/K5
Brzeg Dolny, Pol. 83/J3
Brzesko, Pol. 83/L4
Brzozów, Pol. 83/M4
Bua (río), Mal. 179/G2
Bua, Sue. 80/E3
Buala, Sal. 158/E5
Buaya (río), Indo. 153/E2
Buba, Gui.Bis. 168/B4
Bubaque, Gui.Bis. 168/B4
Bubendorf, Suiza 98/D3
Bubikon, Suiza 99/E3
Būbiyan (isla), Kuw. 125/G4
Bubu (río), Tan. 175/A3
Bubye (río), Zim. 179/F4
Buc, Fra. 71/S10
Bucak, Tur. 124/B2
Bucaramanga, Col. 228/C3
Bucarest (cap.), Rum. 111/H3
Bucas Grande (isla), Fil. 145/D3
Bucasia, Austl. 156/C3
Bucay, Fil. 145/C1
Buccaneer (arch.), Austl. 152/A4
Buccino, Ita. 103/F6
Bucelas, Por. 95/P10
Buch, Ale. 99/G1
Bucha, Ucr. 114/D2
Buchach, Ucr. 116/C3
Buchan (golfo), Nun,Can. 187/J1
Buchan (dist.), Es,R.U. 72/D1
Buchanan, Ga,EUA 208/E4
Buchanan (lago), Tx,EUA 197/E2
Buchanan, Libe. 168/C5
Buchan Ness (pta.), Es,R.U. 73/L8
Buchans, Tnva,Can. 205/J1
Buchardo, Argen. 238/E2
Buchen, Ale. 88/C3
Buchenberg, Ale. 99/G2
Buchholz in der Nordheide, Ale. 85/G2
Buchloe, Ale. 88/D6
Buchon (pta.), Ca,EUA 194/B3
Buchs, Suiza 99/F3
Bucine, Ita. 105/E6
Buckau (río), Ale. 90/C3
Buckden Pike (mtña.), Ing,R.U. 75/F3
Bückeburg, Ale. 85/G4
Buckfield, Me,EUA 207/L2
Buckhannon, VOcc,EUA 209/G1
Buckie, Es,R.U. 72/D1
Buckingham, Qu,Can. 207/J2
Buckingham, Va,EUA 209/H2
Buckingham, Ing,R.U. 77/F3
Buckingham, Palacio de, Ing,R.U. 71/N7
Buckinghamshire (con.), Ing,R.U. 77/F3
Buckle (cima), Austl. 152/B3
Buckley, Gales,R.U. 75/E5
Bucklige Welt (reg.), Aus. 91/A4
Buckroe, Mi,EUA 206/C1
Bucksburn, Es,R.U. 72/D2
Buck, The (mtña.), Es,R.U. 72/D2
Bučovice, R.Ch. 91/B1
Buctouche, NB,Can. 204/E2
Bucureşti (con.), Rum. 116/D5
Bucyrus, Oh,EUA 206/E4
Budai (mtñas.), China 128/D4
Budai hegy (colina), Hun. 91/C4
Budakeszi, Hun. 91/C4
Budaörs, Hun. 91/C5
Budapest (cap.), Hun. 91/D5
Budapest (con.), Hun. 91/D4
Budaun, India 140/B1
Budd (costa), Ant. 161/H
Budd Lake, NJ,EUA 212/D2
Buddon Ness (pta.), Es,R.U. 72/D4
Buddusò, Ita. 108/A2
Bude, Eti. 174/B4
Bude, Ing,R.U. 76/B5
Bude (bahía), Ing,R.U. 76/B5
Budel, P.B. 84/C6
Büdelsdorf, Ale. 82/E1
Budge-Budge, India 141/G4
Budhanilantha, Nepal 141/E2
Büdingen, Ale. 88/C2
Budrio, Ita. 105/E3
Budva, Mont. 110/D4
Budzhak (reg.), Mol., Ucr. 111/J2
Buea, Cam. 176/B1
Buëch (río), Fra. 100/B3
Buelna (aer.intl.), Méx. 216/D4
Buena Esperanza, Argen. 238/D2
Buena Esperanza (cabo), Safr. 180/B4
Buena Fe, Ecua. 228/B5
Buena Park, Ca,EUA 214/C3
Buenaventura, Col. 228/B4
Buenaventura, Méx. 216/D2
Buena Vista, Bol. 233/F5
Buena Vista, Ga,EUA 208/E4
Buenavista, Méx. 216/E5
Buenavista, Méx. 217/Q9
Buena Vista, Uru. 239/G2
Buena Vista, Ven. 228/D3
Buena Vista, Lecho del Lago (lago seco), Ca,EUA 194/C3
Bueno (río), Chile 238/B4
Bueno Brandão, Bras. 235/K7
Buenópolis, Bras. 234/D3
Buenos Aires (cap.), Argen. 238/F2
Buenos Aires (prov.), Argen. 238/E3
Buenos Aires (lago), Argen., Chile 238/C5
Buenos Aires, Col. 228/B4
Buenos Aires, Col. 228/D4
Buenos Aires, Perú 232/B2
Buenos Aires, Ven. 229/E4
Buenos Aires (Jorge Newbery) (aer.intl.), Argen. 239/S12
Buenos Aires (Ministro Pistarini) (aer.intl.), Argen. 239/S12
Buerarema, Bras. 235/F2
Buesaco, Col. 228/B4
Buet (mtña.), Fra. 98/C5
Bueu, Esp. 94/A1
Buffalo (pico), Austl. 157/C3
Buffalo (lago), Ab,Can. 191/H1
Buffalo (río), Ar,EUA 199/H2
Buffalo, NY,EUA 207/G3
Buffalo Nat'l River, Ar,EUA 199/H2
Buffalo Springs, Res. Nal., Kenia 175/B1
Buffelsrivier (río seco), Safr. 180/B3
Buffum (lago), Fl,EUA 210/M8
Buford, Ga,EUA 208/E3
Buftea, Rum. 111/G3
Bug (río), Eur. 114/B1
Bug (estuary), Ucr. 111/K2
Buga, Col. 228/B4
Bugaba, Pan. 219/F4
Bugac, Hun. 110/D2
Bugala (isla), Uga. 177/H3
Bugalagrande, Col. 228/B3
Bugarach, Pic de (pico), Fra. 92/E5
Bugat, Mong. 128/C2
Bugel (pta.), Indo. 144/E4
Bugenhout, Bél. 86/D1
Bugojno, Bosn. 110/C3
Bugrino, Rusia 113/L1
Bugsuk (isla), Fil. 145/B3
Bugul'ma, Rusia 113/M5
Buguruslan, Rusia 115/K1
Buh (río), China 128/D4
Buḩayrat al Asad (lago), Siria 124/D2
Buḩayrat ath Tharthār (lago), Irak 125/E3
Bühl, Ale. 99/E2
Buhl, Fra. 98/D2
Bühler (río), Ale. 88/C4
Buhler, La,EUA 197/H2
Bühlerzell, Ale. 88/C5
Buhuşi, Rum. 111/H2
Bui Gorge (emb.), Gha. 169/E4
Buin, Chile 238/Q9
Buin, Piz (pico), Suiza 99/G4
Buinsk, Rusia 113/K5
Buinsk, Rusia 113/L5
Buíque, Bras. 235/F1
Bujalance, Esp. 94/C4
Bujanovac, Serb. 110/E4
Bujará, Uzb. 118/G6
Buje, Cro. 105/G2
Bujor, Rum. 111/H3
Bujumbura (cap.), Bur. 177/G3
Buk, Pol. 83/J2
Buka (isla), P.N.G. 158/E5
Bukachacha, Rusia 128/H1
Bukadaban Feng (pico), China 134/F4
Būkān, Irán 125/F2
Bukasa (isla), Uga. 177/H3
Bukavu, D.R.Congo 177/G3
Bukene, Tan. 175/A3
Buket Bubat (pico), Malay. 143/C5
Bukhtarma (río), Kaz. 128/A2
Bukit Mertajam, Malay. 144/C1
Bukittinggi, Indo. 144/C3
Bükki, Parq. Nal., Hun. 110/E1
Bukoba, Tan. 177/G3
Buku (cabo), Indo. 146/B4
Bülach, Suiza 99/E2
Bulahdelah, Austl. 157/E2
Bulalakao, Fil. 145/C2
Bulan, Fil. 145/C2
Bulanash, Rusia 113/P4
Bulancak, Tur. 124/D1
Bulandshahr, India 140/A1
Bulawa (pico), Indo. 147/F3
Bulawayo, Zim. 179/F4
Bulayevo, Kaz. 118/H4
Buldan, Tur. 124/B2
Buldibuyo, Perú 232/B3
Buldir (isla), Ak,EUA 215/B5
Bulgan, Mong. 128/C2
Bulgan, Mong. 128/E2
Bulgan (río), Mong. 128/C2
Bulgaria 111/G4
Bulgheria (pico), Ita. 101/B2
Bulican Bulican, Fil. 145/E6
Buliluyan (cabo), Fil. 145/B3
Bülk (pta.), Ale. 80/D4
Bull (río), CB,Can. 190/G3
Bull (isla), CS,EUA 211/H1
Bull (pta.), IrN,R.U. 74/B1
Bullange, Bél. 87/F3
Bullas, Esp. 94/E3
Bulle, Suiza 98/D4
Buller (pico), Austl. 157/C3
Bullerup, Din. 80/D4
Bullhead City, Az,EUA 194/E3
Büllingen, Bél. 87/F3
Bulloo (río), Austl. 156/A5
Bulloo, R., Desague (cién.), Austl. 157/B1
Bulls, N.Z. 160/C3
Bull Shoals (lago), Ar, Mo,EUA 199/H2
Bull Valley (mtñas.), Ut,EUA 195/F2
Bully (río), Or,EUA 192/E1
Bully-les-Mines, Fra. 86/B3
Bulnayn (mtñas.), Mong. 128/D2
Bulnes, Chile 238/B3
Bulolo, P.N.G. 153/G1
Buluan, Fil. 145/D4
Bulukumba, Indo. 147/F5
Bulungu, D.R.Congo 176/D4
Bulungu, D.R.Congo 177/E4
Bumba, Ang. 176/C5
Bumba, D.R.Congo 176/D4
Bumba, D.R.Congo 177/E2
Bumbah, Khalīj al (golfo), Libia 170/D1
Bumble Bee, Az,EUA 195/F3
Bum Bum (isla), Malay. 145/B4
Bumhpa (pico), Mya. 136/C3
Bumiayu, Indo. 144/E4
Bumthang, Bután 141/H2
Bumthang (río), Bután 141/H2
Buna, Kenia 175/B1
Buna, P.N.G. 153/H2
Bunaga-take (pico), Japón 131/L9
Bunawan, Fil. 145/D3
Bunbury, Austl. 154/B5
Bunch, Ok,EUA 199/G3
Bundaberg, Austl. 156/D4
Bundarra, Austl. 157/D1
Bünde, Ale. 85/E2
Bünde, Ale. 85/F4
Bündi, India 138/C2
Bündu, India 141/E4
Bungalaut (estr.), Indo. 144/B3
Bungendore, Austl. 157/D2
Bunger, Tx,EUA 197/E1
Bunguran (isla), Indo. 146/C3
Bunia, D.R.Congo 177/G2
Bunkeflo Strand, Sue. 81/T9
Bunkeya, D.R.Congo 177/F5
Bunnell, Fl,EUA 211/H3
Bunnik, P.B. 84/C4
Buñol, Esp. 95/E3
Bunschoten, P.B. 84/C4
Bunya Mountains, Parq. Nal., Austl. 156/C4
Bunyan, Tx,EUA 197/E1
Bünyan, Tur. 124/C2
Bunya Park, Austl. 156/E6
Bunyu (isla), Indo. 145/B5
Buochs, Suiza 99/E4
Buonamico (río), Ita. 101/C6
Buonconvento, Ita. 102/B1
Buon Me Thuot, Vie. 143/E3
Buon Mrong, Vie. 143/E3
Buquim, Bras. 235/F1
Burang, China 134/D5
Burano, Ita. 105/F2
Burano (río), Ita. 105/F5
Burao, Som. 164/G4
Burao (Burco), Som. 174/C3
Burauen, Fil. 145/D3
Buraydah, Ar.S. 126/D3
Burbach, Ale. 87/H2
Burco (Burao), Som. 174/C3
Burdekin (río), Austl. 156/B3
Burdeos, Fra. 92/C4
Burdur, Tur. 124/B2
Burdur (lago), Tur. 124/B2
Burdur (prov.), Tur. 124/B2
Burdwan, India 141/F4
Burē, Eti. 173/G3
Burē, Eti. 173/H3
Bure (río), Ing,R.U. 77/H1
Büren, Ale. 85/F5
Buren, P.B. 84/C2
Buren, P.B. 84/C5
Büren an der Aare, Suiza 98/D3
Bürengiyn (mtñas.), Mong. 128/E2
Bures-sur-Yvette, Fra. 71/S10
Būrewāla, Pak. 142/B2
Bureya (río), Rusia 129/L1
Burg, Ale. 80/C5
Burg, Ale. 80/D4
Burg, Ale. 82/E2
Burg, Ale. 90/B3
Burg, Ale. 90/E4
Burgas, Bul. 111/H4
Burgas (bahía), Bul. 111/H4
Burgas (prov.), Bul. 109/K1
Burgas (reg.), Bul. 111/H4
Burgau, Ale. 88/D6
Burgaw, CN,EUA 209/J3
Burgbernheim, Ale. 88/D4
Burgbrohl, Ale. 87/G3
Burgdorf, Ale. 85/H4
Burgdorf, Suiza 98/D3
Burgebrach, Ale. 88/D3
Bürgel, Ale. 90/B6
Burgenland (prov.), Aus. 91/A4
Burgeo, Tnva,Can. 205/J2
Burgersdorp, Safr. 180/D3
Burges (pico), Austl. 154/D4
Burgess (mtña.), Yk,Can. 215/L2
Burgess Hill, Ing,R.U. 77/F5
Burgfjället (pico), Sue. 79/E2
Burghausen, Ale. 89/F6
Burghead (bahía), Es,R.U. 72/C1
Burgheim, Ale. 88/E5
Burgkirchen an der Alz, Ale. 89/F6
Burgkunstadt, Ale. 88/E2
Bürglen, Suiza 99/F2
Burglengenfeld, Ale. 89/F4
Burgos, Esp. 94/D1
Burgos, Méx. 217/F3
Burgstädt, Ale. 90/C6
Burgstall (Postal), Ita. 99/H4
Burgsteinfurt, Ale. 85/E4
Burgsvik, Sue. 80/H3
Burgwedel, Ale. 85/G3
Burhābalang (río), India 141/F4
Burhaniye, Tur. 124/A2
Burhanpur, India 138/C3
Burhar, India 140/C4
Burhi Dihing (río), India 136/B3
Burhi Gandak (río), India 141/E3
Buri, Bras. 234/C4
Buri (pen.), Eri. 174/A2
Buriás (isla), Fil. 145/C2
Buriatia (rep.), Rusia 119/M4
Buribay, Rusia 115/L2
Burica (pen.), C.Rica, Pan. 219/F4
Burica (pta.), Pan. 219/F4
Burien, Wa,EUA 190/C4
Burin, Tnva,Can. 205/K2
Burin (pen.), Tnva,Can. 205/K2
Buriram, Tail. 143/C3
Buritama, Bras. 234/C4
Buriti, Bras. 231/F3
Buriti Alegre, Bras. 234/C3
Buriti Bravo, Bras. 231/F4
Buriti dos Lopes, Bras. 231/F3
Buritis, Bras. 234/D2
Buritizeiro, Bras. 237/H1
Burjasot, Esp. 95/E3
Burkardroth, Ale. 88/D2
Burkburnett, Tx,EUA 199/E3
Burke (isla), Ant. 161/S
Burke, DS,EUA 200/E2
Burke, Va,EUA 212/A6
Bürkelkopf (pico), Aus. 99/G4
Burkesville, Ky,EUA 208/E2
Burketown, Austl. 153/E4
Burkhardtsdorf, Ale. 90/C6
Burkina Faso 169/E3
Burladingen, Ale. 88/C6
Burleigh, Tx,EUA 197/F3
Burleson, Tx,EUA 197/F1
Burley, Id,EUA 193/G2
Burli, Kaz. 115/K2
Burlin (pen.) 205/K2
Burlington, On,Can. 207/G3
Burlington, CN,EUA 209/H2
Burlington, Co,EUA 200/C4
Burlington, Ia,EUA 201/J3
Burlington, Ks,EUA 201/G4
Burlington, Ky,EUA 208/E1
Burlington, Me,EUA 204/C3
Burlington, NJ,EUA 212/D3
Burlington, Vt,EUA 207/K2
Burlington, Wi,EUA 206/B3
Bürmoos, Aus. 89/F7
Burnaby, CB,Can. 190/C3
Burnas (lago), Ucr. 111/K3
Burnet, Tx,EUA 197/F3
Burnet, Tx,EUA 197/E2
Burnett Heads, Austl. 156/D4
Burney (pico), Chile 239/J8
Burney (cats.), Ca,EUA 192/C3
Burnham on Crouch, Ing,R.U. 77/G3
Burnham on Sea, Ing,R.U. 76/D4
Burnie-Somerset, Austl. 157/C4
Burnley, Ing,R.U. 75/F4
Burnside (río), TNO,Can. 186/E2
Burnside, Suri. 230/B1
Burns Lake, CB,Can. 186/D3
Burnsville, CN,EUA 209/F3
Burnsville, Mn,EUA 203/H5
Burntisland, Es,R.U. 72/C4
Burntwood (río), Mb,Can. 186/G3
Burntwood, Ing,R.U. 77/E1
Buronga, Austl. 155/J5
Burpee Game Ref., NB,Can. 204/D3
Burqā, Cisj. 123/G7
Burqin, China 128/B2
Burqin (río), China 128/B2
Burqīn, Cisj. 123/G7
Burra, Austl. 155/H5
Burragorang (lago), Austl. 151/H6
Burrel, Alb. 109/G2
Burrendong (emb.), Austl. 157/D2
Burren, The (reg.), Irl. 78/A3
Burrewarra (pta.), Austl. 157/D2
Burriana, Esp. 95/E3
Burringbar, Austl. 156/D5
Burrinjuck (emb.), Austl. 157/D2
Burroburro (río), Guy. 230/B1
Burro, Serranías del (mtñas.), Méx. 216/E2
Burrowes (pta.), Austl. 156/A2
Burrow Head (pta.), Es,R.U. 74/D2
Burrum Heads, Austl. 156/D4
Burrum River, Parq. Nal., Austl. 156/D4
Burry (ens.), Gales,R.U. 76/B3
Bursa, Tur. 111/J5
Bursa (prov.), Tur. 111/J5
Būr Sa'īd (gob.), Egip. 123/C4
Būr Sa'īd (Port Said), Egip. 123/C4
Burscheid, Ale. 85/E6
Burscough Bridge, Ing,R.U. 75/F4
Burshtyn, Ucr. 116/C3
Bürstadt, Ale. 88/B3
Būr Sūdān (Port Sudan), Sudán 171/H5
Burtenbach, Ale. 88/D6
Burton, CB,Can. 190/F3
Burton, NB,Can. 204/D3
Burton (lago), Ga,EUA 209/F3
Burton, Mi,EUA 206/E3
Burton, Ing,R.U. 77/E5
Burton Latimer, Ing,R.U. 77/F2
Burton upon Trent, Ing,R.U. 77/E1
Buru (isla), Indo. 147/G4
Burullus, Buḩayrat al (lag.), Egip. 123/B4
Buruncan (pta.), Fil. 145/C2
Burundi 177/G3
Burun Shibertuy (pico), Rusia 128/F2
Bururi, Bur. 177/G3
Burwash Landing, Yk,Can. 215/L3
Burwell (mtña.), Wy,EUA 193/J2
Bury, Ing,R.U. 77/F5
Buryn', Ucr. 117/G2
Burynshyk (pta.), Kaz. 115/J3
Bury Saint Edmunds, Ing,R.U. 77/G2
Busa (mte.), Fil. 145/D4
Busalla, Ita. 104/B3
Busca, Ita. 104/A3
Bush (río), Md,EUA 212/B5
Bush (río), IrN,R.U. 74/B1
Büs Hayrhan (pico), Mong. 128/C2
Bushehr, Irán 125/G4
Būshehr (gob.), Irán 125/G4
Bushey, Ing,R.U. 71/M7
Bushimaie (río), D.R.Congo 177/E4
Bushkill, Pa,EUA 212/C1
Bushkill (cats.), Pa,EUA 212/C1
Bush Kill (río), Pa,EUA 212/C1
Bushmanland (reg.), Safr. 180/B3
Bushnell, Fl,EUA 210/L6
Businga, D.R.Congo 177/E2
Busira (río), D.R.Congo 176/D3
Busk, Ucr. 116/C3
Buskerud (con.), Nor. 80/C1
Busko-Zdrój, Pol. 83/L3
Busselton, Austl. 154/B5
Bussento (río), Ita. 101/B2
Busseri (río), Sudán 173/E4
Busseto, Ita. 104/D3
Bussières-lès-Belmont, Fra. 98/B2
Bussi sul Tirino, Ita. 103/D3
Bussolengo, Ita. 105/D2
Bussoleno, Ita. 100/D2
Bussum, P.B. 84/C4
Bustamante, Méx. 196/D4
Bustamante (pta.), Argen. 239/K7
Bustard (pta.), Austl. 156/C4
Buşteni, Rum. 111/G3
Busto Arsizio, Ita. 104/B1
Busto Garolfo, Ita. 104/B1
Büsum, Ale. 82/E1
Buta, D.R.Congo 177/F2
Bután 141/G2
Buta Ranquil, Argen. 238/C3
Butare, Rua. 177/G3
Butaritari (isla), Kir. 158/G4
Bute, Austl. 155/H5
Bute (ens.), CB,Can. 190/B2
Bute (bahía), Es,R.U. 72/A5
Bute (isla), Es,R.U. 72/A5
Büteeliyn (mtñas.), Mong. 128/E2
Butembo, D.R.Congo 177/G2
Bütgenbach, Bél. 87/F3
Buti, Ita. 104/D5
Butiaba, Uga. 177/G2
Butler, Al,EUA 208/C4
Butler (lago), Fl,EUA 210/M7
Butler, Ga,EUA 208/E4
Butler, Mo,EUA 199/G1
Butler, Pa,EUA 207/G4
Butler, Tx,EUA 197/F2
Buton (isla), Indo. 152/A1
Bütschelegg (pico), Suiza 98/D4
Bütschwil, Suiza 99/F3
Buttahatchie (río), Al, Ms,EUA 208/C4
Buttapietra, Ita. 105/E2
Butte, Ne,EUA 200/E2
Büttelborn, Ale. 88/B3
Butterworth, Malay. 144/C1
Butterworth, Safr. 180/E4
Butte-Silver, Mt,EUA 191/H4
Buttigliera Alta, Ita. 100/D2
Buttrio, Ita. 105/G1
Butuan, Fil. 145/D3
Butung (isla), Fil. 158/B5
Butung (isla), Indo. 122/M10
Buturlinovka, Rusia 117/L2
Butzbach, Ale. 88/B2
Bützow, Ale. 82/F2
Buulo Berde, Som. 174/C5
Buvuma (isla), Uga. 177/H2
Buxar, India 140/D3
Buxtehude, Ale. 85/G2
Buxton, Me,EUA 204/B4
Buxton, Ing,R.U. 75/G5
Buy, Rusia 112/J4
Buynaksk, Rusia 115/H4
Buyr (lago), Mong. 129/H2
Buyuan (río), China 136/D4
Büyükada (isla), Tur. 125/N7
Büyük Anafarta, Tur. 109/K2
Büyükçekmece, Tur. 111/J5
Büyükeceli, Tur. 123/C1
Büyükkarıştıran, Tur. 111/H5
Buyukly, Rusia 129/N2
Büyükmenderes (río), Tur. 107/L3
Buyun (pico), China 133/B2
Buyuni, Ras (pta.), Tan. 175/B3
Buyun Shan (pico), China 135/E2
Buzachi (pen.), Kaz. 115/J3
Buzān (río), Rum. 107/K1
Buzançais, Fra. 92/D3
Buzău, Rum. 111/H3
Buzău (con.), Rum. 111/H3
Buzău (río), Rum. 111/H3
Búzi (río), Moz. 179/G3
Buziaş, Rum. 110/E3
Búzios (isla), Bras. 235/L8
Buzsák, Hun. 91/B6
Buzuluk, Rusia 71/J3
Bweeng (mtña.), Irl. 78/B5
Byala Slatina, Bul. 111/F4
Byam Martin (canal), Nun,Can. 187/R7
Byam Martin (isla), Nun,Can. 187/R7
Bydgoszcz, Pol. 83/J2
Bydgoszcz (prov.), Pol. 83/J2
Byfleet, Ing,R.U. 71/M8
Bykhov, Bela. 81/P5
Bykovo, Rusia 115/H2
Bykovskiy, Rusia 119/N2
Bylas, Az,EUA 195/G4
Bylot (isla), Nun,Can. 187/J1
Byoyuk-Kirs (pico), Azer. 125/F2
Byram (pta.), Ct,EUA 213/E2
Byram (río), Ct,EUA 213/L7
Byram (lago), NY,EUA 213/L7
Byram (río), NY,EUA 213/E1
Byrd (cabo), Ant. 161/U
Byrd (glac.), Ant. 161/L
Byrdstown, Tn,EUA 208/E2
Byron (isla), Chile 239/J6
Byron, Ga,EUA 208/F4
Byron Bay, Austl. 157/E1
Byrum, Din. 80/D3
Bystice (río), R.Ch. 89/F2
Bystrá (pico), Eslo. 83/K4
Bytantay (río), Rusia 119/N3
Bytča, Vel'ká, Eslo. 91/C1
Bytom, Pol. 83/K3
Bytów, Pol. 83/J1
Byükçekmece, Tur. 125/M6

C

Ca (río), Vie. 143/D2
Caacupé, Par. 237/E3
Caaguazú, Par. 237/E3
Caaguazú (dept.), Par. 237/E3
Caála, Ang. 178/B2
Caatingas (reg.), Bras. 231/E5
Caazapá, Par. 237/E3
Caazapá (dept.), Par. 237/E3
Cabadbaran, Fil. 145/D3
Cabaiguán, Cuba 219/G1
Caballo (emb.), NM,EUA 195/J4
Caballococha, Perú 232/D1
Cabana, Perú 232/B3
Cabanaconde, Perú 232/D4
Cabañaquinta, Esp. 94/C1
Cabanatuan, Fil. 145/C2
Caban Coch (emb.), Gales,R.U. 76/C2
Cabano, Qu,Can. 204/C2
Cabarroquis, Fil. 145/C1
Cabatuan, Fil. 145/C3
Cabedelo, Bras. 231/H4
Cabestany, Fra. 92/E5
Cabeza del Buey, Esp. 94/C3
Cabeza Lagarto (pta.), Perú 232/B3
Cabezas, Bol. 236/D1
Cabezón de la Sal, Esp. 94/C1
Cabildo, Argen. 238/E3
Cabimas, Ven. 228/D2
Cabinda, Ang. 176/C4
Cabinda (prov.), Ang. 176/B4
Cabinet (mtñas.), Mt,EUA 190/G3
Cabo, Bras. 231/H5
Cabo Blanco, Argen. 238/D5
Cabo Blanco, Perú 232/A2
Cabo Bojador, Sáh.Occ. 166/B4
Cabo Cañaveral A.F.B., Fl,EUA 211/H3
Cabo de Finisterre (cabo), Esp. 94/A1
Cabo de Hornos (cabo), Chile 239/L8
Cabo de Hornos, Parq. Nal., Chile 239/L8
Cabo Delgado (prov.), Moz. 179/H2
Cabo Frio, Bras. 235/E4
Cabo Gracias a Dios, Nic. 219/F3
Cabo May, NJ,EUA 212/D6
Cabonga (emb.), Qu,Can. 187/J4
Cabo Occidental (prov.), Safr. 180/P4
Caboolture, Austl. 156/D4
Cabo Orange, Parq. Nal., Bras. 230/D2
Cabo Oriental (prov.), Safr. 180/D3
Cabora Bassa (lago), Moz. 179/F2
Caborca, Méx. 216/B2
Cabo Rojo, P.Rico 221/B6
Cabo Septentrional (prov.), Safr. 180/C3
Cabot (estr.), Tnva, NE,Can. 205/H2
Cabot, Ar,EUA 199/H3
Cabourg, Fra. 97/E2
Cabo Verde 164/K9
Cabo Verde, Bras. 235/K6
Cabra, Esp. 94/C4
Cabra Corral (emb.), Argen. 236/C3
Cabral, R.Dom. 221/E3
Cabramatta, Austl. 156/G8
Cabras, Ita. 108/A3
Cabrera (isla), Esp. 95/G3
Cabri, Sk,Can. 191/K2
Cabriel (río), Esp. 94/E3
Cabriès, Fra. 100/B6
Cabrillo Nat'l Mon., Ca,EUA 194/D4
Cabris, Fra. 100/C5
Cabrobó, Bras. 231/G5
Cabruta, Ven. 229/E3
Cabudare, Ven. 228/D2
Cabugao, Fil. 145/C1
Cabure, Ven. 228/D2
Caçador, Bras. 237/G3
Cacak, Serb. 110/E4
Cacalotán, Méx. 216/D4
Caçapava, Bras. 235/L8
Caçapava do Sul, Bras. 237/F4
Cacapon (río), Va, VOcc,EUA 209/H1
Cacapon (mtña.), VOcc,EUA 209/H1
Caccia (cabo), Ita. 108/A2
Caccia (pico), Ita. 103/G5
Cacequi, Bras. 237/F4
Cáceres, Bras. 234/A3
Cáceres, Col. 228/C3
Cáceres, Esp. 94/B3
Cachan, Fra. 71/S10
Cachapoal (río), Chile 238/Q10
Cacharí, Argen. 239/S13
Cache (río), Ar,EUA 199/J3
Cache (pico), Id,EUA 193/G2
Cache (río), Il,EUA 208/C2
Cache Creek, CB,Can. 190/D2
Cache la Poudre (río), Co,EUA 200/B3
Cachemira, Jammu y (est.), India 142/C1
Cacheu, Gui.Bis. 168/A3
Cachimbo (mtñas.), Bras. 230/B4
Cachipo, Ven. 229/E2
Cachoeira Alta, Bras. 237/G1
Cachoeira de Minas, Bras. 235/L7
Cachoeira do Arari, Bras. 230/D3
Cachoeira do Sul, Bras. 237/F4
Cachoeira Paulista, Bras. 235/M7
Cachoeiras de Macacu, Bras. 235/P7
Cachoeirinha, Bras. 237/G4
Cachoeiro de Itapemirim, Bras. 235/E4
Cachorras, Col. 228/C4
Cachos (pta.), Chile 236/B3
Caconde, Bras. 235/K6
Caçu, Bras. 234/C3
Caculuvar (río), Ang. 178/B3
Cacuri, Ven. 229/E3
Čadca, Eslo. 83/K4
Caddo (mtñas.), Ar,EUA 199/H3
Caddo (río), Ar,EUA 199/H3
Caddo (lago), La, Tx,EUA 197/G1
Caddy Lake, Mb,Can. 203/G3
Cadelbosco di Sopra, Ita. 104/D3
Cadelle, Monte (pico), Ita. 99/F5
Cadena Penina (mts.), Ing,R.U. 75/F2
Cadenberge, Ale. 85/G1
Cadenet, Fra. 100/B5
Cader Idris (mtña.), Gales,R.U. 76/C1
Cadibarrawirracanna (lago), Austl. 155/G4
Cadillac (mtña.), Me,EUA 204/C3
Cadillac, Mi,EUA 206/D2
Cádiz, Esp. 94/B4
Cádiz (golfo), Esp. 94/B4
Cádiz (lago seco), Ca,EUA 194/E3
Cadiz, Ky,EUA 208/D2
Cadiz, Oh,EUA 206/F4
Cádiz, Fil. 145/C3
Cadolzburg, Ale. 88/D4
Cadria, Monte (pico), Ita. 105/D1
Caduc, Sommet du (mtña.), Fra. 100/C4
Caen, Fra. 97/E2
Caen (puer.), Fra. 92/C2
Caerano di San Marco, Ita. 105/F1
Caernafon (bahía), Gales,R.U. 74/D5
Caernafon, Castillo de, Gales,R.U. 74/D5
Caernarfon, Gales,R.U. 74/D5

261
Caerp – Caque

Caerphilly, Gales,R.U. ... 76/C3
Caesarea, Parq. Nal., Isr. ... 123/F6
Caëstre, Fra. ... 86/B2
Caeté, Bras. ... 235/E3
Cafarnaum, Bras. ... 235/E1
Cafasse, Ita. ... 104/A2
Cafayate, Argen. ... 236/C3
Cagayan (islas), Fil. ... 145/C3
Cagayancillo, Fil. ... 145/C3
Cagayán de Oro, Fil. ... 145/D3
Cagayan Sulu (isla), Fil. ... 145/B4
Cagli, Ita. ... 105/F5
Cagliari, Ita. ... 108/A3
Cagliari (golfo), Ita. ... 108/A3
Cagnano Varano, Ita. ... 103/F4
Cagne (río), Fra. ... 100/D5
Cagnes-sur-Mer, Fra. ... 100/D5
Cagoyan (río), Fil. ... 145/C1
Cagua (mte.), Fil. ... 145/C1
Cagua, Ven. ... 231/N7
Caguán (río), Col. ... 228/C4
Caguas, P.Rico ... 221/D6
Caha (mtñas.), Irl. ... 78/A6
Cahaba (río), Al,EUA ... 208/D4
Cahabra (ruinas), Al,EUA ... 210/E1
Caherbarnagh (mtña.), Irl. ... 78/A5
Cahokia, Il,EUA ... 201/J4
Cahore (pta.), Irl. ... 78/D4
Cahors, Fra. ... 92/D4
Cahuacan, Méx. ... 217/Q9
Cahuapanas, Perú ... 232/B2
Cahuinari (río), Col. ... 228/D5
Cahuita (pta.), C.Rica ... 219/F4
Cahuita, Parq. Nal., C.Rica ... 219/F4
Cai (río), Bras. ... 237/G4
Caia, Moz. ... 179/G3
Caiabis (alts.), Bras. ... 234/A1
Caiabis (mtñas.), Bras. ... 233/G4
Caiapó (mtñas.), Bras. ... 234/B3
Caiapó (río), Bras. ... 234/C3
Caiapônia, Bras. ... 234/C3
Caiazzo, Ita. ... 103/E5
Caibarién, Cuba ... 219/G1
Caiçara, Bras. ... 231/H4
Caicara, Ven. ... 229/F2
Caicara de Orinoco, Ven. ... 229/E3
Caicedonia, Col. ... 228/C3
Caicó, Bras. ... 231/G4
Caicos (paso), Bahm., Trks. ... 219/H1
Caicos (islas), Trks. ... 220/C2
Caicos Centro (isla), Trks. ... 220/D2
Caicos Este (isla), Trks. ... 220/D2
Caicos Norte (isla), Trks. ... 220/D2
Caicos Oeste (isla), Trks. ... 219/H1
Caicos Passage (canal), Bahm., Trks. ... 220/C2
Caicos Sur (isla), Trks. ... 219/J1
Caieiras, Bras. ... 235/K8
Cailloma, Perú ... 232/D4
Caillou (bahía), La,EUA ... 210/C3
Cailly (río), Fra. ... 86/A4
Caimán (pta.), Fil. ... 145/B2
Caimán Brac (isla), Cai. ... 219/G2
Caimán, Islas, R.U. ... 219/F2
Caine (río), Bol. ... 236/C1
Cainta, Fil. ... 145/F6
Cai Nuoc, Vie. ... 143/D4
Caio, Monte (pico), Ita. ... 104/D4
Cairate, Ita. ... 104/B1
Caird (costa), Ant. ... 161/Y
Cairn (mtña.), Ak,EUA ... 215/G3
Cairn Gorm (mtña.), Es,R.U. ... 72/C2
Cairn Pat (colina), Es,R.U. ... 74/C2
Cairns, Austl. ... 156/B2
Cairns (pico), Austl. ... 155/G2
Cairnsmore of Carsphairn (mtña.), Es,R.U. ... 72/B6
Cairns, Mount (pico), Austl. ... 152/D5
Cairn Table (mtña.), Es,R.U. ... 72/B6
Cairn Toul (mtña.), Es,R.U. ... 72/C2
Cairo, Ga,EUA ... 211/F2
Cairo, Il,EUA ... 208/C2
Cairo (pico), Ita. ... 103/D4
Cairo, El (aer.intl.), Egip. ... 123/B4
Cairo, El (cap.), Egip. ... 123/B4
Cairo Montenotte, Ita. ... 104/B4
Caissie (pta.), NB,Can. ... 204/E2
Caister on Sea, Ing,R.U. ... 77/H1
Caiuana (bahía), Bras. ... 230/D3
Caiza, Bol. ... 236/C2
Caizi (lago), China ... 135/C5
Cajabamba, Ecua. ... 228/B5
Cajabamba, Perú ... 232/B2
Cajacay, Perú ... 232/B3
Cajamarca, Perú ... 232/B2
Cajapió, Bras. ... 231/E3
Cajari, Bras. ... 231/E3
Cajatambo, Perú ... 232/B3
Cajazeiras, Bras. ... 231/F4
Cajibío, Col. ... 228/B4
Cajidiocan, Fil. ... 145/C2
Cajón (pta.), Cuba ... 219/E1
Cajon, Ca,EUA ... 214/C2
Cajon Junction, Ca,EUA ... 214/C2
Caju (isla), Bras. ... 231/F3
Cajuapara (río), Bras. ... 231/E4
Cajuata, Bol. ... 236/C1
Çal, Tur. ... 124/B2
Calabar, Nige. ... 169/H5
Calabasas, Ca,EUA ... 214/B2
Calabozo, Ven. ... 229/E2
Calabrese, Appennino (mtñas.), Ita. ... 101/B6
Calabria, Parq. Nal., Ita. ... 101/B6
Calabria, Parq. Nal., Ita. ... 101/C4
Calaburras, Punta de (pta.), Esp. ... 94/C4
Calaceite, Esp. ... 95/F2
Calacoto, Bol. ... 232/D5
Cala d'Oliva, Ita. ... 108/A2
Calafat, Rum. ... 110/F4
Calafate, Argen. ... 239/J7
Calagua (islas), Fil. ... 145/C2
Calahorra, Esp. ... 94/E1
Calais, Me,EUA ... 204/D3
Calais, Fra. ... 86/A2
Calais (canal), Fra. ... 86/A2
Calalaste (mtñas.), Argen. ... 236/C3
Calama, Bras. ... 233/F3
Calama, Chile ... 236/B2
Calamar, Col. ... 228/C2
Calamar, Col. ... 228/C4
Calamarca, Bol. ... 236/B1
Calamba, Ang. ... 176/C5
Calamocha, Esp. ... 94/E2
Calamonte, Esp. ... 94/B3
Calamus (río), Ne,EUA ... 200/E2
Călan, Rum. ... 110/F3
Calañas, Esp. ... 94/B4
Calanda, Esp. ... 95/E2
Calangianus, Ita. ... 108/A2
Calapan, Fil. ... 145/C2
Cala Piombo, Punta di (pta.), Ita. ... 106/F3
Calapooia (río), Or,EUA ... 192/B1
Călăraşi, Rum. ... 111/H3
Călăraşi (con.), Rum. ... 111/H3
Calarcá, Col. ... 228/C3
Calasparra, Esp. ... 94/E3
Calatayud, Esp. ... 94/E2
Calatorao, Esp. ... 94/E2
Calau, Ale. ... 90/D4
Calauag, Fil. ... 145/C2
Calavà (cabo), Ita. ... 101/A6
Calaveras (río), Ca,EUA ... 194/B1
Calavite (cabo), Fil. ... 145/C2
Calavite (mte.), Fil. ... 145/C2
Calavon (río), Fra. ... 100/B5
Calayan, Fil. ... 145/C1
Calayan (isla), Fil. ... 145/C1
Calbayog, Fil. ... 145/D2
Calbe, Ale. ... 90/B4
Calberlah, Ale. ... 85/H4
Calbiga, Fil. ... 145/D3
Calbuco, Chile ... 238/B4
Calca, Perú ... 232/D4
Calcanhar, Ponta do (pta.), Bras. ... 231/H4
Calcasieu (lago), La,EUA ... 197/H3
Calcasieu (río), La,EUA ... 197/H2
Calceta, Ecua. ... 228/A5
Calchaquí, Argen. ... 236/D4
Calci, Ita. ... 104/D5
Calcídica (pen.), Gre. ... 109/H2
Calcinate, Ita. ... 104/C1
Calcinato, Ita. ... 104/D2
Calcinelli, Ita. ... 105/F5
Calcio, Ita. ... 104/C2
Calçoene, Bras. ... 230/D2
Calcuta, India ... 141/G4
Calcutta, Suri. ... 230/C1
Caldaro (Kaltern), Ita. ... 99/H5
Caldas, Bras. ... 235/K6
Caldas, Col. ... 231/K6
Caldas (dept.), Col. ... 228/C3
Caldas da Rainha, Por. ... 94/A3
Caldas Novas, Bras. ... 234/C3
Calden, Ale. ... 85/G6
Calder (mte.), Ak,EUA ... 215/M4
Calder (río), Ing,R.U. ... 75/G4
Caldera, Chile ... 236/B3
Caldera de Taburiente, Parq. Nal., Cana. ... 166/A3
Calderara di Reno, Ita. ... 105/E3
Calderas, Ven. ... 228/D2
Calderitas, Méx. ... 217/H5
Caldes de Montbui, Esp. ... 95/L6
Caldew (río), Ing,R.U. ... 75/F2
Caldicot, Gales,R.U. ... 76/D3
Caldiero, Ita. ... 105/E2
Çaldıran, Tur. ... 125/E2
Caldono, Col. ... 228/B4
Caldwell, Id,EUA ... 192/E2
Caldwell, NJ,EUA ... 213/H8
Caldwell, Oh,EUA ... 206/F5
Caldwell, Tx,EUA ... 197/F2
Caldy (isla), Gales,R.U. ... 76/B3
Caledon (río), Les., Safr. ... 180/D3
Caledon, Safr. ... 180/B4
Caledonia (colinas), NB,Can. ... 204/E3
Caledonia, Mi,EUA ... 206/D3
Caledonia, Mn,EUA ... 201/J2
Caledonian (canal), Es,R.U. ... 72/B2
Calella, Esp. ... 95/G2
Calen, Austl. ... 156/C3
Calenzano, Ita. ... 105/E5
Calera de Tango, Chile ... 238/Q9
Caleta (pta.), Cuba ... 219/H1
Caleta Clarencia, Chile ... 239/K8
Caleta de Campos, Méx. ... 216/E5
Caleta Olivia, Argen. ... 238/D5
Caletones, Chile ... 238/Q10
Calexico, Ca,EUA ... 194/E4
Calfsound, Es,R.U. ... 73/N13
Calf, The (mtña.), Ing,R.U. ... 75/F3
Calgary, Ab,Can. ... 191/G2
Calgary (aer.intl.), Ab,Can. ... 191/G2
Calhoun, Ga,EUA ... 208/E3
Calhoun, Ky,EUA ... 208/D2
Cali, Col. ... 228/B4
Calico (pueblo fantasma), Ca,EUA ... 194/D3
Cálida, Costa (costa), Esp. ... 94/E4
California (est.), E.U.A. ... 188/C4
California (golfo), Méx. ... 216/B2
California Hot Springs, Ca,EUA ... 194/C3
Calilegua, Argen. ... 236/C2
Calilegua, Parq. Nal., Argen. ... 236/C2
Călimăneşti, Rum. ... 111/G3
Calimaya, Méx. ... 217/Q10
Calimere (pta.), India ... 142/G3
Calingasta, Argen. ... 236/B4
Calipatria, Ca,EUA ... 194/E4
Calitri, Ita. ... 103/F6
Calkiní, Méx. ... 217/H4
Çalköy, Tur. ... 124/B2
Callabonna (lago), Austl. ... 155/J4
Callaghan (mte.), Nv,EUA ... 192/E4
Callaghan, Tx,EUA ... 196/E4
Callahonna (lago), Austl. ... 150/G5
Callalli, Perú ... 232/D4
Callan, Irl. ... 78/C4
Callapa, Bol. ... 236/B1
Callaun (mtña.), Irl. ... 78/B4
Callaway, Fl,EUA ... 211/F2
Calle Larga, Chile ... 238/Q9
Calle-Rousse, Pointe de (pta.), Fra. ... 100/C6
Calliope, Austl. ... 156/C4
Call Junction, Tx,EUA ... 197/H2
Callosa de Ensarriá, Esp. ... 95/E3
Callosa de Segura, Esp. ... 95/E3
Callot (isla), Fra. ... 96/B3
Calne, Ing,R.U. ... 76/D4
Calolziocorte, Ita. ... 104/C1
Calonga (río), Ang. ... 178/B2
Calonne (río), Fra. ... 97/F2
Calonne-Ricouart, Fra. ... 86/B3
Caloocan, Fil. ... 145/E6
Caloosahatchee (río), Fl,EUA ... 211/H4
Calore (río), Ita. ... 101/B2
Calotmul, Méx. ... 217/H4
Caloundra, Austl. ... 156/D4
Čalovo, Eslo. ... 91/B4
Calpe, Esp. ... 95/F3
Caltagirone, Ita. ... 108/D4
Caltanissetta, Ita. ... 108/D4
Caltavuturo, Ita. ... 108/C4
Caluire-et-Cuire, Fra. ... 92/F4
Caluso, Ita. ... 104/A2
Caluula, Raasiga (pta.), Som. ... 174/D3
Calva, Az,EUA ... 195/G4
Calvados (dept.), Fra. ... 97/E3
Calvenzano, Ita. ... 104/C2
Calvi, Fra. ... 108/A1
Calviá, Esp. ... 95/G3
Calvilli (pico), Ita. ... 103/D5
Calvillo, Méx. ... 216/E4
Calvi, Monte (pico), Ita. ... 105/E4
Calvinia, Safr. ... 180/B3
Calvi Risorta, Ita. ... 103/E5
Calvisano, Ita. ... 104/D2
Calvitero (mtña.), Esp. ... 94/C2
Calvo (pico), Ita. ... 103/F4
Calw, Ale. ... 88/B5
Calzada de Calatrava, Esp. ... 94/D3
Cam (río), Ing,R.U. ... 77/G2
Camaçari, Bras. ... 235/F2
Camacho, Bol. ... 236/C2
Camacho, Méx. ... 216/E3
Camacupa, Ang. ... 178/C2
Camaguán, Ven. ... 229/E2
Camagüey, Cuba ... 219/G1
Camagüey (arch.), Cuba ... 219/G1
Camaiore, Ita. ... 104/D5
Camajuaní, Cuba ... 219/G1
Camalu, Méx. ... 216/A2
Camamu, Bras. ... 235/F2
Camaná, Perú ... 232/C5
Camanche (emb.), Ca,EUA ... 192/C4
Camanducaia, Bras. ... 235/K7
Camapuã, Bras. ... 234/B3
Camaquã, Bras. ... 237/F3
Camaquã (río), Bras. ... 237/F4
Camarat (cabo), Fra. ... 100/C6
Camaret-sur-Aigues, Fra. ... 100/A4
Camargo, Bol. ... 236/C2
Camargo, Esp. ... 94/D1
Camargo, Méx. ... 188/G7
Camarillo, Ca,EUA ... 214/A2
Camariñas, Esp. ... 94/A1
Camarón (cabo), Hon. ... 219/E3
Camarón (río), Méx. ... 196/D5
Camarones, Argen. ... 238/D5
Camarones (bahía), Argen. ... 238/D5
Camarones, Chile ... 236/B1
Camas, Esp. ... 94/B4
Camas (prad.), Id,EUA ... 190/F4
Camatagua, Ven. ... 231/O8
Camatagua (emb.), Ven. ... 231/O8
Ca Mau, Vie. ... 143/D4
Ca Mau (cabo), Vie. ... 143/D4
Camayagua (mtñas.), Hon. ... 218/D3
Cambados, Esp. ... 94/A1
Cambará, Bras. ... 234/C4
Cambay, India ... 138/B3
Cambay (golfo), India ... 138/B3
Cambé, Bras. ... 234/C4
Camberley Frimley, Ing,R.U. ... 77/F4
Camberwell, Ing,R.U. ... 71/N7
Cambiano, Ita. ... 104/A3
Cambo (río), Ang. ... 176/D5
Camboriú, Ponta do (pta.), Bras. ... 237/H4
Camborne, Ing,R.U. ... 76/A6
Camboya ... 143/D3
Cambrai, Fra. ... 86/C3
Cámbricos (mtñas.), Gales,R.U. ... 76/C2
Cambridge (golfo), Austl. ... 152/C3
Cambridge, Il,EUA ... 201/J3
Cambridge, Ma,EUA ... 207/L3
Cambridge, Md,EUA ... 209/J1
Cambridge, Mn,EUA ... 203/H5
Cambridge, Oh,EUA ... 206/F4
Cambridge, On,Can. ... 206/F3
Cambridge, Jam. ... 219/G2
Cambridge, N.Z. ... 160/C2
Cambridge, Ing,R.U. ... 77/G2
Cambridge (aer.intl.), Ing,R.U. ... 77/G2
Cambridge Bay, Nun,Can. ... 186/F2
Cambridgeshire (con.), Ing,R.U. ... 77/G2
Cambrils, Esp. ... 95/F2
Cambuí, Bras. ... 234/D4
Cambuquira, Bras. ... 234/D4
Camburg, Ale. ... 90/B5
Cambuslang, Es,R.U. ... 72/B5
Cambutal (mtña.), Pan. ... 219/F5
Camden, Austl. ... 157/D2
Camden (bahía), Austl. ... 152/A3
Camden, Al,EUA ... 208/D5
Camden, Ar,EUA ... 199/H4
Camden, CN,EUA ... 209/J2
Camden, CS,EUA ... 209/G3
Camden, NJ,EUA ... 212/C4
Camden, Tn,EUA ... 208/C2
Camden (mun.inc.), Ing,R.U. ... 71/N7
Camden East, On,Can. ... 207/H2
Camden Haven, Austl. ... 157/E1
Camdenton, Mo,EUA ... 199/H1
Cameia, Parq. Nal., Ang. ... 177/E5
Camel (río), Ing,R.U. ... 76/B6
Camelback (mtña.), Pa,EUA ... 212/C1
Camels Back (pico), N.Z. ... 160/C2
Camerano, Ita. ... 105/G5
Cameri, Ita. ... 104/B2
Camerino, Ita. ... 102/D1
Cameron (isla), Nun,Can. ... 187/R7
Cameron (pico), Co,EUA ... 200/B3
Cameron, La,EUA ... 210/B3
Cameron, Mo,EUA ... 199/G1
Cameron, Tx,EUA ... 197/F2
Cameron Park, Ca,EUA ... 194/B1
Camerota, Ita. ... 101/B2
Camerún ... 164/D4
Camerún (mtñas.), Cam., Nige. ... 172/A4
Cametá, Bras. ... 230/D3
Camey, Tx,EUA ... 196/L6
Camfield, Austl. ... 152/C4
Camicia (pico), Ita. ... 103/D3
Camiers, Fra. ... 86/A2
Camiguin (isla), Fil. ... 145/D3
Camiling, Fil. ... 145/C2
Camilla, Ga,EUA ... 211/F2
Camilo Aldao, Argen. ... 238/E2
Camiranga, Bras. ... 231/E3
Camiri, Bol. ... 236/D2
Camisano Vicentino, Ita. ... 105/E1
Çamlıdere, Tur. ... 124/C1
Çamlık, Parq. Nal., Tur. ... 124/C2
Camlin (río), Irl. ... 78/C2
Çamlıyayla, Tur. ... 123/D1
Camoapa, Nic. ... 219/E3
Camocim, Bras. ... 231/F3
Camogli, Ita. ... 104/C4
Camooweal, Austl. ... 155/H1
Camopi (río), Gua.Fr. ... 230/C2
Camorta (isla), India ... 139/F6
Camoruco, Col. ... 228/D3
Camotes (mar), Fil. ... 145/D3
Campagna di Roma (reg.), Ita. ... 102/C4
Campagna Lupia, Ita. ... 105/F2
Campagnano di Roma, Ita. ... 102/C3
Campagne, Fra. ... 86/A3
Campagnola Emilia, Ita. ... 105/D3
Campamento, Uru. ... 237/E4
Campana, Argen. ... 238/F2
Campana (isla), Chile ... 239/J7
Campana, Ita. ... 101/C4
Campanario (pico), Argen. ... 238/C2
Campanario, Esp. ... 94/C3
Campanella (cabo), Ita. ... 103/E6
Campanha, Bras. ... 235/L6
Campbell (colina), Oh,EUA ... 206/E4
Campbell, Tx,EUA ... 197/G1
Campbell (cabo), N.Z. ... 160/C3
Campbell (isla), N.Z. ... 65/T8
Campbellford, On,Can. ... 207/H2
Campbell River, CB,Can. ... 190/B2
Campbellsville, Ky,EUA ... 208/E2
Campbellton, NB,Can. ... 204/D2
Campbelltown, Austl. ... 156/G9
Campbell Town, Austl. ... 157/C4
Campbeltown, Es,R.U. ... 73/J9
Campbon, Fra. ... 96/D6
Campeche, Méx. ... 217/H5
Campeche (bahía), Méx. ... 217/G4
Campeche (est.), Méx. ... 217/H5
Camperdown, Austl. ... 157/B3
Camperville, Mb,Can. ... 202/D2
Campestre, Bras. ... 235/K6
Cam Pha, Vie. ... 143/D1
Camp Hill, Pa,EUA ... 212/B3
Campi Bisenzio, Ita. ... 105/E5
Campidano (mts.), Ita. ... 108/A3
Campiglia Marittima, Ita. ... 102/A1
Campillo de Altobuey, Esp. ... 94/E3
Campillos, Esp. ... 94/C4
Campina da Lagoa, Bras. ... 234/B5
Campina Grande, Bras. ... 231/H4
Campinas, Bras. ... 234/D4
Campina Verde, Bras. ... 234/C3
Camp Lejeune, CN,EUA ... 209/J3
Campli, Ita. ... 103/D2
Camp Nelson, Ca,EUA ... 194/C2
Campoalegre, Col. ... 228/C4
Campobasso, Ita. ... 103/E4
Campobasso (prov.), Ita. ... 103/E4
Campobello (isla), NB,Can. ... 204/D3
Campo Belo, Bras. ... 234/D4
Campo Calabro, Ita. ... 101/B6
Campodarsego, Ita. ... 105/E2
Campo de Criptana, Esp. ... 94/D3
Campo dei Fiori (pico), Ita. ... 104/B1
Campo de la Cruz, Col. ... 228/C2
Campodolcino, Ita. ... 99/F5
Campo Erê, Bras. ... 237/F3
Campo Florido, Bras. ... 234/C3
Campo Formoso, Bras. ... 235/E1
Campogalliano, Ita. ... 105/D3
Campo Gallo, Argen. ... 236/D3
Campo Grande, Bras. ... 234/B4
Campo Ligure, Ita. ... 104/B3
Campo Limpo Paulista, Bras. ... 235/K8
Campo Maior, Bras. ... 231/F4
Campo Maior, Por. ... 94/B3
Campomorone, Ita. ... 104/B4
Campo Mourão, Bras. ... 234/B5
Camponogara, Ita. ... 105/F2
Campo Quinjano, Argen. ... 236/C3
Campo Redondo, Bras. ... 231/G4
Camporosso, Ita. ... 104/A5
Camporredondo (emb.), Esp. ... 94/C1
Camporredondo, Perú ... 232/B2
Campo, Rsv. de, Cam. ... 176/B2
Campos, Bras. ... 235/E4
Campos (reg.), Bras. ... 227/J7
Camposampiero, Ita. ... 105/E1
Camposanto, Ita. ... 105/E3
Camposauro (pico), Ita. ... 103/E5
Campos Belos, Bras. ... 234/D2
Campos del Puerto, Esp. ... 95/G3
Campos do Jordão, Bras. ... 234/D4
Campos Novos, Bras. ... 237/G3
Campos Sales, Bras. ... 231/F4
Campo Tencia, Pizzo (pico), Suiza ... 99/E5
Campo Tizzoro, Ita. ... 105/D4
Campotosto (lago), Ita. ... 103/D3
Campsie Fells (colinas), Es,R.U. ... 72/B4
Camp Springs, Md,EUA ... 212/B6
Campton, Ky,EUA ... 209/F2
Cam Ranh, Vie. ... 143/E4
Camrose, Ab,Can. ... 191/H1
Cam Thuy, Vie. ... 143/D1
Camucia, Ita. ... 102/B1
Çan, Tur. ... 111/H5
Canaan (río), NB,Can. ... 204/E2
Canaan, Ar,EUA ... 199/H3
Canaan, NH,EUA ... 204/A4
Canaan, Vt,EUA ... 207/L2
Canaan Game Ref., NB,Can. ... 204/D2
Canaçari (lago), Bras. ... 230/B3
Canadá ... 186/*
Cañada de Gómez, Argen. ... 238/E2
Cañada Larga, Bol. ... 233/F5
Cañada Rosquín, Argen. ... 238/E2
Canadian (río), E.U.A. ... 199/F3
Canadian, Tx,EUA ... 198/D3
Cañadón de las Vacas, Argen. ... 239/K7
Cañadón Grande (mtñas.), Argen. ... 238/C5
Cañadón Seco, Argen. ... 238/D5
Canagua, Ven. ... 228/D2
Canaima, Parq. Nal., Ven. ... 229/F3
Çanakkale, Tur. ... 111/H5
Çanakkale (prov.), Tur. ... 111/H5
Canala, N.Cal. ... 159/U12
Canalbianco (río), Ita. ... 105/E2
Canale, Ita. ... 104/B3
Canal No. 1 (canal), Argen. ... 238/F3
Canal No. 11 (canal), Argen. ... 238/F3
Canal No. 2 (río), Argen. ... 239/F3
Canal No. 5 (río), Argen. ... 239/F3
Canal No. 9 (canal), Argen. ... 238/F3
Canals, Argen. ... 238/E2
Canals, Esp. ... 95/E3
Canandaigua, NY,EUA ... 207/H3
Cananea, Méx. ... 216/C2
Canaos (río), Bras. ... 237/G3
Cañar (prov.) ... 228/B5
Cañar, Ecua. ... 232/B1
Cañar (prov.), Ecua. ... 228/B5
Canarreos (arch.), Cuba ... 219/F1
Cañas, C.Rica ... 219/E4
Cañasgordas, Col. ... 228/B3
Canassa, Ita. ... 104/D3
Canatlán, Méx. ... 216/D3
Cañaveral (cabo), Fl,EUA ... 211/H3
Cañaveral (pen.), Fl,EUA ... 211/H3
Canavieiras, Bras. ... 235/F2
Canberra (cap.), Austl. ... 157/D2
Canby, Or,EUA ... 192/B1
Cancale, Fra. ... 96/D3
Cance (río), Fra. ... 100/A2
Cancello-Arnone, Ita. ... 103/E5
Canchaque, Perú ... 232/B2
Canche (río), Fra. ... 86/A3
Cancún, Méx. ... 217/J4
Cancún, Méx. ... 218/E1
Cancun (aer.intl.), Méx. ... 217/J4
Candado, Nevado del (pico), Argen. ... 236/C3
Candarave, Perú ... 232/D5
Candás, Esp. ... 94/B1
Candás, Esp. ... 94/C1
Candeias, Bras. ... 235/F2
Candela, Méx. ... 217/E3
Candela, Méx. ... 196/D4
Candelaria, Argen. ... 238/D2
Candelaria, Bol. ... 236/E1
Candelária, Bras. ... 237/F4
Candelaria, Méx. ... 217/H5
Candelaria (río), Méx. ... 217/H5
Candelaro (río), Ita. ... 103/F4
Candeleda, Esp. ... 94/C2
Candelo, Austl. ... 157/D3
Candelo, Ita. ... 104/B1
Candiac, Qu,Can. ... 205/N7
Cândido Mendes, Bras. ... 231/E3
Candido Mota, Bras. ... 234/C4
Canding (cabo), Indo. ... 146/D5
Candiolo, Ita. ... 104/A3
Çandır, Tur. ... 124/C2
Candler-McAfee, Ga,EUA ... 209/M7
Cando, DN,EUA ... 202/E3
Candon, Fil. ... 145/C1
Cane Beds, Az,EUA ... 195/F2
Canegrate, Ita. ... 104/B1
Canela, Bras. ... 237/G4
Canela Baja, Chile ... 238/C1
Canelli, Ita. ... 104/B3
Canelones, Uru. ... 239/F2
Canelones (dept.), Uru. ... 239/T12
Canendiyú (dept.), Par. ... 237/F3
Canepina, Ita. ... 102/C3
Cañete, Esp. ... 94/E2
Canete (río), Perú ... 232/B4
Caney (río), Ks, Ok,EUA ... 199/F2
Cangallo, Perú ... 232/C4
Cangas, Esp. ... 94/A1
Cangas de Narcea, Esp. ... 94/B1
Cangas de Onís, Esp. ... 94/C1
Cangkuang (cabo), Indo. ... 144/D4
Cango, Safr. ... 180/C4
Cangrejo (pico), Argen. ... 239/J7
Cangshan, China ... 129/J1
Cangshan, China ... 135/D4
Canguaretama, Bras. ... 231/H4
Canguçu, Bras. ... 237/F4
Cangwu, China ... 139/K3
Cangyuan Vazu Zizhixian, China ... 136/C4
Cangzhou, China ... 135/D3
Canh Cuoc (isla), Vie. ... 143/D1
Canhotinho, Bras. ... 231/G5
Cania Gorge, Parq. Nal., Austl. ... 156/C4
Caniapiscau (lago), Qu,Can. ... 187/K3
Caniapiscau (río), Qu,Can. ... 187/K3
Canicatti, Ita. ... 108/C4
Canigou, Pic de (pico), Fra. ... 92/E5
Canik (mtñas.), Tur. ... 124/C1
Caniles, Esp. ... 94/D4
Canim Lake, CB,Can. ... 190/D2
Canindé, Bras. ... 231/G4
Canindé (río), Bras. ... 231/F4
Canino, Ita. ... 102/B3
Canistear (emb.), NJ,EUA ... 213/H7
Cañitas de Felipe Pescador, Méx. ... 216/E4
Canjáyar, Esp. ... 94/D4
Canje (río), Guy. ... 230/B1
Çankırı, Tur. ... 124/C1
Çankırı (prov.), Tur. ... 124/C1
Canlaon (vol.), Fil. ... 145/C3
Canmore, Ab,Can. ... 190/G2
Canna (isla), Es,R.U. ... 73/H8
Cannanore, India ... 142/E3
Cannara, Ita. ... 102/C2
Canne (ruinas), Ita. ... 103/G5
Cannelton, In,EUA ... 208/D2
Canner (río), Fra. ... 87/F5
Cannes, Fra. ... 100/D5
Canneto sull'Oglio, Ita. ... 104/D2
Canning (emb.), Austl. ... 154/L7
Canning (pico), Austl. ... 154/C4
Canning (río), Austl. ... 154/K7
Cannobio, Ita. ... 99/E5
Cannock, Ing,R.U. ... 76/D1
Cannonball (río), DN,EUA ... 202/D4
Cannonvale, Austl. ... 156/C3
Cann River, Austl. ... 157/D3
Canoas, Bras. ... 237/G4
Canobolas (pico), Austl. ... 157/D2
Canoga Park, Ca,EUA ... 214/E7
Caño Guaritico (río), Ven. ... 228/D3
Canoinhas, Bras. ... 237/G3
Canon City, Co,EUA ... 200/B4
Cañon de Köprülü, Parq. Nal., Tur. ... 124/B2
Cañon del Sumidero, Parq. Nal., Méx. ... 218/C2
Cañon de Río Blanco, Parq. Nal., Méx. ... 217/M8
Caño Negro, Ref. Nal. de Fauna, C.Rica ... 219/E4
Canoochee (río), Ga,EUA ... 211/G1
Canora, Sk,Can. ... 202/C2
Canosa di Puglia, Ita. ... 103/G5
Canouan (isla), Sn.V. ... 220/F4
Canowindra, Austl. ... 157/D2
Canso (cabo), NE,Can. ... 205/G3
Canta, Perú ... 232/B3
Cantabria (com.aut.), Esp. ... 94/C1
Cantabrica (mts.), Esp. ... 106/B2
Cantal (mes.), Fra. ... 92/E4
Cantalejo, Esp. ... 94/D2
Cantanhede, Bras. ... 231/E3
Cantanhede, Por. ... 94/A2
Cantaura, Ven. ... 229/E2
Canteleu, Fra. ... 97/G2
Canterbury, Austl. ... 156/H8
Canterbury (cal.), N.Z. ... 160/B4
Canterbury (reg.), N.Z. ... 160/C3
Canterbury, Ing,R.U. ... 77/H4
Canterbury, Catedral de, Ing,R.U. ... 77/H4
Can Tho, Vie. ... 143/D4
Cantilan, Fil. ... 145/D3
Cantillana, Esp. ... 94/C4
Canto do Buriti, Bras. ... 231/F5
Cantón, China ... 139/K3
Canton, DS,EUA ... 201/F2
Canton, Ga,EUA ... 208/E3
Canton, Il,EUA ... 201/J3
Canton (río), Mn,EUA ... 201/H1
Canton, Ms,EUA ... 208/B4
Canton, NY,EUA ... 207/J2
Canton, Oh,EUA ... 206/F4
Canton (lago), Ok,EUA ... 199/E2
Canton, Tx,EUA ... 197/G1
Canton (Abariringa) (isla), Kir. ... 159/H5
Canton (Guangzhou), China ... 137/G4
Cantoria, Esp. ... 94/D4
Cantù, Ita. ... 104/C1
Cañuelas, Argen. ... 238/F2
Canumã (río), Bras. ... 230/B4
Canunda, Parq. Nal., Austl. ... 157/B3
Canutama, Bras. ... 233/E2
Canvey Island, Ing,R.U. ... 77/G3
Canwood, Sk,Can. ... 191/L1
Cany-Barville, Fra. ... 97/F1
Canyon (mtña.), Mt,EUA ... 191/J5
Canyon, Tx,EUA ... 198/D3
Canyon, Tx,EUA ... 198/D4
Canyon (lago), Tx,EUA ... 197/E3
Canyon City, Or,EUA ... 192/D1
Canyon De Chelly Nat'l Mon., Az,EUA ... 195/H2
Canyon Lake, Tx,EUA ... 197/E3
Canyonlands, Parq. Nal., Ut,EUA ... 193/J4
Canzo, Ita. ... 104/C1
Cao (río), China ... 133/C2
Cao Bang, Vie. ... 143/D1
Caodu (río), China ... 137/E3
Cao Lanh, Vie. ... 143/D4
Caorle, Ita. ... 105/F1
Caorso, Ita. ... 104/C2
Caoshi, China ... 133/C1
Cao Xian, China ... 135/C4
Cap (isla), Fil. ... 145/B4
Capalonga, Fil. ... 145/C2
Capanaparo (río), Ven. ... 228/D3
Capanema, Bras. ... 231/E3
Capanne (pico), Ita. ... 102/A2
Capannoli, Ita. ... 105/D5
Capannori, Ita. ... 104/D5
Capão Bonito, Bras. ... 234/C5
Capão Doce, Morro do (colina), Bras. ... 237/G4
Caparaó, Parq. Nal., Bras. ... 235/E4
Caparica, Por. ... 94/A3
Caparo (río), Ven. ... 228/D3
Caparrapí, Col. ... 228/C3
Capbreton, Fra. ... 92/C5
Cap-Chat, Qu,Can. ... 204/D1
Cap d'Ail, Fra. ... 100/D5
Cap-de-la-Madeleine, Qu,Can. ... 204/A2
Capdepera, Esp. ... 95/G3
Cap d'Or (cabo), NE,Can. ... 204/E3
Cape (río), Austl. ... 156/B3
Cape (prov.), Safr. ... 180/C3
Cape Arid, Parq. Nal., Austl. ... 154/D5
Cape Barren (isla), Austl. ... 157/D4
Cape Bougainville, Res. Abor., Austl. ... 152/B3
Cape Breton (isla), NE,Can. ... 205/G2
Cape Breton (t.alt.), NE,Can. ... 205/G2
Cape Breton Highlands, Parq. Nal., NE,Can. ... 205/G2
Cape Cleveland, Parq. Nal., Austl. ... 156/B2
Cape Coast, Gha. ... 169/E5
Cape Cod (bahía), Ma,EUA ... 204/B5
Cape Coral, Fl,EUA ... 211/H4
Cape Crawford, Austl. ... 153/D4
Cape Dorset, Nun,Can. ... 187/J2
Cape Elizabeth, Me,EUA ... 204/B4
Cape Fear (río), CN,EUA ... 209/H3
Cape Fear, Northeast (río), CN,EUA ... 209/J3
Cape Girardeau, Mo,EUA ... 208/C2
Capel, Austl. ... 154/B5
Capel, Ing,R.U. ... 71/Q8
Capela, Bras. ... 235/F1
Cape Le Grande, Parq. Nal., Austl. ... 154/D5
Capelinha, Bras. ... 235/E3
Capella, Austl. ... 156/C3
Capellades, Esp. ... 95/K6
Cape May C.H., NJ,EUA ... 212/D5
Cape Melville, Parq. Nal., Austl. ... 156/B1
Capena, Ita. ... 102/C3
Cape Palmerston, Parq. Nal., Austl. ... 156/C3
Cape Range, Parq. Nal., Austl. ... 154/B2
Caperrino, Montagna di (pico), Ita. ... 101/C2
Cape Sable (isla), NE,Can. ... 204/E4
Cape Saint George, Tnva,Can. ... 205/H1
Capestang, Fra. ... 92/E5
Cape Tribulation, Parq. Nal., Austl. ... 156/B2
Cape Upstart , Parq. Nal., Austl. ... 156/B2
Cape Yakataga, Ak,EUA ... 215/K3
Cape York (pen.), Austl. ... 156/A1
Cap-Haïtien, Haiti ... 219/H2
Capibara, Ven. ... 229/E4
Capicciola (pta.), Fra. ... 108/A2
Capilla del Monte, Argen. ... 236/C4
Capilla del Señor, Argen. ... 239/S12
Capim (río), Bras. ... 230/D3
Capina, Bras. ... 231/H4
Capinópolis, Bras. ... 234/C3
Capinota, Bol. ... 236/C1
Capinzal, Bras. ... 237/G3
Capiovi, Argen. ... 237/F3
Capira, Ang. ... 178/B2
Capirara (emb.), Bras. ... 237/G2
Capistrano, Bras. ... 231/G4
Capistrello, Ita. ... 103/D4
Capitan, NM,EUA ... 198/B4
Capitan (mtñas.), NM,EUA ... 198/B4
Capitán Bado, Par. ... 237/F2
Capitán Curbelo (Punte del Este) (aer.intl.), Uru. ... 239/G2
Capitão de Campos, Bras. ... 231/F4
Capitão Poco, Bras. ... 231/E3
Capitola, Ca,EUA ... 194/B2
Capitol Hill, Mar.N. ... 158/D3
Capitol Reef, Parq. Nal., Ut,EUA ... 193/H4
Capivara (emb.), Bras. ... 234/C4
Capivari (río), Bras. ... 235/M6
Čapljina, Bosn. ... 110/C4
Caplone, Monte (pico), Ita. ... 104/D1
Cap Lopez (bahía), Gabón ... 176/B3
Capoche (río), Moz. ... 179/G2
Capo d'Orlando, Ita. ... 101/A6
Capodrise, Ita. ... 103/E5
Capoliveri, Ita. ... 102/A2
Capolona, Ita. ... 105/E5
Capote (pico), Tx,EUA ... 196/B2
Capoterra, Ita. ... 108/A3
Capotoan (mte.), Fil. ... 145/D2
Cappoquin, Irl. ... 78/C5
Capraia (isla), Ita. ... 108/A1
Capranica, Ita. ... 102/C3
Caprarola, Ita. ... 102/C3
Capri, Ita. ... 103/E6
Capri (isla), Ita. ... 103/E6
Capricorn (cabo), Austl. ... 156/C3
Capricornio (canal), Austl. ... 156/C3
Caprino Veronese, Ita. ... 105/D1
Capriolo, Ita. ... 104/C1
Caprivi (reg.), Nam. ... 178/D3
Caprivi Occidental, P. C., Nam. ... 178/D3
Cap Rock (esc.), Tx,EUA ... 198/D4
Caprock, The (fars.), NM,EUA ... 198/C3
Caprolace (lago), Ita. ... 102/D5
Cap Roux, Pointe du (pta.), Fra. ... 100/C6
Caps, Tx,EUA ... 196/E1
Cap-Saint-Ignace, Qu,Can. ... 204/B2
Captain (puer.), Ct,EUA ... 213/L7
Captains Flat, Austl. ... 157/D2
Captiva (isla), Fl,EUA ... 211/G4
Capua, Ita. ... 103/E5
Capulhuac, Méx. ... 217/Q10
Capulhuac de Mirafuentes, Méx. ... 217/K7
Capulin, NM,EUA ... 198/C2
Caputh, Ale. ... 90/D3
Caqueta (dept.), Col. ... 228/C4
Caquetá (río), Col. ... 228/D5

262
Cáque – Ceheg

Cáqueza, Col. 231/M7
Caquiaviri, Bol. 236/B1
Carabobo, Ven. 229/F3
Carabobo (est.), Ven. 228/D2
Carabobo (prov.), Ven. 231/N7
Caracal, Rum. 111/G3
Caracaraí, Bras. 230/A2
Caracas (cap.), Ven. 229/E2
Carache, Ven. 228/D2
Caracol, Bras. 231/F5
Caracolí, Col. 228/C3
Caracollo, Bol. 236/C1
Caracuaro, Méx. 217/E5
Caradon (colina), Ing,R.U. 76/B5
Caraga, Fil. 145/D4
Caraglio, Ita. 100/D4
Caraguatatuba, Bras. 235/L8
Caraguatatuba (bahía), Bras. 235/L8
Carahue, Chile 238/B3
Carajás, Bras. 231/D4
Carajás (mtñas.), Bras. 230/D4
Caramanta, Col. 231/K6
Caramoan, Fil. 145/C2
Caramola (pico), Ita. 101/C2
Caramoran, Fil. 145/D2
Caranavi, Bol. 233/E4
Carandaí, Bras. 234/E4
Carandaiti, Bol. 236/D2
Carangola, Bras. 235/E4
Caransebeş, Rum. 110/F3
Carapa, Ven. 229/F2
Caraparí, Bol. 236/D2
Carapelle, Ita. 103/F5
Carapelle (río), Ita. 103/F5
Carapicuíba, Bras. 235/K8
Carapó, Bras. 237/F2
Carappee Hill (pico), Austl. 155/H5
Caraquet, NB,Can. 204/E2
Carare (río), Col. 231/L6
Caras, Perú 232/B3
Carasco, Ita. 104/C4
Caraş-Severin (con.), Rum. 110/E3
Carat (cabo), Indo. 144/D3
Caratascsa (lag.), Hon. 219/F3
Carate Brianza, Ita. 104/C1
Caratinga, Bras. 235/E3
Carauarí, Bras. 233/E2
Caraúbas, Bras. 231/G4
Caravaca de la Cruz, Esp. 94/E3
Caravaggio, Ita. 104/C2
Caravela (isla), Gui.Bis. 168/A4
Caravelas, Bras. 235/F3
Caravelí, Perú 232/C4
Carayaca, Ven. 231/N7
Carazinho, Bras. 237/F4
Carballino, Esp. 94/A1
Carballo, Esp. 94/A1
Carberry, Mb,Can. 202/E3
Carbo, Méx. 216/C2
Carbon (cabo), Arg. 165/U17
Carbonara (cabo), Ita. 108/A3
Carbonara, Pizzo (pico), Ita. 108/D4
Carbondale, Il,EUA 208/C2
Carbondale, Pa,EUA 207/J4
Carbonear, Tnva,Can. 205/L2
Carbonera, Ita. 105/F1
Carboneras, Méx. 217/F3
Carbonia, Ita. 108/A3
Carbonne, Fra. 92/D5
Carcagente, Esp. 95/E3
Carcar, Fil. 145/C3
Carcaraña, Argen. 238/E2
Carcare, Ita. 104/B4
Carcassonne, Fra. 92/E5
Carcavelos, Por. 95/P10
Carche (mtña.), Esp. 94/E3
Carchi (prov.), Ecua. 228/B4
Carcross, Yk,Can. 215/M3
Carcross, Yt,Can. 186/C2
Çardak, Tur. 111/H5
Cardamon (colinas), India 142/F4
Cardedeu, Esp. 95/L6
Cárdenas, Cuba 219/F1
Cárdenas, Méx. 217/F4
Cárdenas, Méx. 218/C2
Cardenden, Es,R.U. 72/C4
Cardiel (lago), Argen. 239/K7
Cardiff (cap.), Gales,R.U. 76/C4
Cardiff by the Sea, Ca,EUA 214/C4
Cardigan (bahía), PE,Can. 205/F2
Cardigan, Gales,R.U. 76/B2
Cardington, Oh,EUA 206/E4
Carditello, Ita. 103/E5
Cardito, Ita. 103/E6
Cardona, Esp. 95/F2
Cardona, Uru. 239/F2
Cardonas, Uru. 239/T11
Cardoso, Bras. 234/C4
Cardozo, Uru. 239/F2
Cardston, Ab,Can. 191/H3
Cardwell, Austl. 156/B2
Careaçu, Bras. 235/L7
Care Alto, Monte (pico), Ita. 99/G5
Carei, Rum. 110/F2
Careiro, Bras. 230/B3
Carelmapu, Chile 238/B4
Carenero, Ven. 231/O7
Carentan, Fra. 96/D2
Carev vrh (pico), Mace. 110/F4
Carey (lago), Austl. 154/D4
Carhaix-Plouguer, Fra. 96/B4
Carhuamayo, Perú 232/B3
Carhué, Argen. 238/E3
Cariaco, Ven. 229/F2
Cariamanga, Ecua. 232/B2
Cariati, Ita. 101/C4
Caribe (mar), Amér.N., Amér.S. 185/L8
Caribe, Cordillera de (mts.), Ven. 231/N8
Cariboo (río), CB,Can. 190/D1
Caribou (mtñas.), Ab,Can. 186/E3
Caribou (mtñas.), CB,Can. 190/D1
Caribou, NE,Can. 205/F3
Caribou (isla), On,Can. 203/M4
Caribou (lago), On,Can. 203/K2
Caribou, Yk,Can. 215/L3
Caribou (mts.), Id,EUA 193/H2
Caribou, Me,EUA 204/C2
Caridade, Bras. 231/G4
Carigara, Fil. 145/D3
Carignan, Qu,Can. 205/P7
Carignan, Fra. 87/E4
Carignano, Ita. 104/A3
Cariñena, Esp. 94/E2
Carinhanha, Bras. 235/E2
Carinhanha (río), Bras. 234/D2
Carini, Ita. 108/C3
Carintia (prov.), Aus. 93/K3
Caripito, Ven. 229/F2
Cariré, Bras. 231/F3
Cariri (mtñas.), Bras. 231/F4
Caririaçu, Bras. 231/G4
Cariús, Bras. 231/G4
Carlet, Esp. 95/E3
Carleton (mtña.), NB,Can. 204/D2
Carleton (río), NE,Can. 204/E3
Carleton, Qu,Can. 204/D1
Carleton Place, On,Can. 207/H2
Carletonville, Safr. 180/D2
Carlindie, T. Abor., Austl. 154/C2
Carling, Fra. 87/F5
Carlingford, Austl. 156/H8
Carlingford (lago), Irl. 78/D1
Carlingford (mtña.), Irl. 78/D1
Carlingford Lough (ens.), Irl. 74/B3
Carlinville, Il,EUA 201/K4
Carlisle, Ky,EUA 208/E1
Carlisle, Pa,EUA 212/A3
Carlisle, Ing,R.U. 75/F2
Carlit (pico), Fra. 92/D5
Carlos Casares, Argen. 238/E2
Carlos Chagas, Bras. 235/E3
Carlos M. De Cespedes, Cuba 219/G1
Carlos Pellegrini, Argen. 238/E2
Carlow, Irl. 78/D4
Carlow (con.), Irl. 78/D4
Carlsbad, Ca,EUA 214/C4
Carlsbad, NM,EUA 198/B4
Carlsbad Caverns, Parq. Nal., NM,EUA 198/B4
Carlsberg, Ale. 88/B4
Carlton, Ing,R.U. 75/G6
Carluke, On,Can. 205/R9
Carluke, Es,R.U. 72/C5
Carlyle, Sk,Can. 202/C3
Carlyle, Il,EUA 201/K4
Carlyle (lago), Il,EUA 201/K4
Carmacks, Yk,Can. 215/L3
Carmagnola, Ita. 104/A3
Carman, Mb,Can. 202/F3
Carmarthen, Gales,R.U. 76/B3
Carmarthen (bahía), Gales,R.U. 76/B3
Carmaux, Fra. 92/E4
Carmel, In,EUA 206/C5
Carmel, NY,EUA 207/K4
Carmel (mtña.), Isr. 123/D3
Carmel Head (pta.), Gales,R.U. 74/D5
Carmel, Mount (Har Karmel) (mtña.), Isr. 123/D3
Carmelo, Uru. 238/F2
Carmen, Az,EUA 195/G5
Carmen, Méx. 196/D5
Carmen (isla), Méx. 216/C3
Carmen, Uru. 239/F2
Carmen de Apicalá, Col. 231/L7
Carmen de Carupa, Col. 231/M6
Carmen de Cura, Ven. 231/O8
Carmen de Viboral, Col. 231/K6
Carmen, Río del (río), Méx. 196/A2
Carmensa, Argen. 238/D2
Carmi, CB,Can. 190/E3
Carmi, Il,EUA 208/C1
Carmo, Bras. 235/P6
Carmo da Cachoeira, Bras. 234/D4
Carmo da Mata, Bras. 234/D4
Carmo de Minas, Bras. 235/L7
Carmo do Cajuru, Bras. 237/H2
Carmo do Paranaíba, Bras. 234/D3
Carmo do Rio Claro, Bras. 234/D4
Carmo, Monte (pico), Ita. 104/B4
Carmona, Esp. 94/C4
Carnac, Fra. 96/B5
Carnago, Ita. 104/B1
Carnamah, Austl. 154/B4
Carnanmore (mtña.), IrN,R.U. 74/B1
Carnarvon, Austl. 150/A4
Carnarvon, Safr. 180/C3
Carnarvonleegte (río seco), Safr. 180/C3
Carnarvon, Parq. Nal., Austl. 156/B4
Carnaubais, Bras. 231/G4
Carnaubal, Bras. 231/F4
Carnaxide, Por. 95/P10
Carn Ban (mtña.), Es,R.U. 72/B2
Carndonagh, Irl. 74/A1
Carnduff, Sk,Can. 202/D3
Carn Easgann Bàna (mtña.), Es,R.U. 72/B2
Carnedd Dafydd (mtña.), Gales,R.U. 74/D5
Carnedd Llewelyn (mtña.), Gales,R.U. 74/E5
Carnegie (lago), Austl. 154/D3
Càrn Eige (mtña.), Es,R.U. 72/A2
Carnesville, Ga,EUA 209/F3
Carney (isla), Ant. 161/S
Carnforth, Ing,R.U. 75/F3
Carn Glas-choire (mtña.), Es,R.U. 72/C2
Carnières, Fra. 86/C3
Carn Kitty (colina), Es,R.U. 72/C2
Carn Mairg (mtña.), Es,R.U. 72/B3
Carn Mór (mtña.), Es,R.U. 72/C2
Carn na Cailliche (colina), Es,R.U. 72/C1
Carn na Saobhaidhe (mtña.), Es,R.U. 72/B2
Carnot (cabo), Austl. 155/G5
Carnota, Esp. 94/A1
Carnoustie, Es,R.U. 72/D4
Carnoux-en-Provence, Fra. 100/B6
Carnsore (pta.), Irl. 78/D5
Carnwath (río), TNO,Can. 186/D2
Caro, Mi,EUA 206/E3
Carol City, Fl,EUA 210/P8
Carol City, Fl,EUA 211/H5
Carolina, Bras. 231/E4
Carolina, P.Rico 221/E6
Carolina, Safr. 180/Q13
Carolina del Norte (estu.), E.U.A. 209/G3
Carolina del Sur (est.), E.U.A. 209/G3
Carolinas (islas), Micr. 158/D4
Caroline, Wi,EUA 203/K5
Caroline (isla), Kir. 159/K5
Caroline (pico), N.Z. 160/A4
Caromb, Fra. 100/B4
Caroni (río), Ven. 229/F3
Carora, Ven. 228/D2
Carouge, Suiza 98/C5
Carpaneto Piacentino, Ita. 104/C3
Cárpatos (mtñas.), Eur. 70/F4
Cárpatos Moldavos (mtñas.), Rum. 111/G2
Carpegna, Monte (pico), Ita. 105/F5
Carpenedolo, Ita. 104/D2
Carpentaria (golfo), Austl. 153/E3
Carpentras, Fra. 100/B4
Carpi, Ita. 105/D3
Carpineto Romano, Ita. 102/D4
Carpino, Ita. 103/F4
Carpinteria, Ca,EUA 214/A2
Carquefou, Fra. 96/D6
Carqueiranne, Fra. 100/C6
Carraipía, Col. 228/C2
Carra, Lough (lago), Irl. 78/A2
Carran (mtña.), Irl. 78/A6
Carrantuohill (mtña.), Irl. 78/A5
Carranza, Méx. 218/C2
Carrara, Ita. 104/D4
Carrasco (aer.intl.), Uru. 239/F2
Carrasquero, Ven. 228/D2
Carrboro, CN,EUA 209/H3
Carr Boyd (mts.), Austl. 152/C4
Carreg Ddu (pta.), Gales,R.U. 74/D6
Carriacou (isla), Gra. 220/F4
Carrick (dist.), Es,R.U. 72/B6
Carrickalinga, Austl. 155/H5
Carrickfergus, IrN,R.U. 74/C2
Carrickfergus (dist.), IrN,R.U. 74/C2
Carrickmacross, Irl. 78/D2
Carrick on Shannon, Irl. 78/B2
Carrick on Suir, Irl. 78/C5
Carrières-sous-Poissy, Fra. 71/S10
Carrigaline, Irl. 78/B6
Carrigatuke (mtña.), IrN,R.U. 74/B3
Carrigtohill, Irl. 78/B6
Carrington, DN,EUA 202/E4
Carrión (río), Esp. 94/C1
Carrito, Bol. 233/E4
Carrizal, Col. 228/C1
Carrizalillo, Chile 236/B4
Carrizo (mtñas.), Az,EUA 188/E4
Carrizo Springs, Tx,EUA 196/E3
Carrizozo, NM,EUA 198/B4
Carroll, Ia,EUA 201/G2
Carrollton, Al,EUA 208/C4
Carrollton, Ga,EUA 208/E4
Carrollton, Il,EUA 201/J4
Carrollton, Ky,EUA 208/E1
Carrollton, Mo,EUA 199/H1
Carrollton, Ms,EUA 208/C4
Carrollton, Tx,EUA 197/F1
Carrollwood Village, Fl,EUA 210/K7
Carron (río), Es,R.U. 72/A2
Carron, Loch (ens.), Es,R.U. 72/A2
Carros, Fra. 100/D5
Carrot (río), Sk,Can. 191/M1
Carrouges, Fra. 97/E3
Carrowdore, IrN,R.U. 74/C2
Carrù, Ita. 104/A4
Carrum Downs, Austl. 157/G6
Carryduff, IrN,R.U. 74/C2
Carry-le-Rouet, Fra. 100/B6
Çarşamba, Tur. 124/D1
Carsoli, Ita. 102/D3
Carson, Ca,EUA 214/F8
Carson, DN,EUA 202/D4
Carson (depr.), Nv,EUA 192/D4
Carson (des.), Nv,EUA 192/D4
Carson (lago), Nv,EUA 192/D4
Carson (río), Nv,EUA 192/D4
Carson City (cap.), Nv,EUA 192/D4
Carson River, T. Abor., Austl. 152/B3
Carstairs, Ab,Can. 191/G2
Carsulae (ruinas), Ita. 102/C2
Cartagena, Chile 238/Q9
Cartagena, Col. 228/C2
Cartagena, Esp. 95/E4
Cartago, Col. 228/C3
Cartago, C.Rica 219/F4
Cartago (ruinas), Tun. 108/B4
Cártama, Esp. 94/C4
Cartaxo, Por. 94/A3
Cartaya, Esp. 94/B4
Carter (pico), Austl. 156/A1
Carter Bar (colina), Ing,R.U. 72/D6
Carteret, NJ,EUA 213/D2
Carteret, Cap de (cabo), Fra. 96/D2
Carter, Mount (pico), Austl. 153/F3
Cartersville, Ga,EUA 208/E3
Carterton, Ing,R.U. 77/E3
Carthage, CN,EUA 209/H3
Carthage, Il,EUA 201/J3
Carthage, Mo,EUA 199/G2
Carthage, Ms,EUA 208/C4
Carthage, Tn,EUA 208/E2
Carthage, Tx,EUA 197/G1
Cartí (mtña.), Pan. 219/G4
Cartier (isla), Austl. 150/C2
Cartwright, Tnva,Can. 187/L3
Caruaru, Bras. 231/H5
Carumás, Perú 232/D5
Carunjamba (río), Ang. 178/B2
Carutapera, Bras. 231/E3
Caruthersville, Mo,EUA 208/C2
Carvin, Fra. 86/B2
Carvoeiro (cabo), Por. 94/A3
Cary, CN,EUA 209/H3
Casa Agapito, Col. 228/C4
Casablanca, Chile 238/Q9
Casablanca (Dar-el-Beida), Marr. 165/L14
Casablanca (Mohamed V) (aer.intl.), Marr. 166/D2
Casabona, Ita. 101/C4
Casa Branca, Bras. 234/D4
Casa Grande, Az,EUA 195/G4
Casa Grande Ruins Nat'l Mon., Az,EUA 195/G4
Casalbordino, Ita. 103/E3
Casalbuttano, Ita. 104/C2
Casal di Principe, Ita. 103/E5
Casalecchio di Reno, Ita. 105/E4
Casale di Scodosia, Ita. 105/E2
Casale Monferrato, Ita. 104/B2
Casaleone, Ita. 105/E2
Casale sul Sile, Ita. 105/F1
Casalmaggiore, Ita. 104/D3
Casalpusterlengo, Ita. 104/C2
Casalvecchio di Puglia, Ita. 103/F4
Casamance (río), Sen. 168/A3
Casamicciola Terme, Ita. 103/D6
Casanare (dept.), Col. 228/C3
Casanare (río), Col. 228/D3
Casanay, Ven. 229/F2
Casa Nova, Bras. 235/E1
Casarano, Ita. 109/F3
Casar de Cáceres, Esp. 94/B3
Casarsa della Delizia, Ita. 105/F1
Casarza Ligure, Ita. 104/C4
Casas de Chacabuco, Chile 238/Q9
Casas Grandes, Méx. 216/D2
Casas Grandes (río), Méx. 195/J5
Casas Grandes (ruinas), Méx. 216/C2
Casas-Ibáñez, Esp. 94/E3
Ca'Savio, Ita. 105/F2
Casazza, Ita. 104/C1
Cascada de Bassaseachic, Parq. Nal., Méx. 216/C2
Cascade, Id,EUA 192/E1
Cascade (emb.), Id,EUA 192/E1
Cascade (pta.), Or,EUA 192/A1
Cascade (pta.), N.Z. 160/B4
Cascade, Cordillera (mtñas.), E.U.A. 188/B3
Cascades (pta.), Reun. 181/R15
Cascais, Por. 95/P10
Cascapédia (río), Qu,Can. 204/D1
Cascapédia Ouest (río), Qu,Can. 204/E1
Cascas, Perú 232/B2
Cascavel, Bras. 231/G4
Casciago, Ita. 104/B1
Cascina, Ita. 106/F2
Cascina-Navacchio, Ita. 104/D5
Casco, Me,EUA 204/B3
Casco (bahía), Me,EUA 204/B4
Casebier (colina), Wy,EUA 200/B2
Caselle, Ita. 105/E2
Caselle Torinese, Ita. 104/A2
Caselton, Nv,EUA 194/E2
Casentino (valle), Ita. 105/E5
Caserta, Ita. 103/E5
Caserta (prov.), Ita. 103/E5
Casey, Ant. 161/H
Casey (bahía), Ant. 161/D
Caseyr (cabo), Som. 165/H3
Cashel, Irl. 78/C4
Cashel, Zim. 179/G3
Cashlaundrumlahan (mtña.), Irl. 78/B3
Casigua, Ven. 228/C2
Casiguran, Fil. 145/C1
Casiguran, Fil. 145/D2
Casilda, Argen. 238/E2
Casilda (pta.), Cuba 219/F1
Casimiro Castillo, Méx. 216/D5
Casina, Cima la (Piz Murtaröl) (pico), Ita. 99/G4
Casinalbo, Ita. 105/D3
Casino, Austl. 157/E1
Casira, Bol. 236/C2
Casitas (lago), Ca,EUA 214/A2
Casma, Perú 232/B3
Casnigo, Ita. 104/C1
Casorate Primo, Ita. 104/C2
Casorate Sempione, Ita. 104/B1
Casoria, Ita. 103/E6
Caspe, Esp. 95/E2
Casper, Wy,EUA 193/K2
Casper (cr.), Wy,EUA 200/A2
Caspio (mar), Eur., Asia 118/F6
Caspio (llan.), Kaz., Rusia 115/H3
Cass (río), Mi,EUA 206/E3
Cassà de la Selva, Esp. 95/G2
Cassandra (golfo), Gre. 109/H2
Cassandra (pen.), Gre. 109/H3
Cassano allo Ionio, Ita. 101/C3
Cassano d'Adda, Ita. 104/C1
Casselberry, Fl,EUA 210/N6
Cássia, Bras. 234/D4
Cassiar, CB,Can. 215/N4
Cassiar (mtñas.), CB,Can. 186/C3
Cassilândia, Bras. 234/C3
Cassinga, Ang. 178/C2
Cassino, Ita. 103/D5
Cassiporé (cabo), Bras. 230/D2
Cassis, Fra. 100/B6
Cassolnovo, Ita. 104/B2
Cassopolis, Mi,EUA 206/C4
Cassville, Mo,EUA 199/H2
Castagnaro, Ita. 105/E2
Castagnola, Suiza 99/E5
Castaic (lago), Ca,EUA 214/B1
Castalla, Esp. 95/E3
Castaneda, Ok,EUA 198/C2
Castanet-Tolosan, Fra. 92/D5
Castanhal, Bras. 230/E3
Castañones (pta.), Nic. 218/E3
Castaños, Méx. 196/D4
Casteggio, Ita. 104/C2
Castel Bolognese, Ita. 105/E4
Castelbuono, Ita. 108/D4
Castelcivita, Ita. 101/B2
Castelcovati, Ita. 104/C2
Castel del Monte, Ita. 103/G5
Castel del Piano, Ita. 102/B2
Castel del Piano, Ita. 102/C1
Castel di Lagopesole, Ita. 103/F6
Castel di Sangro, Ita. 103/E4
Castelfidardo, Ita. 105/G6
Castelfiorentino, Ita. 105/D5
Castelforte, Ita. 103/D5
Castelfranco di Sopra, Ita. 105/E5
Castelfranco Emilia, Ita. 105/E3
Castelfranco Veneto, Ita. 105/E1
Castel Frentano, Ita. 103/E3
Castel Fusano, Ita. 102/C4
Castel Gandolfo, Ita. 102/C4
Castel Goffredo, Ita. 104/D2
Casteljaloux, Fra. 92/D4
Castellammare (golfo), Ita. 108/C3
Castellammare di Stabia, Ita. 103/E6
Castellamonte, Ita. 104/A2
Castellanza, Ita. 104/B1
Castellarano, Ita. 105/D3
Castellar del Vallès, Esp. 95/G2
Castellazzo Bormida, Ita. 104/B3
Castelldefels, Esp. 95/K7
Castell de Montjuic, Esp. 95/L7
Castelleone, Ita. 104/C2
Castelli, Argen. 239/T13
Castello di Miramare, Ita. 105/G1
Castello Eurialo (ruinas), Ita. 108/D4
Castello, Monte il (pico), Ita. 105/E5
Castellón de la Plana, Esp. 95/E3
Castellote, Esp. 95/E2
Castelluccio Inferiore, Ita. 101/B2
Castel Madama, Ita. 102/C4
Castelmassa, Ita. 105/E2
Castelmauro, Ita. 103/E4
Castel Mella, Ita. 104/D2
Castelnaudary, Fra. 92/D5
Castelnau-le-Lez, Fra. 92/E5
Castelnovo di Sotto, Ita. 104/D3
Castelnovo ne'Monti, Ita. 104/D4
Castelnuovo di Garfagnana, Ita. 104/D4
Castelnuovo Scrivia, Ita. 104/B3
Castelo Branco (dist.), Por. 94/B2
Castelo de Vide, Por. 94/B3
Castelo do Piauí, Bras. 231/F4
Castel, Parq. Nal., Isr. 123/G8
Castelraimondo, Ita. 102/D1
Castel San Giovanni, Ita. 104/C2
Castel San Lorenzo, Ita. 101/B2
Castel San Pietro Terme, Ita. 105/E4
Castelsardo, Ita. 108/A2
Castelsarrasin, Fra. 92/D4
Castelvetrano, Ita. 108/C4
Castel Viscardo, Ita. 102/C2
Castel Volturno, Ita. 103/D5
Castenaso, Ita. 105/E4
Casterton, Austl. 157/B3
Castiglione d'Adda, Ita. 104/C2
Castiglione del Lago, Ita. 102/C1
Castiglione della Pescaia, Ita. 102/A2
Castiglione delle Stiviere, Ita. 104/D2
Castiglione Torinese, Ita. 104/A2
Castiglion Fiorentino, Ita. 105/E6
Castilho, Bras. 237/G2
Castilla, Chile 236/B3
Castilla, Perú 232/A2
Castilla - La Mancha (com.aut.), Esp. 94/D3
Castilla La Nueva (reg.), Esp. 106/C3
Castilla La Vieja (reg.), Esp. 106/B2
Castilla y León (com.aut.), Esp. 94/C2
Castilletes, Col. 228/D2
Castillo (pico), Argen. 238/C4
Castillo de Osaka, Japón 131/L10
Castillo de San Felipe, Gua. 218/D3
Castillo de San Marcos Nat'l Mon., Fl,EUA 211/H3
Castillo de Versalles, Fra. 71/S10
Castillon (lago), Fra. 100/C5
Castillos, Uru. 239/G2
Castions di Strada, Ita. 105/G1
Castle (río), Ab,Can. 191/G3
Castle (pta.), N.Z. 160/D3
Castlebar, Irl. 78/A2
Castleblayney, Irl. 78/D1
Castlebridge, Irl. 78/D5
Castlecomer, Irl. 78/C4
Castle Dale, Ut,EUA 193/H4
Castle Douglas, Es,R.U. 74/E2
Castleford, Ing,R.U. 75/G4
Castlegar, CB,Can. 190/F3
Castlegregory, Irl. 72/F10
Castle Hill, Austl. 156/H8
Castleisland, Irl. 78/A5
Castlemaine, Austl. 157/C3
Castlereagh, Austl. 156/G8
Castlereagh, Irl. 78/B2
Castle Rock, Co,EUA 200/B4
Castle Rock, Ut,EUA 193/H3
Castle Rock (lago), Wi,EUA 201/J2
Castleton, Vt,EUA 207/K3
Castle Tower, Parq. Nal., Austl. 156/C4
Castletown, Irl. 78/C4
Castor, Ab,Can. 191/J1
Castor (río), Mo,EUA 199/J2
Castres, Fra. 92/E5
Castrezzato, Ita. 104/C1
Castricum, P.B. 84/B3
Castries (cap.), Sta.L. 220/F4
Castro, Bras. 234/C5
Castro, Chile 238/B4
Castro Daire, Por. 94/B2
Castro del Río, Esp. 94/C4
Castro de Rey, Esp. 94/B1
Castro Marim, Por. 94/B4
Castropol, Esp. 94/B1
Castrop-Rauxel, Ale. 85/E5
Castro-Urdiales, Esp. 94/D1
Castro Valley, Ca,EUA 194/A2
Castro Verde, Por. 94/A4
Castrovillari, Ita. 101/C3
Castroville, Ca,EUA 194/B2
Castrovirreyna, Perú 232/C4
Castuera, Esp. 94/C3
Casupá, Uru. 239/G2
Cat (isla), Bahm. 220/C1
Cat (lago), On,Can. 203/J2
Cat (isla), CS,EUA 209/H4
Cat (isla), Ms,EUA 210/D2
Catabola, Ang. 178/B2
Catabola, Ang. 178/C2
Catacamas, Hon. 218/E3
Catacaos, Perú 232/A2
Catacocha, Ecua. 232/B2
Cataduanes (isla), Fil. 158/B3
Cataguases, Bras. 235/E4
Catahoula (lago), La,EUA 210/B2
Cataiñgan, Fil. 147/F1
Çatak, Tur. 125/E2
Çatalağzı, Tur. 111/K5
Catalão, Bras. 234/D3
Çatalca, Tur. 111/J5
Çatalçam, Tur. 124/D2
Catalina, Chile 236/B3
Cataluña (com.aut.), Esp. 95/F2
Cataluña (reg.), Esp. 106/D2
Catamarca, Argen. 236/C4
Catamarca (prov.), Argen. 236/C3
Catamayo, Ecua. 232/B1
Catanauan, Fil. 145/C2
Catandica, Moz. 179/G3
Catanduanes (isla), Fil. 145/D2
Catanduva, Bras. 234/C4
Catania, Ita. 108/D4
Catania (golfo), Ita. 108/D4
Catania (prov.), Ita. 101/A7
Cataño, P.Rico 221/D6
Catanzaro, Ita. 101/C5
Catanzaro (prov.), Ita. 101/C5
Cataratas (aer.intl.), Bras. 237/F4
Cataratas Augrabies, Parq. Nal., Safr. 180/C3
Cataratas del Río Herbert, Parq. Nal., Austl. 156/B2
Cataratas Jourama, Parq. Nal., Austl. 156/B2
Cataratas Mtarazi, Parq. Nal., Zim. 179/G3
Cataricahua, Bol. 236/C1
Catarina, Bras. 231/G4
Catarman, Fil. 145/D2
Catarman, Fil. 145/D3
Catarmán (pta.), Fil. 145/D4
Catarman, Indo. 147/F1
Catarroja, Esp. 95/E3
Catastrophe (cabo), Austl. 155/G5
Catatumbo (río), Col., Ven. 228/C2
Catatungan (mtña.), Fil. 145/D4
Catawba (río), CN, CS,EUA 209/G3
Catawba, South Fork (río), CN,EUA 209/G3
Cat Ba (isla), Vie. 137/E4
Catbalogan, Fil. 145/D3
Cat Ba, Parq. Nal., Vie. 137/E4
Catedral (pico), Uru. 239/G2
Catedral de Reims, Fra. 86/D5
Cateel, Fil. 145/D4
Catemaco, Méx. 218/C2
Catemaco (lago), Méx. 218/C2
Catena Costiera (mtñas.), Ita. 101/B3
Catende, Bras. 235/G1
Caterham, Ing,R.U. 71/N8
Caterham and Warlingham, Ing,R.U. 77/F4
Cat Head (pta.), Mi,EUA 206/D2
Cathedral (mtña.), Tx,EUA 196/C2
Cathedral City, Ca,EUA 194/D4
Cathlamet, Wa,EUA 190/C4
Catingueira, Bras. 231/G4
Cativá, Pan. 219/G4
Çatköyü, Tur. 124/E2
Cat Law (mtña.), Es,R.U. 72/C3
Catlettsburg, Ky,EUA 209/F1
Catmon, Fil. 145/D3
Cato (isla), Austl. 151/K4
Catoche (cabo), Méx. 217/J4
Catolé do Rocha, Bras. 231/G4
Catonsville, Md,EUA 212/B5
Catria, Monte (pico), Ita. 105/F6
Catriló, Argen. 238/E3
Catrimani, Bras. 229/F4
Catrimani (río), Bras. 229/F4
Catskill, NY,EUA 207/K3
Catskill (mtñas.), NY,EUA 207/J3
Cattenom, Fra. 87/F5
Cattolica, Ita. 105/F5
Catu, Bras. 235/F2
Catubig, Fil. 145/D2
Catuípe, Bras. 237/F4
Cauale (río), Ang. 176/D4
Cauayan, Fil. 145/C1
Cauayan, Fil. 145/C3
Cauca (dept.), Col. 228/B4
Cauca (río), Col. 228/C2
Caucagua, Ven. 228/D3
Caucaia, Bras. 231/G3
Caucas, Bol. 233/G5
Caucasia, Col. 228/C3
Caúcaso (mtñas.), Asia. 115/G4
Cauca, Valle del (dept.), Col. 231/K8
Caudan, Fra. 96/B5
Caudebec-lès-Elbeuf, Fra. 97/G2
Caudete, Esp. 95/E3
Caudry, Fra. 86/C3
Cauese (mtñas.), Moz. 179/F2
Caughnawaga, Qu,Can. 205/N7
Cauldcleuch (mtña.), Es,R.U. 72/D6
Caumont (Avignon) (aprt.), Fra. 100/A5
Caumont-sur-Durance, Fra. 100/A5
Cauquenes, Chile 238/B2
Caura (río), Ven. 229/E3
Cauresi (río), Moz. 179/G3
Cauron (río), Fra. 100/B6
Caussade, Fra. 92/D4
Cautário (río), Bras. 233/E3
Caute (río), Cuba 219/G1
Cauvery (río), India 142/F3
Caux (alts.), Fra. 97/F1
Cava de'Tirreni, Ita. 103/E6
Cava d'Ispica (ruinas), Ita. 108/D4
Cávado (río), Por. 94/B2
Cavaillon, Fra. 100/B5
Cavalaire (bahía), Fra. 100/C6
Cavalaire-sur-Mer, Fra. 100/C6
Cavalcante, Bras. 234/D2
Cavalier, DN,EUA 202/F3
Cavalla (río), Libe. 168/D5
Cavallermaggiore, Ita. 104/A3
Cavallino, Ita. 105/F2
Cavallo, Capo al (cabo), Fra. 108/A1
Cavally (río), C.Marf. 168/C5
Cavan, Irl. 78/C2
Cavan (con.), Irl. 78/C2
Cavarzere, Ita. 105/F2
Cave, Ita. 102/C4
Cave Run (lago), Ky,EUA 209/F1
Cave Spring, Va,EUA 209/G2
Cavezzo, Ita. 105/E3
Caviana (isla), Bras. 230/D2
Cavinas, Bol. 233/E4
Cavite, Fil. 145/E7
Cavite City, Fil. 158/B3
Cavnic, Rum. 111/F2
Cavone (río), Ita. 101/C2
Cavour (canal), Ita. 104/B2
Cawayan, Fil. 145/C3
Cawndilla (lago), Austl. 155/J5
Cawston, Ing,R.U. 77/H1
Caxambu, Bras. 234/D4
Caxata, Bol. 233/E5
Caxias, Bras. 231/F4
Caxias do Sul, Bras. 237/G4
Caxinas (pta.), Hon. 218/E2
Çay, Tur. 124/B2
Çayağzi (río), Tur. 125/N6
Cayambe, Ecua. 228/B4
Cayambe (vol.), Ecua. 228/B4
Cayastá, Argen. 236/D4
Cayce, CS,EUA 209/G4
Çaycuma, Tur. 111/L5
Çayeli, Tur. 124/E1
Cayena (cap.), Gua.Fr. 230/C1
Cayena (dist.), Gua.Fr. 230/C1
Cayey, P.Rico 221/D6
Çayırhan, Tur. 111/K5
Cayuga (lago), NY,EUA 207/H3
Cayuga Heights, NY,EUA 207/H3
Cazalla de la Sierra, Esp. 94/C4
Cazères, Fra. 92/D5
Cazin, Bosn. 110/B3
Cazones (río), Méx. 218/B1
Cazorla, Esp. 94/D4
Cazouls-lès-Béziers, Fra. 92/E5
Cazzago San Martino, Ita. 104/D1
Cea (río), Esp. 94/C1
Ceanannus Mór, Irl. 78/D2
Ceará (est.), Bras. 231/F4
Ceará-Mirim, Bras. 231/H4
Céaucé, Fra. 97/E4
Cébaco (isla), Pan. 219/F5
Ceballos, Méx. 196/B4
Cebollatí, Uru. 239/G2
Cebollati (río), Uru. 239/G2
Cebreros, Esp. 94/C2
Cebú, Fil. 145/C3
Cebú (isla), Fil. 145/C3
Ceccano, Ita. 103/D4
Cece, Hun. 91/C6
Cecil Plains, Austl. 156/C4
Cecil Rhodes (pico), Austl. 154/D3
Cecina, Ita. 104/D6
Cecina (río), Ita. 105/D6
Cecita (lago), Ita. 101/C4
Cedar (lago), Mb,Can. 186/F3
Cedar (lago), On,Can. 207/G1
Cedar (río), Ia, Mn,EUA 201/J3
Cedar (río), Ne,EUA 200/E3
Cedar (br.p.), Tx,EUA 197/N9
Cedar (lago), Tx,EUA 198/C4
Cedar (mtñas.), Ut,EUA 193/G3
Cedar (isla), Va,EUA 209/K2
Cedar Bay, Parq Nal., Austl. 156/B1
Cedar Bluff (emb.), Ks,EUA 198/E1
Cedar Breaks Nat'l Mon., Ut,EUA 195/F2
Cedarburg, Wi,EUA 201/L2
Cedar City, Ut,EUA 195/F2
Cedar Creek (pico), Id,EUA 193/G2
Cedar Creek (emb.), Tx,EUA 197/F1
Cedar Falls, Ia,EUA 201/H2
Cedar Grove, NJ,EUA 213/D2
Cedar Hill, Tx,EUA 197/F1
Cedar Park, Tx,EUA 197/F2
Cedar Rapids, Ia,EUA 201/J3
Cedar Springs, Tx,EUA 197/F2
Cedartown, Ga,EUA 208/E3
Cedar, West Fork (río), Ia,EUA 201/H2
Cedeira, Esp. 94/A1
Cedral, Méx. 217/E4
Cedro, Bras. 231/G4
Cedros (isla), Méx. 216/B2
Ceduna, Austl. 155/G5
Cee, Esp. 94/A1
Ceerigaabo (Erigabo), Som. 174/C3
Cefalonia (isla), Gre. 109/G3
Cefalù, Ita. 108/D3
Cefni (río), Gales,R.U. 74/D5
Cega (río), Esp. 94/C2
Ceggia, Ita. 105/F1
Cegléd, Hun. 110/D2
Čegrane, Mace. 110/E5
Cehegín, Esp. 94/E3

263

Cehen – Cherg

Ceheng Bouyeizu Zizhixian, China 136/E3
Cehu Silvaniei, Rum. ... 111/F2
Ceiriog (río), Gales,R.U. 75/E6
Çekerek, Tur. 124/C1
Çekerek (río), Tur. 114/F4
Cela, Ang. 176/C5
Celada Cué, Par. 236/E2
Celákovice, R.Ch. 89/H2
Celano, Ita. 103/D3
Celanova, Esp. 94/B1
Celarain, Punta (pta.), Méx. 218/E1
Celaya, Méx. 217/E4
Celbridge, Irl. 78/D3
Célebes (mar), Asia 147/F3
Célebes (Sulawesi) (isla), Indo. 147/E4
Celendín, Perú 232/B2
Celestún, Méx. 218/D1
Celica, Ecua. 232/B2
Çelikhan, Tur. 124/D2
Celina, Oh,EUA 206/D4
Celina, Tn,EUA 208/E2
Celje, Esl. 110/B2
Cella, Esp. 94/E2
Celldömölk, Hun. 91/B5
Celle, Ale. 85/H3
Celle (río), Fra. 92/E2
Celle Ligure, Ita. 104/B4
Celles, Bél. 86/C2
Cellole, Ita. 103/D5
Celone (río), Ita. 103/F5
Čelopek, Mace. 110/E5
Céltico (mar) 76/A4
Cemaes Head (pta.), Gales,R.U. 76/B2
Cemaru (pico), Indo. 146/D3
Cementerio de los Aliados, Mya. 143/B2
Cenajo (emb.), Esp. 94/E3
Cenderawasih (bahía), Indo. 147/H4
Cenepa (río), Perú 232/B1
Cengong, China 139/J2
Cenia, Esp. 95/F2
Ceno (río), Ita. 104/C3
Centenario do Sul, Bras. 234/D4
Centennial (mtñas.), Id, Mt,EUA 193/H1
Center, DN,EUA 202/D4
Center, Ne,EUA 200/F2
Center, Tx,EUA 197/G2
Center (reg.), Fra. 92/D3
Center City, Mn,EUA 203/H5
Centereach, NY,EUA 213/E2
Center Hill (lago), Tn,EUA 208/E2
Center Point, Al,EUA 208/D4
Centerville, Ia,EUA 201/H3
Centerville, Mo,EUA 199/J2
Centerville, Ok,EUA 198/E3
Centerville, Tn,EUA 208/D3
Centerville, Tx,EUA 197/G2
Centerville, Ut,EUA 193/H3
Centinela, Pichaco del (pico), Méx. 216/E2
Cento, Ita. 105/E3
Central (pico), Argen. . 238/C4
Central (dist.), Bots. 178/E4
Central, Bras. 235/E1
Central, Ak,EUA 215/K2
Central, Az,EUA 195/H4
Central, NM,EUA 195/H4
Central (bahía), NY,EUA 213/L9
Central, Fil. 145/C2
Central (mtñas.), Fil. 145/C1
Central (reg.), Fra. 92/D3
Central (reg.), Gha. 169/E5
Central (dist.), Isr. 123/D3
Central (prov.), Kenia .. 175/B2
Central (reg.), Mal. 179/G2
Central (prov.), P.N.G. . 153/G2
Central (reg.), Es,R.U. 72/B4
Central (reg.), Sudán .. 172/G2
Central (prov.), Zam. 179/F2
Central Butte, Sk,Can. 202/A2
Central City, Co,EUA 200/B4
Central City, Ne,EUA 200/F3
Central, Cordillera (mtñas.), Col. 228/B3
Central, Cordillera (mtñas.), Fil. 145/C1
Central, Cordillera (mtñas.), Perú 232/B2
Central, Cordillera (mtñas.), P.Rico 221/C6
Central de Rusia (alt.), Rusia 117/K2
Central Desert, T. Abor., Austl. 155/F2
Central de Siberia (mes.), Rusia 119/L3
Centrales (mts.), Tnva,Can. 205/K1
Centrales del Norte (llan.), Tx,EUA 217/F1
Centralia, Il,EUA 201/K4
Centralia, Wa,EUA 190/C4
Central Islip, NY,EUA .. 213/E2
Central, Massif (mes.), Fra. 92/E4
Central Mount Stuart (pico), Austl. 155/G2
Central Mount Wedge (pico), Austl. 155/F2
Central Park, NY,EUA . 213/K8
Central Point, Or,EUA . 192/B2
Central Saanich, CB,Can. 190/C3
Centre, Al,EUA 208/E3
Centreville, Al,EUA 208/D4
Centreville, Md,EUA 212/B5
Centreville, Mi,EUA 206/D4
Centro (prov.), Cam. 172/A4
Centro (reg.), Marr. 165/L14
Centroafricana, Republica 172/C4
Centro Geográfico de Estados Unidos, DS,EUA 200/C1
Centro Geográfico de Norteamérica, DN,EUA 202/D3
Centro Nacional de Exhibiciones, Ing,R.U. 77/E2
Centro Norte (reg.), Marr. 165/M13
Centro Sur (reg.), Marr. 165/M14
Cenwanglao (mtña.), China 136/E3
Cenxi, China 139/K3
Céou (río), Fra. 92/D4
Čepin, Cro. 110/D3
Ceprano, Ita. 103/D4
Ceram (isla), Indo. 147/G4
Ceram (mar), Indo. 147/G4
Cerano, Ita. 104/B2
Ceraso (cabo), Ita. 108/A2
Cerbat (mtñas.), Az,EUA 195/E3
Cerbatana (mtñas.), Ven. 229/E3
Cercal, Por. 94/A4
Čerchov (pico), R.Ch. 89/F4
Cerda, Ita. 108/C4
Cerdanyola del Vallès, Esp. 95/L7
Cerdeña (isla), Ita. 108/A2
Cerdeña (reg.), Ita. 108/A2
Cère (río), Fra. 92/D4
Cerea, Ita. 105/E2
Cérences, Fra. 96/D3
Ceres, Argen. 236/D4
Ceres, Bras. 234/C2
Ceres, Ca,EUA 194/B2
Ceres, Safr. 180/B4
Cerese, Ita. 105/D2
Céret, Fra. 95/G1
Cereté, Col. 228/C2
Cerfone (río), Ita. 105/E6
Cerfontaine, Bél. 86/D3
Cergy, Fra. 71/S9
Ceriale, Ita. 104/B4
Cerignola, Ita. 103/F5
Çerkeş, Tur. 124/C1
Çerkezköy, Tur. 111/J5
Çermik, Tur. 124/D2
Černá (pico), R.Ch. 89/G5
Černá (río), R.Ch. 89/H5
Cernavodă, Rum. 111/J3
Cernay, Fra. 88/D2
Cerralvo, Méx. 196/E4
Cerralvo (isla), Méx. 216/C3
Cërrik, Alb. 109/F2
Cerrillos, Argen. 236/C3
Cerrillos, NM,EUA 198/A3
Cerrito, Par. 236/E3
Cerritos, Ca,EUA 214/F8
Cerritos, Méx. 217/E4
Cerro Azul (pico), Argen. 236/B4
Cêrro Azul, Bras. 234/C5
Cerro Azul, Méx. 217/F4
Cerro Azul, Perú 232/B4
Cerro Castillo, Chile 239/J7
Cerro Chato, Uru. 239/G2
Cerro Colorados (emb.), Argen. 238/C3
Cêrro Corá, Bras. 231/G4
Cerro de Las Armas, Uru. 239/T12
Cerro de Pasco, Perú .. 232/B3
Cerro de San Antonio, Col. 228/C2
Cerro Dorotea, Chile 239/J7
Cerro Dos Picachos (pico), Méx. 216/B2
Cerro El Copey, Parq. Nal., Ven. 229/F2
Cerro Largo (dept.), Uru. 239/G2
Cerro Maggiore, Ita. 104/B1
Cerro Nanchital, Méx. 218/C2
Cerro Pinacote (mtña.), Méx. 195/F5
Cerros de Amotape, Parq. Nal., Perú 232/A2
Cerro Sombrero, Chile 239/K8
Certaldo, Ita. 105/E5
Certosa di Pavia, Ita. ... 104/C2
Certosa di Pisa, Ita. 104/D5
Cervantes, Austl. 154/B4
Cervaro (río), Ita. 103/F5
Cervati (pico), Ita. 101/B2
Cervati, Monte (pico), Ita. 107/G2
Cervellino, Monte (pico), Ita. 104/D3
Cervello (pico), Ita. 101/C4
Cervera, Esp. 95/F2
Cervera de Pisuerga, Esp. 94/C1
Cerveteri, Ita. 102/C4
Cerveyrette (río), Fra. 100/C2
Cervia, Ita. 105/F4
Cervialto (pico), Ita. 103/F6
Cervialto, Monte (pico), Ita. 107/G2
Cervignano del Friuli, Ita. 105/G1
Cervina, Punta (pico), Ita. 99/H4
Cervinara, Ita. 103/E5
Cervione, Fra. 108/A1
Cervo (colinas), Bras. 235/L7
Cervo, Esp. 94/B1
Cervo (río), Ita. 104/B1
Cesano, Ita. 102/C3
Cesano Maderno, Ita. . 104/C1
César (río), Col. 228/C2
Cesena, Ita. 105/F4
Cesenatico, Ita. 105/F4
Cesen, Monte (pico), Ita. 105/F1
Cēsis, Let. 81/L3
České Budějovice, R.Ch. 89/H5
České Středohoří (mtñas.), R.Ch. 89/G2
Českomoravská Vysočina (alt.), R.Ch. .. 83/H4
Český Brod, R.Ch. 89/H2
Český Krumlov, R.Ch. ... 89/H5
Český Les (mtñas.), R.Ch. 89/F3
Česma (río), Cro. 110/C3
Çeşme, Tur. 109/K3
Cespedes, Cuba 219/G1
Cesson, Fra. 71/T11
Cesson-Sévigné, Fra. ... 96/D4
Cestohowa, Tx,EUA 197/F3
Cestos (río), Libe. 168/C5
Cesvaine, Let. 81/M3
Cetina (riv), Cro. 110/C4
Cetinje, Mont. 110/D4
Çetinkaya, Tur. 124/D2
Ceton, Fra. 97/F4
Cetona (pico), Ita. 102/B2
Cetraro, Ita. 101/B3
Céu Azul, Bras. 237/F3
Ceurda del Pozo (emb.), Esp. 94/D2
Ceuta, Esp. 94/C5
Ceva, Ita. 104/B4
Cevedale, Monte (pico), Ita. 99/G5
Cévennes (mtñas.), Fra. 92/E5
Cévennes, Parq. Nal., Fra. 92/E4
Ceyhan, Tur. 123/D1
Ceyhan (río), Tur. 123/D1
Ceylânpınar, Tur. 124/E2
Ceyreste, Fra. 100/B6
Cèze (río), Fra. 100/A4
C.F. Secada (aer.intl.), Perú 232/C1
Chabarrou (pico), Fra. ... 92/C5
Chabás, Argen. 238/E2
Chabeuil, Fra. 100/B3
Chabjuwardoo (bahía), Austl. 154/B2
Chablé, Méx. 217/H5
Chacabuco, Argen. 238/E2
Chacalluta, Chile 232/D5
Chacalluta (Arica) (aer.intl.), Chile 236/B2
Chacao, Chile 238/B4
Chachani (pico), Perú . 232/D5
Chachapoyas, Perú 232/B2
Chachimbo (mtñas.), Bras. 233/G2
Chachoengsao, Tail. 143/C3
Chaclacayo, Perú 232/B3
Chaco (prov.), Argen. 236/D3
Chaco (mesa), Az,EUA 195/J3
Chaco (mesa), NM,EUA 195/J3
Chaco (río), NM,EUA 195/H2
Chaco (dept.), Par. 236/D1
Chaco Austral (reg.), Argen. 236/D3
Chaco Boreal (reg.), Par. 236/D2
Chaco Central (reg.), Argen. 236/D2
Chacoma, Bol. 236/B1
Chacon, NM,EUA 198/B2
Chaco, Parq. Nal., Argen. 236/E3
Chacritas, Chile 236/B4
Chacujal (ruinas), Gua. 218/D3
Chad 164/D3
Chad (lago), Áfr. 172/B2
Cha Da (cabo), Vie. 143/E4
Chadan, Rusia 134/F1
Chadiza, Zam. 179/G2
Chadron, Ne,EUA 200/C2
Chafarinas (islas), Esp. 165/N13
Chafurray, Col. 228/C4
Chagan, Kaz. 134/C1
Chagang-do (prov.), Cor.N. 133/D2
Chagda, Rusia 119/P4
Chagdo Kangri (pico), China 134/D5
Chagny, Fra. 92/F3
Chagos (arch.), Br.Oc.Ín. 122/G10
Chaguanas, Trin. 220/F5
Chaguaramas, Ven. 229/E2
Chaguarpamba, Ecua. . 232/B1
Chaguaya, Bol. 236/C2
Chahār Mahāll and Bakhtīārī (gob.), Irán 125/G4
Chāh Behār (Bandar Beheshtī), Irán 127/H3
Chahuites, Méx. 218/C2
Chaibāsā, India 141/E4
Chain, Cor.S. 133/E5
Chainat, Tail. 143/C3
Chaingy, Fra. 97/G5
Chaiyaphum, Tail. 143/C3
Chajarí, Argen. 236/E4
Chākdaha, India 141/G4
Chake Chake, Tan. 175/B3
Chakradharpur, India .. 141/E4
Chakwāl, Pak. 142/B1
Chala, Perú 232/C4
Chalain (lago), Fra. 98/B4
Chālakudi, India 142/F3
Chalamama, Bol. 233/E4
Chalamont, Fra. 98/B5
Chalaronne (río), Fra. 98/A5
Chalatenango, El Salv. 218/D3
Chalbi (des.), Kenia 175/B1
Chalchihuites, Méx. 216/E4
Chalchijapan, Méx. 218/C2
Ch'alchi's (pico), Eti. 173/H3
Chalchyn (río), Mong. . 129/H2
Chalco, Méx. 217/L7
Chale (pta.), Kenia 175/B3
Chaleur (bahía), NB, Qu,Can. 204/E2
Chalfont Saint Giles, Ing,R.U. 71/M7
Chalfont Saint Peter, Ing,R.U. 71/M7
Chalgrove, Ing,R.U. 77/E3
Chalhuanca, Perú 232/C4
Chalifert (canal), Fra. .. 71/U10
Chalinguita, Chile 238/C1
Chalk (mtñas.), Tx,EUA 196/C3
Chalk Mountain, Tx,EUA 217/F1
Challana, Bol. 233/D4
Challans, Fra. 92/C3
Challapata, Bol. 236/C1
Challenger (mtñas.), Nun,Can. 187/T6
Challes-les-Eaux, Fra. 100/B1
Challis, Id,EUA 193/F1
Chalmette, La,EUA 210/D3
Chālna Port, Bang. 141/G4
Chalonnes-sur-Loire, Fra. 97/E6
Châlons-sur-Marne, Fra. 86/D6
Chalon-sur-Saône, Fra. 98/A4
Chālūs, Irán 125/G2
Cham, Ale. 89/F4
Cham (río), Ale. 89/F4
Cham, Suiza 99/E3
Chama (río), Co, NM,EUA 198/A2
Chama, Zam. 179/G1
Chamah (pico), Malay. 144/C1
Chaman, Pak. 127/J2
Chamba, India 142/D1
Chambal (río), India 140/B2
Chambaran (mes.), Fra. 100/B2
Chamberlain, DS,EUA . 200/E2
Chamberlain (lago), Me,EUA 204/C2
Chamberlain, Uru. 239/F2
Chamberlin (mte.), Ak,EUA 215/K2
Chambers (bahía), Austl. 152/C3
Chambers, Az,EUA 195/H3
Chambers (isla), Wi,EUA 203/L5
Chambersburg, Pa,EUA 207/H5
Chambéry, Fra. 100/B1
Chambeyron, Aiguille de (pico), Fra. 100/C3
Chamblee, Ga,EUA 209/M7
Chambly, Qu,Can. 205/P7
Chambly, Fra. 71/S9
Chambourcy, Fra. 71/S10
Chambray-les-Tours, Fra. 97/F6
Chamchamāl, Irak 125/F3
Chame (pta.), Pan. 219/G4
Chamechaude (mtña.), Fra. 100/B2
Chamical, Argen. 236/C4
Cha'mo Häyk' (lago), Eti. 173/H4
Chamonix-Mont-Blanc, Fra. 98/C6
Champagne, Yk,Can. 215/L3
Champagne, Fra. 97/F4
Champagne-sur-Oise, Fra. 71/S9
Champagney, Fra. 98/C2
Champagnole, Fra. 98/B4
Champaign, Il,EUA 201/K3
Champaña (reg.), Fra. 86/C6
Champaña-Ardenas (reg.), Fra. 92/F2
Champaqui (pico), Argen. 238/D1
Champasak, Laos 143/D3
Champdāni, India 141/G4
Champhol, Fra. 97/G4
Champigneulles, Fra. 87/F6
Champigny-sur-Marne, Fra. 71/T10
Champlain (lago), Can., EUA 207/K2
Champlin, Mn,EUA 203/P6
Champlitte-et-le-Prélot, Fra. 98/B2
Champotón, Méx. 217/H5
Champotón (río), Méx. 217/H5
Champsaur (alt.), Fra. ... 100/C3
Champs-sur-Marne, Fra. 86/B6
Champ-sur-Drac, Fra. . 100/B2
Champtoceaux, Fra. 96/D6
Chāmrājnagar, India 142/F3
Chamusca, Por. 94/A3
Chañaral, Chile 236/B3
Chañaral, Chile 238/B1
Chança (río), Por. 94/B4
Chancay, Perú 232/B3
Chance Cove (pta.), Tnva,Can. 205/L2
Chan Chan, Perú 232/B2
Chanco, Chile 238/B2
Chandalar (río), Ak,EUA 215/J2
Chandalar, East Fork (río), Ak,EUA 215/J2
Chandarnagar, India 141/G4
Chandausi, India 140/B1
Chandeleur (estr.), La,EUA 210/D3
Chandeleur (islas), La,EUA 210/D3
Chanderi, India 140/B3
Chandigarh, India 142/D2
Chandigarh (terr.), India 142/D2
Chandlees (río), Bras., Perú 232/D3
Chandler, Qu,Can. 204/E1
Chandler (río), Ak,EUA 215/H2
Chandler, Az,EUA 195/G4
Chandler, Ok,EUA 199/F3
Chandmanĭ, Mong. 128/D2
Chāndpur, Bang. 141/H4
Chāndpur, India 140/B1
Chandrapur, India 138/C4
Chandrapura, India 141/F4
Chanduy, Ecua. 228/A5
Chang (lago), China 135/C5
Chang (río), China 135/L8
Chang (isla), Tail. 143/C3
Changan, Cor.S. 133/E5
Changanācheri, India . 142/F4
Changane (río), Moz. .. 179/G4
Changbai (mtñas.), China 133/D2
Changbai (pico), China 133/E2
Changbai (mtñas.), China, Cor.N. 129/K3
Changbai Chaoxianzu Zizhixian, China 133/E2
Changchun, China 135/F2
Changdang (lago), China 135/D5
Changdao, China 135/E3
Changde, China 137/F2
Changé, Fra. 97/E4
Changé, Fra. 97/F5
Changeon (río), Fra. 97/F6
Changfeng, China 135/D4
Changge, China 135/C4
Changgi-ap (cabo), Cor.S. 130/A2
Changhai, China 133/B3
Changhang, Cor.S. 133/D4
Changhowŏn, Cor.S. 133/D4
Changhua, Tai. 137/J3
Changhŭng, Cor.N. 133/E2
Changhŭng, Cor.S. 133/D5
Changjiang, China 137/F5
Changjiang Zhong (llan.), China 137/G2
Changjin (emb.), Cor.N. 133/D2
Changjin (lago), Cor.N. 133/D2
Changle, China 128/F5
Changle, China 135/D3
Changle, China 136/E2
Changle, China 137/J2
Changli, China 135/D3
Changling, China 135/E1
Changlingzi, China 133/B3
Changning, China 136/E2
Changning, China 139/G3
Ch'angnyŏng, Cor.S. 133/E5
Changping, China 135/D2
Changping, China 135/H6
Changqing, China 135/D3
Changsan-got (cabo), Cor.N. 133/C3
Changsha, China 137/G2
Changshan, China 137/H4
Changshan (arch.), China 133/B3
Changshu, China 135/E5
Changshu, China 135/L8
Changshun, China 136/E3
Changsŏng, Cor.S. 135/D5
Changsu, Cor.S. 133/D5
Changtu, China 135/F2
Changuinola, Pan. 219/F4
Ch'angwŏn, Cor.S. 133/E5
Changwu, China 128/F4
Changxing, China 135/K8
Changxing (isla), China 135/E3
Changyang, China 135/B5
Changyi, China 135/D3
Changyuan, China 135/C4
Changzhi, China 135/C3
Changzhou, China 135/D5
Changzhou, China 135/K8
Chanhassen, Mn,EUA 203/N7
Chañi, Nevado de (pico), Argen. 236/C3
Chankanai, Sr.L. 142/G4
Chanlers (cats.), Kenia 175/B1
Chan May Dong (cabo), Vie. 143/E2
Channel (islas), Ca,EUA 194/C4
Channel (túnel), R.U., Fra. 77/H4
Channel Country (llan.), Austl. 155/J3
Channel Country (reg.), Austl. 156/A4
Channel Islands Nat'l Park, Ca,EUA 214/A2
Channel-Port aux Basques, Tnva,Can. 205/H2
Channelview, Tx,EUA 197/M9
Channing, Tx,EUA 198/C3
Chantada, Esp. 94/B1
Chanteloup-les-Vignes, Fra. 71/S10
Chantepie, Fra. 96/D4
Chanthaburi, Tail. 143/C3
Chantilly, Fra. 86/B5
Chantraine, Fra. 98/C1
Chantrey (ens.), Nun,Can. 186/G2
Chanty y los Mansiynsk, Distrito Aut. Subordinado, Rusia . 118/G3
Chanu, Fra. 97/E3
Chanute, Ks,EUA 199/G2
Chao (lago), China 135/D5
Chao (río), China 135/D2
Chao, Perú 232/B3
Chaobai (río), China 129/H4
Chao Phraya (río), Tail. 143/C3
Chaoyang, China 129/J3
Chaoyang, China 137/H4
Chaozhou, China 137/H4
Chapacura, Bol. 232/D3
Chapada Diamantina, Parq. Nal., Bras. 235/E2
Chapada dos Guimarães, Bras. 234/B2
Chapada dos Veadeiros, Parq. Nal., Bras. 234/D2
Chapadinha, Bras. 231/F3
Chapala, Méx. 216/E4
Chapala (lago), Méx. 216/E4
Chaparé (río), Bol. 236/C1
Chaparral, Col. 228/C4
Chaparrosa, Méx. 216/E4
Chapayev, Kaz. 115/J2
Chapayevsk, Rusia 71/H3
Chapecó, Bras. 237/F3
Chapecó (Uruguai) (río), Bras. 237/F3
Chapelfell Top (mtña.), Ing,R.U. 75/F2
Chapel Hill, CN,EUA ... 209/H3
Chapelle-Lez-Herlaimont, Bél. 86/D3
Chapel Ness (pta.), Es,R.U. 72/D4
Chapeltown, Ing,R.U. 75/G5
Chap Le, Vie. 143/D2
Chapleau, On,Can. 187/H4
Chaplin, Sk,Can. 202/A2
Chaplin (río), Ky,EUA ... 208/E2
Chaplygin, Rusia 114/F1
Chaponost, Fra. 100/A1
Chappell, Ne,EUA 200/C3
Chapra, India 141/E3
Chapultepec, Bosque de, Méx. 217/Q10
Chara, Rusia 119/M4
Chara (río), Rusia 119/M4
Charagua, Bol. 236/D1
Charagua, Par. 237/E2
Charambirá (pta.), Col. 228/B3
Charaña, Bol. 236/B1
Charandra (río), Gre. 109/L6
Charata, Argen. 236/D3
Charbonnel, Pointe de (pico), Fra. 100/D2
Charcas, Méx. 217/E4
Charcot (isla), Ant. 161/U
Chard, Ing,R.U. 76/D5
Chardon, Oh,EUA 206/F4
Chardonnière, Haiti 219/H2
Chardzhou, Turk. 118/G6
Charef (río), Marr. 165/N14
Charef, Oued (río seco), Marr. 167/E2
Charente (río), Fra. 92/C4
Charenton, La,EUA 210/C3
Charenton-le-Pont, Fra. 71/T10
Charentsavan, Arm. 115/H4
Chari (río), Áfr. 172/B2
Chari-Baguirmi (pref.), Chad 172/B3
Chārīkār, Afg. 127/J1
Chari Medio (pref.), Chad 172/C3
Charing, Ing,R.U. 77/G4
Chariton, Ia,EUA 201/H3
Chariton (río), Ia, Mo,EUA 201/H3
Chariton, Mussel Fork (río), Mo,EUA 201/H4
Charity, Guy. 229/G3
Charkhāri, India 140/B3
Charlemagne, Qu,Can. 205/P6
Charlemont, IrN,R.U. 74/B3
Charleroi, Bél. 86/D3
Charleroi a Bruxelles (canal), Bél. 86/D2
Charles (pico), Austl. ... 154/C3
Charles (pico), Austl. ... 154/D5
Charles (pta.), Austl. 152/C3
Charles (isla), Nun,Can. 187/J2
Charles (colina), Il,EUA 201/J2
Charles (cabo), Va,EUA 209/K2
Charles City, Ia,EUA 201/H2
Charles de Gaulle (Paris) (aer.intl.), Fra. 71/T9
Charles Fuhr, Argen. 239/K7
Charleston, Ar,EUA 199/G3
Charleston, CS,EUA 209/H4
Charleston, Il,EUA 206/B5
Charleston, Me,EUA 204/C3
Charleston, Mo,EUA 208/C2
Charleston, Ms,EUA 208/B3
Charleston (pico), Nv,EUA 194/E2
Charleston, VOcc,EUA 209/G1
Charles Town, VOcc,EUA 209/J1
Charlestown, St.K. 220/F3
Charleville, Austl. 156/B4
Charleville-Mézières, Fra. 87/D4
Charlevoix, Mi,EUA 206/D2
Charlevoix (lago), Mi,EUA 206/D2
Charlotte (lago), CB,Can. 190/B1
Charlotte, CN,EUA 209/G3
Charlotte (puer.), Fl,EUA 211/G4
Charlotte, Mi,EUA 206/D3
Charlotte, Tn,EUA 208/D2
Charlotte, Vt,EUA 207/K2
Charlotte Amalie, (cap.), Vir.No. 220/E3
Charlotte C. H., Va,EUA 209/H2
Charlottenburg, Ale. 90/D2
Charlottesville, Va,EUA 209/H1
Charlottetown (cap.), PE,Can. 204/F2
Charlton, Austl. 157/B3
Charlton (isla), Nun,Can. 187/H3
Charlton Kings, Ing,R.U. 76/D3
Charlwood, Ing,R.U. 71/N8
Charly-sur-Marne, Fra. . 86/C6
Charmes, Fra. 98/C1
Charmes (emb.), Fra. 98/B2
Charnay-lès-Mâcon, Fra. 92/F3
Charny, Qu,Can. 204/B2
Charolais (mtñas.), Fra. . 92/F3
Charouine, Arg. 167/E3
Charsk, Kaz. 134/D2
Charters Towers, Austl. 156/B3
Chartres, Fra. 97/G4
Chartres, Malv. 239/M7
Chartres-de-Bretagne, Fra. 96/D4
Chartreuse, Massif de la (mts.), Fra. 100/B2
Charyn (río), Kaz. 134/C3
Charysh (río), Rusia 134/D1
Chās, India 141/F4
Chaschauna, Piz (pico), Suiza 99/G4
Chascomús, Argen. 238/F2
Chase, CB,Can. 190/E2
Chasicó, Argen. 238/C4
Chaska, Mn,EUA 203/H5
Chaslands Mistake (pta.), N.Z. 160/B4
Chasov Yar, Ucr. 117/J3
Chassahowitzka (bahía), Fl,EUA 210/K6
Chasse-sur-Rhône, Fra. 100/A1
Chassezac (río), Fra. 92/F4
Chassiron, Pointe de (pta.), Fra. 92/C3
Chastre-Villeroux-Blanmont, Bél. 86/D2
Chatauqua (lago), Il,EUA 201/J3
Château-Arnoux, Fra. . 100/C4
Châteaubourg, Fra. 96/D4
Châteaubriant, Fra. 96/D5
Château d'If, Fra. 100/B6
Château-d'Oex, Suiza 98/D5
Château-d'Olonne, Fra. 92/C3
Château-du-Loir, Fra. 97/F5
Châteaudun, Fra. 97/G4
Châteaugiron, Fra. 96/D4
Château-Gontier, Fra. ... 97/E5
Châteauguay, Qu,Can. 207/K2
Châteaulin, Fra. 96/A4
Châteauneuf-du-Faou, Fra. 96/B4
Châteauneuf-les-Martigues, Fra. 100/B6
Châteauneuf-sur-Charente, Fra. 92/C4
Châteauneuf-sur-Isère, Fra. 100/A2
Château, Pointe du (pta.), Fra. 96/B3
Château-Renault, Fra. ... 97/F5
Châteauroux, Fra. 92/D3
Château-Thierry, Fra. 86/C5
Châtelaillon-Plage, Fra. 92/C3
Châtelet, Bél. 86/D3
Châtellerault, Fra. 92/D3
Châtel-Saint-Denis, Suiza 98/C4
Châtenay-Malabry, Fra. 71/S10
Chatham, NB,Can. 204/E2
Chatham, On,Can. 206/E3
Chatham (isla), Chile ... 239/J7
Chatham, NJ,EUA 212/D2
Chatham, Va,EUA 209/H2
Chatham (isla), N.Z. 160/E3
Chatham, Ing,R.U. 77/G4
Châtillon, Fra. 71/S10
Châtillon, Ita. 104/A1
Châtillon-sur-Chalaronne, Fra. 98/A5
Châtillon-sur-Seine, Fra. 92/F3
Chatom, Al,EUA 210/D2
Chatou, Fra. 71/S10
Chatra, India 141/E3
Chatra, Nepal 141/F2
Chatrapur, India 138/D4
Chatswood, Austl. 156/H8
Chatsworth, Ca,EUA 214/E7
Chatsworth (emb.), Ca,EUA 214/B2
Chatsworth, Ga,EUA 208/E3
Chatsworth, Zim. 179/F3
Chattahoochee (río), Al, Ga,EUA 208/E4
Chattanooga, Tn,EUA .. 208/E3
Chatteris, Ing,R.U. 77/G2
Chattooga (río), Ga, CS,EUA 209/F3
Chatuzange-le-Goubet, Fra. 100/B3
Chaucey (islas), Fra. 92/C2
Chaudfontaine, Bél. 87/E2
Chaudière (río), Qu,Can. 204/B2
Chau Doc, Vie. 143/D4
Chauk, Mya. 136/B4
Chaulnes, Fra. 86/B4
Chaumont, Fra. 98/B1
Chaumont-en-Vexin, Fra. 86/A5
Chaunskaia (bahía), Rusia 119/T3
Chauny, Fra. 86/C4
Chausey (islas), Fra. 96/D3
Chausy, Bela. 114/D1
Chautauqua (lago), NY,EUA 207/G3
Chauvigny, Fra. 92/D3
Chavakkacheri, Sr.L. 142/H4
Chavakkad, India 142/F3
Chaval, Bras. 231/F3
Chavan'ga, Rusia 112/H2
Chavanoz, Fra. 98/B6
Chavantes (alts.), Bras. 234/C1
Chavarría, Argen. 236/E4
Chaves, Bras. 230/D3
Chaves, Por. 94/B2
Chaviña, Perú 232/C4
Chavín de Huantar, Perú 232/B3
Chavinillo, Perú 232/B3
Chavuma (cats.), Zam. ... 178/D2
Chay (río), Vie. 143/D1
Chayanta, Bol. 236/C1
Chayanta (río), Bol. 236/C1
Chaykovskiy, Rusia 113/M4
Chazuta, Perú 232/B2
Chazy, NY,EUA 207/K2
Cheadle, Ing,R.U. 75/G6
Cheaha (mtña.), Al,EUA 208/E4
Cheat (río), VOcc,EUA ... 209/H1
Cheb, R.Ch. 89/F2
Cheboksari (emb.), Rusia 113/K4
Cheboksary, Rusia 71/H3
Cheboygan, Mi,EUA 206/D2
Checacupe, Perú 232/D4
Checa, República 83/H4
Chechaouene, Marr. 165/M13
Chechel'nik, Ucr. 116/E3
Chechén (isla), Rusia .. 115/H4
Chechén e Ingush, Rep. Aut. de los, Rusia 115/H4
Chech, 'Erg (des.), Arg., Malí 166/D5
Chech'ŏn, Cor.S. 133/E4
Chécy, Fra. 97/H5
Chedabucto (bahía), NE,Can. 205/G3
Cheduba (estr.), Mya. . 136/B5
Cheduba (isla), Mya. ... 136/B5
Cheektowaga, NY,EUA 207/G3
Chefumage (río), Ang. . 178/D1
Chegdomyn, Rusia 129/L1
Chegutu, Zim. 179/F3
Chehalis, Wa,EUA 190/C4
Chehalis (río), Wa,EUA 190/C4
Cheim (lago), Ale. 82/G5
Cheiron (mts.), Fra. 100/C5
Cheiron, Cime du (pico), Fra. 100/C5
Cheju, Cor.S. 129/K5
Cheju (estr.), Cor.S. 129/K5
Cheju (isla), Cor.S. 129/K5
Chekhov, Rusia 114/F1
Chela (mtñas.), Ang. 178/B3
Chelan (lago), Wa,EUA 190/D3
Cheleken, Turk. 115/K5
Chelghoum El Aïd, Arg. 165/V17
Cheliábinsk, Rusia 113/P5
Cheliábinsk, Región de, Rusia 113/P5
Cheliuskina (cabo), Rusia 119/L2
Chelles, Fra. 71/T10
Chełm, Pol. 83/M3
Chełm (prov.), Pol. 83/M3
Chelmer (río), Ing,R.U. ... 77/G3
Chełmno, Pol. 83/K2
Chelmsford, Ma,EUA .. 204/B4
Chelmsford, Ing,R.U. 77/G3
Chełmża, Pol. 83/K2
Chelsea, Austl. 157/G6
Chelsea, Vt,EUA 207/K3
Chelsea, Ing,R.U. 71/N7
Chelsea & Kensington (mun.inc.), Ing,R.U. 71/N7
Cheltenham, On,Can. .. 205/R8
Cheltenham, Ing,R.U. 76/D3
Chemal, Rusia 134/E1
Chemax, Méx. 217/J4
Chemba, Moz. 179/G3
Chemillé, Fra. 97/E6
Chemnitz, Ale. 90/C6
Chemnitz (río), Ale. 90/C6
Chen (lago), China 136/D3
Chen (río), China 137/F3
Chenāb (río), India 142/A2
Chenāb (río), Pak. 142/A2
Chena Hot Springs, Ak,EUA 215/J2
Chenalhó, Méx. 218/C2
Chenango (río), NY,EUA 207/J3
Chen Baraq Qi, China . 129/H2
Chencoh, Méx. 217/H5
Cheney (emb.), Ks,EUA 199/F2
Cheney, Wa,EUA 190/F4
Chengannūr, India 142/F4
Cheng'anpu, China 135/C3
Chengbu Miaozu Zizhixian, China 137/F3
Chengde, China 135/D2
Chengdu, China 136/E2
Chengjiang, China 137/G3
Chengkou, China 128/F5
Chengkou, China 137/F2
Chengkou, China 137/H3
Chengmai, China 137/F5
Chengshan (cabo), China 133/B4
Chengshan Jiao (pta.), China 135/E3
Chengwu, China 135/C4
Chennai (Madras), India 138/D5
Chennevières-sur-Marne, Fra. 71/T10
Chenôve, Fra. 98/A3
Chenxi, China 139/K2
Chenzhou, China 137/G3
Cheongjin, Cor.N. 133/E2
Cheongjin-si, Cor.N. 133/E2
Chepelare, Bul. 111/G5
Chepén, Perú 232/B2
Chepes, Argen. 236/C4
Chépica, Chile 238/C2
Chepigana, Pan. 219/G4
Chepo, Pan. 219/G4
Chepstow, Gales,R.U. 76/D3
Cheptsa (río), Rusia 113/M4
Cher (dept.), Fra. 97/H5
Cher (río), Fra. 97/F6
Cheradi (isla), Ita. 101/D2
Chéran (río), Fra. 100/C1
Cherbourg, Austl. 156/C4
Cherbourg, Fra. 96/D1
Cherchell, Arg. 165/S15
Cherdakly, Rusia 115/J1
Cherdyn', Rusia 113/N3
Chère (río), Fra. 96/D5
Cheremkhovo, Rusia 128/E1
Cherepovets, Rusia 112/H4
Cherf (río), Arg. 165/V17
Chergui (lago), Arg. 165/S16
Chergui, Chott ech (l.sal.), Arg. 167/F2

Cuart – Deep
267

Cuarta Catarata (cats.), Sudán 171/G5
Cuart de Poblet, Esp. 95/E3
Cuarto (río), Argen. 238/D2
Cuatir (río), Ang. 178/C2
Cuatrociénagas, Méx. 216/E3
Cuatro Ojos, Bol. 236/D1
Cuauhtémoc, Méx. 216/D2
Cuauhtémoc, Méx. 216/E5
Cuautepec de Hinojosa, Méx. 217/L6
Cuautitlan, Méx. 217/Q9
Cuautitlan (río), Méx. 217/Q9
Cuautitlán Izcalli, Méx. 217/Q9
Cuautla, Méx. 218/B2
Cuautla Morelos, Méx. 217/F5
Cuba 219/F1
Cuba, Por. 94/B3
Cubagua (isla), Ven. 229/E2
Cubal, Ang. 178/B2
Cubal (río), Ang. 178/B2
Cuballing, Austl. 154/C5
Cubango (río), Ang. 178/C3
Cubatão, Bras. 237/H2
Cubati, Bras. 231/G4
Çubuk, Tur. 124/C1
Cucamonga (Rancho Cucamonga), Ca,EUA 214/C2
Cucamonga Wilderness, Ca,EUA 214/C2
Cucharas (río), Co,EUA 198/B2
Cuchilla Caraguatá, Uru. 237/F5
Cuchillo-Có, Argen. 238/D3
Cuchillo Parado, Méx. 196/B3
Cuchivero (río), Ven. 229/E3
Cuchumatanes, Sierra los (mts.), Gua. 218/D3
Cuckmere (río), Ing,R.U. 77/G5
Cuc Phuong, Parq. Nal., Vie. 143/D1
Cucq, Fra. 86/A3
Cucuí, Bras. 229/E4
Cúcuta, Col. 228/C3
Cucuyagua, Hon. 218/D3
Cudahy, Ca,EUA 214/F8
Cuddalore, India 142/G3
Cuddapah, India 138/C5
Cudgewa, Austl. 157/C3
Cudillero, Esp. 94/B1
Cudrefin, Suiza 98/D4
Cudworth, Ing,R.U. 75/G4
Cue, Austl. 154/C3
Cuebe (río), Ang. 178/C2
Cueio (río), Ang. 178/D2
Cueli (río), Ang. 178/C2
Cuéllar, Esp. 94/C2
Cuenca, Ecua. 228/B5
Cuenca, Esp. 94/D2
Cuenca (mts.), Esp. 94/E2
Cuencamé, Méx. 216/E3
Cuernavaca, Méx. 217/F5
Cuero, Tx,EUA 197/F3
Cuers, Fra. 100/C6
Cuervo, NM,EUA 198/B3
Cuesta del Burro (mtñas.), Tx,EUA 196/B2
Cueto, Cuba 219/H1
Cuetzalán, Méx. 217/F4
Cueva de la Quebrada del Toro, Parq. Nal., Ven. 228/D2
Cueva de los Diezmil Budas, Mya. 143/B1
Cueva de los Guarcharos, Parq. Nal., Col. 228/B4
Cuevas del Almanzora, Esp. 94/E4
Cuevas de Vinromá, Esp. 95/F2
Cuevo, Bol. 236/D2
Cuffley, Ing,R.U. 71/N6
Cugir, Rum. 93/F3
Cuglieri, Ita. 108/A2
Cugnaux-Vingtcasses, Fra. 92/D5
Cugo (río), Ang. 176/D4
Cuha (río), Hun. 91/B5
Cuhai-Bakony-ér (río), Hun. 91/B4
Cuiabá, Bras. 234/A2
Cuiabá (río), Bras. 234/A3
Cuicas, Ven. 228/D2
Cuijk, P.B. 84/C5
Cuilapa, Gua. 218/D3
Cuilcagh (mtña.), Gales,R.U. 78/C1
Cuilco (río), Gua., Méx. 218/C3
Cuillin (bahía), Es,R.U. 73/H8
Cuisance (río), Fra. 98/B4
Cuité, Bras. 231/G4
Cuitlahuac, Méx. 217/N8
Cuito (río), Ang. 178/C3
Cuiuni (río), Bras. 229/E5
Cuiwei (mtña.), China 137/G3
Cukuh Batuberagam (cabo), Indo. 144/D4
Çukur, Tur. 124/C2
Çukurca, Tur. 125/E2
Cu Lao (isla), Vie. 143/E4
Culasi, Fil. 145/C3
Culcairn, Austl. 157/C2
Culebra (isla), P.Rico 221/F6
Culebras, Perú 232/B3
Culemborg, P.B. 84/C5
Culgoa (río), Austl. 157/C1
Culiacán, Méx. 216/D3
Culion (isla), Fil. 145/B3
Culion Res., Fil. 145/C3
Culiseu (río), Bras. 234/B2
Cúllar Baza, Esp. 94/D4
Cullen, Argen. 239/K8
Cullenagh (río), Irl. 78/A4
Culleoka, Tx,EUA 196/L6
Cullera, Esp. 95/E3
Culleredo, Esp. 94/A1
Cullin (lago), Irl. 78/A2
Cullman, Al,EUA 208/D3
Cully, Suiza 98/C5
Culoga (río), Austl. 156/B5
Culpeper, Va,EUA 209/J1
Culpina, Bol. 236/C2
Culta, Bol. 236/C1
Cultra, Lough (lago), Irl. 78/B3
Cults, Es,R.U. 72/D2
Culuene (río), Bras. 234/B2
Culver (pta.), Austl. 154/E5
Culver City, Ca,EUA 214/B2
Culvers (lago), NJ,EUA 212/D1
Cumã (bahía), Bras. 231/E3
Cumaná, Ven. 229/E2
Cumane (río), Fra. 100/B2
Cumaría, Perú 232/C3
Cumba, Perú 232/B2
Cumbal, Col. 228/B4
Cumbal, Nevado de (pico), Col. 228/B4
Cumberes de Monterrey, Parq. Nal., Méx. 196/D5
Cumberland (golfo), Nun,Can. 187/K2
Cumberland (pen.), Nun,Can. 187/K2
Cumberland (mes.), E.U.A. 208/E3
Cumberland (isla), Ga,EUA 211/H2
Cumberland (lago), Ky,EUA 208/E2
Cumberland (río), Ky, Tn,EUA 208/D2
Cumberland, Md,EUA 207/G5
Cumberland, Va,EUA 209/H2
Cumbernauld, Es,R.U. 72/C5
Cumbre del Laudo (pico), Argen. 236/B3
Cumbres Bastonal, Cerro (mte.), Méx. 217/G5
Cumbres de Majalca, Parq. Nal., Méx. 196/A3
Cumbria (con.), Ing,R.U. 75/F2
Cúmbricos (mtñas.), Ing,R.U. 75/E3
Cumbum, India 138/C4
Cumiana, Ita. 100/D3
Cumming, Ga,EUA 208/E3
Cummins, Austl. 155/G5
Cumnock, Austl. 157/D2
Cumnock, Es,R.U. 72/B6
Cumpas, Méx. 216/C2
Çumra, Tur. 124/C2
Cumshewa (pta.), CB,Can. 215/M5
Cuñapirú, Uru. 239/G1
Cuñare, Col. 228/C4
Cunaviche, Ven. 229/E3
Cunco, Chile 238/B3
Cunde (río), Ang. 178/C2
Cundelee, R. Abor., Austl. 154/D4
Cunderdin, Austl. 154/C4
Cundinamarca (dept.), Col. 228/C3
Cunduacán, Méx. 217/G5
Cunene (dist.), Ang. 178/B3
Cunene (río), Ang. 178/B3
Cunene (río seco), Ang. 178/C3
Cuneo, Ita. 104/A4
Cuneo (prov.), Ita. 104/A3
Cung Son, Vie. 143/E3
Cunha, Bras. 234/D4
Cunnamulla, Austl. 156/B5
Cunningham, Tx,EUA 199/G4
Cunninghame (dist.), Es,R.U. 72/B5
Čuokkaraš'ša (pico), Nor. 79/H1
Cuorgnè, Ita. 104/A2
Cupar, Es,R.U. 72/C4
Cupello, Ita. 103/E3
Cupra Marittima, Ita. 103/D1
Cupramontana, Ita. 105/G6
Ćuprija, Serb. 110/E4
Cuquenán (río), Ven. 229/F3
Curaçá, Bras. 235/F1
Curaçao (isla), Ant.Hol. 220/D4
Curacautín, Chile 238/C3
Curacaví, Chile 238/Q9
Curahuara de Carangas, Bol. 232/D5
Curahuara de Pacajes, Bol. 236/B1
Curanilahue, Chile 238/B3
Curaray (río), Ecua., Perú 228/C5
Curaren, Hon. 218/E3
Curaumilla (pta.), Chile 238/Q9
Curcubăta (pico), Rum. 110/F2
Cure (río), Fra. 92/E3
Curepipe, Mau. 181/S15
Curepto, Chile 238/B2
Curiche Grande (río), Bol. 233/G5
Curicó, Chile 238/C2
Curimatá, Bras. 234/D1
Curinga, Ita. 101/C5
Curitiba, Bras. 237/G3
Curitibanos, Bras. 237/G3
Curno, Ita. 104/C1
Curoca (río), Ang. 178/B3
Curone (río), Ita. 104/B3
Curragh, The, Irl. 78/D3
Currais Novos, Bras. 231/G4
Curralinho, Bras. 230/D3
Currant (mtña.), Nv,EUA 192/F4
Current, Jacks Fork (río), Mo,EUA 208/B2
Currie, Austl. 157/B3
Currie, Es,R.U. 72/C5
Currituck, CN,EUA 209/J2
Currituck (bahía), CN,EUA 209/K2
Curtea de Argeş, Rum. 111/G3
Curtici, Rum. 110/E2
Curtina, Uru. 237/E5
Curtis (isla), Austl. 156/C3
Curtis, Esp. 94/A1
Curtis (pta.), Md,EUA 212/B6
Curtis (isla), N.Z. 158/H8
Curuá (isla), Bras. 230/D2
Curuá (río), Bras. 230/C3
Curuá (río), Bras. 230/C4
Curuá Una (río), Bras. 230/C3
Curuçá, Bras. 230/E3
Curuçú (río), Bras. 232/C2
Curuguaty, Par. 237/F3
Curup, Indo. 144/C3
Curú, Ref. N. F., C.Rica 219/E4
Cururú, Bol. 233/F4
Cururupu, Bras. 231/E3
Curuzú Cuatiá, Argen. 236/E4
Curvelo, Bras. 234/D3
Curwood (mte.), Mi,EUA 206/B1
Cusco, Perú 232/D4
Cusher (río), IrN,R.U. 74/B3
Cushet Law (mtña.), Ing,R.U. 72/D6
Cusna, Monte (pico), Ita. 104/D4
Cussava (río), Ang. 178/B2
Cusset, Fra. 92/E3
Cusseta, Ga,EUA 208/E4
Custer, DS,EUA 200/C2
Custer (pico), DS,EUA 200/C1
Custines, Fra. 87/F6
Custódia, Bras. 231/G5
Cut (colina), Ing,R.U. 76/C5
Cutato, Ang. 178/C2
Cutato (río), Ang. 178/C1
Cutato (río), Ang. 178/C2
Cut Bank, Mt,EUA 191/H3
Cutervo, Perú 232/B2
Cuthbert, Ga,EUA 208/E5
Cut Knife, Sk,Can. 191/K1
Cutler, Ca,EUA 194/C2
Cutler Ridge, Fl,EUA 211/H5
Cutral-Có, Argen. 238/C3
Cutro, Ita. 101/C4
Cuttack, India 138/E3
Cuvelai, Ang. 178/B2
Cuvette (reg.), Congo 176/C3
Cuvier (cabo), Austl. 154/B3
Cuvo (río), Ang. 178/B1
Cuxac-d'Aude, Fra. 92/E5
Cuxhaven, Ale. 85/F1
Cuyabeno, Ecua. 228/C5
Cuyahoga (río), Oh,EUA 206/F4
Cuyama, Ca,EUA 194/C3
Cuyama (río), Ca,EUA 194/B3
Cuyo, Fil. 145/C3
Cuyo (islas), Fil. 145/C3
Cuyocuyo, Perú 232/D4
Cuyo, Estrecho Este (canal), Fil. 145/C3
Cuyo, Estrecho Oeste (canal), Fil. 145/C3
Cuyuchi, Bol. 233/F4
Cuyuni (río), Guy., Ven. 229/G3
Cuyuni-Mazaruni (reg.), Guy. 229/F3
Cuzco, Perú 232/D4
Cwmbran, Gales,R.U. 76/C3
C.W. McConaughy (lago), Ne,EUA 200/D3
Cyangugu, Rua. 177/G3
Cynthiana, Ky,EUA 208/E1
Cypress (colinas), Ab, Sk,Can. 191/J3
Cypress, Ca,EUA 214/B3
Cypress (lago), Fl,EUA 210/N7
Cypress, Tx,EUA 197/G3
Cyr (mtña.), Me,EUA 204/C2
Cysoing, Fra. 86/C2
Cywyn (río), Gales,R.U. 76/B3
Czákberény, Hun. 91/C5
Czaplinek, Pol. 83/J2
Czarna Białostocka, Pol. 83/M2
Czarne, Pol. 83/J2
Czarnków, Pol. 83/J2
Częstochowa, Pol. 83/K3
Czestochowa (prov.), Pol. 83/K3
Człuchów, Pol. 83/J2

D

Da (río), China 137/J2
Daaden, Ale. 87/G2
Da'an, China 129/J2
Daba (mtñas.), China 135/B4
Dabajuro, Ven. 228/D2
Dabakala, C.Marf. 168/D4
Dabas, Hun. 91/D5
Dabbāgh, Jabal (mtña.), Ar.S. 124/C5
Dabeiba, Col. 228/B3
Dabhoi, India 138/B3
Dabie (mtñas.), China 137/G2
Da (Black) (río), Vie. 143/D1
Dabou, C.Marf. 168/D5
Daboya, Gha. 169/E4
Dabra, India 140/B3
Dąbrowa Białostocka, Pol. 83/M2
Dąbrowa Górnicza, Pol. 83/K3
Dabu, China 137/G3
Dacca (dist.), Bang. 141/G4
Dacca (Dhākā) (cap.), Bang. 141/H4
Dachang, China 135/L8
Dachang Huizu Zizhixian, China 135/H7
Dachau, Ale. 89/E6
Dac Sut, Vie. 143/D3
Dac To, Vie. 143/D3
Dadanawa, Guy. 230/B2
Dade City, Fl,EUA 210/L7
Dades, Oued (río), Marr. 166/D3
Dadeville, Al,EUA 208/E4
Dadi (cabo), Indo. 147/H4
Dadra & Nagar Haveli (terr.), India 138/B4
Dadu (río), China 136/D2
Dādu, Pak. 127/J3
Daduru (río), Sr.L. 138/D6
Daen Noi (pico), Tail. 143/B4
Daet, Fil. 145/C2
Dafang, China 136/E3
Dafeng, China 135/E4
Dafu, China 136/D2
Dagana, Sen. 168/B2
Dağbaşı, Tur. 124/D2
Dagda, Let. 81/M3
Dagestanskiye Ogni, Rusia 115/J4
Dagger (mtña.), Tx,EUA 196/C3
Dagmar Range, Parq. Nal., Austl. 156/B2
Dagneux, Fra. 98/B6
Daguan, China 136/D3
Daguan, China 136/E3
Daguestán, Rep Aut. de, Rusia 115/H3
D'Aguilar (mtña.), Austl. 156/E6
D'Aguilar (mts.), Austl. 156/E6
Daguokui (pico), China 129/K2
Dagupan City, Fil. 145/C1
Daguragu, Austl. 152/C4
Dagzê (lago), China 134/E5
Dahaituo Shan (mtña.), China 135/C2
Dahalak (isla), Eti. 174/A2
Dahana (des.), Ar.S. 122/D7
Dāhānu, India 138/B4
Daharki, Pak. 138/A2
Dahei (río), China 135/B2
Daheiding (pico), China 129/K2
Dahlak (arch.), Eri. 174/B1
Dahlem, Ale. 87/F3
Dahlem, Ale. 90/D3
Dahlenburg, Ale. 85/H2
Dahlonega, Ga,EUA 208/F3
Dahme, Ale. 90/D4
Dahme (río), Ale. 90/D4
Dahn, Ale. 87/G5
Da Hoa, Vie. 143/D4
Dahong (mtña.), China 135/C5
Dahoufang (emb.), China 133/C2
Dahūk, Irak 125/E2
Dahūk (gob.), Irak 125/E2
Dai (isla), China 137/J2
Dai (lago), China 135/C2
Dai (isla), Indo. 152/C1
Daian, Japón 131/M9
Daicheng, China 135/D3
Daigo, Japón 131/G2
Dailekh, Nepal 140/C1
Dai Loc, Vie. 143/E3
Daimiao, China 135/D3
Daimiel, Esp. 94/D3
Daingerfield, Tx,EUA 197/G1
Daintree, Parq. Nal., Austl. 156/B2
Daiō-zaki (pta.), Japón 131/E3
Dāira Dīn Panāh, Pak. 142/A2
Daireaux, Argen. 238/E3
Dairen (bahía), China 133/A3
Dairy (arr.), Austl. 155/N8
Dai-Segen-dake (mtña.), Japón 132/B3
Dai-sen (mtña.), Japón 130/C3
Daisen-Oki, Parq. Nal., Japón 130/C2
Daisetsuzan, Parq. Nal., Japón 132/C2
Daito, Japón 131/L10
Daito (islas), Japón 158/C2
Dai Xian, China 135/C3
Daiyun (pico), China 137/H3
Dajabón, R.Dom. 221/E2
Dajing, China 139/K3
Dakar (cap.), Sen. 168/A3
Dakar (reg.), Sen. 168/A3
Daketa Shet' (río seco), Eti. 174/B4
Dakhin Shābāzpur (isla), Bang. 141/H4
Dakhla, Sáh.Occ. 166/B5
Dakhlet Nouadhibou (reg.), Maur. 168/A1
Dak-i-Pétirgun (lago), Afg., Irán 127/H2
Dak Nhe, Vie. 143/D3
Dakoro, Níger 169/G3
Dakota City, Ia,EUA 201/G2
Dakota City, Ne,EUA 201/F2
Dakota del Norte (est.), E.U.A. 202/D4
Dakota del Sur (est.), E.U.A. 200/D1
Dakovica, Kos. 110/E4
Dakovo, Serb. 110/D3
Dakshin Gangotri, Ant. 161/A
Dal (río), Sue. 70/E2
Dala, Ang. 176/E5
Dalad Qi, China 135/B2
Dalai (l.sal.), China 128/H3
Dalaman, Tur. 124/B2
Dalandzadgad, Mong. 128/E3
Dalanjargalan, Mong. 128/F2
Dalarna (reg.), Sue. 80/E1
Da Lat, Vie. 143/E4
Dalatangi (pta.), Isl. 79/Q6
Dalbeattie, Es,R.U. 74/E2
Dalby, Austl. 156/C4
Dalby, Sue. 80/E4
Dal Cataract (cats.), Sudán 171/F4
Dale, Tx,EUA 197/F3
Dale City, Va,EUA 209/J1
Dale Hollow (lago), Ky, Tn,EUA 208/E2
Dalen, P.B. 84/D3
Dalfsen, P.B. 84/D4
Dalgan (río), Irl. 78/B2
Dalgaranger (pico), Austl. 154/C3
Dalhart, Tx,EUA 198/C2
Dalhousie, NB,Can. 204/D1
Dalhousie (cabo), TNO,Can. 215/N1
Dalhousie, India 142/C1
Dali, China 135/B4
Dali, China 136/D3
Dali (río), China 135/B3
Dalías, Esp. 94/D4
Dalidag (pico), Azer. 125/F2
Dalj, Cro. 110/D3
Dalkeith, Es,R.U. 72/C5
Dall (isla), Ak,EUA 215/M4
Dall (lago), Ak,EUA 215/F3
Dallas, Ga,EUA 208/E4
Dallas, Or,EUA 192/B1
Dallas, Tx,EUA 197/F1
Dallas, Es,R.U. 72/C1
Dallas-Fort Worth (aer.intl.), Tx,EUA 196/K7
Dalles of the Saint Croix, Mn,EUA 201/H1
Dalles, The Or, Wa,EUA 192/C1
Dallgow, Ale. 90/D2
Dallol Bosso (uadi), Malí, Níger 169/F3
Dalmacia (reg.), Cro. 110/C4
Dalmatovo, Rusia 113/P4
Dalmeny, Austl. 157/D3
Dalmine, Ita. 104/C1
Dal'negorsk, Rusia 129/M3
Dal'nerechensk, Rusia 129/L2
Daloa, C.Marf. 168/D5
Dalry, Es,R.U. 72/B5
Dalrymple (lago), Austl. 156/B3
Dalsingh Sarai, India 141/E3
Dalsjöfors, Sue. 80/E3
Dalton, Ga,EUA 208/E3
Daltonganj, India 140/E3
Daluo (pico), China 137/G4
Dalupiri (isla), Fil. 145/C1
Dalvík, Isl. 79/N6
Dalwallinu, Austl. 154/C4
Daly (río), Austl. 152/C3
Daly (bahía), Nun,Can. 186/H2
Daly City, Ca,EUA 206/A2
Daly River, Austl. 152/C3
Daly River Abor. Land, Austl. 152/C3
Daly River Wild. Sanct., Austl. 152/C3
Dam (río), China 134/F5
Damāgheh-ye Kūh (pta.), Irán 125/J5
Daman, India 127/K4
Damanhūr, Egip. 123/B4
Daman y Diu (terr.), India 138/B3
Damao (mtña.), China 137/H2
Damar (isla), Indo. 152/C1
Damara, Cafr. 172/C4
Damasco, Ar,EUA 199/H3
Damasco (cap.), Siria 123/E3
Damasco (prov.), Siria 124/D3
Damascus, Md,EUA 212/A5
Damāvand, Irán 125/H3
Damavānd (mtña.), Irán 125/H3
Dambaslar, Tur. 111/H5
Dam Doi, Vie. 143/D4
Dame Marie, Haiti 219/H2
Dame Marie (cabo), Haiti 219/H2
Dāmghān, Irán 125/H2
Damietta (gob.), Egip. 123/B4
Damietta (Dumyāţ), Egip. 123/B4
Damigni, Fra. 97/F4
Daming, China 135/C3
Daming, China 137/G3
Daming (mtña.), China 137/F4
Damion (mtña.), Fra. 87/D4
Dammartin-en-Goële, Fra. 71/U9
Dammastock (pico), Suiza 99/E4
Damme, Ale. 85/F3
Damme, Bél. 86/C1
Dāmodar (río), India 141/F4
Damoh, India 140/B4
Damongo, Gha. 169/E4
Damparis, Fra. 98/B3
Dampier, Austl. 154/C2
Dampier (arch.), Austl. 154/C2
Dampier (estr.), Indo. 147/H4
Dampier (estr.), P.N.G. 153/H1
Damqog (Marquan) (río), China 141/F1
Damrei (mtñas.), Camb. 143/C4
Damsterdiep (río), P.B. 84/D2
Damuzhi (mtña.), China 137/H3
Damvillers, Fra. 87/E5
Damxung, China 134/F5
Dan (río), China 135/B4
Dan (río), CN, Va,EUA 209/H2
Ḑānā, Jor. 123/D4
Danakil (reg.), Afr. 174/B2
Danané, C.Marf. 168/C5
Da Nang, Vie. 143/E2
Danao, Fil. 145/D3
Dana Point, Ca,EUA 214/C4
Danba, China 136/D2
Danbury, CN,EUA 209/G2
Danbury, Ct,EUA 207/K4
Danbury, Ing,R.U. 77/G3
Danby (lago seco), Ca,EUA 194/E3
Dancheng, China 135/C4
Dancing (pta.), Mb,Can. 202/E1
Dandaragan, Austl. 154/B4
Dande (río), Ang. 176/C5
Dandenong, Austl. 157/G5
Dandenong (mte.), Austl. 157/G5
Danderyd, Sue. 81/S7
Dandong, China 133/C2
Dandridge, Tn,EUA 209/F2
Dane (río), Ing,R.U. 75/F5
Danelly (emb.), Al,EUA 208/D4
Dang (río), China 128/D4
Dangara, Tay. 134/A4
Dangayos (pta.), Fil. 137/J5
Dange, Ang. 176/C4
Dange, Nige. 169/G3
Danger (pta.), Safr. 180/B4
Danggali, Parq. Nal., Austl. 155/H5
Dangme (río), Bután 141/H2
Dangriga, Beli. 218/D2
Dangshan, China 135/D4
Dangtu, China 135/D5
Dangyang, China 135/B5
Dania, Fl,EUA 210/P7
Danieb (río seco), Nam. 178/D4
Danielsville, Ga,EUA 209/F3
Danilov, Rusia 112/J4
Daning, China 135/B3
Danjiangkou, China 135/B4
Danjiangkou (emb.), China 135/B4
Danjoutin, Fra. 98/C2
Dankov, Rusia 114/F1
Dankova, Pik (pico), Kirg. 134/C3
Danleng, China 136/D2
Danlí, Hon. 218/E3
Dannenberg, Ale. 90/B1
Dannes, Fra. 86/A2
Dannevirke, N.Z. 160/D3
Dantzler, Ms,EUA 210/D2
Danube, Borcea Branch (río), Rum. 111/H3
Danubio (río), Eur. 70/F4
Danubio, Brazo Sulino (río), Rum. 111/J3
Danubio, Sfîntu Gheorghe Branch (río), Rum. 111/J3
Danville, Ar,EUA 199/H3
Danville, Il,EUA 206/C4
Danville, Ky,EUA 208/E2
Danville, Pa,EUA 212/B2
Danville, Va,EUA 209/H2
Danville, Vt,EUA 207/K2
Dan Xian, China 137/F5
Daocheng, China 136/D2
Daoura, Oued ed (río seco), Arg., Marr. 166/D3
Dao Xian, China 137/F3
Daozhen, China 137/E2
Dapa, Fil. 145/D3
Dapaong, Togo 169/F4
Dapitan, Fil. 145/C3
Daqiao, China 136/D4
Daqiao, China 137/H3
Daqing, China 129/K2
Daqing (río), China 135/H7
Daqu (isla), China 137/J2
Dar'ā, Siria 123/E3
Dar'ā (prov.), Siria 124/C3
Dārāb, Irán 125/H4
Darabani, Rum. 111/H1
Daraga, Fil. 145/C2
Darai (colinas), P.N.G. 153/F1
Daram, Fil. 145/D3
Dārān, Irán 125/G3
Darasun, Rusia 128/G1
Đaravica (pico), Kos. 110/E4
Dārayyā, Siria 123/E3
Darbėnai, Lit. 81/J3
Darbhanga, India 141/E2
Darby (cabo), Ak,EUA 215/F3
D'Arcy, CB,Can. 190/C2
Darda, Cro. 110/D3
Dardanelle, Ar,EUA 199/H3
Dardanelos (estr.), Tur. 111/H5
Dar-el-Beida (Casablanca), Marr. 166/D2
Darende, Tur. 124/D2
Darent (río), Ing,R.U. 71/P8
Dar es Salam (aer.intl.), Tan. 175/B3
Dar es Salam (cap.), Tan. 175/B3
Dar es Salam (prov.), Tan. 175/B3
Dareton, Austl. 155/J5
Darfield, CB,Can. 190/D2
Darfo, Ita. 104/D1
Darfur (reg.), Sudán 173/E2
Dargle (río), Irl. 74/B5
D'arguin, Parq. Nal., Maur. 168/B2
Darhan, Mong. 128/F2
Darhan (pico), Mong. 128/F2
Darie Hills (mtñas.), Som. 174/C3
Darién (mts.), Col., Pan. 228/B2
Darien, Ct,EUA 213/E1
Darien, Ga,EUA 211/H2
Darién (mts.), Pan. 219/G4
Darién, Parq. Nal., Pan. 219/G5
Dariganga, Mong. 128/G2
Darjiling, India 141/G2
Darkan, Austl. 154/C5
Darlag, China 128/D5
Darling (mts.), Austl. 154/L6
Darling (río), Austl. 155/J5
Darling (lago), DN,EUA 202/D3
Darling Downs (mts.), Austl. 156/C4
Darlington, CS,EUA 209/H3
Darlington, Md,EUA 212/B4
Darlington, Wi,EUA 201/J2
Darlington, Ing,R.U. 75/G2
Darlington Point, Austl. 157/C2
Darłowo, Pol. 83/J1
Darmstadt, Ale. 88/B3
Darnah, Libia 170/D1
Darnāya, Tun. 165/W18
Darnétal, Fra. 86/A5
Darnley (cabo), Ant. 161/E
Darnley (bahía), TNO,Can. 186/D2
Daroca, Esp. 94/E2
Darregueira, Argen. 238/E3
Darreh Gaz, Irán 125/J2
Dar Rounga (reg.), Cafr. 172/D3
Darsser (cabo), Ale. 80/E4
Dart (cabo), Ant. 161/R
Dart (río), Ing,R.U. 76/C6
Dartford, Ing,R.U. 71/P7
Dartmoor (alt.), Ing,R.U. 76/B5
Dartmoor, Parq. Nal., Ing,R.U. 76/C5
Dartmouth (emb.), Austl. 157/C3
Dartmouth, NE,Can. 204/F3
Dartmouth, Ing,R.U. 76/C6
Darton, Ing,R.U. 75/G4
Dartuch (cabo), Esp. 95/G3
Daru, P.N.G. 153/F2
Daru, S.Le. 168/C5
Daruvar, Cro. 110/C3
Darvaza, Turk. 115/L4
Darvel (bahía), Malay. 145/B4
Darvel, Es,R.U. 72/B5
Darwen, Ing,R.U. 75/F4
Darwin, Austl. 152/C3
Darwin (bahía), Chile 238/B5
Darwin (mtñas.), Chile 236/B4
Darwin (mtñas.), Chile 239/K8
Darwin (isla), Ecua. 232/J6
Darwin (vol.), Ecua. 232/J7
Daryācheh-ye Sīstān (lago), Irán 127/H2
Darya Khan, Pak. 142/A2
Dashan (pico), Eti. 174/A2
Dashengtang (pico), China 129/H3
Dashennongjia (pico), China 135/B5
Dashen Terara, Ras (pico), Eti. 174/A2
Dasht Kaur (río), Pak. 127/H3
Dasing, Ale. 88/E6
Daska, Pak. 142/C1
Dassel, Ale. 85/G5
Dasseneiland (isla), Safr. 180/B4
Dasūya, India 142/C2
Datchet, Ing,R.U. 71/M7
Dat Do, Vie. 143/D4
Date, Japón 132/B2
Dateland, Az,EUA 195/F4
Datia, India 140/B3
Datian (pico), China 137/F4
Datong, China 128/E4
Datong, China 128/G3
Datong, China 135/C2
Datong (mtñas.), China 128/D4
Datong (río), China 128/D4
Datteln, Ale. 85/E5
Datu (cabo), Malay. 146/C3
Datuk (cabo), Indo. 144/C2
Daugai, Lit. 81/L4
Daugauva (río), Let. 79/H4
Daugava (río), Let. 81/L3
Daugavpils, Let. 81/M4
Daulatpur, Bang. 141/G4
Daule, Ecua. 228/B5
Daule (río), Ecua. 228/B5
Daun, Ale. 87/F3
Daung (isla), Mya. 143/B3
Dauphin, Mb,Can. 202/D2
Dauphin (río), Mb,Can. 202/E2
Dauphin (cabo), NE,Can. 205/G2
Dauphin Island, Al,EUA 210/D2
Dauphin (lago), Mb,Can. 202/E2
Davangere, India 138/C5
Davao, Fil. 145/D4
Davao (golfo), Fil. 145/D4
Davenda, Rusia 129/H1
Davenport (mts.), Austl. 155/G2
Davenport (pico), Austl. 155/F2
Davenport, Ia,EUA 201/J3
Davenport, Wa,EUA 190/E4
Daventry, Ing,R.U. 77/E2
Davgaard-Jensen (reg.), Groen. 187/T6
David, Pan. 219/F4
David City, Ne,EUA 201/F3
Davidson, Sk,Can. 202/B2
Davidson, Ar,EUA 199/G3
Davie, Fl,EUA 210/P7
Davies (pico), Austl. 155/F3
Davis (estr.), Amér.N. 184/N3
Davis (esta.), Ant. 161/F
Davis (mar), Ant. 161/F
Davis, Ca,EUA 192/C4
Davis (mte.), Pa,EUA 207/G5
Davis (mtñas.), Tx,EUA 196/B2
Davis Dam, Az,EUA 194/E3
Davlekanovo, Rusia 113/M5
Davo (río), C.Marf. 168/D5
Davos, Suiza 99/F4
Davst, Mong. 128/C1
Dawa, China 133/B2
Dawan (mtña.), China 137/H3
Dawangja (isla) 133/B3
Dawa Wenz (río), Eti. 174/B4
Dawen (río), China 135/D4
Dawson (río), Austl. 156/C4
Dawson (mtña.), CB,Can. 190/F2
Dawson, Yk,Can. 215/L3
Dawson (isla), Chile 239/K8
Dawson, Ga,EUA 208/E5
Dawson Creek, CB,Can. 186/D3
Dawsonville, Ga,EUA 208/E3
Dawu, China 128/E5
Dawu, China 128/G5
Dawu, China 136/D2
Dawu, China 137/G2
Dawu (mtña.), China 137/G2
Dawu Shan (mtña.), China 135/C5
Dawwah, Omán 126/G4
Dax, Fra. 92/C5
Daxian, China 137/E2
Daxin, China 143/D1
Daxing, China 135/D3
Daxing, China 137/F3
Daxue (mtñas.), China 136/D2
Daxue (pico), China 136/C4
Dayang, China 137/F4
Dayang (río), China 133/B2
Dayang Bunting (isla), Malay. 144/B1
Dayao, China 136/D3
Daye, China 135/C5
Dayi, China 136/D2
Daying, China 133/D1
Daying (río), China 136/C3
Daylesford, Austl. 157/C3
Daymán (río), Uru. 239/F1
Dayong, China 137/F2
Dayong, China 137/F3
Dayr al Balaḩ, Gaza 123/D4
Dayr al Ghuşūn, Cisj. 123/G7
Dayr az Zawr, Siria 124/E3
Dayr Az Zawr (prov.), Siria 124/E3
Dayr Ballūţ, Cisj. 123/G7
Dayr Dibwān, Cisj. 123/D4
Dayr, Jabal ad- (pico), Sudán 173/F2
Dayr Sharaf, Cisj. 123/G7
Dayrūt, Egip. 171/F3
Daysland, Ab,Can. 191/H1
Dayton, NY,EUA 207/G3
Dayton, Oh,EUA 206/D5
Dayton, Tn,EUA 208/E3
Dayton, Wa,EUA 190/F4
Daytona Beach, Fl,EUA 211/H3
Dayu, China 137/G3
Dayu (isla), China 137/J3
Dayunwu (mtña.), China 137/G4
Dazhu, China 137/E2
De Aar, Safr. 180/D3
Dead (lago), Fl,EUA 211/F2
Dead (río), Irl. 78/B4
Deadman (pico), Austl. 154/C2
Deadman (mtña.), Wy,EUA 193/H2
Deadwood, DS,EUA 200/C1
Deal (isla), Austl. 157/C3
Deal, Ing,R.U. 77/H4
Dean (río), CB,Can. 190/B1
Dean, Forest of (bos.), Ing,R.U. 76/D3
Deán Funes, Argen. 236/C4
Deanmill, Austl. 154/C5
Dearborn, Mi,EUA 206/E3
Dearne, Ing,R.U. 75/G4
Dearne (río), Ing,R.U. 75/G4
Dease (río), CB,Can. 215/N4
Dease (estr.), Nun,Can. 186/F2
Dease Lake, CB,Can. 215/M4
Death (valle), Ca,EUA 194/D2
Death Valley Nat'l Park., Ca, Nv,EUA 194/D2
Deauville, Fra. 97/F2
Deavgay (pico), Rusia 125/F1
Debar, Mace. 110/E5
De Bary, Fl,EUA 211/H3
Debauch (mtña.), Ak,EUA 215/G3
Debelets, Bul. 111/G4
Deben (río), Ing,R.U. 77/H2
Dębica, Pol. 83/L3
De Bilt, P.B. 84/C4
Dęblin, Pol. 83/L3
Dębno, Pol. 83/H2
Deborah (mte.), Ak,EUA 215/J3
Debra Zebit, Eti. 174/A3
Debre Birhan, Eti. 174/A3
Debrecen, Hun. 110/E2
Debre Mark'os, Eti. 173/H3
Debre Tabor, Eti. 173/H3
Debre Zeyit, Eti. 173/G3
Debundscha (pta.), Cam. 176/B1
DeBurgh (lago), Austl. 153/D4
Decatur, Al,EUA 208/D3
Decatur, Ga,EUA 208/E4
Decatur, Il,EUA 201/K4
Decatur, In,EUA 206/D4
Decatur, Ms,EUA 208/C4
Decatur, Tn,EUA 208/E3
Decatur, Tx,EUA 197/F1
Decaturville, Tn,EUA 208/C3
Decazeville, Fra. 92/E4
Deccán (mes.), India 138/C5
Dechang, China 136/D3
Decima, Ita. 105/E3
Děčín, R.Ch. 83/H3
Décines-Charpieu, Fra. 100/A1
Děčínský Sněžnik (pico), R.Ch. 90/E6
Decize, Fra. 92/E3
Decorah, Ia,EUA 201/J2
Dedemsvaart, P.B. 84/D3
Dedham, Ma,EUA 207/L3
Dedham, Me,EUA 204/C3
Dedo (pico), Argen. 238/C5
Dédougou, Burk. 168/E3
Dedu, China 129/K2
Dedza, Mal. 179/G2
Dee (río), Irl. 78/D2
Dee (río), Es,R.U. 72/D2
Dee (río), Gales,R.U. 75/E5
Dee (río), IrN,R.U. 73/K10
Deel (río), Irl. 78/A1
Deel (río), Irl. 78/B5
Deel (río), Irl. 78/C2
Deep (río), CN,EUA 209/H3

Deep (arr.), De,EUA 212/C6
Deep Fork (río), Ok,EUA 199/F3
Deeping St. James, Ing,R.U. 77/F1
Deep River, On,Can. 207/H1
Deepwater, Austl. 157/D1
Deepwater (pta.), De,EUA 212/C5
Deer (isla), Mb,Can. 202/F2
Deer (isla), Ak,EUA 215/F5
Deer (isla), Irl. 78/A4
Deerfield, Ma,EUA 207/K3
Deerfield Beach, Fl,EUA 210/P7
Deerfield Beach, Fl,EUA 211/H4
Deer Isle, Me,EUA 204/C3
Deerlijk, Bél. 86/C2
Deer Lodge, Mt,EUA 191/H4
Deer Park, NY,EUA 213/E2
Deer Park, Tx,EUA 197/M9
Deesa, India 138/B3
Deeside (valle), Es,R.U. 72/D2
Deex Nugaaleed (río seco), Som. 174/C3
Defensores del Chaco, Parq. Nal., Par. 236/D2
Déffend, Pointe du (pta.), Fra. 100/B6
Defiance, Oh,EUA 206/D4
DeForest (lago), NY,EUA 213/K7
De Funiak Springs, Fl,EUA 211/E2
Dégelis, Qu,Can. 204/C2
Degerfors, Sue. 80/F2
Degersheim, Suiza 99/F3
Deggendorf, Ale. 89/F5
Deggingen, Ale. 88/C5
De Gray (lago), Ar,EUA 199/H3
De Grey (río), Austl. 154/C2
De Haan, Bél. 86/C1
Dehalak (isla) 174/A2
Dehalak, P. N. M., Eti. 174/B2
DeHart (emb.), Pa,EUA 212/B3
Deh Bīd, Irán 125/H4
Dehdez, Irán 125/G4
Deheq, Irán 125/G3
Dehra Dun, India 127/L2
Dehri, India 140/E3
Dehua, China 137/H3
Dehui, China 129/K3
Deidesheim, Ale. 88/B4
Deinze, Bél. 86/C2
Deister (mtñas.), Ale. 85/G4
Deiva Marina, Ita. 104/C4
Dej, Rum. 111/F2
Dejiang, China 137/F2
De Jongs (cabo), Indo. 153/E1
De Kalb, Il,EUA 201/K3
De Kalb, Ms,EUA 208/C4
Dekle Beach, Fl,EUA 211/G3
Dékoa, Cafr. 172/C4
De Lacs (río), DN,EUA 202/D3
Delamar (lago), Nv,EUA 194/E2
De Land, Fl,EUA 211/H3
Delano, Ca,EUA 194/C3
Delano (pico), Ut,EUA 193/G4
Delavan, Wi,EUA 206/B3
Delaware (est.), E.U.A. 189/L4
Delaware (río), E.U.A. 212/C4
Delaware (bahía), De, NJ,EUA 212/C5
Delaware (río), Ks,EUA 201/G4
Delaware, Oh,EUA 206/E4
Delaware (mtñas.), Tx,EUA 196/B2
Delbrück, Ale. 85/F5
Del Campillo, Argen. 238/D2
Del Carril, Argen. 239/S12
Delčevo, Mace. 110/F5
Delcommune (emb.), D.R. Congo 177/F5
Delden, P.B. 84/D4
Del Dios, Ca,EUA 214/C4
Delegate, Austl. 157/D3
De Leijen (lago), P.B. 84/D2
Delémont, Suiza 98/D3
Del Este, Parq. Nal., R.Dom. 220/D3
Delfín (cabo), Malv. 239/N7
Delfinado (mts.), Fra. 100/B4
Delfinado (reg.hist.), Fra. 100/B3
Delfos (ruinas), Gre. 109/H3
Delft, P.B. 84/B5
Delft (isla), Sr.L. 142/G4
Delfzijl, P.B. 84/D2
Delgada (pta.), Argen. 238/E4
Delgada (pta.), Ca,EUA 192/A3
Delgado, Cabo (cabo), Moz. 179/J1
Delger (río), Mong. 128/D2
Delgerhaan, Mong. 128/F2
Delgerhangay, Mong. 128/E2
Delhi, Ca,EUA 194/B2
Delhi, NY,EUA 207/J3
Delhi, India 140/A1
Delhi (terr.), India 140/A1
Déli, Chad 172/B3
Delianuova, Ita. 101/B6
Delice, Tur. 124/C2
Delice (río), Tur. 114/E5
Délices, Gua.Fr. 230/C1
Deliceto, Ita. 103/F5
Delicias, Ven. 228/C3
De Lier, P.B. 84/B5
Delījān, Irán 125/G3
Delimara, Ponta Ta' (pta.), Malta 102/J8
Delisle, Qu,Can. 204/B1
Delisle, Sk,Can. 191/L2
Delitzsch, Ale. 90/C4
Delligsen, Ale. 85/G5
Dells, The (reg.), Wi,EUA 201/K2
Delmas, Safr. 180/Q13
Delme (río), Ale. 85/F3
Delme, Fra. 87/F6
Delmenhorst, Ale. 85/F2
Delmiro Gouveia, Bras. 235/F1
Delmita, Tx,EUA 197/E4
Delnice, Cro. 110/B3
Del Norte, Co,EUA 198/A2
Deloraine, Austl. 157/C4
Deloraine, Mb,Can. 202/D3
Delos (ruinas), Gre. 109/J4
Delphi, In,EUA 206/C4
Delran, NJ,EUA 212/D3
Delray Beach, Fl,EUA 210/P7
Del Rio, Tx,EUA 196/D3
Delsbo, Sue. 79/F3
Delson, Qu,Can. 205/N7
Delta, CB,Can. 190/C3
Delta, Co,EUA 193/J4
Delta, Ut,EUA 193/G4
Delta Amacuro (terr.), Ven. 229/F2
Delta del Tigre, Uru. 239/T12
Delta Junction, Ak,EUA 215/J3
Deltona, Fl,EUA 211/H3
Delüün, Mong. 128/C2
De Luz, Ca,EUA 214/C4
Del Valle, Argen. 238/E2
Delvinë, Alb. 109/G3
Delyatin, Ucr. 116/C3
Dëma (río), Rusia 113/M5
Demak, Indo. 144/E4
Demanda (mts.), Esp. 94/D1
Demarcation (pta.), Ak,EUA 215/K2
Demba, D.R. Congo 177/E4
Dembeni, May. 181/H6
Dembī Dolo, Eti. 173/G3
Demer (río), Bél. 84/B7
Demerara (río), Guy. 229/G3
Demerara-Mahaica (reg.), Guy. 229/G3
Demerval Lobão, Bras. 231/F4
Deming, NM,EUA 195/J4
Demini (río), Bras. 229/F4
Demirci, Tur. 124/B2
Demirkazık (pico), Tur. 124/C2
Demirkent, Tur. 124/C2
Demirköy, Tur. 111/H5
Demirtaş, Tur. 111/J5
Demmin, Ale. 82/G2
Demone (valle), Ita. 101/A7
Demopolis, Al,EUA 208/D4
Dempo (pico), Indo. 144/C4
Dempster (pta.), Austl. 154/D5
Demta, Indo. 147/K4
Demurino, Ucr. 117/J3
Denain, Fra. 86/C3
Denali, Parq. Nal., Ak,EUA 215/H3
Denbigh, Gales,R.U. 75/E5
Den Burg, P.B. 84/B2
Dender (río), Bél. 86/D2
Denderleeuw, Bél. 86/D2
Dendermonde, Bél. 86/D1
Denekamp, P.B. 84/D4
Dengfeng, China 135/C4
Dengkou, China 128/F3
Dengta, China 137/G3
Deng Xian, China 135/C4
Denham, Austl. 154/B3
Denham (bahía), Austl. 154/B3
Den Ham, P.B. 84/D4
Denham, Ing,R.U. 71/M7
Den Helder, P.B. 84/B3
Denia, Esp. 95/F3
Deniliquin, Austl. 157/C2
Denison (mte.), Ak,EUA 215/H4
Denison, Ia,EUA 201/G2
Denison, Tx,EUA 199/F4
Denizli, Tur. 124/B2
Denizli (prov.), Tur. 124/B2
Denkendorf, Ale. 89/E5
Denman (glac.), Ant. 161/G
Denman, Austl. 157/D2
Denmark, Austl. 154/C5
Dennysville, Me,EUA 204/D3
Denpasar, Indo. 144/F5
Dent Blanche (pico), Suiza 98/D5
Dent de Cons (mtña.), Fra. 100/C1
Dent de Lys (pico), Suiza 98/C4
Dent d'Hérens (pico), Ita., Suiza 98/D6
Dentergem, Bél. 86/C2
Denton, Md,EUA 212/C6
Denton, Tx,EUA 197/F1
Denton, Ing,R.U. 77/G5
D'Entrecasteaux (pta.), Austl. 154/B5
D'Entrecasteaux (islas), P.N.G. 158/D5
Dents du Midi (pico), Suiza, Ita. 98/C5
Dentsville, CS,EUA 209/G3
Denver (cap.), Co,EUA 198/B
Denville, NJ,EUA 212/D2
Denzlingen, Ale. 88/A6
Deoband, India 140/A1
Deogarh, India 138/D3
Deoghar, India 141/F3
Deohā (río), India 140/B1
Deolāli, India 138/B4
Deoli, India 138/C2
Deoli, India 138/C3
Déols, Fra. 92/D3
Deorī, India 140/B4
Deoria, India 140/D2
De Panne, Bél. 86/B1
De Peel (reg.), P.B. 84/C6
Dependencias Federales (terr.), Ven. 229/E1
De Pere, Wi,EUA 201/K1
Depew, NY,EUA 205/T10
De Pinte, Bél. 86/C2
Dépôt Lézard, Gua.Fr. 230/C1
Deptford, Ing,R.U. 71/N7
Deputatskiy, Rusia 119/P3
Deqing, China 135/L9
De Queen, Ar,EUA 199/G3
Dera Ghazi Khan, Pak. 142/A2
Dera Ismāīl Khān, Pak. 142/A2
Dera, Lach (río seco), Som. 175/C1
Deramē Shet' (río), Eti. 174/A3
Derazhnya, Ucr. 116/D3
Derbent, Rusia 71/H4
Derby, Austl. 152/A4
Derby, Ks,EUA 199/F2
Derby, Ing,R.U. 75/G6
Derbyshire (con.), Ing,R.U. 75/G6
Đerdap, Parq. Nal., Serb. 110/F3
Derecske, Hun. 110/E2
Dereköy, Tur. 111/H5
Dereköy (río), Tur. 125/M6
Deren, Mong. 128/F2
Derendingen, Suiza 98/D3
Dergachi, Rusia 115/J2
Dergachi, Ucr. 117/J2
Derg, Lough (lago), Irl. 78/B4
De Ridder, La,EUA 210/B2
Derik, Tur. 124/E2
Derinkuyu, Tur. 124/C2
Derkul, Kaz. 115/J2
Dernieres (islas), La,EUA 210/C3
Déroute (estr.), Fra. 96/D2
Derravaragh, Lough (lago), Irl. 78/C2
Derreen (río), Irl. 78/D4
Derry, NH,EUA 207/L3
Derry (río), Irl. 78/D4
Derrylin, IrN,R.U. 73/H9
Derrylin, IrN,R.U. 78/C1
Derrynasaggart (mtñas.), Irl. 78/A6
Deruta, Ita. 102/C2
Dervaig, Es,R.U. 73/H8
Derventa, Bosn. 110/C3
Derwent (río), Austl. 157/C4
Derwent (emb.), Ing,R.U. 75/F2
Derwent (río), Ing,R.U. 75/E2
Derwent (río), Ing,R.U. 75/G5
Derwent (río), Ing,R.U. 75/H4
Derwent Water (lago), Ing,R.U. 74/E2
Desaguadero (río), Argen. 238/D2
Desaguadero (río), Bol. 236/B1
Desaguadero, Perú 232/D5
Desagüe, Gran Canal de (canal), Méx. 217/Q9
Des Allemands (lago), La,EUA 210/C3
Des Arc, Ar,EUA 199/J3
Descabezado Grande (vol.), Chile 238/C2
Descalvado, Bras. 234/D4
Descartes (pta.), C.Rica 218/E4
Descartes, Fra. 92/D3
Deschutes (río), Or,EUA 192/C1
Deschutes River Rec. Lands, Or,EUA 192/C1
Desdunes, Haiti 219/H2
Desē, Eti. 174/A3
Deseado (río), Argen. 238/D5
Deseado (cabo), Chile 239/J8
Desengaño (pta.), Argen. 239/L7
Desenzano del Garda, Ita. 104/D2
Désert (río), Qu,Can. 207/H1
Desert (valle), Nv,EUA 192/D3
Desertas (isla), Madr.,Por. 95/V15
Desert Hot Springs, Ca,EUA 194/D4
Désertines, Fra. 92/E3
Desiderio Tello, Argen. 236/C4
Desierto de Los Leones, Parq. Nal., Méx. 217/Q10
Desierto de Simpson, Parq. Nal., Austl. 155/H3
Desierto de Simpson, Parq. Nat., Austl. 155/H3
Desio, Ita. 104/C1
De Smet, DS,EUA 200/F1
Des Moines (río), E.U.A. 201/H3
Des Moines (cap.), Ia,EUA 201/H3
Des Moines, NM,EUA 198/C2
Des Moines, East Fork (río), Ia,EUA 201/G2
Desna (río), Rusia, Ucr. 114/D2
Desolación (isla), Chile 239/J8
Desolación (pta.), Fil. 145/D3
Desolación, Valley of (valle), Safr. 180/D4
Desor (mte.), Mi,EUA 203/K4
DeSoto, Tx,EUA 197/F1
Des Plaines, Il,EUA 206/C3
Dessau, Ale. 90/C4
Dessel, Bél. 87/E1
Dessoubre (río), Fra. 98/C3
Destelbergen, Bél. 86/C1
Destêrro, Bras. 231/G4
Destin, Fl,EUA 211/E2
Destruction Bay, Yk,Can. 215/L3
Desulo, Ita. 108/A2
Desvres, Fra. 86/A2
Deta, Rum. 110/E3
Dete, Zim. 179/E3
Detmold, Ale. 85/F5
Detour (pta.), Mi,EUA 203/L5
Detroit, Mi,EUA 206/C3
Detroit (lago), Or,EUA 192/B1
Detroit Harbor, Wi,EUA 206/C2
Detroit Lakes, Mn,EUA 202/G4
Dettelbach, Ale. 88/D3
Dettifoss (cats.), Isl. 79/P6
Deua, Parq. Nal., Austl. 157/D2
Deuil-la-Barre, Fra. 71/S10
Deûle (río), Fra. 86/B2
Deurne, Bél. 84/B6
Deurne, P.B. 84/C6
Deustua, Perú 232/D4
Deutschkreutz, Aus. 91/A4
Deutschlandsberg, Aus. 93/L3
Deutsch Wagram, Aus. 91/A3
Deux-Montagnes, Qu,Can. 205/N6
Deux Montagnes (lago), Qu,Can. 205/M7
Deva, Rum. 110/F3
Devakottai, India 142/G4
De Valls Bluff, Ar,EUA 199/J3
Dévaványa, Hun. 110/E2
Devecser, Hun. 91/B5
Develi, Tur. 124/C2
Deventer, P.B. 84/D4
Deveron (río), Es,R.U. 72/D1
Devers, West Branch (canal), Tx,EUA 197/N9
De View (br.p.), Ar,EUA 208/B3
Devil River (pico), N.Z. 160/C3
Devils (lago), DN,EUA 202/E3
Devils (río), Tx,EUA 196/D2
Devil's (pta.), Sr.L. 142/H4
Devilsbit (mtña.), Irl. 78/C4
Devil's Elbow (paso), Es,R.U. 72/C3
Devil's Garden, Ut,EUA 193/J4
Devils Lake, DN,EUA 202/E3
Devils Paw (mtña.), CB,Can, Ak,EUA 215/M4
Devil's Playground (des.), Ca,EUA 195/E3
Devils Tower Nat'l Mon., Wy,EUA 200/B1
Devin, Bul. 111/G5
Devizes, Ing,R.U. 77/E4
Devnya, Bul. 111/H4
Devoll (río), Alb. 109/G2
Devoll (río), Arg. 107/J2
Devon, Ab,Can. 191/H1
Devon (isla), Nun,Can. 187/S7
Devon (río), Es,R.U. 72/C4
Devon (con.), Ing,R.U. 76/C5
Devonport, Austl. 157/C4
Devonport, N.Z. 160/F6
Devore, Ca,EUA 214/C2
Devoto, Argen. 236/D4
Devoys (pico), NM,EUA 198/C2
Devrek, Tur. 111/K5
Devrek (río), Tur. 114/D4
Devrez (río), Tur. 114/E4
Devure (río), Zim. 179/F3
Dewa (pta.), Indo. 144/A2
Dewa (mtñas.), Japón 132/B4
Dewās, India 138/C3
De Wijk, P.B. 84/D3
De Witt, Ar,EUA 199/J3
Dewsbury, Ing,R.U. 75/G4
Deyang, China 136/E2
Dey-Dey (lago), Austl. 155/F4
Dez (río), Irán 125/G3
Dezful, Irán 125/G3
Dezhneva, Mys (pta.), Rusia 215/E2
Dezhou, China 135/D3
Dhākā (cap.), Bang. 141/H4
Dhaleswari (río), Bang. 141/H4
Dhaleswari (río), India 136/B4
Dhali, Chip. 123/C2
Dhamār, Yemen 174/C2
Dhāmpur, India 140/B1
Dhamtari, India 138/D3
Dhanaula, India 142/C2
Dhanbad, India 141/F4
Dhankuta, Nepal 141/F2
Dhār, India 138/C3
Dharampur, India 138/B3
Dhārāpuram, India 142/F3
Dhāri, India 138/B3
Dhārīwāl, India 142/C2
Dharmapuri, India 138/C5
Dharmavaram, India 138/C5
Dharmsāla, India 142/D1
Dhasan (río), India 140/B3
Dhaulāgiri (pico), Nepal 140/D1
Dhaulāgiri (zona), Nepal 140/D1
Dhenkānāl, India 138/E3
Dheskáti, Gre. 109/G3
Dheune (río), Fra. 98/A4
Dhībān, Jor. 123/D4
Dhidhimótikhon, Gre. 109/K2
Dhī Qār (gob.), Irak 125/F4
Dhírfis (pico), Gre. 109/H3
Dhlo Dhlo (ruinas), Zim. 179/F3
Dhofar (reg.), Omán 126/F5
Dholka, India 138/B3
Dholpur, India 140/A2
Dhond, India 138/B4
Dhonoúsa (isla), Gre. 109/J4
Dhorāji, India 138/B3
Dhoxáton, Gre. 109/J2
Dhráma, Gre. 109/J2
Dhronbach (río), Ale. 87/F4
Dhubri, India 141/G2
Dhulia, India 138/B3
Dhuliān, India 141/F3
Dhuliān, Pak. 142/B1
Dhupgāri, India 138/E2
Dhūri, India 142/C2
Dhuusamarreeb (Dusa Marreb), Som. 174/C4
Día (isla), Gre. 109/J5
Diable, Cime du (pico), Fra. 100/D4
Diablo (mte.), Ak,EUA 215/H4
Diablo (mtña.), Tx,EUA 196/B2
Diablo (isla), Gua.Fr. 230/C1
Diablo (mes.) (mes.), Tx,EUA 196/B2
Diablo, Punta del (pta.), Uru. 239/G2
Diablotin (pico), Dom. 220/F4
Diadema, Bras. 235/K8
Diadema Argentina, Argen. 238/D5
Diaguitas, Chile 236/B4
Diamante, Argen. 238/E2
Diamante (río), Argen. 238/D2
Diamante, Ita. 101/B3
Diamantina (río), Austl. 155/J3
Diamantina, Bras. 235/E3
Diamantina (alts.), Bras. 235/E2
Diamantino, Bras. 234/A2
Diamond (pico), Id,EUA 193/G1
Diamond (pico), Or,EUA 192/B2
Diamond Bar, Ca,EUA 214/G8
Diamond Harbour, India 141/G4
Dian (lago), China 136/D3
Dianalund, Din. 80/D4
Dianbai, China 137/F4
Diancang (mtña.), China 136/D3
Dianjiang, China 137/E2
Diano Marina, Ita. 104/B5
Dianópolis, Bras. 234/D1
Dianshan (lago), China 135/L8
Diapaga, Burk. 169/F3
Diavolezza (pico), Suiza 99/F5
Dibai, India 140/B1
Dibaya, D.R. Congo 177/E4
Dibaya-Lubwe, D.R. Congo 176/D4
Dibble, Ant. 161/J
Dibeng, Safr. 180/C2
Dibete, Bots. 179/E4
Dibrugarh, India 136/B3
Dibs, Irak 125/F3
Dickens (pta.), RI,EUA 213/G1
Dickens, Tx,EUA 198/D4
Dickinson, DN,EUA 202/C4
Dickinson, Tx,EUA 197/M9
Dickinson (br.p.), Tx,EUA 197/M9
Dickson, Tn,EUA 208/D2
Didam, P.B. 84/D5
Didcot, Ing,R.U. 77/E3
Didima (ruinas), Tur. 124/A2
Didinga (colinas), Sudán 173/G4
Didsbury, Ab,Can. 191/G2
Didwāna, India 127/K3
Die, Fra. 100/B3
Die Berg (pico), Safr. 180/Q12
Diébougou, Burk. 168/E4
Dieburg, Ale. 88/B3
Diefenbaker (lago), Sk,Can. 191/L2
Diego de Almagro, Chile 236/B3
Diego de Almagro (isla), Chile 239/J7
Diego García (isla), Br.Oc.Ín. 122/G10
Diekirch, Lux. 87/F4
Diekirch (dist.), Lux. 87/E4
Diemel (río), Ale. 85/F5
Diemen, P.B. 84/B4
Dien Bien Phu, Vie. 143/C1
Dien Chau, Vie. 143/D2
Dieng (ruinas), Indo. 144/E4
Dien Khanh, Vie. 143/E3
Diepenbeek, Bél. 87/E2
Diepenveen, P.B. 84/D4
Diepholz, Ale. 85/F3
Diepoldsau, Suiza 99/F3
Dieppe, NB,Can. 204/E2
Dieppe, Fra. 86/A4
Dierdorf, Ale. 87/G2
Diessen am Ammersee, Ale. 99/H2
Diessenhofen, Suiza 99/E2
Diest, Bél. 87/E2
Dietenheim, Ale. 88/D6
Dietenhofen, Ale. 88/D4
Dietfurt an der Altmühl, Ale. 89/E4
Dietikon, Suiza 99/E3
Dietmannsried, Ale. 99/G2
Dietzenbach, Ale. 88/B2
Dieulefit, Fra. 100/B3
Dieulouard, Fra. 87/F6
Dieuze, Fra. 87/F6
Diever, P.B. 84/D3
Diez, Ale. 88/B2
Diffa, Níger 172/B2
Diffa (dept.), Níger 169/H3
Differdange, Lux. 87/E4
Difficult (pico), Austl. 157/B3
Dīg, India 140/A2
Digboi, India 136/B3
Digby, NE,Can. 204/E3
Digby Neck (pen.), NE,Can. 204/D3
Dighton, Ks,EUA 198/D1
Digne, Fra. 100/C4
Digoin, Fra. 92/E3
Digor, Tur. 125/E1
Digora, Rusia 115/H4
Digos, Fil. 145/D4
Digras, India 138/C3
Digul (río), Indo. 153/E1
Dihang (río), India 136/B2
Dijle (Dyle) (río), Bél. 86/D2
Dijon, Fra. 98/A3
Dij-tau (pico), Rusia 115/G4
Dikan'ka, Ucr. 117/H3
Dikirnis, Egip. 123/B4
Diklosmta, Gora (pico), Geor. 115/H4
Diksmuide, Bél. 86/B1
Dikson, Rusia 118/J2
Dīla, Eti. 173/H4
Dilbeek, Bél. 86/D2
Dilek Yarımadası, Parq. Nal., Tur. 124/A2
Dili (cap.), T. del Este 152/B2
Di Linh, Vie. 143/E4
Dill (río), Ale. 88/B1
Dillenburg, Ale. 87/H2
Dillia (río seco), Níger 172/A2
Dillingen, Ale. 87/F5
Dillingen an der Donau, Ale. 88/D5
Dillon, CS,EUA 209/H3
Dillon, Mt,EUA 193/G1
Dillon Cone (pico), N.Z. 160/C3
Dilolo, D.R. Congo 177/E5
Dilsen, Bél. 87/E1
Dimāpur, India 136/B3
Dimas, Méx. 216/D4
Dimashq (Damasco) (cap.), Siria 123/E3
Dimataling, Fil. 145/C4
Dimbokro, C.Marf. 168/D5
Dimboola, Austl. 157/B3
Dîmbovița (con.), Rum. 111/G3
Dimbulah, Austl. 156/B2
Dimitri Laptev (estr.), Rusia 119/P2
Dimitrovgrad, Bul. 111/G4
Dimitrovgrad, Rusia 71/H3
Dimitrovgrad, Serb. 110/F4
Dimlang (pico), Nige. 172/A3
Dimmitt, Tx,EUA 198/C3
Dimona, Isr. 123/D4
Dimona, Hare (mtña.), Isr. 123/D4
Dina, Pak. 142/B1
Dinagat, Fil. 145/D3
Dinagat (isla), Fil. 145/D3
Dinājpur, Bang. 141/G3
Dinajpur (dist.), Bang. 141/G3
Dinamarca 80/C4
Dinamarca (estr.), Eur. 70/A2
Dinan, Fra. 96/C4
Dīnānagar, India 142/C1
Dinant, Bél. 87/D3
Dinar, Tur. 124/B2
Dinard, Fra. 96/C3
Dinas (pta.), Gales,R.U. 76/B2
Dindar, Nahr Ad (río), Sudán 173/G2
Dinder, P. N., Sudán 173/G2
Dinder Wenz (río), Eti. 173/G2
Dindigul, India 142/F3
Dinga, Pak. 142/B1
Ding'an, China 137/F5
Dingbian, China 128/F4
Dinggyê, China 141/G1
Dingle, Irl. 72/F10
Dingle (bahía), Irl. 72/F10
Dingolfing, Ale. 89/F5
Dingras, Fil. 145/C1
Dingtao, China 135/C4
Dingwall, Es,R.U. 72/B1
Dingxi, China 128/E4
Dingxiang, China 135/C3
Dingxing, China 135/C3
Dingxing, China 135/G7
Dingyuan, China 135/D4
Dinh Lap, Vie. 143/D1
Dinkel (río), Ale. 85/E5
Dinkelsbühl, Ale. 88/D4
Dinkelscherben, Ale. 99/G1
Dinklage, Ale. 85/F3
Dinner (pta.), Fl,EUA 210/K7
Dinokwe, Bots. 179/E4
Dinosaur Nat'l Mon., Co, Ut,EUA 193/J3
Dinslaken, Ale. 84/D5
Dinsmore, Sk,Can. 191/L2
Dintel Mark (río), P.B. 84/B5
Dinuba, Ca,EUA 194/C2
Dinwiddie, Va,EUA 209/J2
Dinxperlo, P.B. 84/D5
Dioïla, Malí 168/D3
Dion (río), Gui. 168/C4
Diósd, Hun. 91/C5
Diourbel, Sen. 168/A3
Diourbel (reg.), Sen. 168/A3
Dīpālpur, Pak. 142/B2
Diphu, India 136/B3
Diplo, Pak. 127/J4
Dipolog, Fil. 145/C3
Dipperu, Parq. Nal., Austl. 156/C3
Dippoldiswalde, Ale. 90/D6
Dique (canal), Col. 219/H4
Diré, Malí 168/E2
Direct, Tx,EUA 199/G4
Direction (cabo), Austl. 153/F3
Diredawo, Eti. 174/B3
Diriamba, Nic. 218/E4
Dirj, Libia 170/A2
Dirk Hartog (isla), Austl. 154/B3
Dirksland, P.B. 84/B5
Dirranbandi, Austl. 157/D1
Dirrington Great Law (colina), Es,R.U. 72/D5
Dirty Devil (río), Ut,EUA 193/H4
Disappointment (lago), Austl. 154/D2
Disappointment (cabo), Wa,EUA 190/B4
Disappointment (islas), Pol.Fr. 159/L6
Discovery (bahía), Austl. 157/B3
Discovery Bay, Jam. 219/G2
Disgrazi, Monte (pico), Ita. 99/F5
Dishman, Wa,EUA 190/F4
Dishnā, Egip. 171/G3
Disko (isla), Groen. 184/N3
Disley, Ing,R.U. 75/F5
Dismal (río), Ne,EUA 200/D3
Dismal Este (cién.), CN,EUA 209/J3
Disneyland, Ca,EUA 214/C3
Disneylandia de Tokyo, Japón 131/H7
Disney Studios, Fl,EUA 210/M7
Dison, Bél. 87/E2
Dispur, India 141/H2
Disraëli, Qu,Can. 204/B3
Dissen am Teutoburger Wald, Ale. 85/F4
Distrito Capital Nacional (prov.), P.N.G. 153/G2
Distrito Especial (dist.fed.), Col. 228/C3
Distrito Federal (dist.fed.), Argen. 239/S12
Distrito Federal (dist.fed.), Bras. 234/D2
Distrito Federal (dist.fed.), Ven. 229/E2
Disūq, Egip. 123/B4
Ditchling Beacon (colina), Ing,R.U. 77/F5
Dittaino (río), Ita. 108/D4
Dittelbrunn, Ale. 88/D2
Ditzingen, Ale. 88/C5
Diu (isla), India 127/K4
Diuata (mtñas.), Fil. 145/D3
Diu, Damān and (terr.), India 138/B3
Diultidag, Gora (pico), Rusia 115/H4
Divatte (río), Fra. 96/D6
Dive (río), Fra. 97/F4
Dives (río), Fra. 97/E2
Dives-sur-Mer, Fra. 97/E2
Divette (río), Fra. 96/D1
Divichi, Azer. 125/G1
Divinolândia, Bras. 235/K6
Divinópolis, Bras. 234/D4
Divis (mtña.), IrN,R.U. 74/B2
Divisa Nova, Bras. 235/K6
Divisões (colinas), Bras. 234/C3
Divisor (mtñas.), Bras. 232/C2
Divnogorsk, Rusia 118/K4
Divo, C.Marf. 168/D5
Divonne-les-Bains, Fra. 98/C5
Divriği, Tur. 124/D2
Dix (lago), Suiza 98/D5
Dixon (estr.), CB,Can. 186/C3
Dixon (canal), Ak,EUA 215/M4
Dixon, Il,EUA 201/K3
Dixon, Ky,EUA 208/D2
Diyadin, Tur. 125/E2
Diyālá (gob.), Irak 125/F3
Diyarbakir, Tur. 124/E2
Diyarbakir (prov.), Tur. 124/E2
Diyarb Najm, Egip. 123/B4
Dja (río), Cam., Congo 176/C2
Djado (mes.), Níger 170/B4
Djamaa, Arg. 167/G2
Djanet, Arg. 167/H4
Dja Rsv., Cam. 172/B5
Djedi, Oued (río seco), Arg. 167/F2
Djelfa, Arg. 165/S16
Djelfa (wilaya), Arg. 165/S16
Djema, Cafr. 173/E4
Djemila (ruinas), Arg. 165/U17
Djénné, Malí 168/D3
Djerem (río), Cam. 172/B4
Djibo, Burk. 169/E3
Djibouti 174/B2
Djibouti (cap.), Djib. 174/B3
Djouab (río), Congo, Gabón 176/C2
Djouce (mtña.), Irl. 78/D3
Djoué (río), Congo 176/C3
Djougou, Benín 169/F4
Djourab, Erg du (des.), Chad 172/C2
Djúpivogur, Isl. 79/P7
Dmitriyev-L'govskiy, Rusia 117/H1
Dnepr (estuary), Ucr. 116/F4
Dnepropetrovsk, Región de, Ucr. 117/G3
Dnestrovsk, Mol. 111/J2
Dnestrovsk (estuary), Ucr. 116/E4
Dniéper (río), Eur. 70/G3
Dnieper (alt.), Ucr. 116/E3
Dnieper (t.baja), Ucr. 116/F2
Dnieprodzerzhinsk (emb.), Ucr. 117/H3
Dnierprodzerzhinsk, Ucr. 117/H3
Dnierpropetrovsk, Ucr. 71/G4
Dniéster (río), Eur. 114/D3
Dno, Rusia 81/N3
Do (río), China 128/E5
Do (lago), Malí 169/E3
Doany, Mad. 181/J6
Doba, Chad 164/D4
Dobbs Ferry, NY,EUA 213/E1
Dobele, Let. 81/K3
Döbeln, Ale. 90/D5
Doberai (pen.), Indo. 147/H4
Doberlug-Kirchhain, Ale. 90/D4
Dobiegniew, Pol. 83/H2
Dobogo-kő (pico), Hun. 91/C4
Doboj, Bosn. 110/D3
Döbra (colina), Ale. 89/E2
Dobřany, R.Ch. 89/G3
Dobre Miasto, Pol. 83/L2
Dobrinka, Rusia 117/L1
Dobrinka, Rusia 117/L2
Dobříš, R.Ch. 89/H3
Dobromil', Ucr. 116/B3
Dobrich (prov.), Bul. 111/H4
Dobruja (reg.), Bul., Rum. 111/H4
Dobrush, Bela. 116/F1
Dobryanka, Rusia 113/N4
Dobryanka, Ucr. 116/F1
Dobson, CN,EUA 209/G2
Doce (río), Bras. 235/E3
Dochart (río), Es,R.U. 72/B4
Docker River, Austl. 155/F3
Doctor Arroyo, Méx. 217/E4
Doctor Belisario Domínguez, Méx. 216/D2
Doctor Cecilio Báez, Par. 237/E3
Doctor Pedro P. Peña, Par. 236/D2
Doctor Petru Groza, Rum. 110/F2
Doda Betta (mtña.), India 142/F3
Dodder (río), Irl. 74/B5
Doddinghurst, Ing,R.U. 71/P7
Dodecaneso (islas), Gre. 107/K4
Dodge City, Ks,EUA 198/D2
Dodgeville, Wi,EUA 201/J2
Dodman (pta.), Gales,R.U. 76/B6
Dodoma, Tan. 175/A3
Dodoma (prov.), Tan. 175/A3
Dodoni (ruinas), Gre. 109/G3
Dodori, R. N., Kenia 175/C2
Dodsland, Sk,Can. 191/K2
Dodworth, Ing,R.U. 75/G4
Doesburg, P.B. 84/D4
Doetinchem, P.B. 84/D5
Dog (río), CB,Can. 190/C2
Dog (lago), Mb,Can. 202/E2
Dog (isla), Fl,EUA 211/F3
Dogai Coring (lago), China 134/E5
Doğanhisar, Tur. 124/B2
Doğankent (río), Tur. 124/D1
Doğanşar, Tur. 124/D1
Doğanşehir, Tur. 124/D2
Doğanyurt, Tur. 124/C1
Döğer, Tur. 124/B2
Dogliani, Ita. 104/A3
Dōgo (isla), Japón 130/C2
Dogondoutchi, Níger 169/G3
Dogpatch, Ar,EUA 199/H2
Doğubayazıt, Tur. 125/F2
Doha (Ad Dawḩah) (cap.), Qatar 126/F3
Dohad, India 138/B3
Dohna, Ale. 90/D6
Doi Inthanon, Parq. Nal., Tail. 143/B2
Doi Khun Tan, Parq. Nal., Tail. 143/B2
Doilungdêqên, China 141/H1
Doiras (emb.), Esp. 94/B1
Dois Córregos, Bras. 233/G4
Dois Córregos, Bras. 234/C4
Dois de Julho (aer.intl.), Bras. 235/F2
Dois Irmãos (mtñas.), Bras. 231/E1
Dois Irmãos de Goiás, Bras. 234/C1
Dois Vizinhos, Bras. 237/F3
Dokkum, P.B. 84/D2
Dokkumer Ee (río), P.B. 84/C2
Doksy, R.Ch. 89/H1
Dokuchayevsk, Ucr. 117/J4
Dolbeau, Qu,Can. 204/A1
Dolcedorme, Serra (pico), Ita. 101/C3
Dol-de-Bretagne, Fra. 96/D3
Dôle, Fra. 98/B3
Dolent, Mont (pico), Suiza 98/D6
Dolianova, Ita. 108/A3
Dolina, Ucr. 116/C3
Dolinsk, Rusia 129/N2
Dolj (con.), Rum. 111/F3
Dollard-des-Ormeaux, Qu,Can. 205/N7
Dollard (Dollart) (bahía), P.B. 85/E2
Dollar Law (mtña.), Es,R.U. 72/C5
Dollart (Dollard) (bahía), Ale. 85/E2
Doller (río), Fra. 82/D5
Döllnitz (río), Ale. 90/D5
Dolmar (pico), Ale. 88/D1
Dolmen (ruinas), Ita. 110/C5
Dolna Banjica, Mace. 110/E5
Dolna Banya, Bul. 111/F4
Dolni Dŭbnik, Bul. 111/G4
Dolnomoravský úval (valle), R.Ch. 91/B2
Dolný Kubín, Eslo. 91/D1
Dolo, Eti. 174/B4
Dolo, Indo. 147/E4
Dolo (río), Ita. 104/D4
Dolomíticos, Alpes (mts.), Ita. 93/J3
Dolon (río), Fra. 100/A2
Dolores, Argen. 239/F3
Dolores, Bol. 232/D3
Dolores, Esp. 95/E3
Dolores (río), Co, Ut,EUA 193/J4
Dolores, Fil. 145/D2
Dolores, Gua. 218/D2
Dolores, Uru. 238/F2
Dolores, Ven. 228/D2
Dolores Hidalgo, Méx. 217/E4
Dolphin (pta.), Nam. 178/B5
Dolphin and Union (estr.), Nun,Can. 186/E1
Dolton, Ing,R.U. 76/B5
Do Luong, Vie. 143/D2
Dom (pico), Indo. 147/J4
Dom (pico), Suiza 98/D5
Domanevka, Ucr. 116/F4

Fort Leonard Wood, Mo,EUA 199/H2
Fort Liard, TNO,Can. 186/D2
Fort Liberté, Haití 219/J2
Fort Lyon (canal), Co,EUA 200/C4
Fort Macleod, Ab,Can. 191/H3
Fort Madison, Ia,EUA 201/J3
Fort-Mardyck, Fra. 86/B1
Fort McMurray, Ab,Can. 186/E3
Fort McPherson, TNO,Can. 215/M2
Fort Morgan, Al,EUA 210/D2
Fort Morgan, Co,EUA 200/C3
Fort Myers, Fl,EUA 211/H4
Fort Nelson, CB,Can. 186/D3
Fort Nelson (río), CB,Can. 186/D3
Fort Norman, TNO,Can. 186/D2
Fortore (río), Ita. 103/F4
Fort Payne, Al,EUA 208/E3
Fort Peck (lago), Mt,EUA 191/L4
Fort Pierce, Fl,EUA 211/H4
Fort Portal, Uga. 177/G2
Fort Providence, TNO,Can. 186/E2
Fort Qu'Appelle, Sk,Can. 202/C2
Fort Resolution, TNO,Can. 186/E2
Fortress (mtña.), Wy,EUA 193/J1
Fort Saint James, CB,Can. 186/D3
Fort Saint John, CB,Can. 186/D3
Fort Saskatchewan, Ab,Can. 186/E3
Fort Scott, Ks,EUA 199/G2
Fort-Shevchenko, Kaz. 115/J3
Fort Simpson, TNO,Can. 186/D2
Fort Smith, TNO,Can. 186/E2
Fort Smith, Ar,EUA 199/G3
Fort Stewart, Ga,EUA 209/G5
Fort Stockton, Tx,EUA 196/C2
Fort Sumner, NM,EUA 198/B3
Fort Sumter Nat'l Mon., CS,EUA 209/H4
Fort Thomas, Az,EUA 195/H4
Fort Thomas, Ky,EUA 206/D5
Fortuna, Argen. 238/D2
Fortuna, Bras. 231/E4
Fortuna, Ca,EUA 192/A3
Fortuna Ledge, Ak,EUA 215/F3
Fortune, Tnva,Can. 205/K2
Fortune (bahía), Tnva,Can. 205/K2
Fortune (Long Cay) (cayos), Bahm. 220/C2
Fort Valley, Ga,EUA 208/F4
Fort Vermilion, Ab,Can. 186/E3
Fort Walton Beach, Fl,EUA 210/E2
Fort Washington Park, Md,EUA 212/A6
Fort Wayne, In,EUA 206/D4
Fort William, Es,R.U. 72/A3
Fort Wolters, Tx,EUA 197/E1
Fort Worth, Tx,EUA 197/F1
Fort Yates, DN,EUA 202/D4
Forty Mile (pta.), Mi,EUA 206/E2
Forty Mile Scrub, Parq. Nal., Austl. 156/B2
Fort Yukon, Ak,EUA 215/J2
Forūr (isla), Irán 125/H5
Fos (golfo), Fra. 100/A6
Foshan, China 137/G4
Fosheim (pen.), Nun,Can. 187/S7
Foss (río), Ing,R.U. 75/G3
Fossa di Felci (mtña.), Ita. 101/A5
Fossalta di Piave, Ita. 105/F1
Fossano, Ita. 104/A3
Fosses, Fra. 71/T9
Fosses-la-Ville, Bél. 87/D3
Fossil, Or,EUA 192/C1
Fossò, Ita. 105/F2
Fossombrone, Ita. 105/F5
Fos-sur-Mer, Fra. 100/A6
Foster, Austl. 157/C3
Foster, Tx,EUA 196/C1
Fostoria, Oh,EUA 206/E4
Fót, Hun. 91/D4
Fouesnant, Fra. 96/A5
Fougères, Fra. 96/D4
Fougerolles, Fra. 98/C2
Foul (bahía), Egip. 126/C4
Foul (pta.), Sr.L. 142/H4
Foula (isla), Es,R.U. 73/N12
Foulness (isla), Ing,R.U. 77/G3
Foulness (pta.), Ing,R.U. 77/G3
Foulness (río), Ing,R.U. 75/H4
Foulwind (cabo), N.Z. 160/B3
Foumban, Cam. 172/A4
Fountain, Co,EUA 198/B1
Fountain (lago), Mn,EUA 203/N6
Fountain Hills, Az,EUA 195/G4
Fountain Valley, Ca,EUA 214/C3
Fourchambault, Fra. 92/E3
Fourche (emb.), DN,EUA 202/C5
Fourche La Fave (río), Ar,EUA 199/H3
Fourcroy (cabo), Austl. 152/C2
Four Marks, Ing,R.U. 77/E4
Fourmies, Fra. 86/D4
Fourmile (pico), Wy,EUA 200/A2
Four Mountains (islas), Ak,EUA 215/D5
Fournaise, Piton de la (pico), Reun. 181/R15
Fourteen Mile (pta.), Mi,EUA 203/K4
Fouta Djallon (reg.), Gha. 168/B4
Foveaux (estr.), N.Z. 160/A4
Fowler, In,EUA 206/C4
Fowlers Gap, Austl. 155/J4
Fowman, Irán 125/G2
Fox (mtña.), Yk,Can. 215/M3
Fox (islas), Ak,EUA 215/E5
Fox (río), Ia, Mo,EUA 201/J3
Fox (río), Il, Wi,EUA 201/K3
Foxe (canal), Nun,Can. 187/H2
Foxe (cuenca), Nun,Can. 187/J2
Foxe (pen.), Nun,Can. 187/J2
Foxen (lago), Sue. 80/D2
Fox Glacier, N.Z. 160/B3
Fox Sur (isla), Mi,EUA 206/D2
Fox Valley, Sk,Can. 191/K2
Foyle (río), IrN,R.U. 74/A2
Foyle, Lough (ens.), Ire., IrN,R.U. 74/A1
Foz, Esp. 94/B1
Foz do Breu, Bras. 232/C3
Foz do Iguaçu, Bras. 237/F3
Fraga, Esp. 95/F2
Fragosa (cayos), Cuba 219/G1
Fraiburgo, Bras. 237/G3
Fraile Muerto, Uru. 239/G2
Fraile Pintado, Argen. 236/C2
Fraize, Fra. 98/D1
Frameries, Bél. 86/C3
Frammersbach, Ale. 88/C2
Franca, Bras. 234/D4
Francavilla al Mare, Ita. 103/E3
Francavilla di Sicilia, Ita. 101/B7
Francavilla Fontana, Ita. 109/E2
France, Pays de (llan.), Fra. 71/T9
France, Roc de (mtña.), Fra. 92/E5
Frances (lago), Yk,Can. 186/C2
Francés (cabo), Cuba 219/F1
Franceville, Gabón 176/C3
Francia 92/D3
Francia, Uru. 239/T11
Francis Case (lago), DS,EUA 200/E2
Francisco de Orellana, Perú 232/C1
Francisco Escárcega, Méx. 217/H5
Francisco I. Madero, Méx. 216/E3
Francisco Javier Mina, Méx. 216/C3
Francisco Villa, Méx. 217/F3
Francisco Zarco, Méx. 216/A1
Francistown, Bots. 179/E4
Franco Condado (reg.), Fra. 98/B2
Franco Condado (reg.hist.), Fra. 98/C3
Franco da Rocha, Bras. 235/K8
Franconia, NH,EUA 207/L2
Franconville, Fra. 71/S10
Franeker, P.B. 84/C2
Frankell, Tx,EUA 199/E4
Frankenau, Ale. 85/F6
Frankenberg, Ale. 90/D6
Frankenberg-Eder, Ale. 85/F6
Frankenburg am Hausruck, Aus. 89/G6
Frankenhöhe (mtñas.), Ale. 88/D4
Frankenmarkt, Aus. 89/G7
Frankenthal, Ale. 88/B3
Franken Wald (bos.), Ale. 89/E2
Frankfort (cap.), Ky,EUA 208/E1
Frankfurt, Ale. 83/H2
Frankfurt (aer.intl.), Ale. 88/B2
Frankfurt del Main, Ale. 88/B2
Frank Hann, Parq. Nal., Austl. 154/D5
Fränkische Alb (mtñas.), Ale. 88/E3
Fränkische Rezat (río), Ale. 88/D4
Fränkische Saale (río), Ale. 88/C2
Fränkische Schweiz (reg.), Ale. 88/E2
Frankland (cabo), Austl. 157/C3
Franklin (isla), Ant. 161/M
Franklin (bahía), TNO,Can. 215/N1
Franklin (mtñas.), TNO,Can. 186/D2
Franklin (pta.), Ak,EUA 215/G1
Franklin, Az,EUA 195/H4
Franklin, CN,EUA 209/F3
Franklin, Ga,EUA 208/E4
Franklin, In,EUA 206/C5
Franklin, Ky,EUA 208/D2
Franklin, La,EUA 210/C3
Franklin, Ne,EUA 200/E3
Franklin, NH,EUA 207/L3
Franklin, Oh,EUA 206/D5
Franklin, Tn,EUA 208/D3
Franklin, Tx,EUA 197/F2
Franklin, Va,EUA 209/J2
Franklin, VOcc,EUA 209/H1
Franklin Lakes, NJ,EUA 213/D1
Franklin-Lower Gordon Wild Rivers, Parq. Nal., Austl. 157/C4
Franklin Square, NY,EUA 213/E2
Franklinton, La,EUA 210/C2
Franqueville-Saint-Pierre, Fra. 97/F1
Franschhoek, Safr. 180/L10
Fransisco Beltrão, Bras. 237/F3
Fransisco Morato, Bras. 235/K8
Fransisco Sá, Bras. 235/E3
Fränsta, Sue. 112/C3
Františkovy Lázně, R.Ch. 89/F2
Franzburg, Ale. 82/G1
Franz Joseph Strauss (aer. int'l), Ale. 89/E6
Frascati, Ita. 102/C4
Fraser (isla), Austl. 156/D4
Fraser (pico), Austl. 154/C3
Fraser (río), CB,Can. 190/D3
Fraserburgh, Es,R.U. 72/D1
Fraser, Parq. Nal., Austl. 157/C3
Frassine (río), Ita. 105/E2
Frassino, Ita. 105/D2
Frastanz, Aus. 99/F3
Frati, Monte dei (pico), Ita. 105/F5
Frauenfeld, Suiza 99/E2
Fray Bentos, Uru. 238/F2
Fray Jorge, Parq. Nal., Chile 236/B4
Frazier Downs, T. Abor., Austl. 152/A4
Frechen, Ale. 87/F2
Frecinet (estu.), Austl. 150/A5
Fred (pico), Safr. 180/E3
Frederica, Din. 82/E1
Fredericia, Din. 80/C4
Frederick (arcf.), Austl. 151/J4
Frederick, Md,EUA 207/H5
Frederick, Ok,EUA 198/E3
Fredericksburg, Tx,EUA 197/E2
Fredericksburg, Va,EUA 209/J1
Frederickton, Austl. 157/E1
Fredericktown, Mo,EUA 199/J2
Frederico Westphalen, Bras. 237/F3
Fredericton (cap.), NB,Can. 204/D3
Frederiks, Din. 80/C3
Frederiksberg, Din. 81/T9
Frederiksborg (con.), Din. 81/T9
Frederiksborg Castle, Din. 80/E4
Frederikshavn, Din. 80/D3
Frederikssund, Din. 81/T9
Frederiksted, Vír.No. 220/E3
Frederik Willem IV (cats.), Suri. 230/B2
Fredersdorf bei Berlin, Ale. 90/D3
Fredonia, Col. 231/K6
Fredonia, Ks,EUA 199/G2
Fredonia, NY,EUA 207/G3
Fredonia (Biscoe), Ar,EUA 208/B3
Fredrikstad, Nor. 80/D2
Freedom, Ca,EUA 194/B2
Freehold, NJ,EUA 213/D3
Freel (pico), Ca,EUA 194/C1
Freeling (pico), Austl. 155/G2
Freeling Heights (pico), Austl. 155/H4
Freeport, Bahm. 220/B1
Freeport, Il,EUA 201/K2
Freeport, Me,EUA 204/B4
Freeport, NY,EUA 213/E2
Freeport, Tx,EUA 197/G3
Freetown (cap.), S.Le. 168/B4
Fregenal de la Sierra, Esp. 94/B3
Fréhel (cabo), Fra. 96/C3
Freib (río), Ale. 82/G3
Freiberger Mulde (río), Ale. 82/G3
Freienbach, Suiza 99/E3
Frei Inocêncio, Bras. 235/E3
Freilassing, Ale. 89/F7
Freinsheim, Ale. 88/B4
Freire, Chile 238/B3
Freirina, Chile 236/B4
Freisen, Ale. 87/G4
Freising, Ale. 89/E6
Freistadt, Aus. 89/H6
Freital, Ale. 90/D6
Fréjus, Fra. 100/C6
Fréjus (golfo), Fra. 100/C6
Fremantle, Austl. 154/K7
Fremont, Ca,EUA 194/B2
Fremont, Ne,EUA 201/F3
Fremont, Oh,EUA 206/E4
Fremont (isla), Ut,EUA 193/G3
Fremont (río), Ut,EUA 195/G1
Fremont (lago), Wy,EUA 193/J2
Fremont (pico), Wy,EUA 193/J2
French (río), On,Can. 206/F1
French Broad (río), CN, Tn,EUA 209/F3
Frenchburg, Ky,EUA 208/F2
French Frigate (bajío), Hi,EUA 159/J2
Frenchman (bahía), On,Can. 205/S8
Frenchman (río), Sk,Can., Mt,EUA 191/K3
Frenchmans Cap (pico), Austl. 157/C4
Frenchville, Me,EUA 204/C2
Frenda, Arg. 165/R16
Frêne, Pic du (pico), Fra. 100/C2
Freren, Ale. 85/E4
Fresco (río), Bras. 230/D4
Fresco, C.Marf. 168/D5
Freshwater, Ing,R.U. 77/E5
Fresia, Chile 238/B4
Fresnes, Fra. 71/S10
Fresnes-en-Woëvre, Fra. 87/E5
Fresnillo, Méx. 216/E4
Fresno, Col. 231/K6
Fresno, Ca,EUA 194/C2
Fresno (río), Ca,EUA 194/B2
Fresno (emb.), Mt,EUA 191/J3
Fresnoy-le-Grand, Fra. 86/C4
Frestaby, Sue. 81/R6
Fretani (mtñas.), Ita. 103/E3
Fretin, Fra. 86/C2
Freuchie, Loch (lago), Es,R.U. 72/C3
Freudenstadt, Ale. 88/B6
Frévent, Fra. 86/B3
Freycinet (puer.), Austl. 154/B3
Freycinet, Parq. Nal., Austl. 157/D4
Freyming-Merlebach, Fra. 87/F5
Freyre, Argen. 236/D4
Freystadt, Ale. 89/E4
Freyung, Ale. 89/G5
Fria (cabo), Nam. 178/B3
Friant-Kern (canal), Ca,EUA 194/C3
Frías, Argen. 236/C4
Frías, Perú 232/B2
Fribourg, Suiza 98/D4
Friburgo, Ale. 98/D2
Friburgo (cantón), Suiza 98/D4
Frick, Suiza 98/E2
Friday Harbor, Wa,EUA 190/C3
Fridingen an der Donau, Ale. 88/B6
Fridley, Mn,EUA 203/P6
Fridolfing, Ale. 89/F7
Frieberger Mulde (río), Ale. 90/D5
Friedberg, Ale. 88/B2
Friedberg, Ale. 88/D6
Friedeburg, Ale. 85/E2
Friedland, Ale. 85/G6
Friedrichsdorf, Ale. 88/B2
Friedrichshafen, Ale. 99/F2
Friedrichstadt, Ale. 82/E1
Friedrichsthal, Ale. 87/G5
Friedrichsthal, Ale. 90/D2
Frielendorf, Ale. 85/G7
Friendship, Wi,EUA 201/K2
Friendswood, Tx,EUA 197/G3
Friesenheim, Ale. 88/A6
Friesland (prov.), P.B. 84/C2
Friesoythe, Ale. 85/E2
Frignano, Ita. 103/E6
Frio (cabo), Bras. 64/G7
Frio (río), Tx,EUA 197/E3
Friol, Esp. 94/B1
Frisco, Tx,EUA 196/L6
Frisias Occidentales (islas), P.B. 84/C2
Frisias Orientales (islas), Ale. 85/E1
Frisias Septentrionales (islas), Din., Ale. 82/E1
Fristad, Sue. 80/E3
Fritsla, Sue. 80/E3
Fritzlar, Ale. 85/G6
Friuli-Venezia Giulia (reg.), Ita. 93/K3
Friville Escarbotin, Fra. 77/H6
Friville-Escarbotin, Fra. 86/A3
Frobisher (bahía), Nun,Can. 187/K2
Frohavet (bahía), Nor. 79/D3
Frohnleiten, Aus. 93/L3
Froland, Nor. 80/C2
Frolovo, Rusia 117/M3
Frome (lago), Austl. 155/J4
Frome (río), Austl. 155/H4
Frome, Ing,R.U. 76/D4
Frome (río), Ing,R.U. 76/D2
Frome (río), Ing,R.U. 76/D5
Front (mtñas.), Co,EUA 200/B3
Fronteira, Ang. 176/D4
Frontenhausen, Ale. 89/F5
Frontera, Méx. 217/G5
Frontera Comalapa, Méx. 218/C3
Frontignan, Fra. 92/E5
Fronton, Fra. 92/D5
Front Royal, Va,EUA 209/H1
Frosinone, Ita. 103/D4
Frosinone (prov.), Ita. 103/D5
Frösö, Sue. 79/E3
Frost (glac.), Ant. 161/J
Frostburg, Md,EUA 207/G5
Frouard, Fra. 87/F6
Frower (pta.), Irl. 78/B6
Frøya (isla), Nor. 79/D3
Fruili (reg.), Ita. 107/G1
Fruili-Venezia Giulia (reg.), Ita. 105/F1
Fruitvale, Wa,EUA 190/D4
Frunzenskoye, Ucr. 117/H5
Frunzovka, Ucr. 116/E4
Fruška Gora, Parq. Nal., Serb. 110/D3
Frutal, Bras. 234/C4
Frutigen, Suiza 98/D4
Frutillar, Chile 238/B4
Frýdek-Místek, R.Ch. 83/K4
Fu (río), China 135/C5
Fu'an, China 137/H3
Fucecchio, Ita. 105/D5
Fucheng, China 135/D3
Fuchskaute (pico), Ale. 82/E3
Fuchu, Japón 130/C3
Fudi (mtña.), Indo. 147/H4
Fuding, China 137/J3
Fuengirola, Esp. 94/C4
Fuenlabrada, Esp. 94/D2
Fuensalida, Esp. 94/C2
Fuente, Esp. 95/N8
Fuente de Cantos, Esp. 94/B3
Fuente del Maestre, Esp. 94/B3
Fuente Obejuna, Esp. 94/C3
Fuenterrabía, Esp. 94/E1
Fuentesaúco, Esp. 94/C2
Fuentes de Andalucía, Esp. 94/C4
Fuerte (río), Méx. 216/C3
Fuerte Ancient, Oh,EUA 206/D5
Fuerte Jesús, Kenia 175/B3
Fuerte Olimpo, Par. 236/E2
Fuerte Romano Housesteads, Ing,R.U. 75/F1
Fuerteventura (isla), Cana.,Esp. 166/B3
Fuga (isla), Fil. 145/C1
Fuglebjerg, Din. 80/D4
Fugong, China 139/G2
Fugou, China 135/C4
Fuhai, China 128/B2
Fuhne (río), Ale. 90/B4
Fuhse (río), Ale. 85/H4
Fuji, Japón 131/F3
Fuji (río), Japón 131/F3
Fujian (prov.), China 137/H3
Fujieda, Japón 131/F3
Fuji-Hakone-Izu, Parq. Nal., Japón 131/F3
Fujiidera, Japón 131/L10
Fujimi, Japón 131/H7
Fujino, Japón 131/H7
Fujinomiya, Japón 131/F3
Fujioka, Japón 131/F2
Fujisawa, Japón 131/F3
Fujishiro, Japón 131/J7
Fujiwara, Japón 131/M9
Fujiyama (mtña.), Japón 131/F3
Fujiyoshida, Japón 131/F3
Fukagawa, Japón 132/C2
Fukang, China 134/E3
Fukuchiyama, Japón 130/D3
Fukue, Japón 130/A4
Fukue (isla), Japón 130/A4
Fukui, Japón 130/E2
Fukui (pref.), Japón 130/E3
Fukuoka, Japón 130/B4
Fukuoka (pref.), Japón 130/B4
Fukuroi, Japón 131/E3
Fukushima (pico), Ant. 161/C
Fukushima, Japón 132/B3
Fukushima (pref.), Japón 131/F2
Fukuyama, Japón 130/C3
Fūlādī (mtña.), Afg. 127/J2
Fulda, Ale. 88/C1
Fulda (río), Ale. 88/C2
Fuling, China 137/E2
Fullerton, Ca,EUA 214/C3
Fullerton (Whitehall), Pa,EUA 212/C2
Fully, Suiza 98/D5
Fulpmes, Aus. 99/H3
Fulton, NY,EUA 207/H3
Fultondale, Al,EUA 208/D4
Fulufjället (pico), Sue. 80/E1
Fumaiolo, Monte (pico), Ita. 105/F5
Fumay, Fra. 87/D4
Fumel, Fra. 92/D4
Fumin, China 136/D3
Funabashi, Japón 131/H7
Funafuti (cap.), Tuv. 158/G5
Funafuti (isla), Tuv. 158/G5
Funan, China 135/C4
Funchal, Madr. 166/A2
Funchal, Madr.,Por. 95/V15
Fundación, Col. 228/C2
Fundão, Por. 94/B2
Fundy (bahía), NB, NE,Can. 204/D3
Fundy, Parq. Nal., NB,Can. 204/E3
Funhalouro, Moz. 179/G4
Funing, China 135/D4
Funing, China 136/E4
Funshion (río), Irl. 78/B5
Funza, Col. 231/L7
Fuping, China 135/C3
Fuquan, China 139/J2
Fur (río), China 133/C2
Furan (río), Fra. 98/B6
Furancungo, Moz. 179/G2
Furano, Japón 132/C2
Fure (río), Fra. 100/B2
Furesø (lago), Din. 81/T9
Furmanov, Rusia 112/J4
Furnas (emb.), Bras. 234/D4
Furneaux (islas), Austl. 157/C4
Fürstenau, Ale. 85/E3
Fürstenfeld, Aus. 110/C2
Fürstenfeldbruck, Ale. 88/E6
Fürstenwalde, Ale. 90/E3
Furth im Wald, Ale. 89/F4
Furtwangen im Schwarzwald, Ale. 88/B6
Furukawa, Japón 132/B4
Fury y Hecla (estr.), Nun,Can. 187/H2
Fusagasugá, Col. 228/C3
Fushan, China 135/B4
Fushan, China 135/E3
Fushi, China 137/F3
Fushi, China 137/H3
Fushun, China 133/B2
Fushun, China 136/E2
Fusignano, Ita. 105/E4
Fuso, Japón 131/M9
Fusong, China 133/D1
Fussa, Japón 131/H7
Füssen, Ale. 99/G2
Fusui, China 143/D1
Futaleufú, Chile 238/C4
Futami, Japón 131/M10
Futog, Serb. 110/D3
Futrono, Chile 238/B4
Futtsu, Japón 131/F3
Futuna (isla), Wall. 158/H6
Fuwah, Egip. 123/B4
Fu Xian, China 135/B3
Fuxian (lago), China 136/D3
Fuxin, China 133/A1
Fuxing, China 137/E2
Fuxin Monggolzu Zizhixian, China 133/A1
Fuyang, China 128/H5
Fuyang, China 135/C4
Fuyang, China 137/H4
Fuyi (río), China 137/F3
Fuyu, China 129/J2
Fuyuan, China 136/E3
Fuyun, China 128/B2
Füzesabony, Hun. 83/L5
Fuzhou, China 137/H3
Fyn (con.), Din. 80/D4
Fyn (isla), Din. 79/D5
Fyne, Loch (ens.), Es,R.U. 72/A4
Fysingen (lago), Sue. 81/R6

G

Gaalkacyo (Galcaio), Som. 174/C4
Gaanderen, P.B. 84/D5
Gaast, P.B. 84/C2
Gabarus (cabo), NE,Can. 205/G3
Gabas (río), Fra. 92/C5
Gabela, Ang. 176/C5
Gabes (golfo), Tun. 167/H2
Gabicce Mare, Ita. 105/F5
Gable End (pta.), N.Z. 160/D2
Gablingen, Ale. 88/D6
Gablitz, Aus. 91/A3
Gabón 176/B3
Gabón (estu.), Gabón 176/B2
Gaborone (cap.), Bots. 178/E5
Gabriel (mtña.), Irl. 78/A6
Gabrovo, Bul. 111/G4
Gacko, Bosn. 110/D4
Gadag, India 138/C4
Gādarwāra, India 140/B4
Gadsden, Al,EUA 208/D3
Găeşti, Rum. 111/G3
Gaeta, Ita. 103/D5
Gaeta (golfo), Ita. 103/D5
Gaffney, CS,EUA 209/G3
Gagarin, Rusia 112/G5
Gaggenau, Ale. 88/B5
Gaggiano, Ita. 104/C2
Gaglianico, Ita. 104/B1
Gagnoa, C.Marf. 168/D5
Gagnon, Qu,Can. 187/K3
Gagny, Fra. 71/T10
Gagra, Geor. 71/H4
Gahanna, Oh,EUA 206/E4
Gail (río), Aus. 110/A2
Gail, Tx,EUA 196/D1
Gaildorf, Ale. 88/C5
Gaillac, Fra. 92/D5
Gaillon, Fra. 86/A5
Gailtaler Alpes (mtñas.), Aus. 93/K3
Gaiman, Argen. 238/D4
Gaimersheim, Ale. 89/E5
Gainesboro, Tn,EUA 208/E2
Gainesville, Fl,EUA 211/G3
Gainesville, Ga,EUA 208/F3
Gainesville, Mo,EUA 199/H2
Gainesville, Tx,EUA 199/F4
Gainneville, Fra. 97/F1
Gainsborough, Ing,R.U. 75/H5
Gairdner (lago), Austl. 155/G4
Gairezi (río), Zim. 179/G3
Gairn (río), Es,R.U. 72/C2
Gaithersburg, Md,EUA 212/A5
Gai Xian, China 133/B2
Gaizina (pico), Let. 81/L3
Gaizina Kalns (colina), Let. 81/L3
Gakarosa (pico), Safr. 180/C2
Galán (pico), Argen. 236/C3
Galana (río), Kenia 175/B2
Galand, Irán 125/H2
Galanta, Eslo. 91/B3
Galapagar, Esp. 94/D2
Galápagos (islas), Ecua. 232/J6
Galápagos (prov.), Ecua. 232/J7
Galápagos, Parq. Nal., Ecua. 232/J7
Galashiels, Es,R.U. 72/D5
Galați, Rum. 111/J3
Galați (con.), Rum. 111/H3
Galatina, Ita. 109/F2
Galatone, Ita. 109/F2
Galaure (río), Fra. 100/A2
Galax, Va,EUA 209/G2
Galaxídhiou, Gre. 109/H3
Galbiate, Ita. 104/C1
Galcaio, Som. 165/G4
Galcaio (Gaalkacyo), Som. 174/C4
Gáldar, Cana. 166/B3
Galeana, Méx. 217/E3
Galela, Indo. 147/G3
Galena (pico), Id,EUA 193/F2
Galena, Il,EUA 201/J2
Galena, Mo,EUA 199/H2
Galena Bay, CB,Can. 190/F2
Galena Park, Tx,EUA 197/M9
Galeota (pta.), Trin. 229/F2
Galera (pta.), Chile 238/B3
Galera (pta.), Ecua. 228/A4
Galera (pta.), Trin. 220/F5
Gales, R.U. 73/J10
Galesburg, Il,EUA 201/J3
Galey (río), Irl. 78/A5
Galgorm, IrN,R.U. 74/B2
Gali, Geor. 115/G4
Galich, Rusia 112/J4
Galicia (com.aut.), Esp. 94/A1
Galicia (reg.), Esp. 106/B2
Galicia (reg.), Pol., Ucr. 83/L3
Galičica, Parq. Nal., Mace. 110/E5
Galilee, Sea of (Tiberias) (lago), Isr. 123/D3
Galinakopf (pico), Aus. 99/F3
Galion, Oh,EUA 206/E4
Galiuro (mtñas.), Az,EUA 195/G4
Galiwinku, Austl. 153/D3
Gallan Head (pta.), Es,R.U. 73/H7
Gallarate, Ita. 104/B1
Gallardon, Fra. 97/G3
Gallatin, Mo,EUA 201/H4
Gallatin (río), Mt, Wy,EUA 193/H1
Gallatin, Tn,EUA 208/D2
Galle, Sr.L. 138/D6
Gallegos (río), Argen. 239/K7
Galleguillos, Chile 236/B3
Galley Head (pta.), Irl. 78/B6
Galliate, Ita. 104/B2
Gallinas (pta.), Col. 228/D1
Gallinas, NM,EUA 198/B3
Gallinas (mtñas.), NM,EUA 195/J3
Gallinas (río), NM,EUA 198/B3
Gallipoli, Ita. 109/E2
Gallipoli (pen.), Tur. 111/H5
Gallipoli (Gelibolu), Tur. 111/H5
Gallipolis, Oh,EUA 209/F1
Gällivare, Sue. 79/G2
Gallneukirchen, Aus. 89/H6
Gallo (cabo), Ita. 108/C3
Gallo (lago), Ita. 99/G4
Galloway, Mull of (pta.), Es,R.U. 74/D2
Gallup, NM,EUA 195/H3
Gally (río), Fra. 71/R10
Gal'on, Isr. 123/F8
Galston, Austl. 156/H8
Galston, Es,R.U. 72/B5
Galt, Mong. 128/D2
Galten, Din. 80/C3
Galty (mtñas.), Irl. 78/B5
Galtymore (mtña.), Irl. 78/B5
Galuut, Mong. 128/E2
Galvarino, Chile 238/B3
Galveston, Tx,EUA 197/G3
Galveston (bahía), Tx,EUA 197/G3
Galveston (isla), Tx,EUA 197/G3
Gálvez, Argen. 238/E2
Gálvez, Esp. 94/C3
Galway, Irl. 78/A3
Galway (bahía), Irl. 78/A3
Galway (con.), Irl. 78/B3
Gam (río), Vie. 143/D1
Gamaches, Fra. 86/A4
Gamagara (río seco), Safr. 180/C2
Gamagōri, Japón 131/E3
Gamarra, Col. 228/C2
Gamay, Fil. 145/D2
Gamba, China 141/G1
Gamba, Gabón 176/B3
Gamba, D.R. Congo 177/F4
Gambaga, Gha. 169/E4
Gambaga (esc.), Gha., Togo 169/E4
Gambara, Ita. 104/D2
Gambat, Pak. 138/A2
Gambella, Parq. Nal., Eti. 173/G3
Gambettola, Ita. 105/F4
Gambia 168/B3
Gambia (río), Gam. 168/A3
Gambie (río), Gui., Sen. 168/B3
Gambier (cabo), Austl. 152/C2
Gambier (islas), Pol.Fr. 159/M7
Gámbita, Col. 228/C3
Gambo, Cafr. 172/D4
Gambo, Tnva,Can. 205/K1
Gambolò, Ita. 104/B2
Gamboula, Cafr. 172/B4
Gameleira, Bras. 231/H5
Gaming, Aus. 83/H5
Gamka (río), Safr. 180/C4
Gamkab (río seco), Nam. 180/B3
Gamlakaleby (Kokkola), Fin. 79/G3
Gamleby, Sue. 80/G3
Gammelstad, Sue. 112/D2
Gammertingen, Ale. 88/C6
Gammon Ranges, Parq. Nal., Austl. 155/H4
Gamo, Japón 131/M9
Gamo Gofa (reg.), Eti. 173/H4
Gamsfeld (pico), Aus. 83/G5
Gamud (pico), Eti. 173/H4
Gan (río), China 137/G2
Gan, Fra. 92/C5
Gananoque, On,Can. 207/H2
Ganāveh, Irán 125/G4
Ganda, Ang. 178/B2
Gandajika, D.R. Congo 177/E4
Gandak (río), India 141/E2
Gandaki (zona), Nepal 140/D1
Gandara, Fil. 145/D2
Gandelin (río), Fra. 97/F5
Gander, Tnva,Can. 205/K1
Gander (lago), Tnva,Can. 205/K1
Ganderkesee, Ale. 85/F2
Gandesa, Esp. 95/F2
Gāndhīhām, India 138/B3
Gandhinagar, India 138/B3
Gandía, Esp. 95/E3
Gandino, Ita. 104/C1
Gandi Sagar (emb.), India 138/B3
Gandisê (mtñas.), China 141/E1
Ganesh (mtña.), China 141/E1
Ganga (Ganges) (río), Asia 141/G3
Gan Gan, Argen. 238/C4
Gangāpur, India 140/A2
Gangārāmpur, India 141/G3
Gangaw, Mya. 136/B4
Gangca, China 128/E4
Gangdise (mtñas.), China 134/D5
Gangelt, Ale. 87/F2
Ganges, Fra. 92/E5
Ganges, Bocas del (delta), Bang., India 138/E3
Ganges (Ganga) (río), Asia 141/G3
Gangi, Ita. 108/D4
Gangkofen, Ale. 89/F6
Gango (río), Ang. 176/C5
Gang Ranch, CB,Can. 190/C2
Gangtok, India 141/G2
Gangtou, China 137/H3
Gan Hashlosha, Parq. Nal., Isr. 123/G7
Ganj Dundwara, India 140/B2
Ganluo, China 139/H2
Gannan, China 129/J2
Gannat, Fra. 92/E3
Gannett (pico), Wy,EUA 193/J2
Gann Valley, DS,EUA 200/E1
Ganquan, China 135/B3
Gänserndorf, Aus. 91/A3
Gante, Bél. 86/C1
Gantheaume (pta.), Austl. 152/A4
Gantrisch (pico), Suiza 98/D4
Gantsevichi, Bela. 114/C1
Gantt, CS,EUA 209/F3
Ganye, Nige. 172/A3
Ganyu, China 135/D4
Ganzhou, China 137/G3
Ganzourgou (prov.), Burk. 169/E3
Gao (mtña.), China 137/G3
Gao, Malí 169/E2
Gao (reg.), Malí 169/E2
Gao, Níger 169/G3
Gao, D.R. Congo 177/G2
Gao'an, China 137/G2
Gaocheng, China 135/C3
Gaochun, China 135/D5
Gaolan, China 128/E4
Gaolan (isla), China 137/G4
Gaoligong (mtñas.), China 136/C3
Gaoling, China 133/A4
Gaomi, China 135/D3
Gaoping, China 135/C4
Gaoqiao, China 135/L8
Gaoqing, China 135/D3
Gaor Bheinn (Gulvain) (mtña.), Es,R.U. 72/A3
Gaotai, China 128/D4
Gaotang, China 135/D3
Gaoua, Burk. 168/E4
Gaoyang, China 135/C3
Gaoyi, China 135/C3
Gaoyou, China 135/D4
Gaoyou (lago), China 135/D4
Gaozhou, China 137/F4
Gap, Fra. 100/C3
Gapeau (río), Fra. 100/B6
Gap, The, Austl. 157/B1
Gar, China 134/C5
Gar (río), China 128/D5
Garachiné, Pan. 219/G4
Garai (río), Bang. 141/G4
Garajonay, Parq. Nal., Cana. 166/A3
Gara, Lough (lago), Irl. 78/B2
Garamba, Parq. Nal., D.R. Congo 177/G1
Gara Muleta (pico), Eti. 174/B3
Garanhuns, Bras. 235/F1
Garawa-Waanyi Abor. Land, Austl. 153/E4
Garbsen, Ale. 82/E2
Garça, Bras. 234/C4
Garças (río), Bras. 234/B3
Garches, Fra. 71/S10
Garching an der Alz, Ale. 89/F6
García de Sota (emb.), Esp. 94/C3
Gard (dept.), Fra. 100/A4
Gard (río), Fra. 92/F5
Garda, Ita. 105/D1
Garda (lago), Ita. 104/D1
Gardabani, Geor. 115/H4
Gardanne, Fra. 100/B6
Garde (cabo), Arg. 165/V17
Gardelegen, Ale. 90/B2
Garden (isla), Austl. 154/K7
Garden (río), On,Can. 206/E1
Garden, Mi,EUA 203/L5
Garden (isla), Mi,EUA 206/D2
Garden (pen.), Mi,EUA 203/L5
Gardena, Ca,EUA 214/B3
Garden City, Ga,EUA 209/G4
Garden City, Id,EUA 192/E2
Garden City, Ks,EUA 198/D2
Garden City, NY,EUA 213/E2
Gardendale, Al,EUA 208/D4
Garden Grove, Ca,EUA 214/C3
Garden Reach, India 141/G4
Gardenton, Mb,Can. 202/F3
Gardēz, Afg. 127/J2
Gardiners (bahía), NY,EUA 213/F1
Gardiners (isla), NY,EUA 213/F1
Gardner, Ma,EUA 207/L3
Gardner (lago), Me,EUA 204/D3
Gardner (mtña.), Me,EUA 204/C2
Gardner (mtña.), Wa,EUA 190/D3
Gardner (Nukumororo) (isla), Kir. 159/H5
Gardone val Trompia, Ita. 104/D1
Gárdony, Hun. 91/C5
Gare Loch (ens.), Es,R.U. 72/B4

274 Gares - Godhr

Garessio, Ita. 104/B4
Garet el Djenoun (pico), Arg. 167/G4
Garfield (lago), Fl,EUA 210/M8
Garfield (pico), Mt,EUA 191/L5
Garfield, NJ,EUA 213/D2
Garforth, Ing,R.U. 75/G4
Gargaliánoi, Gre. 109/G4
Gargan (mtña.), Fra. 92/D4
Gargano (mes.), Ita. 103/F4
Garganta Kafue (emb.), Zam. 179/F2
Garganta Samarias, Parq. Nal., Gre. 109/H5
Garganta Vicou, Parq. Nal., Gre. 109/G3
Gargenville, Fra. 97/G2
Garges-lès-Gonesse, Fra. 71/T10
Garhākotā, India 140/B4
Garhbeta, India 141/F4
Garh Mahārāja, Pak. 142/A2
Garibaldi, Bras. 237/G5
Garies, Safr. 180/B3
Garigliano (río), Ita. 103/D5
Gariglione (pico), Ita. 101/C4
Garioch (dist.), Es,R.U. 72/D2
Garland, Me,EUA 204/C3
Garland, Tx,EUA 197/F1
Garlasco, Ita. 104/B2
Garliava, Lit. 81/K4
Garm, Tay. 134/B4
Garmisch-Partenkirchen, Ale. 99/H3
Garmsār, Irán 125/H3
Garner, CN,EUA 209/H3
Garner, Ia,EUA 201/H2
Garnett, Ks,EUA 199/G1
Garnpung (lago), Austl. 157/B2
Garnsviken (lago), Sue. 81/S6
Garona (río), Fra. 92/D4
Garopaba, Bras. 237/G4
Garou (lago), Malí 169/E2
Garoua, Cam. 172/B3
Garraf (mts.), Esp. 95/K7
Garrel, Ale. 85/F3
Garron (pta.), IrN,R.U. 74/C1
Garry (bahía), Nun,Can. 187/H2
Garry (lago), Nun,Can. 186/F2
Garry (río), Es,R.U. 72/A2
Garry (río), Es,R.U. 72/B3
Garry, Loch (lago), Es,R.U. 72/B2
Gars am Inn, Ale. 89/F6
Gars am Kamp, Aus. 93/L2
Garsten, Aus. 89/H6
Garte (río), Ale. 85/H6
Gartempe (río), Fra. 92/D3
Gärtringen, Ale. 88/B5
Garut, Indo. 144/D4
Garwa, India 140/D3
Garwolin, Pol. 83/L3
Gary, In,EUA 206/C4
Garzê, China 136/D2
Garzón, Col. 228/C4
Gas (lago), China 134/F4
Gæsafjöll (pico), Isl. 79/P6
Gasan, Fil. 145/C2
Gasan-Kuli, Turk. 125/H2
Gasconade (río), Mo,EUA 208/B1
Gascoyne (pico), Austl. 154/C3
Gascoyne (río), Austl. 154/C3
Gascuña (reg.), Fra. 92/C5
Gash (río seco), Eri., Eti. 173/H2
Gaspar (río), Indo. 146/C4
Gaspard (río), CB,Can. 190/C2
Gaspé, Qu,Can. 204/E1
Gaspé (bahía), Qu,Can. 204/E1
Gaspé (pen.), Qu,Can. 204/E1
Gaspé, Cap de (cabo), Qu,Can. 204/E1
Gaspirilla (isla), Fl,EUA 211/G4
Gaspoltshofen, Aus. 89/G6
Gas-san (mtña.), Japón 132/B4
Gassino Torinese, Ita. 104/A2
Gaston (lago), CN, Va,EUA 209/H2
Gaston, CS,EUA 209/G4
Gastonia, CN,EUA 209/G3
Gastonia, Tx,EUA 196/L7
Gastoúni, Gre. 109/G4
Gastre, Argen. 238/C4
Gat, Isr. 123/F8
Gata (cabo), Chip. 123/C2
Gata (mts.), Esp. 94/B2
Gata (cabo), Esp. 94/D4
Gata de Gorgos, Esp. 95/F3
Gatchina, Rusia 81/P2
Gate City, Va,EUA 209/F2
Gatehouse-of-Fleet, Es,R.U. 74/D2
Gateshead (isla), Nun,Can. 186/F1
Gateshead, Ing,R.U. 75/G2
Gates of Hell (Portes d'Enfer), D.R. Congo 177/F4
Gates of the Arctic, Parq. Nal. y Resguardo, Ak,EUA 215/H2
Gatesville, CN,EUA 209/J2
Gatesville, Tx,EUA 197/F2
Gateway, Co,EUA 193/J4
Gatico, Chile 236/B2
Gâtine (colinas), Fra. 92/C3
Gatineau, Qu,Can. 207/J2
Gatineau (río), Qu,Can. 207/J1
Gatlinburg, Tn,EUA 209/F3
Gatow, Ale. 90/D4
Gattinara, Ita. 104/B1
Gatton, Austl. 156/D4
Gatún (lago), Pan. 219/G4
Gatún (presa), Pan. 219/G4
Gau Algesheim, Ale. 88/B3
Gauchy, Fra. 86/C4
Gauhati, India 141/H2
Gauja (río), Let. 81/L3
Gaujiena, Let. 81/M3
Gauley (pico), VOcc,EUA 209/G1
Gaunless (río), Ing,R.U. 75/G2
Gaur (río), Es,R.U. 72/B3
Gauripur, India 141/G2
Gauri Sankar (mtña.), Nepal 141/F2
Gausta (pico), Nor. 80/C2
Gauting, Ale. 89/E6
Gauya, Parq. Nal., Let. 81/L3
Gavà, Esp. 95/G2
Gava, Esp. 95/K7
Gávdhos (isla), Gre. 109/J5
Gave de Pau (río), Fra. 94/E1
Gavere, Bél. 86/C2
Gavirate, Ita. 104/B1
Gävle, Sue. 80/G1
Gävleborg (con.), Sue. 80/G1
Gawai, Mya. 136/C3
Gaweinstal, Aus. 91/A3
Gawler, Austl. 155/H5
Gawler (mts.), Austl. 155/G5
Gaxun (lago), China 128/D3
Gay (mtña.), VOcc,EUA 209/G1
Gay, Rusia 115/L2
Gaya (río), China 129/K3
Gaya, India 141/E3
Gaya, Níger 169/F4
Gay Head (pta.), Ma,EUA 207/L4
Gaylord, Mi,EUA 206/D2
Gaylord, Mn,EUA 201/G1
Gayndah, Austl. 156/C4
Gayny, Rusia 113/M3
Gayvoron, Ucr. 116/E3
Gaza (prov.), Moz. 179/G4
Gaz-Achak, Turk. 118/G5
Gaza (Ghazzah), Gaza 123/D4
Gaza Strip 123/C4
Gaziantep, Tur. 123/E1
Gaziantep (prov.), Tur. 123/E1
Gaziköy, Tur. 111/H5
Gazimur (río), Rusia 129/H1
Gazipaşa, Tur. 123/C1
Gazon de Faing (pico), Fra. 98/D1
Gazzaniga, Ita. 104/C1
Gbarnga, Libe. 168/C5
Gbely, Eslo. 91/B2
Gdańsk, Pol. 83/K1
Gdańsk (prov.), Pol. 83/K1
Gdańsk (golfo), Pol., Rusia 83/K1
Gdov, Rusia 81/M2
Gdynia, Pol. 83/K1
Geal Charn (mtña.), Es,R.U. 72/A3
Geal Charn (mtña.), Es,R.U. 72/C2
Gebaberg (pico), Ale. 88/D1
Geba Wenz (río), Eti. 173/G3
Gebe (isla), Indo. 147/G3
Gebiz, Tur. 123/B1
Gebze, Tur. 111/J5
Gede (pico), Indo. 144/D4
Gedera, Isr. 123/F8
Gedern, Ale. 88/C2
Gedikbulak, Tur. 125/E2
Gedikler, Tur. 124/D2
Gedinne, Bél. 87/D4
Gediz, Tur. 124/B2
Gediz (río), Tur. 124/A2
Gedser, Din. 80/D4
Gedser (cabo), Din. 80/D4
Gedsted, Din. 80/C3
Geel, Bél. 87/E1
Geelong, Austl. 157/C3
Geelvink (canal), Austl. 154/B4
Geeste, Ale. 85/E3
Geeste (río), Ale. 85/F2
Geesthacht, Ale. 85/H2
Geeveston, Austl. 157/C4
Gefrees, Ale. 89/E2
Gegeya Shet' (río seco), Eti. 174/B2
Gē'gyai, China 134/D5
Gehrden, Ale. 85/G4
Geifas (mtña.), Gales,R.U. 76/C2
Geiges, Hohe (pico), Aus. 99/G3
Geikie (isla), On,Can. 203/G1
Geikie (río), Sk,Can. 186/F3
Geikie Gorge, Parq. Nal., Austl. 152/B4
Geilenkirchen, Ale. 87/F2
Geinō, Japón 131/M10
Geiselhöring, Ale. 89/F5
Geisenfeld, Ale. 89/E5
Geisenhausen, Ale. 89/F6
Geisenheim, Ale. 88/A3
Geislingen, Ale. 88/B6
Geislingen an der Steige, Ale. 88/C5
Geita, Tan. 177/H3
Geithain, Ale. 90/C5
Geiju, China 136/D4
Gel (río), Sudán 173/F4
Gela, Ita. 108/D4
Gela (golfo), Ita. 108/D4
Gelai (pico), Tan. 175/B2
Gelang (cabo), Malay. 144/C1
Gêlas, Cime du (pico), Fra. 100/D4
Gelato (mtña.), Ita. 99/E5
Gelderland (prov.), P.B. 84/C4
Geldermalsen, P.B. 84/C5
Geldern, Ale. 84/D5
Geldrop, P.B. 84/C6
Geleen, P.B. 87/E2
Gelenau, Ale. 90/C5
Gelendost, Tur. 124/B2
Gelendzhik, Rusia 117/K5
Gelibolu (Gallipoli), Tur. 111/H5
Gelibolu Yarımadas, Parq. Nal., Tur. 114/C4
Gelincik (pico), Tur. 125/E2
Gelligaer, Gales,R.U. 76/C3
Gelnhausen, Ale. 88/C2
Gelsenkirchen, Ale. 84/E5
Gelterkinden, Suiza 98/D3
Gelting, Ale. 82/E1
Gemas, Malay. 144/C2
Gembloux, Bél. 87/D2
Gemena, D.R. Congo 176/D2
Gémenos, Fra. 100/B6
Gemert, P.B. 84/C5
Gemlik, Tur. 111/J5
Gemlik (golfo), Tur. 111/J5
Gemona del Friuli, Ita. 93/K3
Gemsbok-Kalahari, Parq. Nal., Safr. 180/C2
Gemsbok, Parq. Nal., Bots. 178/D5
Gemuk (mtña.), Ak,EUA 215/G3
Gemünden am Main, Ale. 88/C2
Gen (río), China 129/J1
Genalē Wenz (río), Eti. 174/B4
Genappe, Bél. 86/D2
Genargentu (mtñas.), Ita. 108/A3
Genay, Fra. 98/A6
Genazzano, Ita. 102/C4
Genç, Tur. 124/E2
Gendringen, P.B. 84/D5
Gendt, P.B. 84/C5
Genemuiden, P.B. 84/D3
General Abelardo L. Rodriguez (aer.intl.), Méx. 194/D4
General Acha, Argen. 238/D3
General Alfredo Vasquez Cobo (aer.intl.), Col. 232/D2
General Alvear, Argen. 238/D2
General Alvear, Argen. 238/E3
General Arenales, Argen. 238/E2
General Artigas, Par. 237/E3
General Belgrano, Argen. 238/F2
General Bravo, Méx. 196/E5
General Cabrera, Argen. 238/D2
General Campos, Argen. 238/F1
General Carneiro, Bras. 234/B2
General Carrera (lago), Chile 238/B5
General Cepeda, Méx. 217/E3
General Conesa, Argen. 238/D4
General Deheza, Argen. 238/E2
General Enrique Godoy, Argen. 238/D3
General Eugenio A. Garay, Par. 236/D2
General Galarza, Argen. 238/F2
General José Antonio Anzoategui (aer.intl.), Ven. 229/E2
General José de San Martín, Argen. 236/E3
General Juan Alvarez, Méx. 217/F5
General Juan Álvarez, Parq. Nal., Méx. 218/B2
General Juan Madariaga, Argen. 239/F3
General Lagos, Chile 236/B1
General Las Heras, Argen. 239/S12
General Lavalle, Argen. 239/T13
General Manuel Belgrano (pico), Argen. 236/C4
General Martín Miguel De Güemes, Argen. 236/C3
General Paz, Argen. 239/S12
General Pico, Argen. 238/E2
General Pinto, Argen. 238/E2
General Roca, Argen. 238/D3
General Saavedra, Bol. 236/D1
General Sampaio, Bras. 231/G4
General San Martín, Argen. 239/S12
General Santiago Marino (aer.intl.), Ven. 229/F2
General Santos, Fil. 145/D4
General Terán, Méx. 217/F3
General-Toshevo, Bul. 111/J4
General Trias, Fil. 145/F7
General Viamonte, Argen. 238/E2
General Villalobas (aer.), Méx. 196/B3
General Villegas, Argen. 238/E2
General Zaragoza, Méx. 217/F4
Generoso, Monte (pico), Suiza 99/F6
Genesee, NY,EUA 207/H3
Genessee (río), NY,EUA 207/G3
Geneva, Al,EUA 211/F2
Geneva, Ne,EUA 200/F3
Geneva, NY,EUA 207/H3
Gengding (mtña.), China 137/E3
Gengenbach, Ale. 88/B6
Gengma Daizu Vazu Zizhixian, China 136/C4
Genil (río), Esp. 94/C4
Genk, Bél. 87/E2
Genlis, Fra. 98/B3
Gennach (río), Ale. 88/D6
Gennep, P.B. 84/C5
Gennevilliers, Fra. 71/S10
Génova, Col. 231/K7
Génova, Ita. 104/B4
Genova (golfo), Ita. 104/B4
Genova (prov.), Ita. 104/C4
Genova (Genoa), Ita. 104/B4
Genovesa (isla), Ecua. 232/K6
Gent-Brugge (canal), Bél. 86/C1
Genteng (cabo), Indo. 144/D4
Gent (Ghent), Bél. 86/C1
Genthin, Ale. 90/C3
Genzano di Lucania, Ita. 103/G6
Genzano di Roma, Ita. 102/C4
Geógrafo (bahía), Austl. 154/B5
Geógrafo (canal), Austl. 154/B3
Geok-Tepe, Turk. 125/J2
George (lago), Austl. 154/D2
George (pta.), Austl. 156/C3
George (río), Qu,Can. 187/K3
George (lago), Fl,EUA 211/H3
George (lago), NY,EUA 207/K3
George, Safr. 180/C4
Georgensmünd, Ale. 88/E4
Georges (río), Austl. 156/G9
Georgetown, Austl. 150/G3
George Town, Austl. 151/H8
Georgetown, Austl. 156/A2
George Town, Austl. 157/C4
George Town, Bahm. 220/C2
George Town, Cai. 219/F2
Georgetown, On,Can. 205/R8
Georgetown, Co,EUA 200/B4
Georgetown, CS,EUA 209/H4
Georgetown, De,EUA 209/K1
Georgetown, Ga,EUA 211/H2
Georgetown, Ky,EUA 208/E1
Georgetown, Oh,EUA 206/E5
Georgetown, Tx,EUA 197/F2
Georgetown, Gam. 168/B3
Georgetown (cap.), Guy. 229/G3
Georgetown, Malay. 144/C1
Georgetown, Sn.V. 220/F4
George, Walter F. (emb.), Al, Ga,EUA 208/E4
George West, Tx,EUA 197/E3
Georgia 115/G4
Georgia (strait), CB,Can. 190/B3
Georgia (est.), E.U.A. 189/K5
Georgia Center, Vt,EUA 207/K2
Georgia del Sur (isla), Argen. 64/H8
Georgian (bahía), On,Can. 206/F2
Georgiana, Fl,EUA 211/H3
Georgian Bay Is., Parq. Nal., On,Can. 206/F2
Georgina (río), Austl. 155/H2
Georgi Traykov, Bul. 111/H4
Georgsmarienhütte, Ale. 85/F4
Gera, Ale. 90/C6
Gera (río), Ale. 90/A6
Geraardsbergen, Bél. 86/C2
Geral (mtñas.), Bras. 236/G3
Geral de Goiás (mts.), Bras. 227/J6
Geraldine, N.Z. 160/B4
Geraldton, Austl. 154/B4
Geraldton, On,Can. 203/L3
Gérardmer, Fra. 98/C1
Gerasdorf bei Wien, Aus. 91/A3
Gerber (emb.), Or,EUA 192/C2
Gerbier de Jonc (mtña.), Fra. 92/F4
Gerbstedt, Ale. 90/B4
Gerdau (río), Ale. 85/H3
Gerdine (mte.), Ak,EUA 215/H3
Gère (río), Fra. 100/A2
Gerecse (mtñas.), Hun. 91/C4
Gerecse (pico), Hun. 91/C4
Gerede, Tur. 111/L5
Geretsried, Ale. 99/H2
Gerger, Tur. 124/D2
Gerhards (cabo), P.N.G. 153/G1
Gerik, Malay. 144/C1
Gering, Ne,EUA 200/C3
Geringswalde, Ale. 90/C5
Gerlachovský Štít (pico), Eslo. 83/L4
Gerlafingen, Suiza 98/D3
Germantown, Md,EUA 212/A5
Germantown, Tn,EUA 208/C3
Germantown, Wi,EUA 201/K2
Germering, Ale. 89/E6
Germersheim, Ale. 88/B4
Germinaga, Ita. 99/E6
Germiston, Safr. 180/E2
Gernsbach, Ale. 88/B5
Geroldsgrün, Ale. 89/E2
Gerolstein, Ale. 87/F3
Gerolzhofen, Ale. 88/D3
Gerona (Girona), Esp. 95/G2
Geronimo, Az,EUA 195/G4
Ger, Pic du (pico), Fra. 95/E1
Gerpinnes, Bél. 86/D3
Gerrards Cross, Ing,R.U. 71/M7
Gerringong, Austl. 157/D2
Gers (río), Fra. 92/D5
Gersfeld, Ale. 88/C2
Gersheim, Ale. 87/G5
Gerspenz (río), Ale. 88/B3
Gerstetten, Ale. 88/E5
Gersthofen, Ale. 88/D6
Gerstungen, Ale. 85/H7
Gervanne (río), Fra. 100/B3
Gervasio, Uru. 239/G2
Gērzē, China 134/D5
Gerze, Tur. 124/C1
Gescher, Ale. 84/E5
Geseke, Ale. 85/F5
Gessertshausen, Ale. 88/D6
Gesso (río), Ita. 100/D4
Gesves, Bél. 87/E3
Geta, Fin. 81/H1
Getafe, Esp. 94/D2
Gete (río), Bél. 87/E2
Getinge, Sue. 80/E3
Gettorf, Ale. 82/E1
Gettysburg, DS,EUA 200/E1
Gettysburg, Pa,EUA 212/A4
Gettysburg Nat'l Mil. Park, Pa,EUA 212/A4
Getúlio Vargas, Bras. 237/F3
Getz, Barrera de Heilos, Ant. 161/S
Geul (río), Bél., P.B. 87/E2
Geureudong (pico), Indo. 144/B1
Geurie, Austl. 157/D2
Gevaş, Tur. 125/E2
Gevelsberg, Ale. 85/E6
Gevgelija, Mace. 110/F5
Gex, Fra. 98/C5
Geyer, Ale. 89/F1
Geyersberg (pico), Ale. 88/C3
Geyiksuyu, Tur. 124/D2
Geyser (arcf.), Mad. 181/H6
Geyve, Tur. 111/K5
Gez (río), China 134/B4
Ghadāmis, Libia 170/A2
Ghaggar (río), India 142/D2
Ghaghara (Goghra) (río), India 140/E2
Ghana 169/E4
Ghanzi, Bots. 178/D4
Ghanzi (dist.), Bots. 178/D4
Gharaunda, India 140/A1
Gharbī, Jazīrat al (isla), Tun. 106/F4
Ghardaïa, Arg. 167/F2
Ghardaïa (wilaya), Arg. 167/F3
Gharsah, Shaţţ al (l.sal.), Tun. 167/G2
Gharyān, Libia 170/B1
Ghāt, Libia 170/A3
Ghātāl, India 141/F4
Ghates Occidentales (mtñas.), India 138/B4
Ghates Orientales (mtñas.), India 138/C5
Ghātsīla, India 141/F4
Ghazal, Bahr el (río), Chad 172/C2
Ghazaouet, Arg. 165/P13
Ghaziabad, India 140/A1
Ghāzīpur, India 140/C3
Ghāzīpur, India 140/D3
Ghaznī, Afg. 127/J2
Ghazzah (Gaza), Gaza 123/D4
Ghedi, Ita. 104/D2
Ghemme, Ita. 104/B1
Ghengis Khan Wall (ruinas), Mong. 128/G2
Gheorghe Gheorghiu-Dej, Rum. 111/H2
Gheorgheni, Rum. 111/G2
Gherla, Rum. 111/F2
Ghilarza, Ita. 108/A2
Ghio (lago), Argen. 238/C5
Ghirārah, Khalīj Bū (golfo), Tun. 167/H2
Ghisalba, Ita. 104/C1
Ghisonaccia, Fra. 108/A1
Ghotki, Pak. 138/A2
Ghugri (río), India 141/F3
Ghūrīān, Afg. 127/H2
Ghuzayyil, Sabkhat (salr.), Libia 170/C2
Giaginskaya, Rusia 117/L5
Gia Nghia, Vie. 143/D4
Giannutri (isla), Ita. 102/B3
Giant's Castle (pico), Safr. 180/E3
Giant's Causeway, IrN,R.U. 74/B1
Giarre, Ita. 108/D4
Giaveno, Ita. 100/D2
Gia Vuc, Vie. 143/E3
Giba'ī Shet' (río), Eti. 174/A2
Giberville, Fra. 97/E2
Gībē Shet' (río), Eti. 173/H4
Gībē Wenz (río), Eti. 173/H3
Gibloux, Mont (pico), Suiza 98/D4
Gibraleón, Esp. 94/B4
Gibraltar (pta.), On,Can. 205/S8
Gibraltar (emb.), Ca,EUA 214/A1
Gibraltar (estr.), Marr., Esp. 94/B4
Gibraltar, R.U. 94/C4
Gibraltar (depen.), R.U. 94/C4
Gibraltar (pta.), R.U. 73/M10
Gibraltar Range, Parq. Nal., Austl. 157/E1
Gibson (des.), Austl. 154/E2
Gibson Desert Nat. Rsv., Austl. 154/E3
Gibsons, CB,Can. 190/C3
Giddarbāha, India 142/C2
Giddings, Tx,EUA 197/F2
Giddon (lago), Fl,EUA 210/L6
Gidjibo, Cam. 172/B3
Gidra (río), Eslo. 91/B3
Giebelstadt, Ale. 88/C3
Gieboldehausen, Ale. 85/H5
Gien, Fra. 92/E3
Giengen an der Brenz, Ale. 88/D5
Giens, Fra. 100/C6
Giens, Presqu'île de (pen.), Fra. 100/C6
Gier (río), Fra. 100/A1
Giessbachfälle (cats.), Suiza 98/E4
Giessen, Ale. 88/B1
Giessen (río), Fra. 98/D1
Giessendam, P.B. 84/B5
Gieten, P.B. 84/D2
Gif, Fra. 86/B6
Gīfān, Irán 125/J2
Gifford (pico), Wa,EUA 190/D5
Giffre (río), Fra. 98/C5
Gifhorn, Ale. 85/H4
Gif-sur-Yvette, Fra. 71/S10
Gifu, Japón 131/E3
Gifu (pref.), Japón 131/E3
Gigant, Rusia 117/L4
Giganta, Sierra de la (mtñas.), Méx. 216/C3
Gigante, Col. 228/C4
Gigante (pta.), Nic. 218/E4
Giglio (isla), Ita. 102/A3
Gignac, Fra. 95/G1
Gijón, Esp. 94/C1
Gila (des.), Az,EUA 195/F4
Gila (mtñas.), Az,EUA 195/H4
Gila (río), Az,EUA 188/D5
Gila (río), Az,NM,EUA 195/F4
Gīlān (gob.), Irán 125/G2
Gilbert (río), Austl. 156/A2
Gilbert (mtña.), CB,Can. 190/B2
Gilbert, Az,EUA 195/G4
Gilbert (pico), Ut,EUA 193/H3
Gilbert (islas), Kir. 158/G5
Gilbués, Bras. 234/D1
Gilching, Ale. 88/E6
Gilchrist, Tx,EUA 197/G3
Gil de Vilches, Parq. Nal., Chile 238/C2
Gilé, Moz. 179/H3
Gilford, NH,EUA 207/L3
Gilgandra, Austl. 157/D1
Gilgil, Kenia 175/B2
Gill, Ma,EUA 207/K3
Gilleleje, Din. 81/T8
Gilles (lago), Austl. 155/H5
Gillette, Wy,EUA 193/L1
Gilley, Fra. 98/C3
Gilliam, La,EUA 199/H4
Gillingham, Ing,R.U. 76/D4
Gillingham, Ing,R.U. 77/G4
Gill, Lough (lago), Irl. 78/B1
Gilman Hot Springs, Ca,EUA 214/D3
Gilmer, Tx,EUA 197/G1
Gilmore, Id,EUA 193/G1
Gīlo Wenz (río), Eti. 173/G4
Gilgit (río), Pak. 127/K1
Gilroy, Ca,EUA 194/B2
Giluwe (pico), P.N.G. 153/F1
Gilyuy (río), Rusia 129/K1
Gilze, P.B. 84/B5
Gīmbī, Eti. 173/G3
Gimie (mtña.), Sta.L. 220/F4
Gimigliano, Ita. 101/C5
Gimli, Mb,Can. 202/F2
Gimo, Sue. 80/H1
Gimone (río), Fra. 95/F1
Ginan, Japón 131/M9
Ginebra (lago), Fra., Suiza 98/C5
Ginebra, Suiza 98/C5
Ginebra (cantón), Suiza 98/C5
Gingelom, Bél. 87/E2
Gingin, Austl. 154/B4
Gin Gin, Austl. 156/C4
Gingoog, Fil. 145/D3
Gingst, Ale. 83/G1
Ginosa, Ita. 108/E2
Ginowan, Japón 132/J7
Ginzo de Limia, Esp. 94/B1
Giohar (Jawhar), Som. 174/C5
Gioia (golfo), Ita. 101/B5
Gioia del Colle, Ita. 108/E2
Gioia Tauro, Ita. 101/B6
Gioiosa Ionica, Ita. 101/C6
Gioúra (isla), Gre. 109/J3
Gioveretto (pico), Ita. 99/G4
Giovi, Monte (pico), Ita. 105/E5
Gipping (río), Ing,R.U. 77/G2
Girard, Congo 176/C4
Girard, Ks,EUA 199/G2
Girardot, Col. 228/C3
Girardota, Col. 231/K6
Giraud (mtña.), Fra. 100/D4
Giraul de Cima, Ang. 178/B2
Girdle Head (pta.), Es,R.U. 72/D2
Girdle Ness (pta.), Es,R.U. 73/K8
Giresun, Tur. 124/D1
Giresun (prov.), Tur. 124/D1
Girgnasco, Ita. 104/B1
Giri (río), D.R. Congo 176/D2
Girīdīh, India 141/F3
Girifalco, Ita. 101/C5
Girling (emb.), Ing,R.U. 71/N7
Giromagny, Fra. 98/C2
Girón, Col. 228/C3
Girón, Ecua. 228/B5
Girona, Esp. 70/D4
Girona (Gerona), Esp. 95/G2
Gironde (río), Fra. 92/C4
Gironella, Esp. 95/F1
Girraween, Parq. Nal., Austl. 157/D1
Girton, Ing,R.U. 77/G2
Giru, Austl. 156/B2
Giruá, Bras. 237/F4
Girvan, Es,R.U. 74/D1
Girvan, Water of (río), Es,R.U. 74/D1
Gisborne, N.Z. 160/D2
Gisenyi, Rua. 177/G3
Gislaved, Sue. 80/E3
Gisors, Fra. 86/A5
Gistel, Bél. 86/B1
Gistrup, Din. 80/D3
Gitega, Bur. 177/G3
Gittsfjället (pico), Sue. 112/B2
Giu (isla), India 127/K4
Giubiasco, Suiza 99/F5
Giugliano in Campania, Ita. 103/E6
Giulianova, Ita. 103/D2
Giurgiu, Rum. 111/G4
Giurgiu (con.), Rum. 111/G3
Giussano, Ita. 104/C1
Giv'atayim, Isr. 123/F7
Giv'at Brenner, Isr. 123/F8
Giv'at Ḥayyim, Isr. 123/F7
Give, Din. 80/C4
Givet, Fra. 87/D3
Givors, Fra. 100/A1
Givry, Bél. 86/D3
Giza, The Pyramids of (Ahrāmāt al Jīzah), Egip. 123/B5
Gizeh, Egip. 123/B4
Gizeh (gob.), Egip. 123/B5
Gizhinga (bahía), Rusia 119/R3
Gizo, Sal. 158/E5
Giżycko, Pol. 83/L1
Gizzeria, Ita. 101/C5
Gjerdrum, Nor. 80/D1
Gjerlev, Din. 80/D3
Gjerstad, Nor. 80/C2
Gjirokastër, Alb. 109/G2
Gjoa Haven, Nun,Can. 186/G2
Gjøvik, Nor. 80/D1
Gjuhëzës, Kep i (cabo), Alb. 109/F2
Glabbeek, Bél. 87/E2
Glace Bay, NE,Can. 205/H2
Glacier (pico), Wa,EUA 190/D3
Glacier, Parq. Nal., CB,Can. 190/F2
Glacier, Parq. Nal., Mt,EUA 191/H3
Gladbeck, Ale. 84/D5
Gladsheim (pico), CB,Can. 190/F3
Gladstone, Austl. 155/H5
Gladstone, Austl. 156/C3
Gladwin, Mi,EUA 206/D3
Glafsfjorden (lago), Sue. 80/D2
Glama (río), Nor. 80/D1
Glamis, Sk,Can. 191/L2
Glamorgan Central (con.), Gales,R.U. 76/C3
Glamorgan del Sur (con.), Gales,R.U. 76/C4
Glamorgan Occidental (con.), Gales,R.U. 76/C3
Glamsbjerg, Din. 80/D4
Glan (río), Ale. 87/G4
Glan, Fil. 145/D4
Glanamman, Gales,R.U. 76/C3
Glanaruddery (mtñas.), Irl. 78/A5
Gland (río), Fra. 86/D4
Gland, Suiza 98/C5
Glandon (río), Fra. 100/C2
Glandorf, Ale. 85/F4
Glaris (cantón), Suiza 99/F4
Glaris, Alpes de (mtñas.), Suiza 99/E4
Glärnisch (mts.), Suiza 99/E3
Glarus, Suiza 99/F3
Glasgow, De,EUA 212/C4
Glasgow, Ky,EUA 208/E2
Glasgow, Mt,EUA 191/L3
Glasgow, Es,R.U. 72/B5
Glashütten, Ale. 88/B2
Glaslyn (río), Gales,R.U. 74/D6
Glas Maol (mtña.), Es,R.U. 72/C3
Glass (mtñas.), Ok,EUA 199/E2
Glass (mtñas.), Tx,EUA 196/C2
Glass (río), Es,R.U. 72/B2
Glass (río), IM,R.U. 74/D3
Glassboro, NJ,EUA 212/C4
Glass, Loch (lago), Es,R.U. 72/B1
Glastonbury, Ing,R.U. 76/D4
Glatt (río), Ale. 88/B6
Glatt (río), Suiza 99/E2
Glattfelden, Suiza 99/E2
Glauchau, Ale. 90/C6
Glavinitsa, Bul. 111/H4
Glazov, Rusia 71/J3
Glebovka, Rusia 117/K4
Gleeson, Az,EUA 195/H5
Gleisdorf, Aus. 110/B2
Glems (río), Ale. 88/C5
Glen (cañón), Tx, Ut,EUA 195/G2
Glen (río), Ing,R.U. 75/H6
Glenaladale, Parq. Nal., Austl. 157/C3
Glen Allen, Va,EUA 209/J2
Glénan (islas), Fra. 96/B5
Glenarm, IrN,R.U. 74/C2
Glenarm (río), IrN,R.U. 74/C2
Glenavy, N.Z. 160/B4
Glenboro, Mb,Can. 202/E3
Glenbrook, Austl. 156/G8
Glenburn, DN,EUA 202/D3
Glen Burnie, Md,EUA 212/B5
Glen Canyon (cañón), Az, Ut,EUA 195/G2
Glen Canyon Nat'l Rec. Area, Az, Ut,EUA 195/G2
Glencoe, Mn,EUA 203/G5
Glencoe, Safr. 181/E3
Glen Cove, NY,EUA 213/E2
Glen Cove, Tx,EUA 196/E2
Glendale, Az,EUA 195/F4
Glendale, Ca,EUA 214/B2
Glendale, NV,EUA 194/E2
Glendale, Tx,EUA 197/G2
Glendale, Wi,EUA 206/C3
Glendale, Zim. 179/F3
Glenden, Austl. 156/C3
Glendive, Mt,EUA 191/M4
Glendo (emb.), Wy,EUA 200/B2
Glendora, Ca,EUA 214/C2
Glendun (río), IrN,R.U. 74/B1
Glen Echo, Md,EUA 212/A6
Glen Eden, N.Z. 160/F6
Glenelg, Austl. 155/M8
Glenelg (río), Austl. 157/B3
Glenelly (río), IrN,R.U. 74/A2
Glengarry (mts.), Austl. 154/C3
Glen Innes, Austl. 157/D1
Glenluce, Es,R.U. 74/D2
Glenmere (lago), NY,EUA 213/D1
Glen Mòr (valle), Es,R.U. 72/B2
Glenora, CB,Can. 215/M4
Glenorie, Austl. 156/H8
Glenrio, NM,EUA 198/C3
Glen Rock, NJ,EUA 213/D2
Glen Rose, Tx,EUA 197/F1
Glenties, Irl. 73/G9
Glentrool, Es,R.U. 74/D1
Glenveagh, Parq. Nal., Irl. 73/H9
Glenwood, Ar,EUA 199/H3
Glenwood, Ia,EUA 201/G3
Glenwood, Mn,EUA 203/G5
Glenwood Springs, Co,EUA 198/A1
Gleouraich (mtña.), Es,R.U. 72/A2
Glifáhda, Gre. 109/L7
Glimåkra, Sue. 80/F3
Glina, Cro. 110/C3
Glinde, Ale. 85/H1
Glindow, Ale. 90/C3
Glittertinden (pico), Nor. 79/D3
Gliwice, Pol. 83/K3
Globe, Az,EUA 195/G4
Globino, Ucr. 117/G3
Glockturm (pico), Aus. 99/G4
Glodyany, Mol. 111/H2
Gloggnitz, Aus. 83/H5
Głogów, Pol. 83/J3
Głogówek, Pol. 83/J3
Glomma (río), Nor. 70/E2
Glonn (río), Ale. 88/E6
Gloria (bahía), Cuba 219/G1
Gloriosas (islas), Reun. 181/H5
Glorious (mtña.), Austl. 156/E6
Glory of Russia (cabo), Ak,EUA 215/D3
Glossop, Ing,R.U. 75/G5
Gloucester, Austl. 157/D2
Gloucester, On,Can. 207/J2
Gloucester, Ma,EUA 207/L3
Gloucester, Ing,R.U. 76/D3
Gloucester City, NJ,EUA 212/C4
Gloucester (Gloucester Court House), Va,EUA 209/J2
Gloucestershire (con.), Ing,R.U. 76/D3
Gloucester, Vale of (valle), Ing,R.U. 76/D3
Glouthane, Irl. 78/B6
Glover (isla), Tnva,Can. 205/J1
Glovers (arcf.), Beli. 218/E2
Gloversville, NY,EUA 207/J3
Glovertown, Tnva,Can. 205/K1
Głowno, Pol. 83/K3
Głubczyce, Pol. 83/J3
Glubokoye, Bela. 81/M4
Glubokoye, Kaz. 134/D1
Głuchołazy, Pol. 83/J3
Glücksburg, Ale. 82/E1
Glückstadt, Ale. 85/G1
Glumslöv, Sue. 81/T9
Glybokaya, Ucr. 116/C3
Glyde (río), Irl. 78/D2
Glyndon, Md,EUA 212/B5
Glyngøre, Din. 80/C3
Glyn Neath, Gales,R.U. 76/C3
Gmünd, Aus. 83/H4
Gmunden, Aus. 89/G7
Gnagna (prov.), Burk. 169/E3
Gnarrenburg, Ale. 85/G2
Gniew, Pol. 81/H5
Gniezno, Pol. 83/J2
Gnjilane, Kos. 110/E4
Gnowangerup, Austl. 154/C5
Gō (río), Japón 130/C3
Goa (est.), India 138/B4
Goālpāra, India 141/H2
Goat (mtña.), Tx,EUA 196/C2
Goat Fell (mtña.), Es,R.U. 72/A5
Goba, Eti. 174/A4
Goba, Moz. 179/G5
Gobabis, Nam. 178/C4
Gobernador Castro, Argen. 238/F2
Gobernador Costa, Argen. 238/C5
Gobernador Crespo, Argen. 236/D4
Gobernador Duval, Argen. 238/D3
Gobernador Gregores, Argen. 239/K7
Gobernador Ingeniero Valentín Virasoro, Argen. 237/E4
Gobernador Mansilla, Argen. 239/S11
Gobi (des.), China, Mong. 128/E3
Göblberg (pico), Aus. 89/G6
Gobō, Japón 130/D4
Goch, Ale. 84/D5
Gochsheim, Ale. 88/D2
Go Cong, Vie. 143/D4
Göd, Hun. 91/D4
Godalming, Ing,R.U. 77/F4
Go Dau Ha, Vie. 143/D4
Godavari (río), India 138/D4
Goddā, India 141/F3
Godeanu (pico), Rum. 110/F3
Godech, Bul. 109/H1
Goderich, On,Can. 206/F3
Goderville, Fra. 97/F1
Godfrey, Il,EUA 201/J4
Godhra, India 138/B3

Godo (mtña.), Indo. ... 147/F4
Gōdo, Japón ... 131/M9
Gödöllő, Hun. ... 110/D2
Godoy Cruz, Argen. ... 238/C2
Gods (lago), Mb,Can. ... 186/G3
Gods (río), Mb,Can. ... 186/G3
Gods Mercy (bahía), Nun,Can. ... 187/H2
Godthåb (Nuuk), Groen. ... 184/N3
Godwin-Austen (K2) (pico), China, Pak. ... 134/C4
Goerce, P.B. ... 84/A5
Goes, P.B. ... 84/A6
Goffstown, NH,EUA ... 207/L3
Gogebic (lago), Mi,EUA ... 203/K4
Gogebic (mtñas.), Mi,EUA ... 203/J4
Goghra (Ghaghara) (río), India ... 140/E2
Gogland (isla), Rusia ... 81/M1
Gogo, Austl. ... 152/B4
Gogo, Eti. ... 173/G4
Gogra (río), India ... 138/D2
Gohad, India ... 140/B2
Gohāna, India ... 140/A1
Gohbach (río), Ale. ... 85/G3
Goiana, Bras. ... 231/H4
Goiandira, Bras. ... 234/C3
Goianésia, Bras. ... 234/C2
Goiânia, Bras. ... 234/C3
Goianinha, Bras. ... 231/H4
Goianira, Bras. ... 234/C3
Goiás, Bras. ... 234/C2
Goiás (est.), Bras. ... 234/C2
Goiás, Serra Geral de (alts.), Bras. ... 234/D1
Goiatuba, Bras. ... 234/C3
Goil, Loch (ens.), Es,R.U. ... 72/B4
Goio-Erê, Bras. ... 234/B5
Goirle, P.B. ... 84/C5
Goito, Ita. ... 105/D2
Gojam (prov.), Eti. ... 173/H3
Gojeb Wenz (río), Eti. ... 173/H4
Gojō, Japón ... 130/D3
Gojōme, Japón ... 132/B4
Gojra, Pak. ... 142/B2
Gok (río), Tur. ... 114/E4
Gokase (río), Japón ... 130/B4
Gokashō, Japón ... 131/M9
Gökçeada (isla), Tur. ... 111/G5
Gökçebey, Tur. ... 111/L5
Gokoro-Mozogo, Parq. Nal., Cam. ... 172/B3
Göksu (río), Tur. ... 123/C1
Göksun, Tur. ... 124/D2
Gokteik, Mya. ... 143/B1
Göktepe, Tur. ... 123/C1
Gol, Nor. ... 80/C1
Gola Gokarannāth, India ... 140/C1
Golan, Altos del (reg.), Siria ... 123/D3
Golaya Pristan', Ucr. ... 116/G4
Gölbaşı, Tur. ... 124/C2
Gölbaşı, Tur. ... 124/D2
Golbey, Fra. ... 98/C1
Golborne, Ing,R.U. ... 75/F5
Golconda, Il,EUA ... 208/C2
Gölcük, Tur. ... 111/J5
Gold (playa), Fra. ... 97/E2
Goldach, Suiza ... 99/F3
Gołdap, Pol. ... 83/M1
Goldbach, Ale. ... 88/C3
Goldbach (río), Ale. ... 90/A4
Gold Beach, Or,EUA ... 192/A2
Goldberg, Ale. ... 82/G2
Gold Coast, Austl. ... 156/D4
Golden, CB,Can. ... 190/F2
Golden, Co,EUA ... 200/B4
Golden (bahía), N.Z. ... 160/C3
Goldendale, Wa,EUA ... 190/D5
Goldene Aue (reg.), Ale. ... 90/A5
Golden Gate, Fl,EUA ... 211/H4
Golden Gate Highlands, Parq. Nal., Safr. ... 180/E3
Goldenrod, Fl,EUA ... 210/N6
Goldenstedt, Ale. ... 85/F3
Golden Vale (llan.), Irl. ... 78/B4
Golden Valley, Mn,EUA ... 203/P6
Golden Valley, Zim. ... 179/F3
Goldfield, Ia,EUA ... 201/H2
Goldfield, Nv,EUA ... 194/D2
Goldkronach, Ale. ... 89/E2
Goldsboro, CN,EUA ... 209/J3
Goldsboro, Tx,EUA ... 196/E1
Goldsworthy, Austl. ... 154/C2
Goldthwaite, Tx,EUA ... 197/E2
Göle, Tur. ... 124/E1
Goleniów, Pol. ... 83/H2
Goleta, Ca,EUA ... 194/C3
Golfito, Ref. Nat. de Fauna, C.Rica ... 219/F4
Golfo (prov.), P.N.G. ... 153/G1
Golfo de Admiralty, R. Abor., Austl. ... 152/B3
Golfo de Motovski (golfo), Rusia ... 79/K1
Golfo de Santa Clara, Méx. ... 216/B2
Gol Gol, Austl. ... 157/B2
Gölhisar, Tur. ... 123/A1
Goliad, Tx,EUA ... 197/F3
Gölköy, Tur. ... 124/D1
Gollach (río), Ale. ... 88/D3
Göllheim, Ale. ... 88/B3
Gölmarmara, Tur. ... 124/A2
Golmud, China ... 128/C4
Goloby, Ucr. ... 116/C2
Golomoti Station, Mal. ... 179/G2
Golovnina Gora (mte.), Rusia ... 132/D2
Golovnino, Rusia ... 132/D2
Gölpāyegān, Irán ... 125/G3
Gölpazarı, Tur. ... 111/K5
Gols, Aus. ... 91/A4
Golub-Dobrzyń, Pol. ... 83/K2
Golyama Kamchiya (río), Bul. ... 111/H4
Golyama Syutkya (pico), Bul. ... 111/G5
Golyam Perelik (pico), Bul. ... 111/G5
Golzow, Ale. ... 90/C3
Goma, D.R. Congo ... 177/G3
Gomantong, Malay. ... 145/B4
Gomaringen, Ale. ... 88/C6
Gomati (río), India ... 140/D2
Gombe, Ang. ... 176/C4
Gombe, Nige. ... 169/H4
Gombe (río), Tan. ... 177/G4
Gombe, Parq. Nal., Tan. ... 177/G4
Gómel, Bela. ... 116/F1
Gómel, Región de, Bela. ... 116/E2
Gomera (isla), Cana. ... 166/A4
Gomez (pico), Tx,EUA ... 196/B2
Gómez Farías, Méx. ... 216/D2
Gómez Palacio, Méx. ... 216/E3
Gomīshān, Irán ... 125/H2
Gommern, Ale. ... 90/B3
Gomoh, India ... 141/F4
Goms, Suiza ... 99/F3
Goms (valle), Suiza ... 98/E5
Gonābād, Irán ... 125/J3
Gonaïves, Haiti ... 219/H2
Gonarezhou, Parq. Nal., Zim. ... 179/F4
Gonâve (golfo), Haiti ... 219/H2
Gonâve (isla), Haiti ... 219/H2
Gonbad-e Qābūs, Irán ... 125/H2
Gonçalves Dias, Bras. ... 231/E4
Goncelin, Fra. ... 100/B2
Gondā, India ... 140/C2
Gondal, India ... 138/B3
Gonder, Eti. ... 173/H2
Gonder (reg.), Eti. ... 173/H2
Gondia, India ... 138/D3
Gondola Point, NB,Can. ... 204/E3
Gondomar, Esp. ... 94/A1
Gondomar, Por. ... 94/A2
Gönen, Tur. ... 111/H5
Gonesse, Fra. ... 71/T10
Gonfreville-l'Orcher, Fra. ... 97/F2
Gong'an, China ... 137/E4
Gong'an, China ... 137/F3
Gongbo'gyamda, China ... 139/F2
Gongga (pico), China ... 136/D2
Gonggar, China ... 141/H1
Gonghe, China ... 128/E4
Gongliu, China ... 134/D3
Gongola (est.), Nige. ... 169/H4
Gongola (río), Nige. ... 169/H4
Gongolgon, Austl. ... 157/C1
Gongshan Drungzu Nuzu Zizhixian, China ... 139/G2
Gong Xian, China ... 135/C4
Gongzhuling, China ... 135/F2
Goñi, Uru. ... 239/F2
Gonjo, China ... 136/C2
Gonohe, Japón ... 132/B3
Gönyű, Hun. ... 91/B4
Gonzaga, Fil. ... 145/C1
Gonzaga, Ita. ... 105/D3
Gonzales, Tx,EUA ... 197/F3
González, Col. ... 228/C2
Gonzalez, Fl,EUA ... 210/E2
González, Méx. ... 217/F4
Goochland, Va,EUA ... 209/J2
Goodenough (cabo), Ant. ... 161/J
Gooding, Id,EUA ... 193/F2
Goodland, Ks,EUA ... 198/D1
Goodna, Austl. ... 156/E7
Goodooga, Austl. ... 157/C1
Good Spirit (lago), Sk,Can. ... 202/C2
Goodwood, Safr. ... 180/B4
Gooimeer (lago), P.B. ... 84/C4
Goole, Ing,R.U. ... 75/H4
Goolgowi, Austl. ... 157/C2
Gooloogong, Austl. ... 157/D2
Goolwa, Austl. ... 157/A2
Goomalling, Austl. ... 154/C4
Goombungee, Austl. ... 156/C4
Goondiwindi, Austl. ... 157/D1
Goongarrie, Parq. Nal., Austl. ... 154/D4
Goor, P.B. ... 84/D4
Goose (lago), Ca, Or,EUA ... 192/C3
Goose (pta.), De,EUA ... 212/C5
Goose (río), DN,EUA ... 202/F4
Goose Bay-Happy Valley, Tnva,Can. ... 187/K3
Goose Creek, CS,EUA ... 209/G4
Goose Green, Malv. ... 239/N7
Gopālganj, Bang. ... 141/G4
Gopālganj, India ... 140/E2
Gopālpur, Bang. ... 141/G3
Gopat (río), India ... 140/D3
Gopichettipālaiyam, India ... 142/F3
Göppingen, Ale. ... 88/C5
Go Quao, Vie. ... 143/D4
Góra, Pol. ... 83/J3
Góra Kalwaria, Pol. ... 83/L3
Gorakhpur, India ... 140/C4
Gorakhpur, India ... 140/D2
Goražde, Bosn. ... 110/D4
Gorchs, Argen. ... 239/S12
Gorda (pta.), Cuba ... 219/F1
Gorda (pta.), Ca,EUA ... 192/A3
Gorda (pta.), Nic. ... 219/F3
Gorda (pta.), Nic. ... 219/F4
Gördes, Tur. ... 124/B2
Gørding, Din. ... 80/C4
Gordola, Suiza ... 99/E5
Gordon, Austl. ... 157/C4
Gordon (lago), Austl. ... 157/C4
Gordon, Es,R.U. ... 72/D5
Gordon's Bay, Safr. ... 180/L11
Gordonvale, Austl. ... 156/B2
Gorē, Eti. ... 173/G3
Gore (pta.), Ak,EUA ... 215/H4
Gore (mtña.), NY,EUA ... 207/J3
Gore, N.Z. ... 160/B4
Gore (pta.), Ing,R.U. ... 77/G1
Gorebridge, Es,R.U. ... 72/C5
Görele, Tur. ... 124/D1
Goresbridge, Irl. ... 78/D4
Gorey, Irl. ... 78/D4
Gorey, Anglo,R.U. ... 96/C2
Gorgan, Irán ... 125/H2
Gorgān (río), Irán ... 125/H2
Gorge du Loup, Lux. ... 87/F4
Gorges du Verdon, Fra. ... 100/C5
Gorgol (reg.), Maur. ... 168/B3
Gorgol (río), Maur. ... 168/B2
Gorgona (isla), Ita. ... 104/C6
Gorgonzola, Ita. ... 104/C1
Gorgora, Eti. ... 173/H2
Gori, Geor. ... 115/H4
Gorinchem, P.B. ... 84/B5
Goring by Sea, Ing,R.U. ... 77/F5
Goris, Arm. ... 115/H5
Gorizia, Ita. ... 105/G1
Gorizia (prov.), Ita. ... 105/G1
Gorj (con.), Rum. ... 111/F3
Gorki, Bela. ... 114/D1
Gorki (emb.), Rusia ... 112/J4
Gor'kiy (Nizhniy Novgorod), Rusia ... 113/K4
Gorlice, Pol. ... 83/L4
Görlitz, Ale. ... 83/H3
Gorllwyn (mtña.), Gales,R.U. ... 76/C2
Górlovka, Ucr. ... 71/G4
Gormanston, Irl. ... 78/D2
Gorna Oryakhovitsa, Bul. ... 111/G4
Gorner (glac.), Ita., Suiza ... 98/D6
Gornji Milanovac, Serb. ... 110/E3
Gornji Vakuf, Bosn. ... 110/C4
Gorno-Altai (reg. aut.), Rusia ... 118/J4
Gorno-Altaysk, Rusia ... 134/E1
Gorno-Badakhsta (reg. aut.), Tay. ... 118/H6
Gornozavodsk, Rusia ... 113/N4
Gornyak, Rusia ... 114/F1
Gornyak, Ucr. ... 117/J3
Gornyatskiy, Rusia ... 117/L3
Gornyy, Rusia ... 129/L3
Gornyy Zerentuy, Rusia ... 129/H1
Goro, Eti. ... 174/B4
Goro, Ita. ... 105/F3
Goroch'an (pico), Eti. ... 173/H3
Gorodets, Rusia ... 113/J4
Gorodishche, Ucr. ... 116/F3
Gorodok, Bela. ... 81/N4
Gorodok, Ucr. ... 116/B3
Gorodok, Ucr. ... 116/D3
Gorodovikovsk, Rusia ... 117/L4
Goroka, P.N.G. ... 153/G1
Gorokhov, Ucr. ... 116/C2
Gorong (isla), Indo. ... 147/H4
Gorongosa, Serra da (pico), Moz. ... 179/G3
Gorongoza, Moz. ... 179/G3
Gorongoza, Parq. Nal., Moz. ... 179/G3
Gorontalo, Indo. ... 147/F3
Goro, Po di (río), Ita. ... 105/F3
Gorskoye, Ucr. ... 117/K3
Gorssel, P.B. ... 84/D4
Gortin, IrN,R.U. ... 74/A2
Görwihl, Ale. ... 98/E2
Goryachiy Klyuch, Rusia ... 117/K5
Goryn' (río), Bela., Ucr. ... 116/D1
Gorzano (pico), Ita. ... 103/D2
Gorzów (prov.), Pol. ... 83/H2
Gorzów Wielkopolski, Pol. ... 83/H2
Gōse, Japón ... 130/D3
Gosen, Japón ... 131/F2
Gosforth, Ing,R.U. ... 75/G2
Goshcha, Ucr. ... 116/D2
Goshen, In,EUA ... 206/D4
Goshen, NY,EUA ... 207/J4
Goshen Hole (t.baja), DS, Wy,EUA ... 200/B3
Goshogawara, Japón ... 132/B3
Goshute (valle), Nv,EUA ... 193/F3
Goslar, Ale. ... 85/H5
Gospić, Cro. ... 110/B3
Gosport, Ing,R.U. ... 77/E5
Gossau, Suiza ... 99/F3
Gossenass (Colle Isarco), Ita. ... 99/H4
Gössnitz, Ale. ... 90/C6
Gostilitsy, Rusia ... 81/N2
Gostivar, Mace. ... 110/E5
Gostomel', Ucr. ... 116/F2
Gostyń, Pol. ... 83/J3
Gostynin, Pol. ... 83/K2
Göta (río), Sue. ... 80/G2
Götaland (reg.), Sue. ... 80/E3
Göteborg och Bohus (con.), Sue. ... 80/D2
Gotel (mtñas.), Cam., Nige. ... 172/A4
Gotemba, Japón ... 131/F3
Gotemburgo, Sue. ... 80/D3
Götene, Sue. ... 80/E2
Gotha, Ale. ... 85/H7
Gotinga, Ale. ... 85/G5
Gotland (con.), Sue. ... 80/G3
Gotland (isla), Sue. ... 80/G3
Gotō (islas), Japón ... 130/A4
Gotse Delchev, Bul. ... 111/F5
Gotska Sandön (isla), Sue. ... 81/H2
Gotska Sandön, Parq. Nal., Sue. ... 81/H2
Götsu, Japón ... 130/C3
Gottmadingen, Ale. ... 99/E2
Gottolengo, Ita. ... 104/D2
Götzis, Aus. ... 99/F3
Gouda, P.B. ... 84/B4
Gouda, Safr. ... 180/B4
Gouesnou, Fra. ... 96/A4
Gouessant (río), Fra. ... 96/C4
Gouet (río), Fra. ... 96/C4
Gough (isla), Sta.E. ... 64/J8
Gouin (emb.), Qu,Can. ... 187/J4
Goulais (pta.), On,Can. ... 206/D1
Goulais (río), On,Can. ... 206/D1
Goulburn, Austl. ... 157/D2
Goulburn (islas), Austl. ... 150/E2
Goulburn (río), Austl. ... 157/D2
Gould (costa), Ant. ... 161/P
Gouldbusk, Tx,EUA ... 196/E2
Goulds, Tnva,Can. ... 205/L2
Gouldsboro, Me,EUA ... 204/C3
Goulimine, Marr. ... 166/C3
Goulmima, Marr. ... 166/D3
Goulou (mtñas.), China ... 137/F4
Goulou (pico), China ... 136/E3
Gouménissa, Gre. ... 109/H2
Goundam, Malí ... 168/E2
Gourdon, Fra. ... 92/D4
Gouré, Níger ... 169/H3
Gourin, Fra. ... 96/B4
Gourits (río), Safr. ... 180/C4
Gourma (prov.), Burk. ... 169/F3
Gourma (reg.), Burk. ... 169/F3
Gourma-Rharous, Malí ... 169/E2
Gournay-en-Bray, Fra. ... 86/A5
Gourock, Es,R.U. ... 72/B5
Gouvêa, Bras. ... 235/E3
Gouveia, Por. ... 94/B2
Gouvieux, Fra. ... 86/B5
Gouvy, Bél. ... 87/E3
Gouyave, Gra. ... 220/F4
Govardhan, India ... 140/A2
Gove, Ks,EUA ... 198/D1
Goverla (pico), Ucr. ... 116/C3
Governador Archer, Bras. ... 231/E4
Governador Celso Ramos, Bras. ... 237/G3
Governador Dix-Sept Rosado, Bras. ... 231/G4
Governador Eugênio Barros, Bras. ... 231/E4
Governador Valadares, Bras. ... 235/E3
Government (colina), DS,EUA ... 200/C1
Government (pico), Mi,EUA ... 203/K4
Government (pico), Wy,EUA ... 200/B3
Governor Generoso, Fil. ... 145/D4
Governors (isla), NY,EUA ... 213/J9
Governors Harbour, Bahm. ... 220/B1
Govind Sāgar (emb.), India ... 142/D2
Gowd-e-Zereh (lago), Afg. ... 127/H3
Gower (pen.), Gales,R.U. ... 76/B3
Gowna, Lough (lago), Irl. ... 78/C2
Gowrie, Carse of (llan.), Es,R.U. ... 72/C4
Goya, Argen. ... 236/E4
Goyen (río), Fra. ... 96/A4
Goyllarisquizga, Perú ... 232/B3
Göynük, Tur. ... 111/K5
Goyt (río), Ing,R.U. ... 75/F5
Gozaisho-yama (pico), Japón ... 131/M9
Gözeli, Tur. ... 124/D2
Gozha (lago), China ... 134/D4
Gozo (isla), Malta ... 102/H7
Gozobangi (ráp.), Cafr. ... 172/D4
Goz Sassulko (duna), Cafr. ... 172/D3
Gozzano, Ita. ... 104/B1
Graaff-Reinet, Safr. ... 180/D4
Graafschap (reg.), P.B. ... 84/D4
Graberberg (pico), Nam. ... 180/B2
Grabouw, Safr. ... 180/L11
Grabow, Ale. ... 82/F2
Grabs, Suiza ... 99/F3
Graça Aranha, Bras. ... 231/E4
Gračac, Cro. ... 110/B3
Gračanica, Bosn. ... 110/D3
Grace, Côte de (costa), Fra. ... 97/F2
Gracemere, Austl. ... 156/C3
Gracias, Hon. ... 218/D3
Gracias a Dios (cabo), Nic. ... 219/F3
Graciosa (isla), Azor.,Por. ... 95/S12
Gradačac, Bosn. ... 110/D3
Gradaús, Bras. ... 230/D4
Gradisca d'Isonzo, Ita. ... 105/G1
Gradizhsk, Ucr. ... 117/G3
Grado, Esp. ... 94/B1
Grado, Ita. ... 105/G1
Grady, NM,EUA ... 198/C3
Gräfelfing, Ale. ... 89/E6
Grafenau, Ale. ... 89/G5
Gräfenberg, Ale. ... 88/E3
Grafenhainichen, Ale. ... 90/C4
Gräfenroda, Ale. ... 90/A6
Grafenwöhr, Ale. ... 89/E3
Grafham Water (lago), Ing,R.U. ... 77/F2
Grafing bei München, Ale. ... 89/E6
Gråfjell (pico), Nor. ... 80/C1
Grafrath, Ale. ... 88/E6
Grafton, Austl. ... 157/E1
Grafton (pass.), Austl. ... 156/B2
Grafton, DN,EUA ... 202/F3
Grafton, VOcc,EUA ... 209/G1
Grafton, Wi,EUA ... 206/C3
Gragnano, Ita. ... 103/E6
Graham (reg.), Ant. ... 161/V
Graham (isla), CB,Can. ... 186/C3
Graham (isla), Nun,Can. ... 187/S7
Graham (mte.), Az,EUA ... 195/H4
Graham, CN,EUA ... 209/H2
Graham (lago), Me,EUA ... 204/C3
Graham, Tx,EUA ... 197/E1
Graham Bell (isla), Rusia ... 118/G1
Graham-Florence, Ca,EUA ... 214/F8
Grahamstown, Safr. ... 180/D4
Grainau, Ale. ... 99/H3
Grajaú, Bras. ... 231/E4
Grajaú (río), Bras. ... 231/E4
Grajewo, Pol. ... 83/M2
Gram, Din. ... 80/C4
Gramastetten, Aus. ... 89/H6
Gramat, Fra. ... 92/D4
Gramat (mes.), Fra. ... 92/D4
Gramme (río), Ale. ... 90/B5
Grammont (mtña.), Fra. ... 100/D5
Grampian (reg.), Es,R.U. ... 72/D2
Grampianos (mtñas.), Es,R.U. ... 72/B3
Grampians, Parq. Nal., Austl. ... 157/B3
Grampians, The (mtñas.), Austl. ... 157/B3
Gramsbergen, P.B. ... 84/D3
Gran (canal), On,Can. ... 206/F2
Gran (bahía), NH,EUA ... 204/B4
Gran, Nor. ... 80/D1
Gran (río), Ita. ... 100/D4
Gran Abaco (isla), Bahm. ... 220/B1
Gran Accra (reg.), Gha. ... 169/F5
Granada ... 220/F5
Granada, Col. ... 228/C4
Granada, Esp. ... 94/D4
Granada, Nic. ... 218/E4
Granadilla de Abona, Cana. ... 166/A3
Granados, Méx. ... 216/C2
Gran Alföld (llano), Hun. ... 83/L5
Gran Altiplanicie Central (mes.), Argen. ... 239/K7
Granard, Irl. ... 78/C2
Gran Atlas (mtñas.), Marr. ... 166/D3
Gran Bahama (isla), Bahm. ... 220/B1
Gran Bahía Australiana (cal.), Austl. ... 154/E5
Gran Bajo de San Julián (valle), Argen. ... 239/K7
Gran Bajo Oriental (valle), Argen. ... 238/C5
Gran Banco de las Bahamas (banco), Bahm. ... 220/B1
Gran Barrera de Arrecifes (arcf.), Austl. ... 156/B1
Gran Barrera de Arrecifes, Parq. Marino, Austl. ... 156/B2
Gran Bassa (con.), Libe. ... 168/C5
Gran Bretaña (isla), R.U. ... 73/L9
Granbury, Tx,EUA ... 197/F1
Granbury (lago), Tx,EUA ... 197/E1
Granby (río), CB,Can. ... 190/E3
Granby, Qu,Can. ... 204/A3
Granby (lago), Co,EUA ... 200/B3
Gran Caimán (isla), Cai. ... 219/F2
Gran Canaria (isla), Cana. ... 166/B4
Gran Cañón, Parq. Nal., Az,EUA ... 195/F2
Gran Cape Mount (con.), Libe. ... 168/C5
Gran Cedar (cién.), NJ,EUA ... 212/D5
Gran Chaco (reg.), Argen., Par. ... 236/D3
Gran Chavin (dept.), Perú ... 232/B3
Gran Comore (isla), Como. ... 181/G5
Gran Cordillera Divisoria (mts.), Austl. ... 157/C2
Gran Cuenca, Parq. Nal., Nv,EUA ... 193/F4
Grand (lago), NB,Can. ... 204/E2
Grand (isla), On,Can. ... 205/T9
Grand (río), On,Can. ... 206/F2
Grand (río), Qu,Can. ... 187/J3
Grand (lago), Tnva,Can. ... 205/J1
Grand (canal), China ... 135/D4
Grand (prad.), Ar,EUA ... 208/B3
Grand (cañón), Az,EUA ... 195/F2
Grand (río), DS,EUA ... 200/D1
Grand (río), Ia, Mo,EUA ... 201/H4
Grand (lago), La,EUA ... 210/B3
Grand (lago), La,EUA ... 210/C3
Grand (isla), Mi,EUA ... 203/L4
Grand (lago), Mi,EUA ... 206/E2
Grand (río), Mi,EUA ... 206/C3
Grand (isla), NY,EUA ... 205/T9
Grand (lago), Oh,EUA ... 206/D4
Grand (río), Oh,EUA ... 206/F4
Grand (canal), Irl. ... 74/B5
Grand (cats.), Kenia ... 175/B2
Grand Alsace (canal), Fra. ... 98/D2
Grand Arc (mtña.), Fra. ... 100/C1
Grandaús (mtñas.), Bras. ... 230/D5
Grand Bank, Tnva,Can. ... 205/K2
Grand-Bassam, C.Marf. ... 168/E5
Grand Bay, NB,Can. ... 204/D3
Grand Bayou, La,EUA ... 199/H4
Grand Bérard (mtña.), Fra. ... 100/C4
Grand Brière (cién.), Fra. ... 96/C6
Grand Calumet (isla), Qu,Can. ... 207/H2
Grand Canyon, Az,EUA ... 195/F2
Grand Centre, Ab,Can. ... 186/E3
Grand-Charmont, Fra. ... 98/C2
Grand Colombier (mtña.), Fra. ... 98/B6
Grand Combin (pico), Suiza ... 98/D6
Grand Coulee, Wa,EUA ... 190/E4
Grand-Couronne, Fra. ... 97/G2
Grand Drumont (mtña.), Fra. ... 98/C2
Grande (bahía), Argen. ... 239/K7
Grande (río), Argen. ... 239/K8
Grande (río), Bol. ... 236/D1
Grande (isla), Bras. ... 234/B4
Grande (isla), Bras. ... 235/N8
Grande (lago), Bras. ... 230/C3
Grande (mtñas.), Bras. ... 230/A2
Grande (mtñas.), Bras. ... 231/F4
Grande (río), Bras. ... 234/D1
Grande (río), Bras. ... 234/D4
Grande (pta.), Chile ... 236/B3
Grande (mtña.), NM,EUA ... 198/C2
Grande (río), Gua. ... 218/D3
Grande (pico), Ita. ... 103/D3
Grande (río), Méx. ... 217/Q9
Grande (pta.), Pan. ... 219/G4
Grand, East Fork (río), Ia, Mo,EUA ... 201/G3
Grande Autane (mtña.), Fra. ... 100/C3
Grande Cache, Ab,Can. ... 186/E3
Grande Casse, Pointe de la (pico), Fra. ... 100/C2
Grande, Corno (pico), Ita. ... 108/C1
Grande de Curuaí (lago), Bras. ... 230/C3
Grande de Gurupá (isla), Bras. ... 230/D3
Grande de Manacapuru, Bras. ... 230/A3
Grande de Manacapuru (lago), Bras. ... 229/F5
Grande de Matagalpa (río), Nic. ... 219/E3
Grande, Mare (bahía), Ita. ... 101/D2
Grande, Monte (pico), Ita. ... 108/C4
Grande Prairie, Ab,Can. ... 186/E3
Grande (Bravo del Norte) (río), EUA, Méx. ... 185/H6
Grande-Rivière, Qu,Can. ... 204/E1
Grande Rivière du Nord, Haiti ... 220/C3
Grande Ronde (río), Or, Wa,EUA ... 192/E1
Grande Rousses (mts.), Fra. ... 100/C2
Grande Saline, Haiti ... 219/H2
Grande Sassière, Aiguille de la (pico), Fra. ... 100/D1
Grande Séolane (mtña.), Fra. ... 100/C4
Gran Desierto (des.), Méx. ... 194/E4
Gran Desierto de Arena (des.), Austl. ... 154/D2
Gran Desierto Victoria (des.), Austl. ... 155/F3
Grandes Jorasses (pico), Ita. ... 98/D6
Grandes Piece (prad.), NJ,EUA ... 213/H8
Grande-Synthe, Fra. ... 86/B1
Grande-Terre (isla), Guad. ... 220/F3
Grand Eyvia (río), Ita. ... 100/D1
Grand Falls, NB,Can. ... 204/D2
Grand Falls, Tnva,Can. ... 205/K1
Grand Forks, CB,Can. ... 190/E3
Grand Forks, DN,EUA ... 202/F4
Grand-Fort-Philippe, Fra. ... 86/B2
Grand Galibier (mtña.), Fra. ... 100/C2
Grand Goâve, Haiti ... 219/H2
Grand Haven, Mi,EUA ... 206/C3
Grand Diomede (isla), Rusia ... 215/D2
Grand Island, Ne,EUA ... 200/E3
Grand Isle, Vt,EUA ... 207/K2
Gran Divisoria (cuenca), Wy,EUA ... 193/J2
Grand Junction, Co,EUA ... 193/J4
Grand-Lahou, C.Marf. ... 168/D5
Grand Manan (isla), NB,Can. ... 204/D3
Grand Marais, Mn,EUA ... 203/J4
Grand Marin (río), Fra. ... 86/C6
Grand-Mère, Qu,Can. ... 204/A2
Grand Mont, Pointe du (pta.), Fra. ... 96/C5
Grand Mont Ruan (mtña.), Fra. ... 98/C5
Grand Muveran (pico), Suiza ... 98/D5
Grand, North Fork (río), DS,EUA ... 202/C5
Grândola, Por. ... 94/A3
Grand Parpaillon (mtña.), Fra. ... 100/C4
Grand Pic de Belledonne (pico), Fra. ... 100/B2
Grand Portal (pta.), Mi,EUA ... 206/C1
Grand Queyron (mtña.), Fra. ... 100/D3
Grand Rapids, Mi,EUA ... 206/D3
Grand Rapids, Mn,EUA ... 203/H4
Grand Rhône (río), Fra. ... 100/A5
Grand Ronde (río), Or,EUA ... 190/F4
Grand Russel (canal), Anglo,R.U. ... 96/C2
Grand Santi, Gua.Fr. ... 230/C1
Grand, South Fork (río), DS,EUA ... 200/C1
Grand Taureau (mtña.), Fra. ... 98/C4
Grand Teton (pico), Wy,EUA ... 193/H2
Grand Teton, Parq. Nal., Wy,EUA ... 193/H2
Grand Traverse (bahía), Mi,EUA ... 206/D2
Grand Turk, Trks. ... 220/D2
Grand Union (canal), Ing,R.U. ... 71/M6
Grand Veymont (mtña.), Fra. ... 100/B3
Grandview, Mb,Can. ... 202/D2
Grandview Park, Pa,EUA ... 207/G4
Grandvillars, Fra. ... 98/C2
Grandville, Mi,EUA ... 206/D3
Grandvilliers, Fra. ... 86/A4
Gran Egg (puer.), NJ,EUA ... 212/D5
Gran Erg de Bilma (des.), Níger ... 170/B5
Gran Erg Occidental (des.), Arg. ... 167/E3
Gran Erg Oriental (des.), Arg., Tun. ... 167/G3
Graneros, Chile ... 238/C2
Gran Exuma (isla), Bahm. ... 220/C2
Granfjället (pico), Sue. ... 80/E1
Grange, Mont de (mtña.), Fra. ... 98/C5
Grangemouth, Es,R.U. ... 72/C4
Granger (mtña.), Yk,Can. ... 215/L3
Granger, In,EUA ... 206/C4
Grängesberg, Sue. ... 80/F1
Grangeville, Id,EUA ... 192/E1
Gran Guana (cayos), Bahm. ... 220/B1
Gran Himalaya (mts.), Asia ... 122/G6
Granier (mtña.), Fra. ... 100/B2
Gran Inagua (isla), Bahm. ... 220/C2
Granite (pico), Id,EUA ... 190/G4
Granite (pico), Id,EUA ... 190/G5
Granite (mtña.), Mt,EUA ... 191/J4
Granite (pico), Mt,EUA ... 193/G1
Granite (pico), Mt,EUA ... 193/J1
Granite Baja (gar.), Az,EUA ... 195/E2
Granite City, Il,EUA ... 208/B1
Granite Falls, Mn,EUA ... 203/G5
Granja, Bras. ... 231/F3
Gran Jide (con.), Libe. ... 168/D5
Gran Jingan (mtñas.), China ... 129/J2
Gran Karoo (reg.), Safr. ... 180/C3
Gran Lago de los Cherokees (lago), Ok,EUA ... 199/G2
Gran Laguna Salada (lago), Argen. ... 238/D5
Gran Londres (con.), Ing,R.U. ... 71/P7
Gran Malvina (isla), Malv. ... 239/M8
Gran Manchester (con.), Ing,R.U. ... 75/F5
Gran Mar de Arena (des.), Egip., Libia ... 170/E2
Gran Miquelon (isla), St.P. ... 205/J2
Gran Moose (lago), Me,EUA ... 204/C3
Gran Muralla (ruinas), China ... 135/B3
Gran Nefud (des.), Ar.S. ... 124/D4
Gran Nicobar (isla), India ... 139/F6
Granollers, Esp. ... 95/G2
Granollers, Esp. ... 95/L6
Gran Oyster (bahía), Austl. ... 157/C4
Gran Palacio, Rusia ... 113/U7
Gran Paradiso, Parq. Nal., Ita. ... 104/A1
Gran Peconic (bahía), NY,EUA ... 213/F2
Gran Piedra (colina), Cuba ... 219/H2
Gran Pilastro (pico), Ita. ... 93/J3
Gran (pradera), Tx,EUA ... 196/L7
Gran Rift (valle), Áfr. ... 177/G4
Grans, Fra. ... 100/B5
Gran Sabana, La (llan.), Ven. ... 229/F3
Gran Sacandara (lago), NY,EUA ... 207/J3
Gran Salado (lago), Ut,EUA ... 193/G3
Gran Sale (cayos), Bahm. ... 220/B1
Gran Sasso d'Italia (mtñas.), Ita. ... 103/D3
Gransee, Ale. ... 90/D1
Grant, Ne,EUA ... 200/D3
Grant (mte.), Nv,EUA ... 192/D4
Grant (mtñas.), Nv,EUA ... 192/F4
Gran Tarajal, Cana.,Esp. ... 95/Y16
Grant City, Mo,EUA ... 201/G3
Grantham, Ing,R.U. ... 75/H6
Grant Park, Ga,EUA ... 209/M7
Grants, NM,EUA ... 195/J3
Grantsburg, Wi,EUA ... 201/H1
Grants Pass, Or,EUA ... 192/B2
Grantsville, VOcc,EUA ... 209/G1
Gran Vilaya, Perú ... 232/B2
Granville (lago), Mb,Can. ... 186/F3
Granville, Fra. ... 96/D3
Gran Zimbabwe (ruinas), Zim. ... 179/F4
Grapevine, Tx,EUA ... 197/F1
Grapevine (lago), Tx,EUA ... 196/K6
Grasberg, Ale. ... 85/F2
Grasbrunn, Ale. ... 89/E6
Grasellenbach, Ale. ... 88/B3
Grasmere, CB,Can. ... 190/G3
Grasmere, Ing,R.U. ... 75/E3
Grasmere, Safr. ... 180/P13
Gräsö (isla), Sue. ... 80/H1
Grassano, Ita. ... 103/G6
Grasse, Fra. ... 100/C5
Grasslands, Parq. Nal., Sk,Can. ... 202/A3
Grass Valley, Ca,EUA ... 192/C4
Grassy, Austl. ... 157/C4
Grassy (cayo), Fl,EUA ... 211/H5
Grassy (mtña.), VOcc,EUA ... 209/G1
Græsted, Din. ... 81/T8
Grästorp, Sue. ... 80/E2
Grates (pta.), Tnva,Can. ... 205/L1
Gratkorn, Aus. ... 110/B2
Grau (dept.), Perú ... 232/A2
Graubünden (cantón), Suiza ... 99/F4
Graulhet, Fra. ... 92/E5
Graus, Esp. ... 95/F1
Grave, P.B. ... 84/C5
Gravelbourg, Sk,Can. ... 202/A3
Gravelines, Fra. ... 86/B2
Gravellona Toce, Ita. ... 104/B1
Gravenhurst, On,Can. ... 207/G2
Grävenwiesbach, Ale. ... 88/B2
Gravesend, Ing,R.U. ... 71/Q7
Graveson, Fra. ... 100/A5
Gravigny, Fra. ... 86/A5
Gravina (río), Ita. ... 103/G6
Gravina di Puglia, Ita. ... 103/G6
Gravois, Pointe à (pta.), Haiti ... 219/H2
Gray, Ga,EUA ... 209/F4
Gray, Ky,EUA ... 208/E2
Gray, Me,EUA ... 204/B4
Gray, Fra. ... 98/B3
Grayback (mtña.), Or,EUA ... 192/B2
Grayland, Wa,EUA ... 190/B4
Grayling, Mi,EUA ... 206/D2
Grays (lago), Id,EUA ... 193/H2
Grays (puer.), Wa,EUA ... 190/B4
Grays, Ing,R.U. ... 71/P7
Grayson, Ky,EUA ... 209/F1
Graz, Aus. ... 93/L3
Grazalema, Esp. ... 94/C4
Grazzanise, Ita. ... 103/E5
Gréasque, Fra. ... 100/B6
Great (lagos), Amér.N. ... 64/E3
Great (lago), Austl. ... 157/C4
Great (cuenca), E.U.A. ... 192/E3
Great (llans.), E.U.A. ... 200/D2
Great (cats.), Mt,EUA ... 191/J4
Great (bahía), NJ,EUA ... 213/D4
Great (cats.), NJ,EUA ... 213/J8
Great (isla), Irl. ... 78/B6
Great Barrier (isla), N.Z. ... 160/C2
Great Bend, Ks,EUA ... 199/E1
Great Bitter (lago), Egip. ... 123/C4
Great Brak (río), Safr. ... 180/C3
Great Coco (isla), Mya. ... 65/P5
Great Cumbrae (isla), Es,R.U. ... 72/B5
Great Driffield, Ing,R.U. ... 75/H4
Great Egg Harbor (río), NJ,EUA ... 212/D4
Greaterville, Az,EUA ... 195/G5
Great Exhibition (bahía), N.Z. ... 160/C1
Great Falls, Mt,EUA ... 191/J4
Great Fish (pta.), Safr. ... 180/D4
Great Fish (río), Safr. ... 180/D4
Great Harwood, Ing,R.U. ... 75/F4
Great Indian (des.), India, Pak. ... 138/A2
Great Kei (río), Safr. ... 180/D4
Great Malvern, Ing,R.U. ... 76/D2
Great Miami (río), Oh,EUA ... 206/D4
Great Mis Tor (colina), Ing,R.U. ... 76/B5
Great Mosque (Masjid Raya), Indo. ... 144/B2
Great Ouse (río), Ing,R.U. ... 77/G1
Great Pee Dee (río), CS,EUA ... 209/H4
Great Ruaha (río), Tan. ... 175/A3
Great Salt Lake (des.), Ut,EUA ... 193/G3
Great Salt Plains (lago), Ok,EUA ... 199/E2
Great Sand (colinas), Sk,Can. ... 191/K2
Great Sand Dunes Nat'l Mon., Co,EUA ... 198/B2
Great Sandy, Parq. Nal., Austl. ... 156/D4
Great Scarcies (río), Gui., S.Le. ... 168/B4
Great Shunner Fell (mtña.), Ing,R.U. ... 75/F3

Güstrow, Ale. 82/G2
Gusum, Sue. 80/G2
Gusyatin, Ucr. 116/D3
Gutau, Aus. 89/H6
Gütersloh, Ale. 85/F5
Guthrie, Ok,EUA 199/F3
Guthrie Center, Ia,EUA 201/G3
Gutian, China 137/H3
Gutiérrez Zamora, Méx. 217/F4
Guttenberg, NJ,EUA 213/J8
Gutulia, Parq. Nal., Nor. 79/E3
Guxhagen, Ale. 85/G6
Guxian, China 128/G4
Guxian, China 135/B3
Guxian, China 137/G3
Guy, Tx,EUA 197/G3
Guyana 229/G3
Guyancourt, Fra. 71/S10
Guyandotte (río), VOcc,EUA 209/F1
Guyang, China 135/B2
Guyena (reg.), Fra. 92/C4
Guy Fawkes River, Parq. Nal., Austl. 157/E1
Guymon, Ok,EUA 198/D2
Guyot (mte.), CN,EUA 209/F3
Guyoult (río), Fra. 96/D3
Guyra, Austl. 157/D1
Guyuan, China 128/F4
Guyuan, China 128/H3
Güzelbağ, Tur. 123/B1
Güzelsu, Tur. 123/B1
Guzhang, China 139/J2
Guzhen, China 135/D4
Guzmán (lago), Méx. 216/D2
Gvardeysk, Rusia 81/J4
Gvardeyskoye, Ucr. 117/H5
Gwaai, Zim. 179/E3
Gwādar, Pak. 127/H3
Gwai (río), Zim. 179/E3
Gwalior, India 140/B2
Gwanda, Zim. 179/E4
Gwandalan, Austl. 157/D2
Gwash (río), Ing,R.U. 77/F1
Gwaunceste (mtña.), Gales,R.U. 76/C2
Gwda (río), Pol. 83/J2
Gwembe, Zam. 179/E3
Gwent (con.), Gales,R.U. 76/D3
Gwersyllt, Gales,R.U. 75/E5
Gweru, Zim. 179/F3
Gwydir (río), Austl. 157/D1
Gwynedd (con.), Gales,R.U. 74/D5
Gyaca, China 139/F2
Gyál, Hun. 91/D5
Gya La (Lajing) (paso), China, Nepal 141/E1
Gyandzha, Azer. 115/H4
Gyangzê, China 141/G1
Gyaring (lago), China 129/D5
Gyasikan, Gha. 169/F5
Gyirong, China 141/E1
Gyldenløveshøj (pico), Din. 80/D4
Gympie, Austl. 156/D4
Gyobingauk, Mya. 136/B5
Gyoma, Hun. 110/E2
Gyöngös (río), Hun. 91/B6
Gyöngyös, Hun. 110/D2
Gyöngyös (río), Hun. 91/A5
Győr, Hun. 91/B4
Győr-Sopron (con.), Hun. 91/B4
Győrújbarát, Hun. 91/B4
Gypsy (pico), Wa,EUA 190/F3
Gyula, Hun. 110/E2
Gżira, Malta 102/J8

H

Haacht, Bél. 86/D2
Haag, Aus. 89/H6
Haag am Hausruck, Aus. 89/G6
Haag in Oberbayern, Ale. 89/F6
Haaksbergen, P.B. 84/D4
Haaltert, Bél. 86/D2
Haamstede, P.B. 84/A5
Haan, Ale. 84/E6
Ha'apai (islas), Tonga 159/H6
Haapavesi, Fin. 79/H2
Haapsalu, Esto. 81/K2
Haar, Ale. 89/E6
Haardt (mtñas.), Ale. 88/A4
Haarlem, P.B. 84/B4
Haast, N.Z. 160/B3
Haast Bluff, Austl. 155/F2
Haasts Bluff, T. Abor., Austl. 155/F2
Hab (río), Pak. 127/J3
Habahe, China 128/B2
Habartov, R.Ch. 89/F2
Habay, Bél. 87/E4
Habay, Som. 175/C1
Habbānīyah, Irak 125/E3
Habicht (pico), Aus. 99/H3
Habiganj, Bang. 141/H3
Habikino, Japón 131/L10
Habomai (islas), Rusia 132/D2
Haboro, Japón 132/B1
Habra, India 141/G4
Habsheim, Fra. 98/D2
Hacha (cats.), Ven. 229/F3
Hache (río), Ale. 85/F3
Hachenburg, Ale. 87/G2
Hachijō (isla), Japón 129/N5
Hachimantai-Towada, Parq. Nal., Japón 132/B3
Hachimori, Japón 132/A3
Hachinohe, Japón 132/B3
Hachioji, Japón 131/F3
Hacıbektaş, Tur. 124/C2
Hacienda Heights, Ca,EUA 214/C3
Hacılar, Tur. 124/C2
Hack (pico), Austl. 155/H4
Hackberry, Az,EUA 195/F3
Hackensack, NJ,EUA 213/D2
Hackensack (río), NJ, NY,EUA 213/J8
Hackettstown, NJ,EUA 212/D2
Hackney (mun.inc.), Ing,R.U. 71/N7
Ha Coi, Vie. 143/D1
Hadāli, Pak. 142/B1
Hadamar, Ale. 88/B2
Hadano, Japón 131/F3
Hadarba, Ras (cabo), Sudán 171/H4
Haddad, Ouadi (río seco), Chad 172/C2
Haddington, Es,R.U. 72/D5
Haddonfield, NJ,EUA 212/C4
Haddon (Westmont), NJ,EUA 212/C4
Ḩadd, Ra's al (pta.), Omán 127/G4
Hadelner (canal), Ale. 85/F1
Ḩadera, Isr. 123/D3
Haderslev, Din. 80/C4
Hadhramaut (reg.), Yemen 174/D2
Hadım, Tur. 123/C1
Hadjout, Arg. 95/G4
Hajdú-Bihar (con.), Hun. 110/E2
Hadley (bahía), Nun,Can. 186/F1
Hadrian's Wall (ruinas), Ing,R.U. 75/F1
Hadselfjorden (fiordo), Nor. 79/E1
Hadsten, Din. 80/D3
Hadsund, Din. 80/D3
Haeju, Cor.N. 133/C3
Haeju (bahía), Cor.N. 133/C4
Haena (pta.), Hi,EUA 188/S9
Haenam, Cor.S. 133/D5
Hafik, Tur. 124/D2
Hāfizābād, Pak. 142/B1
Häflong, India 136/B3
Hafnarfjördhur, Isl. 79/N7
Hafnarhreppur, Isl. 79/P7
Ḩafr al Bāţin, Ar.S. 126/E3
Ḩaft Gel, Irán 125/G4
Hafun, Ras (pta.), Som. 174/D3
Hagansport, Tx,EUA 197/G1
Hagemeister (isla), Ak,EUA 215/F4
Hagen, Ale. 85/E6
Hagen am Teutoburger Wald, Ale. 85/E4
Hagenow, Ale. 82/F2
Hagerstown, Md,EUA 207/H5
Hagetmau, Fra. 92/C5
Hagfors, Sue. 80/E1
Haggin (mte.), Mt,EUA 191/H4
Hagi, Japón 130/B3
Ha Giang, Vie. 143/D1
Hagley, Ing,R.U. 76/D2
Hagondange, Fra. 87/F5
Hags Head (pta.), Irl. 78/A4
Hague, Sk,Can. 191/L1
Hague, NY,EUA 207/K3
Hague, Cap de la (cabo), Fra. 92/C2
Haguenau, Fra. 87/G6
Hahashima (isla), Jap. 158/D2
Hahle (río), Ale. 85/H6
Hahndorf, Austl. 155/M9
Hahnenbach (río), Ale. 87/G3
Hai (río), China 135/D3
Hai'an, China 135/E4
Hai'an, China 137/F4
Haibara, Japón 131/L10
Haicheng, China 133/B2
Haidenaab (río), Ale. 89/E3
Haidershofen, Aus. 89/H6
Hai Duong, Vie. 143/D1
Haifa (dist.), Isr. 123/D3
Haifa (Ḩefa), Isr. 123/D3
Haifeng, China 137/G4
Haiger, Ale. 87/H2
Haigerloch, Ale. 88/B6
Hai Hau, Vie. 143/D1
Haikou, China 137/F4
Haikou, China 137/J2
Hailar, China 129/H2
Hailar (río), China 129/J2
Hailey, Id,EUA 193/F2
Haileybury, On,Can. 187/J4
Hailing (isla), China 137/F4
Hailsham, Ing,R.U. 77/G5
Hailun, China 129/K2
Haimen, China 135/E5
Haiming, Aus. 99/G3
Haina, Ale. 85/F6
Hainan (estr.), China 137/F4
Hainan (isla), China 137/F5
Hainan (prov.), China 137/F5
Hainaut (prov.), Bél. 86/B2
Hainburg, Ale. 88/C1
Hainburg an der Donau, Aus. 91/A3
Haines City, Fl,EUA 211/H3
Haines Junction, Yk,Can. 215/L3
Hainesville, Tx,EUA 197/G1
Hainich (colina), Ale. 82/F3
Hainich (mtñas.), Ale. 85/H6
Hainichen, Ale. 90/D6
Haining, China 135/L9
Hainleite (mtñas.), Ale. 90/A5
Haiphong (Hai Phong), Vie. 143/D1
Haitan (isla), China 137/H3
Haití 219/H2
Haixia (estr.), China 139/K3
Haixing, China 135/D3
Haiyan, China 128/E4
Haiyan, China 135/L9
Haiyan, China 139/K3
Haiyang, China 135/E3
Haiyang (isla), China 133/B3
Haiyuan, China 128/F4
Haizhou (bahía), China 135/D4
Háj (pico), R.Ch. 89/F2
Hajagos (río), Hun. 91/B5
Hajdú-Bihar (con.), Hun. 83/L5
Hajdúböszormény, Hun. 110/E2
Hajdúdorog, Hun. 110/E2
Hajdúhadház, Hun. 110/E2
Hajdúnánás, Hun. 110/E2
Hajdúszoboszló, Hun. 110/E2
Hajiki-zaki (pta.), Japón 131/F1
Hājīpur, India 141/E3
Ḩajjah, Yemen 174/B2
Hajnówka, Pol. 83/M2
Hājo, India 141/H2
Hajós, Hun. 110/D2
Haka, Mya. 136/B4
Hakahau, Fra.Pol. 159/L5
Hakee (pico), Austl. 155/G2
Häkin-Pyhä, Parq. Nal., Fin. 79/H3
Hakkâri (prov.), Tur. 125/E2
Hakken-san (mtña.), Japón 130/D3
Hakkıbey, Tur. 123/D1
Hakköda-san (mtña.), Japón 132/B3
Hakodate, Japón 132/B3
Hakone, Japón 131/H7
Hakone-Fuji-Izu, Parq. Nal., Japón 131/H8
Hakosberge (mtñas.), Nam. 178/C4
Hakui, Japón 131/E2
Hakusan, Japón 131/M10
Haku-san (mtña.), Japón 131/E2
Hakusan, Parq. Nal., Japón 131/E2
Hāla, Pak. 127/J3
Ḩalab (Aleppo), Siria 123/E1
Ḩalabjah, Irak 125/F3
Halawa, Hi,EUA 188/T10
Halberstadt, Ale. 90/B4
Halcón (mte.), Fil. 145/C2
Halden, Nor. 80/D2
Haldensleben, Ale. 90/B3
Haldia, India 141/G4
Haldimand, On,Can. 205/R10
Haldzan, Mong. 128/G2
Hale, Argen. 238/E3
Hale (pico), Austl. 154/C3
Hale, Ing,R.U. 75/F5
Hale, Tan. 175/B3
Haleakala, Parq. Nal., Hi,EUA 188/T10
Halen, Bél. 87/E2
Halesowen, Ing,R.U. 76/D2
Haley-Bowman (emb.), DN,EUA 202/C4
Half Assini, Gha. 168/E5
Half Falls (mtña.), Pa,EUA 212/A3
Half Tide Beach, Austl. 156/C3
Halfway, Md,EUA 207/H5
Ḩalhūl, Cisj. 123/D4
Haliburton (colinas), On,Can. 207/H2
Halifax, Austl. 156/B2
Halifax (bahía), Austl. 153/G4
Halifax (cap.), NE,Can. 204/F3
Halifax, CN,EUA 209/J2
Halifax, Va,EUA 209/H2
Halifax, Ing,R.U. 75/G4
Halīl (río), Irán 125/J4
Halileli, Tur. 109/K3
Haliun, Mong. 128/D2
Haljala, Esto. 81/M2
Halkett (cabo), Ak,EUA 215/H1
Hall (pta.), Austl. 152/C3
Hall (pen.), Nun,Can. 187/K2
Hall (isla), Ak,EUA 215/D3
Hall (islas), Micr. 158/E4
Halladale (río), Es,R.U. 73/K7
Hallam (pico), CB,Can. 190/E1
Halland (con.), Sue. 80/E3
Hallandale, Fl,EUA 210/P8
Halla-san (mtña.), Cor.S. 129/K5
Hall Beach, Nun,Can. 187/H2
Halle, Ale. 85/F4
Halle, Ale. 90/B5
Halle, Bél. 86/D2
Hällefors, Sue. 79/E4
Hallein, Aus. 93/K3
Hallenberg, Ale. 85/F6
Hallencourt, Fra. 86/A4
Halle-Neustadt, Ale. 90/B5
Hallertau (reg.), Ale. 89/E5
Hallett (cabo), Ant. 161/M
Hallettsville, Tx,EUA 197/F3
Hallingdalselvi (río), Nor. 80/C1
Hall in Tirol, Aus. 99/H3
Hallock, Mn,EUA 202/F3
Hallsberg, Sue. 80/F2
Halls Creek, Austl. 152/B4
Hallsfjärden (lago), Sue. 81/R7
Hallstadt, Ale. 88/D3
Hallstahammar, Sue. 80/G2
Hallstavik, Sue. 80/H1
Hall Summit, La,EUA 197/H1
Halluin, Fra. 86/C2
Hallwang, Aus. 89/G7
Hallwilersee (lago), Suiza 98/E3
Hallyŏ Haesang, Parq. Nal., Cor.S. 133/E5
Halmahera (isla), Indo. 147/G3
Halmahera (mar), Indo. 147/G4
Halmstad, Sue. 80/E3
Ḩalq al Wādī, Tun. 108/B4
Hals, Din. 80/D3
Hälsingborg, Sue. 80/E3
Halsteren, P.B. 84/B5
Haltang (río), China 128/C4
Haltdalen, Nor. 79/D3
Haltemprice, Ing,R.U. 75/H4
Haltern, Ale. 85/E5
Haltom City, Tx,EUA 196/K7
Halton Hills, On,Can. 205/R8
Halver, Ale. 85/E6
Halverder Aa (río), Ale. 85/E3
Ham, Chad 172/B3
Ham, Fra. 86/C4
Hama, Siria 123/E2
Hama (prov.), Siria 124/D3
Hamada, Japón 130/C3
Hamadan, Irán 125/G3
Hamadān (gob.), Irán 125/G3
Hamajima, Japón 131/M10
Hamakita, Japón 131/E3
Hamam, Tur. 123/E1
Hamamatsu, Japón 131/E3
Hamanaka, Japón 132/D2
Hamar, Nor. 80/D1
Ḩamāţah, Jabal (mtña.), Egip. 171/G3
Hamatombetsu, Japón 132/C1
Hambantota, Sr.L. 138/D6
Hambergen, Ale. 85/F2
Hambleton (colinas), Ing,R.U. 75/G3
Hambühren, Ale. 85/G3
Hamburg, Ar,EUA 199/J4
Hamburg, NY,EUA 207/G3
Hamburg (Fuhlsbüttel) (aer.intl.), Ale. 85/H1
Hamburgo, Ale. 85/G1
Hamburgo (est.), Ale. 85/H1
Hambye, Fra. 96/D3
Hamden, Ct,EUA 207/K4
Hamden, NY,EUA 207/J3
Ḩamḑ, Wādī al (río seco), Ar.S. 171/H3
Häme (prov.), Fin. 81/K1
Hämeenkyrö, Fin. 81/K1
Hämeenlinna, Fin. 81/L1
Hamelin, Austl. 154/B3
Hamelin Pool (bahía), Austl. 154/B3
Hameln, Ale. 85/G4
Hamersley (mts.), Austl. 154/C2
Hamersley Range Nat'l Park, Austl. 154/C2
Hamford Water (ens.), Ing,R.U. 77/H3
Hamgyŏng (mtñas.), Cor.N. 133/E2
Hamgyŏng-Namdo (prov.), Cor.N. 133/D2
Hamgyŏng Norte (mtñas.), Cor.N. 133/E2
Hamgyŏng Sur (mtñas.), Cor.N. 133/D2
Hamhung, Cor.N. 133/D3
Hamhung-si (prov.), Cor.N. 133/D3
Hami, China 128/C3
Hamiguitan (mte.), Fil. 145/D4
Hamilton, Austl. 157/B3
Hamilton, On,Can. 207/G3
Hamilton (puer.), On,Can. 205/R9
Hamilton (ens.), Tnva,Can. 187/L3
Hamilton, Al,EUA 208/D3
Hamilton (lago), Fl,EUA 210/M7
Hamilton, Ga,EUA 208/E4
Hamilton, Mt,EUA 191/G4
Hamilton (mtña.), NY,EUA 207/J3
Hamilton, Oh,EUA 206/D5
Hamilton, Tx,EUA 197/E2
Hamilton, N.Z. 160/C2
Hamilton, Es,R.U. 72/B5
Ḩamīm, Wādī al (río seco), Libia 170/D2
Hamina, Fin. 81/M1
Hamīrpur, India 140/C3
Hamīrpur, India 142/D2
Ham Lake, Mn,EUA 203/H5
Hamlin, VOcc,EUA 209/F1
Hamm, Ale. 85/E5
Hamm, Ale. 87/G2
Hamm, Ale. 88/B3
Hamma-Bouziane, Arg. 165/V17
Ḩammāmāt, Khalīj al (golfo), Tun. 165/X17
Hammami (reg.), Maur. 166/C5
Hamman, Oued el (río), Arg. 165/Q16
Hammarön (isla), Sue. 80/E2
Hammarstrand, Sue. 112/C3
Hamme (río), Ale. 85/F2
Hamme, Bél. 86/D1
Hammel, Din. 80/C3
Hammelburg, Ale. 88/C2
Hammerfest, Nor. 79/G1
Hammer Fliess (río), Ale. 90/D3
Hammershus, Din. 80/F4
Hammersmith & Fulham (mun.inc.), Ing,R.U. 71/N7
Hamminkeln, Ale. 84/D5
Hammond, In,EUA 206/C4
Hammond, La,EUA 210/C2
Hammonton, NJ,EUA 212/D4
Hamnavoe, Es,R.U. 73/P12
Hamnvik, Nor. 79/F1
Hamois, Bél. 87/E3
Hamont-Achel, Bél. 87/E1
Hampden, N.Z. 160/B4
Hampshire (con.), Ing,R.U. 77/E4
Hampshire Downs (colinas), Ing,R.U. 77/E4
Hampstead, Ing,R.U. 71/N7
Hampton, Ar,EUA 199/H4
Hampton, CS,EUA 209/G4
Hampton, Ia,EUA 201/H2
Hampton, Va,EUA 209/J2
Hampton Bays, NY,EUA 213/F2
Hampton Court, Ing,R.U. 71/M7
Hampton Roads (est.), Va,EUA 209/J2
Hamp'yŏng, Cor.S. 133/D5
Ḩamrā, Al Ḩamādah al (alt.), Libia 170/A2
Hamra, Saguia el (río seco), Sáh.Occ. 166/C4
Ham-Sud, Qu,Can. 204/B3
Hamura, Japón 131/H7
Hamyang, Cor.S. 133/D5
Hamyŏl, Cor.S. 133/D4
Hamyŏng-Bukto (prov.), Cor.N. 133/E2
Han (río), China 135/C5
Han (río), Cor.S. 133/D4
Hana (río), India 140/C5
Hanahan, CS,EUA 209/G4
Hanak, Tur. 125/E1
Hanamaki, Japón 132/B4
Hanamalo (pta.), Hi,EUA 188/U11
Hanamatsu, Japón 129/M5
Hanang (pico), Tan. 175/A3
Hanau, Ale. 88/B2
Hanchuan, China 135/C5
Hancock (lago), Fl,EUA 210/M8
Hancock, Me,EUA 204/C3
Handa, Japón 131/M10
Handan, China 135/C3
Handen, Sue. 81/S7
Handewitt, Ale. 80/C4
Handlová, Eslo. 91/C2
Handsworth, Ing,R.U. 77/F1
Hanford, Ca,EUA 194/C2
Hangayn (mtñas.), Mong. 128/D2
Hanggin Qi, China 135/B3
Hanging Rock (mtña.), CN,EUA 209/G2
Hangingstone (colina), Ing,R.U. 76/C5
Hangklip (cabo), Safr. 180/L11
Hangö, Fin. 79/G4
Hangö (Hanko), Fin. 81/K2
Hangu, China 135/H7
Hangu, Pak. 142/A1
Hangzhou, China 135/L9
Hangzhou (bahía), China 135/E5
Hanhöhiy (mtñas.), Mong. 128/C2
Hani, Tur. 124/E2
Ḩanīsh al Kabīr (isla), Yemen 174/B2
Hanja (río), Ang. 178/B2
Hankensbüttel, Ale. 85/H3
Hanko (Hangö), Fin. 81/L1
Hanley, Sk,Can. 202/A2
Hanna, Ab,Can. 191/J2
Hannan, Japón 131/L10
Hannibal, Mo,EUA 201/J4
Hann, Mount (pico), Austl. 152/B3
Hannō, Japón 131/H7
Hannover, Ale. 85/G4
Hannut, Bél. 87/E2
Hanö (bahía), Sue. 80/F4
Hanoi (Ha Noi) (cap.), Vie. 143/D1
Hanover, On,Can. 206/F2
Hanover (isla), Chile 239/J7
Hanover, Pa,EUA 212/B4
Hanover, Va,EUA 209/J2
Hanover, Safr. 180/D3
Hanság (reg.), Hun. 91/A4
Hansági (canal), Hun. 91/B4
Hanshan, China 135/D5
Hānsi, India 138/C2
Hanska (lago), Mn,EUA 201/G1
Hanson (bahía), N.Z. 160/E3
Hanstedt, Ale. 85/H2
Hanstholm, Din. 80/C3
Hantengri Feng (pico), China 134/D3
Hantzsch (río), Nun,Can. 187/J2
Hanumāngarh, India 138/B2
Hanuy (río), Mong. 128/E2
Hanwood, Austl. 157/C2
Hanyuan, China 136/D2
Hanzhong, China 128/F5
Hao (atolón), Pol.Fr. 159/L6
Hao (isla), Pol.Fr. 64/B6
Haouach, Ouadi (río seco), Chad 172/D1
Haparanda, Sue. 79/H2
Hapch'ŏn, Cor.S. 133/E5
Happy Jack, Az,EUA 195/G3
Happy Valley (emb.), Austl. 155/M9
Haptŏk, Cor.S. 133/D4
Hapur, India 140/A1
Haquira, Perú 232/C4
Har (lago), China 128/D4
Har (lago), Mong. 128/C2
Haraa (río), Mong. 128/F2
Ḩaraḑ, Ar.S. 126/E4
Ḩaraḑ, Yemen 174/B1
Haramachi, Japón 131/G2
Harapā (ruinas), Pak. 142/B2
Harare (cap.), Zim. 179/F3
Har-Ayrag, Mong. 128/F2
Har-Ayrag, Mong. 128/F2
Harbel, Libe. 168/C5
Harbin, China 129/K2
Harbiye, Tur. 123/E1
Harbor City, Ca,EUA 214/F8
Harbour Breton, Tnva,Can. 205/K2
Harbour Grace, Tnva,Can. 205/L2
Harburg, Ale. 85/G2
Harburg, Ale. 88/D5
Hårby, Din. 80/D4
Hard, Aus. 99/F3
Hardā, India 140/A4
Hardangervidda, Parq. Nal., Nor. 80/B1
Hardau (río), Ale. 85/H3
Hardeeville, CS,EUA 209/G4
Hardegsen, Ale. 85/G5
Hardenberg, P.B. 84/D3
Harderwijk, P.B. 84/C4
Hardheim, Ale. 88/C3
Hardin, Il,EUA 201/J4
Hardin, Mt,EUA 191/L5
Harding (lago), Al, Ga,EUA 208/E4
Harding, Safr. 181/E3
Hardinsburg, Ky,EUA 208/D2
Hardoi, India 140/C2
Hardwar, India 127/L3
Hardwood (mtña.), Me,EUA 204/B2
Hardy (pen.), Chile 239/K8
Harelbeke, Bél. 86/C2
Haren, Ale. 85/E3
Haren, P.B. 84/D2
Hārer, Eti. 174/B3
Hārergē (prov.), Eti. 174/B3
Har Eval (Jabal 'Aybāl) (mtña.), Cisj. 123/G7
Harfleur, Fra. 97/F2
Harford, Pa,EUA 207/J4
Hargeysa, Som. 174/C3
Harghita (con.), Rum. 111/G2
Harghita (pico), Rum. 111/G2
Harhorin, Mong. 128/E2
Hari (estr.), Esto. 81/K2
Hari (río), Indo. 144/C3
Harihar, India 138/C5
Ḩārim, Siria 123/E1
Harima (bahía), Japón 130/D3
Ḩarīmā, Jor. 123/D3
Haringey (mun.inc.), Ing,R.U. 71/N7
Haringhāta (río), Bang. 141/G4
Haringvliet (canal), P.B. 84/B5
Haripād, India 142/F4
Harīrūd (río), Afg. 127/H2
Harirud (río), Asia 122/F6
Ḩāris, Cisj. 123/G7
Harjavalta, Fin. 81/K1
Harker Heights, Tx,EUA 197/F2
Harlan, Ia,EUA 201/G3
Harlan, Ky,EUA 209/F2
Harlan Co. (lago), Ne,EUA 200/E3
Harlem, NY,EUA 213/K8
Harlingen, Tx,EUA 197/F4
Harlingen, P.B. 84/C2
Harlow, Ing,R.U. 71/P6
Harlowton, Mt,EUA 191/K4
Harmannsdorf, Aus. 91/A3
Harmelen, P.B. 84/B4
Har Meron (mtña.), Isr. 171/G1
Harnes, Fra. 86/B3
Harney (pico), DS,EUA 188/F3
Harney (lago), Or,EUA 192/D2
Harney (valle), Or,EUA 192/D2
Harnoli, Pak. 142/A1
Härnösand, Sue. 79/F3
Haro, Esp. 94/D1
Haro, Cabo (pta.), Méx. 216/C3
Harold, Ca,EUA 214/B1
Harpenden, Ing,R.U. 77/F3
Harper (mtña.), Yk,Can. 215/L3
Harper (mte.), Ak,EUA 215/K3
Harper (lago), Ca,EUA 194/D3
Harper, Libe. 168/D5
Harpeth (río), Tn,EUA 208/D2
Harpstedt, Ale. 85/F3
Harqin Qi, China 129/H3
Harqin Zuoyi Mongolzu Zizhixian, China 135/D2
Harran, Tur. 124/D2
Harricana (río), Qu,Can. 187/J4
Harrietts Bluff, Ga,EUA 211/H2
Harriman St. Park, NY,EUA 213/D1
Harrington, Austl. 157/E1
Harrington, Me,EUA 204/D3
Harris (lago), Austl. 155/G4
Harris (pico), Austl. 155/F3
Harris, Sk,Can. 191/L2
Harris (lago), CN,EUA 209/H3
Harris (lago), Fl,EUA 211/G3
Harris (mtña.), Tn,EUA 208/E2
Harris (reg.), Es,R.U. 73/H8
Harrisburg, Ar,EUA 199/J3
Harrisburg, Il,EUA 208/C2
Harrisburg (cap.), Pa,EUA 212/B3
Harrislee, Ale. 82/E1
Harrismith, Safr. 180/E3
Harrison (cabo), Tnva,Can. 187/L3
Harrison (bahía), Ak,EUA 215/H1
Harrison, Ar,EUA 199/H2
Harrison, Mi,EUA 206/D2
Harrison, Ne,EUA 200/C2
Harrison, NJ,EUA 213/J9
Harrison, NY,EUA 213/E2
Harrisonburg, La,EUA 210/C2
Harrisonburg, Va,EUA 209/H1
Harrisonville, Mo,EUA 199/G1
Harrisville, Mi,EUA 206/E2
Harrisville, VOcc,EUA 209/G1
Harrodsburg, Ky,EUA 208/E2
Harrogate, Ing,R.U. 75/G4
Harrow, Austl. 157/B3
Harrow, Ing,R.U. 71/N7
Harrow (mun.inc.), Ing,R.U. 71/M7
Harry S Truman (emb.), Mo,EUA 199/H1
Harsefeld, Ale. 85/G2
Harsewinkel, Ale. 85/F5
Harstad, Nor. 79/F1
Hart (río), Yk,Can. 186/C2
Hart, Mi,EUA 206/C3
Hart (islas), NY,EUA 213/K8
Hart (lago), Or,EUA 192/C2
Hart (mtña.), Or,EUA 192/D2
Hartbeesrivier (río seco), Safr. 180/C3
Hårteigen (pico), Nor. 80/B1
Hartelkanaal (canal), P.B. 84/B5
Hart Fell (mtña.), Es,R.U. 72/C6
Hartford (cap.), Ct,EUA 207/K4
Hartford, Libe. 168/C5
Hartford City, In,EUA 206/D4
Hartha, Ale. 90/C5
Hartha, Ale. 90/D6
Hartheim, Ale. 98/D2
Hartington, Ne,EUA 201/F2
Hartland, Vt,EUA 207/K3
Hartland, Ing,R.U. 76/B5
Hartland (pta.), Ing,R.U. 76/B4
Hartlepool, Ing,R.U. 75/G2
Hartley, Ing,R.U. 71/P7
Hartmannberge (mtñas.), Nam. 178/B3
Hart, Mount (pico), Austl. 152/B4
Hartney, Mb,Can. 202/D3
Harts (río), Safr. 180/D3
Hartselle, Al,EUA 208/D3
Hartshill, Ing,R.U. 77/E1
Hartsville, Tn,EUA 208/D2
Hartville, Mo,EUA 199/H2
Hartwell, Ga,EUA 209/F3
Hartwell (lago), Ga, CS,EUA 209/F3
Hartz Mtn., Parq. Nal., Austl. 157/C4
Hartzviller, Fra. 87/G6
Harun (pico), Indo. 147/E3
Hārūnābād, Pak. 127/K3
Harun, Bukit (pico), Indo. 145/A4
Har Us (lago), Mong. 134/F2
Har-Us (río), Mong. 128/D2
Hārūt (río), Afg. 127/H2
Harvard, Ma,EUA 207/L3
Harvey, Austl. 154/B5
Harveys (lago), Pa,EUA 212/B1
Haryana (est.), India 140/A1
Harz (mtñas.), Ale. 85/H5
Harzgerode, Ale. 90/B4
Hasan (pico), Tur. 124/C2
Hasankeyf, Tur. 124/E2
Hasanpur, India 140/B1
Hasbrouck Heights, NJ,EUA 213/D2
Hasdo (río), India 140/D4
Hase (río), Ale. 85/E3
Hasel (río), Ale. 88/D1
Haselünne, Ale. 85/E3
Hasenmalt (mtña.), Suiza 98/D3
Hashima, Japón 131/M9
Hashimoto, Japón 130/D3
Hāsilpur, Pak. 127/K3
Haskell, Tx,EUA 196/E1
Haslach im Kinzigtal, Ale. 88/B6
Haslemere, Ing,R.U. 77/F4
Haslett, Mi,EUA 206/D3
Haslingden, Ing,R.U. 75/F4
Hasloh, Ale. 85/G1
Hassa, Tur. 123/E1
Hassan, India 138/C5
Hassayampa (río), Az,EUA 195/F3
Hassberge (colinas), Ale. 88/D2
Hassel (estr.), Nun,Can. 187/S7
Hasselt, Bél. 87/E2
Hasselt, P.B. 84/D3
Hassfurt, Ale. 88/D2
Hassi Bahbah, Arg. 165/S16
Hässleholm, Sue. 80/E3
Hassloch, Ale. 88/B4
Hastings, Austl. 157/C3
Hastings, Mi,EUA 206/D3
Hastings, Mn,EUA 203/H5
Hastings, Ne,EUA 200/E3
Hastings, N.Z. 160/D2
Hastings, R.U. 73/M11
Hastings, Ing,R.U. 77/G5
Hastings, S.Le. 168/B4
Hasuda, Japón 131/H7
Hasvik, Nor. 79/G1
Hat (mtña.), Ca,EUA 192/C3
Ḩaţab (río), Tun. 165/W18
Hatachineha (lago), Fl,EUA 211/H3
Hatashō, Japón 131/M9
Hatay (prov.), Tur. 123/E1
Hatch, Ut,EUA 195/F2
Hat Chao Mai, Parq. Nal., Tail. 143/B5
Hatcher (pico), Argen. 239/J7
Hatchie (río), Ms, Tn,EUA 208/C3
Hatchineha (lago), Fl,EUA 210/M7
Haţeg, Rum. 110/F3
Hatfield, Austl. 157/B2
Hatfield, Ing,R.U. 71/N6
Hatgal, Mong. 128/E1
Hat Head, Austl. 157/E1
Hat Head, Parq. Nal., Austl. 157/E1
Hāthras, India 140/B2
Hātia (isla), Bang. 141/H4
Hātia (río), Bang. 141/H4
Ḩāţibah, Ra's (pta.), Ar.S. 126/C4
Ha Tien, Vie. 143/D4
Ha Tinh, Vie. 143/D2
Hat Nai, Parq. Nal., Tail. 143/B5
Hato Corozal, Col. 228/D3
Hatogaya, Japón 131/H7
Hato Mayor, R.Dom. 221/D3
Hatoyama, Japón 131/H7
Hatta, India 140/B3
Hattah-Kulkyne, Parq. Nal., Austl. 157/B2
Hattem, P.B. 84/D4
Hatten, Ale. 85/F2
Hatteras (cabo), CN,EUA 209/K3
Hatteras (isla), CN,EUA 209/K3
Hattersheim am Mein, Ale. 88/B2
Hattiesburg, Ms,EUA 210/D2
Hattieville, Beli. 218/D2
Hattingen, Ale. 85/E6
Hatton, Sk,Can. 191/K2
Hatton, Es,R.U. 72/E2
Hatton, Ing,R.U. 75/G6
Hattula, Fin. 81/L1
Hatvan, Hun. 110/D2
Hat Yai, Tail. 143/C5
Hatzfeld, Ale. 85/F6
Hau Bon, Vie. 143/E3
Haubourdin, Fra. 86/B2
Haud (reg.), Eti. 174/C3
Hauge, Nor. 80/B2
Haugesund, Nor. 80/A2
Hau Giang (río), Vie. 143/D4
Haukipudas, Fin. 79/H2
Haune (río), Ale. 88/C1
Haunsberg (pico), Aus. 89/F7
Hauppauge, NY,EUA 213/E2
Hauraki (golfo), N.Z. 160/F6
Haus, Nor. 80/A1
Hausach, Ale. 88/B6
Hauskoa (mtña.), Fra. 95/E1
Hausstock (pico), Suiza 99/F4
Haute-Mbomou (pref.), Cafr. 173/E4
Hautes Fagnes (alts.), Bél., Ale. 87/E3
Hauteville-Lompnes, Fra. 98/B6
Haut, Isle au (isla), Me,EUA 204/C3
Hautmont, Fra. 86/C3
Hautmont, Côte de (colina), Fra. 98/B1
Havana, Fl,EUA 211/F2
Havana, Il,EUA 201/J3
Havannah (canal), N.Cal. 159/V13
Havant, Ing,R.U. 77/F5
Havasu (lago), Az, Ca,EUA 194/E3
Havdhem, Sue. 80/H3
Havel (canal), Ale. 90/C2
Havel (río), Ale. 90/C2
Havelange, Bél. 87/E3
Havelberg, Ale. 90/C2
Havelland (reg.), Ale. 90/C2
Havelländischer Grosser Hauptkanal (canal), Ale. 90/C2
Havelländisches Luch (mar.), Ale. 90/C2
Havelock, CN,EUA 209/J3
Havelock, N.Z. 160/C3
Havelock North, N.Z. 160/D2
Havelte, P.B. 84/D3
Havengore (isla), Ing,R.U. 77/G3
Haverfordwest, Gales,R.U. 76/B3
Haverhill, Ma,EUA 207/L3
Haverhill, NH,EUA 207/K2
Haverhill, Ing,R.U. 77/G2
Havering (mun.inc.), Ing,R.U. 71/P7
Haverstraw, NY,EUA 213/E1
Havířov, R.Ch. 83/K4
Havixbeck, Ale. 85/E5
Havlíčkuv Brod, R.Ch. 83/H4
Havneby, Din. 80/C4
Havre, Mt,EUA 191/K3
Hâvre (río), Fra. 96/D6
Havre-Antifer (harb.), Fra. 97/F1
Havre de Grace, Md,EUA 212/B4
Havre-Saint-Pierre, Qu,Can. 187/K3
Havsa, Tur. 111/H5
Havza, Tur. 124/C1
Haw (pico), CN,EUA 208/E3
Haw (río), CN,EUA 209/H2
Hawai (est.), E.U.A. 188/S10
Hawai (isla), Hi,EUA 188/U11
Hawaiian (islas), Hi,EUA 159/H2
Hawaiian Gardens, Ca,EUA 214/F8
Hawalli, Kuw. 125/G4
Hawarden, N.Z. 160/C3
Hawarden, Gales,R.U. 75/E5
Hawd (reg.), Som. 174/C4
Hawea (lago), N.Z. 160/B4
Hawera, N.Z. 160/C2
Hawesville, Ky,EUA 208/D2
Haweswater (emb.), Ing,R.U. 75/F2
Hawick, Es,R.U. 72/D6
Hawke (cabo), Austl. 157/E2
Hawke (bahía), N.Z. 160/D2
Hawker, Austl. 155/H4
Hawkes' Bay (reg.), N.Z. 160/D2
Hawkesbury (pta.), Austl. 152/D2
Hawkesbury (río), Austl. 156/G8
Hawkesbury, On,Can. 187/J4
Hawke's Valley (reg.), N.Z. 160/D2
Hawkins (pico), Ca,EUA 192/D4
Hawkinsville, Ga,EUA 209/F4
Hawksbill (mtña.), CN,EUA 209/G3
Hawksbill (mtña.), Va,EUA 209/H1
Hawks Nest, Austl. 157/E2
Hawks Nest (pta.), Bahm. 220/C1

278 Hawks – Holla

Hawks Nest (pico), DN,EUA 202/E4
Hawley, Co,EUA 200/C5
Hawr al Ḩammār (lago), Irak 125/F4
Ḩawsh 'Īsá, Egip. 123/B4
Hawston, Safr. 180/B4
Hawthorne, Ca,EUA 214/B3
Hawthorne, NJ,EUA 213/J8
Hawthorne, Nv,EUA 192/D4
Hawthorne, Tx,EUA 197/G2
Hawthorne Amm. Dep., Nv,EUA 192/D4
Ḩawwārah, Jor. 123/D3
Haxby, Ing,R.U. 75/G3
Hay, Austl. 157/C2
Hay (cabo), Austl. 152/C3
Hay (pta.), Austl. 156/C3
Hay (río), Austl. 155/H3
Hay (río), Ab,Can. 186/E3
Hayachine-san (mtña.), Japón 132/B4
Haya, La (cap.), P.B. 84/B4
Hayama, Japón 131/H7
Hayange, Fra. 87/F5
Hayar (mtns.) 127/G4
Haybān (pico), Sudán 173/F3
Hayden-Rhodes (acu.), Az,EUA 195/F4
Haydock, Ing,R.U. 75/F5
Hayes (pen.), Groen. 187/T7
Hayesville, CN,EUA 208/F3
Hayling (isla), Ing,R.U. 77/F5
Haymana, Tur. 124/C2
Hayneville, Al,EUA 208/D4
Hay on Wye, Gales,R.U. 76/C2
Hayrabolu, Tur. 111/H5
Hay River, TNO,Can. 186/E2
Hays, Ks,EUA 198/E1
Hayshah, Sabkhat al (salr.), Libia 170/B2
Haystack (mtña.), On,Can. 203/K2
Hayti, DS,EUA 201/F1
Hayward, Wi,EUA 203/J4
Hayyirah, Qarārat al (depr.), Libia 171/C3
Hazār (mtña.), Irán 125/J4
Hazard, Ky,EUA 209/F2
Hazāribag, India 141/E4
Hazebrouck, Fra. 86/B2
Hazeldean, NB,Can. 204/D2
Hazel Dell, Wa,EUA 190/C5
Hazelton (pico), Wy,EUA 193/K1
Hazen (estr.), Nun,Can. 187/R7
Hazen (bahía), Ak,EUA 215/E3
Hazerswoude-Dorp, P.B. 84/B4
Hazlehurst, Ga,EUA 209/F5
Hazlehurst, Ms,EUA 208/B5
Hazlemere, Ing,R.U. 77/F3
Hazlet, NJ,EUA 213/D3
Hazleton, Pa,EUA 212/C2
Hazlett (lago), Austl. 155/F2
Hazu, Japón 131/N10
He (río), China 137/G3
Head of Bay d'Espoir-Milltown, Tnva,Can. 205/K2
Healdsburg, Ca,EUA 192/B4
Healesville, Austl. 157/G5
Heanor, Ing,R.U. 75/G6
Heard (isla), Austl. 65/P8
Hearst (isla), Ant. 161/V
Hearst, On,Can. 187/H4
Heart (río), DN,EUA 202/C4
Heart Law (colina), Es,R.U. 72/D5
Heart's Delight, Tnva,Can. 205/L2
Heathcote, Austl. 157/C3
Heathcote, Parq. Nal., Austl. 156/G9
Heathrow (London) (aer.intl.), Ing,R.U. 71/M7
Heathsville, Va,EUA 209/J2
Hebbronville, Tx,EUA 197/E4
Heber, Az,EUA 195/G3
Heber City, Ut,EUA 193/H3
Heber Springs, Ar,EUA 199/H3
Hebertshausen, Ale. 89/E6
Hebgen (lago), Mt,EUA 193/H1
Hebi, China 135/C4
Hébridas (islas), Es,R.U. 70/C3
Hébridas (mar), Es,R.U. 73/H8
Hébridas Exteriores (islas), Es,R.U. 73/G8
Hébridas Interiores (islas), Es,R.U. 73/H8
Hebron, Ne,EUA 200/F3
Hebron (Al Khalīl), Cisj. 123/D4
Heby, Sue. 80/G2
Hecate (estr.), CB,Can. 215/M5
Hecelchakán, Méx. 217/H4
Hechi, China 137/F3
Hechingen, Ale. 88/B6
Hechtel, Bél. 87/E1
Hechthausen, Ale. 85/G1
Hechuan, China 136/E2
Hecklingen, Ale. 90/B4
Hecla (isla), Mb,Can. 202/F2
Hecla y Griper (bahía), Nun,Can. 187/R7
Hector (mte.), N.Z. 160/J8
Heddal, Nor. 80/C2
Hedel, P.B. 84/C5
Hedemora, Sue. 80/F1
Hedensted, Din. 80/C4
Hedi (emb.), China 137/F4
Hedmark (con.), Nor. 80/D1
Hedo-misaki (cabo), Japón 132/K7
Heek, Ale. 85/E4
Heemskerk, P.B. 84/B3
Heemstede, P.B. 84/B4
Heerde, P.B. 84/D4
Heerenveen, P.B. 84/C3
Heerhugowaard, P.B. 84/B3
Heerlen, P.B. 87/E2
Heers, Bél. 87/E2
Heesch, P.B. 84/C5
Heeslingen, Ale. 85/G2
Heeze, P.B. 84/C6
Ḩefa (Haifa), Isr. 123/D3
Hefei, China 135/D5
Hefeng Tujiazu Zizhixian, China 135/B5
Heflin, Al,EUA 208/E4
Hegang, China 129/L2
Hegau (mtñas.), Ale. 93/H3
Hegau (reg.), Ale. 99/E2
Hégenheim, Fra. 98/D2
Heggenes, Nor. 80/C1
Hegins, Pa,EUA 212/B2
Heguri, Japón 131/L10
Hegyeshalom, Hun. 91/B4
Hei (río), China 128/D4
Hei (río), Japón 132/B4
Heicha Shan (mtña.), China 135/B3
Heide, Ale. 82/E1
Heideck, Ale. 88/E4
Heidelberg, Ale. 88/B4
Heidelberg, Austl. 157/G5
Heidelberg, Safr. 180/C4
Heidelberg, Safr. 180/E2
Heiden, Ale. 84/D5
Heiden, Suiza 99/F3
Heidenreichstein, Aus. 93/L2
Heihe, China 129/K1
Heikendorf, Ale. 82/F1
Heilbron, Safr. 180/D2
Heilbronn, Ale. 88/C4
Heilbronn, Ale. 88/D4
Heiligenhafen, Ale. 82/F1
Heiligenhaus, Ale. 84/D6
Heiligenstadt, Ale. 85/H6
Heilong (río), China 129/L2
Heilong (Amur) (río), China 119/N5
Heiloo, P.B. 84/B3
Heilsbronn, Ale. 88/D4
Heimaey (isla), Isl. 79/N7
Heimbach, Ale. 87/F2
Heimberg, Suiza 98/D4
Heimsheim, Ale. 88/B5
Heino, P.B. 84/D4
Heinola, Fin. 81/M1
Heinsberg, Ale. 84/D6
Heishan, China 133/B2
Heitersheim, Ale. 98/D2
Heituo Shan (mtña.), China 135/C3
Heiwa, Japón 131/M9
Hejian, China 135/D3
Hejin, China 135/B4
Hejing, China 134/E3
Hekimhan, Tur. 124/D2
Hekinan, Japón 131/M10
Hekla (vol.), Isl. 79/N7
Hekou, China 128/G5
Hekou (Hekou Yaozu Zizhixian), China 139/H3
Hekou Yaozu Zizhixian, China 136/D4
Hekou Yaozu Zizhixian (Hekou), China 139/H3
Hel, Pol. 83/K1
Helado (estr.), Nun,Can. 187/H2
Helan (mtñas.), China 128/F4
Helbe (río), Ale. 90/A5
Helbra, Ale. 90/B4
Heldburg, Ale. 88/D2
Helden, P.B. 84/D6
Helena, Ar,EUA 199/J3
Helena (cap.), Mt,EUA 191/H4
Helensburgh, Es,R.U. 72/B4
Helensville, N.Z. 160/C2
Ḩeleẕ, Isr. 123/F8
Helgasjön (lago), Sue. 80/F3
Helgoland (isl), Ger. 82/D1
Helgoländer (bahía), Ale. 82/D1
Helgollander Bucht (bahía), Ale. 85/F1
Heliodora, Bras. 235/L7
Hellebæk, Din. 81/T8
Ḩelleh (río), Irán 125/G4
Hellendoorn, P.B. 84/D4
Hellenthal, Ale. 87/F3
Hellevoetsluis, P.B. 84/B5
Hellín, Esp. 94/E3
Hells (cañón), Id, Or,EUA 192/E1
Hells Half Acre (mtña.), Id,EUA 191/G5
Helmand (río), Afg. 127/H2
Helmand (río), Afg., Irán 122/F7
Helmbrechts, Ale. 89/E2
Helme (río), Ale. 90/B5
Helmet (mtña.), Ak,EUA 215/K2
Helmond, P.B. 84/C6
Helong, China 129/K3
Helpfau-Uttendorf, Aus. 89/G6
Helsenhorn (pico), Suiza 98/E5
Helsingborg, Sue. 81/T8
Helsinge, Din. 81/T8
Helsingør, Din. 81/T8
Helsinki (Helsingfors) (cap.), Fin. 81/L1
Helsinki-Vantaa (aer.intl.), Fin. 81/L1
Helston, Ing,R.U. 76/A6
Helvecia, Argen. 236/D4
Helvetinjärven, Parq. Nal., Fin. 79/G3
Helvick (pta.), Irl. 78/C5
Hem, Fra. 86/C2
Hem (río), Fra. 86/B2
Hemau, Ale. 89/E4
Hemel Hempstead, Ing,R.U. 71/M6
Hemer, Ale. 85/E6
Hemet, Ca,EUA 214/D3
Hemmingen, Ale. 85/G4
Hemmoor, Ale. 85/G1
Hemphill, Tx,EUA 197/H2
Hempstead, NY,EUA 213/E2
Hempstead (puer.), NY,EUA 213/L8
Hempstead, Tx,EUA 197/F2
Hemp Top (pico), Ga,EUA 208/E3
Hemse, Sue. 80/H3
Hemsworth, Ing,R.U. 75/G4
Henån, Sue. 80/D2
Henares (río), Esp. 94/D2
Henashi-zaki (pta.), Japón 132/A3
Hendaye, Fra. 92/C5
Hendek, Tur. 111/K5
Henderson, Argen. 238/E3
Henderson, CN,EUA 209/H2
Henderson, Ky,EUA 208/D2
Henderson, Nv,EUA 194/E2
Henderson, NY,EUA 207/H3
Henderson, Tn,EUA 208/C3
Henderson, Tx,EUA 197/G1
Henderson, N.Z. 160/F6
Henderson (isla), Pitc. 159/N7
Hendersonville, CN,EUA 209/F3
Hendersonville, Tn,EUA 208/D2
Hendon, Ing,R.U. 71/N7
Hendrik-Ido-Ambacht, P.B. 84/B5
Hendrik Top (pico), Surin. 230/B1
Hendrik Verwoerdam (emb.), Safr. 180/D3
Heng (isla), China 135/L8
Heng (pico), China 137/G3
Heng (río), China 136/D3
Hengdong, China 139/K2
Hengduan (mtñas.), China 136/C2
Hengelo, P.B. 84/D4
Hengersberg, Ale. 89/G5
Hengku, China 135/B4
Hengshan, China 128/F4
Hengshan, China 135/B3
Hengshan, China 139/K2
Heng Shan (mtña.), China 135/C3
Hengshui, China 135/C3
Heng Xian, China 137/F4
Hengyang, China 137/G3
Hénin-Beaumont, Fra. 86/B3
Henley Beach, Austl. 155/M8
Henley on Thames, Ing,R.U. 77/F3
Henlopen (cabo), De,EUA 212/C6
Henne, Din. 80/C4
Hennebont, Fra. 96/B5
Hennef, Ale. 87/G2
Hennepin, Il,EUA 201/K3
Hennepin (canal), Il,EUA 201/J3
Hennigsdorf, Ale. 90/D2
Henri-Chapelle, Bél. 87/E2
Henrietta, Tx,EUA 199/E4
Henrietta Maria (cabo), On,Can. 187/H3
Henry (cabo), CB,Can. 215/M5
Henry (mtñas.), Ut,EUA 193/H4
Henry (cabo), Va,EUA 209/J2
Hensies, Bél. 86/C3
Hentiyn (mtñas.), Mong. 128/F2
Henty, Austl. 157/C2
Henzada, Mya. 136/B5
Heping, China 137/H4
Heppenheim an der Bergstrasse, Ale. 88/B3
Heppner, Or,EUA 192/D1
Hepu, China 137/F4
Heqing, China 136/D3
Hequ, China 135/B3
Heradhsvötn (río), Isl. 79/N6
Heraklion, Gre. 109/J5
Heraklion (aer.intl.), Gre. 109/J5
Herāt, Afg. 127/H2
Hérault (río), Fra. 95/G1
Herbasse (río), Fra. 100/B2
Herbert (río), Austl. 156/B2
Herbert, Sk,Can. 191/L2
Herbert (pico), P.N.G. 153/G1
Herberton, Austl. 156/B2
Herbert River (cats.), Austl. 156/B2
Herbignac, Fra. 96/C6
Herblay, Fra. 71/S10
Herbolzheim, Ale. 98/D1
Herbrechtingen, Ale. 88/D5
Herbstein, Ale. 88/C1
Hercegnovi, Mont. 110/D4
Hercilio Luz (aer.intl.), Bras. 237/G3
Herculano (ruinas), Ita. 103/E6
Hércules, Méx. 216/E2
Herdecke, Ale. 85/E6
Herdorf, Ale. 87/G2
Heredia, C.Rica 219/E4
Hereford, Az,EUA 195/G5
Hereford (ens.), NJ,EUA 212/D5
Hereford, Pa,EUA 212/C3
Hereford, Tx,EUA 198/C3
Hereford, Ing,R.U. 76/D2
Hereford & Worcester (con.), Ing,R.U. 76/D2
Hereheretue (isla), Pol.Fr. 159/L6
Hereke, Tur. 111/J5
Herencia, Esp. 94/C3
Herend, Hun. 91/B5
Herentals, Bél. 87/D1
Heretaniwha (pta.), N.Z. 160/B3
Herford, Ale. 85/F4
Hergiswil, Suiza 99/E4
Héric, Fra. 96/D6
Héricourt, Fra. 98/C2
Herisau, Suiza 99/F3
Herk (río), Bél. 87/E2
Herk-de-Stad, Bél. 87/E2
Herkimer, NY,EUA 207/J3
Herlen (río), Mong. 128/G2
Herleshausen, Ale. 85/H6
Herm (isla), R.U. 96/C2
Herma Ness (pta.), Es,R.U. 73/P12
Hermann, Mo,EUA 201/J4
Hermannsburg, Ale. 85/H3
Hermannsburg, T. Abor., Austl. 155/G2
Hermansverk, Nor. 80/B1
Hermanus, Safr. 180/B4
Hermeskeil, Ale. 87/F4
Hermiston, Or,EUA 192/D1
Hermitage (bahía), Tnva,Can. 205/J2
Hermitage, Mo,EUA 199/H2
Hermitage, The, N.Z. 160/B3
Hermon, Me,EUA 204/C3
Hermon (mtña.), Líba., Siria 123/D3
Hermosa Beach, Ca,EUA 214/B3
Hermosillo, Méx. 216/C2
Hermoso Campo, Argen. 236/D3
Hermsdorf, Ale. 90/B6
Hermsdorf, Ale. 90/D2
Hernandarias, Par. 237/F3
Hernández, Méx. 216/E4
Hernando, Argen. 238/E2
Hernando, Ms,EUA 208/C3
Hernani, Esp. 94/E1
Herne, Ale. 85/E5
Herne, Bél. 86/D2
Herne Bay, Ing,R.U. 77/H4
Herning, Din. 80/C3
Herodian (ruinas), Cisj. 123/G8
Herodion, Parq. Nal., Cisj. 123/G8
Heroes de la Independencia, Méx. 216/B2
Heroica Nogales, Méx. 216/C2
Heroldsberg, Ale. 88/E3
Heron (isla), NB,Can. 204/D1
Heron (lago), NM,EUA 195/J2
Herouville-Saint-Clair, Fra. 97/E2
Herpf (río), Ale. 88/D1
Herrenberg, Ale. 88/B5
Herrera, Esp. 94/C4
Herrera del Duque, Esp. 94/C3
Herrera de Pisuerga, Esp. 94/C1
Herrero (pta.), Méx. 217/J5
Herrieden, Ale. 88/D4
Herrin, Il,EUA 208/C2
Herrlisheim, Fra. 87/G6
Herrljunga, Sue. 80/E2
Herrsching am Ammersee, Ale. 99/H2
Hers (río), Fra. 92/D5
Hersbruck, Ale. 89/E3
Herscheid, Ale. 85/E6
Hersé (mtña.), Fra. 96/C5
Herselt, Bél. 87/D1
Hershey, Pa,EUA 212/B3
Hersheypark, Pa,EUA 212/B3
Hersilia, Argen. 236/D4
Herstal, Bél. 87/E2
Herten, Ale. 85/E5
Hertford, CN,EUA 209/J2
Hertford, Ing,R.U. 77/F3
Hertfordshire (con.), Ing,R.U. 71/N6
Hervás, Esp. 94/C2
Herve, Bél. 87/E2
Hervey (bahía), Austl. 156/D4
Hervey Bay, Austl. 156/D4
Herxheim bei Landau, Ale. 88/B4
Herzberg am Harz, Ale. 85/H5
Herzebrock-Clarholz, Ale. 85/F5
Herzele, Bél. 86/C2
Herzliyya, Isr. 123/F7
Herzogenaurach, Ale. 88/D3
Herzogenbuchsee, Suiza 98/D3
Herzogenburg, Aus. 110/B1
Herzogenrath, Ale. 87/F2
Hesbaye (mes.), Bél. 87/D3
Hesel, Ale. 85/E2
Heshan, China 137/F4
Heshun, China 135/C3
Hesperia, Ca,EUA 214/C2
Hess (río), Yk,Can. 215/M3
Hesse (est.), Ale. 85/G6
Hessel (río), Ale. 85/F5
Hessisch Lichtenau, Ale. 85/G6
Hessisch Oldendorf, Ale. 85/G4
Hettenleidelheim, Ale. 88/B3
Hettinger, DN,EUA 202/C4
Hetton-le-Hole, Ing,R.U. 75/G2
Hettstedt, Ale. 90/B4
Heubach, Ale. 88/C5
Heubach (río), Ale. 85/E5
Heuchelheim, Ale. 88/B1
Heukuppe (pico), Aus. 83/H5
Heusden, P.B. 84/C5
Heusden-Zolder, Bél. 87/E1
Heusenstamm, Ale. 88/B2
Heusweiler, Ale. 87/F5
Hève, Cap de la (cabo), Fra. 97/F1
Heves, Hun. 110/E2
Heves (con.), Hun. 83/L5
Hévíz, Hun. 91/B6
Hewitt, Tx,EUA 197/F2
Hewlett (pta.), NY,EUA 213/E2
Hexenkopf (pico), Aus. 99/G3
Hexi, China 137/F2
He Xian, China 135/D5
He Xian, China 137/F3
Hexigten, China 129/H3
Hexigten Qi, China 129/H3
Hex River (mtñas.), Safr. 180/L10
Heybeli (isla), Tur. 125/N7
Heyrieux, Fra. 100/B1
Heythuysen, P.B. 84/C6
Heywood, Austl. 157/B3
Heywood, Ing,R.U. 75/F4
Heze, China 135/C4
Hezhang, China 136/E3
Hialeah, Fl,EUA 189/K6
Hialeah, Fl,EUA 211/H5
Hialeah Gardens, Fl,EUA 210/P8
Hiawassee, Ga,EUA 208/F3
Hiawatha, Ks,EUA 199/G1
Hibbing, Mn,EUA 203/H4
Hibbs (pta.), Austl. 157/C4
Hicacos (pta.), Cuba 219/F1
Hickman (mtña.), CB,Can. 215/M4
Hickman, Ky,EUA 208/C2
Hickory, CN,EUA 209/G3
Hickory (lago), CN,EUA 209/G3
Hickory (arr.), Tx,EUA 196/K6
Hicksville, NY,EUA 213/E2
Hico (emb.), CN,EUA 209/H2
Hida (río), Japón 131/E3
Hidaka, Japón 131/H7
Hidaka, Japón 132/C2
Hidaka (mtñas.), Japón 132/C2
Hidaka (río), Japón 130/D4
Hidalgo, Méx. 217/E3
Hidalgo, Méx. 217/F3
Hidalgo (est.), Méx. 218/B1
Hiddenhausen, Ale. 85/F4
Hidrolândia, Bras. 231/F4
Hidrolândia, Bras. 234/C3
Hidrolina, Bras. 234/C2
Hielo Norte, Campo de (glac.), Chile 239/J6
Hielo Sur, Campo de (glac.), Chile 239/J7
Hienghene, N.Cal. 158/F7
Hierápolis (ruinas), Tur. 124/B2
Hière (río), Fra. 97/E5
Hierro (isla), Cana.,Esp. 95/W17
Hierro Viejo, Chile 238/C2
Hieve (lago), Ale. 85/E2
Higashikurume, Japón 131/H7
Higashimurayama, Japón 131/H7
Higashine, Japón 131/G1
Higashi-Ōsaka, Japón 131/L10
Higashiura, Japón 131/K10
Higashiyamato, Japón 131/H7
Higashiyoshino, Japón 131/L10
Higgins (lago), Mi,EUA 206/D2
High (isla), Mi,EUA 206/D2
High (colina), Pa,EUA 212/C1
Higham Ferrers, Ing,R.U. 77/F2
High Butler (lago), Ne,EUA 200/D3
High Eagle (pico), CN,EUA 209/G2
High Knob (pico), Va,EUA 209/F2
High Knob (pico), Va,EUA 209/G2
Highland, Ca,EUA 214/C2
Highland (pta.), Fl,EUA 220/A1
Highland (pico), Nv,EUA 194/E2
Highland (reg.), Es,R.U. 72/B2
Highland Beach, Md,EUA 212/B6
Highland Park, NJ,EUA 212/D3
Highlands (emb.), Tx,EUA 197/N9
High Level, Ab,Can. 186/E3
Highmore, DS,EUA 200/E1
High Park (mtña.), Fil. 145/C2
High Point, CN,EUA 209/G3
High Point (mtña.), NJ,EUA 212/D1
High Point State Park, NJ,EUA 212/D1
High Prairie, Ab,Can. 186/E3
High River, Ab,Can. 191/H2
High Rock (lago), CN,EUA 209/G3
High Street (mtña.), Ing,R.U. 75/F3
High Willhays (colina), Ing,R.U. 76/B5
Highwood Baldy (mtña.), Mt,EUA 191/J4
High Wycombe, Ing,R.U. 77/F3
Higley, Az,EUA 195/G4
Higuera de Zaragoza, Méx. 216/C3
Higuerote, Ven. 231/D7
Higüey, R.Dom. 221/D3
Hihyā, Egip. 123/B4
Hiidenportin, Parque Nacional, Fin. 79/J3
Hiiumaa (isla), Esto. 81/K2
Híjar, Esp. 95/E2
Hijāz, Jabal al (mtñas.), Ar.S. 126/C3
Hiji, Japón 130/B4
Hijuelas de Conchali, Chile 238/Q9
Hikami, Japón 131/L9
Hikone, Japón 130/E3
Hikueru (atolón), Pol.Fr. 159/L6
Hikueru (isla), Pol.Fr. 64/B6
Hikurangi, N.Z. 160/C1
Hikurangi (pico), N.Z. 160/D2
Hila, Indo. 152/B1
Hilāl, Ra's al (pta.), Libia 170/D1
Hilchenbach, Ale. 87/H2
Hilda, Tx,EUA 196/E2
Hildburghausen, Ale. 88/D2
Hilden, Ale. 84/D6
Hilders, Ale. 88/D1
Hildesheim, Ale. 85/G4
Hilgermissen, Ale. 85/G3
Hill (isla), Pa,EUA 212/B3
Hillaby (mtña.), Bar. 220/G4
Hillary (costa), Ant. 161/L
Hillburn, NY,EUA 213/J7
Hill City, Ks,EUA 198/E1
Hill City, Tx,EUA 199/F4
Hillcrest Heights, Fl,EUA 210/M8
Hille, Ale. 85/F4
Hillegom, P.B. 84/B4
Hillerød, Din. 80/E4
Hillesheim, Ale. 87/F3
Hillingdon (mun.inc.), Ing,R.U. 71/M7
Hillsboro, DN,EUA 202/F4
Hillsboro (canal), Fl,EUA 211/H4
Hillsboro, Il,EUA 201/K4
Hillsboro, Mo,EUA 199/J1
Hillsboro, Oh,EUA 206/E5
Hillsboro, Or,EUA 192/B1
Hillsboro, Tx,EUA 197/F1
Hillsboro Beach, Fl,EUA 210/P7
Hillsborough (canal), Austl. 156/C3
Hillsborough (bahía), PE,Can. 204/F2
Hillsborough, CN,EUA 209/H2
Hillsborough (bahía), Fl,EUA 210/L8
Hillsborough (río), Fl,EUA 210/L7
Hillsborough, NJ,EUA 212/D3
Hills Creek (emb.), Or,EUA 192/B2
Hillsdale, Mi,EUA 206/D4
Hillsdale, NJ,EUA 213/D1
Hillsdale (lago), Ks,EUA 199/G1
Hillsgrove, Pa,EUA 207/H4
Hillside, Az,EUA 195/F3
Hillside, NJ,EUA 213/D2
Hillside, Es,R.U. 72/D3
Hill Spring, Ab,Can. 191/H3
Hillston, Austl. 157/C2
Hillsville, Va,EUA 209/G2
Hillswick, Es,R.U. 73/P12
Hilo, Hi,EUA 188/U11
Hilonghilong (mte.), Fil. 145/D3
Hilpoltstein, Ale. 88/E4
Hilpsford (pta.), Ing,R.U. 75/E3
Hilsa, India 141/E3
Hilterfingen, Suiza 98/D4
Hilton, Ga,EUA 211/F2
Hilton Head (isla), CS,EUA 211/H1
Hilton Head Island, CS,EUA 209/G4
Hilvarenbeek, P.B. 84/C6
Hilversum, P.B. 84/C4
Hilzingen, Ale. 99/E2
Himachal Pradesh (est.), India 142/D2
Himalaya, Gran (mts.), Asia 122/G6
Himālchuli (mtña.), Nepal 141/E1
Himamaylan, Fil. 145/C3
Himanka, Fin. 79/G2
Himberg, Aus. 91/A3
Himeji, Japón 130/D3
Himeji Castle, Japón 130/D3
Himi, Japón 131/E2
Himmelpforten, Ale. 85/G1
Ḩimş (prov.), Siria 124/D3
Hinatuan, Fil. 145/D3
Hinch (mtña.), Tn,EUA 208/E3
Hinche, Haití 219/H2
Hinchinbrook (isla), Austl. 151/H3
Hinchinbrook (canal), Ak,EUA 215/J3
Hinchinbrook I., Parq. Nal., Austl. 156/B2
Hinckley, Ing,R.U. 77/E1
Hincks, Parq. Nat., Austl. 155/G5
Hindan (río), India 140/A1
Hindaun, India 140/A2
Hindelang, Ale. 99/G3
Hindley, Ing,R.U. 75/F4
Hindman, Ky,EUA 209/F2
Hindmarsh (lago), Austl. 157/B2
Hindu Kush (mtñas.), Afg., Pak. 127/J1
Hindupur, India 138/C5
Hinesburg, Vt,EUA 207/K2
Hinesville, Ga,EUA 209/G5
Hinganghāt, India 138/C3
Hingol (río), Pak. 127/J3
Hingoli, India 138/C4
Hingorja, Pak. 127/J3
Hınıs, Tur. 124/E2
Hino, Japón 131/H7
Hino (río), Japón 131/M9
Hinode, Japón 131/H7
Hinohara, Japón 131/H7
Hinojosa del Duque, Esp. 94/C3
Hino-misaki (cabo), Japón 130/C3
Hinte, Ale. 85/E2
Hinterrhein (río), Suiza 99/F4
Hinterrugg (pico), Suiza 99/F3
Hinton, Ab,Can. 190/F1
Hinton, VOcc,EUA 209/G2
Hinunangan, Fil. 145/D3
Hinwil, Suiza 99/E3
Hipólito, Méx. 196/D5
Hippolytushoef, P.B. 84/B3
Hipswell, Ing,R.U. 75/G3
Hira (mtñas.), Japón 131/L9
Hirado, Japón 130/A4
Hirakata, Japón 130/D3
Hirakud (emb.), India 138/D3
Hiram, Me,EUA 204/B4
Hiraman (río seco), Kenia 175/B2
Hiran (río), India 140/B4
Hiranai, Japón 132/B3
Hirara, Japón 132/H8
Hirata, Japón 130/C3
Hiratsuka, Japón 131/H7
Hîrlău, Rum. 111/H2
Hiro'o, Japón 132/C2
Hirosaki, Japón 132/B3
Hiroshima, Japón 130/C3
Hiroshima (pref.), Japón 130/C3
Hirschaid, Ale. 88/E3
Hirschau, Ale. 89/E3
Hirschhorn, Ale. 88/B4
Hirson, Fra. 86/D4
Hîrşova, Rum. 111/H3
Hirtshals, Din. 80/C3
Hisai, Japón 130/E3
Hisarcık, Tur. 124/B2
Ḩisbān, Jor. 123/D4
Hishig-Öndör, Mong. 128/E2
Hissar, India 138/C2
Hisua, India 141/E3
Hīt, Irak 125/E3
Hitachi, Japón 131/G2
Hitachi-ōta, Japón 131/G2
Hitchin, Ing,R.U. 77/F3
Hitoyoshi, Japón 130/B4
Hitra (isla), Nor. 79/C3
Hittarp, Sue. 81/T8
Hitzacker, Ale. 90/B1
Hiva Oa (isla), Pol.Fr. 159/M5
Hiwassee (lago), CN,EUA 208/F3
Hiwassee (río), CN, Tn,EUA 208/E3
Hiyoshi, Japón 131/L9
Hizan, Tur. 124/E2
Hjälmaren (lago), Sue. 80/F2
Hjartfjellet (pico), Nor. 112/B2
Hjelmeland, Nor. 80/B2
Hjerm, Din. 80/C3
Hjo, Sue. 80/F2
Hjørring, Din. 80/C3
Hka (río), Mya. 143/B1
Hkakabo Razi (pico), Mya. 136/C2
Hlohovec, Eslo. 91/B3
Hluboká nad Vltava, R.Ch. 89/H4
Hmas-Nirimba, Austl. 156/G8
Hmawbi, Mya. 136/C5
Ho, Gha. 169/F5
Hoa Bin, Vie. 143/D1
Hoa Da, Vie. 143/E4
Hoang Lien (mtñas.), Vie. 143/C1
Hoanib (río seco), Nam. 178/B3
Hoare (bahía), Nun,Can. 187/K2
Hoarusib (río seco), Nam. 178/B3
Hoba, Nam. 178/C3
Hoback (pico), Wy,EUA 193/H2
Hobara, Japón 131/G2
Hobart, Austl. 157/C4
Hobart, Ok,EUA 198/E3
Hobbs (costa), Ant. 161/Q
Hobbs, NM,EUA 198/C4
Hoboken, Bél. 86/D1
Hoboken, NJ,EUA 213/D2
Hoboksar, China 128/B2
Hoboksar Monggol Zizhixian (Hoboksar), China 134/E2
Hobro, Din. 80/C3
Hobson (pico), N.Z. 160/C2
Hochalmspitze (pico), Aus. 110/A2
Höchberg, Ale. 88/C3
Hochfeld, Nam. 178/C4
Hochfinsler (pico), Suiza 99/F3
Hochgrat (pico), Ale. 99/G3
Hochheim am Main, Ale. 88/B2
Hochkönig (pico), Aus. 93/K3
Hochschwab (pico), Aus. 93/L3
Hochsimmer (pico), Ale. 87/G3
Hochspeyer, Ale. 88/A4
Höchst, Aus. 99/F3
Höchstadt an der Aisch, Ale. 88/D3
Höchstädt an der Donau, Ale. 88/D5
Höchst im Odenwald, Ale. 88/B3
Hochvogel (pico), Aus. 99/G3
Hochwang (pico), Suiza 99/F4
Hockenheim, Ale. 88/B4
Hockessin, De,EUA 212/C4
Hocking (río), Oh,EUA 209/F1
Hockley, Ing,R.U. 77/G3
Hoc, Pointe du (pta.), Fra. 97/D2
Hodal, India 140/A2
Hodder (río), Ing,R.U. 75/F4
Hoddesdon, Ing,R.U. 71/N6
Hodgdon, Me,EUA 204/D2
Hodgenville, Ky,EUA 208/E2
Hodges (colina), Tnva,Can. 205/K1
Hodges (lago), Ca,EUA 214/C4
Hodges, Tx,EUA 198/E4
Hodgeville, Sk,Can. 191/L2
Hodgson (río), Austl. 152/D3
Hodh (reg.), Maur. 168/C2
Hod HaSharon, Isr. 123/F7
Hodh ech Chargui (reg.), Maur. 168/D2
Hodh El Gharbi (reg.), Maur. 168/C2
Hódmezővásárhely, Hun. 110/E2
Hodmo (río seco), Som. 174/C3
Hodna, Chott el (lago seco), Arg. 165/T16
Hodonín, R.Ch. 91/B2
Hoëdic (isla), Fra. 96/C6
Hoegnel (río), Bél. 87/E2
Hoekse Waard (pólder), P.B. 84/B5
Hoenheim, Fra. 87/G6
Hoensbroek, P.B. 87/E2
Hoerdt, Fra. 87/G6
Hoeselt, Bél. 87/E2
Hoevelaken, P.B. 84/C4
Hoeven, P.B. 84/B5
Hof, Ale. 89/E2
Hofbieber, Ale. 88/C1
Höfdhakaupstadhur, Isl. 79/N6
Hoffman (mte.), Ca,EUA 192/C3
Hofgeismar, Ale. 85/G6
Hofheim in Unterfranken, Ale. 88/D2
Hofong Qagan (l.sal.), China 135/B3
Hofors, Sue. 80/G1
Hofsá (río), Isl. 79/P6
Hofsjökull (glac.), Isl. 79/N7
Hofu, Japón 130/B3
Hog (isla), Va,EUA 209/K2
Hogarth (pico), Austl. 155/H2
Hogback (colina), CS,EUA 209/F3
Hogback (mtña.), Ne,EUA 200/C3
Hoge Veluwe, Parq. Nal., P.B. 84/C4
Hogion Oros (pen.), Gre. 109/J2
Hohegrass (pico), Ale. 85/G6
Hohenbrunn, Ale. 89/E6
Hohenems, Aus. 99/F3
Hohenhameln, Ale. 85/H4
Hohenlockstedt, Ale. 80/C5
Hohenloher Ebene (llan.), Ale. 88/C4
Hohenmölsen, Ale. 90/C5
Hohenpeissenberg, Ale. 99/H2
Hohenstein-Ernstthal, Ale. 90/C6
Hohenwald, Tn,EUA 208/D3
Hohenwarte-Stausee (emb.), Ale. 89/E1
Hohenwestedt, Ale. 80/C4
Hoher Dachstein (pico), Aus. 93/K3
Hohe Tauern (mtñas.), Aus. 93/K3
Hohe Tauern, Parq. Nal., Aus. 93/K3
Hohgant (pico), Suiza 98/D4
Hohhot, China 135/B2
Höhneck (mtña.), Fra. 98/D1
Höhr-Grenzhausen, Ale. 87/G3
Hoh Sai (lago), China 134/F4
Hoh Xil (lago), China 134/F4
Hoh Xil (mtñas.), China 134/E4
Hoi An, Vie. 143/E3
Hoima, Uga. 177/G2
Hoi Xuan, Vie. 143/D1
Højby, Din. 80/D4
Højer, Din. 80/C4
Hōjō, Japón 130/C4
Hokianga (puer.), N.Z. 160/C1
Hokitika, N.Z. 160/B3
Hokkaidō (dept.), Japón 132/C2
Hokkaidō (isla), Japón 132/B2
Hokksund, Nor. 80/C2
Hokota, Japón 131/G2
Hokudan, Japón 131/K10
Hokusei, Japón 131/M9
Hol, Nor. 80/C1
Holanda, Bol. 232/D3
Holanda Meridional (prov.), P.B. 84/B5
Holanda Septentrional (prov.), P.B. 84/B3
Holbaek, Din. 80/D4
Holbrook, Austl. 157/C2
Holbrook, Az,EUA 195/G3
Holbrook, NY,EUA 207/K4
Holbrook, Ing,R.U. 77/H3
Holcomb, Ks,EUA 200/D4
Holden, Me,EUA 204/C3
Holdenville, Ok,EUA 199/F3
Holderness, NH,EUA 204/B4
Holderness (pen.), Ing,R.U. 75/H4
Holdorf, Ale. 85/F3
Holdrege, Ne,EUA 200/E3
Holeby, Din. 80/D4
Holguín, Cuba 219/G1
Holič, Eslo. 91/B2
Holiday, Fl,EUA 210/K7
Holitna (río), Ak,EUA 215/G3
Höljes, Sue. 80/E1
Hollabrunn, Aus. 91/A2

Holla – Ichte
279

Holland (pta.), Md,EUA 212/B6
Holland, Mi,EUA 206/C3
Hollandse IJssel (río), P.B. 84/B4
Hollandstoun, Es,R.U. 73/N13
Hollenstedt, Ale. 85/G2
Hollfeld, Ale. 88/E3
Hollidaysburg, Pa,EUA 207/G4
Hollins, Va,EUA 209/H2
Hollis, Ok,EUA 198/E3
Hollister (pico), Austl. 154/B2
Hollister, Ca,EUA 194/B2
Hollogne-aux-Pierres, Bél. 87/E2
Höllviksnäs, Sue. 80/E4
Holly Hill, Fl,EUA 211/H3
Holly Springs, Ms,EUA 208/C3
Hollywood, Ca,EUA 214/F7
Hollywood, Fl,EUA 211/H4
Hollywood Bowl, Ca,EUA 214/F7
Holman, TNO,Can. 186/E1
Hólmavík, Isl. 79/N6
Holmdel, NJ,EUA 213/D3
Holmes (arcfs.), Austl. 156/C2
Holmes (río), CB,Can. 190/E1
Holmesdale (valle), Ing,R.U. 71/N8
Holmestrand, Nor. 80/D2
Holmfirth, Ing,R.U. 75/G4
Holmsund, Sue. 79/G3
Holon, Isr. 123/D3
Holstebro, Din. 80/C3
Holston (río), Tn,EUA 300/F2
Holston, North Fork (río), Va,EUA 209/F2
Holston, South Fork (río), Va, Tn,EUA 209/G2
Holt, Mi,EUA 206/D3
Holt, Ing,R.U. 77/H1
Holtemme (río), Ale. 90/A4
Holten, P.B. 84/D4
Holtsville, NY,EUA 213/E2
Holy (isla), Es,R.U. 72/A5
Holy (isla), Gales,R.U. 74/D5
Holy (isla), Ing,R.U. 72/E5
Holy Cross, Mount of the (mte.), Co,EUA 193/K4
Holyhead, Gales,R.U. 74/D5
Holyhead (mtña.), Gales,R.U. 74/D5
Holyoke, Co,EUA 200/C3
Holyoke, Ma,EUA 207/K3
Holywell, Gales,R.U. 75/E5
Holywood, IrN,R.U. 74/C2
Holzhausen, Ale. 90/C5
Holzkirchen, Ale. 82/F5
Holzminden, Ale. 85/G5
Holzwickede, Ale. 85/E6
Hom (río seco), Nam. 180/B3
Homa (pico), Kenia 175/A2
Homathko (río), CB,Can. 190/B2
Homberg, Ale. 84/D6
Homberg, Ale. 85/G6
Hombori Tondo (pico), Malí 169/E3
Hombourg-Haut, Fra. 87/F5
Homburg, Ale. 87/G5
Home (bahía), Nun,Can. 187/K2
Homécourt, Fra. 87/E5
Home Hill, Austl. 156/B2
Homelake, Co,EUA 198/A2
Homer, Ak,EUA 215/H4
Homer, Ga,EUA 209/F3
Homer, La,EUA 197/H1
Homerville, Ga,EUA 211/G2
Homestead, Austl. 156/B3
Homestead, Fl,EUA 211/H5
Homib (río seco), Eri. 173/H2
Homochitto (río), Ms,EUA 210/C2
Homoíne, Moz. 179/G4
Homonhon (isla), Fil. 145/D3
Homosassa, Fl,EUA 211/G3
Homosassa (bahía), Fl,EUA 210/K6
Homosassa Springs, Fl,EUA 211/G3
Homs, Siria 123/E2
Honāvar, India 138/B5
Honbetsu, Japón 132/C2
Hon Chong, Vie. 143/D4
Honda, Col. 228/C3
Honddu (río), Gales,R.U. 76/C3
Hondo (río), Beli.,Méx. 218/D2
Hondo, NM,EUA 198/B4
Hondo (río), NM,EUA 198/B4
Hondo, Tx,EUA 196/E3
Hondo, Japón 130/B4
Hondo de Tepotzotlán (río), Méx. 217/Q9
Hondschoote, Fra. 86/B2
Hondsrug (colinas), P.B. 82/D2
Hondsrug (reg.), P.B. 84/D3
Honduras 218/E3
Honduras (golfo), Amér.N. 218/D2
Honesdale, Pa,EUA 207/J4
Honey (lago), Ca,EUA 192/C3
Honey, Méx. 217/L6
Honfleur, Fra. 97/F2
Hong (lago), China 137/G2
Hong (río), China 135/C4
Hong'an, China 135/C5
Hongch'ŏn, Cor.S. 133/D4
Hong Gai, Vie. 143/D1
Honghu, China 135/C5
Hongjiang, China 137/F3
Hong Kong (depen.), China 137/G4
Hongliu (río), China 135/B3
Hongmiao (mtña.), China 137/H2
Hongqiao (aer. intl.), China 135/E5
Hongqi, China 133/B2
Hong (Red) (río), Vie. 143/C1
Hongrin (lago), Suiza 98/D5
Hongshan (mtña.), China 137/H3
Hongshui (río), China 137/E4
Hongsŏng, Cor.S. 133/D4
Hongtao Shan (mtña.), China 135/C3
Hongtong, China 135/B3
Honguedo (estr.), Qu,Can. 204/E1
Hongya, China 136/D2
Hongyuan, China 128/E5
Hongze, China 135/D4
Honiara (cap.), Sal. 158/E5
Honjō, Japón 132/B4
Hönö, Sue. 80/D3
Honolulu (cap.), Hi,EUA 188/T10
Hon Quan, Vie. 143/D4
Honshu (isla), Japón 131/E3
Hood (pta.), Austl. 154/C5
Hood (pta.), P.N.G. 153/G2
Hood, Mount (mtña.), Or,EUA 192/C1
Hood River, Or,EUA 192/C1
Hoofddorp, P.B. 84/B4
Hoogeloon, P.B. 84/C6
Hoogerheide, P.B. 84/B6
Hoogeveen, P.B. 84/D3
Hoogeveense Vaart (canal), P.B. 84/D3
Hoogezand, P.B. 84/D2
Hooghly (río), India 141/G4
Hooghly-Chinsura, India 141/G4
Hoogkarspel, P.B. 84/C3
Hooglede, Bél. 86/C2
Hoogstraten, Bél. 84/B6
Hooker, Ok,EUA 198/D2
Hooker Creek, Austl. 152/C4
Hooker Creek, T. Abor., Austl. 152/C4
Hook Head (pta.), Irl. 78/D5
Hooper (Endwell), NY,EUA 207/H3
Höör, Sue. 80/E4
Hoorn, P.B. 84/C3
Hoornse Hop (bahía), P.B. 84/C3
Hoover (mtña.), VOcc,EUA 209/F2
Hopa, Tur. 124/E1
Hopatcong, NJ,EUA 212/D2
Hopatcong (lago), NJ,EUA 212/D2
Hope (lago), Austl. 154/D5
Hope, Ar,EUA 199/H4
Hope, NM,EUA 198/B4
Hope, Tx,EUA 197/F3
Hope, Gales,R.U. 75/E5
Hopedale, Tnva,Can. 187/K3
Hopelchén, Méx. 217/H5
Hopeman, Es,R.U. 72/C1
Hope Mills, CN,EUA 209/H3
Hopes Advance (cabo), Qu,Can. 187/K2
Hope's Nose (pta.), Ing,R.U. 76/C6
Hopetoun, Austl. 154/D5
Hope Town, Bahm. 220/B1
Hopetown, Safr. 180/D3
Hope under Dinmore, Ing,R.U. 76/D2
Hopewell, Va,EUA 209/J2
Hopkins (lago), Austl. 155/F3
Hopkins (río), Austl. 157/B3
Hopkins, Mn,EUA 203/P7
Hopkinsville, Ky,EUA 208/D2
Hopkinton, NH,EUA 204/B4
Hoppecke (río), Ale. 85/F6
Hopsten, Ale. 85/E4
Horace (mtña.), Ak,EUA 215/J2
Hōrai-san (pico), Japón 131/L9
Horasan, Tur. 124/E1
Horažďovice, R.Ch. 89/G4
Horb am Neckar, Ale. 88/B6
Horbat Qesari (ruinas), Isr. 123/D3
Horbourg-Wihr, Fra. 98/D1
Hörbranz, Aus. 99/F2
Horche, Esp. 94/D2
Horconcitos, Pan. 219/F4
Horcones (río), Argen. 236/C3
Hordaland (con.), Nor. 80/A1
Horezu, Rum. 111/G3
Horgen, Suiza 99/E3
Hörh (pico), Mong. 128/F3
Horiara (cap.), Sal. 65/S6
Horinger, China 135/B2
Horizontina, Bras. 237/F3
Horley, Ing,R.U. 71/N8
Horlick, Ant. 161/R
Hormigüeros, P.Rico 221/B6
Hormozgān (gob.), Irán 125/H5
Horn, Aus. 93/L2
Horn (cabo), Chile 239/L8
Horn (isla), Ms,EUA 210/D2
Horn (pta.), Isl. 79/M6
Hornachuelos, Esp. 94/C4
Hornád (río), Eslo. 83/L4
Hornavan (lago), Sue. 79/E2
Horn-Bad Meinberg, Ale. 85/F5
Hornbæk, Din. 81/T8
Hornby, On,Can. 205/R8
Hornby, N.Z. 160/C3
Hornchurch, Ing,R.U. 71/P7
Horneburg, Ale. 85/G2
Hornisgrinde (pico), Ale. 88/B5
Horní Slavkov, R.Ch. 89/F2
Horn Lake, Ms,EUA 208/B3
Hornos (cabo), Chile 239/L8
Hornsby, Austl. 156/H8
Hornslet, Din. 80/D3
Hörnum (cabo), Ale. 80/C4
Hornum Odde (cabo), Ale. 82/E1
Horoshiri-dake (mtña.), Japón 132/C2
Hořovice, R.Ch. 89/G3
Horowhenua (reg.), N.Z. 160/C3
Horqin Youyi Zhongqi, China 135/E1
Horqin Zuoyi Houqi, China 135/E2
Horqin Zuoyi Zhongqi, China 135/E1
Horqueta, Par. 237/E2
Hörsching, Aus. 89/H6
Horse (mtña.), Tx,EUA 196/C2
Horsefly (lago), CB,Can. 190/D1
Horsefly (río), CB,Can. 190/D1
Horsens, Din. 80/C4
Horsey (isla), Ing,R.U. 77/H3
Horsforth, Ing,R.U. 75/G4
Horsham, Austl. 157/B3
Horsham, Pa,EUA 212/C3
Horsham, Ing,R.U. 77/F4
Horslandet (pen.), Sue. 80/G1
Horšovský Týn, R.Ch. 89/F3
Horst, Ale. 80/D5
Horst, P.B. 84/D6
Hörstel, Ale. 85/E4
Horstmar, Ale. 85/E4
Horta, Azor.,Por. 95/S12
Horten, Nor. 80/D2
Hortobágyi, Parq. Nal., Hun. 110/E2
Horton (río), TNO,Can. 215/N2
Horton (pta.), NY,EUA 213/F1
Høruphav, Din. 80/C4
Horusický Rybník (lago), R.Ch. 89/H4
Hørve, Din. 80/D4
Horvot 'Avedat (ruinas), Isr. 123/D4
Horvot Dor, Isr. 123/F6
Horvot Mezada (Masada) (ruinas), Isr. 123/D4
Horw, Suiza 99/E3
Horwich, Ing,R.U. 75/F4
Hosa'ina, Eti. 173/H4
Hösbach, Ale. 88/C2
Hosenfeld, Ale. 88/C2
Hoséré Vokré (pico), Cam. 172/B3
Hoshangābād, India 140/A4
Hoshiārpur, India 142/C2
Hospet, India 138/C4
Hospital, Chile 238/Q9
Hoste (isla), Chile 239/K8
Hotaka, Japón 131/E2
Hotaka-dake (mtña.), Japón 131/E2
Hotan, China 134/C4
Hotan (río), China 134/D4
Hot Creek (mtñas.), Nv,EUA 192/E4
Hotham (cabo), Austl. 152/C3
Hotont, Mong. 128/E2
Hot Springs, DS,EUA 200/C2
Hot Sulphur Springs, Co,EUA 200/A3
Hottah (lago), TNO,Can. 186/E2
Hottentot (bahía), Nam. 180/A2
Hottentots (pta.), Nam. 178/B5
Hotton, Bél. 87/E3
Hou (río), China 137/E3
Houat (isla), Fra. 96/C6
Houdain, Fra. 86/B3
Houdan, Fra. 86/A6
Houet (prov.), Burk. 168/D4
Houffalize, Bél. 87/E3
Houghton, Mi,EUA 203/K4
Houghton (lago), Mi,EUA 206/D2
Houghton (pta.), Mi,EUA 203/K4
Houghton-le-Spring, Ing,R.U. 75/G2
Houilles, Fra. 71/S10
Houlgate, Fra. 97/E2
Houlton, Me,EUA 204/D2
Houma, China 135/B4
Houma, La,EUA 210/C3
Hounslow (mun.inc.), Ing,R.U. 71/M7
Houplines, Fra. 86/B2
Houraki (golfo), N.Z. 160/C2
Hourdel (pta.), Fra. 77/H6
Hourdel, Pointe du (pta.), Fra. 86/A3
Hourn, Loch (ens.), Es,R.U. 72/A2
Hourtin, Fra. 92/C4
House (mtñas.), Ut,EUA 188/D4
Houston, Mo,EUA 199/J2
Houston, Ms,EUA 208/C4
Houston, Tx,EUA 197/G3
Houston (lago), Tx,EUA 197/G2
Houston (pta.), Tx,EUA 197/N9
Houston Ship (canal), Tx,EUA 197/M9
Houtbaai, Safr. 180/L11
Houten, P.B. 84/C4
Houthulst, Bél. 86/B2
Houtman Abrolhos (islas), Austl. 150/A5
Houtman Abrolhos (rocas), Austl. 154/B4
Houtskär (isla), Fin. 81/J1
Houyet, Bél. 87/E3
Houyingzi, China 133/B2
Hov, Nor. 80/D1
Hova, Sue. 80/F2
Hovd, Mong. 128/C2
Hove (río), Din. 81/T9
Hove, Ing,R.U. 77/F5
Hövelhof, Ale. 85/F5
Hovfjället (pico), Sue. 80/E1
Hovmantorp, Sue. 80/F3
Hövsgöl (lago), Mong. 128/E1
Howa, Ouadi (río seco), Chad 172/D2
Howard, Austl. 156/D4
Howard (isla), Austl. 153/D2
Howard (colina), Ak,EUA 215/H2
Howard, DS,EUA 200/F1
Howard, Ks,EUA 199/F2
Howard, Wi,EUA 201/K1
Howard Beach, NY,EUA 213/K9
Howard Prairie (lago), Or,EUA 192/B2
Howar, Wādī (río seco), Sudán 173/E1
Howe (cabo), Austl. 157/D3
Howe (bahía), CB,Can. 190/C3
Howe (bahía), Ok,EUA 199/G3
Howe Caverns, NY,EUA 207/J3
Howell, Mi,EUA 206/E3
Howell, NJ,EUA 213/D3
Howick, N.Z. 160/F6
Howick, Safr. 181/E3
Howland (isla), PacEUA 159/H4
Howmore, Es,R.U. 73/H8
Howrah, India 141/G4
Hoxie, Ks,EUA 198/D1
Höxter, Ale. 82/E3
Hoxud, China 134/E3
Hoy (isla), Es,R.U. 73/N13
Hoya, Ale. 85/G3
Høyanger, Nor. 80/B1
Hoyerswerda, Ale. 83/H3
Hoylake, Ing,R.U. 75/E5
Hoyland Nether, Ing,R.U. 75/G5
Hoyo-de Manzanares, Esp. 95/N8
Hoyos, Esp. 94/B2
Hoyoux (río), Bél. 87/E3
Hoyt, Mt,EUA 191/M4
Hoyt Tamir (río), Mong. 128/E2
Hozumi, Japón 131/M9
Hracholusky, Údolní nádrž (emb.), R.Ch. 89/G3
Hradec Králové, R.Ch. 83/H3
Hradiště (pico), R.Ch. 89/G2
Hranice, R.Ch. 89/F2
Hrasnica, Bosn. 110/D4
Hrastnik, Esl. 110/B2
Hrastovlje, Esl. 105/G1
Hrolleifsborg (pico), Isl. 79/M6
Hron (río), Eslo. 83/K4
Hronov, R.Ch. 83/J3
Hrubieszów, Pol. 83/M3
Hrubý Jeseník (mtñas.), R.Ch. 83/J3
Hrútafjöll (pico), Isl. 79/P6
Hsenwi, Mya. 139/G3
Hsinchu, Tai. 137/J3
Hsipaw, Mya. 143/B1
Hsiukulan (mtña.), Tai. 137/J4
Hsueh (pico), Tai. 137/J3
Htawgaw, Mya. 139/G2
Hua (pico), China 128/G5
Huab (río seco), Nam. 178/B3
Huacaraje, Bol. 233/F4
Huacareta, Bol. 236/D2
Huacaya, Bol. 236/D2
Huachacalla, Bol. 236/B1
Huachi, Bol. 233/F4
Huachi, China 128/F4
Huacho, Perú 232/B3
Huachón, Perú 232/C3
Huachuan, China 129/L2
Huachuca (mtñas.), Az,EUA 195/G5
Huacrachuco, Perú 232/B3
Huade, China 128/G3
Huadian, China 129/K3
Huading (mtña.), China 137/J2
Hua Hin, Tail. 143/B3
Huahine (isla), Pol.Fr. 159/K6
Huai (río), China 135/C4
Huai'an, China 135/D4
Huaibei, China 128/H5
Huaibin, China 135/C4
Huaihua, China 137/F3
Huaiji, China 137/G4
Huailai, China 135/C2
Huainan, China 135/D4
Huaining, China 135/D5
Huairen, China 135/C3
Huairou, China 135/D2
Huaiyang, China 135/C4
Huaiyin, China 135/D4
Huaiyuan, China 135/D4
Huajicori, Méx. 216/D4
Huajuapan, Méx. 217/F5
Hualahuises, Méx. 217/F3
Hualañé, Chile 238/C2
Hualapai (mtñas.), Az,EUA 195/F3
Hualapai (pico), Az,EUA 195/F3
Hualfín, Argen. 236/C3
Hualgayoc, Perú 232/B2
Hualla, Perú 232/C4
Huallaga (río), Perú 232/B2
Huallanca, Perú 232/B3
Huamachuco, Perú 232/B2
Huamantanga, Perú 232/B3
Huamantla, Méx. 217/F5
Huambo, Ang. 178/B2
Huambo (dist.), Ang. 178/B2
Huambos, Perú 232/B2
Huamelula, Méx. 218/C2
Huan (río), China 128/F4
Huanan, China 129/L2
Huanaqui, Bol. 236/B2
Huanay, Bol. 233/E4
Huancané, Perú 232/D4
Huancapi, Perú 232/C4
Huancaspata, Perú 232/B3
Huancavelica, Perú 232/C4
Huancaybamba, Perú 232/B3
Huancayo, Perú 232/C4
Huanchaca (pico), Bol. 236/C2
Huang (río), Laos, Tail. 143/C2
Huang (Amarillo) (río), China 129/H4
Huangchuan, China 135/C4
Huanggang, China 135/C5
Huanggang (pico), China 137/H3
Huanghua, China 135/D3
Huangjinkenggang (mtña.), China 137/H3
Huangling, China 135/B4
Huanglong, China 135/B4
Huanglong, China 137/G3
Huangmao (pico), China 137/H3
Huangmei, China 135/C5
Huangpi, China 135/C5
Huangping, China 139/J2
Huangqi (lago), China 135/C2
Huangshan, China 135/D5
Huangshi, China 135/C5
Huangtang (lago), China 135/C5
Huangtu (mes.), China 135/B4
Huanguelén, Argen. 238/E3
Huangzhong, China 128/E4
Huanjiang, China 139/J3
Huanren, China 133/C2
Huanta, Perú 232/C4
Huantai, China 135/D3
Huántar, Perú 232/B3
Huánuco, Perú 232/B3
Huanuni, Bol. 236/C1
Huan Xian, China 128/F4
Huapi (mtñas.), Nic. 219/E3
Huaping, China 139/H2
Huaquechula, Méx. 217/F5
Huaquillas, Ecua. 232/A1
Huara, Chile 236/B1
Huaral, Perú 232/B3
Huaráz, Perú 232/B3
Huari, Bol. 236/C1
Huari, Perú 232/B3
Huaricolca, Perú 232/C3
Huarina, Bol. 232/D4
Huarmey, Perú 232/B3
Huarochirí, Perú 232/B3
Huarocondo, Perú 232/C4
Huásabas, Méx. 216/C2
Huasahuasi, Perú 232/C3
Huascarán (pico), Perú 232/B3
Huascaran, Parq. Nal., Perú 232/B3
Huasco (río), Chile 236/B4
Hua Shan (pico), China 135/B4
Huashi (mtñas.), China 137/G3
Huatabampo, Méx. 216/C3
Huatong, China 133/A2
Huatunas (lago), Bol. 233/E4
Huatuxco, Méx. 217/F5
Huatuxco de Chicuellar, Méx. 217/N7
Huauchinango, Méx. 217/F4
Huaunta (lag.), Nic. 219/F3
Huaura, Perú 232/B3
Huautla, Méx. 217/F5
Hua Xian, China 135/C4
Huayacocotla, Méx. 217/F4
Huayang, China 137/J2
Huaying, China 136/E2
Huaylas, Perú 232/B3
Huayllay, Perú 232/B3
Huaypata, Perú 232/C4
Huayuan, China 133/D1
Huayuan, China 137/G2
Huayuan, China 139/J2
Huazhou, China 139/K3
Hubbard (mte.), Yk,Can.,Ak,EUA 215/L3
Hubbard (lago), Mi,EUA 206/E2
Hubbard Creek (emb.), Tx,EUA 196/E1
Hubei (prov.), China 135/C5
Huber Heights, Oh,EUA 206/D5
Hubli-Dharwar, India 138/C4
Hückelhoven, Ale. 84/D6
Hückeswagen, Ale. 85/E6
Hucknall Torkard, Ing,R.U. 75/G5
Hucqueliers, Fra. 86/A2
Huddersfield, Ing,R.U. 75/G4
Huddinge, Sue. 81/R7
Hude, Ale. 85/F2
Hudiksvall, Sue. 80/G1
Hudson (cabo), Ant. 161/L
Hudson (bahía), Can. 187/H2
Hudson, Qu,Can. 205/M7
Hudson (estr.), Nun, Qu,Can. 187/J2
Hudson, Fl,EUA 211/G3
Hudson, Me,EUA 204/C3
Hudson, NY,EUA 207/K3
Hudson (río), NY,EUA 207/J3
Hudson (lago), Ok,EUA 199/G2
Hudson, Tx,EUA 197/G2
Hudson, Wi,EUA 201/H1
Hudson Bay, Sk,Can. 186/F3
Hudson Falls, NY,EUA 207/K3
Hudson's Hope, CB,Can. 186/D3
Hue, Vie. 143/D2
Huecos (mtñas.), Tx,EUA 196/B2
Huedin, Rum. 110/F2
Huehuetenango, Gua. 218/D3
Huehuetla, Méx. 217/L6
Huehuetlán, Méx. 217/F5
Huehuetlán el Chico, Méx. 217/L8
Huejotzingo, Méx. 217/L7
Huejuquilla el Alto, Méx. 216/E4
Huejutla, Méx. 217/F4
Huejutla de Reyes, Méx. 218/B1
Huelma, Esp. 94/D4
Huelva, Esp. 94/B4
Huelva (río), Esp. 94/B3
Huequi (vol.), Chile 238/B4
Huercal-Overa, Esp. 94/E4
Huerfano (río), Co,EUA 198/B2
Huesca, Esp. 95/E1
Huéscar, Esp. 94/D4
Huesos (río), Argen. 238/F3
Huetamo, Méx. 217/E5
Huete, Esp. 94/D2
Hueyapan de Ocampo, Méx. 218/C2
Hüfingen, Ale. 99/E2
Hughenden, Austl. 156/B3
Hughes, Argen. 238/E2
Hugh Town, R.U. 73/H12
Hugli (río), India 138/E3
Hugo, Co,EUA 200/C4
Hugo, Ok,EUA 199/G3
Hugo (lago), Ok,EUA 199/G3
Hugoton, Ks,EUA 198/D2
Huguan, China 135/C3
Hui (mtña.), China 137/J2
Hui (río), China 128/H2
Huib-Hock (mes.), Nam. 180/B2
Huichapan, Méx. 217/K6
Huíla (dist.), Ang. 178/B2
Huíla (mes.), Ang. 178/B2
Huila (dept.), Col. 228/C4
Huila, Nevado del (pico), Col. 228/C4
Huilango, Méx. 217/Q9
Huili, China 139/H2
Huimanguillo, Méx. 217/G5
Huimin, China 135/D3
Huinan, China 129/K3
Huinca Renancó, Argen. 238/D2
Huining, China 128/F4
Hŭisaek-pong (mtña.), Cor.N. 133/D2
Hui Shan (mtña.), China 135/E5
Huishui, China 139/J2
Huisne (río), Fra. 97/F4
Huissen, P.B. 84/C5
Huitong, China 139/J2
Huittinen, Fin. 81/K1
Huitzuco, Méx. 217/F5
Huitzuco de los Figueroa, Méx. 217/K8
Hui Xian, China 135/C4
Huixquilucan, Méx. 217/Q10
Huixtla, Méx. 218/C3
Huize, China 136/D3
Huizen, P.B. 84/C4
Huizhou, China 137/G4
Hujirt, Mong. 128/E2
Hujra, Pak. 142/B2
Hŭksan (arch.), Cor.S. 133/C5
Hulah (lago), Ok,EUA 199/F2
Hulan, China 129/K2
Hulan (río), China 128/K2
Huld, Mong. 128/F2
Hull, Qu,Can. 207/J2
Hull, Ing,R.U. 75/H4
Hull (río), Ing,R.U. 75/H4
Hüllhorst, Ale. 85/F4
Hullo, Esto. 81/K2
Hull (Orona) (isla), Kir. 159/H5
Hulst, P.B. 84/B6
Hultsfred, Sue. 80/F3
Hulu (río), China 135/B3
Hulun (lago), China 128/H2
Huma, China 129/K1
Huma (río), China 129/K1
Humacao, P.Rico 221/E6
Humahuaca, Argen. 236/C2
Humaitá, Bol. 233/E3
Humaitá, Bras. 233/F2
Humaitá, Par. 236/E3
Humansdorp, Safr. 180/D4
Humay, Perú 232/C4
Humber (bahía), On,Can. 205/S8
Humber (río), On,Can. 205/R8
Humber (río), Tnva,Can. 205/J1
Humber (río), Ing,R.U. 75/H4
Humberside (con.), Ing,R.U. 75/H4
Humberto de Campos, Bras. 231/F3
Humble, Tx,EUA 197/G3
Humble City, NM,EUA 216/E1
Humboldt, Sk,Can. 202/B1
Humboldt (bahía), Col. 219/G5
Humboldt, Az,EUA 195/F3
Humboldt (bahía), Ca,EUA 192/A3
Humboldt (lago), Nv,EUA 192/D3
Humboldt (río), Nv, Ut,EUA 192/D3
Humboldt (pico), N.Cal. 158/F7
Humboldt, North Fork (río), Nv,EUA 192/F3
Hume (lago), Austl. 157/C2
Húmeda (llan.), Argen. 238/E2
Humenné, Eslo. 83/L4
Humlebæk, Din. 81/T9
Humlum, Din. 80/C3
Humphrey (pta.), Ak,EUA 215/K2
Humphreys (pico), Az,EUA 195/G3
Humphreys (mte.), Ca,EUA 194/C2
Hun (río), China 133/C2
Hūn, Libia 170/B2
Húnaflói (bahía), Isl. 79/N6
Hunan (prov.), China 137/F2
Hunchun, China 129/L3
Hunedoara, Rum. 110/F3
Hunedoara (con.), Rum. 110/F2
Hünenberg, Suiza 99/E3
Hünfeld, Ale. 82/E3
Hungaroring, Hun. 91/D4
Hungen, Ale. 88/B2
Hungerford, Austl. 157/C1
Hungerford, Ing,R.U. 77/E4
Hungría 110/D2
Hungry (pico), Id,EUA 190/G4
Hung Tsé (lago), China 135/D4
Hüngüy (río), Mong. 128/C2
Hung Yen, Vie. 143/D1
Hunjiang, China 133/D2
Hunsel, P.B. 84/C6
Hunspatch, Fra. 87/G1
Hunsrück (mes.), Ale. 87/G4
Hunsrück (mtñas.), Ale. 82/D4
Hunt (mtña.), Wy,EUA 193/K1
Hunte (río), Ale. 85/F2
Hunter (isla), Austl. 157/C4
Hunter (río), Austl. 157/D2
Hunter (mte.), Ak,EUA 215/H3
Hunter, DN,EUA 202/F4
Hunter, La,EUA 197/H2
Hunter (mtña.), NY,EUA 207/J3
Hunter, Tx,EUA 197/E3
Hunters, Wa,EUA 190/E3
Huntersville, CN,EUA 209/G3
Hunterville, N.Z. 160/C2
Huntingburg, In,EUA 208/D1
Huntingdon, Pa,EUA 207/G4
Huntingdon, Tn,EUA 208/C2
Huntingdon, Ing,R.U. 77/F2
Huntington, In,EUA 206/D4
Huntington, VOcc,EUA 209/F1
Huntington (bahía), NY,EUA 213/M8
Huntington Beach, Ca,EUA 214/C3
Huntington Park, Ca,EUA 214/B3
Huntington Station, NY,EUA 213/M8
Huntly, N.Z. 160/C2
Huntly, Es,R.U. 72/D2
Hunts Inlet, CB,Can. 215/M4
Huntsville, On,Can. 207/G2
Huntsville, Al,EUA 208/D3
Huntsville, Ar,EUA 199/H2
Huntsville, Mo,EUA 199/H1
Huntsville (emb.), Pa,EUA 212/B1
Huntsville, Tn,EUA 208/E2
Huntsville, Tx,EUA 197/G2
Hunucmá, Méx. 217/H4
Hünxe, Ale. 84/D5
Hunyuan, China 135/C3
Huocheng, China 134/D3
Huojia, China 135/C4
Huolin Gol, China 129/H2
Huon (golfo), P.N.G. 153/G1
Huon (pen.), P.N.G. 153/G1
Huong Hoa, Vie. 143/D2
Huong Khe, Vie. 143/D2
Huong Son, Vie. 143/D2
Huong Thuy, Vie. 139/J4
Huoqiu, China 135/D4
Huoshan, China 135/D5
Huo Shan (mtña.), China 135/B3
Huo Xian, China 135/B3
Hurbanovo, Eslo. 91/C4
Hurd (cabo), On,Can. 206/F2
Hurepoix (reg.), Fra. 71/S11
Hure Qi, China 135/E2
Hurley, Wi,EUA 203/J4
Hurlford, Es,R.U. 72/B5
Huron, DS,EUA 200/E1
Huron (bahía), Mi,EUA 203/K4
Huron (mtñas.), Mi,EUA 203/K4
Hurón (lago), On,Can, Mi,EUA 206/E2
Hurricane (fars.), Az,EUA 195/F2
Hurricane (lago), DN,EUA 202/E3
Hurst, Tx,EUA 196/K7
Hurtaut (río), Fra. 86/D4
Hürth, Ale. 87/F2
Hurunui (río), N.Z. 160/C3
Husainābād, India 140/E3
Húsavík, Isl. 79/P6
Hushan, China 137/H2
Huşi, Rum. 111/J2
Huskisson, Austl. 157/D2
Hussigny-Godbrange, Fra. 87/E5
Husum, Ale. 82/E1
Husum, Sue. 79/F3
Hutag, Mong. 128/E2
Hutchinson (isla), Fl,EUA 211/H5
Hutchinson, Ks,EUA 199/F1
Hutchinson, Mn,EUA 203/G5
Hutchinson Norte (isla), Fl,EUA 211/H4
Hutiaoxia, China 136/D3
Hutt (río), N.Z. 160/J9
Hüttlingen, Ale. 88/D5
Huttwil, Suiza 98/D3
Hutubi, China 128/B3
Hutuo (río), China 135/C3
Huveane (río), Fra. 100/B5
Ḩuwwārah, Cisj. 123/G7
Huy, Bél. 87/E2
Huyton-with-Roby, Ing,R.U. 75/F5
Hūzgān, Irán 125/G4
Huzhou, China 135/L9
Hvammstangi, Isl. 79/N6
Hvannadalshnúkur (pico), Isl. 79/P7
Hvar (isla), Cro. 110/C4
Hvide Sande, Din. 80/C4
Hvítá (río), Isl. 79/N7
Hvolsvöllur, Isl. 79/N7
Hwange, Zim. 179/E3
Hwange (Wankie), Parq. Nal., Zim. 179/E3
Hwanghae Norte (prov.), Cor.N. 133/D3
Hwanghae Sur (prov.), Cor.N. 133/C3
Hwasun, Cor.S. 133/D5
Hwayang, Cor.S. 133/E5
Hyades (pico), Chile 238/B5
Hyargas, Mong. 128/C2
Hyargas (lago), Mong. 128/C2
Hyattsville, Md,EUA 212/B6
Hyde, N.Z. 160/B4
Hyde, Ing,R.U. 75/F5
Hyde Park, NY,EUA 207/K4
Hyde Park, Vt,EUA 204/A3
Hyde Park, Ing,R.U. 71/N7
Hyderabad, India 138/C4
Hyderābād, Pak. 127/J3
Hyères, Fra. 100/C6
Hyères (islas), Fra. 100/C6
Hyères (puer.), Fra. 100/C6
Hyères (río), Fra. 96/B4
Hyesan, Cor.N. 133/E2
Hyland (río), Yk,Can. 186/D2
Hyltebruk, Sue. 80/E3
Hylton (colina), Ky,EUA 209/F2
Hyōgo (pref.), Japón 130/D3
Hyŏndŭngsan (mte.), Cor.S. 133/G6
Hyō-no-sen (mtña.), Japón 130/D3
Hysham, Mt,EUA 191/L4
Hythe, Austl. 157/C4
Hythe, Ing,R.U. 77/E5
Hythe, Ing,R.U. 77/H4
Hyūga, Japón 130/B4
Hyvinkää, Fin. 81/L1

I

Iacanga, Bras. 234/C4
Iaco (río), Bras., Perú 232/D3
Iaçu, Bras. 235/E2
Iâf di Montasio (pico), Ita. 110/A2
Ialomiţa (con.), Rum. 116/D5
Ialomiţa (río), Rum. 111/H3
Iaşi, Rum. 111/H2
Iaşi (con.), Rum. 111/H2
Iatt (lago), La,EUA 210/B2
Iba, Fil. 145/B2
Ibadán, Nige. 169/F5
Ibagué, Col. 228/C3
Ibaiti, Bras. 234/C4
Ibajay, Fil. 145/C3
Ibans (lag.), Hon. 219/E3
Ibapah (pico), Ut,EUA 193/G4
Ibar (río), Kos. 110/E4
Ibara, Japón 130/C3
Ibaraki, Japón 131/L10
Ibaraki (pref.), Japón 131/F2
Ibarra, Ecua. 228/B4
Ibarreta, Argen. 236/E3
Ibb, Yemen 174/C2
Ibba (río), Sudán 173/F4
Ibbenbüren, Ale. 85/E4
Ibdekhene (uadi), Malí 169/F2
Ibenga (río), Congo 176/D2
Iberá (mar.), Argen. 236/E4
Iberia, Perú 232/C2
Iberia, Perú 232/D3
Ibérico, Sistema (mts.), Esp. 94/D2
Iberville, Qu,Can. 207/K2
Ibi, Esp. 95/E3
Ibi (río), Japón 130/E3
Ibi, Nige. 169/H4
Ibiapada (mtñas.), Bras. 231/F3
Ibiapina, Bras. 231/F3
Ibicaraí, Bras. 235/F2
Ibicuí (río), Bras. 237/F4
Ibicuy, Argen. 238/F2
Ibimirim, Bras. 235/F1
Ibirapuitã (río), Bras. 237/F4
Ibirubá, Bras. 237/F4
Ibitinga, Bras. 234/C4
Ibiúna, Bras. 235/J8
Ibiza, Esp. 95/F3
Ibiza (isla), Esp. 95/F3
Ibo, Bras. 231/G5
Ibo (río), Japón 130/D3
Ibo, Moz. 179/J2
Ibotirama, Bras. 235/E2
Iboundji (pico), Gabón 176/B3
Ibrah, Wādī (río seco), Sudán 172/E3
Ibrány, Hun. 83/L4
İbriktepe, Tur. 111/H5
Ibshawāy, Egip. 123/B5
Ibu (mtña.), Indo. 147/G3
Ibuki, Japón 131/M9
Ibuki-yama (pico), Japón 131/M9
Ibus (cabo), Indo. 144/F5
Iça (río), Bras. 232/D1
Ica, Perú 232/C4
Icabarú, Ven. 229/F3
Içana, Bras. 229/E4
Içana (río), Bras., Col. 228/D4
Icaño, Argen. 236/C4
Icaraíma, Bras. 237/F2
Icart (pta.), Anglo,R.U. 96/C2
Icatu, Bras. 231/E3
İçel (prov.), Tur. 123/C1
Ichalkaranji, India 138/B4
Ichāmati (río), Bang. 141/G3
Ichchāpuram, India 138/D4
Ichenhausen, Ale. 88/D6
Ichihara, Japón 131/J7
Ichijima, Japón 131/L9
Ichikawa, Japón 131/H7
Ichilo (río), Bol. 233/E5
Ichinohe, Japón 132/B3
Ichinomiya, Japón 130/E3
Ichinoseki, Japón 132/B4
Ichishi, Japón 131/M10
Ichnya, Ucr. 116/G2
Ichoca, Bol. 236/C1
Ich'ŏn, Cor.N. 133/D3
Ich'ŏn, Cor.S. 133/D4
Ichtegem, Bél. 86/C1

282 Jipar – Kanka

Jiparaná (río), Bras. ... 233/F3
Jipijapa, Ecua. ... 228/A5
Jiquilpan de Juárez, Méx. ... 216/E5
Jiquipilco, Méx. ... 217/Q9
Jirgā, Egip. ... 171/F3
Jiřkov, R.Ch. ... 89/G2
Jishan, China ... 135/B4
Jishou, China ... 137/F2
Jisr ash Shughūr, Siria ... 123/E2
Jitra, Malay. ... 144/C1
Jiu (río), Rum. ... 111/F4
Jiucheng, China ... 137/E2
Jiuding (mtña.), China ... 136/D2
Jiugong (mtña.), China ... 137/G2
Jiuhua (mtña.), China ... 137/H2
Jiujiang, China ... 135/C5
Jiulong, China ... 136/D2
Jiulong (mtñas.), China ... 137/G2
Jiutai, China ... 129/K3
Jiutepec, Méx. ... 217/F5
Jiuwan (mtñas.), China ... 137/E3
Jixi, China ... 129/L2
Jixi, China ... 137/H2
Ji Xian, China ... 129/H3
Jixian, China ... 129/L2
Ji Xian, China ... 135/C4
Ji Xian, China ... 135/D2
Jiyang, China ... 135/D3
Jiyuan, China ... 135/C4
Jizah, Piramides de (ruinas), Egip. ... 171/F2
Jīzān, Ar.S. ... 174/B1
Jize, China ... 135/C3
Jizera (río), R.Ch. ... 89/H2
Jizl, Wādī al (río seco), Ar.S. ... 171/H3
Jizō-zaki (pta.), Japón ... 130/C3
Jizu (mtña.), China ... 136/D3
Jiz', Wādī al (río seco), Yemen ... 126/F5
Jmelnitski, Ucr. ... 116/D3
Jmelnitski, Región de, Ucr. ... 116/D3
Joaçaba, Bras. ... 237/G3
Joachimsthal, Ale. ... 90/D2
Joaíma, Bras. ... 235/E3
Joana Peres, Bras. ... 230/D3
João Câmara, Bras. ... 231/H4
João Lisboa, Bras. ... 231/E4
João Monlevade, Bras. ... 235/E3
João Pessoa, Bras. ... 231/H4
João Pinheiro, Bras. ... 234/D3
Joaquim Távora, Bras. ... 237/G2
Joaquín Suárez, Uru. ... 239/T12
Joaquín V. González, Argen. ... 236/C3
Jobabo, Cuba ... 219/G1
Jockgrim, Ale. ... 88/B4
Jocón, Hon. ... 218/E3
Jódar, Esp. ... 94/D4
Jodhpur, India ... 138/B2
Jodoigne, Bél. ... 87/D2
Jodzhent, Tay. ... 134/A3
Joensuu, Fin. ... 79/J3
Joe Pool (lago), Tx,EUA ... 196/L7
Joetsu, Japón ... 131/F2
Joeuf, Fra. ... 87/F5
Johannesburgo, Safr. ... 180/E2
Johanngeorgenstadt, Ale. ... 89/F2
Johilla (río), India ... 140/C4
John Day (río), Or,EUA ... 192/C1
John Day, Middle Fork (río), Or,EUA ... 192/D1
John Day, North Fork (río), Or,EUA ... 192/D1
John F. Kennedy (aer.intl.), NY,EUA ... 213/E2
John Forrest, Parq. Nal., Austl. ... 154/C4
John Martin (emb.), Co,EUA ... 198/C1
John Redmond (emb.), Ks,EUA ... 199/G1
Johnson, Ks,EUA ... 198/D2
Johnson (mtña.), Wy,EUA ... 200/B2
Johnson (atolón), PacEUA ... 159/J3
Johnson City, NY,EUA ... 207/J3
Johnson City, Tn,EUA ... 209/F2
Johnson City, Tx,EUA ... 197/E2
Johnsondale, Ca,EUA ... 194/C3
Johnsons Crossing, Yk,Can. ... 215/M3
Johnsonville, N.Z. ... 160/H9
Johnstone, Es,R.U. ... 72/B5
Johnstown, NY,EUA ... 207/J3
Johnstown, Oh,EUA ... 206/E4
Johnstown, Pa,EUA ... 207/G4
Johor (est.), Malay. ... 144/C2
Johor (río), Malay. ... 144/C2
Johor Baharu, Malay. ... 144/C2
Jöhstadt, Ale. ... 89/G1
Joigny, Fra. ... 92/E3
Joinvile, Bras. ... 237/G3
Joinville (isla), Ant. ... 161/W
Joinville, Fra. ... 98/B1
Jojutla, Méx. ... 217/F5
Jokioinen, Fin. ... 81/K1
Jokkmokk, Sue. ... 79/F2
Jökulsargljufur, Parq. Nal., Isl. ... 79/P6
Jolanda di Savoia, Ita. ... 105/E3
Joliet, Il,EUA ... 206/B4
Joliette, Qu,Can. ... 207/K1
Jollyville, Tx,EUA ... 197/F2
Jolo, Fil. ... 145/C4
Joló (isla), Fil. ... 145/C4
Jomala, Fin. ... 81/H1
Jomalig (isla), Fil. ... 145/C2
Jombang, Indo. ... 144/F4
Jombo (río), Ang. ... 176/D5
Jomda, China ... 136/C2
Jona, Suiza ... 99/E3
Jonava, Lit. ... 81/L4
Jones (ens.), NY,EUA ... 213/L9
Jones (mtña.), Pa,EUA ... 212/A2
Jonesboro, Ar,EUA ... 199/J3
Jonesboro, Ga,EUA ... 209/M7
Jonesboro, Il,EUA ... 208/C2
Jonesboro, La,EUA ... 210/B1
Jones (bahía), Nun,Can. ... 187/S7
Jones-Harbour (pta.), NE,Can. ... 204/E4
Jonesport, Me,EUA ... 204/D3
Jónicas (islas), Gre. ... 109/F3
Jónico (mar), Eur. ... 109/F3
Jönköping, Sue. ... 80/F3
Jönköping (con.), Sue. ... 80/F3
Jonquière, Qu,Can. ... 204/B1
Jonquières, Fra. ... 100/A4
Jonuta, Méx. ... 217/G5
Jonzac, Fra. ... 92/C4
Joondalup (lago), Austl. ... 154/K6
Joplin, Mo,EUA ... 199/G2
Joppa (Joppatowne), Md,EUA ... 212/B5
Jora, India ... 140/A2
Jordan, Asia ... 123/D4
Jordan (lago), Al,EUA ... 208/D4
Jordan (lago), CN,EUA ... 209/H3
Jordan, Mt,EUA ... 191/L4
Jordan (río), Ut,EUA ... 193/H3
Jordán (río), Jor. ... 126/C2
Jordania ... 123/D4
Jordbro, Sue. ... 81/S7
Jorge (cabo), Chile ... 239/J7
Jorge (lago), Uga. ... 177/G3
Jorge Chávez (aer.intl.), Perú ... 232/B4
Jorge Newbery (Buenos Aires) (aer.intl.), Argen. ... 239/S12
Jorge V (costa), Ant. ... 161/L
Jorhāt, India ... 136/B3
Jork, Ale. ... 85/G1
Jornada del Muerto (valle), NM,EUA ... 195/J4
Jørpeland, Nor. ... 80/B2
Jos (mes.), Nige. ... 169/H4
Jose Abad Santos, Fil. ... 145/D4
José Agustín Palacios, Bol. ... 233/E4
José Batlle y Ordóñez, Uru. ... 239/G2
José Bonifacio, Bras. ... 237/G2
José Cardel, Méx. ... 217/F5
José de Freitas, Bras. ... 231/F4
José Enrique Rodó, Uru. ... 239/F2
Josefa Camejo (aer.intl.), Ven. ... 228/D2
José María Blanco, Argen. ... 238/E3
José María Cordova (aer.intl.), Col. ... 228/C3
José Martí (aer.intl.), Cuba ... 219/F1
Jose Pañganiban, Fil. ... 145/C2
José Pedro Varela, Uru. ... 239/G2
Joseph Bonaparte (golfo), Austl. ... 152/C3
Joseph City, Az,EUA ... 195/G3
Joshin-Etsu Kogen, Parq. Nal., Japón ... 131/F2
Jotunheimen, Parq. Nal., Nor. ... 80/C1
Jouanne (río), Fra. ... 97/E4
Jouarre, Fra. ... 86/C6
Joué-lès-Tours, Fra. ... 97/F6
Joué-sur-Erdre, Fra. ... 96/D6
Jourdanton, Tx,EUA ... 197/E3
Joure, P.B. ... 84/C3
Joutseno, Fin. ... 81/N1
Joux (lago), Fra. ... 98/C4
Jouy-en-Josas, Fra. ... 71/S10
Jouy-le-Moutier, Fra. ... 71/S9
Jovellanos, Cuba ... 219/F1
Jovet (mtña.), Fra. ... 100/C2
Joveyn (río), Irán ... 125/J2
Jowai, India ... 141/J3
Joy (mtña.), Yk,Can. ... 215/M3
Joyce's Country (dist.), Irl. ... 78/A2
Jōyō, Japón ... 131/L10
Jozankei Spa, Japón ... 132/B2
J. P. Priest (lago), Tn,EUA ... 208/D2
Jreïda, Maur. ... 168/A2
Ju (río), China ... 137/F2
Juan Aldama, Méx. ... 216/E3
Juan Bautista Alberdi, Argen. ... 236/C3
Juancheng, China ... 135/C4
Juan de Fuca (estr.), BC,Can., Wa,EUA ... 190/B3
Juan de Herrera, R.Dom. ... 221/D3
Juan de Nova, Reun. ... 181/G7
Juan Fernández, Argen. ... 238/F3
Juan Fernández (islas), Chile ... 225/F3
Juangriego, Ven. ... 229/F2
Juan Jackson, Uru. ... 239/T11
Juan José Paso, Argen. ... 238/E2
Juan José Ríos, Méx. ... 216/C3
Juanjuí, Perú ... 232/B2
Juan L. Lacaze, Uru. ... 239/T12
Juan Santamaría (aer.intl.), C.Rica ... 219/E4
Juárez, Argen. ... 238/F3
Juárez, Méx. ... 196/D4
Juárez (aer.intl.), Méx. ... 217/F5
Juárez (mtñas.), Méx. ... 194/D4
Juatinga (pta.), Bras. ... 234/D4
Juàzeirinho, Bras. ... 231/G4
Juazeiro, Bras. ... 235/E1
Juàzeiro do Norte, Bras. ... 231/G4
Juba, Sudán ... 173/F4
Jubba, Webi (río), Som. ... 175/C1
Jubones (río), Ecua. ... 232/B1
Juby (cabo), Marr. ... 95/Y17
Júcar (río), Esp. ... 94/D3
Juçara, Bras. ... 234/C2
Jucás, Bras. ... 231/G4
Jüchen, Ale. ... 84/D6
Juchipila, Méx. ... 216/E4
Juchique de Ferrer, Méx. ... 217/N7
Juchitán, Méx. ... 218/C2
Juchitepec, Méx. ... 217/R10
Jucurutu, Bras. ... 231/G4
Judas (pta.), C.Rica ... 219/E4
Judea (reg.), Cisj. ... 123/G8
Judenburg, Aus. ... 93/L3
Judith (mtñas.), Mt,EUA ... 191/K4
Juelsminde, Din. ... 80/D4
Juhaynah, Egip. ... 171/F3
Juicai (mtña.), China ... 137/F3
Juigalpa, Nic. ... 219/E3
Juilong (mtña.), China ... 137/H2
Juine (río), Fra. ... 97/H4
Juist, Ale. ... 84/E1
Juist (isla), Ale. ... 84/D1
Juiz de Fora, Bras. ... 235/E4
Jujuy (prov.), Argen. ... 236/C2
Julcán, Perú ... 232/B3
Julesburg, Co,EUA ... 200/C3
Juli, Perú ... 232/D5
Juliaca, Perú ... 232/D4
Julia Creek, Austl. ... 155/J2
Juliana (lago), Fl,EUA ... 210/M7
Juliana Top (pico), Suri. ... 230/B2
Julianos, Alpes (mtñas.), Ita., Esl. ... 93/K3
Jülich, Ale. ... 87/F2
Julimes, Méx. ... 196/B3
Júlio de Castilhos, Bras. ... 237/F4
Jullouville, Fra. ... 96/D3
Jullundur, India ... 142/C2
Julu, China ... 135/C3
Juma (río), China ... 135/C3
Jumbilla, Perú ... 232/B2
Jumilla, Esp. ... 94/E3
Jūmīn (río), Tun. ... 165/W17
Juminda (pta.), Esto. ... 81/L2
Jumla, Nepal ... 140/D1
Jümme (río), Ale. ... 85/E2
Jūmonji, Japón ... 132/B4
Jump (río), Wi,EUA ... 203/J5
Jumping Branch, VOcc,EUA ... 209/G2
Jun (mtña.), China ... 137/G2
Junagadh, India ... 138/B3
Junan, China ... 135/D4
Juncal (pico), Argen., Chile ... 238/C2
Junction (mtña.), Mt,EUA ... 191/H4
Junction, Tx,EUA ... 196/E2
Junction, Ut,EUA ... 193/G4
Junction City, Ks,EUA ... 199/F1
Jundiaí, Bras. ... 234/D4
Jundu (mtñas.), China ... 135/H6
Jundūbah, Tun. ... 165/W17
Jundūbah (gob.), Tun. ... 165/W17
Juneau (cap.), Ak,EUA ... 215/M4
Juneau, Wi,EUA ... 201/K2
Juneda, Esp. ... 95/F2
Junee, Austl. ... 157/C2
Jungar Qi, China ... 135/B3
Jungfrau (pico), Suiza ... 98/D4
Jungfraujoch, Suiza ... 98/D4
Jungfrufjärden (bahía), Sue. ... 81/S7
Jungle Gardens, La,EUA ... 197/J3
Jungoley, Qanat (canal), Sudán ... 173/F4
Juniata (río), Pa,EUA ... 212/A2
Junik, Kos. ... 110/E4
Junín, Argen. ... 238/C2
Junín, Argen. ... 238/E2
Junín, Col. ... 228/B4
Junín, Ecua. ... 228/A5
Junín, Perú ... 232/C3
Juniper (mtña.), Co,EUA ... 193/J3
Juniper Hills, Ca,EUA ... 214/C2
Junipero Serra (pico), Ca,EUA ... 194/B2
Junlian, China ... 136/E2
Juno (playa), Fra. ... 97/E2
Junsele, Sue. ... 79/F3
Juntas, Chile ... 236/B4
Juparanã (lago), Bras. ... 235/G6
Jupiá (emb.), Bras. ... 237/G2
Jupiter (río), Qu,Can. ... 204/F1
Jupiter, Fl,EUA ... 211/H4
Juquiá, Bras. ... 234/D5
Juquitiba, Bras. ... 235/J8
Jur (río), Sudán ... 173/F3
Jura (mtñas.), Eur. ... 98/C4
Jura (dept.), Fra. ... 98/B4
Jura (bahía), Es,R.U. ... 73/J9
Jura (isla), Es,R.U. ... 73/H9
Jura (cantón), Suiza ... 98/D3
Juradó, Col. ... 228/B3
Jurançon, Fra. ... 92/C5
Jurbarkas, Lit. ... 81/K4
Jurbise, Bél. ... 86/C2
Jurby Head (pta.), IM,R.U. ... 74/D3
Jurien, Austl. ... 154/B4
Jūrmala, Let. ... 81/K3
Jurong, Sin. ... 144/C2
Jur pri Bratislave, Eslo. ... 91/B3
Juruá (río), Bras. ... 229/E5
Jurua (río), Bras. ... 233/E2
Juruena, Bras. ... 233/G4
Juruena (río), Bras. ... 233/G4
Juruti, Bras. ... 230/B3
Jurva, Fin. ... 79/G3
Jushiyama, Japón ... 131/M9
Juskatla, CB,Can. ... 215/M5
Justo Daract, Argen. ... 238/D2
Jutaí, Bras. ... 232/D2
Jutaí (río), Bras. ... 233/D2
Jüterbog, Ale. ... 90/D4
Jutiapa, Gua. ... 218/D3
Juticalpa, Hon. ... 218/E3
Jutlandia (pen.), Din. ... 79/D4
Juva, Fin. ... 79/H3
Juventud (Pinos) (isla), Cuba ... 219/K7
Juvigné, Fra. ... 97/D4
Juvigny-sous-Andaine, Fra. ... 97/E3
Juvisy-sur-Orge, Fra. ... 71/T10
Ju Xian, China ... 135/D4
Juye, China ... 135/D4
Juzhang (río), China ... 135/C5
Juzistán (Ilan), Irán ... 125/G4
Južna Morava (río), Serb. ... 110/E4
Jwaneng, Bots. ... 178/E5
Jyderup, Din. ... 80/D4
Jyllinge, Din. ... 81/T9
Jyväskylä, Fin. ... 79/H3

K

K2 (Godwin-Austen) (mtña.), China, Pak. ... 134/C4
Ka (isla), Cor.N. ... 133/C3
Kaabong, Uga. ... 177/H2
Kaakhka, Turk. ... 127/G1
Kaala (pico), Hi,EUA ... 188/S10
Kaalualu, Hi,EUA ... 188/U11
Kaap (mes.), Safr. ... 180/C3
Kaarina, Fin. ... 81/K1
Kaarst, Ale. ... 84/D6
Kaba, Gui. ... 168/C4
Kaba, Hun. ... 110/E2
Kaba, Indo. ... 153/E1
Kabadak (río), Bang. ... 141/G4
Kabaena (isla), Indo. ... 152/A1
Kabah (ruinas), Méx. ... 217/H4
Kabale, S.Le. ... 168/C4
Kabale, Uga. ... 177/G3
Kabalega (cats.), Uga. ... 177/G2
Kabalega, Parq. Nal., Uga. ... 177/G2
Kabalo, D.R. Congo ... 177/F4
Kabamba (lago), D.R. Congo ... 177/F5
Kabanjahe, Indo. ... 144/B2
Kabankalan, Fil. ... 145/C3
Kabardinos y Balkart (rep. aut.), Rusia ... 115/G4
Kabare, D.R. Congo ... 177/G3
Kabbani (río), India ... 142/F3
Kabetogama (lago), Mn,EUA ... 203/H3
Kab-hegy (pico), Hun. ... 91/B5
Kabin Buri, Tail. ... 143/C3
Kabinda, D.R. Congo ... 177/F4
Kabīr (río), Arg. ... 165/V17
Kabīrah, As Sabkhat al (salr.), Libia ... 170/C2
Kabīr Kūh (mtñas.), Siria ... 124/F3
Kabīrwāla, Pak. ... 142/A2
Kabīyah (lag.), Tun. ... 108/A5
Kābol (Kabul) (cap.), Afg. ... 127/J2
Kabompo, Zam. ... 178/E2
Kabompo (río), Zam. ... 178/D2
Kabongo, D.R. Congo ... 177/F4
Kabul (río), Afg. ... 127/J2
Kabul (Kābol) (cap.), Afg. ... 127/J2
Kaburuang (isla), Indo. ... 145/D5
Kabwe, Zam. ... 179/F2
Kačanik, Kos. ... 110/E4
Kachalola, Zam. ... 179/F2
Kachemak (bahía), Ak,EUA ... 215/H4
Kachin (est.), Mya. ... 136/C3
Kachiry, Kaz. ... 134/C1
Kachug, Rusia ... 128/F1
Kaçkar (pico), Tur. ... 124/E1
Kadaianallur, India ... 142/F4
Kadam (pico), Uga. ... 175/A1
Kadan (isla), Mya. ... 143/B3
Kadaň, R.Ch. ... 89/G2
Kadavu (isla), Fidji ... 158/G6
Kadaya, Rusia ... 129/H1
Kadéï (río), Cam., Cafr. ... 172/B5
Kadiköy, Tur. ... 125/N7
Kadıköy, Tur. ... 111/H5
Kadina, Austl. ... 155/H5
Kadınhanı, Tur. ... 124/C2
Kadiogo (prov.), Burk. ... 169/E3
Kadiolo, Malí ... 168/D4
Kadiri, India ... 138/C5
Kadirli, Tur. ... 124/D2
Kadışehri, Tur. ... 124/C2
Kadoka, DS,EUA ... 200/D2
Kadoma, Japón ... 131/L10
Kadoma, Zim. ... 179/F3
Kadrina, Esto. ... 81/M2
Kaduna, Nige. ... 169/G4
Kaduna (est.), Nige. ... 169/G4
Kaduna (río), Nige. ... 169/G4
Kāduqlī, Sudán ... 173/F3
Kadusan (pico), Mya. ... 136/B5
Kadzherom, Rusia ... 113/M2
Kaédi, Maur. ... 168/B2
Kaélé, Cam. ... 172/B3
Kaeng Khlo, Tail. ... 143/C2
Kaeng Krachan, Parq. Nal., Tail. ... 143/B3
Kaesong, Cor.N. ... 133/D3
Kaesong-si (prov.), Cor.N. ... 133/D4
Kafakumba, D.R. Congo ... 177/F5
Kafar Jar Ghar (mtñas.), Afg. ... 127/J2
Kaffraria (reg.), Safr. ... 180/D4
Kaffrine, Sen. ... 168/B3
Kafirévs, Ákra (cabo), Gre. ... 109/J3
Kafr ad Dawwār, Egip. ... 123/B4
Kafr ash Shaykh, Egip. ... 123/B4
Kafr ash Shaykh (gob.), Egip. ... 123/B4
Kafr az Zayyāt, Egip. ... 123/B4
Kafr Qari', Isr. ... 123/G7
Kafr Qāsim, Isr. ... 123/F7
Kafu (río), Uga. ... 177/G2
Kafue, Zam. ... 179/F2
Kafue (cién.), Zam. ... 179/E2
Kafue (río), Zam. ... 179/F2
Kafue, Parq. Nal., Zam. ... 178/E2
Kaga, Japón ... 130/E2
Kagan, Uzb. ... 118/G6
Kagawa (pref.), Japón ... 130/D3
Kagendala, Parq. Nal., Ang. ... 176/D5
Kagne, Tur. ... 111/J5
Kâğithane (río), Tur. ... 125/M6
Kağızman, Tur. ... 125/E1
Kagoshima, Japón ... 130/B5
Kagoshima (bahía), Japón ... 130/B5
Kagoshima (pref.), Japón ... 130/B5
Kahama, Tan. ... 175/A2
Kahayan (río), Indo. ... 146/D4
Kahiu (pta.), Hi,EUA ... 188/T10
Kahla, Ale. ... 90/B6
Kahmsara (río), Rusia ... 128/D1
Kāhna, Pak. ... 142/C2
Kahoolawe (isla), Hi,EUA ... 188/T10
Kahperusvaara (pico), Fin. ... 79/G1
Kahramanmaraş, Tur. ... 124/D2
Kahraman Maraş (prov.), Tur. ... 124/D2
Kahror Pakka, Pak. ... 127/K3
Kâhta, Tur. ... 124/D2
Kahuku (pta.), Hi,EUA ... 188/T10
Kahului, Hi,EUA ... 188/T10
Kahuzi-Biega, Parq. Nal., D.R. Congo ... 177/F3
Kai (islas), Indo. ... 152/D1
Kaiapit, P.N.G. ... 153/G1
Kaiapoi, N.Z. ... 160/C3
Kaibab (mes.), Az, Ut,EUA ... 195/F2
Kaibara, Japón ... 131/L9
Kai Besar (islas), Indo. ... 152/D1
Kaibito, Az,EUA ... 195/G2
Kaibito (mes.), Az, Ut,EUA ... 195/G2
Kaidu (río), China ... 134/E3
Kaieteur (cats.), Guy. ... 229/G3
Kaieteur, Parq. Nal., Guy. ... 229/G3
Kaifeng, China ... 128/G5
Kaifu, Japón ... 130/D4
Kaigan-Rikuchū, Parq. Nal., Japón ... 132/C4
Kaijiang, China ... 137/E2
Kai Kecil (isla), Indo. ... 152/D1
Kaikoura, N.Z. ... 160/C3
Kaili, China ... 137/E3
Kailu, China ... 135/E2
Kaimganj, India ... 140/B2
Kaimur (mts.), India ... 140/C3
Käina, Esto. ... 81/K2
Kainab (río seco), Nam. ... 180/B2
Kainach (río), Aus. ... 110/B2
Kainan, Japón ... 130/D3
Kainantu, P.N.G. ... 153/G1
Kainji (lago), Nige. ... 169/G4
Kainoúryion, Gre. ... 109/G3
Kaipara (puer.), N.Z. ... 160/C2
Kaipara (río), N.Z. ... 160/F6
Kaiparowits (mes.), Ut,EUA ... 195/G2
Kaiping, China ... 135/J7
Kairāna, India ... 140/A1
Kairi, Austl. ... 156/B2
Kaisei, Japón ... 131/H7
Kaiseregg (pico), Suiza ... 98/D4
Kaiserslautern, Ale. ... 87/G5
Kaiserstuhl (pico), Ale. ... 98/D1
Kaisheim, Ale. ... 88/D5
Kait (cabo), Indo. ... 144/D3
Kaitaia, N.Z. ... 160/C1
Kaitangata, N.Z. ... 160/B4
Kaitej, T. Abor., Austl. ... 155/G2
Kaithal, India ... 134/C6
Kaiwi (canal), Hi,EUA ... 188/T10
Kaiyang, China ... 139/J2
Kaiyuan, China ... 129/J3
Kaiyuan, China ... 135/F2
Kaiyuan, China ... 136/D4
Kaizu, Japón ... 131/M9
Kaizuka, Japón ... 131/L10
Kajaani, Fin. ... 70/F2
Kajang, Indo. ... 147/F5
Kajang, Malay. ... 144/C2
Kajang (pico), Malay. ... 144/D2
Kajiado, Kenia ... 175/B2
Kaji-san (mtña.), Cor.S. ... 133/E5
Kajovka (emb.), Ucr. ... 117/G4
Kakaanpää, Fin. ... 79/G3
Kakadu, Parq. Nal., Austl. ... 152/D3
Kakamega, Kenia ... 175/A1
Kakamigahara, Japón ... 131/E3
Kakanj, Bosn. ... 110/D3
Kaketsa (mtña.), CB,Can. ... 215/M4
Kākhk, Irán ... 125/J3
Kakhovka, Ucr. ... 117/G4
Kākināda, India ... 138/D4
Kako (río), Japón ... 131/L9
Kakrāla, India ... 140/B2
Kakrima (río), Gui. ... 168/B4
Kakuda, Japón ... 131/G2
Kakunodate, Japón ... 132/B4
Kala (río), Sr.L. ... 142/H4
Kalaa-Kebia, Tun. ... 165/X18
Kalaallit Nunaat (Groenlandia), Din. ... 187/L1
Kālābāgh, Pak. ... 142/A1
Kalabo, Zam. ... 178/D2
Kalach, Rusia ... 117/L2
Kalachinsk, Rusia ... 118/H4
Kalach-na-Donu, Rusia ... 117/M3
Kaladan (río), Mya. ... 139/F3
Ka Lae (cabo), Hi,EUA ... 188/U11
Kalahari (des.), Áfr. ... 178/D4
Kalahari Central, Res. de Caza, Bots. ... 178/D4
Kalahari-Gemsbok, Parq. Nal., Safr. ... 180/C2
Kala-I-Mor, Turk. ... 127/H1
Kalakan, Rusia ... 119/M4
Kalamáki, Gre. ... 109/L7
Kalamaloué, Parq. Nal., Cam. ... 172/B2
Kalamariá, Gre. ... 109/H2
Kalamáta, Gre. ... 109/H4
Kalamazoo, Mi,EUA ... 206/D3
Kalamazoo (río), Mi,EUA ... 206/D3
Kalamitsk (bahía), Ucr. ... 117/G5
Kalampáka, Gre. ... 109/G3
Kalanguy, Rusia ... 128/H1
Kalanshiyū ar Ramlī al Kabīr, Sarīr (des.), Libia ... 170/D2
Kalanshiyū, Sarīr (des.), Libia ... 170/D3
Kalaotoa (isla), Indo. ... 152/A1
Kalarash, Mol. ... 111/J2
Kalāt, Pak. ... 127/J3
Kalaupapa, Hi,EUA ... 188/T10
Kalbar, Austl. ... 156/D4
Kalbarri, Austl. ... 154/B3
Kalbarri, Parq. Nal., Austl. ... 154/B3
Kalbe, Ale. ... 90/B2
Kalbīyah (lago), Tun. ... 165/X18
Kaldakvísl (río), Isl. ... 79/N7
Kale, Tur. ... 124/B2
Kalecik, Tur. ... 124/C1
Kaledupa (isla), Indo. ... 152/A1
Kalefeld, Ale. ... 85/H5
Kalemie, D.R. Congo ... 177/G4
Kalemyo, Mya. ... 136/B4
Kāl-e Shūr (río), Irán ... 125/J2
Kalety, Pol. ... 83/K3
Kalevala, Rusia ... 112/F2
Kalewa, Mya. ... 136/B4
Kaleya, Zam. ... 179/E2
Kalgoorlie-Boulder, Austl. ... 154/D4
Kalhall, Sue. ... 81/R7
Kali (río), India ... 140/B2
Kaliakra, Nos (pta.), Bul. ... 111/J4
Kalianda, Indo. ... 144/D4
Kalibo, Fil. ... 145/C3
Kāli Gandaki (río), Nepal ... 140/D2
Kalima, D.R. Congo ... 177/F3
Kalimantan (reg.), Indo. ... 146/D4
Kálimnos, Gre. ... 107/K3
Kálimnos (isla), Gre. ... 107/K3
Kālimpong, India ... 141/G2
Kaliningrad, Rusia ... 81/J4
Kaliningrad (lag.), Rusia ... 81/H4
Kaliningrad, Región de, Rusia ... 81/J4
Kalinino, Arm. ... 125/F1
Kalinino, Rusia ... 117/K5
Kalininsk, Rusia ... 115/H2
Kalinovka, Rusia ... 117/H2
Kalinovka, Ucr. ... 116/E3
Kalispell, Mt,EUA ... 191/G3
Kalisz, Pol. ... 83/K3
Kalisz (prov.), Pol. ... 83/J3
Kalix, Sue. ... 79/G2
Kalixälv (río), Sue. ... 79/G2
Kāliyāganj, India ... 141/G3
Kalkaringi, Austl. ... 152/C4
Kalkaska, Mi,EUA ... 206/D2
Kalkfeld, Nam. ... 178/C4
Kalkfontein, Bots. ... 178/D4
Kallakkurichichi, India ... 142/G3
Kallaste, Esto. ... 81/M2
Kallidaikurichchi, India ... 142/F4
Kallinge, Sue. ... 80/F3
Kallitéa, Gre. ... 109/L7
Kallsjön (lago), Sue. ... 79/E3
Kalmar, Sue. ... 80/G3
Kalmar (canal), Sue. ... 80/G3
Kalmar (con.), Sue. ... 80/G3
Kalmit (mtña.), Ale. ... 88/B4
Kalmthout, Bél. ... 84/B6
Kalmyk (rep. aut.), Rusia ... 117/M4
Kalmykovo, Kaz. ... 115/J2
Kalna, India ... 141/G4
Kalnciems, Let. ... 81/K3
Kalni (río), Bang. ... 141/H3
Kalnibolotskaya, Rusia ... 117/L4
Kalocsa, Hun. ... 110/D2
Kalofer, Bul. ... 109/J1
Kalohi (canal), Hi,EUA ... 188/T10
Kalokhórion, Gre. ... 110/F5
Kālol, India ... 138/B3
Kalomo, Zam. ... 179/E3
Kālpi, India ... 140/B2
Kalpin, China ... 134/C3
Kalpitiya, Sr.L. ... 142/G4
Kalsdorf bei Graz, Aus. ... 93/L3
Kaltbrunn, Suiza ... 99/F3
Kaltenkirchen, Ale. ... 82/E2
Kaltern (Caldaro), Ita. ... 99/H5
Kalu (río), Sr.L. ... 138/D6
Kaluga, Rusia ... 112/H5
Kaluga, Región de, Rusia ... 9/G5
Kalulushi, Zam. ... 179/F2
Kalumburu Abor. Rsv., Austl. ... 152/B3
Kalumpang, Malay. ... 144/C2
Kalundborg, Din. ... 80/D4
Kalungwishi (río), Zam. ... 177/G5
Kalūr Kot, Pak. ... 142/A1
Kalush, Ucr. ... 116/C3
Kalutara, Sr.L. ... 138/C6
Kalvarija, Lit. ... 81/K4
Kalyan, India ... 138/B4
Kalyazin, Rusia ... 112/H4
Kama, Mya. ... 136/B5
Kama (emb.), Rusia ... 113/M4
Kama (río), Rusia ... 71/J3
Kama, D.R. Congo ... 177/F3
Kamagaya, Japón ... 131/J7
Kamaishi, Japón ... 132/B4
Kamajai, Lit. ... 81/L4
Kamakou (pico), Hi,EUA ... 188/T10
Kamakura, Japón ... 131/H7
Kamakusa, Guy. ... 230/A1
Kamālia, Pak. ... 142/B2
Kāman, India ... 140/A2
Kaman, Tur. ... 124/C2
Kamanjab, Nam. ... 178/B3
Kamaran (isla), Yemen ... 174/B2
Kamarang, Guy. ... 229/F3
Kāmāreddi, India ... 138/C4
Kamarhati, India ... 138/E3
Kamaria (cats.), Guy. ... 229/G3
Kambalda, Austl. ... 154/D4
Kambam, India ... 142/F4
Kambar, Pak. ... 138/A2
Kambia, S.Le. ... 168/B4
Kambing (isla), Indo. ... 152/B2
Kambja, Esto. ... 81/M2
Kambove, D.R. Congo ... 177/F5
Kambuno (pico), Indo. ... 147/F4
Kamchatka (pen.), Rusia ... 119/R4
Kamchatka, Región de, Rusia ... 119/R4
Kamchiya (río), Bul. ... 111/H4
Kamchiya, Luda (río), Bul. ... 107/K2
Kamen, Ale. ... 85/E5
Kamenets-Podolski, Ucr. ... 116/D3
Kamenjak, Rt (cabo), Cro. ... 110/A3
Kamenka, Kaz. ... 115/J2
Kamenka, Mol. ... 111/J1
Kamenka, Rusia ... 129/M3
Kamenka, Rusia ... 113/K2
Kamenka, Rusia ... 114/F2
Kamenka, Rusia ... 115/H1
Kamenka, Rusia ... 117/K2
Kamenka, Ucr. ... 116/G3
Kamen'-Kashirskiy, Ucr. ... 116/C2
Kamen'-na-Obi, Rusia ... 134/D1
Kameno, Bul. ... 111/H4
Kamenskoye, Rusia ... 119/S3
Kamensk-Shakhtinskiy, Rusia ... 117/L3
Kamensk-Uralski, Rusia ... 113/P4
Kamenz, Ale. ... 90/E5
Kameoka, Japón ... 130/D3
Kameyama, Japón ... 131/M10
Kami, Japón ... 131/K9
Kamień Pomorski, Pol. ... 83/H2
Kamifukuoka, Japón ... 131/H7
Kamiiso, Japón ... 132/B3
Kamiishizu, Japón ... 131/M9
Kamikawa, Japón ... 132/C2
Kamilo (pta.), Hi,EUA ... 188/U11
Kamina, D.R. Congo ... 177/F5
Kaminoyama, Japón ... 131/G1
Kamishak (bahía), Ak,EUA ... 215/H4
Kamishin, Rusia ... 71/H3
Kamiyaku, Japón ... 130/B5
Kamla (río), India ... 141/F3
Kamloops, CB,Can. ... 190/D2
Kamlot, Camb. ... 143/C4
Kammaki, Japón ... 131/L10
Kammlach (río), Ale. ... 88/D6
Kamnik, Esl. ... 110/B2
Kamo, Arm. ... 115/H4
Kamo, Japón ... 131/F2
Kamo (río), Japón ... 131/J7
Kamogawa, Japón ... 131/G3
Kamojima, Japón ... 130/D3
Kāmoke, Pak. ... 142/B2
Kamp (río), Aus. ... 93/L2
Kampala (cap.), Uga. ... 177/H2
Kampalili (mte.), Fil. ... 145/D4
Kampar (río), Indo. ... 144/C2
Kampar, Malay. ... 144/C1
Kampen, Ale. ... 82/E1
Kampen, P.B. ... 84/C3
Kampene, D.R. Congo ... 177/F3
Kamphaeng Phet, Tail. ... 143/B2
Kamphaeng Phet (ruinas), Tail. ... 143/B2
Kampinoski, Parq. Nal., Pol. ... 83/L2
Kamp-Lintfort, Ale. ... 84/D6
Kamp'o, Cor.S. ... 133/E5
Kampong Cham, Camb. ... 143/D4
Kampong Chhnang, Camb. ... 143/D3
Kampong Khleang, Camb. ... 143/D3
Kampong Kuala Besut, Malay. ... 144/C1
Kampong Saom, Camb. ... 143/C4
Kampong Saom (bahía), Camb. ... 143/C4
Kampong Sedenak, Malay. ... 144/C2
Kampong Spoe, Camb. ... 143/D4
Kampong Thum, Camb. ... 143/D3
Kampong Trabek, Camb. ... 143/D4
Kampot, Camb. ... 143/D4
Kamrau (bahía), Indo. ... 147/H4
Kamsack, Sk,Can. ... 202/D2
Kamsdorf, Ale. ... 90/B6
Kamtsha (río), D.R. Congo ... 176/D4
Kamui-misaki (cabo), Japón ... 132/B2
Kámuk (mtña.), C.Rica ... 219/F4
Kamyshlov, Rusia ... 113/P4
Kamysh-Zarya, Ucr. ... 117/J4
Kamyzyak, Rusia ... 115/J3
Kanaaupscow (río), Qu,Can. ... 187/J3
Kanab (mes.), Az,EUA ... 195/F2
Kanab, Ut,EUA ... 195/F2
Kanaga (isla), Ak,EUA ... 215/C6
Kanaga (vol.), Ak,EUA ... 215/C6
Kanagawa (pref.), Japón ... 131/F3
Kanairiktok (río), Tnva,Can. ... 187/K3
Kanaku (mtñas.), Bras., Guy. ... 230/A2
Kanan, Japón ... 131/L10
Kananga, D.R. Congo ... 177/E4
Kanash, Rusia ... 71/H3
Kanata, On,Can. ... 207/J2
Kanawha (río), VOcc,EUA ... 209/F1
Kanazawa, Japón ... 131/E2
Kanbalu, Mya. ... 139/G3
Kanchanaburi, Tail. ... 143/B3
Kanchipuram, India ... 138/C5
Kanchrāpārā, India ... 141/G4
Kandalaksha, Rusia ... 112/G2
Kandalaksha (golfo), Rusia ... 112/G2
Kándanos, Gre. ... 109/H5
Kandava, Let. ... 81/K3
Kandavu, Paso de (canal), Fidji ... 159/Y18
Kandel, Ale. ... 88/B4
Kandel (pico), Ale. ... 88/B6
Kander (río), Suiza ... 98/D4
Kandern, Ale. ... 98/D2
Kandhkot, Pak. ... 127/J3
Kāndhla, India ... 140/A1
Kandi, Benín ... 169/F4
Kāndi, India ... 141/G4
Kandi (cabo), Indo. ... 147/F3
Kandi, D.R. Congo ... 177/G2
Kandıra, Tur. ... 111/K5
Kandos, Austl. ... 157/D2
Kandry, Rusia ... 113/M5
Kandukūr, India ... 138/C4
Kandy, Sr.L. ... 138/D6
Kane (cuenca), Nun,Can. ... 187/T7
Kanem (pref.), Chad ... 172/B2
Kaneohe, Hi,EUA ... 188/T10
Kaneohe (bahía), Hi,EUA ... 188/W13
Kanev (emb.), Ucr. ... 116/F2
Kanevskaya, Rusia ... 117/K4
Kaneyama, Japón ... 132/B4
Kang, Bots. ... 178/D4
Kanga (río), Bang. ... 141/G5
Kanga, Tan. ... 175/B3
Kanga, D.R. Congo ... 177/G2
Kangaba, Malí ... 168/C4
Kangal, Tur. ... 124/D2
Kangān, Irán ... 125/H5
Kangān, Irán ... 125/J5
Kangan, T. Abor., Austl. ... 154/C2
Kangar, Malay. ... 144/C1
Kangaroo (isla), Austl. ... 155/G5
Kangaruma, Guy. ... 229/G3
Kangasala, Fin. ... 81/L1
Kangāvar, Irán ... 125/F3
Kangbao, China ... 128/G3
Kangchenjunga (mtña.), Nepal ... 138/E2
Kangding, China ... 136/D2
Kangean (isla), Indo. ... 144/F4
Kangean (islas), Indo. ... 144/F4
Kangen (río), Sudán ... 173/G4
Kangendala, Parq. Nal., Ang. ... 176/D5
Kanggyŏng, Cor.S. ... 133/D4
Kanghwa, Cor.S. ... 133/D4
Kanghwa (isla), Cor.S. ... 133/D4
Kangiqsualujjuaq, Qu,Can. ... 187/K3
Kangiqsujuaq, Qu,Can. ... 187/J2
Kangirsuk, Qu,Can. ... 187/J2
Kangjin, Cor.S. ... 133/D5
Kangmar, China ... 141/G1
Kangnam (mtñas.), Cor.N. ... 133/C2
Kangnung, Cor.S. ... 133/E4
Kangnyŏng, Cor.N. ... 133/C4
Kangping, China ... 135/E2
Kangrinboq (pico), China ... 134/D5
Kangto (pico), China ... 136/B3
Kangwon-do (prov.), Cor.N. ... 133/D3
Kangwon-do (prov.), Cor.S. ... 133/E4
Kanhān (río), India ... 138/C3
Kanha, Parq. Nal., India ... 140/C4
Kani, C.Marf. ... 168/D4
Kani, Japón ... 131/N9
Kani, Mya. ... 136/B4
Kanie, Japón ... 131/M9
Kanin (pen.), Rusia ... 113/K2
Kanin Nos (pta.), Rusia ... 70/H2
Kaniva, Austl. ... 157/B3
Kanjirapalli, India ... 142/F4
Kanjiža, Serb. ... 110/E2
Kankakee, Il,EUA ... 206/C4
Kankakee (río), Il, In,EUA ... 206/C4

Kankan, Gui. 168/C4
Kankan (com.), Gui. 168/C4
Känker, India 138/D3
Kankesanturai, Sr.L. 142/H4
Kanmuri-yama (mtña.), Japón 130/C3
Kannapolis, CN,EUA 209/G3
Kannauj, India 140/B2
Kanniyākumāri, India 142/F4
Kannon-zaki (pta.), Japón 131/H7
Kannus, Fin. 79/G3
Kano, Nige. 169/H4
Kano (est.), Nige. 169/H3
Kan'onji, Japón 130/C3
Kanopolis (lago), Ks,EUA 200/E4
Kanouse (mte.), NJ,EUA 213/H7
Kanoya, Japón 130/B5
Kanpur, India 140/C2
Kansarokana (río seco), Kenia 175/B2
Kansas (est.), E.U.A. 189/G4
Kansas (río), Ks,EUA 201/F4
Kansas City, Ks,EUA 199/G1
Kansas City, Mo,EUA 199/G1
Kansk, Rusia 118/K4
Kansŏng, Cor.S. 133/E3
Kant, Kirg. 134/B3
Kantābānji, India 138/D3
Kantemirovka, Rusia 117/K3
Kānth, India 140/B1
Kantō (prov.), Japón 131/F2
Kantunilkin, Méx. 217/J4
Kanuma, Japón 131/F2
Kanye, Bots. 178/E5
Kaoh Nhek, Camb. 143/D3
Kaohsiung, Tai. 137/J4
Kaokoveld (reg.), Nam. 178/C4
Kaolack, Sen. 168/A3
Kaolack (reg.), Sen. 168/B3
Kaoma, Zam. 178/E2
Kaongweshi (río), D.R. Congo 177/E5
Kapaahu, Hi,EUA 188/U11
Kapakapuni (mtña.), N.Z. 160/J8
Kapalong, Fil. 145/D4
Kapaonik (mtñas.), Serb. 110/E4
Kapchagay, Kaz. 134/C3
Kapchagay (emb.), Kaz. 134/C3
Kapellen, Bél. 84/B6
Kapenguria, Kenia 175/A1
Kapfenberg, Aus. 93/L3
Kapidaği (pen.), Tur. 111/H5
Kapingamarangi (isla), Micr. 158/E4
Kapiri Mposhi, Zam. 179/F2
Kapiskau (río), On,Can. 187/H3
Kaplice, R.Ch. 89/H5
Kapos (río), Hun. 91/C6
Kaposvár, Hun. 110/C2
Kapuas (río), Indo. 146/C4
Kapuas Hulu (mtñas.), Indo., Malay. 146/D3
Kapunda, Austl. 155/H5
Kapūrthala, India 142/C2
Kapuskasing, On,Can. 187/H4
Kapuvár, Hun. 91/B4
Kapydzhik (pico), Azer. 125/F2
Kapydzhik, Gora (pico), Azer. 115/H5
Kap'yŏng, Cor.S. 133/D4
Kara, Rusia 113/Q1
Kara (mar), Rusia 71/J1
Kara (río), Rusia 113/Q1
Karaali, Tur. 124/C2
Karaart, Tay. 134/B4
Kara-Balta, Kirg. 134/B3
Karabiğa, Tur. 111/H5
Kara-Bogaz-Gol (golfo), Turk. 115/K4
Karabra (río), Indo. 147/H4
Karabük, Tur. 124/C1
Karabula, Rusia 118/K4
Karabulak, Rusia 115/H4
Karaburun, Tur. 111/J5
Karabutak, Kaz. 115/M2
Karaca (pico), Tur. 124/D2
Karacabey, Tur. 124/B1
Karacadağ, Tur. 111/H5
Karacaköy, Tur. 111/J5
Karaçal (pico), Tur. 123/C1
Karacaoğlan, Tur. 111/H5
Karachay-Cherkass (reg. aut.), Rusia 117/L5
Karachev, Rusia 114/E1
Karachi, Pak. 127/J4
Karād, India 138/B4
Karadere, Tur. 111/K5
Karaganda, Kaz. 134/B2
Karagayly, Kaz. 134/C2
Karaginski (isla), Rusia 122/R4
Karagoš (pico), Rusia 134/E1
Karaikkudi, India 142/G3
Karaisalı, Tur. 124/C2
Karaitivu (isla), Sr.L. 142/G4
Karaj, Irán 125/G3
Karak (gob.), Jor. 123/E4
Kara-Kala, Turk. 115/L5
Karakalpak (rep. aut.), Uzb. 115/L3
Karakax (río), China 134/C4
Karakeçi, Tur. 124/D2
Karakelong (isla), Indo. 145/D4
Karakhoto (ruinas), China 128/E3
Karakoçan, Tur. 124/E2
Karakoram (paso), India, China 127/L1
Karakoro (río), Malí, Maur. 168/C3
Karakorum (mts.), Asia 134/C4
Karakorum (ruinas), Mong. 128/E2
Karaköse, Tur. 125/E2
Karaköy, Tur. 124/E2
Karakul' (lago), Tay. 134/B4
Karakul', Uzb. 118/G6
Kara Kum (des.), Turk. 115/L5
Karakyon, Gora (pico), Turk. 115/K4
Karakyr (pico), Turk. 127/H1
Karam (río), Indo. 147/E4
Karaman, Tur. 124/C2
Karaman (prov.), Tur. 123/C1
Karamanlı, Tur. 124/B2
Karamay, China 134/D2
Karamea (bahía), N.Z. 160/B3
Karamet-Niyaz, Turk. 127/H1
Karamoja (prov.), Uga. 175/A1
Karamürsel, Tur. 111/J5
Karangasem, Indo. 144/F5
Karanginski (bahía), Rusia 119/S4
Karanginski (isla), Rusia 119/S4
Kāranja, India 138/C3
Karapınar, Tur. 124/C2
Karasabai, Guy. 229/G3
Kara-saki (pta.), Japón 130/A3
Karaşar, Tur. 111/L5
Karasburg, Nam. 180/B3
Karasjok, Nor. 79/H1
Karasu, Japón 131/M10
Karasu, Tur. 111/K5
Karasuk, Rusia 134/C1
Karatá (lag.), Nic. 219/F3
Karatal (río), Kaz. 134/C2
Karataş, Tur. 123/D1
Karatau, Kaz. 134/B3
Karatau (mtñas.), Kaz. 134/A3
Karathuri, Mya. 143/B4
Karaton, Kaz. 115/K3
Karatoya (río), Bang. 141/G3
Karatsu, Japón 130/A4
Karauli, India 140/A2
Karaurgan, Tur. 124/E1
Karáva (pico), Gre. 109/G3
Karavan, Kirg. 134/B3
Karawang, Indo. 144/D4
Karayaka, Tur. 114/F4
Karayazı, Tur. 124/E2
Karazhal, Kaz. 134/B2
Karbalā', Irak 125/F3
Karbala (gob.), Irak 125/E3
Karben, Ale. 88/B2
Karcag, Hun. 110/E2
Kardhámila, Gre. 109/K3
Kardhítsa, Gre. 109/G3
Kärdla, Esto. 81/K2
Kardos-ér (río), Hun. 91/A5
Kareha (río), India 141/E3
Karelī, India 140/B4
Karelia (rep. aut.), Rusia 118/D3
Karenga (río), Rusia 128/H1
Karen (Kayin) (est.), Mya. 143/B2
Karera, India 140/B3
Karesuando, Sue. 79/G1
Karēt (reg.), Maur. 166/D4
Kärevere, Esto. 81/M2
Kargasok, Rusia 118/J4
Kargı, Tur. 124/C1
Kargopol', Rusia 112/H3
Karhijärvi (lago), Fin. 81/K1
Kariaí, Gre. 109/J2
Kariba (lago), Zam., Zim. 179/E3
Kariba, Zim. 179/F3
Kariba-yama (mtña.), Japón 132/A2
Karibib, Nam. 178/B4
Karikal, India 142/G3
Karimata (estr.), Indo. 146/C4
Karimata (isla), Indo. 146/C4
Karīmnagar, India 138/C4
Karin, Som. 174/C3
Karin, Som. 174/D3
Karise, Din. 80/E4
Karisimbi (vol.), D.R. Congo 177/G3
Káristos, Gre. 109/J3
Kariya, Japón 131/M10
Karkaar (mtñas.), Som. 174/D3
Kārkāl, India 138/B5
Karkar (isla), P.N.G. 158/D5
Karkinitsk (golfo), Ucr. 117/G5
Karkkila, Fin. 81/L1
Karla Marksa (pico), Tay. 134/B4
Karlino, Pol. 83/H1
Karlivka, Ucr. 114/E2
Karlo-Libknekhtovsk, Ucr. 117/K3
Karlovac, Esl. 110/B3
Karlovarský (reg.), R.Ch. 89/F2
Karlovka, Ucr. 117/H3
Karlovo, Bul. 111/G4
Karlovy Vary, R.Ch. 89/F2
Karlsdorf-Neuthard, Ale. 88/B4
Karlsfeld, Ale. 89/E6
Karlshamn, Sue. 80/F3
Karlshuld, Ale. 88/E5
Karlskoga, Sue. 80/F2
Karlskron, Ale. 89/E5
Karlskrona, Sue. 80/F3
Karlslunde Strand, Din. 81/T9
Karlsruhe, Ale. 88/B4
Karlstad, Sue. 80/E2
Karlstadt, Ale. 88/C3
Karlstein am Main, Ale. 88/C2
Karmāla, India 138/C4
Karmel, Har (mtña.), Isr. 123/D3
Karnal, India 140/A1
Karnali (río), Nepal 140/C1
Karnali (zona), Nepal 140/C1
Karnali (río), Tibet 140/C1
Karnaphuli (emb.), Bang. 141/H4
Karnataka (est.), India 142/F3
Karnes City, Tx,EUA 197/F3
Karnobat, Bul. 111/H4
Kärnten (prov.), Aus. 110/A2
Karomatan, Fil. 145/C4
Karonga, Mal. 175/A4
Karoonda, Austl. 157/A2
Karoo, Parq. Nal., Safr. 180/C4
Karor, Pak. 142/A2
Karossa (cabo), Indo. 147/E5
Kárpathos, Gre. 107/K4
Kárpathos (isla), Gre. 107/K4
Karpatski, Parq. Nal., Ucr. 116/C3
Karpenísion, Gre. 109/G3
Karpogory, Rusia 113/K3
Karratha, Austl. 154/C2
Kars (río), Safr. 180/M11
Kars, Tur. 125/E1
Kars (prov.), Tur. 124/E1
Kars (río), Tur. 115/G4
Kärsämäki, Fin. 79/H3
Karsantı, Tur. 124/C2
Kārsava, Let. 81/M3
Karshi, Uzb. 118/G6
Kartaly, Rusia 115/M1
Kartārpur, India 142/C2
Karthane (río), Ale. 90/C2
Kartinitsk (golfo), Ucr. 111/L3
Kartuzy, Pol. 83/K1
Karuah, Austl. 157/D2
Karuma (cats.), Uga. 177/H2
Karumba, Austl. 156/A2
Karūn (río), Irán 125/G4
Karūr, India 142/G3
Karviná, R.Ch. 83/K4
Karwar, India 138/B5
Karymskoye, Rusia 128/G1
Kås, Din. 79/D4
Kaş, Tur. 123/A1
Kasagi, Japón 131/L10
Kāsai (río), India 141/F4
Kasai, Japón 130/D3
Kasai (río), D.R. Congo 176/D3
Kasai-Occidental (reg.), D.R. Congo 177/E4
Kasai-Oriental (reg.), D.R. Congo 177/E3
Kasama, Japón 131/G2
Kasama, Zam. 177/G5
Kasamatsu, Japón 131/M9
Kasane, Bots. 178/E3
Kasangulu, D.R. Congo 176/C4
Kasanka, Parq. Nal., Zam. 179/F2
Kasaoka, Japón 130/C3
Kāsaragod, India 138/C5
Kasar, Ras (cabo), Sudán 171/H5
Kasartori-yama (pico), Japón 131/M10
Kasba (lago), Nun,TNO,Can. 186/F2
Kaseda, Japón 130/B5
Kasempa, Zam. 178/E2
Kasese, Uga. 177/G2
Kasese, D.R. Congo 177/F3
Kāsganj, India 140/B2
Kashaf (río), Irán 127/H1
Kashan, Irán 125/G3
Kashi, China 134/C4
Kashiba, Japón 131/L10
Kashiba, Zam. 177/G5
Kashihara, Japón 130/D3
Kashima, Japón 130/B4
Kashima, Japón 131/G3
Kashin, Rusia 112/H4
Kāshīpur, India 140/B1
Kashiwa, Japón 131/H7
Kashiwara, Japón 131/L10
Kashiwazaki, Japón 131/F2
Kāshmar, Irán 125/J3
Kashmor, Pak. 138/A2
Kashof (río), Irán 125/J2
Kasidiji (río), D.R. Congo 177/E5
Kasigau (pico), Kenia 175/B2
Kasimov, Rusia 112/J5
Kasiruta (isla), Indo. 147/G4
Kasiui (isla), Indo. 147/H4
Kaskaskia (río), Il,EUA 201/K4
Kas'kovo, Rusia 81/N2
Kaslo, CB,Can. 190/F3
Kasongo, D.R. Congo 177/F4
Kásos (isla), Gre. 107/K4
Kaspi, Geor. 115/H4
Kaspichan, Bul. 111/H4
Kaspiysk, Rusia 115/H4
Kaspiyskiy, Rusia 115/H3
Kassala, Sudán 173/H2
Kassándria, Gre. 109/H2
Kassel, Ale. 85/G6
Kassikaityu (río), Guy. 229/G4
Kastamonu, Tur. 124/C1
Kastamonu (prov.), Tur. 124/C1
Kastellaun, Ale. 87/G3
Kaštel Stari, Cro. 110/C4
Kaštel Sućurac, Cro. 110/C4
Kasterlee, Bél. 87/D1
Kastoría, Gre. 109/G2
Kastrakíou (lago), Gre. 109/G3
Kastrup (aer. intl.), Din. 80/E4
Kasuga, Japón 131/L9
Kasugai, Japón 131/E3
Kasukabe, Japón 131/F3
Kasuku (río), D.R. Congo 177/F3
Kasumiga (lago), Japón 131/G2
Kasungu, Mal. 179/G2
Kasungu, Parq. Nal., Mal. 179/G2
Kasur, Pak. 142/C2
Katagum (río), Nige. 172/A2
Katahdin (mtña.), Me,EUA 204/C3
Katanda, D.R. Congo 177/E4
Katanda, D.R. Congo 177/G3
Katanga (golfo), Rusia 119/L2
Katanga (reg.), D.R. Congo 164/E5
Katanga (Shaba) (reg.), D.R. Congo 177/F5
Katangi, India 140/B4
Katanning, Austl. 154/C5
Katano, Japón 131/L10
Katavi, Parq. Nal., Tan. 177/G4
Katchall (isla), India 139/F6
Katea, D.R. Congo 177/E4
Katea, D.R. Congo 177/F4
Kateríni, Gre. 109/H2
Kates Needle (mtña.), Ak,EUA 215/M4
Katete, Mal. 179/G2
Katete, Zam. 179/G2
Katha, Mya. 136/C3
Katherine, Austl. 152/D3
Katherine (río), Austl. 152/D3
Katherine, Az,EUA 194/E3
Katherine Gorge, Parq. Nal., Austl. 152/D3
Kāthgodām, India 140/B1
Kāthiawar (pen.), India 127/K4
Kathua, India 142/C1
Kati, Malí 168/C3
Katihar, India 141/F3
Katiola, C.Marf. 168/D4
Katlenburg-Lindau, Ale. 85/H5
Katmai (vol.), Ak,EUA 215/H4
Katmai, Parq. Nal., Ak,EUA 215/G4
Katmandú (cap.), Nepal 141/E2
Káto Akhaía, Gre. 109/G3
Katokhí, Gre. 109/G3
Katonah, NY,EUA 213/E1
Katonga (río), Uga. 177/G2
Katoúna, Gre. 109/G3
Katowice, Pol. 83/K3
Katowice (prov.), Pol. 83/K3
Katra, India 140/C3
Katra, India 142/C1
Kātrās, India 141/F4
Katrinah (mte.), Egip. 171/G2
Katrīnah, Jabal (mnt), Egip. 171/G2
Katrineholm, Sue. 80/G2
Katrine, Loch (lago), Es,R.U. 72/B4
Katsina, Nige. 169/G3
Katsina (est.), Nige. 169/G3
Katsura (río), Japón 131/L9
Katsuragi, Japón 130/D3
Katsuragi-san (pico), Japón 131/L10
Katsuta, Japón 131/G2
Katsuura, Japón 131/G3
Katsuyama, Japón 130/E2
Kattegat (estr.), Din., Sue. 80/D3
Katul (mtña.), Sudán 173/F2
Katumbi, Mal. 179/G1
Katun' (río), Rusia 134/E1
Katun'chuya (río), Rusia 134/E1
Kātwa, India 141/G4
Katwe, Uga. 177/G3
Katwijk aan Zee, P.B. 84/B4
Katzenbach (río), Ale. 88/B4
Katzenbuckel (pico), Ale. 88/C4
Kauai (canal), Hi,EUA 188/S10
Kauai (isla), Hi,EUA 188/S9
Kaudum (río seco), Nam. 178/D3
Kaudum, Parq. Nal., Nam. 178/D3
Kaufbeuren, Ale. 99/G2
Kaufering, Ale. 88/D6
Kaufman, Tx,EUA 197/F1
Kaufungen, Ale. 85/G6
Kauhajoki, Fin. 79/G3
Kauhanevan-Pohjankankaan, Parq. Nal., Fin. 79/G3
Kauhava, Fin. 79/G3
Kauhola (pta.), Hi,EUA 188/U10
Kauiki Head (pta.), Hi,EUA 188/U10
Kaukauna, Wi,EUA 201/K1
Kaukaveld (mtñas.), Nam. 178/B3
Kaukura (atolón), Pol.Fr. 159/L6
Kaulakahi (canal), Hi,EUA 188/R9
Kaulashishi (colina), Zam. 179/F2
Kaumalapau, Hi,EUA 188/T10
Kaunakakai (pta.), Hi,EUA 188/U11
Kaunas, Lit. 81/K4
Kaunas (emb.), Lit. 81/L4
Kauttua, Fin. 81/K1
Kau-ye (isla), Mya. 143/B4
Kavadarci, Mace. 110/F5
Kavajë, Alb. 109/F2
Kavakbaşı, Tur. 124/E2
Kavála, Gre. 109/J2
Kavalerovo, Rusia 129/M3
Kāvali, India 138/C5
Kavangel (islas), Palau 158/C4
Kavango (río), Nam. 178/C3
Kavaratti, India 138/B5
Kavarna, Bul. 111/J4
Kavgolovskoye (lago), Rusia 113/V6
Kavieng, P.N.G. 158/E5
Kavir (des.), Irán 125/H3
Kavīr-e Bāfq (saln.), Irán 125/H4
Kavīr-e Namak (saln.), Irán 125/J3
Kävlinge, Sue. 81/U9
Kaw (lago), Ok,EUA 199/F2
Kaw, Gua.Fr. 230/C1
Kawa (ruinas), Sudán 171/F5
Kawabe, Japón 132/B4
Kawachi, Japón 131/J7
Kawachi-Nagano, Japón 131/L10
Kawage, Japón 131/M10
Kawagoe, Japón 131/H7
Kawagoe, Japón 131/M9
Kawaguchi, Japón 131/F3
Kawaihoa (pta.), Hi,EUA 188/R10
Kawaikini (pico), Hi,EUA 188/S9
Kawajima, Japón 131/H7
Kawakami, Japón 131/L10
Kawamata, Japón 131/G2
Kawambwa, Zam. 177/G5
Kawanishi, Japón 131/L10
Kawardha, India 140/C4
Kawartha (lagos), On,Can. 207/G2
Kawasaki, Japón 131/F3
Kawashima, Japón 131/M9
Kawerau, N.Z. 160/D2
Kawhia, N.Z. 160/C2
Kawi (mtña.), Indo. 144/F4
Kawich (pico), Nv,EUA 194/D2
Kawlin, Mya. 136/B4
Kawludo, Mya. 143/B2
Kawm Umbū, Egip. 171/G3
Kawthaung, Mya. 143/B4
Kax (río), China 134/D3
Kaxgar (río), China 134/C3
Kay (pta.), Yk,Can. 215/L2
Kaya, Burk. 169/E4
Kaya, Cor.S. 133/E5
Kayadibi, Tur. 124/C2
Kayagangiri (pico), Cafr. 172/B4
Kayah (est.), Mya. 143/B2
Kāyalpatnam, India 142/G4
Kayamba (colinas), Zam. 179/E2
Kayanga (río), Sen. 168/B3
Kāyankulam, India 142/F4
Kaya-san (mtña.), Cor.S. 133/D4
Kaya-san, Parq. Nal., Cor.S. 133/E5
Kayembe-Mukulu, D.R. Congo 177/E5
Kayes, Malí 168/C3
Kayes (reg.), Malí 168/C3
Kayin (Karen) (est.), Mya. 143/B2
Kayl, Lux. 87/F5
Kaymaz, Tur. 111/K5
Kaynarca, Tur. 111/K5
Kaynaşlı, Tur. 111/K5
Kayoa (isla), Indo. 147/G3
Kayser (mtñas.), Suri. 230/B2
Kayseri, Tur. 124/C2
Kayseri (prov.), Tur. 124/C2
Kaysville, Ut,EUA 193/H3
Kaytej, T. Abor., Austl. 155/G2
Kayuagung, Indo. 144/D3
Kayyerkan, Rusia 118/J3
Kazach'ya Lopan', Ucr. 117/J2
Kazajstán 118/G5
Kazajstán (alts.), Kaz. 134/B2
Kazakh, Azer. 115/H4
Kazan (río), Nun,Can. 186/F2
Kazán, Rusia 71/H3
Kazancı, Tur. 123/C1
Kazanlı, Tur. 123/D1
Kazanlŭk, Bul. 111/G4
Kazanskaya, Rusia 117/L3
Kazanskaya, Rusia 117/L3
Kazantip (cabo), Ucr. 117/H5
Kazbek (pico), Geor. 115/H4
Kāzerūn, Irán 125/G4
Kazhim, Rusia 113/M3
Kazimierza Wielka, Pol. 83/L3
Kâzımkarabekir, Tur. 124/C2
Kazincbarcika, Hun. 110/E1
Kaziranga, Parq. Nal., India 136/B3
Kazuno, Japón 132/B3
Kéa (isla), Gre. 109/J4
Keachi, La,EUA 197/H1
Keady, IrN,R.U. 74/B3
Keahole (pta.), Hi,EUA 188/T11
Keanapapa (pta.), Hi,EUA 188/T10
Keansburg, NJ,EUA 213/D3
Kearney, Ne,EUA 200/E3
Kearny, NJ,EUA 213/D2
Kearny (pta.), IrN,R.U. 74/C3
Keawakapu, Hi,EUA 188/T10
Keawekaheka (pta.), Hi,EUA 188/U11
Keban, Tur. 124/D2
Kebnekaise (pico), Sue. 79/F2
Kebumen, Indo. 144/E4
Kecel, Hun. 110/D2
Keçiborlu, Tur. 124/B2
Kecskemét, Hun. 110/D2
Kedah (est.), Malay. 144/C1
Kėdainiai, Lit. 81/K4
Kédange-sur Canner, Fra. 87/F5
Kediri, Indo. 144/F4
Kedong, China 129/K2
Kédougou, Sen. 168/B3
Kędzierzyn-Koźle, Pol. 83/K3
Keele (río), TNO,Can. 186/C2
Keele (pico), Yk,Can. 186/C2
Keelung, Tai. 137/J3
Keen (mtña.), Es,R.U. 72/D3
Keene, NH,EUA 207/K3
Ké, Enneri (río seco), Chad 170/C5
Keep River, Parq. Nal., Austl. 152/C3
Keer-weer (cabo), Austl. 156/A1
Keetmanshoop, Nam. 180/B2
Kefa (reg.), Eti. 173/H4
Kefar Sava, Isr. 123/F7
Kefar Vitkin, Isr. 123/F7
Keflavík, Isl. 79/M7
Keflavik (aer.intl.), Isl. 79/M7
Ke Ga (cabo), Vie. 139/J5
Kegalla, Sr.L. 138/D6
Kehl, Ale. 87/G6
Kehra, Esto. 81/L2
Kehrsatz, Suiza 98/D4
Keighley, Ing,R.U. 75/G4
Keihoku, Japón 131/L9
Keila, Esto. 81/L2
Keilor, Austl. 157/F5
Keimoes, Safr. 180/C3
Kéita, Bahr (río), Chad 172/C3
Keith, Austl. 157/B3
Keith (cabo), Austl. 152/C2
Keith, Es,R.U. 72/D1
Keizer, Or,EUA 192/B1
Kejimkujik, Parq. Nal., NE,Can. 204/E3
Kékes (pico), Hun. 110/D2
Kelan, China 135/B3
Kelang (isla), Indo. 147/G4
Kelang, Malay. 144/C2
Kelantan (est.), Malay. 144/C1
Kelantan (río), Malay. 144/C1
Kel'badzhar, Azer. 125/F1
Kélé-Kélé, Níger 169/H3
Keles, Tur. 114/D5
Kelheim, Ale. 89/E5
Kelkheim, Ale. 88/B2
Kelkit, Tur. 124/D1
Kelkit (río), Tur. 124/D1
Kell, Ale. 87/F4
Kellenhusen, Ale. 80/D4
Keller (lago), TNO,Can. 186/D2
Keller (pico), Ca,EUA 214/C2
Keller, Tx,EUA 197/F1
Kellerberrin, Austl. 154/C4
Kellett (cabo), TNO,Can. 186/D1
Kelleys (isla), Oh,EUA 206/E4
Kells, IrN,R.U. 74/B2
Kelmė, Lit. 81/K4
Kel'mentsy, Ucr. 116/D3
Kélo, Chad 164/D4
Kelowna, CB,Can. 190/E3
Kelsey Head (pta.), R.U. 76/A6
Kelso, Wa,EUA 190/C4
Kelso, Es,R.U. 72/D5
Kelsterbach, Ale. 88/B2
Keluang, Malay. 144/C2
Kelvin (isla), On,Can. 203/K3
Kelvington, Sk,Can. 202/C1
Kem', Rusia 112/G2
Kem' (río), Rusia 112/G2
Ké Macina, Malí 168/D3
Kemah, Tx,EUA 197/M9
Kemah, Tur. 124/D2
Kemaliye, Tur. 124/D2
Kemalpaşa, Tur. 124/E1
Kemasik, Malay. 144/C1
Kembé, Cafr. 172/D4
Kemble, Ing,R.U. 76/D3
Kembolcha, Eti. 173/H3
Kembs, Fra. 98/D2
Kemecse, Hun. 110/E1
Kemena (río), Malay. 146/D3
Kemer, Tur. 123/B1
Kemerburgaz, Tur. 125/M6
Kemerhisar, Tur. 124/C2
Kemerovo, Rusia 118/J4
Kemi, Fin. 79/H2
Kemijärvi, Fin. 79/H2
Kemijoki (río), Fin. 79/H2
Kemmel, Bél. 86/B2
Kemmerer, Wy,EUA 193/H3
Kemnath, Ale. 89/E3
Kemnay, Es,R.U. 72/D2
Kémo-Gribingui (pref.), Cafr. 172/C4
Kemp (pen.), Ant. 161/W
Kemp (lago), Tx,EUA 198/E4
Kempele, Fin. 79/H2
Kempen, Ale. 84/D6
Kempenland (reg.), Bél. 84/C6
Kempisch (canal), Bél. 84/B6
Kempsey, Austl. 157/E1
Kempston, Ing,R.U. 77/F2
Kempten, Ale. 99/G2
Kempton, Austl. 157/C4
Kempton Park, Safr. 180/E2
Kemptville, On,Can. 207/J2
Kemul (pico), Indo. 147/E3
Ken (río), India 140/C3
Kenadsa, Arg. 167/E3
Kenai Fjords, Parq. Nal., Ak,EUA 215/J3
Kenamuke (cién.), Sudán 173/G4
Kenansville, CN,EUA 209/J3
Kendal, Indo. 144/E4
Kendal, Ing,R.U. 75/F3
Kendall, Austl. 157/E1
Kendall, Fl,EUA 210/P8
Kendall, Fl,EUA 211/H5
Kendari, Indo. 147/F4
Kèndégué, Chad 172/C3
Kendel (río), P.B., Ale. 84/D5
Kendrāpāra, India 138/E3
Kendrick (pico), Az,EUA 195/G3
Kenduskeag, Me,EUA 204/C3
Kénédougou (prov.), Burk. 168/D4
Kenema, S.Le. 168/C5
Keng Deng, Laos 136/E5
Kenge, D.R. Congo 176/C4
Kenge, D.R. Congo 176/D4
Keng Hkam, Mya. 143/B1
Kēng Tung, Mya. 143/B1
Kenhardt, Safr. 180/C3
Kenia 164/F4
Kéniéba, Malí 168/C3
Kenié-Baoulé, Rsv. de, Malí 168/C3
Kenilworth, Ing,R.U. 77/E2
Keningau, Malay. 145/B4
Kenitra, Marr. 165/L13
Kenli, China 135/D3
Ken, Loch (lago), Es,R.U. 74/D1
Kenmare, Irl. 78/A6
Kenmare (río), Irl. 78/A6
Kenmore, Austl. 156/C4
Kenmore, NY,EUA 205/T10
Kenmore, Es,R.U. 72/C3
Kenn (arcf.), Austl. 151/K4
Kenna, NM,EUA 198/C4
Kennaday (pico), Wy,EUA 200/A3
Kennebec, DS,EUA 200/E2
Kennebec (río), Me,EUA 204/C3
Kennebunk, Me,EUA 204/B4
Kennedy (mts.), Austl. 154/B3
Kennedy (canal), Nun,Can. 187/T6
Kennedy, Entrada de (estr.), Ak,EUA 215/H4
Kennemerduinen, Parq. Nal., P.B. 84/B4
Kenner, La,EUA 210/C3
Kennesaw, Ga,EUA 209/L6
Kennet (canal), Ing,R.U. 76/D4
Kennet (río), Ing,R.U. 77/E4
Kennett, Mo,EUA 208/B2
Kennewick, Wa,EUA 190/E4
Kenogami (río), On,Can. 203/M2
Keno Hill, Yk,Can. 215/L3
Kenora, On,Can. 203/G3
Kenosha, Wi,EUA 206/C3
Kensico (emb.), NY,EUA 213/K7
Kensington & Chelsea (mun.inc.), Ing,R.U. 71/N7
Kent (pen.), Nun,Can. 186/F2
Kent (isla), Md,EUA 212/B6
Kent (pta.), Md,EUA 212/B6
Kent, Oh,EUA 206/F4
Kent, Wa,EUA 190/C4
Kent (con.), Ing,R.U. 71/P8
Kent (río), Ing,R.U. 75/F3
Kent Group (islas), Austl. 157/C3
Kenting, Parq. Nal., Tai. 137/J4
Kentland, In,EUA 206/C4
Kenton, Oh,EUA 206/E4
Kentucky (est.), E.U.A. 208/E2
Kentucky (río), Ky,EUA 208/E1
Kentucky (lago), Ky, Tn,EUA 208/C2
Kentucky, Middle Fork (río), Ky,EUA 209/F2
Kentucky, North Fork (río), Ky,EUA 208/F2
Kent, Vale of (valle), Ing,R.U. 77/G4
Kentville, NE,Can. 204/E3
Kentwood, Mi,EUA 206/D3
Ken, Water of (río), Es,R.U. 74/D1
Ken-zaki (pta.), Japón 131/H7
Kenzingen, Ale. 98/D1
Keokuk, Ia,EUA 201/J3
Keonjhar, India 138/E3
Keosauqua, Ia,EUA 201/J3
Keowee (lago), CS,EUA 209/F3
Kep i Rodonit (cabo), Alb. 110/D5
Kępno, Pol. 83/J3
Keppel Sands, Austl. 156/C3
Kepsut, Tur. 124/B2
Kerala (est.), India 142/F3
Kerang, Austl. 157/B2
Kéran, Parq. Nal., Togo 169/F4
Keratéa, Gre. 109/H4
Kerch (estr.), Rusia, Ucr. 117/J5
Kerch, Ucr. 71/G4
Kerch (pen.), Ucr. 117/H5
Kerdonis (pta.), Fra. 96/B6
Kerema, P.N.G. 153/G1
Keremeos, CB,Can. 190/E3
Kerempe (pta.), Tur. 124/C1
Kerempe Burnu (pta.), Tur. 114/E4
Keren, Eri. 173/H2
Keret, Rusia 112/G2
Keret' (lago), Rusia 112/G2
Kerguélen (isla), Ant.Fr. 65/N8
Kericho, Kenia 175/A2
Kerikeri (cabo), N.Z. 160/C1
Kerinci (pico), Indo. 144/C3
Kerio (río seco), Kenia 175/B1
Keriya (río), China 134/D4
Kerka (río), Hun. 91/A6
Kerkdriel, P.B. 84/C5
Kerken, Ale. 84/D6
Kerki, Turk. 118/G6
Kerkínis (lago), Gre. 109/H2
Kérkira (Corfu), Gre. 109/F3
Kérkira (Corfu) (isla), Gre. 109/F3
Kerkrade, P.B. 87/F2
Kerkwijk, P.B. 84/C5
Kerlin, Ar,EUA 199/H4
Kermadec (islas), N.Z. 158/G7
Kerman, Irán 125/J4
Kermān (gob.), Irán 125/J4
Kermānshāh, Irán 125/F3
Kermit, Tx,EUA 196/C2
Kern (río), Ca,EUA 194/C3
Kernersville, CN,EUA 209/G2
Kern-Friant (canal), Ca,EUA 194/C3
Kerns, Suiza 99/E4
Keroh, Malay. 144/C1
Kéros (isla), Gre. 109/J4
Kerowagi, P.N.G. 153/G1
Kerr, John H. (emb.), CN, Va,EUA 209/H2
Kerrobert, Sk,Can. 191/K2
Kerr, Robert S. (lago), Ok,EUA 199/G3
Kerrville, Tx,EUA 196/E2
Kerry (con.), Irl. 78/A5
Kert (río), Marr. 165/N13
Kerulen (río), China, Mong. 128/G2
Kervignac, Fra. 96/B5
Kerzaz, Arg. 167/E3
Kerzers, Suiza 98/D4
Keşan, Tur. 111/H5
Kesch, Piz (pico), Suiza 99/F4
Kesen'numa, Japón 132/B4
Keshan, China 129/K2
Keshena, Wi,EUA 201/K1
Keshena (cats.), Wi,EUA 203/K5
Keshod, India 138/B3
Keskin, Tur. 124/C2
Keski-Suomi (prov.), Fin. 79/H3
Kesselbach (río), Ale. 88/D5
Kestel, Tur. 124/B1
Kesten'ga, Rusia 112/F2
Kesteren, P.B. 84/C5
Keswick, Ing,R.U. 75/E2
Keszthely, Hun. 91/B6
Keszthelyi hegy (colina), Hun. 91/B6
Ket (río), Rusia 118/J4
Keta, Gha. 169/F5
Keta (río), Rusia 118/K2
Ketapang, Indo. 144/D4
Ketchikan, Ak,EUA 215/M4
Kete Krachi, Gha. 169/E5
Ketelmeer (lago), P.B. 84/C3
Kętrzyn, Pol. 83/L1
Ketsch, Ale. 88/B4
Kettering, Oh,EUA 206/D5
Kettering, Ing,R.U. 77/F2
Kettle (río), BC,Can., Wa,EUA 190/E3
Kettle (pta.), On,Can. 206/E3
Kettle (río), Mn,EUA 203/H4
Kettle River (mts.), Wa,EUA 190/E3
Ketzin, Ale. 90/C3
Keuka (lago), NY,EUA 207/H3
Keukenhof, P.B. 84/B4
Keuruu, Fin. 79/H3
Kevelaer, Ale. 84/D5
Kew, Trks. 220/C2
Kewanee, Il,EUA 201/K3
Kewaunee, Wi,EUA 201/L1
Keweenaw (bahía), Mi,EUA 203/K4
Keweenaw (pen.), Mi,EUA 203/L4
Keweenaw (pta.), Mi,EUA 203/L4
Keya Paha (río), Ne, DS,EUA 200/E2
Key Biscayne, Fl,EUA 210/P8
Key Largo, Fl,EUA 211/H5
Keyling (ens.), Austl. 152/C3
Key, Lough (lago), Irl. 78/B1
Keyser, VOcc,EUA 209/H1
Keystone (lago), Fl,EUA 210/K7
Keystone (lago), Ok,EUA 199/F2
Keytesville, Mo,EUA 199/H1
Key West, Fl,EUA 211/H5
Kežmarok, Eslo. 83/L4
Kgalagadi (dist.), Bots. 178/D5
Kgatleng (dist.), Bots. 178/E5
Kgwebe (colinas), Bots. 178/D4
Khaanziir, Ras (cabo), Som. 174/C3
Khachmas, Azer. 115/J4
Khadari, Wādī Al (río seco), Sudán 173/E3
Khadyzhensk, Rusia 117/K5
Khafjī, Ra's al, Ar.S. 126/E3
Khagaria, India 141/F3
Khairābād, India 140/C2
Khairpur, Pak. 127/J3
Khalándrion, Gre. 109/H3
Khalīlābād, India 140/D2
Khalkhāl, Irán 125/G2
Khalkidhón, Gre. 109/H2
Khalkís, Gre. 109/H3
Khamaria, India 140/C4
Khambaliya, India 127/J4
Khāmgaon, India 138/C3
Khamīs Mushayṭ, Ar.S. 126/D5
Khammam, India 138/D4
Khamr, Yemen 174/B2
Khan (río seco), Nam. 178/B4
Khānābād, Afg. 127/J1
Khānaqīn, Irak 125/F3
Khandwa, India 138/C3
Khandyga, Rusia 119/P3
Khānewāl, Pak. 142/A2
Khāngāh Dogrān, Pak. 142/B2
Khaniá, Gre. 109/J5
Khankh, Mong. 128/E1
Khanlar, Azer. 115/H4
Khanna, India 142/D2
Khānpur, Pak. 127/K3
Khanskaya, Rusia 117/K5
Khantau, Kaz. 134/B3
Khanty-Mansiysk, Rusia 118/G3
Khān Yūnus, Gaza 123/D4
Khao-Chamao-Khao Wong, Parq. Nal., Tail. 143/C3

284
Khao – Komso

Khao Khitchakut, Parq. Nal., Tail. 143/C3
Khao Laem (emb.), Tail. 143/B3
Khao Sam Roi Yot, Parq. Nal., Tail. 143/B3
Khao Sawai (mes.), Tail. 143/C2
Khao Yai, Parq. Nal., Tail. 143/C3
Khapcheranga, Rusia 128/G2
Kharabali, Rusia 115/H3
Kharagpur, India 141/F3
Kharagpur, India 141/F4
Kharak, Pak. 142/A1
Khārān, Pak. 127/J3
Kharar, India 141/F4
Kharar, India 142/D2
Khārās, Cisj. 123/D4
Kharbatā, Cisj. 123/G8
Khargon, India 138/C3
Khāriān, Pak. 142/B1
Kharīt, Wādī al (río seco), Egip. 171/G3
Khārk (isla), Irán 125/G4
Kharmanli, Bul. 111/G5
Kharovsk, Rusia 112/J4
Kharrour (río), Marr. 165/M13
Khasan, Rusia 129/L3
Khasavyurt, Rusia 115/H4
Khāsh (río), Afg. 127/H2
Khāsh, Irán 127/H3
Khashuri, Geor. 115/G4
Khasi (colinas), India 141/H3
Khaskovo, Bul. 111/G5
Khaskovo (reg.), Bul. 111/G5
Khatauli, India 140/A1
Khātegaon, India 140/A4
Khaur, Pak. 142/B1
Khaybar, Ar.S. 171/H3
Khaymah, Ra's al, E.A.U. 127/G3
Khazzān Darbandīkhān (emb.), Irak 125/F3
Khazzān Dūkān (emb.), Irak 125/F3
Khemis el Khechna, Arg. 165/S15
Khemis Miliana, Arg. 165/S15
Khemisset, Marr. 165/L14
Khenchela, Arg. 165/V18
Khenchela (wilaya), Arg. 167/G2
Khenifra, Marr. 166/D2
Kheri, India 140/C2
Khersān (río), Irán 125/G4
Khilok, Rusia 128/G1
Khilok (río), Rusia 128/F1
Khíos, Gre. 109/K3
Khíos (isla), Gre. 109/J3
Khisarya, Bul. 111/G4
Khiva, Uzb. 118/G5
Khlebarovo, Bul. 111/H4
Khmel'nik, Ucr. 116/D3
Khodzheyli, Uzb. 118/F5
Kholm, Afg. 127/J1
Kholm, Rusia 81/P3
Kholmsk, Rusia 129/N2
Kholombidzo (cats.), Mal. 179/G2
Kholtoson, Rusia 128/E1
Khomām, Irán 125/G2
Khomas Hochland (mtñas.), Nam. 178/C4
Khomeynishahr, Irán 125/G3
Khon Kaen, Tail. 143/C2
Khonuu, Rusia 119/Q3
Khopër (río), Rusia 117/M2
Khor, Rusia 129/L2
Khor (río), Rusia 129/M2
Khoreyver, Rusia 113/N2
Khorinsk, Rusia 128/F1
Khoríon, Gre. 107/K3
Khorixas, Nam. 178/B4
Khorol', Rusia 129/L3
Khorol, Ucr. 117/G3
Khorramabad, Irán 125/G3
Khorramshahr, Irán 125/G4
Khot'kovo, Rusia 112/H4
Khotol (mtña.), Ak,EUA 215/G3
Khouribga, Marr. 166/D2
Khovu-Aksy, Rusia 134/F1
Khowai, India 141/H3
Khowst, Afg. 127/J2
Khoyniki, Bela. 116/E2
Khrisoúpolis, Gre. 109/J2
Khrysi (isla), Gre. 109/J5
Khuan Ubon Ratana (emb.), Tail. 143/C2
Khudat, Azer. 115/J4
Khudiān, Pak. 142/C2
Khuis, Bots. 178/D5
Khulna, Bang. 141/G4
Khulna (dist.), Bang. 141/G4
Khulo, Geor. 115/G4
Khunti, India 141/E4
Khurai, India 140/B3
Khurasan (gob.), Irán 125/J3
Khurda, India 138/E3
Khurja, India 140/A1
Khushāb, Pak. 142/B1
Khust, Ucr. 116/B3
Khuzdār, Pak. 127/J3
Khūzestān (gob.), Irán 125/G4
Khvalynka, Rusia 129/L3
Khvonsār, Irán 125/G3
Khvor, Irán 125/H3
Khvoy, Irán 125/F2
Khyber (paso), Afg., Pak. 134/B5
Khyrdalan, Azer. 115/J4
Kia, Sal. 158/E5
Kiama, Austl. 157/D2
Kiama, D.R. Congo 176/D4
Kiamba, Fil. 145/D4
Kiamichi (mtñas.), Ok,EUA 199/G3
Kiamichi (río), Ok,EUA 199/G3
Kiangan, Fil. 145/C1
Kibæk, Din. 80/C3
Kibali (río), D.R. Congo 177/G2
Kibawe, Fil. 145/D4
Kibergneset (pta.), Nor. 79/J1
Kibi, Gha. 169/E5
Kibre Mengist, Eti. 174/A4
Kıbrısçık, Tur. 111/K5
Kibwezi, Kenia 175/B2
Kičevo, Mace. 110/E5
Kickapoo (río), Wi,EUA 201/J2
Kid (mtña.), Irl. 78/A6
Kidal, Malí 169/F2
Kidal (reg.), Mali 169/F2
Kidapawan, Fil. 147/G2
Kidderminster, Ing,R.U. 76/D2
Kidnappers (cabo), N.Z. 160/D2
Kidsgrove, Ing,R.U. 75/F5
Kiel, Ale. 82/F1
Kiel (bahía), Din., Ale. 82/F1
Kielce, Pol. 83/L3
Kielce (prov.), Pol. 83/L3
Kien An, Vie. 143/D1
Kien Duc, Vie. 143/D4
Kien Thanh, Vie. 143/D4
Kierspe, Ale. 85/E6
Kieta, P.N.G. 158/E5
Kíev (cap.), Ucr. 116/F2
Kíev (emb.), Ucr. 116/F2
Kíev, Región de, Ucr. 116/E2
Kiffa, Maur. 168/C2
Kifisiá, Gre. 109/L6
Kifrī, Irak 125/F3
Kigali (cap.), Rua. 177/G3
Kiğı, Tur. 124/E2
Kigye, Cor.S. 133/E4
Kihei, Hi,EUA 188/T10
Kihnu (isla), Esto. 81/L2
Kihti (estr.), Fin. 81/J1
Kii (canal), Japón 130/D4
Kii (mtñas.), Japón 130/D4
Kiines (río), China 134/D3
Kijang, Cor.S. 133/E5
Kikai (isla), Japón 132/L6
Kikepa (pta.), Hi,EUA 188/R9
Kikiktat (mtña.), Ak,EUA 215/H2
Kikinda, Serb. 110/E3
Kikonai, Japón 132/B3
Kikori, P.N.G. 153/G1
Kikori (río), P.N.G. 194/F4
Kikwit, D.R. Congo 176/D4
Kil, Sue. 80/E2
Kilakarai, India 142/G4
Kilambe (mtña.), Nic. 218/E3
Kilbarchan, Es,R.U. 72/B5
Kilberry, Irl. 78/D2
Kilbirnie, Es,R.U. 72/B5
Kilbrannan (estr.), Es,R.U. 72/A6
Kilbride, On,Can. 205/R9
Kilbride, Tnva,Can. 205/L2
Kilchoan, Es,R.U. 73/H8
Kilcock, Irl. 78/D3
Kilcolgan (pta.), Irl. 78/A3
Kilcoole, Irl. 78/D3
Kilcormac, Irl. 78/C3
Kilcoy, Austl. 156/D4
Kilcrow (río), Irl. 78/B3
Kildare (cabo), PE,Can. 204/F2
Kildare, Irl. 78/D3
Kildare (con.), Irl. 78/D3
Kilden (isla), Rusia 79/K1
Kildonan, Zim. 179/F3
Kilembe, Uga. 177/G2
Kilembe, D.R. Congo 176/D4
Kilfinnane, Irl. 78/B5
Kilgarvan, Irl. 78/A6
Kilgore, Tx,EUA 197/G1
Kilian (isla), Nun,Can. 187/R7
Kilifi, Kenia 175/B2
Kilikollūr, India 142/F4
Kilimanjaro (mtña.), Tan. 175/B2
Kilimanjaro (prov.), Tan. 175/B2
Kilimanjaro, Parq. Nal., Tan. 175/B2
Kilimli, Tur. 111/K5
Kilinochchi (dist.), Sr.L. 142/H4
Kilis, Tur. 123/E1
Kiliya, Ucr. 116/E5
Kilkee, Irl. 78/A4
Kilkeel, IrN,R.U. 74/B3
Kilkenny, Irl. 78/C4
Kilkenny (con.), Irl. 78/C4
Kilkís, Gre. 109/H2
Kilkivan, Austl. 156/D4
Kill, Irl. 78/D3
Killala (bahía), Irl. 78/A1
Killam, Ab,Can. 191/J1
Killara, Austl. 156/H8
Killarney, Austl. 157/E1
Killarney, Mb,Can. 202/E3
Killarney, Irl. 78/A5
Killearn, Es,R.U. 72/B4
Killeen, Tx,EUA 197/F2
Killenaule, Irl. 78/C4
Killin, Es,R.U. 72/B4
Killinchy, IrN,R.U. 74/C3
Killinek (isla), Nun,Can. 187/K2
Killington (pico), Vt,EUA 207/K3
Killíni (pico), Gre. 109/H4
Killough, IrN,R.U. 74/C3
Kill Van Kull (estr.), NJ, NY,EUA 213/K8
Killybegs, Irl. 73/G9
Killyclogher, IrN,R.U. 74/A2
Killyleagh, IrN,R.U. 74/C3
Kilmacolm, Es,R.U. 72/B5
Kilmallock, Irl. 78/B5
Kilmarnock, Es,R.U. 72/B5
Kilmar Tor (colina), Ing,R.U. 76/B5
Kilmaurs, Es,R.U. 72/B5
Kilmichael (pta.), Irl. 78/D4
Kilmihill, Irl. 78/A4
Kilmore, Austl. 157/C3
Kilmore Quay, Irl. 78/D5
Kilombero (río), Tan. 175/B4
Kilosa, Tan. 175/B3
Kilraghts, IrN,R.U. 74/B1
Kilrea, IrN,R.U. 74/B2
Kilrush, Irl. 78/A4
Kilsyth, Es,R.U. 72/B5
Kilwa (isla), Zam. 177/G5
Kilwa Kivinje, Tan. 175/B4
Kilwinning, Es,R.U. 72/B5
Kimba, Austl. 155/H5
Kimba, Congo 176/C3
Kimball, Ne,EUA 200/C3
Kimbe, P.N.G. 158/E5
Kimberley (cabo), Austl. 156/B2
Kimberley (mes.), Austl. 152/B4
Kimberley, CB,Can. 190/G3
Kimberley, Safr. 180/D3
Kimch'aek, Cor.N. 133/E2
Kimch'ŏn, Cor.S. 133/E4
Kimhae, Cor.S. 133/E5
Kímina, Gre. 109/H2
Kimito (isla), Fin. 81/K1
Kimitsu, Japón 131/F3
Kimje, Cor.S. 133/D5
Kímolos (isla), Gre. 109/J4
Kimovsk, Rusia 114/F1
Kimp'o, Cor.S. 133/D4
Kimry, Rusia 112/H4
Kinabalu (pico), Malay. 147/E2
Kinabalu, Gunung (pico), Malay. 145/B4
Kinabalu, Parq. Nal., Malay. 145/B4
Kinabatangan (río), Malay. 147/E2
Kinango, Kenia 175/B3
Kinapat (cabo), Indo. 144/B3
Kinbasket (lago), CB,Can. 190/E1
Kinbrace, Es,R.U. 73/K7
Kincaid, Sk,Can. 191/L3
Kincardine, On,Can. 206/F2
Kincardine, Es,R.U. 72/C4
Kinchega, Parq. Nal., Austl. 155/J5
Kindberg, Aus. 93/L3
Kinder Scout (mtña.), Ing,R.U. 75/G5
Kindersley, Sk,Can. 191/K2
Kindia, Gui. 168/B4
Kindia (com.), Gui. 168/B4
Kinel', Rusia 115/J1
Kineshma, Rusia 71/H3
King (bahía), Austl. 152/A4
King (isla), Austl. 157/C3
King (lago), Austl. 154/C5
King (pico), Austl. 156/B4
King (mtña.), CB,Can. 215/N4
King (pico), Yk,Can. 215/K3
King (colina), Pa,EUA 207/G4
King (mtña.), Tx,EUA 216/E2
King And Queen Court House, Va,EUA 209/J2
Kingaroy, Austl. 156/C4
King-Chain O' Lakes, Wi,EUA 206/B2
King Christian (isla), Nun,Can. 187/R7
Kingfield, Me,EUA 204/B3
Kingfisher, Ok,EUA 199/F3
King George (mtña.), CB,Can. 190/G2
King George, Va,EUA 209/J1
King George's (emb.), Ing,R.U. 71/N7
Kinghorn, Es,R.U. 72/C4
Kingisepp, Rusia 81/N2
Kinglake, Parq. Nal., Austl. 157/C3
Kingman, Az,EUA 195/E3
Kingman, Ks,EUA 199/E2
Kingman (arcf.), PacEUA 159/J4
King of Prussia, Pa,EUA 212/C3
Kingombe, D.R. Congo 177/F3
Kings (río), Ca,EUA 194/C2
Kings (pico), Ut,EUA 193/H3
Kingsbridge, Ing,R.U. 76/C6
Kings Canyon, Parq. Nal., Ca,EUA 194/C2
Kingscote, Austl. 155/H5
Kingscourt, Irl. 78/D2
Kings Island, Oh,EUA 206/D5
Kings Langley, Ing,R.U. 71/M6
King's Lynn, Ing,R.U. 77/G1
Kings Park, Austl. 154/K6
Kingsport, Tn,EUA 209/F2
King's Seat (colina), Es,R.U. 72/C4
Kingsteignton, Ing,R.U. 76/C5
Kingston, Austl. 157/C4
Kingston, On,Can. 207/H2
Kingston, Mo,EUA 199/G1
Kingston, NY,EUA 207/K4
Kingston, Pa,EUA 212/C1
Kingston (cap.), Jam. 219/G2
Kingston, Norfl. 158/F7
Kingston S.E., Austl. 157/A3
Kingston Springs, Tn,EUA 208/D2
Kingston upon Thames, Ing,R.U. 77/F4
Kingston upon Thames (mun.inc.), Ing,R.U. 71/N7
Kingstown, Austl. 157/D1
Kingstown (cap.), Sn.V. 220/F4
Kingstree, CS,EUA 209/H4
Kingsville, Tx,EUA 197/F4
Kingswood, Ing,R.U. 76/D4
Kingussie, Es,R.U. 72/B2
King William (isla), Nun,Can. 186/G2
King William, Va,EUA 209/J2
King William's Town, Safr. 180/D4
Kingwood, Tx,EUA 197/M8
Kingwood, VOcc,EUA 209/H1
Kınık, Tur. 124/A2
Kinkaid (mtña.), Ak,EUA 215/L4
Kinkaid (lago), Il,EUA 208/C2
Kinki (prov.), Japón 130/D3
Kinkon, Chutes de (cats.), Gui. 168/B4
Kinlochewe, Es,R.U. 72/A1
Kinlochleven, Es,R.U. 72/B3
Kinloss, Es,R.U. 72/C1
Kinmel, Gales,R.U. 74/E5
Kinna, Sue. 80/E3
Kinnairds Head (pta.), Es,R.U. 72/D1
Kinnelon, NJ,EUA 212/D2
Kinneret-Negev Conduit, Isr. 123/F8
Kinnitty, Irl. 78/C3
Kino (río), Japón 130/D3
Kinrooi, Bél. 87/E1
Kinross, Es,R.U. 72/C4
Kinsach (río), Ale. 89/F4
Kinsale, On,Can. 205/S8
Kinsale, Irl. 78/B6
Kinsale (harb.), Irl. 78/B6
Kinshasa (cap.), D.R. Congo 176/C4
Kinshasa (reg.), D.R. Congo 176/C4
Kinsley, Ks,EUA 198/E2
Kinston, CN,EUA 209/J3
Kintampo, Gha. 169/E4
Kintore, Es,R.U. 72/D2
Kintyre (pen.), Es,R.U. 73/J9
Kintyre, Mull of (pta.), Es,R.U. 74/C1
Kinu (río), Japón 131/F2
Kinvarra, Irl. 78/B3
Kinwow (bahía), Mb,Can. 202/F1
Kinyeti (pico), Sudán 173/G5
Kinzig (río), Ale. 88/B6
Kinzig (río), Ale. 88/C2
Kiowa, Co,EUA 200/B4
Kiowa (pico), Co,EUA 200/B3
Kiparissía, Gre. 109/G4
Kiparissía (golfo), Gre. 109/G4
Kipawa (lago), Qu,Can. 207/G1
Kipen', Rusia 81/N2
Kipkarren (río), Kenia 175/A1
Kipling, Sk,Can. 202/C2
Kippen, Es,R.U. 72/B4
Kippure (mtña.), Irl. 78/D3
Kipushi, D.R. Congo 179/E1
Kira, Japón 131/N10
Kira Panayía (isla), Gre. 109/H3
Kīratpur, India 140/B1
Kirazlı, Tur. 111/H5
Kirbla, Esto. 81/K2
Kırcasalih, Tur. 109/K2
Kirchberg, Ale. 87/G4
Kirchberg, Ale. 89/F1
Kirchberg, Ale. 90/C6
Kirchberg, Suiza 98/D3
Kirchberg an der Jagst, Ale. 88/C4
Kirchenlamitz, Ale. 89/E2
Kirchenthumbach, Ale. 89/E3
Kirchheim, Ale. 88/D6
Kirchheimbolanden, Ale. 88/B3
Kirchheim unter Teck, Ale. 88/C5
Kirchhundem, Ale. 85/F6
Kirchlengern, Ale. 85/F4
Kirchlinteln, Ale. 85/G3
Kirchschlag in der Buckligen Welt, Aus. 91/A5
Kirchsee (lago), Ale. 99/H2
Kirchseeon, Ale. 89/E6
Kirchzarten, Ale. 88/A7
Kirensk, Rusia 119/L4
Kirgizskiy (mtñas.), Kirg. 134/B3
Kirguistán 134/B3
Kirguizia (prad.), Kaz., Rusia 118/F5
Kiribati 158/H5
Kırık, Tur. 124/E1
Kırıkhan, Tur. 123/E1
Kırıkkale, Tur. 124/C2
Kırıkkale (prov.), Tur. 124/C2
Kirillov, Rusia 112/H4
Kirillovka, Ucr. 117/H4
Kirishi, Rusia 81/Q2
Kirishima-Yaku, Parq. Nal., Japón 130/B5
Kirishima-yama (mtña.), Japón 130/B5
Kiritimati (Christmas) (isla), Kir. 159/K4
Kırkağaç, Tur. 124/A2
Kirkby, Ing,R.U. 75/F5
Kirkby in Ashfield, Ing,R.U. 75/G5
Kirkcaldy, Es,R.U. 72/C4
Kirkconnel, Es,R.U. 72/C6
Kirkcudbright, Es,R.U. 74/D2
Kirkcudbright (bahía), Es,R.U. 74/D2
Kirkee, India 138/B4
Kirkenes, Nor. 79/J1
Kirkintilloch, Es,R.U. 72/B5
Kirkkonummi (Kyrkslätt), Fin. 81/L1
Kirkland, Qu,Can. 205/N7
Kirkland, Az,EUA 195/F3
Kirkland (colina), Es,R.U. 72/C6
Kirkland Lake, On,Can. 187/H4
Kırklar (pico), Tur. 124/A2
Kırklareli, Tur. 111/H5
Kırklareli (prov.), Tur. 111/H5
Kirkliston, Es,R.U. 72/C5
Kirksville, Mo,EUA 201/H3
Kirkuk, Irak 125/F3
Kirkwall, Es,R.U. 73/N13
Kirkwood, Safr. 180/D4
Kirn, Ale. 87/G4
Kirov, Rusia 114/E1
Kirovakán, Arm. 71/H4
Kirovgrad, Rusia 113/P4
Kirovo, Rusia 113/P5
Kirovo-Chepetsk, Rusia 113/L4
Kirovograd, Ucr. 116/G3
Kirovograd, Región de, Ucr. 116/F3
Kirovsk, Bela. 114/D1
Kirovsk, Rusia 81/P2
Kirovsk, Turk. 127/H1
Kirovsk, Ucr. 117/K3
Kirovskiy, Kaz. 118/H5
Kirovskiy, Rusia 115/J3
Kirriemuir, Es,R.U. 72/D3
Kirs, Rusia 113/M4
Kirsanov, Rusia 71/H3
Kırşehir, Tur. 124/C2
Kirsehir (prov.), Tur. 124/C2
Kirtley, Wy,EUA 200/B2
Kiruna, Sue. 79/G2
Kirwin (emb.), Ks,EUA 200/E4
Kiryu, Japón 131/F2
Kisa, Sue. 80/F3
Kisakata, Japón 132/A4
Kisangani, D.R. Congo 177/F2
Kisar (isla), Indo. 152/B1
Kisarazu, Japón 131/F3
Kisbér, Hun. 91/C5
Kiselevsk, Rusia 118/J4
Kīsh (isla), Irán 125/H5
Kishanganj, India 141/F2
Kishangarh, India 138/B2
Kishangarh, India 140/A2
Kishinev (cap.), Mol. 111/J2
Kishiro-Shitsugen, Parq. Nal.,Japón 132/D2
Kishiwada, Japón 130/D3
Kishorganj, Bang. 141/H3
Kishtwar, India 142/C1
Kisigo (río), Tan. 175/A3
Kisii, Kenia 175/A2
Kiska (vol.), Ak,EUA 215/B5
Kiska (isla), Ak,EUA 215/B6
Kis Koppány (río), Hun. 91/B6
Kiskőrös, Hun. 91/D6
Kiskunfélegyháza, Hun. 110/D2
Kiskunhalas, Hun. 110/D2
Kiskunlacháza, Hun. 91/D5
Kiskunmajsa, Hun. 110/D2
Kiskunsági (canal), Hun. 91/D6
Kiskunsági, Parq. Nal., Hun. 91/D5
Kislovodsk, Rusia 71/H4
Kismaayo (Chisimayu), Som. 175/C2
Kiso (río), Japón 131/E3
Kisogawa, Japón 131/M9
Kisozaki, Japón 131/M9
Kíssamos, Gre. 109/H5
Kissimmee, Fl,EUA 211/H3
Kissimmee (lago), Fl,EUA 211/H4
Kissimmee (río), Fl,EUA 211/H4
Kissing, Ale. 88/D6
Kisslegg, Ale. 99/F2
Kissū, Jabal (pico), Sudán 171/E4
Kisújszállás, Hun. 110/E2
Kisumu, Kenia 175/A2
Kisvárda, Hun. 110/F1
Kita (ens.), Japón 131/G2
Kita, Malí 168/C3
Kitab, Uzb. 118/G6
Kitagata, Japón 131/M9
Kita-Ibaraki, Japón 131/G2
Kitakami, Japón 132/B4
Kitakami (mtñas.), Japón 132/B4
Kitakata, Japón 131/F2
Kitakyushu, Japón 130/B4
Kitale, Kenia 175/A1
Kitami, Japón 132/C2
Kitami (mtñas.), Japón 132/C1
Kitamoto, Japón 131/H6
Kitangiri (lago), Tan. 175/A3
Kitchener, On,Can. 206/F3
Kitee, Fin. 79/J3
Kitgum, Uga. 177/H2
Kíthira, Gre. 109/H4
Kíthira (isla), Gre. 109/H4
Kíthnos (isla), Gre. 109/J4
Kitimat, CB,Can. 186/D3
Kittanning, Pa,EUA 207/G4
Kittatinny (mtñas.), NJ, Pa,EUA 212/C1
Kitty Hawk, CN,EUA 209/K2
Kitui, Kenia 175/B2
Kitui Norte, Res. Nal., Kenia 175/B2
Kitui Sur, Res. Nat., Kenia 175/B2
Kitumala (pta.), P.N.G. 153/G1
Kitumbeine (pico), Tan. 175/B2
Kitwe, Zam. 179/F2
Kitzbühel, Aus. 93/K3
Kitzingen, Ale. 88/D3
Kitzscher, Ale. 90/C5
Kiunga, Kenia 175/C2
Kiunga, P.N.G. 153/F1
Kiuruvesi, Fin. 79/H3
Kiuyu, Ras (pta.), Tan. 175/B3
Kivalo (mtñas.), Fin. 79/H2
Kivijärvi (lago), Fin. 81/M1
Kiviõli, Esto. 81/M2
Kivi-Vigala, Esto. 81/L2
Kivu (lago), D.R. Congo, Rua. 177/G3
Kivu (reg.), D.R. Congo 177/F3
Kiwai (isla), P.N.G. 153/F2
Kiyevka, Kaz. 134/B1
Kiyevka, Rusia 117/M4
Kıyıköy, Tur. 111/J5
Kiyokawa, Japón 131/H7
Kiyose, Japón 131/H7
Kiyosu, Japón 131/M9
Kizel, Rusia 71/J3
Kizil (río), China 134/B4
Kızılcadağ, Tur. 123/A1
Kızılcahamam, Tur. 124/C1
Kizildag, Parq. Nal., Tur. 124/B2
Kızılhisar, Tur. 124/B2
Kizilirmak (río), Tur. 124/C1
Kızılören, Tur. 124/C2
Kızıltepe, Tur. 124/E2
Kızılyaka, Tur. 123/C1
Kizlyar, Rusia 71/H4
Kizu, Japón 131/L10
Kizu (río), Japón 130/E3
Kizukuri, Japón 132/B3
Kizyl-Kaya, Turk. 115/K5
Kizyl-Su, Turk. 115/K5
Kjerkestinden (pico), Nor. 112/C1
Kjølen (Kölen) (mtñas.), Nor., Sue. 79/E2
Klabava (río), R.Ch. 89/G3
Kl'ačno, Eslo. 91/C2
Kladanj, Bosn. 110/D3
Kladno, R.Ch. 89/H2
Kladovo, Yug. 110/F3
Klagenfurt, Aus. 93/L3
Klagetoh, Az,EUA 195/H3
Klaipeda, Lit. 81/J4
Kl'ak (pico), Eslo. 91/C2
Klamath (mtñas.), Ca, Or,EUA 193/B2
Klamath (río), Ca, Or,EUA 192/B3
Klamath Alto (lago), Or,EUA 192/B2
Klamath Bajo (lago), Ca,EUA 192/C3
Klamath Falls, Or,EUA 192/C2
Klar (río), Sue. 118/B3
Klar (río), Sue. 79/E3
Klarup, Din. 80/D3
Klášterec nad Ohři, R.Ch. 89/G2
Klaten, Indo. 144/E4
Klatovy, R.Ch. 89/G4
Klausen (Chiusa), Ita. 99/H4
Klaza (mtña.), Yk,Can. 215/L3
Klazienaveen, P.B. 84/E3
Kleinblittersdorf, Ale. 87/G5
Kleine Elster (río), Ale. 90/D4
Kleine Emme (río), Suiza 98/E4
Kleine Gete (río), Bél. 87/E2
Kleine Laber (río), Ale. 89/F5
Kleine Nete (río), Bél. 84/B6
Kleinheubach, Ale. 88/C3
Klein-Letabarivier (río), Safr. 179/F4
Kleinmachnow, Ale. 90/D3
Kleinmond, Safr. 180/L11
Kleinolifants (río), Safr. 180/Q12
Klein Spitzkoppe (pico), Nam. 178/B4
Kleinwallstadt, Ale. 88/C3
Kleppestø, Nor. 80/A1
Klerksdorp, Safr. 180/D2
Klesov, Ucr. 116/D2
Klet' (pico), R.Ch. 89/H5
Kletnya, Rusia 114/E1
Kleve, Ale. 84/D5
Klichka, Rusia 129/H1
Klimovichi, Bela. 114/D1
Klimovo, Rusia 116/G1
Klina, Yug. 110/E4
Klinaklini (río), CB,Can. 190/B2
Kling, Fil. 145/D4
Klingenberg am Main, Ale. 88/C3
Klingenthal, Ale. 89/F2
Klínovec (pico), R.Ch. 89/F2
Klintehamn, Sue. 80/H3
Klintsy, Rusia 114/E1
Klip (río), Safr. 180/E2
Klippan, Sue. 80/E3
Klitmøller, Din. 80/C3
Kliuchevskaia (pico), Rusia 119/S4
Kljajićevo, Yug. 110/D3
Ključ, Bosn. 110/C3
Kłodawa, Pol. 83/K2
Kłodzko, Pol. 83/J3
Klondyke, Az,EUA 195/G4
Klöntaler (lago), Suiza 99/E3
Klosterbach (río), Ale. 85/F3
Klostermansfeld, Ale. 90/B4
Klosterneuburg, Aus. 91/A3
Klosters, Suiza 99/F4
Klosterwappen (pico), Aus. 93/L3
Kloten, Suiza 99/E3
Klötze, Ale. 90/B2
Kluane, Parq. Nal., Yk,Can. 215/K3
Kluczbork, Pol. 83/K3
Klundert, P.B. 84/B5
Klüstenkanal (canal), Ale. 85/E3
Klyaz'ma (río), Rusia 112/J4
Klyuchi, Rusia 119/S4
Knapp (colina), Wi,EUA 201/J1
Knäred, Sue. 80/E3
Knaresborough, Ing,R.U. 75/G3
Knetzgau, Ale. 88/D3
Knezha, Bul. 111/G4
Knife (río), DN,EUA 202/C4
Knight (ens.), CB,Can. 190/B2
Knighton, Gales,R.U. 76/C2
Knin, Cro. 110/C3
Knittelfeld, Aus. 93/L3
Knittlingen, Ale. 88/B4
Knivsta, Sue. 80/G2
Knížecí Stolec (pico), R.Ch. 89/H5
Knížecí Strom (pico), R.Ch. 89/F3
Knjaževac, Yug. 110/F4
Knob (cabo), Austl. 154/C5
Knob (pico), Fil. 145/C2
Knobby (pta.), Austl. 154/B4
Knoch (colina), Es,R.U. 72/D1
Knockadoon Head (pta.), Irl. 78/C6
Knockalongy (mtña.), Irl. 78/B1
Knockanaffrin (mtña.), Irl. 78/C5
Knockboy (mtña.), Irl. 78/A6
Knockcloghrim, IrN,R.U. 74/B2
Knockeirke (mtña.), Irl. 78/A6
Knocklayd (mtña.), IrN,R.U. 74/B1
Knockmealdown (mtña.), Irl. 78/C5
Knockmealdown (mtñas.), Irl. 78/B5
Knockshanahullion (mtña.), Irl. 78/B5
Knokke-Heist, Bél. 86/C1
Knoll (pta.), Nam. 178/B5
Knøsen (pico), Din. 80/D3
Knösen (pta.), Sue. 80/E4
Knottingley, Ing,R.U. 75/G4
Knowlton, Qu,Can. 204/A3
Knox (costa), Ant. 161/G
Knox, Austl. 157/G5
Knox (cabo), CB,Can. 215/M4
Knox, In,EUA 206/C4
Knoxville, Ga,EUA 208/F4
Knoxville, Ia,EUA 201/H3
Knoxville, Tn,EUA 208/F3
Knutsford, Ing,R.U. 75/F5
Knysna, Safr. 180/C4
Ko (pico), Rusia 129/M2
Koanaka (colinas), Bots. 178/D4
Koani, Tan. 175/B3
Koāth, India 140/E3
Koba-Niokolo, Parq. Nal., Sen. 168/B3
Kobar (depr.), Eti. 174/B2
Kobayashi, Japón 130/B5
Kobe, Japón 130/D3
København (con.), Din. 81/T9
København (Copenhague) (cap.), Din. 80/E4
Kobern-Gondorf, Ale. 87/G3
Kobipato (pico), Indo. 147/G4
Koblach, Aus. 99/F3
Kobowan (cién.), Sudán 173/G4
Kobrin, Bela. 83/N2
Kobroor (isla), Indo. 152/D1
Kobuk (río), Ak,EUA 215/G2
Kobuk Valley, Parq. Nal., Ak,EUA 215/G2
Kobushi-ga-take (mtña.), Japón 131/F3
Kocába (río), R.Ch. 89/H3
Kocaeli (prov.), Tur. 111/J5
Koçalı, Tur. 124/D2
Kočani, Mace. 110/F5
Kocapınar, Tur. 125/E2
Kočevje, Esl. 110/B3
Koch (isla), Nun,Can. 187/J2
Koch'ang, Cor.S. 133/D5
Kochel (lago), Ale. 99/H2
Kochel am See, Ale. 99/H2
Kocher (río), Ale. 88/C4
Kochetovka, Rusia 115/G1
Kochevo, Rusia 113/M4
Kochi, Japón 130/C4
Kochi (pref.), Japón 130/C4
Kochubey, Rusia 115/H3
Kodiak, Ak,EUA 215/H4
Kodiak (isla), Ak,EUA 215/H4
Kodinār, India 138/B3
Kodó (río), Hun. 91/B5
Kodomari, Japón 132/B3
Kodry (colinas), Mol. 111/H2
Kodyma, Ucr. 111/J1
Koekelare, Bél. 86/B1
Koel (río), India 140/D3
Koenigsmacker, Fra. 87/F5
Koes, Nam. 178/C5
Koesan, Cor.S. 133/D4
Koetari (río), Guy., Suri. 229/G4
Kofa (mtñas.), Az,EUA 195/F4
Kofçaz, Tur. 111/H5
Koffiefontein, Safr. 180/D3
Kofiau (isla), Indo. 147/G4
Koforidua, Gha. 169/E5
Kofu, Japón 131/F3
Koga, China 134/D3
Koga, Japón 131/F2
Koga, Tan. 177/H4
Koganei, Japón 131/H7
Køge, Din. 80/E4
Køge Bugt (bahía), Din. 80/E4
Kogon (río), Gui. 168/B4
Kŏgum (isla), Cor.S. 133/D5
Kohāt, Pak. 142/A1
Kohila, Esto. 81/L2
Kohīma, India 136/B3
Kohkīlūyeh y Bovīr Aḩmadi (gob.), Irán 125/G4
Kohls Ranch, Az,EUA 195/G3
Kohout (pico), R.Ch. 89/H5
Kohtla-Järve, Esto. 81/M2
Kohung, Cor.S. 133/D5
Kohunlich (ruinas), Méx. 217/H5
Koichab (río seco), Nam. 178/B5
Koichab (río seco), Nam. 180/A2
Koigi, Esto. 81/L2
Koiva (río), Esto. 81/M3
Koje (isla), Cor.S. 133/E5
Kojonup, Austl. 154/C5
Kojšovská Hol'a (pico), Eslo. 83/L4
Kok (río), Mya. 143/B1
K'ok'a (lago), Eti. 174/A3
Kōka, Japón 131/M10
Kokai (río), Japón 131/J7
Kokand, Uzb. 134/B3
Kökar (isla), Fin. 81/J2
Kokchetav, Kaz. 134/A1
Kokemäenjoki (río), Fin. 81/J1
Kokkola, Fin. 70/F2
Kokkola (Gamlakaleby), Fin. 79/G3
Koknese, Let. 81/L3
Koko, Nige. 169/G4
Koko, Nige. 169/G5
Kokofata, Malí 168/C3
Kokomo, In,EUA 206/C4
Kokrajhar, India 141/H2
Kokshaal-Tau (mtñas.), Kirg. 134/C3
Koksijde, Bél. 86/B1
Koksoak (río), Qu,Can. 187/K3
Koksovyy, Rusia 117/L3
Kokstad, Safr. 180/E3
Kokubu, Japón 130/B5
Kokuy, Rusia 129/H1
Kola (isla), Indo. 152/D1
Kola (pen.), Rusia 112/H2
Kola (río), Rusia 112/G1
Kolachel, India 142/F4
Kolaka, Indo. 147/F4
Kolār, India 138/C5
Kolárovo, Eslo. 91/C4
Kolašin, Mont. 110/D4
Kolbermoor, Ale. 82/G5
Kolbuszowa, Pol. 83/L3
Kolda, Sen. 168/B3
Kolda (reg.), Sen. 168/B3
Kolding, Din. 80/C4
Kölen (Kjølen) (mtñas.), Nor., Sue. 79/E2
Kolepom (isla), Indo. 158/C5
Kolgaküla, Esto. 81/L2
Kolgompia (cabo), Rusia 81/N2
Kolguiev (isla), Rusia 113/K1
Kolhapur, India 138/B4
Koliba (río), Gui. 168/B3
Kolima (mtñas.), Rusia 119/R3
Kolima (río), Rusia 119/R3
Kolima, Llanura de, Rusia 119/R2
Kolín, R.Ch. 83/H3
Kolka, Let. 81/K3
Kolkasrags (pta.), Let. 81/K3
Kolkhozabad, Tay. 127/J1
Kollbach (río), Ale. 89/F5
Kölleda, Ale. 90/B5
Kollum, P.B. 84/D2
Köln (Colonia), Ale. 84/D7
Kolno, Pol. 83/L2
Koło, Pol. 114/A1
Kołobrzeg, Pol. 83/H1
Kologriv, Rusia 113/K4
Kolojedka (río), R.Ch. 91/B1
Kolokani, Malí 168/C3
Kolomna, Rusia 71/G3
Kolomyya, Ucr. 116/C3
Kolondiéba, Malí 168/D4
Kolonia (cap.), Micr. 158/E4
Kolonnawa, Sr.L. 138/C6
Kolossa (río), Malí 168/D3
Kolpashevo, Rusia 118/J4
Kolpino, Rusia 81/P2
Kolsva, Sue. 80/F2
Kolubara (río), Yugo 110/E3
Koluszki, Pol. 83/K3
Koluton (río), Kaz. 134/A1
Kolva (río), Rusia 113/N2
Kolvereid, Nor. 79/D2
Kolwezi, D.R. Congo 177/F5
Kom (pico), Bul. 110/F4
Koma (río), Japón 131/H7
Koma, Mya. 143/B3
Komádi, Hun. 110/E2
Komadugu Gana (río), Nige. 172/A2
Komadugu Yobé (río), Nige. 169/H3
Komae, Japón 131/H7
Komagane, Japón 131/E3
Komaki, Japón 131/M9
Komandorskie (islas), Rusia 119/S4
Komárno, Eslo. 91/C4
Komárom, Hun. 91/C4
Komárom-Esztergom (con.), Hun. 110/D2
Komatirivier (río), Safr. 180/R12
Komatsu, Japón 130/E2
Komatsushima, Japón 130/D4
Kome (isla), Tan. 175/A2
Kome (isla), Uga. 177/H3
Komen, Esl. 105/G1
Komering (río), Indo. 144/D3
Komi (rep. aut.), Rusia 113/L2
Komi y los Permiacos (dist. aut.), Rusia 113/M3
Kommunar, Rusia 81/P2
Kommunarsk, Ucr. 71/G4
Kommunizma (Comunismo) (pico), Tay. 134/B4
Komodo (isla), Indo. 147/E5
Komodo, Parq. Nal., Indo. 147/E5
Komono, Congo 176/C3
Komono, Japón 130/E3
Komoran (isla), Indo. 153/E2
Komotiní, Gre. 109/J2
Kompasberg (pico), Safr. 180/D3
Komsomolets (isla), Rusia 119/L1
Komsomolsk del AMur, Rusia 129/M1
Komsomol'skiy, Kaz. 115/K3
Komsomol'skiy, Rusia 113/K5

Komsomol'skiy, Rusia 113/P2
Komsomol'skiy, Rusia 115/H3
Komsomol'skoye, Rusia 115/H2
Komsomol'skoye, Ucr. 117/G3
Komsomol'skoye, Ucr. 117/J3
Komsomol'skoye, Ucr. 117/K4
Kömür (pta.), Tur. 109/K3
Kon (río), Kaz. 134/A2
Konakovo, Rusia 112/H4
Kōnan, Japón 131/M10
Kōnan, Japón 131/M9
Konangra-Boyd, Parq. Nal., Austl. 157/D2
Konār (emb.), India 141/E4
Konār (río), India 141/E4
Konārak, Irán 127/H3
Konaweha (río), Indo. 147/F4
Konda, Japón 131/L10
Konda (río), Rusia 128/G1
Kondinin, Austl. 154/C5
Kondoa, Tan. 175/A3
Kondopoga, Rusia 112/G3
Koné, N.Cal. 158/F7
Kong (isla), Camb. 143/C4
Kong, C.Marf. 168/D4
Kong (río), Laos 143/D3
Kongju, Cor.S. 133/D4
Kong Kong (río), Sudán 173/G4
Kong Miao, China 135/D4
Kongnŭng (río), Cor.S. 133/F6
Kongolo, D.R. Congo 177/F4
Kongō-zan (pico), Japón 131/L10
Kongsberg, Nor. 80/C2
Kongsvinger, Nor. 80/E1
Kongué (cats.), Gabón 176/C2
Kongur (pico), China 134/C4
Koniecpol, Pol. 83/K3
Königsberg in Bayern, Ale. 88/D2
Königsberg-Stein, Ale. 88/B5
Königsbronn, Ale. 88/D5
Königsbrück, Ale. 90/D5
Königsbrunn, Ale. 88/D6
Königschlösser, Ale. 99/G2
Königsee, Ale. 90/B6
Königsfeld im Schwarzwald, Ale. 88/B6
Königslutter am Elm, Ale. 85/H4
Königstein im Taunus, Ale. 88/B2
Königswinter, Ale. 87/G2
Königs Wusterhausen, Ale. 90/D3
Konin, Pol. 83/K2
Konin (prov.), Pol. 83/K3
Kónitsa, Gre. 109/G2
Köniz, Suiza 98/D4
Konjic, Bosn. 110/C4
Konkeip (río seco), Nam. 178/C5
Konkouré (río), Gui. 168/B4
Konkourou-Bamingui, Reserva de Fauna, Cafr. 172/D4
Könnern, Ale. 90/B4
Konnevesi, Fin. 79/H3
Konolfingen, Suiza 98/D4
Konosha, Rusia 112/J3
Konotop, Ucr. 117/G2
Konqi (río), China 134/E3
Konsen (mes.), Japón 132/D2
Końskie, Pol. 83/L3
Konstancin-Jeziorna, Pol. 83/L2
Konstantinovka, Ucr. 117/H3
Konstantinovka, Ucr. 117/H4
Konstantinovka, Ucr. 117/J3
Konstantinovsk, Rusia 117/L4
Konstantynów Łódzki, Pol. 83/K3
Konstanz, Ale. 99/F2
Kontich, Bél. 86/D1
Kontiolahti, Fin. 79/J3
Kon Tum, Vie. 143/E3
Konuralp, Tur. 111/K5
Konya, Tur. 124/C2
Konya (prov.), Tur. 123/C1
Konz, Ale. 87/F4
Koocenusa (lago), Mt,EUA 190/G3
Koondrook, Austl. 157/C2
Koonga, Esto. 81/L2
Koorawatha, Austl. 157/D2
Koorda, Austl. 154/C4
Koosa, Esto. 81/M2
Kootenay (lago), CB,Can. 190/F3
Kootenay (río), CB,Can. 190/G2
Kootenay, Parq. Nal., CB,Can. 190/F2
Kootingal, Austl. 157/D1
Kopāganj, India 140/D2
Kopargaon, India 138/B4
Kópavogur, Isl. 79/N7
Kope (pico), C.Marf. 168/D5
Kopeisk, Rusia 113/P5
Köpenick, Ale. 90/D3
Koper, Esl. 105/G1
Kopervik, Nor. 80/A2
Kopili (río), India 136/B3
Köping, Sue. 80/G2
Kopondei (cabo), Indo. 152/A2
Koporskiy (bahía), Rusia 81/N2
Koppang, Nor. 80/D1
Kopparberg, Sue. 80/F2
Kopparberg (con.), Sue. 80/E1
Koppi (río), Rusia 129/M2
Koprivnica, Cro. 110/C2
Köprü (río), Tur. 123/B1
Köprülü, Tur. 123/C1
Kopti, Ucr. 116/F2
Kor (río), Irán 125/H4
Kōra, Japón 131/M9
Korab (pico), Alb. 109/G2
Koráb (pico), R.Ch. 89/G4
Korablino, Rusia 114/G1
Korakuen Garden, Japón 130/C3
Koraluk (río), Tnva,Can. 187/K3
Korana (río), Bosn., Cro. 93/L4
Kora, Parq. Nal., Kenia 175/B2
Koraput, India 138/D4
Korba, India 140/D4
Korbach, Ale. 85/F6
Korbu (pico), Malay. 144/C1
Korçë, Alb. 109/G2
Korčula (isla), Cro. 110/C4
Korčulanski (canal), Cro. 110/C4
Kordestān (gob.), Irán 125/F3
Kord Kūy, Irán 125/H2
Kordofan (reg.), Sudán 173/F2
Korenovsk, Rusia 117/K5
Korets, Ucr. 116/D2
Korf, Rusia 119/S3
Korgan, Tur. 124/D1
Korhogo, C.Marf. 168/D4
Koriak (mts.), Rusia 122/R3
Koriakia (okr. aut.), Rusia 119/S3
Korinós, Gre. 109/H2
Kórinthos (Corinto), Gre. 109/H4
Kórinthos (Corinto) (ruinas), Gre. 109/H4
Kőris-hegy (pico), Hun. 91/B5
Koriyama, Japón 131/G2
Korkino, Rusia 113/P5
Korkodon (río), Rusia 119/R3
Korkuteli, Tur. 123/B1
Korla, China 134/E3
Kormakiti (cabo), Chip. 123/C2
Körmend, Hun. 91/A5
Kornat (isla), Cro. 110/B4
Korneuburg, Aus. 91/A3
Kornman, Co,EUA 200/C4
Kornot (isla), Cro. 93/L5
Korntal-Münchingen, Ale. 88/C5
Kornwestheim, Ale. 88/C5
Koro, C.Marf. 168/D4
Koro (isla), Fidji 159/Z18
Koro (mar), Fidji 158/G6
Koro, Malí 168/E3
Köroğlu (pico), Tur. 111/K5
Korogwe, Tan. 175/B3
Koroit, Austl. 157/B3
Korolëvo, Ucr. 114/B2
Koronadal, Fil. 147/G2
Korónia (lago), Gre. 109/H2
Koronowo, Pol. 83/J2
Koropí, Gre. 109/L7
Koror (cap.), Palau 158/C4
Körös (río), Hun. 110/E2
Korosten', Ucr. 116/E2
Korotaikha (río), Rusia 113/P1
Korovin (vol.), Ak,EUA 215/D5
Korsakov, Rusia 129/N2
Korschenbroich, Ale. 84/D6
Korsør, Din. 80/D4
Korsze, Pol. 83/L1
Kortemark, Bél. 86/C1
Kortenaken, Bél. 87/E2
Kortenberg, Bél. 86/D2
Kortessem, Bél. 87/E2
Kortrijk, Bél. 86/C2
Korup, Parq. Nal., Cam. 169/H5
Korup, Parq. Nal., Cam. 176/B1
Koryazhma, Rusia 113/K3
Kōryō, Japón 131/L10
Koryŏng, Cor.S. 133/E5
Kós, Gre. 107/K3
Kós (isla), Gre. 107/K3
Kosai, Japón 131/E3
Ko-saki (pta.), Japón 130/A3
Ko Samut, Parq. Nal., Tail. 143/C3
Kosaya Gora, Rusia 114/F1
Koschagyl, Kaz. 115/K3
Kösching, Ale. 89/E5
Kościan, Pol. 83/J2
Kościerzyna, Pol. 83/J1
Kosciusko (pico), Austl. 157/D3
Kosciusko, Ms,EUA 208/C4
Kosciusko, Parq. Nal., Austl. 157/D3
Kose, Esto. 81/L2
Köse, Tur. 124/D1
Kosei, Japón 131/M10
Koshigaya, Japón 131/F3
Koshiki (isla), Japón 132/K5
Koshkar, Kaz. 115/K3
Koshkonong (lago), Wi,EUA 201/K2
Kosi, India 140/A2
Kosi (río), India 141/F2
Kosi (zona), Nepal 141/F4
Košice, Eslo. 83/L4
Koskinoú, Gre. 124/B2
Koslan, Rusia 113/L3
Kosoba, Gora (pico), Kaz. 134/C2
Kosŏng, Cor.N. 133/E3
Kosŏng, Cor.S. 133/E5
Kosov, Ucr. 116/C3
Kosovo 110/E4
Kosovo Polje, Kos. 110/E4
Kosovska Kamenica, Kos. 109/G1
Kosovska Mitrovica, Kos. 110/E4
Kosový (río), R.Ch. 89/F3
Kosrae (isla), Micr. 158/F4
Kossi (prov.), Burk. 168/D3
Kossou (lago), C.Marf. 168/D5
Kosta, Sue. 80/F3
Kostelec nad Černými Lesy, R.Ch. 89/H3
Kostinbrod, Bul. 111/F4
Kostol'any, Veľké, Eslo. 91/B2
Kostomuksha, Kaz. 112/F2
Kostroma, Rusia 71/H3
Kostroma (río), Rusia 112/J4
Kostroma, Región de, Rusia 112/J4
Kostrzyn, Pol. 83/H2
Kostrzyn, Pol. 83/J2
Kostyukovichi, Bela. 114/E1
Kos'va (río), Rusia 113/N4
Kos'yu, Rusia 113/N2
Kos'yu (río), Rusia 113/N2
Koszalin, Pol. 83/J1
Koszalin (prov.), Pol. 83/H2
Kőszeg, Hun. 91/A5
Kota, India 138/C2
Kota, India 140/D4
Kōta, Japón 131/N10
Kotaagung, Indo. 144/D4
Kota Baharu, Malay. 144/C1
Kotabaru, Indo. 144/C3
Kot Addu, Pak. 142/A2
Kotagiri, India 142/F3
Kota Kinabalu, Malay. 145/B4
Kota Tinggi, Malay. 144/C2
Kotdwāra, India 140/B1
Kotel, Bul. 111/H4
Kotelni (isla), Rusia 119/P2
Kotel'nich, Rusia 113/L4
Kotel'nikovo, Rusia 117/M4
Kotel'va, Ucr. 117/H2
Köthen, Ale. 90/B4
Kotido, Uga. 177/H2
Kotka, Fin. 81/M1
Kot Kapūra, India 142/C2
Kotlas, Rusia 71/H2
Kotlin (isla), Rusia 113/U7
Kotō, Japón 131/M9
Kotor, Mont. 110/D4
Kotor Varoš, Bosn. 110/C3
Kotovo, Rusia 115/H2
Kotovsk, Mol. 111/J2
Kotovsk, Rusia 115/G1
Kotovsk, Ucr. 116/E4
Kotri, Pak. 127/J3
Kotrung-Uttarpara, India 141/G4
Kottagūdem, India 138/D4
Kottai Malai (mtña.), India 142/F4
Kottayam, India 142/F4
Kotte, Sr.L. 138/C6
Kottingbrunn, Aus. 91/A4
Kotto (río), Cafr. 172/D4
Kotui (río), Rusia 119/L3
Kotzebue (bahía), Ak,EUA 215/E2
Kötzting, Ale. 89/F4
Kouango, Cafr. 172/C4
Kouchibouguac (bahía), NB,Can. 204/E2
Kouchibouguac, Parq. Nal., NB,Can. 204/E2
Koudougou, Burk. 169/E3
Koufonísion (isla), Gre. 109/J5
Kougarok (mtña.), Ak,EUA 215/E2
Kouilou (reg.), Congo 176/B4
Kouilou (río), Congo 176/C4
Koukdjuak (río), Nun,Can. 187/J2
Koula-Moutou, Gabón 176/C3
Koulikoro, Malí 168/D3
Koulountou (río), Gui., Sen. 168/B3
Koumac, N.Cal. 158/F7
Koumbi Saleh (ruinas), Maur. 168/D3
Koumra, Chad 164/D4
Koundara, Gui. 168/B3
Kounradskiy, Kaz. 134/C2
Kountze, Tx,EUA 197/G2
Koupé (pico), Cam. 169/H5
Koupela, Burk. 169/E3
Kouritenga (prov.), Burk. 169/E3
Kourou, Gua.Fr. 230/C1
Kousseri, Cam. 172/B2
Koussi, Emi (pico), Chad 170/C5
Koutiala, Malí 168/D3
Kouvola, Fin. 81/M1
Kouyou (río), Congo 176/D3
Kovačevac, Serb. 110/E3
Kovačica, Serb. 110/E3
Kovada Gölü, Parq. Nal., Tur. 124/B2
Kovalam, India 142/F4
Kovans, Tur. 124/D1
Kovd (lago), Rusia 112/F2
Kovdor, Rusia 112/F2
Kovel', Ucr. 116/C2
Kovilj, Serb. 110/E3
Kovilpatti, India 142/F4
Kovrov, Rusia 112/J4
Kovūr, India 138/C5
Kovylkino, Rusia 115/G1
Kowanyama Abor. Community, Austl. 156/A1
Kowkcheh (río), Afg. 127/J1
Kowloon, H.K. 137/G4
Kōyama, Japón 130/B5
Koynare, Bul. 111/G4
Koyukuk (río), Ak,EUA 215/H2
Koyukuk, North Fork (río), Ak,EUA 215/H2
Koyukuk, South Fork (río), Ak,EUA 215/H2
Kozakai, Japón 131/N10
Kozaklı, Tur. 124/C2
Kozan, Tur. 124/C2
Kozáni, Gre. 109/G2
Kozara, Parq. Nal., Bosn. 110/C3
Kozárovce, Eslo. 91/C3
Kozel'shchina, Ucr. 117/G3
Kozel'sk, Rusia 114/E1
Középső-Hajag (pico), Hun. 91/B5
Kozhikode, India 142/E3
Kozhozero (lago), Rusia 112/H3
Kozhva, Rusia 113/N2
Kozhva (río), Rusia 113/M2
Kozienice, Pol. 83/L3
Kozloduy, Bul. 111/F4
Kozlu, Tur. 111/K5
Kozluk, Tur. 124/E2
Koźmin, Pol. 83/J3
Koznitsa (pico), Bul. 111/F4
Kożuchów, Pol. 83/H3
Kpalimé, Togo 169/F5
Kpandu, Gha. 169/F5
Kpémé, Togo 169/F5
Kra (istmo), Mya., Tail. 143/B4
Kraai (río), Safr. 180/D3
Kraaifontein, Safr. 180/L10
Krabi, Tail. 143/B4
Kracheh, Camb. 143/D3
Kragan, Indo. 144/E4
Kragerø, Nor. 80/C2
Kragujevac, Serb. 110/E3
Kraiburg am Inn, Ale. 89/F6
Kraichbach (río), Ale. 88/B4
Kraichgau (reg.), Ale. 88/B4
Krailling, Ale. 89/E6
Krakatoa (Krakatau) (vol.), Indo. 144/D4
Krakor, Camb. 143/D3
Kraków (prov.), Pol. 83/K3
Kralanh, Camb. 143/C3
Kraljevo, Serb. 110/E4
Kralovice, R.Ch. 89/G3
Kralupy nad Vltavou, R.Ch. 89/H2
Kramatorsk, Ucr. 71/G4
Kramfors, Sue. 79/F3
Krammer (canal), P.B. 84/B5
Kranéa Elassónos, Gre. 109/G3
Kranenburg, Ale. 84/D5
Kranichfeld, Ale. 90/B6
Kranídhion, Gre. 109/H4
Kranj, Esl. 110/B2
Krapkowice, Pol. 83/J3
Krāslava, Let. 81/M4
Kraslice, R.Ch. 89/F2
Krasnaya Gorbatka, Rusia 112/J5
Krasnii Luch, Ucr. 117/K3
Kraśnik, Pol. 83/M3
Kraśnik Fabryczny, Pol. 83/M3
Krasnoarmeysk, Rusia 115/H2
Krasnoarmeysk, Ucr. 117/J3
Krasnoarmeyskiy, Rusia 117/M4
Krasnodar, Rusia 71/G4
Krasnodar (terr.), Rusia 117/K5
Krasnodon, Ucr. 117/K3
Krasnogorsk, Rusia 114/F1
Krasnogvardeyskoye, Rusia 117/L5
Krasnogvardeyskoye, Ucr. 117/H5
Krasnoiarsk, Rusia 118/K4
Krasnokamensk, Rusia 129/H1
Krasnokamsk, Rusia 113/M4
Krasnooskolskoie (emb.), Ucr. 117/J3
Krasnopavlovka, Ucr. 117/J3
Krasnopol'ye, Ucr. 117/H2
Krasnoslobodsk, Rusia 115/G1
Krasnoslobodsk, Rusia 115/H2
Krasnotur'insk, Rusia 118/G4
Krasnoufimsk, Rusia 113/N4
Krasnoural'sk, Rusia 113/P4
Krasnovishersk, Rusia 113/N3
Krasnoye, Bela. 81/M4
Krasnoye, Mol. 111/J2
Krasnoye, Rusia 117/K2
Krasnoye, Ucr. 116/C3
Krasnystaw, Pol. 83/M3
Krasnyy Chikoy, Rusia 128/F1
Krasnyye Okny, Ucr. 116/E4
Krasnyy Kholm, Rusia 114/F1
Krasnyy Kut, Rusia 115/H2
Krasnyy Liman, Ucr. 117/J3
Krasnyy Oktyabr', Rusia 113/Q5
Krasnyy Sulin, Rusia 117/L4
Krasnyy Yar, Rusia 115/H2
Krasnyy Yar, Rusia 115/J1
Krasnyy Yar, Rusia 115/J3
Kratovo, Mace. 110/F4
Krautheim, Ale. 88/C4
Kravanh (mtñas.), Camb. 143/C4
Krawang, Indo. 144/D4
Kreb en Nâga (esc.), Malí, Maur. 166/D5
Kreck (río), Ale. 88/D2
Krefeld, Ale. 84/D6
Kreiensen, Ale. 85/G5
Kremastón (lago), Gre. 109/G3
Křemelna (río), R.Ch. 89/G4
Krementchug, Ucr. 117/G3
Kremenchug (emb.), Ucr. 117/G3
Kremlin, Rus. 113/X9
Kremnica, Eslo. 91/C2
Kremnitz (río), Ale. 90/D4
Krems an der Donau, Aus. 93/L2
Kremsmünster, Aus. 89/H6
Kresna, Bul. 111/F5
Kressbronn am Bodensee, Ale. 99/F2
Kresta (golfo), Rusia 119/T3
Kréstena, Gre. 109/G4
Kretinga, Lit. 81/J4
Kreuzau, Ale. 87/F2
Kreuzberg (pico), Ale. 88/C2
Kreuzlingen, Suiza 99/F2
Kreuztal, Ale. 87/G2
Kreuzwertheim, Ale. 88/C3
Kría Vrísi, Gre. 109/H2
Kribi, Cam. 176/B2
Krichev, Bela. 114/D1
Krider, NM,EUA 198/C3
Krieglach, Aus. 93/L3
Kriens, Suiza 99/E3
Kril'on, Rusia 132/C1
Krilon (cabo), Rusia 129/N2
Krilon (pen.), Rusia 132/B1
Krimpen aan de IJssel, P.B. 84/B5
Krinichki, Ucr. 117/H3
Kriós (cabo), Gre. 107/J4
Krishna (río), India 138/D4
Krishnagiri, India 138/C5
Krishnanagar, India 141/G4
Kristdala, Sue. 80/G3
Kristiansand, Nor. 80/B2
Kristianstad, Sue. 80/F3
Kristianstad (con.), Sue. 80/E3
Kristiansund, Nor. 79/C3
Kristinehamn, Sue. 80/F2
Kriva Palanka, Mace. 110/F4
Krivói Rog, Ucr. 117/G4
Krivoye Ozero, Ucr. 116/F4
Krk, Cro. 110/B3
Krk (isla), Cro. 110/B3
Krka (río), Cro. 110/C3
Krnov, R.Ch. 83/J3
Krokodil (río), Safr. 179/F5
Krokodilrivier (río), Safr. 179/E5
Krokom, Sue. 79/E3
Kröller Müller, Museo, P.B. 84/C4
Kroměříž, R.Ch. 83/J4
Kronach, Ale. 89/E2
Kronberg im Taunus, Ale. 88/B2
Krong Kaoh Kong, Camb. 143/C4
Krong Keb, Camb. 143/D4
Kronoberg (con.), Sue. 80/F3
Kronshtadt, Rusia 81/N2
Kroombit Tops, Parq. Nal., Austl. 156/C4
Kroonstad, Safr. 180/D2
Kropotkin, Rusia 71/H4
Kropp, Ale. 80/C4
Krosno, Pol. 83/L4
Krosno (prov.), Pol. 83/L4
Krosno Odrzańskie, Pol. 83/H2
Krotoszyn, Pol. 83/J3
Krottenkopf, Grat (pico), Aus. 99/G3
Krousón, Gre. 109/J5
Krško, Esl. 110/B3
Krtiš (río), Eslo. 91/D3
Krtíš, Veľký, Eslo. 91/D3
Kruckau (río), Ale. 85/G1
Kruger, Parq. Nal., Safr. 181/E2
Krugersdorp, Safr. 180/P13
Kruglitsa, Gora (pico), Rusia 113/N5
Krugloi (pta.), Ak,EUA 215/A5
Kruibeke, Bél. 84/B6
Krujë, Alb. 110/D5
Krumbach, Ale. 88/D6
Krumbach Markt, Aus. 93/M3
Krumovgrad, Bul. 111/G5
Krung Thep (Bangkok) (cap.), Tail. 143/C3
Krupina, Eslo. 91/D3
Krupinica (río), Eslo. 91/D3
Krupka, R.Ch. 90/D6
Kruså, Din. 80/C4
Krusenstern (cabo), Ak,EUA 215/F2
Krusevac, Serb. 110/E4
Kruševo, Mace. 110/E5
Krušné Hory (Erzgebirge) (mtñas.), R.Ch., Ale. 89/F2
Kruszwica, Pol. 83/K2
Kruzof (isla), Ak,EUA 215/J3
Krylovskaya, Rusia 117/K4
Krymsk, Rusia 117/K5
Krynica, Pol. 83/L4
Kryzhopol', Ucr. 116/E3
Krzna (río), Pol. 83/M3
Krzyż, Pol. 83/J2
Ksar el Kebir, Marr. 165/M13
Ksel, Djebel (mtña.), Arg. 167/F2
Ksen'yevka, Rusia 129/H1
Kuah, Malay. 144/B1
Kuai (río), China 135/D4
Kuala Belait, Bru. 145/A4
Kuala Dungun, Malay. 144/C1
Kuala Kangsar, Malay. 144/C1
Kuala Kerai, Malay. 144/C1
Kuala Kubu Baharu, Malay. 144/C2
Kuala Lipis, Malay. 144/C1
Kuala Lumpur (cap.), Malay. 144/C2
Kuala Pilah, Malay. 144/C2
Kuala Rompin, Malay. 144/C2
Kuala Selangor, Malay. 144/C2
Kuala Terengganu, Malay. 144/C1
Kuan (pico), Tai. 137/J4
Kuancheng, China 135/D2
Kuandian, China 133/C2
Kuantan, Malay. 144/C2
Kubān (río), Rusia 117/J5
Kubano-Priazov (llan.), Rusia 117/K5
Kubaysah, Irak 124/E3
Kubokawa, Japón 132/B4
Kubrat, Bul. 111/H4
Kučevo, Serb. 110/E3
Kuchen, Ale. 88/C5
Kuchen (pico), Aus. 99/G3
Kuching, Malay. 146/D3
Kuchino (isla), Japón 132/L6
Kuchl, Aus. 93/K3
Küçükbahçe, Tur. 109/K3
Küçükçekmece (lago), Tur. 125/M6
Küçükkuyu, Tur. 109/K3
Kudamatsu, Japón 130/B4
Kudara, Tay. 134/B4
Kudat, Malay. 145/B4
Kudirkos-Naumiestis, Lit. 81/K4
Kudremalai (pta.), Sr.L. 142/G4
Kudus, Indo. 144/E4
Kudymkar, Rusia 71/J3
Kufrinjah, Jor. 123/D3
Kufstein, Aus. 93/K3
Kūhbach, Ale. 88/E6
Kuhmo, Fin. 79/J2
Kuhmoinen, Fin. 81/L1
Kūhpāyeh, Irán 125/H3
Kuhzer (lago), Ale. 90/D1
Kuibishev (emb.), Rusia 71/H3
Kuikuinita, Nic. 219/E3
Kuinder of Tjonger (río), P.B. 84/D3
Kuiseb (río seco), Nam. 178/B4
Kuishan (mtña.), China 137/F4
Kuito (lago), Rusia 112/F2
Kuiu (isla), Ak,EUA 215/M4
Kuivastu, Esto. 81/K2
Kujani, Reserva de Caza, Gha. 169/E5
Kujawy (reg.), Pol. 83/K2
Kuji, Japón 132/B3
Kujū-san (mtña.), Japón 130/B4
Kukalaya (río), Nic. 219/E3
Kuke (río), China 136/C3
Kukës, Alb. 109/G1
Kuki, Japón 131/F2
Kukizaki, Japón 131/J7
Kukkia (lago), Fin. 81/L1
Kuku Nor (mtñas.), China 128/D4
Kukushtan, Rusia 113/N4
Kūl (río), Irán 125/H5
Kula, Bul. 110/F4
Kula, Tur. 124/B2
Kula, Serb. 110/D3
Kulachi, Pak. 142/A2
Kulai, Malay. 144/C2
Kulal (pico), Kenia 175/B1
Kulaly (isla), Kaz. 115/J3
Kulandag (mtñas.), Turk. 115/K4
Kulasekharapatnam, India 142/G4
Kulashi, Geor. 115/G4
Kuldīga, Let. 81/J3
Kulebaki, Rusia 112/J5
Kulen, Camb. 143/D3
Kulen Shet' (río seco), Eti. 174/B3
Kulikovka, Ucr. 116/F2
Kulim, Malay. 144/C1
Kulin, Austl. 154/C5
Kulittalai, India 142/G3
Kulkyne-Hattah, Parq. Nal., Austl. 155/J5
Kullamaa, Esto. 81/L2
Kullen (cabo), Sue. 80/E3
Kullu, India 127/L2
Kulma, Wādī (río seco), Sudán 172/D2
Kulmbach, Ale. 89/E2
Kuloy, Rusia 112/J3
Kuloy, Rusia 113/J2
Kuloy (río), Rusia 113/J2
Kul'sary, Kaz. 115/K3
Külsheim, Ale. 88/C3
Kulsi (río), Bang. 141/H2
Kulti, India 141/F4
Kulu, India 142/D2
Kulu, Tur. 124/C2
Kulunda (prad.), Kaz., Rusia 134/C1
Kulunda, Rusia 118/H4
Kulunda (lago), Rusia 134/C1
Kulunda (río), Rusia 134/D1
Kŭm (río), Cor.S. 133/D4
Kuma (río), Rusia 71/H4
Kumagaya, Japón 131/F2
Kumai, India 141/G2
Kumairi, Arm. 71/H4
Kumaishi, Japón 132/A3
Kumaka, Guy. 229/G4
Kumamoto, Japón 130/B4
Kumamoto (pref.), Japón 130/B4
Kumano, Japón 130/E4
Kumano (río), Japón 130/D4
Kumanovo, Mace. 110/E4
Kumano-Yoshino, Parq. Nal., Japón 130/E3
Kumār (río), Bang. 141/G4
Kumara, N.Z. 160/B3
Kumardubhi, India 141/F4
Kumasi, Gha. 169/E5
Kumatori, Japón 131/L10
Kumba, Cam. 169/H5
Kumbakonam, India 142/G3
Kumbia, Austl. 156/C4
Kumbo, Cam. 172/A4
Kŭmch'ŏn, Cor.S. 133/D4
Kumé (isla), Japón 132/J7
Kumertau, Rusia 71/J3
Kumgang-san (mtña.), Cor.N. 133/E3
Kŭmho (río), Cor.S. 133/E5
Kumi, Cor.S. 133/E4
Kumi, Uga. 177/H2
Kumiyama, Japón 131/L10
Kumkale, Tur. 109/J3
Kumköy, Tur. 111/J5
Kumla, Sue. 80/F2
Kumluca, Tur. 123/B1
Kümmersbruck, Ale. 89/E4
Kumo (río), Fin. 70/F2
Kumon (mtes.), Mya. 136/C3
Kumsan, Cor.S. 133/D4
Kŭmsanp'o, Cor.N. 133/C3
Kumta, India 138/B5
Kumukahi (cabo), Hi,EUA 188/U11
Kunashiri (isla), Rusia 132/E2
Künch, India 140/B3
Kunda, Esto. 81/M2
Kunda, India 140/C3
Kundara, India 142/F4
Kundelungu (mtñas.), D.R. Congo 177/F5
Kundelungu, Parq. Nal., D.R. Congo 177/F5
Kundiān, Pak. 142/A1
Kundiawa, P.N.G. 153/G1
Kundla, India 138/B3
Kundur (isla), Indo. 144/C2
Kunene (río), Nam. 178/B3
Kungälv, Sue. 80/D3
Kungsängen, Sue. 81/R7
Kungsbacka, Sue. 80/E3
Kungshamn, Sue. 80/D2
Kungu, D.R. Congo 176/D2
Kungu, Zam. 177/G5
Kungur, Rusia 71/J3
Kunhegyes, Hun. 110/E2
Kunimi-dake (mtña.), Japón 130/B4
Kuningan, Indo. 144/E4
Kunitachi, Japón 131/H7
Kunlan (mtñas.), China 122/H6
Kunlong, Mya. 139/G3
Kunlun (mtes.), China 134/C4
Kunmadaras, Hun. 110/E2
Kunming, China 136/D3
Kunnamangalam, India 142/E3
Kunnamkulam, India 142/F3
Kunsan, Cor.S. 133/D5
Kunshan, China 135/E5
Kunszentmárton, Hun. 110/E2
Kunszentmiklós, Hun. 91/D5
Kunu (río), India 140/A3
Kununurra, Austl. 152/C3
Kunwāri (río), India 140/A2
Kunwi, Cor.S. 133/E4
Kunyu (mtña.), China 133/A4
Kunyu Shan (mtña.), China 135/E3
Künzell, Ale. 88/C1
Kuocang (pico), China 137/J2
Kuohijärvi (lago), Fin. 81/L1
Kuolayarvi, Rusia 112/F2
Kuolimo (lago), Fin. 81/M1
Kuopio, Fin. 79/H3
Kuopio (prov.), Fin. 79/H3
Kupa (río), Cro., Esl. 110/B3
Kupang, Indo. 152/A2
Kuper (mts.), P.N.G. 153/G1
Kupiano, P.N.G. 153/H2
Kupino, Rusia 118/H4
Kupiškis, Lit. 81/L4
Kuppenheim, Ale. 88/B5
Kupreanof (isla), Ak,EUA 215/M4
Kupyansk-Uzlovoy, Ucr. 117/J3
Kuqa, China 119/M5
Kur (río), Rusia 129/L1
Kura (río), Azer., Geor. 115/H4
Kūrālī, India 142/D2
Kurama-yama (pico), Japón 131/L9
Kurashiki, Japón 130/C3
Kurasia, India 140/D4
Kurayoshi, Japón 130/C3
Kurchum, Kaz. 134/D2
Kurdistán (reg.), Asia 125/E2
Kŭrdzhali, Bul. 111/G5
Kŭrdzhali (emb.), Bul. 109/J2
Kŭrdzhali (reg.), Bul. 111/G5
Kure (isla), Hi,EUA 158/H2
Kure, Japón 130/C3
Küre, Tur. 124/C1
Küre (mtñas.), Tur. 124/C1
Kureika (río), Rusia 118/K3
Kuressaare, Esto. 81/K2
Kurgán, Rusia 113/Q5
Kurgán, Región de, Rusia 113/Q5
Kuri, Cor.S. 133/G6
Kuria (isla), Kir. 158/G4
Kuria Muria (islas), Omán 126/G5
Kurikoma-yama (mtña.), Japón 132/B4
Kuriles (islas), Rusia 119/Q5
Kuril'sk, Rusia 132/E1
Ku-Ring-Gai, Parq. Nal., Austl. 156/H8
Kurinjippādi, India 142/F3
Kurinwas (río), Nic. 219/E3
Kurisawa, Japón 132/B2
Kuriyama, Japón 132/B2
Kürkçü, Tur. 123/C1
Kurmuk, Sudán 173/G3
Kurnool, India 138/C4
Kuro, Cor.S. 133/F7
Kurodashō, Japón 131/K9
Kuroishi, Japón 132/B3
Kuroiso, Japón 131/G2
Kurort-Darasun, Rusia 128/G1
Kurort Oberwiessenthal, Ale. 89/F2
Kuroso-yama (pico), Japón 131/M10
Kurow, N.Z. 160/B4
Kurrajong, Austl. 157/D2
Kurram (río), Pak. 142/A1
Kurrimine Beach, Austl. 156/B2
Kuršėnai, Lit. 81/K4
Kurseong, India 141/G2
Kursk, Rusia 71/G3
Kurskaia Kosa (pen.), Lit., Rusia 81/J4
Kurskiy Zaliv, Rusia 81/J4
Kursk, Región de, Rusia 117/H2
Kuršumlija, Serb. 110/E4
Kurşunlu, Tur. 124/C1
Kurtalan, Tur. 124/E2
Kurtamysh, Rusia 113/Q5
Kürten, Ale. 85/E6
Kurtköy, Tur. 125/N7
Kuru (río), Bután 141/H2
Kuru (río), Sudán 173/E3
Kuruçay, Tur. 124/D2
Kuruçay (río), Tur. 115/G4
Kuruktag (mtñas.), China 134/E3
Kuruman, Safr. 180/C2
Kurumanrivier (río seco), Safr. 180/C2
Kurume, Japón 130/B4
Kurumkan, Rusia 128/G1
Kurunegala, Sr.L. 138/D6
Kurupukari, Guy. 229/G3
Kurur, Jabal (pico), Sudán 171/F4
Kurwongbah (lago), Austl. 156/E6
Kurye, Cor.S. 133/D5
Kuryong (río), Cor.N. 133/C3
Kuşadası, Tur. 124/A2
Kusary, Azer. 115/J4
Ku Sathan (pico), Tail. 143/C2
Kusatsu, Japón 131/L9
Kusatsu, Japón 131/M9
Kuş Cenneti, Parq. Nal., Tur. 107/L2
Kusel, Ale. 87/G4
Kushchevskaya, Rusia 117/K4
Kushida (río), Japón 131/M10
Kushihara, Japón 131/N9
Kushikino, Japón 130/B5
Kushima, Japón 130/B5
Kushimoto, Japón 130/D4
Kushiro, Japón 132/D2
Kushiro (río), Japón 132/D2
Kushmurun (lago), Kaz. 113/Q5
Kushtia, Bang. 141/G4
Kushtia (dist.), Bang. 141/G4
Kushui (río), China 128/F4
Kushum (río), Kaz. 115/J2
Kusiyana (río), Bang. 141/H3
Kuskokwim (bahía), Ak,EUA 215/F4
Kuskokwim (mtñas.), Ak,EUA 215/G3
Kuskokwim (río), Ak,EUA 215/F3
Kuskokwim, North Fork (río), Ak,EUA 215/H3
Kuskokwim, South Fork (río), Ak,EUA 215/H3
Küsnacht, Suiza 99/E3
Kussharo (lago), Japón 132/C2
Küssnacht am Rigi, Suiza 99/E3
Kustanái, Kaz. 115/M1
Kustanái, Región de, Kaz. 115/M2
Kusterdingen, Ale. 88/C5
Kūstī, Sudán 173/G2
Kusu, Japón 131/M10
Kut (isla), Tail. 143/C4
Kuta, Nige. 169/G4
Kütahya, Tur. 124/B2
Kütahya (prov.), Tur. 124/B2
Kutaisi, Geor. 71/H4
Kutch (golfo), India 138/A3
Kutch (reg.), India 138/A3
Kutchan, Japón 132/B2
Kutcharo (lago), Japón 132/C1
Kutch, Marisma de (cién.), India, Pak. 138/A3
Kutenholz, Ale. 85/G2
Kutná Hora, R.Ch. 83/H4
Kutno, Pol. 83/K2
Kutse, Reserva de, Bots. 178/D4
Kutsuki, Japón 131/L9
Küttigen, Suiza 98/E3
Kutu, D.R. Congo 176/D3
Kutulik, Rusia 128/E1
Kutulo, Lagh (río seco), Kenia 175/C1
Kutztown, Pa,EUA 212/C2
Kuujjua (río), TNO,Can. 186/E1
Kuujjuaq (Fort-Chimo), Qu,Can. 187/K3
Kuuli-Mayak, Turk. 115/K4
Kuusamo, Fin. 79/J2
Kuusankoski, Fin. 81/M1
Kuutse (colina), Esto. 81/M2
Kuutse Mägi (colina), Esto. 112/E4
Kuvandyk, Rusia 115/L2
Kuwait 125/F4
Kuwait (cap.), Kuw. 125/F4
Kuwānā (río), India 140/D2
Kuwana, Japón 130/E3
Kuybyshev, Rusia 113/L5
Kuybyshevskiy, Kaz. 113/Q5
Kuye (río), China 135/B3
Kūysanjaq, Irak 125/F2
Kuytun, China 134/E3
Kuytun (río), China 134/D2
Kuyuwini (río), Guy. 229/G4
Kuzhittura, India 142/F4
Kuzitrin (río), Ak,EUA 215/E2
Kuz'molovskiy, Rusia 81/P1
Kuznetsk, Rusia 115/H1
Kuzomen', Rusia 112/H2
Kuzucubelen, Tur. 123/D1
Kuzumaki, Japón 132/B3
Kvaløy (isla), Nor. 79/F1
Kvareli, Geor. 115/H4
Kvarerić (canal), Cro. 110/B3
Kværndrup, Din. 80/D4
Kvarner (canal), Cro. 110/B3
Kvarnerić (canal), Cro. 93/L4
Kvigtinden (pico), Nor. 79/E2
Kvinesdal, Nor. 80/B2
Kvinnherad, Nor. 80/B2
Kwa (río), D.R. Congo 176/D3
Kwach'ŏn, Cor.S. 133/G7

Langr – Lenin
287

Langres, Plateau de (mes.), Fra. 98/B2
Langsa, Indo. 144/B1
Lang Son, Vie. 143/D1
Lang Suan, Tail. 143/B4
Langtang, China 137/F2
Langtang, Nige. 169/H4
Langtang Lirung (mtña.), Nepal 141/E1
Languedoc (reg.hist.), Fra. 95/G1
Languedoc-Rosellón (reg.), Fra. 92/E5
Langueux, Fra. 96/C4
Languidic, Fra. 96/B5
L'Anguille (río), Ar,EUA 199/J3
Langwedel, Ale. 85/G3
Langweid am Lech, Ale. 99/G1
Langxi, China 135/D5
Langya Shan (mtña.), China 135/C3
Lanham-Seabrook, Md,EUA 212/B6
Lanigan, Sk,Can. 202/B2
Lanigan (río), Sk,Can. 191/M1
Lanin (vol.), Chile 238/C3
Lanin, Parq. Nal., Argen. 238/C3
Lanlacuni Bajo, Perú 232/D4
Lannemezan, Fra. 92/D5
Lannemezan (mes.), Fra. 92/D5
Lannilis, Fra. 96/A3
Lannion, Fra. 96/B3
Lannion (bahía), Fra. 96/B3
La Noria, Méx. 216/D4
La Norville, Fra. 71/S11
Lans (mtñas.), Fra. 100/B3
Lan Sang, Parq. Nal., Tail. 143/B2
Lansdale, Pa,EUA 212/C3
Lansdowne, Pa,EUA 212/C4
Lansdowne, India 140/B1
Lansdowne-Baltimore Highlands, Md,EUA 212/B5
Lansford, DN,EUA 202/D3
Lanshan, China 137/G3
Lansing (cap.), Mi,EUA 206/D3
Lanta (isla), Tail. 143/B5
Lantana, Fl,EUA 210/P6
Lantang, Parq. Nal., Nepal 141/E1
Lanterne (río), Fra. 98/C2
Lanús, Argen. 239/S12
Lanusei, Ita. 108/A3
Lanuvio, Ita. 102/C4
Lanuza, Fil. 145/D3
Lanvallay, Fra. 96/C4
Lanvaux (alts.), Fra. 96/C5
Lanxi, China 129/K2
Lanxi, China 137/H2
Lanza, Bol. 236/C1
Lanzarote (isla), Cana., Esp. 166/B3
Lanzenkirchen, Aus. 91/A4
Lanžhot, R.Ch. 91/A2
Lanzhou, China 128/E4
Lanzo Torinese, Ita. 104/A2
Lao (mtñas.), China 133/D2
Lao (pico), China 129/J4
Lao (río), China 137/G2
Lao (río), Ita. 101/B3
Laoag, Fil. 145/C1
Lao Cai, Vie. 143/C1
Laocheng, China 128/F5
Laodao (río), China 137/G2
Laoha (río), China 129/H3
Laohekou, China 135/B4
Laois (Leix) (con.), Irl. 78/C4
Laojun Shan (mtña.), China 135/B4
La Ola, Chile 236/B3
Laon, Fra. 86/C4
La Orchila (isla), Ven. 229/E2
La Orotava, Cana. 166/A3
La Oroya, Perú 232/C3
Laos 143/C2
Laoshan, China 135/E3
Lao Shan (pico), China 135/E3
Laotie (mtña.), China 129/J4
Laotie Shan (mtña.), China 135/E3
Laotuding (pico), China 133/C2
Laotuding Shan (pico), China 135/F2
Laou (río), Marr. 165/M13
Lapa, Bras. 237/G3
Lapai, Nige. 169/G4
La Palestina, Méx. 196/D3
La Palma (isla), Cana., Esp. 166/A3
La Palma, Col. 228/C3
La Palma, Méx. 216/D3
La Palma, Pan. 219/G4
La Paloma, Uru. 239/G2
Lapalud, Fra. 100/A4
La Pampa (prov.), Argen. 238/D3
La Para, Argen. 236/D4
La Paragua, Ven. 229/F3
Lapataia, Argen. 239/K8
La Paz, Argen. 238/D2
La Paz (cap.), Bol. 236/B2
La Paz (dept.), Bol. 232/D4
La Paz, Col. 228/C3
La Paz, Fil. 145/D3
La Paz, Hon. 218/E3
La Paz, Méx. 216/C3
La Paz, Méx. 216/E4
La Paz (bahía), Méx. 216/C3
La Paz, Uru. 239/F2
La Pêche, Qu,Can. 207/J2
La Pedrera, Col. 228/D5
Lapeenranta, Fin. 112/F3
Lapeer, Mi,EUA 206/E3
La Peña, Col. 231/L6
La Peña, Pan. 219/F4
La Penne-sur-Huveaune, Fra. 100/B6
La Perla, Méx. 216/E4
La Perla, Méx. 196/B3
La Perouse (estr.), Japón, Rusia 132/B1
La Petite-Raon, Fra. 98/D1
Lapinlahti, Fin. 79/H3
Lapithos, Chip. 123/C2
La Place, La,EUA 210/C2
La Plant, DS,EUA 200/D1
La Plata, Argen. 239/F2
La Plata (río), Argen., Uru. 225/F6
La Plata, Col. 228/C4
La Plata (río), Co, NM,EUA 195/H2
La Plata, Md,EUA 209/J1
La Pobla de Lillet, Esp. 95/F1
La Pocatière, Qu,Can. 204/B2
La Pola de Gordón, Esp. 94/C1
La Pommeraye, Fra. 97/E6
Laponia (reg.), Eur. 79/F1
La Porte, In,EUA 206/C4
La Porte, Tx,EUA 197/G3
Lapotina (mtña.), Rusia 129/N1
Lapovo, Serb. 110/E3
Lappeenranta, Fin. 81/N1
Lappersdorf, Ale. 89/F4
Lappi (prov.), Fin. 79/H2
La Prairie, Qu,Can. 205/N7
Lâpseki, Tur. 124/A1
Laptev (mar), Rusia 119/N2
Lapua, Fin. 79/G3
La Puebla, Esp. 95/G3
La Puebla de Almoradiel, Esp. 94/D3
La Puebla de Cazalla, Esp. 94/C4
La Puebla del Río, Esp. 94/B4
La Puebla de Montalbán, Esp. 94/C3
La Puente, Ca,EUA 214/C2
La Puntilla (pta.), Ecua. 228/A5
Lapushna, Mol. 111/J2
Łapy, Pol. 83/M2
La Quebrada, Ven. 228/D2
Laquedivas (islas), India 138/B5
Laquedivas (mar), India 138/B5
La-Queue-lès-Yvelines, Fra. 97/G3
La Quiaca, Argen. 236/C2
L'Aquila, Ita. 103/D3
L'Aquila (prov.), Ita. 103/D3
Lār, Irán 125/H5
Lara, Austl. 157/C3
Lara (est.), Ven. 228/D2
Laracha, Esp. 94/A1
Larache, Marr. 165/L13
Laragne-Montéglin, Fra. 100/B4
La Rambla, Esp. 94/C4
Laramie (río), Co, Wy,EUA 200/B3
Laramie, Wy,EUA 188/E3
Laramie, Wy,EUA 200/B3
Laramie (mtñas.), Wy,EUA 200/A2
Laramie (pico), Wy,EUA 200/B2
Laranjeiras do Sul, Bras. 237/F3
Larat (isla), Indo. 152/D1
La Ravoire, Fra. 100/B1
Larba, Arg. 165/S15
Larcis (río), Fra. 95/E1
L'Arcouest (pta.), Fra. 96/B3
Lærdalsøyri, Nor. 80/B1
Lardier (cabo), Fra. 100/C6
Lardy, Fra. 97/H3
Laredo, Esp. 94/D1
Laredo, Tx,EUA 196/E4
Laredo, Perú 232/B3
La Reforma, Argen. 238/D3
La Reforma, Méx. 216/C3
Larek (isla), Irán 125/J5
Laren, P.B. 84/C4
Lares, Perú 232/C4
Larga (lago), Tx,EUA 197/F4
Largne (río), Fra. 100/B4
Largo (cayos), Cuba 219/F1
Largo, Fl,EUA 211/G4
Largo (cayos), Fl,EUA 211/H5
Largo (bahía), Es,R.U. 72/D4
Largs, Es,R.U. 72/B5
Largue (río), Fra. 98/D2
La Rhune (mtña.), Fra. 94/E1
Lariang (río), Indo. 147/E4
Lariano, Ita. 102/C4
La Rinconada, Esp. 94/C4
Larino, Ita. 103/E4
La Rioja, Argen. 236/C5
La Rioja (prov.), Argen. 236/C4
La Rioja (com. aut.), Esp. 94/D1
Lárisa, Gre. 109/H3
Lark (río), Ing,R.U. 77/G2
Larkana, Pak. 127/J3
Larkhall, Es,R.U. 72/C5
Lark Harbour, Tnva,Can. 205/H1
Larkhill, Ing,R.U. 77/E4
Larmor-Plage, Fra. 96/B5
Larnaca, Chip. 123/C2
Larnaca (dist.), Chip. 123/C2
Larne, IrN,R.U. 74/C2
Larne (dist.), IrN,R.U. 74/C2
Larned, Ks,EUA 198/E1
Larne Lough (ens.), IrN,R.U. 74/C2
La Robla, Esp. 94/C1
La Roche-en-Ardenne, Bél. 87/E3
La Rochelle, Fra. 92/C3
La Roche-sur-Foron, Fra. 98/C5
La Roche-sur-Yon, Fra. 92/C3
La Roda, Esp. 94/D3
La Romana, R.Dom. 221/D3
La Ronge, Sk,Can. 186/F3
La Ronge (lago), Sk,Can. 186/F3
La Roque-d'Anthéron, Fra. 100/B5
Laroque-d'Olmes, Fra. 92/D5
La Rosita, Méx. 196/D3
Larrainzar, Méx. 218/C2
Larreynaga, Nic. 218/E3
Larroque, Argen. 238/F2
Larsen, Ant. 161/V
Larsen (estr.), Nun,Can. 186/G1
L'Artois (colinas), Fra. 82/A3
La Rúa, Esp. 94/B1
La Rumorosa, Méx. 194/D4
Larvik, Nor. 80/D2
La Sabana, Ven. 231/O7
La Sal (mtñas.), Ut,EUA 193/J4
La Salle, Fra. 100/C3
Las Animas, Co,EUA 200/C4
La Sara, Argen. 239/K8
La Sarre, Qu,Can. 189/L2
La Sauvette (mtña.), Fra. 100/C6
Las Aves (islas), Ven. 229/E1
Las Bayas, Argen. 238/C4
Las Bombas, Chile 236/B3
Las Bonitas, Ven. 229/E3
Las Breñas, Argen. 236/D3
Las Cabezas de San Juan, Esp. 94/C4
Las Cabras, Chile 238/C2
Las Cabras, Méx. 196/D4
Lascano, Uru. 239/G2
Lascar (vol.), Chile 236/C2
Lascar, Co,EUA 198/B2
Las Casuarinas, Argen. 236/B4
Las Choapas, Méx. 217/G5
Las Cruces, NM,EUA 198/A4
Las Delicias, Méx. 196/C4
La Serena, Chile 236/B4
La Servelle (mtña.), Fra. 100/B3
Las Esperanzas, Méx. 217/E3
La Seu d'Urgell, Esp. 95/F1
Las Eutimias, Méx. 196/C3
La Seyne-sur-Mer, Fra. 100/B6
Las Flores, Argen. 238/F3
Las Guacamayas, Méx. 216/E5
Lashburn, Sk,Can. 191/K1
Las Hermosas, Parq. Nal., Col. 228/C4
Las Higueras, Argen. 238/D2
Lashio, Mya. 136/C4
Lashkar Gāh, Afg. 127/H2
Lasia (isla), Indo. 144/B2
La Sierpe, Cuba 219/G1
La Sila (mtñas.), Ita. 101/C4
La Silueta (pico), Chile 239/J8
Las Juntas, Col. 228/C4
Las Lajas, Argen. 238/C3
Las Lajas (pico), Argen. 238/C3
Las Lajitas, Ven. 229/E3
Las Lomas, Perú 232/A2
Las Lomitas, Argen. 236/D3
Las Marcas (reg.), Ita. 107/G2
Las Margaritas, Méx. 218/D2
Las Martinas, Cuba 219/E1
Las Matas de Farfán, R.Dom. 219/J2
Las Mercedes, Ven. 229/E2
Las Montañitas, Ven. 228/D3
Las Navas, Fil. 145/D2
Lasne-Chapelle-Saint-Lambert, Bél. 86/D2
Las Nieves, Méx. 216/D3
La Solana, Esp. 94/D3
Lasolo (río), Indo. 147/F4
La Somme (canal), Fra. 86/B4
Las Orquídeas, Parq. Nal., Col. 228/B3
La Souterraine, Fra. 92/D3
Las Palmas (río), Méx. 194/D4
Las Palmas, Pan. 219/F4
Las Palmas de Cocalán, Parq. Nal., Chile 238/C2
Las Palmas de Gran Canaria (cap.), Cana.,Esp. 164/A2
Las Palomas, Méx. 195/J5
Las Pampitas, Bol. 233/E4
Las Parejas, Argen. 236/D5
Las Pedroñeras, Esp. 94/D3
Las Perdices, Argen. 238/E2
Las Petas, Bol. 233/E4
Las Petas, Bol. 233/G5
La Spezia, Ita. 104/C4
La Spezia (prov.), Ita. 104/C4
Las Piedras, Perú 232/D4
Las Piedras, Uru. 239/F2
Las Piedras, Ven. 228/C2
Las Piedras, Ven. 229/F2
Las Piñas, Fil. 145/E6
Las Pipinas, Argen. 239/F2
Las Plumas, Argen. 238/D4
Las Rosas, Argen. 238/E2
Las Rosas, Méx. 218/C2
Las Rozas, Esp. 95/N9
Lassen (pico), Ca,EUA 192/C3
Lassen Volcanic, Parq. Nal., Ca,EUA 192/C3
Lassiter (costa), Ant. 161/V
L'Assomption, Qu,Can. 207/K2
L'Assomption (río), Qu,Can. 205/P6
Las Tablas, Pan. 219/F5
Las Tablas de Daimiel, Parq. Nal., Esp. 94/D3
Lastarria (vol.), Chile 236/B3
Last Mountain (lago), Sk,Can. 191/M2
Las Tórtolas (pico), Chile 236/B4
Las Toscas, Argen. 236/E4
Las Toscas, Uru. 237/F5
Lastovo (isla), Cro. 110/C4
Lastovski (canal), Cro. 110/C4
Lastra a Signa, Ita. 105/E5
Las Trincheras, Ven. 229/E3
Lastrup, Ale. 85/E3
Las Tunas, Cuba 219/G1
La Sûre (mtña.), Fra. 100/B2
La Suze-sur-Sarthe, Fra. 97/F5
Las Varas, Méx. 216/C2
Las Varas, Méx. 216/D4
Las Varillas, Argen. 238/E1
Las Vegas, NM,EUA 198/B3
Las Vegas, Nv,EUA 194/E2
Las Yaras, Perú 232/D5
La Tabatière, Qu,Can. 187/L3
Latacunga, Ecua. 228/B5
Latady (isla), Ant. 161/U
Latakia, Siria 126/C1
Latakia (Al Lādhiqīyah), Siria 123/D2
L'Atakora (prov.), Benín 169/F4
La Tebaida, Col. 231/K7
Lātehār, India 141/E4
Latemar (pico), Ita. 99/H5
Laterrière, Qu,Can. 204/B1
Laterza, Ita. 108/E2
La Teste-de-Buch, Fra. 92/C4
La Tête à l'Ane (pico), Fra. 98/C6
Lathan (río), Fra. 97/F6
La Tigra, Parq. Nal., Hon. 218/E3
Latina, Ita. 102/C5
Latina (prov.), Ita. 102/D5
Latisana, Ita. 105/G1
Latium (reg.), Ita. 107/G2
Latja (río), Hun. 91/B4
Lato (río), Ita. 101/C1
La Toma, Argen. 238/D2
Latorica (río), Eslo. 83/L4
La Tortuga (isla), Ven. 229/E2
Latouche Treville (cabo), Austl. 152/A4
La Tour-d'Aigues, Fra. 100/B5
La Tour-de-Peilz, Suiza 98/C5
La Tour-de-Trême, Suiza 98/D4
La Tour-du-Pin, Fra. 100/B1
Latourell (cats.), Or,EUA 190/C5
La Tranca, Argen. 238/D2
La Tremblade, Fra. 92/C4
La Trinidad, Argen. 236/C3
La Trinidad, Fil. 145/C1
La Trinitaria, Méx. 218/C2
La Trinité, Fra. 100/D5
La Trinité-des-Monts, Qu,Can. 204/C1
La Trinité-sur-Mer, Fra. 96/B5
Latrobe, Austl. 157/C4
Latrobe (pico), Austl. 157/C3
Latrobe (río), Austl. 157/C3
La Troncal, Ecua. 228/B5
La Troya (río), Argen. 236/B4
Latsch (Laces), Ita. 99/G4
Lattes, Fra. 92/E5
La Tuque, Qu,Can. 204/A2
Latur, India 138/C4
La Turballe, Fra. 96/C6
Lau (islas), Fidji 158/H6
Laubach, Ale. 88/B1
Laubusch, Ale. 90/E5
Lauca, Parq. Nal., Chile 236/B1
Lauch (río), Fra. 93/G3
Lauchert (río), Ale. 99/F1
Lauchhammer, Ale. 90/D5
Lauchheim, Ale. 88/D5
Lauda-Königshofen, Ale. 88/C3
Lauder, Es,R.U. 72/D5
Lauderdale Lakes, Fl,EUA 210/P7
Lauderhill, Fl,EUA 210/P7
Laudun, Fra. 100/A4
Lauenburg, Ale. 85/H2
Lauer (río), Ale. 88/D2
Lauf, Ale. 88/E3
Laufach, Ale. 88/C2
Laufen, Ale. 89/F7
Laufen, Suiza 98/D3
Lauffen am Neckar, Ale. 88/C4
Laughlen (pico), Austl. 155/G2
Laughlin, Nv,EUA 194/E3
Lauhanvuoren, Parq. Nal., Fin. 79/G3
Lauingen, Ale. 88/D5
Laukaa, Fin. 79/H3
Laukuva, Lit. 81/K4
Launceston, Austl. 157/C4
Launceston, Ing,R.U. 76/B5
Laune (río), Irl. 78/A5
Launette (río), Fra. 71/U9
La Unión, Bol. 233/F4
La Unión, Chile 238/B4
La Unión, Col. 228/B4
La Unión, El Salv. 218/E3
La Unión, Esp. 95/E4
La Unión, Méx. 217/E5
La Unión, Perú 232/A2
La Unión, Perú 232/B3
La Unión, Ven. 228/E2
Laupheim, Ale. 88/C6
L'Aupillon (mtña.), Fra. 100/C4
Laura, Austl. 153/G3
Laura, Austl. 155/H5
Laurasca, Cima della (pico), Ita. 99/E5
La Urbana, Ven. 229/E3
Laureana di Borrello, Ita. 101/C6
Laurel, Fl,EUA 211/G4
Laurel, Md,EUA 212/B5
Laurel, Ms,EUA 208/C5
Laurencekirk, Es,R.U. 72/D3
Laurens, CS,EUA 209/F3
Laurentian (mes.), Can. 206/E1
Laurenzana, Ita. 101/B2
Laurenzana (río), Ita. 101/C4
Lauria, Ita. 101/B2
Laurinburg, CN,EUA 209/H3
Lauris, Fra. 100/B5
Lauropoli, Ita. 101/C3
Lausana, Suiza 98/C4
Lauscha, Ale. 88/E2
Laut (isla), Indo. 147/E4
Lauta, Ale. 90/E5
Lautaro, Chile 238/B3
Lauter (río), Ale. 88/C5
Lauter (río), Fra. 93/H2
Lauter (río), Fra., Ale. 87/G5
Lauterach (río), Ale. 89/E4
Lauterbach, Ale. 82/E3
Lauterbach (río), Ale. 88/E2
Lauterburg, Fra. 87/H6
Lauterbrunnen, Suiza 98/D4
Lautoka, Fidji 158/G6
Lauve, Nor. 80/D2
Lauwers (canal), P.B. 84/D2
Lauwersmeer (lago), P.B. 84/D2
Lava Beds Nat'l Mon., Ca,EUA 192/C3
Lavaca (bahía), Tx,EUA 197/F3
Lavaca (río), Tx,EUA 197/F3
Lavagna, Ita. 104/C4
Lavagna (río), Ita. 104/C4
Lava Hot Springs, Id,EUA 193/G2
Laval, Qu,Can. 207/K2
Laval, Fra. 97/E4
La Vale, Md,EUA 207/G5
La Valetta (cap.), Malta 102/J8
La Valette-du-Var, Fra. 100/B6
Lavalleja (dept.), Uru. 239/G2
Lavallette, NJ,EUA 213/D4
La Vallinot, Fra. 98/B2
Lāvān (isla), Irán 125/H5
La Vanoise (alt.), Fra. 100/C2
La Vanoise, Parq. Nal., Fra. 100/C2
Lavans-lès-Saint-Claude, Fra. 98/B5
Lavant (río), Aus. 93/L3
Lavapié (pta.), Chile 238/B3
Lavassaare, Esto. 81/L2
Lavaur, Fra. 95/F1
La Vecilla de Curveño, Esp. 94/C1
La Vega, R.Dom. 221/D3
La Vela (cabo), Col. 228/C1
Lavelanet, Fra. 92/D5
Lavello, Ita. 103/F5
Laveno, Ita. 104/B1
La Ventana, Méx. 216/C3
La Vergne, Tn,EUA 208/D2
La Verna, Ita. 105/E5
La Verne, Ca,EUA 214/C2
La Verrière, Fra. 71/R10
Laverton, Austl. 154/D4
La Victoria, Col. 228/B4
La Victoria, Ven. 228/D3
La Victoria, Ven. 229/E2
La Vieja (río), Col. 231/K8
La Ville-aux-Dames, Fra. 97/F6
Lavino (río), Ita. 105/E4
La Virginia, Col. 231/K7
Lavis, Ita. 99/H5
Lavon (lago), Tx,EUA 196/L6
Lavos, Por. 94/A2
La Voulte-sur-Rhône, Fra. 100/A3
Lavras, Bras. 234/D4
Lavras da Mangabeira, Bras. 231/G4
Lávrion, Gre. 109/J4
Lavushi Manda, Parq. Nal., Zam. 179/F2
Lawa (río), Gua.Fr., Suri. 230/C1
Lawang, Indo. 144/F4
La Wantzenau, Fra. 87/G6
Lawit (mtña.), Indo. 146/D3
Lawit (pico), Malay. 144/C1
Lawndale, Ca,EUA 214/B3
Lawnhill, CB,Can. 215/M5
Lawn Hill, Parq. Nal., Austl. 153/E4
Lawra, Gha. 168/E4
Lawrence, In,EUA 206/C5
Lawrence, Ks,EUA 199/G1
Lawrence, Ma,EUA 207/L3
Lawrence, N.Z. 160/B4
Lawrenceburg, In,EUA 206/D5
Lawrenceburg, Tn,EUA 208/D3
Lawrence Park, Pa,EUA 206/F3
Lawrencetown, IrN,R.U. 74/B3
Lawrenceville, Ga,EUA 208/F4
Lawrenceville, Il,EUA 206/C5
Lawrenceville, Va,EUA 209/J2
Lawton, Ok,EUA 199/E3
Lawu (pico), Indo. 144/E4
Lawz, Jabal al (mtña.), Ar.S. 124/C4
Laxa, Sue. 80/F2
Laxey, IM,R.U. 74/D3
Laxou, Fra. 87/F6
Lay (río), Fra. 92/C3
Laya (río), Rusia 113/N2
Layar (cabo), Indo. 147/E4
Laye (río), Fra. 100/B4
Laylān, Irak 125/F3
Layon (río), Fra. 97/E6
Laysan (isla), Hi,EUA 159/H2
Layton, Ut,EUA 193/H3
Lazarev, Rusia 119/Q4
Lazarevac, Serb. 110/E3
Lázaro Cárdenas, Méx. 216/B2
Lázaro Cárdenas, Méx. 216/E5
Lazdijai, Lit. 81/K4
Lazi, Fil. 145/C3
Lazo, Rusia 119/P3
Lazzaro, Monte (pico), Ita. 104/C3
Lea (río), Ing,R.U. 77/F3
Leach, Camb. 143/C3
Leach (río), Ing,R.U. 77/E3
Lead (mtña.), Me,EUA 204/C3
Leaday, Tx,EUA 196/E2
Leadbetter (pta.), Wa,EUA 190/B4
Leader, Sk,Can. 191/K2
Leader Water (río), Es,R.U. 72/D5
Leadon (río), Ing,R.U. 76/D2
Leadville, Co,EUA 200/A4
Leaf (río), Ms,EUA 210/D2
Leaghur (lago), Austl. 157/B2
League City, Tx,EUA 197/G3
Leakesville, Ms,EUA 210/D2
Leakey, Tx,EUA 196/E3
Lea (Lee) (río), Ing,R.U. 71/N7
Lealtad (islas), N.Cal. 159/V12
Leam (río), Ing,R.U. 77/E2
Leamington, On,Can. 206/E3
Le'an (río), China 137/H2
Leander (pta.), Austl. 154/B4
Leandro N. Alem, Argen. 237/F3
Leane (lago), Irl. 78/A5
Leaota (pico), Rum. 116/C5
Learmonth, Austl. 154/B2
Leatherhead, Ing,R.U. 71/N8
L'Eau d'Heure (río), Bél. 86/D3
Leavenworth, Ks,EUA 199/G1
Łeba, Pol. 83/J1
Lebach, Ale. 87/F5
Lebak, Fil. 145/D4
Lebane, Serb. 110/E4
Lebanon, In,EUA 206/C4
Lebanon, Ky,EUA 208/E2
Lebanon, Mo,EUA 199/H2
Lebanon, NH,EUA 207/K3
Lebanon, Oh,EUA 206/D5
Lebanon, Ok,EUA 199/F4
Lebanon, Or,EUA 192/B1
Lebanon, Pa,EUA 212/B3
Lebanon, Tn,EUA 208/D2
Lebanon, Va,EUA 209/F2
Lebanon (mtñas.), Líba. 123/D3
Lebanon-Rising Sun, De,EUA 212/C5
Le Ban-Saint-Martin, Fra. 87/F5
Lebbeke, Bél. 86/D2
Le Beausset, Fra. 100/B6
Lebedinyy, Rusia 119/N4
Lebedyan', Rusia 114/F1
Lebene (río), Marr. 165/M13
Lébény, Hun. 91/B4
Le Blanc, Fra. 92/D3
Le Blanc-Mesnil, Fra. 71/T10
Lebombo (mtñas.), Moz., Safr. 179/F5
Lębork, Pol. 83/J1
Le Bourg-d'Oisans, Fra. 100/C2
Le Bourget-du-Lac, Fra. 100/B1
Le Brassus, Suiza 98/C4
Le Breuil, Fra. 92/F3
Lebrija, Esp. 94/B4
Leça da Palmeira, Por. 94/A2
Le Cannet, Fra. 100/D5
Le Cannet-des-Maures, Fra. 100/C6
Le Cateau, Fra. 86/C3
Lecce, Ita. 109/F2
Lecci (lago), Ita. 104/C1
Lecco, Ita. 104/C1
Lecco (prov.), Ita. 104/C1
Le Center, Mn,EUA 201/H1
Lech (río), Aus., Ale. 99/G3
Le Châble, Suiza 98/D5
Lechang, China 139/K2
Le Chasseral (pico), Suiza 98/D3
Le Chasseron (pico), Suiza 98/C4
Leche (lag.), Cuba 219/G1
Le Chesnay, Fra. 71/S10
Le Cheval Blanc (mtña.), Fra. 98/C5
Le Cheval Noir (mtña.), Fra. 100/C2
Le Cheylard, Fra. 92/F4
Lechtaler Alps (mtñas.), Aus. 99/G3
Leck, Ale. 82/E1
Leckavrea (mtña.), Irl. 78/A3
Le Cornate (pico), Ita. 93/J5
Le Crès, Fra. 95/G1
Le Creusot, Fra. 92/F3
Le Croisic, Fra. 96/C6
Lectoure, Fra. 92/D5
Łęczna, Pol. 83/M3
Leda (río), Ale. 85/E2
Ledang (pico), Malay. 144/C2
Lede, Bél. 86/C2
Ledegem, Bél. 86/C2
Ledesma, Esp. 94/C2
Ledge Point, Austl. 154/B4
Lêdo (cabo), Ang. 176/C5
Ledong, China 137/F5
Ledro (lago), Ita. 105/D1
Leduc, Ab,Can. 191/H1
Le Duffre (mtña.), Fra. 100/B4
Ledu, Pizzo (pico), Ita. 99/F5
Lee, Me,EUA 204/C3
Lee (mtña.), Pa,EUA 212/B1
Lee (río), Irl. 78/B6
Leech (lago), Mn,EUA 203/G4
Lee Creek, Ar,EUA 199/G3
Leeds, Al,EUA 208/D4
Leeds, Ing,R.U. 75/G4
Leeds and Liverpool (canal), Ing,R.U. 75/G4
Leegebruch, Ale. 90/D2
Leek, P.B. 84/D2
Leek, Ing,R.U. 75/F5
Lee (Lea) (río), Ing,R.U. 71/N7
Leeman, Austl. 154/B4
Leer, Ale. 85/E2
Leerdam, P.B. 84/C5
Leersum, P.B. 84/C4
Leesburg, Fl,EUA 211/H3
Leesburg, Ga,EUA 211/F2
Leesburg, Va,EUA 209/J1
Lees Summit, Mo,EUA 199/G1
Leeston, N.Z. 160/C3
Leesville, La,EUA 210/B2
Leesville (lago), Va,EUA 209/H2
Leeton, Austl. 157/C2
Leeu (río), Safr. 180/L10
Leeuwarden, P.B. 84/C2
Leeuwin (cabo), Austl. 154/B5
Leeuwin-Naturaliste, Parq. Nal., Austl. 154/B5
Leeville, La,EUA 210/C3
Leff (río), Fra. 96/B3
Léfini (río), Congo 176/C3
Léfini, Rsv. de, Congo 176/C3
Lefka, Chip. 123/C2
Lefo (pico), Cam. 169/H5
Le Folgoët, Fra. 96/A3
Lefroy (lago), Austl. 154/D4
Legana, Austl. 157/C4
Leganés, Esp. 94/D2
Legazpi, Fil. 145/C2
Legazpia, Esp. 94/D1
Legges Tor (pico), Austl. 157/C4
Legionowo, Pol. 83/L2
Léglise, Bél. 87/E4
Legnago, Ita. 105/E2
Legnano, Ita. 104/B1
Legnaro, Ita. 105/E2
Legnica, Pol. 83/J3
Legnica (prov.), Pol. 83/H3
Legnone, Monte (pico), Ita. 99/F5
Le Grammont (pico), Suiza 98/C5
Le Grand (mtña.), Fra. 100/C1
Le Grand Ballon (mtña.), Fra. 98/D2
Le Grand Coyer (mtña.), Fra. 100/C4
Le Grande (cabo), Austl. 154/D5
Le Grand-Quevilly, Fra. 97/G2
Le Grau-du-Roi, Fra. 92/F5
Léguer (río), Fra. 96/B3
Leh, India 134/C5
Le Havre, Fra. 97/F2
Lehi, Ut,EUA 193/H3
Lehigh (río), Pa,EUA 212/C2
Lehigh Acres, Fl,EUA 211/H4
Lehinch, Irl. 78/A4
Lehm (mtñas.), Id,EUA 193/G1
Lehnin, Ale. 90/C3
Léhon, Fra. 96/C4
Le Houlme, Fra. 97/G1
Lehrte, Ale. 85/G4
Lehututu, Bots. 178/D4
Lei (río), China 137/G3
Leia (río), Ita. 102/B3
Leiah, Pak. 142/A2
Leiblfing, Ale. 89/F5
Leibnitz, Aus. 93/L3
Leibo, China 139/H2
Leicester, Ing,R.U. 77/E1
Leicestershire (con.), Ing,R.U. 77/E1
Leichhardt (cats.), Austl. 153/E4
Leichhardt (mts.), Austl. 156/B3
Leichhardt (río), Austl. 150/F3
Leichhardt (río), Austl. 153/E4
Leichlingen, Ale. 84/E6
Leiden, P.B. 84/B4
Leiderdorp, P.B. 84/B4
Leidschendam, P.B. 84/B4
Leie (río), Bél. 84/A7
Leifers (Laives), Ita. 99/H5
Leigh, Ing,R.U. 71/N8
Leigh, Ing,R.U. 71/P8
Leigh Creek, Austl. 155/H4
Leigong (mtña.), China 137/F3
Leimebamba, Perú 232/B2
Lein (río), Ale. 88/C5
Leine (río), Ale. 85/G5
Leinefelde, Ale. 85/H6
Leinfelden-Echterdingen, Ale. 88/C5
Leinster, Austl. 154/D3
Leinster (mtña.), Irl. 78/D4
Leinster (prov.), Irl. 78/C3
Leipheim, Ale. 88/D6
Leipsic (río), De,EUA 212/C5
Leipzig, Ale. 90/C5
Leira, Nor. 80/C1
Leiria, Por. 94/A3
Leiria (dist.), Por. 94/A3
Leisi, Esto. 81/K2
Leisler (pico), Austl. 155/F2
Leisnig, Ale. 90/C5
Leiston cum Sizewell, Ing,R.U. 77/H2
Leisure City, Fl,EUA 211/H5
Leitchfield, Ky,EUA 208/D2
Leith, Es,R.U. 72/C5
Leith (colina), Ing,R.U. 77/F4
Leitha (río), Aus. 91/A3
Leithagebirge (mtñas.), Aus. 91/A4
Leitrim, Irl. 78/B2
Leitrim (con.), Irl. 78/C2
Leix (Laois) (con.), Irl. 78/C4
Leixlip, Irl. 78/D3
Leiyang, China 137/G3
Leizhou (pen.), China 137/F4
Lejasciems, Let. 81/M3
Lejpalingis, Lit. 81/K4
Lek, P.B. 82/C3
Lek (río), P.B. 84/B5
Lekkerkerk, P.B. 84/B5
Lekki (lag.), Nige. 169/G5
Lékoli-Pandaka, Rsv. de Fauna, Congo 176/C2
Lekóti (río), Congo 176/C3
Lékoumou (reg.), Congo 176/C3
Leksands-Noret, Sue. 80/F1
Leksozero (lago), Rusia 112/F3
Lelai (cabo), Indo. 147/G3
Leland, Mi,EUA 206/D2
Le Landeron, Suiza 98/D3
Lelång (lago), Sue. 80/E2
Le Lavandou, Fra. 100/C6
Leleque, Argen. 238/C4
Leling, China 135/D3
Le Lion-d'Angers, Fra. 97/E5
Le Locle, Suiza 98/C3
Le Loroux-Bottereau, Fra. 96/D6
Lelu, Micro. 158/F4
Le Luc, Fra. 100/C6
Le Lude, Fra. 97/F5
Lelydorp, Suri. 230/C1
Lelystad, P.B. 84/C3
Lem, Din. 80/C3
Le Maire (estr.), Argen. 239/L8
Lema, Monte (pico), Ita. 99/E5
Léman (lago), Fra., Suiza 98/C5
Le Mans, Fra. 97/F5
Le Mars, Ia,EUA 201/F2
Lemberg, Ale. 87/G5
Lemberg (pico), Ale. 88/B6
Lemberg (pico), Ale. 99/E1
Lembu (pico), Indo. 144/B1
Leme, Bras. 234/D4
Le Mée-sur-Seine, Fra. 71/T11
Lemenjoen, Parq. Nal., Fin. 79/H1
Le Merlerault, Fra. 97/F3
Le Mesnil-Esnard, Fra. 86/A5
Le Mesnil-le-Roi, Fra. 71/S10
Le Mesnil-Saint-Denis, Fra. 71/R10
Lemgo, Ale. 85/F4
Lemland, Fin. 81/J1
Lemland (isla), Fin. 81/H2
Lemmer, P.B. 84/C3
Lemmon (mte.), Az,EUA 195/G4
Lemno (isla), Gre. 109/J3
Le Molay-Littry, Fra. 97/E2
Le Môle (mtña.), Fra. 98/C5
Lemon Grove, Ca,EUA 214/C5
Le-Mont-Saint-Michel, Fra. 96/D3
Lemoore, Ca,EUA 194/C2
Le Morond (mtña.), Fra. 98/C4
Le Moure de la Gardille (mtña.), Fra. 92/E4
Le Mourre Froid (mtña.), Fra. 100/C3
Lempa (río), Amér.N. 218/D3
Lempäälä, Fin. 81/K1
Lemro (río), Mya. 136/B4
Le Murge (alt.), Ita. 108/E2
Le Murge (mtñas.), Ita. 110/B5
Le Muy, Fra. 100/C6
Lemva (río), Rusia 113/P2
Lemvig, Din. 80/C3
Lemwerder, Ale. 85/F2
Lena, Mb,Can. 202/E3
Lena, Ne,EUA 200/D3
Lena, Nor. 80/D1
Lena (río), Rusia 128/F1
Lenape (lago), NJ,EUA 212/D5
Lençóis Maranhenses, Parq. Nal., Bras. 231/F3
Lençóis Paulista, Bras. 234/C4
Lendava (río), Esl. 91/A6
Lendery, Rusia 112/F3
Lendinara, Ita. 105/E2
Lene, Lough (lago), Irl. 78/C2
Le Neuborg, Fra. 97/F2
Lengede, Ale. 85/H4
Lengenfeld, Ale. 89/F1
Lengerich, Ale. 85/E4
Lenggries, Ale. 99/H2
Lengnau, Suiza 98/D3
Lengshuijiang, China 137/F3
Lengshuitan, China 137/F3
Lengua del Océano (canal), Bahm. 220/B1
Lengua de Vaca (pta.), Chile 236/B4
Lengué (Namobessie) (río), Congo 176/C2
Lengwe, Parq. Nal., Mal. 179/G3
Lengyeltóti, Hun. 91/B6
Lenina (lago), Ucr. 117/H3
Lenina, Pik (pico), Kirg. 134/B4
Leningrad (Saint Petersburg), Rusia 112/F4
Leningradskaia, Ant. 161/L
Leningradskaya, Rusia 117/K4
Leningradskiy, Rusia 215/B2
Lenino, Ucr. 117/H5
Leninogorsk, Kaz. 134/D1
Leninogorsk, Rusia 113/M5
Leninsk, Rusia 113/M4
Leninskiy, Rusia 114/F1
Leninsk-Kuznetskii, Rusia 118/J4
Leninskoye, Kaz. 115/L2
Leninskoye, Rusia 129/L2

Littl – Lucky
289

Little Tallapoosa (río), Al, Ga,EUA 208/E4
Littleton, Co,EUA 200/B4
Littleton, Me,EUA 204/D2
Little Valley, NY,EUA 207/G3
Little Wabash (río), Il,EUA 208/C1
Little Wabash, Skillet Fork (río), Il,EUA 208/C1
Little White (río), DS,EUA 200/D2
Little Wichita (río), Tx,EUA 199/E4
Little Wichita, North Fork (río), Tx,EUA 199/E4
Little Wind (río), Wy,EUA 193/J2
Little Wood (río), Id,EUA 193/F2
Little Zab (río), Irak 125/E3
Lituania 81/K4
Litvínov, R.Ch. 89/G1
Liu (río), China 133/C1
Liuba, China 128/F5
Liubertsi, Rusia 114/F1
Liucheng, China 139/J3
Liuhe, China 133/C1
Liuheng (isla), China 137/J2
Liulin, China 135/B3
Liushi, China 137/G3
Liuxi (río), China 137/G4
Liuyang, China 139/K2
Liuyang (río), China 137/G2
Liuzhou, China 137/F3
Livade, Cro. 105/G2
Livádhion, Gre. 109/H2
Līvāni, Let. 81/M3
Livarot, Fra. 97/F3
Livenza (río), Ita. 105/F1
Live Oak, Fl,EUA 211/G2
Liverdun, Fra. 87/F6
Livermore, Ca,EUA 194/B2
Livermore, Me,EUA 207/L2
Livermore (mte.), Tx,EUA 196/B2
Liverpool, Austl. 156/G8
Liverpool, NE,Can. 204/E3
Liverpool (bahía), Nun,Can. 215/M2
Liverpool (cabo), Nun,Can. 187/J1
Liverpool, Ing,R.U. 75/F5
Liverpool (bahía), Ing,R.U. 75/E5
Livingston, Al,EUA 208/C4
Livingston, Ca,EUA 194/B2
Livingston (lago), Fl,EUA 210/M8
Livingston, La,EUA 210/C2
Livingston, Mt,EUA 191/J5
Livingston, NJ,EUA 213/D2
Livingston, Tn,EUA 208/E2
Livingston, Tx,EUA 197/G2
Livingston (lago), Tx,EUA 197/G2
Lívingston, Gua. 218/D3
Livingston, Es,R.U. 72/C5
Livingstone (mtñas.), Ab,Can. 191/G2
Livingstone (cats.), D.R.Congo 176/C4
Livingstone, Zam. 178/E3
Livingstone, Monumento, Zam. 179/F2
Livno, Bosn. 110/C4
Livny, Rusia 114/F1
Livojoki (río), Fin. 79/H2
Livonia, Mi,EUA 206/E3
Livorno, Ita. 104/D5
Livorno (prov.), Ita. 104/D6
Livorno Ferraris, Ita. 104/B2
Livramento do Brumado, Bras. 235/E2
Livron-sur-Drôme, Fra. 100/A3
Livry-Gargan, Fra. 86/B6
Liwa, Chad 172/B2
Liwa, Indo. 144/D4
Liwonde, Parq. Nal., Mal. 179/G2
Li Xian, China 137/F2
Lixin, China 135/D4
Lixnaw, Irl. 78/A5
Liyang, China 135/D5
Lizard (pta.), Ing,R.U. 76/A7
Lizard, The (pen.), Ing,R.U. 76/A6
Lizy-sur-Ourcq, Fra. 86/C5
Ljubic, Serb. 110/E4
Ljubija, Bosn. 110/C3
Ljubinje, Bosn. 110/D4
Ljubljana (cap.), Esl. 110/B2
Ljubuški, Cro. 110/C4
Ljungan (río), Sue. 79/F3
Ljungby, Sue. 80/E3
Ljungsbro, Sue. 80/F2
Ljungskile, Sue. 80/D2
Ljusdal, Sue. 112/C3
Ljusnan (río), Sue. 80/G1
Ljusne, Sue. 80/G1
Ljusterø (isla), Sue. 80/H2
Lkst, Jebel (mtña.), Marr. 166/C3
Llaillay, Chile 238/C2
Llaima (vol.), Chile 238/C3
Llallagua, Bol. 236/C1
Llalli, Perú 232/D4
Llancañelo (lago), Argen. 238/C2
Llandrindod Wells, Gales,R.U. 76/C2
Llandudno, Gales,R.U. 74/E5
Llanelli, Gales,R.U. 76/B3
Llanelltyd, Gales,R.U. 76/C1
Llanes, Esp. 94/C1
Llanfairfechan, Gales,R.U. 74/E5
Llano, NM,EUA 198/B2
Llano, Tx,EUA 197/E2
Llano (río), Tx,EUA 196/E2
Llano Estacado (llan.), NM, Tx,EUA 198/C4
Llanos (llan.), Col., Ven. 228/D3
Llanquihue (lago), Chile 238/B4
Llantrisant, Gales,R.U. 76/C3
Llantwit Major, Gales,R.U. 76/C4
Llanura Liuwa, Parq. Nal., Zam. 178/D2
Llata, Perú 232/B3
Llaves, NM,EUA 198/A2
Lleida (Lérida), Esp. 95/F2
Llera, Méx. 217/F4
Llerena, Esp. 94/B3
Lleyn (pen.), Gales,R.U. 74/D6
Llica, Bol. 236/B1
Llico, Chile 238/B3
Llobregat (río), Esp. 95/F1
Llodio, Esp. 94/D1
Llorente, Fil. 145/D3
Lloret de Mar, Esp. 95/G2
Lloyd (pta.), NY,EUA 213/E2
Lloydminster, Ab, Sk,Can. 186/F3
Lloydminster, Ab, Sk,Can. 191/K1
Lloyds (río), Tnva,Can. 205/J1
Lluchmayor, Esp. 95/G3
Llullaillaco (vol.), Argen., Chile 236/B3
Llynfi (río), Gales,R.U. 76/C3
Lo (río), Vie. 136/E4
Loa (río), Chile 236/B2
Loa, Ut,EUA 193/H4
Loanda, Bras. 234/B4
Loange (río), D.R.Congo 176/D4
Loanhead, Es,R.U. 72/C5
Loano, Ita. 104/B4
Loaoya (canal), Esp. 95/N8
Lob (lago), China 134/F3
Lobatse, Bots. 178/E5
Lobaya (río), Cafr. 176/D1
Lobaye (pref.), Cafr. 172/C4
Lobaye (río), Cafr. 172/C5
Lobbes, Bél. 86/D3
Lobenthal, Austl. 155/M8
Lobería, Argen. 238/F3
L'Obiou (mtña.), Fra. 100/B3
Lobito, Ang. 178/B2
Lobitos, Perú 232/A2
Lobo (río), C.Marf. 168/D5
Lobo, Tx,EUA 196/B2
Lobo, Indo. 147/H4
Lobos, Argen. 238/F2
Lobos (pta.), Chile 236/B4
Lobos (pta.), Chile 238/B2
Loc (río), Fra. 96/C5
Locarno, Suiza 99/E5
Lochaber (dist.), Es,R.U. 72/B3
Locharbriggs, Es,R.U. 74/E1
Lochau, Aus. 99/F2
Lochboisdale, Es,R.U. 73/H8
Lochem, P.B. 84/D4
Loches, Fra. 92/D3
Lochgelly, Es,R.U. 72/C4
Loch Haven Center, Fl,EUA 210/N6
Lochiel, Safr. 181/E2
Lochindorb (lago), Es,R.U. 72/C2
Lochinvar, Parq. Nal., Zam. 179/E2
Lochinver, Es,R.U. 73/J7
Łochów, Pol. 83/L2
Lochranza, Es,R.U. 72/A5
Loch Raven (emb.), Md,EUA 212/B5
Lochristi, Bél. 86/C1
Lochsa (río), Id,EUA 190/G4
Lochy (río), Es,R.U. 72/B3
Lochy, Loch (lago), Es,R.U. 72/B3
Lock, Austl. 155/G5
Locke (mte.), Tx,EUA 196/B2
Lockerbie, Es,R.U. 75/E1
Lockettville, Tx,EUA 196/C1
Lockhart, Austl. 157/C2
Lockhart, Fl,EUA 210/N6
Lockhart, Tx,EUA 197/F3
Lockhart River Abor. Community, Austl. 153/F3
Lockhart, T. Abor., Austl. 153/F3
Lock Haven, Pa,EUA 207/H4
Lockington, Austl. 157/C3
Löcknitz (río), Ale. 90/B1
Lockport, NY,EUA 207/G3
Lockwood (emb.), Ing,R.U. 71/N7
Locminé, Fra. 96/C5
Loc Ninh, Vie. 143/D4
Loco Hills, NM,EUA 198/C4
Locone (río), Ita. 103/F5
Locri, Ita. 101/C6
Locri Epizefiri (ruinas), Ita. 101/C6
Loctudy, Fra. 96/A5
Locumba, Perú 232/D5
Lod, Isr. 123/F8
Lodde (río), Sue. 81/U9
Löddeköpinge, Sue. 81/U9
Lodenice (río), R.Ch. 89/H2
Lodève, Fra. 92/E5
Lodeynoye Pole, Rusia 112/G3
Lodi, Ca,EUA 194/B1
Lodi, NJ,EUA 213/D2
Lodi, Ita. 104/C2
Lodi, D.R.Congo 177/E4
Lodi Vecchio, Ita. 104/C2
Lodja, D.R.Congo 177/E3
Lodosa, Esp. 94/D1
Łódź, Pol. 83/K3
Łodz (prov.), Pol. 83/K3
Loeches, Esp. 95/N9
Loei, Tail. 143/C2
Loenen, P.B. 84/C4
Lofa (con.), Libe. 168/C5
Lofa (río), Libe. 168/C5
Löffingen, Ale. 99/E2
Lofoten (islas), Nor. 79/D2
Lofty (mtña.), Austl. 155/M8
Lofty (mts.), Austl. 154/C3
Lofty (mts.), Austl. 157/C4
Logan, Austl. 156/F7
Logan (mtña.), Qu,Can. 204/D1
Logan (mtña.), Yk,Can. 215/K3
Logan, Ia,EUA 201/G3
Logan, Oh,EUA 206/E5
Logan, Ut,EUA 193/H3
Logan, VOcc,EUA 209/G2
Logan (mte.), Wa,EUA 190/D3
Logandale, Nv,EUA 194/E2
Logan Martin (lago), Al,EUA 208/D4
Logan, Mull of (pta.), Es,R.U. 74/D2
Logansport, In,EUA 206/C4
Logatec, Esl. 110/B3
Loge (río), Ang. 176/C4
Loggieville, NB,Can. 204/E2
Logone (río), Cam., Chad 172/B3
Logone Occidental (pref.), Chad 172/B3
Logone Occidental (río), Chad 172/B4
Logone-Oriental (pref.), Chad 172/C3
Logone Oriental (río), Chad 172/C3
Logroño, Esp. 94/D1
Løgstør, Din. 80/C3
Løgten, Din. 80/D3
Lohals, Din. 80/D4
Lohārdaga, India 141/E4
Löheberg, Ale. 88/B1
Lohfelden, Ale. 85/G6
Lohja, Fin. 81/L1
Lohjanjärvi (lago), Fin. 81/K1
Lohmar, Ale. 87/G2
Lohne, Ale. 82/E2
Löhne, Ale. 85/F3
Lohr, Ale. 88/C3
Loica, Chile 238/Q10
Loi-kaw, Mya. 136/C5
Loile (río), D.R.Congo 177/E3
Loi Lun (mts.), Mya. 136/C4
Loimaa, Fin. 81/K1
Loing (río), Fra. 92/E2
Loir (río), Fra. 97/E5
Loira (dept.), Fra. 100/A2
Loira (río), Fra. 96/C6
Loire-Atlántico (dept.), Fra. 96/D5
Loiret (dept.), Fra. 97/G5
Loir-y-Cher (dept.), Fra. 97/G5
Loisin (río), Fra. 87/E5
Loi Song (mtña.), Mya. 136/C4
Loita (colinas), Kenia 175/A2
Loja, Ecua. 232/B2
Loja (prov.), Ecua. 232/B2
Loja, Esp. 94/C4
Løjt Kirkeby, Din. 80/C4
Lokbatan, Azer. 115/J4
Lokeren, Bél. 86/D1
Lokhvitsa, Ucr. 117/G2
Lokitaung, Kenia 173/G4
Løkken, Din. 80/C3
Lokolo (río), D.R.Congo 176/D3
Lokomby, Mad. 181/H8
Lokoro (río), D.R.Congo 176/D3
Lökösháza, Hun. 110/E2
Lokos-patak (río), Hun. 91/D4
Lokot', Rusia 114/E1
Loks (isla), Nun,Can. 187/K2
Loksa, Esto. 81/L2
Lolland (isla), Din. 80/D4
Lollar, Ale. 88/B3
Lolo (río), Gabón 176/C3
Lolo, D.R.Congo 177/E2
Lolo, D.R.Congo 177/F3
Lolui (isla), Uga. 175/A1
Lom, Bul. 111/F4
Lom (río), Cam. 172/B4
Lom, Nor. 79/D3
Lom (colina), R.Ch. 89/G3
Loma (pta.), Ca,EUA 214/C5
Loma (mtñas.), Gui., S.Le. 168/C4
Loma Alta, Bol. 233/E3
Loma Alta, Tx,EUA 196/D3
Loma Bonita, Méx. 217/G5
Loma Linda, Ca,EUA 214/C2
Loma Mansa (pico), S.Le. 168/C4
Lomami (río), D.R.Congo 177/F3
Loma Negra, Argen. 238/E3
Lomas, Perú 232/C4
Lomas de Zamora, Argen. 239/S12
Lomazzo, Ita. 104/C1
Lomba (río), Ang. 178/D2
Lombarda (mtñas.), Bras. 230/D2
Lombardía (reg.), Ita. 104/D2
Lombardia, Méx. 216/E5
Lombe, Ang. 176/D5
Lombe, Indo. 152/A1
Lomblem (isla), Indo. 152/A2
Lomblen (isla), Indo. 147/F5
Lomboc (isla), Indo. 122/L10
Lombok (estr.), Indo. 144/F5
Lombok (isla), Indo. 144/F5
Lomé (cap.), Togo 169/F5
Lomita, Ca,EUA 214/B3
Lomma, Sue. 80/E4
Lomma (bahía), Sue. 81/T9
Lommatzsch, Ale. 90/D5
Lomme, Fra. 92/E1
Lommel, Bél. 87/E1
Lomnice (río), R.Ch. 89/G4
Lomnice nad Lužnicí, R.Ch. 89/H4
Lomond (colinas), Es,R.U. 72/C4
Lomond, Loch (lago), Es,R.U. 72/B4
Lomone (río), Ita. 105/E4
Lomonosov, Rusia 81/N2
Lompobatang (pico), Indo. 147/E5
Lompoc, Ca,EUA 194/B3
Lom Sak, Tail. 143/C2
Łomża, Pol. 83/M2
Łomża (prov.), Pol. 83/M2
Lonāvale, India 138/B4
Loncoche, Chile 238/B3
Loncopué, Argen. 238/C3
Londerzeel, Bél. 86/D2
London, On,Can. 206/F3
London, Ky,EUA 208/E2
London, Oh,EUA 206/E5
London Bridge, Az,EUA 194/E3
London, City of (mun.inc.), Ing,R.U. 71/N7
Londonderry (cabo), Austl. 152/B3
Londonderry (isla), Chile 239/J8
Londonderry, NH,EUA 204/B4
Londonderry, IrN,R.U. 74/A2
Londonderry (dist.), IrN,R.U. 74/A2
Londres, Argen. 236/C3
Londres (cap.), Ing,R.U. 77/F3
Londres (Gatwick) (aer.intl.), Ing,R.U. 71/N8
Londres (Heathrow) (aer.intl.), Ing,R.U. 71/M7
Londres (arcf.), Nic. 219/F3
Londrina, Bras. 234/C4
Lone (río), Ale. 88/D5
Lone (mtña.), DS,EUA 200/C1
Lone (mtña.), Nv,EUA 192/E4
Lone Pine Sanct, Austl. 156/E7
Lonesome, Parq. Nal., Austl. 156/C4
Long (isla), Bahm. 220/C2
Long (isla), NY,EUA 213/E2
Long (lago), On,Can. 203/L3
Long (cayo), Fl,EUA 210/K8
Long (lago), Me,EUA 204/C2
Long (pta.), Mi,EUA 203/K4
Long (pico), Fra. 95/F1
Long (estr.), Rusia 119/T2
Longá (río), Bras. 231/F3
Long'an, China 139/J3
Longaví, Chile 238/C2
Long Beach, Ca,EUA 214/B3
Long Beach, CN,EUA 209/H4
Long Beach, Ms,EUA 210/D2
Long Beach (isla), NJ,EUA 213/D4
Long Beach, NY,EUA 213/E2
Long Beach (pen.), Wa,EUA 190/B4
Long Beach Nav. Shipyard, Ca,Us 214/F8
Longbenton, Ing,R.U. 75/G1
Long Branch, NJ,EUA 213/E3
Longchang, China 136/E2
Long Chau, Vie. 143/D1
Longchuan, China 137/G3
Longchuan (río), China 136/C3
Long Crag (colina), Ing,R.U. 72/E6
Longde, China 128/F4
Long Eaton, Ing,R.U. 75/G6
Longeau (río), Fra. 87/E5
Longeuve (río), Fra. 97/F4
Longeville-lès-Metz, Fra. 87/F5
Longeville-lès-Saint-Avold, Fra. 87/F5
Longfellow (mtñas.), Me,EUA 204/B3
Longfield, Ing,R.U. 71/P7
Longford, Austl. 157/C4
Longford, Irl. 78/C2
Longhua, China 135/D2
Longhui, China 137/F3
Long Island (bahía), Ct, NY,EUA 213/E2
Longjiang, China 129/J2
Longjumeau, Fra. 71/S10
Longkou, China 135/E3
Longlac, On,Can. 203/L3
Long Lake, NY,EUA 207/J3
Longleat House, Ing,R.U. 76/D4
Longli, China 139/J2
Long, Loch (ens.), Es,R.U. 72/A2
Long, Loch (ens.), Es,R.U. 72/B4
Longmen, China 135/C4
Longmen, China 136/D3
Longmen Shan (mtña.), China 135/B4
Longmen Shiyao, China 135/C4
Longmont, Co,EUA 200/B3
Long Mynd, The (colina), Ing,R.U. 76/D1
Longnan, China 137/G3
Long Neck (pta.), Ct,EUA 213/E1
Longobucco, Ita. 101/C4
Longonot (pico), Kenia 175/B2
Long Phu, Vie. 143/D4
Long Point, NE,Can. 205/G3
Longpont-sur-Orge, Fra. 71/S11
Long Prairie, Mn,EUA 203/G5
Longquan, China 137/H2
Long Range (mtñas.), Tnva,Can. 205/H2
Longreach, Austl. 156/B3
Longs (pico), Co,EUA 200/B3
Longshan, China 137/F2
Longshou (mtñas.), China 128/E4
Longtan, China 137/F4
Longueau, Fra. 86/B4
Longué-Jumelles, Fra. 97/E6
Longuenesse, Fra. 86/B2
Longueuil, Qu,Can. 207/K2
Longuyon, Fra. 87/E5
Longvic, Fra. 98/B3
Longview, Tx,EUA 197/G1
Longview, Wa,EUA 190/C4
Longwood, Fl,EUA 210/N6
Longwood Gardens, Pa,EUA 212/C4
Longwy, Fra. 87/E4
Longxi, China 128/E4
Long Xuyen, Vie. 143/D4
Longyan, China 137/H3
Longyou, China 137/H2
Longzhou, China 143/D1
Lonigo, Ita. 105/E2
Löningen, Ale. 85/E3
Lonoke, Ar,EUA 199/J3
Lonquimay, Argen. 238/E3
Lons, Fra. 92/C5
Lönsboda, Sue. 80/F3
Lons-le-Saunier, Fra. 98/B4
Lonton, Mya. 136/C3
Lontzen, Bél. 87/E2
Lonza (río), Suiza 98/D5
Looc, Fil. 145/C2
Lookout (pta.), Austl. 156/B1
Lookout (cabo), CN,EUA 209/J3
Lookout (mtña.), Id,EUA 190/G4
Lookout (pta.), Md,EUA 209/J1
Lookout (pta.), Mi,EUA 206/E2
Lookout (cabo), Or,EUA 192/B1
Loolmalasin (pico), Tan. 175/A2
Looma, Austl. 152/B4
Loon op Zand, P.B. 84/C5
Loop Head (pta.), Irl. 72/G10
Loos, Fra. 86/C2
Lopatinskiy, Rusia 114/F1
Lopatka (cabo), Rusia 119/R4
Lop Buri, Tail. 143/C3
Loperhet, Fra. 96/A4
Lopez (pta.), Ca,EUA 194/B2
Lopez, Fil. 145/C2
Lopez (cabo), Gabón 176/B3
López Mateos, Méx. 217/Q9
Lopik, P.B. 84/B5
Lopori (río), D.R.Congo 177/E2
Lopphavet (bahía), Nor. 79/G1
Lora (río), Pak. 127/J3
Lora del Río, Esp. 94/C4
Lora, Hāmūn-i- (lago), Pak. 127/J3
Lorain, Oh,EUA 206/E4
Loralai, Pak. 127/J2
Lorca, Esp. 95/E4
Lorch, Ale. 88/A2
Lorch, Ale. 88/C5
Lord Howe (isla), Austl. 151/K6
Lordsburg, NM,EUA 195/H4
Lorelei, Ale. 87/G3
Lorena, Bras. 234/D4
Lorena (reg.), Fra. 87/F5
Lorengau, P.N.G. 158/D5
Lørenskog, Nor. 80/D2
Lorentz (río), Indo. 147/J5
Lorenzo Geyres, Uru. 239/F2
Loreo, Ita. 105/F2
Lorestān (gob.), Irán 125/G3
Loreto, Bol. 233/E4
Loreto, Bras. 231/E4
Loreto, Col. 232/D1
Loreto, Ecua. 228/B5
Loreto, Ita. 105/G6
Loreto, Méx. 216/C3
Loreto, Méx. 216/E4
Loreto, Par. 237/E2
Loreto Aprutino, Ita. 103/D3
Lorette, Mb,Can. 202/F3
Lorette, Fra. 100/A1
Loretteville, Qu,Can. 204/B2
Lorgues, Fra. 100/C6
Lorian (cién.), Kenia 175/B1
Lorica, Col. 228/C2
Lorient, Fra. 96/B5
L'Orignal, On,Can. 207/J2
Lorillard (río), Nun,Can. 186/G2
Lorinci, Hun. 110/D2
Loriol-sur-Drôme, Fra. 100/A3
Lorman, Ms,EUA 197/J2
Lorne, Austl. 157/B3
Lorn, Firth of (ens.), Es,R.U. 73/H8
Lorosuk (pico), Kenia 175/A1
Lorquin, Fra. 87/G6
Lörrach, Ale. 98/D2
Lorrain (mes.), Fra. 87/F6
Lorraine, Qu,Can. 205/N6
Lorraine (mes.), Fra. 82/D4
Lorsch, Ale. 88/B3
Losai, Res. Intl., Kenia 175/B1
Los Alamitos, Ca,EUA 214/B3
Los Alamos, NM,EUA 198/A3
Los Alamos, NM,EUA 198/B3
Los Aldamas, Méx. 196/E4
Los Alerces, Parq. Nal., Argen. 238/C4
Los Algodones, Méx. 194/E4
Los Altos, Argen. 236/C4
Los Amates, Gua. 218/D3
Los Andes, Chile 238/C2
Los Andes, Col. 228/B4
Los Ángeles, Chile 238/B3
Los Ángeles, Ca,EUA 214/B2
Los Ángeles (acu.), Ca,EUA 214/B1
Los Ángeles (aer.intl.), Ca,EUA 214/B3
Los Ángeles (río), Ca,EUA 214/F8
Los Ángeles Puerto Exterior de (puer.), Ca,EUA 214/F8
Los Aquijes, Perú 232/C4
Los Aztecas, Méx. 217/F4
Los Banos, Ca,EUA 194/B2
Los Barrios, Esp. 94/C4
Los Cardales, Argen. 239/S12
Los Cardoñes, Parq. Nal., Argen. 236/C3
Los Castillos, Ven. 229/F2
Los Charrúas, Argen. 236/E4
Los Chonos (arch.), Chile 226/B7
Los Cóndores, Argen. 238/D2
Los Corrales de Buelna, Esp. 94/C1
Los Cusis, Bol. 233/E4
Los Gatos, Ca,EUA 194/B2
Los Glaciares, Parq. Nal., Argen. 239/J7
Los Haitises, Parq. Nal., R.Dom. 220/D3
Losheim, Ale. 87/F4
Los Herreras, Méx. 217/F3
Los Herreras, Méx. 196/E5
Łosice, Pol. 83/M2
Los Indios (canal), Cuba 219/F1
Lošinj (isla), Cro. 110/B3
Losinovka, Ucr. 116/F2
Los Katíos, Parq. Nal., Col. 228/B3
Loskiria (pico), Kenia 175/B1
Los Lagos, Chile 238/B3
Los Lagos (reg.), Chile 238/B4
Los Libertadores-Wari (dept.), Perú 232/C4
Los Llanos de Aridane, Cana.,Esp. 95/X16
Los Lunas, NM,EUA 198/A3
Los Mármoles, Parq. Nal., Méx. 217/F4
Los Menucos, Argen. 238/C4
Los Mochis, Méx. 216/C3
Los Monos, Argen. 238/C5
Los Muermos, Chile 238/B4
Los Navalucillos, Esp. 94/C3
Los Nevados, Parq. Nal., Col. 231/K7
Losone, Suiza 99/E5
Los Órganos, Perú 232/A2
Los Osos-Baywood, Ca,EUA 194/B3
Los Palacios y Villafranca, Esp. 94/C4
Los Palmas (río), Méx. 194/D4
Los Pingüinos, Parq. Nal., Chile 239/J8
Los Pinos (río), Co,EUA 198/A2
Los Planes, Méx. 216/C4
Los Reyes, Méx. 216/E5
Los Reyes, Méx. 216/M8
Los Riecillos, Chile 238/Q9
Los Rios (prov.), Ecua. 228/B5
Los Robles, Méx. 216/N8
Los Roques (islas), Ven. 229/E2
Lossa (río), Ale. 90/B5
Los Santos, Pan. 219/F5
Los Santos de Maimona, Esp. 94/B3
Los Sauces, Chile 238/B3
Los Sauces, Méx. 196/B4
Lossburg, Ale. 88/B6
Losser, P.B. 84/E4
Lossie (río), Es,R.U. 72/C1
Lössnitz, Ale. 89/F1
Lossoganeu (colina), Tan. 175/B3
Lost (río), Ca.,Or, EUA 192/C2
Los Tamariscos, Argen. 238/C5
Los Taques, Ven. 228/D2
Lost Creek (emb.), Or,EUA 192/B2
Los Telares, Argen. 236/D4
Los Teques, Ven. 229/E2
Los Testigos (islas), Ven. 229/F2
Lost (lago) (lago), La,EUA 210/C3
Lost River (mtñas.), Id,EUA 193/G1
Lost River Caverns, Pa,EUA 212/C2
Los Vientos, Chile 236/B3
Los Vilos, Chile 238/C1
Los Yébenes, Esp. 94/D3
Lot (río), Fra. 92/D4
Lota, Chile 238/B3
Løten, Nor. 80/D1
Lotfābād, Turk. 127/G1
Lothian (reg.), Es,R.U. 72/C5
Lotikipi (llan.), Kenia 173/G4
Lotogipi (cién.), Kenia 173/G4
Lotoi (río), D.R.Congo 176/D3
Lotsane (río seco), Bots. 179/E4
Lotte, Ale. 85/E4
Lotuke (pico), Sudán 173/G4
Lou (río), China 135/B5
Louang Namtha, Laos 143/C1
Louango (Shiloango) (río), Congo 176/C4
Louangphrabang, Laos 143/C2
Loubomo, Congo 176/C4
Loučná (pico), R.Ch. 90/D6
Loudéac, Fra. 96/C4
Loudi, China 137/F3
Loudon, Tn,EUA 208/E3
Loudonville, NY,EUA 207/K3
Loudun, Fra. 92/D3
Loue (río), Fra. 98/B3
Louessé (río), Congo 176/C3
L'Ouest, Pointe de (pta.), Qu,Can. 205/G1
Louet (río), Fra. 97/E6
Loufan, China 135/B3
Louga, Sen. 168/A3
Louga (reg.), Sen. 168/B3
Loughborough, Ing,R.U. 75/G6
Lougheed (isla), Nun,Can. 187/R7
Loughrea, Irl. 78/B3
Loughton, Ing,R.U. 71/P7
Louhans, Fra. 98/B4
Louisa (lago), Fl,EUA 210/M7
Louisa, Ky,EUA 209/F1
Louisa, Va,EUA 209/H1
Louisburg, CN,EUA 209/H2
Louiseville, Qu,Can. 204/A2
Louisiana (est.), E.U.A. 189/H5
Louisiana (pta.), La,EUA 210/B3
Louis Trichardt, Safr. 179/F4
Louisville, Co,EUA 198/B1
Louisville, Ga,EUA 209/F4
Louisville, Il,EUA 201/K4
Louisville, Ky,EUA 208/E1
Louisville, Ms,EUA 208/C4
Louis XIV (pta.), Qu,Can. 187/J3
Loukhi, Rusia 112/G2
Loukkos (río), Marr. 165/M13
Loulé, Por. 94/A4
Loum, Cam. 176/B1
Louny, R.Ch. 89/G2
Loup (río), Ne,EUA 200/E3
Loup (río), Fra. 100/C5
Loup City, Ne,EUA 200/E3
Loup, The, IrN,R.U. 74/B2
Lourches, Fra. 86/C3
L'Ourcq (canal), Fra. 71/U10
Lourdes, Fra. 92/C5
Loures, Por. 95/P10
Louriçal, Por. 94/A3
Lourinhã, Por. 94/A3
Lousã, Por. 94/A2
Lousa, Por. 95/P10
Louth, Austl. 157/C1
Louth (con.), Irl. 78/D2
Louth, Ing,R.U. 75/H5
Loutrákion, Gre. 109/H4
Louts (río), Fra. 95/E1
Louvain (Leuven), Bél. 87/D2
Louveira, Bras. 235/K8
Louviers, Fra. 86/A5
Louvigné-du-Désert, Fra. 97/D4
Louvres, Fra. 71/T9
Louvroil, Fra. 86/C3
Lov (lago), Rusia 112/G2
Lovaart (canal), Bél. 86/B2
Lovat' (río), Bela., Rusia 112/F4
Lovat' (río), Rusia 81/P3
Lovćenac, Serb. 110/D3
Lovćen, Parq. Nal., Mont. 110/D4
Lovech, Bul. 111/G4
Lovech (prov.), Bul. 109/J1
Lovech (reg.), Bul. 111/G4
Loveland, Co,EUA 200/B3
Lovelock, Nv,EUA 192/D3
Lovere, Ita. 104/D1
Loves Park, Il,EUA 201/K2
Lovingston, Va,EUA 209/H2
Lovington, NM,EUA 198/C4
Lovios, Esp. 94/A2
Lovisa, Fin. 81/M1
Lovön (isla), Sue. 81/R7
Lovosice, R.Ch. 89/H1
Low (cabo), Nun,Can. 187/H2
Lowa (río), D.R.Congo 177/F3
Lowake, Tx,EUA 217/E2
Lowe, Ks,EUA 198/D1
Lowell (lago), Id,EUA 192/E2
Lowell, Ma,EUA 207/L3
Lowell Observatory, Az,EUA 195/G3
Löwen (río seco), Nam. 180/B2
Löwenstein, Ale. 88/C4
Lower (cats.), Mi,EUA 206/D1
Lower (cats.), Wy,EUA 193/H1
Lower Ganges (canal), India 140/B2
Lower Glenelg, Parq. Nal., Austl. 157/B3
Lower Gordon-Franklin Wild Rivers, Parq. Nal., Austl. 157/C4
Lower Hutt, N.Z. 160/C3
Lower Mesa (cats.), Id,EUA 193/H1
Lower Wabash (río), Il,EUA 201/K4
Lowery (lago), Fl,EUA 210/M7
Lowestoft, Ing,R.U. 77/H2
Lowestoft, Ing,R.U. 82/A2
Lowest Point in the United States (Death Valley), Ca,EUA 194/D2
Łowicz, Pol. 83/K2
Lowther (colinas), Es,R.U. 74/E1
Loxahatchee Slough (cién.), Fl,EUA 210/P8
Loxicha, Méx. 218/B3
Loxstedt, Ale. 85/F2
Loxton, Austl. 155/J5
Loxton, Safr. 180/C3
Loyat, Fra. 96/C5
Loyne, Loch (lago), Es,R.U. 72/A2
Loznica, Serb. 110/D3
Lozovik, Serb. 110/E3
Lu (río), China 135/C5
Lũ (isla), Tai. 137/J4
Lua (río), D.R.Congo 172/C5
Lua Dekere (río), D.R.Congo 176/D2
Luala (río), Moz. 179/G3
Lualaba (río), D.R.Congo 177/F3
Luam (río), China 135/J6
Luama (río), D.R.Congo 177/F4
Lua Makika (cráter), Hi,EUA 188/T10
Lu'an, China 135/D5
Luan (río), China 135/D2
Luana (pta.), Jam. 219/G2
Luancheng, China 137/F4
Luanchuan, China 135/B4
Luanco, Esp. 94/C1
Luanda (cap.), Ang. 176/C5
Luanda (prov.), Ang. 176/C5
Luanda, Kenia 175/A1
Luando, Res. Nat., Ang. 176/D5
Luang (lag.), Tail. 143/C5
Luang (pico), Tail. 143/B4
Luang Prabano (mts.), Laos 143/C2
Luanguinga (río), Ang., Zam. 178/D2
Luangwa (río), Moz., Zam. 179/F2
Luangwa (río), Zam. 177/H5
Luangwa Norte, Parq. Nal., Zam. 179/G1
Luangwa Sur, Parq. Nal., Zam. 179/F2
Luangwe (río), Zam. 177/G5
Luanping, China 135/D2
Luanshya, Zam. 179/F2
Luan Xian, China 135/D3
Luapula (río), D.R.Congo, Zam. 179/F1
Luapula (prov.), Zam. 177/G5
Luarca, Esp. 94/B1
Luatize (río), Moz. 179/F2
Luau (río), Ang. 177/E5
Luba, Gui.Ec. 176/B2
Lubaantun (ruinas), Beli. 218/D2
Lubaczów, Pol. 83/M3
Lubań, Pol. 83/H3
Lubāna, Let. 81/M3
Lubang, Fil. 145/C2
Lubang (isla), Fil. 145/B2
Lubango, Ang. 178/B2
Lubango, D.R.Congo 177/F3
Lubansenshi (río), Zam. 177/G5
Lubao, D.R.Congo 177/F4
Lubartów, Pol. 83/M3
Lubawa, Pol. 83/K2
Lübbecke, Ale. 85/F4
Lubbeek, Bél. 87/D2
Lübben, Ale. 90/D4
Lübbenau, Ale. 90/D4
Lübbesee (lago), Ale. 90/D1
Lubbock, Tx,EUA 198/D4
Lubec, Me,EUA 204/D3
Lübeck, Ale. 82/F2
Lubelska (alt.), Pol. 83/M3
Lubéron (mts.), Fra. 100/B5
Lubi (río), D.R.Congo 177/E4
Lubilash (río), D.R.Congo 177/E5
Lubin, Pol. 83/J3
Lublin, Pol. 83/M3
Lublín (prov.), Pol. 83/M3
Lubliniec, Pol. 83/K3
Lubmin, Ale. 83/G1
Lubnaig, Loch (lago), Es,R.U. 72/B4
Lubny, Ucr. 117/G2
Luboń, Pol. 83/J2
Lubsko, Pol. 83/H3
Lubuagan, Fil. 145/C1
Lubudi, D.R.Congo 177/F5
Lubudi (río), D.R.Congo 177/E4
Lubudi (río), D.R.Congo 177/F5
Lubue (río), D.R.Congo 176/D4
Lubuklinggau, Indo. 144/C3
Lubuksikaping, Indo. 144/C2
Lubumbashi, D.R.Congo 177/F5
Lucan, On,Can. 206/F3
Lucan, Irl. 78/D3
Luc An Chau, Vie. 143/D1
Lucania (mtña.), Yk,Can. 215/K3
Lucano, Appennino (mtñas.), Ita. 103/F6
Lucas González, Argen. 238/F2
Lucca, Ita. 104/D5
Lucca (prov.), Ita. 104/D5
Lucciana, Fra. 108/A1
Luce (br.p.), Tx,EUA 197/M8
Luce (bahía), Es,R.U. 74/D2
Lucé, Fra. 97/G4
Lucedale, Ms,EUA 210/D2
Lucélia, Bras. 234/C4
Lucena, Esp. 94/C4
Lucena, Fil. 145/C2
Luc-en-Diois, Fra. 100/B3
Lučenec, Eslo. 83/K4
Lucera, Ita. 103/F4
Lucerna, Perú 232/D4
Lucerna (cantón), Suiza 98/E3
Lucerna (Luzern), Suiza 99/E3
Lucerna (Vierwaldstättensee) (lago), Suiza 99/E3
Lucerne (lago), Ca,EUA 214/C1
Lucerno (lago), NM,EUA 198/A4
Lucero (lago), NM,EUA 195/J4
Lucero (mesa), NM,EUA 195/J3
Luchegorsk, Rusia 129/L2
Lucheng, China 135/C3
Lucheng, China 136/E3
Lucheringo (río), Moz. 179/G2
Lüchow, Ale. 90/B2
Luchuan, China 139/K3
Lucie (río), Suri. 230/B2
Lucindale, Austl. 157/B3
Luciras (bahía), Ang. 178/B2
Lucka, Ale. 90/C5
Luckeesarai, India 141/F3
Luckenwalde, Ale. 90/D3
Lucknow, India 140/C2
Lucky Lake, Sk,Can. 191/L2

Luco dei Marsi, Ita. 103/D4
Lucrecia (cabo), Cuba 219/H1
Lucrezia, Ita. 105/F5
Luc-sur-Mer, Fra. 97/E2
Lüda, China 133/A3
Luda Kamchiya (río), Bul. 111/H4
Lüdenscheid, Ale. 85/E6
Lüderitz, Nam. 180/A2
Ludgershall, Ing,R.U. 77/E4
Ludhiana, India 142/C2
Ludian, China 139/H2
Luding, China 136/D2
Ludinghausen, Ale. 85/E5
Ludington, Mi,EUA 206/C3
Ludlow, Ing,R.U. 76/D2
Ludogorie (reg.), Bul. 111/H4
Ludowici, Ga,EUA 211/H2
Luduș, Rum. 111/G2
Ludvika, Sue. 80/F1
Ludwigs (canal), Ale. 89/E4
Ludwigsburg, Ale. 88/C5
Ludwigsfelde, Ale. 90/D3
Ludwigshafen, Ale. 88/B4
Ludwigslust, Ale. 82/F2
Ludwigsstadt, Ale. 89/E2
Ludza, Let. 81/M3
Luebo, D.R.Congo 177/E4
Luembe (río), Ang. 178/D1
Luembi (río), D.R.Congo 177/F5
Luena, Ang. 178/C1
Luena (río), Ang., Zam. 178/D2
Luena, D.R.Congo 177/F5
Luena (cién.), Zam. 178/D2
Luengue (río), Ang. 178/D3
Luenha (río), Moz. 179/G3
Lueta (río), D.R.Congo 177/E4
Lufeng, China 137/G4
Lufira (río), D.R.Congo 177/F5
Lufkin, Tx,EUA 197/G2
Lufupa (río), Zam. 178/E2
Luga, Rusia 81/N2
Luga (bahía), Rusia 81/N2
Luga (río), Rusia 81/N2
Luga, D.R.Congo 177/G2
Lugano (lago), Ita., Suiza 99/E6
Lugano, Suiza 99/E6
Lugansk, Ucr. 71/G4
Lugansk, Región de, Ucr. 117/K3
Luganville, Van. 158/F6
Lugards (cats.), Kenia 175/B2
Lugau, Ale. 90/C6
Lugavčina, Serb. 110/E3
Lügde, Ale. 85/G5
Lugenda (río), Moz. 179/H2
Lugg (río), R.U. 73/K10
Lugg (río), Ing,R.U. 76/D2
Luginy, Ucr. 116/E2
Lugnaquillia (mtña.), Irl. 78/D4
Lugo, Esp. 94/B1
Lugo, Ita. 105/E4
Lugogo (río), Uga. 177/H2
Lugoj, Rum. 110/E3
Lugovoy, Kaz. 134/B3
Lugulu (río), D.R.Congo 177/F3
Lugunga (pico), Tan. 175/B3
Luhačovice, R.Ch. 91/B1
Lühe (río), Ale. 85/H2
Lühe (río), Ale. 89/F3
Luhe, China 135/D4
Lühe-Wildenau, Ale. 89/F3
Luhit (río), India 136/C3
Luhombero (pico), Tan. 175/B3
Luhuo, China 136/D2
Lui (río), Zam. 178/D2
Luichart, Loch (lago), Es,R.U. 72/B1
Luie (río), D.R.Congo 176/D4
Luilaka (río), D.R.Congo 177/E3
Luilu (río), D.R.Congo 177/E4
Luino, Ita. 99/E6
Luisant, Fra. 97/G4
Luis B. Sánchez, Méx. 216/B1
Luís Correia, Bras. 231/F3
Luis Domingues, Bras. 231/E3
Luisiada (arch.), P.N.G. 158/E6
Luitpold (costa), Ant. 161/X
Luján, Argen. 238/D2
Lujiang, China 135/D5
Lúka (pico), Eslo. 91/C1
Lukala (río), Ang., D.R.Congo 176/C4
Lukala (río), D.R.Congo 176/D4
Lukanga (cién.), Zam. 179/E2
Lukavac, Bosn. 110/D3
Luke (pico), Austl. 154/C3
Lukenie (río), D.R.Congo 176/D3
Lukeville, Az,EUA 195/F5
Lukhovitsy, Rusia 114/F1
Lukolela, D.R.Congo 176/D3
Lukolela, D.R.Congo 177/F4
Lukovit, Bul. 111/G4
Łuków, Pol. 83/M3
Lukoyanov, Rusia 113/K5
Lukuga (río), D.R.Congo 177/F4
Lukula, D.R.Congo 176/C4
Lukulu, Zam. 178/D2
Lukulu (río), Zam. 177/G5
Lukunor (isla), Micr. 158/E4
Lukusashi (río), Zam. 179/F2
Lukusuzi, Parq. Nal., Zam. 179/G2
Lule (río), Sue. 79/G2
Luleå, Sue. 79/G2
Lüleburgaz, Tur. 111/H5
Lules, Argen. 236/C3
Luliang, China 139/H2
Lulong, China 135/D3
Lulua, Tuv. 158/G5
Lulua (río), D.R.Congo 177/E4
Lumajamgdong (lago), China 134/D5
Lumajang, Indo. 144/F5
Lumangwe (cats.), Zam. 177/G5
Lumbala N'guimbo, Ang. 178/D2
Lumbe (río), Zam. 178/D3
Lumber (río), CN, CS,EUA 209/H3
Lumberton, CN,EUA 209/H3
Lumberton, Ms,EUA 210/D2
Lumberton, NJ,EUA 212/D4
Lumberton, NM,EUA 195/J2
Lumberton, Tx,EUA 197/G2
Lumbini (zona), Nepal 140/D2
Lumbo, Moz. 179/J2
Lumbrales, Esp. 94/B2
Lumbres, Fra. 86/B2
Lumby, CB,Can. 190/E2
Lumding, India 136/B3
Luminárias, Bras. 235/M6
Lummen, Bél. 87/E2
Lumphat, Camb. 143/D3
Lumpkin, Ga,EUA 208/E4
Lumsden, Sk,Can. 191/M2
Lumsden, N.Z. 160/B4
Lumsden, Es,R.U. 72/D2
Lumut, Indo. 144/B2
Lumut (cabo), Indo. 144/C1
Lumut, Malay. 144/C1
Luna (mtña.), Ca,EUA 214/C2
Luna, Fil. 145/C1
Lunahuaná, Perú 232/B4
Lunan (mtñas.), China 136/D3
Lunar (cráter), Nv,EUA 194/E1
Lund, CB,Can. 190/B3
Lund, Sue. 80/E4
Lunda Norte (prov.), Ang. 177/D5
Lunda Sul (dist.), Ang. 178/D1
Lunda Sur (prov.), Ang. 177/E5
Lundazi, Zam. 179/G2
Lundby, Din. 80/D4
Lundi (río), Zim. 179/F4
Lundu, Zam. 179/G1
Lune (río), Ale. 85/F2
Lune (río), Ing,R.U. 75/F2
Lune (río), Ing,R.U. 75/F3
Lüneburg, Ale. 85/H2
Lüneburger Heide (reg.), Ale. 85/G2
Lunel, Fra. 92/F5
Lünen, Ale. 85/E5
Lunenburg, NE,Can. 204/E3
Lunenburg, Vt,EUA 204/B3
Luneray, Fra. 97/F1
Lung (río), Irl. 78/B2
Lung (río), Zam. 178/E2
Lunga Oeste, Parq. Nal., Zam. 178/E2
Lungi, S.Le. 168/B4
Lunglei, India 136/B4
Lungro, Ita. 101/C3
Lungue-Bungo (río), Ang. 178/C2
Lungwebungu (río), Zam. 178/D2
Luni (río), India 138/B3
Luntai, China 134/D3
Luo (río), China 135/B3
Luo (río), China 135/B4
Luobei, China 129/L2
Luobo (mtña.), China 137/H3
Luocheng, China 137/F3
Luodian, China 136/E3
Luoding, China 137/F4
Luofo (pico), China 137/G4
Luohan (mtña.), China 137/H3
Luohe, China 135/C4
Luoma Luoma (lago), China 135/D4
Luonan, China 137/F5
Luong (mtñas.), Vie. 143/C1
Luongo (río), Zam. 177/G5
Luoning, China 135/B4
Luoping, China 136/E3
Luoqing (río), China 137/F3
Luoshan, China 135/C4
Luoshuikan, China 137/F2
Luotian, China 135/C5
Luoyang, China 135/C4
Luoyang, China 137/F3
Luozi, D.R.Congo 176/C4
Lupanshui, China 136/E3
L'Upemba, Parq. Nal., D.R.Congo 177/F5
Lupeni, Rum. 116/B5
Lupon, Fil. 145/D4
Lupton, Az,EUA 195/H3
Luqu, China 128/E5
Luquan, China 136/D3
Lūrah (río), Afg. 127/J2
Luraville, Fl,EUA 211/G2
Luray, Va,EUA 209/H1
Luray, Fra. 86/A6
Lure, Fra. 98/C2
Lure (mts.), Fra. 100/B4
Lurgan, IrN,R.U. 74/B3
Luribay, Bol. 236/C1
Lurín, Perú 232/B4
Lúrio, Moz. 179/J2
Lúrio (río), Moz. 179/H2
Lurnfeld, Aus. 110/A2
Lurøy, Nor. 79/E2
Lusaka (cap.), Zam. 179/F2
Lusaka (prov.), Zam. 179/F2
Lusambo, D.R.Congo 177/E4
Lusemfwa (río), Zam. 179/F2
Lusen (pico), Ale. 89/G5
Lusenga, Parq. Nal., Zam. 177/G5
Lushan, China 135/C4
Lu Shan (mtña.), China 135/D3
Lu Shan (pico), China 135/C5
Lushi, China 135/B4
Lushiko (río), D.R.Congo 176/D4
Lush, Mount (pico), Austl. 152/B4
Lushnje, Alb. 109/F2
Lushoto, Tan. 175/B3
Lushui, China 136/C3
Lusk, Wy,EUA 200/B2
Lusk, Irl. 78/D2
Lustenau, Aus. 99/F3
Lut (des.), Irán 125/J4
Lutembo (río), Ang. 178/D2
Luther, Ok,EUA 199/F3
Luther, Tx,EUA 196/D1
Lutherville, Md,EUA 212/B5
Lütjehorn (isla), Ale. 84/D1
Lütjenburg, Ale. 80/D4
Luton, Ing,R.U. 77/F3
Lutry, Suiza 98/C5
Lutsk, Ucr. 116/C2
Lutter (río), Ale. 85/F5
Lutterbach, Fra. 98/D2
Lutz, Fl,EUA 210/L7
Lutz, Fl,EUA 211/G3
Lützen, Ale. 90/C5
Lützow-Holm (bahía), Ant. 161/C
Luud, Waadi (río seco), Som. 174/D3
Luumäki, Fin. 81/M1
Luverne, Al,EUA 211/E2
Luverne, Mn,EUA 201/F2
Luvidjo (río), D.R.Congo 177/F4
Luvua (río), D.R.Congo 177/G4
Luwegu (río), Tan. 175/B4
Luwingu, Zam. 177/G5
Luxembourg (dist.), Lux. 87/F4
Luxemburgo 87/E4
Luxemburgo (prov.), Bél. 87/E4
Luxemburgo (cap.), Lux. 87/F4
Luxeuil-les-Bains, Fra. 98/C2
Luxi, China 136/C3
Luxi, China 136/D3
Luxi, China 139/K2
Lu Xian, China 139/J2
Luxico (río), Ang. 176/D5
Luxor, Egip. 164/F2
Luxor (Al Uqșur), Egip. 171/G3
Luxu, China 135/L8
Luxu, China 137/F4
Luy (río), Fra. 92/C5
Luya Shan (mtña.), China 135/B3
Luye (río), Fra. 100/C3
Luyi, China 135/C4
Luynes, Fra. 97/F6
Luz, Bras. 234/D3
Luza, Rusia 113/K3
Luza (río), Rusia 113/L3
Luzern (Lucerne), Suiza 99/E4
Luzhai, China 139/J3
Luzhi, China 136/E3
Lüzhi (río), China 136/D3
Luzhou, China 136/E2
Luziânia, Bras. 234/D3
Luzilândia, Bras. 231/F3
Lužnice (río), R.Ch. 89/H4
Lužnice (río), R.Ch. 93/L2
Luzón (estr.) 158/B2
Luzón (isla), Fil. 145/C1
Luzzara, Ita. 105/D3
Luzzi, Ita. 101/C4
Lviv, Ucr. 116/B2
L'viv, Región de, Ucr. 116/B2
Lwala (pico), Uga. 177/H2
Lwi (río), Mya. 143/C1
Lyakhovichi, Bela. 114/C1
Lyapin (río), Rusia 113/P3
Lyaskovets, Bul. 111/G4
Lychen, Ale. 90/D1
Lycksele, Sue. 79/F2
Lyddan (isla), Ant. 161/Y
Lydenburg, Safr. 181/E2
Lyell (mtña.), CB,Can. 190/B2
Lyell Brown (pico), Austl. 155/F2
Lyme (bahía), Ing,R.U. 76/C5
Lymington, Ing,R.U. 77/E5
Lymm, Ing,R.U. 75/F5
Łyna (río), Pol. 83/L1
Lynas (pta.), Gales,R.U. 74/D5
Lynbrook, NY,EUA 213/E2
Lynchburg, Tn,EUA 208/D3
Lynchburg, Va,EUA 209/H2
Lynches (río), CS,EUA 209/G3
Lynch Station, Va,EUA 209/H2
Lynd (río), Austl. 156/A2
Lyndhurst, Austl. 155/H4
Lyndhurst, NJ,EUA 213/D2
Lyndon B. Johnson (lago), Tx,EUA 197/E2
Lyndon B. Johnson Space Ctr., Tx,EUA 197/G3
Lyndonville, Vt,EUA 207/K2
Lyne (río), Ing,R.U. 75/F1
Lyngby-Tårbæk, Din. 81/T9
Lyngdal, Nor. 80/B2
Lynge, Din. 81/T9
Lyngen (fiordo), Nor. 79/G1
Lynn, Ma,EUA 207/L3
Lynn Haven, Fl,EUA 211/F2
Lynn Lake, Mb,Can. 186/F3
Lynwood, Ca,EUA 214/B3
Lynx (lago), TNO,Can. 186/F2
Lyon (canal), Co,EUA 198/C1
Lyon (mtña.), NY,EUA 207/K2
Lyon, Fra. 100/A1
Lyon (río), Es,R.U. 72/B3
Lyon, Loch (lago), Es,R.U. 72/B3
Lyonne (río), Fra. 100/B2
Lyons (río), Austl. 154/C2
Lyons, Ga,EUA 209/F4
Lyons, Ks,EUA 199/E1
Lyons, NY,EUA 207/H3
Lype (colina), Ing,R.U. 76/C4
Lyra (arcf.), P.N.G. 158/E5
Lys (río), Fra. 86/B2
Lys (río), Ita. 104/A1
Lysá (pico), R.Ch. 83/K4
Lysaker, Nor. 80/D2
Lysá nad Labem, R.Ch. 89/H2
Lysaya, Gora (colina), Bela. 112/E5
Lysekil, Sue. 80/D2
Łysica (pico), Pol. 83/L3
Lysina (pico), R.Ch. 89/F2
Lys-lez-Lannoy, Fra. 86/C2
Lyss, Suiza 98/D3
Lystrup, Din. 80/D3
Lys'va, Rusia 71/J3
Lytchett Matravers, Ing,R.U. 76/D5
Lytham Saint Anne's, Ing,R.U. 75/E4
Lytle Creek, Ca,EUA 214/C2
Lyttelton, N.Z. 160/C3
Lytton, CB,Can. 190/D2
Lyuban', Bela. 114/D1
Lyubeshov, Ucr. 116/C2
Lyubimets, Bul. 111/H5
Lyudinovo, Rusia 114/E1
Lywd (río), Gales,R.U. 76/C3

M

Ma (río), Laos, Vie. 143/C1
Ma'alot, Isr. 123/D3
Ma'ān, Jor. 123/D4
Ma'ān (gob.), Jor. 123/E5
Maanselkä (mtñas.), Fin. 112/F2
Ma'anshan, China 135/D5
Maardu, Esto. 81/L2
Maarheeze, P.B. 84/C6
Ma'arrat an Nu'mān, Siria 123/E2
Maarssen, P.B. 84/C4
Maas (río), Eur. 82/D3
Maasbracht, P.B. 84/C6
Maasbree, P.B. 84/D6
Maaseik, Bél. 87/E1
Maasin, Fil. 145/D3
Maasmechelen, Bél. 87/E2
Maassluis, P.B. 84/B5
Maastricht, P.B. 87/E2
Ma'ayan Harod, Parq. Nal., Isr. 123/G6
Mababe, Bots. 178/D3
Mabaho (mtña.), Fil. 145/D3
Mabalacat, Fil. 145/C2
Mabalane, Moz. 179/G4
Mabaruma, Guy. 229/G2
Mabechi (río), Japón 132/B3
Mabian, China 139/H2
Mabinay, Fil. 145/C3
Mabini, Fil. 145/D3
Mableton, Ga,EUA 209/L7
Mabote, Moz. 179/G4
Mabu (pico), Moz. 179/H3
Mabuasehube, Reserva de Caza, Bots. 178/D5
Macá (pico), Chile 238/B5
Macachín, Argen. 238/E3
Macaé, Bras. 235/E4
Macael, Esp. 94/D4
Macaíba, Bras. 231/H4
Macao, Bras. 231/G4
Macao (Macau), China 137/G4
Macao (Macau) (depen.), China 137/G4
Macapá, Bras. 230/D2
Macará, Ecua. 232/B2
Macaravita, Col. 228/C3
Macareo Santo Niño, Ven. 229/F2
Macari, Perú 232/D4
Macarthur, Austl. 157/B3
Macas, Ecua. 228/B5
Macauley (isla), N.Z. 158/H7
Macau (Macao), China 137/G4
Macau (Macao) (depen.), China 137/G4
Macaya (río), Col. 228/C4
Macaya, Pic de (pico), Haití 219/H2
MacBride (lago), Ia,EUA 201/J3
Macclenny, Fl,EUA 211/G2
Macclesfield, Ing,R.U. 75/F5
Macclesfield (canal), Ing,R.U. 75/F5
Macdhui (pico), Safr. 180/D3
Macdonald (lago), Austl. 155/F2
MacDonell (mts.), Austl. 155/G2
MacDonnell (mts.) 150/E4
MacDowell (río), On,Can. 203/H1
Macduff, Es,R.U. 72/D1
Maceda, Esp. 94/B1
Macedonia 109/G2
Macedonia (reg.), Gre., Mace. 109/G2
Maceió, Bras. 235/G1
Maceió (pta.), Bras. 231/G4
Macerata, Ita. 103/D1
Macerata (prov.), Ita. 105/G6
Macey (pico), Ant. 161/D
Macfarlane (lago), Austl. 155/H5
Macgillycuddy's Reeks (mtñas.), Irl. 78/A6
Macha, Bol. 236/C1
Machacamarca, Bol. 236/C1
Machache (pico), Les. 180/D3
Machachi, Ecua. 228/B5
Machado, Bras. 235/L6
Machado, Ciénaga de (lago), Col. 219/H4
Machagai, Argen. 236/D3
Machakos, Kenia 175/B2
Machala, Ecua. 232/B1
Machalí, Chile 238/C2
Machalilla, Parq. Nal., Ecua. 228/A5
Machang, Malay. 144/C1
Machanga, Moz. 179/G4
Machaquilá (río), Gua. 218/D2
Macharetí, Bol. 236/D2
Machars, The (pen.), Es,R.U. 74/D2
Machattie (lago), Austl. 155/H3
Machaze, Moz. 179/G4
Machecoul, Fra. 92/C3
Machedo (lago), Col. 228/C2
Machemma (ruinas), Safr. 179/F4
Macheng, China 135/C5
Machesney Park, Il,EUA 201/K2
Machias, Me,EUA 204/D3
Machias, NY,EUA 207/G3
Machiasport, Me,EUA 204/D3
Machichaco (cabo), Esp. 94/D1
Machida, Japón 131/H7
Machili (río), Zam. 178/E3
Machilipatnam, India 138/D4
Machiques, Ven. 228/C2
Machovo Jezero (emb.), R.Ch. 89/H1
Machu Picchu (ruinas), Perú 232/C4
Machupo (río), Bol. 233/E4
Maciá, Argen. 238/F2
Macia, Moz. 179/G5
Maciel, Argen. 238/E2
Măcin, Rum. 111/J3
Macina (reg.), Malí 168/D3
Macintyre (río), Austl. 157/D1
Macizo Central (mes.), Fra. 92/E4
Macizo Makay (mes.), Mad. 181/H8
Mackay, Austl. 156/C3
Mackay (lago), Austl. 155/F2
MacKenzie (bahía), Ant. 161/E
Mackenzie (río), Austl. 156/C3
Mackenzie, CB,Can. 186/D3
Mackenzie (mtñas.), TNO,Can. 186/C2
Mackenzie (río), TNO,Can. 215/N2
Mackenzie (bahía), TNO, Yk,Can. 186/C2
Mackenzie King (isla), Nun,Can. 187/R7
Mackin (río), CB,Can. 190/C1
Mackinac (estr.), Mi,EUA 206/D2
Mackinaw (río), Il,EUA 201/K3
Macklin, Sk,Can. 191/K1
Macknade, Austl. 156/B2
Macksville, Austl. 157/E1
Maclean, Austl. 157/E1
Maclear, Safr. 180/E3
Macleay (isla), Austl. 156/F7
Macleod (lago), Austl. 154/B3
Macmillan (río), Yk,Can. 215/L3
Macomb, Il,EUA 201/J3
Macomer, Ita. 108/A2
Macomia, Moz. 179/J2
Macon (br.p.), Ar, La,EUA 199/J4
Macon, Ga,EUA 208/F4
Macon, Mo,EUA 199/H1
Macon, Ms,EUA 208/C4
Mâcon, Fra. 98/A5
Macondes (mes.), Moz. 179/H1
Macouria, Gua.Fr. 230/C1
Macovane (pta.), Moz. 179/G4
Macquarie (bahía), Austl. 151/G8
Macquarie (isla), Austl. 65/S8
Macquarie (puer.), Austl. 157/C4
Macquarie (río), Austl. 157/C1
Macquarie (río), Austl. 157/C4
Mac. Robertson Land (reg.), Ant. 161/D
Macroom, Irl. 78/B6
Macuelizo, Hon. 218/D3
Macuim (río), Bras. 233/E2
Macuira, Parq. Nal., Col. 228/D1
Macuma (río), Ecua. 232/B1
Macumba (río), Austl. 155/H3
Macupina (mtña.), Hon. 218/E3
Macusani, Perú 232/D4
Macuspana, Méx. 217/G5
Macuzari (emb.), Méx. 216/C3
Mad (río), Ca,EUA 192/B3
Ma'dabā, Jor. 123/D4
Madagascar 181/H8
Madame (isla), NE,Can. 205/G3
Madan, Bul. 111/G5
Madanapalle, India 138/C5
Madang, P.N.G. 153/G1
Madang (prov.), P.N.G. 153/G1
Madanīyīn, Tun. 167/H2
Madanīyīn (gob.), Tun. 167/H2
Madaoua, Níger 169/G3
Madaras, Hun. 110/D2
Mādārīpur, Bang. 141/H4
Madauk, Mya. 136/C5
Madawaska (río), On,Can. 207/H2
Maddaket, Ma,EUA 204/B5
Maddaloni, Ita. 103/E5
Madeira (río), Bras. 230/B4
Madeira (isla), Madr., Por. 95/V15
Madeira (reg.aut.), Por. 95/U14
Madeira Beach, Fl,EUA 210/K8
Madeirinha (río), Bras. 233/F3
Mädelegabel (pico), Ale., Aus. 99/G3
Madeleine (río), Qu,Can. 204/E1
Madeline (isla), Wi,EUA 203/J4
Maden, Tur. 124/D2
Madera (río), Bol. 233/E3
Madera, Ca,EUA 194/B2
Madera (mtña.), Tx,EUA 216/E2
Madera, Méx. 216/C2
Madera (vol.), Nic. 219/E4
Madera Canyon, Az,EUA 195/G5
Madhipura, India 141/F3
Madhubani, India 141/F2
Madhumati (río), Bang. 141/G4
Madhupur, India 141/F3
Madhya Pradesh (est.), India 140/B4
Madidi (río), Bol. 233/E4
Madill, Ok,EUA 199/F3
Madīnat al Abyār, Libia 170/D1
Madison, Al,EUA 208/D3
Madison, DS,EUA 201/F1
Madison, Fl,EUA 211/G2
Madison, Ga,EUA 209/F4
Madison, In,EUA 208/E1
Madison, Mn,EUA 202/F5
Madison, Ms,EUA 208/B4
Madison (río), Mt,EUA 191/J5
Madison, Ne,EUA 200/F3
Madison, NJ,EUA 212/D2
Madison, Va,EUA 209/H1
Madison, VOcc,EUA 209/G1
Madison (cap.), Wi,EUA 201/K2
Madison Heights, Va,EUA 209/H2
Madisonville, Ky,EUA 208/D2
Madisonville, Tn,EUA 208/E3
Madisonville, Tx,EUA 197/G2
Madiun, Indo. 144/E4
Mado Gali, Laga (río seco), Kenia 175/B1
Mado Gashi, Kenia 175/B1
Madoi, China 128/D5
Madon (río), Fra. 98/C1
Madona, Let. 81/M3
Madone d'Utelle (mtña.), Fra. 100/D5
Madonie Nebrodi (mtñas.), Ita. 108/C4
Madonna di Campiglio, Ita. 99/G5
Madrakah, Ra's al (pta.), Omán 127/G5
Madras, Or,EUA 192/C1
Madras (Chennai), India 138/D5
Madre (lag.), Tx,EUA 197/F4
Madre (mtñas.), Fil. 145/C1
Madre (bahía), Méx. 217/F3
Madrecitas, Bol. 233/F5
Madre de Deus de Minas, Bras. 235/M6
Madre de Dios (río), Bol., Perú 232/D4
Madre de Dios (isla), Chile 239/J7
Madre del Sur, Sierra (mtñas.), Méx. 217/E5
Madre Occidental, Sierra (mtñas.), Méx. 216/C2
Madre Oriental, Sierra (mtñas.), Méx. 196/C3
Madrès (mtña.), Fra. 92/E5
Madre, Sierra (mtñas.), Fil. 145/C1
Madre, Sierra (mtñas.), Méx. 218/C3
Madrid, Col. 228/C3
Madrid (cap.), Esp. 94/D2
Madrid (com.aut.), Esp. 94/C2
Madridejos, Esp. 94/D3
Madrigal, Perú 232/D4
Madrigal de las Altas Torres, Esp. 94/C2
Madrigalejo, Esp. 94/C3
Madrisahorn (pico), Suiza 99/F4
Madroñera, Esp. 94/C3
Madugula, India 138/D4
Madukkkarai, India 142/F3
Madura (isla), Indo. 144/F4
Madurai, India 142/G4
Maebashi, Japón 131/F2
Mae Charim, Tail. 143/C2
Mae Hong Son, Tail. 143/B2
Mae Ping, Parq. Nal., Tail. 143/B2
Maep'o, Cor.S. 133/E4
Maerne, Ita. 105/F1
Maesteg, Gales,R.U. 76/C3
Maestra (mts.), Cuba 219/G2
Mae Thot (pico), Tail. 143/B2
Maevatanana, Mad. 181/H7
Maewo (isla), Van. 158/F6
Mae Ya (mtña.), Tail. 143/B2
Mafeteng, Les. 180/D3
Maffra, Austl. 157/C3
Mafia (canal), Tan. 175/B4
Mafia (isla), Tan. 165/G5
Mafikeng, Safr. 180/D2
Máfil, Chile 238/B3
Mafou (río), Gui. 168/C4
Mafra, Bras. 237/G3
Mafra, Por. 94/A3
Mafungabusi (mes.), Zim. 179/F3
Magadan, Rusia 119/R4
Magalhães de Almeida, Bras. 231/F3
Magalia, Ca,EUA 192/C4
Magalies Berg (mts.), Safr. 180/P12
Magallanes, Fil. 145/C2
Magallanes (estr.), Argen., Chile 239/K8
Magallanes y Antártica Chilena (reg.), Chile 239/K8
Magangué, Col. 228/C2
Maganoy, Fil. 145/D4
Magaria, Níger 169/H3
Magat (río), Fil. 145/C1
Magazine (mtña.), Ar,EUA 199/H3
Magdagachi, Rusia 129/K1
Magdalen (islas), Qu,Can. 205/F2
Magdalena, Argen. 239/T12
Magdalena, Bol. 233/E4
Magdalena (dept.), Col. 219/H4
Magdalena (río), Col. 231/L7
Magdalena de Kino, Méx. 216/C2
Magdalena, Gunung (pico), Malay. 147/E3
Magdeburger Börde (llan.), Ale. 90/B3
Magdeburgo, Ale. 90/B3
Magdelaine (cays), Austl. 151/J3
Magé, Bras. 235/N7
Magee, Island (pen.), IrN,R.U. 74/C2
Magelang, Indo. 144/E4
Magenta (lago), Austl. 154/C5
Magenta, Fra. 86/C5
Magenta, Ita. 104/B2
Magerøya (isla), Nor. 79/H1
Magetan, Indo. 144/E4
Maggia (río), Suiza 99/E5
Maggio, Monte (pico), Ita. 105/E6
Maggiorasca, Monte (pico), Ita. 104/C3
Maggiore (pico), Ita. 102/C2
Maggiore (pico), Ita. 103/E5
Maggiore (lago), Ita., Suiza 99/E6
Maggiore, Monte (pico), Ita. 105/E5
Maghāghah, Egip. 171/F2
Maghera (mtña.), Irl. 78/B4
Magherafelt, IrN,R.U. 74/B2
Magherafelt (dist.), IrN,R.U. 74/B2
Maghīla, Jabal (pico), Tun. 165/W18
Maghnia, Arg. 165/P13
Maghrib, Al (reg.), Arg., Marr. 106/C4
Magic (emb.), Id,EUA 193/F2
Magic Kingdom, Fl,EUA 210/M7
Magione, Ita. 102/C1
Maglaj, Bosn. 110/D3
Maglić (pico), Mont. 110/D4
Maglie, Ita. 109/F2
Magnetawan (río), On,Can. 206/F2
Magnetic (pass.), Austl. 156/B2
Magnitogorsk, Rusia 113/N5
Magnolia, Ar,EUA 199/H4
Magnolia, Ms,EUA 210/C2
Magnolia-Elwood, NJ,EUA 212/D4
Magny-en-Vexin, Fra. 86/A5
Magny-les-Hameaux, Fra. 71/S10
Magoé, Moz. 179/F2
Magog, Qu,Can. 204/A3
Mago, Parq. Nal., Eti. 173/H4
Magoye, Zam. 179/E3
Magra (río), Ita. 104/C3
Magsaysay, Fil. 145/D3
Maguan, China 143/D1
Maguarinho (cabo), Bras. 230/D3
Magude, Moz. 179/G5
Maguerite (pico), D.R.Congo 164/E4
Maguncia, Ale. 88/B3
Magwe, Mya. 136/B4
Magwe (div.), Mya. 136/B5
Mahābād, Irán 125/F2
Mahābhārat (mts.), Nepal 140/C1
Mahabo, Mad. 181/H8
Mahaboboka, Mad. 181/H7
Mahād, India 138/B4
Mahadeo (mts.), India 140/B4
Mahaena, Pol.Fr. 159/X15
Mahaica, Guy. 229/G3
Mahaica-Berbice (reg.), Guy. 229/G3
Mahaicony Village, Guy. 229/G3
Mahajamba (bahía), Mad. 181/H6
Mahajamba (río), Mad. 181/H7
Mahajanga (prov.), Mad. 181/H6
Mahajilo (río), Mad. 181/H7
Maha Kali (río), India 140/C1
Mahakali (zona), Nepal 140/C1
Mahakam (río), Indo. 147/E3
Mahalapye, Bots. 179/E4
Mahalla El Kubra, Egip. 123/B4
Maḩallāt, Irán 125/G3
Māhān (río), India 140/D4
Māhān, Irán 125/J4
Mahanadi (río), India 138/D3
Mahananda (río), India 141/F3
Mahandiabani (río), C.Marf. 168/D4
Mahanoro, Mad. 181/J7
Mahantango Mtn. (mts.), Pa,EUA 212/B2
Mahārājganj, India 140/D2
Mahārājganj, India 141/E2
Mahārajpur, India 138/C2
Maharashtra (est.), India 138/B4
Mahārastra 138/B4
Mahāsamund, India 138/D3
Maha Sarakham, Tail. 143/C2
Mahāsthān (ruina), Bang. 141/G3
Mahavavy (río), Mad. 181/H7
Mahawa (río), India 140/B1
Mahaweli (río), Sr.L. 142/H4
Mahaxai, Laos 136/E5
Mahazoarivo, Mad. 181/H8
Mahazoma, Mad. 181/H7
Mahbubnagar, India 138/C4
Mahdia, Guy. 229/G3
Mahe, India 127/L2
Mahe, India 142/E3
Mahé (isla), Sey. 165/H5
Mahébourg, Mau. 181/S15
Maheno, N.Z. 160/B4
Mahia (pen.), N.Z. 160/D2
Mahīshādal, India 141/F4
Mahitsy, Mad. 181/H7
Mahlaing, Mya. 136/B4
Mahlberg, Ale. 98/D1
Mahmel, Djebel (mtña.), Arg. 167/G2
Mahmūdābād, India 140/C2
Mahmudiye, Tur. 124/B2
Mahnomen, Mn,EUA 202/G4
Mahoba, India 140/B3
Mahón, Esp. 95/H3
Mahon (río), Irl. 78/C5
Mahoning (río), Oh, Pa,EUA 206/F4
Mahuva, India 138/B3
Maia, Por. 94/A2
Maia (río), Rusia 119/P4
Maiala, Parq. Nal., Austl. 156/E6
Maials, Esp. 95/F2
Maiana (isla), Kir. 158/G4
Maiao (isla), Pol.Fr. 159/W15
Maicao, Col. 228/C2
Maîche, Fra. 98/C3
Maicuru (río), Bras. 229/H5
Maidenhead, Ing,R.U. 77/F3
Maidstone, Sk,Can. 191/K1
Maidstone, Ing,R.U. 77/G4
Maiduguri, Nige. 172/B3
Maignelay-Montigny, Fra. 86/B4
Maigue (río), Irl. 78/B4
Maihar, India 140/C3
Maihara, Japón 130/E3
Maikala (mts.), India 140/C4
Maiko (río), D.R.Congo 177/F3
Maikoor (río), Indo. 152/D1
Maikop, Rusia 71/H4
Maiko, Parq. Nal., D.R.Congo 177/F3
Mailsi, Pak. 127/K3
Maimoon Palace (Istana Maimoon), Indo. 144/B2
Main (río), Ale. 88/B2
Main (río), IrN,R.U. 74/B2
Maināguri, India 141/G2
Main Barrier (mts.), Austl. 150/G6
Mai-Ndombe (lago), D.R.Congo 176/D3
Main-Donau (canal), Ale. 88/E4
Maine (est.), E.U.A. 204/B3
Maine (golfo), E.U.A. 204/C4
Maine (colinas), Fra. 97/E4
Maine (reg.hist.), Fra. 97/E4
Maine (río), Fra. 97/E6
Maine (río), Fra. 78/A5
Mainé-Soroa, Niger 172/B2
Maine y Loira (dept.), Fra. 97/E6
Maingkwan, Mya. 139/G2
Mainhardt, Ale. 88/C4
Mainhausen, Ale. 88/B2
Mainit, Fil. 145/D3
Mainland (isla), Es,R.U. 73/N13
Mainland (isla), Es,R.U. 73/P12
Mainling, China 136/B2
Mainpuri, India 140/B2
Main Range, Parq. Nal., Austl. 156/C5
Mainstockheim, Ale. 88/D3
Maintenon, Fra. 97/G4
Maintirano, Mad. 181/H7
Main Top Sail (mtña.), Tnva,Can. 205/J1
Mainvilliers, Fra. 97/G4
Maio (isla), Cab.V. 164/K10
Maiori, Ita. 103/E6
Maipo (vol.), Argen., Chile 238/R10
Maipo (río), Chile 238/Q9
Maipú, Argen. 238/F3
Maipú, Chile 238/C2
Maiquetía, Ven. 229/E2
Maira (río), Ita. 104/A3
Mairana, Bol. 236/D1
Mairi, Bras. 235/E1
Mairiporã, Bras. 235/K8
Maisach, Ale. 88/E6
Maisome (isla), Tan. 177/H3
Maisons-Alfort, Fra. 71/T10
Maisons-Laffitte, Fra. 71/S10
Maithon (emb.), India 141/F4
Maitland, Austl. 155/H5
Maitland, Austl. 157/D2
Maitland (río), On,Can. 206/F3
Maitland, Fl,EUA 210/N6
Maitum, Fil. 145/D4
Maiz Grande (isla), Nic. 219/F3
Maizhokunggar, China 134/F6
Maizières-lès-Metz, Fra. 87/F5

Maiz Pequeña (isla), Nic. 219/F3
Maizuru, Japón 130/D3
Majadahonda, Esp. 95/N9
Maja e Zezë (pico), Alb. 109/G2
Majagual, Col. 228/C2
Majalengka, Indo. 144/E4
Majardah (mtñas.), Arg., Tun. 165/W17
Majardah (río), Tun. 165/W17
Majashkalá, Rusia 71/H4
Majdanpek, Serb. 110/E3
Majia (río), China 135/D3
Majiang, China 139/K3
Majoli, Suri. 230/C2
Major (pico), Tx,EUA 196/C2
Majorca (isla), Esp. 95/G3
Majrūr, Wādī (río seco), Sudán 173/E2
Majur, Serb. 110/D3
Majuro (atolón), Mrsh. 158/G4
Majuro (cap.), Mrsh. 158/G4
Makalu (pico), China, Nepal 141/F2
Makanchi, Kaz. 134/D2
Makarov, Rusia 129/N2
Makarska, Cro. 110/C4
Makar'yev, Rusia 113/J4
Makassar (estr.), Indo. 146/E4
Makat, Kaz. 115/K3
Makatea (isla), Pol.Fr. 159/L6
Makati, Fil. 145/F6
Makawao, Hi,EUA 188/T10
Makéievka, Ucr. 71/G4
Makemo (atolón), Pol.Fr. 159/L6
Makena, Hi,EUA 188/T10
Makeni, S.Le. 168/B4
Makgadikgadi (salns.), Bots. 178/E4
Makgadikgadi, Res. de Caza Salinas, Bots. 178/E4
Makhdūmpur, Pak. 142/B2
Makhfar al Busayyah, Irak 125/F4
Makhmūr, Irak 125/E3
Makhnëvo, Rusia 113/P4
Makhrūq, Wādī al (río seco), Jor. 171/H2
Makian (isla), Indo. 147/G3
Makin (isla), Kir. 158/G4
Makinsk, Kaz. 134/B1
Makkah (Mecca), Ar.S. 126/C4
Makkovik, Tnva,Can. 187/L3
Makó, Hun. 110/E2
Makokou, Gabón 176/C2
Makonde (mes.), Tan. 175/B4
Makorako (pico), N.Z. 160/D2
Maków Mazowiecki, Pol. 83/L2
Makrakómi, Gre. 109/H3
Makran (costa), Irán, Pak. 127/G4
Makran (reg.), Irán, Pak. 127/H3
Makrāna, India 127/K3
Makran Central (mts.), Pak. 127/H3
Makrokhórion, Gre. 109/H2
Maksutlu, Tur. 111/H5
Makteïr (reg.), Maur. 166/C5
Mākū, Irán 125/F2
Makurazaki, Japón 130/B5
Makushin (vol.), Ak,EUA 215/E5
Mala, Cafr. 172/C4
Mala (pta.), C.Rica 218/E4
Mala (pta.), Pan. 219/G5
Mala, Perú 232/B4
Mala, Sue. 112/C2
Malabang, Fil. 145/D4
Malabar (costa), India 138/B5
Malabar Coast (reg.), India 142/E3
Malabata (pta.), Marr. 94/G5
Malabergo, Ita. 105/E3
Malabo (cap.), Gui.Ec. 176/B2
Malabón, Fil. 145/E6
Malabuñgan, Fil. 145/B3
Malaca (estr.), Malay., Tail. 143/B5
Malacacheta, Bras. 235/E3
Malacanang Palace, Fil. 145/F6
Malacky, Eslo. 91/B3
Malad (río), Id, Ut,EUA 193/G2
Malad City, Id,EUA 193/G2
Malá Fatra (mtñas.), Eslo. 91/C1
Málaga, Esp. 94/C4
Malaga (cala), Ca,EUA 214/F8
Malagón, Esp. 94/D3
Malagueta (bahía), Cuba 219/G1
Malahide, Irl. 78/D3
Malaimbandy, Mad. 181/H8
Malaita (isla), Sal. 158/F5
Malakāl, Sudán 173/F3
Malakangiri, India 138/D4
Malakwāl, Pak. 142/B1
Malalaua, P.N.G. 153/G2
Malalhue, Chile 238/B3
Malambo, Col. 228/C2
Malang, Indo. 144/F4
Malange, Ang. 164/D5
Malanje, Ang. 176/D5
Malanje (dist.), Ang. 178/C1
Malanje (prov.), Ang. 176/D5
Malansac, Fra. 96/C5
Malapatan, Fil. 145/D4
Malappuram, India 142/F3
Mälaren (lago), Sue. 81/R7
Malargüe, Argen. 238/C2
Malasoro (pta.), Indo. 147/E5
Malaspina, Argen. 238/D5
Malatya, Tur. 124/D2
Malatya (prov.), Tur. 124/D2
Malaunay, Fra. 97/G1
Malaut, India 142/C2
Malawali (isla), Malay. 145/B4
Malawi 164/F6
Malawi (Nyasa) (lago), Áfr. 179/G2
Malaya (est.), Malay. 122/K9
Malaya (pen.), Malay. 143/B5
Malaya (reg.), Malay. 144/C1
Malaya Devitsa, Ucr. 116/G2
Malaya Vishera, Rusia 81/Q2
Malaybalay, Fil. 145/D3
Malayer, Irán 125/G3
Malaysia 146/C2
Malazemelsk (tundra), Rusia 113/L2
Malazgirt, Tur. 124/E2
Malbaie (río), Qu,Can. 204/B2
Malbaza-Usine, Níger 169/G3
Malbork, Pol. 83/K1
Malbrán, Argen. 236/D4
Malcaras, Pic de (pico), Fra. 92/D5
Malcesine, Ita. 105/D1
Malchin, Ale. 82/G2
Malchin, Mong. 128/C2
Maldegem, Bél. 86/C1
Malden (isla), Kir. 159/K5
Maldivas 122/G9
Maldivas (islas), Mald. 138/B6
Maldon, Austl. 157/C3
Maldon, Ing,R.U. 77/G3
Maldonado, Uru. 239/G2
Maldonado (dept.), Uru. 239/G2
Male (cap.), Mald. 122/G9
Male (isla), Mald. 65/N5
Maléa, Ákra (cabo), Gre. 109/H4
Malebo (estanque), Congo, D.R.Congo 176/C4
Malegaon, India 138/B3
Malé Karpaty (mtñas.), Eslo. 91/B3
Malekula (isla), Van. 158/F6
Malemort-sur-Corrèze, Fra. 92/D4
Malente, Ale. 82/F1
Maleny, Austl. 156/D4
Māler Kotla, India 142/C2
Malesína, Gre. 109/H3
Malgis (río seco), Kenia 175/B1
Malgobek, Rusia 115/H4
Malgrat de Mar, Esp. 95/G2
Malgrate, Ita. 104/C1
Malheur (lago), Or,EUA 192/D2
Malheur (río), Or,EUA 192/E2
Malheureux (cabo), Mau. 181/S14
Mali 164/B3
Mali, Gui. 168/B3
Malí (isla), Mya. 143/B3
Mali, D.R.Congo 177/F3
Mália, Gre. 109/J5
Malian (río), China 128/F4
Malianjing, China 128/E3
Malibu, Ca,EUA 214/B2
Maligat Barani (pozo), Arg. 166/E4
Malīhābād, India 140/C2
Maliku, Indo. 146/D4
Maliku, Indo. 147/F4
Målilla, Sue. 80/F3
Mali Lošinj, Cro. 110/B3
Malimán de Abajo, Argen. 236/B4
Malin, China 137/F3
Malin, Irl. 74/A1
Malin, Ucr. 116/E2
Malina (río), Eslo. 91/A3
Malinau, Indo. 145/B5
Malindang (mtña.), Fil. 145/C3
Malindi, Kenia 175/C2
Malines (Mechelen), Bél. 86/D1
Malin Head (pta.), Irl. 73/H9
Malinovka, Rusia 134/E1
Malinovka, Rusia 117/M2
Malinvern (mtña.), Fra. 100/D4
Malio (río), Mad. 181/H8
Malipo, China 143/D1
Malīr Cantonment, Pak. 127/J4
Malita, Fil. 145/D4
Maliwun, Mya. 143/B4
Malka Mari, Parq. Nal., Kenia 174/B4
Malkara, Tur. 111/H5
Mallacoota, Austl. 157/D3
Mallaig, Es,R.U. 73/J8
Mallammaduri, Nige. 169/H3
Mallāq (río), Tun. 165/W17
Mallaq, Wādī (río), Tun. 106/F3
Mallasvesi (lago), Fin. 81/K1
Mallawī, Egip. 171/F3
Mallee Cliffs, Parq. Nal., Austl. 155/J5
Mallén, Esp. 94/E2
Mallero (río), Ita. 99/F5
Mallersdorf-Pfaffenberg, Ale. 89/F5
Mallín Grande, Chile 238/B5
Malloa, Chile 238/Q10
Mallorca (Majorca) (isla), Esp. 95/G3
Mallory (cién.), Fl,EUA 211/G3
Mallow, Irl. 78/B5
Mallusk, Irl. 74/B2
Malmanoury, Gua.Fr. 230/C1
Malmberget, Sue. 79/G2
Malmédy, Bél. 87/F3
Malmesbury, Ing,R.U. 76/D3
Malmesbury, Safr. 180/B4
Malmö, Sue. 80/E4
Malmöhus (con.), Sue. 80/E4
Malmok (pico), Ant.Hol. 220/D4
Malmslätt, Sue. 80/F2
Malmyzh, Rusia 113/L4
Malnate, Ita. 104/B1
Malo, Ita. 105/E1
Maloca, Bras. 230/C4
Maloelap (atolón), Mrsh. 158/G4
Malolos, Fil. 145/E6
Malombe (lago), Mal. 179/G2
Malone, NY,EUA 207/J2
Malone (río), Ita. 104/A2
Malong, China 136/D3
Malonga, D.R.Congo 177/E4
Malonga, D.R.Congo 177/E5
Malonje (pico), Tan. 177/G5
Małopolska (alt.), Pol. 83/L3
Malorita, Bela. 83/N3
Måløy, Nor. 79/C3
Maloyaroslavets, Rusia 112/H5
Malpais, The (f.lav.), NM,EUA 198/A4
Malpartida de Cáceres, Esp. 94/B3
Malpartida de Plasencia, Esp. 94/B3
Malpas, Ing,R.U. 75/F5
Malpelo (isla), Col. 226/A2
Malpeque (bahía), PE,Can. 204/F2
Malpica, Esp. 94/A1
Malsch, Ale. 88/B5
Malsch (río), Aus. 89/H5
Malše (río), R.Ch. 89/H5
Mals (Malles), Ita. 99/G4
Malta 102/H8
Malta, Bras. 231/G4
Malta, Mt,EUA 191/L3
Malta, Let. 81/M3
Malta (canal), Malta 102/H7
Malta (isla), Malta 102/H8
Maltahöhe, Nam. 178/C5
Maltby, Ing,R.U. 75/G2
Maltby, Ing,R.U. 75/G5
Malte Brun (pico), N.Z. 160/C3
Maltepe, Tur. 124/B1
Malters, Suiza 98/E3
Malton, On,Can. 205/R8
Malton, Ing,R.U. 75/H3
Maluku (prov.), Indo. 152/C1
Malung, Sue. 80/E1
Maluso, Fil. 145/C4
Malvan, India 138/B4
Malveira, Por. 95/P10
Malvern, Austl. 157/G5
Malvern, Ar,EUA 199/H3
Malverne, NY,EUA 213/L9
Malvern (Great Malvern), Ing,R.U. 76/D2
Malvinas, Islas (depen.), Argen. 239/M8
Malxe (río), Ale. 90/E4
Malý Dunaj (río), Eslo. 91/B3
Malysheva, Rusia 113/P4
Malyy Uzen' (río), Kaz. 115/J2
Malyy Yenisey (río), Rusia 128/D1
Malzéville, Fra. 87/F6
Mama, Rusia 119/M4
Mamanguape, Bras. 231/H4
Mamaroneck, NY,EUA 213/E2
Mamba, Zam. 179/E3
Mambajao, Fil. 145/D3
Mambare (río), P.N.G. 153/G2
Mambasa, D.R.Congo 177/G2
Mamberamo (río), Indo. 147/J4
Mambéré (río), Cafr. 176/D2
Mambij, Siria 124/D2
Mambili (río), Congo 176/C2
Mamborê, Bras. 237/F3
Mamburao, Fil. 145/C2
Mamer, Lux. 87/F4
Mamers, Fra. 97/F4
Mametz, Fra. 86/B2
Mamfé, Cam. 169/H5
Mamirolle, Fra. 98/C3
Mamlyutka, Kaz. 113/R5
Mammendorf, Ale. 88/E6
Mammola, Ita. 101/C6
Mammoth Cave, Parq. Nal., Ky,EUA 208/D2
Mammoth Site, DS,EUA 200/C2
Mamore (río), Bol., Bras. 233/E3
Mampikony, Mad. 181/H7
Mampong, Gha. 169/E5
Mamry (lago), Pol. 81/J4
Mamuju, Indo. 147/E4
Mamuru (río), Bras. 233/G1
Mamwera (pico), Tan. 175/B3
Man (río), China 135/C5
Man, C.Marf. 168/D5
Man (isla), R.U. 74/D3
Mana, Gua.Fr. 230/C1
Mana (río), Gua.Fr. 229/H3
Mana (isla), N.Z. 160/H9
Manabí (prov.), Ecua. 228/A5
Manabique, Punta de (pta.), Hon. 218/D3
Manacapuru, Bras. 230/A3
Manacapuru (lago), Bras. 230/A3
Manacle (pta.), R.U. 76/A6
Manacor, Esp. 95/G3
Manado, Indo. 147/F3
Manage, Bél. 86/D3
Managua (cap.), Nic. 218/E3
Managua (lago), Nic. 218/E3
Manaia, N.Z. 160/C2
Manakambahiny, Mad. 181/J7
Manakara, Mad. 165/G7
Manalapan, NJ,EUA 212/D3
Manama (Al Manāmah) (cap.), Bahr. 126/F3
Manāmadurai, India 142/G4
Manambaho (río), Mad. 181/H7
Mananantanana (río), Mad. 181/H8
Mananara, Mad. 165/G6
Mananara (río), Mad. 181/H8
Mananara (río), Mad. 181/J7
Mananjary, Mad. 165/G7
Mananjary (río), Mad. 181/H8
Manantiales, Chile 239/K8
Manapire (río), Ven. 231/Q8
Manappārai, India 142/G3
Manara (pta.), Ita. 104/C4
Manas, China 134/E3
Manas (lago), China 134/D2
Manas (río), China 134/E3
Manās (río), India 141/H2
Manas, Som. 174/B5
Manaslu (mtña.), Nepal 141/E1
Manasquan (río), NJ,EUA 213/D3
Manassas, Va,EUA 209/J1
Manastir Dečani, Kos. 109/G1
Manastir Gračanica, Kos. 109/G1
Manastir Sopoćani, Serb. 109/G1
Manatee (lago), Fl,EUA 211/G4
Manatsuru, Japón 131/H7
Manaus, Bras. 230/A3
Manavgat, Tur. 123/B1
Manawatu (reg.), N.Z. 160/D3
Manay, Fil. 145/D4
Mañazo, Perú 232/D4
Manazuru-misaki (cabo), Japón 131/H7
Man, Calf of (isla), IM,R.U. 74/D3
Mance (río), Fra. 98/B2
Mancha (canal), Eur. 92/B2
Mancha Real, Esp. 94/D4
Manche (dept.), Fra. 96/D2
Mancheng, China 135/C3
Mancherāl, India 138/C4
Manchester (lago), Austl. 156/E6
Manchester, Ct,EUA 207/K4
Manchester, Ia,EUA 201/J2
Manchester, Ky,EUA 208/F2
Manchester, NH,EUA 207/L3
Manchester, Tn,EUA 208/D3
Manchester, Vt,EUA 207/K3
Manchester, Ing,R.U. 75/F5
Manchuria (reg.), China 133/B2
Manciano, Ita. 102/B2
Máncora, Perú 232/A2
Mancos (río), Co,EUA 195/H2
Manda, Chad 172/C3
Manda (pico), Sudán 173/E3
Manda, Tan. 177/H4
Manda, Tan. 177/H5
Mandabe, Mad. 181/H8
Mandaguari, Bras. 234/C4
Mandal, India 138/B3
Mandal, Nor. 80/B2
Mandala (pico), Indo. 147/K4
Mandalay, Mya. 136/C4
Mandalay (div.), Mya. 143/A1
Mandalgovĭ, Mong. 119/L5
Mandalī, Irak 125/F3
Mandal-Ovoo, Mong. 128/E3
Mandaluyong, Fil. 145/E6
Mandan, DN,EUA 202/D4
Mandang Shan (mtña.), China 135/D4
Manda, Parq. Nal., Chad 172/C3
Mandara (mtñas.), Cam., Cafr. 172/B3
Mandasavu (pico), Indo. 147/F5
Mandatoriccio, Ita. 101/C4
Mandawe, Fil. 145/C3
Mandelieu-la-Napoule, Fra. 100/C5
Mandello del Lario, Ita. 104/C1
Mandera, Kenia 174/B5
Mandera, Tan. 175/B3
Mandeure, Fra. 98/C3
Mandeville, La,EUA 210/C2
Mandeville, Jam. 219/G2
Māndi, India 142/D2
Mandié, Moz. 179/G3
Mandimba, Moz. 179/G2
Mandiola (isla), Indo. 147/G4
Mandira (emb.), India 141/E4
Mandi Sādiqganj, Pak. 142/B2
Mandla, India 140/C4
Mandø (isla), Din. 80/C4
Mandoc (cats.), Gui.Ec. 176/B2
Mándok, Hun. 116/B3
Mandoto, Mad. 181/H7
Mandoúdhion, Gre. 109/H3
Mándra, Gre. 109/L6
Mandrare (río), Mad. 181/H9
Mandritsara, Mad. 181/J6
Mandsaur, India 138/C3
Mandurah, Austl. 154/B5
Manduria, Ita. 109/E2
Māndvi, India 138/A3
Mandya, India 138/C5
Manendragarh, India 140/D4
Manéngouba, Massif du (pico), Cam. 169/H5
Manerbio, Ita. 104/D2
Manevichi, Ucr. 116/C2
Manfalūt, Egip. 124/B5
Manfredonia, Ita. 103/F4
Manfredonia (golfo), Ita. 103/G4
Mang (río), China 135/B4
Manga, Bras. 234/E2
Manga (reg.), Chad, Níger 172/B2
Mangabeiras (colinas), Bras. 234/D1
Mangai, D.R.Congo 176/D4
Mangaia (isla), Cook 159/K7
Mangakino, N.Z. 160/C2
Mangaldai, India 141/J2
Mangaldan, Fil. 145/C1
Mangalia, Rum. 111/J4
Mangalisa (pico), Tan. 175/B3
Mangalore, India 138/B5
Mangaratiba, Bras. 235/M7
Mangareva (isla), Pol.Fr. 159/M7
Mangaweka, N.Z. 160/C2
Mangchang, China 137/E3
Manger, Nor. 80/A1
Mangerton (mtña.), Irl. 78/A6
Mangin (mts.), Mya. 136/B4
Mangistauz, Región de, Kaz. 115/K4
Mangkalihat (cabo), Indo. 147/E3
Mangla, Pak. 142/B1
Mangla (emb.), Pak. 142/B1
Manglaralto, Ecua. 232/A1
Manglares (pta.), Col. 228/B4
Mangles (bahía), Austl. 154/K7
Mango, Togo 169/F4
Mangoche, Mal. 179/G2
Mangoky (río), Mad. 181/H8
Mangole (isla), Indo. 147/G4
Mangonui, N.Z. 160/C1
Mangoro (río), Mad. 181/J7
Mangotsfield, Ing,R.U. 76/D4
Mangrol, India 138/B3
Mangualde, Por. 94/B2
Mangueira (lago), Bras. 239/G2
Mangueni (mes.), Níger 170/B4
Manguishlak (mes.), Kaz. 115/K4
Manguishlak (pen.), Kaz. 115/J3
Mangum, Ok,EUA 198/E3
Man'gyŏngdae, Cor.N. 133/C3
Mangyshlak, Kaz. 115/J4
Manhan, Mong. 128/C2
Manhasset (bahía), NY,EUA 213/L8
Manhattan, Ks,EUA 199/F1
Manhattan (isla), NY,EUA 213/J9
Manhattan Beach, Ca,EUA 214/B3
Manhiça, Moz. 179/G5
Man Hpang, Mya. 143/B1
Manhuaçu, Bras. 235/E4
Manhumirim, Bras. 235/E4
Máni (pen.), Gre. 109/H4
Mania (río), Mad. 181/H7
Maniamba, Moz. 179/G2
Maniāri (río), India 140/C4
Manica (prov.), Moz. 179/G3
Manicaland (prov.), Zim. 179/F3
Manicoré, Bras. 230/A4
Manicoré (río), Bras. 230/A4
Manicouagan (emb.), Qu,Can 187/K3
Manicouagan (río), Qu,Can 187/K3
Manifold (cabo), Austl. 156/C3
Manigotagan, Mb,Can. 202/F2
Manihi (isla), Pol.Fr. 159/L6
Manihiki (isla), Cook 159/J6
Manila, Ut,EUA 193/J3
Manila (bahía), Fil. 145/C2
Manila (cap.), Fil. 145/C2
Manilla, Austl. 157/D1
Maniña, Ven. 229/E3
Maningory (río), Mad. 181/J7
Maningrida, Austl. 152/D3
Maninjau (lago), Indo. 144/C3
Manipa (estr.), Indo. 147/G4
Manipat (colinas), India 140/D4
Manipur (est.), India 136/B3
Manisa, Tur. 124/A2
Manisa (prov.), Tur. 124/B2
Manises, Esp. 106/C3
Man, Isle of (isla), R.U. 74/D3
Manistee, Mi,EUA 206/C2
Manistee (riv.), Mi,EUA 206/D2
Manistique, Mi,EUA 206/C2
Manistique (lago), Mi,EUA 206/D1
Manito (lago), Sk,Can. 191/K1
Manitoba (prov.), Can. 186/F3
Manitoba (lago), Mb,Can. 202/E2
Manitou (isla), Mi,EUA 203/L4
Manitoulin (isla), On,Can. 206/E2
Manitou Sur (isla), Mi,EUA 206/C2
Manitouwadge, On,Can. 203/M3
Manitowoc, Wi,EUA 201/L1
Manitsauá-Missu (río), Bras. 234/B1
Maniwaki, Qu,Can. 207/J1
Manizales, Col. 228/C3
Manja, Mad. 181/H8
Manjacaze, Moz. 179/G5
Manjakandriana, Mad. 181/J7
Manjeri, India 142/F3
Manjimup, Austl. 154/C5
Manjlegaon, India 138/C4
Mānjra (río), India 127/L5
Mankato, Ks,EUA 199/E1
Mankato, Mn,EUA 201/H1
Mankono, C.Marf. 168/D4
Manlay, Mong. 128/F3
Manlleu, Esp. 94/D2
Manly, Austl. 156/H8
Manmād, India 138/B3
Manmanoc (mtña.), Fil. 137/J5
Man Mia (pico), Tail. 143/B4
Mannar (golfo), India, Sr.L. 142/G4
Mannar, Sr.L. 142/G4
Mannar (dist.), Sr.L. 142/H4
Mannar (isla), Sr.L. 142/G4
Mannārgudi, India 142/G3
Männedorf, Suiza 99/E3
Mannersdorf am Leithagebirge, Aus. 91/A4
Mannetjiesberg (pico), Safr. 180/C4
Mannheim, Ale. 88/B4
Manning, Ab,Can. 186/E3
Manning (cabo), Nun,Can. 187/Q7
Manning, CS,EUA 209/G4
Manning, DN,EUA 202/C4
Mannington Meadow (lago), NJ,EUA 212/C4
Männlifluh (pico), Suiza 98/D4
Mannu (río), Ita. 108/A2
Mannu (río), Ita. 108/A3
Mannum, Austl. 155/H5
Mannville, Ab,Can. 191/J1
Mano (río), Libe., S.Le. 168/C5
Manoa, Bol. 233/E3
Manombo, Mad. 181/G8
Manono, D.R.Congo 177/F4
Manor Hamilton, Irl. 73/G9
Manorville, NY,EUA 213/F2
Manosque, Fra. 100/B5
Manp'o, Cor.N. 133/D2
Manra (Sydney) (isla), Kir. 159/H5
Manresa, Esp. 95/F2
Mansa, Zam. 179/F1
Mansa Konko, Gam. 168/B3
Mansalay, Fil. 145/C2
Mansel (isla), Nun,Can. 187/H2
Mansfield, Austl. 157/C3
Mansfield, La,EUA 210/B1
Mansfield, Oh,EUA 206/E4
Mansfield, Tx,EUA 197/F1
Mansfield (mtña.), Vt,EUA 207/K2
Mansfield, Ing,R.U. 75/G5
Mansfield Woodhouse, Ing,R.U. 75/G5
Manta, Ecua. 228/A5
Matalingajan (mtña.), Fil. 145/B3
Mantaro (río), Perú 232/C3
Manteca, Ca,EUA 194/B2
Mantecal, Ven. 228/D3
Mantecal, Ven. 229/E3
Manteigas, Por. 94/B2
Mantena, Bras. 235/E3
Manteo, CN,EUA 209/K3
Manter, Ks,EUA 198/D2
Mantes-la-Jolie, Fra. 86/A6
Mantes-la-Ville, Fra. 86/A6
Manthani, India 138/C4
Manti, Ut,EUA 193/H4
Mantiqueira (mtñas.), Bras. 234/D4
Mantorp, Sue. 80/F2
Mantorville, Mn,EUA 201/H1
Mantos Blancos, Chile 236/B2
Mantou Shan (mtña.), China 135/C3
Mantova, Ita. 105/D2
Mäntsälä, Fin. 81/L1
Mantua, Cuba 219/E1
Mantua, NJ,EUA 212/C4
Mantua (prov.), Ita. 104/D2
Manturovo, Rusia 113/K4
Mäntyharju, Fin. 81/M1
Manu (río), Bang. 141/H3
Manú, Perú 232/D4
Manu (río), Perú 232/D3
Manua (islas), Sam.Am. 159/J6
Manuae, Atolón (islas), Cook 159/K6
Manuel Alves da Natividade (río), Bras. 234/C1
Manuel Benavides, Méx. 196/B3
Manuk (río), Indo. 144/E4
Manukan, Fil. 145/C3
Manukau, N.Z. 160/C2
Manukau (puer.), N.Z. 160/F7
Manumbai (río), Indo. 152/D1
Manumuskin (río), NJ,EUA 212/D5
Manú, Parq. Nal., Perú 232/C3
Manuripe (río), Bol., Perú 232/D3
Manuripe Heath Amazonica, Res. Nal., Bol. 233/E3
Manus (isla), P.N.G. 158/D5
Manutuke, N.Z. 160/D2
Manville, NJ,EUA 212/D2
Many, La,EUA 210/B2
Manyame (río), Zim. 179/F3
Manyara (lago), Tan. 175/A2
Manych (río), Rusia 117/L4
Manych Gudilo (lago), Rusia 117/M4
Manzanar, Chile 238/C3
Manzanares, Col. 231/K6
Manzanares, Esp. 94/D3
Manzanares (río), Esp. 95/N8
Manzanillo, Cuba 219/G1
Manzanillo, Méx. 216/D5
Manzano (pico), NM,EUA 198/A3
Manzano, Ita. 105/G1
Manzhouli, China 129/H2
Manziana, Ita. 102/C3
Manziat, Fra. 98/A5
Manzilah, Buḩayat al (lago), Egip. 171/G2
Manzini, Swaz. 181/E2
Mao, Chad 172/B2
Mao, R.Dom. 76/D3
Maoke (mtñas.), Indo. 147/J4
Maoming, China 137/F4
Maoshan, China 135/H6
Maotou (pico), China 135/D4
Mapam (lago), China 134/D5
Mapastepec, Méx. 218/C3
Mapi (río), Indo. 153/E1
Mapimí (depr.), Méx. 216/D3
Mapire, Ven. 229/E3
Mapiri, Bol. 233/D4
Mapiri, Bol. 233/E3
Maple (pico), Az,EUA 195/H4
Maple Creek, Sk,Can. 191/K3
Maple Grove, Mn,EUA 203/H5
Maple Grove, Mn,EUA 203/P6
Maple Hill, Ks,EUA 199/F1
Maple Ridge, CB,Can. 190/C3
Maple Shade, NJ,EUA 212/D4
Maplesville, Al,EUA 208/D4
Mapleton, Me,EUA 204/C2
Maplewood, Mn,EUA 203/P6
Maplewood, NJ,EUA 213/D2
Map'o, Cor.S. 133/F6
Mapoon Mission Sta., Austl. 153/F2
Mapoon, R. Abor., Austl. 153/F2
Maporal, Ven. 228/D3
Mapuera (río), Bras. 229/G5
Mapusa, India 138/B4
Maputo (cap.), Moz. 179/G5
Maputo (prov.), Moz. 179/G5
Maputo (río), Moz. 179/G5
Maqdam, Ras (cabo), Sudán 171/H5
Maqor, Afg. 127/J2
Maquan (río), China 134/D5
Maquereau, Pointe au (pta.), Qu,Can. 204/E1
Maquinchao, Argen. 238/C4
Maquoketa, Ia,EUA 201/J2
Maquoketa (río), Ia,EUA 201/J2
Maquoketa, North Fork (río), Ia,EUA 201/J2
Mar (mtñas.), Bras. 237/G3
Mar (río), China 136/D1
Mar (dist.), Es,R.U. 72/D2
Mara (prov.), Tan. 175/A2
Marabá, Bras. 230/D4
Maracá (isla), Bras. 230/D2
Maracaibo, Ven. 228/D2
Maracaibo (lago), Ven. 219/J4
Maracaju, Bras. 234/B4
Maracaju (mtñas.), Bras. 236/F2
Maracanã, Bras. 231/E3
Maracanaquará (mes.), Bras. 230/C3
Maracás, Bras. 235/E2
Maracay, Ven. 229/E2
Maracena, Esp. 94/D4
Marādah, Libia 170/C2
Maradi, Níger 169/G3
Maradi (dept.), Níger 169/G3
Maragheh, Irán 125/F2
Mārahra, India 140/B2
Marahuaca (pico), Ven. 229/E4
Maraira (pta.), Fil. 145/C1
Marais des Cygnes (río), Ks, Mo,EUA 199/G1
Marajó (bahía), Bras. 230/D3
Marajó (isla), Bras. 230/D3
Maralal, Kenia 175/B1
Maralal, Sanct. Nal., Kenia 175/B1
Maralinga-Tjarutja, T. Abor., Austl. 155/F4
Maramag, Fil. 145/D4
Marambaia (isla), Bras. 235/N8
Maramee (río), Mo,EUA 199/J2
Maramureș (con.), Rum. 111/F2
Marana, Az,EUA 195/G4
Marand, Irán 125/F2
Marang, Malay. 144/C1
Marangani, Perú 232/D4
Maranguape, Bras. 231/G3
Maranhão (est.), Bras. 234/D1
Maranhão (río), Bras. 234/C2
Marano (lag.), Ita. 105/G1
Maranoa (río), Austl. 156/C4
Marano di Napoli, Ita. 103/E6
Marañon (río), Perú 232/C2
Marano Vicentino, Ita. 105/E1
Marans, Fra. 92/C3
Maraoue, Parq. Nal., C.Marf. 168/D5
Marapanim, Bras. 230/E3
Marapi (pico), Indo. 144/C3
Maras (pico), Indo. 144/D3
Mărășești, Rum. 111/H3
Marathon, On,Can. 203/L3
Marathon, Fl,EUA 211/H5
Marathón, Gre. 109/H3
Marau, Bras. 237/F4
Maraulīānwāla, Pak. 142/B1
Maravatío de Ocampo, Méx. 217/E5
Maravilha, Bras. 237/F3
Maravillas, Bol. 233/E3
Marawi, Fil. 145/D3
Marayes, Argen. 236/C4
Marbach am Neckar, Ale. 88/C5
Marbella, Esp. 94/C4
Marble Bar, Austl. 154/C2
Marble (cañón), Az,EUA 195/G2
Marble Canyon, Az,EUA 195/G2
Marble Hill, Mo,EUA 208/C2
Marburg, Ale. 82/E3
Marburg (lago), Pa,EUA 212/B4
Marcal (río), Hun. 91/B4
Marcali, Hun. 110/C2
Marcallo, Ita. 104/B2
Marcapata, Perú 232/D4
Marca, Ponta da (pta.), Ang. 178/A3
Marcelino Ramos, Bras. 237/G3
Marcella, Ar,EUA 199/J3
Marcellina, Ita. 102/C3
March, Ing,R.U. 77/G1
Marchant (mtña.), N.Z. 160/J9
Marche (mtñas.), Fra. 92/D3
Marche (reg.), Ita. 105/F5
Marche-en-Famenne, Bél. 87/E3
Marchena (isla), Ecua. 232/J6
Marchena, Esp. 94/C4
Marchesato (valle), Ita. 101/C4
Marchfeld (reg.), Aus. 91/A3
Marchiennes-Ville, Fra. 86/C3
Marchin, Bél. 87/E3
Marchinbar (isla), Austl. 153/E2
Mar Chiquita (lago), Argen. 236/D4
March (Morava) (río), Aus. 91/A3
Marchtrenk, Aus. 89/H6
Marcianise, Ita. 103/E5
Marck, Fra. 86/A2
Marckolsheim, Fra. 98/D1
Marco, Bras. 231/F3
Marco (isla), Fl,EUA 211/H5
Marcon, Ita. 105/F1
Marcona, Perú 232/C4
Marconi (mtña.), CB,Can. 190/G2
Marconia, Ita. 101/C2
Marcos Juárez, Argen. 238/E2
Marcosli (río), CB,Can. 190/C1
Marcq-en-Baroeul, Fra. 86/C2
Marcus Baker (mtña.), Ak,EUA 215/J3
Marcy (mtña.), NY,EUA 207/K2
Mardakert, Azer. 115/H4
Mardan, Pak. 127/K2
Mar del Coral, Islas del (terr.), Austl. 151/H3
Mar del Norte (mar), R.U. 70/D3
Mar del Plata, Argen. 239/F3
Mardin, Tur. 124/E2
Mardin (prov.), Tur. 124/E2
Maré (isla), N.Cal. 159/W12
Marecchia (río), Ita. 105/F5
Marechal Candido Rondon, Bras. 234/B5
Marechal Deodoro, Bras. 235/G1
Mareeba, Austl. 156/B2
Maree, Loch (lago), Es,R.U. 72/A1
Mar Egeo (mar), Gre., Tur. 109/J3
Maremma (reg.), Ita. 102/B2
Marengo, Ia,EUA 201/H3
Marennes, Fra. 92/C4
Marfa, Tx,EUA 196/B2
Marfil (costa), C.Marf. 168/D5
Margalla Hills, Parq. Nal., Pak. 142/B1
Margao, India 138/B4
Margaret (pico), Austl. 154/C2
Margaret (río), Austl. 152/B4
Margaret River, Austl. 154/B5
Margarita (pico), Ca,EUA 214/C4
Margarita (isla), Ven. 229/F2
Margate, Fl,EUA 210/P7
Margate, Ing,R.U. 77/H4
Margate, Safr. 181/E3
Margate City, NJ,EUA 212/D5
Margeride (mtñas.), Fra. 92/E4
Margeta (cabo), Indo. 152/B2
Margherita di Savoia, Ita. 103/G5
Marghita, Rum. 110/F2
Margny-lès-Compiègne, Fra. 86/B5
Margo (des.), Afg. 127/H2
Margog Caka (lago), China 134/E5
Margosatubig, Fil. 145/C4
Margraten, P.B. 87/E2
Marguerite (bahía), Ant. 161/V
Marguilan, Uzb. 134/B3
Marhat (pico), Eslo. 91/B2
Mari, Bras. 231/H4
Mari (rep. aut.), Rusia 113/K4
Maria (isla), Austl. 153/D3
Maria (pico), Austl. 157/D4
Maria (isla), Pol.Fr. 159/K7
Maria Aurora, Fil. 145/C2
María Cleófas (isla), Méx. 216/D4
Maria da Fé, Bras. 235/L7
Mariāhū, India 140/D3
Maria I., Parq. Nal., Austl. 157/D4
María Juana, Argen. 238/E1
Marialva, Bras. 234/C4
María Madre (isla), Méx. 216/D4
María Magdalena (isla), Méx. 216/D4
Marian, Austl. 156/C3
Marianao, Cuba 219/F1
Marianas del Norte, E.U.A. 158/D3
Marianna, Ar,EUA 199/J3
Marianna, Fl,EUA 211/F2
Mariano Comense, Ita. 104/C1
Mariano I. Loza, Argen. 236/E4
Mariánské Lázně, R.Ch. 89/F3

292
Maria - Meat

Marias, Dry Fork (río), Mt,EUA ... 191/H3
Mariato (pta.), Pan. ... 219/F5
Maria van Diemen (cabo), N.Z. ... 160/C1
Ma'rib, Yemen ... 174/C2
Maribo, Din. ... 80/D4
Maribor, Esl. ... 110/B2
Maricá, Bras. ... 235/P7
Maricopa (mtñas.), Az,EUA ... 195/F4
Marié (río), Bras. ... 229/E5
Marie Byrd (reg.), Ant. .. 161/S
Marie-Galante (isla), Guad. ... 220/F4
Mariehamn, Fin. ... 81/H1
Marieholm, Sue. ... 81/U9
Mariel, Cuba ... 219/F1
Marienbad (Mariánské Lázne), Czh. ... 89/F3
Marienberg, Ale. ... 90/D6
Mariënburg, Suri. ... 230/C1
Marienheide, Ale. ... 85/E6
Mariental, Nam. ... 178/C5
Mariestad, Sue. ... 80/E2
Marietta, Ga,EUA ... 208/E4
Marietta, Oh,EUA ... 206/F5
Marietta, Ok,EUA ... 199/F4
Marigliano, Ita. ... 103/E6
Marignane, Fra. ... 100/B6
Marigny, Fra. ... 96/D2
Marigot, Dom. ... 220/F4
Marigot, Fra. ... 220/F3
Marihatag, Fil. ... 145/D3
Marikina, Fil. ... 145/F6
Marikina (río), Fil. ... 145/F6
Marilao, Fil. ... 145/E6
Marília, Bras. ... 234/C4
Mariluz, Bras. ... 237/F3
Marín, Esp. ... 94/A1
Marina, Ca,EUA ... 194/B2
Marina, Ita. ... 101/B3
Marina del Rey (puer.), Ca,EUA ... 214/F8
Marina di Andora, Ita. ... 104/B5
Marina di Camerota, Ita. ... 101/B3
Marina di Ginosa, Ita. . 101/C2
Marina di Gioiosa Ionica, Ita. ... 101/C6
Marina di Ravenna, Ita. ... 105/F4
Marina di Schiavonea, Ita. ... 101/C3
Marina di Vasto, Ita. ... 103/E3
Mar'ina Gorka, Bela. ... 81/N5
Marinduque (isla), Fil. . 145/C2
Marine Corps Logistics Base, Ca,EUA ... 194/D3
Marineland, Austl. ... 155/M8
Marineland of Florida, Fl,EUA ... 211/H3
Marin-Epagnier, Suiza . 98/D3
Marine, Rsv. Nal., Kenia ... 175/C2
Marinette, Wi,EUA ... 201/L1
Maringá, Bras. ... 234/C4
Maringa (río), D.R.Congo ... 177/E2
Marinha Grande, Por. ... 94/A3
Marinhas, Por. ... 94/A2
Marino, Ita. ... 102/C4
Marion (arcf.), Austl. ... 151/J3
Marion, Al,EUA ... 208/D4
Marion, Ar,EUA ... 208/B3
Marion, CN,EUA ... 209/F3
Marion, CS,EUA ... 209/H3
Marion (lago), CS,EUA ... 209/G4
Marion (lago), Fl,EUA . 211/H4
Marion, Il,EUA ... 201/K5
Marion, In,EUA ... 206/D4
Marion, Ks,EUA ... 199/F1
Marion (lago), Ks,EUA . 199/F1
Marion, Ky,EUA ... 208/C2
Marion, La,EUA ... 197/H1
Marion, Oh,EUA ... 206/E4
Marion, Va,EUA ... 209/G2
Maripa, Gua.Fr. ... 230/D2
Maripa, Ven. ... 229/E3
Maripasoula, Gua.Fr. .. 230/C2
Mariposa, Ca,EUA ... 194/C2
Mariposa (arb.), Ca,EUA ... 194/C2
Mariquita, Col. ... 231/L6
Mariscal Estigarribia, Par. ... 236/D2
Mariscal Sucre (aer.intl.), Ecua. ... 228/B5
Mārith, Tun. ... 167/H2
Marítimos, Alpes (mtñas.), Eur. ... 93/G4
Maritza (río), Bul., Tur. ... 111/G4
Mariupol, Ucr. ... 117/J4
Mārjamaa, Esto. ... 81/L2
Marj 'Uyūn, Líba. ... 123/D3
Mark (río), Bél. ... 84/B6
Markagunt (mes.), Ut,EUA ... 195/F2
Markakol (lago), Kaz. . 128/B2
Markam, China ... 136/C2
Marka (Merca), Som. . 175/D1
Markaryd, Sue. ... 80/E3
Markazī (gob.), Irán ... 125/G3
Markdorf, Ale. ... 99/F2
Marken (isla), P.B. ... 84/C4
Markerwaard (pólder), P.B. ... 84/C4
Market Harborough, Ing,R.U. ... 77/F2
Markgroningen, Ale. ... 88/C5
Markham, On,Can. ... 207/G3
Markham (bahía), Nun,Can. ... 187/J2
Markham (río), P.N.G. . 153/G1
Marki, Pol. ... 83/L2
Markit, China ... 134/C4
Markkleeberg, Ale. ... 90/C5
Markleeville, Ca,EUA . 194/C1
Markneukirchen, Ale. ... 89/F2
Markópoulon, Gre. ... 109/L7
Markounda, Cafr. ... 172/C4
Markova, Rusia ... 128/E1
Markovac, Serb. ... 110/E3
Markovka, Ucr. ... 117/K3
Markovo, Rusia ... 119/T3
Markranstädt, Ale. ... 90/C5
Marks, Ms,EUA ... 208/B3
Marks, Rusia ... 115/H2
Marksville, La,EUA ... 210/B2
Marktbreit, Ale. ... 88/D3
Markt Erlbach, Ale. ... 88/D4
Marktheidenfeld, Ale. .. 88/C3
Markt Indersdorf, Ale. .. 89/E6
Marktl, Ale. ... 89/F6
Marktoberdorf, Ale. ... 99/G2
Marktredwitz, Ale. ... 89/F3
Markt Rettenbach, Ale. 99/G2
Markt Schwaben, Ale. .. 89/E6
Mark Twain (lago), Mo,EUA ... 199/J1
Marl, Ale. ... 85/E5
Marla, Austl. ... 155/G3
Marlboro, NJ,EUA ... 213/D3
Marlborough, Austl. ... 156/C3
Marlborough, Ma,EUA ... 207/L3
Marlborough (reg.), N.Z. ... 160/C3
Marlborough, Ing,R.U. .. 77/E4
Marlenheim, Fra. ... 87/G6
Marles-les-Mines, Fra. ... 86/B3
Marlin, Tx,EUA ... 197/F2
Marling (Marlengo), Ita. ... 99/H4
Marlinton, VOcc,EUA . 209/G1
Marlow, Ale. ... 82/G1
Marlow, Ing,R.U. ... 77/F3
Marlton, NJ,EUA ... 212/D4
Marly, Fra. ... 86/C3
Marly-la-Ville, Fra. ... 71/T9
Marly-le-Roi, Fra. ... 71/S10
Marly-sur-Seille, Fra. ... 87/F5
Marmande, Fra. ... 92/D4
Mármara (isla), Tur. ... 111/H5
Mármara (mar), Tur. ... 124/A1
Marmaraereğlisi, Tur. 111/H5
Marmaris, Tur. ... 124/B2
Marmelos (río), Bras. . 230/A4
Marmion (lago), Austl. 154/D4
Marmion (lago), On,Can. ... 203/J3
Marmirolo, Ita. ... 105/D2
Marmolada (pico), Ita .. 93/J3
Marmolejo, Esp. ... 94/C3
Marmoles (río), Bras. .. 233/F2
Marmontana, Monte (pico), Ita. ... 99/F5
Marmot (pico), Mt,EUA ... 190/G4
Marnaz, Fra. ... 98/C5
Marne, Ale. ... 82/E2
Marne (dept.), Fra. ... 86/C6
Marne (río), Fra. ... 71/U10
Marne à la Saône (canal), Fra. ... 98/B3
Marne al Rhin, Canal de la (canal), Fra. ... 87/D6
Mar Negro (t.baja), Ucr. ... 116/E5
Marneuli, Geor. ... 115/H4
Maro (arcf.), Hi,EUA ... 159/H2
Maroa, Ven. ... 229/E4
Maroantsetra, Mad. ... 181/J6
Maro, Enneri (río seco), Chad ... 170/C5
Marokau (atolón), Pol.Fr. ... 159/L6
Marolambo, Mad. ... 165/G7
Maroldsweisach, Ale. .. 88/D2
Marolles-en-Hurepoix, Fra. ... 71/S11
Maromme, Fra. ... 97/G2
Maromokotro (pico), Mad. ... 181/J6
Marondera, Zim. ... 179/F3
Maroni (río), Gua.Fr., Suri. ... 229/H3
Maroochydore-Mooloolaba, Austl. ... 156/D4
Maroon (pico), Co,EUA ... 193/K4
Maroon Town, Jam. ... 219/G2
Marostica, Ita. ... 105/E1
Marotiri (Islas de Bass.) (islas), Pol.Fr. ... 159/L7
Marotta, Ita. ... 105/G5
Maroua, Cam. ... 172/B3
Marouini (río), Gua.Fr. 230/C2
Marouni (río), Gua.Fr. . 229/H4
Marovato, Mad. ... 181/J6
Marovoay, Mad. ... 165/G6
Marowijne (dist.), Suri. ... 229/H3
Marpingen, Ale. ... 87/G5
Marple, Ing,R.U. ... 75/F5
Marqên Gangri (pico), China ... 128/D5
Marquan (Damqog) (río), China ... 141/F1
Marquarie (río), Austl. 158/D8
Marquesas (cayos), Fl,EUA ... 211/G5
Marquesas (islas), Pol.Fr. ... 159/M5
Marquetalia, Col. ... 231/K6
Marquette, Mi,EUA ... 206/C1
Marquise, Fra. ... 86/A2
Marracuene, Moz. ... 179/G5
Marrah (pico), Sudán .. 172/E2
Marrah, Jabal (mtñas.), Sudán ... 172/E2
Marrakech, Marr. ... 166/D3
Mar Rojo (colinas), Sudán ... 171/H4
Marromeu, Moz. ... 179/G3
Marruecos ... 166/D2
Marrupa, Moz. ... 179/H2
Marsá al Burayqah, Libia ... 170/C2
Marsabit, Kenia ... 175/B1
Marsabit, Rsv. Nal., Kenia ... 174/A5
Marsala, Ita. ... 108/C4
Marsá Matrūḩ, Egip. ... 171/E2
Marsá Matrūḩ (gob.), Egip. ... 171/F2
Marsange (río), Fra. ... 71/U10
Marsannay-la-Côte, Fra. ... 98/A3
Marsberg, Ale. ... 85/F6
Marsciano, Ita. ... 102/C2
Marsden, Austl. ... 157/C2
Marsden, Ing,R.U. ... 75/G4
Marsdiep (canal), P.B. . 84/B3
Marseille au Rhône (canal), Fra. ... 100/A5
Marsella, Col. ... 231/K7
Marsella, Fra. ... 100/B6
Mar, Serro do (fars.), Bras. ... 234/D4
Marsh (isla), La,EUA ... 197/J3
Marsh (mtña.), Md,EUA ... 207/G5
Marsh (pico), Ut,EUA .. 193/J3
Marshall (río), Austl. ... 155/H2
Marshall, Ar,EUA ... 199/H3
Marshall, CN,EUA ... 209/F3
Marshall, Il,EUA ... 206/C5
Marshall, Mi,EUA ... 206/D3
Marshall, Mn,EUA ... 201/G1
Marshall, Mo,EUA ... 199/H1
Marshall, Tx,EUA ... 197/G1
Marshall (mtña.), Va,EUA ... 209/H1
Marshall, Libe. ... 168/C5
Marshall, Islas ... 158/G3
Marshallton, De,EUA .. 212/C4
Marshalltown, Ia,EUA 201/H2
Marshfield, Mo,EUA ... 199/H2
Marshfield, Wi,EUA ... 201/J1
Marsh Harbour, Bahm. ... 220/B1
Marsico Nuovo, Ita. ... 101/B2
Mars, Monte (pico), Ita. ... 104/A1
Märsta, Sue. ... 80/G2
Marsyandi (río), Nepal 140/E1
Marta, Ita. ... 102/B2
Marta (río), Ita. ... 102/B3
Martaban, Mya. ... 143/B2
Martaban (golfo), Mya. ... 143/B2
Martano (pico), Ita. ... 102/C2
Martapura, Indo. ... 144/D4
Martapura, Indo. ... 146/D4
Martelange, Bél. ... 87/E4
Martellago, Ita. ... 105/F1
Martensville, Sk,Can. . 202/A1
Marte R. Gomez, Méx. 216/C3
Martha's Vineyard (isla), Ma,EUA ... 204/B5
Martignano (lago), Ita. 102/C3
Martigné, Fra. ... 97/E4
Martigny, Suiza ... 98/D5
Martigues, Fra. ... 100/B6
Martin (pen.), Ant. ... 161/S
Martin, Eslo. ... 91/C1
Martin (lago), Al,EUA .. 208/E4
Martin, DS,EUA ... 200/D2
Martin (isla), Mi,EUA ... 203/L5
Martin, Tn,EUA ... 208/C2
Martina Franca, Ita. ... 108/E2
Martin Chico, Uru. ... 239/S12
Martinengo, Ita. ... 104/C1
Martínez, Ca,EUA ... 194/A1
Martinez, Ga,EUA ... 209/F4
Martínez de la Torre, Méx. ... 217/F4
Martínez del Tineo, Argen. ... 236/C2
Martinica (isla), Fra. ... 220/F4
Martinica (canal), West Indies ... 220/F4
Martinópole, Bras. ... 231/F3
Martins, Bras. ... 231/G4
Martinsburg, NY,EUA .. 207/J3
Martinsburg, VOcc,EUA ... 209/J1
Martinsicuro, Ita. ... 103/D2
Martins Mills, Tx,EUA 199/G4
Martinsville, In,EUA ... 206/C5
Martinsville, NJ,EUA . 212/D2
Martinsville, Va,EUA .. 209/H2
Martin Vaz (islas), Bras. ... 64/H7
Martley, Ing,R.U. ... 76/D2
Marton, N.Z. ... 160/C3
Martorell, Esp. ... 95/F2
Martos, Esp. ... 94/D4
Martuni, Arm. ... 115/H4
Marudi, Malay. ... 145/A4
Marugame, Japón ... 130/C3
Maruim, Bras. ... 235/F1
Maruko, Japón ... 131/F2
Marum, P.B. ... 84/D2
Marungu (mtñas.), D.R.Congo ... 177/G5
Maruoka, Japón ... 130/E2
Marutea (isla), Pol.Fr. 159/M7
Maruyama, Japón ... 131/H7
Marv Dasht, Irán ... 125/H4
Marvine (mtña.), Ut,EUA ... 193/H4
Marwayne, Ab,Can. ... 191/J1
Mary (río), Austl. ... 156/D4
Mary (lago), Ms,EUA .. 210/C2
Mary, Turk. ... 127/H1
Maryborough, Austl. ... 156/D4
Maryborough, Austl. ... 157/B3
Maryfield, Sk,Can. ... 202/D3
Maryland (est.), E.U.A. 189/L4
Maryland (con.), Libe. . 168/C5
Marystown, Tnva,Can. ... 205/K2
Marysville, Ca,EUA ... 192/C4
Marysville, Ks,EUA ... 199/F1
Marysville, Oh,EUA ... 206/E4
Maryville, Mo,EUA ... 201/G3
Maryville, Tn,EUA ... 208/F3
Marzano (pico), Ita. ... 103/F6
Marzo (pta.), Col. ... 228/B3
Marzo, 18 de, Méx. ... 217/F3
Marzūq, Libia ... 170/B3
Marzūq, Hamādat (alt.), Libia ... 170/B3
Marzūq, Ḩamadāt (mes.), Libia ... 167/H4
Marzūq, Ṣaḩrā (des.), Libia ... 170/B3
Masabit, Rsv. Nal., Kenia ... 175/B1
Masada (Ḩorvot Meẕada) (ruinas), Isr. ... 123/D4
Masagan (río seco), Som. ... 174/C3
Masai (prad.), Tan. ... 175/B3
Masai Mara, Rsv. Nal., Kenia ... 175/A2
Masaka, Uga. ... 177/G3
Masalembu Besar (isla), Indo. ... 144/F4
Masally, Azer. ... 115/J5
Masamagrell, Esp. ... 95/E3
Masamba, Indo. ... 147/F4
Masan, Cor.S. ... 133/E5
Masangwe (colina), Tan. ... 177/G4
Masaola (pen.), Mad. .. 181/J6
Masaví, Bol. ... 236/D1
Masaya, Nic. ... 218/E4
Masbate, Fil. ... 145/C2
Mascara, Arg. ... 165/R16
Mascara (wilaya), Arg. ... 165/R16
Mascareñas (islas), Mau., Reun. ... 181/S15
Mascate (cap.), Omán. ... 127/G4
Mascota, Méx. ... 216/D4
Mascouche, Qu,Can. .. 205/N6
Masela (isla), Indo. ... 152/C2
Maselheim, Ale. ... 88/C6
Maserà di Padova, Ita. ... 105/E2
Maseru (cap.), Les. ... 180/D3
Masevaux, Fra. ... 98/D2
Masfjorden, Nor. ... 80/A1
Mashad, Irán ... 122/E6
Mashan, China ... 139/J3
Mashevka, Ucr. ... 117/H3
Mashhad, Irán ... 127/G1
Mashike, Japón ... 132/B2
Māshkel, Hāmūn-i- (lago), Pak. ... 127/H3
Māshkīd (río), Irán ... 127/H3
Mashonaland Central (prov.), Zim. ... 179/F3
Mashonaland Este (prov.), Zim. ... 179/F3
Mashonaland Oeste (prov.), Zim. ... 179/F3
Mashtaga, Azer. ... 115/J4
Mashtūl as Sūq, Egip. . 123/B4
Mashu (lago), Japón .. 132/D2
Masiaca, Méx. ... 216/C3
Maside, Esp. ... 94/A1
Masīlah, Wādī al (río seco), Yemen ... 174/D2
Masim (pico), Rusia ... 115/L1
Masindi, Uga. ... 177/G2
Masinloc, Fil. ... 145/B2
Masira (golfo), Omán .. 127/G5
Masira (isla), Omán ... 122/E7
Maşīrah (isla), Omán .. 127/G4
Masis, Arm. ... 115/H5
Masisea, Perú ... 232/C3
Masjed Soleyman, Irán ... 125/G4
Masjid Raya (Great Mosque), Indo. ... 144/B2
Maskalls, Beli. ... 217/H5
Maskan, Ras (cabo), Som. ... 174/B3
Masker, Jebel (mtña.), Marr. ... 166/D2
Mask, Lough (lago), Irl. 78/A2
Måsnaren (lago), Sue. .. 81/R7
Masoala (cabo), Mad. 181/J6
Masoarivo, Mad. ... 181/H7
Mason, Mi,EUA ... 206/D3
Mason, Oh,EUA ... 206/D5
Mason, Tx,EUA ... 196/E2
Masonboro, CN,EUA ... 209/J3
Mason City, Ia,EUA ... 201/H2
Masone, Ita. ... 104/B3
Maspalomas, Cana.,Esp. ... 95/X17
Masquefa, Esp. ... 95/K6
Massa, Ita. ... 104/D4
Massa-Carrara (prov.), Ita. ... 104/D4
Massachusetts (est.), E.U.A. ... 189/M3
Massachusetts (bahía), Ma,EUA ... 204/B4
Massaciuccoli (lago), Ita. ... 104/D5
Massa Finalese, Ita. ... 105/E3
Massa Fiscaglia, Ita. ... 105/F3
Massafra, Ita. ... 108/E2
Massa Lombarda, Ita. . 105/E4
Massa Lubrense, Ita. ... 103/E6
Massa Marittima, Ita. . 102/A1
Massangena, Moz. ... 179/G4
Massapê, Bras. ... 231/F3
Massapequa, NY,EUA . 213/E2
Massapequa Park, NY,EUA ... 213/M9
Massarosa, Ita. ... 104/D5
Massbach, Ale. ... 88/D2
Massena, NY,EUA ... 207/J2
Masset, CB,Can. ... 215/M5
Massey (bahía), Nun,Can. ... 187/S7
Massey (estr.), Md,EUA ... 212/C5
Massillon, Oh,EUA ... 206/F4
Massinga, Moz. ... 179/G4
Masson (isla), Ant. ... 161/G
Massy, Fra. ... 71/S10
Mastadon (mtña.), Id,EUA ... 190/G4
Masterton, N.Z. ... 160/C3
Mastgat (canal), P.B. ... 84/B5
Mastic, NY,EUA ... 213/F2
Mastic Beach, NY,EUA ... 213/F2
Mastnik (río), R.Ch. ... 89/H3
Mastung, Pak. ... 127/J3
Masuda, Japón ... 130/B3
Masurai (pico), Indo. .. 144/C3
Masvingo, Zim. ... 179/F4
Masvingo (prov.), Zim. ... 179/F4
Maswa, Rsv. de Casa, Tan. ... 175/A2
Maşyāf, Siria ... 123/E2
Mat (río), Alb. ... 109/F2
Matabeleland Norte (prov.), Zim. ... 179/E3
Matabeleland Sur (prov.), Zim. ... 179/F4
Mata Bia (pico), Indo. . 152/B2
Mata de Guanábana, Ven. ... 228/D3
Matadi (Gombe), D.R.Congo ... 176/C4
Mataga (pozo), Chad ... 172/C1
Matagalpa, Nic. ... 218/E3
Matagalpa, Rio Grande de (río), Nic. ... 219/E3
Matagorda (bahía), Tx,EUA ... 197/F3
Matagorda (isla), Tx,EUA ... 197/F3
Matagorda (pen.), Tx,EUA ... 197/G3
Mata Grande, Bras. ... 235/F1
Matak (isla), Indo. ... 144/D2
Matale, Sr.L. ... 138/D6
Matam, Sen. ... 168/B3
Matamoros, Méx. ... 216/E3
Matamoros, Méx. ... 197/F5
Matancilla, Chile ... 238/C1
Matandu (río), Tan. ... 175/B4
Matane, Qu,Can. ... 204/D1
Matane (río), Qu,Can. . 204/D1
Matanzas, Cuba ... 219/F1
Matão, Bras. ... 234/C4
Matape (río), Méx. ... 216/C2
Mata, Punta de, Ven. ... 229/F2
Mataquito (río), Chile .. 238/C2
Matara (ruinas), Egip. . 126/C6
Matara, Eri. ... 174/A2
Matara, Sr.L. ... 138/D6
Mataram, Indo. ... 144/G5
Matarani, Perú ... 232/C5
Mataró, Esp. ... 95/G2
Matatiele, Safr. ... 180/E3
Mataura, N.Z. ... 160/B4
Mataura (río), N.Z. ... 160/B4
Mataura, Pol.Fr. ... 159/L7
Mata Utu, Wall. ... 158/H6
Matawai, N.Z. ... 160/D2
Matawin (río), Qu,Can. ... 204/A2
Matay, Kaz. ... 115/L3
Mateguá, Bol. ... 233/F4
Matehuala, Méx. ... 217/E4
Mateke (colinas), Zim. 179/F4
Matelândia, Bras. ... 237/F3
Matelica, Ita. ... 102/D1
Matera, Ita. ... 108/E2
Matera (prov.), Ita. ... 101/C2
Matese (lago), Ita. ... 103/E5
Matese (mtñas.), Ita. ... 103/E4
Mátészalka, Hun. ... 110/F2
Matheniko, Rsv. de Casa, Uga. ... 175/A1
Mathew (pico), Kenia . 175/B1
Mathews (lago), Ca,EUA ... 214/C3
Mathews, Va,EUA ... 209/J2
Mathi, Ita. ... 104/A2
Mathoura, Austl. ... 157/C2
Mathura, India ... 140/A2
Mati, Fil. ... 145/D4
Matias Barbosa, Bras. 235/E4
Matias Olímpio, Bras. . 231/F3
Matías Romero, Méx. . 218/C2
Matiguas, Nic. ... 219/E3
Matinha, Bras. ... 231/E4
Matinicock (pta.), NY,EUA ... 213/E2
Matiyuri (río), Ven. ... 228/D3
Mātla (río), India ... 141/G4
Matlock, Ing,R.U. ... 75/G5
Matobo (Matopos), Parq. Nal., Zim. ... 179/F4
Matões, Bras. ... 231/F4
Mato Grosso, Bras. ... 233/G4
Mato Grosso (est.), Bras. ... 233/G4
Mato Grosso (mes.), Bras. ... 234/A2
Mato Grosso do Sul (est.), Bras. ... 234/B4
Mato Grosso, Planalto de (mes.), Bras. ... 226/D4
Matopos, Zim. ... 179/F4
Matopos (Matobo), Parq. Nal., Zim. ... 179/F4
Matosinhos, Por. ... 94/A2
Matoury, Gua.Fr. ... 230/C1
Matouti (pta.), Gabón . 176/B3
Mato Verde, Bras. ... 235/E2
Maţraḩ, Omán ... 127/G4
Matrei in Osttirol, Aus. . 93/K3
Matriz de Camaragibe, Bras. ... 231/H5
Matroosberg (pico), Safr. ... 180/B4
Matsalu (golfo) ... 81/K2
Matsiatra (río), Mad. .. 181/H8
Matsqui, CB,Can. ... 190/C3
Matsubara, Japón ... 131/L10
Matsubushi, Japón ... 131/H7
Matsuda, Japón ... 131/H7
Matsudo, Japón ... 131/H7
Matsue, Japón ... 130/C3
Matsumae, Japón ... 132/B3
Matsumoto, Japón ... 131/E2
Matsusaka, Japón ... 130/E3
Matsushima, Japón ... 131/G1
Matsutō, Japón ... 130/E2
Matsuyama, Japón ... 130/C4
Mattamuskeet (lago), CN,EUA ... 209/J3
Mattancheri, India ... 142/F4
Mattaponi (río), Va,EUA ... 209/J2
Mattawa, On,Can. ... 207/G1
Mattawamkeag, Me,EUA ... 204/C3
Matterhorn (pico), Ita., Suiza ... 98/D6
Mattersburg, Aus. ... 91/A4
Mattertal (valle), Suiza . 98/D5
Matthews (mtña.), Ak,EUA ... 215/H2
Matthews, CN,EUA ... 209/G3
Matthews (mtña.), N.Z. ... 160/J9
Mattie (lago), Fl,EUA .. 210/M7
Mattig (río), Aus. ... 89/G6
Mattighofen, Aus. ... 89/G6
Mattinata, Ita. ... 103/G4
Mattmarksee (lago), Suiza ... 98/E5
Mattō, Japón ... 130/E2
Mattock (río), Irl. ... 74/B4
Mattoon, Il,EUA ... 201/K4
Matucana, Perú ... 232/B3
Matumbla (mtña.), NY,EUA ... 207/J2
Matundwe (mts.), Mal., Moz. ... 179/G3
Maturín, Ven. ... 229/F2
Matusadona, Parq. Nal., Zim. ... 179/F3
Matutum (mtña.), Fil. ... 145/D4
Matveyev Kurgan, Rusia ... 117/K4
Maú (río), Guy., Ven. ... 229/G3
Mau, India ... 140/C3
Mau, India ... 140/C4
Mau (pico), Kenia ... 175/A2
Maúa, Moz. ... 179/H2
Maubeuge, Fra. ... 86/C3
Ma-ubin, Mya. ... 136/B5
Mauchline, Es,R.U. ... 72/B5
Maud (pta.), Austl. ... 154/B2
Maudaha, India ... 140/C3
Mau-é-Ele, Moz. ... 179/G5
Mauês, Bras. ... 230/B3
Mauês Açu (río), Bras. ... 230/B4
Maug (islas), Mar.N. ... 158/D3
Maughold Head (pta.), IM,R.U. ... 74/D3
Mauguio, Fra. ... 92/F5
Mauherslieve (mtña.), Irl. ... 78/B4
Maui (isla), Hi,EUA ... 159/K2
Mauk, Rusia ... 113/P5
Mauke (isla), Cook ... 159/K7
Maulbronn, Ale. ... 88/B5
Mauldre (río), Fra. ... 86/A6
Maule (reg.), Chile ... 238/B2
Maule (río), Chile ... 238/C1
Maule, Fra. ... 97/G2
Mauléon, Fra. ... 92/C3
Maullín, Chile ... 238/B4
Mau (Maunath Bhanjan), India ... 140/D3
Maumee, Oh,EUA ... 206/E4
Maumee (río), Oh,EUA 206/D4
Maumtrasna (mtña.), Irl. ... 78/A2
Maun, Bots. ... 178/D3
Mauna Kea (pico), Hi,EUA ... 188/U11
Mauna Loa (pico), Hi,EUA ... 188/U11
Maunath Bhanjan (Mau), India ... 140/D3
Maungaturoto, N.Z. ... 160/C2
Maungdaw, Mya. ... 136/B4
Maupiti (isla), Pol.Fr. ... 159/K6
Maur, India ... 142/C2
Maur, Suiza ... 99/E3
Mau Rānīpur, India ... 140/B3
Maurecourt, Fra. ... 71/S10
Maurepas (lago), La,EUA ... 210/C2
Maurepas, Fra. ... 86/A6
Maures (mtñas.), Fra. .. 100/C6
Mauriac, Fra. ... 92/E4
Maurice (lago), Austl. . 155/F4
Maurice (río), NJ,EUA 212/C5
Maurice Cortier (ruinas), Arg. ... 167/F5
Mauricie, Parq. Nal., Qu,Can. ... 187/J4
Mauricio ... 181/S15
Maurienne (valle), Fra. ... 100/C2
Mauritânia, Bras. ... 234/C3
Mauritania ... 164/A3
Mauriti, Bras. ... 231/G4
Mauro (pico), Ita. ... 103/E4
Mauron, Fra. ... 96/C4
Mauston, Wi,EUA ... 201/J2
Mauthausen, Aus. ... 89/H6
Māvelikara, India ... 142/F4
Maverick, Az,EUA ... 195/H4
Mavila, Perú ... 232/D3
Mavis (arcf.), Austl. ... 152/A3
Mavrovo, Parq. Nal., Mace. ... 110/E5
Mavuradonha (mtñas.), Zim. ... 179/F3
Maw (pta.), CN,EUA ... 209/J3
Mawāna Khurd, India . 140/A1
Mawei, China ... 137/E3
Mawkmai, Mya. ... 136/C4
Mawlaik, Mya. ... 136/B4
Mawlu, Mya. ... 139/G3
Mawson, Ant. ... 161/E
Mawson (costa), Ant. ... 161/D
Maxaranguape, Bras. 231/H4
Maxcanú, Méx. ... 217/H4
Maxéville, Fra. ... 87/F6
Maxhütte-Haidhof, Ale. 89/F4
Maxixe, Moz. ... 179/G4
Maxwell, NM,EUA ... 198/B2
May (cabo), NJ,EUA .. 189/M4
May (isla), Es,R.U. ... 72/D4
Maya (mtñas.), Beli., Gua. ... 218/D2
Maya (isla), Indo. ... 146/C4
Mayaguana (isla), Bahm. ... 220/C2
Mayaguana Passage (canal), Bahm. ... 220/C2
Mayagüez, P.Rico ... 221/B6
Mayakovskiy, Geor. ... 115/G4
Mayakovskogo (pico), Tay. ... 127/K1
Mayakovskogo, Pik (pico), Tay. ... 134/B4
Mayang, China ... 139/J2
Mayarí, Cuba ... 219/H1
Maya-san (pico), Japón ... 131/L10
Maybole, Es,R.U. ... 72/B6
Maydān, Irak ... 125/F3
Maydolong, Fil. ... 145/D3
Mayen, Ale. ... 87/G3
Mayenne, Fra. ... 97/E4
Mayenne (dept.), Fra. ... 97/E4
Mayenne (río), Fra. ... 97/E3
Mayer, Mn,EUA ... 203/N7
Mayersville, Ms,EUA . 208/B4
Mayfield, Ky,EUA ... 208/C2
Mayfield, Es,R.U. ... 72/C5
Maykain, Kaz. ... 134/C1
Maymyo, Mya. ... 136/C4
Mayna, Rusia ... 115/H1
Maynardville, Tn,EUA . 208/F2
Maynooth, Irl. ... 78/D3
Mayo (río), Argen. ... 238/C5
Mayo, Yk,Can. ... 215/L3
Mayo (emb.), CN,EUA . 209/H2
Mayo, Fl,EUA ... 211/G2
Mayo, Irl. ... 78/A2
Mayo (con.), Irl. ... 78/A2
Mayo (río), Méx. ... 216/C3
Mayo-Kébbi (pref.), Chad ... 172/B3
Mayo Kébi (río), Cafr., Chad ... 172/B3
Mayo Mayo, Bol. ... 233/E4
Mayon (vol.), Fil. ... 145/C2
Mayor (cabo), Esp. ... 94/D1
Mayor Pablo Lagerenza, Par. ... 236/D1
Mayotte (isla), Fra. ... 164/G6
Mayotte (terr.), Fra. ... 181/H6
Mayoworth, Wy,EUA .. 200/A2
Mayoyao, Fil. ... 145/C1
May Pen, Jam. ... 219/G2
Maysān (gob.), Irak ... 125/F4
Mayskiy, Rusia ... 129/K1
Mayskiy, Rusia ... 115/H4
Mayskiy, Rusia ... 117/L4
Mays Landing, NJ,EUA ... 212/D5
Maysville, Ky,EUA ... 208/F1
Maysville, Mo,EUA ... 201/G4
Maythalūn, Cisj. ... 123/G7
Mayuram, India ... 142/G3
Mayville, NY,EUA ... 207/G3
Maywood, Ca,EUA ... 214/F8
Mazabuka, Zam. ... 179/E2
Mazagão, Bras. ... 230/D3
Mazama, Wa,EUA ... 190/D3
Mazamet, Fra. ... 92/E5
Mazan, Fra. ... 100/B4
Mazán, Perú ... 232/C1
Mazandaran (gob.), Irán ... 125/H2
Mazara (valle), Ita. ... 108/C4
Mazara del Vallo, Ita. . 108/C4
Mazaricos, Esp. ... 94/A1
Mazarrón, Esp. ... 94/E4
Mazar-Sharif, Afg. ... 127/J1
Mazaruni (río), Guy. ... 229/G3
Mazatán, Méx. ... 216/C2
Mazatenango, Gua. ... 218/D3
Mazatlán, Méx. ... 216/D4
Mazatzal (mtñas.), Az,EUA ... 195/G3
Mazatzal (pico), Az,EUA ... 195/G3
Mazé, Fra. ... 97/E6
Mažeikiai, Lit. ... 81/K3
Mazeppa, Parq. Nal., Austl. ... 156/B3
Mazgirt, Tur. ... 124/D2
Mazingarbe, Fra. ... 86/B3
Mazirbe, Let. ... 81/K3
Mazocruz, Perú ... 232/D5
Mazong (pico), China .. 128/D3
Mazowe (río), Zim. ... 179/F3
Mazsalaca, Let. ... 81/L3
Mazury (reg.), Pol. ... 83/L2
Māzūz, Ma'ţan (pozo), Libia ... 170/D2
Mbabala, Zam. ... 179/E3
Mbabala (isla), Zam. ... 177/G5
Mbabane (cap.), Swaz. ... 181/E2
Mbabo (pico), Cam. ... 172/B4
Mbaére (río), Cafr. ... 172/C4
Mbaïki, Cafr. ... 176/D2
Mbakaou (lago), Cam. 172/B4
Mbala, Zam. ... 177/G5
Mbale, Uga. ... 177/H2
Mbalmayo, Cam. ... 172/A5
Mbam (río), Cam. ... 169/H5
Mbam, Massif du (pico), Cam. ... 172/A4
Mbam Minkoum (pico), Cam. ... 172/A5
Mbandaka, D.R.Congo ... 176/D2
Mbanga, Cam. ... 176/B1
Mbanio (lag.), Gabón .. 176/B3
Mbanza Congo, Ang. ... 176/C4
Mbaranganda (río), Tan. ... 175/B4
Mbarara, Uga. ... 177/G3
Mbari (río), Cafr. ... 172/D4
Mbata, Cafr. ... 172/C5
Mbengga (isla), Fidji .. 159/Y18
Mbeya, Tan. ... 175/A4
Mbeya (mts.), Tan. ... 175/A4
Mbeya (pico), Tan. ... 175/A4
Mbeya (prov.), Tan. ... 175/A3
Mbeya (reg.), Tan. ... 177/H4
Mbeya, Zam. ... 179/G1
Mbiì, Cafr. ... 172/D4
Mbini, Gui.Ec. ... 176/B2
Mbini (río), Gui.Ec. ... 176/B2
Mboki, Cafr. ... 173/E4
Mbomou (pref.), Cafr. . 172/D4
Mbomou (río), Cafr. ... 173/E4
Mbonda (pta.), Gui.Ec. 176/B2
Mboune, Vallée du (uadi), Sen. ... 168/B3
M'Bour, Sen. ... 168/A3
Mbres, Cafr. ... 172/C4
Mbuji-Mayi, D.R.Congo ... 177/E4
Mburucuyá, Argen. ... 236/E4
Mbuyapey, Par. ... 237/E3
Mbwemburu (río), Tan. ... 175/B4
McAfee-Candler, Ga,EUA ... 209/M7
McAlester, Ok,EUA ... 199/G3
McAlister, NM,EUA ... 198/C3
McAllen, Tx,EUA ... 197/E4
McArthur, Oh,EUA ... 206/E5
McBride, CB,Can. ... 190/D1
McCaslin (mtña.), Wi,EUA ... 203/K5
McClanahan, Tx,EUA .. 197/F2
McClave, Co,EUA ... 198/C1
McClellanville, CS,EUA ... 209/H4
McCloud (río), Ca,EUA ... 192/B3
McClusky, DN,EUA ... 202/D4
McComb, Ms,EUA ... 210/C2
McConaughy, C.W. (lago), Ne,EUA ... 200/D3
McConnellsburg, Pa,EUA ... 207/H5
McConnelsville, Oh,EUA ... 206/F5
McCook, Ne,EUA ... 200/D3
McCook, Tx,EUA ... 197/E4
McCormick, CS,EUA .. 209/F4
McCoy (pta.), NB,Can. 204/E3
McCrory, Ar,EUA ... 199/J3
McCullough, Al,EUA .. 210/E2
McCune, Ks,EUA ... 199/G2
McDonald(islas), Austl. ... 65/N8
McDonald (mtña.), Ak,EUA ... 215/F3
McDonald, NM,EUA ... 198/C4
McDonald Observatory, Tx,EUA ... 196/B2
McDonnell (pico), Austl. ... 155/H5
McDonough, Ga,EUA .. 208/E4
McDonough, Ga,EUA . 209/M8
McGee Creek (lago), Ok,EUA ... 199/G3
McGehee, Ar,EUA ... 208/B4
McHenry, Il,EUA ... 206/B3
Mchinji, Mal. ... 179/G2
McIvern (lago), Ks,EUA ... 199/G1
McKean (isla), Kir. ... 159/H5
McKeand (río), Nun,Can. ... 187/K2
McKee, Ky,EUA ... 208/F2
McKeesport, Pa,EUA . 207/G4
McKenzie (río), Or,EUA ... 192/B1
McKinlay, Austl. ... 155/J2
McKinley (mtña.), Ak,EUA ... 215/H3
McKinleyville, Ca,EUA ... 192/A3
McKinney (br.p.), La, Tx,EUA ... 199/G4
McKinney, Tx,EUA ... 197/F1
McKinney (mtña.), Tx,EUA ... 196/C3
McLaren Creek, T. Abor., Austl. ... 155/G2
McLean (mtña.), Me,EUA ... 204/C2
McLean, Va,EUA ... 212/A6
McLeansboro, Il,EUA .. 208/C1
McLeod (lago), Austl. . 150/A4
McLeod (río), Ab,Can. . 190/F1
McLeod (bahía), TNO,Can. ... 186/E2
M'Clintock (canal), Nun,Can. ... 186/F1
McLoughlin (mtña.), Or,EUA ... 192/B2
M'Clure (estr.), Nun,Can. ... 187/Q7
McMinnville, Or,EUA . 192/B1
McMinnville, Tn,EUA . 208/E3
McMurdo, Ant. ... 161/M
McNeal, Az,EUA ... 195/H5
McPhee (emb.), Co,EUA ... 195/H2
McPherson, Ks,EUA ... 199/F1
Mê (río), China ... 128/E5
Mead (lago), Az, Nv,EUA ... 194/E2
Meade (río), Ak,EUA .. 215/G2
Meade, Ks,EUA ... 198/D2
Meadow Lake, Sk,Can. ... 186/F3
Meadowlands Sports Complex, NJ,EUA ... 213/J8
Meadville, Ms,EUA ... 208/B5
Meadville, Pa,EUA ... 206/F4
Meaford, On,Can. ... 206/F2
Me-akan-dake (mtña.), Japón ... 132/C2
Mealagh (río), Irl. ... 78/A6
Mealhada, Por. ... 94/A2
Meall a' Bhuiridh (mtña.), Es,R.U. ... 72/B3
Meall Buidhe (mtña.), Es,R.U. ... 72/B3
Meall Dearg (mtña.), Es,R.U. ... 72/C3
Meall Dubh (mtña.), Es,R.U. ... 72/B2
Meall nam Fuaran (mtña.), Es,R.U. ... 72/C4
Meall Tairneachan (mtña.), Es,R.U. ... 72/C3
Mearim (río), Bras. ... 231/E4
Mearns, Howe of the (dist.), Es,R.U. ... 72/D3
Meat (mtña.), Ak,EUA .. 215/F2

Meath – Milil
293

Meath (con.), Irl. ... 78/D2
Meath Park, Sk,Can. ... 191/M1
Meaux, Fra. ... 71/U10
Mebenda (pico), Gabón ... 176/B3
Mebridege (río), Ang. ... 176/C4
Mebulu (cabo), Indo. ... 144/F5
Mecca (Makkah), Ar.S. ... 126/C4
Mechanicsville, Va,EUA ... 209/J2
Mechant (lago), La,EUA ... 210/C3
Mechelen (Malines), Bél. ... 86/D1
Mecheria, Arg. ... 167/E2
Mechi (zona), Nepal ... 141/F2
Mecidiye, Tur. ... 111/H5
Mecitözü, Tur. ... 124/C1
Meckenbeuren, Ale. ... 99/F2
Meckenheim, Ale. ... 87/G2
Mecklenburgo (golfo), Ale. ... 80/D4
Meconta, Moz. ... 179/H2
Mecoya, Bol. ... 236/C2
Mecsek (mtñas.), Hun. ... 107/H1
Mecuburi (río), Moz. ... 179/H2
Mecúfi, Moz. ... 179/J2
Mecuia (pico), Moz. ... 179/G2
Mecula, Moz. ... 179/H2
Meda, Ita. ... 104/C1
Medak, India ... 138/C4
Medan, Indo. ... 144/B2
Medang (cabo), Indo. ... 144/C2
Médanos, Argen. ... 238/E3
Medanosa (pta.), Argen. ... 239/L7
Médanos de Coro, Parq. Nal., Ven. ... 228/D2
Médéa (wilaya), Arg. ... 165/S15
Medebach, Ale. ... 85/F6
Medeiros Neto, Bras. ... 235/E3
Medellín, Col. ... 228/C3
Mede Lomellina, Ita. ... 104/B2
Medel, Piz (pico), Suiza ... 99/E4
Medemblik, P.B. ... 84/C3
Meden (río), Ing,R.U. ... 75/G5
Mèdes, Cap de (cabo), Fra. ... 100/C6
Medetsiz (pico), Tur. ... 124/C2
Medford, NY,EUA ... 213/F2
Medford, Ok,EUA ... 199/F2
Medford, Or,EUA ... 192/B2
Medford, Wi,EUA ... 201/J1
Medgidia, Rum. ... 111/J3
Media, Pa,EUA ... 212/C4
Media Agua, Argen. ... 238/C1
Medianeira, Bras. ... 237/F3
Mediaş, Rum. ... 111/G2
Medicine (río), Ab,Can. ... 191/G1
Medicine (lago), Mt,EUA ... 191/M3
Medicine Bow (mtñas.), Co, Wy,EUA ... 193/K3
Medicine Bow (pico), Wy,EUA ... 200/A3
Medicine Bow (río), Wy,EUA ... 193/K2
Medicine Hat, Ab,Can. ... 191/J2
Medicine Lodge, Ks,EUA ... 199/E2
Medicine Lodge (río), Ks, Ok,EUA ... 198/E2
Medina, Col. ... 228/C3
Medina, Oh,EUA ... 206/F4
Medina (río), Tx,EUA ... 197/E3
Medina (río), Ing,R.U. ... 77/E5
Medina (Al Madīnah), Ar.S. ... 126/C4
Medina del Campo, Esp. ... 94/C2
Medina de Pomar, Esp. ... 94/D1
Medina de Rioseco, Esp. ... 94/C2
Medina-Sidonia, Esp. ... 94/C4
Medininkai, Lit. ... 81/L4
Medinipur, India ... 141/F4
Medio (lago), Ca,EUA ... 192/C3
Mediodía, Col. ... 228/C5
Mediterráneo (mar) ... 65/K4
Mednogorsk, Rusia ... 115/L2
Medolla, Ita. ... 105/E3
Medora, DN,EUA ... 202/C4
Medveditsa (río), Rusia ... 117/M3
Medveditsa, Gora (río), Rusia ... 115/H2
Medvedovskaya, Rusia ... 117/K5
Medvezhi (islas), Rusia ... 119/S2
Medvezh'yegorsk, Rusia ... 112/G3
Medvode, Esl. ... 110/B2
Medway, Me,EUA ... 204/C3
Medway (río), Ing,R.U. ... 71/P8
Medzilaborce, Eslo. ... 116/A3
Meekatharra, Austl. ... 154/C3
Meeker, Co,EUA ... 193/K3
Meelpaeg (lago), Tnva,Can. ... 205/J1
Meerane, Ale. ... 90/C6
Meerbach (río), Ale. ... 85/G3
Meerbusch, Ale. ... 84/D6
Meerhout, Bél. ... 87/E1
Meersburg, Ale. ... 99/F2
Meerssen, P.B. ... 87/E2
Meerut, India ... 140/A1
Meese (río), Ing,R.U. ... 77/E1
Megálon Khoríon, Gre. ... 124/A2
Megalópolis, Gre. ... 109/H4
Meganom (cabo), Ucr. ... 117/H5
Megantic (mtña.), Qu,Can. ... 204/B3
Mégara, Gre. ... 109/H3
Megève, Fra. ... 98/C6
Megezez (pico), Eti. ... 174/A3
Meghalaya (est.), India ... 141/H3
Meghna (río), Bang. ... 141/H4
Megiddo, Isr. ... 123/G6
Megiddo (ruinas), Isr. ... 123/G6
Megista (isla), Gre. ... 123/A1
Mehaigne (río), Bél. ... 87/E2
Mehamn, Nor. ... 79/H1
Meharry (mtña.), Austl. ... 154/C2
Mehdia, Arg. ... 165/R16
Mehe (río), Ale. ... 85/G1
Mehedinţi (con.), Rum. ... 116/B5
Meherrin (río), CN, Va,EUA ... 209/H2
Mehikoorma, Esto. ... 81/M2
Mehkar, India ... 138/C3
Mehlingen, Ale. ... 88/A4
Mehrān (río), Irán ... 125/H5
Mehriz, Irán ... 125/H4
Mehsāna, India ... 138/B3
Mei (río), China ... 137/G4
Meia Ponte (río), Bras. ... 237/G1
Meiganga, Cam. ... 172/B4
Meighen (isla), Nun,Can. ... 187/R6
Meigu, China ... 139/H2
Meihekou, China ... 129/K3
Meikle Bin (mtña.), Es,R.U. ... 72/B4
Meikle Says Law (mtña.), Es,R.U. ... 72/D5
Meiktila, Mya. ... 136/B4
Meilen, Suiza ... 99/E3
Meine, Ale. ... 85/H4
Meinersen, Ale. ... 85/H4
Meinerzhagen, Ale. ... 85/E6
Meiningen, Ale. ... 88/D1
Meiringen, Suiza ... 98/E4
Meishan, China ... 136/D2
Meishan, China ... 137/H3
Meishan (emb.), China ... 135/C5
Meissen, Ale. ... 90/D5
Meissner (pico), Ale. ... 85/G6
Meitingen, Ale. ... 88/D5
Meiwa, Japón ... 131/M10
Meizhou, China ... 137/H3
Mejaniga, Ita. ... 105/E2
Mejaouda (pozo), Maur. ... 166/D5
Mejillones, Chile ... 236/B2
Mek'elē, Eti. ... 174/A2
Mekines, Marr. ... 165/M14
Mekong (río), Asia ... 143/D4
Mekong, Bocas del (delta), Vie. ... 143/D4
Mekongga (pico), Indo. ... 147/F4
Mekong (Lancang) (río), China ... 136/D4
Melaka, Malay. ... 144/C2
Melaka (est.), Malay. ... 144/C2
Melandro (río), Ita. ... 103/F6
Melanesia (reg.) ... 158/E5
Melappālaiyam, India ... 142/F4
Melawi (río), Indo. ... 146/D4
Melbourne, Austl. ... 157/C3
Melbourne (isla), Nun,Can. ... 186/F2
Melbourne, Ar,EUA ... 199/J2
Melbourne, Fl,EUA ... 211/H3
Melbourne, Ing,R.U. ... 75/G6
Melby (colinas), DN,EUA ... 202/E4
Melchor (isla), Chile ... 238/B5
Melchor de Mencos, Gua. ... 218/D2
Melchor Múzquiz, Méx. ... 196/D4
Meldola, Ita. ... 105/F4
Meldorf, Ale. ... 82/E1
Mele, Capo (cabo), Ita. ... 104/B5
Melegnano, Ita. ... 104/C2
Melenci, Serb. ... 110/E3
Melenki, Rusia ... 112/J5
Melesse, Fra. ... 96/D4
Meleuz, Rusia ... 115/K1
Mélèzes (río), Qu,Can. ... 187/J3
Melezza (río), Ita. ... 99/E5
Melfa (río), Ita. ... 103/D4
Melfi, Chad ... 172/C3
Melfi, Ita. ... 103/F6
Melfort, Sk,Can. ... 191/M1
Melgar, Col. ... 231/L7
Melhus, Nor. ... 79/D3
Melibocus (pico), Ale. ... 88/B3
Melicucco, Ita. ... 101/C6
Meligalás, Gre. ... 109/G4
Melíki, Gre. ... 110/F5
Melili (pico), Kenia ... 175/B2
Melilla, Esp. ... 165/N13
Melimoyu (pico), Chile ... 238/B5
Melinca, Chile ... 238/B4
Melipilla, Chile ... 238/Q9
Melissano, Ita. ... 109/F3
Melita, Mb,Can. ... 202/D3
Melito (río), Ita. ... 101/B6
Melito di Porto Salvo, Ita. ... 101/B7
Melitopol, Ucr. ... 71/G4
Melk, Aus. ... 93/L2
Melkbosstrand, Safr. ... 180/L10
Melksham, Ing,R.U. ... 76/D4
Mella (río), Ita. ... 104/D2
Mellan Fryken (lago), Sue. ... 80/E2
Melle, Ale. ... 85/F4
Melle, Bél. ... 86/C2
Mellègue (río), Arg. ... 165/W17
Mellerud, Sue. ... 80/E2
Mellid, Esp. ... 94/B1
Mellieħa, Malta ... 102/H8
Mellingen, Suiza ... 99/E3
Mellish (arcf.), Austl. ... 151/K3
Mellizo Sur (pico), Chile ... 239/J7
Mellrichstadt, Ale. ... 88/D2
Mellum (isla), Ale. ... 85/F1
Mělník, R.Ch. ... 89/H2
Mel'nitsa-Podol'skaya, Ucr. ... 116/D3
Melo, Uru. ... 239/G2
Melrhir, Chott (l.sal.), Arg. ... 167/G2
Melrose, Austl. ... 157/C2
Melrose, NM,EUA ... 198/C3
Mels, Suiza ... 99/F3
Melsungen, Ale. ... 85/G6
Meltham, Ing,R.U. ... 75/G4
Melton, Austl. ... 157/C3
Melton Mowbray, Ing,R.U. ... 75/H6
Melúli (río), Moz. ... 179/H3
Melun, Fra. ... 71/T11
Melūr, India ... 142/G3
Melvern (lago), Ks,EUA ... 199/G1
Melville, Austl. ... 154/K7
Melville (bahía), Austl. ... 153/E3
Melville (cabo), Austl. ... 156/B1
Melville (isla), Austl. ... 152/C2
Melville, Sk,Can. ... 202/C2
Melville (isla), Nun,Can. ... 187/R7
Melville (pen.), Nun,Can. ... 187/H2
Melville (lago), Tnva,Can. ... 187/L3
Melville, NY,EUA ... 213/E2
Melville (cabo), Fil. ... 145/B4
Melville, Isla, T. Abor., Austl. ... 152/C2
Mélykút, Hun. ... 110/D2
Melzo, Ita. ... 104/C2
Memar (lago), China ... 134/D5
Memāri, India ... 141/G4
Memba, Moz. ... 179/J2
Même (río), Fra. ... 97/F4
Memmert (isla), Ale. ... 84/D1
Memmingen, Ale. ... 99/G2
Memot, Camb. ... 143/D4
Memphis, Mo,EUA ... 201/H3
Memphis, Tn,EUA ... 208/B3
Memphis, Tx,EUA ... 198/D3
Memphrémagog (lago), Qu,Can. ... 204/A3
Memphremagog (emb.), Can., EUA ... 207/E2
Mena, Eti. ... 174/A4
Mena, Ar,EUA ... 199/G3
Mena, Indo. ... 152/B2
Mena, Ucr. ... 116/G2
Menafra, Uru. ... 239/T11
Menai (estr.), Gales,R.U. ... 74/D5
Menai Bridge, Gales,R.U. ... 74/D5
Ménaka, Malí ... 169/F3
Menaldum, P.B. ... 84/C2
Menarandra (río), Mad. ... 181/H9
Menasalbas, Esp. ... 94/C3
Menasha, Wi,EUA ... 201/K1
Menavava (río), Mad. ... 181/H7
Mencué, Argen. ... 238/C4
Mendawai (río), Indo. ... 146/D4
Mende, Fra. ... 92/E4
Mendebo (mtñas.), Eti. ... 174/A4
Menden, Ale. ... 85/E6
Mendenhall (cabo), Ak,EUA ... 215/E4
Mendenhall, Ms,EUA ... 208/C5
Mendes, Bras. ... 235/N7
Méndez, Ecua. ... 232/B1
Méndez, Méx. ... 217/F3
Mendi, P.N.G. ... 153/F1
Mendig, Ale. ... 87/G3
Mendip (colinas), Ing,R.U. ... 76/D4
Mendocino, Ca,EUA ... 192/B4
Mendocino (cabo), Ca,EUA ... 188/B3
Mendol (isla), Indo. ... 144/C2
Mendooran, Austl. ... 157/D1
Mendota Heights, Mn,EUA ... 203/P7
Mendoza, Argen. ... 238/C2
Mendoza (prov.), Argen. ... 238/C2
Mendoza, Cuba ... 219/E1
Mendoza, Perú ... 232/B2
Mendoza (El Plumerillo) (aer.intl.), Argen. ... 238/C2
Mendrare (río), Mad. ... 181/H9
Mendrisio, Suiza ... 99/E6
Menedinţi (con.), Rum. ... 110/F3
Menegosa, Monte (pico), Ita. ... 104/C3
Mene Grande, Ven. ... 228/D2
Menemen, Tur. ... 124/A2
Menen, Bél. ... 86/C2
Menengai (cráter), Kenia ... 175/B2
Menengiyn (llan.), Mong. ... 128/H2
Menez Hom (mtña.), Fra. ... 96/A4
Menfi, Ita. ... 108/C4
Menfis (ruinas), Egip. ... 123/B5
Mengcheng, China ... 135/D4
Mengen, Ale. ... 88/C6
Mengen, Tur. ... 111/L5
Mengersgereuth-Hämmern, Ale. ... 88/E2
Mengerskirchen, Ale. ... 88/B1
Mengeš, Esl. ... 93/L3
Menggala, Indo. ... 144/D4
Menghai, China ... 143/C1
Mengibar, Esp. ... 94/D4
Mengkofen, Ale. ... 89/F5
Mengla, China ... 143/C1
Menglian Daizu Lahuzu Vazu Zizhixian, China ... 136/C4
Menglianggu (mtña.), China ... 135/D4
Mengshan, China ... 137/F3
Meng Xian, China ... 135/C4
Mengyin, China ... 135/D4
Mengzi, China ... 136/D4
Menindee, Austl. ... 155/J5
Menindee (lago), Austl. ... 155/J5
Meningie, Austl. ... 157/A2
Menlolat (pico), Chile ... 238/B5
Menlo Park, NJ,EUA ... 213/H9
Mennecy, Fra. ... 71/T11
Menoken Ind. Vill. Hist. Site, DN,EUA ... 202/D4
Menominee, Mi,EUA ... 206/C2
Menominee (río), Mi, Wi,EUA ... 206/C2
Menomonee Falls, Wi,EUA ... 201/K2
Menomonie, Wi,EUA ... 201/J1
Menongue, Ang. ... 178/C2
Menorca (isla), Esp. ... 89/G3
Menorca (Minorca) (isla), Esp. ... 95/H3
Mentana, Ita. ... 102/C3
Mentawai (estr.), Indo. ... 144/B3
Mentawai (islas), Indo. ... 144/B3
Mentekab, Malay. ... 144/C2
Menton, Fra. ... 100/D5
Mentone, Tx,EUA ... 196/C2
Mentor, Oh,EUA ... 206/F4
Mentue (río), Suiza ... 98/C4
Menucourt, Fra. ... 71/R9
Menyapa (pico), Indo. ... 147/E3
Menyuan, China ... 128/E4
Menzel Bourguiba, Tun. ... 165/W17
Menzies, Austl. ... 154/D4
Menziken, Suiza ... 98/E3
Menzingen, Suiza ... 99/E3
Menznau, Suiza ... 98/E3
Meolo, Ita. ... 105/F1
Meon (río), Ing,R.U. ... 77/E5
Meoquí, Méx. ... 196/B3
Meos Waar (isla), Indo. ... 147/H4
Meouge (río), Fra. ... 100/B4
Mepistskaro (pico), Geor. ... 115/G4
Meppel, P.B. ... 84/D3
Meppen, Ale. ... 85/E3
Mequinenzo (emb.), Esp. ... 95/E2
Mequon, Wi,EUA ... 201/L2
Mer, Fra. ... 97/G5
Mera (río), Ita., Suiza ... 99/F5
Meramec (río), Mo,EUA ... 199/J2
Merano, Ita. ... 99/H4
Merasheen (isla), Tnva,Can. ... 205/K2
Meratus (mtñas.), Indo. ... 146/D4
Merauke, Indo. ... 153/F2
Merauke (río), Indo. ... 153/F1
Merbein, Austl. ... 155/J5
Mercaderes, Col. ... 228/B4
Merca (Marka), Som. ... 175/D1
Mercado Cubierto, Tur. ... 125/M7
Mercato, Ita. ... 103/E6
Mercato San Severino, Ita. ... 103/E6
Merced, Ca,EUA ... 194/B2
Merced (arb.), Ca,EUA ... 194/C2
Merced (pico), Ca,EUA ... 194/C2
Merced (río), Ca,EUA ... 194/B2
Mercedario (pico), Argen. ... 238/C1
Mercedes, Argen. ... 236/E4
Mercedes, Argen. ... 238/D2
Mercedes, Argen. ... 238/F2
Mercedes, Tx,EUA ... 197/F4
Mercedes, Uru. ... 239/F2
Mercer, Pa,EUA ... 206/F4
Mercer, N.Z. ... 160/C2
Merchtem, Bél. ... 86/D2
Mercier, Qu,Can. ... 205/N7
Mercimekkale, Tur. ... 124/E2
Mercogliano, Ita. ... 103/E6
Mercy (cabo), Yk,Can. ... 187/K2
Merdellou (mtña.), Fra. ... 92/E5
Merdere (río), Fra. ... 96/D2
Merdereau (río), Fra. ... 97/E4
Merdrignac, Fra. ... 96/C4
Mere, Bél. ... 86/C2
Mereb Shet' (río seco), Eri., Eti. ... 174/A2
Mereb Wenz (río seco), Eri., Eti. ... 173/H2
Meredith (lago), Co,EUA ... 198/C1
Meredith (lago), Tx,EUA ... 198/D3
Merefa, Ucr. ... 117/J3
Merelbeke, Bél. ... 86/C2
Meresichic, Méx. ... 216/C2
Mereuch, Camb. ... 143/D3
Meréville, Fra. ... 97/H4
Mergel (río), China ... 129/J2
Mergui, Mya. ... 143/B3
Mergui (arch.), Mya. ... 143/B4
Meriç, Tur. ... 111/H5
Meriç (río), Tur. ... 107/K2
Mérida, Esp. ... 94/B3
Mérida, Méx. ... 217/H4
Mérida, Ven. ... 228/D2
Mérida (est.), Ven. ... 228/D2
Mérida (mtñas.), Ven. ... 228/D3
Meriden, Ct,EUA ... 207/K4
Meridian, Id,EUA ... 192/E2
Meridian, Ms,EUA ... 208/C4
Meridian, Tx,EUA ... 197/F2
Meridional (dist.), Bots. ... 180/D2
Meridional (reg.), Mal. ... 179/G2
Meridional (prov.), S.Le. ... 168/B5
Meridional (reg.), Sudán ... 173/F4
Meridional (prov.), Zam. ... 179/E3
Mérignac, Fra. ... 92/C4
Merille, Laga (río seco), Kenia ... 175/B1
Merimbula, Austl. ... 157/D3
Merinda, Austl. ... 156/C3
Mering, Ale. ... 88/D6
Merinos, Uru. ... 239/F2
Merkinė, Lit. ... 81/L4
Merksem, Bél. ... 86/D1
Merksplas, Bél. ... 84/B6
Merkus (cabo), P.N.G. ... 153/H1
Merlo, Argen. ... 238/D2
Meroe (ruinas), Sudán ... 173/G1
Meron, Har (mtña.), Isr. ... 123/D3
Merouane, Chott (l.sal.), Arg. ... 167/G2
Merredin, Austl. ... 154/C4
Merriam (cráter), Az,EUA ... 195/G3
Merrick, NY,EUA ... 213/E2
Merrick (mtña.), R.U. ... 73/J9
Merrill, Wi,EUA ... 201/K1
Merrill Creek (emb.), NJ,EUA ... 212/C2
Merrillville, In,EUA ... 206/C4
Merrimack, NH,EUA ... 207/L3
Merrimack (río), NH,EUA ... 204/B4
Merritt, CB,Can. ... 190/D2
Merritt (isla), Fl,EUA ... 211/H3
Merritt (emb.), Ne,EUA ... 200/D2
Merritt Island, Fl,EUA ... 211/H3
Merriwa, Austl. ... 157/D2
Mer Rouge, La,EUA ... 197/J1
Mersafatma, Eti. ... 126/D6
Mersch, Lux. ... 87/F4
Merse (río), Ita. ... 102/B1
Merse (dist.), Es,R.U. ... 72/D5
Merseburg, Ale. ... 90/C5
Mersey (río), Ing,R.U. ... 75/F5
Merseyside (con.), Ing,R.U. ... 75/F5
Mersin, Tur. ... 123/D1
Mersing, Malay. ... 144/C2
Mērsrags, Let. ... 81/K3
Mers-les-Bains, Fra. ... 86/A3
Merten, Fra. ... 87/F5
Merthyr Tydfil, Gales,R.U. ... 76/C3
Mértola, Por. ... 94/B4
Merton (mun.inc.), Ing,R.U. ... 71/N7
Mertz (glac.), Ant. ... 161/K
Mertzon, Tx,EUA ... 196/D2
Mertzwiller, Fra. ... 87/G6
Méru, Fra. ... 86/B5
Meru (pico), Tan. ... 175/B2
Meru Betiri, Rsv. Nal., Indo. ... 144/F5
Meruoca, Bras. ... 231/F3
Meru, Parq. Nal., Kenia ... 175/B1
Merville, Fra. ... 86/B2
Merwedekanaal (canal), P.B. ... 84/C5
Méry-sur-Oise, Fra. ... 71/S9
Merzen, Ale. ... 85/E4
Merzenich, Ale. ... 87/F2
Merzifon, Tur. ... 124/C1
Merzig, Ale. ... 87/F5
Mesa (pico), Argen. ... 239/K7
Mesa (mtña.), Ak,EUA ... 215/G3
Mesa, Az,EUA ... 195/G4
Mesa, NM,EUA ... 198/B4
Mesabi (mtñas.), Mn,EUA ... 203/H4
Mesach Mellet (colinas), Libia ... 170/A3
Mesagne, Ita. ... 109/E2
Mesarás (golfo), Gre. ... 109/J5
Mesa Verde, Parq. Nal., Co,EUA ... 195/H2
Mescalero, NM,EUA ... 196/B1
Mescalero (are.), NM,EUA ... 198/B4
Mescalero (mts.), NM,EUA ... 198/C4
Meschede, Ale. ... 85/F6
Mescolino, Monte (pico), Ita. ... 105/F5
Mesco, Punta di (pta.), Ita. ... 104/C4
Mesetas Altas (mes.), Arg., Marr. ... 167/E2
Meseta Waterberg, Parq., Nam. ... 178/C4
Mesima (río), Ita. ... 101/B6
Mesolóngion, Gre. ... 109/G3
Mesomeloka, Mad. ... 181/J8
Mesopotamia (reg.), Argen. ... 238/F2
Mesopotamia (reg.), Irak ... 125/E3
Mesoraca, Ita. ... 101/C4
Mesquite, Nv,EUA ... 195/E2
Mesquite, Tx,EUA ... 197/F1
Mesrouh, Jebel (mtña.), Marr. ... 166/E2
Messaad, Arg. ... 167/F2
Messalo (río), Moz. ... 179/H1
Messaména, Cam. ... 172/B5
Messancy, Bél. ... 87/E4
Messei-St-Gervais, Fra. ... 97/E3
Messel, Ale. ... 88/B3
Messier (canal), Chile ... 239/J7
Messina, Ita. ... 101/B6
Messina (estr.), Ita. ... 101/B6
Messina (prov.), Ita. ... 101/B6
Messina, Safr. ... 179/F4
Messinge (río), Moz. ... 179/G2
Messíni, Gre. ... 109/H4
Messini (golfo), Gre. ... 109/H4
Messkirch, Ale. ... 88/C7
Messstetten, Ale. ... 88/B6
Mesta (río), Bul. ... 111/F5
Mestre, Ita. ... 105/F2
Mestrino, Ita. ... 105/E2
Mesudiye, Tur. ... 114/F4
Mesumba (pico), Tan. ... 175/B3
Mesurado (cabo), Libe. ... 168/C5
Meta (dept.), Col. ... 228/C4
Meta (río), Col., Ven. ... 228/D3
Meta, Ita. ... 103/E6
Metabetchouan, Qu,Can. ... 204/B1
Métabetchouane (río), Qu,Can. ... 204/B2
Metacáua (pta.), Moz. ... 179/J2
Meta Incognita (pen.), Nun,Can. ... 187/K2
Metairie, La,EUA ... 210/C3
Metallifere (mtñas.), Ita. ... 105/D6
Metán, Argen. ... 236/C3
Metangula, Moz. ... 179/G2
Metaponto, Ita. ... 101/C2
Metapontum (ruinas), Ita. ... 101/C2
Metauro (río), Ita. ... 105/F5
Metelen, Ale. ... 85/E4
Meteor (cráter), Az,EUA ... 195/G3
Metéora, Gre. ... 109/G3
Metepec, Méx. ... 217/F5
Methóni, Gre. ... 109/G4
Methow (río), Wa,EUA ... 190/D3
Methuen (pico), Austl. ... 152/B3
Methuen, Ma,EUA ... 207/L3
Methven, N.Z. ... 160/B3
Metica (río), Col. ... 228/C4
Metković, Cro. ... 110/C4
Metlatonoc ... 218/B2
Metlili Chaamba, Arg. ... 167/F2
Metnitz, Aus. ... 110/B2
Meto (br.p.), Ar,EUA ... 208/B3
Metramo (río), Ita. ... 101/C6
Metropolis, Il,EUA ... 208/C2
Metter, Ga,EUA ... 209/F4
Mettet, Bél. ... 87/D3
Mettingen, Ale. ... 85/E4
Mettlach, Ale. ... 87/F5
Mettmann, Ale. ... 84/D6
Mettupālaiyam, India ... 142/F3
Mettūr, India ... 142/F3
Metu, Eti. ... 173/G3
Metuchen, NJ,EUA ... 213/D2
Metulla, Isr. ... 123/D3
Metz, Fra. ... 87/F5
Metzingen, Ale. ... 88/C5
Meu (río), Fra. ... 96/C4
Meudon, Fra. ... 71/S10
Meulan, Fra. ... 97/G2
Meulebeke, Bél. ... 86/C2
Meung-sur-Loire, Fra. ... 97/G5
Meurthe (río), Fra. ... 98/C1
Meurthe y Mosela (dept.), Fra. ... 87/E6
Meuse (alts.), Fra. ... 92/F2
Meuse, Cotes de (alts.), Fra. ... 87/E5
Meuselwitz, Ale. ... 90/C5
Meuvette (río), Fra. ... 97/F3
Meuzin (río), Fra. ... 98/A3
Mevasseret Ẕiyyon, Isr. ... 123/G8
Mexborough, Ing,R.U. ... 75/G5
Mexiana (isla), Bras. ... 230/D2
Mexicali, Méx. ... 194/E4
México ... 185/H7
México (golfo), Amér.N. ... 185/J7
México, Mo,EUA ... 199/J1
México (bahía), NY,EUA ... 207/H3
México (est.), Méx. ... 217/E5
Meximieux, Fra. ... 98/B6
Meybod, Irán ... 125/H3
Meycauayan, Fil. ... 145/F6
Meydān-e Gel (lago), Irán ... 125/H4
Meyerton, Safr. ... 180/Q13
Meylan, Fra. ... 100/B2
Meymaneh, Afg. ... 127/H1
Meyrargues, Fra. ... 100/B5
Meyrin, Suiza ... 98/C5
Meythet, Fra. ... 98/C6
Meyzieu, Fra. ... 100/B1
Meẕada, Ḥorvot (Masada) (ruinas), Isr. ... 123/D4
Mezdra, Bul. ... 111/F4
Mèze, Fra. ... 92/E5
Mezen', Rusia ... 113/K2
Mezen (bahía), Rusia ... 112/J2
Mezen' (río), Rusia ... 71/H2
Mezha (río), Rusia ... 81/P4
Mezhdurechensk, Rusia ... 118/J4
Mezhdurechenskiy, Rusia ... 118/G4
Mezhdusharski (isla), Rusia ... 118/E2
Mezhevaya, Ucr. ... 117/J3
Mezhgor'ye, Ucr. ... 116/B3
Mézidon-Canon, Fra. ... 97/E2
Mezoberény, Hun. ... 110/E2
Mezőfalva, Hun. ... 91/C6
Mezőföld (mts.), Hun. ... 91/C6
Mezokovácsháza, Hun. ... 110/E2
Mezőkövesd, Hun. ... 110/E2
Mezőtúr, Hun. ... 110/E2
Mezquital, Méx. ... 216/D4
Mezquitic, Méx. ... 216/E4
Mezzana, Cima (pico), Ita. ... 99/G5
Mezzocorona, Ita. ... 99/H5
Mezzolombardo, Ita. ... 99/H5
Mfangano (isla), Uga. ... 175/A1
Mga, Rusia ... 81/P2
Mgachi, Rusia ... 129/N1
M'goun (pico), Marr. ... 166/D3
Mhòr, Loch (lago), Es,R.U. ... 72/B2
Mhow, India ... 138/C3
Mi (río), China ... 135/D3
Miahuatlán, Méx. ... 218/B2
Miajadas, Esp. ... 94/C3
Miami, Fl,EUA ... 211/H5
Miami (aer.intl.), Fl,EUA ... 210/P8
Miami (canal), Fl,EUA ... 211/H4
Miami (río), Oh,EUA ... 208/E1
Miami, Ok,EUA ... 199/G2
Miami, Tx,EUA ... 198/D3
Miami Beach, Fl,EUA ... 211/H5
Miamisburg, Oh,EUA ... 206/D5
Miami Shores, Fl,EUA ... 210/P8
Miami Springs, Fl,EUA ... 210/P8
Miān Channūn, Pak. ... 142/B2
Mianchi, China ... 135/B4
Mīāndoāb, Irán ... 125/F2
Miandrivazo, Mad. ... 181/H7
Mīāneh, Irán ... 125/F2
Miāni, Pak. ... 142/B1
Mianmian (mtñas.), China ... 136/D2
Mianning, China ... 136/D2
Mianus (río), Ct,EUA ... 213/E1
Miānwāli, Pak. ... 142/A1
Mianyang, China ... 136/E2
Mianzhu, China ... 136/E2
Miaodao (islas), China ... 135/E3
Miao'er (pico), China ... 137/F3
Miaofeng Shan (mtña.), China ... 135/H6
Miarinarivo, Mad. ... 181/H7
Miarinarivo, Mad. ... 181/J7
Miary, Mad. ... 181/G8
Miass, Rusia ... 113/P5
Miass (río), Rusia ... 113/Q5
Miastko, Pol. ... 83/J2
Miazal, Ecua. ... 232/B1
Mica Creek, CB,Can. ... 190/E1
Micay, Col. ... 228/B4
Micenas (ruinas), Gre. ... 109/H4
Michalovce, Eslo. ... 83/L4
Michaud (pta.), NE,Can. ... 205/G3
Michelson (mtña.), Ak,EUA ... 215/K2
Michelstadt, Ale. ... 88/C3
Michendorf, Ale. ... 90/D3
Miches, R.Dom. ... 220/D3
Michigamme (lago), Mi,EUA ... 203/K4
Michigamme (río), Mi,EUA ... 203/K4
Michigan (est.), E.U.A. ... 189/J2
Michigan (lago), E.U.A. ... 206/C3
Michigan City, In,EUA ... 206/C4
Michipicoten (isla), On,Can. ... 203/M4
Michoacan (est.), Méx. ... 217/E5
Michurin, Bul. ... 111/H4
Michurinsk, Rusia ... 71/H3
Mickle Fell (mtña.), Ing,R.U. ... 75/F2
Mico (río), Nic. ... 219/E3
Micoud, Sta.L. ... 220/F4
Micronesia (reg.) ... 158/E3
Micronesia, Fed. States of ... 158/D4
Midal (pozo), Níger ... 169/G2
Midale, Sk,Can. ... 202/C3
Middelburg, P.B. ... 84/A6
Middelburg, Safr. ... 180/D3
Middelburg, Safr. ... 181/E2
Middelfart, Din. ... 82/E1
Middelharnis, P.B. ... 84/B5
Middelkerke, Bél. ... 86/B1
Middle (río), Ia,EUA ... 201/G3
Middle (río), Va,EUA ... 209/H1
Middle (río), VOcc,EUA ... 209/G1
Middlebourne, VOcc,EUA ... 209/G1
Middleburg, Fl,EUA ... 211/H2
Middleburg, Pa,EUA ... 212/A2
Middlebury, Vt,EUA ... 207/K2
Middle Concho (río), Tx,EUA ... 196/D2
Middle Fabius (río), Mo,EUA ... 201/H3
Middle Loup (río), Ne,EUA ... 200/D3
Middlemarch, N.Z. ... 160/B4
Middlemount, Austl. ... 156/C3
Middle Pease (río), Tx,EUA ... 198/D3
Middle Raccoon (río), Ia,EUA ... 201/G3
Middle River, Md,EUA ... 212/B5
Middlesboro, Ky,EUA ... 208/F2
Middlesbrough, Ing,R.U. ... 75/G2
Middlesex (reg.), Ing,R.U. ... 77/F4
Middle Sister (mtña.), Or,EUA ... 192/B1
Middleton, Austl. ... 155/H5
Middleton, Wi,EUA ... 206/B3
Middleton, Ing,R.U. ... 75/F4
Middletown, Ct,EUA ... 207/K4
Middletown, NJ,EUA ... 213/D3
Middletown, NY,EUA ... 207/J4
Middletown, Oh,EUA ... 206/D5
Middlewood, NE,Can. ... 204/E3
Middle Yuba (río), Ca,EUA ... 192/C4
Midhurst, Ing,R.U. ... 77/F5
Midi (canal), Fra. ... 92/D5
Midland, Austl. ... 154/L6
Midland, On,Can. ... 207/G2
Midland, Mi,EUA ... 206/D3
Midland, Tx,EUA ... 196/C2
Midlands (prov.), Zim. ... 179/F3
Midleton, Irl. ... 78/B6
Midona (lago), Austl. ... 150/G6
Midongy Atsimo, Mad. ... 181/H8
Midou (río), Fra. ... 92/C5
Midsayap, Fil. ... 145/D4
Midu, China ... 139/H2
Midway, Ne,EUA ... 200/E2
Midway, NM,EUA ... 196/B1
Midway (islas), PacEUA ... 158/H2
Midway-Hardwick, Ga,EUA ... 209/F4
Midwest City, Ok,EUA ... 199/F3
Midyan (reg.), Ar.S. ... 124/C5
Midyat, Tur. ... 124/E2
Mid Yell, Es,R.U. ... 73/P12
Midzhur (pico), Bul. ... 114/B4
Midžor (pico), Serb. ... 110/F4
Mie, Japón ... 130/B4
Mie (pref.), Japón ... 130/E3
Międzychód, Pol. ... 83/H2
Międzylesie, Pol. ... 83/J3
Międzyrzec Podlaski, Pol. ... 83/M3
Międzyrzecz, Pol. ... 83/H2
Międzyzdroje, Pol. ... 83/H2
Mielec, Pol. ... 83/L3
Miercurea Ciuc, Rum. ... 111/G2
Mieres, Esp. ... 94/C1
Miesbach, Ale. ... 93/J3
Mifflintown, Pa,EUA ... 212/A2
Migennes, Fra. ... 92/E3
Migori, Kenia ... 175/A2
Migori (río), Kenia ... 175/A2
Miguel Alemán, Méx. ... 216/C2
Miguel Aleman (emb.), Méx. ... 217/N8
Miguel Alves, Bras. ... 231/F4
Miguel Auza, Méx. ... 216/E3
Miguel Calmon, Bras. ... 235/E1
Miguel Hidalgo (aer.intl.), Méx. ... 216/E4
Miguel Hidalgo (emb.), Méx. ... 216/C3
Miguel Hidalgo (vec.), Méx. ... 217/Q10
Miguelópolis, Bras. ... 234/C4
Miguel Pereira, Bras. ... 235/N7
Miguel Riglos, Argen. ... 238/E3
Miguelturra, Esp. ... 94/D3
Migüm, Cor.S. ... 133/D4
Mihalıççık, Tur. ... 124/B2
Mihama, Japón ... 130/D3
Mihara, Japón ... 130/C3
Miharu, Japón ... 131/G2
Mihintalē (ruinas), Sr.L. ... 142/H4
Mihla, Ale. ... 85/H6
Mihrābpur, Pak. ... 127/J3
Mijares (río), Esp. ... 95/E2
Mijas, Esp. ... 94/C4
Mijdrecht, P.B. ... 84/B4
Mikasa, Japón ... 132/B2
Mikashevichi, Bela. ... 116/D1
Mikawa (bahía), Japón ... 131/N10
Mikawa-Mino (mtñas.), Japón ... 131/N9
Mikhaylov, Rusia ... 114/F1
Mikhaylovgrad, Bul. ... 111/F4
Mikhaylovgrad (reg.), Bul. ... 110/F4
Mikhaylovka, Rusia ... 117/M2
Mikhaylovka, Ucr. ... 117/H4
Mikhaylovsk, Rusia ... 113/N4
Mikhmoret, Isr. ... 123/F7
Miki, Japón ... 131/K10
Mikkeli, Fin. ... 79/H3
Mikkeli (prov.), Fin. ... 81/L1
Míkonos, Gre. ... 109/J4
Míkonos (isla), Gre. ... 109/J4
Mikri Prespa (lago), Gre. ... 109/G2
Mikulintsy, Ucr. ... 116/C3
Mikulov, R.Ch. ... 91/A2
Mikuma, Japón ... 131/M10
Mikumi, Parq. Nal., Tan. ... 175/B3
Mikun', Rusia ... 113/L3
Mikuni, Japón ... 130/E2
Mila (gob.), Arg. ... 165/U17
Milaca, Mn,EUA ... 203/H5
Milagres, Bras. ... 231/G4
Milagro, Ecua. ... 228/B5
Milan, Mo,EUA ... 201/H3
Milan, NH,EUA ... 204/B3
Milán, Ita. ... 104/C2
Milán (prov.), Ita. ... 104/C2
Milang, Austl. ... 157/A2
Milange, Moz. ... 179/G3
Milan (Milano), Ita. ... 104/C2
Milano (Milán), Ita. ... 104/C2
Milas, Tur. ... 124/A2
Milâs, Tur. ... 107/K3
Milazzo, Ita. ... 101/B6
Milazzo (golfo), Ita. ... 101/B6
Milazzo, Capo di (cabo), Ita. ... 101/B6
Milbank, DS,EUA ... 202/F5
Milde (río), Ale. ... 90/B2
Mildura, Austl. ... 155/J5
Mile, China ... 136/D3
Miles, Austl. ... 156/C4
Miles City, Mt,EUA ... 191/M4
Milešovka (pico), R.Ch. ... 89/G1
Milestone, Sk,Can. ... 202/B3
Mileto, Ita. ... 101/C5
Miletto, Monte (pico), Ita. ... 103/E5
Milevsko, R.Ch. ... 89/H4
Mīlē Wenz (río), Eti. ... 174/B3
Milford, Ct,EUA ... 207/K4
Milford (lago), Ks,EUA ... 199/F1
Milford, Ma,EUA ... 207/L3
Milford, Pa,EUA ... 207/J4
Milford, Irl. ... 78/B4
Milford, Ing,R.U. ... 77/F4
Milford, IrN,R.U. ... 74/B3
Milford Haven, Gales,R.U. ... 76/A3
Milford Haven (ens.), Gales,R.U. ... 76/A3
Milford on Sea, Ing,R.U. ... 77/E5
Milḩ, Sabkhat al (salr.), Libia ... 170/C2
Mili (atolón), Mrsh. ... 158/G4
Milia (río), Ita. ... 102/A1
Milicz, Pol. ... 83/J3
Milikapiti, Austl. ... 152/C2
Mililani Town, Hi,EUA ... 188/S10

Monte – Muang
295

Monte Azul, Bras. 235/E2
Montebello (islas), Austl. 154/B2
Montebello, Ca,EUA 214/B2
Montebello Vincentino, Ita. 105/E2
Montebelluna, Ita. 105/F1
Montecalvo Irpino, Ita. 103/F5
Montecarlo, Argen. 237/F3
Monte-Carlo, Món. 100/D5
Monte Carmelo, Bras. 234/D3
Monte Carmelo, Ven. 228/D2
Monte Caseros, Argen. 236/E4
Montecatini Terme, Ita. 105/D5
Montecavolo, Ita. 104/D3
Montecchio, Ita. 105/F5
Montecito, Ca,EUA 214/A2
Monte Comán, Argen. 238/D2
Montecompatri, Ita. 102/C4
Montecorvino Rovella, Ita. 103/E6
Monte Cotugno (lago), Ita. 101/C2
Monte Cristi, R.Dom. 220/D3
Monte Cristo, Bol. 233/F4
Montecristo (isla), Ita. 102/A3
Montecristo, Parq. Nal., El Salv. 218/D3
Monte di Procida, Ita. 103/E6
Monte Dourado, Bras. 230/C3
Monte el Chile (mtña.), Hon. 218/E3
Monte Escobedo, Méx. 216/E4
Montefalco, Ita. 102/C2
Montefalcone di Val Fortore, Ita. 103/F5
Montefeltro (reg.), Ita. 105/F5
Montefiascone, Ita. 102/C2
Monteforte D'Alpone, Ita. 105/E2
Monteforte Irpino, Ita. 103/E6
Montefrío, Esp. 94/C4
Monte Gantung (mte.), Fil. 145/B3
Montego Bay, Jam. 219/G2
Montegranaro, Ita. 103/D1
Montegrotto Terme, Ita. 105/E2
Monte Hermón (mte.), Liba. 124/C3
Montehermoso, Esp. 94/B2
Monteiro, Bras. 231/G4
Montejenni, Austl. 152/C4
Monte Kenia, Parq. Nal., Kenia 175/B2
Monte la Spina (pico), Ita. 101/B2
Montelavar, Por. 95/P10
Monte León, Argen. 239/K7
Monte Liangpran Liangpran (pico), Indo. 146/D3
Montelibretti, Ita. 102/C3
Montélimar, Fra. 100/A3
Monte Lindo (río), Argen. 236/E3
Montelindo (río), Par. 236/E2
Montell, Tx,EUA 196/D3
Montella, Ita. 103/F6
Montellano, Esp. 94/C4
Montello, Wi,EUA 201/K2
Montelupo Fiorentino, Ita. 105/E5
Monte Maíz, Argen. 238/E2
Montemarciano, Ita. 105/G5
Montemayor (mes.), Argen. 238/D5
Montemorelos, Méx. 217/F3
Montemor-o-Novo, Por. 94/A3
Montemuro (mtña.), Por. 94/A2
Montendre, Fra. 92/C4
Montenegro, Bras. 237/G4
Montenegro, Chile 238/Q9
Montenegro, Col. 231/K7
Montenegro 110/D4
Montenero (pico), Ita. 101/C4
Montenero di Bisaccia, Ita. 103/E4
Montenoison, Butte de (mtña.), Fra. 82/B5
Monte Parnasso, Parq. Nal., Gre. 109/H3
Monte Párnis, Parq. Nal., Gre. 109/H3
Monte Pascoal, Parq. Nal., Bras. 235/F3
Monte Patria, Chile 236/B4
Monte Plata, R.Dom. 220/D3
Montepuez, Moz. 179/H2
Montepuez (río), Moz. 179/J2
Montepulciano, Ita. 102/B1
Monte Quemado, Argen. 236/D3
Montereau-faut-Yonne, Fra. 92/E2
Monterey, Ca,EUA 194/B2
Monterey (bahía), Ca,EUA 194/A2
Monterey, Va,EUA 209/H1
Monterey Park, Ca,EUA 214/B2
Montería, Col. 228/C2
Montero, Bol. 236/D1
Monteroni d'Arbia, Ita. 102/B1
Monteros, Argen. 236/C3
Monte Rosa (mtña.), Ita., Suiza 98/D6
Monterosso (pico), Ita. 99/G4
Monterotondo, Ita. 102/C3
Monterrey, Esp. 94/B2
Monterrey, Méx. 217/E3
Montes (pta.), Argen. 239/K7
Montes Altos, Bras. 231/E4
Montesano, Wa,EUA 190/C4
Monte Sant'Angelo, Ita. 103/F4
Monte Santo (golfo), Gre. 109/H2
Montesarchio, Ita. 103/E5
Montes Bale, Parq. Nal., Eti. 174/A4
Montes Bureia (mtñas.), Rusia 129/L1
Montescaglioso, Ita. 101/C1
Montes Claros, Bras. 234/E3
Montes Gongwang Gongwang (mtñas.), China 136/D3
Montes Guadalupe, Parq. Nal., Tx,EUA 196/B2
Montesilvano Marina, Ita. 103/E2
Montes Liangwan Liangwan (mtñas.), Laos 136/D3
Montespertoli, Ita. 105/E5
Montes Simen, Parq. Nal., Eti. 173/H2
Montesson, Fra. 71/S10
Montes Toiyabe (mts.), Nv,EUA 192/E4
Monte Urano, Ita. 103/D1
Monteux, Fra. 100/B4
Montevallo, Al,EUA 208/D4
Montevarchi, Ita. 105/E5
Monte Verde, Bol. 233/D3
Montevideo, Mn,EUA 203/G5
Montevideo (cap.), Uru. 239/F2
Montevideo (dept.), Uru. 239/T12
Montezuma, Ia,EUA 201/H3
Montezuma, NM,EUA 198/B3
Montezuma Castle Nat'l Mon., Az,EUA 195/G3
Montfaucon, Fra. 87/E5
Montfermeil, Fra. 71/T10
Montfoort, P.B. 84/B4
Montfort, Fra. 96/D4
Montfort-l'Amaury, Fra. 86/A6
Mont Fouri, Res., Congo, Gabón 176/B3
Montgeron, Fra. 71/T10
Montgomery (cap.), Al,EUA 208/D4
Montgomery City, Mo,EUA 199/J1
Montgomery Village, Md,EUA 212/A5
Montgomeryville, Pa,EUA 212/C3
Montgrand (mtña.), Fra. 92/E5
Monthey, Suiza 98/C5
Monticelli d'Ongina, Ita. 104/C2
Monticello, Ar,EUA 199/J4
Monticello, Fl,EUA 211/G2
Monticello, Ga,EUA 208/F4
Monticello, Il,EUA 201/K3
Monticello, In,EUA 206/C4
Monticello, Ky,EUA 208/E2
Monticello, Me,EUA 204/D2
Monticello, Mo,EUA 201/J3
Monticello, Ms,EUA 208/B5
Monticello, NY,EUA 207/J4
Monticello, Ut,EUA 193/J5
Monticello, Va,EUA 209/H2
Monticello Conte Otto, Ita. 105/E1
Montichiari, Ita. 104/D2
Montigny-en-Gohelle, Fra. 86/B3
Montigny-le-Bretonneux, Fra. 71/S10
Montigny-lès-Cormeilles, Fra. 71/S10
Montigny-les-Metz, Fra. 87/F5
Montigny-lès-Metz, Fra. 93/G2
Montigny-le-Tilleul, Bél. 86/D3
Montijo, Esp. 94/B3
Montijo, Por. 94/A3
Montilla, Esp. 94/C4
Montivilliers, Fra. 97/F1
Mont-Joli, Qu,Can. 204/C1
Mont-Laurier, Qu,Can. 207/J1
Montlhéry, Fra. 71/S11
Montlouis-sur-Loire, Fra. 97/F6
Montluçon, Fra. 92/E3
Montluel, Fra. 98/B6
Montmagny, Qu,Can. 204/B2
Montmélian, Fra. 100/C2
Montmeyran, Fra. 100/A3
Montmirail, Fra. 86/C6
Montmorency, Fra. 71/S10
Montmorillon, Fra. 92/D3
Montmorot, Fra. 98/B4
Monto, Austl. 156/C4
Montoir-de-Bretagne, Fra. 96/C6
Montoire-sur-le-Loir, Fra. 97/F5
Montone (río), Ita. 105/F4
Montorio al Vomano, Ita. 103/D2
Montorio Veronese, Ita. 105/E2
Montoro, Esp. 94/C3
Montour (mtñas.), Pa,EUA 212/B2
Mont Peko, Parq. Nal., C.Marf. 168/D5
Montpelier (cap.), Vt,EUA 207/K2
Montpellier, Fra. 92/E5
Mont-près-Chambord, Fra. 97/G5
Montréal, Qu,Can. 207/K2
Montréal-Est, Qu,Can. 205/N6
Montréal-Nord, Qu,Can. 205/N6
Montreuil, Fra. 86/A3
Montreuil-Juigné, Fra. 97/E5
Montreux, Suiza 98/C5
Montrevault, Fra. 97/D6
Montrevel-en-Bresse, Fra. 98/B5
Montrichard, Fra. 97/G6
Montrose, Co,EUA 193/K4
Montrose (lago), Mo,EUA 199/G1
Montrose, Pa,EUA 207/J4
Montrose, Es,R.U. 72/D3
Montrose Basin (lag.), Es,R.U. 72/D3
Montross, Va,EUA 209/J1
Montrouge, Fra. 71/S10
Mont-Royal, Qu,Can. 205/N6
Montruil-Bellay, Fra. 92/C3
Montry, Fra. 71/U10
Monts, Fra. 97/F6
Mont-Saint-Aignan, Fra. 97/G2
Mont-Saint-Hilaire, Qu,Can. 205/P6
Mont-Saint-Michel, Fra. 96/D3
Mont-Saint-Michel (bahía), Fra. 96/D3
Mont Sangbé, Parq. Nal., C.Marf. 168/D4
Montseny, Parq. Nal., Esp. 95/L6
Montserrado (con.), Libe. 168/C5
Montserrat (mtña.), Esp. 95/F2
Montserrat (isla), R.U. 220/F3
Montsinéry, Gua.Fr. 230/C1
Montsoult, Fra. 71/S9
Mont-sous-Vaudrey, Fra. 98/B4
Monts, Pointe des (pta.), Qu,Can. 204/D1
Mont-St-Martin, Fra. 87/E4
Montsûrs, Fra. 97/E4
Monturaqui, Chile 236/B3
Montville, NJ,EUA 212/D2
Monument (valle), Az, Ut,EUA 195/H2
Monument (rocas), Ks,EUA 198/D1
Monument Rocks, Ks,EUA 200/D4
Monywa, Mya. 136/B4
Monza, Ita. 104/C1
Monze, Zam. 179/E3
Monzón, Esp. 95/F2
Monzón, Perú 232/B3
Mool (río), Safr. 180/P13
Moomaw (lago), VOcc,EUA 209/G1
Moonta, Austl. 155/H5
Moora, Austl. 154/C4
Moorabbin, Austl. 157/G5
Moore (lago), Austl. 154/C4
Moore (isla), Bahm. 220/B1
Moore (pta.), On,Can. 205/S8
Moore, Ok,EUA 199/F3
Moorea (isla), Pol.Fr. 159/K6
Moorefield, VOcc,EUA 209/H1
Moore Haven, Fl,EUA 211/H4
Moorenweis, Ale. 88/E6
Moore River, Parq. Nal., Austl. 154/B4
Moorestown, NJ,EUA 212/D4
Mooresville, CN,EUA 209/G3
Moorfoot (colinas), Es,R.U. 72/C5
Moorhead, Mn,EUA 202/F4
Mooring, Tx,EUA 197/F2
Moorook, Austl. 157/B2
Moorpark, Ca,EUA 214/B2
Moorreesburg, Safr. 180/B4
Moorslede, Bél. 86/C2
Moosburg, Ale. 89/E6
Moose (isla), Mb,Can. 202/F2
Moose (mtña.), Sk,Can. 202/C3
Moose (río), Me,EUA 204/B3
Moose (mtña.), Mn,EUA 203/J4
Moosehead (lago), Me,EUA 204/C3
Mooseheart (mtña.), Ak,EUA 215/H3
Moose Jaw, Sk,Can. 202/B2
Moosilauke (mtña.), NH,EUA 207/L2
Moosinning, Ale. 89/E6
Moosomin, Sk,Can. 202/D2
Moosonee, On,Can. 187/H3
Moosseedorf, Suiza 98/D3
Moosthenning, Ale. 89/F5
Moozir, Bela. 116/E1
Mopeia, Moz. 179/G3
Mopti, Malí 168/D3
Mopti (reg.), Malí 168/E3
Moquegua, Perú 232/C5
Moquegua-Tacna-Puno (reg.), Perú 232/D4
Moquehuá, Argen. 239/S12
Mór, Hun. 91/C5
Mor (río), India 141/F4
Mora, Cam. 172/B3
Mora, Esp. 94/D3
Mora, Mn,EUA 203/H5
Mora, NM,EUA 198/B3
Mora (río), NM,EUA 198/B3
Mora, Por. 94/A3
Mora, Sue. 80/F1
Morača (río), Mont. 110/D4
Morādābād, India 140/B1
Morada Nova, Bras. 231/G4
Mora de Rubielos, Esp. 95/E2
Morado, Parq. Nal., Chile 238/C2
Morafenobe, Mad. 181/H7
Morąg, Pol. 83/K2
Mórahalom, Hun. 110/D2
Moral de Calatrava, Esp. 94/D3
Moraleda (canal), Chile 238/B5
Moraleja, Esp. 94/B2
Morales, Gua. 218/D3
Moramanga, Mad. 165/G6
Moranbah, Austl. 156/C3
Morane (isla), Pol.Fr. 159/M7
Morangis, Fra. 71/T10
Morano Calabro, Ita. 101/C3
Morant Bay, Jam. 219/G2
Morar, Loch (lago), Es,R.U. 73/J8
Morat (lago), Suiza 98/D4
Morata de Tajuña, Esp. 94/D2
Moratalla, Esp. 94/E3
Morava (río), R.Ch. 83/J4
Morava (río), Serb. 109/G1
Morava (March) (río), Eslo. 91/B2
Moravia (reg.), R.Ch. 91/A1
Moravská Třebová, R.Ch. 83/J4
Moravské Budějovice, R.Ch. 83/H4
Morawa, Austl. 154/C4
Morawhanna, Guy. 226/D2
Moray (mts.), Austl. 152/C3
Moray (bahía), Es,R.U. 72/C1
Morbach, Ale. 87/G4
Morbecque, Fra. 86/B2
Morbegno, Ita. 99/F5
Morbihan (dept.), Fra. 96/B5
Morbihan (golfo), Fra. 96/C5
Morbio Inferiore, Suiza 99/F6
Mörbylanga, Sue. 80/G3
Morcenx, Fra. 92/C4
Morciano di Romagna, Ita. 105/F5
Morclan, Pic de (mtña.), Fra. 98/C5
Morclan, Pic de (pico), Fra. 98/C5
Mordelles, Fra. 96/D4
Morden, Mb,Can. 202/E3
Morden, Ing,R.U. 71/N7
Mordialloc, Austl. 157/G6
Mordvanos (rep. aut.), Rusia 115/G1
Moreau (río), DS,EUA 200/C1
Moreau, North Fork (río), DS,EUA 200/C1
Moreau, South Fork (río), DS,EUA 200/C1
Morecambe, Ing,R.U. 75/F3
Morecambe (bahía), Ing,R.U. 75/E3
Moree, Austl. 157/D1
Morelia, Méx. 217/E5
Morella, Austl. 156/A3
Morelos, Méx. 218/B2
Morelos, Méx. 196/D3
Morelos (est.), Méx. 218/B2
Moremi, Res. de Fauna, Bots. 178/D3
Morena (mtñas.), Esp. 106/B3
Morena (mts.), Esp. 94/C3
Morena, India 140/B2
Moreni, Rum. 111/G3
Moreno, Bol. 233/E3
Moreno Valley, Ca,EUA 214/C3
Møre og Romsdal (con.), Nor. 79/C3
Moresby (isla), CB,Can. 186/C3
Morestel, Fra. 100/B1
Moreton (bahía), Austl. 156/F6
Moreton (isla), Austl. 156/D4
Moreton in Marsh, Ing,R.U. 77/E3
Moreton, Parq. Nal., Austl. 156/D4
Moretta, Ita. 104/A3
Moreuil, Fra. 86/B4
Moreyu (río), Rusia 113/N2
Morez, Fra. 98/C4
Morgan, Austl. 155/H5
Morgan (pta.), Ct,EUA 213/F1
Morgan, Ga,EUA 211/F2
Morgan, Ut,EUA 193/H3
Morgan, Vt,EUA 207/K2
Morgan City, La,EUA 210/C3
Morganfield, Ky,EUA 208/D2
Morgan Hill, Ca,EUA 194/B2
Morganito, Ven. 228/E3
Morgantina (ruinas), Ita. 108/D4
Morganton, CN,EUA 209/G3
Morgantown, Ky,EUA 208/D2
Morgantown, VOcc,EUA 206/G5
Morge (río), Fra. 92/E3
Morges, Suiza 98/C4
Morghāb (río), Afg. 127/H1
Morgon, Pic de (pico), Fra. 100/C3
Morguilla (pta.), Chile 238/B3
Morhange, Fra. 87/F6
Morhar (río), India 141/E3
Mori, China 128/C3
Mori, Ita. 105/D1
Mori, Japón 132/B2
Morialta, Parq. Nat., Austl. 155/M8
Morichal, Col. 228/D3
Morichal, Col. 228/D4
Morie, Loch (lago), Es,R.U. 72/B1
Morières-lès-Avignon, Fra. 100/A5
Morigny-Champigny, Fra. 97/H4
Moriguchi, Japón 131/L10
Mori Kazak Zizhixian (Mori), China 134/F3
Morin Dawa, China 129/J2
Moringen, Ale. 85/G5
Morioka, Japón 132/B4
Morisset, Austl. 157/D2
Moriston (río), Es,R.U. 72/B2
Moriya, Japón 131/H7
Moriyama, Japón 130/D3
Morlaix, Fra. 96/B3
Morlaix (bahía), Fra. 96/B3
Morlanwelz, Bél. 86/D3
Mörlenbach, Ale. 88/B3
Morley, Ing,R.U. 75/G4
Mormanno, Ita. 101/B3
Mormon (mtña.), Id,EUA 193/F1
Mormon (mtñas.), Nv,EUA 194/E2
Mormon (pico), Nv,EUA 194/E2
Mormond (colina), Es,R.U. 72/D1
Mormon Lake, Az,EUA 195/G3
Mormugao, India 138/B4
Mornant, Fra. 100/A1
Morningside, Austl. 156/F6
Morningstar (río), Irl. 78/B5
Mornington (isla), Austl. 153/E4
Mornington (isla), Chile 239/J7
Mornington, Irl. 78/D2
Moro, Or,EUA 192/C1
Moro (golfo), Fil. 144/C4
Moro (río), Ita. 103/E3
Moro, Pak. 127/J3
Morobe (prov.), P.N.G. 153/G1
Moroceli, Hon. 218/E3
Morochata, Bol. 233/E5
Morococha, Perú 232/B3
Morogoro, Tan. 175/B3
Morogoro (prov.), Tan. 175/B3
Morombe, Mad. 181/G8
Morón, Argen. 238/F2
Morón, Cuba 219/G1
Mörön, Mong. 128/E2
Morón, Ven. 228/D2
Morona, Ecua. 232/B1
Morona (río), Ecua., Perú 232/B1
Morona-Santiago (prov.), Ecua. 232/B1
Morondara (río), Mad. 181/H8
Morondava, Mad. 181/H8
Morón de la Frontera, Esp. 94/C4
Moroni (cap.), Como. 181/G5
Morotai (estr.), Indo. 147/G3
Morotai (isla), Indo. 147/G3
Moroto, Uga. 175/A1
Moroto (pico), Uga. 175/A1
Moroyama, Japón 131/H7
Morozovsk, Rusia 117/L3
Morpará, Bras. 235/E1
Morpeth, Ing,R.U. 75/G1
Morphou, Chip. 123/C2
Morphou (bahía), Chip. 123/C2
Morra (lago), P.B. 84/C3
Morrilton, Ar,EUA 199/H3
Morrinhos, Bras. 231/F3
Morrinhos, Bras. 234/C3
Morris (pico), Austl. 155/F3
Morris, Mb,Can. 202/F3
Morris (río), Mb,Can. 202/F3
Morris (emb.), Ca,EUA 214/C2
Morris, Il,EUA 201/K3
Morris, Mn,EUA 202/G5
Morris Jesup (cabo), Groen. 184/Q1
Morrison, Il,EUA 201/K3
Morriston, On,Can. 205/Q9
Morriston, Gales,R.U. 76/C3
Morristown, Az,EUA 195/F4
Morristown, DS,EUA 202/D5
Morristown, NJ,EUA 212/D2
Morristown, Tn,EUA 209/F2
Morristown, Vt,EUA 204/A3
Morrisville, Me,EUA 204/A3
Morrisville, Pa,EUA 212/D3
Morr Morr, T. Abor., Austl. 156/A2
Morro (pta.), Chile 236/B3
Morro (pta.), Méx. 217/F5
Morro Agudo, Bras. 234/C4
Morro Bay, Ca,EUA 194/B3
Morrocoyes, Ven. 231/N8
Morrocoy, Parq. Nal., Ven. 228/D2
Morro de Puercos (pta.), Pan. 219/F5
Morro do Chapéu, Bras. 235/E1
Morrone (pico), Ita. 103/D3
Mórrope, Perú 232/A2
Morropón, Perú 232/B2
Morros, Bras. 231/E3
Morrosquillo (golfo), Col. 219/G4
Mörrum, Sue. 80/F3
Morrumbala, Moz. 179/G3
Morrumbene, Moz. 179/G4
Mørs (isla), Din. 80/C3
Morsang-sur-Orge, Fra. 71/T11
Morsbach, Ale. 87/G2
Morschwiller-le-Bas, Fra. 98/D2
Morshansk, Rusia 71/H3
Morskoi (isla), Kaz. 115/J3
Mortagne (río), Fra. 98/C1
Mortagne-au-Perche, Fra. 97/F3
Mortagne-sur-Sèvre, Fra. 92/C3
Mortara, Ita. 104/B2
Morte (río), Fra. 98/B3
Morte (pta.), R.U. 76/B4
Morteau, Fra. 98/C3
Mortegliano, Ita. 105/G1
Morteros, Argen. 236/D4
Mortes (río), Bras. 234/C2
Mortimers Cross, Ing,R.U. 76/D2
Mortlach, Sk,Can. 202/A2
Mortlake, Austl. 157/B3
Morton, Tx,EUA 198/C4
Morton, Parq. Nal., Austl. 157/D2
Mortsel, Bél. 86/D1
Morungaba, Bras. 235/K7
Moruya, Austl. 157/D2
Morvan (mes.), Fra. 92/E3
Morven, Austl. 156/B4
Morven, N.Z. 160/B4
Morven (mtña.), Es,R.U. 72/C2
Morvi, India 138/B3
Morwell, Austl. 157/C3
Morzine, Fra. 98/C5
Mos, Esp. 94/A1
Mosa (río), Bél., Fra. 87/E3
Mosa (dept.), Fra. 86/E6
Mosbach, Ale. 88/C4
Mosby, Mt,EUA 191/L4
Moscavide, Por. 95/P10
Mosciano Sant'Angelo, Ita. 103/D2
Moscow, Id,EUA 190/F4
Moscow, Me,EUA 207/M2
Moscú (alt.), Rusia 112/G5
Moscú (cap.), Rusia 112/H5
Moscú, Región de, Rusia 112/H5
Moscú, U. de, Barrera de Heilos, Ant. 161/H
Mosel (río), Ale. 87/F4
Mosela (dept.), Fra. 86/F5
Mosela (río), Fra. 87/F5
Moselebe (río seco), Bots. 178/E5
Moselotte (río), Fra. 98/C2
Moses (lago), Wa,EUA 190/E4
Moses Lake, Wa,EUA 190/E4
Mosfellsbær, Isl. 79/N7
Mosgiel, N.Z. 160/B4
Moshaweng (río seco), Safr. 180/C2
Moshchnyy (isla), Rusia 81/M2
Moshi, China 137/F2
Moshi, Tan. 175/B2
Moshupa, Bots. 178/E5
Mosina, Pol. 83/J2
Mosi-oa-Tunya (Victoria) (cats.), Zam. 178/E3
Mosjøen, Nor. 79/E2
Moskva (río), Rusia 112/G5
Mosley (río), CB,Can. 190/B2
Mosoni-Duna (río), Hun. 91/B4
Mosonmagyaróvár, Hun. 91/B4
Mospino, Ucr. 114/F3
Mosquera, Col. 228/B4
Mosquero, NM,EUA 198/C3
Mosquitia (reg.), Hon. 219/E3
Mosquito (lago seco), Ca,EUA 194/E3
Mosquito (pta.), Pan. 219/G4
Mosquitos (golfo), Pan. 219/F4
Mosquitos, Costa de (reg.), Nic. 219/E4
Moss, Nor. 80/D2
Moss Bluff, La,EUA 210/B2
Mossi Highlands (alt.), Burk. 168/E4
Mössingen, Ale. 88/C6
Mossman, Austl. 156/B2
Mossoró, Bras. 231/G4
Moss Point, Ms,EUA 210/D2
Mossuril, Moz. 179/J2
Moss Vale, Austl. 157/D2
Most, R.Ch. 89/G1
Mostaganem, Arg. 165/R16
Mostaganem (wilaya), Arg. 165/R15
Mostar, Bosn. 110/C4
Mostardas, Bras. 237/G4
Mostiska, Ucr. 116/B3
Móstoles, Esp. 94/D2
Mostovskoy, Rusia 117/L5
Mosty, Bela. 83/N2
Mostyn, Malay. 145/B4
Mosul (Al Mawşil), Irak 125/E2
Møsvatnet (lago), Nor. 80/B2
Motacucito, Bol. 236/D1
Mota del Cuervo, Esp. 94/D3
Motagua (río), Gua. 218/D3
Motala, Sue. 80/F2
Mother (pta.), Beli. 218/D2
Motherwell, Es,R.U. 72/C5
Motiang (mtña.), China 133/B2
Motian Ling (mtña.), China 135/E2
Motīhāri, India 141/E2
Motilla del Palancar, Esp. 94/E3
Motobu, Japón 132/J7
Motola (pico), Ita. 101/B2
Motomiya, Japón 131/G2
Motono, Japón 131/J7
Motoyoshi, Japón 132/B4
Motozintla de Mendoza, Méx. 218/C3
Motril, Esp. 94/D4
Motsuta-misaki (cabo), Japón 132/A2
Mott, DN,EUA 202/C4
Motta di Livenza, Ita. 105/F1
Mottarone (pico), Ita. 104/B1
Motta Visconti, Ita. 104/B2
Motueka, N.Z. 160/C3
Motul de Felipe Carrillo Puerto, Méx. 217/H4
Motupe, Perú 232/B2
Motutapu (isla), N.Z. 160/F6
Motygino, Rusia 118/K4
Mouanko, Cam. 176/B2
Mouans-Sarteux, Fra. 100/C5
Moudon, Suiza 98/C4
Mougins, Fra. 100/D5
Mougris (pozo), Maur. 168/B2
Mouhoun (prov.), Burk. 168/E3
Mouila, Gabón 176/B3
Moulamein, Austl. 157/C2
Moulamein (río), Austl. 157/C2
Moulins, Fra. 92/E3
Moulouya (río), Marr. 165/N13
Moulouya, Oued (río), Marr. 166/D2
Moultonboro, NH,EUA 207/L3
Moultrie (lago), CS,EUA 209/G4
Moultrie, Ga,EUA 211/G2
Mound City, DS,EUA 200/D1
Mound City, Il,EUA 208/C2
Mound City, Ks,EUA 199/G1
Mound City Group Nat'l Mon., Oh,EUA 206/E5
Moundou, Chad 164/D4
Mounds, Cave Of The, Wi,EUA 201/K2
Mounds View, Mn,EUA 203/P6
Moundsville, VOcc,EUA 206/F5
Moung Roessei, Camb. 143/C3
Mounlapamok, Laos 143/D3
Moun Né (mtña.), Fra. 95/E1
Mount (bahía), Ing,R.U. 76/A6
Mount Aberdeen, Parq. Nal., Austl. 156/B3
Mount Abu, India 138/B3
Mountain (río), TNO,Can. 186/D2
Mountainair, NM,EUA 198/A3
Mountain Ash, Gales,R.U. 76/C3
Mountain Brook, Al,EUA 208/D4
Mountain City, Tn,EUA 209/G2
Mountain Creek (lago), Tx,EUA 196/L7
Mountain Home, Ar,EUA 199/H2
Mountain Home, Id,EUA 192/F2
Mountain Nile (río), Sudán 173/F4
Mountain Top, Pa,EUA 212/C1
Mountain View, Ab,Can. 191/H3
Mountain View, Ar,EUA 199/H3
Mountain Zebra, Parq. Nal., Safr. 180/D4
Mount Airy, CN,EUA 209/G2
Mount Airy, Md,EUA 212/A5
Mount Albert, On,Can. 207/G2
Mount Allan, T. Abor., Austl. 155/G2
Mount Angel, Or,EUA 192/B1
Mount Aspiring, Parq. Nal., N.Z. 160/B4
Mount Ayr, Ia,EUA 201/G3
Mount Baldy, Ca,EUA 214/C2
Mount Barker, Austl. 154/C5
Mount Barker, Austl. 157/A2
Mount Barkly, T. Abor., Austl. 155/G2
Mount Barney, Parq. Nal., Austl. 156/C5
Mount Beauty, Austl. 157/C3
Mount Bold (emb.), Austl. 155/M9
Mount Buffalo, Parq. Nal., Austl. 157/C3
Mount Carmel, Il,EUA 208/D1
Mount Carmel, Ut,EUA 195/F2
Mount Carroll, Il,EUA 201/K2
Mount Clemens, Mi,EUA 206/E3
Mount Cook, Parq. Nal., N.Z. 160/B3
Mount Coot'tha, Austl. 156/E6
Mount Eccles, Parq. Nal., Austl. 157/B3
Mount Eden, N.Z. 160/F6
Mount Elgon, Parq. Nal., Kenia 175/A1
Mount Elliot, Parq. Nal., Austl. 156/B2
Mount Everard, Guy. 229/G3
Mount Field, Parq. Nal., Austl. 157/C4
Mount Forest, On,Can. 206/F3
Mount Gambier, Austl. 157/B3
Mount Garnet, Austl. 156/B2
Mount Gede-Pangrango, Parq. Nal., Indo. 144/D4
Mount Gilead, Oh,EUA 206/E4
Mount Hagen, P.N.G. 153/G1
Mount Holly, NJ,EUA 212/D4
Mount Hope, Austl. 157/C2
Mount Hope, On,Can. 205/R9
Mount Ida, Ar,EUA 199/H3
Mount Imlay, Parq. Nal., Austl. 157/D3
Mount Isa, Austl. 155/H2
Mount Kaputar, Parq. Nal., Austl. 157/D1
Mount Larcom, Austl. 156/C3
Mount Laurel, NJ,EUA 212/D4
Mount Lofty (mts.), Austl. 155/M9
Mount Magnet, Austl. 154/C4
Mount Maunganui, N.Z. 160/D2
Mountmellick, Irl. 78/C3
Mount Mistake, Parq. Nal., Austl. 156/D4
Mount Morgan, Austl. 156/C3
Mount Nebo, Austl. 156/E6
Mountnorris (bahía), Austl. 152/D2
Mount Olive, CN,EUA 209/H3
Mount Olivet, Ky,EUA 208/E1
Mount Pearl, Tnva,Can. 205/L2
Mount Pleasant, CS,EUA 209/H4
Mount Pleasant, Ia,EUA 201/J3
Mount Pleasant, Mi,EUA 206/D3
Mount Pleasant, Tx,EUA 197/G1
Mount Pleasant (aer.intl.), Malv., Argen. 239/N7
Mount Rainier, Parq. Nal., Wa,EUA 190/D4
Mountrath, Irl. 78/C4
Mount Remarkable, Parq. Nal., Austl. 155/H5
Mount Revelstoke, Parq. Nal., CB,Can. 190/E2
Mount Richmond, Parq. Nal., Austl. 157/B3
Mount Rushmore Nat'l Mem., DS,EUA 200/C2
Mount Saint Helens Nat'l Vol. Mon., Wa,EUA 190/C4
Mount Shasta, Ca,EUA 192/B3
Mount Spec, Parq. Nal., Austl. 156/B2
Mount Sterling, Il,EUA 201/J4
Mount Sterling, Ky,EUA 208/F1
Mount Vernon, Austl. 154/C3
Mount Vernon, Il,EUA 201/K4
Mount Vernon, NY,EUA 213/E2
Mount Walsh, Parq. Nal., Austl. 156/C4
Mount Warning, Parq. Nal., Austl. 157/E1
Mount Welcome, T. Abor., Austl. 154/C2
Mount William, Parq. Nal., Austl. 157/D4
Moura, Austl. 156/C4
Moura, Chad 172/D2
Moura, Por. 94/B3
Mourdi (depr.), Chad 172/D1
Mourenx, Fra. 92/C5
Mourmelon-le-Grand, Fra. 86/D5
Mourne (dist.), IrN,R.U. 74/B3
Mourne (mtñas.), IrN,R.U. 74/B3
Mourniaí, Gre. 109/J5
Mourre Nègre (mtña.), Fra. 100/B5
Mousā'alli (pico), Djib. 174/B2
Mouscron, Bél. 86/C2
Mousso (pozo), Chad 172/C1
Moussoro, Chad 172/C2
Moutier, Suiza 98/D3
Moûtiers, Fra. 100/C2
Mouvaux, Fra. 86/C2
Mouy, Fra. 86/B5
Mouydir (mes.), Arg. 167/G4
Mouzon (río), Fra. 98/B1
Mowanjum Mission, Austl. 152/A4
Möwe (bahía), Nam. 178/B3
Moxico (prov.), Ang. 176/E5
Moy (río), Irl. 78/B1
Moyamba, S.Le. 168/B4
Moye (isla), China 133/B4
Moyenmoutier, Fra. 98/C1
Moyeuvre-Grande, Fra. 87/F5
Moyie (río), CB,Can. 190/G3
Moyie (río), Wa,EUA 190/G3
Moyle (dist.), IrN,R.U. 74/B1
Moyo (isla), Indo. 147/E5
Moyo, Uga. 177/G2
Moyobamba, Perú 232/B2
Moyowosi (río), Tan. 177/G3
Moyu, China 134/C4
Moyuta, Gua. 218/D3
Mozambique 179/G3
Mozambique (canal), Ang. 179/H4
Mozambique (pta.), La,EUA 210/D3
Mozarlândia, Bras. 234/C2
Mozhaysk, Rusia 112/H5
Mozhga, Rusia 113/M4
Mozogo-Gokoro, Parq. Nal., Cam. 172/B3
Mozzanica, Ita. 104/C2
Mpama (río), Congo 176/C3
Mpika, Zam. 179/F1
Mpoko (río), Cafr. 172/C4
Mporokoso, Zam. 177/G5
Mpoumé (cats.), Cafr. 176/B2
Mpraeso, Gha. 169/E5
Mpulungu, Zam. 177/G5
Mpwapwa, Tan. 175/B3
Mrągowo, Pol. 83/L2
M. R. Gomez (emb.), Méx. 196/E4
Mrkonjić Grad, Bosn. 110/C3
M'Sila, Arg. 165/T16
M'Sila (río), Arg. 165/T16
M'Sila (wilaya), Arg. 165/T16
Mstislavl', Bela. 114/D1
Mszana Dolna, Pol. 83/L4
Mtarazi (cats.), Zim. 179/G3
Mtorwi (pico), Tan. 175/A4
Mtsensk, Rusia 114/F1
Mtwara (prov.), Tan. 175/B4
Mtwara (reg.), Tan. 179/H1
Mu (río), Mya. 136/B4
Mualama, Moz. 179/H3
Muan, Cor.S. 133/D5
Muaná, Bras. 230/D3
Muang Gnommarat, Laos 143/D2
Muang Hinboun, Laos 143/D2
Muang Kenthao, Laos 143/C2
Muang Khammouan, Laos 143/D2
Muang Khong, Laos 143/D3
Muang Khongxedon, Laos 143/D3
Muang Lakhonpheng, Laos 143/D3
Muang Pak-Lay, Laos 143/C2
Muang Pakxan, Laos 136/D5
Muang Sing, Laos 143/D1
Muang Soy, Laos 143/D1
Muang Thathom, Laos 143/C2
Muang Vangviang, Laos 143/C2
Muang Xaignabouri, Laos 143/C2

Naranjos, Méx. 217/F4
Narãq, Irán 125/G3
Narasannapeta, India .. 138/D4
Narashino, Japón 131/M2
Narathiwat, Tail. 143/C5
Nara Visa, NM,EUA .. 198/D3
Narayanganj, Bang. .. 141/H4
Nãrãyanganj, India 138/C4
Narayani (río), Nepal .. 140/D2
Narayani (zona),
Nepal 141/E2
Nãrãyanpet, India 138/C4
Narberth, Gales,R.U. .. 76/B3
Narbonne, Fra. 92/E5
Narcea (río), Esp. 94/B1
Nardò, Ita. 109/F2
Nare, Col. 231/L6
Nare (pta.), R.U. 76/B6
Narellan, Austl. 156/G9
Narembeen, Austl. 154/C5
Nares (estr.),
Can., Groen. 187/T7
Narew (río), Pol. 83/L2
Narganá, Pan. 219/G4
Narin (río), Kirg. 134/B3
Narinda (bahía), Mad. 181/H6
Nariño, Col. 231/K6
Nariño (dept.), Col. .. 228/B4
Narita (aer.intl.),
Japón 131/N2
Nariz (río), Chile 239/K8
Narkatiãganj, India .. 141/E2
Narmada (río), India .. 140/A4
Narman, Tur. 115/G4
Narni, Ita. 102/C2
Narni Scalo, Ita. 102/C2
Narodnaia (pico),
Rusia 71/K2
Narok, Kenia 175/A2
Narón, Esp. 94/A1
Narooma, Austl. 157/D3
Narovlya, Bela. 116/E2
Nãrowãl, Pak. 142/C1
Närpes, Fin. 79/G3
Narra, Fil. 145/B3
Narrabri, Austl. 157/D1
Narrandera, Austl. 157/C2
Narrogin, Austl. 154/C5
Narromine, Austl. 157/D2
Narrows, The (estr.),
NJ,EUA 213/J4
Narsimhapur, India .. 140/B4
Narsingarh, India 140/A4
Narsingdi, Bang. 141/H4
Nartuby (río), Fra. 100/C6
Naruto, Japón 130/D3
Narva, Esto. 81/N2
Narva (emb.),
Esto., Rusia 81/M2
Narva (golfo),
Esto., Rusia 81/M2
Narva (río),
Esto., Rusia 81/M2
Narvacan, Fil. 145/C1
Narva-Jõesuu, Esto. .. 81/N2
Narvik, Nor. 79/F1
Nar'yan-Mar, Rusia .. 71/J2
Naryn, Kirg. 134/C3
Naşarīyah, Jabal an
(mtñas.), Siria 123/E2
NASA Test Facility,
NM,EUA 195/J4
Năsăud, Rum. 111/G2
NASA Wallops Flight Ctr.,
Va,EUA 209/M2
Naschel, Argen. 238/D2
Na Sealga, Loch (lago),
Es,R.U. 72/A1
Naseby, N.Z. 160/B4
Nashua, NH,EUA 207/L3
Nashville, Ar,EUA 197/H4
Nashville, CN,EUA 209/J3
Nashville, Ga,EUA 211/G2
Nashville, Il,EUA 201/K4
Nashville (cap.),
Tn,EUA 208/D2
Našice, Cro. 110/D3
Nasielsk, Pol. 83/L2
Nasijärvi (lago), Fin. 81/K1
Nasik, India 138/B4
Nasikonis (cabo),
Indo. 152/A2
Nasīrābād, India 138/B2
Nasīrābād, Pak. 127/J3
Naso (pta.), Fil. 145/C3
Nasorolevu (pico),
Fidji 159/Z17
Nasosnyy, Azer. 115/J4
Năsriganj, India 140/E3
Nass (río), CB,Can. .. 189/K4
Nassach (río), Ale. .. 88/D2
Nassau, Ale. 88/B3
Nassau (cap.), Bahm. . 220/B1
Nassau (bahía), Chile . 239/L8
Nassau (isla), Cook .. 159/J6
Nassau (estr.), Fl,EUA 211/H2
Nasser (lago), Egip. .. 171/G4
Nässjö, Sue. 80/F3
Nassogne, Bél. 87/E3
Nastapoka (isla),
Nun,Can. 187/J3
Nastätten, Ale. 88/A2
Nastola, Fin. 81/K1
Næstved, Din. 80/D4
Nasu-dake (mtña.),
Japón 131/F2
Nasugbu, Fil. 145/C2
Naszály (pico), Hun. .. 81/V1
Nat (pico), Mya. 136/C5
Nata, Bots. 178/E4
Natá, Pan. 228/C4
Natagaima, Col. 228/C4
Natal, Bras. 231/H4
Natal, Indo. 144/B2
Natalicio Talavera,
Par. 237/D3
Natanya, Isr. 123/D3
Natanz, Irán 125/G3
Nataraja, Templo,
India 142/D3
Natashó, Japón 131/L9
Natashquan (río),
Qu,Can. 187/K3
Natchez, Ms,EUA 197/J2

Natchez Trace Pkwy.,
E.U.A. 208/B5
Natchitoches, La,EUA .. 197/H4
Naters, Suiza 98/D5
Natewa (bahía), Fidji . 159/Z17
Nãthdwãra, India 138/B3
Natimuk, Austl. 157/B3
National City, Ca,EUA . 214/C5
Natividade, Bras. 234/D1
Natl, Jor. 123/D4
Natron (lago), Tan. .. 175/A2
Nattam, India 142/G3
Nattaung (pico), Mya. . 139/G4
Nattheim, Ale. 88/D5
Nättraby, Sue. 80/F3
Natuna (islas), Indo. .. 146/C3
Natural Bridge Caverns,
Tx,EUA 197/E3
Natural Bridges
Nat'l Mon., Ut,EUA .. 195/G2
Naturaliste (cabo),
Austl. 154/B5
Naturaliste (canal),
Austl. 154/B3
Naturaliste-Leeuwin,
Parq. Nal., Austl. .. 154/B5
Naturns (Naturno), Ita. . 99/G4
Naucalpán, Méx. 217/K7
Nauen, Ale. 90/C2
Naugachhia, India .. 141/F3
Naugatuck, Ct,EUA .. 207/K4
Nauhcampatépetl (vol.),
Méx. 217/M7
Nauheim, Ale. 88/B3
Naujamiestis, Lit. 81/L4
Naujan, Fil. 145/C2
Naujoji-Akmené, Lit. . 81/K3
Naumburg, Ale. 85/G6
Nã'ūr, Jor. 123/D4
Nauru 158/F5
Naushki, Rusia 128/F1
Nauta, Perú 232/C2
Nautla (río), Méx. 216/M6
Nautla, Méx. 217/N6
Néa Alikarnassós,
Gre. 109/J5
Néa Ankhíalos, Gre. .. 109/H3
Néa Artáki, Gre. 109/H3
Néa Ionía, Gre. 109/H3
Néa Kíos, Gre. 109/H4
Neale (lago), Austl. .. 155/F3
Néa Mikhaniôna, Gre. . 109/H2
Néa Moudhaniá, Gre. . 109/H2
Néa Péramos, Gre. .. 109/G3
Néa Potídhaia, Gre. .. 109/H2
Near (islas), Ak,EUA .. 215/A6
Neath, Gales,R.U. 76/C3
Neath (río), Gales,R.U. . 76/C3
Néa Triglia, Gre. 109/H2
Néa Víssa, Gre. 109/K2
Néa Zíkhni, Gre. 109/H2
Neb (río), IM,R.U. 74/D3
Nebel-Horn (pico), Ale. . 99/G3
Nebin (río), Austl. 100/D3
Nebish (isla), Mi,EUA . 206/D1
Neblina (pico), Bras. .. 229/E4
Nebo (mtña.), Ut,EUA . 193/H4
Nebraska (est.),
E.U.A. 200/D3
Nebraska City,
Ne,EUA 201/G3
Nechako (río),
CB,Can. 186/D3
Nechayannoye, Ucr. . 116/F4
Neches (río), Tx,EUA . 197/G2
Nechisar, Parq. Nal.,
Eti. 173/H4
Nechranice, Údolní nádrž
(emb.), R.Ch. 89/G2
Neckar (río), Ale. 88/B4
Neckargemünd, Ale. . 88/B4
Neckarsteinach, Ale. . 88/B4
Neckarsulm, Ale. 88/C4
Necker (isla), Hi,EUA . 159/J2
Necochea, Argen. 238/F3
Necoclí, Col. 228/B2
Necrópoli (ruinas),
Ita. 102/C3
Neda, Gre. 94/A1
Nedelino, Bul. 109/J2
Nedelišce, Cro. 110/C2
Nederland, Tx,EUA .. 197/H3
Nederweert, P.B. 84/C6
Nedlands, Austl. 154/K6
Nedumangãd, India .. 142/F4
Nedvya, Rusia 114/E1
Navo, Tx,EUA 196/L6
Nãvodari, Rum. 111/J3
Navoi, Uzb. 118/G5
Navojoa, Méx. 216/C3
Navolato, Méx. 216/D3
Navotas, Fil. 145/E6
Neely Henry (lago),
Al,EUA 208/D4
Neenah, Wi,EUA 201/K1
Neepawa, Mb,Can. .. 202/E2
Neerabup, Parq. Nal.,
Austl. 154/K6
Neerpelt, Bél. 87/E1
Nee Soon, Sin. 144/C2
Neeosho, Mo,EUA .. 199/G2
Neetze, Ale. 85/H2
Neetze (río), Ale. 85/H2
Nefasit, Eri. 174/A2
Neffelbach (río), Ale. . 87/F2
Neftah, Tun. 167/G2
Neftçala, Azer. 115/J5
Neftegorsk, Rusia 117/K5
Neftekamsk, Rusia .. 71/J3
Neftekumsk, Rusia .. 115/H3
Nefud (des.), Ar.S. .. 122/C7
Nefteno Nega, Zam. .. 179/F2
Negara, Indo. 144/F5
Negara (pta.), Beli. .. 218/D2
Negra (mesa),
NM,EUA 195/J3
Negra (pta.), Perú .. 232/A2
Negra da Mata,
Bras. 231/H4
Negro do Piauí, Bras. . 231/F4
Nazaré Paulista,
Bras. 235/K8
Negreíros, Chile 236/B1
Negrillos, Bol. 236/B3
Negritos, Perú 232/A2
Negro (pico), Argen. .. 238/C3
Negro (río), Argen. .. 236/E3
Negro (río), Argen. .. 238/D3
Negro (mar),
Asia, Eur. 114/D4
Negro (río), Bol. 233/F4

Negro (río), Bras. 229/F5
Negro (río), Bras. 234/A3
Negro (río), Par. 236/E3
Negro (río), Uru., Bras. 239/F2
Negro, Arroyo (arr.),
Uru. 239/T11
Negros (mtñas.),
Bután 141/H2
Negros (isla), Fil. 145/C3
Nchelenge, Zam. 177/G5
Ncheu, Mal. 179/G2
Nchisi, Mal. 179/G2
Ndalatando, Ang. 176/C5
Ndele, Cafr. 172/D3
Ndendé, Gabón 176/B3
Ndeni (isla), Sal. 158/F6
N'Djamena (cap.),
Chad 164/D3
Ndogo (lag.), Gabón .. 176/B3
Neihuang, China 135/C4
Neijiang, China 136/E2
Neillsville, Wi,EUA .. 201/J1
Neillsville (colina),
Wi,EUA 201/J1
Neilston, Es,R.U. 72/B5
Nei Monggol (mes.),
China 128/G3
Nei Monggol (reg.aut.),
China 135/C2
Neiqiu, China 135/C3
Neira, Col. 231/K6
Neiva, Col. 228/C4
Neixiang, China 135/B4
Nejanilini (lago),
Mb,Can. 186/G3
Nejapa, Méx. 218/C2
Nejdek, R.Ch. 89/G1
Nek'emtē, Eti. 173/H3
Nekso, Din. 80/F2
Nelas, Por. 94/B2
Nelidovo, Rusia 112/G4
Neligh, Ne,EUA 200/D2
Nellikkuppam, India . 142/G3
Nellis Air Force Ra.,
Nv,EUA 194/D2
Nellore, India 138/C5
Nelson, Argen. 236/D4
Nelson (cabo), Austl. . 157/B3
Nelson (río), Can. .. 184/H4
Nelson, CB,Can. 190/F3
Nelson (estr.), Chile .. 239/J7
Nelson (isla), Ak,EUA . 215/F3
Nelson, Az,EUA 195/F3
Nelson, Ne,EUA 200/D3
Nelson, Nv,EUA 194/E3
Nelson, N.Z. 160/C3
Nelson (cabo), P.N.G. . 153/H2
Nelson, Gales,R.U. .. 76/C3
Nelson, Ing.R.U. 75/F4
Nelson Bay, Austl. .. 157/E2
Nelson Bays (reg.),
N.Z. 160/C3
Nelson Lakes, Parq. Nal.,
N.Z. 160/C3
Nelson-Miramichi,
NB,Can. 204/E2
Nelspruit, Safr. 181/E2
Néma, Maur. 168/D2
Néma, Dhar (colinas),
Maur. 168/D2
Nembro, Ita. 104/C1
Neméa, Gre. 109/H4
Neminqha, Austl. 157/D1
Nemira (pico), Rum. .. 111/H2
Nemocón, Col. 231/M6
Nemor (río), China .. 129/J2
Nemours, Fra. 92/E2
Nemunas (río), Lit. .. 81/K4
Nemuro, Japón 132/D2
Nemuro (pen.), Japón . 132/D2
Nemuro (río), China .. 129/J2
Nenagh, Irl. 78/B4
Nenana, Ak,EUA 215/J3
Nendaz, Suiza 98/D5
Nene (río), Ing.R.U. .. 77/G1
Nenets, Distrito Autónomo
Subordinado de los,
Rusia 113/M2
Nenjiang, China 129/K2
Nenzing, Aus. 99/F3
Neodesha, Ks,EUA .. 199/G2
Neu-Isenburg, Ale. .. 88/B2
Neu Kaliss, Ale. 90/B1
Neosho, Mo,EUA 199/G2
Néouville, Pic de (pico),
Fra. 95/F1
Neo Volcánica (mts.),
Méx. 217/Q9
Nepal 140/D1
Nepãlganj, Nepal 140/C1
Nepanagar, India 138/C3
Nepean (río), Austl. .. 156/G8
Nepean, On,Can. 207/J2
Nepeña, Perú 232/B3
Nephi, Ut,EUA 193/H4
Nephin (mtña.), Irl. .. 78/A1
Nephin Beg (mtña.), Irl. . 78/A1
Nephin Beg (mts.), Irl. . 78/A2
Nepi, Ita. 102/C3
Nepisiguit (bahía),
NB,Can. 204/E2
Nepisiguit (río),
NB,Can. 204/D2
Nepoke (río),
D.R.Congo 177/G2
Nepomuceno, Bras. .. 234/D4
Nepomuk, R.Ch. 89/G4
Nera (río), Ita. 102/C3
Nérac, Fra. 92/D4
Neratovice, R.Ch. 89/H2
Nercha (río), Rusia .. 128/H1
Nerchinsk, Rusia 128/H1
Nerekhta, Rusia 112/J4
Neresheim, Ale. 88/D5
Nereta, Let. 81/L3
Nereto, Ita. 103/D2
Neretva (río),
Bosn., Cro. 110/D4
Neringa, Lit. 81/J4
Neris (río), Lit. 81/L4
Nerja, Esp. 94/D4
Nerokoúros, Gre. 109/J5
Nerone, Monte (pico),
Ita. 105/F3
Negro (mar) .... [as above]
Nerópolis, Bras. 234/C3
Nerpio, Esp. 94/D3
Nersingen, Ale. 88/D6
Nerva, Esp. 94/B4
Nervesa della Battaglia,
Ita. 105/F1
Néris (río), Ita. 104/A5
Nervia (río), Ita. 104/A5
Nervion (río), Esp. .. 104/B1
Nes, Nor. 80/C1
Nes, P.B. 84/C2
Nesbyen, Nor. 80/C1
Neshehūr, Bul. 114/C4
Neskaupstadhur, Isl. . 79/Q6
Nesque (río), Fra. 100/B4
Ness (río), Esc. 72/B2
Ness City, Ks,EUA .. 198/E1
Nesse, Ale. 85/H6
Nesselrode (mte.),
Ak,EUA 215/M4
Nesselwang, Ale. 99/G2
Néstos (río), Gre. .. 109/J2
Nesvady, Eslo. 91/C4
Net (río), Mi,EUA .. 203/K4
Nethe (río), Bélg. .. 84/D5
Neto (río), Ita. 101/C4
Nettebach (río), Ale. . 87/G3
Netley (lago), Man. .. 205/P5
Nettetal, Ale. 84/D6
Nettlling (lago),
Nun,Can. 187/J2
Nettuno, Ita. 104/C1
Netzahualcóyotl, Méx. 217/L7
Neubrandenburg,
Ale. 90/D2
Neubulach, Ale. 88/B5
Neuburg an der Donau,
Ale. 88/E5
Neuchâtel, Suiza 98/C4
Neuchâtel (cantón),
Suiza 98/C4
Neuchâtel (lago), Suiza . 98/C4
Neu Darchau, Ale. .. 85/H2
Neudörfl, Aus. 91/A4
Neue Elde (río), Ale. . 90/B1
Neue Jäglitz (río), Ale. . 90/C2
Neuenbürg, Ale. 88/B5
Neuendettelsau, Ale. . 88/D4
Neuendorfer (lago),
Ale. 90/D3
Neuenhagen, Ale. .. 90/D3
Neuenhaus, Ale. 84/D4
Neuenrade, Ale. 85/E6
Neuenstadt am Kocher,
Ale. 88/C4
Neuenstein, Ale. 88/C4
Neufahrn bei Freising,
Ale. 89/E6
Neufchâteau, Bél. .. 87/E4
Neufchâteau, Fra. .. 98/B1
Neufchâtel, Fra. 86/A2
Neufchâtel-en-Bray,
Fra. 86/A4
Neugraben (río), Ale. . 85/E3
Neuhaus am Inn, Ale. . 89/G6
Neuhaus am Rennweg,
Ale. 89/E1
Neuhausen am Rheinfall,
Suiza 99/E2
Neuhof, Ale. 88/B4
Neuhofen an der Krems,
Aus. 89/H6
Neuilly-en-Thelle, Fra. . 86/B5
Neuilly-l'Évêque, Fra. . 98/B2
Neuilly-St-Front, Fra. . 86/C5
Neuilly-sur-Marne,
Fra. 71/T10
Neuilly-sur-Seine,
Fra. 71/S10
Neu-Isenburg, Ale. .. 88/B2
Neumarkt am Wallersee,
Aus. 89/G7
Neumarkt (Egna), Ita. . 99/H5
Neumarkt in der Oberpfalz,
Ale. 89/E4
Neumarkt-Sankt Veit,
Ale. 89/F6
Neumünster, Ale. 82/E1
Neung-sur-Beuvron,
Fra. 97/G5
Neunkirchen, Suiza .. 99/E2
Neunkirchen, Ale. 87/G5
Neunkirchen, Ale. 87/H2
Neunkirchen, Ale. 91/A4
Neunkirchen-Seelscheid,
Ale. 87/G2
Neupi, Ita. 102/C3
Neuquén, Argen. 238/C3
Neuquén (prov.),
Argen. 238/C3
Neuquén (río), Argen. . 238/C3
Neuruppin, Ale. 90/C2
Neusäss, Ale. 88/D6
Neuse (río), CN,EUA . 209/J3
Neuseider (lago), Aus. 110/C2
Neusiedl am See, Aus. . 91/A4
Neusiedler See (lago), Aus. . 91/A4
Neusiedler See
(Fertő) (lago),
Aus., Hun. 91/A4
Neuss, Ale. 84/D6
Neustadt, Ale. 88/D5
Neustadt, Ale. 90/B6
Neustadt am Rübenberge,
Ale. 90/C2
Neustadt an der Aisch,
Ale. 88/D4
Neustadt an der Donau,
Ale. 89/E5
Neustadt an der
Waldnaab, Ale. 89/F3

Neustadt an der
Weinstrasse, Ale. .. 88/B4
Neustadt bei Coburg,
Ale. 88/E2
Neustadt in Holstein,
Ale. 82/F1
Neustift im Stubaital,
Aus. 99/H3
Neustrelitz, Ale. 82/G2
Neutraubling, Ale. .. 89/F5
Neu-Ulm, Ale. 88/D6
Neuves-Maisons, Fra. . 92/G2
Neuville-aux-Bois,
Fra. 97/H4
Neuville-sur-Saône,
Fra. 98/A6
Neuwerk (isla), Ale. .. 85/F1
Neuwied, Ale. 87/G3
Neu Zittau, Ale. 90/D3
Neva (río), Rusia 81/P2
Nevada (mtñas.), Esp. . 94/D4
Nevada, Ia,EUA 201/H2
Nevada, Mo,EUA 199/G2
Nevada City, Ca,EUA . 192/C3
Nevada del Huila,
Parq. Nal., Col. 228/C4
Nevado de Toluca,
Parq. Nal., Méx. .. 217/K7
Nevado, Sierra del
(mtñas.), Argen. .. 238/C2
Nevel', Rusia 81/N3
Nevele, Bél. 86/C1
Nevel'sk, Rusia 129/N2
Nephen, Ale. 87/H2
Nette (río), Ale. 84/D6
Nette (río), Ale. 85/H5
Nettersheim, Ale. 87/F3
Nevers, Fra. 92/E3
Nevesinje, Bosn. 110/D4
Nevinnomisk, Rusia .. 115/G1
Nevis (isla), St.K. 220/F3
Nevis (pico), St.K. .. 220/F3
Nevola (río), Ita. 105/F3
Nevşehir, Tur. 121/E1
Nevşehir (prov.), Tur. . 124/C2
New (río), Az,EUA .. 195/F4
New (río), CN,EUA .. 209/G1
New, Guy. 229/G3
New (río), Guy. 229/H4
New Albany, In,EUA . 208/E1
New Albany, Ms,EUA . 208/C3
New Amsterdam,
Guy. 229/G3
New Ancholme (río),
Ing.R.U. 75/H5
Newark, De,EUA 212/C4
Newark, NJ,EUA 213/D2
Newark (aer.intl.),
NJ,EUA 213/J9
Newark (bahía),
NJ,EUA 213/J9
Newark-on-Trent,
Ing.R.U. 77/F2
New Augusta,
Ms,EUA 210/D2
Newaygo, Mi,EUA .. 206/D3
New Bedford,
Ma,EUA 204/B5
New Bern, CN,EUA .. 209/J3
Newberry, CS,EUA .. 209/G3
Newberry, Mi,EUA .. 206/D1
New Bloomfield,
Pa,EUA 212/A3
New Braintree,
Ma,EUA 208/B1
New Braunfels,
Tx,EUA 197/E3
Newbridge on Wye,
Gales,R.U. 76/C2
New Brighton,
Mn,EUA 203/P6
New Britain, Ct,EUA .. 207/K4
Neuhofen an der Krems,
New Brunswick,
NJ,EUA 212/D3
New Buildings,
IrN,R.U. 74/A2
Newburgh, NY,EUA .. 207/L4
Newburn, Ing.R.U. .. 75/G2
Newbury, Ing.R.U. .. 77/E4
New Canaan, Ct,EUA . 213/E1
New Castile (reg.),
Esp. 106/C3
Newcastle, Austl. .. 157/D2
Newcastle, NB,Can. .. 204/E2
Newcastle, On,Can. .. 207/G3
New Castle, De,EUA . 212/C4
New Castle, In,EUA .. 206/D5
New Castle, Pa,EUA .. 206/D4
Newcastle, Va,EUA .. 209/G2
New Castle, Wy,EUA . 200/C2
Newcastle, IrN,R.U. .. 74/C3
New City, NY,EUA .. 213/E1
Newcastle, Safr. 181/E2
Newcastle-under-Lyme,
Ing.R.U. 75/F5
Newcastle upon Tyne,
Ing.R.U. 75/G2
Newcomerstown,
Oh,EUA 206/F4
New Cumnock, Es,R.U. 72/B6
New Denver, CB,Can. . 190/F3
New Dorp, NY,EUA .. 213/J9
Newell, Austl. 156/B2
New Ellenton,
CS,EUA 209/G3
New England, Parq. Nal.,
Austl. 157/E1
Newenham (cabo),
Ak,EUA 215/F4
Newfane, Vt,EUA 208/A1
New Gloucester,
Aus., Hun. 91/A4
New Gretna, NJ,EUA . 212/D4
Newham (mun.inc.),
Ing.R.U. 71/P7
New Hampton,
Ia,EUA 201/H2
New Haven, Ct,EUA .. 207/K4
New Haven, In,EUA .. 206/D4
New Haven,
VOcc,EUA 209/G1
Newhaven, Ing.R.U. . 77/F5
New Hebron,
Ms,EUA 208/C5

New Hope, CN,EUA .. 209/J4
New Iberia, La,EUA .. 210/C2
New Kensington,
Pa,EUA 207/H2
New Kent, Va,EUA .. 209/J2
Newkirk, Ok,EUA 199/F2
Newland, CN,EUA .. 209/G2
New Lexington,
Oh,EUA 206/E5
New Liskeard,
On,Can. 187/J4
New London, Ct,EUA . 207/K4
New London, Mo,EUA 199/J1
New Madrid, Mo,EUA . 208/C2
Newmains, Es,R.U. .. 72/C5
Newman, Austl. 154/C2
Newman, Ca,EUA .. 194/B2
Newman, DN,EUA .. 202/F4
Newman, NM,EUA .. 216/D1
Newmarket, On,Can. . 207/G2
Newmarket, N.Z. 160/F6
Newmarket, Ing.R.U. . 77/G2
New Martinsville,
VOcc,EUA 206/F5
New Milford, NJ,EUA 213/D2
New Mills, Ing.R.U. .. 75/F5
New Norfolk, Austl. .. 157/C4
Newnan, Ga,EUA 208/E4
Newnan (lago),
Fl,EUA 211/G3
New Norfolk, Austl. .. 157/C4
New Paltz, NY,EUA .. 207/L4
New Philadelphia,
Oh,EUA 206/F4
New Plymouth, N.Z. .. 160/C2
Newport (bahía),
Ca,EUA 214/C3
Newport, In,EUA 206/C5
Newport, Ky,EUA 208/E1
Newport, NH,EUA .. 207/K3
Newport, Or,EUA 192/A1
Newport, RI,EUA 207/L4
Newport, Tn,EUA 209/F3
Newport, Vt,EUA 207/K2
Newport, Wa,EUA .. 190/F3
Newport, Gales,R.U. . 76/B2
Newport, Gales,R.U. . 76/D3
Newport, Ing.R.U. .. 77/E5
Newport Beach,
Ca,EUA 214/C3
Newport Meadows
(lago), NJ,EUA .. 212/C5
Newport News,
Va,EUA 209/J2
Newport-on-Tay,
Esc.R.U. 72/D4
Newport Pagnell,
Ing.R.U. 77/F2
New Providence (isla),
Bahm. 220/B1
New Providence,
Kenia 175/C2
Newquay, Kenia 175/B2
Newquay, Ing.R.U. .. 76/A6
New Richmond,
Qu,Can. 204/E1
New Roads, La,EUA .. 210/C2
New Rochelle,
NY,EUA 213/E1
New Rockford,
DN,EUA 202/E4
New Romney, Ing.R.U. . 77/G5
New Ross, NE,Can. .. 204/E2
New Ross, Irl. 78/B5
New Rossington,
Ing.R.U. 75/G5
Newry, Austl. 152/C4
Newry, IrN,R.U. 74/B3
Newry (canal),
IrN,R.U. 74/B3
New Sarepta, Ab,Can. 191/H1
New Schwabenland (reg.),
Ant. 161/Z
New Scone, Es,R.U. .. 72/C4
New Shoreham
(Block Island),
RI,EUA 207/L4
New Shrewsbury
(Tinton Falls),
NJ,EUA 213/D3
New Smyrna Beach,
Fl,EUA 211/H3
New Sweden,
Me,EUA 204/C2
Newton, CN,EUA 209/G3
Newton, Ga,EUA 211/F2
Newton, Il,EUA 206/B5
Newton, Ks,EUA 199/F1
Newton, Ma,EUA 207/L3
Newton, NJ,EUA 212/D1
Newton, Tx,EUA 197/H2
Newton, Es,R.U. 76/D2
Newton Abbot, Ing.R.U. 76/C5
Newton Ferrers,
Ing.R.U. 76/B6
Newton Stewart,
Ing.R.U. 75/F5
Newton Tors (colina),
Ing.R.U. 75/F2
Newtown, Austl. 157/B3
Newtown, Pa,EUA .. 212/D3
Newtown, Irl. 78/B5
Newtownabbey,
IrN,R.U. 74/C2
Newtownards, IrN,R.U. 74/C2
Newtownbutler,
IrN,R.U. 78/C1
Newtown Square,
Pa,EUA 212/B3

New Ulm, Mn,EUA .. 201/G1
New Waterford,
NE,Can. 205/G2

New Westminster,
CB,Can. 190/C3
New Zealand (pico),
Ant. 161/L
Neyagawa, Japón .. 131/L10
Neyland, Gales,R.U. . 76/B3
Neyriz, Irán 125/H4
Neyshabur, Irán 125/J2
Neyva (río), Rusia .. 113/P4
Neyveli, India 142/G3
Neyyattinkara, India . 142/F4
Nezahualcóyotl, Méx. 217/F5
Nez de Jobourg (pta.),
Fra. 96/D1
Nezlobnaya, Rusia .. 115/G3
Nezperce, Id,EUA .. 190/F4
Nezpique (br.p.),
La,EUA 210/D2
Ngabang, Indo. 146/C3
Ngabordamlu (cabo),
Indo. 152/D1
Ngabu, Mal. 179/G2
Ngahere, N.Z. 160/B3
Ngambwe (cats.),
Zam. 178/E3
Ngami (lago), Bots. .. 178/D4
Ngamiland (dist.),
Bots. 178/D3
Ngamring, China 141/F1
Nganda (pico), Mal. .. 175/A4
Ngangerabeli (llan.),
Kenia 175/C2
Ngangla Ringco (lago),
China 134/D5
Ngangzê (lago), China . 134/E5
Nganha Montagne de
(pico), Cam. 172/B4
Ngaoundéré, Cam. .. 172/B4
Ngapara, N.Z. 160/B4
Ngarket, Parq. Nat.,
Austl. 157/B2
Ngarti, T. Abor., Austl. 155/F2
Ngaruawahia, N.Z. .. 160/C2
Ngatapa, N.Z. 160/D2
Ngatik (isla), Micr. .. 158/E4
Ngau (isla), Fidji .. 159/Z18
Ngauruhoe (vol.), N.Z. . 160/C2
Nghia Dan, Vie. 143/D2
Nghia Lo, Vie. 143/D1
Ngiro, Ewaso (río),
Kenia 175/A2
Ng'iro, Ewaso (río),
Kenia 175/B1
Ngoan Muc (paso),
Vie. 143/E4
Ngoc Linh (pico), Vie. . 139/J4
Ngoko (río),
Cam., Congo 176/C2
Ngolo (cats.), Cafr. .. 172/C4
Ngoma (cats.), Gui.Ec. . 176/B2
Ngomeni, Ras (pta.),
Kenia 175/C2
Ngong, Kenia 175/B2
Ngonye (cats.), Zam. . 178/D3
Ngorongoro (llan.),
China 129/D5
Ngorongoro, Parq. Nat.,
Tan. 175/A2
Ngotwane (río), Safr. . 180/N12
Ngounié (prov.),
Gabón 176/B3
Ngounié (río), Gabón . 176/B3
Ngozi, Bur. 177/E2
Nguigmi, Níger 172/B2
Nguiu, Austl. 152/C3
Ngukurr, Austl. 152/D3
Ngulu (isla), Micr. .. 158/C4
Ngum (río), Laos 143/C2
Ngumbe Sukani,
Ras (pta.), Tan. .. 175/B4
Nguru, Ang. 176/C5
Nguru (mtñas.), Tan. . 175/B3
Nguyen Binh, Vie. .. 143/D1
Ngwenya (río),
Swaz. 181/E2
Ngwerere, Zam. 179/F2
Nhamundá, Bras. .. 230/B3
Nhamunda (río), Bras. . 230/A3
Nhandeara, Bras. .. 234/C4
Nhandugue (río), Moz. 179/G3
Nha Trang, Vie. 143/E3
Nhia (río), Ang. 176/C5
Nhill, Austl. 157/B3
Nhulunbuy, Austl. .. 153/E3
Niafounké, Malí 168/E3
Niagara (con.),
On,Can. 205/S9
Niagara (río), Can.,
EUA 205/S9
Niagara Cave,
Mn,EUA 201/H2
Niagara Falls,
On,Can. 207/G3
Niagara Falls,
NY,EUA 207/G3
Niagara-on-the-Lake,
On,Can. 205/S9
Niamey (cap.), Níger . 169/F3
Niamey (dept.),
Níger 169/F3
Niandan (río), Gui. .. 168/C4
Niangara, D.R.Congo . 177/F2
Niangay (lago), Malí . 168/E3
Niangua (río),
Mo,EUA 199/H2
Niangzi Guan (paso),
China 135/C3
Niari (reg.), Congo .. 176/C3
Niari (río), Congo .. 176/C3
Nias (isla), Indo. 144/A3
Niassa (prov.), Moz. . 179/H2
Nibong Tebal, Malay. . 144/C1
Nīca, Let. 81/J3
Nicaragua 219/E4
Nicaragua (lago), Nic. 219/E4
Nicastro-Sambiase,
Ita. 101/C5
Nicatous (lago),
Me,EUA 204/C2
Niccone (río), Ita. .. 104/A3
Nichelino, Ita. 104/A3
Nichinan, Japón 130/B5

Novi Vinodolski, Cro. 110/B3
Novo (río), Bras. 234/B2
Novo (río), Bras. 235/N6
Novoalekseyevka, Kaz. 115/K2
Novoalekseyevka, Ucr. 117/H4
Novoaltaysk, Rusia 118/J4
Novoanninskiy, Rusia 117/M2
Novo Aripuanã, Bras. 230/A4
Novobogdanovka, Ucr. 117/H4
Novocheboksarsk, Rusia 113/K4
Novocherkassk, Rusia 71/H4
Novogrudok, Bela. 81/L5
Novo Hamburgo, Bras. 237/G4
Novo Horizonte, Bras. 234/C4
Novohradské Hory (mtñas.), R.Ch. 89/H5
Novokubansk, Rusia 117/L5
Novokuibishevsk, Rusia 115/J1
Novokuznetsk, Rusia 118/J4
Novoladozhskiy (canal), Rusia 81/P1
Novolazarevskaia, Ant. 161/A
Novolukoml', Bela. 81/N4
Novo Mesto, Esl. 110/B3
Novo Miloševo, Serb. 110/E3
Novominskaya, Rusia 117/K4
Novomoskovsk, Rusia 118/D4
Novomoskovsk, Ucr. 117/H3
Novonikolayevka, Ucr. 117/H4
Novonikolayevskiy, Rusia 117/M2
Novonukutskiy, Rusia 128/E1
Novo Oriente, Bras. 231/F4
Novorossiisk, Rusia 71/G4
Novoselitsa, Ucr. 116/D3
Novosëlovskoye, Ucr. 117/G5
Novosergiyevka, Rusia 115/K1
Novosibirsk, Rusia 118/J4
Novosineglazovskiy, Rusia 113/P5
Novosokol'niki, Rusia 81/P3
Novosshajtinsk, Rusia 117/K4
Novo-Titarovskaya, Rusia 117/K5
Novotroitsk, Rusia 71/J3
Novoul'yanovsk, Rusia 115/J1
Novouzensk, Rusia 115/J2
Novovoronezhskiy, Rusia 117/K2
Novovyatsk, Rusia 113/L4
Novozybkov, Rusia 114/D1
Novska, Cro. 110/C3
Nový Jičín, R.Ch. 83/K4
Novyye Belokorovichi, Ucr. 116/E2
Novyye Sanzhary, Ucr. 117/H3
Novyy Oskol, Rusia 117/J2
Novyy Port, Rusia 118/H3
Novyy Svet, Ucr. 117/H5
Novyy Tap, Rusia 113/Q4
Novyy Urengoy, Rusia 118/H3
Nowa Dęba, Pol. 83/L3
Nowa Ruda, Pol. 83/J3
Nowa Sarzyna, Pol. 83/M3
Nowa Sól, Pol. 83/H3
Nowata, Ok,EUA 199/G2
Nowe, Pol. 83/K2
Nowe Miasto Lubawskie, Pol. 83/K2
Nowen (mtña.), Irl. 78/A6
Nowgong, India 139/F2
Nowgong, India 140/B3
Nowitna (río), Ak,EUA 215/H3
Nowogard, Pol. 83/H2
Nowshera, Pak. 127/K2
Nowy Dwór Gdański, Pol. 83/K1
Nowy Sącz, Pol. 83/L4
Nowy Sącz (prov.), Pol. 83/L4
Nowy Staw, Pol. 83/K1
Nowy Targ, Pol. 83/L4
Nowy Tomyśl, Pol. 83/J2
Noxubee (río), Al, Ms,EUA 208/C4
Noya, Esp. 94/A1
Noyabr'sk, Rusia 118/H3
Noyal-Pontivy, Fra. 96/C4
Noyal-sur-Vilaine, Fra. 96/D4
Noyant-la-Gravoyère, Fra. 97/E5
Noye (río), Fra. 86/B5
Noyil (río), India 142/F3
Noyon, Fra. 86/C4
Nozay, Fra. 96/D5
Nsanje, Mal. 179/G3
Nsawam, Gha. 169/E5
Nsumbu, Parq. Nal., Zam. 177/G5
Nsuta, Gha. 169/E5
Ntem (río), Áfr. 176/B2
Ntwetwe (saln.), Bots. 178/E4
Nu (mtñas.), China 136/C3
Nu (río), China 128/D5
Nuakchot (cap.), Maur. 168/B2
Nuang (pico), Malay. 144/C2
Nūbah, Jibāl An (mtñas.), Sudán 173/F3
Nubgang (paso), China 136/B2
Nubia (des.), Sudán 171/G4
Nucet, Rum. 110/F2
Nüdlingen, Ale. 88/D2
Nueces (río), Tx,EUA 197/F4
Nueltin (lago), Nun,Can. 186/G2
Nuenen, P.B. 84/C6
Nü'er (río), China 135/E2
Nueva Alejandría, Perú 232/C2
Nueva Asunción (dept.), Par. 236/D2
Nueva Bretaña (isla), P.N.G. 153/H1
Nueva Bretaña Occidental (prov.), P.N.G. 153/H1
Nueva Caledonia (terr.), Fra. 158/F6
Nueva Caledonia (isla), N.Cal. 159/U12
Nueva Ciudad Guerrero, Méx. 196/E4
Nueva Concepción, Gua. 218/D3
Nueva Constitución, Argen. 238/D2
Nueva Delhi (cap.), India 140/A1
Nueva Escocia (prov.), Can. 204/E3
Nueva Esparta (est.), Ven. 229/E2
Nueva Esperanza, Argen. 236/D3
Nueva Florida, Ven. 228/D2
Nueva Gales del Sur (est.), Austl. 157/C1
Nueva Georgia (bahía), Sal. 158/E5
Nueva Georgia (islas), Sal. 158/E5
Nueva Germania, Par. 237/E2
Nueva Gerona, Cuba 219/F1
Nueva Guinea (isla), Indo., P.N.G. 158/C5
Nueva Hampshire (est.), E.U.A. 207/L3
Nueva Hanover (isla), P.N.G. 158/D5
Nueva Helvecia, Uru. 239/F2
Nueva Imperial, Chile 238/B3
Nueva Irlanda (isla), P.N.G. 158/E5
Nueva Italia, Méx. 216/E5
Nueva Jersey (est.), E.U.A. 212/D3
Nueva Loja (Lago Agrio), Ecua. 228/B4
Nueva Lubecka, Argen. 238/C5
Nueva Ocotepéque, Hon. 218/D3
Nueva Orleans, La,EUA 210/C3
Nueva Palmira, Uru. 239/S11
Nueva Rosita, Méx. 196/D4
Nuevas Hébridas (islas), Van. 158/F6
Nueva Siberia (islas), Rusia 119/P2
Nueva Sibir (isla), Rusia 119/R2
Nueva York (est.), E.U.A. 207/J3
Nueva York, NY,EUA 213/K9
Nueva Zelanda 160/*
Nueva Zembla (arch.), Rusia 118/E2
Nueve de Julio, Argen. 238/E2
Nuevitas, Cuba 219/G1
Nuevo (golfo), Argen. 238/D4
Nuevo Balsas, Méx. 218/B2
Nuevo Berlín, Uru. 239/S11
Nuevo Brunswick (prov.), Can. 204/D2
Nuevo Casas Grandes, Méx. 216/D2
Nuevo Chagres, Pan. 219/F4
Nuevo Ideal, Méx. 216/D3
Nuevo Laredo, Méx. 196/E4
Nuevo León, Méx. 194/E4
Nuevo León (est.), Méx. 217/E3
Nuevo México (est.), E.U.A. 188/E5
Nuevo Mundo, Bol. 233/E3
Nuevo Palmira, Uru. 239/S11
Nuevo Progresso, Méx. 197/F4
Nuevo Rocafuerte, Ecua. 228/C5
Nufenenpass (paso), Suiza 99/E5
Nugaaleed (valle), Som. 174/D3
Nugent, Tx,EUA 198/E4
Nugget (pta.), N.Z. 160/B4
Nuguria (islas), P.N.G. 158/E5
Nuhau (isla), Hi,EUA 159/J2
Nuhne (río), Ale. 85/F6
Nui (isla), Tuv. 158/G5
Nuits-St-Georges, Fra. 98/A3
Nukata, Japón 131/N10
Nuklunek (mtña.), Ak,EUA 215/F4
Nuku'alofa (cap.), Tonga 159/H7
Nukufetau (isla), Tuv. 158/G5
Nuku Hiva (isla), Pol.Fr. 159/L5
Nukulaelae (isla), Tuv. 158/H5
Nukumanu (atolón), P.N.G. 158/E5
Nukumororo (Gardner) (isla), Kir. 159/H5
Nukunonu (isla), Tok. 159/H5
Nukuoro (isla), Micr. 158/E4
Nukus, Uzb. 118/F5
Nukutavake (isla), Pol.Fr. 159/M6
Nules, Esp. 95/E3
Nullarbor (llan.), Austl. 154/E5
Nullarbor, Parq. Nal., Austl. 155/F4
Numansdorp, P.B. 84/B5
Numata, Japón 131/F2
Numatinna (río), Sudán 173/E4
Numazu, Japón 131/F3
Number Nine (mtña.), Me,EUA 204/C2
Nümbrecht, Ale. 87/G2
Numbulwar, Austl. 153/D3
Numfoor (isla), Indo. 147/H4
Numurkah, Austl. 157/C3
Nunawading, Austl. 157/G5
Nunchía, Col. 228/C3
Nünchritz, Ale. 90/D5
Nundle, Austl. 157/D1
Nuneaton, Ing,R.U. 77/E1
Nungarin, Austl. 154/C4
Nungatta, Parq. Nal., Austl. 157/D3
Nunivak (isla), Ak,EUA 215/E4
Ñuñoa, Perú 232/D4
Nunspeet, P.B. 84/C4
Nuomin (río), China 129/J1
Nuon (río), C.Marf., Libe. 168/C5
Nuoro, Ita. 108/A2
Nuquí, Col. 228/B3
Nura (río), Kaz. 134/B2
Nūrābād, Irán 125/G4
Nurata, Uzb. 118/G5
Nürburgring, Ale. 87/F3
Nure (río), Ita. 104/C3
Nuremberg, Ale. 88/E4
Nurhak, Tur. 124/D2
Nuri (ruinas), Sudán 171/F5
Nuria (pico), Ita. 102/D3
Nuriootpa, Austl. 155/H5
Nurmijärvi, Fin. 81/L1
Nurpur, India 140/B1
Nurri (pico), Austl. 157/C1
Nürtingen, Ale. 88/C5
Nusa Barung, Res. Nal., Indo. 144/F5
Nu (Salween) (río), China 136/C2
Nusa Tenggara Timur (prov.), Indo. 152/A2
Nusaybin, Tur. 124/D2
Nushagak (río), Ak,EUA 215/G4
Nushki, Pak. 127/J3
Nutberry (colina), Es,R.U. 72/C5
Nuth, P.B. 87/E2
Nuthe (río), Ale. 90/C4
Nuthe (río), Ale. 90/D3
Nuthe-Graben (río), Ale. 90/D3
Nutley, NJ,EUA 213/D2
Nutrioso, Az,EUA 195/H4
Nuttby (mtña.), NE,Can. 204/F3
Nuuk (Godthåb), Groen. 184/N3
Nuupere (pta.), Pol.Fr. 159/X15
Nuy (río), Safr. 180/L10
Nuza (pico), Zim. 179/G3
Nüziders, Aus. 99/F3
Nxai (saln.), Bots. 178/E3
Nyabisindu, Rua. 177/G3
Nyack, NY,EUA 213/E1
Nyah, Austl. 155/J5
Nyah West, Austl. 157/B2
Nyainrong, China 136/B1
Nyaki, Parq. Nal., Mal. 179/G1
Nyala, Sudán 173/E2
Nyalam, China 141/E1
Nyandoma, Rusia 112/J3
Nyang (río), China 141/G1
Nyanga-Norte, Res. de Fauna, Congo, Gabón 176/B3
Nyangui (pico), Zim. 179/G3
Nyanza (prov.), Kenia 175/A2
Nyasa (Malawi) (lago), Áfr. 179/G2
Nyaunglebin, Mya. 143/B2
Nyazepetrovsk, Rusia 113/N4
Nyborg, Din. 82/F1
Nyborg, Nor. 79/J1
Nybro, Sue. 80/F3
Nyêmo, China 141/H1
Nyenchentanglha (mtñas.), China 136/B2
Nyenchentanglha (pico), China 134/F5
Nyergesújfalu, Hun. 91/C4
Nyeri, Kenia 175/B2
Nyikog (río), China 136/D1
Nyima, China 134/E5
Nyimba, Zam. 179/F2
Nyírábrány, Hun. 110/F2
Nyíradony, Hun. 83/L5
Nyírbátor, Hun. 110/F2
Nyíregyháza, Hun. 110/E2
Nyírmada, Hun. 110/F1
Nyiru (pico), Kenia 175/B1
Nykøbing, Din. 80/C3
Nykøbing, Din. 80/D4
Nyköping, Sue. 80/G2
Nykvarn, Sue. 81/R7
Nylrivier (río), Safr. 179/F5
Nylstroom, Safr. 180/E2
Nynäshamn, Sue. 80/G2
Nyngan, Austl. 157/C1
Nyon, Suiza 98/C5
Nyong (río), Cam. 172/A5
Nyons, Fra. 100/B4
Nýřany, R.Ch. 89/G3
Nyrob, Rusia 113/N3
Nýrsko, R.Ch. 89/G4
Nýrsko, Údolní nádrž (emb.), R.Ch. 89/G4
Nysa, Pol. 83/J3
Nysted, Din. 80/D4
Nyūdo-zaki (pta.), Japón 132/A4
Nyuk (lago), Rusia 112/F2
Nyukhcha, Rusia 113/K3
Nyúl, Hun. 91/B4
Nyunzu, D.R.Congo 177/G4
Nyurba, Rusia 119/M3
Nyuvchim, Rusia 113/L3
Nyūzen, Japón 131/E2
Nzega, Tan. 175/A3
Nzérékoré, Gui. 168/C5
Nzérékoré (com.), Gui. 168/C4
Nzi (río), C.Marf. 168/D5

Ñ

Ñeembucú (dept.), Par. 236/E3
Ñermete (pta.), Perú 232/A2
Ñiquén, Chile 238/C3
Ñireguao, Chile 238/C4
Ñorquincó, Argen. 238/C4

O

Ō (isla), Japón 132/A3
Oadby, Ing,R.U. 77/E1
Oahe (emb.), DN, DS,EUA 202/D4
Oahu (isla), Hi,EUA 188/S10
Oakbank, Mb,Can. 202/F3
Oak Bluffs, Ma,EUA 204/B5
Oakdale, Ca,EUA 194/B2
Oakdale, Mn,EUA 203/Q7
Oakey, Austl. 156/C4
Oakfield, Me,EUA 204/C2
Oak Grove, Co,EUA 193/K4
Oak Grove, La,EUA 197/J1
Oakham, Ing,R.U. 77/F1
Oak Harbor, Wa,EUA 190/C3
Oak Hill, Mi,EUA 206/C2
Oak Lake, Mb,Can. 202/D3
Oakland, Ca,EUA 194/A2
Oakland, Fl,EUA 210/M6
Oakland, Md,EUA 212/B5
Oakland, Mo,EUA 199/H2
Oakland, NJ,EUA 213/D1
Oakland Park, Fl,EUA 210/P7
Oaklands, Austl. 157/C2
Oak Lawn, Il,EUA 206/C4
Oakley, Ks,EUA 198/D1
Oakover (río), Austl. 154/D2
Oak Park, Il,EUA 206/C4
Oak Ridge, La,EUA 199/J4
Oak Ridge, Tn,EUA 208/E2
Oaksey, Ing,R.U. 76/D3
Oaks, The, Ca,EUA 214/B1
Oakville, On,Can. 207/G3
Oakville, Mo,EUA 199/J1
Oamaru, N.Z. 160/B4
Oa, Mull of (pta.), Es,R.U. 73/H9
Oat (mtña.), Ca,EUA 214/B2
Oat (mtña.), Ca,EUA 214/E7
Oatlands, Austl. 157/C4
Oatman, Az,EUA 194/E3
Oaxaca, Méx. 218/B2
Oaxaca (est.), Méx. 218/B2
Ob' (golfo), Rusia 118/H3
Ob (río), Rusia 134/D1
Obama, Japón 130/D3
Oban (colinas), Cam., Nige. 169/H5
Oban, N.Z. 160/B4
Oban, Es,R.U. 73/J8
Obanazawa, Japón 132/A3
Obando, Col. 231/K7
Obara, Japón 131/N9
Obata, Japón 131/M10
Obeliai, Lit. 81/L4
Obelisk (pico), N.Z. 160/B4
Oberá, Argen. 237/F3
Oberalppass (paso), Suiza 99/E4
Oberalpstock (pico), Suiza 99/E4
Oberammergau, Ale. 99/H2
Oberasbach, Ale. 88/D4
Oberbetschdorf, Fra. 87/G6
Oberderdingen, Ale. 88/B4
Oberding, Ale. 89/E6
Oberentfelden, Suiza 98/E3
Oberglatt, Suiza 99/E3
Obergünzburg, Ale. 99/G2
Oberhaching, Ale. 89/E6
Oberhausen, Ale. 84/D6
Oberkirch, Ale. 88/B5
Oberkochen, Ale. 88/D5
Oberkotzau, Ale. 89/E2
Oberlausitz (reg.), Ale. 90/D5
Oberlin, Ks,EUA 198/D1
Oberlin, La,EUA 210/B2
Oberlungwitz, Ale. 90/C6
Obernai, Fra. 98/D1
Obernburg am Main, Ale. 88/C3
Oberndorf am Neckar, Ale. 88/B6
Oberndorf bei Salzburg, Aus. 89/F7
Obernkirchen, Ale. 85/G4
Ober-Olm, Ale. 87/H4
Oberon, Austl. 157/D2
Oberpfälzer Wald (bos.), Ale. 89/F3
Ober Ramstadt, Ale. 88/B3
Oberrieden, Suiza 99/E3
Oberriet, Suiza 99/F3
Oberschleissheim, Ale. 89/E6
Obersiggenthal, Suiza 99/E3
Oberstaufen, Ale. 99/G2
Oberstdorf, Ale. 99/G3
Oberthal, Ale. 87/G4
Obertrum am See, Aus. 89/G7
Obertshausen, Ale. 88/B2
Oberückersee (lago), Ale. 90/D1
Oberursel, Ale. 88/B2
Oberuzwil, Suiza 99/F3
Oberviechtach, Ale. 89/F4
Oberwart, Aus. 91/A5
Oberwesel, Ale. 88/A2
Oberwölz, Aus. 93/L3
Obfelden, Suiza 99/E3
Obi (estr.), Indo. 147/G4
Obi (isla), Indo. 147/G4
Obi (islas), Indo. 147/G4
Óbidos, Bras. 230/C3
Óbidos, Por. 94/A3
Obihiro, Japón 132/C2
Obilić, Kos. 110/E4
Obing, Ale. 89/F7
Obion (río), Tn,EUA 208/C2
Obira, Japón 132/B1
Obitochnaia (bahía), Ucr. 117/H4
Obitsu (río), Japón 131/J7
Ob Luang, Tail. 143/B2
Obluch'ye, Rusia 129/L2
Obninsk, Rusia 112/H5
Obo, Cafr. 173/E4
Obo, China 128/E4
Oborniki, Pol. 83/J2
Oborniki Śląskie, Pol. 83/J3
Oboyan', Rusia 117/J2
Obozerskiy, Rusia 112/J3
Obra (río), Pol. 83/J2
Obrenovac, Serb. 110/E3
Obrež, Serb. 110/E4
Obrigheim, Ale. 88/C4
Obtrumer See (lago), Aus. 89/G7
Ōbu, Japón 131/M10
Obuasi, Gha. 169/E5
Obwalden (demi-canton), Suiza 99/E4
Ocala, Fl,EUA 211/G3
Ocampo, Méx. 216/E3
Ocampo, Méx. 217/F4
Ocaña, Col. 228/C2
Ocaña, Esp. 94/D3
Occabe, Sommet d' (pico), Fra. 92/C5
Occhieppo Inferiore, Ita. 104/B1
Occhieppo Superiore, Ita. 104/B1
Occhiobello, Ita. 105/E3
Occhito (lago), Ita. 103/E4
Occidental (pta.), NE,Can. 204/E4
Occidental (des.), Egip. 123/A5
Occidental (bahía), La,EUA 210/D3
Occidental (bahía), Tx,EUA 197/G3
Occidental (reg.), Gha. 169/E5
Occidental (estr.), Japón, Cor.S. 130/A3
Occidental (prov.), Kenia 175/A1
Occidental (prov.), P.N.G. 153/F1
Occidental (prov.), S.Le. 168/B4
Occidental (prov.), Uga. 177/G2
Occidental (prov.), Zam. 178/D2
Occidental, Barrera de Heilos, Ant. 161/F
Occidental, Cordillera (mts.), Chile, Perú 236/B1
Occidental, Cordillera (mts.), Col., Ecua. 228/B3
Occidental, Cordillera (mts.), Ecua., Perú 232/B2
Occidentales (prov.), P.N.G. 153/G1
Ocean (cabo), Ak,EUA 215/L4
Ocean (canal), Fl,EUA 211/H4
Ocean City, Md,EUA 209/K1
Ocean City, NJ,EUA 212/D5
Ocean Falls, CB,Can. 186/D3
Oceania 158/*
Océano Índico, Territorio Británico del 122/G10
Ocean Pines, Md,EUA 209/K1
Oceanside, Ca,EUA 214/C4
Oceanside, NY,EUA 213/E2
Oc-Eo, Ciudad Antigua de (ruinas), Vie. 143/D4
O. C. Fisher (lago), Tx,EUA 196/D2
Ochenta Millas (playa), Austl. 152/A4
Ochiishi-misaki (cabo), Japón 132/D2
Ochil (colinas), Es,R.U. 72/C4
Ochlockonee (río), Fl,EUA 211/F2
Ocho Rios, Jam. 219/G2
Ochsenfurt, Ale. 88/D3
Ochsenhausen, Ale. 88/C6
Ochsenkopf (pico), Aus. 99/F3
Ochtendung, Ale. 87/G3
Ochtrup, Ale. 85/E4
Ochtum (río), Ale. 85/F2
Ocilla, Ga,EUA 211/G2
Ock (río), Ing,R.U. 77/E3
Ockelbo, Sue. 80/G1
Ocmulgee (río), Ga,EUA 209/F5
Ocmulgee Nat'l Mon., Ga,EUA 209/F4
Ocna Mureş, Rum. 111/F2
Ocna Sibiului, Rum. 111/G3
Ocnele Mari, Rum. 111/G3
Ocoa (bahía), R.Dom. 220/D3
Ocoee, Fl,EUA 210/M6
Ocoee, Fl,EUA 211/H3
Ocoña, Perú 232/C5
Ocoña (río), Perú 232/C4
Oconee (lago), Ga,EUA 209/F4
Oconee (río), Ga,EUA 209/F4
Oconomowoc, Wi,EUA 206/B3
Oconto, Wi,EUA 201/L1
Oconto (río), Wi,EUA 203/K5
Ocos (bahía), R.Dom. 220/D3
Ocosingo, Méx. 218/C2
Ocotal, Nic. 218/E3
Ocotlán de Morelos, Méx. 218/B2
Ocoyoacac, Méx. 217/Q10
Ocros, Perú 232/B3
Octeville, Fra. 92/C2
Octeville-sur-Mer, Fra. 96/F1
Ocumare de la Costa, Ven. 231/N7
Ocumare del Tuy, Ven. 229/E2
Ocuri, Bol. 236/C1
Oda, Gha. 169/E5
Oda, Japón 130/C3
Oda (pico), Sudán 126/C4
Ódádhahraun (f.lav.), Isl. 79/P7
Odaesan, Parq. Nal., Cor.S. 133/E4
Ōdai, Japón 131/M10
Ōdaigahara-san (mtña.), Japón 130/E3
Oda, Jabal (pico), Sudán 171/H4
Ōdate, Japón 132/B3
Odawara, Japón 131/F3
Odda, Nor. 80/B1
Odder, Din. 80/D4
Oddur (Xuddur), Som. 174/B4
Odeborn (río), Ale. 85/F6
Odelzhausen, Ale. 88/E6
Odemira, Por. 94/A4
Ödemiş, Tur. 124/A2
Odendaalsrus, Safr. 180/D2
Odense, Din. 80/D4
Odenthal, Ale. 85/E6
Odenton, Md,EUA 212/B5
Oderbruch (mar.), Ale. 90/E2
Oderhaff (lag.), Ale., Pol. 83/H2
Oder-Havel (canal), Ale. 90/D2
Oder (Odra) (río), Ale., Pol. 83/H2
Oder-Spree (canal), Ale. 90/D3
Oderzo, Ita. 105/F1
Odessa, Tx,EUA 196/C2
Odessa, Ucr. 116/F4
Odessa Meteor (cráter), Tx,EUA 196/C2
Odessa, Región de, Ucr. 116/E4
Odet (río), Fra. 96/B4
Odienné, C.Marf. 168/D4
Odin (mtña.), CB,Can. 190/E2
Odintsovo, Rusia 112/H5
Odioñgan, Fil. 145/C2
Odivelas, Por. 95/P10
Odobeşti, Rum. 111/H3
Odon (río), Fra. 97/E2
Odongk, Camb. 143/D4
Odoorn, P.B. 84/D3
Odorheiu, Rum. 116/C4
Odorheiu Secuiesc, Rum. 111/G2
Odra (Oder) (río), Ale., Pol. 83/H2
Odžaci, Serb. 110/D3
Odzala, Parq. Nal., Congo 176/C2
Õe, Japón 131/L9
Oebisfelde, Ale. 90/A3
Oederan, Ale. 90/D6
Oegstgeest, P.B. 84/B4
Oeiras, Bras. 231/F4
Oelde, Ale. 85/F5
Oelemari (río), Suri. 230/C2
Oelsnitz, Ale. 89/F2
Oeno (isla), Pitc.,R.U. 159/M7
Oenpelli, Austl. 152/D3
Oensingen, Suiza 98/D3
Oer-Erkenschwick, Ale. 85/E5
Oerlenbach, Ale. 88/D2
Oesling (mtñas.), Lux. 87/E4
Oeste (isla), Austl. 151/J4
Oeste (prov.), Cam. 172/A4
Oeste-Winkel, Ale. 88/B3
Oeta, Parq. Nal., Gre. 109/H3
Of, Tur. 124/E1
Ofanto (río), Ita. 103/F5
Ofaqim, Isr. 123/D4
Ofenhorn (Punta d'Arbola) (pico), Suiza 99/E5
Ofenpass (Fuorn) (paso), Suiza 99/G4
Offa, Nige. 169/G4
Offaly (con.), Irl. 78/C3
Offanengo, Ita. 104/C2
Offement, Fra. 98/C2
Offenbach, Ale. 88/B2
Offenburg, Ale. 88/A6
Offingen, Ale. 88/D6
Offoué (río), Gabón 176/B3
Offranville, Fra. 97/F1
Oftersheim, Ale. 88/B4
Oftringen, Suiza 93/G3
Ōfunato, Japón 132/B4
Oga, Japón 132/A4
Oga (pen.), Japón 132/A4
Ogachi, Japón 132/B4
Ogadēn (reg.), Eti. 174/B4
Ogaki, Japón 130/E3
Ogallala, Ne,EUA 200/D3
Ogasawara, Japón 158/D2
Ōgata, Japón 132/A3
Ogatsu, Japón 132/B4
Ogawara (lago), Japón 132/B3
Ogbomosho, Nige. 169/G4
Ogden, Ut,EUA 193/H3
Ogdensburg, NY,EUA 207/J2
Ogeechee (río), Ga,EUA 209/G4
Oggiono, Ita. 104/C1
Ogi, Japón 131/F2
Ogidaki (mtña.), On,Can. 187/H4
Ogilvie (mtñas.), Yk,Can. 215/L3
Ogilvie (río), Yk,Can. 186/C2
Oglanly, Turk. 115/K5
Oglethorpe, Ga,EUA 208/E4
Oglio (río), Ita. 104/D2
Ogmore by Sea, Gales,R.U. 76/C4
Ognon (río), Fra. 98/B3
Ogoamas (pico), Indo. 147/F3
Ogodzha, Rusia 129/L1
Ogooué (río), Congo, Gabón 176/B3
Ogooué-Ivindo (prov.), Gabón 176/C2
Ogooué-Lolo (prov.), Gabón 176/C3
Ogooué Marítimo (prov.), Gabón 176/B3
Ogooué Medio (prov.), Gabón 176/B3
Ogose, Japón 131/H7
Ogosta (río), Bul. 111/F4
Ogre, Let. 81/L3
Oguchi, Japón 131/M9
Ogulin, Cro. 110/B3
Ogun (est.), Nige. 169/F5
Ogun (río), Nige. 169/F5
Ogurchinski (isla), Turk. 115/K5
Oğuz, Tur. 124/D2
Ohai, N.Z. 160/A4
Ohakune, N.Z. 160/C2
Ōhata, Japón 132/B3
Ohau (lago), N.Z. 160/B4
Ohe (río), Ale. 85/E2
Ohey, Bél. 87/E3
O'Higgins (lago), Chile 239/J7
Ohio (est.), E.U.A. 189/K3
Ohio (río), E.U.A. 208/C2
Ohlsdorf, Aus. 89/G7
Ohm (río), Ale. 88/C1
Oh Me Edge (colina), Ing,R.U. 75/F1
Ohoopee (río), Ga,EUA 209/F4
Ohrdruf, Ale. 90/A6
Ohre (río), Ale. 90/B3
Ohře (río), R.Ch. 89/H2
Ohrid (lago), Alb., Mace. 110/E5
Ohrid, Mace. 110/E5
Ohura, N.Z. 160/C2
Oi (río), China 136/C2
Ōi, Japón 131/H7
Ōi (río), Japón 131/F3
Oiapoque, Bras. 230/C2
Oich, Loch (lago), Es,R.U. 72/B2
Oieras, Por. 95/P10
Oignies, Fra. 86/B3
Oignin (río), Fra. 98/B5
Oil City, Pa,EUA 207/G4
Oildale, Ca,EUA 194/C3
Oir (río), Fra. 96/D3
Oirschot, P.B. 84/C5
Oise (dept.), Fra. 71/T9
Oise (río), Fra. 71/S9
Oise à l'Aisne (canal), Fra. 86/C5
Oisemont, Fra. 86/A4
Ōiso, Japón 131/H7
Oissel, Fra. 97/G2
Oisterwijk, P.B. 84/C5
Oisy-le-Verger, Fra. 86/C3
Oita, Japón 130/B4
Ōita (pref.), Japón 130/B4
Ōita (río), Japón 130/B4
Ojai, Ca,EUA 214/A2
Ojcowski, Parq. Nal., Pol. 83/K3
Öjebyn, Sue. 79/G2
Ōji, Japón 131/L10
Ojinaga, Méx. 196/B3
Ojiya, Japón 131/F2
Ojocaliente, Méx. 216/E4
Ojo de Agua, Méx. 217/Q9
Ojo de Laguna, Méx. 196/A3
Ojo de Liebre (lago), Méx. 216/B3
Ojo del Toro (pico), Cuba 219/G2
Ojos del Salado (pico), Argen.,Chile 236/B3
Ojos Negros, Esp. 94/E2
Ojos Negros, Méx. 194/D5
Ojotsk (mar), Japón, Rusia 119/Q4
Ojuelos de Jalisco, Méx. 217/E4
Oka, Qu,Can. 205/M7
Oka, Congo 176/C3
Oka, Nige. 169/G5
Oká (río), Rusia 71/H3
Okahandja, Nam. 178/C4
Okak (isla), Tnva,Can. 187/K3
Okanagan (lago), CB,Can. 190/E2
Okanagan (mtñas.), CB,Can. 190/D3
Okanagan Falls, CB,Can. 190/E3
Okanda, Parq. Nal., Gabón 176/B3
Okano (río), Gabón 176/B2
Okanogan, Wa,EUA 190/E3
Okanogan (río), Wa,EUA 190/E3
Okara, Pak. 142/B2
Okarem, Turk. 125/H2
Okatibbee (lago), Ms,EUA 210/D1
Okato, N.Z. 160/C2
Okavango (río), Bots. 178/D3
Okavango, Delta del (reg.), Bots. 178/D3
Ōkawa, Japón 130/B4
Okaya, Japón 131/F2
Okayama, Japón 130/C3
Okayama (pref.), Japón 130/C3
Okazaki, Japón 131/E3
Okch'ŏn, Cor.S. 133/D4
Okeechobee, Fl,EUA 211/H4
Okeechobee (lago), Fl,EUA 211/H4
Okefenokee (cién.), Ga,EUA 211/G2
Okegawa, Japón 131/H7
Okemah, Ok,EUA 199/F3
Okement (río), Ing,R.U. 76/B5
Okemos, Mi,EUA 206/D3
Oker (río), Ale. 85/H4
Okha, Rusia 119/Q4
Ókhi (pico), Gre. 109/J3
Okhotsk, Rusia 119/Q4
Oki (arch.), Japón 130/C2
Oki-Daisen, Parq. Nal., Japón 130/C2
Okiep, Safr. 180/B3
Okinawa (isla), Japón 132/K7
Okinawa (islas), Japón 132/J7
Okinawa (pref.), Japón 132/J8
Okinoerabu (isla), Japón 132/K7
Okino-Tori-Shima (Parece Vela) (isla), Japón 158/C2
Okkan, Mya. 139/G4
Okku, Cor.S. 133/D5
Oklahoma (est.), E.U.A. 199/F3
Oklahoma City (cap.), Ok,EUA 199/F3
Oklahoma High Top (mtña.), Ok,EUA 199/G3
Oklawaha (río), Fl,EUA 211/H3
Okmulgee, Ok,EUA 199/G3
Oknitsa, Mol. 111/H1
Okobaji (lagos), Ia,EUA 201/G2
Okok (río), Uga. 175/A1
Okolona, Ms,EUA 208/C3
Okoppe, Japón 132/C1
Okotoks, Ab,Can. 191/H2
Okovango (río), Áfr. 164/E6
Oko, Wādī (río seco), Sudán 171/G4
Oksbøl, Din. 80/C4
Oksino, Rusia 113/M2
Oksskolten (pico), Nor. 79/E2
Oktemberyan, Arm. 115/H4
Oktiabrski, Kaz. 128/A2
Oktyabr'sk, Kaz. 115/L2
Oktyabr'sk, Rusia 115/J1
Oktyabr'skiy, Rusia 129/K1
Oktyabr'skiy, Rusia 112/J3
Oktyabr'skiy, Rusia 113/M5
Oktyabr'skiy, Rusia 115/G3
Oktyabr'skiy, Rusia 115/K1
Oktyabr'skoye, Rusia 115/K1
Oktyabr'skoye, Ucr. 117/H5
Okuchi, Japón 130/B4
Okulovka, Rusia 112/G4
Okushiri, Japón 132/A2
Okushiri (isla), Japón 132/A2
Okutama, Japón 131/H7
Okwa (río seco), Bots. 178/D4
Ola, Rusia 119/R4
Ólafsfjördhur, Isl. 79/N6
Ólafsvík, Isl. 79/M7
Olaine, Let. 81/K3
Olancha (pico), Ca,EUA 194/C2
Olanchito, Hon. 218/E3
Öland (isla), Sue. 80/G3
Ölands norra udde (pta.), Sue. 80/G3
Ölands södra udde (pta.), Sue. 80/G3
Olan, Pic d' (pico), Fra. 100/C3
Olanto (río), Ita. 108/D2
Olathe, Ks,EUA 199/G1
Olavarría, Argen. 238/E3
Oława, Pol. 83/J3
Olbach (río), Ale. 85/F5
Olberg, Az,EUA 195/G4
Olbernhau, Ale. 90/D6
Olbia, Ita. 108/A2
Olching, Ale. 99/H1
Old (río), Tx,EUA 197/N9
Old Baldy (mtña.), Wa,EUA 190/E3
Old Bar, Austl. 157/E1
Old Bedford (canal), Ing,R.U. 77/G2
Old Bridge, NJ,EUA 213/D3
Old Castile (reg.), Esp. 106/B2
Old City, Isr. 123/G8
Old Crow, Yk,Can. 215/L2
Oldeani (pico), Tan. 175/A2
Oldebroek, P.B. 84/C4
Oldemarkt, P.B. 84/C3
Oldenburg, Ale. 82/F1
Oldenburg, Ale. 85/F2
Oldenwald (bos.), Ale. 88/B3
Oldenzaal, P.B. 84/D4
Old Field (pta.), NY,EUA 213/E2
Oldham, Ing,R.U. 75/F4
Old Hickory (lago), Tn,EUA 208/D2
Oldman (río), Ab,Can. 191/G3
Old Man of Coolston, The (mtña.), Ing,R.U. 74/E3
Old Man of Hoy, Es,R.U. 73/N13
Old Nene (río), Ing,R.U. 77/F2
Old Northport (Northport), NY,EUA 213/E2
Ol-Doinyo Sabuk, Parq. Nal., Kenia 175/B2
Oldoog (isla), Ale. 85/F1
Old Rhine (río), P.B. 84/B4
Olds, Ab,Can. 191/G2
Oldsmar, Fl,EUA 210/K7
Old Speck (mtña.), Me,EUA 207/L2
Old Tampa (bahía), Fl,EUA 210/K8
Old Tappan, NJ,EUA 213/K7
Olduvai (gar.), Tan. 175/A2
Old Windsor, Ing,R.U. 71/M7
Old Wives (lago), Sk,Can. 202/A2
Olean, NY,EUA 207/G3
Olecko, Pol. 83/M1
Oleggio, Ita. 104/B1
Oleiros, Esp. 94/A1
Olekma (río), Rusia 119/N4
Olëkminsk, Rusia 119/N3
Olemari (río), Suri. 229/H4
Ølen, Nor. 80/A2
Olenegorsk, Rusia 112/G1
Olënek, Rusia 119/M3

Olenek (bahía), Rusia 119/N2
Olenek (río), Rusia 119/L3
Olenëk (río), Rusia 119/N2
Olentangy (río), Oh,EUA 206/E4
Olenty (río), Kaz. 134/B1
Oléron (isla), Fra. 92/C4
Olesa de Montserrat, Esp. 95/K6
Olesko, Ucr. 116/C3
Oleśnica, Pol. 83/J3
Olesno, Pol. 83/K3
Olevano Romano, Ita. 102/D4
Oley, Pa,EUA 212/C3
Olfen, Ale. 85/E5
Olginate, Ita. 104/C1
Ölgiy, Mong. 128/B2
Ølgod, Din. 80/C4
Olhão, Por. 94/B4
Olho d'Água das Flores, Bras. 235/F1
Olib (isla), Cro. 93/L4
Oliena, Ita. 108/A2
Olifants (río seco), Nam. 178/C4
Olifants (río), Safr. 180/B3
Olifantsrivier (río), Safr. 180/E2
Olimarao (isla), Micr. 158/D4
Ólimbos, Gre. 107/K4
Olímpia, Bras. 234/C4
Olimpia (ruinas), Gre. 109/G4
Olimpo (Ólimbos) (pico), Gre. 109/H2
Olimpo, Parq. Nal., Gre. 109/H2
Olimpos Beydağları, Parq. Nal., Tur. 124/B2
Olinalá, Méx. 217/F5
Olinda, Bras. 231/H5
Olinda (pta.), Moz. 179/H3
Olindina, Bras. 235/F1
Oliutorski (bahía), Rusia 119/S3
Oliva, Argen. 238/E2
Oliva, Esp. 95/E3
Oliva de la Frontera, Esp. 94/B3
Olivais, Por. 94/A3
Olivares (pico), Chile 236/B4
Olive Branch, Ms,EUA 208/C3
Olivehurst, Ca,EUA 192/C4
Oliveira, Bras. 234/D4
Olivenza, Esp. 94/B3
Oliver, CB,Can. 190/E3
Oliver (lago), Al, Ga,EUA 208/E4
Oliveros, Argen. 238/E2
Olivet, DS,EUA 200/F2
Olivet, Fra. 97/G5
Olivia, Mn,EUA 203/G5
Ollachea, Perú 232/D4
Ollagüe (vol.), Bol. 236/B2
Ollainville, Fra. 71/S11
Ollería, Esp. 95/E3
Olleros, Perú 232/B3
Ollie, Mt,EUA 202/B4
Ollioules, Fra. 100/B6
Ollon, Suiza 98/D5
Ollūr, India 142/F3
Olmedo, Esp. 94/C2
Olmos, Perú 232/B2
Olmué, Chile 238/Q9
Olofström, Sue. 80/F3
Oloi (mtñas.), Rusia 119/S3
Olomouc, R.Ch. 83/J4
Olonets, Rusia 81/Q1
Olongapo, Fil. 145/C2
Olonne-sur-Mer, Fra. 92/C3
Olorgasailie, Mon. Nal., Kenia 175/B2
Oloron-Sainte-Marie, Fra. 92/C5
Olot, Esp. 95/G1
Olovyannaya, Rusia 128/H1
Olpe, Ale. 85/E6
Olšava (río), R.Ch. 91/B1
Olsberg, Ale. 85/F6
Ol'shanka, Ucr. 116/F3
Olst, P.B. 84/D4
Ølstykke, Din. 80/E4
Olsztyn, Pol. 83/L2
Olsztyn (prov.), Pol. 83/L2
Olsztynek, Pol. 83/L2
Olt (con.), Rum. 111/G3
Olt (río), Rum. 111/G4
Olta, Argen. 236/C4
Olte (mtñas.), Argen. 238/C4
Olten, Suiza 98/D3
Oltenița, Rum. 111/H3
Olteț (río), Rum. 111/F3
Oltu, Tur. 124/E1
Oltu (río), Tur. 124/E1
Oluanpi, Tai. 137/J4
Oluan Pi (cabo), Tai. 137/J4
Olur, Tur. 124/E1
Olutanga (isla), Fil. 145/C4
Olvera, Esp. 94/C4
Olympe (mtña.), Fra. 100/B5
Olympia (cap.), Wa,EUA 190/C4
Olympia Heights, Fl,EUA 210/P8
Olympic (mtñas.), Wa,EUA 190/C4
Olympic Dam, Austl. 155/H4
Olympic, Parq. Nal., Wa,EUA 190/C4
Olympus (mtña.), Chip. 123/C2
Olympus (mtña.), Wa,EUA 190/C4
Oma, China 134/D5
Ōma, Japón 132/B3
Oma (río), Rusia 113/K2
Ōmachi, Japón 131/E2
Omae-zaki (pta.), Japón 131/F3
Ōmagari, Japón 132/B4
Omagh, IrN,R.U. 74/A2
Omagh (dist.), IrN,R.U. 74/A2
Omaguas, Perú 232/C2
Omaha, Ne,EUA 201/G3
Omaha (playa), Fra. 97/E2
Omalūr, India 142/G3
Omán 127/G4
Omán (golfo), Asia 127/G4
Omaruru, Nam. 178/B4
Omaruru (río seco), Nam. 178/B4
Omas, Perú 232/B4
Omatako (río seco), Nam. 178/C3
Omate, Perú 232/D5
Ōma-zaki (pta.), Japón 132/B3
Ombai (estr.), Indo. 152/B2
Ombella-Mpoko (pref.), Cafr. 172/C4
Ombersley, Ing,R.U. 76/D2
Ombessa, Cam. 172/A4
Ombrone (río), Ita. 102/B2
Ombúes de Lavalle, Uru. 239/T11
Ombúes de Oribe, Uru. 239/T11
Omdurmán (Umm Durmān), Sudán 173/G2
Ōme, Japón 131/H7
Omegna, Ita. 104/B1
Omeo, Austl. 157/C3
Ömerli, Tur. 124/E2
Ömerli (emb.), Tur. 125/N7
Ometepe (isla), Nic. 218/E4
Ometepec, Méx. 218/B2
Ōmi, Japón 131/M9
Ōmihachiman, Japón 131/M9
Omiš, Cro. 108/E1
Omitlán (río), Méx. 218/B2
Ōmiya, Japón 131/G2
Ommaney (cabo), Ak,EUA 215/M4
Ommen, P.B. 84/D3
Ömnödelger, Mong. 128/F2
Ömnögovĭ, Mong. 128/C2
Omodeo (lago), Ita. 108/A2
Omolon (río), Rusia 122/Q3
Omono (río), Japón 132/B4
Omo, Parq. Nal., Eti. 173/G4
Omo Wenz (río), Eti. 173/H4
Omsk, Rusia 118/H4
Omsukchan, Rusia 119/R3
Ōmu, Japón 132/C1
Omul (pico), Rum. 111/G3
Ōmura, Japón 130/A4
Omurtag, Bul. 111/H4
Omuta, Japón 130/B4
Omutninsk, Rusia 113/M4
Onagawa, Japón 131/G1
Onalaska (lago), Mn, Wi,EUA 201/J2
Onalaska, Wi,EUA 201/J2
Onaping (lago), On,Can. 206/F1
Oñate, Esp. 94/D1
Onawa, Ia,EUA 201/F2
Oncativo, Argen. 238/E1
Onchan, IM,R.U. 74/D3
Onda, Esp. 95/E3
Ondava (río), Eslo. 83/L4
Ondo (est.), Nige. 169/G5
Öndörhaan, Mong. 128/G2
Öndorhangay, Mong. 128/C2
Ondorushu (cats.), Ang., Nam. 178/B3
Onega, Rusia 112/H3
Onega (bahía), Rusia 112/H2
Onega (lago), Rusia 112/G3
Onega (pen.), Rusia 112/H2
Onega (río), Rusia 112/H3
One Hundred and Fifty Mile House, CB,Can. 190/D1
One Hundred Mile House, CB,Can. 190/D2
Onehunga, N.Z. 160/F6
Oneida, NY,EUA 207/J3
Oneida (lago), NY,EUA 207/J3
O'Neill, Ne,EUA 200/E2
Oneonta, Al,EUA 208/D4
Oneonta, NY,EUA 207/J3
One Tree Hill, N.Z. 160/F6
Onex, Suiza 98/C5
Ongiyn (río), Mong. 128/E2
Ongole, India 138/D4
Oni, Geor. 115/G4
Onida, DS,EUA 200/D1
Onil, Esp. 95/E3
Onilahy (río), Mad. 181/G8
Onitsha, Nige. 169/G5
Onive (río), Mad. 181/H7
Onjŏng, Cor.N. 133/C3
Onkaparinga (río), Austl. 155/M8
Onnaing, Fra. 86/C3
Onny (río), Ing,R.U. 76/D2
Ōno, Japón 130/D3
Ōno, Japón 130/E3
Onoda, Japón 130/B4
Onoke (lago), N.Z. 160/J9
Onokhoy, Rusia 128/F1
Onomichi, Japón 130/C3
Onon, Mong. 128/G2
Onon (río), Mong., Rusia 128/G1
Onoto, Ven. 229/E2
Onotoa (isla), Kir. 158/G5
Onslow, Austl. 154/B2
Ontake-san (mtña.), Japón 131/E3
Ontario (prov.), Can. 186/H3
Ontario (lago), Can., EUA 207/G2
Ontario, Ca,EUA 214/C2
Ontario, Or,EUA 192/E1
Ontelaunee (lago), Pa,EUA 212/C3
Onteniente, Esp. 95/E3
Ontonagon, Mi,EUA 203/K4
Ontong Java (isla), Sal. 158/F5
Onverwacht, Suri. 230/C1
Onyang, Cor.S. 133/D4
Onzaga, Col. 228/C3
Onzain, Fra. 97/G6
Onzo (río), Ang. 176/C5
Ood Weyne, Som. 174/C3
Oologah (lago), Ok,EUA 199/G2
Oona River, CB,Can. 215/M5
Öörög (lago), Mong. 128/C1
Oostanaula (río), Ga,EUA 208/E3
Oostburg, P.B. 84/A6
Oostelijk Flevoland (pólder), P.B. 84/C4
Oostende, Bél. 86/B1
Oosterhout, P.B. 84/B5
Oosterschelde (estu.), P.B. 84/A5
Oosterwolde, P.B. 84/D3
Oosterzele, Bél. 86/C2
Oostkamp, Bél. 86/C1
Oostvaarderplassen (lago), P.B. 84/C4
Oost-Vlieland, P.B. 84/C2
Oostzaan, P.B. 84/B4
Ootacamund, India 142/F3
Ootmarsum, P.B. 84/D4
Opaka, Bul. 111/H4
Opalenica, Pol. 83/J2
Oparino, Rusia 113/L4
Opatija, Cro. 110/B3
Opatów, Pol. 83/L3
Opava, R.Ch. 83/J4
Opelika, Al,EUA 208/E4
Opelousas, La,EUA 210/B2
Opéongo (lago), On,Can. 207/G2
Opera, Ita. 104/C2
Öpfingen, Ale. 88/C6
Opglabbeek, Bél. 87/E1
Ophir, Ak,EUA 215/G3
Ophthalmia (mts.), Austl. 154/C2
Oploo, P.B. 84/C5
Opmeer, P.B. 84/B3
Opochka, Rusia 81/N3
Opoczno, Pol. 83/L3
Opole, Pol. 83/J3
Opole (prov.), Pol. 83/J3
Opole Lubelskie, Pol. 83/L3
Opornyy, Kaz. 115/K3
Oposhnya, Ucr. 117/H3
Opotiki, N.Z. 160/D2
Opovo, Serb. 110/E3
Oppdal, Nor. 79/D3
Oppenau, Ale. 88/B6
Oppenheim, Ale. 88/B3
Oppido Lucano, Ita. 103/F6
Oppido Mamertina, Ita. 101/B6
Oppland (con.), Nor. 80/C1
Opportunity, Wa,EUA 190/F4
Optima (lago), Ok,EUA 198/D2
Opua, N.Z. 160/C1
Opwijk, Bél. 86/D2
Oquawka, Il,EUA 201/J3
Ora (río), Méx. 216/D3
Oracoke (isla), CN,EUA 209/K3
Oradea, Rum. 110/E2
Oradell, NJ,EUA 213/J8
Oradell (emb.), NJ,EUA 213/J8
Orahovac, Kos. 110/E4
Orahovica, Cro. 110/C3
Orai, India 140/B3
Orain (río), Fra. 98/B4
Oraison, Fra. 100/B5
Orán, Arg. 165/Q16
Orán (wilaya), Arg. 165/Q16
Orang (río), Cor.N. 133/E2
Orange (río), Áfr. 180/B3
Orange, Austl. 157/D2
Orange (cabo), Bras. 230/D1
Orange, Ca,EUA 214/G8
Orange, NJ,EUA 213/D2
Orange, Tx,EUA 197/H2
Orange, Va,EUA 209/H1
Orange, Fra. 100/A4
Orange (prov.), Safr. 180/D3
Orange (mtñas.), Suri. 230/C2
Orangeburg, CS,EUA 209/G4
Orange City, Ia,EUA 201/F2
Orange, Estado Libre de (prov.), Safr. 180/D3
Orange Grove, Ms,EUA 210/D2
Orangevale, Ca,EUA 194/B1
Orangeville, On,Can. 206/F3
Orange Walk, Bel. 218/D2
Orango (isla), Gui.Bis. 168/A4
Oranienbaum, Ale. 90/C4
Oranienburg, Ale. 90/D2
Oranjekanaal (canal), P.B. 84/D3
Oranjemund, Nam. 180/B3
Oranjestad, Ant.Hol. 220/F3
Oranjestad, Aruba 220/D4
Oranmore, Irl. 78/B3
Oran, Sebkha d' (lago), Arg. 165/Q16
Orapa, Bots. 178/E4
Or 'Aqiva, Isr. 123/F7
Oras, Fil. 145/D2
Orăștie, Rum. 111/F3
Orava (río), Eslo. 91/D1
Oravița, Rum. 110/E3
Orb (río), Fra. 92/E5
Orba (río), Ita. 104/B3
Orbassano, Ita. 104/A2
Orbe, Suiza 98/C4
Orbe (río), Suiza 98/C4
Orbec-en-Auge, Fra. 97/F2
Orbetello, Ita. 102/B3
Orbey, Fra. 98/D1
Órbigo (río), Esp. 94/C1
Orbiquet (río), Fra. 97/F2
Orbost, Austl. 157/D3
Órcadas (islas), Es,R.U. 73/N13
Orcadas del Sur (islas), Argen. 64/G9
Orcas (isla), Wa,EUA 190/C3
Orcera, Esp. 94/D3
Orchard Homes, Mt,EUA 191/G4
Orchards, Wa,EUA 190/C5
Orchies, Fra. 86/C3
Orchy (río), Es,R.U. 72/B4
Orcia (río), Ita. 102/B2
Orco (río), Ita. 104/A2
Orcopampa, Perú 232/C4
Or, Côte d' (alts.), Fra. 92/F3
Orcotuna, Perú 232/C3
Orcutt, Ca,EUA 194/B3
Ord (río), Austl. 152/C3
Ord, Ne,EUA 200/E3
Ordaz (aer.intl.), Méx. 216/D4
Órdenes, Esp. 94/A1
Ordesa y Monte Perdido, Parq. Nal., Esp. 95/F1
Ord, Mount (pico), Austl. 152/B4
Ordos (des.), China 135/B3
Ordu, Tur. 124/D1
Ordu (prov.), Tur. 124/D1
Ordway, Co,EUA 200/C4
Ordzhonikidze, Azer. 125/F1
Ordzhonikidze, Kaz. 115/M1
Ordzhonikidze, Ucr. 117/H4
Ordzhonikidze, Ucr. 117/H5
Orealla, Guy. 229/G3
Oreana (pico), Nv,EUA 192/D4
Örebro, Sue. 80/F2
Örebro (con.), Sue. 79/E4
Örebro (con.), Sue. 80/F2
Oregón (est.), E.U.A. 188/B3
Oregón (ens.), CN,EUA 209/K3
Oregon, Il,EUA 201/K2
Oregon, Mo,EUA 201/G4
Oregon, Oh,EUA 206/E4
Oregon Caves Nat'l Mon., Or,EUA 192/B2
Oregon City, Or,EUA 192/B1
Orekhov, Ucr. 117/H4
Orel, Rusia 114/F1
Orel' (río), Ucr. 114/E2
Orellana, Perú 232/C2
Orellana la Vieja, Esp. 94/C3
Orel, Región de, Rusia 117/J1
Orem, Ut,EUA 193/H3
Orenburg, Rusia 71/J3
Orenburg, Región de, Rusia 115/K1
Örencık, Tur. 124/B2
Orense, Esp. 94/B1
Orestiás, Gre. 109/K2
Øresund (bahía), Din., Sue. 80/E4
Oreti (río), N.Z. 160/B4
Orewa, N.Z. 160/C2
Orford, Austl. 157/C4
Orford, NH,EUA 207/K3
Orford, Ing,R.U. 77/H2
Orford Ness (pta.), R.U. 77/H2
Organ (mtñas.), NM,EUA 198/A4
Organabo, Gua.Fr. 230/C1
Organ Pipe Cactus, Mon. Nal., Az,EUA 195/F4
Órgãos (mtñas.), Bras. 235/P7
Orgaz, Esp. 94/D3
Orge (río), Fra. 71/S11
Orgeval, Fra. 71/R10
Orgosolo, Ita. 108/A2
Orhaneli, Tur. 114/D5
Orhangazi, Tur. 111/J5
Orhon (río), Mong. 128/F2
Orhy, Pic d' (pico), Fra. 92/C5
Oria, Esp. 94/D4
Oriel (mtña.), Irl. 78/D2
Orient (pta.), NY,EUA 213/F1
Oriental (reg.), Gha. 169/E5
Oriental (estr.), Japón 130/A4
Oriental (prov.), Kenia 175/B1
Oriental (reg.), Marr. 165/N13
Oriental, Méx. 217/M7
Oriental, Cordillera (mts.), Bol. 236/C1
Oriental, Cordillera (mts.), Bol., Perú 232/B2
Oriental, Cordillera (mts.), Col., Ecua. 228/B5
Oriente, Argen. 238/E3
Orihuela, Esp. 95/E3
Orillia, On,Can. 207/G2
Orimattila, Fin. 81/L1
Orinoca, Bol. 236/C1
Orinoco (río), Col., Ven. 229/F2
Orinoco (delta), Ven. 229/F2
Oriolo, Ita. 101/C2
Orion, Fil. 145/C2
Orissa (est.), India 141/E5
Orissaare, Esto. 81/K2
Orissa Coast (canal), India 141/F5
Oristano, Ita. 108/A3
Oristano (golfo), Ita. 108/A3
Orituco (río), Ven. 231/O8
Oriva, Wy,EUA 202/B5
Orivesi, Fin. 81/L1
Oriximiná, Bras. 230/C3
Orizaba, Méx. 217/M8
Orizabita, Méx. 217/K6
Orizona, Bras. 234/C3
Orjen (pico), Mont. 110/D4
Órjiva, Esp. 94/D4
Orke (río), Ale. 85/F6
Örkelljunga, Sue. 80/E3
Orkhomenós, Gre. 109/H3
Orkney, Sk,Can. 191/L3
Orkney, Safr. 180/D2
Orla (río), Ale. 90/B6
Orland, Me,EUA 204/C3
Orlândia, Bras. 234/D4
Orlando, Fl,EUA 211/H3
Orlando (aer.intl.), Fl,EUA 211/H3
Orlando (cabo), Ita. 101/A6
Orlången (lago), Sue. 81/R7
Orleães, Bras. 237/G4
Orleanesado (reg.hist.), Fra. 97/G5
Orléans (isla), Qu,Can. 204/B2
Orléans, Fra. 97/G5
Orlik, Údolní nádrž (emb.), R.Ch. 89/H3
Orlová, R.Ch. 83/K4
Orlovskiy, Rusia 117/M4
Orly, Fra. 71/T10
Orly (Paris) (aer.intl.), Fra. 71/T10
Ormanlı, Tur. 111/K5
Ormes, Fra. 97/G5
Ormes (río), Fra. 97/F4
Ormoc, Fil. 145/D3
Ormond Beach, Fl,EUA 211/H3
Or, Mont d' (mtña.), Fra. 98/C4
Ormskirk, Ing,R.U. 75/F4
Ormuz (estr.), Irán, Omán 125/H5
Ornain (río), Fra. 92/F2
Ornans, Fra. 98/C3
Orne (dept.), Fra. 97/F3
Orne (río), Fra. 87/F5
Orne (río), Fra. 97/E2
Orneta, Pol. 83/L1
Örnsköldsvik, Sue. 79/F3
Oro, India 142/C2
Oro, Costa de (reg.), Gha. 169/E5
Orobayaya, Bol. 233/F4
Orobie, Alpi (mts.), Ita. 99/F5
Orocó, Bras. 231/G5
Orocué, Col. 228/D3
Orodara, Burk. 168/D4
Oroel (pico), Esp. 95/E1
Orofino, Id,EUA 190/F4
Orogrande, NM,EUA 198/A4
Orohena (pico), Pol.Fr. 159/L6
Oro Ingenio, Bol. 236/C2
Orolo (río), Ita. 105/E1
Oroluk (isla), Micr. 158/E4
Oromocto, NB,Can. 204/D3
Oro, Monte d' (mtña.), Fra. 108/A1
Oron (río), Fra. 100/A2
Oron, Nige. 169/H5
Orona (isla), Kir. 159/H5
Orongorongo (río), N.Z. 160/H9
Oronoque (río), Guy. 230/B2
Orontes (río), Asia 123/E2
Oropesa, Esp. 94/C3
Oroqen Zizhiqi, China 129/J1
Oroquieta, Fil. 145/C3
Orós, Bras. 231/G4
Orós (emb.), Bras. 231/G4
Orosei, Ita. 108/A2
Orosei (golfo), Ita. 108/A2
Orosháza, Hun. 110/E2
Orosi, Ca,EUA 194/C2
Oroszlány, Hun. 91/C5
Orotukan, Rusia 119/R3
Oro Valley, Az,EUA 195/G4
Oroville, Ca,EUA 192/C4
Oroville (lago), Ca,EUA 192/C4
Orpington, Ing,R.U. 71/P7
Orrefors, Sue. 80/F3
Orrell, Ing,R.U. 75/F4
Orrin (emb.), Es,R.U. 72/B2
Orrin (río), Es,R.U. 72/B2
Orrington, Me,EUA 204/C3
Orroli, Ita. 108/A3
Orroroo, Austl. 155/H5
Orry-la-Ville, Fra. 71/T9
Orsa, Sue. 80/F1
Orsago, Ita. 105/F1
Orsara di Puglia, Ita. 103/F5
Orsay, Fra. 71/S10
Orsha, Bela. 81/P4
Orsiera (pico), Ita. 100/D2
Orsk, Rusia 71/J3
Orso (cabo), Ita. 103/E6
Orsogna, Ita. 103/E3
Orșova, Rum. 110/F3
Ørsta, Nor. 79/C3
Orta (lago), Ita. 104/B1
Orta, Tur. 124/C1
Ortaca, Tur. 124/B2
Ortaköy, Tur. 124/C1
Ortaköy, Tur. 124/C2
Orta Nova, Ita. 103/F5
Orte, Ita. 102/C3
Orte (río), Ita. 103/D3
Ortega, Col. 228/C4
Ortegal (cabo), Esp. 94/B1
Ortenberg, Ale. 88/C2
Orte Scalo, Ita. 102/C3
Orthez, Fra. 92/C5
Ortigara, Monte (pico), Ita. 99/H5
Ortigueira, Esp. 94/B1
Ortiz, Méx. 196/B3
Ortiz, Ven. 231/N8
Ortles (pico), Ita. 99/G4
Ortles (mtñas.), Ita., Suiza 99/G5
Ortón (río), Bol. 233/E3
Orton (río), China 129/H2
Ortona, Fl,EUA 211/H4
Ortona, Ita. 103/E3
Ortonville, Mn,EUA 202/F5
Orto-Tokoy, Kirg. 134/C3
Örtze (río), Ale. 85/H3
Orurillo, Perú 232/D4
Oruro, Bol. 236/C1
Oruro (dept.), Bol. 236/C1
Orust (isla), Sue. 80/D2
Orvault, Fra. 96/D6
Orvieto, Ita. 102/C2
Orville (costa), Ant. 161/V
Orwell, Vt,EUA 207/K3
Orwell (río), Ing,R.U. 77/H2
Orxon (río), China 128/H2
Oryakhovo, Bul. 111/F4
Or Yehuda, Isr. 123/F7
Orzhitsa, Ucr. 116/G3
Orzinuovi, Ita. 104/C2
Orzysz, Pol. 83/L2
Os, Kirg. 134/B3
Osa (pen.), C.Rica 219/F4
Osa, Rusia 113/M4
Osage, Ia,EUA 201/H2
Osage (río), Ks, Mo,EUA 199/H1
Osage, Tx,EUA 197/F2
Ōsaka, Japón 130/D3
Ōsaka (bahía), Japón 131/L10
Osaka (pref.), Japón 130/D3
Osakis (lago), Mn,EUA 201/G1
Osan, Cor.S. 133/D4
Osasco, Bras. 234/D4
Osborn (mte.), Ak,EUA 215/E3
Osborne, Ks,EUA 199/E1
Osby, Sue. 80/E3
Oscar, Gua.Fr. 230/C2
Osceola, Ar,EUA 208/C3
Osceola, Ia,EUA 201/H3
Osceola, Mo,EUA 199/H1
Osceola, Ne,EUA 200/F3
Osceola, Pa,EUA 207/H4
Oschatz, Ale. 90/D5
Oschersleben, Ale. 90/B3
Oschiri, Ita. 108/A2
Oscura (mtñas.), NM,EUA 198/A4
Osento (río), Ita. 103/E3
Osetia del Sur (reg. aut.), Geor. 115/G4
Osetia Septentrional (rep. aut.), Rusia 115/G4
Oshamambe, Japón 132/B2
Oshawa, On,Can. 207/G3
Oshika (pen.), Japón 132/B4
Oshima (pen.), Japón 132/A2
Oshkosh, Ne,EUA 200/C3
Oshkosh, Wi,EUA 201/K1
Oshmyany, Bela. 81/L4
Oshnovīyeh, Irán 125/F2
Oshogbo, Nige. 169/G5
Osijek, Cro. 110/D3
Osimo, Ita. 105/G6
Osio Sotto, Ita. 104/C1
Osipaonica, Serb. 110/E3
Osipenko, Ucr. 117/J4
Osipovichi, Bela. 114/D1
Oskaloosa, Ia,EUA 201/H3
Oskarshamn, Sue. 80/G3
Oskarström, Sue. 80/E3
Öskemen, Kaz. 134/D2
Oskol (río), Rusia, Ucr. 117/J3
Oslava (río), R.Ch. 91/A1
Oslo (cap.), Nor. 80/D2
Oslofjord (fiordo), Nor. 80/D2
Osmānābād, India 138/C4
Osmancık, Tur. 124/C1
Osmaneli, Tur. 111/K5
Osmaniye, Tur. 123/E1
Osnabrück, Ale. 85/F4
Osnabruck, On,Can. 207/J2
Osnaburgh (lago), On,Can. 203/J2
Osny, Fra. 71/S9
Oso (isla), Nor. 118/C2
Oso (río), D.R.Congo 177/G3
Oso, Gran Lago del (lago), TNO,Can. 186/D2
Osório, Bras. 237/G4
Osorno, Chile 238/B4
Osorno, Esp. 94/C1
Osoyoos, CB,Can. 190/E3
Ospedaletto Euganeo, Ita. 105/E2
Ospitaletto, Ita. 104/D1
Osprey (arcf.), Austl. 156/B1
Oss, P.B. 84/C5
Ossa (pico), Austl. 157/C4
Ossa (mtña.), Gre. 109/H3
Ossa (mts.), Por. 94/B3
Ossabaw (bahía), Ga,EUA 209/G5
Ossabaw (isla), Ga,EUA 211/H2
Osse (río), Nige. 169/G5
Ossett, Ing,R.U. 75/G4
Ossi, Ita. 108/A2
Ossining, NY,EUA 213/E1
Ossipee, NH,EUA 207/L3
Ossora, Rusia 119/S4
Ostashkov, Rusia 112/G4
Ostbevern, Ale. 85/E4
Oste (río), Ale. 85/G1
Ostend (Oostende), Bél. 86/B1
Oster, Rusia 112/G5
Ostër, Ucr. 116/F2
Osterburg, Ale. 90/B2
Osterburken, Ale. 88/C4
Österbymo, Sue. 80/F3
Ostercappeln, Ale. 85/F4
Österdalälven (río), Sue. 80/E1
Osterems (canal), P.B. 84/D1
Östergötland (con.), Sue. 80/F2
Osterhofen, Ale. 89/G5
Osterholz-Scharmbeck, Ale. 85/F2
Osterode, Ale. 85/H5
Osterode am Harz, Ale. 82/F3
Östersund, Sue. 79/E3
Osterville, Ma,EUA 204/B5
Osterwieck, Ale. 90/A4
Ostfildern, Ale. 88/C5
Østfold (con.), Nor. 80/D2
Ostfriesland (reg.), Ale. 85/E2
Östhammar, Sue. 80/H1
Ostheim, Fra. 98/D1
Ostheim vor der Rhön, Ale. 88/D2
Osthofen, Ale. 88/B3
Ostia Antica, Ita. 102/C4
Ostia Antica (ruinas), Ita. 102/C4
Ostiglia, Ita. 105/E2
Ostional, Ref. Nal. de Fauna, C.Rica 218/E4
Ostrach (río), Ale. 99/F2
Östra Silen (lago), Sue. 80/E2
Ostrava, R.Ch. 83/K4
Ostredok (pico), Eslo. 91/D2
Ostrhauderfehn, Ale. 85/E2
Ostricourt, Fra. 86/C3
Östringen, Ale. 88/B4
Oštri Rt (cabo), Mont. 110/D4
Ostróda, Pol. 83/K2
Ostrogozhsk, Rusia 117/K2
Ostrołęka, Pol. 83/L2
Ostrołęka (prov.), Pol. 83/L2
Ostrov, R.Ch. 89/F2
Ostrov, Rusia 81/N3
Ostrov Žitný, Veľký (isla), Eslo. 91/B3
Ostrowiec Świętokrzyski, Pol. 83/L3
Ostrów Mazowiecka, Pol. 83/L2
Ostrów Wielkopolski, Pol. 83/J3
Ostrzeszów, Pol. 83/J3
Ostseebad Binz, Ale. 80/E4
Ostseebad Göhren, Ale. 83/G1
Ostseebad Prerow, Ale. 82/G1
Oststeinbek, Ale. 85/H1
Ostuácan, Méx. 218/C2
Ostuni, Ita. 108/E2
Osum (río), Alb. 109/G2
Osŭm (río), Bul. 111/G4
Osumi (estr.), Japón 130/B5
Osumi (islas), Japón 130/B5
Osumi (pen.), Japón 130/B5
Osuna, Esp. 94/C4
Osupugo (pico), Kenia 175/A2
Osvaldo Cruz, Bras. 234/C4
Oswaldtwistle, Ing,R.U. 75/F4
Oswegatchie, NY,EUA 207/J2
Oswegatchie (río), NY,EUA 207/J2
Oswego, Ks,EUA 199/G2
Oswego (río), NJ,EUA 212/D4
Oswego, NY,EUA 207/H3
Oswego (río), NY,EUA 207/H3
Oswestry, Ing,R.U. 75/E6
Oświęcim, Pol. 83/K3
Ota, Japón 130/F2
Ōta (río), Japón 130/C3
Ōtake, Japón 130/C3
Ōtaki, Japón 131/G3
Otaki, N.Z. 160/C3
Ōtakine-yama (mtña.), Japón 131/G2
Otanche, Col. 231/L6
Otaru, Japón 132/B2
Otasawiam (río), On,Can. 203/M3
Otautau, N.Z. 160/A4
Otava (río), R.Ch. 89/H4
Otavalo, Ecua. 228/B4
Otavi, Nam. 178/C3
Ōtawara, Japón 131/G2
Otay, Ca,EUA 214/C5
Otay Bajo (lago), Ca,EUA 214/D5
Oțelu Roșu, Rum. 110/F3
Otematata, N.Z. 160/B4
Otepa, Pol.Fr. 159/L6
Otepää, Esto. 81/M2
Otero de Rey, Esp. 94/B1
Oteros (río), Méx. 216/C3
Otgon, Mong. 128/D2
Otgon Tenger (pico), Mong. 128/D2
Othello, Wa,EUA 190/E4
Othis, Fra. 71/U9
Othonoí (isla), Gre. 109/F3
Oti (río), Gui. 169/F4
Otjiwarongo, Nam. 178/C4
Otjosondjou (río seco), Nam. 178/C4
Otley, Ing,R.U. 75/G4
Otočac, Cro. 110/B3
Otofuke, Japón 132/C2
Otog Qi, China 135/A3
Otog Qianqi, China 128/F4
Otok, Cro. 110/D3
Otorohanga, N.Z. 160/C2
Otoskwin (río), On,Can. 203/J2
Otowa, Japón 131/N10
Otra (río), Nor. 80/B2
Otradnoye, Rusia 81/P2
Otradnyy, Rusia 115/J1
Otranto (estr.), Alb., Ita. 109/F2
Otranto, Ita. 109/F2
Otrokovice, R.Ch. 91/B1
Otsu, Japón 130/D3
Ōtsuchi, Japón 132/B4
Otta, Nige. 169/F5
Ottaviano, Ita. 103/E6
Ottawa (cap.), On,Can. 207/J2
Ottawa (islas), Nun,Can. 187/H3
Ottawa, Il,EUA 201/K3
Ottawa, Ks,EUA 199/G1
Ottawa, Oh,EUA 206/D4
Ottawa Hills, Oh,EUA 206/E4
Ottawa (Outaouais) (río), On, Qu,Can. 207/H2
Ottendorf-Okrilla, Ale. 90/D5
Ottensheim, Aus. 89/H6
Otter (río), Vt,EUA 207/K3
Otter (río), Ing,R.U. 76/C5
Otterbach, Ale. 87/G5
Otterberg, Ale. 87/G5
Otterburn, Ing,R.U. 75/F1
Otter Creek (emb.), Ut,EUA 193/H4
Otterndorf, Ale. 85/F1
Ottersberg, Ale. 85/G2
Ottershaw, Ing,R.U. 71/M7
Otter Tail (lago), Mn,EUA 203/G4
Otter Tail (río), Mn,EUA 202/F4
Ottignies-Louvain-La-Neuve, Bél. 86/D2
Öttingen im Bayern, Ale. 88/D5
Ottobeuren, Ale. 99/G2
Ottobrunn, Ale. 89/E6
Ottumwa, Ia,EUA 201/H3
Ottweiler, Ale. 87/G5
Otuquis (cién.), Bol. 236/E1
Otuzco, Perú 232/B2
Otway (cabo), Austl. 157/B3
Otway (bahía), Chile 239/J8
Otway, Parq. Nal., Austl. 157/B3
Otwock, Pol. 83/L2
Otynya, Ucr. 116/C3
Ötztaler Ache (río), Aus. 99/G3
Ou (mtñas.), Japón 132/B4
Ou (río), Laos 143/C1
Ouachita (lago), Ar,EUA 199/H3
Ouachita (río), Ar, La,EUA 199/H4
Ouadda, Cafr. 172/D3
Ouaddaï (pref.), Chad 172/D2
Ouaddaï (reg.), Chad 172/C2
Ouaka (pref.), Cafr. 172/D4
Ouaka (río), Cafr. 172/D4
Oualâta, Dhar (colinas), Maur. 168/D2
Ouallam, Níger 169/F3
Ouanary, Gua.Fr. 230/D1
Ouanda Djalle, Cafr. 172/D3
Ouandjia-Vakaga, Res. de Fauna, Cafr. 172/D3
Ouango, Cafr. 172/D4
Ouanne (río), Fra. 92/E3
Ouaqui, Gua.Fr. 230/C2
Ouaqui (río), Gua.Fr. 230/C2
Ouara (río), Cafr. 173/E4
Ouarane (reg.), Maur. 166/C5
Ouareau (río), Qu,Can. 207/K1
Ouargla, Arg. 167/G3
Ouargla (wilaya), Arg. 167/G3
Ouarkziz, Jebel (mtñas.), Arg., Marr. 166/C3
Ouarzazate, Marr. 166/D3
Ouassel, Nahr (río), Arg. 165/S16
Oubangi (Ubangi) (río), Áfr. 172/C5
Oubangui (río), Cafr. 172/C4
Oubritenga (prov.), Burk. 169/E3
Ouche (río), Fra. 98/B3
Ōuda, Japón 131/L10
Oudalan (prov.), Burk. 169/E3
Oud-Beijerland, P.B. 84/B5
Ouddorp, P.B. 84/A5
Oude IJssel (río), P.B. 84/D5
Oudenaarde, Bél. 86/C2
Oudenbosch, P.B. 84/B5
Oudenburg, Bél. 86/B1
Oude Pekela, P.B. 84/E2
Oude Westereems (canal), P.B. 84/D2
Oudon (río), Fra. 97/E5
Oudtshoorn, Safr. 180/C4
Oud-Turnhout, Bél. 84/B6
Oued Drâa (río), Marr. 164/B2
Oued Rhiou, Arg. 165/R16
Oued Zem, Marr. 166/D2
Ouémé (prov.), Benín 169/F5
Ouémé (río), Benín 169/F4
Ouen (isla), N.Cal. 159/V13
Ouenza, Arg. 165/W18
Ouerrha (río), Marr. 165/M13
Ouessant (isla), Fra. 92/A2
Ouest (pta.), Haiti 219/H1
Ouest (pta.), Haiti 219/H2
Ouezzane, Marr. 165/M13
Oughter, Lough (lago), Irl. 78/C2
Ouham (pref.), Cafr. 172/C4
Ouham (río), Cafr., Chad 172/C3
Ouham-Pendé (pref.), Cafr. 172/C4
Ouichy-le-Château, Fra. 86/C5
Ouistreham, Fra. 97/E2
Oujda, Marr. 165/P13
Oulangan, Parq. Nal., Fin. 79/J2
Oule (río), Fra. 100/B4
Ouled Djellal, Arg. 167/G2
Oullins, Fra. 100/A1
Oulnina (pico), Austl. 155/H5
Oulou, Bahr (río), Cafr. 172/D3
Oulu, Fin. 79/H2
Oulu (prov.), Fin. 79/H2
Oulujärvi (lago), Fin. 79/H2
Oum El Bouaghi, Arg. 165/V18
Oum El Bouaghi (wilaya), Arg. 165/V18
Oum er Rbia, Oued (río), Marr. 166/D2
Oumm ed Droûs Guebli, Sebkhet (lago seco), Maur. 166/C5
Oumm ed Droûs Telli, Sebkhet (lago seco), Maur. 166/C4
Ounasjoki (río), Fin. 112/E2
Oupeye, Bél. 87/E2
Our (río), Bél. 87/E4
Our (río), Eur. 87/F4
Ouray, Co,EUA 193/K4
Ouray (pico), Co,EUA 200/A4
Ource (río), Fra. 98/A2
Ourcq (río), Fra. 86/C5
Øure Anarjokka, Parq. Nal., Nor. 79/H1
Øure Dividal, Parq. Nal., Nor. 79/F1
Ourém, Bras. 231/E3
Ouricuri, Bras. 231/F4
Ourinhos, Bras. 234/C4
Ourique, Por. 94/A4
Ouro Branco, Bras. 231/G5
Ourofané, Níger 169/H3
Ouro Fino, Bras. 235/K7
Ouro, Ponta do (pta.), Moz. 179/G5
Ouro Preto, Bras. 235/E4
Ourthe (río), Bél. 87/E3
Ourthe Occidentale (río), Bél. 87/E3
Ourthe Oriental (río), Bél. 87/E3
Ourville-en-Caux, Fra. 97/F1
Oust (río), Fra. 96/C5

304 Poços – Princ

Poços de Caldas, Bras. 234/D4
Pocpo, Bol. 236/C1
Pocri, Pan. 219/F4
Podbořany, R.Ch. 89/G2
Poddębice, Pol. 83/K3
Podenzano, Ita. 104/C3
Podgorica (cap), Mont. 110/D4
Podgorodnoye, Ucr. 117/H3
Po di Goro (río), Ita. 105/F3
Po di Venezia (río), Ita. 105/F2
Po di Volano (río), Ita. 105/E3
Podlasie (reg.), Pol. 83/M3
Podlaska (prov.), Pol. 116/B2
Podolio (alt.), Ucr. 116/D3
Podolsk, Rusia 112/H5
Podor, Sen. 168/B2
Podporozh'ye, Rusia 112/G3
Podravska Slatina, Cro. 110/C3
Podujevo, Kos. 110/E4
Podvolochisk, Ucr. 116/D3
Poggibonsi, Ita. 105/E6
Poggio Imperiale, Ita. 103/F4
Poggiola, Ita. 105/E6
Poggiomarino, Ita. 103/E6
Poggio Renatico, Ita. 105/E3
Poggio Rusco, Ita. 105/E3
Pogradec, Alb. 109/G2
Pogranichnyy, Rusia 129/L3
Pogrebishche, Ucr. 116/E3
Pogromni (vol.), Ak,EUA 215/F5
Pohang, Cor.S. 133/E4
Pohjanmaa (reg.), Fin. 79/G3
Pohnpei (isla), Micr. 158/E4
Pohoiki, Hi,EUA 188/U11
Pohopoco (mts.), Pa,EUA 212/C2
Pohořelice, R.Ch. 91/A2
Poing, Ale. 89/E6
Poinsett (cabo), Ant. 161/H
Point (lago), TNO,Can. 186/E2
Point a la Hache, La,EUA 210/D3
Point au Fer (isla), La,EUA 210/C3
Pointe-à-Pitre, Guad. 220/F3
Pointe à Raquette, Haiti 219/H2
Pointe au Baril Station, On,Can. 206/F2
Pointe-aux-Trembles, Qu,Can. 205/N6
Pointe-Calumet, Qu,Can. 205/N6
Pointe-Claire, Qu,Can. 205/N7
Pointe du Bois, Mb,Can. 203/G2
Pointe-Noire, Congo 176/B4
Pointe Pescade (cabo), Arg. 95/G4
Point Fortin, Trin. 220/F5
Point Judith, RI,EUA 207/L4
Point Lance, Tnva,Can. 205/K2
Point Lookout (pico), Austl. 157/E1
Point Marion, Pa,EUA 207/G5
Point Pedro, Sr.L. 142/H4
Point Pelee, Parq. Nal., On,Can. 206/E4
Point Pleasant, NJ,EUA 213/D3
Point Pleasant, VOcc,EUA 209/F1
Point Reyes Nat'l Seash., Ca,EUA 194/A1
Point-Saint-Bernard, Col du (paso), Fra. 100/C1
Point Salvation, T. Abor., Austl. 154/E4
Poirino, Ita. 104/A3
Poisson Blanc (emb.), Qu,Can. 207/J1
Poissonier (pta.), Austl. 154/C1
Poissonnier (pta.), Austl. 154/C1
Poissy, Fra. 71/S10
Poitiers, Fra. 92/D3
Poitou (reg.hist.), Fra. 92/C3
Poitou-Charentes (reg.), Fra. 92/C3
Pojo, Bol. 236/C1
Pojo, Fin. 81/K1
Pojois-Karjala (prov.), Fin. 79/J3
Pokaran, India 138/B2
Pokegama (lago), Mn,EUA 203/H4
Pokhara, Nepal 140/D1
Pokhvistnevo, Rusia 115/K1
Po Klong Garai Cham, Vie. 143/E4
Pokrovka, Rusia 115/K2
Pokrovsk, Rusia 119/N3
Pokrovskoye, Rusia 114/F1
Pokrovskoye, Rusia 117/K4
Pokrovskoye, Ucr. 117/J4
Pokrovskoye, Ucr. 117/K3
Pola, Rusia 81/P3
Polabská Nížina (valle), R.Ch. 83/H3
Polacca, Az,EUA 195/G3
Pola de Laviana, Esp. 94/C1
Pola de Lena, Esp. 94/C1
Pola de Siero, Esp. 94/C1
Pol'ana (pico), Eslo. 114/A2
Polanco del Yi, Uru. 239/T11
Połaniec, Pol. 83/L3
Polar del Sur (mes.), Ant. 161/W
Polatlı, Tur. 124/C2
Polch, Ale. 87/G3
Połczyn-Zdrój, Pol. 83/J2
Pol-e-Khomrī, Afg. 127/J1
Polesine (reg.), Ita. 105/E2
Polevskoy, Rusia 113/P4
Polgár, Hun. 110/E2
Polgárdi, Hun. 91/C5
Pŏlgyo, Cor.S. 133/D5
Poli, Cam. 172/B3
Políaigos (isla), Gre. 109/J4
Policastro (golfo), Ita. 101/B2
Police, Pol. 83/H2
Policoro, Ita. 101/C2
Poligny, Fra. 98/B4
Polikastron, Gre. 109/H2
Políkhni, Gre. 109/H2
Polikhnitos, Gre. 109/K3
Polillo (estr.), Fil. 145/C2
Polillo (isla), Fil. 145/C2
Polillo (islas), Fil. 145/C2
Polinesia (reg.) 159/J3
Polinesia Francesa (terr.), Fra. 159/M6
Polis, Chip. 123/C2
Polistena, Ita. 101/C6
Políyiros, Gre. 109/H2
Polje, Esl. 110/B2
Polkowice, Pol. 83/J3
Polla, Ita. 103/F6
Pollachi, India 142/F3
Pollensa, Esp. 95/G3
Pollino (pico), Ita. 101/C3
Polochic (río), Gua. 218/D3
Polo de la Inaccesibilidad, Ant. 161/E
Polomolok, Fil. 145/D4
Polonia 83/K2
Polonia (cabo), Uru. 239/G2
Polonnaruwa, Sr.L. 142/H5
Polonnaruwa (dist.), Sr.L. 142/H4
Polo Norte Magnético, Amér.N. 184/H1
Polo Sur, Ant. 161/A
Polo Sur Magnético, Ant. 161/K
Polski Trŭmbesh, Bul. 111/G4
Polson, Mt,EUA 191/G4
Poltava, Ucr. 117/H3
Poltava, Región de, Ucr. 117/G3
Poluška (pico), R.Ch. 89/H4
Polvaredas, Argen. 238/R9
Polvijärvi, Fin. 112/F3
Polyarnyy, Rusia 112/G1
Pomarance, Ita. 105/D6
Pomarico, Ita. 101/C1
Pomáz, Hun. 91/D4
Pomba (río), Bras. 235/E4
Pombal, Bras. 231/G4
Pombal, Por. 94/A3
Pombas, Cab.V. 164/J9
Pomerania (bahía), Ale., Pol. 83/H1
Pomerania (reg.), Pol. 83/H2
Pomerene, Az,EUA 195/G5
Pomerode, Bras. 237/G3
Pomeroon-Supernaam (reg.), Guy. 229/G3
Pomeroy, Oh,EUA 206/E5
Pomeroy, Wa,EUA 190/F4
Pomezia, Ita. 102/C4
Pomigliano d'Arco, Ita. 103/E6
Pomme de Terre (río), Mn,EUA 201/G1
Pomme de Terre (río), Mo,EUA 199/H2
Pomona, Ca,EUA 214/C2
Pomona (lago), Ks,EUA 199/G1
Pomona, Nam. 180/A2
Pomorie, Bul. 111/H4
Pomos (pta.), Chip. 123/C2
Pompano Beach, Fl,EUA 211/H4
Pompei, Ita. 103/E6
Pompéia, Bras. 234/C4
Pompeu, Bras. 234/D3
Pompey, Fra. 87/F6
Pompeya (ruinas), Ita. 103/E6
Pompton (lagos), NJ,EUA 213/H8
Pompton (río), NJ,EUA 213/H8
Pompton Lakes, NJ,EUA 213/D1
Ponca, Ne,EUA 201/F2
Ponca City, Ok,EUA 199/F5
Ponce, P.Rico 221/C6
Poncin, Fra. 98/B5
Pond (cabo), Austl. 152/B3
Pond (ens.), Nun,Can. 187/J1
Pomfret, Ct,EUA 208/C2
Pond (río), Ky,EUA 208/D2
Pondicherry, India 142/G3
Pondicherry (terr.), India 142/G3
Pond Inlet, Nun,Can. 187/J1
Ponente (costa), Ita. 104/B5
Ponferrada, Esp. 94/B1
Pongaí, Bras. 234/C4
Pongdong, Cor.S. 133/D5
Ponghwa, Cor.S. 133/E4
Pongo (río), Sudán 173/E4
Pongola (río), Safr. 181/E2
Poni (prov.), Burk. 168/E4
Poniatowa, Pol. 83/M3
Ponnaiyar (río), India 142/G3
Ponnani, India 142/E3
Ponoka, Ab,Can. 191/H1
Ponomarevka, Rusia 115/K1
Ponorogo, Indo. 144/E4
Ponoy, Rusia 112/J2
Ponoy (río), Rusia 112/H2
Pons, Fra. 92/C4
Ponsacco, Ita. 104/D5
Ponsonby, N.Z. 160/F6
Pont-à-Celles, Bél. 86/D3
Ponta da Pico (mtña.), Azor.,Por. 95/S12
Ponta Delgada, Azor.,Por. 95/T13
Ponta de Pedras, Bras. 230/D3
Ponta do Calcanhar (pta.), Bras. 231/H4
Ponta Grossa, Bras. 237/G3
Pont-à-Marcq, Fra. 86/C2
Pont-à-Mousson, Fra. 87/F6
Ponta Porã, Bras. 234/B4
Pontarlier, Fra. 98/C4
Pontassieve, Ita. 105/E5
Pont-Audemer, Fra. 97/F2
Pontault-Combault, Fra. 71/T10
Pont-Aven, Fra. 96/B5
Pont Canavese, Ita. 104/A2
Pontcharra, Fra. 100/C2
Pontchartrain (lago), La,EUA 210/C2
Pontchâteau, Fra. 96/C6
Pont-de-Buis-lès-Quimerch, Fra. 96/A4
Pont-de-Chéruy, Fra. 100/B1
Pont-de-l'Arche, Fra. 86/A5
Pont-de-Roide, Fra. 98/C3
Pont-du-Château, Fra. 92/E4
Ponte Alta do Bom Jesus, Bras. 234/D2
Ponte Alta do Norte, Bras. 234/D1
Pontecagnano, Ita. 103/E6
Pontecorvo, Ita. 103/D5
Pontecurone, Ita. 104/B3
Ponte dell'Olio, Ita. 104/C3
Pontedera, Ita. 104/D5
Ponte de Sor, Por. 94/A3
Pontefract, Ing,R.U. 75/G4
Ponte Lambro, Ita. 104/C1
Ponteland, Ing,R.U. 75/G1
Ponte Nova, Bras. 235/E4
Pontenure, Ita. 104/C3
Ponte San Nicolò, Ita. 105/E2
Pontes e Lacerda, Bras. 233/G4
Pontevedra, Esp. 94/A1
Pontevedra, Fil. 145/C3
Pont-Évêque, Fra. 100/A1
Pontevico, Ita. 104/D2
Pontiac, Il,EUA 201/K3
Pontiac, Mi,EUA 206/E3
Pontianak, Indo. 146/C4
Pontian Kechil, Malay. 144/C2
Pónticos (mtñas.), Tur. 124/D1
Pontinia, Ita. 102/D5
Pontivy, Fra. 96/C4
Pont-l'Abbé, Fra. 96/A5
Pont-l'Évêque, Fra. 97/F2
Ponto da Divisão, Bras. 230/B5
Pontoise, Fra. 71/S9
Pontorson, Fra. 96/D3
Pontotoc, Ms,EUA 208/C3
Pontremoli, Ita. 104/C4
Pontrilas, Ing,R.U. 76/D3
Pont-Sainte Maxence, Fra. 86/B5
Pont-Saint-Esprit, Fra. 100/A4
Pont-Saint-Martin, Ita. 104/A1
Pont y Cymmer, Gales,R.U. 76/C3
Pontypool, Gales,R.U. 76/C3
Pontypridd, Gales,R.U. 76/C3
Ponui (isla), N.Z. 160/D4
Ponza, Ita. 102/C6
Ponza (isla), Ita. 102/C6
Ponziane (islas), Ita. 102/C6
Pool (reg.), Congo 176/B3
Poole, Ing,R.U. 76/E5
Poole (bahía), Ing,R.U. 77/E5
Poona, India 138/B4
Poondarrie (pico), Austl. 154/C3
Poondinna (pozo), Austl. 155/F3
Poopó, Bol. 236/C1
Poopó (lago), Bol. 236/C1
Pöösapää Neem (pta.), Esto. 81/K2
Popa (pico), Mya. 136/B4
Pô, Parq. Nal., Burk. 169/E4
Popayán, Col. 228/B4
Popel'nya, Ucr. 116/E3
Poperinge, Bél. 86/B2
Popigochic (río), Méx. 216/C2
Popilta (lago), Austl. 157/B2
Popio (lago), Austl. 157/B2
Poplar (río), Mb, On,Can. 203/G1
Poplar (isla), Md,EUA 212/B6
Poplar (río), Sk,Can, Mt,EUA 202/B3
Poplar Bluff, Mo,EUA 199/J2
Poplarville, Ms,EUA 210/D2
Poplar, West Fork (río), Sk,Can., Mt,EUA 191/M3
Popoli, Ita. 103/D3
Popondetta, P.N.G. 153/H2
Popovo, Bul. 111/H4
Poppberg (pico), Ale. 89/E4
Poprad, Eslo. 83/L4
Poprad (río), Eslo. 83/L4
Pŏptong, Cor.N. 133/D3
Poquoson, Va,EUA 209/J2
Poranga, Bras. 231/F4
Porangahau, N.Z. 160/D3
Porangatu, Bras. 234/C2
Porbandar, India 138/A3
Porcari, Ita. 104/D5
Porce (río), Col. 228/C3
Porcia, Ita. 105/F1
Porco, Bol. 236/C1
Porcuna, Esp. 94/C4
Porcupine (colinas), Mb, Sk,Can. 202/C2
Porcupine (río), Yk,Can, Ak,EUA 215/K2
Porcupine Gorge, Parq. Nal., Austl. 156/B3
Porcupine Plain, Sk,Can. 202/C1
Pordenone, Ita. 105/F1
Pordenone (prov.), Ita. 105/F1
Pordic, Fra. 96/C3
Pore, Col. 228/D3
Poreč, Cro. 105/G2
Porecatu, Bras. 234/C4
Pori, Fin. 81/J1
Porirua, N.Z. 160/C3
Porirua (puer.), N.Z. 160/H9
Porkhov, Rusia 81/N3
Porlamar, Ven. 229/F2
Porlezza, Ita. 99/F5
Pormpuraaw, T. Abor., Austl. 156/A1
Pornic, Fra. 92/B3
Pornichet, Fra. 96/C6
Poro (pico), Ita. 101/B5
Poronaysk, Rusia 129/N2
Porongo (pico), Argen. 236/C4
Porongurup, Parq. Nal., Austl. 154/C5
Póros, Gre. 109/H4
Porpoise (bahía), Ant. 161/J
Porquerolles (isla), Fra. 100/C6
Porrentruy, Suiza 98/D3
Porretta Terme, Ita. 105/D4
Porriño, Esp. 94/A1
Porsangen (fiordo), Nor. 79/H1
Porsgrunn, Nor. 80/C2
Porspoder, Fra. 96/A3
Porsuk (río), Tur. 124/B2
Portachuelo, Bol. 233/F5
Port Adelaide, Austl. 155/M8
Portadown, IrN,R.U. 74/B3
Portaferry, IrN,R.U. 74/C3
Portage (bahía), Mb,Can. 203/E2
Portage, Mi,EUA 206/D3
Portage (lago), Mi,EUA 203/K4
Portage (pta.), Mi,EUA 203/L5
Portage, Wi,EUA 201/K2
Portage-du-Fort, Qu,Can. 207/H2
Portage la Prairie, Mb,Can. 202/E3
Portal, Az,EUA 195/H5
Port Alberni, CB,Can. 190/B3
Port Albert, Austl. 157/C3
Portalegre, Por. 94/B3
Portalegre (dist.), Por. 94/B3
Portales, NM,EUA 198/C3
Port Alfred, Safr. 180/D4
Port Allen, La,EUA 210/C2
Port Angeles, Wa,EUA 190/C3
Port Antonio, Jam. 219/G2
Portarlington, Irl. 78/C3
Port Arthur, Tx,EUA 197/H3
Port Augusta, Austl. 155/H5
Port au Port (bahía), Tnva,Can. 205/H1
Port au Port (pen.), Tnva,Can. 205/H1
Porta Westfalica, Ale. 85/F4
Port Blair, India 139/F5
Port-Bouët, C.Marf. 168/E5
Port Broughton, Austl. 155/H5
Port-Cartier, Qu,Can. 187/K3
Port Chalmers, N.Z. 160/B4
Port Charlotte, Fl,EUA 211/G4
Port Chester, NY,EUA 213/E2
Port Clements, CB,Can. 215/M5
Port Clinton, Oh,EUA 206/E4
Port Colborne, On,Can. 207/G3
Port Credit, On,Can 205/R8
Port-Cros, Parq. Nal., Fra. 100/C7
Port Davey (puer.), Austl. 157/C4
Port-de-Bouc, Fra. 100/A6
Port-de-Paix, Haiti 219/H2
Port Dickson, Malay. 144/C2
Port Douglas, Austl. 156/B2
Port Eads, La,EUA 210/D3
Port Edward, CB,Can. 215/M4
Porteiras, Bras. 231/G4
Portel, Bras. 230/D3
Port Elizabeth, Safr. 180/D4
Port Elizabeth, Sn.V. 220/F4
Porteña, Argen. 236/D4
Porter, Me,EUA 204/B4
Porter, Tx,EUA 197/M8
Port Erin, IM,R.U. 74/D3
Porters (lago), Pa,EUA 212/C1
Porterville, Ca,EUA 194/C2
Porterville, Safr. 180/L10
Portes d'Enfer D.R. Congo 177/F4
Portes-lès-Valence, Fra. 100/A3
Portete (bahía), Col. 219/J3
Portet-sur-Garonne, Fra. 92/D5
Port Eynon, Gales,R.U. 76/B3
Port Eynon (pta.), Gales,R.U. 76/B3
Portezuela del León Muerto (paso), Argen., Chile 236/B3
Portezuelo de Socompa (paso), Chile 236/B3
Port Fairy, Austl. 157/B3
Port-Gentil, Gabón 176/B3
Port Gibson, Ms,EUA 208/B5
Port Glasgow, Es,R.U. 72/B5
Portglenone, IrN,R.U. 74/B2
Port Harcourt, Nige. 169/G5
Port Hardy, CB,Can. 186/D3
Port Hawkesbury, NE,Can. 205/G3
Porthcawl, Gales,R.U. 76/C4
Port Hedland, Austl. 154/C2
Port Hood, NE,Can. 205/G2
Port Hope, On,Can. 207/G3
Port Hueneme, Ca,EUA 214/A2
Port Huron, Mi,EUA 206/E3
Portici, Ita. 103/E6
Portillo, Chile 238/Q9
Portimão, Por. 94/A4
Portishead, Ing,R.U. 76/D4
Port Jervis, NY,EUA 212/D1
Port Keats, Austl. 152/C3
Portknockie, Es,R.U. 72/D1
Portland, Austl. 157/B3
Portland, Austl. 157/D2
Portland (cabo), Austl. 157/C4
Portland (ens.), CB,Can, Ak,EUA 215/N4
Portland, Fl,EUA 211/E2
Portland, In,EUA 206/D4
Portland, Me,EUA 204/B4
Portland, Or,EUA 192/B1
Portland, Tx,EUA 197/F4
Portland (pta.), Jam. 219/G2
Portland, N.Z. 160/C1
Portland Bill of (pta.), Ing,R.U. 76/D6
Portland, Isle of (pen.), Ing,R.U. 76/D5
Port-la-Nouvelle, Fra. 92/E5
Portlaoise, Irl. 78/C3
Port Lavaca, Tx,EUA 197/F3
Portlaw, Irl. 78/C5
Portlethen, Es,R.U. 72/D2
Port Lincoln, Austl. 155/G5
Portlock (arcf.), P.N.G. 153/G2
Port Loko, S.Le. 168/B4
Port-Louis, Guad. 220/F3
Port Louis (cap.), Mau. 181/S15
Port MacDonnell, Austl. 157/B3
Port Macquarie, Austl. 157/E1
Portmahomack, Es,R.U. 72/C1
Port Maria, Jam. 219/G2
Portmarnock, Irl. 78/D3
Port McNicoll, On,Can. 207/G2
Port Medway, NE,Can. 204/E3
Port-Menier, Qu,Can. 187/K4
Portmore, Jam. 219/G2
Port Moresby (cap.), P.N.G. 153/G2
Port Neches, Tx,EUA 197/H3
Portneuf (río), Qu,Can. 204/C1
Port Nicholson (ens.), N.Z. 160/H9
Port Nolloth, Safr. 180/B3
Pôrto, Bras. 231/F3
Porto (golfo), Fra. 108/A1
Porto, Por. 94/A2
Porto (dist.), Por. 94/A2
Pôrto Alegre, Bras. 237/G4
Porto Azzurro, Ita. 102/A2
Portobelo, Parq. Nal., Pan. 219/G4
Pôrto Calvo, Bras. 235/G1
Portocivitanova, Ita. 105/G6
Port O'Conner, Tx,EUA 197/F3
Pôrto da Fôlha, Bras. 235/F1
Porto de Mós, Por. 94/A3
Porto de Moz, Bras. 230/C3
Pôrto de Pedras, Bras. 231/H5
Porto Empedocle, Ita. 108/C4
Porto Ercole, Ita. 102/B3
Porto Esperança, Bras. 233/G4
Pôrto Feliz, Bras. 234/D4
Portoferraio, Ita. 102/A2
Pôrto Ferreira, Bras. 234/D4
Port of Ness, Es,R.U. 73/H7
Pôrto Franco, Bras. 231/E4
Port of Spain (cap.), Trin. 220/F5
Porto Garibaldi, Ita. 105/F3
Portogruaro, Ita. 105/F1
Porto Inglês, Cab.V. 164/K10
Portomaggiore, Ita. 105/E3
Porto Moroco, Bras. 234/B2
Porto Murtinho, Bras. 234/A4
Porto Nacional, Bras. 234/C1
Porto-Novo (cap.), Benín 169/F5
Portonovo, India 142/G3
Porto Poet, Bras. 230/C2
Porto Potenza Picena, Ita. 105/G6
Port Orange, Fl,EUA 211/H3
Porto Recanati, Ita. 105/G6
Pôrto Rico, Bras. 234/B4
Portorož, Esl. 105/G1
Porto San Giorgio, Ita. 103/D1
Porto Sant'Elpidio, Ita. 103/D1
Pôrto Santo (isla), Madr.,Por. 166/A2
Porto Santo Stefano, Ita. 102/B3
Porto Seguro, Bras. 235/F3
Porto Torres, Ita. 108/A2
Porto União, Bras. 237/G3
Porto-Vecchio, Fra. 108/A2
Porto Velho, Bras. 233/F3
Portovenere, Ita. 104/C4
Portoviejo, Ecua. 228/A5
Portpatrick, Es,R.U. 74/C2
Port Phillip (bahía), Austl. 157/C3
Port Pirie, Austl. 155/H5
Portree, Es,R.U. 73/H8
Portroe, Irl. 78/B4
Port Royal, CS,EUA 209/G4
Port Royal (bahía), CS,EUA 209/G4
Portrush, IrN,R.U. 74/B1
Port Said (Būr Sa'īd), Egip. 123/C4
Port Saint Joe, Fl,EUA 211/F3
Port-Saint-Louis-du-Rhône, Fra. 100/A6
Port Saint Lucie, Fl,EUA 211/H4
Port Santa Maria, Fil. 145/C4
Portsea (isla), Ing,R.U. 77/E5
Port Shepstone, Safr. 181/E3
Portslade by Sea, Ing,R.U. 77/F5
Portsmouth, Dom. 220/F4
Portsmouth (isla), CN,EUA 209/K3
Portsmouth, NH,EUA 207/L3
Portsmouth, Oh,EUA 209/F1
Portsmouth, Va,EUA 209/J2
Portsmouth, Ing,R.U. 77/E5
Portsoy, Es,R.U. 72/D1
Port Stephens (bahía), Austl. 157/E2
Portstewart, IrN,R.U. 74/B1
Port Sudan (Būr Sūdān), Sudán 171/H5
Port Talbot, Gales,R.U. 76/C3
Port Townsend, Wa,EUA 190/C3
Portugal 94/A3
Portugalete, Bol. 236/C2
Portugalete, Esp. 94/D1
Portuguesa (est.), Ven. 228/D2
Portuguesa (río), Ven. 228/D2
Portuguese Bend, Ca,EUA 214/F8
Portumna, Irl. 78/B3
Port-Vendres, Fra. 92/E5
Port Victoria, Austl. 155/H5
Port Wakefield, Austl. 155/H5
Port Washington, NY,EUA 213/E2
Port Washington, Wi,EUA 201/L2
Port Weld, Malay. 144/C1
Porvenir, Bol. 232/D3
Porvenir, Bol. 233/F4
Porvenir, Chile 239/K8
Porvenir, Perú 232/C2
Porvenir, Uru. 239/T11
Porvoo (Borgå), Fin. 81/L1
Porzuna, Esp. 94/C3
Posadas, Argen. 237/F3
Posadas, Esp. 94/C4
Posavina (valle), Bosn., Cro. 110/C3
Poschiavo, Suiza 99/G5
Posio, Fin. 79/J2
Poso (lago), Indo. 147/F4
Posof, Tur. 125/E1
Posŏng, Cor.S. 133/D5
Posŏng (bahía), Cor.S. 133/D5
Posŏng (río), Cor.S. 133/D5
Posorja, Ecua. 228/A5
Pospelikha, Rusia 134/D1
Posse, Bras. 234/D2
Pössneck, Ale. 90/B6
Possum Kingdom (lago), Tx,EUA 199/E4
Post, Tx,EUA 196/D1
Postmasburg, Safr. 180/C3
Postoak, Tx,EUA 199/E4
Postojna, Esl. 110/B3
Postolprty, R.Ch. 89/G2
Postrervalle, Bol. 236/D1
Pot (mtña.), Id,EUA 190/G4
Potala, China 141/H1
Potam, Méx. 216/C3
Potamós, Gre. 109/H5
Potaro (río), Guy. 230/B1
Potaro-Siparuni (reg.), Guy. 229/G3
Potchefstroom, Safr. 180/D2
Poteau, Ok,EUA 199/G3
Potengi, Bras. 231/G4
Potenza, Ita. 103/F6
Potenza (prov.), Ita. 103/F6
Potenza (río), Ita. 102/C1
Potenza Picena, Ita. 105/G6
Potgietersrus, Safr. 179/F5
Potholes (emb.), Wa,EUA 190/E4
Poti, Alpe di (pico), Ita. 105/E6
Potomac (río), E.U.A. 209/J1
Potomac, Md,EUA 212/A5
Potosí, Bol. 236/C1
Potosí (dept.), Bol. 236/C2
Potosi, Mo,EUA 199/J2
Potosí (mtña.), Nv,EUA 194/E3
Potosí, Méx. 188/F7
Potrerillos, Chile 236/B3
Potro, Cerro el (pico), Argen., Chile 236/B4
Potsdam, Ale. 90/D3
Potsdam, NY,EUA 207/J2
Pottendorf, Aus. 91/A4
Pottenstein, Ale. 89/E3
Potters Bar, Ing,R.U. 71/N6
Pöttmes, Ale. 88/E5
Pottstown, Pa,EUA 212/C3
Pottsville, Pa,EUA 212/B2
Pottuvil, Sr.L. 138/D6
Pouancé, Fra. 97/D5
Poudre d'Or, Mrts. 181/S15
Poughkeepsie, NY,EUA 207/K4
Poulains, Pointe de (pta.), Fra. 96/B6
Poulaphouca (emb.), Irl. 78/D3
Poulter (río), Ing,R.U. 75/G5
Poulton-le-Fylde, Ing,R.U. 75/F4
Poûn, Cor.S. 133/D4
Pourri (mtña.), Fra. 100/C1
Pouso Alegre, Bras. 234/D4
Pouthisat, Camb. 143/C3
Pouthisat (río), Camb. 143/C3
Pouzauges, Fra. 92/C3
Považská Bystrica, Eslo. 91/C1
Považský Inovec (mtñas.), Eslo. 91/B2
Povegliano Veronese, Ita. 105/D2
Povenets, Rusia 112/G3
Poverello (mtña.), Ita. 101/B6
Poviglio, Ita. 104/D3
Póvoa de Varzim, Por. 94/A2
Povorino, Rusia 117/M2
Povorotnyy, Mys (cabo), Rusia 129/L3
Povungnituk, Qu,Can. 187/J2
Povungnituk (río), Qu,Can. 187/J2
Poway, Ca,EUA 214/C5
Powder (río), Mt, Wy,EUA 193/L1
Powder (río), Or,EUA 192/E1
Powder, North Fork (río), Wy,EUA 193/K2
Powder River (paso), Wy,EUA 193/K1
Powder, South Fork (río), Wy,EUA 193/K2
Powder Springs, Ga,EUA 209/L7
Powell (pta.), Bahm. 220/B1
Powell (lago), Az, Ut,EUA 195/G2
Powell River, CB,Can. 190/B3
Power (emb.), NY,EUA 205/S9
Power Head (pta.), Irl. 78/B6
Powys (con.), Gales,R.U. 76/C2
Powys, Vale (valle), Gales,R.U. 76/C1
Poxoréo, Bras. 234/B2
Poxoreu (río), Bras. 234/B3
Poyang (lago), China 137/G2
Poygan (lago), Wi,EUA 201/K1
Poynton, Ing,R.U. 75/F5
Poyo, Esp. 94/A1
Poysdorf, Aus. 91/A2
Pozantı, Tur. 124/C2
Požarevac, Serb. 110/E3
Poza Rica, Méx. 217/F4
Požega, Serb. 110/E4
Poznań, Pol. 83/J2
Poznań (prov.), Pol. 83/J2
Pozo Alcón, Esp. 94/D4
Pozo Almonte, Chile 236/B2
Pozoblanco, Esp. 94/C3
Pozo Colorado, Par. 236/E2
Pozo del Molle, Argen. 238/E2
Pozo del Tigre, Bol. 233/F5
Pozo Hondo, Argen. 236/C3
Pozuelo de Alarcón, Esp. 95/N9
Pozuelos (lago), Argen. 236/C2
Pozuelos, Ven. 229/E2
Pozuzo, Perú 232/C3
Pozzallo, Ita. 108/D4
Pozzolo Formigaro, Ita. 104/B3
Pozzoni (pico), Ita. 102/D2
Pozzuoli, Ita. 103/E6
Prabuty, Pol. 83/K2
Pracham Hiang (pta.), Tail. 143/B4
Prachatice, R.Ch. 89/H4
Prachin Buri, Tail. 143/C3
Prachin Buri (río), Tail. 143/C3
Prachuap Khiri Khan, Tail. 143/B4
Prad am Stilfserjoch (Prato allo Stelvio) Ita. 99/G4
Praděd (pico), R.Ch. 83/J3
Pradera, Col. 228/B4
Prado, Bras. 235/F3
Prado del Rey, Esp. 94/C4
Prado para el Control de Inundaciones (cuenca), Ca,EUA 214/C3
Praga (reg.), R.Ch. 89/H2
Praga (Praha) (cap.), R.Ch. 89/H2
Pragelpass (paso), Suiza 99/E4
Praha (pico), R.Ch. 89/G3
Prahova (con.), Rum. 111/G3
Praia (cap.), Cab.V. 164/K11
Praia a Mare, Ita. 101/B3
Praia de Victória, Azor.,Por. 95/S12
Praia Grande, Bras. 235/K9
Prainha, Bras. 230/C3
Prainha, Bras. 233/F2
Prairie du Chien, Wi,EUA 201/J2
Prairies (río), Qu,Can. 205/N6
Prairieville, Tx,EUA 197/F1
Pralboino, Ita. 104/D2
Pralungo, Ita. 104/B1
Pram (río), Aus. 89/G6
Prambanan (ruinas), Indo. 144/E4
Pran Buri (emb.), Tail. 143/B3
Prānhita (río), India 138/D4
Prapat, Indo. 144/B2
Prasat Preah Vihear, Camb. 143/D3
Praskoveya, Rusia 115/H3
Praszka, Pol. 83/K3
Prata, Bras. 231/G4
Prata do Piauí, Bras. 231/F4
Pratas (arcf.), China 137/H4
Pratas (Dongsha) (isla), China 137/H4
Prat-Barcelona (aer.intl.), Esp. 95/L7
Prätigau (valle), Suiza 99/F4
Prato, Ita. 105/E5
Prato allo Stelvio (Prad am Stilfserjoch), Ita. 99/G4
Pratola Peligna, Ita. 103/D3
Pratomagno (mtñas.), Ita. 105/E5
Prato Perillo, Ita. 101/B2
Pratt (isla), Chile 239/J7
Prattein, Suiza 98/D2
Prattville, Al,EUA 208/D4
Pravdinsk, Rusia 113/J4
Pravets, Bul. 111/F4
Pravia, Esp. 94/B1
Prawle (pta.), Ing,R.U. 73/K11
Praxedis G. Guerrero, Méx. 196/B2
Praya, Indo. 144/G5
Préalpes (alt.), Fra. 100/B2
Précigné, Fra. 97/E5
Précy-sur-Oise, Fra. 86/B5
Predazzo, Ita. 93/J3
Predeal, Rum. 111/G3
Preeceville, Sk,Can. 202/C2
Pré-en-Pail, Fra. 97/E4
Preetz, Ale. 82/F1
Pregolya (río), Rusia 83/L1
Pregonero, Ven. 228/D2
Prek Pouthi, Camb. 143/D4
Premiá de Mar, Esp. 95/L7
Premnitz, Ale. 90/C2
Prentiss, Ms,EUA 210/D2
Prenzlau, Ale. 83/G2
Preobrazheniye, Rusia 129/L3
Přerov, R.Ch. 83/J4
Presanella (pico), Ita. 93/J3
Presanella, Cima (pico), Ita. 99/G5
Prescot, Ing,R.U. 75/F5
Prescott, On,Can. 207/J2
Prescott, Ar,EUA 199/H4
Prescott, Az,EUA 195/F3
Prescott Valley, Az,EUA 195/F3
Preševo, Serb. 110/E4
Presidencia Roque Sáenz Peña, Argen. 236/D3
Presidente Bernardes, Bras. 234/C4
Presidente Dutra, Bras. 231/E4
Presidente Epitácio, Bras. 234/B4
Presidente Hayes (dept.), Par. 236/E2
Presidente Prudente, Bras. 234/C4
Presidente Ríos (lago), Chile 238/B5
Presidente Venceslau, Bras. 234/C4
Presidio (río), Méx. 216/D4
Presidio La Bahía, Tx,EUA 197/F3
Preslav, Bul. 111/H4
Presolana, Pizzo della (pico), Ita. 104/D1
Prešov, Eslo. 83/L4
Prespa (lago), Eur. 109/G2
Presque Isle (pta.), Mi,EUA 203/L4
Pressath, Ale. 89/E3
Pressbaum, Aus. 91/A3
Prestatyn, Gales,R.U. 75/E5
Prestea, Gha. 169/E5
Presteigne, Gales,R.U. 76/D2
Prestfoss, Nor. 80/C1
Přeštice, R.Ch. 89/G3
Preston, Austl. 157/G5
Preston (cabo), Austl. 154/C2
Preston, Ga,EUA 208/E4
Preston, Id,EUA 193/H2
Preston, Mn,EUA 201/H2
Preston, Ing,R.U. 75/F4
Preston, Ing,R.U. 76/D5
Prestonpans, Es,R.U. 72/D5
Prestonsburg, Ky,EUA 209/F2
Prestwich, Ing,R.U. 75/F4
Prestwick, Es,R.U. 72/B6
Prêto (río), Bras. 234/D1
Prêto (río), Bras. 234/D3
Prêto do Igapó-Açu (río), Bras. 233/F2
Pretoria (cap.), Safr. 180/E2
Pretoria-Witwatersrand-Vereeniging (prov.), Safr. 180/E2
Pretty Boy (emb.), Md,EUA 212/B4
Preussisch Oldendorf, Ale. 85/F4
Prevalje, Esl. 110/B2
Préveza, Gre. 109/G3
Prévost, Qu,Can. 207/J2
Priargunsk, Rusia 129/H1
Priazov (alt.), Ucr. 117/J4
Priazovskoye, Ucr. 117/H4
Pribilof (islas), Ak,EUA 215/D4
Priboj, Serb. 110/D4
Příbram, R.Ch. 89/H3
Price (cats.), Ok,EUA 199/F3
Price, Ut,EUA 193/H4
Price (río), Ut,EUA 193/H4
Prichard, Al,EUA 210/D2
Prichsenstadt, Ale. 88/D3
Priego de Córdoba, Esp. 94/C4
Priekule, Let. 81/J3
Priekulė, Lit. 81/J4
Prienai, Lit. 81/K4
Prieska, Safr. 180/C3
Priest (lago), Id,EUA 190/F3
Prieta (mesa), NM,EUA 198/A3
Prievidza, Eslo. 91/C2
Prignitz (reg.), Ale. 90/C1
Prijedor, Bosn. 110/C3
Prijepolje, Serb. 110/D4
Prikolotnoye, Ucr. 117/J2
Prikumsk, Rusia 115/H3
Prilep, Mace. 110/E5
Prilly, Suiza 98/C4
Prim (pta.), N.Can. 204/E3
Prim (pta.), PE,Can. 204/F2
Prim, Ar,EUA 199/H3
Prima Porta, Ita. 102/C4
Prima Tapia, Méx. 216/A1
Primavera, Bras. 233/E3
Primeira Cruz, Bras. 231/F3
Primera Catarata (cats.), Egip. 171/G3
Primero (río), Argen. 236/D4
Primero (cabo), Chile 239/J7
Primero de Mayo, Méx. 217/E3
Primghar, Ia,EUA 201/G2
Primorsk, Azer. 115/J4
Primorsk, Rusia 81/N1
Primorsk, Rusia 115/H2
Primorsko-Akhtarsk, Rusia 117/K4
Primorskoye, Ucr. 116/F5
Primorskoye, Ucr. 117/J4
Primorsk (terr.), Rusia 119/P5
Prims (río), Ale. 87/F5
Prince Albert, Sk,Can. 191/M1

Princ – Quesn
305

Prince Albert (bahía), TNO,Can. 186/E1
Prince Albert (pen.), TNO,Can. 186/E1
Prince Albert, Safr. 180/C4
Prince Alfred (cabo), TNO,Can. 186/D1
Prince Charles (isla), Nun,Can. 187/J2
Prince Edward (islas), Safr. 65/L8
Prince Frederick, Md,EUA 209/J1
Prince George, CB,Can. 186/D3
Prince George, Va,EUA 209/J2
Prince Gustav Adolf (mar), Nun,Can. 187/R7
Prince Leopold (isla), Nun,Can. 186/G1
Princenhof (lago), P.B. 84/C2
Prince of Wales (isla), Austl. 153/F2
Prince of Wales (estr.), TNO,Can. 186/E1
Prince of Wales (isla), Nun,Can. 186/G1
Prince of Wales (isla), Ak,EUA 215/M4
Prince Patrick (isla), Nun,Can. 187/R7
Prince Regent (ens.), TNO,Can. 186/G1
Prince Regent, Rsv. Natural, Austl. 152/B3
Prince Rupert, CB,Can. 215/M4
Princesa Astrid (costa), Ant. 161/A
Princesa Isabel, Bras. 231/G4
Princesa Marta (costa), Ant. 161/Z
Princesa Ragnhild (costa), Ant. 161/B
Princess Anne, Md,EUA 209/K1
Princess Charlotte (bahía), Austl. 153/F3
Princess Margaret (mtñas.), Nun,Can. 187/S6
Princess Royal (isla), CB,Can. 186/D3
Princes Town, Trin. 220/F5
Princeton, Il,EUA 201/K3
Princeton, In,EUA 208/D1
Princeton, Ky,EUA 208/D2
Princeton, Me,EUA 204/D3
Princeton, Mo,EUA 201/H3
Princeton, NJ,EUA 212/D3
Princeton, VOcc,EUA 209/G2
Prince William (bahía), Ak,EUA 215/J3
Principális (canal), Hun. 91/A6
Príncipe (isla), Sto.T. 176/A2
Príncipe Eduardo, Isla del (prov.), Can. 204/F2
Príncipe Harold (costa), Ant. 161/C
Príncipe Olav (costa), Ant. 161/C
Prindle (vol.), Ak,EUA 215/K3
Prineville, Or,EUA 192/C1
Prineville (emb.), Or,EUA 192/C1
Pringle, Tx,EUA 198/D3
Prinsenbeek, P.B. 84/B5
Prinses Margriet (canal), P.B. 84/C2
Prinzapolka, Nic. 219/F3
Prinzapolka (río), Nic. 219/E3
Priolo di Gargallo, Ita. 108/D4
Prior (cabo), Esp. 94/A1
Priore (pico), Ita. 102/D2
Prior Lake, Mn,EUA 201/H1
Priozernyy, Kaz. 134/D2
Priozersk, Rusia 81/P1
Pristina (cap.), Kos. 110/E4
Pritzwalk, Ale. 90/C1
Privas, Fra. 100/A3
Priverno, Ita. 102/D5
Privokzal'nyy, Rusia 113/P4
Privolzhskiy, Rusia 115/H2
Priyutnoye, Rusia 115/G3
Priyutovo, Rusia 115/K1
Prizren, Kos. 110/E4
Prnjavor, Bosn. 110/C3
Prnjavor, Serb. 110/D3
Probištip, Mace. 110/F5
Probolinggo, Indo. 144/F4
Procida, Ita. 103/E6
Proctor (lago), Tx,EUA 197/E1
Proddatur, India 138/C5
Proença-a-Nova, Por. 94/B3
Profondeville, Bél. 87/D3
Progreso, Méx. 218/D1
Progreso, Méx. 196/D4
Progreso, Pan. 219/F4
Progreso, Uru. 239/T12
Progreso de Obregon, Méx. 217/K6
Progress, Rusia 129/K2
Progresso, Ita. 105/E3
Prokhladnyy, Rusia 115/H4
Prokópievsk, Rusia 134/E1
Prokuplje, Serb. 110/E4
Proletarsk, Rusia 117/L4
Prome, Mya. 136/B5
Promised Land (lago), Pa,EUA 212/C1
Promissão, Bras. 234/C4
Promissão (emb.), Bras. 234/C4
Propriá, Bras. 235/F1
Propriano, Fra. 108/A2
Proserpine, Austl. 156/C3
Prosna (río), Pol. 83/J2
Prosotsáni, Gre. 109/H2
Prospect, Austl. 155/M8
Prospector (mtña.), Yk,Can. 215/L3
Prosperidad, Fil. 145/D3
Prosperous, Irl. 78/D3
Prosser, Wa,EUA 190/E4
Prostějov, R.Ch. 83/J4
Proston, Austl. 156/C4
Prószowice, Pol. 83/L3
Protivín, R.Ch. 89/H4
Protvino, Rusia 112/H5
Provadiya, Bul. 111/H4
Provence (reg.), Fra. 100/B5
Provence-Alpes-Côte d'Azur (reg.), Fra. 100/B3
Provenza (mts.), Fra. 100/C5
Provenza (reg.hist.), Fra. 106/E2
Providence (mtñas.), Ca,EUA 194/E3
Providence (cap.), RI,EUA 207/L4
Providence (cabo), N.Z. 160/A4
Providence del Noreste (canal), Bahm. 220/B1
Providence del Noroeste (canal), Bahm. 220/B1
Providência (mtñas.), Bras. 233/F3
Providenciales (isla), Col. 219/F3
Providenciales (isla), Turc. 220/C2
Provideniya, Rusia 215/D3
Provins, Fra. 92/E2
Provo, Ut,EUA 193/H3
Provo (río), Ut,EUA 193/H3
Provoação, Azor.,Por. 95/T13
Provost, Ab,Can. 191/J1
Prozor, Bosn. 110/C4
Prudentópolis, Bras. 237/G3
Prudhoe (bahía), Ak,EUA 215/J1
Prudhoe, Ing,R.U. 75/G2
Prudnik, Pol. 83/J3
Prudyanka, Ucr. 117/J2
Prüm (río), Ale. 87/F3
Prunedale, Ca,EUA 194/B2
Prunelli-di-Fiumorbo, Fra. 108/A2
Pruszcz Gdański, Pol. 83/K1
Pruszków, Pol. 83/L2
Prut (río), Eur. 111/J2
Pruzhany, Bela. 83/N2
Prydz (bahía), Ant. 161/F
Pryor (Creek), Ok,EUA 199/G2
Przasnysz, Pol. 83/L2
Przemków, Pol. 83/H3
Przemyśl, Pol. 83/M4
Przemyśl (prov.), Pol. 83/M4
Przeworsk, Pol. 83/M3
Przheval'sk, Kirg. 134/C3
Przylądek Rozewie (cabo), Pol. 112/C5
Przysucha, Pol. 83/L3
Psakhná, Gre. 109/H3
Psará (isla), Gre. 109/J3
Psebay, Rusia 117/L5
Psël (río), Rusia, Ucr. 117/G3
Pskov (lago), Esto., Rusia 112/F4
Pskov, Rusia 81/N3
Pskov, Región de, Rusia 81/N3
Pšovka (río), R.Ch. 89/H2
Pszczyna, Pol. 83/K4
Ptich' (río), Bela. 81/M5
Ptolemaís, Gre. 109/G2
Ptolemaïs (Āthār Ţulmaythah) (ruinas), Libia 170/D1
Ptuj, Esl. 110/B2
Pua, Tail. 143/C2
Pu'an, China 136/E3
Puan, Cor.S. 133/D5
Puangue, Chile 238/Q9
Pubei, China 137/F4
Puca Barranca, Perú 232/C1
Pucacaca, Perú 232/B2
Pucallpa, Perú 232/C3
Pucara, Bol. 236/C1
Pucará, Ecua. 232/B1
Pucará, Perú 232/B2
Pucará, Perú 232/D4
Pucarani, Bol. 236/B1
Pucaurco, Perú 232/D1
Pucheng, China 135/B4
Puchheim, Ale. 89/E6
Puchon, Cor.S. 133/D4
Púchov, Eslo. 91/C1
Puchuncaví, Chile 238/Q9
Pucioasa, Rum. 111/G3
Puck, Pol. 83/K1
Puckaway (lago), Wi,EUA 201/K2
Pucón, Chile 238/C3
Pucté, Méx. 218/D2
Pucusana, Perú 232/B4
Pudasjärvi, Fin. 79/H2
Pudasjarvi, Fin. 112/E2
Pudem, Rusia 113/M4
Pudozh, Rusia 112/H3
Pudsey, Ing,R.U. 75/G4
Pudu (río), China 136/D3
Pudukkottai, India 142/G3
Puebla, Méx. 217/L7
Puebla (est.), Méx. 217/F5
Puebla de la Calzada, Esp. 94/B3
Puebla del Caramiñal, Esp. 94/A1
Puebla de Trives, Esp. 94/B1
Pueblillo, Méx. 216/M6
Pueblito, Col. 228/C2
Pueblo, Co,EUA 200/B4
Pueblo Nuevo, Nic. 218/E3
Pueblo Nuevo, Ven. 228/D2
Pueblo Nuevo Tiquisate, Gua. 218/D3
Pueblo West, Co,EUA 200/B4
Puelches, Argen. 238/D3
Puelén, Argen. 238/D3
Puente (colinas), Ca,EUA 214/G8
Puente Alto, Chile 238/C2
Puenteareas, Esp. 94/A1
Puente Caldelas, Esp. 94/A1
Puente-Ceso, Esp. 94/A1
Puente de Ixtla, Méx. 217/K8
Puente del Inca, Argen. 238/C2
Puentedeume, Esp. 94/A1
Puente-Genil, Esp. 94/C4
Puente Nacional, Col. 228/C3
Puente Piedra, Perú 232/B3
Puentes de García Rodríguez, Esp. 94/B1
Pueo (pta.), Hi,EUA 188/R10
Pu'er, China 136/D4
Puerco (río), Az, NM,EUA 195/H3
Puerta de Hierro (gar.), Rum. 110/F3
Puerta del Infierno, Parq. Nal., Kenia 175/B2
Puerto Abente, Par. 236/E2
Puerto Acosta, Bol. 232/D4
Puerto Aguirre,Chile 238/B5
Puerto Aisén, Chile 238/B5
Puerto Alegre, Bol. 233/F4
Puerto Almacen, Bol. 233/E4
Puerto América, Perú 232/B2
Puerto Argentina, Col. 228/C4
Puerto Argentino, Malv., Argen, 239/M8
Puerto Armuelles, Pan. 219/F4
Puerto Arturo, Bol. 233/F4
Puerto Arturo, Chile 239/K8
Puerto Arturo, Perú 228/C5
Puerto Asís, Col. 228/B4
Puerto Ayacucho, Ven. 229/E3
Puerto Ayora, Ecua. 232/J7
Puerto Bahía Negra, Par. 236/E2
Puerto Ballivián, Bol. 233/E4
Puerto Baquerizo Moreno, Ecua. 232/K7
Puerto Barrios, Gua. 218/D3
Puerto Bermúdez, Perú 232/C3
Puerto Berrío, Col. 228/C3
Puerto Bertrand, Chile 238/B5
Puerto Caballas, Perú 232/C4
Puerto Cabello, Ven. 228/D2
Puerto Cabezas, Nic. 219/F3
Puerto Calvimonte, Bol. 233/E4
Puerto Canoa, Bol. 233/E4
Puerto Carranza, Col. 228/D5
Puerto Carreño, Col. 229/E3
Puerto Casado, Par. 236/E2
Puerto Chacabuco, Chile 238/B5
Puerto Cisnes, Chile 238/B5
Puerto Coig, Argen. 239/K7
Puerto Colón, Par. 236/E2
Puerto Cortés, C.Rica 219/F4
Puerto Cortés, Méx. 216/C3
Puerto Cumarebo, Ven. 228/D2
Puerto de la Cruz, Cana. 166/A3
Puerto de La Libertad, Méx. 216/B2
Puerto del Rosario, Cana. 166/B3
Puerto del Son, Esp. 94/A1
Puerto Deseado, Argen. 238/D5
Puerto El Carmen, Ecua. 228/C4
Puerto Escondido, Col. 228/B2
Puerto Escondido, Méx. 218/B3
Puerto Esperanza, Argen. 237/F3
Puerto Esperanza, Par. 236/E2
Puerto Fonciere, Par. 236/E2
Puerto Frey, Bol. 233/F4
Puerto General Busch, Bol. 236/E1
Puerto General Ovando, Bol. 233/E3
Puerto Grether, Bol. 233/E5
Puerto Guadal, Chile 238/B5
Puerto Harberton, Argen. 239/L8
Puerto Heath, Bol. 232/D4
Puerto Howard, Malv., Argen, 239/N7
Puerto Huitoto, Col. 228/C4
Puerto Iguazú, Argen. 237/F3
Puerto Inca, Perú 232/C3
Puerto Ingeniero Ibáñez, Chile 238/C5
Puerto Inírida, Col. 228/E4
Puerto Isabel, Bol. 236/E1
Puerto José Pardo, Perú 232/B1
Puerto La Cruz, Ven. 229/E2
Puerto Leda, Par. 236/E2
Puerto Leguía, Perú 232/D4
Puerto Leguízamo,Col. 228/C5
Puerto Leigue, Bol. 233/E4
Puerto Lempira, Hon. 219/F3
Puertollano, Esp. 94/C3
Puerto Lobos, Argen. 238/D4
Puerto López, Col. 228/C3
Puerto López, Col. 228/D2
Puerto Lumbreras, Esp. 94/E4
Puerto Madero, Méx. 218/C3
Puerto Madryn, Argen. 238/D4
Puerto Magdalena, Méx. 216/B3
Puerto Maldonado, Perú 232/D4
Puerto Mamoré, Bol. 233/E5
Puerto Maria, Par. 236/E2
Puerto Mercedes, Col. 228/C4
Puerto Mihanovich, Par. 236/E2
Puerto Montt, Chile 238/B4
Puerto Morazán, Nic. 218/E3
Puerto Morelos, Méx. 218/E1
Puerto Morín, Perú 232/B3
Puerto Mutis, Col. 228/B3
Puerto Napo, Ecua. 228/B5
Puerto Natales, Chile 239/J7
Puerto Niño, Col. 231/L6
Puerto Nuevo, Chile 239/K8
Puerto Nuevo, Col. 228/D3
Puerto Obaldía, Pan. 219/G4
Puerto Ocopa, Perú 232/C3
Puerto Olaya, Col. 231/L6
Puerto Padre, Cuba 219/G1
Puerto Páez, Ven. 229/E3
Puerto Pando, Bol. 233/E4
Puerto Patiño, Bol. 233/E5
Puerto Peñasco, Méx. 216/B2
Puerto Pinasco, Par. 236/E2
Puerto Piray, Argen. 237/F3
Puerto Píritu, Ven. 229/E2
Puerto Pizarro, Col. 228/C4
Puerto Plata, R.Dom. 220/D3
Puerto Portillo, Perú 232/C3
Puerto Prado, Perú 232/C3
Puerto Prat, Chile 239/J7
Puerto Princesa, Fil. 145/B3
Puerto Príncipe (cap.), Haiti 219/H2
Puerto Puyuguapi, Chile 238/B5
Puerto Quellón, Chile 238/B4
Puerto Rapirrán, Bol. 233/E3
Puerto Real, Esp. 94/B4
Puerto Rico, Bol. 233/E3
Puerto Rico, Col. 228/C4
Puerto Rico (depen.), E.U.A. 221/C2
Puerto Rico (isla), E.U.A. 64/F5
Puerto Rico, Tx,EUA 197/E4
Puerto Rico (fosa), P.Rico 220/E3
Puerto Rondón, Col. 228/D3
Puerto Ruiz, Argen. 239/S11
Puerto Saavedra, Chile 238/B3
Puerto Saíz, Col. 228/C4
Puerto Salgar, Col. 231/L6
Puerto Salinas, Bol. 233/E4
Puerto San Carlos, Malv., Argen, 239/N7
Puerto San Carlos, Méx. 216/B3
Puerto Sastre, Par. 236/E2
Puerto Saucedo, Bol. 233/F4
Puerto Serrano, Esp. 94/C4
Puerto Siles, Bol. 233/E4
Puerto Stephens, Malv., Argen, 239/M8
Puerto Suárez, Bol. 236/E1
Puerto Supe, Perú 232/B3
Puerto Tacurú Pytá, Par. 237/E2
Puerto Tahuantinsuyo, Perú 232/D4
Puerto Tejada, Col. 228/B4
Puerto Toledo, Col. 228/C5
Puerto Torno, Bol. 233/E5
Puerto Tunigrama, Perú 232/B1
Puerto Vallarta, Méx. 216/D4
Puerto Varas, Chile 238/B4
Puerto Vargas, Bol. 233/E4
Puerto Velarde, Bol. 233/F5
Puerto Victoria, Perú 232/C3
Puerto Viejo, C.Rica 219/E4
Puerto Villamil, Ecua. 232/J7
Puerto Villarroel, Bol. 233/E5
Puerto Villazón, Bol. 233/F4
Puerto Wilches, Col. 232/C2
Puerto Williams, Chile 239/L8
Puerto Yartou, Chile 239/K8
Puesto de Pailas, Bol. 236/D1
Pueyrredón (lago), Argen. 238/C5
Puffin (isla), Gales,R.U. 74/D5
Pugachev, Rusia 115/J1
Puge, Tan. 175/A3
Puget (bahía), Wa,EUA 190/C4
Puget-sur-Argens, Fra. 100/C6
Puget-Ville, Fra. 100/C6
Puglia (reg.), Ita. 103/F4
Puhja, Esto. 81/M2
Puigcerdà, Esp. 95/F1
Puigmal (mtña.), Fra. 92/E5
Puigsacalm (mtña.), Esp. 95/G1
Puina, Bol. 232/D4
Pujehun, S.Le. 168/C5
Pujiang, China 136/D2
Pujilí, Ecua. 228/B5
Pujon (lago), Cor.N. 133/D2
Pujut (cabo), Indo. 144/D4
Pukaki (lago), N.Z. 160/B3
Pukalani, Hi,EUA 188/T10
Puk'ansan (mtña.), Cor.S. 133/F6
Puk'an-san, Parq. Nal., Cor.S. 133/F6
Pukapuka (isla), Cook 159/J6
Puka Puka (isla), Pol.Fr. 159/M6
Pukarua (isla), Pol.Fr. 159/M6
Pukaskwa, Parq. Nal., On,Can. 203/M3
Pukdae (río), Cor.N. 133/E2
Pukhan (río), Cor.N., Cor.S. 133/D4
Pukhrāyān, India 140/B2
Pukovac, Serb. 110/E4
Pukp'ot'ae-san (mtña.), Cor.N. 133/E2
Pukuatu (cabo), Indo. 152/A2
Pula, Cro. 105/G3
Pulacayo, Bol. 236/C2
Puladia (bahía), China 133/A3
Pulanduta (pta.), Fil. 147/F1
Pulangi (río), Fil. 145/D3
Pulap (isla), Micr. 158/D4
Pulaski, Tn,EUA 208/D3
Pulaski, Va,EUA 209/G2
Pulau (río), Indo. 153/E1
Pulau Pinang (est.), Malay. 144/B1
Puławy, Pol. 83/L3
Pulguk-sa, Cor.S. 133/E5
Pulheim, Ale. 84/D7
Pulí, Col. 231/L7
Pulisan (cabo), Indo. 147/G3
Puliyangudi, India 142/F4
Pulkau (río), Aus. 91/A2
Pullach im Isartal, Ale. 99/H1
Pullman, Wa,EUA 190/F4
Pully, Suiza 98/C5
Pulog (mtña.), Fil. 145/C1
Pulsen, Ale. 90/D5
Pulsnitz, Ale. 90/E5
Pulsnitz (río), Ale. 90/D5
Pułtusk, Pol. 83/L2
Pülümür, Tur. 124/D2
Puluwat (isla), Micr. 158/D4
Pum (río), China 141/F1
Puma (lago), China 141/H1
Pumu (paso), China 141/H2
Puna, Bol. 236/C1
Puná (isla), Ecua. 228/A5
Punaauia, Pol.Fr. 159/X15
Punākha, Bután 141/G2
Punalūr, India 142/F4
Punata, Bol. 236/C1
Pūnch, India 142/C1
Punch (río), India 142/C1
Punggai (cabo), Malay. 146/B3
P'unggi, Cor.S. 133/E4
Pungo (río), CN,EUA 209/J3
Púngoè (río), Moz. 179/G3
Pungwe (cats.), Zim. 179/G3
Punilla (mtñas.), Chile 236/B4
Punitaqui, Chile 236/B4
Punjab (est.), India 142/C2
Punjab (llans.), Pak. 142/B2
Punjab (prov.), Pak. 142/B2
Punkudutivu (isla), Sr.L. 142/G4
Puno, Perú 232/D4
Punpun (río), India 141/E3
Punta, Ca,EUA 214/A2
Punta Alta, Argen. 238/E3
Punta Arenas, Chile 239/K8
Punta Cardón, Ven. 228/D2
Punta Colonet, Méx. 216/A2
Punta d'Arbola (Ofenhorn) (pico), Ita. 99/E5
Punta de Bombón, Perú 232/D5
Punta de Díaz, Chile 236/B4
Punta del Este, Uru. 239/G2
Punta de Pietra (emb.), Ven. 231/P8
Punta Gorda, Beli. 218/D2
Punta Gorda, Fl,EUA 211/G4
Punta Gorda (bahía), Nic. 219/F4
Punta Negra, Salar de (saln.), Chile 236/B3
Punta Peñasco, Méx. 195/F5
Puntarenas, C.Rica 219/E4
Puntas de Maciel, Uru. 239/T11
Punta Umbría, Esp. 94/B4
Puntilla Aldama, Méx. 216/N6
Puodre d'Or, Mau. 181/S15
Puolo (pta.), Hi,EUA 188/S10
Pupiales, Col. 228/B4
Pupuya (pico), Bol. 232/D4
Puqi, China 135/C5
Puquio, Perú 232/C4
Puquios, Chile 232/D5
Pur (río), Rusia 118/H3
Puracé (vol.), Col. 228/B4
Puracé, Parq. Nal., Col. 228/B4
Pūranpur, India 140/C1
Purari (río), P.N.G. 153/G1
Purbeck, Isle of (pen.), Ing,R.U. 76/D5
Purbolinggo, Indo. 144/E4
Purcell (mtñas.), CB,Can. 190/F2
Purcell, Ok,EUA 199/F3
Purcell (mtña.), Wa,EUA 190/D4
Puré (río), Col. 228/D5
Purén, Chile 238/B3
Purgatorie (río), Co,EUA 198/C2
Pürgen, Ale. 88/D6
Purgstall an der Erlauf, Aus. 93/L2
Puri, India 138/D3
Purificación, Col. 228/C4
Purikari (pta.), Esto. 81/L2
Purkersdorf, Aus. 91/A3
Purley, Ing,R.U. 71/N8
Purmerend, P.B. 84/B3
Pūrna, India 138/C4
Pūrna (río), India 138/C3
Purnea, India 141/F3
Puruê (río), Bras. 228/D5
Puruey, Ven. 229/E3
Purūlia, India 141/F4
Puruname, Ven. 229/E4
Puruni (río), Guy. 229/F3
Purús (río), Bras. 233/F2
Purutu (isla), P.N.G. 153/F2
Purvis, Ms,EUA 210/D2
Pŭrvomay, Bul. 111/G4
Purwakarta, Indo. 144/D4
Purwodadi, Indo. 144/E4
Purwokerto, Indo. 144/E4
Purworejo, Indo. 144/E4
Pusad, India 138/C4
Pusan, Cor.S. 133/E5
Pusan (Jikhalski) (prov.), Cor.S. 133/E5
Pusat Gayo (mtñas.), Indo. 144/B1
Puschendorf, Ale. 88/D3
Pushchino, Rusia 114/F1
Pushkin, Rusia 81/P2
Pushkino, Azer. 115/J5
Pushkino, Rusia 115/H2
Püspökladány, Hun. 110/E2
Püssi, Esto. 81/M2
Pustomyty, Ucr. 116/B3
Pustunich, Méx. 217/H5
Pusur (río), Bang. 141/G4
Pusztaszabolcs, Hun. 91/C5
Putaendo, Chile 238/C2
Putana (vol.), Chile 236/C2
Putao, Mya. 136/C3
Putaruru, N.Z. 160/C2
Puthukkudiyiruppu, Sr.L. 142/H4
Putian, China 137/G2
Putila, Ucr. 116/C4
Putina, Perú 232/D4
Puting (cabo), Indo. 146/D4
Putintsevo, Kaz. 128/A2
Putla, Méx. 218/B2
Putnam, Ct,EUA 207/L4
Putney, Vt,EUA 207/K3
Putorana (mtñas.), Rusia 118/K3
Putrachoique (pico), Argen. 238/C4
Putre, Chile 236/B1
Puttalam, Sr.L. 142/G4
Puttalam (dist.), Sr.L. 142/G4
Putte, Bél. 86/D1
Puttelange-aux-Lacs, Fra. 87/F5
Putten, P.B. 84/C4
Putten (isla), P.B. 84/B5
Puttlach (río), Ale. 89/E3
Püttlingen, Ale. 87/F5
Putu (mts.), Libe. 168/C5
Putumayo (río), Amér.S. 228/D5
Putumayo (inten.), Col. 228/C4
Putussibau, Indo. 146/D3
Puuiki, Hi,EUA 188/T10
Puu Kukui (pico), Hi,EUA 188/T10
Puula (lago), Fin. 81/M1
Puurmani, Esto. 81/M2
Puurs, Bél. 86/D1
Pu Xian, China 135/B3
Puyallup, Wa,EUA 190/C4
Puyang, China 135/C4
Puy de Barbier (pico), Fra. 92/E4
Puy de Sancy (pico), Fra. 92/E4
Puye (abr. roc.), NM,EUA 195/J3
Puyehué (lago), Chile 238/B4
Puyehué (vol.), Chile 238/B4
Puyehué, Parq. Nal., Chile 238/B4
Puymorens, Col de (paso), Fra. 92/D5
Puyŏ, Cor.S. 133/D4
Puyo, Ecua. 228/B5
Puysegur (pta.), N.Z. 160/A4
Puzal, Esp. 95/E3
Pwani (prov.), Tan. 175/B3
Pwllheli, Gales,R.U. 74/D6
Pyal'ma, Rusia 112/G3
Pyamalaw (río), Mya. 136/B5
Pyandzh, Tay. 127/J1
Pyandzh (Panj) (río), Afg., Tay. 127/K1
Pyaozero (lago), Rusia 112/F2
Pyapon, Mya. 139/G4
Pyasina (río), Rusia 118/J2
Pye (colina), N.Z. 160/B4
Pyfara (mtña.), Fra. 92/F4
Pyhä-Häkin, Parq. Nal., Fin. 79/H3
Pyhäjärvi, Fin. 79/H3
Pyhäjärvi (lago), Fin. 81/K1
Pyhäjärvi (lago), Fin. 81/M1
Pyhäntä, Fin. 79/H2
Pyhätunturi (pico), Fin. 79/H2
Pyhtää, Fin. 81/M1
Pyinmana, Mya. 136/C5
Pyŏksŏng, Cor.N. 133/C3
P'yŏngan Norte (prov.), Cor.N. 133/C2
P'yŏngan Sur (prov.), Cor.N. 133/C3
P'yŏngch'ang, Cor.S. 133/E4
P'yŏnghae, Cor.S. 133/E4
Pyŏngt'aek, Cor.S. 133/D4
Pyongyang (cap.), Cor.N. 133/C3
Pyongyang-si, Cor.N. 133/C3
Pyŏnsanbando, Parq. Nal.,Cor.S. 133/D5
Pyramid (mtña.), CB,Can. 215/M4
Pyramid (lago), Ca,EUA 214/B1
Pyramid (pico), Id,EUA 193/G1
Pyramid (pta.), Mi,EUA 206/D2
Pyramid (lago), Nv,EUA 192/D4
Pyramid (pico), Wy,EUA 200/A2
Pyrénées Occidentales, Parq. Nal., Fra. 92/C5
Pyrzyce, Pol. 83/H2
Pyshma (río), Rusia 113/Q4
Pytalovo, Rusia 81/M3
Pyu, Mya. 136/C5

Q

Qā'al Jafr (saln.), Jor. 123/E4
Qabalān, Cisj. 123/D3
Qabāṭiyah, Cisj. 123/D3
Qābis, Tun. 167/H2
Qābis (gob.), Tun. 167/H2
Qadima, Isr. 123/F7
Qādirpur Rān, Pak. 142/A2
Qa'emshahr, Irán 125/H2
Qā'en, Irán 127/G2
Qafa e Malit (paso), Alb. 109/G1
Qaffīn, Cisj. 123/G7
Qafşah, Tun. 167/H2
Qafşah (gob.), Tun. 167/H2
Qagan (lago), China 129/J2
Qahar Youyi Qianqi, China 135/C2
Qaidam (cuenca), China 128/C4
Qalansuwa, Isr. 123/F7
Qal'at Dizah, Irak 125/F2
Qal'at Sukkar, Irak 125/F4
Qalib ash Shuyukh, Kuw. 125/F4
Qallīn, Egip. 123/B4
Qalqīlyah, Cisj. 123/D3
Qalyūb, Egip. 123/B4
Qamar, Ghubbat al (bahía), Yemen 126/F5
Qamdo, China 122/J6
Qamīnis, Libia 170/D2
Qanah, Wādī (río seco), Cisj. 123/G7
Qandahār, Afg. 127/J2
Qarāmqū (río), Irán 125/F2
Qar'at al Ashkal (lago), Tun. 165/W17
Qareh Chāy (río), Irán 125/G3
Qareh Sū (río), Irán 125/F2
Qarn, Wādī al (río seco), Libia 170/D2
Qarqan (río), China 134/F4
Qarqannah, Juzur (islas), Tun. 107/F4
Qarrit (paso), Alb. 107/J2
Qarrit, Qaf'e (paso), Alb. 109/G2
Qārūn, Birkat (lago), Egip. 171/F2
Qaryat az Zu-waytīnah, Libia 170/D2
Qaşr-e Qand, Irán 127/H3
Qaşr-e-Shīrīn, Irán 125/F3
Qa'ţabah, Yemen 174/C2
Qaţanā, Siria 123/E3
Qatar 126/F3
Qaţţīnah (lago), Siria 123/E2
Qawz Abū Dulū (dunas), Sudán 173/G1
Qayyārah, Irak 125/E3
Qāzi Ahmad, Pak. 138/A2
Qazvīn, Irán 125/G2
Qedma, Isr. 123/F8
Qendrevica (pico), Alb. 109/F2
Qeshm (isla), Irán 125/H5
Qezel (río), Irán 126/E1
Qezel Owzan (río), Irán 125/F2
Qi (río), China 139/J2
Qian (canal), China 135/D4
Qian (mtñas.), China 133/B2
Qian (pico), China 133/B2
Qian (río), China 135/D5
Qian (río), China 137/F2
Qian'an, China 129/J3
Qianjiang, China 137/G2
Qianqiu Guan (paso), China 135/D5
Qian Shan (pico), China 135/E2
Qianxi, China 129/H3
Qiaojia, China 136/D3
Qibilī (gob.), Tun. 167/H2
Qibyā, Cisj. 123/G8
Qidong, China 129/J5
Qiemo, China 134/E4
Qifeng Guan (paso), China 135/B5
Qigong, China 137/G3
Qihe, China 135/D3
Qikou, China 129/H4
Qila Dīdār Singh, Pak. 142/C1
Qilian (mtñas.), China 128/D4
Qilian (pico), China 128/D4
Qiling, China 137/G3
Qilţ, Wādī (río seco), Cisj. 123/G8
Qimantang (mtñas.), China 134/F4
Qimen, China 135/D5
Qin (mtñas.), China 135/B4
Qin (río), China 135/C4
Qinā, Egip. 171/G3
Qinā (gob.), Egip. 171/G3
Qinā, Wādī (río seco), Egip. 171/G3
Qing (río), China 137/F2
Qing'an, China 129/K2
Qingdao, China 135/E3
Qingfeng, China 135/C4
Qinggang, China 129/K2
Qinghai (lago), China 128/D4
Qinghai (prov.), China 136/B1
Qinghe, China 135/C3
Qingjiang, China 137/G2
Qinglong, China 135/D2
Qingping, China 137/F2
Qingping, China 137/F4
Qingpu, China 135/E5
Qingshen, China 136/D2
Qingshui (río), China 137/F3
Qingshuihe, China 135/B3
Qingshuilang (mtñas.), China 136/C3
Qingxi, China 137/F3
Qingyang, China 137/H2
Qingyuan, China 133/C1
Qingyuan, China 139/K3
Qingyuan (mtñas.), China 137/G4
Qingyun, China 135/D3
Qingzhou, China 129/H4
Qinhuangdao, China 135/D3
Qinshihuang, China 135/B4
Qinshui, China 135/C4
Qinyang, China 135/C4
Qinyuan, China 135/C3
Qinzhou, China 137/F4
Qionghai, China 139/K4
Qionglai, China 136/D2
Qionglai (mtñas.), China 136/D2
Qiongshan, China 139/K4
Qiongzhong, China 143/E2
Qipan (paso), China 136/E1
Qiqihar, China 129/J2
Qira, China 134/D4
Qiryat Ata, Isr. 123/D3
Qiryat Bialik, Isr. 123/D3
Qiryat Gat, Isr. 123/D4
Qiryat Mal'akhi, Isr. 123/F8
Qiryat Shemona, Isr. 123/D3
Qiryat Yam, Isr. 123/D3
Qitai, China 128/B3
Qitaihe, China 129/L2
Qitian (mtña.), China 137/G3
Qixia, China 135/E3
Qi Xian, China 135/C4
Qixing (paso), China 136/E3
Qixing (río), China 129/L2
Qixingpao, China 129/K2
Qom, Irán 125/G3
Qom (río), Irán 125/G3
Qomolangma (Everest) (pico), China 138/E2
Qondūz (río), Afg. 127/J1
Qonggyai, China 141/H1
Qormi, Malta 102/H8
Qorveh, Irán 125/F3
Qorveh, Irán 125/G3
Qoţbābād, Irán 125/H4
Qoţbābād, Irán 125/J5
Qoţūr, Irán 125/F2
Qu (río), China 137/E2
Qu (río), China 137/H2
Quabbin (emb.), Ma,EUA 207/K3
Quachita (mtñas.), Ar, Ok,EUA 199/G3
Quairading, Austl. 154/C5
Quakenbrück, Ale. 85/E3
Quakertown, Pa,EUA 212/C3
Qualiano, Ita. 103/E6
Qualicum Beach, CB,Can. 190/B3
Quambatook, Austl. 157/B2
Quan (río), China 128/H5
Quanah, Tx,EUA 198/E3
Quanbao Shan (mtña.), China 135/B4
Quang Ngai, Vie. 143/E3
Quang Trach, Vie. 143/D2
Quang Tri, Vie. 143/D2
Quanjiao, China 135/D4
Quantocks (colinas), Ing,R.U. 76/C4
Quanzhou, China 137/F3
Quanzhou, China 137/H3
Quanzhou, China 139/K2
Qu'Appelle (río), Mb, Sk,Can. 202/C2
Qu'Appelle, Sk,Can. 202/C2
Quaqtaq, Qu,Can. 187/K2
Quaraí, Bras. 237/E4
Quaregnon, Bél. 86/C3
Quarles (mtñas.),Indo. 146/E4
Quarona, Ita. 104/B1
Quarrata, Ita. 105/D5
Quarto d'Altino, Ita. 105/F1
Quartu Sant'Elena, Ita. 108/A3
Quartz (pico), Ca,EUA 194/E4
Quatre Bornes, Mau. 181/S15
Quattaus (depr.), Egip. 171/E2
Quattervals (pico), Suiza 99/G4
Quballāt, Tun. 108/A4
Qūchān, Irán 125/J2
Queanbeyan, Austl. 157/D2
Quebec (prov.), Can. 187/J3
Québec (aer.intl.), Qu,Can. 204/B2
Québec (cap.), Qu,Can. 204/B2
Quebra-Cangalha (mtñas.), Bras. 235/M7
Quebracho, Uru. 239/F1
Quechisla, Bol. 236/C2
Quedal (pta.), Chile 238/B4
Quedlinburg, Ale. 90/B4
Queen Bess (mtña.), CB,Can. 190/B2
Queen Charlotte (islas), CB,Can. 186/C3
Queen Charlotte, CB,Can. 215/M5
Queen Charlotte (estr.), CB,Can. 186/C3
Queen Elizabeth (islas), Nun,Can. 187/R7
Queen Mary (emb.), Ing,R.U. 71/M7
Queen Maud (golfo), Nun,Can. 186/F2
Queens (canal), Austl. 152/C3
Queens (canal), Nun,Can. 187/S7
Queensberry (mtña.), Es,R.U. 74/E1
Queensferry, Gales,R.U. 75/E5
Queensland (est.), Austl. 156/B3
Queenstown, Austl. 157/C4
Queenstown, Guy. 229/G3
Queenstown, Safr. 180/D3
Queen Victoria Spring, Res. Nat., Austl. 154/D4
Queich (río), Ale. 87/H5
Queich (río), R.Ch. 89/A4
Queilén, Chile 238/B4
Queimada (isla), Bras. 230/D3
Queimadas, Bras. 235/F1
Quelaines, Fra. 97/E5
Quelimane, Moz. 179/H3
Queluz, Por. 94/A3
Quemado, Punta del (pta.), Cuba 219/H1
Quembo (río), Ang. 178/C2
Quemú Quemú, Argen. 238/E3
Quepos, C.Rica 219/E4
Quequén, Argen. 238/F3
Quequén Grande (río), Argen. 238/F3
Querecotillo, Perú 232/A2
Querétaro, Méx. 217/E4
Querétaro (est.), Méx. 217/F4
Querfurt, Ale. 90/B5
Querobabi, Méx. 216/C2
Querqueville, Fra. 96/D1
Quesada, C.Rica 219/E4
Quesada, Esp. 94/D4
Queshan, China 135/C4
Quesnel, CB,Can. 190/C1
Quesnel (lago), CB,Can. 190/D1

306 Quesn – Resar

Quesnel (río), CB,Can. 190/D1
Quesnoy-sur-Deûle, Fra. 86/C2
Que Son, Vie. 143/E3
Quessoy, Fra. 96/C4
Questembert, Fra. 96/C5
Quetame, Col. 231/M7
Quetigny, Fra. 98/B3
Quetta, Pak. 127/J2
Queue de Tortue (br.p.), La,EUA 210/B2
Queulat, Parq. Nal., Chile 238/B5
Quevedo (río), Ecua. 228/B5
Quéven, Fra. 96/B5
Quévert, Fra. 96/C4
Quezaltenango, Gua. 218/D3
Quezon, Fil. 145/B3
Quezon, Fil. 145/D4
Quezón, Parq. Nal., Fil. 145/C2
Qufu, China 135/D4
Quibdó, Col. 228/B3
Quiberon, Fra. 96/B6
Quiberon (bahía), Fra. 96/B5
Quiberon (pen.), Fra. 96/B5
Quibilī (gob.), Tun. 170/A1
Quíbor, Ven. 228/D2
Quicacha, Perú 232/C4
Quiçama, Parq. Nal., Ang. 176/C5
Quickborn, Ale. 85/G1
Quidico, Chile 238/B3
Quierschied, Ale. 87/G5
Quigney, Fra. 98/B3
Quijotoa, Az,EUA 195/F4
Quila, Méx. 216/D3
Quilaco, Chile 238/B3
Quilán (cabo), Chile 238/B4
Quilca, Perú 232/C5
Quilicura, Chile 238/Q9
Quilimarí, Chile 238/C2
Quilino, Argen. 236/C4
Quill (lagos), Sk,Can. 202/B1
Quillabamba, Perú 232/C4
Quillacas, Bol. 236/C1
Quillacollo, Bol. 236/C1
Quillagua (pta.), Chile 238/B4
Quillan, Fra. 92/E5
Quilleco, Chile 238/C3
Quillota, Chile 238/C2
Quilmaná, Perú 232/B4
Quilmes (pico), Argen. 236/C3
Quilon, India 142/F4
Quilpie, Austl. 156/B4
Quilpué, Chile 238/C2
Quime, Bol. 236/C1
Quimilí, Argen. 236/D3
Quimone (río), Bol. 236/D1
Quimper, Fra. 96/A4
Quimperlé, Fra. 96/B5
Quinault (río), Wa,EUA 190/C4
Quince Mil, Perú 232/D4
Quincy, Fl,EUA 211/F2
Quincy, Il,EUA 201/J4
Quincy, Ma,EUA 207/L3
Quincy-sous-Sénart, Fra. 71/T10
Quincy-Voisins, Fra. 86/B6
Quindío (dept.), Col. 231/K8
Quines, Argen. 238/D2
Qui Nhon, Vie. 143/E3
Quinn (río), Nv,EUA 192/D3
Quinta Catarata (cats.), Sudán 171/G5
Quintana de la Serena, Esp. 94/C3
Quintanar de la Orden, Esp. 94/D3
Quintanar del Rey, Esp. 94/E3
Quintana Roo (est.), Méx. 218/D2
Quintay, Chile 238/Q9
Quinte (bahía), On,Can. 207/H2
Quintero, Chile 238/Q9
Quintin, Fra. 96/C4
Quinto (río), Argen. 238/D2
Quinto di Treviso, Ita. 105/F1
Quinzano d'Oglio, Ita. 104/D2
Quionga, Moz. 179/J1
Quipapá, Bras. 231/G5
Quirey, Col. 228/D3
Quirihue, Chile 238/B3
Quirimba (arch.), Moz. 175/C4
Quirindi, Austl. 157/D1
Quirinópolis, Bras. 234/C3
Quiriquire, Ven. 229/F2
Quiroga, Bol. 236/C1
Quiroga, Esp. 94/B1
Quiroga, Méx. 217/E5
Quirusillas, Bol. 236/D1
Quiruvilca, Perú 232/B3
Quisiro, Ven. 228/D2
Quispamsis, NB,Can. 204/E3
Quissanga, Moz. 179/J2
Quissico, Moz. 179/G5
Quistello, Ita. 105/D2
Quitilipi, Argen. 236/D3
Quitman, Ga,EUA 211/G2
Quitman, Ms,EUA 208/C4
Quitman, Tx,EUA 197/G1
Quito (cap.), Ecua. 228/B5
Quitratúe, Chile 238/B3
Quixadá, Bras. 231/G4
Quixeramobim, Bras. 231/G4
Quixeré, Bras. 231/G4
Qujiang, China 137/G3
Qujing, China 136/D3
Qumar (río), China 128/C4
Quoich (río), Nun,Can. 186/G2
Quoich, Loch (lago), Es,R.U. 72/A2
Quoile (río), IrN,R.U. 74/C3
Quoin (pta.), Safr. 180/B4
Quorn, Austl. 155/H5
Qurnat as Sawdā' (mtña.), Líba. 123/E2
Qūş, Egip. 171/G3
Quşayr ad Daffah (ruinas), Libia 170/D2
Qusum, China 141/J1
Quwo, China 135/B4
Quwu (mtñas.), China 128/F4
Quyang, China 135/C3
Quynh Nhai, Vie. 143/C1
Quzhou, China 135/C3
Quzhou, China 137/H2
Qyteti Stalin, Alb. 110/D5

R

Raab (río), Aus. 93/L3
Raabs an der Thaya, Aus. 93/L2
Raaf-Richmond, Austl. 156/G8
Raahe, Fin. 79/H2
Raalte, P.B. 84/D4
Raamsdonk, P.B. 84/B5
Råån (río), Sue. 81/T9
Ra'ananna, Isr. 123/F7
Raanes (pen.), Nun,Can. 187/S7
Raas (isla), Indo. 144/F4
Raasiku, Esto. 81/L2
Rab (isla), Cro. 110/B3
Rába (río), Hun. 91/B4
Rabastens, Fra. 95/F1
Rabat, Malta 102/H8
Rabat (cap.), Marr. 165/L13
Rabat (Victoria), Malta 102/H7
Rabaul, P.N.G. 158/E5
Rabbi (río), Ita. 105/E4
Rabbit Ear (mtña.), NM,EUA 198/C2
Rabbit Ears (paso), Co,EUA 193/K3
Rabbit Ears (pico), Co,EUA 193/K3
Rábca (canal), Hun. 91/B4
Rabgala (paso), China 141/F2
Rabil, Cab.V. 164/K10
Rabinal, Gua. 218/D3
Rabiusa (río), Suiza 99/F4
Rabka, Pol. 83/K4
Rabkavi, India 138/C4
Rabnitz (río), Aus. 91/A4
Rabocheostrovsk, Rusia 112/G2
Raby (pta.), On,Can. 205/T8
Rabyānah, Şahra' (des.), Libia 170/D3
Racconigi, Ita. 104/A3
Raccoon (pta.), Fl,EUA 211/G3
Raccoon (pta.), La,EUA 210/C3
Raccoon (río), Oh,EUA 206/E5
Race (cabo), Tnva,Can. 187/L4
Raceland, La,EUA 210/C3
Rach Gia, Vie. 143/D4
Rach Gia (bahía), Vie. 143/D4
Racibórz, Pol. 83/K3
Racine, Wi,EUA 206/C3
Racine, Mont (pico), Suiza 98/C3
Ráckeve, Hun. 91/C5
Rada Tilly, Argen. 238/D5
Rădăuţi, Rum. 111/G2
Radbuza (río), R.Ch. 89/G3
Radcliff, Ky,EUA 208/E2
Radcliffe, Ing,R.U. 75/F4
Radeberg, Ale. 90/D5
Radebeul, Ale. 90/D5
Radeč (pico), R.Ch. 89/G3
Radekhov, Ucr. 116/C2
Radenthein, Aus. 110/A2
Radevormwald, Ale. 85/E6
Radford, Va,EUA 209/G2
Rādhanpur, India 138/B3
Radisson, Sk,Can. 191/L1
Radium Hot Springs, CB,Can. 190/F2
Radlett, Ing,R.U. 71/N6
Radnevo, Bul. 111/G4
Radnice, R.Ch. 89/G3
Radolfzell, Ale. 99/E2
Radom, Pol. 83/L3
Radom (prov.), Pol. 83/L3
Radomir, Bul. 110/F4
Radomsko, Pol. 83/K3
Radomyshl', Ucr. 116/E2
Radoviš, Mace. 110/F5
Radovljica, Esl. 110/B2
Radøy (isla), Nor. 80/A1
Radstadt, Aus. 93/K3
Radviliškis, Lit. 81/K4
Radwá, Jabal (mtña.), Ar.S. 171/H3
Radziejów, Pol. 83/K2
Radzymin, Pol. 83/L2
Radzyń Podlaski, Pol. 83/M3
Rae (istmo), Nun,Can. 187/H3
Rae (río), Nun,Can. 186/E2
Rāe Bareli, India 140/C2
Rae-Edzo, TNO,Can. 186/E2
Raeren, Bél. 87/F2
Raesfeld, Ale. 84/D5
Raeside (lago), Austl. 154/D4
Raetihi, N.Z. 160/C2
Raeyang (río), China 133/A2
Rafaela, Argen. 236/D4
Rafael L. Grajales, Méx. 216/M7
Rafael Nunez (aer.intl.), Col. 228/C2
Rafaḩ, Gaza 123/D4
Rafai, Cafr. 172/D4
Rafīdīyah, Cisj. 123/G7
Rafiganj, India 141/E3
Rafína, Gre. 109/J3
Rafina, Gre. 109/M6
Rafsanjān, Irán 125/J4
Raft (pta.), Austl. 152/B4
Raft (río), Id, Ut,EUA 193/G2
Rafz, Suiza 99/E2
Ragang (mtña.), Fil. 145/D4
Ragay (golfo), Fil. 145/C2
Ragged (pico), Austl. 154/D5
Ragged (pta.), Chile 239/J8
Ragged (isla), Me,EUA 204/C4
Raghtin More (mtña.), Irl. 74/A1
Raghunāthpur, India 141/F4
Raglan, Gales,R.U. 76/D3
Rago, Parq. Nal., Nor. 79/E2
Ragstone (mts.), Ing,R.U. 71/P8
Raguhn, Ale. 90/C4
Ragusa, Ita. 108/D4
Rahad, Nahr Ar (río), Sudán 173/G2
Rāhatgarh, India 140/B4
Rahden, Ale. 85/F4
Rahimyar Khan, Pak. 127/K3
Rahotu, N.Z. 160/C2
Rahway, NJ,EUA 213/D2
Raiatea (isla), Pol.Fr. 159/K6
Raichur, India 138/C4
Raiders (colina), DS,EUA 200/D2
Raiganj, India 141/G3
Raigarh, India 140/D5
Raijua (isla), Indo. 152/A2
Railroad Canyon (emb.), Ca,EUA 214/C3
Rainbow, Austl. 157/B2
Rainbow Beach, Austl. 156/D4
Rainbow Bridge Nat'l Mon., Ut,EUA 195/G2
Rainham, Ing,R.U. 71/P7
Rainier (mtña.), Wa,EUA 190/D4
Rainsville, NM,EUA 198/B3
Rainy (río), On, Mn,Can. 203/H3
Rainy (lago), On,Can, Mn,EUA 203/H3
Rainy, Big Fork (río), Mn,EUA 203/H3
Rainy, Little Fork (río), Mn,EUA 203/H4
Rainy River, On,Can. 203/G3
Raipur, India 138/D3
Rairoa (atolón), Pol.Fr. 159/L6
Raisdorf, Ale. 82/F1
Raisio, Fin. 79/G3
Raismes, Fra. 86/C3
Raivavae (isla), Pol.Fr. 159/L7
Rāiwind, Pak. 142/C2
Raja (pta.), Indo. 144/B2
Rajabasa (pico), Indo. 144/D4
Rajahmundry, India 138/D4
Rājampet, India 138/C5
Rajang (río), Malay. 146/D3
Rājanpur, Pak. 127/K3
Rajapalaiyam, India 142/F4
Rājāpur, India 138/B4
Rājāpur, India 140/C3
Rajasthan (est.), India 138/B2
Rajčianka (río), Eslo. 91/C1
Rajec, Eslo. 91/C1
Rajgarh, India 127/L3
Rājgarh, India 140/A2
Rajka, Hun. 91/B4
Rajkot, India 138/B3
Rājmahāl, India 141/F3
Rājmahal (colinas), India 141/F3
Rāj-Nāndagaon, India 138/D3
Rājpur, India 141/G4
Rājpura, India 142/D2
Rajshahi, Bang. 141/G3
Rajshahi (dist.), Bang. 141/G3
Rājula, India 138/B3
Rakahanga (isla), Cook 159/J5
Rakaia, N.Z. 160/B3
Rakaia (río), N.Z. 160/B3
Rakamaz, Hun. 110/E1
Rakaposhi (mtña.), Pak. 127/K1
Rakhine (est.), Mya. 136/B5
Rakhny Lesovyye, Ucr. 116/E3
Rakhshān (río), Pak. 127/H3
Rakino (isla), N.Z. 160/F6
Rakiraki, Fidji 158/G6
Rakitnoye, Rusia 117/H2
Rakitnoye, Ucr. 116/F3
Rakke, Esto. 81/M2
Rakkestad, Nor. 80/D2
Rakos-patak (río), Hun. 91/D5
Rakovnicky Potok (río), R.Ch. 89/G2
Rakovník, R.Ch. 89/G2
Rakovski, Bul. 111/G4
Rakvere, Esto. 81/M2
Rakytka (río), R.Ch. 89/H2
Raleigh (cap.), CN,EUA 209/H3
Raleigh, Ms,EUA 208/C4
Ralik (arch.), Mrsh. 158/F4
Ralston, Ab,Can. 191/J2
Rama, Nic. 219/E3
Ramādah, Tun. 167/H2
Ramādah, Yemen 174/B2
Ramalho (mts.), Bras. 234/D2
Rām Allāh, Cisj. 123/D4
Rāmanāthapuram, India 142/G4
Ramanathaswamy, India 142/G4
Ramapo (mtñas.), NJ, EUA 213/H7
Ramapo (río), NJ, NY, EUA 213/J7
Ramas (cabo), India 138/B4
Ramat Gan, Isr. 123/D3
Ramat HaSharon, Isr. 123/F7
Ramberg (pico), Ale. 90/B4
Rambervillers, Fra. 98/C1
Rambi (isla), Fidji 159/Z17
Rambouillet, Fra. 86/A6
Rame (pta.), R.U. 76/B6
Rāmechhāp, Nepal 141/F2
Rāmeshwaram, India 142/G4
Rāmgangā (río), India 140/B1
Rāmgarh, Bang. 141/H4
Rāmgarh, India 141/E4
Ram Head (pta.), Irl. 78/C6
Rāmhormoz, Irán 125/G4
Ramingining, Austl. 152/D3
Ramīs Shet' (río), Eti. 174/B3
Rāmjībanpur, India 141/F4
Ramla, Isr. 123/D4
Ramlu (pico), Eri. 174/B2
Ramme, Din. 80/C3
Ramm, Jabal (mtña.), Jor. 123/D5
Rammūn, Cisj. 123/G8
Rāmnagar, India 140/B1
Rāmnagar, India 140/C3
Rāmnagar, India 140/D3
Rāmnagar, India 142/C1
Ramon, NM,EUA 198/B3
Ramona, Ca,EUA 194/D4
Ramon, Har (mtña.), Isr. 123/D4
Ramor, Lough (lago), Irl. 78/C2
Ramos Arizpe, Méx. 217/E3
Ramotswa, Bots. 178/E5
Rampart (mtñas.), Co,EUA 200/B4
Rāmpur, India 138/B3
Rampur, India 140/B1
Rāmpur, India 142/D2
Rāmpur Hāt, India 141/F3
Ramree (isla), Mya. 136/B5
Ramsar (Sakht Sar), Irán 126/F1
Ramsay, Mi,EUA 203/K4
Ramsbottom, Ing,R.U. 75/F4
Ramsey, NJ,EUA 213/J7
Ramsey (isla), Gales,R.U. 76/A3
Ramsey, IM,R.U. 74/D3
Ramsey (bahía), IM,R.U. 74/D3
Ramsey, Ing,R.U. 77/F2
Ramsgate, Ing,R.U. 77/H4
Ramstein-Miesenbach, Ale. 87/G5
Ramygala, Lit. 81/L4
Rānāghāt, India 141/G4
Ranau, Malay. 145/B4
Rancagua, Chile 238/C2
Rance (río), Fra. 96/C4
Ranchería (río), Col. 228/C2
Ranchi, India 141/E4
Rancho Cucamonga (Cucamonga), Ca,EUA 214/C2
Rancho Mirage, Ca,EUA 194/D4
Rancho Palos Verdes, Ca,EUA 214/B3
Ranchos, Argen. 238/F2
Ranco (lago), Chile 238/B4
Rancul, Argen. 238/D2
Rancure (río), Fra. 100/B5
Randallstown, Md,EUA 212/B5
Randalstown, IrN,R.U. 74/B2
Randazzo, Ita. 108/D4
Randburg, Safr. 180/P13
Randen, Hoher (pico), Ale. 99/E2
Randers, Din. 80/D3
Rando (isla), Tnva,Can. 205/L1
Randolph, Az,EUA 195/G4
Randolph, NJ,EUA 212/D2
Randolph, Ut,EUA 193/H3
Randolph, Vt,EUA 207/K3
Randow (río), Ale. 90/E1
Randsfjorden (lago), Nor. 80/D1
Randwick, Austl. 156/H8
Råneå, Sue. 79/G2
Rânes, Fra. 97/E3
Ranfurly, N.Z. 160/B4
Rang (pico), Tail. 143/C2
Rāngāmāti, Bang. 136/B4
Ranganathaswamy, India 142/G3
Rangasa (cabo), Indo. 147/E4
Rang-du-Fliers, Fra. 86/A3
Rangeley, Me,EUA 204/B3
Range, The, Zim. 179/F3
Rangiora, N.Z. 160/C3
Rangiroa (atolón), Pol.Fr. 159/L6
Rangkasbitung, Indo. 144/D4
Rangpur, Bang. 141/G3
Rangpur (dist.), Bang. 141/G3
Rangún (cap.), Mya. 136/C5
Rangún (div.), Mya. 136/C5
Rānībennur, India 138/C5
Raniganj, India 140/D2
Rānīganj, India 141/E3
Rānīganj, India 141/F2
Rānīganj, India 141/F4
Rānīkhet, India 140/B1
Rānīpur, India 140/B3
Ranken (río), Austl. 155/H2
Rankin, Tx,EUA 196/D2
Rankin Inlet, Nun,Can. 186/G2
Rankweil, Aus. 99/F3
Rannoch, Loch (lago), Es,R.U. 72/B3
Ranong, Tail. 143/B4
Ranquil del Norte, Argen. 238/C3
Ransbach-Baumbach, Ale. 87/G3
Ranst, Bél. 86/D1
Ranstadt, Ale. 88/B2
Rantaupanjang, Indo. 144/C3
Rantekombola (pico), Indo. 147/F4
Rantīs, Cisj. 123/G7
Rantoul, Il,EUA 206/B4
Rantsila, Fin. 79/H2
Rao Co (pico), Laos 143/D2
Raon-L'Étape, Fra. 98/C1
Raoul (isla), N.Z. 158/H7
Raoyang, China 135/C3
Rapa (isla), Pol.Fr. 159/L7
Rapallo, Ita. 104/C4
Rapel, Chile 238/Q9
Rapel (lago), Chile 238/Q10
Raper, Cabo (cabo), Chile 238/B5
Rapid City, DS,EUA 200/C1
Rapid City, Mi,EUA 206/D2
Rapido (río), Ita. 103/D4
Rapla, Esto. 81/L2
Rapolla, Ita. 103/F6
Rappahannock (río), Va,EUA 209/J2
Rappbode Stausee (emb.), Ale. 90/A4
Rapti (río), India 140/D2
Rapti (zona), Nepal 140/D1
Rápulo (río), Bol. 233/E4
Rara, Parq. Nal., Nepal 140/D1
Raritan (río), NJ,EUA 212/D2
Raritan (bahía), NJ, NY,EUA 213/D3
Raritan, North Branch (río), NJ,EUA 212/D2
Raritan, South Branch (río), NJ,EUA 212/D2
Rarotonga (isla), Cook 159/J7
Rasa (pta.), Argen. 238/E4
Ra's al 'Ayn, Siria 124/E2
Ra's An Naqb, Jor. 123/D5
Raschau, Ale. 89/F1
Raseiniai, Lit. 81/K4
Râs el Ma, Arg. 165/Q16
Râs el Oued, Arg. 165/T16
Ra's Gharib, Egip. 126/B3
Rāshayyā, Líba. 123/D3
Rashīd (Rosetta), Egip. 123/B4
Rasht, Irán 125/G2
Rāsipuram, India 142/G3
Raška, Serb. 110/E4
Rasmussen (cuenca), Nun,Can. 186/G2
Raso (cabo), Por. 95/P10
Rason (lago), Austl. 154/E4
Rasrā, India 140/D3
Rasskazovo, Rusia 115/G1
Rastatt, Ale. 88/B5
Rastede, Ale. 85/F2
Rastenberg, Ale. 90/B5
Rat (islas), Ak,EUA 215/B6
Rata (cabo), Indo. 144/D4
Ratak (arch.) 158/F4
Ratangarh, India 138/B2
Rat Buri, Tail. 143/B3
Rāth, India 140/B3
Rathbun (lago), Ia,EUA 201/H3
Rathcoole, Irl. 78/D3
Rathdowney, Irl. 78/C4
Rathedaung, Mya. 136/B4
Rathenow, Ale. 90/C2
Rathkeale, Irl. 78/B4
Rathlin (bahía), IrN,R.U. 74/B1
Rathluirc, Irl. 78/B5
Rathnew, Irl. 78/D4
Rathvilly, Irl. 78/D4
Ratingen, Ale. 84/D6
Ratkovo, Serb. 110/D3
Ratlam, India 138/C3
Ratnāgiri, India 138/B4
Ratnapura, Sr.L. 138/D6
Ratno, Ucr. 116/C2
Raton, NM,EUA 198/B2
Rättvik, Sue. 80/F1
Ratzeburg, Ale. 82/F2
Raub, Malay. 144/C2
Rauch, Argen. 238/F3
Rauch, Mn,EUA 203/H4
Raudales Malpaso, Méx. 218/C2
Raudhinúpur (pta.), Isl. 79/P6
Raufarhöfn, Isl. 79/P6
Raufoss, Nor. 80/D1
Rauhe Ebrach (río), Ale. 88/D3
Rauher Kulm (colina), Ale. 89/E3
Raul Soares, Bras. 235/E4
Rauma, Fin. 81/J1
Rauna, Let. 81/L3
Raung (pico), Indo. 144/F5
Raupehu (vol.), N.Z. 160/C2
Raurkela, India 141/E4
Rausu, Japón 132/D1
Rautjärvi, Fin. 81/N1
Ravanusa, Ita. 108/C4
Rāvar, Irán 125/J4
Ravels, Bél. 84/C6
Ravena (prov.), Ita. 105/F4
Ravenna, Ca,EUA 214/B2
Ravenna, Oh,EUA 206/F4
Ravenna, Ita. 105/F4
Ravensburg, Ale. 99/F2
Ravenshoe, Austl. 156/B2
Ravensthorpe, Austl. 154/D5
Raven, The (pta.), Irl. 78/D5
Rāvi (río), India, Pak. 142/B2
Ravne na Koroškem, Esl. 110/B2
Ravnina, Tur. 127/H1
Rāwah, Irak 124/E3
Rawaki (Phoenix) (isla), Kir. 159/H5
Rawalpindi, Pak. 142/B1
Rawa Mazowiecka, Pol. 83/L3
Rawdon, Qu,Can. 207/K1
Rawene, N.Z. 160/C1
Rawicz, Pol. 83/J3
Rawley Wash (río seco), Az,EUA 195/G4
Rawlins, Wy,EUA 193/K3
Rawlinson (pico), Austl. 155/E3
Rawmarsh, Ing,R.U. 75/G5
Rawson, Argen. 238/D4
Rawtenstall, Ing,R.U. 75/F4
Raxaul Bazar, India 141/E2
Ray (cabo), Tnva,Can. 205/H2
Raya (pico), Indo. 146/D4
Rāyadrug, India 138/C5
Rāyagada, India 138/D4
Raychikhinsk, Rusia 129/K2
Ray Hubbard (lago), Tx,EUA 196/L7
Rayleigh, Ing,R.U. 77/G3
Raymond, Ab,Can. 191/H3
Raymond, Me,EUA 204/B4
Raymond, Mn,EUA 203/G5
Raymond, Ms,EUA 208/B4
Raymondville, Tx,EUA 197/F4
Raymore, Sk,Can. 202/B2
Raymore, Mo,EUA 199/G1
Rayne, La,EUA 210/B2
Rayón, Méx. 217/F4
Rayón, Méx. 217/Q10
Rayong, Tail. 143/C3
Rayón, Parq. Nal., Méx. 217/E5
Ray Roberts (lago), Tx,EUA 197/F1
Rayville, La,EUA 197/J1
Razdol'noye, Ucr. 117/G5
Razelm (lago), Rum. 111/J3
Razgrad, Bul. 111/H4
Razgrad (reg.), Bul. 111/H4
Razlog, Bul. 111/F5
Raz, Pointe du (pta.), Fra. 96/A4
Razumnoye, Rusia 117/J2
Ré (isla), Fra. 92/C3
Rea (río), Ing,R.U. 76/D2
Readfield, Me,EUA 204/C3
Reading, Oh,EUA 206/D5
Reading, Pa,EUA 212/C3
Reading, Ing,R.U. 77/F4
Real Chitwan, Parq. Nal., Nepal 140/E2
Real, Cordillera (mtñas.), Bol., Perú 232/C3
Real de San Carlos, Uru. 239/T12
Reales, Vie. 143/D2
Realicó, Argen. 238/D2
Réal Martin (río), Fra. 100/C6
Rea, Lough (lago), Irl. 78/B3
Reang Kesei, Camb. 143/C3
Reao (isla), Pol.Fr. 159/M6
Rebais, Fra. 86/C6
Rebecca (lago), Austl. 154/D4
Rebstein, Suiza 99/F3
Rebun, Japón 132/B1
Rebun (isla), Japón 132/B1
Recanati, Ita. 105/G6
Recanello (río), Ita. 101/B2
Recco, Ita. 104/C4
Recherche (arch.), Austl. 154/E5
Réchicourt-le-Château, Fra. 87/F6
Rechnitz, Aus. 91/A5
Recife, Bras. 231/H5
Recife (cabo), Safr. 180/D4
Recke, Ale. 85/E4
Recklinghausen, Ale. 85/E5
Recknitz (río), Ale. 82/G2
Reclining Buddha (Shwethalyaung) (ruinas), Mya. 143/B2
Recoaro Terme, Ita. 105/E1
Reconquista, Argen. 236/E4
Recreo, Argen. 236/C4
Recreo, Argen. 236/D4
Recuay, Perú 232/B3
Red (río), Mb,Can. 202/F3
Red (isla), Tnva,Can. 205/K2
Red (río), E.U.A. 189/H5
Red (colinas), Ks,EUA 198/E2
Red (bahía), IrN,R.U. 74/B1
Reda, Pol. 83/K1
Red Alto (lago), Mn,EUA 203/G3
Redan, Ga,EUA 209/M7
Redang (isla), Malay. 144/C1
Redange-sur-Attert, Lux. 87/E4
Red Bajo (lago), Mn,EUA 203/G4
Red Bank, NJ,EUA 213/D3
Red Bank, Tn,EUA 208/E3
Redberry (lago), Sk,Can. 191/L1
Red Bluff, Ca,EUA 192/B3
Red Bluff (emb.), NM, Tx,EUA 198/C5
Redbridge (mun.inc.), Ing,R.U. 71/P7
Redby, Mn,EUA 203/G4
Redcar, Ing,R.U. 75/G2
Redcliff, Ab,Can. 191/J2
Redcliff, Zim. 179/F3
Redcliffe, Austl. 156/F6
Redcliffe (pico), Austl. 154/D4
Red Cliffs, Austl. 155/J5
Red Cloud, Ne,EUA 200/E3
Red Deer, Ab,Can. 191/H1
Red Deer (río), Ab,Can. 191/J2
Red Deer (río), Sk,Can. 191/N1
Redding, Ca,EUA 192/B3
Reddish (mtña.), VOcc,EUA 209/H1
Redditch, Ing,R.U. 77/E2
Rede (río), Ing,R.U. 75/F1
Red, Elm Fork (río), Ok, Tx,EUA 198/E3
Redenção, Bras. 230/D5
Redenção do Gurguéia, Bras. 234/D1
Red Fish (isla), Tx,EUA 197/N9
Redford, Tx,EUA 196/B3
Red Gate, Tx,EUA 197/E4
Red Hill (pico), Hi, EUA 188/T10
Redhill, Ing,R.U. 71/N8
Red Hill-Patrick Henry Nat'l Mem., Va,EUA 209/H2
Re di Castello, Monte (pico), Ita. 99/G5
Rédics, Hun. 110/C2
Red Indian (lago), Tnva,Can. 205/J1
Réding, Fra. 87/G6
Redkino, Rusia 112/H4
Red Lake, On,Can. 203/H2
Red Lake, Mn,EUA 203/G4
Red Lake (río), Mn,EUA 203/G3
Red Lake Falls, Mn,EUA 202/F4
Redland, Md,EUA 212/A5
Redland Bay, Austl. 156/F7
Redlands, Ca,EUA 214/C2
Red Lodge, Mt,EUA 193/J1
Redmond (emb.), Ks,EUA 201/F4
Redmond, Or,EUA 192/C1
Redmond, Wa,EUA 190/C4
Rednitz (río), Ale. 88/D4
Red, North Fork (río), Ok, Tx,EUA 198/E3
Red Oak, Ia,EUA 201/G3
Redon, Fra. 96/C5
Redondela, Esp. 94/A1
Redondo (pico), Bras. 229/F4
Redondo (pico), NM,EUA 198/A3
Redondo, Por. 94/B3
Redondo Beach, Ca,EUA 214/B3
Redoubt (vol.), Ak,EUA 215/H3
Red, Prairie Dog Town Fork (río), Tx,EUA 198/D3
Red River (valle), Mn, DN,EUA 202/F4
Red River del Norte (río), Mn, DN,EUA 202/F4
Red Rock (lago), Ia,EUA 201/H3
Red Rock (mes.), Ut,EUA 195/G2
Red Rocks (pta.), Austl. 155/E5
Red, Salt Fork (río), Ok, Tx,EUA 198/D3
Red Scaffold, DS,EUA 200/D1
Red Shirt, DS,EUA 200/C2
Redvers, Sk,Can. 202/D3
Red Volta (río), Burk., Gui. 169/E4
Redwater (río), Mt,EUA 191/M4
Red Wing, Mn,EUA 201/H1
Redwood (río), Mn,EUA 201/G1
Redwood City, Ca,EUA 194/A2
Redwood Falls, Mn,EUA 201/G1
Redwood, Parq. Nal., Ca,EUA 192/A3
Reed (mtña.), Me,EUA 204/C2
Reed, Ok,EUA 198/E3
Reed City, Mi,EUA 206/D3
Reedley, Ca,EUA 194/C2
Reeds (bahía), NJ,EUA 212/D5
Reedy (lago), Fl,EUA 210/N8
Reef (pta.), Beli. 217/J5
Reef (islas), Sal. 158/F6
Reefton, N.Z. 160/B3
Ree, Lough (lago), Irl. 78/B2
Rees, Ale. 84/D5
Reese (río), Nv,EUA 192/E4
Reest (río), P.B. 84/D3
Reeuwijk, P.B. 84/B4
Refahiye, Tur. 124/D2
Reforma, Méx. 218/C2
Refugio, Tx,EUA 197/F3
Refugio lo Valdés, Chile 238/Q9
Rega (río), Pol. 83/H2
Regen, Ale. 89/G5
Regen (río), Ale. 89/F4
Regência, Pontal de (pta.), Bras. 235/F3
Regeneração, Bras. 231/F4
Regensburg, Ale. 89/F4
Regensdorf, Suiza 99/E3
Regenstauf, Ale. 89/F4
Regents Park, Austl. 156/H8
Regent's Park, Ing,R.U. 71/N7
Reggane, Arg. 167/F4
Regge (río), P.B. 84/D4
Reggello, Ita. 105/E5
Reggio di Calabria, Ita. 101/B6
Reggio di Calabria (prov.), Ita. 101/B6
Reggiolo, Ita. 105/D3
Reggio nell'Emilia, Ita. 104/D3
Reggio nell'Emilia (prov.), Ita. 104/D3
Reghin, Rum. 111/G2
Regina (cap.), Sk,Can. 191/M2
Régina, Gua.Fr. 230/C1
Regina Beach, Sk,Can. 202/B2
Regis-Breitingen, Ale. 90/C5
Registán (reg.), Afg. 127/H2
Registro, Bras. 234/D5
Regnitz (río), Ale. 88/D3
Regoledo, Ita. 99/F5
Reguengosde Monsaraz, Por. 94/B3
Rehau, Ale. 89/F2
Rehburg-Loccum, Ale. 85/G4
Rehlī, India 140/B4
Rehlingen-Siersburg, Ale. 87/F5
Rehoboth, Nam. 178/C4
Rehoboth Beach, De,EUA 212/C6
Réhon, Fra. 87/E5
Reḩovot, Isr. 123/F8
Reiche Ebrach (río), Ale. 88/D3
Reichelsheim, Ale. 88/B2
Reichelsheim, Ale. 88/B3
Reichenbach, Ale. 89/F1
Reichenbach im Kandertal, Suiza 98/D4
Reichenberg, Ale. 88/C3
Reichertshausen, Ale. 89/E6
Reichshof, Ale. 87/G2
Reichshoffen, Fra. 87/G6
Reichstett, Fra. 87/G6
Reiden, Suiza 98/D3
Reidsville, CN,EUA 209/H2
Reidsville, Ga,EUA 209/F4
Reigate, Ing,R.U. 71/N8
Reignier, Fra. 98/C5
Reilly (colina), Ne,EUA 200/C3
Reims, Fra. 86/D5
Reims, Cathédrale de, Fra. 86/D5
Reina Adelaida (arch.), Chile 239/J7
Reinach, Suiza 98/D3
Reinach, Suiza 98/E3
Reina Mary (costa), Ant. 161/G
Reina Maud (mtñas.), Ant. 161/P
Reina Maud (reg.), Ant. 161/Z
Reinbek, Ale. 85/H1
Reindeer (isla), Mb,Can. 202/F1
Reindeer (lago), Mb,Sk,Can. 186/F3
Reinheim, Ale. 88/B3
Reinosa, Esp. 94/C1
Reino Unido 73/*
Reinsdorf, Ale. 90/C4
Reisdorf, Lux. 87/F4
Reisduoddarhal'di (pico), Nor. 79/G1
Reiskirchen, Ale. 88/B1
Reissingerbach (río), Ale. 89/F5
Reisterstown, Md,EUA 212/B5
Reitdiep (río), P.B. 84/D2
Reitz, Safr. 180/E2
Rejaïa (wilaya), Arg. 95/H4
Rejón (aer.intl.), Méx. 217/H4
Reliance, TNO,Can. 186/F2
Relizane, Arg. 165/R16
Relizane (wilaya), Arg. 95/F4
Rellingen, Ale. 85/G1
Remagen, Ale. 87/G2
Rémalard, Fra. 97/F4
Remanso, Bol. 233/F4
Remanso, Bras. 235/E1
Remarde (río), Fra. 71/S11
Remarkable (pico), Austl. 155/H5
Rembang, Indo. 144/E4
Remchi, Arg. 165/Q16
Remedios, Pan. 219/F4
Remer, Mn,EUA 203/H4
Remich, Lux. 87/F4
Remicourt, Bél. 87/E2
Rémire, Gua.Fr. 230/C1
Remiremont, Fra. 98/C1
Rems (río), Ale. 88/C5
Remscheid, Ale. 85/E6
Ren (río), China 135/B5
Rena, Nor. 80/D1
Renage, Fra. 100/B2
Renania Norte-Westfalia (est.), Ale. 82/E3
Renania-Palatinado (est.), Ale. 87/F3
Renca, Chile 238/C2
Rencēni, Let. 81/L3
Rench (río), Ale. 88/A5
Renchen, Ale. 88/B5
Rend (lago), Il,EUA 208/C1
Renda, Let. 81/K3
Rende, Ita. 101/C4
Rendsburg, Ale. 82/E1
Renens, Suiza 98/C4
Renfrew, On,Can. 207/H2
Renfrew, Es,R.U. 72/B5
Rengam, Malay. 144/C2
Rengat, Indo. 144/C3
Rengo, Chile 238/C2
Renhua, China 139/K2
Renhuai, China 136/E3
Reni, Ucr. 116/E5
Renkum, P.B. 84/C5
Renmark, Austl. 155/J5
Rennell (isla), Sal. 158/F6
Rennerod, Ale. 87/H2
Rennertshofen, Ale. 88/E5
Rennes, Fra. 96/D4
Renningen, Ale. 88/B5
Reno, Nv,EUA 192/D4
Reno (río), Ita. 105/F3
Renoster (río), Safr. 180/C3
Renoster (río), Safr. 180/D2
Renqiu, China 135/D3
Renshou, China 137/H3
Rensselaer, In,EUA 206/C4
Rentería, Esp. 94/E1
Renton, Wa,EUA 192/C4
Renville, Mn,EUA 203/G5
Reoti, India 140/E3
Répce (río), Hun. 91/B4
Répcelak, Hun. 91/B5
Repelón, Col. 219/H4
Repentigny, Qu,Can. 207/K2
Repino, Rusia 81/N1
Repki, Ucr. 116/F2
Represa (emb.), Bras. 234/C4
Republic, Wa,EUA 190/E3
República del Congo 176/C3
República Democrática del Congo 164/E5
República Dominicana 220/D3
Republican (río), Ks, Ne,EUA 201/F4
Republican, South Fork (río), Co, Ks,EUA 200/C4
Repulse (bahía), Austl. 156/C3
Repulse Bay, Nun,Can. 187/H2
Repununi (río), Guy. 229/G4
Requena, Esp. 95/E3
Requena, Perú 232/C2
Requiñoa, Chile 238/C2
Rera, Bras. 230/A1
Reriutuba, Bras. 231/F4
Reşadiye, Tur. 124/D1
Resarö (isla), Sue. 81/S7

Resch – Roncq 307

Reschen (Resia), Ita. 99/G4
Reschensee (Resia) (lago), Ita. 99/G4
Rescue (pta.), Chile 238/B5
Reseda, Ca,EUA 214/E7
Resen, Mace. 110/E5
Resende, Bras. 235/M7
Reserve, NM,EUA 195/H4
Reshetilovka, Ucr. 117/H3
Resia, Passo di (paso), Ita. 99/G4
Resia (Reschensee) (lago), Ita. 99/G4
Resistencia, Argen. 236/E3
Reşiţa, Rum. 110/E3
Resolute, Nun,Can. 186/G1
Resolution (isla), Nun,Can. 187/K2
Resplendor, Bras. 235/E3
Ressons-sur-Matz, Fra. 86/B4
Restigouche (río), NB,Can. 204/D2
Reston, Mb,Can. 202/D3
Reston, Va,EUA 212/A6
Reszel, Pol. 83/L1
Retalhuleu, Gua. 218/D3
Rethel, Fra. 86/D4
Réthimnon, Gre. 109/J5
Retie, Bél. 87/E1
Retiers, Fra. 96/D5
Retrezap, Parq. Nal., Rum. 110/F3
Rétság, Hun. 91/D4
Rettenberg, Ale. 99/G2
Retz, Aus. 93/L2
Reunión (depen.), Fra. 181/R15
Reus, Esp. 95/F2
Reusel, P.B. 84/C6
Reuss (río), Suiza 99/E3
Reuterstadt Stavenhagen, Ale. 82/G2
Reutlingen, Ale. 88/C6
Reutov, Rusia 112/H5
Reutte, Aus. 99/G3
Revadim, Isr. 123/F8
Revda, Rusia 112/G2
Revda, Rusia 113/N4
Reveille (pico), Nv,EUA 194/D2
Reveillon (río), Fra. 71/T10
Revel, Fra. 92/D5
Revelstoke, CB,Can. 190/E2
Reventazón, Perú 232/A2
Reventino (pico), Ita. 101/C4
Revesby, Austl. 156/H8
Révfülöp, Hun. 91/B6
Revigny-sur-Ornain, Fra. 87/D6
Revillagigedo (islas), Méx. 216/B5
Revin, Fra. 86/D4
Revolución de Octubre (isla), Rusia 119/L1
Revolyutsii, Pik (pico), Tay. 134/B4
Revsbotn (fiordo), Nor. .. 79/G1
Revúboè (río), Moz. 179/G2
Revúca (río), Eslo. 91/D1
Revuè (río), Moz. 179/G3
Rewa (río), Guy. 229/G4
Rewa, India 140/C3
Rewāri, India 140/A1
Rex (mtña.), Ak,EUA 215/J3
Rexburg, Id,EUA 193/H2
Rexford, Ks,EUA 198/D1
Rexpoëde, Fra. 86/B2
Rey (isla), Pan. 219/G4
Rey Christian IX, Tierra del (reg.), Groen. 184/Q3
Rey Christian X, Tierra del (reg.), Groen. 184/R2
Reyes, Bol. 233/E4
Reyes de Vallarta, Méx. 217/M6
Reyes, Valle de los, Egip. 171/G3
Rey Frederico VI, Costa del (reg.), Groen. 184/P3
Rey Frederico VIII, Tierra del (reg.), Groen. 184/R2
Reyhanlı, Tur. 123/E1
Rey Jorge (isla), Pol.Fr. 159/L6
Reykjanestá (cabo), Isl. 70/A2
Reykjavík (aer.intl.), Isl. 79/N7
Reykjavík (cap.), Isl. 79/N7
Rey Leopoldo (mts.), Austl. 152/B4
Reynaldo Cullen, Argen. 236/D4
Reynoldsburg, Oh,EUA 206/E5
Reynosa, Méx. 217/F3
Reyran (río), Fra. 100/C5
Reyssouze (río), Fra. 98/B5
Rezé, Fra. 96/D6
Rēzekne, Let. 81/M3
Rezina, Mol. 111/J2
Rezzato, Ita. 104/D1
Rhallamane (reg.), Maur. 166/C5
Rhallamane, Sebkhet de (lago seco), Maur. 166/C4
Rharbi, Zahrez (lago seco), Arg. 106/D4
Rhart, Jebel (mtña.), Marr. 166/D3
Rhätikon (mtñas.), Aus., Suiza 99/F3
Rhat, Jebel (mtña.), Marr. 166/D3
Rheda-Wiedenbrück, Ale. 85/F5
Rhede, Ale. 84/D5
Rhede, Ale. 85/E2
Rheden, P.B. 84/D5
Rhee (Cam) (río), Ing,R.U. 77/F2
Rheinbach, Ale. 87/F2
Rheinberg, Ale. 84/D5
Rheinbreitbach, Ale. 87/G2
Rheinbrohl, Ale. 87/G3
Rheine, Ale. 85/E4
Rheinfall, Suiza 99/E2
Rheinfelden, Ale. 98/D2
Rhein (Rhine) (río), Eur. 82/D3
Rheinsberg, Ale. 90/C1
Rheinwaldhorn (pico), Suiza 99/F5
Rhenen, P.B. 84/C5
Rheris, Oued (río seco), Marr. 166/D3
Rhine-Herne (canal), Ale. 85/E5
Rhinelander, Wi,EUA .. 201/K1
Rhinkanal (canal), Ale. . 90/C2
Rhinluch (mar.), Ale. 90/C2
Rhinns (pta.), Es,R.U. 73/H9
Rhino Camp, Uga. 177/G2
Rhiou (río), Arg. 165/R16
Rhir (cabo), Marr. 166/C3
Rhisnes, Bél. 87/D3
Rhiw (río), Gales,R.U. 76/C1
Rho, Ita. 104/C1
Rhode Island (est.), E.U.A. 207/L4
Rhön (mtñas.), Ale. 88/D1
Rhondda, Gales,R.U. 76/C3
Rhone (glac.), Suiza 99/E4
Rhône au Rhin (canal), Fra. 98/B3
Rhonelle (río), Fra. 86/C3
Rhosllanerchrugog, Gales,R.U. 75/E6
Rhum (isla), Es,R.U. 73/H8
Rhume (río), Ale. 85/H5
Rhumel (río), Arg. 165/V17
Rhuys (pen.), Fra. 96/C6
Rhyddhywel (mtña.), Gales,R.U. 76/C2
Rhyl, Gales,R.U. 74/E5
Riachão, Bras. 231/E4
Riachão das Neves, Bras. 234/D1
Riachão do Jacuípe, Bras. 235/F1
Riacho de Santana, Bras. 235/E2
Riachuelo, Bras. 231/H4
Riachuelo, Uru. 239/T12
Rialto, Ca,EUA 214/C2
Rianjo, Esp. 94/A1
Riaño, Esp. 94/C1
Riano, Ita. 102/C3
Riantec, Fra. 96/B5
Riau (islas), Indo. 144/C2
Riau (prov.), Indo. 144/C2
Riazán, Rusia 71/G3
Riazán, Región de, Rusia 112/J5
Rib (mtña.), Wi,EUA 201/K1
Ribadavia, Esp. 94/A1
Ribadeo, Esp. 94/B1
Ribadesella, Esp. 94/C1
Riban'i Manamby (mtñas.), Mad. 181/H8
Ribas do Rio Pardo, Bras. 234/B4
Ribáuè, Moz. 179/H2
Ribble (río), Ing,R.U. 75/F4
Ribblesdale (valle), Ing,R.U. 75/F4
Ribe, Din. 80/C4
Ribe (con.), Din. 80/C4
Ribeauvillé, Fra. 98/D1
Ribécourt-Dreslincourt, Fra. 86/B4
Ribeira Brava, Cab.V. 164/J10
Ribeira Brava, Madr. .. 166/A2
Ribeira do Pombal, Bras. 235/F1
Ribeira Grande, Azor. . 95/T13
Ribeira Grande, Cab.V. 164/J9
Ribeirão, Bras. 235/G1
Ribeirão Preto, Bras. .. 234/D4
Ribeiro Gonçalves, Bras. 231/E4
Ribemont, Fra. 86/C4
Ribera, Ita. 108/C4
Riberalta, Bol. 233/E3
Ribinsk, Rusia 112/H4
Ribinsk (emb.), Rusia .. 112/H4
Ribnitz-Damgarten, Ale. 82/G1
Říčany u Prahy, R.Ch. ... 89/H3
Ricaurte, Col. 228/B4
Riccia, Ita. 103/E5
Riccione, Ita. 105/F5
Rice (lago), On,Can. 207/G2
Rice, Mn,EUA 203/G5
Rice Lake, Wi,EUA 201/J1
Rich (cabo), On,Can. 206/F2
Richards (isla), TNO,Can. 186/C2
Richard's Bay, Safr. 181/F3
Richardson (lagos), Me,EUA 204/B3
Richardson, Tx,EUA 197/F1
Riche (cabo), Austl. 154/C5
Richel (isla), P.B. 84/C2
Richelieu, Qu,Can. 205/P7
Richelieu (río), Qu,Can. 207/K2
Richfield, Mn,EUA 203/P7
Richfield, Ut,EUA 193/G4
Richford, Vt,EUA 207/K2
Richgrove, Ca,EUA 194/C3
Richland, Wa,EUA 190/E4
Richland Balsam (pico), CN,EUA 209/F3
Richland Center, Wi,EUA 201/J2
Richland Creek (emb.), Tx,EUA 197/F2
Richmond, Austl. 156/A3
Richmond, Austl. 157/D2
Richmond, Qu,Can. 204/A3
Richmond, Ca,EUA 194/A2
Richmond, In,EUA 206/D5
Richmond, Ky,EUA 208/E2
Richmond, Mn,EUA 203/G5
Richmond, Mo,EUA 199/H1
Richmond, Tx,EUA 197/G3
Richmond (cap.), Va,EUA 209/J2
Richmond, Vt,EUA 207/K2
Richmond, N.Z. 160/C3
Richmond, Ing,R.U. 75/G3
Richmond, Safr. 180/C3
Richmond, Safr. 181/E3
Richmond Heights, Fl,EUA 210/P8
Richmond Hill, On,Can. 207/G3
Richmond Nat'l Bfld. Park, Va,EUA ... 209/J2
Richmond upon Thames (mun.inc.),Ing,R.U. 71/N7
Richmound, Sk,Can. 191/K2
Rich Square, CN,EUA .. 209/J2
Richterswil, Suiza 99/E3
Richthofen (mtña.), Co,EUA 200/B3
Richton Park, Il,EUA 201/L3
Richwiller, Fra. 98/D2
Rickenbach, Ale. 98/D2
Rickmansworth, Ing,R.U. 71/M7
Ridā', Yemen 174/C2
Ridderkerk, P.B. 84/B5
Rideau (lago), On,Can. 207/H2
Rideau (río), On,Can. ... 207/J2
Ridgecrest, Ca,EUA 194/D3
Ridgefield, NJ,EUA 213/J8
Ridgefield Park, NJ,EUA 213/J8
Ridgeland, CS,EUA 209/G4
Ridgetown, On,Can. 206/F3
Ridgewood, NJ,EUA ... 213/D2
Ridgewood, NY,EUA 213/K9
Ridgway, Pa,EUA 207/G4
Riding (mtña.), Mb,Can. 202/D2
Riding Mtn., Parq. Nal., Mb,Can. 202/D2
Ridlees Cairn (colina), Ing,R.U. 72/D6
Riecito (río), Col., Ven. 228/D3
Riec-sur-Belon, Fra. 96/B5
Riedenburg, Ale. 89/E5
Ried im Innkreis, Aus. .. 89/G6
Riedisheim, Fra. 98/D2
Riedlingen, Ale. 88/C6
Riegelsberg, Ale. 87/F5
Riegsee (lago), Ale. 99/H2
Riehen, Suiza 98/D2
Riem (Munich) (aer.intl.), Ale. 89/E6
Riemst, Bél. 87/E2
Riesa, Ale. 90/D5
Riesco (isla), Chile 239/J8
Riet (río), Safr. 180/D3
Rietavas, Lit. 81/J4
Rietberg, Ale. 85/F5
Rieti, Ita. 102/C3
Rieti (prov.), Ita. 102/C3
Rietzer (lago), Ale. 90/C3
Rif, Er (mtñas.), Marr. . 106/B4
Riffe (lago), Wa,EUA ... 190/C4
Rifsnes (pta.), Isl. 79/N6
Rift Valley (prov.), Kenia 175/A1
Riga (golfo), Esto., Let. .. 81/K3
Riga (Rīga) (cap.), Let. .. 81/L3
Rigby, Id,EUA 193/H2
Rigi (pico), Suiza 99/E3
Rignano Flaminio, Ita. 102/C3
Rignano sull'Arno, Ita. 105/E5
Rigolet, Tnva,Can. 187/L3
Rig Rig, Chad 172/B2
Riguldi, Esto. 81/K2
Rihand (río), India 140/D4
Rihand Sagar (emb.), India 140/D3
Riihimäki, Fin. 81/L1
Riiser-Larsen (pen.), Ant. 161/C
Riiser-Larsen, Barrera de Heilos, Ant. 161/Y
Riisitunturin, Parq. Nal., Fin. 79/J2
Rijeka, Cro. 110/B3
Rijnsburg, P.B. 84/B4
Rijsbergen, P.B. 84/B5
Rijssen, P.B. 84/D4
Rijswijk, P.B. 84/B4
Rikers (isla), NY,EUA .. 213/K8
Rikuchū-Kaigan, Parq. Nal., Japón 132/C4
Rikuzentakata, Japón 132/B4
Rila, Bul. 111/F4
Rila (mtñas.), Bul. 111/F4
Rillieux-la-Pape, Fra. ... 98/A6
Rillito, Az,EUA 195/G4
Rilski Manastir, Bul. ... 109/H1
Rimatara (isla), Pol.Fr. 159/K7
Rimavská Sobota, Eslo. 83/L4
Rīma, Wādī (río seco), Ar.S. 126/D3
Rimbach, Ale. 88/B3
Rimbey, Ab,Can. 191/G1
Rimé, Ouadi (río seco), Chad 172/C2
Rimforsa, Sue. 80/F2
Rimini, Ita. 105/F4
Rîmnicu Sărat, Rum. ... 111/H3
Rîmnicu Vîlcea, Rum. . 111/G3
Rimouski, Qu,Can. 204/C1
Rimouski (río), Qu,Can. 204/C1
Rimpar, Ale. 88/C3
Rimpfischhorn (pico), Suiza 98/D5
Rimutaka (mts.), N.Z. .. 160/H9
Rimutaka Forest Park, N.Z. 160/J9
Rin (Rhein) (río), Eur. ... 82/D3
Rinbung, China 141/G1
Rinchinlhümbe, Mong. 128/D1
Rinchnach, Ale. 89/G5
Rincón (pico), Argen. .. 236/C3
Rincón (saln.), Chile 236/C2
Rincon (pico), Az,EUA 195/G4
Rincón (pta.), Pan. 219/F4
Rincón, Uru. 239/G2
Rinconada, Argen. 236/C2
Rincón de la Victoria, Esp. 94/C4
Rincón de la Vieja, Parq. Nal., C.Rica 219/E4
Rincón de Romos, Méx. 216/E4
Rindge, NH,EUA 207/K3
Rindö (isla), Sue. 81/S7
Ringarooma, Austl. 157/C4
Ringboy (pta.), IrN,R.U. . 74/C3
Ringebu, Nor. 80/D1
Ringelspitz (pico), Suiza 99/F4
Ringgold, Ga,EUA 208/E3
Ringkøbing, Din. 80/C3
Ringkøbing (con.), Din. . 80/B3
Ringkøbing Fjord (lag.), Din. 80/B3
Ringoes, NJ,EUA 212/D3
Ringsted, Din. 80/D4
Ringvaart (canal), P.B. . 84/B4
Ringvassøy (isla), Nor. .. 79/F1
Ringwood, Austl. 155/G5
Ringwood, NJ,EUA 213/D1
Ringwood, Ing,R.U. 77/E5
Rinía (isla), Gre. 109/J4
Riñihue, Chile 238/B3
Rinns, The (pen.), Es,R.U. 74/C2
Rinteln, Ale. 85/G4
Río Abiseo, Parq. Nal., Perú 232/B2
Rio Azul, Bras. 237/G3
Riobamba, Ecua. 228/B5
Río Blanco, Bol. 232/D5
Río Blanco, Chile 238/Q9
Río Blanco, Méx. 217/F5
Río Blanco, Méx. 218/B2
Rio Bonito, Bras. 235/P7
Rio Branco, Bras. 234/B4
Río Branco, Uru. 239/G2
Rio Branco do Sul, Bras. 237/G3
Río Bravo, Méx. 217/F3
Rio Brilhante, Bras. 234/B4
Río Bueno, Chile 238/B4
Río Cauto, Cuba 219/G1
Río Ceballos, Argen. 236/C4
Río Chico, Argen. 239/K7
Riochuelo, Uru. 239/T12
Río Clarillo, Parq. Nal., Chile 238/C2
Rio Claro, Bras. 234/D4
Rio Claro, Trin. 220/F5
Río Colorado, Argen. .. 238/D3
Río Cuarto, Argen. 238/D2
Rio de Contas, Bras. 235/E2
Rio de Janeiro, Bras. .. 235/E4
Rio de Janeiro (est.), Bras. 235/E4
Rio do Sul, Bras. 237/G3
Río Drysdale, Parq. Nal., Austl. 152/B3
Río Dulce, Parq. Nal., Gua. 218/D3
Rio Frio, Por. 95/Q10
Río Gallegos, Argen. ... 239/L8
Río Grande, Argen. 239/L8
Rio Grande, Bras. 237/F5
Rio Grande (canal), Co,EUA 198/A2
Río Grande (llan.), Tx,EUA 217/F3
Río Grande, Méx. 216/E4
Río Grande (río), EUA, Méx. 188/G6
Río Grande, P.Rico 221/E6
Rio Grande City, Tx,EUA 197/E4
Rio Grande da Serra, Bras. 235/K8
Río Grande de Santiago (río) 216/D4
Rio Grande do Norte (est.), Bras. 231/G4
Rio Grande do Piauí, Bras. 231/F4
Rio Grande do Sul (est.), Bras. 237/F4
Rio Grande Village, Tx,EUA 196/C3
Riohacha, Col. 228/C2
Río Hato, Pan. 219/F4
Rioja, Perú 232/B2
Río Jardine, Parq. Nal., Austl. 153/F2
Rio Jaú, Parq. Nal., Bras. 230/A3
Río Kwai, Puente, Tail. 143/B1
Río Lagartos, Méx. 217/H4
Rio Largo, Bras. 235/G1
Riolo Terme, Ita. 105/E4
Riom, Fra. 92/E4
Rio Maior, Por. 94/A3
Río Mayo, Argen. 238/C5
Riom-ès-Montagne, Fra. 92/E4
Río Muni (reg.), Gui.Ec. 176/B2
Riondel, CB,Can. 190/F3
Rio Negrinho, Bras. 237/G3
Río Negro (prov.), Argen. 238/C4
Rio Negro, Bras. 237/E1
Rio Negro, Bras. 237/F1
Río Negro, Chile 238/B4
Rionegro, Col. 228/C3
Río Negro (dept.), Uru. 239/T11
Río Negro (emb.), Uru. 239/F2
Rionero in Vulture, Ita. 103/F6
Río Pardo, Bras. 237/F4
Río Pilcomayo, Parq. Nal., Argen. 236/E3
Rio Rancho, NM,EUA . 198/A3
Rio Real, Bras. 235/F1
Riorges, Fra. 92/F3
Ríos, Esp. 94/B2
Río Salago, Desagües del (cién.), Argen. 236/C4
Río Saliceto, Ita. 105/D3
Río Salvage (mar.), Argen. 236/C4
Río Segundo, Argen. ... 238/E1
Río Simpson, Parq. Nal., Chile 238/B5
Ríos Mitchell y Alice, Parq. Nal., Austl. 156/A1
Río Staaten, Parq. Nal., Austl. 156/A2
Riosucio, Col. 228/B3
Riosucio, Col. 228/C3
Río Tala, Argen. 239/S11
Río Tana, Res. Nal., Kenia 175/C2
Río Tercero, Argen. 238/D2
Río Tigre, Ecua. 228/B5
Rio Tinto, Bras. 231/H4
Riou (isla), Fra. 100/B6
Río Ugalla, Res. de Caza, Tan. 177/G4
Rio Verde, Bras. 234/C3
Río Verde, Chile 239/K8
Río Verde, Méx. 217/F4
Rio Verde de Mato Grosso, Bras. 234/B3
Riozinho (río), Bras. 233/E2
Ripalimosano, Ita. 103/E4
Ripalti, Punta dei (pta.), Ita. 102/A2
Ripanj, Serb. 110/E3
Ripa Sottile (lago), Ita. 102/C3
Ripley, Ms,EUA 208/C3
Ripley, Tn,EUA 208/C3
Ripley, VOcc,EUA 209/G1
Ripley, Ing,R.U. 71/M8
Ripoll, Esp. 95/G1
Ripoll (río), Esp. 95/L6
Ripollet, Esp. 95/L6
Ripon, Ca,EUA 194/B2
Ripon, Wi,EUA 201/K2
Ripon, Ing,R.U. 75/G3
Riposto, Ita. 108/D4
Ripponden, Ing,R.U. 75/G4
Rippowam (río), Ct,EUA 213/L7
Risaralda, Col. 231/K6
Risaralda (dept.), Col. . 228/C2
Risca, Gales,R.U. 76/C3
Rishiri, Japón 132/B1
Rishiri (isla), Japón 132/B1
Rishiri-Rebun-Sarobetsu, Parq. Nal., Japón 132/B1
Rishon Le Sion, Isr. 123/D4
Rising Sun, In,EUA 206/D5
Risle (río), Fra. 97/F2
Risley (Estell Manor), NJ,EUA 212/D5
Rīsnjak (pico), Cro. 110/B3
Rîşnov, Rum. 111/G3
Rison, Ar,EUA 199/H4
Risør, Nor. 80/C2
Ris-Orangis, Fra. 71/T11
Riss (río), Ale. 99/F1
Risse (río), Fra. 98/C5
Risti, Esto. 81/L2
Ristiina, Fin. 81/M1
Ritacuba (pico), Col. 228/C3
Ritaiō (isla), Japón 158/C2
Ritoio, Monte (pico), Ita. 105/E5
Ritterhude, Ale. 85/F2
Rittō, Japón 131/L9
Ritzville, Wa,EUA 190/E4
Riva, Ita. 105/D1
Rivadavia, Argen. 236/B4
Rivadavia, Argen. 236/D3
Rivadavia, Argen. 238/E2
Rival (río), Fra. 100/B2
Rivalta, Ita. 104/D2
Rivanazzano, Ita. 104/C3
Rivanna (río), Va,EUA . 209/H2
Rivarolo Canavese, Ita. 104/A2
Rivas, Nic. 218/E4
Rive-de-Gier, Fra. 100/A1
Rivera, Argen. 238/E3
Rivera (isla), Chile 238/B5
Rivera, Uru. 237/F4
Rivera (dept.), Uru. 237/F4
Riverbank, Ca,EUA 194/B2
River Cess, Libe. 168/C5
Riverdale, Ga,EUA 208/E4
Riverdale, NJ,EUA 213/H8
Riverdale, NY,EUA 213/K8
River Edge, NJ,EUA ... 213/J8
River Falls, Wi,EUA 201/H1
Riverhead, NY,EUA 213/F2
Riverina (reg.), Austl. .. 151/H7
Rivers, Mb,Can. 202/D2
Rivers (est.), Nige. 169/G5
Riversdale, Safr. 180/C4
Riverside, Ca,EUA 214/C3
Riverside (canal), Co,EUA 200/B3
Riverside, NJ,EUA 212/D3
Riverstone, Austl. 156/G8
Riverstown, Irl. 78/B1
Riverstown, Irl. 78/B6
Riverton, Austl. 155/H5
Riverton, Ut,EUA 195/J3
Riverton, Va,EUA 207/G5
Riverton, Wy,EUA 193/J2
Riverton, N.Z. 160/A4
Riverview, NB,Can. 204/E2
Riverview, Fl,EUA 210/L8
Rivery, Fra. 86/A4
Rives, Fra. 100/B2
Riviera, Az,EUA 194/E3
Riviera Beach, Fl,EUA 211/H4
Riviera Beach, Md,EUA 212/B5
Rivière-du-Loup, Qu,Can. 204/C2
Riviersonderendreeks (mtñas.), Safr. 180/L11
Rivignano, Ita. 105/G1
Rivoli, Ita. 104/A2
Rivolta d'Adda, Ita. 104/C2
Rixensart, Bél. 86/D2
Rixheim, Fra. 98/D2
Riyad (cap.), Ar.S. 126/E4
Rīyāq, Líba. 123/E3
Rizal, Fil. 145/C2
Rizal Park, Fil. 145/E6
Rize, Tur. 124/E1
Rize (prov.), Tur. 124/E1
Rizhao, China 135/D4
Rizokarpasso, Chip. 123/D2
Rizziconi, Ita. 101/B6
Rizzuto (cabo), Ita. 101/D5
Rjukan, Nor. 80/C2
Roa, Nor. 80/D1
Road Town (cap.), Vir.Br. 220/E3
Roan (mes.), Co, Ut,EUA 193/J4
Roan Fell (colina), Es,R.U. 75/F1
Roan High (pico), CN,EUA 209/F2
Roanne, Fra. 92/F3
Roanne (río), Fra. 100/B3
Roanoke (río), CN, Va,EUA 209/J3
Roanoke (pta.), NY,EUA 213/F2
Roanoke, Va,EUA 209/H2
Roanoke Rapids, CN,EUA 209/J2
Roans Prairie, Tx,EUA 197/G2
Roaring Fork (río), Co,EUA 198/A1
Roatán, Hon. 218/E2
Roatán (isla), Hon. 218/E2
Robāţ Karīm, Irán 125/G3
Robbiate, Ita. 104/C1
Robbins (isla), Austl. ... 157/C4
Robbinston, Me,EUA .. 204/D3
Robbinsville, CN,EUA . 208/F3
Robbio, Ita. 104/B2
Robe, Austl. 157/A3
Robe (pico), Austl. 155/J4
Robē, Eti. 174/A4
Robē, Eti. 174/B4
Robe (río), Irl. 78/A2
Robecchetto con Induno, Ita. 104/B1
Röbel, Ale. 80/E4
Robert (mtña.), Fra. 98/B5
Robert-Espagne, Fra. 87/E6
Robert Lee, Tx,EUA 196/D2
Roberto Payán, Col. 228/B4
Roberts (cabo), On,Can. 206/E2
Roberts (mtña.), Ak,EUA 215/E4
Roberts Creek (mtña.), Nv,EUA 192/E4
Robertsfors, Sue. 79/G2
Robertsganj, India 140/D3
Robert S. Kerr (lago), Ok,EUA 199/G3
Robertson, Safr. 180/B4
Robertsport, Libe. 168/C5
Robertstown, Irl. 78/D3
Roberval, Qu,Can. 204/A1
Robin Hood's Bay, Ing,R.U. 75/H3
Robinson (mts.), Austl. 154/C3
Robinson, Il,EUA 206/C5
Robinson (mtña.), Mt,EUA 190/G3
Robinson, Tx,EUA 197/F2
Robinson Gorge, Parq. Nal., Austl. 156/C4
Robinson River, Austl. 153/E4
Robinson River, P.N.G. 153/H2
Robinson River, T. Abor., Austl. 153/E4
Robinvale, Austl. 155/J5
Robion, Fra. 100/B5
Robledo (mtña.), NM,EUA 195/J4
Robles, Col. 228/C2
Röblingen am See, Ale. 90/B5
Roboré, Bol. 236/E1
Robson (mtña.), CB,Can 190/E1
Robstown, Tx,EUA 197/F4
Roby, Tx,EUA 196/D1
Roca (cabo), Por. 94/A3
Rocafuerte, Ecua. 228/A5
Rocamadour, Fra. 92/D4
Roca Partida (isla), Méx. 216/B5
Roca Partida (pta.), Méx. 217/G5
Rocas (islas), Bras. 231/H3
Roccabernarda, Ita. 101/C4
Roccadaspide, Ita. 101/B2
Rocca di Neto, Ita. 101/D4
Rocca di Papa, Ita. 102/C4
Roccagorga, Ita. 102/D4
Roccalumera, Ita. 101/B7
Roccarainola, Ita. 103/E6
Rocca Romana, Monte di (pico), Ita. . 102/C3
Rocca San Casciano, Ita. 105/E4
Roccella Ionica, Ita. 101/C6
Roccelletta del Vescovo di Squillace (ruinas), Ita. 101/C5
Rocciamelone (pico), Ita. 100/D2
Roc de France (mtña.), Fra. 92/E5
Roc du Haut du Faite (mtña.), Fra. 98/D1
Rocha, Uru. 239/G2
Rocha (dept.), Uru. 239/G2
Rochdale, Ing,R.U. 75/F4
Roche, Ing,R.U. 76/B6
Rocheaire, Pic de (pico), Fra. 100/C3
Rochebrune, Pic de (pico), Fra. 100/C3
Rochecorbon, Fra. 97/F6
Rochefort, Bél. 87/E3
Rochefort, Fra. 92/C4
Rocher-Garaux (mtña.), Fra. 100/B4
Roches Blanches (mtña.), Fra. 95/J1
Rochester, Austl. 157/C3
Rochester, In,EUA 206/C4
Rochester, Mn,EUA 201/H1
Rochester, NH,EUA 207/L3
Rochester, NY,EUA 207/H3
Rochester, Vt,EUA 207/K3
Rochester, Ing,R.U. 77/G4
Rochester Hills, Mi,EUA 206/E3
Rochlitz, Ale. 90/C5
Rociada, NM,EUA 198/B3
Rock (lago), DN,EUA ... 202/E3
Rock (río), Ia, Mn,EUA 201/F2
Rock (río), Il, Wi,EUA .. 201/K3
Rockaway, NJ,EUA 212/D2
Rockaway (río), NJ,EUA 213/H8
Rockaway (ens.), NY,EUA 213/K9
Rockaway (pta.), NY,EUA 213/K9
Rock Creek, Yk,Can. ... 215/L3
Rock Creek, Mn,EUA .. 201/H1
Rockdale, Austl. 156/H8
Rockefeller (mes.), Ant. 161/R
Rockenhausen, Ale. 87/G4
Rockett, Tx,EUA 196/L7
Rockford, Al,EUA 208/D4
Rockford, Il,EUA 201/K2
Rock Forest, Qu,Can. .. 204/B3
Rockglen, Sk,Can. 202/B3
Rockhampton, Austl. ... 156/C3
Rock Hill, CS,EUA 209/G3
Rockhill, Tx,EUA 196/L6
Rockingham, Austl. 154/B5
Rockingham, CN,EUA . 209/H3
Rockingham, Vt,EUA ... 207/K3
Rock Island, Il,EUA 201/J3
Rockland, On,Can. 207/J2
Rockland, Me,EUA 204/C3
Rockland Lake, NY,EUA 213/K7
Rocklands (emb.), Austl. 157/B3
Rockledge, Fl,EUA 211/H3
Rocklin, Ca,EUA 192/C4
Rockport, In,EUA 208/D2
Rock Port, Mo,EUA 201/G3
Rockport, Tx,EUA 197/F3
Rock Rapids, Ia,EUA ... 201/F2
Rocks (pta.), N.Z. 160/C3
Rock Sound, Bahm. 220/B1
Rocksprings, Tx,EUA .. 196/D2
Rock Springs, Wy,EUA 193/J3
Rockstone, Guy. 229/G3
Rock, The, Austl. 157/C2
Rockville, In,EUA 206/C5
Rockville, Md,EUA 212/A5
Rockville Centre, NY,EUA 213/E2
Rockwall, Tx,EUA 197/F1
Rockwell City, Ia,EUA 201/G2
Rocky (mtñas.), Amér.N. 184/F4
Rocky (pta.), Austl. 152/C2
Rocky (pta.), Beli. 218/D2
Rocky (río), CN,EUA 209/G3
Rocky (mtña.), Ky,EUA 208/F2
Rocky (pta.), NY,EUA .. 213/F1
Rocky (pta.), Nam. 178/B3
Rocky Cape, Parq. Nal., Austl. 157/C4
Rocky Fort (lago), Oh,EUA 206/E5
Rocky Island (lago), On,Can. 206/E1
Rocky Mount, CN,EUA 209/J3
Rocky Mount, Va,EUA 209/H2
Rocky Mountain House, Ab,Can. 190/G1
Rocky Point, NY,EUA .. 213/F2
Roda (río), Ale. 90/B6
Rodach (río), Ale. 89/E2
Rodach bei Coburg, Ale. 88/D2
Rodalben, Ale. 87/G5
Ródano (dept.), Fra. 100/A1
Ródano (río), Fra., Suiza 92/F4
Rodas, Gre. 107/L3
Rodas (isla), Gre. 107/K3
Rodas (ruinas), Gre. 107/L3
Rødberg, Nor. 80/C1
Rødbyhavn, Din. 80/D4
Rødding, Din. 80/C4
Roden (río), Ing,R.U. 76/D1
Rodenbach, Ale. 88/C2
Rodeo, Méx. 216/D3
Rödermark, Ale. 88/B3
Rodewisch, Ale. 89/F1
Rodez, Fra. 92/E4
Rodholivos, Gre. 109/H2
Rodi Garganico, Ita. 103/F4
Roding, Ale. 89/F4
Roding (río), Ing,R.U. 71/P7
Rödinghausen, Ale. 85/F4
Rodinskoye, Ucr. 117/J3
Rodney (cabo), N.Z. 160/C2
Rodoč, Bosn. 110/C4
Rodolfo (isla), Rusia 118/F1
Rodolfo Sánchez Toboada, Méx. 216/A2
Rodonit, Kep i (cabo), Alb. 109/F2
Ródope (mtñas.), Bul. .. 111/F4
Rodrigues, Bras. 231/F4
Rodrigues (isla), Mau. .. 65/N6
Rodríguez, Uru. 239/T12
Roe (río), IrN,R.U. 74/B2
Roebourne, Austl. 154/C2
Roebuck (bahía), Austl. 152/A4
Roen (pico), Ita. 99/H5
Roer (río), P.B. 84/D6
Roermond, P.B. 84/C6
Roeselare, Bél. 86/C2
Roes Welcome (estr.), Nun,Can. 187/H2
Rogachev, Bela. 114/D1
Rogagua (lago), Bol. 233/E4
Rogaland (con.), Nor. ... 80/A2
Rogaška Slatina, Esl. . 110/B2
Rogatica, Bosn. 110/D4
Rogers, Ar,EUA 199/G2
Rogers (mtña.), Va,EUA 209/G2
Rogers City, Mi,EUA 206/E2
Rogersville, Tn,EUA 209/F2
Roggiano Gravina, Ita. 101/C3
Roggwil, Suiza 98/D3
Rogliano, Fra. 108/A1
Rogliano, Ita. 101/C4
Roglio (río), Ita. 105/D6
Rognac, Fra. 100/B6
Rögnitz (río), Ale. 90/B1
Rognon (río), Fra. 98/B1
Rognonas, Fra. 100/A5
Rogoaguado (lago), Bol. 233/E4
Rogoźno, Pol. 83/J2
Rogue (río), Or,EUA 192/A2
Rohl (río), Sudán 173/F4
Rohnert Park, Ca,EUA 194/A1
Rohr, Ale. 89/E5
Rohrbach bei Mattersburg, Aus. 91/A4
Rohri, Pak. 127/J3
Röhrmoos, Ale. 89/E6
Rohtak, India 140/A1
Roia (río), Ita. 104/A5
Roi Et, Tail. 143/C2
Roine (lago), Fin. 81/L1
Roisel, Fra. 86/C4
Roissy, Fra. 71/T10
Roja, Let. 81/K3
Rojas, Argen. 238/E2
Rojo (mar), Áfr., Asia ... 126/C4
Rojo (río), China, Vie. .. 136/D4
Rojo (cabo), Méx. 217/F4
Rojo (cabo), P.Rico 221/B7
Rokeby-Croll Creek, Parq. Nal., Austl. 156/A1
Rokel (río), S.Le. 168/C4
Rokiškis, Lit. 81/L4
Rokitnoye, Ucr. 116/D2
Rokkasho, Japón 132/B3
Rokkō-san (pico), Japón 131/L10
Rokot (cabo), Indo. 144/C3
Rokycany, R.Ch. 89/G3
Rokytná (río), R.Ch. 91/A1
Rolândia, Bras. 234/C4
Rolava (río), R.Ch. 89/F2
Rolde, P.B. 84/D3
Roll, Az,EUA 195/F4
Rolla, DN,EUA 202/E3
Rolla, Mo,EUA 199/J2
Rolle, Safr. 181/E2
Rolle, Suiza 98/C5
Rolling (prad.), Tx,EUA 198/D4
Rolling Fork, Ms,EUA . 208/B4
Rom (pico), Uga. 177/H2
Roma, Austl. 156/C4
Roma, Tx,EUA 196/E4
Roma (cap.), Ita. 102/C4
Roma (prov.), Ita. 102/C4
Roma, Sue. 80/H3
Romagnano Sesia, Ita. 104/B1
Romagnat, Fra. 92/E4
Romagne-sous-Montfaucon, Fra. 87/E5
Romain (cabo), CS,EUA 209/H4
Romaine (río), Qu,Can. 187/K3
Romaine (río), Fra. 98/B2
Roman, Bul. 111/F4
Roman, Rum. 111/H2
Romaña (reg.), Ita. 105/E4
Romanche (río), Fra. 100/C2
Romang (estr.), Indo. .. 152/B1
Romang (isla), Indo. 152/B1
Roman Kosh (pico), Ucr. 117/H5
Romano (cayos), Cuba 219/G1
Romano (cabo), Fl,EUA 211/H5
Romano d'Ezzelino, Ita. 105/E1
Romano di Lombardia, Ita. 104/C1
Romanovka, Rusia 128/G1
Romanovka, Rusia 115/H2
Romanshorn, Suiza 99/F2
Romans-sur-Isère, Fra. 100/B2
Romanzof (cabo), Ak,EUA 215/E3
Rombas, Fra. 87/F5
Romblon, Fil. 145/C2
Rome, Ga,EUA 208/E3
Rome, NY,EUA 207/J3
Romenay, Fra. 98/B4
Romero, Tx,EUA 198/C3
Romeroville, NM,EUA 198/B3
Romford, Ing,R.U. 71/P7
Romilly-sur-Seine, Fra. 92/E2
Rommerskirchen, Ale. .. 84/D6
Romney, VOcc,EUA 209/H1
Romney Marsh (reg.), Ing,R.U. 77/G4
Romny, Ucr. 117/G2
Rømø (isla), Din. 80/C4
Romont, Suiza 98/C4
Romorantin-Lanthenay, Fra. 97/G6
Romsey, Ing,R.U. 77/E5
Romulus, Mi,EUA 206/E3
Ron (río), Suiza 99/E3
Ron, Vie. 143/D2
Ron (cabo), Vie. 136/E5
Ronbion (río), Fra. 100/A3
Roncade, Ita. 105/F1
Roncador, Bras. 237/F3
Roncador (alts.), Bras. 234/B2
Ronchamp, Fra. 98/C2
Ronchi dei Legionari, Ita. 105/G1
Ronciglione, Ita. 102/C3
Ronco (río), Ita. 105/F4
Ronco Scrivia, Ita. 104/B3
Roncq, Fra. 86/C2

308
Ronda – Saint

Ronda, Esp. 94/C4
Rondane, Parq. Nal., Nor. 79/D3
Rondônia (est.), Bras. 230/A5
Rondonópolis, Bras. 234/B3
Rong (río), China 137/F3
Rong'an, China 137/F3
Rongcheng, China 133/B4
Rongcheng, China 135/C3
Rongelap (atolón), Mrsh. 158/F3
Rongerik (atolón), Mrsh. 158/F3
Rongjiang, China 137/F3
Rongshui Miaozu Zizhixian, China 139/J2
Rõngu, Esto. 81/M2
Rong Xian, China 139/K3
Roniu (pico), Pol.Fr. 159/X15
Ronkonkoma, NY,EUA 213/E2
Rønne, Din. 80/F4
Ronne, Barrera de Heilos, Ant. 161/W
Ronneby, Sue. 80/F3
Ronne Entrance (ens.), Ant. 161/U
Ronnenberg, Ale. 85/G4
Ronsard (cabo), Austl. 154/B3
Ronse, Bél. 86/C2
Ronuro (río), Bras. 234/B2
Roodepoort-Maraisburg, Safr. 180/P13
Rooiberg (pico), Nam. 180/B2
Roorkee, India 138/C2
Roosendaal, P.B. 84/B5
Roosevelt (isla), Ant. 161/N
Roosevelt (río), Bras. 230/A4
Roosevelt (mtña.), CB,Can. 186/D3
Roosevelt, Az,EUA 195/G4
Roosevelt, NY,EUA 213/L9
Roosevelt (isla), NY,EUA 213/K8
Root (mtña.), Ak,EUA 215/L4
Roper (río), Austl. 152/D3
Roquebrune-Cap-Martin, Fra. 100/D5
Roquebrune-sur-Argens, Fra. 100/C6
Roquemaure, Fra. 100/A4
Roque Pérez, Argen. 238/F2
Roquestron, Fra. 100/D5
Roquetas de Mar, Esp. 94/D4
Roquetes, Esp. 94/D4
Roquevaire, Fra. 100/B6
Roraima (est.), Bras. 229/F4
Roraima (pico), Guy. 226/F2
Roraima (pico), Ven. 229/F3
Rorke's Drift, Campo de Batalla, Safr. 181/E3
Rorketon, Mb,Can. 202/E2
Røros, Nor. 79/D3
Rorschach, Suiza 99/F3
Rosa (cabo), Arg. 165/W17
Rosa (lago), Bahm. 220/C2
Rosà, Ita. 105/E1
Rosablanche (pico), Suiza 98/D5
Rosal, Esp. 94/A2
Rosales, Méx. 196/B3
Rosalia, Ks,EUA 199/F2
Rosalie (lago), Fl,EUA 210/N8
Rosalina, Par. 237/F2
Rosamond, Ca,EUA 194/C3
Rosa, Monte (mtñas.), Ita. 104/A1
Rosamorada, Méx. 216/D4
Rosanna (río), Aus. 99/G3
Rosa (pta.), Méx. 216/C3
Rosario, Argen. 238/E2
Rosario (río), Argen. 236/C3
Rosario, Bol. 233/E4
Rosário, Bras. 231/E3
Rosario, Fil. 145/C1
Rosario, Méx. 216/C3
Rosario, Méx. 216/D4
Rosario, Par. 237/E3
Rosario, Uru. 239/F2
Rosario de la Frontera, Argen. 236/C3
Rosario de Lerma, Argen. 236/C3
Rosario del Tala, Argen. 239/S11
Rosário do Sul, Bras. 237/F4
Rosário Oeste, Bras. 234/A2
Rosarito, Méx. 216/A1
Rosarno, Ita. 101/B6
Rosas, Col. 228/B4
Rosas (golfo), Esp. 95/G1
Rosa Zárate, Ecua. 228/B4
Rosazzo, Corno di, Ita. 105/G1
Roscoff, Fra. 96/B3
Roscommon, Mi,EUA 206/D2
Roscommon, Irl. 78/B2
Roscommon (con.), Irl. 78/B2
Roscrea, Irl. 78/C4
Rosdorf, Ale. 85/G6
Rose (pta.), CB,Can. 215/M4
Rose (pico), Az,EUA 195/H4
Rose (isla), Sam.Am. 159/J6
Roseau (cap.), Dom. 220/F4
Roseau, Mn,EUA 202/G3
Roseaux, Haiti 219/H2
Rose Belle, Mau. 181/S15
Rosebery, Austl. 157/C4
Rosebud (río), Ab,Can. 191/H2
Roseburg, Or,EUA 192/B2
Rosedale, Md,EUA 212/B5
Rosedale, Ms,EUA 208/B4
Rosedale, Va,EUA 209/G2
Rosefield, La,EUA 199/J5
Roseira, Bras. 235/L7
Roselette, Aiguille de (pico), Fra. 100/C1
Roselle, NJ,EUA 213/D2
Roselle Park, NJ,EUA 213/H9
Rosemead, Ca,EUA 214/F7
Rosemère, Qu,Can. 205/N6
Rosemount, Mn,EUA 203/P7
Rosenberg, Tx,EUA 197/G3
Rosenfeld, Ale. 88/B6
Rosenheim, Ale. 82/G5
Roses, Esp. 95/G1
Roseto degli Abruzzi, Ita. 103/E2
Roseto Valfortore, Ita. 103/F5
Rosetown, Sk,Can. 191/L2
Rosetta (Rashīd), Egip. 123/B4
Rose Valley, Sk,Can. 202/C1
Roseville, Ca,EUA 192/C4
Roseville, Mn,EUA 203/P6
Rosevine, Tx,EUA 197/H2
Rosewood, Austl. 152/C4
Rosheim, Fra. 98/D1
Rosh Ha'Ayin, Isr. 123/F7
Rosh HaNiqra (pta.), Isr. 123/D3
Rosignano Marittimo, Ita. 104/D6
Rosignol, Guy. 230/B1
Roşiori de Vede, Rum. 111/G3
Roskilde, Din. 80/E4
Roskilde (con.), Din. 82/F1
Roskilde (fiordo), Din. 81/T9
Roslags-Näsby, Sue. 81/S7
Roslavl', Rusia 114/E1
Roslev, Din. 80/C3
Roslyakova, Rusia 112/G1
Rosmalen, P.B. 84/C5
Rosny-sous-Bois, Fra. 71/T10
Rosny-sur-Seine, Fra. 97/G2
Rosolina, Ita. 105/F2
Rosolini, Ita. 108/D4
Rosporden, Fra. 96/B5
Rösrath, Ale. 87/G2
Ross (isla), Ant. 161/M
Ross (mar), Ant. 161/P
Ross, Austl. 157/C4
Ross (pta.), On,Can. 205/T8
Ross (lago), Wa,EUA 190/D3
Ross, N.Z. 160/B3
Ross (pico), N.Z. 160/C3
Ross (dist.), Es,R.U. 72/C1
Rossa (pico), Ita. 93/K3
Rossall (pta.), Ing,R.U. 75/E4
Rossano, Ita. 101/C3
Rossano Stazione, Ita. 101/C3
Rossano Veneto, Ita. 105/E1
Ross Barnett (emb.), Ms,EUA 208/C4
Ross, Barrera de Heilos, Ant. 161/N
Rossberg (mtña.), Fra. 98/D2
Rossdorf, Ale. 88/B3
Rossel (isla), P.N.G. 158/E6
Rosselange, Fra. 87/F5
Rossie, NY,EUA 207/J2
Rossiglione, Ita. 104/B3
Rossignol (lago), NE,Can. 204/E3
Rosskeeragh (pta.), Irl. 73/G9
Ross Lake Nat'l Rec. Area, Wa,EUA 190/D3
Rossland, CB,Can. 190/F3
Rosslare (bahía), Irl. 78/D5
Rosslare (pta.), Irl. 78/D5
Rosslau, Ale. 90/C4
Rosslea, IrN,R.U. 74/A3
Rossleben, Ale. 90/B5
Rosso, Maur. 168/B2
Ross on Wye, Ing,R.U. 76/D3
Rossosh', Rusia 117/K2
Ross River, Yk,Can. 215/M3
Rossstock (pico), Suiza 99/E4
Rosstal, Ale. 88/D4
Rossville, Ks,EUA 199/G1
Røst, Nor. 79/E2
Rostāq, Afg. 134/A4
Rostāq, Irán 125/H5
Rosthern, Sk,Can. 191/L1
Rostock, Ale. 82/G1
Rostov, Rusia 71/G4
Rostov, Región de, Rusia 117/L3
Rostrenen, Fra. 96/B4
Roswell, Ga,EUA 208/E3
Roswell, NM,EUA 198/B4
Rot (río), Ale. 99/F1
Rota, Esp. 94/B4
Rota (isla), Mar.N. 158/D3
Rotenburg, Ale. 85/G2
Rotenburg an der Fulda, Ale. 85/G7
Roter Main (río), Ale. 89/E2
Rote Wand (pico), Aus. 99/F3
Rote Weisseritz (río), Ale. 90/D6
Rötgen, Ale. 87/F2
Roth (río), Ale. 99/G1
Rötha, Ale. 90/C5
Rothaargebirge (mtñas.), Ale. 82/E3
Roth bei Nürnberg, Ale. 88/E4
Röthenbach an der Pegnitz, Ale. 88/E4
Rothenberg, Ale. 88/B4
Rothenburg ob der Tauber, Ale. 88/D4
Rother (río), Ing,R.U. 75/G5
Rother (río), Ing,R.U. 77/F5
Rotherham, Ing,R.U. 75/G5
Rothernburg, Suiza 99/E3
Rothesay, NB,Can. 204/E3
Rothesay, Es,R.U. 72/A5
Rotheux-Rimière, Bél. 87/E2
Rothsay, Mn,EUA 202/F4
Rothwell, Ing,R.U. 77/F2
Roti (isla), Indo. 152/A2
Rotondo (pico), Ita. 102/D2
Rotorua, N.Z. 160/D2
Rotselaar, Bél. 87/D2
Rott (río), Ale. 89/F6
Rottach-Egern, Ale. 82/F5
Rott am Inn, Ale. 89/F7
Rotte (río), Fra. 87/F6
Rotten (río), Suiza 98/E5
Röttenbach, Ale. 88/E4
Rottenberg, Ale. 88/C2
Rottenburg am Neckar, Ale. 88/B6
Rottenburg an der Laaber, Ale. 89/F5
Rotterdam, P.B. 84/B5
Rotterdam (South Schenectady), NY,EUA 207/K3
Rotthalmünster, Ale. 89/G6
Rottne, Sue. 80/F3
Rottnest (isla), Austl. 154/B4
Rottum (río), Ale. 99/F1
Rottumeroog (isla), P.B. 84/D2
Rottumerplaat (isla), P.B. 84/D2
Rottweil, Ale. 88/B6
Rotuma (isla), Fidji 158/G6
Rötz, Ale. 89/F4
Roubaix, Fra. 86/C2
Roubion (río), Fra. 92/F4
Roudnice nad Labem, R.Ch. 89/H2
Rouffach, Fra. 98/D2
Rouge (río), On,Can. 205/S8
Rouge (río), Qu,Can. 207/J1
Rough (río), Ky,EUA 208/D2
Rough River (lago), Ky,EUA 208/D2
Roulette, Pa,EUA 207/G4
Roullet-Saint-Estèphe, Fra. 92/D4
Round (colina), In,EUA 208/E1
Round (colina), Ky,EUA 208/E2
Round (mtña.), Me,EUA 204/C2
Round (colina), Pa,EUA 212/B3
Round Hill (pta.), Austl. 156/C4
Round Knowe (mtña.), IrN,R.U. 74/B1
Round Rock, Tx,EUA 197/F2
Roundup, Mt,EUA 191/K4
Round Valley (emb.), NJ,EUA 212/D2
Roundway (colina), Ing,R.U. 76/E4
Roura, Gua.Fr. 230/C1
Rousay (isla), Es,R.U. 73/N13
Rouse Hill, Austl. 156/G8
Rousies, Fra. 86/D3
Rousínov, R.Ch. 91/A1
Rousset, Fra. 100/B6
Roussillon, Fra. 100/A2
Roussillon, Fra. 100/B5
Rouvre (río), Fra. 97/E3
Rouvres-en-Woëvre, Fra. 87/E5
Rouyn-Noranda, Qu,Can. 187/J4
Rovaniemi, Fin. 79/H2
Rovato, Ita. 104/D1
Rovello Porro, Ita. 104/C1
Roven'ki, Rusia 117/K3
Roven'ki, Ucr. 117/K3
Roverbella, Ita. 105/D2
Rovieng Tbong, Camb. 143/D3
Rovigo, Ita. 105/E2
Rovigo (prov.), Ita. 105/E2
Rovinj, Cro. 105/G2
Rovira, Col. 228/C3
Rovno, Ucr. 116/D2
Rovno, Región de, Ucr. 116/D2
Rovuma (río), Moz. 179/H1
Rowe, NM,EUA 198/B3
Rowena, Austl. 157/D1
Rowlett, Tx,EUA 196/L7
Rowley (bajío), Austl. 150/B3
Rowley (isla), Nun,Can. 187/J2
Roxa (isla), Gui.Bis. 168/B4
Roxas, Fil. 145/B3
Roxas, Fil. 145/C1
Roxas City, Indo. 147/F1
Roxboro, CN,EUA 209/H2
Roxburgh, N.Z. 160/B4
Roxbury, Ks,EUA 199/F1
Roxbury, NY,EUA 207/J3
Roxen (lago), Sue. 80/F2
Roxo (cabo), Sen. 168/A3
Roye (río), Fra. 100/D5
Royal (gar.), Co,EUA 198/B1
Royal (canal), Irl. 78/D3
Royale (isla), Mi,EUA 203/K3
Royal Leamington Spa, Ing,R.U. 77/E2
Royal Military (canal), Ing,R.U. 77/G4
Royal Natal, Parq. Nal., Safr. 180/E3
Royal Palm Beach, Fl,EUA 210/P6
Royal, Parq. Nal., Austl. 157/D2
Royalton, Mn,EUA 203/G5
Royalton, Vt,EUA 207/K3
Royal Tunbridge Wells, Ing,R.U. 77/G4
Royan, Fra. 92/C4
Royston, Ing,R.U. 77/F2
Royton, Ing,R.U. 75/F4
Rožaje, Mont. 110/E4
Rozhishche, Ucr. 116/C2
Rožmberk (lago), R.Ch. 89/H4
Rožmitál pod Třemšínem, R.Ch. 89/G3
Rožňava, Eslo. 83/L4
Rozovka, Ucr. 117/J4
Rozoy-sur-Serre, Fra. 86/D4
Roztoczański, Parq. Nal., Pol. 83/M3
Roztoky, R.Ch. 89/H2
Rozzano, Ita. 104/C2
Rtishchevo, Rusia 115/G1
Ru (cabo), Malay. 144/C2
Ruacana (cats.), Ang. 178/B3
Ruaha, Parq. Nal., Tan. 175/A3
Ruamahanga (río), N.Z. 160/J9
Ruán, Fra. 97/G2
Ruanda 177/G3
Ruapuke (isla), N.Z. 160/B4
Ruatapu, N.Z. 160/B3
Ruaudin, Fra. 97/F5
Ruawai, N.Z. 160/C2
Rub' al-Khali (des.), Ar.S. 126/E5
Rubeho (mtñas.), Tan. 175/B3
Rubeshibe, Japón 132/C2
Rubí, Esp. 95/G2
Rubiataba, Bras. 234/C2
Rubidoux, Ca,EUA 214/C3
Rubiera, Ita. 105/D3
Rubim, Bras. 235/E3
Rubondo, Parq. Nal., Tan. 177/G3
Řubřina (río), R.Ch. 89/G4
Rubtsovsk, Rusia 134/D1
Ruby (río), Mt,EUA 193/G1
Ruby (lago), Nv,EUA 192/F3
Ruby (mtñas.), Nv,EUA 192/F3
Rubyvale, Austl. 156/B3
Rucava, Let. 81/J3
Ruch'i, Rusia 112/J2
Ruciane-Nida, Pol. 83/L2
Rucphen, P.B. 84/B5
Rudall River, Parq. Nal., Austl. 154/D2
Rudauli, India 140/C2
Rudava (río), Eslo. 91/B2
Ruda Woda (lago), Pol. 83/K2
Rüdersdorf, Ale. 90/D3
Rudiano, Ita. 104/C2
Rudki, Ucr. 116/B3
Rudkøbing, Din. 80/D4
Rudnaya Pristan', Rusia 129/M3
Rudnii, Kaz. 115/M1
Rudnik, Pol. 83/M3
Rudnitsa, Ucr. 116/E3
Rudnya, Rusia 81/P4
Rudolstadt, Ale. 90/B6
Rudong, China 135/E4
Rudozem, Bul. 111/G5
Rūdsar, Irán 125/G2
Rue, Fra. 86/A3
Rue (pta.), IrN,R.U. 74/B1
Rueil-Malmaison, Fra. 71/S10
Ruell (río), Es,R.U. 72/A4
Ruelle-sur-Touvre, Fra. 92/D4
Ruen (Rujen) (pico), Bul. 110/F4
Ruenya (río), Zim. 179/G3
Ruetzbach (río), Aus. 99/H3
Rufeno (pico), Ita. 102/B2
Ruffano, Ita. 109/F3
Ruffec, Fra. 92/D3
Rufiji (río), Tan. 175/B3
Rufina, Ita. 105/E5
Rufino, Argen. 238/E2
Rufunsa, Zam. 179/F2
Rufus Woods (lago), Wa,EUA 190/E3
Rugāji, Let. 81/M3
Rugao, China 135/E4
Rugby, DN,EUA 202/E3
Rugby, Ing,R.U. 77/E2
Rugeley, Ing,R.U. 76/E1
Rügen (isla), Ale. 83/G1
Ruggell, Liech. 99/F3
Rugles, Fra. 97/F3
Rühen, Ale. 90/A3
Ruhland, Ale. 90/D5
Ruhnu saar (isla), Esto. 81/K3
Ruhr (río), Ale. 84/D6
Ruhrgebiet (reg.), Ale. 85/D6
Ruicheng, China 135/B4
Ruidoso, NM,EUA 198/B4
Ruinas Gedi, Mon. Nal., Kenia 175/C2
Ruinen, P.B. 84/D3
Ruiselede, Bél. 86/C1
Ruislip, Ing,R.U. 71/M7
Ruiz, Méx. 216/D4
Ruiz, Nevado del (pico), Col. 228/C3
Rujen (Ruen) (pico), Bul., Mace. 110/F4
Rūjiena, Let. 81/L3
Ruki (río), D.R. Congo 176/D3
Rukwa (lago), Tan. 175/A4
Rukwa (reg.), Tan. 177/G4
Rulhieres (cabo), Austl. 152/B3
Rülzheim, Ale. 88/B4
Rum, Aus. 99/H3
Rum (cayos), Bahm. 220/C2
Rum (río), Mn,EUA 203/H5
Ruma, Serb. 110/D3
Ruman, Ven. 229/F3
Rumania 111/F3
Ruma, Parq. Nal., Kenia 175/A2
Rumbek, Sudán 173/F4
Rumeli Hisar, Tur. 125/N6
Rumes, Bél. 86/C2
Rumia, Pol. 83/K1
Rumilly, Fra. 98/B6
Rumlang, Suiza 99/E3
Rumley, Tx,EUA 197/E2
Rumoi, Japón 132/B2
Rumphi, Mal. 179/G1
Rumst, Bél. 86/D1
Rumuruti, Kenia 175/B1
Runabay Head (pta.), IrN,R.U. 74/B1
Runan, China 135/C4
Runanga, N.Z. 160/B3
Runaway (cabo), N.Z. 160/D2
Runcorn, Ing,R.U. 75/F5
Rundēni, Let. 81/M3
Rungsted, Din. 81/T9
Rungwa, Tan. 175/A3
Rungwa, Tan. 177/G4
Rungwa (río), Tan. 175/A3
Rungwa, Res. de Caza, Tan. 175/A3
Rungwe (pico), Tan. 175/A4
Runio (río), Fra. 96/C5
Runkel, Ale. 88/B2
Runn (lago), Sue. 80/F1
Runtu, Nam. 178/C3
Ruo (río), China 128/D3
Ruokolahti, Fin. 81/N1
Ruoqiang, China 134/E4
Rūpar, India 142/D2
Rupat (isla), Indo. 144/C2
Rupea, Rum. 111/G2
Rupel (río), Bél. 86/D1
Rupert House (Waskaganish), Qu,Can. 187/J3
Ruppichteroth, Ale. 87/G2
Ruppiner (canal), Ale. 90/D2
Ruppiner (lago), Ale. 90/C2
Rupt-sur-Moselle, Fra. 98/C2
Rupununi (río), Guy. 230/B2
Rur (río), Ale. 87/F1
Rurrenabaque, Bol. 233/E4
Rurutu (isla), Pol.Fr. 159/K7
Rusape, Zim. 179/G3
Ruşayriş, Khazzān Ar (emb.), Sudán 173/G3
Rüschlikon, Suiza 99/E3
Ruse, Bul. 111/G4
Ruse (reg.), Bul. 111/G4
Rusera, India 141/F3
Rush, Irl. 78/D2
Rushan, China 135/E3
Rush City, Mn,EUA 203/H5
Rushden, Ing,R.U. 77/F2
Rushford, Mn,EUA 201/J2
Rushville, Il,EUA 201/J3
Rushville, In,EUA 206/D5
Rusia 118/H3
Rusk, Tx,EUA 197/G2
Ruskin, Fl,EUA 210/L8
Rusnė, Lit. 81/J4
Russas, Bras. 231/G4
Russbach (río), Aus. 91/A3
Russel (isla), Nun,Can. 186/F1
Russell (isla), Austl. 156/F7
Russell, Mb,Can. 186/F3
Russell, On,Can. 207/J2
Russell (lago), Ga, CS,EUA 209/F3
Russell, Ks,EUA 198/E1
Russell, NY,EUA 207/J2
Russell Cave Nat'l Mon., Al,EUA 208/E3
Russellville, Al,EUA 208/D3
Russellville, Ar,EUA 199/H3
Russellville, Ky,EUA 208/D2
Rüsselsheim, Ale. 88/B3
Russi, Ita. 105/F4
Russian (río), Ca,EUA 194/A1
Russkaya (esta.), Ant. 161/Q
Rustavi, Geor. 71/H4
Rustburg, Va,EUA 209/H2
Rustenburg, Safr. 180/D2
Ruston, La,EUA 197/H1
Rute, Esp. 94/C4
Ruteng, Indo. 147/F5
Rüthen, Ale. 85/F6
Rutherford, NJ,EUA 213/D2
Rutherfordton, CN,EUA 209/G3
Rutherglen, Es,R.U. 72/B5
Ruthin, Gales,R.U. 75/E5
Rutland, Vt,EUA 207/K3
Rutland Water (emb.), Ing,R.U. 77/F1
Rutledge, Mn,EUA 203/H4
Rutledge, Tn,EUA 209/F2
Rütli, Suiza 99/E4
Rutog, China 134/C5
Ruukki, Fin. 112/E2
Ruurlo, P.B. 84/D4
Ruvo di Puglia, Ita. 108/E2
Ruvu, Tan. 175/B3
Ruvu (río), Tan. 175/B3
Ruvubu (río), Bur., Tan. 177/G3
Ruvuma (reg.), Tan. 175/B4
Ruvuma (río), Tan. 179/H1
Ruwāndūz, Irak 125/F2
Ruwaq, Jabal ar (mtñas.), Siria 124/D3
Ruwenzori (mts.), Uga. 177/G2
Ruxton, Co,EUA 200/C5
Ruy, Fra. 100/B1
Ruya (río), Zim. 179/F3
Ruyang, China 135/C4
Ruzayevka, Rusia 115/H1
Ruzhin, Ucr. 116/E3
Ruzizi (río), Bur., D.R. Congo 177/G3
Ružomberok, Eslo. 91/D1
Rwenzori, Parq. Nal., Uga. 177/G3
Ryan (pico), Austl. 153/F3
Ryan (pico), Austl. 157/D2
Ryan, Loch (ens.), Es,R.U. 74/C2
Ryazhsk, Rusia 114/G1
Rybachiy (pen.), Rusia 79/K1
Rybach'ye, Kirg. 134/C3
Rybnik, Pol. 83/K3
Ryd, Sue. 80/F3
Rydaholm, Sue. 80/F3
Ryde, Austl. 156/H8
Ryde, Ing,R.U. 77/E5
Rydet, Sue. 80/D3
Rye, NY,EUA 213/L8
Rye, Ing,R.U. 77/G5
Rye (bahía), Ing,R.U. 77/G5
Rye (río), Ing,R.U. 75/H3
Ryegate, Mt,EUA 191/K4
Rye Patch (emb.), Nv,EUA 192/D3
Rygge, Nor. 80/D2
Ryki, Pol. 83/L3
Ryl'sk, Rusia 117/H2
Rylstone, Austl. 157/D2
Rymättyla (isla), Fin. 81/J1
Ryn-Peski (des.), Kaz. 115/J2
Ryōtsu, Japón 131/F1
Ryōzen-yama (pico), Japón 131/M9
Rypin, Pol. 83/K2
Rysy (pico), Eslo. 114/B2
Ryton, Ing,R.U. 75/G2
Rytterknægten (pico), Din. 80/F4
Ryūgasaki, Japón 131/J7
Ryūgaski, Japón 131/G3
Ryukyu (islas), Japón 132/H8
Ryūō, Japón 131/M9
Rzeszów, Pol. 83/M3
Rzeszów (prov.), Pol. 83/L3
Rzhev, Rusia 112/G4

S

Sääksjärvi (lago), Fin. 81/K1
Saal an der Donau, Ale. 89/E5
Saalbach (río), Ale. 88/B4
Saaldorf, Ale. 89/E2
Saale (río), Ale. 85/G4
Saale (río), Ale. 90/B4
Saalfeld, Ale. 90/B6
Saalfelden am Steinernen Meer, Aus. 93/K3
Saâne (río), Fra. 97/F1
Saane (río), Suiza 98/D4
Saanen, Suiza 98/D5
Saanich, CB,Can. 190/C3
Saanta (pico), Kenia 175/B1
Saar (río), Ale. 87/F5
Saarburg, Ale. 87/F4
Sääre, Esto. 81/K3
Saaremaa (isla), Esto. 81/K2
Saarlouis, Ale. 87/F5
Saas, Suiza 99/F4
Saastal (valle), Suiza 98/D5
Saatly, Azer. 115/J5
Sab (río), Camb. 143/D3
Saba (isla), Ant.Hol. 220/F3
Sabac, Serb. 110/D3
Sabadell, Esp. 95/G2
Sabae, Japón 130/E3
Sabah (est.), Malay. 147/E2
Sabana, Cuba 219/H1
Sabana (arch.), Cuba 219/F1
Sabana de Uchire, Ven. 229/E2
Sabana, La Gran (llan.), Ven. 229/F3
Sabanalarga, Col. 228/C2
Sabanalarga, Col. 228/C3
Sabancuy, Méx. 217/H5
Sabaneta, R.Dom. 220/D3
Sabaneta, Ven. 228/D2
Sabang, Indo. 144/A1
Sabanita, Pan. 219/G4
Sabará, Bras. 234/E3
Sabasţīyah, Cisj. 123/G7
Sabato (río), Ita. 103/E5
Sabaudia, Ita. 102/D5
Sabaudia (lago), Ita. 102/D5
Sabaya, Bol. 236/B1
Şāberi, Hāmūn-e (lago), Afg. 127/H2
Sabhā, Libia 170/B3
Sabierivier (río), Safr. 179/F5
Sabilas, Méx. 216/D3
Sabile, Let. 81/K3
Sabin, Mn,EUA 202/F4
Sabiñánigo, Esp. 95/E1
Sabinas, Méx. 196/D4
Sabinas (río), Méx. 196/D4
Sabinas Hidalgo, Méx. 196/D4
Sabine (lago), La, Tx,EUA 197/H3
Sabine (río), La, Tx,EUA 197/H2
Sabini (mtñas.), Ita. 102/C3
Sabinoso, NM,EUA 198/B3
Sabirabad, Azer. 115/J5
Sabkhat Maţţī (salr.), E.A.U. 126/F4
Sablayan, Fil. 145/C2
Sable (cabo), NE,Can. 204/E4
Sable (isla), NE,Can. 205/H3
Sable (cabo), Fl,EUA 211/H5
Sables (río), Qu,Can. 204/B1
Sablé-sur-Sarthe, Fra. 97/E5
Sablon, Pointe du (pta.), Fra. 95/H1
Saboeiro, Bras. 231/G4
Sabor (río), Por. 94/B2
Saboyá, Col. 231/M6
Saboya (dept.), Fra. 100/C1
Saboya (reg.), Fra. 100/C1
Saboya (reg.hist.), Fra. 106/E1
Sabra (cabo), Indo. 147/H4
Şabrātah, Libia 170/B1
Sabratha (ruinas), Libia 170/B1
Sabrina (costa), Ant. 161/J
Sabunchi, Azer. 115/J4
Sabzevar, Irán 125/J2
Sacaca, Bol. 236/C1
Sacajawea (pico), Or,EUA 192/E1
Sacajawea (lago), Wa,EUA 190/E4
Sácama, Col. 228/C3
Sacanta, Argen. 238/E1
Sacavém, Por. 94/A3
Saccarel (Saccarello), (mtña.), Fra. 104/A4
Saccione (río), Ita. 103/F4
Sac City, Ia,EUA 201/G2
Sacco (río), Ita. 103/D4
Săcele, Rum. 111/G3
Sachigo (río), On,Can. 186/G3
Sachojere, Bol. 233/E4
Sachseln, Suiza 99/E4
Sachs Harbour, TNO,Can. 186/D1
Sacile, Ita. 105/F1
Säckingen, Ale. 98/D2
Saco, Me,EUA 204/B4
Saco (bahía), Me,EUA 204/B4
Saco (río), Me, NH,EUA 207/L3
Sacra di San Michele, Ita. 100/D2
Sacramento (cap.), Ca,EUA 194/B1
Sacramento (río), Ca,EUA 192/C4
Sacramento, NM,EUA 196/B1
Sacramento (mtñas.), NM,EUA 198/B4
Sacramento (llan.), Perú 232/C2
Sacratif (cabo), Esp. 94/D4
Sacro (pico), Ita. 101/B2
Sacro (pico), Ita. 103/G4
Sacro Monte, Ita. 104/B1
Sada, Esp. 94/A1
Sada, May. 181/H6
Sada, Safr. 180/D4
Sadābād, India 140/B2
Sa'dah, Yemen 174/B1
Saddam (aer.intl.), Irak 125/F3
Saddle (mtña.), Az,EUA 195/G2
Saddle (mtña.), Id,EUA 193/F1
Saddle (río), NJ,EUA 213/J8
Saddle (mtña.), Or,EUA 192/B1
Saddleback (mtña.), Me,EUA 204/B3
Saddleback (mtña.), Me,EUA 204/C3
Saddleback (mesa), NM,EUA 198/C3
Saddle Brook, NJ,EUA 213/J8
Saddle, The (mtña.), Es,R.U. 72/A2
Saddleworth, Austl. 155/H5
Saddleworth, Ing,R.U. 75/G4
Sa Dec, Vie. 143/D4
Sādhaura, India 142/D2
Sādiqābād, Pak. 127/K3
Sadiya, India 136/B3
Sado (isla), Japón 131/F2
Sado (río), Por. 94/A3
Sadowara, Japón 130/B4
Sādri, India 138/B2
Sadripante (mtña.), Fil. 145/D3
Saerbeck, Ale. 85/E4
Saeul, Lux. 87/E4
Safed Khers (mtñas.), Afg., Tay. 127/K1
Safed Koh (mts.), Pak. 127/H2
Safety Harbor, Fl,EUA 210/K8
Saffānīyah, Ra's as (pta.), Ar.S. 126/E3
Säffle, Sue. 80/E2
Safford, Az,EUA 195/H4
Saffron Walden, Ing,R.U. 77/G2
Safi, Marr. 166/C2
Safi (cabo), Marr. 166/C2
Safia, Hamada (mes.), Malí 166/D5
Safīd (río), Afg. 127/J1
Safien Platz, Suiza 99/F4
Şāfītā, Siria 123/E2
Safonovo, Rusia 112/G5
Safranbolu, Tur. 124/C1
Saga, China 141/E1
Saga, Japón 130/B4
Saga (pref.), Japón 130/A4
Sagae, Japón 131/G1
Sagaing, Mya. 136/B4
Sagaing (div.), Mya. 136/B3
Sagami (bahía), Japón 131/H7
Sagami (mar), Japón 131/F3
Sagami (río), Japón 131/H7
Sagamihara, Japón 131/F3
Sagamiko, Japón 131/H7
Sagan, Indo. 147/H4
Saganaga (lago), On,Can, Mn,EUA 203/J3
Sagar, India 138/C3
Sagard, Ale. 83/G1
Sagaredzho, Geor. 115/H4
Sagarmatha (zona), Nepal 141/F2
Sagarmatha (Everest) (mtña.), China, Nepal 141/F1
Sagarmatha, Parq. Nal., Nepal 141/F2
Sagauli, India 141/E2
Sagavanirktok (río), Ak,EUA 215/J2
Sagay, Fil. 145/C3
Sagay, Fil. 145/D3
Sagemace (bahía), Mb,Can. 203/D1
Saginaw, Mi,EUA 206/E3
Saginaw (bahía), Mi,EUA 206/E3
Saginaw, Tx,EUA 196/K7
Sagittario (río), Ita. 102/D3
Sagiz, Kaz. 115/K2
Saglek (bahía), Tnva,Can. 187/K3
Sagone (golfo), Fra. 108/A1
Sagsay (río), Mong. 134/E2
Sagter Ems (río), Ale. 85/E2
Sagu, Indo. 152/A2
Saguache, Co,EUA 200/A4
Sagua de Tánamo, Cuba 219/H1
Sagua la Grande, Cuba 219/F1
Saguaro Nat'l Mon., Az,EUA 195/G4
Saguenay (río), Qu,Can. 204/B1
Sagunto, Esp. 95/E3
Sa'gya, China 141/G1
Sagyz (río), Kaz. 115/K2
Saḩāb, Jor. 123/E4
Sahagún, Col. 228/C2
Sahagún, Esp. 94/C1
Sahagún, Méx. 216/L7
Saḩam, Jor. 123/D3
Sahand (mtña.), Irán 125/F2
Sáhara (des.), Áfr. 164/B2
Saharanpur, India 127/L3
Sáhara Occidental (zona oc.) 166/B4
Saharsa, India 141/F3
Sahel (río), Arg. 165/T15
Sāhibganj, India 141/F3
Şahin, Tur. 111/H5
Şahinli, Tur. 111/H5
Sahiwal, Pak. 142/B2
Şaḩrā Awbārī (des.), Libia 167/H4
Şaḩrā Marzūq (des.), Libia 167/H4
Sahrho, Jebel (mtñas.), Marr. 166/D3
Sahuaripa, Méx. 216/C2
Sahuayo de Díaz, Méx. 216/E4
Šahy, Eslo. 91/C3
Sai (río), India 140/C2
Sai (río), Japón 131/E2
Saibai (isla), Austl. 153/F2
Saïda, Arg. 165/R16
Saïda (wilaya), Arg. 165/R16
Saidor, P.N.G. 153/G1
Saidpur, Bang. 141/G3
Saidpur, India 140/D3
Saigō, Japón 130/C2
Saigón (Ciudad Ho Chi Minh), Vie. 143/D4
Saijō, Japón 130/C4
Saikai, Parq. Nal., Japón 130/A4
Saiki, Japón 130/B4
Sailly-sur-la-Lys, Fra. 86/B2
Sailu, India 138/C4
Saimaa (lago), Fin. 81/M1
Sain Alto, Méx. 216/E4
Sainghin-en-Weppes, Fra. 86/B2
Sains-du-Nord, Fra. 86/D3
Sains-Richaumont, Fra. 86/C4
Saint Abb's Head (pta.), Es,R.U. 72/D5
Saint-Affrique, Fra. 92/E5
Saint Agatha, Me,EUA 204/C2
Saint-Aignan, Fra. 97/G6
Saint Alban's, Tnva,Can. 205/K2
Saint Albans, VOcc,EUA 209/G1
Saint Albans, Vt,EUA 207/K2
Saint Albans, Ing,R.U. 71/N6
Saint Albans (valle), Ing,R.U. 71/M6
Saint Albert, On,Can. 191/H1
Saint Aldhelm's Head (pta.), Ing,R.U. 76/D5
Saint-Amable, Qu,Can. 205/P6
Saint-Amand-les-Eaux, Fra. 86/C3
Saint-Amand-Montrond, Fra. 92/E3
Saint-Amour, Fra. 98/B5
Saint-André, NB,Can. 204/D2
Saint-André, Fra. 86/C2
Saint-André, Reun. 181/R15
Saint-André-de-Cubzac, Fra. 92/C4
Saint-André-de-l'Eure, Fra. 86/A6
Saint-André-les-Vergers, Fra. 92/F2
Saint-Andre, Signal de (mtña.), Fra. 100/A1
Saint Andrews, Es,R.U. 72/D4
Saint Andrews (bahía), Es,R.U. 72/D4
Saint Ann (cabo), S.Le. 168/B5
Saint Ann's (pta.), R.U. 76/A3
Saint Ann's Bay, Jam. 219/G2
Saint Anthony, Tnva,Can. 187/L3
Saint Anthony, Id,EUA 193/H2
Saint-Antonin, Qu,Can. 204/C2
Saint-Armand-sur-Fion, Fra. 86/D6
Saint Arnaud, Austl. 157/B3
Saint-Arnoult-en-Yvelines, Fra. 71/R11
Saint Asaph, Gales,R.U. 74/E5
Saint Aubin, Anglo,R.U. 96/C2
Saint-Aubin-du-Cormier, Fra. 96/D4
Saint-Aubin-lès-Elbeuf, Fra. 97/G2
Saint Aubin's (bahía) Anglo,R.U. 96/C2
Saint-Aubin-sur-Mer, Fra. 97/E2
Saint-Augustin, Qu,Can. 205/N6
Saint-Augustin, Mad. 181/G8
Saint Augustine, Fl,EUA 211/H3
Saint Austell, Ing,R.U. 76/B6
Saint Austell (bahía), Ing,R.U. 76/B6
Saint-Avé, Fra. 96/C5
Saint-Avertin, Fra. 97/F6
Saint-Avold, Fra. 87/F5
Saint-Barthélemy, Qu,Can. 204/A2
Saint Barthélemy (isla), Fra. 220/F3
Saint-Barthélémy-d'Anjou, Fra. 97/E6
Saint-Barthélemy, Pic de (pico), Fra. 92/D5
Saint-Basile, NB,Can. 204/C2
Saint Bathans (pico), N.Z. 160/B4
Saint Bees Head (pta.), Ing,R.U. 74/E2
Saint-Benoît, Qu,Can. 205/M6
Saint-Benoît, Fra. 92/D3
Saint-Benoît, Reun. 181/R15
Saint-Berthevin-sur-Vicoin, Fra. 97/E4
Saint Blaise, Qu,Can. 205/P7
Saint-Blaise, Suiza 98/C3
Saint Blaize (cabo), Safr. 180/C4
Saint-Bonnet, Fra. 100/C3
Saint-Bonnet-de-Mure, Fra. 100/B1
Saint-Brevin-les-Pins, Fra. 96/C6
Saint Briavels, Ing,R.U. 76/D3

Saint-Brice-et-Courcelles, Fra. 86/C5
Saint-Brice-sous-Forêt, Fra. 71/T10
Saint Brides (bahía), Gales,RU 76/A3
Saint-Brieuc, Fra. 96/C3
Saint-Brieuc (bahía), Fra. 96/C3
Saint-Bruno-de-Montarville,Qu,Can. 205/P6
Saint-Calais, Fra. 97/F5
Saint-Cannat, Fra. 100/B5
Saint-Cassier (lago), Fra. 100/C5
Saint-Cast-le Guildo, Fra. 96/C3
Saint Catharines, On,Can. 207/G3
Saint Catherine (mtña.), Gra. 220/F4
Saint Catherines (isla), Ga,EUA 211/H2
Saint Catherine's (colina) Ing,R.U. 77/E5
Saint Catherine's (pta.), Ing,R.U. 77/E5
Saint-Céré, Fra. 92/D4
Saint-Chamas, Fra. 100/B5
Saint-Chamond, Fra. 92/F4
Saint Charles, Md,EUA. 209/J1
Saint Charles, Mo,EUA 199/J1
Saint-Chéron, Fra. 71/S11
Saint Christoffel (pico), Ant.Hol. 220/D4
Saint Clair (lago), Can., EUA 206/E3
Saint Clair (río), Can., EUA 206/E3
Saint Clair, Mn,EUA 201/H1
Saint-Clair-du-Rhône, Fra. 100/A2
Saint Clairsville, Oh,EUA 206/F4
Saint-Claude, Fra. 98/B5
Saint Cloud, Fl,EUA 211/H3
Saint Cloud, Mn,EUA 203/G5
Saint-Cloud, Fra. 71/S10
Saint-Constant, Qu,Can. 205/N7
Saint Cricq (cabo), Austl. 154/B3
Saint Croix (río), Mn, Wi,EUA 203/H5
Saint Croix (isla), Vír.No. 220/E3
Saint-Croix (lago), Fra. 100/C5
Saint Cyr (mtña.), Yk,Can. 215/M3
Saint-Cyr-en-Val, Fra. 97/G5
Saint-Cyrille, Qu,Can. 204/A3
Saint-Cyr-l'École, Fra. 71/S10
Saint-Cyr-sur-Loire, Fra. 97/F6
Saint-Cyr-sur-Mer, Fra. 100/B6
Saint David's Head (pta.), Gales,R.U. 76/A3
Saint-Denis, Fra. 71/T10
Saint-Denis (cap.), Reun., Fra. 181/R15
Saint-Didier-sur-Saône, Fra. 98/A5
Saint-Dié, Fra. 98/C1
Saint-Dizier, Fra. 92/F2
Saint-Dolay, Fra. 96/C5
Saint-Donat-de-Montcalm, Qu,Can. 207/J1
Saint-Donat-sur-l'Herbasse, Fra. 100/B2
Saint-Doulchard, Fra. 92/E3
Sainte-Adèle, Qu,Can. 207/J2
Sainte-Adresse, Fra. 97/F1
Sainte-Agathe-des-Monts, Qu,Can. 207/J1
Sainte-Anne-des-Monts, Qu,Can. 204/D1
Sainte-Anne-des-Plaines, Qu,Can. 205/N6
Sainte-Bernadette, Qu,Can. 204/B1
Sainte-Croix, Suiza 98/C4
Saint-Édouard-de-Napierville,Qu,Can. 205/N7
Sainte-Foy, Qu,Can. 204/B2
Sainte-Foy-lès-Lyon, Fra. 100/A1
Sainte-Gemmes-sur-Loire, Fra. 97/E6
Sainte Genevieve, Mo,EUA 199/J2
Sainte-Geneviève-de-Batiscan, Qu,Can. 204/A2
Sainte-Geneviève-des-Bois, Fra. 71/T11
Saint-Égrève, Fra. 100/B2
Sainte-Julie-de-Verchères, Qu,Can. 205/P6
Sainte-Julienne, Qu,Can. 207/K2
Saint Eleanors, PE,Can. 204/F2
Saint Elias (cabo), Ak,EUA 215/K4
Saint-Élie, Qu,Can. 207/K1
Saint-Élie, Gua.Fr. 230/C1
Saint-Éloy-les-Mines, Fra. 92/E3
Sainte-Luce-sur-Loire, Fra. 96/D6
Sainte-Marie, On,Can. 207/L1
Sainte-Marie, Qu,Can. 204/B2
Sainte-Marie, Mart. 220/F4
Sainte-Marie-aux-Chênes, Fra. 87/F5
Sainte-Marie-aux-Mines, Fra. 98/D1
Sainte Marie, Nosy (isla), Mad. 181/J7
Sainte-Maxime, Fra. 100/C6
Sainte-Menehould, Fra. 87/D5
Saint-Erme-Outre-et-Ramecourt, Fra. 86/C5
Saintes, Fra. 92/C4
Sainte-Scholastique, Qu,Can. 205/M6
Sainte-Sigolène, Fra. 92/F4
Saint-Estève, Fra. 92/E5
Sainte-Thérèse, Qu,Can. 205/N6
Sainte-Thérèse-Ouest, Qu,Can. 205/N6
Saint-Étienne, Fra. 92/F4
Saint-Étienne-au-Mont, Fra. 86/A2
Saint-Étienne-de-Montluc, Fra. 96/D6
Saint-Étienne-de-Tinée, Fra. 100/C4
Saint-Étienne-du-Rouvray, Fra. 97/G2
Saint-Étienne-lès-Remiremont, Fra. 98/C1
Sainte-Tulle, Fra. 100/B5
Saint-Eustache, Qu,Can. 207/K2
Saint Eustatius (isla), Ant.Hol. 220/F3
Saint-Fargeau-Ponthierry, Fra. 71/T11
Saint-Félicien, Qu,Can. 204/A1
Saint-Firmin-en-Valgodemard, Fra. 100/C3
Saint-Florentin, Fra. 92/E2
Saint-Florent-sur-Cher, Fra. 92/E3
Saint-Floris, Parq. Nal., Cafr. 172/D3
Saint-Flour, Fra. 92/E4
Saint-Fons, Fra. 100/A1
Saint Francis (cabo), Tnva,Can. 205/L2
Saint Francis (río), Ar, Mo,EUA 208/B2
Saint Francis, Ks,EUA 198/D1
Saint Francis, Me,EUA 204/C2
Saint Francis (cabo), Safr. 180/D4
Saint Francisville, La,EUA 210/C2
Saint François (río), Qu,Can. 207/L2
Saint Francois (mtñas.), Mo. 199/J2
Saint-Gall (cantón), Suiza 99/F3
Saint-Gaudens, Fra. 92/D5
Saint-Gault, Fra. 97/E5
Saint-Genis-Laval, Fra. 100/A1
Saint-Genis-Pouilly, Fra. 98/C5
Saint George, Austl. 156/C5
Saint George (bahía), NE,Can. 205/G3
Saint George (cabo), Tnva,Can. 187/L4
Saint George (isla), Ak,EUA 215/E4
Saint George, CS,EUA 209/G4
Saint George (cabo), Fl,EUA 211/F3
Saint George, Mo,EUA 199/H2
Saint George, NY,EUA 213/J9
Saint George, Ut,EUA 195/F2
Saint-Georges, Qu,Can. 204/A2
Saint-Georges, Qu,Can. 204/B2
Saint George's, Tnva,Can. 205/H1
Saint George's (bahía), Tnva,Can. 205/H1
Saint Georges, De,EUA 212/C4
Saint George's (cap.), Gra. 220/F4
Saint-Georges, Gua.Fr. 230/D2
Saint-Georges-des-Groseillers, Fra. 97/E3
Saint-Georges-sur-Loire, Fra. 97/E6
Saint-Germain-du-Corbéis, Fra. 97/F4
Saint-Germain-en-Laye, Fra. 71/S10
Saint-Germain-lès-Corbeil, Fra. 71/T11
Saint-Gervais-la-Forêt, Fra. 97/G5
Saint-Gervais-les-Bains, Fra. 98/C6
Saint-Ghislain, Bél. 86/C3
Saint-Gildas-des-Bois, Fra. 96/C6
Saint-Gilles, Fra. 92/F5
Saint-Gilles-Croix-de-Vie, Fra. 92/C3
Saint-Girons, Fra. 92/D5
Saint Gotthard (paso), Suiza 99/E4
Saint Govan's Head (pta.), Gales,R.U. 76/B3
Saint-Gratien, Fra. 71/S10
Saint-Grégoire, Fra. 96/D4
Saint Gregory (cabo), Tnva,Can. 205/H1
Saint Helena (isla), Austl. 156/F6
Saint Helens, Austl. 157/D4
Saint Helens (pta.), Austl. 157/D4
Saint Helens, Or,EUA 190/C5
Saint Helens (vol.), Wa,EUA 190/C4
Saint Helens, Ing,R.U. 75/F5
Saint Helier (cap.), Anglo,R.U. 96/C2
Saint-Herblain, Fra. 96/D6
Sainthia, India 141/F4
Saint-Hilaire-du-Harcouët, Fra. 97/D3
Saint-Hubert-de-Témiscouata, Qu,Can. 204/C2
Saint-Hyacinthe, Qu,Can. 204/A3
Saint Ignace (isla), On,Can. 203/L3
Saint Ignace, Mi,EUA 206/D2
Saint-Imier, Suiza 98/D3
Saint Ives, Austl. 156/H8
Saint Ives, Ing,R.U. 76/A6
Saint Ives, Ing,R.U. 77/F2
Saint Ives (bahía), Ing,R.U. 76/A6
Saint-Jacques-de-la-Lande, Fra. 96/D4
Saint James (cabo), CB,Can. 186/C3
Saint James, Mi,EUA 206/D2
Saint James, Mn,EUA 201/G2
Saint James, NY,EUA 213/E2
Saint-Jean (lago), Qu,Can. 204/A1
Saint-Jean (río), Qu,Can. 204/E1
Saint-Jean, Gua.Fr. 230/C1
Saint-Jean-d'Angély, Fra. 92/C4
Saint-Jean-de-Boiseau, Fra. 96/D6
Saint-Jean-de-Bournay, Fra. 100/B2
Saint-Jean-de-Braye, Fra. 97/G5
Saint-Jean-de-la-Ruelle, Fra. 97/G5
Saint-Jean-de-Luz, Fra. 92/C5
Saint-Jean-de-Matha, Qu,Can. 207/K1
Saint-Jean-de-Maurienne, Fra. 100/C2
Saint-Jeannet, Fra. 100/D5
Saint-Jean-Port-Joli, Qu,Can. 204/B2
Saint-Jean-sur-Richelieu, Qu,Can. 207/K2
Saint-Jérôme, Qu,Can. 207/K2
Saint-Joachim, Fra. 96/C6
Saint Joe (río), Id,EUA 190/F4
Saint John, NB,Can. 204/D3
Saint John, Ks,EUA 199/E1
Saint John (lago), La,EUA 210/C2
Saint John (isla), Vír.No. 220/E3
Saint John (río), NB,Can., Me,EUA 204/D3
Saint John, Anglo,R.U. 96/C2
Saint Johns (río), Fl,EUA 211/H2
Saint John's (cap.), Anti. 220/F3
Saint John's (cap.), Tnva,Can. 205/L2
Saint John's (pta.), IM,R.U. 74/C3
Saint Johnsbury, Vt,EUA 207/K2
Saint Jones (río), De,EUA 212/C5
Saint Joseph (isla), On,Can. 206/E1
Saint Joseph (lago), On,Can. 203/J2
Saint Joseph (río), E.U.A. 206/D4
Saint Joseph (pen.), Fl,EUA 211/F3
Saint Joseph (pta.), Fl,EUA 211/F3
Saint Joseph, La,EUA 210/C2
Saint Joseph (lago), La,EUA 210/C1
Saint Joseph, Mi,EUA 206/C3
Saint Joseph, Mo,EUA 199/G1
Saint-Joseph, Reun. 181/R15
Saint-Joseph-de-Beauce, Qu,Can. 204/B2
Saint-Joseph-de-Madawaska, NB,Can. 204/C2
Saint-Jovite, Qu,Can. 207/J1
Saint-Juéry, Fra. 92/E5
Saint-Julien-en-Genevois, Fra. 98/C5
Saint-Julien-les-Villas, Fra. 92/F2
Saint-Junien, Fra. 92/D4
Saint-Just-en-Chaussée, Fra. 86/B5
Saint Kilda, Austl. 157/F5
Saint Kilda (isla), Es,R.U. 73/G8
Saint Kitts (isla), St.K. 220/F3
Saint Kitts y Nevis 220/F3
Saint-Lambert, Qu,Can. 205/P6
Saint Laurent, Mb,Can. 202/F2
Saint-Laurent, Qu,Can. 204/B2
Saint-Laurent-Blangy, Fra. 86/B3
Saint-Laurent-de-Mure, Fra. 100/B1
Saint-Laurent du Maroni, Gua.Fr. 230/C1
Saint-Laurent du Maroni (dist.), Gua.Fr. 230/C1
Saint-Laurent-du-Pont, Fra. 100/B2
Saint-Laurent-du-Var, Fra. 100/D5
Saint-Laurent-et-Benon, Fra. 92/C4
Saint-Laurent-Nowan, Fra. 97/G5
Saint-Laurent (Saint Lawrence) (río), Qu,Can. 204/C1
Saint Lawrence, Austl. 156/C3
Saint Lawrence (golfo), Can. 205/G1
Saint Lawrence, Tnva,Can. 205/K2
Saint Lawrence (río), Can., EUA 207/L1
Saint Lawrence (isla), Ak,EUA 215/D3
Saint Lawrence, Tx,EUA 196/D2
Saint Lawrence, R.U. 77/E5
Saint Lawrence Islands, Parq. Nal., On,Can. 207/H2
Saint Lawrence (Saint-Laurent) (río), Qu,Can. 204/C1
Saint-Léger-du-Bourg-Denis, Fra. 86/A5
Saint-Léonard, Qu,Can. 205/N6
Saint Léonard, Fra. 77/H5
Saint-Léonard, Fra. 86/A2
Saint-Leu, Reun. 181/R15
Saint-Leu-d'Esserent, Fra. 86/B5
Saint-Leu-la-Forêt, Fra. 71/S9
Saint-Liboire, Qu,Can. 204/A3
Saint-Lô, Fra. 97/D2
Saint Louis (lago), Qu,Can. 205/N7
Saint Louis (río), Mn,EUA 203/H4
Saint Louis, Mo,EUA 199/J1
Saint-Louis, Fra. 98/D2
Saint-Louis, Reun. 181/R15
Saint-Louis, Sen. 168/A2
Saint-Louis (reg.), Sen. 168/B3
Saint-Louis-de-Gonzague, Qu,Can. 205/N7
Saint-Louis-de-Kent, NB,Can. 204/E2
Saint-Louis-de-Terrebonne,Qu,Can. 205/N6
Saint-Louis du Nord, Haiti 219/H2
Saint Louis Park, Mn,EUA 203/P7
Saint-Loup-sur-Semouse, Fra. 98/C2
Saint-Lubin-des-Joncherets, Fra. 86/A6
Saint-Luc, Qu,Can. 205/P7
Saint Lucia (cabo), Safr. 181/F3
Saint Lucia (lag.), Safr. 181/F3
Saint Lucia Passage (canal), Mart.,Sta.L. 220/F4
Saint Lucie (canal), Fl,EUA 211/H4
Saint Lucie (ens.), Fl,EUA 211/H4
Saint-Magloire, Qu,Can. 204/B2
Saint Magnus (bahía), Es,R.U. 73/P12
Saint-Maixent-L'École, Fra. 92/C3
Saint-Malachie, Qu,Can. 204/B2
Saint Malo, Mb,Can. 202/F3
Saint-Malo, Fra. 96/C3
Saint-Malo (golfo), Fra. 96/C3
Saint-Malo-de-Guersac, Fra. 96/C6
Saint-Mandé, Fra. 71/T10
Saint-Mandrier-sur-Mer, Fra. 100/B6
Saint-Marc, Qu,Can. 205/P6
Saint-Marc, Haiti 219/H2
Saint-Marc (pta.), Haiti 219/H2
Saint-Marc-des-Carrières, Qu,Can. 207/K1
Saint-Marcel (pico), Gua.Fr. 230/C2
Saint-Marcel-lès-Valence, Fra. 100/A3
Saint-Marcellin, Fra. 100/B2
Saint-Marcouf (islas), Fra. 97/D1
Saint-Mard, Fra. 71/U9
Saint Maries, Id,EUA 190/F4
Saint Martin (lago), Mb,Can. 202/E2
Saint Martin (isla), Mi,EUA 206/C2
Saint Martin (isla), Fra. 220/F3
Saint-Martin-Boulogne, Fra. 86/A2
Saint-Martin-de-Crau, Fra. 100/A5
Saint-Martin-des-Champs, Fra. 96/B3
Saint-Martin-d'Hères, Fra. 100/B2
Saint Martins (isla), Bang. 136/A4
Saint Martinville, La,EUA 210/C2
Saint Mary (río), Ab,Can., Mt,EUA 191/H3
Saint Mary (pico), Austl. 155/H4
Saint Mary (río), CB,Can. 190/F3
Saint Mary (bahía), NE,Can. 204/D3
Saint Mary (cabo), NE,Can. 204/D3
Saint Mary (ens.), Ga,EUA 211/H2
Saint Mary (cabo), Gam. 168/A3
Saint Marys, Austl. 157/D4
Saint Mary's (río), NE,Can. 205/F3
Saint Mary's (bahía), Tnva,Can. 205/L2
Saint Mary's (cabo) Tnva,Can. 205/K2
Saint Marys (río), Fl,EUA 211/H2
Saint Marys, Ga,EUA 211/H2
Saint Marys (río), In,EUA 206/D4
Saint Marys (río), Oh,EUA 206/D4
Saint Marys, Pa,EUA 207/G4
Saint Marys, VOcc,EUA 209/G1
Saint Mary's, Es,R.U. 73/N13
Saint Mary's, Zam. 179/E2
Saint-Mathieu, Qu,Can. 205/N7
Saint-Mathieu (pta.), Fra. 96/A4
Saint Matthew (isla), Ak,EUA 215/D3
Saint Matthews, CS,EUA 209/G4
Saint Matthias (islas), P.N.G. 158/E5
Saint-Maur-des-Fossés, Fra. 71/T10
Saint-Maurice (río), Qu,Can. 204/A2
Saint-Maurice, Suiza 98/C5
Saint-Maurice-de-Gourdans, Fra. 98/B6
Saint-Maurice-l'Exil, Fra. 100/A2
Saint-Max, Fra. 87/F6
Saint-Maximin-la-Sainte-Baume, Fra. 100/B6
Saint-Méen-le-Grand, Fra. 96/C4
Saint-Memmie, Fra. 86/D6
Saint Michael, Mn,EUA 203/N6
Saint Michaels, Az,EUA 195/H3
Saint-Michel, Fra. 86/D4
Saint-Michel (mtña.), Fra. 96/B4
Saint-Michel-Chef-Chef, Fra. 96/C6
Saint-Michel-des-Saints, Qu,Can. 207/K1
Saint-Michel-sur-Meurthe, Fra. 98/C1
Saint-Michel-sur-Orge, Fra. 71/S11
Saint-Mihiel, Fra. 87/E6
Saint-Mitre-les-Remparts, Fra. 100/B6
Saint-Moritz (Sankt Moritz), Suiza 106/F1
Saint-Nabord, Fra. 98/C1
Saint-Nazaire, Fra. 96/C6
Saint-Nazaire, Gua.Fr. 230/C1
Saint Neots, Ing,R.U. 77/F2
Saint-Nicolas, Bél. 87/E2
Saint-Nicolas-d'Aliermont, Fra. 86/A4
Saint-Nom-la-Bretèche, Fra. 71/S10
Saint-Omer, Fra. 86/B2
Saint Onge (pico), DS,EUA 200/C1
Saint-Ouen-l'Aumône, Fra. 71/S9
Saint Ouen's (bahía), Anglo,R.U. 96/C2
Saint-Pair-du-Mer, Fra. 96/D3
Saint-Pamphile, Qu,Can. 204/C2
Saint-Pascal, Qu,Can. 204/C2
Saint-Paterne-Racan, Fra. 97/F5
Saint-Pathus, Fra. 71/U9
Saint Paul (isla), Ant.Fr. 65/N7
Saint Paul (islas), Bras. 64/H5
Saint Paul, Ab,Can. 186/E3
Saint Paul (isla), Ak,EUA 215/E4
Saint Paul (cap.), Mn,EUA 203/H5
Saint Paul, Ne,EUA 200/E3
Saint Paul (cabo), Gha. 169/F5
Saint Paul (río), Libe. 168/C5
Saint-Paul, Reun. 181/R15
Saint-Paul-d'Abbotsford, Qu,Can. 207/K2
Saint-Paul-en-Jarez, Fra. 100/A2
Saint-Paul-lès-Dax, Fra. 92/C5
Saint Pauls (pico), Austl. 156/B1
Saint-Paul-Trois-Châteaux, Fra. 100/A4
Saint-Pé-de-Bigorre, Fra. 92/C5
Saint-Péray, Fra. 100/A3
Saint-Père-en-Retz, Fra. 96/C6
Saint Peter (isla), Austl. 155/G5
Saint Peter, Mn,EUA 201/H1
Saint Peter Port, Anglo,R.U. 96/C2
Saint Peters, Mo,EUA 208/B1
Saint Petersburg, Fl,EUA 211/G4
Saint Petersburg Beach, Fl,EUA 211/G4
Saint Philémon, Qu,Can. 204/B2
Saint-Philippe-de-La Prairie, Qu,Can. 205/P7
Saint-Pierre (lago), Qu,Can. 207/K1
Saint-Pierre (pta.), Qu,Can. 204/E1
Saint-Pierre (cap.), StP,Fra. 205/J2
Saint Pierre (isla), StP,Fra. 205/J2
Saint-Pierre, Mart. 220/F4
Saint-Pierre, Reun. 181/R15
Saint-Pierre-d'Albigny, Fra. 100/C1
Saint-Pierre-des-Corps, Fra. 97/F6
Saint-Pierre-des-Fleurs, Fra. 97/F2
Saint-Pierre-d'Oleron, Fra. 92/C4
Saint-Pierre-du-Mont, Fra. 92/C5
Saint-Pierre-du-Perray, Fra. 71/T11
Saint-Pierre-du-Regard, Fra. 97/E3
Saint-Pierre-en-Faucigny, Fra. 98/C5
Saint-Pierre-lès-Elbeuf, Fra. 97/G2
Saint-Pierre-Montlimart, Fra. 97/D6
Saint-Pierre-sur-Dives, Fra. 97/E2
Saint Pierre y Miquelon (col.terr.), Fra. 205/J2
Saint-Point (lago), Fra. 98/C4
Saint-Pol-de-Léon, Fra. 96/B3
Saint-Pol-sur-Mer, Fra. 86/B1
Saint-Pol-sur-Ternoise, Fra. 86/B3
Saint-Pons (mtña.), Fra. 92/E5
Saint-Pourçain-sur-Sioule, Fra. 92/E3
Saint-Prex, Suiza 98/C5
Saint-Priest, Fra. 100/A1
Saint-Prix, Fra. 71/S9
Saint-Prosper-de-Dorchester, Qu,Can. 204/B2
Saint-Quay-Portrieux, Fra. 96/C3
Saint-Quentin, Fra. 86/C4
Saint Quentin (canal), Fra. 86/C4
Saint-Quentin-Lamotte-Croix-au-Bailly, Fra. 86/A3
Saint-Rambert-d'Albon, Fra. 100/A2
Saint-Raphaël, Fra. 100/C6
Saint-Raymond, Qu,Can. 204/B2
Saint-Rémi, Qu,Can. 205/N7
Saint-Rémy-de-Provence, Fra. 100/A5
Saint-Rémy-lès-Chevreuse, Fra. 71/S10
Saint-Rémy-sur-Avre, Fra. 86/A6
Saint-Renan, Fra. 96/A4
Saint-Riquier, Fra. 86/A3
Saint-Roch-de-l'Achigan, Qu,Can. 205/N6
Saint-Romain-de-Colbosc, Fra. 97/F1
Saint-Romuald-d'Etchemin, Qu,Can. 204/B2
Saint Sampson's, Anglo,R.U. 96/C2
Saint-Saturnin-d'Apt, Fra. 100/B5
Saint-Saturnin-lès-Avignon, Fra. 100/A5
Saint-Saulve, Fra. 86/C3
Saint-Sauveur-des-Monts, Qu,Can. 207/J2
Saint-Sauveur-sur-Tinée, Fra. 100/D4
Saint-Sébastian-sur-Loire, Fra. 96/D6
Saint-Sébastien, Qu,Can. 207/L2
Saint-Sever, Fra. 92/C5
Saint Simons (isla), Ga,EUA 211/H2
Saint Simons Island, Ga,EUA 211/H2
Saint Stephen, NB,Can. 204/D3
Saint Stephen in Brannel, Ing,R.U. 76/B6
Saint-Sulpice, Fra. 92/D5
Saint-Sylvain-d'Anjou, Fra. 97/E5
Saint-Symphorien-d'Ozon, Fra. 100/A1
Saint Thomas, On,Can. 206/F3
Saint Thomas (isla), Vír.No. 220/E3
Saint-Timothée, Qu,Can. 205/M7
Saint-Tropez, Fra. 100/C6
Saint-Tropez (cabo), Fra. 100/C6
Saint-Tropez (golfo), Fra. 100/C6
Saint-Urbain, Fra. 98/B1
Saint-Urbain-de-Charlevoix, Qu,Can. 204/B2
Saint-Valéry-en-Caux, Fra. 97/F1
Saint-Vallier, Fra. 100/A2
Saint-Venant, Fra. 86/B2
Saint-Victoret, Fra. 100/B6
Saint Vincent (golfo), Austl. 155/H5
Saint Vincent (pta.), Austl. 157/C4
Saint Vincent, Ita. 104/A1
Saint-Vincent-de-Tyrosse, Fra. 92/C5
Saint-Vit, Fra. 98/B3
Saint Vith, Bél. 87/F3
Saint Walburg, Sk,Can. 191/K1
Saint-Yrieix-la-Perche, Fra. 92/D4
Saint-Zacharie, Fra. 100/B6
Sāipal (mtña.), Nepal 140/C1
Saipan (isla), Mar.N. 158/D3
Saipina, Bol. 236/C1
Saitama (pref.), Japón 131/F2
Saito, Japón 130/B4
Sai Yok, Parq. Nal., Tail. 143/B3
Sajalin (golfo), Rusia 119/Q4
Sajalin (isla), Rusia 119/Q4
Sajalin, Región de, Rusia 119/Q4
Sajama, Bol. 232/D5
Sajama (pico), Bol. 236/B1
Sajama, Parq. Nal., Bol. 236/B1
Sajonia (est.), Ale. 83/G3
Sajonia-Anhalt (est.), Ale. 90/B2
Sajószentpéter, Hun. 110/E1
Sajti, Rusia 71/H4
Sak (río), Safr. 180/C3
Sakado, Japón 131/H7
Sakae, Japón 131/J7
Sakahogi, Japón 131/M9
Sakai, Japón 130/E2
Sakai, Japón 131/F2
Sakai (río), Japón 131/H7
Sakaide, Japón 130/C3
Sakaiminato, Japón 130/C3
Sakakawea (emb.), DN,EUA 202/C4
Sakami (lago), Qu,Can. 187/J3
Sakar (isla), P.N.G. 153/G1
Sakaraha, Mad. 181/H8
Sakarya (estr.), Tur. 124/B2
Sakarya (prov.), Tur. 111/K5
Sakarya (río), Tur. 114/D4
Sakata, Japón 132/A4
Sakawa, Japón 130/C4
Sakay (río), Mad. 181/H7
Sakçagöze, Tur. 124/D2
Sakeny (río), Mad. 181/H7
Sakhalin-Zapando (mtñas.), Rusia 129/N2
Sakhnovshchina, Ucr. 117/H3
Sakht Sar (Ramsar), Irán 126/F1
Šakiai, Lit. 81/K4
Sakishima (islas), Japón 132/G8
Sakmara (río), Rusia 115/L1
Sakon Nakhon, Tail. 143/D2
Sakrand, Pak. 127/J3
Saksaul'skiy, Kaz. 115/M3
Sakti, India 140/D4
Saku, Japón 131/F2
Sakura, Japón 131/J7
Sakurai, Japón 131/L10
Säkylä, Fin. 81/K1
Sal (isla), Cab.V. 164/K10
Sal (pta.), Hon. 218/E3
Sal (río), Rusia 117/L4
Šal'a, Eslo. 91/B3
Sala, Ita. 103/E6
Sala, Sue. 80/G2
Sala Baganza, Ita. 104/D3
Salaberry-de-Valleyfield, Qu,Can. 207/J2
Salacgrīva, Let. 81/L3
Sala Consilina, Ita. 101/B2
Saladas, Argen. 236/E4
Saladillo, Argen. 238/F2
Saladillo (río), Argen. 236/D4
Saladillo (río), Argen. 239/S12
Salado (río), Argen. 236/C4
Salado (río), Argen. 236/D4
Salado (río), Argen. 238/D3
Salado (río), Argen. 238/F2
Salado (río), Cuba 219/G1
Salado (río), NM,EUA 195/J3
Salado (río), Méx. 196/E4
Salado del Norte (río), Argen. 236/D4
Salados (lagos), Tx,EUA 196/B2
Salaga, Gha. 169/E4
Şalāḩ ad Dīn (gob.), Irak 125/E3
Salahatu (mtña.), Indo. 147/G4
Sălaj (con.), Rum. 110/F2
Salālah, Omán 126/F5
Salamá, Gua. 218/D3
Salamanca (llan.), Argen. 238/D5
Salamanca, Chile 238/C1
Salamanca, Esp. 94/C2
Salamanca, Méx. 217/E4
Salamat (pref.), Chad 172/D3
Salamat, Bahr (río), Chad 172/C3
Salamina, Col. 228/C2
Salamina, Col. 228/C3
Salamina, Gre. 109/H3
Salamina (isla), Gre. 109/L7
Salamīyah, Siria 123/E2
Sala Mok, Laos 143/C1
Salamonie (río), In,EUA 206/D4
Salandra, Ita. 103/G6
Salandrella (río), Ita. 101/C2
Salantai, Lit. 81/J3
Salas, Esp. 94/B1
Salas, Perú 232/B2
Salat (río), Fra. 95/G1
Salatiga, Indo. 144/E4
Salavat, Rusia 71/J3
Salaverry, Perú 232/B3
Salayar (isla), Indo. 158/B5
Sala y Gomez (islas), Chile 64/D7
Salbris, Fra. 97/H6
Salcantay (pico), Perú 232/C4
Salcedo, Fil. 145/D3
Salcedo, R.Dom. 221/F2
Salces, Fra. 92/E5
Saldaña, Esp. 94/C1
Saldanha, Safr. 180/B4
Saldanhabaai (bahía), Safr. 180/K10
Saldus, Let. 81/K3
Sale, Austl. 157/C3
Sale, Ita. 104/B3
Salé, Marr. 165/L13
Sale, Ing,R.U. 75/F5
Salebabu (isla), Indo. 147/G3
Salekhard, Rusia 118/G3
Salem, Ale. 99/F2
Salem, Ar,EUA 199/J2
Salem, DS,EUA 200/F2
Salem, Il,EUA 201/K4
Salem, In,EUA 208/D1
Salem, Ma,EUA 207/L3
Salem, Mo,EUA 199/J2
Salem, NH,EUA 207/L3
Salem, NJ,EUA 212/C4
Salem, NM,EUA 195/J4
Salem, Oh,EUA 206/F4
Salem (cap.) Or,EUA 192/B1
Salem, Va,EUA 209/G2
Salem, India 142/G3
Salem, Nam. 178/B4
Salem, Sue. 81/R7
Salemi, Ita. 108/C4
Salentina (pen.), Ita. 108/F2
Sale (Rabat) (aer.intl.), Marr. 165/L13
Salernes, Fra. 100/C5
Salerno, Ita. 103/E6
Salerno (golfo), Ita. 103/E6
Salerno (prov.), Ita. 103/E6
Sales (pta.), R.U. 77/G3
Salfīt, Cisj. 123/D3
Salford, Ing,R.U. 75/F5
Salgado Filho (aer.intl.), Bras. 237/G4
Salgar, Col. 228/C3
Salgótarján, Hun. 110/D1
Salgueiro, Bras. 231/G5
Salida, Ca,EUA 194/B2
Salida, Co,EUA 200/B4
Salies-de-Béarn, Fra. 92/C5
Salies-du-Salat, Fra. 95/F1
Şalīf, Yemen 174/B2
Šalihli, Tur. 124/B2
Salima, Mal. 179/G2
Salime (emb.), Esp. 94/B1
Salina (pta.), Bahm. 220/C2
Salina, Ks,EUA 199/F1
Salina (isla), Ita. 101/A5
Salina Cruz, Méx. 218/C2
Salina Kazuma, Parq. Nal., Zim. 178/E3
Salina Nxai, Parq. Nal., Bots. 178/E3
Salinas (pta.), Ang. 178/B2
Salinas, Ecua. 228/A5
Salinas (cabo), Esp. 95/G3
Salinas, Ca,EUA 194/B2
Salinas (río), Ca,EUA 194/B2
Salinas de Garci Mendoza, Bol. 236/C1
Salinas de Hidalgo, Méx. 217/E4
Salinas de Santiago, Bol. 236/D1
Salinas Grande (saln.), Argen. 236/C4
Salinas Grandes (saln.), Argen. 236/C2
Salinas Victoria, Méx. 196/D5
Salinas y Aguada Blanca Nat'l Rsv., Perú 232/D4
Salin-de-Giraud, Fra. 100/A6
Saline (río), Ar,EUA 199/G3
Saline (río), Ar,EUA 199/H4
Saline (río), Ks,EUA 198/E1
Saline (br.p.), La,EUA 197/H1
Saline (lago), La,EUA 210/B2
Saline, Mi,EUA 206/E3
Saline (mar.), Ita. 108/D2
Saline, Alum Fork (río),Ar,EUA 199/H3
Salinello (río), Ita. 103/D2
Salinópolis, Bras. 231/E3
Salins-les-Bains, Fra. 98/B4
Salins-les-Thermes, Fra. 100/C2
Salisbury, Austl. 155/M8
Salisbury (isla), Nun,Can. 187/J2
Salisbury, CN,EUA 209/G3
Salisbury, Md,EUA 209/K1
Salisbury, NY,EUA 207/J3
Salisbury, Ing,R.U. 77/E4
Salisbury (llan.), Ing,R.U. 76/D4
Salish (mtñas.), Mt,EUA 190/G3
Salitiga, Indo. 144/E4
Salitre (río), Bras. 235/E1
Salitre, Ecua. 228/B5
Salkehatchie (río), CS,EUA 209/G4
Salla, Fin. 79/J2
Sallanches, Fra. 98/C6
Salland (reg.), P.B. 84/D4
Sallatouk (pta.), Gui. 168/B4
Sallaumines, Fra. 86/B3
Sallent, Esp. 95/F2
Salles, Bél. 86/D3
Sallins, Irl. 78/D3
Salliqueló, Argen. 238/E3
Sallisaw, Ok,EUA 199/G3
Sallyāna, Nepal 140/D1
Salm (río), Ale. 87/F3
Salmān Pāk, Irak 125/F3
Salmās, Irán 125/F2
Salme, Esto. 81/K2
Salmo (río), CB,Can. 190/F3
Salmon (río), CB,Can. 190/B2
Salmon (mtñas.), Ca,EUA 192/B3
Salmon, Id,EUA 193/G1
Salmon (río), Id,EUA 192/F1
Salmon (ruina), NM,EUA 195/H2
Salmon (pico), Tx,EUA 196/D3
Salmon Arm, CB,Can. 190/E2

310 Salmo – San L

Salmon Creek (emb.), Id,EUA 193/F2
Salmon Creek, Wa,EUA 190/C5
Salmon River (mtñas.), Id,EUA 193/F1
Salo, Cafr. 172/C5
Salo, Fin. 81/K1
Salò, Ita. 104/D1
Salomon (río), Ks,EUA 199/E1
Salomón (mar), P.N.G., Sal. 158/E5
Salomón (islas), Sal. 158/E6
Salon-de-Provence, Fra. 100/B5
Salonga (río), D.R. Congo 177/E3
Salonga, Parq. Nal., D.R. Congo 177/E3
Salonta, Rum. 110/E2
Salor (río), Esp. 94/B3
Salouël, Fra. 86/B4
Saloum, Vallée du (uadi), Sen. 168/B3
Salpausselkä (mtñas.), Fin. 81/M1
Salpo, Perú 232/B3
Sal Rei, Cab.V. 164/K10
Salses, Fra. 95/G1
Sal'sk, Rusia 71/H4
Salso (río), Ita. 108/C4
Salsola (río), Ita. 103/F4
Salsomaggiore Terme, Ita. 104/C3
Salt (mts.), Pak. 142/B1
Salta, Argen. 236/C3
Salta (aer.intl.), Argen. 236/C3
Salta (prov.), Argen. 236/C3
Saltash, Ing,R.U. 76/B6
Salt Basin (lago), Tx,EUA 198/B5
Saltcoats, Es,R.U. 72/B5
Saltee (islas), Irl. 78/D5
Saltfjorden (fiordo), Nor. 79/E2
Saltholm (isla), Din. 81/T9
Saltillo, Méx. 217/E3
Salt Lake City (cap.), Ut,EUA 193/H3
Salt, Middle Fork (río), Mo,EUA 201/H4
Salt, North Fork (río), Mo,EUA 201/H4
Salto, Argen. 238/E2
Salto, Bras. 234/D4
Salto (lago), Ita. 102/D3
Salto (río), Ita. 102/D3
Salto, Uru. 236/E4
Salto (dept.), Uru. 237/E4
Salto da Divisa, Bras. 235/F3
Salto de Agua, Méx. 217/G5
Salto del Guairá, Par. 237/F3
Salto Grande (emb.), Argen. 237/E4
Salton Sea (lago), Ca,EUA 194/E4
Salto Santiago (emb.), Bras. 237/G3
Saltsjöbaden, Sue. 81/S7
Saltvik, Fin. 81/J1
Saluda, CS,EUA 209/G3
Saluda (río), CS,EUA 209/G3
Saluda, Va,EUA 209/J2
Saluén (río), Asia 136/C5
Salug, Fil. 145/C3
Saluggia, Ita. 104/B2
Sālūr, India 138/D4
Salurn (Salorno), Ita. 99/H5
Salus, Ar,EUA 199/H3
Salut (islas), Gua.Fr. 230/C1
Saluzzo, Ita. 104/A3
Salvación (bahía), Chile 239/J7
Salvador, Bras. 235/F2
Salvador (lago), La,EUA 210/C3
Salvaje, Costa (reg.), Safr. 180/F5
Salvaterra, Bras. 230/D3
Salvaterra de Magos, Por. 94/A3
Salvatierra de Miño, Esp. 94/A1
Salyersville, Ky,EUA 209/F2
Salza (río), Aus. 83/H5
Salzach (río), Ale. 89/F6
Salzach (río), Aus., Ale. 82/G4
Salzano, Ita. 105/F1
Salzbergen, Ale. 85/E4
Salzburgo, Aus. 93/K3
Salzburgo (aer.intl.), Aus. 93/K3
Salzburgo (prov.), Aus. 93/K3
Salzgitter, Ale. 85/H4
Salzhausen, Ale. 85/H2
Salzhemmendorf, Ale. 85/G4
Salzkotten, Ale. 85/F5
Salzwedel, Ale. 90/B2
Sama, Esp. 94/C1
Samagaltay, Rusia 134/G1
Samaipata, Bol. 236/D1
Samak (cabo), Indo. 144/D3
Samales (islas), Fil. 145/C4
Sāmalkot, India 138/D4
Samālūt, Egip. 171/F2
Samana (Atwood), (cayos), Bahm. 220/C2
Samaná, Col. 231/K6
Samāna, India 142/D2
Samaná, R.Dom. 221/G2
Samaná (cabo), R.Dom. 221/G2
Samanco, Perú 232/B3
Samandağı, Tur. 123/D1
Samandira, Tur. 125/N7
Samani, Japón 132/C2
Samaniego, Col. 228/B4
Samannūd, Egip. 123/B4
Samar (isla), Fil. 145/D2
Samar (mar), Fil. 145/D2
Samar, Jor. 123/D3
Samara, Rusia 71/J3
Samara (río), Rusia 115/K1
Samarai, P.N.G. 158/E6
Samara, Region de, Rusia 115/J1
Samarate, Ita. 104/B1
Samarga (río), Rusia 129/M2
Samaria (reg.), Cisj. 123/G7
Samaria, Parq. Nal., Cisj. 123/G7
Samariapo, Ven. 228/E3
Samarinda, Indo. 147/E4
Samarkanda, Uzb. 118/G6
Sāmarrā', Irak 125/E3
Samarskoye, Rusia 115/L1
Samasata, Pak. 127/K3
Samāstipur, India 141/E3
Samba, D.R. Congo 177/E2
Samba, D.R. Congo 177/F4
Sambaíba, Bras. 231/E4
Sambalpur, India 138/D3
Sambao (río), Mad. 181/H7
Sambar (cabo), Indo. 146/D4
Sambas, Indo. 146/C3
Sambava, Mad. 181/J6
Sambhal, India 140/B1
Sambo, Ang. 178/C2
Sambo, Indo. 147/E4
Samborombón (bahía), Argen. 239/F2
Samborombón (río), Argen. 239/T12
Sambor Prei Kuk (ruinas), Camb. 143/D3
Sambre (río), Bél.,Fra. 86/C3
Sambre à l'Oise (canal), Fra. 86/C4
Sambuceto, Ita. 103/E3
Sambuco (pico), Ita. 103/F4
Samburu, Rsv. Nal., Kenia 175/B1
Sambury (pico), Fra. 100/C1
Samch'ŏk, Cor.S. 133/E4
Samch'ŏnp'o, Cor.S. 133/E5
Same, Indo. 152/B2
Same, Tan. 175/B3
Samer, Fra. 86/A2
Samfya Mission, Zam. 179/F1
Sami, Mya. 136/B4
Samiria (río), Perú 232/C2
Samit (cabo), Camb. 143/C4
Samka, Mya. 143/B1
Samkos (pico), Camb. 143/C3
Samnangjin, Cor.S. 133/E5
Samo Alto, Chile 236/B4
Samoa Norteamericana (terr.), E.U.A. 159/T10
Samoa Occidental 159/R9
Samobor, Cro. 110/B3
Samoggia (río), Ita. 104/D4
Samokov, Bul. 111/F4
Samora (río), Por. 95/Q10
Samora Correia, Por. 95/Q10
Samorín, Eslo. 91/B3
Sámos, Gre. 124/A2
Sámos (isla), Gre. 107/K3
Samothráki (isla), Gre. 109/J2
Samotracia, Gre. 109/J2
Sampacho, Argen. 238/D2
Sampang, Indo. 144/F4
Sam Rayburn (emb.), Tx,EUA 197/G2
Sams, Co,EUA 193/K4
Sam Sao (mtñas.), Laos, Vie. 143/C1
Samsø (isla), Din. 80/D4
Samsø Bælt (canal), Din. 80/D4
Samson (mtña.), Austl. 156/E6
Sam Son, Vie. 143/D2
Samsonvale (lago), Austl. 156/E6
Samsun, Tur. 124/D1
Samsun (prov.), Tur. 124/C1
Samthar, India 140/B3
Samuel, Mount (pico), Austl. 152/D4
Samugheo, Ita. 108/A3
Samui (isla), Tail. 143/B4
Samukawa, Japón 131/H7
Samundri, Pak. 142/B2
Samur (río), Azer., Rusia 115/J4
Samur (río), Rusia, Azer. 118/E5
Samut Prakan, Tail. 143/C3
Samut Sakhon, Tail. 143/C3
Samut Songkhram, Tail. 143/C3
Samye, China 141/H1
San (río), Camb. 143/D3
San (río), China 129/H5
San, Malí 168/D3
San (río), Pol. 83/M3
Sana (río), Bosn. 110/C3
Saña, Perú 232/B3
Sana (cap.), Yemen 126/D5
San Adrián (cabo), Esp. 94/A1
Sanaga (río), Cam. 172/A4
San Agustín, Bol. 236/C3
San Agustín, Col. 228/B4
San Agustín (llans.), NM,EUA 195/H4
San Agustín (cabo), Fil. 145/D4
San Agustín de Guadalix, Esp. 95/N8
San Agustín, Parque Arqueologico, Col. 228/B4
Sanak (isla), Ak,EUA 215/F5
San Ambrosio (isla), Chile 225/E4
Sanana (isla), Indo. 147/G4
Sanandaj, Irán 125/F3
Sanandita, Bol. 236/B2
San Andreas, Ca,EUA 194/B1
San Andrés, Bol. 233/E4
San Andrés, Col. 228/C3
San Andrés (isla), Col. 219/F3
San Andrés (mtñas.), NM,EUA 195/J4
San Andres, Fil. 145/D2
San Andrés (lag.), Méx. 218/B1
San Andrés Cuexcontitlán, Méx. 217/Q9
San Andrés de Giles, Argen. 239/S12
San Andrés del Rabanedo, Esp. 94/C1
San Andrés Tuxtla, Méx. 217/G5
Sananduva, Bras. 237/G3
San Angelo, Tx,EUA 196/D2
San Antero, Col. 219/H4
San Antonio, Argen. 238/D2
San Antonio (cabo), Argen. 239/F3
San Antonio, Bol. 233/E4
San Antonio, Chile 238/C2
San Antonio (cabo), Cuba 219/E1
San Antonio, Ecua. 228/B4
San Antonio (emb.), Ca,EUA 194/B3
San Antonio (mtña.), Ca,EUA 214/C2
San Antonio, NM,EUA 198/A4
San Antonio (mtña.), NM,EUA 198/A2
San Antonio, Tx,EUA 197/E3
San Antonio (bahía), Tx,EUA 197/F3
San Antonio (mtña.), Tx,EUA 196/B2
San Antonio (río), Tx,EUA 197/F3
San Antonio, Fil. 145/C2
San Antonio, Méx. 216/C4
San Antonio (pta.), Méx. 216/B2
San Antonio, Perú 232/B4
San Antonio, Uru. 239/T12
San Antonio, Ven. 229/E2
San Antonio, Ven. 229/F2
San Antonio Abad, Esp. 95/F3
San Antonio de Areco, Argen. 238/F2
San Antonio de Caparo, Ven. 228/D3
San Antonio del Golfo, Ven. 229/F2
San Antonio de Lípez, Bol. 236/C2
San Antonio de los Cobres, Argen. 236/C3
San Antonio del Táchira, Ven. 228/C3
San Antonio de Tabasca, Ven. 229/F2
San Antonio de Tamanaco, Ven. 231/O8
San Antonio Oeste, Argen. 238/D4
Sana, Pointe de la (pico), Fra. 100/C2
Sanary-sur-Mer, Fra. 100/B6
Sana (Şan'ā) (cap.), Yemen 174/C2
San Augustine, Tx,EUA 197/G2
Sanaur, India 142/D2
Sānāwad, India 138/C3
San Bartolo, Perú 232/B4
San Bartolomé de Tirajana, Cana. 166/B4
San Bartolomeo in Galdo, Ita. 103/F5
San Bautista, Uru. 239/U12
San Benedetto (mtñas.), Ita. 105/E5
San Benedetto dei Marsi, Ita. 103/D4
San Benedetto del Tronto, Ita. 103/D2
San Benedetto Po, Ita. 105/D2
San Benedicto (isla), Méx. 216/C5
San Benito (mtña.), Ca,EUA 194/B2
San Benito (río), Ca,EUA 194/B2
San Benito, Tx,EUA 197/F4
San Bernard (río), Tx,EUA 197/F3
San Bernardino, Ca,EUA 214/C2
San Bernardino (mtñas.), Ca,EUA 214/C2
San Bernardino (estr.), Fil. 145/D2
San Bernardino, Suiza 99/F5
San Bernardo, Argen. 236/D3
San Bernardo, Chile 238/Q9
San Bernardo, Col. 228/C3
San Bernardo (pta.), Col. 228/C2
San Blas (cabo), Fl,EUA 211/F3
San Blas, Méx. 216/C3
San Blas, Méx. 216/D4
San Blas, Méx. 196/D4
San Bois (mtñas.), Ok,EUA 199/G3
San Bonifacio, Ita. 105/E2
San Borja, Bol. 233/E4
Sanborn, Mn,EUA 201/G1
San Bruno, Méx. 216/B3
San Buenaventura, Méx. 196/D4
San Buenaventura (Ventura), Ca,EUA 214/A2
San Calogero, Ita. 101/C5
San Carlos, Argen. 236/C3
San Carlos, Bol. 236/D1
San Carlos, Chile 238/C3
San Carlos, Col. 231/L6
San Carlos (lago), Az,EUA 195/G4
San Carlos, Fil. 145/C2
San Carlos (bahía), Malv. Argen. 239/M8
San Carlos, Méx. 217/F3
San Carlos, Méx. 196/D3
San Carlos, Nic. 219/E4
San Carlos, Pan. 228/B2
San Carlos, Par. 237/E2
San Carlos, Uru. 239/G2
San Carlos, Ven. 228/D2
San Carlos de Bariloche, Argen. 238/C4
San Carlos del Zulia, Ven. 228/D2
San Carlos de Río Negro, Ven. 229/E4
San Casciano in Val di Pesa, Ita. 105/E5
San Casimiro, Ven. 231/N8
San Cataldo, Ita. 109/F2
San Cayetano, Argen. 238/F3
San Cayetano, Col. 231/L6
Sancha, China 128/E5
Sancha, China 137/F3
Sancha (río), China 136/E3
Sanchahe, China 133/B2
Sánchez Grande, Uru. 239/T11
Sanch'ŏng, Cor.S. 133/D5
San Ciro de Acosta, Méx. 217/F4
San Clemente, Chile 238/C2
San Clemente, Esp. 94/D3
San Clemente, Ca,EUA 214/C4
San Clemente (isla), Ca,EUA 194/C4
San Clemente del Tuyú, Argen. 239/F3
San Clemente in Casauria, Ita. 103/D3
Sanco, Tx,EUA 196/D1
San Colombano al Lambro, Ita. 104/C2
San Cristóbal, Argen. 236/D4
San Cristóbal, Bol. 236/C2
San Cristóbal, Cuba 219/F1
San Cristóbal (isla), Ecua. 232/K7
San Cristóbal (vol.), Nic. 218/E3
San Cristóbal, R.Dom. 221/F3
San Cristóbal (isla), Sal. 158/F6
San Cristóbal, Ven. 228/C3
San Cristóbal de Cea, Esp. 94/B1
San Cristóbal de las Casas, Méx. 218/C2
Sancti Spíritu, Argen. 238/E2
Sancti Spíritus, Cuba 219/G1
Sand (colinas), Ca,EUA 194/E4
Sand (cayo), Fl,EUA 211/G4
Sand (colinas), Ne,EUA 200/C3
Sand, Nor. 80/B2
Sand (pta.), Ing,R.U. 76/D4
Sand (río), Safr. 180/D3
Sanda, Japón 130/D3
Sanda (isla), Es,R.U. 74/C1
Sandakan, Malay. 145/B4
Sandalfoot Cove, Fl,EUA 210/P8
San Damiano d'Asti, Ita. 104/B3
Sandan, Camb. 143/D3
Sandanski, Bul. 111/F5
Sanday (isla), Es,R.U. 73/N13
Sandbach, Ing,R.U. 75/F5
Sande, Ale. 85/F2
Sandefjord, Nor. 80/D2
San Demetrio Corone, Ita. 101/C3
Sanders (costa), Ant. 161/Q
Sanders, Az,EUA 195/H3
Sanderson, Tx,EUA 196/C2
Sandersville, Ga,EUA 209/F4
Sandgate, Austl. 156/F6
Sandhurst, Ing,R.U. 77/F4
Sandia, Perú 232/D4
Sandia Park, NM,EUA 198/A3
San Diego, Ca,EUA 214/C5
San Diego (cabo), Argen. 239/L8
San Diego, Bol. 236/C2
San Diego (bahía), Ca,EUA 214/C5
San Diequito (río), Ca,EUA 214/C5
Sandıklı, Tur. 124/B2
Sandīla, India 140/C2
Sandillon, Fra. 97/H5
San Dimas, Ca,EUA 214/C2
San Dimitri (pta.), Malta 107/G3
San Dimitri, Ras (pta.), Malta 108/D4
Sanding (isla), Indo. 144/C3
Sandkan, Malay. 147/E3
Sand Lake, Tx,EUA 196/L7
Sandnes, Nor. 80/A2
Sandnessjøen, Nor. 79/E2
Sandomierz, Pol. 83/L3
Sandoná, Col. 228/B4
San Donà di Piave, Ita. 105/F1
San Donnino, Ita. 105/E5
Sándorfalva, Hun. 110/E2
Sandougou (río), Gam., Sen. 168/B3
Sandover (río), Austl. 155/G2
Sandoway, Mya. 136/B5
Sandpoint, Id,EUA 190/F3
Sandrakatsy, Mad. 181/J7
Sandrigo, Ita. 105/E1
Sandringham, Austl. 157/F5
Sandringham, Ing,R.U. 77/G1
Sandrivier (río), Safr. 179/F4
Sands (pta.), NY,EUA 213/L8
Sandspit, CB,Can. 215/M5
Sandstone, Austl. 154/C3
Sandu, China 137/G2
Sandu Shuizu Zizhixian, China 137/E3
Sandusky, Mi,EUA 206/E3
Sandusky, Oh,EUA 206/E4
Sandusky (río), Oh,EUA 206/E4
Sandvika, Nor. 80/D2
Sandviken, Sue. 80/G1
Sandweiler, Lux. 87/F4
Sandwich (cabo), Austl. 156/B2
Sandwich, NH,EUA 207/L3
Sandwich, Ing,R.U. 77/H4
Sandwich del Sur (islas), Argen. 64/H8
Sandwīp (isla), Bang. 141/H4
Sandy, Ut,EUA 193/H3
Sandy (isla), Austl. 151/L3
Sandy (lago), Tnva,Can. 205/J1
Sandy Hook, Ky,EUA 209/F1
Sandy Hook (pen.), NJ,EUA 213/J10
Sandy Hook (bahía), NJ, NY,EUA 213/D3
Sandykachi, Turk. 127/H1
Sandy Springs, Ga,EUA 208/E4
San Elizario, Tx,EUA 196/A2
Sanem, Lux. 87/E4
San Estanislao, Par. 237/E3
San Esteban de Gormaz, Esp. 94/D2
San Fabián de Alico, Chile 238/C3
San Felice Circeo, Ita. 102/D5
San Felice sul Panaro, Ita. 105/E3
San Felipe, Chile 238/C2
San Felipe, Méx. 216/B2
San Felipe, Méx. 217/E4
San Felipe, Ven. 228/C2
San Felipe, Ven. 228/D2
San Felipe del Progresso, Méx. 217/E5
San Felipe de Vichayal, Perú 232/A2
San Félix (isla), Chile 225/E3
San Ferdinando, Ita. 101/B6
San Ferdinando di Puglia, Ita. 103/G5
San Fernando, Argen. 239/S12
San Fernando, Chile 238/C2
San Fernando, Esp. 94/B4
San Fernando, Ca,EUA 214/B2
San Fernando (valle), Ca,EUA 214/E7
San Fernando, Fil. 145/C1
San Fernando, Fil. 145/C2
San Fernando, Méx. 217/F3
San Fernando, Trin. 229/F2
San Fernando de Apure, Ven. 229/E3
San Fernando de Atabapo, Ven. 228/E3
San Fernando-de-Henares, Esp. 95/N9
Sånfjällets, Parq. Nal., Sue. 79/E3
Sanford (mtña.), Ak,EUA 215/K3
Sanford, CN,EUA 209/H3
Sanford, Fl,EUA 210/N6
Sanford, Me,EUA 204/B4
San Francisco, Argen. 236/D4
San Francisco (río), Argen. 236/C2
San Francisco, Bol. 236/E1
San Francisco, Col. 228/B4
San Francisco (cabo), Ecua. 228/A4
San Francisco, El Salv. 218/D3
San Francisco (mtñas.), Az,EUA 195/G3
San Francisco (río), Az, NM,EUA 195/H4
San Francisco, Ca,EUA 194/A2
San Francisco (bahía), Ca,EUA 194/A2
San Francisco, Fil. 145/D3
San Francisco, Ven. 228/D2
San Francisco Acuautla, Méx. 217/R10
San Francisco Chimalpa, Méx. 217/Q10
San Francisco de la Paz, Hon. 218/E3
San Francisco del Chañar, Argen. 236/D4
San Francisco del Oro, Méx. 196/B4
San Francisco de Macorís, R.Dom. 221/F2
San Francisco de Mostazal, Chile 238/C2
San Francisco de Tiznados, Ven. 229/E2
San Fratello, Ita. 101/A6
Sanga, Ang. 176/C5
Sanga, D.R. Congo 177/G4
San Gabriel, Chile 238/Q9
San Gabriel, Ecua. 228/B4
San Gabriel, Ca,EUA 214/B2
San Gabriel (emb.), Ca,EUA 214/C2
San Gabriel (mtñas.), Ca,EUA 214/B2
San Gabriel, West Fork (río), Ca,EUA 214/C2
San Galgano, Ita. 102/B1
Sangamner, India 138/B4
Sangamon (río), Il,EUA 201/J3
Sangān (mtña.), Afg. 127/H2
Sangar, Rusia 119/N3
Sangatte, Fra. 86/A2
San Gavino Monreale, Ita. 106/F3
Sangay (vol.), Ecua. 228/B5
Sangay, Parq. Nal., Ecua. 228/B5
San Genaro, Argen. 238/E2
Sangenjo, Esp. 94/A1
Sanger, Ca,EUA 194/C2
Sangerhausen, Ale. 90/B5
San Germán, Cuba 219/G1
San Germán, P.Rico 221/B6
Sanggan (río), China 135/C2
Sanggau, Indo. 146/D3
Sanggou (bahía), China 133/B4
Sangha (río), Áfr. 176/D2
Sangha (pref.), Cafr. 172/C5
Sangha (reg.), Congo 176/C2
Sanghar, Pak. 127/J3
Sangihe (islas), Indo. 158/B4
San Gil, Col. 228/C3
San Gimignano, Ita. 105/E6
San Giorgio a Cremano, Ita. 103/E6
San Giorgio delle Pertiche, Ita. 105/E1
San Giorgio del Sannio, Ita. 103/E5
San Giorgio di Nogaro, Ita. 105/G1
San Giorgio di Piano, Ita. 105/E3
San Giorgio Ionico, Ita. 108/E2
San Giovanni a Piro, Ita. 101/B2
San Giovanni Bianco, Ita. 104/C1
San Giovanni Gemini, Ita. 108/C4
San Giovanni in Fiore, Ita. 101/C4
San Giovanni in Marignano, Ita. 105/F5
San Giovanni in Persiceto, Ita. 105/E3
San Giovanni in Venere, Ita. 103/E3
San Giovanni Lupatoto, Ita. 105/E2
San Giovanni Rotondo, Ita. 103/F4
San Giovanni Valdarno, Ita. 105/E5
San Giuliano Terme, Ita. 104/D5
San Giuseppe Vesuviano, Ita. 103/E6
San Giustino, Ita. 105/F5
Sangiyn Dalay (lago), Mong. 128/D2
Sangju, Cor.S. 133/E4
Sangkulirang, Indo. 147/E3
Sāngla, Pak. 142/B2
Sāngli, India 138/B4
Sangmélima, Cam. 172/B5
Sangō, Japón 131/L10
San Gorgonio (mtña.), Ca,EUA 194/D3
Sangpang (mtñas.), Mya. 136/B3
Sangre de Cristo (mtñas.), NM,EUA 198/B3
San Gregorio, Argen. 238/E2
San Gregorio, Uru. 239/G2
San Gregorio Magno, Ita. 103/F6
Sangre Grande, Trin. 220/F5
Sangri, China 141/J1
Sangro (lago), Ita. 103/E3
Sangro (río), Ita. 103/E3
Sangrūr, India 142/C2
Sangue (río), Bras. 234/A1
Sangüesa, Esp. 94/E1
Sanguie (prov.), Burk. 169/E4
San Guiliano Milanese, Ita. 104/C2
San Guillermo, Argen. 236/D4
Sanguinetto, Ita. 105/E2
Sanhe, China 135/D3
Sanibel (isla), Fl,EUA 211/G4
Sāni Bheri (río), Nepal 140/D1
San Idelfonso o La Granja (cabo), Fil. 145/C1
San Ignacio, Beli. 218/D2
San Ignacio, Bol. 236/D1
San Ignacio, Chile 238/B3
San Ignacio, Méx. 216/B3
San Ignacio, Méx. 216/D4
San Ignacio (río), Méx. 216/B2
San Ignacio, Par. 237/E3
San Ignacio, Perú 232/B2
San Ildefonso, Esp. 94/D2
San'in Kaigin, Parq. Nal., Japón 130/D3
San Isidro, C.Rica 219/F4
San Isidro, Méx. 218/D2
San Isidro, Nic. 218/E3
Sanito, Fil. 145/C4
San Jacinto, Col. 228/C2
San Jacinto, Ca,EUA 194/D4
San Jacinto (río), Ca,EUA 214/C3
San Jacinto (mtña.), Tx,EUA 196/C3
San Jacinto (río), Tx,EUA 197/M9
San Jacinto, Fil. 145/C2
San Jacinto, Uru. 239/G2
San Jaime, Argen. 236/E4
San Javier, Argen. 238/E4
San Javier, Bol. 233/E4
San Javier, Bol. 233/F5
San Javier, Chile 238/C2
San Javier, Esp. 95/E4
San Jerónimo, Col. 231/K6
San Jerónimo, Méx. 216/E3
San Jerónimo, Méx. 196/D3
Sanjō, Japón 131/F2
San Joaquín, Bol. 233/E4
San Joaquín, Col. 228/C3
San Joaquín, Par. 237/E4
San Joaquín, Ven. 231/N7
San Joaquín (pico), Ecua. 232/K7
San Joaquín (colinas), Ca,EUA 214/G8
San Joaquín (río), Ca,EUA 194/B2
San Joaquin (valle), Ca,EUA 194/B2
San Jon, NM,EUA 198/C3
San Jonquín (mtñas.), Par. 237/F3
San Jorge (canal) 73/H11
San Jorge, Argen. 238/E1
San Jorge (cabo), Argen. 238/D5
San Jorge (golfo), Argen. 238/D5
San Jorge (río), Col. 228/C3
San Jorge (golfo), Esp. 95/F2
San Jorge (canal), Irl., R.U. 73/H11
San Jorge (bahía), Méx. 216/B2
San Jorge, Nic. 218/E4
San José, Argen. 236/C4
San José (golfo), Argen. 238/D4
San Jose, Beli. 217/H5
San José (cap.), C.Rica 219/E4
San José, Esp. 95/F3
San José, Ca,EUA 194/B2
San José (colinas), Ca,EUA 214/G7
San Jose, NM,EUA 198/B3
San Jose (río), NM,EUA 195/J3
San José (isla), Tx,EUA 197/F4
San Jose, Fil. 145/C2
San José, Gua. 218/D3
San José (isla), Malv. Argen. 239/M7
San José (isla), Méx. 216/C3
San Jose, Perú 232/B2
San José, Perú 232/D4
San Jose (dept.), Uru. 239/F2
San José (río), Uru. 239/T11
San José, Ven. 228/E3
San José de Amacuro, Ven. 229/F2
San José de Aura, Méx. 196/D4
San Jose de Buenavista, Fil. 145/C3
San José de Chiquitos, Bol. 236/D1
San José de Feliciano, Argen. 236/E4
San José de Guanipa, Ven. 229/E2
San José de Guaribe, Ven. 229/E2
San José de Jáchal, Argen. 236/B4
San José de la Banda (aer.intl.), Bol. 236/C1
San José de la Esquina, Argen. 238/E2
San José del Cabo, Méx. 216/C4
San José del Guaviare, Col. 228/C4
San Jose del Monte, Fil. 145/F6
San José del Ocune, Col. 228/D3
San José de Los Molinos, Perú 232/C4
San José de los Remates, Nic. 218/E3
San José de Maipo, Chile 238/Q9
San José de Mayo, Uru. 239/F2
San José de Raíces, Méx. 217/E3
San José de Río Chico, Ven. 231/P7
San José de Seque, Ven. 228/D2
San José de Sextín, Méx. 196/B4
San José Iturbide, Méx. 217/E4
San José Tenango, Méx. 217/F5
San José Viejo, Méx. 216/C4
San Juan, Argen. 238/C1
San Juan (cabo), Argen. 239/M8
San Juan (prov.), Argen. 236/B4
San Juan (río), Argen. 236/B4
San Juan, Bol. 236/E1
San Juan (río), Col. 228/B3
San Juan (río), C.Rica, Nic. 219/E4
San Juan (pta.), El Salv. 218/D3
San Juan (mtñas.), Co,EUA 198/A2
San Juan (río), Co, NM,EUA 198/A2
San Juan (cuenca), NM,EUA 195/H2
San Juan (isla), Wa,EUA 190/C3
San Juan, Fil. 145/C2
San Juan, Fil. 145/D3
San Juan (río), Fil. 145/F6
San Juan (cabo), Gui.Ec. 176/B2
San Juan, Perú 232/C4
San Juan (cap.) P.Rico 221/D6
San Juan, R.Dom. 221/E3
San Juan Abajo, Méx. 216/D4
San Juan Bautista, Par. 237/E3
San Juan Bautista de Ñeembucú, Par. 236/E3
San Juan Capistrano, Ca,EUA 214/C3
San Juan de Alicante, Esp. 95/E3
San Juan de Aznalfarache, Esp. 94/B4
San Juan de la Costa, Méx. 216/C3
San Juan de Lima (pta.), Méx. 216/D5
San Juan del Monte, Fil. 145/F6
San Juan del Norte, Nic. 219/F4
San Juan de los Cayos, Ven. 228/D2
San Juan de los Morros, Ven. 229/E2
San Juan de los Planes, Méx. 158/C4
San Juan del Piray, Bol. 236/C2
San Juan del Potrero, Bol. 236/C1
San Juan de Manapiare, Ven. 229/E3
San Juan de Ríoseco, Col. 231/L7
San Juan Hot Springs, Ca,EUA 214/C3
San Juanico, Méx. 216/B3
San Juanito, Méx. 216/D2
San Juan Nepomuceno, Col. 228/C2
San Juan Nepomuceno, Par. 237/F3
San Juan Pueblo, NM,EUA 198/A2
San Julián, Argen. 239/L7
San Julián, Gran Bajo de (valle), Argen. 239/K7
San Justo, Argen. 236/D4
Sankanbiriwa (pico), S.Le. 168/C4
Sankaranāyinarkovil, India 142/F4
Sankh (río), India 140/E4
Sankoroni (río), Gui., Malí 168/C4
Sankosh (río), Bután, India 141/G2
Sankt Aegyd am Neuwalde, Aus. 110/B2
Sankt Andrä, Aus. 93/L3
Sankt Andrä-Wördern, Aus. 91/A3
Sankt Augustin, Ale. 87/G2
Sankt Blasien, Ale. 98/E2
Sankt Gallen, Suiza 99/F3
Sankt Georgen im Attergau, Aus. 89/G7
Sankt Georgen im Schwarzwald, Ale. 88/B6
Sankt Gertraud (Santa Gertrude), Ita. 99/G5
Sankt Goar, Ale. 87/G3
Sankt Ingbert, Ale. 87/G5
Sankt Jakob (San Giacomo), Ita. 99/H4
Sankt Johann am Walde, Aus. 89/G6
Sankt Johann im Pongau, Aus. 93/K3
Sankt Johann in Tirol, Aus. 93/K3
Sankt Leonhard in Passeier (San Leonardo in Passiria), Ita. 99/H4
Sankt Marien, Aus. 89/H6
Sankt Martin im Mühlkreis, Aus. 89/H6
Sankt Martin in Passeier (San Martino in Passiria), Ita. 99/H4
Sankt Michael in Obersteiermark, Aus. 93/L3
Sankt Michael (San Michele), Ita. 99/H5
Sankt Moritz (Saint-Moritz), Suiza 106/F1
Sankt Pantaleon, Aus. 89/F6
Sankt Peter in der Au, Aus. 89/H6
Sankt Peter-Ording, Ale. 82/E1
Sankt Pölten, Aus. 93/L2
Sankt Veit an der Glan, Aus. 93/L3
Sankt Veit an der Gölsen, Aus. 110/B1
Sankt Wendel, Ale. 87/G5
Sankt Wolfgang, Ale. 89/F6
San Lázaro (cabo), Méx. 216/B3
San Lázaro, Par. 236/E2
San Lazzaro, Ita. 105/E4
San Leonardo in Passiria (Sankt Leonhard in Passeier), Ita. 99/H4
San Lorenzo, Bol. 233/E3
San Lorenzo, Bol. 233/E4
San Lorenzo (pico), Chile 239/J6
San Lorenzo, Ecua. 228/B4
San Lorenzo, Hon. 218/E3
San Lorenzo (cabo), Ita. 108/A3
San Lorenzo (río), Méx. 216/D3
San Lorenzo, Nic. 218/E3
San Lorenzo, Par. 234/A5
San Lorenzo, Perú 232/D3
San Lorenzo de El Escorial, Esp. 94/C2
San Lorenzo del Vallo, Ita. 101/C3
San Luca, Ita. 101/C6
Sanlúcar de Barrameda, Esp. 94/B4
San Lucas, Bol. 236/C2
San Lucas, Méx. 216/C4
San Lucas (cabo), Méx. 216/C4
San Lucas, Nic. 218/E3
San Lucido, Ita. 101/C4
San Luis, Argen. 238/D2
San Luis (mtñas.), Argen. 238/D2

San Luis (prov.), Argen. 238/D2
San Luis, Bol. 236/E1
San Luis (lago), Bol. 233/E4
San Luis, Col. 231/K7
San Luis, Col. 231/L6
San Luis, Cuba 219/H1
San Luis, Az,EUA 194/E4
San Luis (emb.), Ca,EUA 194/B2
San Luis, Co,EUA 198/B2
San Luis (valle), Co,EUA 198/B2
San Luis, Gua. 218/D2
San Luis, Perú 232/B4
San Luis, Ven. 228/D2
San Luis al Medio, Uru. 239/G2
San Luis de la Paz, Méx. 217/E4
San Luis Obispo, Ca,EUA 194/B3
San Luis Potosí, Méx. 217/E4
San Luis Potosí (est.), Méx. 217/E4
San Luis Rey, Ca,EUA 214/C4
San Luis Rey (río), Ca,EUA 214/C4
San Luis Río Colorado, Méx. 194/E4
San Manuel, Chile 236/B3
San Marcial, NM,EUA 198/A4
San Marco (pico), Ita. 103/E5
San Marco in Lamis, Ita. 103/F4
San Marco la Catola, Ita. 103/F4
San Marcos, Col. 228/C2
San Marcos, C.Rica 219/E4
San Marcos, Ca,EUA 214/C4
San Marcos, Tx,EUA 197/F3
San Marcos (río), Tx,EUA 197/F3
San Marcos, Gua. 218/D3
San Marcos, Méx. 218/B2
San Marcos, Perú 232/B2
San Marcos, Perú 232/B3
San Maria di Porto Novo, Ita. 105/G5
San Mariano, Fil. 145/C1
San Marino 105/F5
San Marino, Ca,EUA 214/F7
San Marino (cap.), Sn.Mar. 105/F5
San Martín, Argen. 238/C2
San Martín (lago), Argen. 239/J7
San Martín (río), Bol. 233/F4
San Martín, Col. 228/C4
San Martin, Ca,EUA 194/B2
San Martin (cabo), Ca,EUA 194/B3
San Martín, Méx. 217/R9
San Martín, Perú 228/C5
San Martín Cuautlalpan, Méx. 217/R10
San Martín de las Pirámides, Méx. 217/L7
San Martín de los Andes, Argen. 238/C4
San Martín de Valdeiglesias, Esp. 94/C2
San Martín-La Libertad (dept.), Perú 232/B2
San Martín Número Dos, Argen. 236/E3
San Martino Buon Albergo, Ita. 105/E2
San Martino-di-Lota, Fra. 108/A1
San Martino di Lupari, Ita. 105/E1
San Martino in Pensilis, Ita. 103/F4
San Martino in Rio, Ita. 105/D3
San Martino Siccomario, Ita. 104/C2
San Martín Texmelucan, Méx. 217/L7
Sanmatenga (prov.), Burk. 169/E3
San Mateo, Esp. 95/F2
San Mateo, Ca,EUA 194/A2
San Mateo (mtñas.), NM,EUA 195/J3
San Mateo (mtñas.), NM,EUA 195/J4
San Mateo, Fil. 145/F6
San Mateo, Perú 232/B3
San Mateo, Ven. 229/E2
San Mateo Atarasquillo, Méx. 217/Q10
San Matías (golfo), Argen. 238/D4
San Matías, Bol. 233/G5
San Matías Tlalancaleca, Méx. 217/L7
San Mauricio, Ven. 229/E2
San Mauro Pascoli, Ita. 105/F4
San Mauro Torinese, Ita. 104/A2
Sanmenxia, China 135/B4
San Michele al Tagliamento, Ita. 105/F1
San Michele (Sankt Michael), Ita. 99/H5
San Miguel, Argen. 236/E4
San Miguel, Bol. 233/E4
San Miguel, Bol. 233/F5
San Miguel (río), Bol. 236/D1
San Miguel (río), Col., Ecua. 228/B4
San Miguel, El Salv. 218/D3
San Miguel, Ca,EUA 194/B3
San Miguel (isla), Ca,EUA 194/B3
San Miguel (río), Co,EUA 195/H1
San Miguel (bahía), Fil. 145/C2
San Miguel, Méx. 196/C3
San Miguel, Pan. 219/G4
San Miguel (golfo), Pan. 219/G4
San Miguel, Perú 232/B2
San Miguel, Perú 232/C4
San Miguel Arcangel (mis.), Ca,EUA 194/B3
San Miguel Coatlinchán, Méx. 217/R10
San Miguel de Allende, Méx. 217/E4
San Miguel de Huachi, Bol. 233/E4
San Miguel del Monte, Argen. 238/F2
San Miguel de los Bancos, Ecua. 228/B4
San Miguel de Tucumán, Argen. 236/C3
San Miguelito, Bol. 232/D3
San Miguelito, Bol. 233/F5
San Miguel Tlaixpan, Méx. 217/R10
Sanming, China 137/H3
San Miniato, Ita. 105/D5
Sannan, Japón 131/L9
Sannazzaro de'Burgondi, Ita. 104/B2
Sannicandro Garganico, Ita. 103/F4
San Nicola la Strada, Ita. 103/E5
San Nicolás (isla), Ca,EUA 194/C4
San Nicolás de los Arroyos, Argen. 238/E2
San Nicolás de los Garza, Méx. 217/E3
San Nicolás Hidalgo, Méx. 196/D5
San Nicolás Tolentino, Méx. 217/E4
San Nicolò, Ita. 104/C2
San Nicolò a Tordino, Ita. 103/D2
Sannikova (estr.), Rusia 119/P2
Sannio (mtñas.), Ita. 103/E4
Sannohe, Japón 132/B3
Sannois, Fra. 71/S10
Sano, Japón 131/F2
Sañogasta, Argen. 236/C4
Sanok, Pol. 83/M4
San Onofre, Col. 228/C2
San Onofre, Ca,EUA 214/C4
San Onofre (mtña.), Ca,EUA 214/C4
Sanostee, NM,EUA 195/H2
San Pablo, Bol. 236/C2
San Pablo, Chile 238/B4
San Pablo, Col. 228/B4
San Pablo, Fil. 145/C2
San Pablo, Perú 232/B2
San Pablo, Ven. 229/E2
San Pablo de Borbur, Col. 231/L6
San Pablo de las Salinas, Méx. 217/Q9
San Pablo Huixtepec, Méx. 218/B2
San Paolo di Civitate, Ita. 103/F4
San Pascual, Fil. 145/C2
San Patricio, NM,EUA 198/B4
San Pawl il-Bahar, Malta 102/H8
San Pedro, Argen. 238/F2
San Pedro, Beli. 218/E2
San Pedro, Bol. 233/E3
San Pedro, Bol. 233/E4
San Pedro, Bol. 233/F5
San Pedro, Bol. 236/C1
San Pedro, Chile 238/C2
San Pedro (pta.), Chile 236/B3
San Pedro (vol.), Chile 236/B2
San Pedro, C.Marf. 168/D5
San Pedro, Col. 231/K6
San Pedro (río), Cuba 219/G1
San Pedro (mts.), Esp. 94/B3
San Pedro (río), Az,EUA 216/C1
San Pedro, Ca,EUA 214/F8
San Pedro (bahía), Ca,EUA 214/F8
San Pedro (canal), Ca,EUA 214/B3
San Pedro (río), Gua., Méx. 218/D2
San Pedro (isla), Ita. 108/A3
San Pedro, Méx. 216/C2
San Pedro, Méx. 216/E3
San Pedro (río), Méx. 216/D3
San Pedro (río), Méx., EUA 195/G4
San Pedro, Par. 237/E3
San Pedro (dept.), Par. 237/E3
San Pedro Arriba, Méx. 217/Q10
San Pedro Carchá, Gua. 218/D3
San Pedro de Arimena, Col. 228/D3
San Pedro de Cajas, Perú 232/C3
San Pedro de las Bocas, Ven. 229/F3
San Pedro de Lloc, Perú 232/B2
San Pedro de Lóvago, Nic. 219/E3
San Pedro del Paraná, Par. 237/E3
San Pedro del Pinatar, Esp. 95/E4
San Pedro de Macorís, R.Dom. 221/G3
San Pedro de Quemes, Bol. 236/B2
San Pedro Mártir (mtñas.), Méx. 216/B2
San Pedro Sula, Hon. 218/D3
San Pedro Totoltepec, Méx. 217/Q10
San Pellegrino Terme, Ita. 104/C1
San Petersburgo (Leningrado), Rusia 112/F4
San Petersburgo, Región de, Rusia 81/N1
San Piero a Sieve, Ita. 105/E5
San Pietro a Maida, Ita. 101/C5
San Pietro in Casale, Ita. 105/E3
San Pitch (río), Ut,EUA 193/H4
San Polo d'Enza, Ita. 104/D3
Sanqiao, China 135/K9
Sanquianga, Parq. Nal., Col. 228/B4
San Quintín, Méx. 216/B2
San Quintín (cabo), Méx. 216/B2
San Rafael, Argen. 238/C2
San Rafael, Bol. 232/D4
San Rafael, Bol. 233/F5
San Rafael, Chile 238/C2
San Rafael, Col. 231/K6
San Rafael, Ca,EUA 192/B5
San Rafael (colinas), Ca,EUA 214/F7
San Rafael (mtñas.), Ca,EUA 194/C3
San Rafael (des.), Ut,EUA 193/H4
San Rafael (ond.), Ut,EUA 193/H4
San Rafael (río), Ut,EUA 193/H4
San Rafael, Méx. 216/N6
San Rafael, Méx. 217/H4
San Rafael, Perú 232/B2
San Rafael, Perú 232/B3
San Rafael, Ven. 219/J4
San Rafael del Moján, Ven. 228/D2
San Ramón, Bol. 233/E4
San Ramón, C.Rica 219/E4
San Ramón, Méx. 217/H4
San Ramón, Perú 232/C3
San Ramón, Uru. 239/G2
San Ramón (cabo), Ven. 220/D4
San Ramón de la Nueva Orán, Argen. 236/C2
San Remo, Ita. 104/A5
San Román (cabo), Ven. 220/D4
San Romano, Ita. 105/D5
San Roque, Col. 231/K6
San Roque, Esp. 94/C4
San Rosendo, Chile 238/B3
San Saba, Tx,EUA 197/E2
San Saba (río), Tx,EUA 196/D2
San Salvador, Argen. 238/F1
San Salvador (isla), Bahm. 220/C1
San Salvador (isla), Ecua. 232/J7
San Salvador (cap.), El Salv. 218/D3
San Salvador, Méx. 194/D5
San Salvador (río), Uru. 239/S11
San Salvador de Jujuy, Argen. 236/C3
San Salvador el Seco, Méx. 217/M7
San Salvatore Monferrato, Ita. 104/B3
San Salvo, Ita. 103/E3
Sans Bois (mtñas.), Ok,EUA 199/G3
San Sebastián, Argen. 239/K8
San Sebastián, Esp. 94/E1
San Sebastián, P.Rico 221/C6
San Sebastián, Ven. 231/N8
San Sebastián de los Reyes, Esp. 95/N8
San Sebastián de Yalí, Nic. 218/E3
San Sebastiano, Ita. 104/D1
San Secondo Parmense, Ita. 104/D3
Sansepolcro, Ita. 105/F5
San Severino Marche, Ita. 102/D1
San Severo, Ita. 103/F4
San Simón, Bol. 233/F4
San Simon (río), Az,EUA 195/H4
Sansui, China 137/F3
Sant, Mong. 128/F2
Santa, Perú 232/B3
Santa (río), Perú 232/B3
Santa Ana, Bol. 233/E4
Santa Ana, Bol. 233/F5
Santa Ana, Col. 228/D4
Santa Ana, Ecua. 228/A5
Santa Ana, El Salv. 218/D3
Santa Ana (vol.), El Salv. 218/D3
Santa Ana, Ca,EUA 214/C3
Santa Ana (mtñas.), Ca,EUA 214/C3
Santa Ana (río), Ca,EUA 214/C3
Santa Ana, Hon. 218/E3
Santa Ana, Méx. 216/C2
Santa Ana, Ven. 228/C3
Santa Ana Chiautempan, Méx. 217/L7
Santa Ana, Falcón, Ven. 228/D2
Santa Ana, Trujillo, Ven. 228/D2
Santa Bárbara, Bras. 235/E3
Santa Bárbara, Chile 238/B3
Santa Bárbara, Col. 228/C3
Santa Barbara, Ca,EUA 214/A2
Santa Bárbara (canal), Ca,EUA 214/A2
Santa Bárbara (isla), Ca,EUA 194/C4
Santa Barbara, Fil. 145/C2
Santa Bárbara, Hon. 218/D3
Santa Bárbara, Méx. 196/B4
Santa Bárbara, Ven. 228/D2
Santa Bárbara, Ven. 228/D3
Santa Bárbara, Ven. 229/E4
Santa Bárbara d'Oeste, Bras. 234/D4
Santa Catalina (golfo), Ca,EUA 194/D4
Santa Catalina (isla), Ca,EUA 214/B4
Santa Catalina, Fil. 145/C3
Santa Catalina, Pan. 219/F4
Santa Catalina, Ven. 228/D3
Santa Catarina (est.), Bras. 237/G3
Santa Catarina (isla), Bras. 237/G3
Santa Catarina, Méx. 194/E5
Santa Catarina Juquila, Méx. 218/B2
Santa Cecilia Pyramid, Méx. 217/Q9
Santa Clara, Cuba 219/G1
Santa Clara, Ca,EUA 194/B2
Santa Clara (río), Ca,EUA 214/B2
Santa Clara, Méx. 216/E3
Santa Clara (emb.), Por. 94/A4
Santa Clara, Ven. 229/E2
Santa Clara de Olimar, Uru. 239/G2
Santa Clarita, Ca,EUA 194/C3
Santa Clotilde, Perú 232/C1
Santa Coloma de Farners, Esp. 95/G2
Santa Coloma de Gramanet, Esp. 95/L7
Santa Comba, Esp. 94/A1
Santa Croce (pico), Ita. 103/D5
Santa Croce di Magliano, Ita. 103/E4
Santa Croce sull'Arno, Ita. 105/D5
Santa Cruz, Ang. 176/D4
Santa Cruz, Argen. 239/K7
Santa Cruz (prov.), Argen. 239/K7
Santa Cruz (río), Argen. 239/K7
Santa Cruz, Bol. 236/D1
Santa Cruz, Bras. 231/G4
Santa Cruz, Chile 238/C2
Santa Cruz, C.Rica 218/E4
Santa Cruz (isla), Ecua. 232/J7
Santa Cruz, Ca,EUA 194/A2
Santa Cruz (isla), Ca,EUA 214/A2
Santa Cruz, Fil. 145/B2
Santa Cruz, Fil. 145/C1
Santa Cruz, Fil. 145/C2
Santa Cruz, Fil. 145/D4
Santa Cruz (mts.), Gua. 218/D3
Santa Cruz, Méx. 195/G5
Santa Cruz (río), Méx., EUA 195/G5
Santa Cruz, Perú 232/B2
Santa Cruz, Perú 232/C2
Santa Cruz (islas), Sal. 158/F6
Santa Cruz, Sto.T. 176/A2
Santa Cruz da Graciosa, Azor.,Por. 95/S12
Santa Cruz das Flores, Azor.,Por. 95/R12
Santa Cruz de Bucaral, Ven. 228/D2
Santa Cruz de la Palma, Cana. 166/A3
Santa Cruz de la Zarza, Esp. 94/D3
Santa Cruz del Quiché, Gua. 218/D3
Santa Cruz del Sur, Cuba 219/G1
Santa Cruz de Mudela, Esp. 94/D3
Santa Cruz de Orinoco, Ven. 229/E2
Santa Cruz de Tenerife, Cana. 166/A3
Santa Cruz do Capibaribe, Bras. 231/G4
Santa Cruz do Cuando, Ang. 178/D3
Santa Cruz do Piauí, Bras. 231/F4
Santa Cruz do Rio Pardo, Bras. 234/C4
Santa Cruz do Sul, Bras. 237/F4
Santa Cruz Zenzontepec, Méx. 218/B2
Sant Adrià de Besòs, Esp. 95/L7
Santa Elena, Argen. 236/D4
Santa Elena, Argen. 236/E4
Santa Elena (pico), Argen. 238/D5
Santa Elena, Bol. 236/C2
Santa Elena (bahía), C.Rica 218/E4
Santa Elena (cabo), C.Rica 218/E4
Santa Elena, Ecua. 228/A5
Santa Elena, Hon. 218/E2
Santa Elena, Perú 232/C2
Santa Elena (isla), R.U. 164/B6
Santa Elena de Turuchipa, Bol. 236/C1
Santa Elena de Uairén, Ven. 229/F3
Santaella, Esp. 94/C4
Santa Engracia, Méx. 217/F3
Santa Eufemia Lamezia, Ita. 101/C5
Santa Eugenia de Ribeira, Esp. 94/A1
Santa Eulalia del Río, Esp. 95/F3
Santa Fe, Argen. 238/E1
Santa Fe (prov.), Argen. 236/D4
Santa Fe, Bol. 233/E3
Santa Fe, Cuba 219/F1
Santa Fe, Esp. 94/D4
Santa Fe (lago), Fl,EUA 211/G3
Santa Fe (cap.), NM,EUA 198/B3
Santa Fe (mtñas.), NM,EUA 198/B3
Santa Fe, Tx,EUA 197/G3
Santa Fe de Bogotá (cap.), Col. 228/C3
Santa Fe do Sul, Bras. 234/C4
Santa Fe Springs, Ca,EUA 214/F8
Santa Filomena, Bras. 231/E5
Sant'Agata (río), Ita. 101/B6
Sant'Agata Bolognese, Ita. 105/E3
Sant'Agata di Militello, Ita. 101/A6
Sant'Agata di Puglia, Ita. 103/F5
Santa Gertrude (Sankt Gertraud), Ita. 99/G5
Santa Giustina (lago), Ita. 99/H5
Sant'Agnello, Ita. 103/E6
Santaguida (aer.), Col. 231/K6
Santa Helena, Bras. 231/E3
Santa Helena (bahía), CS,EUA 209/G4
Santa Helena (isla), R.U. 164/B6
Santa Helena (bahía), Safr. 180/B4
Santa Helena de Goiás, Bras. 234/C3
Santa Inês, Bras. 235/F2
Santa Inés (isla), Chile 239/J8
Santa Isabel, Argen. 238/D3
Santa Isabel, Argen. 238/E2
Santa Isabel, Bol. 236/C2
Santa Isabel, Bras. 235/K8
Santa Isabel, Col. 219/F3
Santa Isabel, Ecua. 232/B1
Santa Isabel (río), Gua. 218/D2
Santa Isabel (isla), Sal. 158/E5
Santa Isabel, Ven. 229/E4
Santa Isabel de Sihuas, Perú 232/C5
Santa Isabel do Ivaí, Bras. 237/F2
Santa Isabel do Pará, Bras. 230/D3
Santa Isabel, Oico de (pico), Gui.Ec. 176/B2
Santa Juana, Méx. 217/F3
Santa Juliana, Bras. 234/D3
Santa Lucía 220/F4
Santa Lucía, Argen. 236/E4
Santa Lucía, Cana. 166/B4
Santa Lucía, Ecua. 228/B5
Santa Lucía (mts.), Ca,EUA 194/B2
Santa Lucía, Perú 232/D4
Santa Lucía, Uru. 239/F2
Santa Lucía, Ven. 228/D2
Santa Lucía (río), Argen. 236/E4
Santa Lucía (río), Uru. 239/G2
Santa Lucia del Mela, Ita. 101/B6
Santa Lucia di Piave, Ita. 105/F1
Santa Luz, Bras. 235/F1
Santa Luzia, Bras. 231/E3
Santa Luzia, Bras. 231/G4
Santa Luzia (isla), Cab.V. 164/J10
Santa Magdalena (isla), Méx. 216/B3
Santa Magdelena, Argen. 238/E2
Santa Margarita, Ca,EUA 194/B3
Santa Margarita (río), Ca,EUA 214/C4
Santa Margarita (isla), Méx. 216/B3
Santa Margherita Ligure, Ita. 104/C4
Santa María, Argen. 236/C3
Santa María, Bol. 233/F4
Santa María, Bol. 233/F5
Santa María, Bol. 236/D1
Santa Maria, Bras. 237/F4
Santa Maria (río), Bras. 237/F4
Santa Maria, Cab.V. 164/K10
Santa María, Chile 238/C2
Santa María (isla), Chile 238/B3
Santa María, Ecua. 232/J7
Santa María (isla), Ecua. 232/J7
Santa Maria, Ca,EUA 194/B3
Santa María, Fil. 145/C1
Santa María, Fil. 145/D4
Santa María (bahía), Méx. 216/C3
Santa María (río), Méx. 216/D2
Santa María (río), Méx. 218/A1
Santa Maria (cabo), Moz. 179/G5
Santa Maria (isla), Azor.,Por. 95/T13
Santa Maria a Monte, Ita. 105/D5
Santa María, Cabo de (cabo), Por. 94/B4
Santa Maria Capua Vetere, Ita. 103/E5
Santa Maria da Boa Vista, Bras. 235/F1
Santa Maria da Vitória, Bras. 234/D2
Santa María de Cayón, Esp. 94/D1
Santa María de Erebató, Ven. 229/E3
Santa Maria degli Angeli, Ita. 102/C1
Santa María de Ipire, Ven. 229/E2
Santa María del Orinoco, Ven. 229/E3
Santa María del Oro, Méx. 216/D3
Santa María del Oro, Méx. 196/B5
Santa María de Nanay, Perú 232/C1
Santa Maria di Leuca (cabo), Ita. 109/F3
Santa Maria do Pará, Bras. 230/E3
Santa Maria do Suaçi, Bras. 235/E3
Santa María Huatulco, Méx. 218/B3
Santa Maria im Münstertal, Suiza 99/G4
Santa Maria Maddalena, Ita. 105/E3
Santa Marinella, Ita. 102/B3
Santa Marta, Col. 228/C2
Santa Marta Grande (cabo), Bras. 237/G4
Santa Marta, Nev. de (mtñas.), Col. 228/C2
Santa Monica, Ca,EUA 214/B2
Santa Mónica (bahía), Ca,EUA 214/E8
Santa Mónica (mtñas.), Ca,EUA 214/B2
Santana, Bras. 234/D2
Santana (isla), Bras. 231/F3
Santana da Boa Vista, Bras. 237/F4
Santana do Acaraú, Bras. 231/F3
Santana do Cariri, Bras. 231/G4
Santana do Ipanema, Bras. 235/F1
Santana do Livramento, Bras. 237/F4
Sant'Anastasia, Ita. 103/E6
Santander, Col. 228/B4
Santander (dept.), Col. 228/C3
Santander, Esp. 94/D1
Santander, Fil. 145/C3
Santander Jiménez, Méx. 217/F3
Sant'Andrea del Pizzone, Ita. 103/E5
Sant'Angelo Lodigiano, Ita. 104/C2
Sant'Antioco, Ita. 108/A3
Sant'Antioco (isla), Ita. 108/A3
Sant'Antonino di Susa, Ita. 100/D2
Sant'Antonio, Ita. 105/D2
Sant'Antonio Abate, Ita. 103/E6
Santañy, Esp. 95/G3
Santa Olalla del Cala, Esp. 94/B4
Santa Paula, Ca,EUA 214/A2
Santa Paula (pico), Ca,EUA 214/A2
Santa Pola, Esp. 95/E3
Santa Pola (cabo), Esp. 95/E3
Sant'Apollinare in Classe, Ita. 105/F4
Santa Quitéria, Bras. 231/F4
Santa Quitéria do Maranhão, Bras. 231/F3
Sant'Arcangelo, Ita. 101/C2
Santarcángelo, Ita. 105/F4
Sant'Arcangelo (pico), Ita. 101/C2
Santarém, Bras. 231/E3
Santarém, Por. 94/A3
Santarém (dist.), Por. 94/A3
Santarém Novo, Bras. 231/E3
Santa Rita, Bras. 231/E4
Santa Rita, Bras. 231/H4
Santa Rita, Ven. 228/D2
Santa Rita, Ven. 229/E2
Santa Rita de Cássia, Bras. 234/D1
Santa Rita do Sapucaí, Bras. 235/L7
Santa Rosa, Argen. 238/D2
Santa Rosa, Argen. 238/D3
Santa Rosa (valle), Argen. 238/D4
Santa Rosa, Bol. 233/E3
Santa Rosa, Bol. 233/E4
Santa Rosa, Bol. 233/E5
Santa Rosa, Bol. 233/F5
Santa Rosa, Bras. 230/C4
Santa Rosa, Ecua. 232/B1
Santa Rosa, Ca,EUA 192/B4
Santa Rosa, Ca,EUA 194/A1
Santa Rosa (isla), Ca,EUA 194/B4
Santa Rosa (mtñas.), Ca,EUA 194/D4
Santa Rosa (isla), Fl,EUA 211/E2
Santa Rosa, NM,EUA 198/B3
Santa Rosa (mts.), Nv,EUA 192/E3
Santa Rosa, Méx. 217/F4
Santa Rosa, Méx. 217/H5
Santa Rosa, Par. 237/E3
Santa Rosa, Perú 232/D4
Santa Rosa, Uru. 239/T12
Santa Rosa, Ven. 228/D2
Santa Rosa, Ven. 228/D3
Santa Rosa, Ven. 228/E3
Santa Rosa de Aguán, Hon. 218/E3
Santa Rosa de Amanadona, Ven. 229/E4
Santa Rosa de Cabal, Col. 231/K7
Santa Rosa de Calamuchita, Argen. 238/D2
Santa Rosa de Copán, Hon. 218/D3
Santa Rosa de la Roca, Bol. 233/F5
Santa Rosa del Palmar, Bol. 233/F5
Santa Rosa de Osos, Col. 228/C3
Santa Rosa de Viterbo, Bras. 237/H2
Santa Rosalía, Méx. 216/B3
Santa Rosalía (pta.), Méx. 216/B2
Santa Rosalía, Ven. 228/D2
Santa Rosalía, Ven. 229/E3
Santa Rosa, Parq. Nal., C.Rica 218/E4
Sant'Arsenio, Ita. 101/B2
Santa Susana (mtñas.), Ca,EUA 214/B2
Santa Teresa, Austl. 155/G3
Santa Teresa, Bras. 234/C2
Santa Teresa, Bras. 235/E3
Santa Teresa (río), Bras. 234/C2
Santa Teresa, Méx. 217/H5
Santa Teresa, Ven. 231/O7
Santa Teresa di Riva, Ita. 101/B7
Santa Teresa, Parq. Nal., Uru. 239/G2
Santa Teresa, T. Abor., Austl. 155/G2
Santa Teresinha, Bras. 234/C1
Santa Teresita, Argen. 239/F3
Santa Victoria, Argen. 236/D3
Santa Vitória, Bras. 234/C3
Santa Vitória do Palmar, Bras. 239/G2
Santa Ynez, Ca,EUA 194/B3
Santa Ynez (mtñas.), Ca,EUA 214/A2
Santa Ynez (río), Ca,EUA 214/A1
Sant Boi de Llobregat, Esp. 95/L7
Sant Carles de la Ràpita, Esp. 95/F2
Sant Celoni, Esp. 95/G2
Sant Cugat del Vallès, Esp. 95/G2
Santee, Ca,EUA 214/D5
Santee (pta.), CS,EUA 209/H4
Santee (río), CS,EUA 209/H4
Sant'Egidio alla Vibrata, Ita. 103/D2
San Telmo (pta.), Méx. 216/E5
Sant'Elpidio a Mare, Ita. 103/D1
Santena, Ita. 104/A3
Santerno (río), Ita. 105/E4
Sant'Eufemia (golfo), Ita. 101/B5
Sant'Eufemia d'Aspromonte, Ita. 101/B6
Sant Feliu, Esp. 95/L7
Sant Feliu de Guíxols, Esp. 95/G2
Sant Feliu de Llobregat, Esp. 95/G2
Sant Gervàs (pico), Esp. 95/F1
Santhia, Ita. 104/B2
Santiago, Bras. 237/F4
Santiago (cabo), Chile 239/J7
Santiago (cap.), Chile 238/C2
Santiago (río), Ecua., Perú 232/B1
Santiago, Esp. 94/A1
Santiago (emb.), Ca,EUA 214/C3
Santiago (pico), Ca,EUA 214/C3
Santiago (mtñas.), Tx,EUA 196/C2
Santiago (pico), Tx,EUA 196/C3
Santiago, Fil. 145/C1
Santiago (pta.), Gui.Ec. 176/B2
Santiago, Pan. 219/F4
Santiago (mtña.), Pan. 219/F4
Santiago, Par. 237/E3
Santiago, Perú 232/C4
Santiago (Arturo Merino Benitez) (aer.intl.), Chile 238/Q9
Santiago de Cao, Perú 232/B2
Santiago de Chocorvos, Perú 232/C4
Santiago de Chuco, Perú 232/B3
Santiago de Cuba, Cuba 219/H1
Santiago del Estero, Argen. 236/C3
Santiago del Estero (prov.), Argen. 236/D3
Santiago de los Caballeros, R.Dom. 221/F2
Santiago de Machaca, Bol. 232/D5
Santiago de Pacaguaras, Bol. 233/D4
Santiago do Cacém, Por. 94/A3
Santiago Ixcuintla, Méx. 216/D4
Santiago Jocotepec, Méx. 218/B2
Santiago Juxtlahuaca, Méx. 218/B2
Santiago Papasquiaro, Méx. 216/D3
Santiago, Región Metropolitana de (reg.), Chile 238/C2
Santiago Tuxtla, Méx. 217/G5
Santiago Vázquez, Uru. 239/T12
Santigi, Indo. 147/F3
Sant'Ilario d'Enza, Ita. 104/D3
San Timoteo, Ven. 228/D2
Sāntipur, India 141/G4
Säntis (pico), Suiza 99/F3
Santisteban del Puerto, Esp. 94/D3
Sant Jeroni (mtña.), Esp. 95/K6
Sant Julia, And. 95/F1
Sant Llorenc del Munt, Parq. Nal., Esp. 95/K6
Santō, Japón 131/K9
Santo Amaro, Bras. 235/F2
Santo Amaro (isla), Bras. 235/K8
Santo Amaro das Brotas, Bras. 235/F1
Santo Anastácio, Bras. 237/G2
Santo André, Bras. 234/D4
Santo Ângelo, Bras. 237/F4
Santo Antão (isla), Cab.V. 164/J9
Santo Antônio do Içá, Bras. 228/E5
Santo Antônio do Leverger, Bras. 234/A2
Santo Antônio dos Lopes, Bras. 231/E4
Santo Antônio do Sudoeste, Bras. 237/F3
Santo Augusto, Bras. 237/F3
Santo Corazón, Bol. 236/E1
Santo Domingo, Bol. 233/E3
Santo Domingo, Chile 238/Q9
Santo Domingo, Cuba 219/F1
Santo Domingo, Méx. 217/E4
Santo Domingo (pta.), Méx. 216/B3
Santo Domingo (cap.), R.Dom. 221/G3
Santo Domingo de la Calzada, Esp. 94/D1
Santo Domingo de los Colorados, Ecua. 228/B5
Santo Domingo Petapa, Méx. 218/C2
San Tomé, Ven. 229/E2
Santomera, Esp. 95/E3
Santoña, Esp. 94/D1
Santorini (isla), Gre. 109/J4
Santorini (Thíra), Gre. 109/J4
Santorso, Ita. 105/E1
Santos, Bras. 234/D4
Santos Dumont, Bras. 235/E4
Santos Dumont (aer.intl.), Bras. 235/E4
Santos Mercado, Bol. 233/E3
Santos Reyes Nopala, Méx. 218/B2
Santo Stefano (isla), Ita. 103/D6
Santo Stefano di Magra, Ita. 104/C4
Santo Stino di Livenza, Ita. 105/F1
Santo Tomás (vol.), Ecua. 232/J7
Santo Tomás (mtña.), Fil. 145/C1
Santo Tomás, Méx. 194/D5
Santo Tomás (pta.), Méx. 216/A2
Santo Tomás, Perú 232/B2
Santo Tomás, Perú 232/C4
Santo Tomé, Argen. 238/E1
Santo Tomé (cap.), Sto.T. 176/A2
Santo Tomé (isla), Sto.T. 176/A2
Santo Tomé y Príncipe 176/A2
Sant Pere de Ribes, Esp. 95/K7
Sant Sadurní d'Anoia, Esp. 95/K7
Santuario, Col. 231/K6
Santuario di Crea, Ita. 104/B2
Santuario di Monte Vergine, Ita. 103/E6
Santuario di Oropa, Ita. 104/A1
Santurce-Antiguo, Esp. 94/D1
Sant Vicenç de Castellet, Esp. 95/K6
Sant Vicenç dels Hort, Esp. 95/L7
Şanūr, Cisj. 123/G7
San Valentín (pico), Chile 238/B5
San Vicente, Argen. 238/E1
San Vicente, Chile 238/C2
San Vicente, El Salv. 218/D3
San Vicente (emb.), Ca,EUA 214/D5
San Vicente, Méx. 194/D5
San Vicente, Ven. 228/E3
San Vicente de Alcántara, Esp. 94/B3
San Vicente de Cañete, Perú 232/B4
San Vicente del Caguán, Col. 228/C4
San Vicente del Raspeig, Esp. 95/E3
San Vicente y las Granadinas 220/F4
San Vicino (pico), Ita. 102/D1
San Vicino, Monte (pico), Ita. 105/G6
San Vincente (isla), Sn.V. 220/F4
San Vincente (canal), Sta.L.,Sn.V. 220/F4
San Vincenzo, Ita. 102/A1
San Vito, C.Rica 219/F4
San Vito (cabo), Ita. 102/D2
San Vito al Tagliamento, Ita. 105/F1
San Vito Romano, Ita. 102/C4

Sun Valley, Ca,EUA 214/F7
Sunwu, China 129/K2
Sunyani, Gha. 169/E5
Sunzu (pico), Zam. 177/G5
Suo (mar), Japón 130/B4
Suoi Rut, Vie. 143/D1
Suomenlinna, Fin. 81/L1
Suomenselkä (reg.), Fin. 79/H3
Suong, Camb. 143/D4
Suoyarvi, Rusia 112/G3
Supaul, India 141/F2
Supe, Perú 232/B3
Superior (lago), Can., EUA 189/J2
Superior (pen.), Mi,EUA 189/J2
Superior, Mt,EUA 190/G4
Superior (bahía), NJ, NY,EUA 213/D2
Superior, Wi,EUA 203/H4
Superior (alt.), Wi,EUA 203/J4
Superstition (mtñas.), Az,EUA 195/G4
Suphan Buri, Tail. 143/C3
Supía, Col. 231/K6
Supino, Ita. 102/D4
Supiori (isla), Indo. 147/J4
Sup'ung (emb.), China, Cor.N. 133/C2
Sūq ash Shuyūkh, Irak 125/F4
Şuqaylabīyah, Siria 123/E2
Suqian, China 135/D4
Sur (río), Ale. 89/F7
Sur (pta.), Argen. 239/F3
Sûr (río), Bél. 87/E4
Sur (prov.), Cam. 172/A5
Sur (bahía), Nun,Can. . 187/H2
Sur (pta.), Ca,EUA 194/B2
Sur (dist.), Isr. 123/D4
Sur (isla), Kenia 175/B1
Sur (reg.), Marr. 166/C3
Şūr, Omán 127/G4
Sur (alt.), Es,R.U. 74/D1
Sur (colinas), Ing,R.U. 77/F5
Sura (río), Rusia 115/H1
Sura (cabo), Som. 174/C3
Surabaya, Indo. 144/F4
Surada, India 138/D4
Surafricana, República 164/E7
Surahammar, Sue. 80/G2
Surakarta, Indo. 144/E4
Surakhany, Azer. 125/G1
Surallah, Fil. 145/D4
Sūramangalam, India . 142/G3
Suran (río), Fra. 98/B5
Šurany, Eslo. 91/C3
Surat, Austl. 156/C4
Surat, India 138/B3
Suratgarh, India 138/B2
Surat Thani, Tail. 143/B4
Surazh, Bela. 81/P4
Surazh, Rusia 114/E1
Surbourg, Fra. 87/G6
Sur, Campo de Hielo (glacier), Chile 239/J7
Surčin, Serb. 110/E3
Sur de Taranaki (bahía), N.Z. 160/C2
Surdulica, Serb. 110/F4
Sûre (río), Bél., Lux. 87/E4
Sure (río), Fra. 100/B3
Sure, Lach (río seco), Kenia 175/C1
Surendranagar, India . 138/B3
Sureste (pta.), Bahm. .. 220/C2
Surgères, Fra. 92/C3
Surgut, Rusia 118/H3
Sūri, India 141/F4
Súria, Esp. 95/F2
Surigao, Fil. 145/D3
Surin, Tail. 143/C3
Surinam (río), Suri. 230/C2
Surinam 230/B1
Suripa, Ven. 228/D3
Surkhob (río), Tay. 134/A4
Surma (río), Bang. 141/H3
Şurmān, Libia 170/B1
Suroeste (prov.), Cam. 169/H5
Suroriente (dist.), Bots. 180/D2
Surovikino, Rusia 117/M3
Surprise, Az,EUA 195/F4
Surrattsville (Clinton), Md,EUA 212/B6
Surrey, CB,Can. 190/C3
Surrey (con.), Ing,R.U. . 71/M8
Surry, Va,EUA 209/J2
Sursee, Suiza 98/E3
Sursk, Rusia 115/H1
Surt, Libia 170/C2
Surte, Sue. 80/E3
Sur-Trøndelag (con.), Nor. 79/D3
Şūr (Tyre), Líba. 123/D3
Sürüç, Tur. 124/D2
Suruga (bahía), Japón . 131/F3
Surumu (río), Bras. 229/F4
Surup, Fil. 145/D4
Survilliers, Fra. 71/T9
Surwakwima (cats.), Guy. 229/F3
Surwold, Ale. 85/E3
Susa, Ita. 100/D2
Sūsah, Tun. 165/X18
Sūsah (gob.), Tun. 108/B5
Susaki, Japón 130/C4
Susan (río), Ca,EUA 192/C3
Susanino, Rusia 81/P2
Susanville, Ca,EUA 192/C3
Susegana, Ita. 105/F1
Suşehri, Tur. 124/D1
Sushui (río), China 135/B4
Sušice, R.Ch. 89/G4
Susitna (río), Ak,EUA ... 215/J3
Susong, China 135/D5
Susono, Japón 131/F3
Susquehanna (río), E.U.A. 212/B4
Susquehanna, West Branch (río), Pa,EUA 212/A1
Susques, Argen. 236/C2
Süsser (lago), Ale. 90/B4
Sussex, NB,Can. 204/E3
Sussex, Va,EUA 209/J2
Sussex Inlet, Austl. 157/D2
Sussex Occidental (con.), Ing,R.U. 77/F4
Sussex, Vale of (valle), Ing,R.U. 77/F4
Sustenhorn (pico), Suiza 99/E4
Susteren, P.B. 84/C6
Susuman, Rusia 119/Q3
Susurluk, Tur. 124/B2
Susz, Pol. 83/K2
Sutamarchán, Col. 228/C3
Sütçüler, Tur. 124/B2
Suthep-Pui, Parq. Nal., Tail. 143/B2
Sutherland, Austl. 156/H9
Sutherland (cats.), N.Z. 160/A4
Sutherland, Safr. 180/C4
Sutjeska, Parq. Nal., Bosn. 110/D4
Sutlej (río), India, Pak. 127/K2
Sütlücc, Tur. 111/H5
Sutri, Ita. 102/C3
Sutton, VOcc,EUA 209/G1
Sutton, Ing,R.U. 71/N7
Sutton (mun.inc.), Ing,R.U. 71/N7
Sutton Coldfield, Ing,R.U. 77/E1
Sutton in Ashfield, Ing,R.U. 75/G5
Sutton on Sea, Ing,R.U. . 75/J5
Suttsu, Japón 132/B2
Suur (estr.), Esto. 81/K2
Suurberge (mtñas.), Safr. 180/D4
Suure-Jaani, Esto. 81/L2
Suva (cap.), Fidji 158/G6
Suvorovo, Bul. 111/H4
Suwa, Eri. 174/B2
Suwa, Japón 131/F2
Suwałki, Pol. 83/M1
Suwałki (prov.), Pol. 83/M2
Suwannee (río), Fl,EUA 211/G3
Suwanose (isla), Japón 132/K6
Suwarrow (isla), Cook 159/J6
Şuwaylih, Jor. 123/D3
Suwon, Cor.S. 133/D4
Suyo, Perú 232/B2
Suze (río), Suiza 98/D3
Suzhou, China 135/D4
Suzhou, China 135/E5
Suzi (río), China 133/C2
Suzon (río), Fra. 100/B2
Suzu, Japón 131/E2
Suzuka, Japón 130/E3
Suzuka (mts.), Japón 131/M10
Suzuka (río), Japón .. 131/M10
Suzu-misaki (cabo), Japón 131/E2
Suzzara, Ita. 105/D3
Svalbard (arch.), Nor. . 118/C2
Svalöv, Sue. 81/U9
Svalyava, Ucr. 116/B3
Svaneke, Din. 80/F4
Svängsta, Sue. 80/F3
Svanstein, Sue. 79/G2
Svartsjölandet (isla), Sue. 81/R7
Svatava (río), R.Ch. 89/F2
Svay Rieng, Camb. 143/D4
Svealand (reg.), Sue. 80/F2
Svedala, Sue. 80/E4
Svėdasai, Lit. 81/L4
Sveg, Sue. 79/E3
Svejbæk, Din. 80/C3
Svelvik, Nor. 80/D2
Svendborg, Din. 80/D4
Svendsen (pen.), Nun,Can. 187/S7
Svenljunga, Sue. 80/E3
Svenstrup, Din. 80/C3
Sverdlovsk, Ucr. 117/K3
Sverdlovsk (Yekaterinburg) Rusia 113/P4
Sverdrup (canal), Nun,Can. 187/S7
Sverdrup (islas), Nun,Can. 187/R7
Sverdrup (isla), Rusia . 118/H2
Svetae (isla), Cro. 103/F1
Svetlaya, Rusia 129/M2
Svetlogorsk, Bela. 114/D1
Svetlogorsk, Rusia 81/J4
Svetlogorsk, Rusia 83/L1
Svetlograd, Rusia 117/M5
Svetlyy, Rusia 81/J4
Svetlyy Yar, Rusia 115/H2
Svetogorsk, Rusia 81/N1
Svetozarevo, Serb. 110/E4
Svíahnúkar (pico), Isl. ... 79/P7
Sviati Nos (cabo), Rusia 119/Q2
Svilajnac, Serb. 110/E3
Svilengrad, Bul. 111/H5
Svirsk, Rusia 128/E1
Svishtov, Bul. 111/G4
Svisloch', Bela. 81/N5
Svitavy, R.Ch. 83/J4
Svobodnyy, Rusia 129/K1
Svoge, Bul. 111/F4
Svolvær, Nor. 79/E1
Svratka (río), R.Ch. 91/A2
Svrljig, Serb. 110/F4
Swadlincote, Ing,R.U. ... 77/E1
Swain (arcfs.), Austl. .. 156/D3
Swains (isla), Sam.Am. 159/H5
Swainsboro, Ga,EUA ... 209/F4
Swakop (río seco), Nam. 178/B4
Swakopmund, Nam. ... 178/B4
Swale (río), Ing,R.U. 75/G3
Swalecliffe, Ing,R.U. 77/H4
Swale, The (canal), Ing,R.U. 77/G4
Swallow (cats.), Md,EUA 209/H1
Swalmen, P.B. 84/D6
Swan (pico), Austl. 155/G2
Swan (río), Austl. 154/K7
Swan (colinas), Ab,Can. 186/E3
Swan (lago), Mb,Can. . 202/D1
Swan (río), Mb, Sk,Can. 202/C1
Swan (cats.), Id,EUA ... 192/E2
Swan (lago), Mn,EUA . 201/G1
Swan (mts.), Mt,EUA .. 191/H3
Swan Hill, Austl. 157/B2
Swanley Hextable, Ing,R.U. 77/G4
Swanquarter, CN,EUA 209/J3
Swan Reach, Austl. 155/H5
Swan River, Mb,Can. .. 202/D1
Swans (isla), Me,EUA . 204/C3
Swanscombe, Ing,R.U. . 71/P7
Swansea, Austl. 157/D4
Swansea, Il,EUA 201/K4
Swansea, Gales,R.U. 76/C3
Swansea (bahía), Gales,R.U. 76/C3
Swans Island, Me,EUA 204/C3
Swanson (emb.), Ne,EUA 200/D3
Swart Kei (río), Safr. ... 180/D3
Swartswood (lago), NJ,EUA 212/D1
Swarzędz, Pol. 83/J2
Swarzenbach an der Sächsischen Saale, Ale. 89/E2
Swarzrand (mtñas.), Nam. 180/B2
Swayambhunath, Nepal 141/E2
Swazilandia 181/E2
Sweers (isla), Austl. 153/E4
Sweetwater (emb.), Ca,EUA 214/D5
Sweetwater (río), Ca,EUA 214/C5
Sweetwater (lago), DN,EUA 202/E3
Sweetwater, Fl,EUA 210/P8
Sweetwater, Tx,EUA .. 196/D1
Sweetwater (río), Wy,EUA 193/J2
Swellendam, Safr. 180/C4
Świdnica, Pol. 83/J3
Świdnik, Pol. 83/M3
Świdwin, Pol. 83/H2
Świebodzice, Pol. 83/J3
Świebozin, Pol. 83/H2
Świecie, Pol. 83/K2
Swift (río), CB,Can. 190/C1
Swift Current, Sk,Can. . 191/L2
Swifts Creek, Austl. 157/C3
Swilly, Lough (ens.), Irl. 73/H9
Swimming River (emb.), NJ,EUA 213/D3
Swindon, Ing,R.U. 77/E3
Świnoujście, Pol. 83/H2
Swinton, Ing,R.U. 75/G5
Swist Bach (río), Ale. 87/F2
Sword Beach, Fra. 97/E2
Swords, Irl. 78/D3
Syas'stroy, Rusia 81/Q1
Sybaris-Copia (ruinas), Ita. 101/C3
Sycamore, Il,EUA 201/K3
Sycan (río), Or,EUA 192/C2
Syców, Pol. 83/J3
Sydney, Austl. 157/D2
Sydney, NE,Can. 205/G2
Sydney-Kingsford Smith (aer.intl.), Austl. 156/H8
Sydney (Manra) (isla), Kir. 159/H5
Sydney Mines, NE,Can. 205/G2
Syke, Ale. 85/F3
Sylacauga, Al,EUA 208/D4
Sylarna (pico), Sue. 79/E3
Sylhet, Bang. 141/H3
Sylhet (dist.), Bang. 141/H3
Sylt (isla), Ale. 82/E1
Sylva, CN,EUA 209/F3
Sylva (río), Rusia 113/N4
Sylvania, Ga,EUA 209/G4
Sylvania, Oh,EUA 206/E4
Sylvan Lake, Ab,Can. .. 191/G1
Sylvenstein-Stausee (lago), Ale. 99/H2
Sylvester (lago), Austl. 153/E4
Sylvester, Ga,EUA 211/G2
Synnott (mts.), Austl. ... 152/B4
Syntagma, Plaza, Gre. . 109/L6
Syosset, NY,EUA 213/E2
Syowa, Ant. 161/C
Syracuse, In,EUA 206/D4
Syracuse, Ks,EUA 198/D2
Syracuse, NY,EUA 207/H3
Syrdar'ya (río), Asia 118/G5
Syriam, Mya. 139/G4
Syrskiy, Rusia 114/F1
Sysmä, Fin. 81/L1
Sysola (río), Rusia 113/L3
Szabadszállás, Hun. 91/D6
Szabolcs-Szatmár-Bereg (con.), Hun. 110/E1
Szamotuły, Pol. 83/J2
Szarvas, Hun. 110/E2
Százhalombatta, Hun. ... 91/C5
Szczebrzeszyn, Pol. 83/M3
Szczecin, Pol. 83/H2
Szczecin (prov.), Pol. 83/H2
Szczecinek, Pol. 83/J2
Szczytna, Pol. 93/M1
Szczytno, Pol. 83/L2
Szeged, Hun. 110/E2
Szeghalom, Hun. 110/E2
Szegvár, Hun. 110/E2
Székesfehérvár, Hun. ... 91/C5
Szekszárd, Hun. 110/D2
Szelidi tó (lago), Hun. ... 91/D6
Szendro, Hun. 110/E1
Szentendre, Hun. 91/D4
Szentendrei-Duna (río), Hun. 91/D4
Szentendrei-sziget (isla), Hun. 91/D4
Szentes, Hun. 110/E2
Szentgotthárd, Hun. 91/A6
Szent László-vize (río), Hun. 91/C5
Szentlorinc, Hun. 110/C2
Szerencs, Hun. 110/E1
Szeskie Wzgorza (pico), Pol. 112/D5
Szevíz (río), Hun. 91/A6
Szigetköz (isla), Hun. 91/B4
Sziget-Szentmiklós, Hun. 91/D5
Szigetvár, Hun. 110/C2
Szirák, Hun. 110/D2
Szolnok, Hun. 110/E2
Szombathely, Hun. 91/A5
Szprotawa, Pol. 83/H3
Sztum, Pol. 83/K2
Szubin, Pol. 83/J2
Szydłowiec, Pol. 83/L3

T

Tab, Hun. 91/C6
Tabaco, Fil. 145/C2
Tabango, Fil. 145/D3
Tabaquite, Trin. 220/F5
Ţabarqah, Tun. 165/W17
Ţabas, Irán 125/J3
Tabasara (mts.), Pan. .. 219/F4
Tabasco (est.), Méx. ... 217/G5
Tabatinga (colinas), Bras. 234/D1
Tabbs (bahía), Tx,EUA 197/N9
Tabelbala, Arg. 166/E3
Taber, Ab,Can. 191/H3
Tabernes de Valldigna, Esp. 95/E3
Tabiang, Kir. 158/F5
Tabira, Bras. 231/G4
Tabiteuea (atolón), Kir. 158/G5
Tablas (isla), Fil. 145/C2
Tablas de Daimiel, Parq. Nal., Esp. 106/C3
Tablas, Las (estr.), Fil. . 145/C3
Table (mtña.), Wa,EUA 190/D4
Table (mtña.), Irl. 78/D3
Table (cabo), N.Z. 160/D2
Table (colina), N.Z. 160/A4
Table (bahía), Safr. 180/B4
Table (pico), Safr. 180/L10
Table Rock (lago), Ar, Mo,EUA 199/H2
Tabletop, Mount (pico), P.N.G. 153/G1
Taboada, Esp. 94/B1
Tábor, R.Ch. 89/H4
Tabora, Tan. 175/A3
Tabora, Tan. 175/B4
Tabora (reg.), Tan. 175/A3
Tabou, C.Marf. 168/D5
Tabriz, Irán 125/F2
Tabuaeran (Fanning) (isla), Kir. 159/K4
Tabūk, Ar.S. 124/D4
Tabuk, Fil. 145/C1
Tabuleiro do Norte, Bras. 231/G4
Taburno (pico), Ita. 103/E5
Tabwemasana (mte.), Van. 158/F6
Täby, Sue. 81/S6
Tacabamba, Perú 232/B2
Tacámbaro, Méx. 217/E5
Tacaná (vol.), Méx. 218/C3
Tacaratu, Bras. 231/G5
Tacarcuna (mtña.), Pan. 219/G4
Tacheng, China 134/D2
Tachia (río), Tai. 137/J3
Tachibana (bahía), Japón 130/A4
Tachikawa, Japón 131/F3
Tachinger See (lago), Ale. 89/F7
Táchira (est.), Ven. 228/C2
Tachov, R.Ch. 89/F3
Tacina (río), Ita. 101/C4
Tacloban, Fil. 145/D3
Tacna, Perú 232/D5
Tacobamba, Bol. 236/C1
Tacoma, Wa,EUA 190/C4
Tacopaya, Bol. 236/C1
Tacora (vol.), Chile 236/B1
Tacoronte, Cana.,Esp. . 95/X16
Tacotalpa, Méx. 217/G5
Tacuarembó, Uru. 239/G1
Tacuarembó (dept.), Uru. 239/G2
Tacurong, Fil. 145/D4
Tacutu (río), Bras., Guy. 229/F4
Tadami (río), Japón 131/F2
Tadaoka, Japón 131/L10
Tademaït (mes.), Arg. .. 167/F3
Tādepallegūdem, India 138/D4
Tadjoura (golfo), Som. 174/C3
Tadley, Ing,R.U. 77/E4
Tadmur, Siria 124/D3
Tadó, Col. 228/B3
Tado, Japón 131/M9
Tadohae Hasang, Parq. Nal., Cor.S. 133/C5
Tadotsu, Japón 130/C3
Tādpatri, India 138/C5
Tadrart (mtñas.), Arg., Libia 170/A3
Tadworth, Ing,R.U. 71/N8
T'aean, Cor.S. 133/D4
Taebudo (isla), Cor.S. .. 133/F7
Taech'ŏn, Cor.S. 133/D4
Taech'ŏng (isla), Cor.S. 133/C4
Taedŏk, Cor.S. 133/D5
Taedong (río), Cor. N. ..113/D3
Taegang-got (pta.), Cor.N. 133/D3
Taegu, Cor.S. 133/E5
Taegu-jikhalsi (prov.), Cor.S. 130/A2
Taehŭksan (isla), Cor.S. 133/C5
T'aein, Cor.S. 133/D5
Taejon, Cor.S. 133/D4
Taeryŏng (río), Cor.N. . 133/C2
T'aet'an, Cor.N. 133/C3
Taf (río), Gales,R.U. 76/B3
Tafalla, Esp. 94/E1
Tafassasset (río seco), Arg. 167/H4
Tafassasset, Ténéré du (reg.), Níger 167/H5
Taff (río), Gales,R.U. 76/C3
Tafí Viejo, Argen. 236/C3
Taft, Fil. 145/D3
Taft, Irán 125/H4
Taftān (mtña.), Irán 127/H3
Taga, Japón 131/M9
Taganrog, Rusia 71/G4
Taganrog (golfo), Rusia, Ucr. 117/K4
Tagant (reg.), Maur. 168/C2
Tagarav (pico), Turk. ... 125/J2
Tagawa, Japón 130/B4
Tagbilaran, Fil. 145/C3
Taggia, Ita. 104/A5
Taghit, Arg. 167/E3
Tagig, Fil. 145/F6
Tagish, Yk,Can. 215/M3
Tagliacozzo, Ita. 102/D3
Tagliamento (río), Ita. . 105/G1
Taglio di Po, Ita. 105/F2
Tagolo (pta.), Fil. 145/C3
Tagoloan, Fil. 145/D3
Taguasco, Cuba 219/G1
Taguatinga, Bras. 234/C2
Taguatinga, Bras. 234/D2
Tagudin, Fil. 145/C1
Tagula (isla), P.N.G. 158/E6
Tagum, Fil. 145/D4
Tagun (río), Rusia 113/P4
Tahakopa, N.Z. 160/B4
Tahan (pico), Malay. ... 144/C1
Tahara, Japón 131/N10
Tahat (pico), Arg. 167/G5
Tahat, Oued et (río), Arg. 165/R16
Tahe, China 129/J1
Tahenea (atolón), Pol.Fr. 159/L6
Tahití (isla), Pol.Fr. 159/X15
Tahkuna (pta.), Esto. 81/K2
Tahlequah, Ok,EUA 199/G3
Tahmoor, Austl. 157/D2
Tahoe (lago), Ca, Nv,EUA 192/C4
Tahoka, Tx,EUA 196/D1
Tahoua, Níger 169/G3
Tahoua (dept.), Níger .. 169/G3
Tahquamenon (cats.), Mi,EUA 206/D1
Tahţā, Egip. 171/F3
Tahua, Bol. 233/E4
Tahuamanu, Perú 232/D3
Tahuamanu (río), Perú 232/D3
Tahuata (isla), Pol.Fr. ... 159/L6
Tahulandang (isla), Indo. 147/G3
Tai (lago), China 135/L8
Tai'an, China 133/B2
Tai'an, China 135/D3
Taiarapu (pen.), Pol.Fr. 159/X15
Taibai (mtña.), China ... 135/C3
Taibai (pico), China 128/F5
Taiban, NM,EUA 198/B3
Taibus Qi, China 128/H3
Taicang, China 135/E5
Taichung, Tai. 137/J3
Taieri (río), N.Z. 160/B4
Taigu, China 135/C3
Taihaku (mtñas.), Cor.N., Cor.S. 133/D2
Taihang (mtñas.), China 135/C3
Taihape, N.Z. 160/C2
Taihe, China 135/C4
Taihu, China 135/D5
Taikang, China 135/C4
Taiki, Japón 132/C2
Tailai, China 129/J2
Tailandia 143/C3
Tailandia (golfo), Asia 143/C4
Tailem Bend, Austl. 155/H5
Taima, Japón 131/L10
Taimir (isla), Rusia 119/L2
Taimir (pen.), Rusia 118/K2
Taimir (río), Rusia 118/K2
Taimiria (reg. aut.) Rusia 118/J2
Tain, Es,R.U. 72/B1
Tainan, Tai. 137/J4
Taínaron, Ákra (cabo), Gre. 109/H4
Taió, Bras. 237/G3
Taiobeiras, Bras. 235/E2
Taiohae, Pol.Fr. 159/L5
Taï, Parq. Nal., C.Marf. 168/D5
Taipei, Tai. 122/M7
Taipei (cap.), Tai. 137/J3
Taiping, China 135/D5
Taiping, China 137/F4
Taiping, China 137/G1
Taiping, China 143/D1
Taiping (pico), China ... 129/J2
Taiping, Malay. 144/C1
Taipu, Bras. 231/H4
Taisha, Japón 130/C3
Taishan, China 137/G4
Taishi, Japón 131/L10
Taishun, China 137/H3
Taitao (pen.), Chile 238/B5
Taiti (pico), Kenia 175/A1
Taiwan 137/J3
Tai Xian, China 135/E4
Taixing, China 135/E4
Taíyetos (mtñas), Gre. 109/H4
Taiyuan, China 135/C3
Taizhou, China 135/D4
Taizi (río), China 135/E2
Tajam (pico), Indo. 146/C4
Tajima, Japón 131/F2
Tajimi, Japón 131/E3
Tajiri, Japón 131/L10
Taj Mahal, India 140/A2
Tajmulco (vol.), Gua. ... 218/D3
Tajo (río), Esp. 94/C3
Tajrish, Irán 125/G3
Tajuña (río), Esp. 94/D2
Tājūrā, Libia 170/B1
Tak, Tail. 143/B2
Takahagi, Japón 131/G2
Takahama, Japón 130/D3
Takahashi, Japón 130/C3
Takahashi (río), Japón 130/C3
Takahata, Japón 131/G2
Takaishi, Japón 131/L10
Takaka, N.Z. 160/C3
Takama, Guy. 230/B1
Takamatsu, Japón 130/D3
Takami-yama (pico), Japón 131/M10
Takanabe, Japón 130/B4
Takanosu, Japón 132/B3
Takaoka, Japón 131/E2
Takapau, N.Z. 160/C2
Takapuna, N.Z. 160/C2
Takarazuka, Japón 131/L10
Takaroa (isla), Pol.Fr. .. 159/L6
Takasaki, Japón 131/F2
Takashima, Japón 131/M9
Takatori, Japón 131/L10
Takatsuki, Japón 130/D3
Takayama, Japón 131/E2
Takefu, Japón 130/E3
Takehara, Japón 130/C3
Tākestān, Irán 125/G2
Taketa, Japón 130/B4
Taketoyo, Japón 131/M10
Takev, Camb. 143/D4
Takhatpur, India 140/C4
Ta Khli, Tail. 139/H4
Takhta, Rusia 117/M5
Takhta-Bazar, Turk. 127/H1
Takhtamygda, Rusia 129/J1
Takht-e Jamshīd (Persépolis) (ruinas), Irán 125/H4
Tāki, India 141/G4
Taki, Japón 131/M10
Takijuq (lago), Nun,Can. 186/E2
Takikawa, Japón 132/B2
Takino, Japón 131/K10
Takla Makan (des.), China 134/D4
Takoradi, Gha. 169/E5
Takouch (cabo), Arg. 165/V17
Taksimo, Rusia 119/M4
Taksony, Hun. 91/D5
Talā, Egip. 123/B4
Tala, Kenia 175/B2
Tala, Méx. 216/E4
Tala, Uru. 239/G2
Talacasto, Argen. 236/B4
Talagang, Pak. 142/B1
Talagante, Chile 238/Q9
Talaimannar, Sr.L. 142/G4
Talāja, India 138/B3
Talak (reg.), Níger 169/G2
Talalayevka, Ucr. 117/G2
Talamanca (mtñas.), C.Rica 219/F4
Talamona, Ita. 99/F5
Talang (pico), Indo. 144/C3
Talanga, Hon. 218/E3
Talange, Fra. 87/F5
Talant, Fra. 98/A3
Talara, Perú 232/A2
Talas (río), Kaz. 134/B3
Talas, Kirg. 134/B3
Talas, Tur. 124/C2
Talavera de la Reina, Esp. 94/C3
Talavera la Real, Esp. .. 94/B3
Talawakele, Sr.L. 138/D6
Talayuela, Esp. 94/C3
Talbingo, Austl. 157/D2
Talbot (cabo), Austl. ... 150/D2
Talbotton, Ga,EUA 208/E4
Talca, Chile 238/C2
Talcahuano, Chile 238/B3
Tālcher, India 138/E3
Taldan, Rusia 129/J1
Taldi-Kurgan, Kaz. 134/C3
Talence, Fra. 92/C4
Talent (río), Suiza 98/C4
Talfer (Talvera) (río), Ita. 99/H4
Talgar, Kaz. 118/H5
Taliabu (isla), Indo. 147/F4
Talin, Arm. 115/G4
Talinay, Parq. Nal., Chile 236/B4
Talipaw, Fil. 145/C4
Talisayan, Fil. 145/D3
Talisayan, Indo. 147/E3
Talitsa, Rusia 113/P4
Ţalkhā, Egip. 123/B4
Tall Abyaḑ, Siria 124/D2
Talladega, Al,EUA 208/D4
Tall 'Afar, Irak 124/E2
Tallahassee (cap.), Fl,EUA 211/F2
Tallahatchie (río), Ms,EUA 208/B3
Tallangatta, Austl. 157/C3
Tallapoosa (río), Al, Ga,EUA 208/E4
Tall 'Āsūr (Ba'al Ḫazor) (mtña.), Cisj. . 123/G8
Tallering (pico), Austl. 154/B4
Tallin (cap.), Esto. 81/L2
Tall Kalakh, Siria 123/E2
Tall Kayf, Irak 125/E2
Tallow, Irl. 78/C5
Tallulah, La,EUA 210/C1
Talmassons, Ita. 105/G1
Talo (pico), Eti. 173/H3
Taloda, India 138/B3
Taloga, Ok,EUA 198/E2
Tāloqān, Afg. 127/J1
Talovaya, Rusia 117/L2
Talpa de Allende, Méx. 216/D4
Talsi, Let. 81/K3
Talsperre Pöhl (emb.), Ale. 89/F1
Taltal, Chile 236/B3
Taltson (río), TNO,Can. 186/E2
Talumphuk (pta.), Tail. 143/C4
Talut (pta.), Fra. 96/B5
Talvera (Talfer) (río), Ita. 99/H4
Talwāra, India 142/C2
Tama, Japón 131/H7
Tama (río), Japón 131/H7
Tama Abu (ra.), Malay. 145/A5
Tama-Chichibu, Parq. Nal., Japón 131/H7
Tamagawa, Japón 131/H6
Tamaki, Japón 131/M10
Tamaki (estr.), N.Z. 160/G6
Tamalameque, Col. 228/C2
Tamale, Gha. 169/E4
Tamán (bahía), Rusia .. 117/J5
Tamaná (pico), Col. 228/B3
Tamana (isla), Kir. 158/G5
Tamanaco (río), Ven. .. 231/O8
Tamanghasset, Arg. 167/G5
Tamanghasset (río seco), Arg. 167/F5
Tamanghasset (wilaya), Arg. 167/F4
Taman Negara, Malay. 144/C1
Tamar (río), Ing,R.U. 76/B5
Tamara (isla), Japón ... 132/H8
Tamarac, Fl,EUA 210/P7
Tamar, Alto de (pico), Col. 228/C3
Tamarindo, Ref. Nal. de Fauna, C.Rica 218/E4
Tamarite de Litera, Esp. 95/F2
Tamaro (pico), Suiza 99/E5
Tamarugal (llan.), Chile 236/B1
Tamási, Hun. 91/C6
Tamatama, Ven. 229/E4
Tamaulipas (est.), Méx. 217/F4
Tamazula de Gordiano, Méx. 216/E5
Tamazunchale, Méx. ... 217/F4
Tamba, Japón 131/L9
Tamba (colinas), Japón 131/L9
Tambacounda, Sen. 168/B3
Tambacounda (reg.), Sen. 168/B3
Tambelan (islas), Indo. 146/C3
Tambellup, Austl. 154/C5
Tambey, Rusia 118/H2
Tambo, Austl. 156/B4
Tambo (río), Perú 232/C3
Tambobamba, Perú 232/C4
Tambo Colorado, Perú 232/C4
Tambo de Mora, Perú . 232/B4
Tambo Grande, Perú ... 232/A2
Tambohorano, Mad. ... 181/G7
Tambopata (río), Bol., Perú 232/D4
Tambo, Pizzo (pico), Suiza 99/F5
Tambora (pico), Indo. .. 147/E5
Tambores, Uru. 237/E4
Tamboril, Bras. 231/F4
Tamboritha (pico), Austl. 157/C3
Tambov, Rusia 71/H3
Tambov, Región de, Rusia 117/L2
Tambre (río), Esp. 94/A1
Tame, Col. 228/D3
Tame (río), Ing,R.U. 77/E1
Támega (río), Por. 94/B2
Tamel Aike, Argen. 239/K7
Tamentit, Arg. 167/E4
Támesis, Col. 231/K6
Támesis (río), Ing,R.U. .. 71/P7
Tamgak (pico), Níger .. 169/H2
Tamgue, Massif du (reg.), Gui., Sen. 168/B3
Tamiahua, Méx. 217/F4
Tamiahua (lag.), Méx. . 218/B1
Tamiami, Fl,EUA 210/P8
Tamiami (canal), Fl,EUA 211/H4
Tamiang (pta.), Indo. ... 144/B1
Tamil Nadu (est.), India 142/F3
Taminango, Col. 228/B4
Ţāmiyah, Egip. 123/B5
Tam Ky, Vie. 143/E3
Tam Le, Vie. 143/D2
Tamlūk, India 141/F4
Tammany (mte.), NJ,EUA 212/C2
Tammaro (río), Ita. 103/E5
Tammisaari (Ekenäs), Fin. 81/K2
Ţammūn, Cisj. 123/D3
Tampa, Fl,EUA 189/K6
Tampa, Fl,EUA 211/G4
Tampa (bahía), Fl,EUA 210/K8
Tampalakamam, Sr.L. 142/H4
Tampamolón Corona, Méx. 217/F4
Tampere, Fin. 81/K1
Tampico, Méx. 217/F4
Tampin, Malay. 144/C2
Tampoc (río), Gua.Fr. .. 230/C2
Tampon Ambohitra (pico), Mad. 181/J6
Tampulonanjing (pico), Indo. 144/B2
Tamsalu, Esto. 81/M2
Tamshiyacu, Perú 232/C2
Tamsweg, Aus. 93/K3
Tamuín, Méx. 217/F4
Tamuín (río), Méx. 218/B1
Tamur (río), Nepal 141/F2
Tamworth, Austl. 157/D1
Tamworth, Ing,R.U. 77/E1
Tamyang, Cor.S. 133/D5
Tan (río), China 139/K3
Tana (lago), Eti. 173/H2
Tana (río), Kenia 175/B2
Tana (río), Nor. 79/H1
Tanabe, Japón 130/D4
Tanabi, Bras. 237/G2
Tanafjorden (fiordo), Nor. 79/J1
Tanaga (isla), Ak,EUA . 215/C6
Tanaga (vol.), Ak,EUA . 215/C6
Tanagro (río), Ita. 103/F6
Tanagura, Japón 131/G2
Tanahbala (isla), Indo. 144/D3
Tanahmasa (isla), Indo. 144/B3
Tanah Merah, Malay. . 143/C5
Tanami (des.), Austl. .. 152/C4
Tanami, Santuario de Fauna Desierto, Austl. 155/F2
Tan An, Vie. 143/D4
Tanana (río), Ak,EUA .. 215/J3
Tananarive (cap.), Mad. 181/H7
Tananarive (prov.), Mad. 181/H7
Tanandava, Mad. 181/G8
Tanaro (río), Ita. 104/B3
Tanārūt, Wādī (río seco), Libia 170/A2
Tancacha, Argen. 238/E2
Tancheng, China 135/D4
Tancítaro (pico), Méx. 216/E5
Tānda, India 138/C2
Tāndā, India 138/D2
Tānda, India 140/B1
Tandā, India 140/D2
Tandag, Fil. 145/D3
Ţăndărei, Rum. 111/H3
Tandil, Argen. 238/F3
Tandjilé (pref.), Chad .. 172/C3
Tāndliānwāla, Pak. 142/B2
Tando Ādam, Pak. 127/J3
Tando Allāhyār, Pak. .. 127/J3
Tando Muhammad Khān, Pak. 127/J3
Tandou (lago), Austl. .. 155/J5
Tanega (isla), Japón .. 130/B5
Tanem (mts.), Mya., Tail. 136/C5
Tanem (mts.), Tail. 139/G4
Tanezrouft (des.), Arg., Malí 167/E5
Tang (río), China 135/C3
Tang (río), China 135/C4
Tanga, Tan. 175/B3
Tanga (prov.), Tan. 175/B3
Tangail (dist.), Bang. .. 141/G3
Tangainony, Mad. 181/H8
Tanganyika (lago), Áfr. 177/G4
Tangará da Serra, Bras. 234/A2
Tangent (pta.), Ak,EUA 215/G1
Tánger (río), Ale. 90/B3
Tánger, Marr. 165/M13
Tangerhütte, Ale. 90/B3
Tangermünde, Ale. 90/B2
Tanggula (mtñas.), China 134/E5
Tanghe, China 135/C4
Tangier (bahía), Md,EUA 209/J1
Tangipahoa (río), Ms,EUA 210/C2
Tangjin, Cor.S. 133/D4
Tangkak, Malay. 144/C2
Tangkit Tebak (pico), Indo. 144/D4
Tango, Ang. 176/C5
Tangra (lago), China 134/E5
Tangshan, China 135/D3
Tangtou, China 137/F3
Tangub, Fil. 145/C3
Tangyan (río), China 137/F2
Tangyin, China 135/C4
Tangyuan, China 129/K2
Tanhaçu, Bras. 235/E2
Taniantaneng (mtñas.), China 136/C2
Tanimbar (islas), Indo. 152/C2
Taninges, Fra. 98/C5
Tanjay, Fil. 145/C3
Tanjong Malim, Malay. 144/C2
Tanjungbalai, Indo. 144/B2
Tanjungbatu, Indo. 144/C2
Tanjungkarang-Telukbetung, Indo. .. 144/D4
Tanjungpandan, Indo. .. 146/C4
Tanjungpura, Indo. 144/B2
Tānk, Pak. 142/A1
Tankersley, Tx,EUA 196/D2
Tann, Ale. 89/F6
Tanna (isla), Van. 158/F6
Tannan, Japón 131/L9
Tannu-ola (mtñas.), Mong., Rusia 134/F1
Tano (río), Gui., C.Marf. 169/E5
Tânout, Níger 169/H3
Tanque Verde, Az,EUA 195/G4
Tanquián, Méx. 217/F4
Ţanţā, Egip. 123/B4
Tanta, Egip. 171/F2
Tantallon, Md,EUA 212/A6
Tan-Tan, Marr. 166/C3
Tantoyuca, Méx. 217/F4

320 Torha – Tunuy

Torhamnsudde (pta.), Sue. 80/F3
Torhout, Bél. 86/C1
Toride, Japón 131/J7
Toriñana (cabo), Esp. 94/A1
Torino (Turín), Ita. 104/A2
Tori-Shima (isla), Japón 158/D1
Torkestan (mtñas.), Afg. 127/H1
Tor Lupara, Ita. 102/C3
Tormes (río), Esp. 94/C2
Torna (río), Hun. 91/B5
Torndirrup, Parq. Nal., Austl. 154/C5
Torne (río), Ing,R.U. 75/H4
Torneälven (Torniojoki) (río), Sue. 79/G2
Tornesch, Ale. 85/G1
Tornik (pico), Serb. 110/D4
Tornionjoki (río), Fin. 79/G2
Toro, Esp. 94/C2
Toro (pico), Ca,EUA 194/D4
Toro, Cerro del (pico), Argen. 236/B4
Törökbálint, Hun. 91/C5
Törökszentmiklós, Hun. 110/E2
Toronao (pico), Argen. 236/C2
Torondoy, Ven. 228/D2
Toronto (cap.), On,Can. 207/G3
Toronto (isla), On,Can. 205/S8
Toronto, Ks,EUA 199/G2
Toronto (lago), Ks,EUA 199/G2
Toropets, Rusia 81/P3
Toro, Res. Nat., Uga. 177/G2
Tororo, Uga. 177/H2
Torote (río), Esp. 95/N8
Torotoro, Bol. 236/C1
Torpa, Sue. 80/E3
Torquay, Austl. 157/C3
Torquay, Ing,R.U. 76/C6
Torquemada, Esp. 94/C1
Torrance, Ca,EUA 214/B3
Torre Annunziata, Ita. 103/E6
Torrebelvicino, Ita. 105/E1
Torreblanca, Esp. 95/F2
Torre Ciana, Punta di (pta.), Ita. 102/B3
Torre del Campo, Esp. 94/D4
Torre del Greco, Ita. 103/E6
Torre del Lago Puccini, Ita. 104/D5
Torre de Londres, Ing,R.U. 71/N7
Torre de Moncorvo, Por. 94/B2
Torre dè Passeri, Ita. 103/D3
Torredonjimeno, Esp. 94/D4
Torreglia, Ita. 105/E2
Torregrotta, Ita. 101/B6
Torrejoncillo, Esp. 94/B3
Torrejón de Ardoz, Esp. 94/D2
Torrelavega, Esp. 94/C1
Torrelodones, Esp. 95/N8
Torremaggiore, Ita. 103/F4
Torre Maggiore (pico), Ita. 102/C2
Torrens (isla), Austl. 155/M8
Torrens (lago), Austl. 155/H4
Torrens (río), Austl. 155/M8
Torrente, Esp. 95/E3
Torreón, Méx. 216/E3
Torre-Pacheco, Esp. 95/E4
Torre Pellice, Ita. 100/D3
Torreperogil, Esp. 94/D3
Torres (estr.), Austl., P.N.G. 153/F2
Tôrres, Bras. 237/G4
Torres (islas), Van. 158/F6
Torres del Paine, Parq. Nal., Chile 239/J7
Torres Novas, Por. 94/A3
Torres Vedras, Por. 94/A3
Torrevieja, Esp. 95/E4
Torr Head (pta.), IrN,R.U. 74/B1
Torridge (río), Ing,R.U. 76/B5
Torri di Quartesolo, Ita. 105/E1
Torrijos, Esp. 94/C3
Torrington, Ct,EUA 207/K4
Torrington, Wy,EUA 200/B2
Torrita di Siena, Ita. 102/B1
Torroella de Montgrí, Esp. 95/G1
Torrone Alto (pico), Suiza 99/F5
Torrox, Esp. 94/D4
Torsa (río), Bután 141/G2
Torsås, Sue. 80/F3
Torsby, Sue. 80/E1
Tórshavn, Din. 70/C2
Tortel, Chile 239/J6
Torteral, Anglo,R.U. 92/B2
Tortilla Flat, Az,EUA 195/G4
Torto (río), Ita. 102/C4
Tortola (isla), Vir.Br. 220/E3
Tortoli, Ita. 108/A3
Tortona, Ita. 104/B3
Tortoreto Lido, Ita. 103/D2
Tortorici, Ita. 101/A6
Tortosa, Esp. 95/F2
Tortosa (cabo), Esp. 95/F2
Tortue (Tortuga) (isla), Haití 219/H1
Tortuguero, Parq. Nal., C.Rica 219/F4
Tortum, Tur. 124/E1
Ţorūd, Irán 125/H3
Torul, Tur. 124/D1
Toruń, Pol. 83/K2
Toruń (prov.), Pol. 83/K2
Torup, Sue. 80/E3
Torvaianica, Ita. 102/C4
Tory (isla), Irl. 73/G9
Torysa (río), Eslo. 83/L4
Torzhok, Rusia 112/G4
Tosa, Japón 130/C4
Tosa (bahía), Japón 130/C4
Tosagua, Ecua. 228/A5
Tosashimizu, Japón 130/C4
Toscana (reg.), Ita. 104/D4
Toscano (arch.), Ita. 102/A2
Tosco-Emiliano, Apenino (mts.), Ita. 93/J4
Toscolano-Maderno, Ita. 104/D1
Toshibet (río), Japón 132/A2
Toshĭbetsu (río), Japón 132/C2
Tosno, Rusia 81/P2
Toson (lago), China 128/D4
Tosontsengel, Mong. 128/D2
Töss (río), Suiza 99/E3
Tosson (colina), Ing,R.U. 72/E6
Tostado, Argen. 236/D4
Tõstamaa, Esto. 81/L2
Tostedt, Ale. 85/G2
Tosu, Japón 130/B4
Tosya, Tur. 124/C1
Totana, Esp. 94/E4
Tot'ma, Rusia 112/J4
Totnes, Ing,R.U. 76/C6
Totness, Suri. 230/B1
Totora (mtñas.), Argen. 236/B4
Totoral, Chile 236/B3
Totoral, Uru. 239/T11
Totoras, Argen. 238/E2
Totowa, NJ,EUA 213/J8
Totten (glac.), Ant. 161/H
Tottenham, Austl. 157/C2
Tottenham (vec.), Ing,R.U. 71/N7
Tottenville, NY,EUA 213/H9
Tottington, Ing,R.U. 75/F4
Tottori, Japón 130/D3
Tottori (pref.), Japón 130/C3
Touat (reg.), Arg. 167/E4
Touba, C.Marf. 168/D4
Touba, Gui. 168/B4
Touba, Sen. 168/B3
Toubkal, Jebel (mtña.), Marr. 166/D3
Toubkal, Parq. Nal., Marr. 166/D3
Toubountou (cats.), Cafr. 172/B4
Touchwood (colinas), Sk,Can. 202/B2
Toudao (río), China 133/D1
Tougan, Burk. 168/E3
Touggourt, Arg. 167/G2
Touiel (río), Arg. 165/S16
Toul, Fra. 87/E6
Toulon, Il,EUA 201/K3
Toulourenc (río), Fra. 100/B4
Toulouse, Fra. 92/D5
Toumodi, C.Marf. 168/D5
Toungoo, Mya. 136/C5
Touques (río), Fra. 97/F2
Toura (mtñas.), C.Marf. 168/D5
Tourcoing, Fra. 86/C2
Tourelle, Qu,Can. 204/D1
Tourettes (pico), Fra. 92/C5
Touriñan (cabo), Esp. 94/A1
Tourlaville, Fra. 96/D1
Tournai, Bél. 86/C2
Tournairet (mtña.), Fra. 100/D4
Tournan-en-Brie, Fra. 71/U10
Tournavista, Perú 232/C3
Tourndo, Oued (río seco), Arg. 167/H5
Tournon, Fra. 100/A2
Tournus, Fra. 98/A4
Touro, Esp. 94/A1
Touros, Bras. 231/H4
Tourouvre, Fra. 97/F3
Tours, Fra. 97/F6
Tourves, Fra. 100/B6
Toury, Fra. 97/G4
Tous (emb.), Esp. 95/E3
Toussaines, Signal de (pico), Fra. 96/B4
Toussidé (pico), Chad 170/C4
Toussière (mtña.), Fra. 100/B3
Toussoro (pico), Cafr. 172/D3
Touws (río), Safr. 180/C4
Toužim, R.Ch. 89/G2
Tovar, Ven. 228/D2
Tovarkovskiy, Rusia 114/F1
Tove (río), Ing,R.U. 77/E2
Tövshrüüleh, Mong. 128/E2
Towaco, NJ,EUA 213/H8
Towada, Japón 131/G2
Towada (lago), Japón 132/B4
Towada-Hachimantai, Parq. Nal., Japón 132/B3
Towanda, Pa,EUA 207/H4
Towaoc, Co,EUA 195/H2
Tower (cats.), Wy,EUA 193/H1
Tower Hamlets (mun.inc.), Ing,R.U. 71/N7
Town and Country, Fl,EUA 210/K7
Towner, DN,EUA 202/D3
Townhope, Ing,R.U. 76/D2
Townsend, Mt,EUA 191/J4
Townsends (ens.), NJ,EUA 212/D5
Townshend (cabo), Austl. 156/C3
Townsville, Austl. 156/B2
Towraghondi, Afg. 127/H1
Towson, Md,EUA 212/B5
Towuti (lago), Indo. 147/F4
Toxkan (río), China, Kirg. 134/C3
Toya (lago), Japón 132/B2
Toyama, Japón 131/E2
Toyama (bahía), Japón 131/E2
Toyama (pref.), Japón 131/E2
Toyang, Cor.S. 133/D5
Tōya-Shikotsu, Parq. Nal., Japón 132/B2
Toyoake, Japón 131/N9
Toyohashi, Japón 131/E3
Toyokawa, Japón 131/E3
Toyonaka, Japón 131/L10
Toyono, Japón 131/L10
Toyo'oka, Japón 130/D3
Toyosato, Japón 131/M9
Toyoshina, Japón 131/E2
Toyota, Japón 131/E3
Toyoyama, Japón 131/M9
Tozer (pico), Austl. 153/F3
Traben-Trarbach, Ale. 87/G4
Tra Bong, Vie. 143/E3
Trabuco Canyon, Ca,EUA 214/C3
Trabzon, Tur. 124/D1
Trabzon (prov.), Tur. 124/D1
Tracadie, NB,Can. 204/E2
Tracia (reg.), Eur. 107/K2
Tracia (mar), Gre., Tur. 114/C4
Tra Cu, Vie. 143/D4
Tracy, NB,Can. 204/D3
Tracy, Qu,Can. 204/A2
Tradate, Ita. 104/B1
Tradewater (río), Ky,EUA 208/D2
Trafalgar (cabo), Esp. 94/B4
Trafaria, Por. 95/P10
Traiguén, Chile 238/B3
Trail, CB,Can. 190/F3
Traipu, Bras. 235/F1
Trairi, Bras. 231/G3
Traisen (río), Aus. 93/L3
Traiskirchen, Aus. 91/A3
Traismauer, Aus. 83/H4
Trajana, Muralla Superior de (ruina), Mol. 116/E4
Trakai, Lit. 81/L4
Tralee, Irl. 78/A5
Trälhavet (bahía), Sue. 81/S7
Tra Linh, Vie. 143/D1
Tramelan, Suiza 98/D3
Tra Mi, Vie. 143/E3
Tramin (Termeno), Ita. 99/H5
Tramore, Irl. 78/C5
Tramore (bahía), Irl. 78/C5
Tramping Lake, Sk,Can. 191/K1
Tramutola, Ita. 101/B2
Tranås, Sue. 80/F2
Tranbjerg, Din. 80/D3
Trancoso, Por. 94/B2
Tranebjerg, Din. 80/D4
Tranemo, Sue. 80/E3
Tranent, Es,R.U. 72/D5
Tranet (mtña.), Fra. 87/D4
Trang, Tail. 143/B5
Trangan (isla), Indo. 152/D1
Trangie, Austl. 157/C2
Trängsletsjön (lago), Sue. 80/E1
Trani, Ita. 103/G5
Tranquebar, India 142/G3
Tranqueras, Uru. 237/F4
Transantárticos (mtñas.), Ant. 161/W
Transcarpatiana, Región de, Ucr. 116/B3
Trans-en-Provence, Fra. 100/C6
Transilvania (reg.), Rum. 110/F2
Transilvania, Alpes de (mtñas.), Rum. 110/F3
Transvaal Oriental (prov.), Safr. 181/E2
Transvaal Septentrional (prov.), Safr. 180/D2
Tra On, Vie. 143/D4
Trapani, Ita. 108/C3
Trapeang Veng, Camb. 143/D3
Trapper (pico), Mt,EUA 191/G5
Trappes, Fra. 71/S10
Traralgon, Austl. 157/C3
Trarza (reg.), Maur. 168/B2
Trasacco, Ita. 103/D4
Trasimeno (lago), Ita. 102/C1
Trask (mtña.), Or,EUA 192/B1
Träslövsläge, Sue. 80/E3
Trás-os-Montes e Alto Douro (dist.), Por. 94/B2
Trat, Tail. 143/C3
Traun, Aus. 89/H6
Traun (río), Ale. 89/F7
Traun (lago), Aus. 89/G7
Traun (río), Aus. 89/G6
Traunreut, Ale. 89/F7
Traunstein, Ale. 89/F7
Travagliato, Ita. 104/D1
Trave (río), Ale. 82/F2
Traveler (mtña.), Me,EUA 204/C2
Travellers (lago), Austl. 155/J5
Traverse (bahía), Mb,Can. 203/F2
Traverse (pico), Ak,EUA 215/G2
Traverse (lago), Mn, DS,EUA 201/F1
Traverse City, Mi,EUA 206/D2
Traversetolo, Ita. 104/D3
Tra Vinh, Vie. 143/D4
Travis (lago), Tx,EUA 197/E2
Travnik, Bosn. 110/C3
Trawsalt (mtña.), Gales,R.U. 76/C2
Trawsfynydd, Llyn (lago), Gales,R.U. 74/E6
Trazo, Esp. 94/A1
Trbovlje, Esl. 110/B2
Treachery (pico), Austl. 155/G2
Trebaseleghe, Ita. 105/F1
Trebbia (río), Ita. 104/C3
Trebel (río), Ale. 82/G1
Trebelsee (lago), Ale. 90/C3
Trébeurden, Fra. 96/B3
Třebíč, R.Ch. 83/H4
Trebinje, Bosn. 110/D4
Trebisacce, Ita. 101/C3
Třeboň, R.Ch. 89/H4
Trebonne, Austl. 156/B2
Trebujena, Esp. 94/B4
Trebur, Ale. 88/B3
Trecase, Ita. 103/E5
Trecate, Ita. 104/B2
Tredegar, Gales,R.U. 76/C3
Tregnago, Ita. 105/E1
Trégueux, Fra. 96/C4
Trégunc, Fra. 96/B5
Treia, Ale. 82/E1
Treig, Loch (lago), Es,R.U. 72/B3
Treinta de Agosto, Argen. 238/E3
Treinta y Tres, Uru. 239/G2
Treinta y Tres (dept.), Uru. 239/G2
Tré-la-Tête (mtña.), Fra. 98/C6
Trélazé, Fra. 97/E6
Trelew, Argen. 238/D4
Trélissac, Fra. 92/D4
Trelleborg, Sue. 80/E4
Tremadoc (bahía), Gales,R.U. 74/D6
Tremblant (mtña.), Qu,Can. 207/J1
Tremblay-lès-Gonesse, Fra. 71/T10
Tremblay-le-Vicomte, Fra. 97/G3
Tremblestown (río), Irl. 78/C2
Tremelo, Bél. 87/D2
Trementina, NM,EUA 198/B3
Tremiti (islas), Ita. 103/F3
Tremont, Me,EUA 204/C3
Třemošná (río), R.Ch. 89/G3
Tremp, Esp. 95/F1
Trempealeau (río), Wi,EUA 201/J1
Třemšín (pico), R.Ch. 89/G3
Trenche (río), Qu,Can. 204/A1
Trenčín, Eslo. 91/C2
Trenel, Argen. 238/D2
Trenque Lauquen, Argen. 238/E2
Trent (río), On,Can. 207/H2
Trent (río), Ing,R.U. 75/H5
Trent and Mersey (canal), Ing,R.U. 75/F6
Trentino-Alto Adigio (reg.), Ita. 99/G5
Trento, Fil. 145/D3
Trento, Ita. 99/H5
Trento (prov.), Ita. 99/H5
Trentola-Ducenta, Ita. 103/E6
Trenton, On,Can. 207/H2
Trenton, CN,EUA 209/J3
Trenton, Fl,EUA 211/G3
Trenton, Ga,EUA 208/E3
Trenton, Mo,EUA 201/H3
Trenton, Ne,EUA 200/D3
Trenton (cap.), NJ,EUA 212/D3
Trenton, Tn,EUA 208/C3
Trenzano, Ita. 104/D2
Treorchy, Gales,R.U. 76/C3
Trepuzzi, Ita. 109/F2
Tréry (río), Fra. 100/B2
Tresa (río), Ita. 99/E6
Tres Algarrobos, Argen. 238/E2
Tres Arboles, Uru. 239/T11
Tres Arroyos, Argen. 238/E3
Três Corações, Bras. 234/D4
Trescore Balneario, Ita. 104/C1
Tres Cruces (pico), Argen., Chile 236/B3
Três de Maio, Bras. 237/F3
Tres Esquinas, Col. 228/C4
Tresigallo, Ita. 105/E3
Tresinaro (río), Ita. 104/D3
Treso (pta.), Ita. 101/A2
Três Irmãos (emb.), Bras. 234/C4
Tres Isletas, Argen. 236/D3
Três Lagoas, Bras. 234/C4
Tres Lagos, Argen. 239/K7
Tres Mapajos, Bol. 233/E3
Tres Marias, Bras. 234/D3
Três Marias (emb.), Bras. 234/D3
Tres Marías, Méx. 217/Q10
Tres Marías (islas), Méx. 216/D4
Tres Montes (cabo), Chile 238/B5
Tres Morros, Alto de (pico), Col. 228/B3
Três Passos, Bras. 237/F3
Tres Picos (pico), Argen. 238/C4
Tres Picos (pico), Argen. 238/E3
Três Pontas, Bras. 234/D4
Três Pontas, (cabo), Ang. 176/C5
Tres Puntas (cabo), Argen. 238/D5
Tres Reyes (islas), N.Z. 160/B1
Três Rios, Bras. 235/E4
Tres Seigneurs (pico), Fra. 95/F1
Tresserve, Fra. 100/B1
Treste (río), Ita. 103/E4
Tres Valles, Méx. 217/F5
Trets, Fra. 100/B6
Treuchtlingen, Ale. 88/D5
Treuen, Ale. 89/F1
Treuenbrietzen, Ale. 90/C3
Trevelin, Argen. 238/C4
Treviglio, Ita. 104/C1
Treviño, Esp. 94/D1
Treviso, Ita. 105/F1
Treviso (prov.), Ita. 105/F1
Trevolo (río), Fra. 96/C5
Trevose Head (pta.), Ing,R.U. 76/A5
Trezzo sull'Adda, Ita. 104/C1
Trhové Sviny, R.Ch. 89/H5
Triabunna, Austl. 157/C4
Triadelphia (emb.), Md,EUA 212/A5
Triangle, Zim. 179/F4
Trianto (río), Ita. 101/C3
Triaucourt-en-Argonne, Fra. 87/E6
Tribeč (mtñas.), Eslo. 91/C3
Triberg, Ale. 88/B6
Tribulation (cabo), Austl. 156/B2
Tribulaun (pico), Aus. 99/H3
Tribune, Ks,EUA 198/D1
Tricaco, Argen. 238/D3
Tricarico, Ita. 103/G6
Tricase, Ita. 109/F3
Trichur, India 142/F3
Trident (pico), Nv,EUA 192/D3
Trieben, Aus. 110/B2
Trie Château, Fra. 86/A5
Triel-sur-Seine, Fra. 71/S10
Trier, Ale. 87/F4
Triesen, Liech. 99/F3
Trieste, Ita. 105/G1
Trieste (golfo), Ita. 105/G1
Trieste (prov.), Ita. 105/G1
Triesting (río), Aus. 91/A4
Trieux (río), Fra. 96/B3
Triftern, Ale. 89/G6
Triggiano, Ita. 108/E2
Triglav (pico), Bul. 111/G4
Triglav (pico), Esl. 110/A2
Triglav, Parq. Nal., Esl. 110/A2
Trignac, Fra. 96/C6
Trigno (río), Ita. 103/E4
Trigueros, Esp. 94/B4
Trikala, Gre. 109/G3
Trikhonis (lago), Gre. 109/G3
Trikora (pico), Indo. 147/J4
Trilport, Fra. 86/B6
Trim, Irl. 78/D2
Trimbach, Suiza 98/D3
Trincomalee, Sr.L. 142/H4
Trincomalee (dist.), Sr.L. 142/H4
Trindade, Bras. 234/C3
Třinec, R.Ch. 83/K4
Tring, Ing,R.U. 77/F3
Trinidad (isla), Argen. 238/E3
Trinidad, Bol. 233/E4
Trinidad (canal), Chile 239/J7
Trinidad (golfo), Chile 239/J7
Trinidad, Col. 228/D3
Trinidad (pta.), Ca,EUA 192/A3
Trinidad, Co,EUA 198/B2
Trinidad (isla), Trin. 220/F5
Trinidad, Uru. 239/F2
Trinidad y Tobago 220/F5
Trinitapoli, Ita. 103/G5
Trinity (bahía), Tnva,Can. 205/L2
Trinity (islas), Ak,EUA 215/H4
Trinity, Al,EUA 208/D3
Trinity (río), Ca,EUA 192/B3
Trinity (mts.), Nv,EUA 192/D3
Trinity (bahía), Tx,EUA 197/N9
Trinity (río), Tx,EUA 197/G2
Trinity, Clear Fork (río), Tx,EUA 196/K7
Trinity, East Fork (río), Tx,EUA 196/L6
Trinity, Elm Fork (río), Tx,EUA 196/L6
Trinity, South Fork (río), Ca,EUA 192/B3
Trinity, West Fork (río), Tx,EUA 196/K7
Trino, Ita. 104/B2
Triolet, Mau. 181/S15
Triolo (río), Ita. 103/F4
Trionto (cabo), Ita. 101/C3
Trípoli, Liba. 126/C2
Trípolis, Gre. 109/H4
Tripolitania (reg.), Libia 170/A2
Trípoli (Ţarābulus), Líba. 123/D2
Trípoli (Tarābulus), (cap.) Libia 170/B1
Tripunittura, India 142/F4
Tripura (est.), India 141/H4
Trisanna (río), Aus. 99/G3
Trissino, Ita. 105/E1
Tristan da Cunha (islas), Sta.E. 64/J7
Tristao (islas), Guin. 168/B4
Triste (pico), Argen. 238/D4
Třístoličník (pico), R.Ch. 89/G5
Trisuli (río), Nepal 141/E2
Tri Ton, Vie. 143/D4
Trittau, Ale. 85/H1
Triunfo, Bol. 233/E3
Triunfo, Bras. 231/G4
Trkmanka (río), R.Ch. 91/A2
Trnava, Eslo. 91/B3
Trnávka (río), Eslo. 91/B3
Troarn, Fra. 97/E2
Trobriand (islas), P.N.G. 158/E5
Trochtelfingen, Ale. 88/C6
Troesne (río), Fra. 86/A5
Trofaiach, Aus. 93/L3
Trøgstad, Nor. 80/D2
Troia, Ita. 103/F5
Tróia, Por. 95/Q11
Troisdorf, Ale. 87/G2
Troisfontaines, Fra. 87/G6
Trois Fourches (cabo), Marr. 165/N13
Trois-Pistoles, Qu,Can. 204/C1
Trois-Rivières, Qu,Can. 204/A2
Troistorrents, Suiza 98/C5
Troitsk, Rusia 113/P5
Troitskiy, Rusia 117/M2
Troitsko-Pechorsk, Rusia 113/N3
Troitskoye, Rusia 129/M2
Troitskoye, Rusia 115/K1
Troitskoye, Ucr. 117/K3
Trollhättan, Sue. 80/E2
Trombetas (río), Bras. 230/B3
Tromelin (isla), Fra. 65/M6
Tromelin (isla), Reu. 165/H6
Tromie (río), Es,R.U. 72/B3
Troms (con.), Nor. 79/F1
Tromsø, Nor. 79/F1
Tronador (pico), Argen. 238/C4
Tronador (pico), Chile 238/C4
Trondheim, Nor. 79/D3
Trondheimsfjorden (fiordo), Nor. 79/D3
Tronto (río), Ita. 103/D2
Tronzano Vercellese, Ita. 104/B2
Troodos (mtñas.), Chip. 123/C2
Trool, Loch (lago), Es,R.U. 74/D1
Troon, Es,R.U. 72/B5
Tropea, Ita. 101/B5
Trophy (mtña.), CB,Can. 190/E2
Trosa, Sue. 80/G2
Trossingen, Ale. 88/B6
Trostan (mtña.), IrN,R.U. 74/B1
Trostberg an der Alz, Ale. 89/F6
Trostyanets, Ucr. 116/E3
Trostyanets, Ucr. 117/H2
Trou du Nord, Haití 219/H2
Troup Head (pta.), Es,R.U. 72/D1
Trout (lago), On,Can. 203/H2
Trout (lago), TNO,Can. 186/D2
Trouville, Fra. 97/F2
Trowbridge, Ing,R.U. 76/D4
Troy, Al,EUA 208/E5
Troy (lago), Ca,EUA 194/D3
Troy, CN,EUA 209/H3
Troy, Ks,EUA 199/G1
Troy, Mo,EUA 199/J1
Troy (pico), Nv,EUA 192/F4
Troy, NY,EUA 207/K3
Troy, Oh,EUA 206/D4
Troy, Vt,EUA 207/K2
Troya (ruinas), Tur. 109/K3
Troyan, Bul. 111/G4
Troyebratskiy, Kaz. 113/Q5
Troyes, Fra. 92/F2
Trstenik, Serb. 110/E4
Trubchëvsk, Rusia 114/E1
Truckee, Ca,EUA 192/C4
Truckee (río), Ca, Nv,EUA 192/D4
Truitt (pico), Yk,Can. 215/M3
Trujillo, Esp. 94/C3
Trujillo, NM,EUA 198/B3
Trujillo, Hon. 218/E3
Trujillo, Perú 232/B3
Trujillo, Ven. 228/D2
Trujillo (est.), Ven. 228/D2
Trujillo Alto, P.Rico 221/D6
Truk (islas), Micr. 158/E4
Trumbull (mtña.), Az,EUA 195/F2
Trumbull, Ct,EUA 207/K4
Trumbull, Tx,EUA 196/L7
Trümmelbachfälle (cats.), Suiza 98/D4
Trundle, Austl. 157/C2
Trung Khanh, Vie. 143/D1
Truro, NE,Can. 204/F3
Truro, Ing,R.U. 76/A6
Trüstenik, Bul. 111/G4
Truth Or Consequences, NM,EUA 195/J4
Trutnov, R.Ch. 83/H3
Truyère (río), Fra. 92/E4
Trwyn Cilan (pta.), Gales,R.U. 74/D6
Tryavna, Bul. 111/G4
Tryon, Ne,EUA 200/D3
Trysil, Nor. 80/E1
Trysilelva (río), Nor. 80/D1
Trzcianka, Pol. 83/J2
Trzebiatów, Pol. 83/H1
Trzebnica, Pol. 83/J3
Trzemeszno, Pol. 83/J2
Tržič, Esl. 110/B2
Tsagaan Bogd (pico), Mong. 128/D3
Tsagaannuur, Mong. 134/E2
Tsagaan-Ovoo, Mong. 128/G2
Tsagaan-Üür, Mong. 128/E1
Tsagan Aman, Rusia 115/H3
Tsala Apopka (lago), Fl,EUA 211/G3
Tsanteleina (mtña.), Fra. 100/D2
Tsaramandroso, Mad. 181/H7
Tsaratanana (mac.), Mad. 181/J6
Tsarisberge (mtñas.), Nam. 178/B5
Tsast (pico), Mong. 128/C2
Tsast Uul (pico), Mong. 134/F2
Tsatsana (pico), Les. 180/E3
Tsau, Bots. 178/D4
Tsavo Este, Parq. Nal., Kenia 175/B2
Tsavo Oeste, Parq. Nal., Kenia 175/B2
Tschida (lago), DN,EUA 202/D4
Tsebrikovo, Ucr. 116/F4
Tselina, Rusia 117/L4
Tsetsen-Uul, Mong. 128/D2
Tsetserleg, Mong. 128/E2
Tshabong, Bots. 178/D5
Tshane, Bots. 178/D5
Tshangalele (emb.), D.R. Congo 177/F5
Tshela, D.R. Congo 176/C4
Tshikapa, D.R. Congo 177/E4
Tshikapa (río), D.R. Congo 177/E4
Tshopo (río), D.R. Congo 177/F2
Tshuapa (río), D.R. Congo 177/E3
Tshwaane, Bots. 178/D4
Tsiafajavona (pico), Mad. 165/G6
Tsil'ma (río), Rusia 113/L2
Tsimliansk (emb.), Rusia 117/H4
Tsimlyansk, Rusia 117/M4
Tsiombe, Mad. 181/H9
Tsiribihina (río), Mad. 181/H7
Tsiroanomandidy, Mad. 181/H7
Tsitsikamma, Parq. Nal., Safr. 180/C4
Tsivory, Mad. 181/H9
Tskhaltubo, Geor. 124/E1
Tskhiri, Geor. 115/G4
Tsna (río), Rusia 112/G4
Tsodilo (colinas), Bots. 178/D3
Tsogt, Mong. 128/D2
Tsogt-Ovoo, Mong. 128/F3
Tsogttsetsiy, Mong. 128/F3
Tsöh (río), Mong. 128/F2
Tsomo (río), Safr. 180/D3
Tsu, Japón 130/E3
Tsu (isla), Japón 130/A3
Tsubame, Japón 131/F2
Tsubata, Japón 130/E2
Tsuchiura, Japón 131/G2
Tsuchiyama, Japón 131/M10
Tsugaru (estr.), Japón 132/B3
Tsugaru (pen.), Japón 132/B3
Tsuge, Japón 131/L10
Tsukidate, Japón 132/B4
Tsukigase, Japón 131/M10
Tsukui, Japón 131/H7
Tsukumi, Japón 130/B4
Tsumeb, Nam. 178/C3
Tsuna, Japón 131/K10
Tsuru, Japón 131/F3
Tsuruga, Japón 130/E3
Tsurugashima, Japón 131/H7
Tsurugi, Japón 131/E2
Tsurugi-san (mtña.), Japón 130/D4
Tsuruoka, Japón 132/A4
Tsushima, Japón 131/M9
Tsuyama, Japón 130/D3
Tswapong (colinas), Bots. 179/E4
Tsyurupinsk, Ucr. 116/G4
Tua (cabo), Indo. 146/C5
Tua (río), P.N.G. 153/G1
Tua (río), Por. 94/B2
Tuam, Irl. 78/B2
Tuam (isla), P.N.G. 153/G1
Tuamapu (canal), Chile 238/B4
Tuamotú (arch.), Pol.Fr. 159/L6
Tuan (río), China 135/B4
Tuan (pta.), Indo. 144/B2
Tuan (cabo), Malay. 144/C2
Tuan Giao, Vie. 143/C1
Tuangku (isla), Indo. 144/B2
Tuan Thuong, Vie. 143/D2
Tuao, Fil. 145/C1
Tuapse, Rusia 114/F3
Tuatapere, N.Z. 160/A4
Tuba, Fil. 137/J5
Tubac, Az,EUA 195/G5
Tuban, Indo. 144/F4
Tuban (río), Yemen 126/D6
Tubarao, Bras. 237/G4
Ţūbās, Cisj. 123/G7
Tubbataha (arcf.), Fil. 145/C3
Tubbergen, P.B. 84/D4
Tubigon, Fil. 145/C3
Tübingen, Ale. 88/C5
Tubize, Bél. 86/D2
Tubmanburg, Libe. 168/C5
Tubou, Fidji 158/H6
Ţubruq (Tobruk), Libia 170/D1
Tubuaå (islas), Pol.Fr. 159/K7
Tubuaï (isla), Pol.Fr. 159/K7
Tubualá, Pan. 219/G4
Tuburan, Fil. 145/C3
Tuburan, Fil. 145/C4
Tucacas, Ven. 220/D5
Tucannon (río), Wa,EUA 190/F4
Tucano, Bras. 235/F1
Tucavaca, Bol. 236/E1
Tuchola, Pol. 83/J2
Tuchów, Pol. 83/L4
Tuckahoe (río), NJ,EUA 212/D5
Tuckasegee (río), CN,EUA 209/F3
Tucker, Ga,EUA 209/M7
Tucson, Az,EUA 195/G4
Tucumán (prov.), Argen. 236/C3
Tucumcari, NM,EUA 198/C3
Tucunuco, Argen. 236/B4
Tucupido, Ven. 229/E2
Tucupita, Ven. 229/F2
Tucuruí, Bras. 230/D3
Tucuruí (emb.), Bras. 230/D4
Tucu Tucu, Argen. 239/K7
Tudela, Esp. 94/E1
Tudela de Duero, Esp. 94/C2
Tude, Rochers de la (mtña.), Fra. 92/E5
Tudu, Esto. 81/M2
Tuébi (río), Fra. 100/C4
Tufanbeyli, Tur. 124/D2
Tugaloo (río), Ga, CS,EUA 209/F3
Tugela (cats.), Safr. 180/E3
Tug Fork (río), VOcc,EUA 209/F1
Tughlakabad (ruinas), India 140/A1
Tugnug (pta.), Fil. 145/D3
Tuguegarao, Fil. 145/C1
Tugulym, Rusia 113/Q4
Tujunga, Ca,EUA 214/F7
Tukangbesi (islas), Indo. 152/A1
Ţūkh, Egip. 123/B4
Tūkrah, Libia 170/D1
Tuktoyaktuk, TNO,Can. 215/M2
Tukums, Let. 81/K3
Tukung (pico), Indo. 146/D4
Tukuyu, Tan. 175/A4
Tula (río seco), Kenia 175/B2
Tula, Méx. 217/F4
Tula (río), Méx. 217/K6
Tula, Rusia 71/G3
Tula de Allende, Méx. 217/K6
Tulagt Ar (río), China 134/F4
Tulameen (río), CB,Can. 190/D3
Tulancingo, Méx. 217/F4
Tulangbawang (río), Indo. 144/D4
Tulantepec, Méx. 216/L6
Tula, Parq. Nal., Méx. 217/F4
Tulare, Ca,EUA 194/C2
Tula, Región de, Rusia 114/F1
Tulare, Lecho del (lago seco), Ca,EUA 194/C3
Tularosa (valle), NM,EUA 196/A1
Tulbagh, Safr. 180/L10
Tulcán, Ecua. 228/B4
Tulcea, Rum. 111/J3
Tulcea (con.), Rum. 111/J3
Tule (río), Ca,EUA 194/C2
Tuli, Zim. 179/F4
Tuli (río), Zim. 179/F4
Tulia, Tx,EUA 198/D3
Tuli Block (reg.), Bots. 179/F4
Tulik (vol.), Ak,EUA 215/E5
Tulin (islas), P.N.G. 158/E5
Ţūlkarm, Cisj. 123/D3
Tullahoma, Tn,EUA 208/D3
Tulla, Loch (lago), Es,R.U. 72/B3
Tullamore, Austl. 157/C2
Tullamore, Irl. 78/C3
Tulle, Fra. 92/D4
Tullibody, Es,R.U. 72/C4
Tullinge, Sue. 81/R7
Tullins, Fra. 100/B2
Tulln, Aus. 83/J4
Tulloch (emb.), Ca,EUA 194/B2
Tullow, Irl. 78/D4
Tully, Austl. 156/B2
Tuloma (río), Rusia 112/G1
Tulsa, Ok,EUA 199/G2
Tulstrup, Din. 81/T9
Tultepec, Méx. 217/K7
Tuluá, Col. 228/B3
Tulum, Méx. 218/E1
Tulum, Parq. Nal., Méx. 217/J4
Tulun, Rusia 119/L4
Tulungagung, Indo. 144/E5
Tumaco, Col. 228/B4
Tumatumari, Guy. 229/G3
Tumba, Sue. 80/G2
Tumba (lago), D.R. Congo 176/D3
Tumbalá, Méx. 217/G5
Tumbarumba, Austl. 157/D2
Tumbas Reales de Paekje, Cor.S. 133/D4
Tumbes, Perú 232/A1
Tumbot (pico), Camb. 143/D3
Tumby Bay, Austl. 155/H5
Tumd Youqi, China 135/B2
Tumd Zuoqi, China 135/B2
Tumen, China 129/K3
Tumen (río), China, Cor.N. 133/E1
Tumeremo, Ven. 229/F3
Tumereng, Guy. 229/F3
Tumkur, India 138/C5
Tummel (río), Es,R.U. 72/C3
Tumnin (río), Rusia 129/M1
Tumpat, Malay. 144/C1
Tumpu (pico), Indo. 147/F4
Tumu, Gha. 169/E4
Tumucumaque (mtñas.), Amér.S. 230/C2
Tumupasa, Bol. 233/E4
Tumusla, Bol. 236/C2
Tumut, Austl. 157/D2
Tumwater, Wa,EUA 190/C4
Tunadal, Sue. 79/F3
Tunbridge, Vt,EUA 207/K3
Tunceli, Tur. 124/D2
Tunceli (prov.), Tur. 124/D2
Tunchang, China 137/F5
Tundazi (colina), Zim. 179/F3
Tundla, India 140/B2
Tundyk (río), Kaz. 134/C1
Tundzha (río), Bul. 110/H4
Tundzha, Bul., Tur. 107/K2
Tune, Din. 81/T9
Túnez (cap.), Tun. 108/B4
Túnez (gob.), Tun. 108/B4
Túnez (golfo), Tun. 165/X17
Tungabhadra (emb.), India 138/C4
Tungabhadra (río), India 138/C4
Tungamah, Austl. 157/C3
Tuñgawan, Fil. 145/C4
Tüngsan-got (pta.), Cor.N. 133/C4
Tungsten, TNO,Can. 186/D2
Tungurahua (prov.), Ecua. 228/B5
Tunguska Inferior (río), Rusia 118/K3
Tunguska Pedregoso (río), Rusia 118/K3
Tünhel, Mong. 128/F2
Tunica, Ms,EUA 208/B3
Tunicia 167/H2
Tunjá, Col. 228/C3
Tunk (mtña.), Me,EUA 204/C3
Tunkhannock, Pa,EUA 207/J4
Tunku Abdul Rahman, Parq. Nal., Malay. 145/B4
Tunliu, China 135/C3
Tunnel Creek, Parq. Nal., Austl. 152/B4
Tuntum, Bras. 231/E4
Tunungayualuk (isla), Tnva,Can. 187/K3
Tunuyán, Argen. 238/C2

Tunuy – Vails
321

Tunuyán (río), Chile 238/C2
Tuo (río), China 136/E2
Tuolumne (río), Ca,EUA 194/B2
Tuolumne Grove, Ca,EUA 194/C2
Tuong Duong, Vie. 143/D2
Tuoniang (río), China 136/E3
Tuotuo (río), China 134/F5
Tupã, Bras. 234/C4
Tupaciguara, Bras. 237/G1
Tupai (isla), Pol.Fr. 159/K6
Tupambaé, Uru. 239/G2
Tupanatinga, Bras. 231/G5
Tuparro (río), Col. 228/D3
Tupelo, Ms,EUA 208/C3
Tupilco, Méx. 217/G5
Tupinambarana (isla), Bras. 230/B3
Tupi Paulista, Bras. 234/C4
Tupiza, Bol. 236/C2
Tupungato, Argen. 238/C2
Tupungato (pico), Argen., Chile 238/C2
Tuquan, China 129/J2
Tura, China 134/E4
Tura, India 141/H3
Tura, Rusia 119/L3
Tura (río), Rusia 113/Q4
Turaiyūr, India 142/G3
Turakina, N.Z. 160/C3
Turan, Rusia 134/F1
Turan (llan.), Uzb. 118/G5
Turana (mtñas.), Rusia 129/L1
Turanganui (río), N.Z. 160/J9
Turangi, N.Z. 160/C2
Turano (lago), Ita. 102/C3
Turano (río), Ita. 102/C3
Turany, Eslo. 91/D1
Turbaco, Col. 228/C2
Turbat, Pak. 127/H3
Turbenthal, Suiza 99/E3
Turbo, Col. 228/C2
Turčianske Teplice, Eslo. 91/C2
Turckheim, Fra. 98/D1
Turda, Rum. 111/F2
Tureia (isla), Pol.Fr. 159/M7
Turek, Pol. 83/K2
Turgay, Kaz. 118/G5
Turgay, Región de, Kaz. 118/G4
Tŭrgovishte, Bul. 111/H4
Turgutlu, Tur. 124/A2
Turhal, Tur. 124/D1
Türi, Esto. 81/L2
Turia (río), Esp. 95/E3
Turiaçu, Bras. 231/E3
Turiaçu (bahía), Bras. 231/E3
Turiamo, Ven. 231/N7
Turicato, Méx. 217/E5
Turiec (río), Eslo. 91/C2
Turín, Ita. 70/D4
Turín (prov.), Ita. 104/A3
Turingia (est.), Ale. 90/B6
Turiysk, Ucr. 116/C2
Turka, Rusia 128/F1
Turka, Ucr. 116/B3
Turkana (lago), Eti., Kenia 173/G5
Turkana Sur, Res. Nat., Kenia 175/A1
Türkeli, Tur. 124/C1
Túrkeve, Hun. 110/E2
Turquia 124/C2
Turkey (pta.), On,Can. 206/F3
Turkey (río), Ia,EUA 201/J2
Turkey Creek, Austl. 152/C4
Turkey Creek (lago), La,EUA 210/C2
Turkey Heaven (mtña.), Al,EUA 208/E4
Turkmenistán 118/F6
Turkmen-Kala, Turk. 127/H1
Türkoğlu, Tur. 124/D2
Turks (islas), Trcs. 220/D2
Turku, Fin. 79/G3
Turku (Åbo), Fin. 81/K1
Turku Ja Pori (prov.), Fin. 81/K1
Turkwel (río), Kenia 175/A1
Turlock, Ca,EUA 194/B2
Turmalina, Bras. 235/E3
Turmantas, Lit. 81/M4
Turmero, Ven. 229/E2
Turnagain (cabo), N.Z. 160/D3
Turnbull (mte.), Az,EUA 195/G4
Turnbull (lago seco), Or,EUA 192/E2
Turneffe (islas), Beli. 218/E2
Turner (pico), Austl. 154/C2
Turner, Me,EUA 204/B3
Turnersville, NJ,EUA 212/C4
Turnhout, Bél. 84/B6
Turnov, R.Ch. 83/H3
Turnu Măgurele, Rum. 111/G4
Tuross Head, Austl. 157/D3
Turpan, China 128/B3
Turpan (depr.), China 134/E3
Turquino (pico), Cuba 219/G2
Turriff, Es,R.U. 72/D1
Tursi, Ita. 101/C2
Tursunzade, Tay. 118/G6
Turtle (pta.), Austl. 152/C3
Turtle (río), DN,EUA 202/F3
Turtle (islas), S.Le. 168/B5
Turtleford, Sk,Can. 191/K1
Turukhansk, Rusia 118/J3
Turvo (río), Bras. 235/M6
Turvo (río), Bras. 237/G2
Tuscaloosa, Al,EUA 208/D4
Tuscaloosa (lago), Al,EUA 208/D4
Tuscania, Ita. 102/B3
Tuscano (arch.), Ita. 108/B1
Tuscarora (mtña.), Pa,EUA 212/A3
Tusciano (río), Ita. 103/F6
Tuscola, Il,EUA 201/K4
Tuscumbia, Al,EUA 208/D3
Tuscumbia, Mo,EUA 199/H1
Tushar (mtñas.), Ut,EUA 195/F1
Tuskegee, Al,EUA 208/E4
Tustin, Ca,EUA 214/C3
Tuszyn, Pol. 83/K3
Tutak, Tur. 125/E2
Tutayev, Rusia 112/H4
Tuticorin, India 142/G4
Tutin, Serb. 110/E4
Tutóia, Bras. 231/F3
Tutong, Bru. 145/A4
Tutrakan, Bul. 111/H3
Tuttle Creek (emb.), Ks,EUA 199/F1
Tuttlingen, Ale. 88/B7
Tutuila (isla), Sam.Am. 159/H6
Tutupaca (vol.), Perú 232/D5
Tututalak (mtña.), Ak,EUA 215/F2
Tutzing, Ale. 99/H2
Tuul (río), Mong. 128/F2
Tuusula, Fin. 81/L1
Tuvalu 158/G5
Tuva (rep. aut.) Rusia 118/K4
Ţuwayq, Jabal (mtñas.), Ar.S. 126/E4
Tuxpan, Méx. 216/D4
Tuxpan, Méx. 217/F4
Tuxpan (río), Méx. 217/F4
Tuxtepec, Méx. 217/F5
Tuxtla Gutiérrez, Méx. 218/C2
Túy, Esp. 94/A1
Tuy (río), Ven. 231/O7
Tuyen Hoa, Vie. 143/D2
Tuyen Quang, Vie. 143/D1
Tuy Hoa, Vie. 143/E3
Tuymazy, Rusia 113/M5
Tūysarkān, Irán 125/G3
Tuyuk, Kaz. 134/C3
Tuz (lago), Tur. 124/C2
Ţūz Khurmātū, Irak 125/F3
Tuzla, Bosn. 110/D3
Tuzluca, Tur. 125/E1
Tuzlukçu, Tur. 124/B2
Tvååker, Sue. 80/E3
Tvedestrand, Nor. 80/C2
Tver, Rusia 112/G4
Tver, Región de, Rusia 112/G4
Tvertsa (río), Rusia 112/G4
Tvŭrditsa, Bul. 111/G4
Twardogóra, Pol. 83/J3
Tweed (río), R.U. 73/K9
Tweed (río), Es,R.U. 72/D5
Tweed Heads, Austl. 157/E1
Tweedsmuir, Es,R.U. 72/C5
Twente (canal), P.B. 84/D4
Twente (reg.), P.B. 84/D4
Twenty Mile (río), On,Can. 205/R9
Twentynine Palms, Ca,EUA 194/D3
Twin (cats.), Id,EUA 193/F2
Twin Buttes (emb.), Tx,EUA 196/D2
Twin Falls, Id,EUA 193/F2
Twins, The (mtña.), Ab,Can. 190/F1
Twiste (río), Ale. 85/G6
Twistringen, Ale. 85/F3
Twitchell (emb.), Ca,EUA 194/B3
Twofold (bahía), Austl. 157/D3
Two Harbors, Mn,EUA 203/J4
Two Hills, Ab,Can. 191/J1
Two Rivers (emb.), NM,EUA 198/B4
Two Rivers, Wi,EUA 201/L1
Twyfelfontein, Grabados en roca, Nam. 178/B4
Twymyn (río), Gales,R.U. 76/C1
Tyachev, Ucr. 116/B3
Tyao (río), Mya., India 136/B4
Tyatya Gora (mte.), Rusia 132/E1
Tychy, Pol. 83/K3
Tyendinaga, On,Can. 207/H2
Tygart (lago), VOcc,EUA 209/H1
Tygda, Rusia 129/K1
Tyger (río), CS,EUA 209/G3
Tyi Grounto (mes.), Níger 170/B4
Tyldesley, Ing,R.U. 75/F4
Tyler, Tx,EUA 197/G1
Tylertown, Ms,EUA 210/C2
Tymovskoye, Rusia 129/N1
Týn, R.Ch. 93/L2
Tynda, Rusia 119/N4
Tyndall, DS,EUA 200/F2
Tyndaris (ruinas), Ita. 101/B6
Tyne (río), Es,R.U. 72/D5
Tyne (río), Ing,R.U. 75/F2
Tyne & Wear (con.), Ing,R.U. 75/G2
Tynemouth, Ing,R.U. 75/G1
Tyner, Ky,EUA 208/F2
Tynset, Nor. 79/D3
Tyre, Líba. 124/C3
Tyresö, Sue. 80/H2
Tyresta (parq.reg.), Sue. 81/S7
Tyre (Şūr), Líba. 123/D3
Tyrifjorden (lago), Nor. 80/D1
Tyringe, Sue. 80/E3
Tyrma (río), Rusia 129/L2
Tyrnyauz, Rusia 115/G4
Tyrrell (lago), Austl. 155/J5
Tysnes, Nor. 80/A1
Tysnesøy (isla), Nor. 80/A2
Tysons Corner, Va,EUA 212/A6
Tytuvėnai, Lit. 81/K4
Tyub-Karagan (pta.), Kaz. 115/J3
Tyup, Kirg. 134/C3
Tywi (río), Gales,R.U. 76/B3
Tzaneen, Safr. 179/F4
Tzucacab, Méx. 217/H4

U

Uac (mte.), Fil. 145/C2
Uadi Uadaimo (río seco), Som. 174/D3
Uagadugu (cap.), Burk. 169/E3
Ua Huka (isla), Pol.Fr. 159/M5
Uamba (río), Ang., D.R. Congo 176/D4
Uamh Bheag (mtña.), Es,R.U. 72/B4
Ua Pou (isla), Pol.Fr. 159/L5
Uatumã (río), Bras. 230/B3
Uauá, Bras. 235/F1
Uaupés, Bras. 229/E5
Uaupés (río), Bras. 228/D4
Uaxactún, Gua. 217/H5
Uaxactún (ruinas), Gua. 218/D2
Ub, Serb. 110/E3
Ubá, Bras. 235/E4
Übach-Palenberg, Ale. 87/F2
Ubagan (río), Kaz. 113/Q5
Ubaitaba, Bras. 235/F2
Ubajara, Bras. 231/F3
Ubajará, Parq. Nal., Bras. 231/F3
Ubangi (río), Áfr. 164/D4
Ubatã, Bras. 235/F2
Ubaté, Col. 228/C3
Ubatuba, Bras. 234/D4
Ubay, Fil. 145/D3
Ubaye (río), Fra. 100/C4
Ubayette (río), Fra. 100/C4
Ubbergen, P.B. 84/C5
Ube, Japón 130/B4
Úbeda, Esp. 94/D3
Uberaba (lago), Bol., Bras. 233/G5
Uberaba, Bras. 234/D3
Überherrn, Ale. 87/F5
Uberlândia, Bras. 234/C3
Überlingen, Ale. 99/F2
Überlingersee (lago), Ale. 99/F2
Ubia (pico), Indo. 147/J4
Ubina, Bol. 236/C2
Ubinas, Perú 232/D5
Ubombo, Safr. 181/F2
Ubon Ratchathani, Tail. 143/D3
Ubrique, Esp. 94/C4
Ubundu, D.R. Congo 177/F3
Ucacha, Argen. 238/E2
Ucayali (dept.), Perú 232/C3
Ucayali (río), Perú 232/C2
Uccle, Bél. 82/C3
Uch-Adzhi, Turk. 127/H1
Uchaly, Rusia 71/J3
Uch-Aral, Kaz. 118/J5
Uchinskoie (emb.), Rusia 113/X8
Uchiura (bahía), Japón 132/B2
Uchiza, Perú 232/B3
Uchkeken, Rusia 117/M6
Uchte, Ale. 85/F4
Uchte (río), Ale. 90/B2
Uchumarca, Perú 232/B2
Uchumayo, Perú 232/D5
Uchur (río), Rusia 119/P4
Uckange, Fra. 87/F5
Ücker (río), Ale. 90/D1
Uckermark (reg.), Ale. 90/D1
Uckfield, Ing,R.U. 77/G5
Ucrania 116/F4
Ucumasi, Bol. 236/C1
Uda (río), Rusia 128/F1
Udaipur, India 138/B3
Udamalpet, India 142/F3
Udankudi, India 142/G4
Uddevalla, Sue. 80/D2
Uddingston, Es,R.U. 72/B5
Uddjaure (lago), Sue. 79/F2
Uden, P.B. 84/C5
Udenhout, P.B. 84/C5
Udgīr, India 138/C4
Udhampur, India 142/C1
Udine, Ita. 105/G1
Udine (prov.), Ita. 105/G1
Udipi, India 138/B5
Udmurtos (rep. aut.), Rusia 113/L4
Udomlya, Rusia 112/G4
Udon (río), Fra. 97/E3
Udon Thani, Tail. 143/C2
Udzhary, Azer. 125/F1
Ueckermünde, Ale. 83/H2
Ueda, Japón 131/F2
Uele (río), D.R. Congo 177/E2
Uelen, Rusia 215/E2
Uelsen, Ale. 84/D4
Uelzen, Ale. 85/H3
Ueno, Japón 130/E3
Uenohara, Japón 131/F3
Uere (río), D.R. Congo 177/F1
Uetendorf, Suiza 98/D4
Uetersen, Ale. 85/G1
Uetze, Ale. 85/H4
Ufa, Rusia 71/J3
Ufa (río), Rusia 113/N5
Uffenheim, Ale. 88/D3
Uffington, Ing,R.U. 77/E3
Ufita (río), Ita. 103/F5
Ufra, Turk. 125/H2
Ugab (río seco), Nam. 178/B4
Ugāle, Let. 81/K3
Uganda 164/F4
Ugento, Ita. 109/F3
Ugie (río), Es,R.U. 72/E1
Ugine, Fra. 100/C1
Uglegorsk, Rusia 129/N2
Uglegorsk, Ucr. 117/K3
Ugleural'skiy, Rusia 113/N4
Uglich, Rusia 112/H4
Ugljan (isla), Cro. 93/L4
Uglovoye, Rusia 129/L3
Ugol'nyye Kopi, Rusia 119/T3
Ugtaaltsaydam, Mong. 128/F2
Ugŭrchin, Bul. 111/G4
Uherské Hradiště, R.Ch. 91/B1
Uherský Brod, R.Ch. 91/B1
Uhingen, Ale. 88/C5
Úhlava (río), R.Ch. 89/G4
Úhlavka (río), R.Ch. 89/F3
Uia di Ciamarella (pico), Ita. 100/D2
Uig, Es,R.U. 73/H7
Uig, Es,R.U. 73/H8
Uíge (prov.), Ang. 176/C4
Ŭihŭng, Cor.S. 133/E4
Ŭijŏngbu, Cor.S. 133/D4
Uilkraal (río), Safr. 180/L11
Uilpata, Gora (pico), Rusia 115/G4
Uinta (cuenca), Ut,EUA 193/H3
Uinta (río), Ut,EUA 193/J3
Uinta (mtñas.), Ut, Wy,EUA 193/H3
Uiraúna, Bras. 231/G4
Ŭiryŏng, Cor.S. 133/E5
Ŭisŏng, Cor.S. 133/E4
Uist Norte (isla), Es,R.U. 73/H8
Uist Sur (isla), Es,R.U. 73/H8
Uitenhage, Safr. 180/D4
Uitgeest, P.B. 84/B3
Uithoorn, P.B. 84/B4
Uithuizen, P.B. 84/D2
Ujae (atolón), Mrsh. 158/F4
Ujelang (atolón), Mrsh. 158/F4
Ujelang (isla), Mrsh. 65/S5
Újfehértó, Hun. 110/E2
Ujhāni, India 140/B1
Uji, Japón 131/L10
Uji (río), Japón 131/L10
Ujitawara, Japón 131/L10
Ujjain, India 138/C3
Ujta, Rusia 71/J2
Ujungkulon, Parq. Nal., Indo. 144/D4
Ujung-Pandang, Indo. 147/E5
Ukara (isla), Tan. 175/A2
Ukerewe (isla), Tan. 175/A2
Ukiah, Ca,EUA 192/B4
Ukmergė, Lit. 81/L4
Ula, Tur. 124/B2
Ulaangom, Mong. 128/C2
Ulaanhus, Mong. 128/B2
Ulan (lago), China 134/F5
Ulan Bator (cap.), Mong. 128/F2
Ulan-burgasi (mtñas.), Rusia 128/F1
Ulanhot, China 129/J2
Ulan-Khol, Rusia 115/H3
Ulansuhai (l.sal.), China 135/B2
Ulán Udé, Rusia 128/F1
Ulaş, Tur. 124/D2
Ulchin, Cor.S. 133/E4
Ulcinj, Mont. 110/D5
Ulcumayo, Perú 232/C3
Uldz (río), Mong. 128/G2
Ulefoss, Nor. 80/C2
Ulgain (río), China 129/H2
Ulhasnagar, India 138/B4
Uliastay, Mong. 128/D2
Ulindi (río), D.R. Congo 177/F3
Ulithi (isla), Micr. 158/D3
Uljma, Serb. 110/E3
Ulladulla, Austl. 157/D2
Ullapool, Es,R.U. 73/J8
Ullared, Sue. 80/E3
Ulla Ulla, Bol. 232/D4
Ulla Ulla, Res. Nal., Bol. 232/D4
Ulldecona, Esp. 95/F2
Ullensvang, Nor. 80/B1
Ulloma, Bol. 236/B1
Ullsfjorden (fiordo), Nor. 79/F1
Ullŭng (isla), Cor.S. 130/B2
Ulm, Ale. 88/C6
Ulmarra, Austl. 157/E1
Ulnasjön (lago), Sue. 81/S7
Ulonguè, Moz. 179/G2
Ulricehamn, Sue. 80/E3
Ulrichsberg, Aus. 89/G5
Ulrichstein, Ale. 88/C1
Ulrum, P.B. 84/D2
Ulsan, Cor.S. 133/E5
Ulster (río), Ale. 88/C1
Ulster, Pa,EUA 207/H4
Ulster (reg.), Irl. 74/A3
Ulster American Folk Park, IrN,R.U. 74/A2
Ulu, Indo. 147/G3
Ulu, Sudán 173/G3
Ulua (río), Hon. 218/E3
Uluborlu, Tur. 124/B2
Uludağ, Tepe (pico), Tur. 124/B1
Uludoruk (pico), Tur. 125/F2
Uluguru (mtñas.), Tan. 175/B3
Ulukışla, Tur. 124/C2
Ulumal, Méx. 218/D2
Ulungur (lago), China 128/B2
Ulungur (río), China 128/B2
Uluru (Ayers Rock) (pico), Austl. 155/F3
Uluru, Parq. Nal., Austl. 155/F3
Ulutau (pico), Kaz. 134/A2
Ulverston, Ing,R.U. 75/E3
Ulverstone, Austl. 157/C4
Ulvila, Fin. 81/J1
Ul'yanovka, Rusia 81/P2
Ul'yanovka, Ucr. 116/F3
Ul'yanovo, Rusia 114/E1
Ul'yanovsk, Rusia 115/J1
Ulysses, Ks,EUA 198/D2
Umag, Cro. 105/G2
Umala, Bol. 236/C1
Umán, Méx. 217/H4
Uman', Ucr. 116/F3
Umanum (pta.), Fil. 145/D3
Umari, Bras. 231/G4
Umarizal, Bras. 231/G4
Umarkot, India 138/D4
Umatilla (río), Or,EUA 192/D1
Umba, Rusia 112/G2
Umbakumba, Austl. 153/E3
Umbertide, Ita. 102/C1
Umberto I, Argen. 236/D4
Umboi (isla), P.N.G. 153/G1
Umbrail, Piz (pico), Suiza 99/G4
Umbria (reg.), Ita. 102/C2
Umbro-Marchigiano, Apenino (mtñas.), Ita. 105/F5
Umbuluze (río), Moz., Swaz. 179/F5
Ume (río), Sue. 79/F2
Ume (río), Zim. 179/F3
Umeå, Sue. 79/G3
Umfolozi (río), Safr. 181/E3
Umfreville (lago), On,Can. 203/G2
Umfuli (río), Zim. 179/F3
Umgeni (río), Safr. 181/E3
Umkirch, Ale. 98/D1
Umm as Samīm (salt dep.), Omán 127/F4
Umm Dhibbān, Sudán 173/F2
Umm Dhibbān, Sudán 173/G2
Umm Durmān (Omdurman), Sudán 173/G2
Umm el Fahm, Isr. 123/D3
Ummendorf, Ale. 88/C6
Umm Qaşr, Irak 125/F4
Umnak (isla), Ak,EUA 215/E5
Umpqua (río), Or,EUA 192/B2
Ümraniye, Tur. 124/B2
Ŭmsŏng, Cor.S. 133/D4
Umtata, Safr. 180/E3
Umuarama, Bras. 234/B4
Umuda (isla), P.N.G. 153/F2
Umurbey, Tur. 109/K2
Umzimvubu (río), Safr. 180/E3
Umzingwani (río), Zim. 179/F4
Umzinto, Safr. 181/E3
Una (río), Bosn., Cro. 110/B3
Una, Bras. 235/F2
Una, India 142/D2
Una (pico), N.Z. 160/C3
Unadilla (río), NY,EUA 207/J3
Unaí, Bras. 234/D3
Unaka (mtñas.), CN, Tn,EUA 208/F2
Unalaska (isla), Ak,EUA 215/E5
'Unāzah, Jabal (mtña.), Ar.S. 124/D3
Unchahra, India 140/C3
Uncompahgre (mes.), Co,EUA 193/J4
Uncompahgre (pico), Co,EUA 193/K4
Uncompahgre (pk.), Co,EUA 193/K4
Uncompahgre (río), Co,EUA 193/K4
Unden (lago), Sue. 80/F2
Underbool, Austl. 155/J5
Undu (pta.), Fidji 159/Z17
Unduavi, Bol. 233/E5
Unecha, Rusia 114/E1
Unga (isla), Ak,EUA 215/F4
Ungama (bahía), Kenia 175/C2
Ungarie, Austl. 157/C2
Ungava (bahía), Qu,Can. 187/K3
Ungava (pen.), Qu,Can. 187/J2
Ungwariba (pta.), Austl. 153/E3
Unhošť, R.Ch. 89/H2
União, Bras. 231/F4
União da Vitória, Bras. 237/G3
União dos Palmares, Bras. 235/F1
Unimak (isla), Ak,EUA 215/E4
Unini (río), Bras. 229/F5
Unini, Perú 232/C3
Unión, Argen. 238/D2
Union (mte.), Az,EUA 195/F3
Union, CS,EUA 209/G3
Union, Mo,EUA 199/J1
Union, NJ,EUA 213/D2
Union (lago), NJ,EUA 212/C5
Union, VOcc,EUA 209/G2
Unión, Par. 237/E3
Union (canal), Es,R.U. 72/C5
Union City, Ga,EUA 208/E4
Union City, NJ,EUA 213/D2
Union City, Tn,EUA 208/C2
Unión de Reyes, Cuba 219/F1
Unión de Tula, Méx. 216/D5
Unión Hidalgo, Méx. 218/C2
Union Park, Fl,EUA 210/N6
Union Springs, Al,EUA 208/E4
Uniontown, Pa,EUA 207/G5
Unity, Sk,Can. 191/K1
Unity (lag.), Me,EUA 204/C3
Universal City, Tx,EUA 197/E3
University Park, Tx,EUA 196/L7
Unjha, India 138/B3
Unkel, Ale. 87/G2
Unley, Austl. 155/M8
Unna, Ale. 85/E5
Unnão, India 140/C2
Unshin (río), Irl. 78/B1
Unst (isla), Es,R.U. 73/P12
Unstruct (río), Ale. 82/F3
Unstrut (río), Ale. 90/A5
Unterägeri, Suiza 99/E3
Unterargen (río), Ale. 99/F2
Untergriesbach, Ale. 89/G5
Unterlüss, Ale. 85/H3
Unterpleichfeld, Ale. 88/D3
Unterschleissheim, Ale. 89/E6
Untersee (lago), Ale., Suiza 99/E2
Unterseen, Suiza 99/D4
Untersiggenthal, Suiza 99/E2
Unterwalden (cantón), Suiza 98/E4
Ünye, Tur. 124/D1
Unzen-amakusa, Parq. Nal., Japón 130/A4
Unzen-dake (mtña.), Japón 130/B4
Unzha (río), Rusia 113/K4
Uon-quen, Ven. 229/F3
Uozu, Japón 131/E2
Upala, C.Rica 219/E4
Upanema, Bras. 231/G4
Upata, Ven. 229/F2
Upemba (lago), D.R. Congo 177/F5
Upemba, Parq. Nal., D.R. Congo 177/F5
Upe-Pian, Res. de Caza, Uga. 175/A1
Upernavik, Groen. 187/L1
Upi, Fil. 145/D4
Upington, Safr. 180/C3
Upleta, India 138/B3
Upminster, Ing,R.U. 71/P7
Upolu (pta.), Hi,EUA 188/U10
Upolu (isla), Sam.Occ. 159/H6
Upper (cats.), Wy,EUA 193/H1
Upper Arlington, Oh,EUA 206/E4
Upper Darby, Pa,EUA 212/C4
Upper Demerara-Berbice (reg.), Guy. 230/B1
Upper Ganges (canal), India 140/A1
Upper Ganges, Etāwah Branch (canal), India 140/B2
Upper Hutt, N.Z. 160/C3
Upper Iowa (río), Ia,EUA 201/J2
Upper Lake, Ca,EUA 192/B4
Upper Lough Erne (lago), IrN,R.U. 78/C1
Upper Mesa (cats.), Id,EUA 193/H1
Upper Sandusky, Oh,EUA 206/E4
Upper Takutu-Upper Essequibo (reg.), Guy. 230/B2
Upplands-Väsby, Sue. 80/G2
Uppsala, Sue. 80/G2
Uppsala (con.), Sue. 80/G1
Upright (cabo), Ak,EUA 215/D3
Upstart (bahía), Austl. 156/B2
Upstart (cabo), Austl. 156/B2
Ur (ruinas), Irak 125/F4
Urabá (golfo), Col. 228/B2
Uracoa, Ven. 229/F2
Urad Qianqi, China 135/B2
Uraga (canal), Japón 131/H7
Urahoro, Japón 132/C2
Urakawa, Japón 132/C2
Ural (río), Rusia, Kaz. 118/F5
Urales (mtñas.), Rusia 118/F3
Urales Centrales (mtñas.), Rusia 113/N4
Urales Meridionales (mtñas.), Rusia 113/N5
Urales Polares (mtñas.), Rusia 113/P2
Urales Septentrionales (mtñas.), Rusia 113/N3
Uralla, Austl. 157/D1
Uralsk, Kaz. 115/J2
Uralsk, Región de, Kaz. 115/J2
Urana, Austl. 157/C2
Uraricoera, Bras. 230/A2
Uraricoera (río), Bras. 229/F4
Urasoe, Japón 132/J7
Urawa, Japón 131/F3
Uray, Rusia 118/G3
Urayasu, Japón 131/H7
Urbach, Ale. 88/C5
Urbana, Ar,EUA 199/H4
Urbana, Il,EUA 206/B4
Urbana, Oh,EUA 206/E4
Urbandale, Ia,EUA 201/H3
Urbania, Ita. 105/F5
Urbano Noris, Cuba 219/G1
Urbano Santos, Bras. 231/F3
Urbenville, Austl. 156/D5
Urbino, Ita. 105/F5
Urbino (pico), Ita. 102/C1
Urcos, Perú 232/D4
Urda, Esp. 94/D3
Urda, Kaz. 115/H2
Urđevo, Serb. 110/E3
Urdinarrain, Argen. 238/F2
Urdorf, Suiza 99/E3
Urdzhar, Kaz. 134/D2
Ure (río), Ing,R.U. 75/G3
Urengoy, Rusia 118/H3
Ures, Méx. 216/C2
Ureshino, Japón 131/M10
Urewera, Parq. Nal., N.Z. 160/D2
Urfa, Tur. 124/D2
Urfa (prov.), Tur. 124/D2
Urft (río), Ale. 85/G6
Urgal, Rusia 129/L1
Urgnano, Ita. 104/C1
Urguench, Uzb. 118/G5
Urho Kekkosen, Parq. Nal., Fin. 79/H1
Uri (cantón), Suiza 99/E4
Uriah (pico), N.Z. 160/B3
Uribante (río), Ven. 228/D3
Uribia, Col. 228/C2
Uricani, Rum. 116/B5
Urie (río), Es,R.U. 72/D2
Urimán, Ven. 229/F3
Uriondo, Bol. 236/C2
Urique (río), Méx. 216/D3
Uriranteriña, Ven. 229/F3
Uri-Rotstock (pico), Suiza 99/E4
Uritskiy, Kaz. 118/G4
Urk, P.B. 84/C3
Urla, Tur. 124/A2
Urlaţi, Rum. 111/H3
Urmar, India 142/C2
Urmi (río), Rusia 129/L2
Urmia, Irán 125/F2
Urmia (lago), Irán 125/F2
Urmitz, Ale. 87/G3
Urmston, Ing,R.U. 75/F5
Urnersee (lago), Suiza 99/E4
Urosevac, Kos. 110/E4
Urr Water (río), Es,R.U. 74/E1
Úrsulo Galván, Méx. 217/N7
Uruáchic, Méx. 216/C3
Uruaçu, Bras. 234/C2
Urubamba, Perú 232/C4
Urubamba (río), Perú 232/C3
Urubichá, Bol. 233/F4
Urubu (río), Bras. 230/B3
Urubuquara (colina), Bras. 230/C3
Uruburetama, Bras. 231/G3
Urucará, Bras. 230/B3
Urucu (río), Bras. 233/E2
Uruçuí, Bras. 231/E4
Uruçuí (colinas), Bras. 234/D1
Uruçuí (mtñas.), Bras. 231/E5
Urucuia (río), Bras. 234/D3
Uruçuí Preto (río), Bras. 231/E5
Urucurituba, Bras. 230/B3
Uruguai (río), Bras. 237/F3
Uruguaiana, Bras. 235/F3
Uruguai (Chapecó) (río), Bras. 237/F3
Uruguay 225/F6
Uruguay (río), Amér.S. 237/E4
Urumaco, Ven. 228/D2
Ürümqi, China 128/B3
Urunga, Austl. 157/E1
Uruoca, Bras. 231/F3
Urup (isla), Rusia 119/R5
Ururi, Ita. 103/F4
Urussanga, Bras. 237/G4
Urussu, Rusia 115/K1
Uru Uru (lago), Bol. 236/C1
Uruyáen, Ven. 229/F3
Uryumkan (río), Rusia 129/H1
Uryupinsk, Rusia 117/M2
Urzhum, Rusia 113/L4
Urziceni, Rum. 111/H3
Us (río), Rusia 128/C1
Usa, Japón 130/B4
Usa (río), Rusia 71/J2
Uşak (prov.), Tur. 124/B2
Usakos, Nam. 178/B4
Useless Loop, Austl. 154/B3
Ushaki, Rusia 81/P2
Ushibuka, Japón 130/B4
Ushiku, Japón 131/J7
Ushkovo, Rusia 81/N1
Ushtobe, Kaz. 134/C2
Ushuaia, Argen. 239/K8
Ushumun, Rusia 129/K1
Usibelli, Ak,EUA 215/J3
Usicayos, Perú 232/D4
Usilampatti, India 142/F4
Usingen, Ale. 88/B2
Usinsk, Rusia 71/H3
Usk, Gales,R.U. 76/D3
Usk (río), Gales,R.U. 76/D3
Üsküdar, Tur. 111/J5
Üsküp, Tur. 111/H5
Uslar, Ale. 85/G5
Úslava (río), R.Ch. 89/G4
Usman', Rusia 117/K1
Usolie Sibirskoie, Rusia 128/E1
Uson, Fil. 145/C2
Uspallata, Argen. 238/C2
Uspenka, Ucr. 117/K3
Usquil, Perú 232/B2
Ussel (río), Ale. 88/D5
Ussel, Fra. 92/E4
Usses (río), Fra. 98/C5
Ussuri (río), Rusia, China 119/P5
Ussuriisk, Rusia 129/L3
Ust'-Barguzin, Rusia 128/F1
Ústecký (reg.), R.Ch. 89/G2
Uster, Suiza 99/E3
Ustica, Ita. 108/C3
Ustica (isla), Ita. 108/C3
Ust'-Ilinsk, Rusia 119/L4
Ústí nad Labem, R.Ch. 90/E6
Ust'-Ishim, Rusia 118/H4
Ustiurt (mes.), Kaz., Uzb. 115/K4
Ustka, Pol. 83/J1
Ust'-Kamchatsk, Rusia 119/S4
Ust'-Karsk, Rusia 129/H1
Ust'-Kulom, Rusia 113/M3
Ust'-Kut, Rusia 119/L4
Ust'-Kuyga, Rusia 119/P2
Ust'-Labinsk, Rusia 117/K5
Ust'-Maya, Rusia 119/P3
Ust'-Nera, Rusia 119/Q3
Ust'-Olenëk, Rusia 119/M2
Ust'-Omchug, Rusia 119/Q3
Ust'-Ordynskiy, Rusia 128/E1
Ust'-Pinega, Rusia 112/J2
Ust'-Port, Rusia 118/J3
Ustrzyki Dolne, Pol. 83/M4
Ust'-Tsil'ma, Rusia 113/M2
Ust'-Uda, Rusia 128/E1
Ust'ya (río), Rusia 113/K3
Ustyuzhna, Rusia 112/H4
Usu, China 134/D3
Usuki, Japón 130/B4
Usulután, El Salv. 218/D3
Usumacinta (río), Gua., Méx. 218/C2
Uta, Indo. 147/J4
Utah (est.), E.U.A. 188/D4
Utah (lago), Ut,EUA 193/H3
Utah (playa), Fra. 97/D2
Utah Test & Training Range, Ut,EUA 193/G3
Utangan (río), India 140/A2
Utano, Japón 131/L10
Utashinai, Japón 132/C2
Utembo (río), Ang. 178/D3
Utena, Lit. 81/L4
Utero (pico), Ita. 102/D2
Uterský (río), R.Ch. 89/G3
Uthai Thani, Tail. 143/C3
Utica, Col. 228/C3
Utica, NY,EUA 207/J3
Utiel, Esp. 94/E3
Utila (isla), Hon. 218/E2
Utinga, Bras. 235/E2
Utirik (atolón), Mrsh. 158/G3
Utiroa, Kir. 158/G5
Utliukski (canal), Ucr. 117/H4
Utopia, T. Abor., Austl. 155/G2
Utraula, India 140/D2
Utrecht, P.B. 84/C4
Utrecht (prov.), P.B. 84/C4
Utrecht, Safr. 181/E2
Utrera, Esp. 94/C4
Utsunomiya, Japón 131/F2
Uttamapālaiyam, India 142/F4
Uttaradit, Tail. 143/C2
Uttarkashi, India 134/C5
Uttarpara-Kotrung, India 141/G4
Uttar Pradesh (est.), India 140/B2
Uttoxeter, Ing,R.U. 75/G6
Uttran (lago), Sue. 81/R7
Utuado, P.Rico 221/C6
Utupua (isla), Sal. 158/F6
Uturoa, Pol.Fr. 159/K6
Utzenstorf, Suiza 98/D3
Uulbayan, Mong. 128/G2
Uulu, Esto. 81/L2
Üür (río), Mong. 128/E1
Uus (lago), Mong. 128/C1
Uusikaupunki, Fin. 81/J1
Uusimaa (prov.), Fin. 81/L1
Ŭuyükçekmece (lago), Tur. 125/M6
Uva (río), Col. 228/D4
Uvalde, Tx,EUA 196/E3
Uvales del Norte (colinas), Rusia 113/K4
Uvaly, R.Ch. 89/H2
Uvarovo, Rusia 117/M2
Uvel'skiy, Rusia 113/P5
Uverito, Ven. 229/E2
Uvira, D.R. Congo 177/G3
Uvita (pta.), C.Rica 219/F4
Uvs (lago), Mong. 134/F1
Uwajima, Japón 130/C4
Uwimmerah (río), Indo. 153/F1
Uxbridge, On,Can. 207/G2
Uxbridge, Ing,R.U. 71/M7
Uxin Qi, China 135/B3
Uxmal (ruinas), Méx. 217/H4
Uy (río), Kaz., Rusia 113/P5
Uyanga, Mong. 128/E2
Üyench, Mong. 128/C2
Uyu (río), Mya. 136/B3
Uyuni, Bol. 236/C2
Uyuni (saln.), Bol. 236/B2
'Uza, Isr. 123/F8
Uzbequistán 118/G5
Uzcudún, Argen. 238/D5
Uzen', Kaz. 115/K4
Uzerche, Fra. 92/D4
Uzès, Fra. 92/F4
Uzhgorod, Ucr. 116/B3
Uzlovaya, Rusia 114/F1
Uznach, Suiza 99/E3
Üzümlü, Tur. 124/D2
Uzunköprü, Tur. 111/H5
Uzwil, Suiza 99/F3

V

Vaal (río), Safr. 180/C3
Vaala, Fin. 79/H2
Vaaldam (emb.), Safr. 180/E2
Vaals, P.B. 87/F2
Vaalsberg (colina), P.B. 87/E2
Vaasa (prov.), Fin. 79/G3
Vaasa (Vasa), Fin. 79/G3
Vaassen, P.B. 84/C4
Vabalninkas, Lit. 81/L4
Vác, Hun. 91/D4
Vacacai (río), Bras. 237/F4
Vacaria, Bras. 237/G4
Vacaria (río), Bras. 237/F2
Vacaville, Ca,EUA 192/B4
Vaccares (lag.), Fra. 100/A6
Vache (isla), Haití 219/H2
Vachères (mtña.), Fra. 100/B3
Vachon (río), Qu,Can. 187/J2
Vada, Ita. 104/D6
Vadito, NM,EUA 198/B2
Vadnais Heights, Mn,EUA 203/P6
Vadodara, India 138/B3
Vado Ligure, Ita. 104/B4
Vadret, Piz (pico), Suiza 99/F4
Vadsø, Nor. 79/J1
Vadstena, Sue. 80/F2
Vaduz (cap.), Liech. 99/F3
Vaga (río), Rusia 112/J3
Vaganski vrh (pico), Cro. 110/B3
Vagay (río), Rusia 113/R4
Vaggeryd, Sue. 80/F3
Vagney, Fra. 98/C1
Vagos, Por. 94/A2
Vah (río), Eslo. 91/C4
Vahitahi (isla), Pol.Fr. 159/M6
Vaiano, Ita. 105/E5
Vaich, Loch (lago), Es,R.U. 72/B1
Vaiden, Ms,EUA 208/C4
Vaigach (isla), Rusia 71/J2
Vaige (río), Fra. 97/E5
Vaihingen an der Enz, Ale. 88/B5
Vaijāpur, India 127/K5
Vaikam, India 142/F4
Väike-Maarja, Esto. 81/M2
Vail, Co,EUA 200/A4
Vailly-sur-Aisnes, Fra. 86/C5
Vailsburg, NJ,EUA 213/J9

322
Vaïne – Viequ

Vaïne (lag.), Fra. 100/B6
Vaiņode, Let. 81/J3
Vair (río), Fra. 98/B1
Vaire (río), Fra. 100/C4
Vaires-sur-Marne, Fra. 71/T10
Vaisali (río), India 140/B2
Vaison-la-Romaine, Fra. 100/B4
Vaitupu (isla), Tuv. 158/G5
Vaj (río), Rusia 118/J3
Vakaga (pref.), Cafr. 172/D3
Vakfıkebir, Tur. 114/F4
Vākhān (mtñas.), Afg. 127/K1
Vakhrushev, Rusia 129/N2
Vakhrushi, Rusia 113/L4
Vakhsh (río), Tay. 127/J1
Vakhtan, Rusia 113/K4
Valais (cantón), Suiza 98/D5
Valalta, Cro. 105/G2
Valaquia (reg.), Rum. 111/G3
Valbo, Sue. 80/G1
Valburg, P.B. 84/C5
Valcheta, Argen. 238/D4
Valdagno, Ita. 105/E1
Valdahon, Fra. 98/C3
Valdai (colinas), Rusia 112/G4
Valdarno (valle), Ita. 105/E5
Val-David, Qu,Can. 207/J1
Valday, Rusia 112/G4
Val-de-Bide, Fra. 87/F6
Valdecañas (emb.), Esp. 94/C3
Val-de-Marne (dept.), Fra. 71/T10
Valdemarpils, Let. 81/K3
Valdemarsvik, Sue. 80/G2
Valdemorillo, Esp. 95/M8
Valdepeñas, Esp. 94/D3
Valderaduey (río), Esp. 94/C2
Valdés (pen.), Argen. 238/E4
Val-des-Monts, Qu,Can. 207/J2
Valdez, Ecua. 228/B4
Valdez, Ak,EUA 215/J3
Valdivia, Chile 238/B3
Valdivia, Col. 228/C3
Valdobbiadene, Ita. 105/F1
Valdoie, Fra. 98/C2
Val-d'Oise (dept.), Fra. 86/A5
Val d'Or, Qu,Can. 187/J4
Valdosta, Ga,EUA 211/G2
Valdoviño, Esp. 94/A1
Vale, Or,EUA 192/E2
Vale, Geor. 115/G4
Vale, Anglo,R.U. 96/C2
Valeggio sul Mincio, Ita. 105/D2
Valemount, CB,Can. 190/E1
Valença, Bras. 235/F2
Valença do Piauí, Bras. 231/F4
Valence, Fra. 100/A3
Valencia, Ecua. 228/B5
Valencia, Esp. 95/E3
Valencia (golfo), Esp. 95/F3
Valencia (reg. aut.), Esp. 95/E3
Valencia, Fil. 145/D3
Valencia, Fil. 145/D4
Valencia (isla), Irl. 73/F11
Valencia, Ven. 228/E2
Valencia (lago), Ven. 231/N7
Valencia de Alcántara, Esp. 94/B3
Valencia de Don Juan, Esp. 94/C1
Valenciennes, Fra. 86/C3
Vălenii de Munte, Rum. 111/H3
Valensole (mes.), Fra. 100/B5
Valentigney, Fra. 98/C3
Valentin, Rusia 129/L3
Valentine, Az,EUA 195/F3
Valentine, Ne,EUA 200/D2
Valentines, Uru. 239/G2
Valenton, Fra. 71/T10
Valenza, Ita. 104/B2
Valenzuela, Fil. 145/E6
Våler, Nor. 80/D1
Våler, Nor. 80/D2
Valera, Ven. 228/D2
Valga, Esto. 81/M3
Val Grande (río), Ita. 100/D2
Valhinos, Bras. 235/K7
Valier (mtña.), Fra. 92/D5
Valinco (golfo), Fra. 108/A2
Váli víz (río), Hun. 91/C5
Valjevo, Serb. 110/D3
Valka, Let. 112/E4
Valkeakoski, Fin. 81/K1
Valkeala, Fin. 81/M1
Valkenburg, P.B. 87/E2
Valkenswaard, P.B. 84/C6
Valkininkai, Lit. 81/L4
Valladolid, Esp. 94/C2
Valladolid, Méx. 217/H4
Vallauris, Fra. 100/D5
Vall de Uxó, Esp. 95/E3
Valle (río), Argen. 236/C4
Valle, Ecua. 228/B5
Vallecitos de Zaragoza, Méx. 217/E5
Vallecorsa, Ita. 103/D5
Vallecrosia, Ita. 104/A5
Valle de Aosta (prov.), Ita. 104/A1
Valle de Aosta (reg.), Ita. 104/A1
Valle de Bravo, Méx. 217/E5
Valle de Encantado, Parq. Nal., Chile 236/B4
Valle de Guadalupe, Méx. 194/D4
Valle de Guanape, Ven. 229/E2
Valle de la Pascua, Ven. 229/E2
Valle del Cauca (dept.), Col. 228/B3
Valle de los Caídos, Esp. 95/M8
Valle de Santiago, Méx. 217/E4
Valledupar, Col. 228/C2
Vallegrande, Bol. 236/C1
Vallehermoso, Cana.,Esp. 95/X16
Valle Hermoso, Méx. 217/F3
Valleikanaal (canal), P.B. 84/C4
Vallejo, Ca,EUA 192/B4
Valle Kerio, Reserva Nal., Kenia 175/A1
Valle Kidepo, Parq. Nal., Uga. 177/H2
Valle Lomellina, Ita. 104/B2
Valle Mosso, Ita. 104/B1
Vallenar, Chile 236/B4
Vallendar, Ale. 87/G3
Vallentuna, Sue. 81/S6
Vallentunasjön (lago), Sue. 81/S6
Valley, Al,EUA 208/E4
Valley City, DN,EUA 202/E4
Valley East, On,Can. 206/F1
Valleyfair, Mn,EUA 203/N7
Valley Farms, Az,EUA 195/G4
Valleyfield, Qu,Can. 205/M7
Valley Stream, NY,EUA 213/E2
Valley, The, Angu. 220/F3
Valleyview, Ab,Can. 186/E3
Valli Bertuzzi (lag.), Ita. 105/F3
Valli di Comacchio (lag.), Ita. 105/F3
Vallière (río), Fra. 98/B4
Vallimanca (río), Argen. 238/E3
Vällingen (lago), Sue. 81/R7
Vallo della Lucania, Ita. 101/B2
Vallorbe, Suiza 98/C4
Valls, Esp. 95/F2
Valluga (pico), Aus. 99/G3
Val Marie, Sk,Can. 191/L3
Valmayor (emb.), Esp. 95/M8
Valme (río), Ale. 85/F6
Valmiera, Let. 81/L3
Valmont, NM,EUA 196/B1
Valmontone, Ita. 102/C4
Valognes, Fra. 96/D1
Valona (bahía), Alb. 109/F2
Valpaços, Por. 94/B2
Valparai, India 142/F3
Valparaíso, Chile 238/C2
Valparaíso (reg.), Chile 238/C2
Valparaíso, Col. 231/K6
Valparaiso, In,EUA 206/C4
Valparaíso, Méx. 216/E4
Valpelline (río), Ita. 98/D6
Valpovo, Cro. 110/D3
Valréas, Fra. 100/A4
Vals (cabo), Indo. 153/E2
Vals (río), Safr. 180/D2
Valsād, India 138/B3
Valsaquillo (emb.), Méx. 217/L8
Valsbaai (bahía), Safr. 180/B4
Valserine (río), Fra. 98/B5
Valserrhein (río), Suiza 99/F4
Vals-les-Bains, Fra. 92/F4
Vals Platz, Suiza 99/F4
Valsura (río), Ita. 99/G4
Valtellina (valle), Ita. 99/F5
Valuyki, Rusia 117/K2
Valvedditturai, Sr.L. 142/H4
Valverde, Cana. 166/A4
Valverde del Camino, Esp. 94/B4
Valyermo, Ca,EUA 214/C2
Vamizi (isla), Moz. 179/J1
Vammala, Fin. 81/K1
Vamori (arr.), E.U.A.,Méx. 195/F5
Vámospércs, Hun. 110/E2
Van, Tur. 125/E2
Van (lago), Tur. 125/E2
Van (prov.), Tur. 125/E2
Vanajavesi (lago), Fin. 81/K1
Vanavara, Rusia 119/L3
Vanavaro (isla), Pol.Fr. 159/L7
Van Bruyssel, Qu,Can. 204/A2
Van Buren, Ar,EUA 199/G3
Van Buren, Mo,EUA 199/J2
Vanceboro, Me,EUA 204/D3
Vanceburg, Ky,EUA 209/F1
Vancom (río), Fra. 100/C4
Vancourt, Tx,EUA 217/E2
Vancouver (cabo), Austl. 154/C5
Vancouver, CB,Can. 190/C3
Vancouver (isla), CB,Can. 186/D4
Vancouver, Wa,EUA 190/C5
Vancouver (mtña.), Yk,Can, Ak,EUA 215/L3
Vanda, Ant. 161/L
Vandalia, Il,EUA 201/K4
Vandalia, Oh,EUA 206/D5
Vandenberg Village, Ca,EUA 194/B3
Vanderbijl Park, Safr. 180/D2
Vanderbilt, Tx,EUA 197/F3
Vanderhoof, CB,Can. 186/D3
Van Diemen (cabo), Austl. 152/C2
Van Diemen (cabo), Austl. 153/E4
Van Diemen (golfo), Austl. 152/C2
Vandoeuvre-lès-Nancy, Fra. 87/F6
Vändra, Esto. 81/L2
Vandro (río), Ita. 103/E4
Vanegas, Méx. 217/E4
Vänern (lago), Sue. 80/E2
Vänersborg, Sue. 80/E2
Vangaindrano, Mad. 181/H8
Van Harinxmakanaal (canal), P.B. 84/C2
Van Hoa, Vie. 143/D1
Van Horn, Tx,EUA 196/B2
Vanier, On,Can. 207/J2
Vanier (isla), Nun,Can. 187/R7
Vanikoro (isla), Sal. 158/F6
Vanil Noir (pico), Suiza 98/D4
Vanimo, P.N.G. 147/K4
Vanino, Rusia 129/N2
Vännäs, Sue. 79/F3
Vanne (río), Fra. 92/E2
Vannes, Fra. 96/C5
Van Ninh, Vie. 143/E3
Van Norman (lago), Ca,EUA 214/E7
Van Nuys, Ca,EUA 214/F7
Vanoise, Parq. Nal., Fra. 93/G4
Van (pta.), Fra. 96/A4
Van Rees (mtñas.), Indo. 147/J4
Vanrhynsdorp, Safr. 180/B3
Vanrook, Austl. 153/F4
Vansbro, Sue. 80/F1
Vansittart (bahía), Austl. 152/B3
Vansittart (isla), Nun,Can. 187/H2
Vantaa, Fin. 81/L1
Vanua Levu (isla), Fidji 158/G6
Vanuatu 158/F6
Vanves, Fra. 71/S10
Van Wert, Oh,EUA 206/D4
Van Yen, Vie. 143/D1
Var (dept.), Fra. 100/C6
Var (río), Fra. 100/D5
Vara (río), Ita. 104/C4
Vara, Sue. 80/E2
Varadero, Cuba 219/F1
Varaita (río), Ita. 100/D3
Varāmīn, Irán 125/G3
Vārānāsi (Benares), India 140/D3
Varangerfjorden (fiordo), Nor. 79/J1
Varangerhalvøya (pen.), Nor. 79/J1
Varangéville, Fra. 87/F6
Varano (lago), Ita. 103/F4
Varapodio, Ita. 101/B6
Varaval, India 138/B3
Varaždin, Cro. 110/C2
Varazze, Ita. 104/B4
Varberg, Sue. 80/E3
Varces-Allières-et-Risset, Fra. 100/B2
Vardar (río), Mace. 110/E5
Varde, Din. 80/C4
Vardenis, Arm. 115/H4
Vardø, Nor. 79/J1
Varel, Ale. 85/F2
Varėna, Lit. 81/L4
Varenikovskaya, Rusia 117/J5
Varenne (río), Fra. 97/E3
Varenne (río), Fra. 97/G1
Varennes, Qu,Can. 205/P6
Varennes (río), Fra. 86/A4
Varennes-Vauzelles, Fra. 92/E3
Vareš, Bosn. 110/D3
Varese, Ita. 104/B1
Varese (prov.), Ita. 104/B1
Varèze (río), Fra. 100/A2
Vårgårda, Sue. 80/E2
Vargem do Sul, Bras. 235/K6
Vargem Grande, Bras. 231/F3
Varginha, Bras. 234/D4
Vári, Gre. 109/H4
Vari, Gre. 109/L7
Variadero, NM,EUA 198/B3
Varillas, Chile 236/B3
Varkaus, Fin. 79/H3
Varkkallai, India 142/F4
Værløse, Din. 81/T9
Värmdo, Sue. 81/S7
Värmdolandet (isla), Sue. 81/S7
Värmeln (lago), Sue. 80/E2
Värmland (con.), Sue. 80/E2
Varna, Bul. 111/H4
Varna (reg.), Bul. 111/H4
Varna, Rusia 113/P5
Värnamo, Sue. 80/F3
Varnek, Rusia 113/P1
Varniai, Lit. 81/K4
Varoška Rijeka, Bosn. 110/C3
Várpalota, Hun. 91/C5
Värska, Esto. 81/M3
Varsovia (cap.), Pol. 83/L2
Varsovia (prov.), Pol. 83/L3
Vartholomión, Gre. 109/G4
Varto, Tur. 124/E2
Vartry (emb.), Irl. 78/D3
Vartry (río), Irl. 78/D3
Várzea Alegre, Bras. 231/G4
Várzea da Palma, Bras. 234/D3
Várzea Grande, Bras. 234/A2
Vas (con.), Hun. 91/A5
Vasa Barris (río), Bras. 235/F1
Vasanello, Ita. 102/C3
Vásárosnamény, Hun. 83/M4
Vasa (Vaasa), Fin. 79/G3
Vaşcău, Rum. 110/F2
Vashka (río), Rusia 113/K2
Vasilievski (isla), Rusia 113/V7
Vaslui, Rum. 111/H2
Vaslui (con.), Rum. 111/H2
Vassako-Bolo, Res. Nal., Cafr. 172/C3
Vassalboro, Me,EUA 204/C3
Vassar, Mi,EUA 206/E3
Vassdalsegga (pico), Nor. 80/B2
Vassés (ruinas), Gre. 109/G4
Vassouras, Bras. 235/N7
Västerås, Sue. 80/G2
Västerbotten (con.), Sue. 79/F2
Västerdalälven (río), Sue. 80/E1
Västerhaninge, Sue. 80/H2
Västernorrland (con.), Sue. 79/F3
Västervik, Sue. 80/G3
Västmanland (con.), Sue. 80/G1
Vasto, Ita. 103/E3
Västra Silen (lago), Sue. 80/E2
Vasvár, Hun. 91/A5
Vasyurinskaya, Rusia 117/K5
Vaterstetten, Ale. 89/E6
Vaticano (cabo), Ita. 101/B5
Vaticano, Ciudad del 102/C4
Vatnajökull (glac.), Isl. 79/P7
Vatomandry, Mad. 181/J7
Vatra Dornei, Rum. 111/G2
Vättern (lago), Sue. 80/F2
Vatukoula, Fidji 159/Y18
Vaucluse (dept.), Fra. 100/B4
Vaucluse (mtñas.), Fra. 100/B5
Vaud (cantón), Suiza 98/C4
Vaudelle (río), Fra. 97/E4
Vaudreuil, Qu,Can. 207/J2
Vaudreuil-sur-le-Lac, Qu,Can. 205/M7
Vaughan, On,Can. 205/R8
Vaulx-en-Velin, Fra. 98/A6
Vaunoise (río), Fra. 96/D4
Vaupés (dept.), Col. 228/D4
Vaupés (río), Col. 228/D4
Vauvert, Fra. 92/F5
Vaux (río), Fra. 86/D4
Vauxhall, Ab,Can. 191/H2
Vaux-sur-Seine, Fra. 71/R9
Vaux-sur-Sûre, Bél. 87/E4
Vaux-Vraucourt, Fra. 86/B3
Vavatenina, Mad. 181/J7
Vava'u (islas), Tonga 159/H6
Vavuniva (dist.), Sr.L. 142/H4
Vavuniya, Sr.L. 142/H4
Vaxholm, Sue. 81/S7
Växjö, Sue. 80/F3
Vazante, Bras. 234/D3
Vázea Paulista, Bras. 235/K8
Vazhgort, Rusia 113/K2
Vazuza (emb.), Rusia 112/G5
Vazzola, Ita. 105/F1
Vecchiano, Ita. 104/D5
Vechigen, Suiza 98/D4
Vecht (río), P.B. 84/D4
Vechta, Ale. 85/F3
Vechte (río), Ale. 85/E4
Vecpiebalga, Let. 81/L3
Vecsés, Hun. 91/D5
Vecumnieki, Let. 81/L3
Vedano Olona, Ita. 104/B1
Vedāranniyam, India 142/G3
Veddige, Sue. 80/E3
Vedea (río), Rum. 111/G3
Vedelago, Ita. 105/F1
Vedi, Arm. 125/F2
Vedia, Argen. 238/E2
Vedra, Esp. 94/A1
Veendam, P.B. 84/D2
Veenendaal, P.B. 84/C4
Veere, P.B. 84/A5
Veerse Meer (emb.), P.B. 84/A5
Vega (pta.), Ak,EUA 215/B6
Vega, Tx,EUA 198/C3
Véga (río), Fra. 100/A1
Vega (isla), Nor. 79/D2
Vega de Alatorre, Méx. 217/F4
Vegafjorden (fiordo), Nor. 79/D2
Vegeån (río), Sue. 81/U8
Veghel, P.B. 84/C5
Vegorítis (lago), Gre. 109/G2
Vègre (río), Fra. 97/E4
Vègreville, Ab,Can. 191/H1
Végueta, Perú 232/B3
Vehkalahti, Fin. 81/M1
Veigné, Fra. 97/F6
Veinticinco de Mayo, Argen. 238/E2
Veintiocho de Mayo, Ecua. 232/B1
Veintiocho de Noviembre, Argen. 239/J7
Veio (ruinas), Ita. 102/C3
Veira Grande (bahía), Bras. 230/D3
Veisiejai, Lit. 81/K4
Veitsch, Aus. 83/H5
Veitshöchheim, Ale. 88/C3
Vejen, Din. 80/C4
Vejer de la Frontera, Esp. 94/C4
Vejle, Din. 80/C4
Vejle (con.), Din. 80/C4
Vejprty, R.Ch. 89/G2
Vela Luka, Cro. 110/C4
Vélan, Monte (pico), Suiza, Ita. 98/D6
Velardeña, Méx. 216/E3
Velas, Azor,Por. 95/S12
Velasco Ibarra, Ecua. 228/B5
Velaux, Fra. 100/B5
Velázquez, Uru. 239/G2
Velbert, Ale. 84/E6
Velburg, Ale. 89/E4
Velddrif, Safr. 180/B4
Velden, P.B. 84/D6
Velden am Wörthersee, Aus. 93/L3
Veldhoven, P.B. 84/C6
Velen, Ale. 84/D5
Velence, Hun. 91/C5
Velencei hegy (colina), Hun. 91/C5
Velencei-tó (lago), Hun. 91/C5
Velenje, Esl. 110/B2
Velešta, Mace. 110/E5
Velestínon, Gre. 109/H3
Vélez, Col. 228/C3
Vélez de la Gomera (isla), Esp. 165/M13
Vélez-Málaga, Esp. 94/C4
Vélez-Rubio, Esp. 94/D4
Velhas (río), Bras. 234/D3
Velia (ruinas), Ita. 101/B2
Velika Gorica, Cro. 110/C3
Velika Kladuša, Bosn. 110/B3
Velika Plana, Serb. 110/E3
Velikaya (río), Rusia 81/N3
Velikaya Dymerka, Ucr. 116/F2
Velikaya Lepetikha, Ucr. 117/G4
Velikaya Novosëlka, Ucr. 117/J4
Velikiy Berëznyy, Ucr. 116/B3
Velikiy Burluk, Ucr. 117/J2
Velikiye Borki, Ucr. 116/C3
Velikiye Luki, Rusia 81/P3
Velikiy Lyuben', Ucr. 116/B3
Velikiy Ustyug, Rusia 71/H2
Velikodolinskoye, Ucr. 116/F4
Veliko Tŭrnovo, Bul. 111/G4
Veliko Tŭrnovo (reg.), Bul. 111/G4
Velikovisochnoye, Rusia 113/M2
Velille, Perú 232/D4
Vélingara, Sen. 168/B3
Velingrad, Bul. 111/G4
Velino (pico), Ita. 103/D3
Velino (río), Ita. 102/D2
Velizh, Rusia 81/P4
Vélizy-Villacoublay, Fra. 71/S10
Velké Meziříčí, R.Ch. 83/J4
Vel'ký Krtíš, Eslo. 83/K4
Velký Zvon (pico), R.Ch. 89/F3
Vellār (río), India 142/G3
Vellberg, Ale. 88/C4
Velletri, Ita. 102/C4
Vellinge, Sue. 80/E4
Vellmar, Ale. 85/G6
Vellón (emb.), Esp. 95/N8
Vellore, India 138/C5
Velp, P.B. 84/C5
Vel'sk, Rusia 112/J3
Veluwe (reg.), P.B. 84/C4
Veluwemeer (lago), P.B. 84/C4
Veluwezoom, Parq. Nal., P.B. 84/C4
Velvary, R.Ch. 89/H2
Velvendós, Gre. 109/H2
Vemb, Din. 80/C3
Vembādi Shola (pico), India 142/F3
Vembanād (lago), India 142/F4
Ven (isla), Sue. 81/T9
Venachar, Loch (lago), Es,R.U. 72/B4
Venadillo, Col. 231/L7
Venado Tuerto, Argen. 238/E2
Venafro, Ita. 103/E5
Venamo (pico), Ven. 229/F3
Venâncio Aires, Bras. 237/F4
Venaria, Ita. 104/A2
Vence, Fra. 100/D5
Venceslau Brás, Bras. 234/C4
Vendas Novas, Por. 94/A3
Vendôme, Fra. 97/G5
Vendrell, Esp. 95/F2
Venecia, Col. 231/K6
Venecia (golfo), Ita. 105/F2
Venecia (Venezia), Ita. 105/F2
Venelles, Fra. 100/B5
Vénéon (río), Fra. 100/C3
Veneta (lag.), Ita. 105/F2
Venetico, Ita. 101/B6
Véneto (reg.), Ita. 105/E1
Venëv, Rusia 114/F1
Venezia (prov.), Ita. 105/F1
Venezia, Po di (río), Ita. 105/F2
Venezia (Venicia), Ita. 105/F2
Venezuela 229/E3
Venezuela (golfo), Ven. 228/D2
Vengurla, India 138/B4
Veniaminof (vol.), Ak,EUA 215/G4
Venice, Ca,EUA 214/F8
Venice, Fl,EUA 211/G4
Vénissieux, Fra. 100/A1
Venjansjön (lago), Sue. 80/E1
Venkatagiri, India 138/C5
Venlo, P.B. 84/D6
Vennesla, Nor. 80/B2
Veno (bahía), Din. 80/C3
Venoge (río), Suiza 98/C4
Venosa, Ita. 103/F6
Venosa (río), Ita. 103/F5
Venosta (valle), Ita. 99/G4
Venray, P.B. 84/C5
Venta (río), Let., Lit. 81/J3
Venta de Baños, Esp. 94/C2
Ventimiglia, Ita. 104/A5
Ventiseri, Fra. 108/A2
Ventnor, Ing,R.U. 77/E5
Ventnor City, NJ,EUA 212/D5
Ventotene (isla), Ita. 103/D6
Ventoux (mts.), Fra. 100/B4
Ventspils, Let. 81/J3
Ventuari (río), Ven. 229/E3
Ventura, Ca,EUA 188/C5
Ventura (río), Ca,EUA 214/A2
Ventura (San Buenaventura), Ca,EUA 214/A2
Venturina, Ita. 102/A1
Venturosa, Bras. 231/G5
Vénus (pta.), Pol.Fr. 159/X15
Venustiano Caranza, Méx. 217/F4
Venustiano Carranza, Méx. 218/C2
Venustiano Carranza (emb.), Méx. 196/D4
Véore (río), Fra. 100/B3
Vép, Hun. 91/A5
Vera, Argen. 236/D4
Vera, Esp. 94/E4
Veracruz, Méx. 217/N7
Veracruz (est.), Méx. 217/F5
Vera Cruz, Pan. 228/B2
Verades, Fra. 97/E6
Veranópolis, Bras. 237/G4
Verbania, Ita. 104/B1
Verberie, Fra. 86/B5
Verbicaro, Ita. 101/B3
Verbovskiy, Rusia 112/J5
Vercelli, Ita. 104/B2
Vercelli (prov.), Ita. 104/B2
Vercel-Villedieu-le-Camp, Fra. 98/C3
Verchéres, Qu,Can. 207/K2
Vercors (alt.), Fra. 100/B3
Verdal, Nor. 79/D3
Verde (bahía), Argen. 238/E3
Verde (río), Bol., Bras. 233/F4
Verde (río), Bras. 234/A2
Verde (río), Bras. 234/B3
Verde (costa), Esp. 94/B1
Verde (río), Az,EUA 195/G3
Verde (cién.), Fl,EUA 211/H3
Verde (cabo), Ita. 104/A5
Verde (río), Méx. 216/D3
Verde (río), Méx. 217/E4
Verde (río), Par. 236/D2
Verde (cabo), Sen. 164/A3
Verde Grande (río), Bras. 235/E2
Verden, Ale. 85/G3
Verdigris (río), Ks, Ok,EUA 199/G2
Verdon (río), Fra. 100/B5
Verdugo (mtñas.), Ca,EUA 214/F7
Verdun, Qu,Can. 205/N7
Verdun-sur-Meuse, Fra. 87/E5
Verena, Monte (pico), Ita. 105/E1
Vereshchagino, Rusia 113/M4
Verga (cabo), Gui. 168/B4
Vergara, Argen. 239/T12
Vergara, Esp. 94/D1
Vergara, Uru. 239/G2
Vergato, Ita. 105/E4
Vergiate, Ita. 104/B1
Vergína (ruinas), Gre. 109/H2
Verhknyaya Toyma, Rusia 113/K3
Verín, Esp. 94/B2
Veringenstadt, Ale. 88/C6
Veriora, Esto. 81/M3
Verjnetulomski (emb.), Rusia 112/F1
Verjoiansk (mtñas.), Rusia 119/N3
Verkhnedneprovskiy, Rusia 112/G5
Verkhnedvinsk, Bela. 81/M4
Verkhneural'sk, Rusia 113/N5
Verkhniy At Uryakh, Rusia 119/R3
Verkhniye Osel'ki, Rusia 81/P1
Verkhniy Rogachik, Ucr. 117/H4
Verkhniy Tagil, Rusia 113/N4
Verkhniy Ufaley, Rusia 113/P4
Verkhnyaya Pyshma, Rusia 113/P4
Verkhnyaya Salda, Rusia 113/P4
Verkhnyaya Sinyachikha, Rusia 113/P4
Verkhnyaya Tura, Rusia 113/N4
Verkhoyansk, Rusia 119/P3
Verl, Ale. 85/F5
Vermand, Fra. 86/C4
Vermenagna (río), Ita. 104/A4
Vermilion, Ab,Can. 191/J1
Vermilion (río), Ab,Can. 191/J1
Vermilion (colinas), Sk,Can. 191/L2
Vermilion (bahía), La,EUA 197/H3
Vermilion (lago), Mn,EUA 203/H4
Vermilion (mts.), Mn,EUA 203/H4
Vermillion, DS,EUA 201/F2
Vermillion (río), DS,EUA 201/F2
Vermillion(río), Il,EUA 201/K3
Vermillion (bahía), La,EUA 210/B3
Vermillion, East Fork (río), DS,EUA 201/F2
Vermillion, West Fork (río), DS,EUA 201/F2
Vermont (est.), E.U.A. 207/K3
Vernà (pico), Ita. 101/B6
Vernaison (río), Fra. 100/B3
Vernal, Ut,EUA 193/J3
Vernà, Pizzo di (pico), Ita. 101/B6
Verneuil-sur-Avre, Fra. 97/F3
Verneuil-sur-Seine, Fra. 71/R10
Verneuk (saln.), Safr. 180/C3
Vernier, Suiza 98/C5
Vernoil, Fra. 97/F6
Vernon, CB,Can. 190/E2
Vernon, Al,EUA 208/C4
Vernon, Az,EUA 195/H3
Vernon, Ct,EUA 207/K4
Vernon, In,EUA 206/D5
Vernon (lago), La,EUA 210/B2
Vernon, Tx,EUA 198/E3
Vernon, Fra. 86/A5
Vernon Fork (río), In,EUA 208/E1
Vernouillet, Fra. 71/R10
Vern-sur-Seiche, Fra. 96/D4
Verny, Fra. 87/F5
Vero Beach, Fl,EUA 211/H4
Véroia, Gre. 109/H2
Verolanuova, Ita. 104/D2
Verolavecchia, Ita. 104/D2
Veroli, Ita. 103/D4
Verona, NJ,EUA 213/J8
Verona, Ita. 105/D2
Verona (prov.), Ita. 105/D1
Verónica, Argen. 239/F2
Verres, Pointe des (pico), Fra. 98/C6
Verret (lago), La,EUA 210/C3
Verrières-le-Buisson, Fra. 71/S10
Verrino (río), Ita. 103/E4
Verrutoli (pico), Ita. 103/G6
Versa (río), Ita. 104/B3
Versailles, In,EUA 206/D5
Versailles, Ky,EUA 208/E1
Versailles, Mo,EUA 199/H1
Versailles, Fra. 71/S10
Versailles, Chateau de, Fra. 71/S10
Versalles, Bol. 233/F4
Vershino-Darasunskiy, Rusia 128/H1
Vershino-Shakhtaminskiy, Rusia 129/H1
Verskla (río), Rusia, Ucr. 114/E2
Versmold, Ale. 85/F4
Versoix, Suiza 98/C5
Vert (río), Fra. 94/E1
Vertana (pico), Ita. 93/J3
Vertana, Cima (pico), Ita. 99/G4
Verte, Aiguille (pico), Fra. 98/C6
Vértes (colinas), Hun. 91/C5
Verteyevka, Ucr. 116/F2
Vertou, Fra. 92/C3
Vertova, Ita. 104/C1
Vert-Saint-Denis, Fra. 71/T11
Verviers, Bél. 87/E2
Verwood, Ing,R.U. 77/E5
Veryan (bahía), Ing,R.U. 76/B6
Verzasca (río), Suiza 99/E5
Verzasca (Gerra), Ita. 99/E5
Verzée (río), Fra. 97/D5
Verzel, Punta (pico), Ita. 104/A2
Verzuolo, Ita. 104/A3
Vesdre (río), Ale. 87/F2
Vesdre (río), Bél. 92/F1
Veseli (emb.), Rusia 117/L4
Veselí nad Lužnicí, R.Ch. 89/H4
Veselí nad Moravou, R.Ch. 91/B2
Veselinovo, Ucr. 116/F4
Vesëloye, Ucr. 117/H4
Vesgre (río), Fra. 97/G3
Vesijärvi (lago), Fin. 81/L1
Vesle (río), Fra. 86/D5
Vesoul, Fra. 98/C2
Vest-Agder (con.), Nor. 80/B2
Vestbjerg, Din. 80/C3
Vestby, Nor. 80/D2
Vesterålen (islas), Nor. 79/E1
Vestfjorden (fiordo), Nor. 79/E2
Vestfold (con.), Nor. 80/C2
Vestmannaeyjar, Isl. 79/N7
Vestone, Ita. 104/D1
Vest-Sjæland (con.), Din. 80/D4
Vestvågøya (isla), Nor. 79/E1
Vésubie (río), Fra. 100/D5
Vesuvio (vol.), Ita. 103/E6
Ves'yegonsk, Rusia 112/H4
Veszprém, Hun. 91/B5
Veszprém (con.), Hun. 91/B5
Vészto, Hun. 110/E2
Vet (río), Safr. 180/D3
Vetlanda, Sue. 80/F3
Vetluga (río), Rusia 113/K4
Vetluzhskiy, Rusia 113/K4
Vetovo, Bul. 111/H4
Vetralla, Ita. 102/C3
Vétraz, Fra. 98/C5
Vetschau, Ale. 90/E4
Vettore (pico), Ita. 103/D2
Veude (río), Fra. 92/D3
Veurne, Bél. 86/B1
Veuve (río), Fra. 97/F5
Vevay, In,EUA 208/E1
Veveno, Khawr (río seco), Sudán 172/G4
Vevey, Suiza 98/C5
Veybach (río), Ale. 87/F2
Veyle (río), Fra. 98/B5
Veynes, Fra. 100/B3
Veyrier, Suiza 98/C5
Vézère (río), Fra. 92/D4
Vezin-le-Coquet, Fra. 96/D4
Vezirköprü, Tur. 124/C1
Vezza (río), Ita. 102/C3
Vezza d'Oglio, Ita. 99/G5
Viacha, Bol. 236/B1
Viadana, Ita. 104/D3
Víafluvial Volga-Báltico (canal), Rusia 112/H3
Viale, Argen. 238/E1
Viana del Bollo, Esp. 94/B1
Viana do Castelo, Por. 94/A2
Viana do Castelo (dist.), Por. 94/A2
Vianen, P.B. 84/C5
Viangchan (Vientiane) (cap.), Laos 143/C2
Viar (río), Esp. 94/C4
Viareggio, Ita. 104/D5
Viarmes, Fra. 71/T9
Viatka, Rusia 71/H3
Viatka, Región de, Rusia 113/L4
Viaur (río), Fra. 92/E4
Vibo Marina, Ita. 101/C5
Viborg, Din. 80/C3
Viborg (con.), Din. 80/C3
Viborg, Rusia 81/N1
Viborg (bahía), Rusia 81/N1
Vibo Valentia, Ita. 101/C5
Vibraye, Fra. 97/F4
Vic, Esp. 95/G2
Vicam, Méx. 216/C3
Vícar, Esp. 94/D4
Vice, Perú 232/A2
Vic-en-Bigorre, Fra. 95/F1
Vicente (pta.), Ca,EUA 214/F8
Vicente Guerrero, Méx. 216/B2
Vicente Guerrero, Méx. 216/E4
Vicente Guerrero, Presa (emb.), Méx. 217/F4
Vicente López, Argen. 239/S12
Vicenza, Ita. 105/E1
Vicenza (est.), Ita. 99/H6
Vicenza (prov.), Ita. 105/E1
Vic-Fezensac, Fra. 92/D5
Vichada (dept.), Col. 228/D3
Vichada (río), Col. 228/D3
Vichadero, Uru. 239/G1
Vichaya, Bol. 236/B1
Vichuga, Rusia 112/J4
Vichy, Fra. 92/E3
Vicksburg, Az,EUA 195/F4
Vicksburg, Ms,EUA 208/B4
Vico, Fra. 108/A1
Vico (lago), Ita. 102/C3
Vico del Gargano, Ita. 103/F4
Vico Equense, Ita. 103/E6
Vicopisano, Ita. 104/D5
Viçosa, Bras. 235/E4
Viçosa do Ceará, Bras. 231/F3
Vicovaro, Ita. 102/C3
Vic-sur-Aisne, Fra. 86/C5
Vic-sur-Seille, Fra. 87/F6
Victor Harbor, Austl. 155/H5
Victoria (lago), Áfr. 177/H3
Victoria (reg.), Ant. 161/L
Victoria, Argen. 238/E2
Victoria (est.), Austl. 157/C3
Victoria (río), Austl. 152/C3
Victoria (pico), Beli. 218/D2
Victoria (cap.), CB,Can. 190/C3
Victoria, On,Can. 205/R8
Victoria (estr.), Nun,Can. 186/F2
Victoria (isla), Nun,TNO,Can. 186/E1
Victoria, Chile 238/B3
Victoria, Col. 231/L6
Victoria, Mn,EUA 203/N7
Victoria, Tx,EUA 197/F3
Victoria, Fil. 145/C2
Victoria (pico), Fil. 145/B3
Victoria, Gra. 229/F1
Victoria, Gui. 168/B4
Victoria, China 137/G4
Victoria, Hon. 218/E3
Victoria, Malay. 145/A4
Victoria (pico), Mya. 136/B4
Victoria, Rum. 111/G3
Victoria (Mosi-oa-Tunya) (cats.), Zam. 178/E3
Victoria (Rabat), Malta 102/H7
Victorias, Fil. 145/C3
Victoriaville, Qu,Can. 204/B2
Victoria West, Safr. 180/C3
Victorica, Argen. 238/D3
Victorino, Ven. 228/E4
Víctor Rosales, Méx. 216/E4
Victorville, Ca,EUA 214/C1
Vicuña, Chile 236/B4
Vicuña Mackenna, Argen. 238/D2
Vidal (cabo), Safr. 181/F3
Vidalia, Ga,EUA 209/F4
Vidalia, La,EUA 210/C2
Vidauban, Fra. 100/C6
Videira, Bras. 237/G3
Videla, Argen. 236/D4
Videle, Rum. 111/G3
Vidhošt (pico), R.Ch. 89/G4
Vidin, Bul. 110/F4
Vidisha, India 140/A4
Vidor, Tx,EUA 197/G2
Vidöstern (lago), Sue. 80/F3
Vidourle (río), Fra. 92/E5
Vie (río), Fra. 97/F3
Viechtach, Ale. 89/F4
Viedma, Argen. 238/E4
Viedma (lago), Argen. 239/J7
Viehberg (pico), Aus. 89/H5
Vieira Grande (bahía), Bras. 230/D3
Vieja (mtña.), Esp. 94/C1
Vieja (pico), Tx,EUA 196/B2
Vieja, Sierra (mtñas.), Tx,EUA 196/B2
Viejo (pico), Perú 232/B2
Viejo de las Bahamas (canal), Bahm., Cuba 219/G1
Viejo Fuerte Niágara, NY,EUA 207/G3
Viella, Esp. 95/F1
Vielsalm, Bél. 87/E3
Viena (cap.), Aus. 91/A3
Viena (prov.), Aus. 91/A3
Viena, Ga,EUA 208/F4
Vienenburg, Ale. 85/H5
Vienna, Il,EUA 208/C2
Vienna, Mo,EUA 199/J1
Vienna, Va,EUA 212/A6
Vienna, VOcc,EUA 209/G1
Vienne, Fra. 100/A1
Vienne (río), Fra. 92/D3
Vientiane (Viangchan) (cap.), Laos 143/C2
Vieques (isla), P.Rico 221/F6

Viequ – Wajim
323

Vieques (paso), P.Rico 221/E6
Vieques (estr.), P.Rico 221/F6
Viere (río), Fra. 87/D6
Vierlingsbeek, P.B. 84/D5
Viernheim, Ale. 88/B3
Vierre (río), Fra. 87/E4
Viersen, Ale. 84/D6
Vierwaldstättersee (Lucerna) (lago), Suiza 99/E3
Vierzon, Fra. 97/H6
Viesca, Méx. 216/E3
Viesīte, Let. 81/L3
Vieste, Ita. 103/G4
Vietnam 143/D2
Vietri sul Mare, Ita. 103/E6
Viet Tri, Vie. 143/D1
Vieux Chaillol (mtña.), Fra. 100/C3
Vieux-Condé, Fra. 86/C3
Vieux Desert (lago), Mi, Wi,EUA 206/B1
Vieux Fort, Sta.L. 220/F4
Vieux-Thann, Fra. 98/D2
Vievis, Lit. 81/L4
Vieytes, Argen. 239/T12
Vieze (río), Suiza 98/C5
Vif, Fra. 100/B2
Vig (lago), Rusia 112/G3
Viga, Fil. 145/D2
Vigan, Fil. 145/C1
Vigarano Mainarda, Ita. 105/E3
Vigasio, Ita. 105/D2
Vigevano, Ita. 104/B2
Viggiù, Ita. 104/B1
Vigia, Bras. 230/D3
Vigliano Biellese, Ita. 104/B1
Viglio (pico), Ita. 103/D4
Vignanello, Ita. 102/C3
Vignemale (mtña.), Fra. 92/C5
Vigneux-sur-Seine, Fra. 71/T10
Vignola, Ita. 105/E4
Vigo, Esp. 94/A1
Vigodarzere, Ita. 105/E2
Vigone, Ita. 104/A3
Vigonza, Ita. 105/E2
Vigy, Fra. 87/F5
Vihanti, Fin. 79/H2
Vihāri, Pak. 127/K2
Vihti, Fin. 81/L1
Viitasaari, Fin. 79/H3
Viivikonna, Esto. 81/M2
Vijayawada, India 138/D4
Vijosë (río), Alb. 109/F2
Vik, Nor. 80/B1
Vikersund, Nor. 80/C2
Vikhren (pico), Bul. 111/F5
Viking, Ab,Can. 191/J1
Vikramasingapuram, India 142/F4
Vila (cap.), Van. 158/F6
Vila Bittencourt, Bras. 228/D5
Vilacaya, Bol. 236/C1
Vila da Maganja, Moz. 179/H3
Viladecans, Esp. 95/G2
Vila de Porto Santo, Madr.,Por. 95/V14
Vila de Sena, Moz. 179/G3
Vila do Conde, Por. 94/A2
Vila do Porto, Azor,Por. 95/T13
Vilafranca del Penedès, Esp. 95/K7
Vila Franca de Xira, Por. 94/A3
Vila Franca do Campo, Azor.,Por. 95/T13
Vilaine (río), Fra. 96/C5
Vilama (lago), Argen. 236/C2
Vilanandro (cabo), Mad. 181/H7
Vilanculos, Moz. 179/G4
Viļāni, Let. 81/M3
Vila Nova de Fozcoa, Por. 94/B2
Vila Nova de Gaia, Por. 94/A2
Vila Nova de Milfontes, Por. 94/A4
Vilanova i la Geltru, Esp. 95/K7
Vila Pouca de Aguiar, Por. 94/B2
Vila Real, Por. 94/B2
Vila Real (dist.), Por. 94/B2
Vila Real de Santo António, Por. 94/B4
Vila Velha, Bras. 230/D2
Vila Velha Argolas, Bras. 235/E4
Vila Velha de Ródão, Por. 94/B3
Vila Verde, Por. 94/A2
Vila Viçosa, Por. 94/B3
Vila-Vila, Chile 236/B1
Vilcabamba, Perú 232/B3
Vîlcea (con.), Rum. 111/F3
Vilches, Esp. 94/D3
Vilcún, Chile 238/B4
Vileyka, Bela. 81/M4
Vilhelmina, Sue. 79/F2
Vilhena, Bras. 233/F4
Viliui (mtñas.), Rusia 119/M3
Viliui (río), Rusia 119/N3
Viliya (río), Bela. 81/M4
Viljandi, Esto. 81/L2
Vilkija, Lit. 81/K4
Vilkitsogo (estr.), Rusia 119/K2
Villa, Suiza 99/F4
Villa Abecia, Bol. 236/C2
Villa Aberastain, Argen. 238/C1
Villa Adriana (ruinas), Ita. 102/C4
Villa Alemana, Chile 238/Q9
Villa Alhué, Chile 238/Q10
Villa Altagracia, R.Dom. 221/F3
Villa Ana, Argen. 236/E4
Villa Ángela, Argen. 236/D3
Villa Atamisqui, Argen. 236/D4
Villa Atuel, Argen. 238/D2
Villaba, Esp. 94/E1
Villaba, Fil. 145/D3
Villa Bartolomea, Ita. 105/E2
Villa Bella, Bol. 233/E3
Villa Berthet, Argen. 236/D3
Villablino, Esp. 94/B1
Villa Bruzual, Ven. 228/D2
Villa Cañas, Argen. 238/E2
Villacañas, Esp. 94/D3
Villa Carcina, Ita. 104/D1
Villa Carlos Paz, Argen. 236/C4
Villacarrillo, Esp. 94/D3
Villach, Aus. 93/K3
Villa Chañar Ladeado, Argen. 238/E2
Villa Colón, Argen. 236/B4
Villa Constitución, Argen. 238/E2
Villa Cuauhtemoc, Méx. 217/Q10
Villa d'Almè, Ita. 104/C1
Villa de Cos, Méx. 216/E4
Villa de Cruces, Esp. 94/A1
Villa de Cura, Ven. 229/E2
Villa del Carbon, Méx. 217/Q9
Villa del Río, Esp. 94/C4
Villa del Rosario, Argen. 236/D4
Villa de Reyes, Méx. 217/E4
Villa de Soto, Argen. 236/C4
Villa di Serio, Ita. 104/C1
Villadose, Ita. 105/E2
Villadossola, Ita. 99/E5
Villa E. Viscarra, Bol. 236/C1
Villafamés, Esp. 95/E2
Villa Federal, Argen. 236/E4
Villa Flores, Méx. 218/C2
Villa Florida, Par. 237/E3
Villafranca del Bierzo, Esp. 94/B1
Villafranca del los Caballeros, Esp. 94/D3
Villafranca de los Barros, Esp. 94/B3
Villafranca di Verona, Ita. 105/D2
Villafranca Piemonte, Ita. 104/A3
Villafranca Tirrena, Ita. 101/B6
Villa Frontera, Méx. 196/D4
Villagarcía, Esp. 94/A1
Villa Gesell, Argen. 239/F3
Villagran, Méx. 217/F3
Villa Guardia, Ita. 104/C1
Villaguay, Argen. 238/F1
Villa Guillermina, Argen. 236/E4
Villa Hayes, Par. 236/E3
Villahermosa, Col. 231/K6
Villahermosa, Méx. 217/G5
Villa Hernandarias, Argen. 236/E4
Villa Hidalgo, Méx. 216/C2
Villa Hidalgo, Méx. 216/D3
Villa Hidalgo, Méx. 216/D4
Villa Huidobro, Argen. 238/D2
Villa Industrial, Chile 232/D5
Villaines-la-Juhel, Fra. 97/E4
Villa Iris, Argen. 238/E3
Villa Isabela, R.Dom. 220/D3
Villa Jaragua, R.Dom. 219/J2
Villajoyosa, Esp. 95/E3
Villa Juárez, Méx. 216/C3
Villa Juárez, Méx. 216/D3
Villa La Angostura, Argen. 238/C4
Villa Lazaro Cardenas, Méx. 216/M6
Villalba, Esp. 94/B1
Villalcampo (emb.), Esp. 94/B2
Villaldama, Méx. 196/D4
Villa Literno, Ita. 103/E6
Villalonga, Argen. 238/E3
Villa López, Méx. 216/D3
Villa María, Argen. 238/E2
Villamaría, Col. 231/K6
Villa María Grande, Argen. 236/E4
Villa Martín, Bol. 236/C2
Villamartín, Esp. 94/C4
Villa Mazán, Argen. 236/C4
Villa Minetti, Argen. 236/D4
Villa Montes, Bol. 236/D2
Villa Napoleone, Ita. 102/A2
Villandro, Monte (pico), Ita. 99/H4
Villanova Mondovì, Ita. 104/A4
Villanterio, Ita. 104/C2
Villa Nueva, Argen. 238/C2
Villanueva, Col. 228/C2
Villanueva, NM,EUA 198/B3
Villa Nueva, Gua. 218/D3
Villanueva, Hon. 218/E3
Villanueva, Méx. 216/E4
Villanueva, Nic. 218/E3
Villanueva de Arosa, Esp. 94/A1
Villanueva de Córdoba, Esp. 94/C3
Villanueva del Arzobispo, Esp. 94/D3
Villanueva de la Serena, Esp. 94/C3
Villanueva de los Infantes, Esp. 94/D3
Villanuova sul Clisi, Ita. 104/D1
Villa Ocampo, Argen. 236/E4
Villa Ojo de Agua, Argen. 236/D4
Villa Opicina, Ita. 105/G1
Villar, Bol. 236/C1
Villa Ramírez, Argen. 238/E2
Villarcayo, Esp. 94/D1
Villard-Bonnot, Fra. 100/B2
Villard-de-Lans, Fra. 100/B2
Villar del Arzobispo, Esp. 95/E3
Villardevós, Esp. 94/B2
Villa Regina, Argen. 238/D3
Villaret (cabo), Austl. 152/A4
Villa Rica, Perú 232/C3
Villaricca, Ita. 103/E6
Villa Rosario, Col. 228/C3
Villar Perosa, Ita. 100/D3
Villarreal de los Infantes, Esp. 95/E3
Villarrica, Chile 238/B3
Villarrica (lago), Chile 238/B3
Villarrica (vol.), Chile 238/C3
Villarrica, Par. 237/E3
Villarrica, Parq. Nal., Chile 238/C3
Villarrobledo, Esp. 94/D3
Villarrubia de los Ojos, Esp. 94/D3
Villars-les-Dombes, Fra. 98/B5
Villars-sur-Glâne, Suiza 98/D4
Villasana de Mena, Esp. 94/D1
Villa Sandino, Nic. 219/E3
Villa San Giovanni, Ita. 101/B6
Villa San José, Argen. 238/F2
Villa San Martín, Argen. 236/C4
Villasanta, Ita. 104/C1
Villa Santa Maria, Ita. 103/E4
Villa Sarmiento, Argen. 238/D2
Villa Serrano, Bol. 236/C1
Villastellone, Ita. 104/A3
Villa Tunari, Bol. 236/C1
Villa Unión, Argen. 236/B4
Villa Unión, Méx. 216/D4
Villa Unión, Méx. 218/C2
Villa Unión, Méx. 196/D3
Villa Valeria, Argen. 238/D2
Villaverde del Río, Esp. 94/C4
Villaverla, Ita. 105/E1
Villa Verucchio, Ita. 105/F5
Villavicencio, Col. 228/C3
Villaviciosa, Esp. 94/C1
Villaviciosa de Odon, Esp. 95/N9
Villazón, Bol. 236/C2
Villecresnes, Fra. 71/T10
Ville-d'Avray, Fra. 71/S10
Villedieu-les-Poêles, Fra. 96/D3
Villefontaine, Fra. 100/B1
Villefranche, Fra. 100/D5
Villefranche-de-Rouergue, Fra. 92/E4
Villefranche-sur-Saône, Fra. 92/F4
Villejuif, Fra. 71/T10
Villemomble, Fra. 71/T10
Villemur-sur-Tarn, Fra. 92/D5
Villena, Esp. 95/E3
Villeneuve, Suiza 98/C5
Villeneuve-d'Ascq, Fra. 86/C2
Villeneuve-la-Garenne, Fra. 71/S10
Villeneuve-le-Roi, Fra. 71/T10
Villeneuve-lès-Avignon, Fra. 100/A5
Villeneuve-Loubet, Fra. 100/D5
Villeneuve-Saint-Georges, Fra. 86/B6
Villeneuve-sur-Lot, Fra. 92/D4
Villeneuve-sur-Yonne, Fra. 92/E2
Villeneuve-Tolosane, Fra. 92/D5
Villennes-sur-Seine, Fra. 71/R10
Villeparisis, Fra. 71/T10
Villepinte, Fra. 71/T10
Ville Platte, La,EUA 210/B2
Villepreux, Fra. 71/S10
Villers-Bretonneux, Fra. 86/B4
Villers-Cotterêts, Fra. 86/C5
Villers-Le-Bouillet, Bél. 87/E2
Villers-le-Lac, Fra. 98/C3
Villers-lès-Nancy, Fra. 87/F6
Villers-Outreaux, Fra. 86/C3
Villers-Saint-Paul, Fra. 86/B5
Villers-Semeuse, Fra. 87/D4
Villerupt, Fra. 87/E5
Villeta, Col. 231/L6
Villeurbanne, Fra. 98/A6
Villiersdorp, Safr. 180/L10
Villiers-le-Bel, Fra. 71/T9
Villiers-sur-Marne, Fra. 71/T10
Villingen-Schwenningen, Ale. 88/B6
Villmar, Ale. 88/B2
Villongo, Ita. 104/C1
Villupuram, India 142/G3
Vilnius (cap.), Lit. 81/L4
Vilppula, Fin. 79/H3
Vils (río), Ale. 89/E4
Vilsbiburg, Ale. 89/F6
Vilseck, Ale. 89/E3
Vilshofen, Ale. 89/G5
Vilters, Suiza 99/F3
Vilvoorde, Bél. 86/D2
Vilyuysk, Rusia 119/N3
Vimercate, Ita. 104/C1
Vimianzo, Esp. 94/B1
Vimmerby, Sue. 80/F3
Vimodrone, Ita. 104/C2
Vimoutiers, Fra. 97/F3
Vimperk, R.Ch. 89/G4
Vimy, Fra. 86/B3
Vina (río), Cam. 172/B4
Viña del Mar, Chile 238/C2
Vinaigre (mtña.), Fra. 100/C6
Vinalhaven, Me,EUA 204/C3
Vinanivao, Mad. 181/J6
Vinaroz, Esp. 95/F2
Vinay, Fra. 100/B2
Vincennes (bahía), Ant. 161/H
Vincennes, In,EUA 206/C5
Vincennes, Fra. 71/T10
Vincennes (emb.), Fra. 71/U10
Vincent, Ca,EUA 214/B1
Vincent, Tx,EUA 196/D1
Vinces, Ecua. 228/B5
Vinchina, Argen. 236/B3
Vinchina (río), Argen. 236/B4
Vinchos, Perú 232/C4
Vinci, Ita. 105/D5
Vindeby, Din. 80/D4
Vindeln, Sue. 79/F2
Vindhya (mts.), India 140/A4
Vingåker, Sue. 80/F2
Vingerklip, Nam. 178/B4
Vinh, Vie. 143/D2
Vinhedo, Bras. 235/K8
Vinh Long, Vie. 143/D4
Vinh Moc, Túneles de, Vie. 143/D2
Vinh Quoi, Vie. 143/D4
Vinh Thanh, Vie. 143/E3
Vinh Yen, Vie. 143/D1
Vinica, Mace. 110/F5
Vinita, Ok,EUA 199/G2
Vinitsa, Región de, Ucr. 116/D3
Vinju Mare, Rum. 110/F3
Vinkovci, Cro. 110/D3
Vinnitsa, Ucr. 116/E3
Vinon-sur-Verdon, Fra. 100/B5
Vinovo, Ita. 104/A3
Vinson (pico), Ant. 64/E9
Vintar, Fil. 145/C1
Vinton, Ia,EUA 201/H2
Violet Town, Austl. 157/C3
Violet Valley, T. Abor., Austl. 152/B4
Vioreau, Grande-Res-de (emb.), Fra. 96/D5
Viosne (río), Fra. 71/R9
Viotá, Col. 231/L7
Vipava, Esl. 105/G1
Vipiteno (Sterzing), Ita. 99/H4
Vippach (río), Ale. 90/B5
Virac, Fil. 145/D2
Viranşehir, Tur. 124/D2
Virār, India 138/B4
Virbalis, Lit. 81/K4
Virden, Mb,Can. 202/D3
Vire, Fra. 97/E3
Vire (río), Fra. 97/D2
Viren (lago), Sue. 80/F2
Vírgenes (islas), R.U., EUA 220/E3
Virgin Gorda (isla), Vir.Br. 220/E3
Virginia (est.), E.U.A. 209/H2
Virginia, Il,EUA 201/J4
Virginia, Mn,EUA 203/H4
Virginia, Safr. 180/D3
Virginia Beach, Va,EUA 209/K2
Virginia City, Mt,EUA 193/H1
Virginia City, Nv,EUA 192/D4
Virginia Occidental (est.), E.U.A. 189/K4
Virginia Water, Ing,R.U. 71/M7
Virgolândia, Bras. 235/E3
Viriat, Fra. 98/B5
Virochey, Camb. 143/D3
Viroflay, Fra. 71/S10
Viroin (río), Bél. 86/D3
Viroqua, Wi,EUA 201/J2
Virovitica, Cro. 110/C3
Virserum, Sue. 80/F3
Virton, Bél. 87/E4
Virtsu, Esto. 81/K2
Virú, Perú 232/B3
Virudunagar, India 142/F4
Viru-Jaagupi, Esto. 81/M2
Virunga, D.R. Congo 177/G3
Virunga, Parq. Nal., D.R. Congo 177/G3
Viru-Nigula, Esto. 81/M2
Viru Viru (aer.intl.), Bol. 236/D1
Viry-Châtillon, Fra. 71/T10
Vis (isla), Cro. 103/G1
Visakhapatnam, India 138/D4
Visalia, Ca,EUA 194/C2
Visayan (mar), Fil. 145/C3
Visbek, Ale. 85/F3
Visby, Sue. 80/H3
Visciano, Ita. 103/E6
Visconde do Rio Branco, Bras. 235/E4
Viscount Melville (estr.), Nun,Can. 187/R7
Visé, Bél. 87/E2
Višegrad, Bosn. 110/D4
Viseu, Bras. 231/E3
Viseu, Por. 94/B2
Viseu (dist.), Por. 94/B2
Vişeu de Sus, Rum. 111/G2
Vishera (río), Rusia 113/L3
Vishera (río), Rusia 113/N3
Vishnevets, Ucr. 116/C3
Vishnëvoye, Ucr. 114/D2
Vishoek, Safr. 180/B4
Viskafors, Sue. 80/E3
Vislanda, Sue. 80/F3
Visnagar, India 138/B3
Višnjevac, Cro. 110/D3
Viso (pico), Ita. 100/D3
Visoko, Bosn. 110/D4
Visp, Suiza 98/D5
Visselhövede, Ale. 85/G3
Vissenbjerg, Din. 80/D4
Vista, Ca,EUA 214/C4
Vistonís (lago), Gre. 109/J2
Vistula (río), Pol. 83/K2
Vistula (pen.), Pol., Rusia 83/K1
Visviri, Chile 232/D5
Vit (río), Bul. 111/G4
Vita, Mb,Can. 202/F3
Vitalba (pico), Ita. 93/J5
Vitalba, Monte (pico), Ita. 104/D6
Vitebsk, Bela. 81/P4
Vitebsk, Región de, Bela. 81/N4
Viterbo, Ita. 102/C3
Viterbo (prov.), Ita. 102/B3
Vitez, Bosn. 110/C3
Vi Thanh, Vie. 143/D4
Vitiaz (estr.), P.N.G. 153/G1
Vitichi, Bol. 236/C2
Vitigudino, Esp. 94/B2
Viti Levu (isla), Fidji 158/G6
Vitim, Rusia 119/M4
Vitim (mes.), Rusia 128/G1
Vitim (río), Rusia 128/G1
Vitimskiy, Rusia 119/M4
Vitinia, Ita. 102/C4
Vítkuv Kamen (pico), R.Ch. 89/H5
Vitomirica, Kos. 110/E4
Vitor, Perú 232/D5
Vitoria, Bras. 230/D4
Vitória, Bras. 235/E4
Vitoria, Esp. 94/D1
Vitória da Conquista, Bras. 235/E2
Vitória de Santo Antão, Bras. 231/H5
Vitória do Mearim, Bras. 231/E3
Vitorino Freire, Bras. 231/E4
Vitosha, Parq. Nal., Bul. 111/F4
Vitravo (río), Ita. 101/D4
Vitré, Fra. 96/D4
Vitrolles, Fra. 100/B6
Vitry-en-Artois, Fra. 86/B3
Vitry-le-François, Fra. 86/D6
Vitry-sur-Seine, Fra. 71/T10
Vittangi, Sue. 79/G2
Vittel, Fra. 98/B1
Vittoria, Ita. 108/D4
Vittorio Veneto, Ita. 93/K4
Vitulano, Ita. 103/E5
Vitulazio, Ita. 103/E5
Vivarais (mtñas.), Fra. 92/F4
Vivero, Esp. 94/B1
Viverone (lago), Ita. 104/A2
Viviers, Fra. 100/A4
Vivonne, Fra. 92/D3
Vizcachilla, Bol. 236/C2
Vizcaíno, Sierra de (mtñas.), Méx. 216/B3
Vizcaya (bahía), Eur. 92/B4
Vize, Tur. 111/H5
Vizhnitsa, Ucr. 116/C3
Vizianagaram, India 138/D4
Vizille, Fra. 100/B2
Vižinada, Cro. 105/G2
Vizinga, Rusia 113/L3
Vizovice, R.Ch. 91/B1
Vlaardingen, P.B. 84/B5
Vlădeasa (pico), Rum. 110/F2
Vladikavkaz, Rusia 71/H4
Vladimir, Rusia 71/H3
Vladimir, Región de, Rusia 112/J5
Vladivostok, Rusia 129/L3
Vlagtwedde, P.B. 85/E2
Vlăhiţa, Rum. 111/G2
Vlajna (pico), Serb. 110/E4
Vlasenica, Bosn. 110/D3
Vlašim, R.Ch. 83/H4
Vlasotince, Serb. 110/F4
Vlastec (colina), R.Ch. 89/G3
Vlieland (isla), P.B. 84/B2
Vliestroom (canal), P.B. 84/C2
Vlijmen, P.B. 84/C5
Vlissingen, P.B. 84/A6
Vlorë, Alb. 109/F2
Vlotho, Ale. 85/F4
Vltava (río), R.Ch. 89/H2
Vobarno, Ita. 104/D1
Vöcklabruck, Aus. 89/G6
Vöcklamarkt, Aus. 89/G7
Vodice, Cro. 110/B3
Vodl (lago), Rusia 112/H3
Vodňany, R.Ch. 89/H4
Vodnjan, Cro. 105/G3
Vodskov, Din. 80/D3
Voerde, Ale. 84/D5
Vogelsberg (mtñas.), Ale. 88/C1
Voghera, Ita. 104/C3
Vogorno (lago), Suiza B1/E5
Vogorno, Pizzo di (pico), Suiza 99/E5
Vogošća, Bosn. 110/D4
Vogtland (reg.), Ale. 89/E2
Voh, N.Cal. 159/U12
Vohburg an der Donau, Ale. 89/E5
Vohenstrauss, Ale. 89/F3
Vohilava, Mad. 181/H8
Vohimena (cabo), Mad. 181/H9
Vohipeno, Mad. 165/G7
Võhma, Esto. 81/L2
Vöhringen, Ale. 99/G1
Voi, Kenia 175/B2
Voil, Loch (lago), Es,R.U. 72/B4
Voiron, Fra. 100/B2
Voise (río), Fra. 97/G3
Voisey (bahía), Tnva,Can. 187/K3
Voisne (río), Fra. 86/B5
Vojosë (río), Alb. 110/D5
Vojvodina (prov.aut.), Serb. 110/D3
Vokhma, Rusia 113/K4
Vöklingen, Ale. 87/F5
Volano, Po di (río), Ita. 105/E3
Volary, R.Ch. 89/G5
Volcán (islas), Japón 158/C2
Volcán Barú, Parq. Nal., Pan. 219/F4
Volcanes de Hawai, Parq. Nal., Hi,EUA 188/U11
Volcanes, Parq. Nal., Rua. 177/G3
Volcán Poás, Parq. Nal., C.Rica 219/E4
Volcans, Parq. Nal., Rua. 177/G3
Volchansk, Ucr. 117/J2
Volchiy Nos (cabo), Rusia 81/Q1
Volda, Nor. 79/C3
Volendam, P.B. 84/C4
Volga (río), Rusia 71/H4
Volgodonsk, Rusia 71/H4
Volgogrado, Rusia 115/G2
Volgogrado (emb.), Rusia 115/H2
Volgogrado, Región de, Rusia 117/M2
Volin, Región de, Ucr. 116/C2
Volkach, Ale. 88/D3
Volkach (río), Ale. 88/D3
Völkermarkt, Aus. 93/L3
Volketswil, Suiza 99/E3
Volkhov, Rusia 81/Q2
Volkhov (río), Rusia 112/F4
Völklingen, Ale. 82/D4
Volkmarsen, Ale. 85/G6
Volkovysk, Bela. 83/N2
Volksrust, Safr. 181/E2
Volmunster, Fra. 87/G5
Volnovakha, Ucr. 117/J4
Volochanka, Rusia 118/K2
Volochayevka, Rusia 129/L2
Volodarskoye, Ucr. 117/J4
Vólogda, Rusia 112/H4
Vologda, Región de, Rusia 112/J3
Vologne (río), Fra. 98/C1
Volokolamsk, Rusia 112/G4
Volokonovka, Rusia 117/J2
Vólos, Gre. 109/H3
Volos (golfo), Gre. 109/H3
Volosovo, Rusia 81/N2
Volovets, Ucr. 116/B3
Volozhin, Bela. 81/M4
Volpiano, Ita. 104/A2
Völs, Aus. 99/H3
Volsini (mtñas.), Ita. 102/B2
Vol'sk, Rusia 71/H3
Volta (lago), Gha. 169/E4
Volta (reg.), Gha. 169/F5
Volta (río), Gha. 169/F5
Volta Blanco (río), Burk., Gha. 169/E4
Voltaire (cabo), Austl. 152/B3
Volta Negro (río), Áfr. 168/E4
Volta Redonda, Bras. 234/D4
Volterra, Ita. 105/D6
Volturara Irpina, Ita. 103/E6
Volturino (pico), Ita. 101/B2
Volturno (río), Ita. 103/E5
Volubilis (ruinas), Marr. 165/M13
Volvera, Ita. 104/A3
Vólvi (lago), Gre. 109/H2
Volyně, R.Ch. 89/G4
Volyňka (río), R.Ch. 89/G4
Volzhsk, Rusia 113/L5
Volzhskii, Rusia 71/H4
Vomano (río), Ita. 103/D2
Vondrozo, Mad. 181/H8
Von Frank (mtña.), Ak,EUA 215/H3
Vónitsa, Gre. 109/G3
Vonne (río), Fra. 92/D3
Võnnu, Esto. 81/M2
Voorburg, P.B. 84/B4
Voorne (isla), P.B. 84/B5
Voorschoten, P.B. 84/B4
Voorst, P.B. 84/D4
Vopnafjördhur, Isl. 79/P6
Vorab (pico), Suiza 99/F4
Vorarlberg (prov.), Aus. 99/F3
Vorbach (río), Ale. 88/C4
Vorchdorf, Aus. 89/G7
Vorden, P.B. 84/D4
Vorderrhein (río), Suiza 99/E4
Voreppe, Fra. 100/B2
Vorkuta, Rusia 71/K2
Vormsi (isla), Esto. 81/K2
Vorona (río), Rusia 117/M2
Vorónezh, Rusia 71/G3
Vorónezh (río), Rusia 114/F1
Vorónezh, Región de, Rusia 117/K2
Voronov (cabo), Rusia 81/Q1
Voronovitsa, Ucr. 116/E3
Voron'ya (río), Rusia 112/G1
Vorskla (río), Rusia, Ucr. 117/H3
Vorst, Bél. 87/E1
Vörts (lago), Esto. 81/L2
Võru, Esto. 81/M3
Vösendorf, Aus. 91/A3
Vosgos (dept.), Fra. 98/C1
Vosgos (mtñas.), Fra. 98/C2
Voskresensk, Rusia 112/H5
Voskresenskoye, Rusia 112/H4
Voskresenskoye, Rusia 113/K4
Voss, Nor. 80/B1
Vostochnyy, Rusia 129/L3
Vostock (cabo), Ant. 161/V
Vostok, Ant. 161/H
Vostok (isla), Kir. 159/K6
Votice, R.Ch. 89/H3
Votkinsk, Rusia 71/J3
Votkinsk (emb.), Rusia 113/M4
Votorantim, Bras. 234/D4
Votuporanga, Bras. 234/C4
Vouga (río), Por. 94/B2
Vouglans (lago), Fra. 98/B5
Voujeaucourt, Fra. 98/C3
Vouvray, Fra. 97/F6
Vouvry, Suiza 98/C5
Voúxa, Ákra (cabo), Gre. 109/H5
Vouziers, Fra. 87/D5
Vovodo (río), Cafr. 173/E4
Voyageurs, Parq. Nal., Mn,EUA 203/H3
Voyeikov, Barrera de Heilos, Ant. 161/J
Voy-Vozh, Rusia 113/M3
Vozhe (lago), Rusia 112/H3
Vozhega, Rusia 112/J3
Vráble, Eslo. 91/C3
Vraine (río), Fra. 98/B1
Vrancea (con.), Rum. 111/H3
Vrang, Tay. 127/K1
Vranje, Serb. 110/E4
Vranjska Banja, Serb. 110/F4
Vranov nad Teplou, Eslo. 83/L4
Vrapčište, Mace. 110/E5
Vratsa, Bul. 111/F4
Vratsa (reg.), Bul. 111/F4
Vrbas (río), Bosn. 110/C3
Vrbas, Serb. 110/D3
Vrbové, Eslo. 91/B2
Vrchy (pico), R.Ch. 89/H4
Vrede, Safr. 180/E2
Vreden, Ale. 84/D4
Vredenburg, Safr. 180/B4
Vredendal, Safr. 180/B3
Vrhnika, Esl. 93/L4
Vriddhāchalam, India 142/G3
Vries, P.B. 84/D2
Vriezenveen, P.B. 84/D4
Vrigstad, Sue. 80/F3
Vrin (río), Fra. 82/B5
Vrindāban, India 138/C2
Vrnjačka Banja, Serb. 110/E4
Vrondádhos, Gre. 109/K3
Vršac, Serb. 110/E3
Vrsar, Cro. 105/G2
Vrútky, Eslo. 91/C1
Vryburg, Safr. 180/D2
Vryheid, Safr. 181/E2
Vsetín, R.Ch. 83/K4
Vsevidof (mtña.), Ak,EUA 215/E5
Vsevolozhsk, Rusia 81/P1
Vtáčnik (mtñas.), Eslo. 91/C2
Vtáčnik (pico), Eslo. 91/C2
Vučitrn, Kos. 110/E4
Vught, P.B. 84/C5
Vukovar, Cro. 110/D3
Vulcan, Ab,Can. 191/H2
Vulcan, Rum. 111/F3
Vulcano (isla), Ita. 101/B6
Vŭlchedrŭm, Bul. 111/F4
Vŭlchi Dol, Bul. 111/H4
Vulci (ruinas), Ita. 102/B3
Vulgano (río), Ita. 103/F5
Vu Liet, Vie. 143/D2
Vulture (pico), Ita. 103/F6
Vung Tau, Vie. 143/D4
Vunisea, Fidji 158/G7
Vuohijärvi (lago), Fin. 81/M1
Vuollerim, Sue. 79/G2
Vuoska (lago), Rusia 81/N1
Vuotso, Fin. 112/E1
Vŭrbitsa, Bul. 111/H4
Vuria (pico), Kenia 175/B2
Vŭrshets, Bul. 111/F4
Vyāra, India 138/B3
Vyatka (río), Rusia 113/L4
Vyatskiye Polyany, Rusia 113/L4
Vyazemskiy, Rusia 129/L2
Vyaz'ma, Rusia 112/G5
Vychegda (río), Rusia 113/K3
Východočeský (reg.), R.Ch. 83/H3
Východoslovenský (reg.), Eslo. 83/L4
Vyhorlat (pico), Eslo. 83/M4
Vyksa, Rusia 112/J5
Vym' (río), Rusia 113/L3
Vypolzovo, Rusia 112/G4
Vyritsa, Rusia 81/P2
Vyrnwy (río), Gales,R.U. 76/C1
Vyselki, Rusia 117/K5
Vyshniy Volochek, Rusia 112/G4
Vyškov, R.Ch. 83/J4
Vysokogornyy, Rusia 129/M1
Vysokopol'ye, Ucr. 117/G4
Vysokovsk, Rusia 112/H4
Vysokoye, Bela. 83/M2
Vytegra, Rusia 112/H3
Vzmor'ye, Rusia 129/N2

W

Wa, Gha. 169/E4
Waal (río), P.B. 84/C5
Waalre, P.B. 84/C6
Waalwijk, P.B. 84/C5
Waanyi-Garawa, T. Abor., Austl. 153/E4
Waarschoot, Bél. 86/C1
Wabag, P.N.G. 153/F1
Wabamun (lago), Ab,Can. 191/G1
Wabasca (río), Ab,Can. 186/E3
Wabash (río), Il, In,EUA 206/C4
Wabash, In,EUA 206/D4
Wabasha, Mn,EUA 201/H1
Wabē Gestro Wenz (río), Eti. 174/B4
Wabern, Ale. 85/G6
Wabē Shebelē Wenz (Webi Shabeele) (río), Eti. 174/B4
Wabigoon (lago), On,Can. 203/H3
Wąbrzeźno, Pol. 83/K2
Wabu (lago), China 135/D4
Wabu, Cor.S. 133/G6
Wabuda (isla), P.N.G. 153/F2
Waccamaw (río), CN, CS,EUA 209/H4
Waccasassa (bahía), Fl,EUA 211/G3
Wachi, Japón 131/L9
Wachtebeke, Bél. 86/C1
Wachtendonk, Ale. 84/D6
Wächtersbach, Ale. 88/C2
Wachusett (mtña.), Ma,EUA 204/B4
Wackernheim, Ale. 87/H4
Wackersdorf, Ale. 89/F4
Waco, Tx,EUA 197/F2
Waconda (lago), Ks,EUA 199/E1
Waconia (lago), Mn,EUA 203/N7
Wada, Japón 131/J7
Wadbilliga, Parq. Nal., Austl. 157/D3
Waddān, Libia 170/C2
Waddān, Jabal (colinas), Libia 170/C2
Waddenzee (bahía), P.B. 84/C2
Waddington (mtña.), CB,Can. 190/B2
Waddington, Ing,R.U. 75/F4
Waddington, Ing,R.U. 75/H5
Waddinxveen, P.B. 84/B4
Waddy (pta.), Austl. 156/D4
Wadena, Sk,Can. 202/C2
Wadena, Mn,EUA 203/G4
Wädenswil, Suiza 99/E3
Wadern, Ale. 87/F4
Wadersloh, Ale. 85/F5
Wadesboro, CN,EUA 209/G3
Wadgassen, Ale. 87/F5
Wādī As Sīr, Jor. 123/D4
Wādī Mūsá, Jor. 123/D4
Wading (río), NJ,EUA 212/D4
Wad Madani, Sudán 173/G2
Wadowice, Pol. 83/K4
Waegwan, Cor.S. 133/E5
Wafangdian, China 133/B3
Wafangdian, China 137/F1
Wagagai (pico), Uga. 175/A1
Wagait, T. Abor., Austl. 152/C3
Wagat, Ouadi (río seco), Chad 172/D2
Wagenfeld, Ale. 82/E2
Wagenfeld-Hasslingen, Ale. 85/F3
Wageningen, P.B. 84/C5
Wageningen, Suri. 230/B1
Wager (bahía), Nun,Can. 186/G2
Wagga Wagga, Austl. 157/C2
Waghäusel, Ale. 88/B4
Wagin, Austl. 154/C5
Waging am See, Ale. 89/F7
Waginger See (lago), Ale. 89/F7
Wägitaler (lago), Suiza 99/E3
Wagna, Aus. 93/L3
Wagoner, Ok,EUA 199/G3
Wągrowiec, Pol. 83/J2
Wah, Pak. 127/K2
Wahlern, Suiza 98/D4
Wahlstedt, Ale. 80/D4
Wahoo, Ne,EUA 201/F3
Wahpeton, DN,EUA 202/F4
Wahrenholz, Ale. 85/H3
Wah Wah (mtñas.), Ut,EUA 193/G4
Wai, India 138/B4
Waiapu (río), N.Z. 160/D2
Waiau, N.Z. 160/C3
Waiau (río), N.Z. 160/C3
Waiau (río), N.Z. 160/D2
Waibamiao, China 135/D2
Waidhofen an der Thaya, Aus. 93/L2
Waidhofen an der Ybbs, Aus. 93/L3
Waigeo (isla), Indo. 147/H3
Waiheke (isla), N.Z. 160/G6
Waihou (río), N.Z. 160/C2
Waikanae, N.Z. 160/C3
Waikari, N.Z. 160/C3
Waikato (río), N.Z. 160/C2
Waikerie, Austl. 155/H5
Waikiki, Hi,EUA 188/T10
Waikouaiti, N.Z. 160/B4
Wailuku, Hi,EUA 188/T10
Waimangaroa, N.Z. 160/C3
Waimea, Hi,EUA 188/S10
Waimes, Bél. 87/F3
Waingangā (río), India 140/B4
Waini (río), Guy. 229/G2
Wainuiomata, N.Z. 160/J9
Wainuiomata (río), N.Z. 160/H9
Wainwright, Ab,Can. 191/J1
Waiohine (río), N.Z. 160/J8
Waipahu, Hi,EUA 188/S10
Waipapa (pta.), N.Z. 160/B4
Waipara, N.Z. 160/C3
Waipawa, N.Z. 160/D2
Waipio, Hi,EUA 188/U10
Waipiro, N.Z. 160/D2
Waipukurau, N.Z. 160/C3
Wairarapa (lago), N.Z. 160/J9
Wairau (río), N.Z. 160/C3
Wairoa, N.Z. 160/D2
Wairoa (río), N.Z. 160/C1
Waischenfeld, Ale. 89/E3
Waitakere (mts.), N.Z. 160/F6
Waitaki (río), N.Z. 160/B4
Waitara, N.Z. 160/C2
Waite, Me,EUA 204/D3
Waitemata, N.Z. 160/F6
Waitemata (puer.), N.Z. 160/F6
Waitotara, N.Z. 160/C2
Waiuku, N.Z. 160/C2
Waizenkirchen, Aus. 89/G6
Wajima, Japón 131/E2

Weyla – Xavan
325

Weyland (pta.), Austl. 155/G5
Weymouth (cabo), Austl. 153/F3
Weymouth, Ing,R.U. 76/D5
Weymouth (bahía), Ing,R.U. 76/D5
Whakatane, N.Z. 160/D2
Whale Cove, Nun,Can. 186/G2
Whalley, Ing,R.U. 75/F4
Whalsey (isla), Es,R.U. 73/P12
Whangamata, N.Z. 160/C2
Whangaparaoa Head (pta.), N.Z. 160/F6
Whangarei, N.Z. 160/C1
Wharfe (río), Ing,R.U. 75/G3
Wharton, Tx,EUA 197/F3
Whataroa, N.Z. 160/B3
Whatatutu, N.Z. 160/D2
Wheatland, NM,EUA 198/C3
Wheatland, Wy,EUA 200/B2
Wheatland No. 2 (emb.), Wy,EUA 200/B3
Wheatley, Ing,R.U. 77/E3
Wheaton, Mn,EUA 202/F5
Wheaton-Glenmont, Md,EUA 212/A5
Wheeler (lago), Al,EUA 208/D3
Wheeler (pico), NM,EUA 198/B2
Wheeler (pico), Nv,EUA 193/F4
Wheeler, Tx,EUA 198/D3
Wheeler Springs, Ca,EUA 214/A1
Wheeling, VOcc,EUA 206/F4
Wheelock, Tx,EUA 197/F2
Wheelwright, Argen. 238/E2
Whenuapai, N.Z. 160/F6
Whernside (mtña.), Ing,R.U. 75/F3
Whickham, Ing,R.U. 75/G2
Whidbey (pta.), Austl. 155/G5
Whidbey (isla), Wa,EUA 205/B1
Whiddy (isla), Irl. 78/A6
Whinham (pico), Austl. 155/F3
Whistler, CB,Can. 190/C2
Whitburn, Es,R.U. 72/C5
Whitburn, Ing,R.U. 75/G2
Whitby, On,Can. 207/G3
Whitby, Ing,R.U. 75/H3
Whitchurch, Gales,R.U. 76/C4
Whitchurch, Ing,R.U. 75/F6
Whitchurch, Ing,R.U. 77/E4
Whitchurch, Ing,R.U. 77/F3
Whitcombe (pico), N.Z. 160/B3
White (isla), Ant. 161/D
White (lago), Austl. 155/F2
White (río), CB,Can. 190/G2
White (lago), On,Can. 203/M3
White (bahía), Tnva,Can. 187/L3
White (río), Ar, Mo,EUA 199/J3
White (río), Co, Ut,EUA 193/J3
White (río), In,EUA 206/D4
White (lago), La,EUA 197/H3
White (río), Ne, DS,EUA 200/D2
White (mtñas.), NH,EUA 207/L2
White (río), Nv,EUA 193/F4
White (río), Tx,EUA 198/D4
White (pico), Va,EUA 209/G2
Whiteadder Water (río), Es,R.U. 72/D5
White Bear (río), Tnva,Can. 205/J1
White Bear (lago), Mn,EUA 203/P6
White Bear Lake, Mn,EUA 203/P6
White Butte (mtña.), DN,EUA 202/C4
White Cap (mtña.), Me,EUA 204/C3
White Cliffs, Austl. 155/J4
White Cloud, Mi,EUA 206/D3
White Coomb (mtña.), Es,R.U. 72/C6
Whitecourt, Ab,Can. 186/E3
White Earth (río), DN,EUA 202/C3
White Esk (río), Es,R.U. 72/C6
Whiteface (emb.), Mn,EUA 203/H4
Whiteface (río), Mn,EUA 203/H4
Whiteface (mtña.), NY,EUA 207/K2
Whitefield, NH,EUA 204/B3
Whitefield, Ing,R.U. 75/F4
Whitefish (bahía), Can., EUA 206/D1
Whitefish (lago), Mn,EUA 203/G4
Whitefish, Mt,EUA 191/G3
Whitefish (pta.), Wi,EUA 203/L5
Whitefish Station, Yk,Can. 215/L2
Whiteford (pta.), Gales,R.U. 76/B3
Whitehall, Oh,EUA 206/E5
Whitehall, Wi,EUA 201/J1
Whitehall, Es,R.U. 73/N13
Whitehall (Fullerton), Pa,EUA 212/C2
Whitehaven, Ing,R.U. 74/E2
Whitehead, IrN,R.U. 74/C2
Whitehorse (cap.), Yk,Can. 215/L3
Whitehorse (colina), Ing,R.U. 77/E3
White Mountain (pico), Ca,EUA 194/C2
Whitemouth (lago), Mb,Can. 203/G3
Whitemouth (río), Mb,Can. 202/G3
White Oak, Md,EUA 212/B5
White Oak, Oh,EUA 206/D5
White Oak (br.p.), Tx,EUA 197/M9
White Oaks, NM,EUA 198/B4
White Otter (lago), On,Can. 203/J3
Whitepine, Co,EUA 193/K4
White Plains, NY,EUA 213/E1
White River, On,Can. 203/M3
White River, DS,EUA 200/D2
White River, East Fork (río), In,EUA 208/D1
White River, West Fork (río), In,EUA 208/D1
White Rock, Tx,EUA 197/F1
White Rock (lago), Tx,EUA 196/L7
White Sands (des.), NM,EUA 195/J4
Whitesburg, Ky,EUA 209/F2
White Settlement, Tx,EUA 197/F1
Whiteside (canal), Chile 239/K8
White Sulphur Springs, Mt,EUA 191/J4
Whitetail, NM,EUA 216/D1
Whiteville, CN,EUA 209/H3
Whitewater (bahía), Fl,EUA 211/H5
Whitewater, Wi,EUA 201/K2
Whitewater Baldy (pico), NM,EUA 195/H4
Whitewood, Sk,Can. 202/C2
Whithorn, Es,R.U. 74/D2
Whitianga, N.Z. 160/C2
Whitley Bay, Ing,R.U. 75/G1
Whitley City, Ky,EUA 208/E2
Whitney (mtña.), Ca,EUA 194/C2
Whitney (lago), Tx,EUA 197/F2
Whitsand (bahía), Ing,R.U. 76/B6
Whitstable, Ing,R.U. 77/H4
Whitsunday (isla), Austl. 151/H4
Whittier, Ca,EUA 214/B3
Whittlesea, Austl. 157/G5
Whitton, Austl. 157/C2
Whitworth, Ing,R.U. 75/F4
Wholdaia (lago), TNO,Can. 186/F2
Why, Az,EUA 195/F4
Whyalla, Austl. 155/H5
Wiang Kosai, Parq. Nal., Tail. 143/B2
Wiarton, On,Can. 206/F2
Wiawso, Gha. 169/E5
Wibaux, Mt,EUA 202/B4
Wichabai, Guy. 229/G4
Wichelen, Bél. 86/C2
Wichita, Ks,EUA 199/F2
Wichita (mtñas.), Ok,EUA 198/E3
Wichita (río), Tx,EUA 198/E4
Wichita Falls, Tx,EUA 199/E4
Wick, Es,R.U. 73/K7
Wickepin, Austl. 154/C5
Wickham, Austl. 154/C2
Wickham (cabo), Austl. 157/C3
Wickiup (emb.), Or,EUA 192/C2
Wickliffe, Ky,EUA 208/C2
Wicklow, Irl. 78/D4
Wicklow (con.), Irl. 78/D4
Wicklow (mtñas.), Irl. 78/D4
Wicklow Head (pta.), Irl. 74/C6
Wickriede (río), Ale. 85/F4
Widnau, Suiza 99/F3
Widnes, Ing,R.U. 75/F5
Więcbork, Pol. 83/J2
Wied (río), Ale. 87/G2
Wiedau (río), Ale. 85/G2
Wiefelstede, Ale. 85/F2
Wiehengebirge (mts.), Ale. 85/F4
Wiehl, Ale. 87/G2
Wieliczka, Pol. 83/L4
Wielsbeke, Bél. 86/C2
Wieluń, Pol. 83/K3
Wien (río), Aus. 91/A3
Wiener Becken (cuenca), Aus. 91/A3
Wiener Neudorf, Aus. 91/A3
Wiener Neustadt, Aus. 91/A4
Wienerwald (reg.), Aus. 91/A3
Wienwald (reg.), Aus. 93/L2
Wieprz (río), Pol. 83/M3
Wierden, P.B. 84/D4
Wieringermeerpolder (pólder), P.B. 84/B3
Wieringerwerf, P.B. 84/C3
Wieruszów, Pol. 83/K3
Wiesbaden, Ale. 88/B2
Wiese (río), Ale. 98/D2
Wiese (isla), Rusia 118/H2
Wieseck (río), Ale. 88/B1
Wiesendangen, Suiza 99/E2
Wiesent (río), Ale. 88/E3
Wiesentheid, Ale. 88/D3
Wiesloch, Ale. 88/B4
Wiesmoor, Ale. 85/E2
Wietmarschen, Ale. 85/E3
Wietze, Ale. 85/G3
Wietze (río), Ale. 85/G3
Wiezyca (pico), Pol. 83/K1
Wigan, Ing,R.U. 75/F4
Wiggins, Ms,EUA 210/D2
Wight, Isle of (isla), Ing,R.U. 77/E5
Wignehies, Fra. 86/D3
Wigry (lago), Pol. 81/K5
Wigston, Ing,R.U. 77/E1
Wigtown, Es,R.U. 74/D2
Wigtown (bahía), Es,R.U. 74/D2
Wijchen, P.B. 84/C5
Wijhe, P.B. 84/D4
Wijk bij Duurstede, P.B. 84/C5
Wikieup, Az,EUA 195/F3
Wil, Suiza 99/F3
Wilber, Ne,EUA 201/F3
Wilberforce, Austl. 156/G8
Wilberforce (cabo), Austl. 153/E2
Wilburton, Ok,EUA 199/G3
Wilcannia, Austl. 157/B1
Wilczek (isla), Rusia 118/G1
Wildau, Ale. 90/D3
Wildbad im Schwarzwald, Ale. 88/B5
Wildberg, Ale. 88/B5
Wildcat (pico), CN,EUA 209/F3
Wild Coast (reg.), Safr. 180/E4
Wild Creek (emb.), Pa,EUA 212/C2
Wildeshausen, Ale. 85/F3
Wilde Weisseritz (río), Ale. 90/D6
Wildgrat (pico), Aus. 99/G3
Wildhay (río), Ab,Can. 190/E1
Wildhorn (pico), Suiza 98/D5
Wild Horse (colina), Ne,EUA 200/D3
Wildomar, Ca,EUA 214/C3
Wild Rice (río), Mn, DN,EUA 202/F4
Wildspitze (pico), Aus. 99/G4
Wildstrubel (pico), Suiza 98/D5
Wildwood, NJ,EUA 212/D6
Wilge (río), Safr. 180/E2
Wilhelm (mtña.), P.N.G. 153/G1
Wilhelm II (costa), Ant. 161/F
Wilhelmina (mtñas.), Suri. 230/B2
Wilhelminakanaal (canal), P.B. 84/C5
Wilhelmsburg, Ale. 85/G2
Wilhelmshaven, Ale. 85/F1
Wilhering, Aus. 89/H6
Wilkau-Hasslau, Ale. 90/C6
Wilkes (reg.), Ant. 161/J
Wilkes-Barre, Pa,EUA 212/C1
Wilkesboro, CN,EUA 209/G2
Wilkie, Sk,Can. 191/K1
Wilkins (bahía), Ant. 161/V
Will (mtña.), CB,Can. 215/N4
Willa Cather Mem., Ne,EUA 200/E3
Willamette (río), Or,EUA 192/B1
Willamette, Middle Fork (río), Or,EUA 192/B2
Willandra, Parq. Nal., Austl. 157/C2
Willapa (bahía), Wa,EUA 190/C4
Willaura, Austl. 157/B3
Willcox Playa (lago seco), Az,EUA 195/H4
Willebadessen, Ale. 85/G5
Willebroek, Bél. 86/D1
Willemstad (cap.), Ant.Hol. 220/D4
Willemstad, P.B. 84/B5
Willesden, Ing,R.U. 71/N7
William (pico), Austl. 157/B3
William Bay, Parq. Nal., Austl. 154/C5
William Bill Dannely (emb.), Al,EUA 210/E1
Williams, Austl. 154/C5
Williamsburg, Ky,EUA 208/E2
Williamsburg, Va,EUA 209/J2
Williams Lake, CB,Can. 190/C1
Williamson (río), Or,EUA 192/C2
Williamson, VOcc,EUA 209/F2
Williamston, CN,EUA 209/J3
Williamstown, Austl. 157/F5
Williamstown, Ky,EUA 208/E1
Williamstown, NJ,EUA 212/D4
Williamstown, NY,EUA 207/J3
Williamstown, Vt,EUA 207/K2
Willich, Ale. 84/D6
Willimantic, Ct,EUA 207/K4
Willingboro, NJ,EUA 212/D3
Willingen, Ale. 85/F6
Willis (islas), Austl. 151/J3
Williston (lago), CB,Can. 186/D3
Willmar, Mn,EUA 203/G5
Willow (río), CB,Can. 190/D1
Willow (emb.), Wi,EUA 203/K5
Willowbrook, Ca,EUA 214/F8
Willow Bunch, Sk,Can. 202/B3
Willow Grove, Pa,EUA 212/C3
Willowmore, Safr. 180/C4
Willowra, T. Abor., Austl. 155/G2
Willow Tree, Austl. 157/D1
Wills (lago), Austl. 152/C5
Willstätt, Ale. 98/D1
Willunga, Austl. 155/H5
Wilmer, CB,Can. 190/F2
Wilmington, Austl. 155/H5
Wilmington, Ca,EUA 214/F8
Wilmington, CN,EUA 209/J3
Wilmington, De,EUA 212/C4
Wilmington, Oh,EUA 206/E5
Wilmington, Ing,R.U. 71/P7
Wilmington Island, Ga,EUA 209/G5
Wilmslow, Ing,R.U. 75/F5
Wilnsdorf, Ale. 87/H2
Wilpattu, Parq. Nal., Sr.L. 142/G4
Wilrijk, Bél. 84/B6
Wilsdruff, Ale. 90/D5
Wilseder Berg (pico), Ale. 85/G2
Wilson (cabo), Nun,Can. 187/H2
Wilson (mtña.), Ca,EUA 214/B2
Wilson, CN,EUA 209/J3
Wilson (mtña.), Co,EUA 193/K5
Wilson (lago), Ks,EUA 199/E1
Wilsons Promontory (pen.), Austl. 151/H7
Wilsons Promontory, Parq. Nal., Austl. 157/C3
Wilster, Ale. 85/G1
Wilsum, Ale. 84/D3
Wilton (río), Austl. 152/D3
Wilton, Ing,R.U. 77/E4
Wiltshire (con.), Ing,R.U. 77/E4
Wiltz, Lux. 87/E4
Wiluna, Austl. 154/D3
Wimbledon, Ing,R.U. 71/N7
Wimborne Minster, Ing,R.U. 76/E5
Wimereux, Fra. 86/A2
Wimico (lago), Fl,EUA 211/F3
Winam (golfo), Kenia 175/A2
Winamac, In,EUA 206/C4
Winburg, Safr. 180/D3
Winchcombe, Ing,R.U. 77/E3
Winchelsea, Ing,R.U. 77/G5
Winchester, Il,EUA 201/J4
Winchester, In,EUA 206/D4
Winchester, Ky,EUA 208/E2
Winchester, Nv,EUA 194/E2
Winchester, Tn,EUA 208/D3
Winchester, Va,EUA 209/H1
Winchester, N.Z. 160/B4
Winchester, Ing,R.U. 77/E4
Winchester Center, Ct,EUA 207/K4
Wind (mesa), NM,EUA 198/A3
Wind (mtña.), NM,EUA 198/B4
Wind (río), Wy,EUA 193/J2
Windach, Ale. 99/H1
Windach (río), Ale. 99/G2
Wind Cave, Parq. Nal., DS,EUA 200/C2
Winder, Ga,EUA 208/F4
Windermere, Ing,R.U. 75/F3
Windermere (lago), Ing,R.U. 75/F3
Windesheim, Ale. 87/G4
Windhoek (cap.), Nam. 178/C4
Windischeschenbach, Ale. 89/F3
Windjana Gorge, Parq. Nal., Austl. 152/B4
Windom (pico), Co,EUA 195/J2
Windom, Mn,EUA 201/G2
Wind River (mts.), Wy,EUA 193/J2
Windrush (río), Ing,R.U. 77/E3
Windsbach, Ale. 88/D4
Windsor, Austl. 156/G8
Windsor, NE,Can. 204/E3
Windsor, On,Can. 206/E3
Windsor, Qu,Can. 204/B3
Windsor, Tnva,Can. 205/K1
Windsor, Ca,EUA 192/B4
Windsor, Co,EUA 200/B3
Windsor, Ing,R.U. 77/F4
Windsor Locks, Ct,EUA 207/K4
Winfield, Ks,EUA 199/F2
Winfield, Pa,EUA 212/B2
Winfield, VOcc,EUA 209/G1
Wingene, Bél. 86/C1
Wingham, Austl. 157/E1
Winifred (lago), Austl. 154/D2
Winifreda, Argen. 238/D3
Winkler, Mb,Can. 202/F3
Winkler, Tx,EUA 197/F2
Winn, Me,EUA 204/C3
Winneba, Gha. 169/E5
Winnebago (lago), Wi,EUA 201/K2
Winnemucca, Nv,EUA 192/E3
Winnemucca (lago), Nv,EUA 192/D3
Winnenden, Ale. 88/C5
Winner, DS,EUA 200/E2
Winnett, Mt,EUA 191/K4
Winnfield, La,EUA 210/B2
Winnibigoshish (lago), Mn,EUA 203/G3
Winning, Austl. 154/B2
Winnipeg (cap.), Mb,Can. 202/F3
Winnipeg (lago), Mb,Can. 186/G3
Winnipeg (río), Mb, On,Can. 203/G2
Winnipeg Beach, Mb,Can. 202/F2
Winnipegosis, Mb,Can. 202/E2
Winnipegosis (lago), Mb,Can. 186/F3
Winnipesaukee (lago), NH,EUA 207/L3
Winnsboro, CS,EUA 209/G3
Winnsboro, La,EUA 210/C1
Winnweiler, Ale. 88/A3
Winona Lake, In,EUA 206/D4
Winschoten, P.B. 84/E2
Winsen, Ale. 85/G3
Winsen, Ale. 85/H2
Winsford, Ing,R.U. 75/F5
Winston-Salem, CN,EUA 209/G2
Winsum, P.B. 84/D2
Winterberg, Ale. 85/F6
Winterberge (mtñas.), Safr. 180/D4
Winter Garden, Fl,EUA 210/M6
Winter Haven, Fl,EUA 210/M7
Winter Haven, Fl,EUA 211/H3
Winterlingen, Ale. 88/C6
Winter Park, Fl,EUA 210/N6
Winter Park, Fl,EUA 211/H3
Wintersburg, Az,EUA 195/F4
Winterset, Ia,EUA 201/G3
Winter Springs, Fl,EUA 210/N6
Winterstaude (pico), Aus. 99/F3
Winterswijk, P.B. 84/D5
Winterthur, Suiza 99/E2
Winterton, Safr. 180/E3
Winton, Austl. 156/A3
Winton, CN,EUA 209/J2
Winton, N.Z. 160/B4
Wintzenheim, Fra. 98/D1
Wipper (río), Ale. 90/A5
Wipper (río), Ale. 90/B4
Wipperau (río), Ale. 85/H2
Wipperfürth, Ale. 85/E6
Wirges, Ale. 88/A2
Wirrabara, Austl. 155/H5
Wirral (pen.), Ing,R.U. 75/E5
Wisbech, Ing,R.U. 77/G1
Wiscasset, Me,EUA 204/C3
Wisches, Fra. 98/D1
Wisconsin (est.), E.U.A. 189/H3
Wisconsin (lago), Wi,EUA 201/K2
Wisconsin (río), Wi,EUA 201/J2
Wisconsin Dells, Wi,EUA 201/K2
Wisconsin Rapids, Wi,EUA 201/K1
Wise, Va,EUA 209/F2
Wisenta (río), Ale. 88/E1
Wishaw, Es,R.U. 72/C5
Wisła, Pol. 83/K4
Wisła (Vistula) (río), Pol. 83/K2
Wisłok (río), Pol. 83/L4
Wisłoka (río), Pol. 83/L3
Wismar, Ale. 82/F2
Wissembourg, Fra. 87/G5
Wissen, Ale. 87/G2
Wissey (río), Ing,R.U. 77/G1
Wiślany (lag.), Pol. 81/H4
Witbank, Safr. 180/E2
Witberg (pico), Nam. 178/B5
Witchekan (lago), Sk,Can. 191/L1
Witham, Ing,R.U. 77/G3
Witham (río), Ing,R.U. 75/H5
Witherspoon (mtña.), Ak,EUA 215/J3
Withlacoochee (río), Fl,EUA 210/L6
Withnell, Ing,R.U. 75/F4
Witjira, Parq. Nal., Austl. 155/G3
Wit Kei (río), Safr. 180/D3
Witkowo, Pol. 83/J2
Witney, Ing,R.U. 77/E3
Witnica, Pol. 83/H2
Witry-lès-Reims, Fra. 86/D5
Wittelsheim, Fra. 98/D2
Wittem, P.B. 87/E2
Witten, Ale. 85/E6
Wittenbach, Suiza 99/F3
Wittenberg, Ale. 90/C4
Wittenberge, Ale. 90/B2
Wittenburg, Ale. 82/F2
Wittenheim, Fra. 98/D2
Wittenoom, Austl. 154/C2
Wittgensdorf, Ale. 90/C6
Wittingen, Ale. 85/H3
Wittlich, Ale. 87/F4
Wittmann, Az,EUA 195/F4
Wittmund, Ale. 85/E1
Witton (pen.), Ale. 83/G1
Wittstock, Ale. 90/C1
Witu, Kenia 175/C2
Witvlei, Nam. 178/C4
Witwatersberge (pico), Nam. 178/B4
Witwatersrand (reg.), Safr. 180/P12
Witzenhausen, Ale. 85/G6
Wivenhoe (lago), Austl. 151/J5
Wivenhoe, Ing,R.U. 77/G3
W.J. Van Blommestein (lago), Suri. 230/C1
Wkra (río), Pol. 83/L2
Władysławowo, Pol. 83/K1
Wloclawek, Pol. 83/K2
Wloclawek (prov.), Pol. 83/K2
Włocławskie (lago), Pol. 83/K2
Włodawa, Pol. 83/M3
Włoszczowa, Pol. 83/K3
Wnion (río), Gales,R.U. 76/C1
Woburn Abbey, Ing,R.U. 77/F3
Woburn Sands, Ing,R.U. 77/F2
Wodonga, Austl. 157/C3
Wodzisław Śląski, Pol. 83/K4
Woerden, P.B. 84/B4
Woerth, Fra. 87/G6
Wognum, P.B. 84/C3
Wohlen, Suiza 99/E3
Wohlen bei Bern, Suiza 98/D4
Wohlford (lago), Ca,EUA 214/D4
Woippy, Fra. 87/F5
Wokam (isla), Indo. 152/D1
Woken (río), China 129/K2
Woking, Ing,R.U. 71/M8
Wokingham, Ing,R.U. 77/F4
Wölch'ul-san, Parq. Nal., Cor.S. 133/D5
Wołczyn, Pol. 83/K3
Woleai (isla), Micr. 158/D4
Woleu (río), Gabón 176/B2
Woleu-Ntem (prov.), Gabón 176/B2
Wolf (isla), Ecua. 232/J6
Wolf (vol.), Ecua. 232/J7
Wolf (mtña.), Ak,EUA 215/H2
Wolf (río), Ms,EUA 210/D2
Wolf (río), Ms, Tn,EUA 208/C3
Wolf (mtña.), Ok,EUA 199/G3
Wolf (río), Wi,EUA 201/K1
Wolfach, Ale. 88/B6
Wolfach (río), Ale. 88/B6
Wolfang (pico), Austl. 156/B3
Wolf Bayou, Ar,EUA 199/J3
Wolf Creek (emb.), Ks,EUA 199/G1
Wolfe Creek Crater, Parq. Nal., Austl. 152/B4
Wolfen, Ale. 90/C4
Wolfenbüttel, Ale. 85/H4
Wölfersheim, Ale. 88/B2
Wolfhagen, Ale. 85/G6
Wolf Point, Mt,EUA 191/M3
Wolfratshausen, Ale. 99/H2
Wolfsburg, Ale. 85/H4
Wolfurt, Aus. 99/F3
Wolfville, NE,Can. 204/E3
Wolgast, Ale. 83/G1
Wolhusen, Suiza 98/E3
Wolin, Pol. 83/H2
Woliński, Parq. Nal., Pol. 83/H2
Wolkersdorf, Aus. 91/A3
Wollaston (lago), Sk,Can. 186/F3
Wollaston (pen.), Nun,TNO,Can. 186/E2
Wollemi, Parq. Nal., Austl. 157/D2
Wollerau, Suiza 99/E3
Wollongong, Austl. 157/D2
Wöllstadt, Ale. 88/B2
Wöllstein, Ale. 87/G4
Wolmaransstad, Safr. 180/D2
Wolmirstedt, Ale. 90/B3
Wolnzach, Ale. 93/J3
Wołomin, Pol. 83/L2
Wołów, Pol. 83/J3
Wolseley, Safr. 180/L10
Wolsztyn, Pol. 83/J2
Woluwé-St-Lambert, Bél. 86/D2
Wolvega, P.B. 84/D3
Wolverhampton, Ing,R.U. 76/D1
Wolverton, Ing,R.U. 77/F2
Wolziger (lago), Ale. 90/D3
Womanagh (río), Irl. 78/B6
Wombourne, Ing,R.U. 76/D1
Wombwell, Ing,R.U. 75/G4
Wondai, Austl. 156/C4
Wonder, Zam. 179/F2
Wondreb (río), Ale. 89/F3
Wongalarroo (lago), Austl. 157/C1
Wongan Hills, Austl. 154/C4
Wonga-Wongué, Parq. Nal., Gabón 176/B3
Wong Chu (río), Bután 141/G2
Wonju, Cor.S. 133/D4
Wonnangatta-Moroka, Parq. Nal., Austl. 157/C3
Wonogiri, Indo. 144/E4
Wonosobo, Indo. 144/E4
Wonsan, Cor.N. 133/D3
Wonthaggi, Austl. 157/C3
Wonyulgunna (pico), Austl. 154/C3
Wood (mtña.), Sk,Can. 191/L3
Wood (río), Sk,Can. 191/L3
Wood (mtña.), Yk,Can. 215/K3
Wood (río), Ne,EUA 200/E3
Woodbine, Ga,EUA 211/H2
Woodbridge, On,Can. 205/R8
Woodbridge, NJ,EUA 213/D2
Woodbridge, Va,EUA 209/J1
Woodbridge, Ing,R.U. 77/H2
Wood Buffalo, Parq. Nal., Ab, Yk,Can. 186/E2
Woodburn, Austl. 157/E1
Woodburn, Or,EUA 192/B1
Woodburn, IrN,R.U. 74/C2
Woodbury, Mn,EUA 203/Q7
Woodbury, NJ,EUA 212/C4
Woodbury, Tn,EUA 208/D3
Woodcock (colina), Irl. 78/B4
Woodcock, Mount (pico), Austl. 152/D4
Wooden (isla), Austl. 153/E3
Woodenbong, Austl. 157/E1
Woodend, Austl. 157/C3
Woodgate, Austl. 156/D4
Woodgate, Parq. Nal., Austl. 156/D4
Wood Islands, PE,Can. 205/F3
Woodland, Ca,EUA 192/C4
Woodland, Wa,EUA 190/C5
Woodland Hills, Ca,EUA 214/E7
Woodlands, Mb,Can. 202/F2
Woodlands, The, Tx,EUA 197/G2
Woodlark (isla), P.N.G. 158/E5
Woodley, Ing,R.U. 77/F4
Woodmere, NY,EUA 213/E2
Woodroffe (pico), Austl. 155/F3
Woodrow, Co,EUA 200/C4
Woodruff, Az,EUA 195/G3
Woods (lago), Austl. 152/D4
Woods (emb.), Tn,EUA 208/E3
Woodsboro, Md,EUA 212/A4
Woodsfield, Oh,EUA 206/F5
Woodside, Austl. 155/M8
Woodside, Mb,Can. 202/E2
Woods, Lake of the (lago), Can.,EUA 203/G3
Woodstock, Austl. 157/D2
Woodstock, NB,Can. 204/D2
Woodstock, On,Can. 206/F3
Woodstock, Il,EUA 206/B3
Woodstock, NH,EUA 207/L3
Woodstock, Va,EUA 209/H1
Woodstock, Vt,EUA 204/A4
Woodsville, NH,EUA 207/K2
Woodville, Ms,EUA 210/C2
Woodville, Tx,EUA 197/G2
Woodville, N.Z. 160/C3
Woodward, Ok,EUA 198/E2
Woolgoolga, Austl. 157/E1
Wooli, Austl. 157/E1
Woolwich, Ing,R.U. 71/P7
Woomera, Austl. 155/H4
Woomera, Abor. Res., Austl. 155/G4
Woonsocket, DS,EUA 200/E1
Woonsocket, RI,EUA 207/K4
Woorabinda Abor. Community, Austl. 156/C4
Wooster, Oh,EUA 206/F4
Worb, Suiza 98/D4
Worcester, Ma,EUA 207/L3
Worcester, NY,EUA 207/J3
Worcester, Ing,R.U. 76/D2
Worcester, Safr. 180/B4
Worcester & Birmingham (canal), Ing,R.U. 76/D2
Wörgl, Aus. 93/K3
Workai (isla), Indo. 152/D1
Workai (río), Indo. 152/D1
Workington, Ing,R.U. 74/E2
Worksop, Ing,R.U. 75/G5
Workum, P.B. 84/C3
Worland, Wy,EUA 193/K1
Wormer, P.B. 84/B4
Wormhoudt, Fra. 86/B2
Worms, Ale. 88/B3
Wörnitz (río), Ale. 88/D5
Worpswede, Ale. 85/F2
Wörrstadt, Ale. 88/B3
Worsbach (río), Ale. 88/B2
Worsbrough, Ing,R.U. 75/G4
Wörth am Main, Ale. 88/C3
Wörth am Rhein, Ale. 88/B4
Wörth an der Donau, Ale. 89/F4
Worthing, Ing,R.U. 77/F5
Worthington, Mn,EUA 201/G2
Worthington, Oh,EUA 206/E4
Wotho (atolón), Mrsh. 158/F3
Wotjalum, T. Abor., Austl. 152/B3
Wotje (atolón), Mrsh. 158/G4
Wotton under Edge, Ing,R.U. 76/D3
Woudenberg, P.B. 84/C4
Woudrichem, P.B. 84/C5
Wouri (río), Cam. 176/B1
Wouw, P.B. 84/B5
Wowoni (isla), Indo. 147/F4
Wrangel (isla), Rusia 119/T2
Wrangell (cabo), Ak,EUA 215/A5
Wrangell (mtñas.), Ak,EUA 215/K3
Wrangell-Saint Elias, Parq. Nal. y Resguardo, Ak,EUA 215/K3
Wrath (cabo), Es,R.U. 73/J7
Wray, Co,EUA 200/C3
Wraysbury, Ing,R.U. 71/M7
Wraysbury (emb.), Ing,R.U. 71/M7
Wreake (río), Ing,R.U. 75/H6
Wreck (arcf.), Austl. 151/K4
Wreck (isla), Va,EUA 209/K2
Wreck (pta.), Safr. 180/B3
Wrekin, The (colina), Ing,R.U. 76/D1
Wrexham, Gales,R.U. 75/F5
Wriezen, Ale. 90/E2
Wright Brothers Nat'l Mem., CN,EUA 209/K2
Wright Patman (lago), Tx,EUA 197/G1
Wrightsville, Ga,EUA 209/F4
Wrightsville Beach, CN,EUA 209/J3
Wrigley, TNO,Can. 186/D2
Writing Rock, DN,EUA 191/N3
Wrocław, Pol. 83/J3
Wrocław (prov.), Pol. 83/J3
Wrong (lago), Mb,Can. 202/F1
Wrottesley (cabo), TNO,Can. 186/D1
Wroxeter, Ing,R.U. 76/D1
Września, Pol. 83/J2
Wschowa, Pol. 83/J3
Wu (río), China 137/F3
Wu (río), China 137/G3
Wu'an, China 135/C3
Wubin, Austl. 154/C4
Wuchang, China 129/K3
Wuchang, China 135/C5
Wuchang (lago), China 135/C5
Wucheng, China 135/D3
Wuchiu (isla), Tai. 137/H3
Wuchuan, China 135/B2
Wudalianchi, China 129/K2
Wudang (mtña.), China 137/F1
Wudang (mtñas.), China 137/F1
Wudang Shan (mtña.), China 135/B4
Wudi, China 135/D3
Wuding (río), China 135/B3
Wudinna, Austl. 155/G5
Wufeng, China 135/B5
Wugong (mtña.), China 137/G3
Wuhai, China 128/F4
Wuhan, China 135/C5
Wuhe, China 135/D4
Wuhle (río), Ale. 90/D2
Wuhu, China 135/D5
Wujia (río), China 128/F3
Wujiang, China 135/E5
Wülfrath, Ale. 84/E6
Wulian, China 128/F5
Wulian, China 129/H4
Wulian, China 135/D4
Wulian (mtñas.), China 136/D3
Wuliang (mtñas.), China 136/D4
Wuliara (isla), Indo. 152/C1
Wuling (mtñas.), China 137/F2
Wulka (río), Aus. 91/A4
Wulong, China 139/J2
Wum, Cam. 169/H5
Wumeng (mtñas.), China 136/D3
Wümme (río), Ale. 85/F2
Wūn, India 138/C3
Wungong (emb.), Austl. 154/L7
Wünnenberg, Ale. 85/F5
Wünnewil, Suiza 98/D4
Wunsiedel, Ale. 89/F2
Wunstorf, Ale. 85/G4
Wupatki Nat'l Mon., Az,EUA 195/G3
Wüpper (río), Ale. 85/E6
Wuppertal, Ale. 85/E6
Wuqi, China 135/B3
Wuqia, China 134/C4
Wuqiang, China 135/C3
Wuqiao, China 135/D3
Würm (canal), Ale. 99/H1
Würm (río), Ale. 87/F2
Würm (río), Ale. 89/E6
Wurno, Nige. 169/G3
Wurschnitz (río), Ale. 90/C6
Würselen, Ale. 87/F2
Wurzburgo, Ale. 88/C3
Wurzen, Ale. 90/C5
Wushan (lago), China 129/H5
Wusheng, China 137/H2
Wushi, China 134/C3
Wüstegarten (pico), Ale. 85/G6
Wüstenrot, Ale. 88/C4
Wusterwitz, Ale. 90/C3
Wustrow, Ale. 90/B2
Wusuli (río), China, Rusia 129/L2
Wutach (río), Ale. 99/E2
Wutai, China 135/C3
Wutai Shan (pico), China 135/C3
Wuteve (pico), Libe. 168/C4
Wutha-Farnroda, Ale. 88/D1
Wutöschingen, Ale. 99/E2
Wuustwezel, Bél. 84/B6
Wuwei, China 128/E4
Wuwei, China 135/D5
Wuxi, China 135/L8
Wuxi (río), China 137/H2
Wuxiang, China 135/C3
Wuxue, China 135/C5
Wuyang, China 135/C4
Wuyi, China 135/C3
Wuyi (mtñas.), China 137/H3
Wuyuan, China 128/F3
Wuyur (río), China 129/K2
Wuzhai, China 135/B3
Wuzhen, China 135/L9
Wuzhi, China 135/C4
Wuzhi (mtñas.), China 137/F5
Wuzhi (pico), China 137/F5
Wuzhi Shan (pico), China 135/D2
Wuzhou, China 137/F4
Wyalkatchem, Austl. 154/C4
Wyandanch, NY,EUA 213/M8
Wycheproof, Austl. 157/B3
Wyckoff, NJ,EUA 213/D1
Wyee, Austl. 157/D2
Wyk, Ale. 82/E1
Wylie (lago), CN, CS,EUA 209/G3
Wylie, Tx,EUA 196/L6
Wylye (río), Ing,R.U. 76/D4
Wyndham, Austl. 152/C3
Wynne, Ar,EUA 199/J3
Wynnum, Austl. 156/F6
Wynyard, Austl. 157/C4
Wynyard, Sk,Can. 202/B2
Wyoming (est.), E.U.A. 188/E3
Wyoming, Mi,EUA 206/D3
Wyperfeld, Parq. Nal., Austl. 157/B2
Wyralinu (pico), Austl. 154/D5
Wyre (río), Ing,R.U. 75/F4
Wyrzysk, Pol. 83/J2
Wysokie Mazowieckie, Pol. 83/M2
Wysox, Pa,EUA 207/H4
Wyszków, Pol. 83/L2
Wytheville, Va,EUA 209/G2

X

Xa Binh Long, Vie. 143/D4
Xadani, Méx. 218/B3
Xagħra, Malta 102/H7
Xainza, China 134/E5
Xaitongmoin, China 141/G1
Xai-Xai, Moz. 179/G5
Xalpatlahuac, Méx. 218/B2
Xam (río), Laos 136/E4
Xambioá, Bras. 230/D4
Xam Nua, Laos 143/D1
Xan (río), Vie. 143/D3
Xanten, Ale. 84/D5
Xánthi, Gre. 109/J2
Xanxerê, Bras. 237/F3
Xapuri, Bras. 232/D3
Xa Song Luy, Vie. 143/E4
Xa Tho Thanh, Vie. 143/D3
Xaudum (río seco), Bots. 178/D3
Xavantes (emb.), Bras. 234/C4
Xavantes (mtñas.), Bras. 234/C1

Xavan – Yupuk

Mapas y créditos de las fotografías

Mapas en la sección de mapas: © Hammond World Atlas Corporation 2008, Springfield, Nueva Jersey.

Imágenes satelitales de Nueva Jersey: © GEOSPACE, Austria, 2000; Original Data: Eurimage – © GEOSPACE/World Sat International Corp. 2000 – © Deutsches Zentrum für Luft- und Raumfahrt, Oberpfaffenhofen.

Sección temática y otras páginas del atlas: action press, Hamburg – aisa, Archivo iconográfico, Barcelona – Archiv für Kunst und Geschichte, Berlin – theartarchive, London – Art Publishers, Durban – Astrofoto Bildagentur, Sörth – Prof. Dr. J. Bähr, Altwittenbek – Prof. Dr. W. Barthlott, Bonn – J. Bautze, Berlin – BAVARIA Bildagentur, Gauting – Berliner Missionswerk – Hans Bertram Luftbildverlag, Munich – Bibliographisches Institut & F.A. Brockhaus, Mannheim – Bibliothèque Nationale de France, París – Bildarchiv Preußischer Kulturbesitz, Berlin – Bilderberg, Archivder Fotografen, Hamburg – Prof. Dr. G. Bosinski, Neuwied – Prof. Dr. G. Bräuer, Hartenholm – British Library, Londres – Luftbildarchiv Albrecht Brugger im Hause Fotofachlabor Schnepf, Stuttgart – R. Brugger, Königswinter – Bundesanstalt für Geowissenschaften und Rohstoffe, Hanover – J.-L. Charmet, París – Prof. M. Deuchler, Londres – Deutscher Wetterdienst, Offenbach am Main – Deutsches Museum, Munich – Digimago, Eppelheim – dpa Bildarchiv, Frankfurt am Main und Stuttgart – Dr. H. Eichler, Heidelberg – Prof. Dr. Ch. Feest, Frankfurt am Main – Photound Presseagentur FOCUS, Hamburg – Photo- und Presseagentur Focus, Hamburg / B. Barbey / Magnum – Photo- und Presseagentur Focus, Hamburg / J. Blair – Photo- und Presseagentur Focus, Hamburg / B. Edmaier – M. Fries, Wiesbaden – Dr. K. Gallas, München – Studio X, Gamma, Limours – Dr. G. Gerster, Zumikon, Schweiz – Dr. S. von der Heide, Cologne – Prof. Dr. K. Heine, Regensburg – D. Heunemann, Starnberg – Prof. Dr. P. Höllermann, Bonn – IFA-Bilderteam, Taufkirchen – Prof. Dr. A. Jockenhövel, Münster – W. Keimer, Dossenheim – KNA Kath. Nachrichten Agentur, Frankfurt am Main – Dr. H.-J. Kress, Fulda – Helga Lade Fotoagentur, Frankfurt am Main – laenderpress, Mainz – J. Lauré, Woodfin Camp & Associates, New York – Löppert, Optik-Foto-Dia, Munich – Dr. L. Marfaing, Hamburgo – Bildagentur Mauritius, Mittenwald – P. Meyer, Frankfurt. – MEV Verlag, Augsburg – Prof. Dr. F.-D. Miotke, Garbsen – W. Müller, Ettlingen – Museum für Völkerkunde, Viena – NASA/ Earth from Space Images, Washington D.C. – NASA /JPL/RPIF/DLR – Neanderthal Museum, Mettmann – Prof.Dr.G.Niemz, Neu-Isenburg – Oberösterreichisches Landesmuseum, Linz – G. Dagli Orti, París – Österreichische Nationalbibliothek, Viena – Physikalisch-Technische Bundesanstalt, Braunschweig und Berlin – Picture Press, Hamburg /Meyer-Andersen – J. Poupard – J.M. Prieto, Asunción – Dr. D. Rafiqpoor, Bonn – Prof. Dr. S. Rahmstorf, Potsdam – Agentur RAPHO, Paris – Rosgartenmuseum, Konstanz – Prof. Dr. H.-J. Sander, Bonn – K. Schlosser, Kiel – G. Schrüfer, Bayreuth – Forschungsinstitut und Natur-Museum Senckenberg, Frankfurt am Main – Silvestris Verlag, Bildarchiv, Kastl – Sipa Press, París – E. SLAWIK, Waldenburg – K. Stevens, USA – H. Stierlin, Genf – Dr. K.-H. Striedter, Frankfurt am Main – L. A. Thomas / Doug Peebles Photography, Hawaii – Tony Stone Bilderwelten, Munich – Uitgeverij Het Spectrum, Utrecht – Ullstein Bilderdienst, Berlín – Ulmer Museum, Ulm – Prof. Dr. W.H. Valentin, Berlín – Prof. Dr. M. Yaldiz, Berlín – ZEFA-Zentrale Farbbild Agentur, Düsseldorf – Carl Zeiss, Oberkochen.

Mapas de ubicación basados en MHM © 1993 Digital Wisdom, Inc.

Otras ilustraciones gráficas, mapas y dibujos: Bibliographisches Institut & F. A. Brockhaus, Mannheim.

Agradecimientos

Editor	Hammond World Atlas Corporation
Presidente	Andreas Langenscheidt
Presidente ejecutivo	Marc Jennings
Directora ejecutivo de cartografía	Jennie Nichols
Director de recursos de base de datos	Theophrastos E. Giouvanos
Cartografía	Walter H. Jones Jr.
	Sharon Lightner
	Harry E. Morin
	James Padykula
	Thomas R. Rubino
	Thomas J. Scheffer
Presentación y composición	John A. DiGiorgio
	Susan Cruz
Diseño de portada	Karen Prince
	Jeff Beebe

Sección temática

Concepción y supervisión editorial **Escritores**	Dr. Eva Maria Brugger
	Dr. Joachim Born, Technische Universität Dresden
	Dr. Eva Maria Brugger, Heidelberg
	Prof. Dr. Eckart Ehlers, Universität Bonn
	Dr. Horst Eichler, Universität Heidelberg
	Dr. Gernot Gruber, Wiesbaden
	Prof. Uwe Jäschke, Hochschule für Technik und Wirtschaft Dresden
	Wolfhard Keimer, Dossenheim
	Prof. Dr. Wilhelm Lauer & Daud Rafiqpoor, Universität Bonn
	Prof. Dr. Franz-Dieter Miotke, Garbsen
	Prof. Dr. Stefan Rahmsdorf, Institut für Klimafolgenforschung Potsdam
	Prof. Dr. Theo Sundermeier, Universität Heidelberg
Presentación y composición	Matthias Hugo; Hugo Grafische Formgebung, Köln
Gráficos informativos	Matthias Hugo; Hugo Grafische Formgebung, Köln
	Joachim Knappe, Hamburg
Cartografía	Dipl.-Ing. (FH) Jörg Radtke
	Dipl.-Ing. (FH) Manuela Lipp
	Erika Korbien

Sección satelital

Concepción y supervisión de diseño	Dipl.-Geogr. Ellen Astor
Asesoramiento y obtención de fotografías	Dr. Lothar Beckel; GEOSPACE, Salzburg
Presentación y composición	Sigrid Hecker / doppelpack, Mannheim

Traducción

Alemán – inglés	John S. Southard
inglés – español	Mariam Pérez Roch
Asistencia editorial	Michael Venhoff
	Ellen Astor
Tecnología	Sigrid Hecker
	Jörg Radtke
Autor de las secciones temáticas y satelitales	Bibliographisches Institut & F. A. Brockhaus AG

Naran – Nichi
297

Naranjos, Méx. 217/F4
Narāq, Irán 125/G3
Narasannapeta, India 138/D4
Narashino, Japón 131/J7
Narathiwat, Tail. 143/C5
Nara Visa, NM,EUA 198/C3
Narayanganj, Bang. 141/H4
Nārāyanganj, India 140/C4
Narayani (río), Nepal 140/D2
Narayani (zona), Nepal 141/E2
Nārāyanpet, India 138/C4
Narberth, Gales,R.U. 76/B3
Narbonne, Fra. 92/E5
Narcea (río), Esp. 94/B1
Nardò, Ita. 109/F2
Nare, Col. 231/L6
Nare (pta.), R.U. 76/B6
Narellan, Austl. 156/G9
Narembeen, Austl. 154/C5
Nares (estr.), Can., Groen. 187/T7
Narew (río), Pol. 83/L2
Narganá, Pan. 219/G4
Narin (río), Kirg. 134/B3
Narinda (bahía), Mad. 181/H6
Nariño, Col. 231/K6
Nariño (dept.), Col. 228/B4
Narita (aer.intl.), Japón 131/G3
Nariz (pico), Chile 239/K8
Narkatiāganj, India 141/E2
Narmada (río), India 140/A4
Narman, Tur. 115/G4
Narni, Ita. 102/C2
Narni Scalo, Ita. 102/C2
Narodnaia (pico), Rusia 71/K2
Narok, Kenia 175/A2
Narón, Esp. 94/A1
Narooma, Austl. 157/D3
Narovlya, Bela. 116/E2
Nārowāl, Pak. 142/C1
Närpes, Fin. 79/G3
Narra, Fil. 145/B3
Narrabri, Austl. 157/D1
Narrandera, Austl. 157/C2
Narrogin, Austl. 154/C5
Narromine, Austl. 157/D2
Narrows, The (estr.), NJ,EUA 213/J9
Narsimhapur, India 140/B4
Narsingarh, India 140/A4
Narsingdi, Bang. 141/H4
Nartuby (río), Fra. 100/C6
Naruto, Japón 130/D3
Narva, Esto. 81/N2
Narva (emb.), Esto., Rusia 81/M2
Narva (golfo), Esto., Rusia 81/M2
Narva (río), Esto., Rusia 81/M2
Narvacan, Fil. 145/C1
Narva-Jõesuu, Esto. 81/N2
Narvik, Nor. 79/F1
Nar'yan-Mar, Rusia 71/J2
Naryn, Kirg. 134/C3
Naşarīyah, Jabal an (mtñas.), Siria 123/E2
NASA Test Facility, NM,EUA 195/J4
Năsăud, Rum. 111/G2
NASA Wallops Flight Ctr., Va,EUA 209/K2
Naschel, Argen. 238/D2
Na Sealga, Loch (lago), Es,R.U. 72/A1
Naseby, N.Z. 160/B4
Nashua, NH,EUA 207/L3
Nashville, Ar,EUA 199/H4
Nashville, CN,EUA 209/J3
Nashville, Ga,EUA 211/G2
Nashville, Il,EUA 201/K4
Nashville (cap.), Tn,EUA 208/D2
Našice, Cro. 110/D3
Nasielsk, Pol. 83/L2
Nasijärvi (lago), Fin. 81/K1
Nasik, India 138/B4
Nasikonis (cabo), Indo. 152/A2
Nasīrābād, India 138/B2
Nasīrābād, Pak. 127/J3
Naso (pta.), Fil. 145/C3
Nasorolevu (pico), Fidji 159/Z17
Nasosnyy, Azer. 115/J4
Nāsriganj, India 140/E3
Nass (río), CB,Can. 215/N4
Nassach (río), Ale. 88/D2
Nassau, Ale. 88/A2
Nassau (cap.), Bahm. 220/B1
Nassau (bahía), Chile 239/L8
Nassau (isla), Cook 159/J6
Nassau (estr.), Fl,EUA 211/H2
Nasser (lago), Egip. 171/G4
Nässjö, Sue. 80/F3
Nassogne, Bél. 87/E3
Nastapoka (isla), Nun,Can. 187/J3
Nastätten, Ale. 88/A2
Nastola, Fin. 81/K1
Næstved, Din. 80/D4
Nasu-dake (mtña.), Japón 131/F2
Nasugbu, Fil. 145/C2
Naszály (pico), Hun. 91/D4
Nat (pico), Mya. 136/C5
Nata, Bots. 178/E4
Natá, Pan. 228/A2
Natagaima, Col. 228/C4
Natal, Bras. 231/H4
Natal, Indo. 144/B2
Natalicio Talavera, Par. 237/E3
Natanya, Isr. 123/D3
Naţanz, Irán 125/G3
Nataraja, Templo, India 142/G3
Natashō, Japón 131/L9
Natashquan (río), Qu,Can. 187/K3
Natchez, Ms,EUA 197/J2
Natchez Trace Pkwy., E.U.A. 208/B5
Natchitoches, La,EUA 210/B2
Naters, Suiza 98/D5
Natewa (bahía), Fidji 159/Z17
Nāthdwāra, India 138/B3
Natimuk, Austl. 157/B3
National City, Ca,EUA 214/C5
Natividade, Bras. 234/D1
Natl, Jor. 123/D4
Natron (lago), Tan. 175/A2
Nattam, India 142/G3
Nattaung (pico), Mya. 139/G4
Nattheim, Ale. 88/D5
Nättraby, Sue. 80/F3
Natuna (islas), Indo. 146/C3
Natural Bridge Caverns, Tx,EUA 197/E3
Natural Bridges Nat'l Mon., Ut,EUA 195/G2
Naturaliste (cabo), Austl. 154/B5
Naturaliste (canal), Austl. 154/B3
Naturaliste-Leeuwin, Parq. Nal., Austl. 154/B5
Naturns (Naturno), Ita. 99/G4
Naucalpan, Méx. 217/K7
Nauen, Ale. 90/C2
Naugachhia, India 141/F3
Naugatuck, Ct,EUA 207/K4
Nauhcampatépetl (vol.), Méx. 217/M7
Nauheim, Ale. 88/B3
Naujamiestis, Lit. 81/L4
Naujan, Fil. 145/C2
Naujoji-Akmenė, Lit. 81/K3
Naumburg, Ale. 85/G6
Nā'ūr, Jor. 123/D4
Nauru 158/F5
Naushki, Rusia 128/F1
Nauta, Perú 232/C2
Nautla (río) 216/M6
Nautla, Méx. 217/N6
Nava, Méx. 217/E2
Nava del Rey, Esp. 94/C2
Navajo, Az,EUA 195/H3
Navajo (pico), Co,EUA 198/A2
Navajo (lago), Co, NM,EUA 195/J2
Navajo (río), Co, NM,EUA 198/A2
Navajo Nat'l Mon., Az,EUA 195/G2
Naval, Fil. 145/D3
Navalcarnero, Esp. 95/M9
Navalmoral de la Mata, Esp. 94/C3
Navalvillar de Pela, Esp. 94/C3
Navan, Irl. 74/B4
Navarin (cabo), Rusia 119/T3
Navarino (isla), Chile 239/L8
Navarra (com.aut.), Esp. 94/D1
Navarra (reg.), Esp. 106/C2
Navarro, Argen. 238/F2
Navas, Esp. 95/F2
Navas de San Juan, Esp. 94/D3
Navasota (río), Tx,EUA 197/F2
Navassa (isla), Vir.No. 219/H2
Navax (pta.), R.U. 76/A6
Nave, Ita. 104/D1
Navia, Esp. 94/B1
Navia (río), Esp. 94/B1
Navidad, Chile 238/C2
Navidad (río), Tx,EUA 197/F3
Naviraí, Bras. 234/B4
Navlya, Rusia 114/E1
Navo, Tx,EUA 196/L6
Năvodari, Rum. 111/J3
Navoi, Uzb. 118/G5
Navojoa, Méx. 216/C3
Navolato, Méx. 216/D3
Navotas, Fil. 145/E6
Návpaktos, Gre. 109/G3
Návplion, Gre. 109/H4
Navsari, India 138/B3
Navy Board (ens.), Nun,Can. 187/H1
Nawābganj, Bang. 141/G3
Nawābganj, India 140/C2
Nawābganj, India 140/B1
Nawabsha, Pak. 127/J3
Nawāda, India 141/E3
Nawān Jandānwāla, Pak. 142/A1
Nawāshahr, India 142/D2
Nawş, Ra's (pta.), Omán 127/G5
Naxi, China 139/J2
Náxos, Gre. 109/J4
Náxos (isla), Gre. 109/J4
Naya, Col. 228/B4
Nayarit (est.), Méx. 216/D4
Nāy Band, Irán 125/H5
Nāy Band, Irán 125/J3
Nayong, China 139/J2
Nayoro, Japón 132/C1
Nay Pyi Taw (cap.), Myan. 136/C5
Nayramadlïn (pico), Mong. 128/B2
Nayramadlïn Orgil (pico), Mong. 134/E2
Nayzatash, Pereval (paso), Tay. 134/B4
Nazaré, Bras. 230/E4
Nazaré, Por. 94/A3
Nazaré da Mata, Bras. 231/H4
Nazaré do Piauí, Bras. 231/F4
Nazaré Paulista, Bras. 235/K8
Nazareth, Bél. 86/C2
Nazareth (Naẕerat), Isr. 123/D3
Nazas, Méx. 216/D3
Nazas (río), Méx. 216/D3
Nazca, Perú 232/C4
Naze, Japón 132/K6
Nazelles-Négron, Fra. 97/F6
Naẕerat (Nazareth), Isr. 123/D3
Naze, The (pta.), Ing,R.U. 77/H3
Nazilli, Tur. 124/B2
Nazrēt, Eti. 174/A3
Nazyvayevsk, Rusia 118/H4
Ncamasere (río seco), Bots. 178/D3
Nchelenge, Zam. 177/G5
Ncheu, Mal. 179/G2
Nchisi, Mal. 179/G2
Ndalatando, Ang. 176/C5
Ndele, Cafr. 172/D3
Ndendé, Gabón 176/B3
Ndeni (isla), Sal. 158/F6
N'Djamena (cap.), Chad 164/D3
Ndogo (lag.), Gabón 176/B3
Ndola, Zam. 179/F2
Ndop, Cam. 169/H5
Ndrhamcha, Sebkha de (lago seco), Maur. 168/B2
Né (río), Fra. 92/C4
Néa Alikarnassós, Gre. 109/J5
Néa Ankhíalos, Gre. 109/H3
Néa Artáki, Gre. 109/H3
Neagh, Lough (lago), IrN,R.U. 74/B2
Néa Ionía, Gre. 109/H3
Néa Kíos, Gre. 109/H4
Neale (lago), Austl. 155/F3
Néa Mikhanióna, Gre. 109/H2
Néa Moudhaniá, Gre. 109/H2
Neamţ (con.), Rum. 111/H2
Néa Péramos, Gre. 109/G3
Néa Potídhaia, Gre. 109/H2
Near (islas), Ak,EUA 215/A6
Neath, Gales,R.U. 76/C3
Neath (río), Gales,R.U. 76/C3
Néa Tríglia, Gre. 109/H2
Néa Víssa, Gre. 109/K2
Néa Zíkhni, Gre. 109/H2
Neb (río), IM,R.U. 74/D3
Nebel-Horn (pico), Ale. 99/G3
Nebin (pico), Ita. 100/D3
Nebish (isla), Mi,EUA 206/D1
Neblina (pico), Bras. 229/E4
Nebo (mtña.), Ut,EUA 193/H4
Nebraska (est.), E.U.A. 200/D3
Nebraska City, Ne,EUA 201/G3
Nebrodi, Madonie (mtñas.), Ita. 108/C4
Nechako (río), CB,Can. 186/D3
Nechayannoye, Ucr. 116/F4
Neches (río), Tx,EUA 197/G2
Nechisar, Parq. Nal., Eti. 173/H4
Nechranice, Údolní nádrž (emb.), R.Ch. 89/G2
Neckar (río), Ale. 88/B4
Neckargemünd, Ale. 88/B4
Neckarsteinach, Ale. 88/B4
Neckarsulm, Ale. 88/C4
Necker (isla), Hi,EUA 159/J2
Necochea, Argen. 238/F3
Necoclí, Col. 228/B2
Necropoli (ruinas), Ita. 102/C3
Neda, Esp. 94/A1
Nedelino, Bul. 109/J2
Nedelišće, Cro. 110/C2
Nederland, Tx,EUA 197/H3
Nederweert, P.B. 84/C6
Nedlands, Austl. 154/K6
Nedumangād, India 142/F4
Neede, P.B. 84/D4
Needle (mtña.), Wy,EUA 193/J1
Needles (pta.), N.Z. 160/C2
Needles, The (rocas), R.U. 77/E5
Neely Henry (lago), Al,EUA 208/D4
Neenah, Wi,EUA 201/K1
Neepawa, Mb,Can. 202/E2
Neerabup, Parq. Nal., Austl. 154/K6
Neerpelt, Bél. 87/E1
Nee Soon, Sin. 144/C2
Neetze, Ale. 85/H2
Neetze (río), Ale. 85/H2
Nefasit, Eri. 174/A2
Neffelbach (río), Ale. 87/F2
Neftah, Tun. 167/G2
Neftechala, Azer. 115/J5
Neftegorsk, Rusia 117/K5
Neftekamsk, Rusia 71/J3
Neftekumsk, Rusia 115/H3
Nefud (des.), Ar.S. 122/C7
Nega Nega, Zam. 179/F2
Negara, Indo. 144/F5
Negba, Isr. 123/F8
Negēlē, Eti. 174/A4
Negeri Sembilan (est.), Malay. 144/C2
Negev (reg.), Isr. 123/D4
Negev-Kinneret Conduit, Isr. 123/F8
Negoiu (pico), Rum. 111/G3
Negombo, Sr.L. 138/C6
Negotin, Serb. 110/F3
Negotino, Mace. 110/F5
Negra (pta.), Beli. 218/D2
Negra (mesa), NM,EUA 195/J3
Negra (pta.), Perú 232/A2
Negrais (cabo), Mya. 139/F4
Negrar, Ita. 105/D1
Negreira, Esp. 94/A1
Negreiros, Chile 236/B1
Negreşti, Rum. 111/H2
Negrillos, Bol. 236/B1
Negritos, Perú 232/A2
Negro (río), Argen. 238/C3
Negro (río), Argen. 236/E3
Negro (río), Argen. 238/D3
Negro (mar), Asia, Eur. 114/D4
Negro (río), Bol. 233/F4
Negro (río), Bras. 229/F5
Negro (río), Bras. 234/A3
Negro (río), Par. 236/E3
Negro (río), Uru., Bras. 239/F2
Negro, Arroyo (arr.), Uru. 239/T11
Negros (mtñas.), Bután 141/H2
Negros (isla), Fil. 145/C3
Nehalem (río), Or,EUA 190/C5
Nehbandān, Irán 127/G2
Nehtaur, India 140/B1
Neiafu, Tonga 159/H6
Neiba, R.Dom. 220/D3
Neiba, Sierra de (mts.), R.Dom. 219/J2
Neiges, Piton des (pico), Reun. 181/R15
Neihuang, China 135/C4
Neijiang, China 136/E2
Neillsville, Wi,EUA 201/J1
Neillsville (colina), Wi,EUA 201/J1
Neilston, Es,R.U. 72/B5
Nei Monggol (mes.), China 128/G3
Nei Monggol (reg.aut.), China 135/E2
Neiqiu, China 135/C3
Neira, Col. 231/K6
Neiva, Col. 228/C4
Neixiang, China 135/B4
Nejanilini (lago), Mb,Can. 186/G3
Nejapa, Méx. 218/C2
Nejdek, R.Ch. 89/F2
Nek'emtē, Eti. 173/H3
Nekso, Din. 80/F4
Nelas, Por. 94/B2
Nelidovo, Rusia 112/G4
Neligh, Ne,EUA 200/E2
Nellikkuppam, India 142/G3
Nellis Air Force Ra., Nv,EUA 194/D2
Nellore, India 138/C5
Nelson, Argen. 236/D4
Nelson (cabo), Austl. 157/B3
Nelson (río), Can. 184/H4
Nelson, CB,Can. 190/F3
Nelson (estr.), Chile 239/J7
Nelson (isla), Ak,EUA 215/F3
Nelson, Az,EUA 195/F3
Nelson, Ne,EUA 200/E3
Nelson, Nv,EUA 194/E3
Nelson, N.Z. 160/C3
Nelson (cabo), P.N.G. 153/H2
Nelson, Gales,R.U. 76/C3
Nelson, Ing,R.U. 75/F4
Nelson Bay, Austl. 157/E2
Nelson Bays (reg.), N.Z. 160/C3
Nelson Lakes, Parq. Nal., N.Z. 160/C3
Nelson-Miramichi, NB,Can. 204/E2
Nelspruit, Safr. 181/E2
Néma, Maur. 168/D2
Néma, Dhar (colinas), Maur. 168/D2
Nembro, Ita. 104/C1
Neméa, Gre. 109/H4
Nemingha, Austl. 157/D1
Nemira (pico), Rum. 111/H2
Nemocón, Col. 231/M6
Nemor (río), China 129/J2
Nemours, Fra. 92/E2
Nemunas (río), Lit. 81/K4
Nemuro, Japón 132/D2
Nemuro (pen.), Japón 132/D2
Nemuro (estr.), Japón, Rusia 132/D2
Nen (río), China 129/J2
Nenagh, Irl. 78/B4
Nendaz, Suiza 98/D5
Nene (río), Ing,R.U. 77/G1
Nenets, Distrito Autónomo Subordinado de los, Rusia 113/M2
Nenjiang, China 129/K2
Nenzing, Aus. 99/F3
Neodesha, Ks,EUA 199/G2
Neosho (río), Ks, Ok,EUA 199/G2
Neosho, Mo,EUA 199/G2
Néouville, Pic de (pico), Fra. 95/F1
Neo Volcánica (mts.), Méx. 217/Q9
Nepal 140/D1
Nepālganj, Nepal 140/C1
Nepanagar, India 138/C3
Nepean (río), Austl. 156/G8
Nepean, On,Can. 207/J2
Nepeña, Perú 232/B3
Nephi, Ut,EUA 193/H4
Nephin (mtña.), Irl. 78/A1
Nephin Beg (mtña.), Irl. 78/A1
Nephin Beg (mts.), Irl. 78/A2
Nepi, Ita. 102/C3
Nepisiguit (bahía), NB,Can. 204/E2
Nepisiguit (río), NB,Can. 204/D2
Nepoko (río), D.R.Congo 177/G2
Nepomuceno, Bras. 234/D4
Nepomuk, R.Ch. 89/G4
Nera (río), Ita. 102/C3
Nérac, Fra. 92/D4
Neratovice, R.Ch. 89/H2
Nercha (río), Rusia 128/H1
Nerchinsk, Rusia 128/H1
Nerekhta, Rusia 112/J4
Neresheim, Ale. 88/D5
Nereta, Let. 81/L3
Nereto, Ita. 103/D2
Neretva (río), Bosn., Cro. 110/D4
Neringa, Lit. 81/J4
Neris (río), Lit. 81/L4
Nerja, Esp. 94/D4
Nerokoúros, Gre. 109/J5
Nerone, Monte (pico), Ita. 105/F5
Nerópolis, Bras. 234/C3
Nerpio, Esp. 94/D3
Nersingen, Ale. 88/D6
Nerva, Esp. 94/B4
Nervesa della Battaglia, Ita. 105/F1
Nèrvia (río), Ita. 104/A5
Nerviano, Ita. 104/B1
Neryungri, Rusia 119/N4
Nes, Nor. 80/C1
Nes, P.B. 84/C2
Nesbyen, Nor. 80/C1
Nesebŭr, Bul. 114/C4
Neskaupstadhur, Isl. 79/Q6
Nesque (río), Fra. 100/B4
Ness (río), Es,R.U. 72/B2
Ness City, Ks,EUA 198/E1
Nesse (río), Ale. 85/H6
Nesselrode (mte.), Ak,EUA 215/M4
Nesselwang, Ale. 99/G2
Ness, Loch (lago), Es,R.U. 72/B2
Neston, Ing,R.U. 75/E5
Nestore (río), Ita. 102/C1
Néstos (río), Gre. 109/J2
Nesvady, Eslo. 91/C4
Nes Ẕiyyona, Isr. 123/F8
Net (río), Mi,EUA 203/K4
Nethe (río), Ale. 85/G5
Neto (río), Ita. 101/C4
Netphen, Ale. 87/H2
Nette (río), Ale. 84/D6
Nette (río), Ale. 85/H5
Nettebach (río), Ale. 87/G3
Nettersheim, Ale. 87/F3
Nettetal, Ale. 84/D6
Nettilling (lago), Nun,Can. 187/J2
Nettuno, Ita. 102/C5
Netzahualcóyotl, Mex. 217/L7
Neubiberg, Ale. 89/E6
Neubrandenburg, Ale. 83/G2
Neubulach, Ale. 88/B5
Neuburg an der Donau, Ale. 88/E5
Neuchâtel, Suiza 98/C4
Neuchâtel (cantón), Suiza 98/C4
Neuchâtel (lago), Suiza 98/C4
Neu Darchau, Ale. 85/H2
Neudörfl, Aus. 91/A4
Neue Elde (río), Ale. 90/B1
Neue Jäglitz (río), Ale. 90/C2
Neuenbürg, Ale. 88/B5
Neuenburg am Rhein, Ale. 98/D2
Neuendettelsau, Ale. 88/D4
Neuendorfer (lago), Ale. 90/D3
Neuenhagen, Ale. 90/D2
Neuenhaus, Ale. 84/D4
Neuenrade, Ale. 85/E6
Neuenstadt am Kocher, Ale. 88/C4
Neuenstein, Ale. 88/C4
Neufahrn bei Freising, Ale. 89/E6
Neufchâteau, Bél. 87/E4
Neufchâteau, Fra. 98/B1
Neufchâtel, Fra. 86/A2
Neufchâtel-en-Bray, Fra. 86/A4
Neugraben (río), Ale. 90/D4
Neuhaus am Inn, Ale. 89/G6
Neuhaus am Rennweg, Ale. 88/E1
Neuhausen am Rheinfall, Suiza 99/E2
Neuhof, Ale. 88/C2
Neuhofen, Ale. 88/B4
Neuhofen an der Krems, Aus. 89/H6
Neuilly-en-Thelle, Fra. 86/B5
Neuilly-l'Évêque, Fra. 98/B2
Neuilly-St-Front, Fra. 86/C5
Neuilly-sur-Marne, Fra. 71/T10
Neuilly-sur-Seine, Fra. 71/S10
Neu-Isenburg, Ale. 88/B2
Neu Kaliss, Ale. 90/B1
Neumarkt am Wallersee, Aus. 89/G7
Neumarkt (Egna), Ita. 99/H5
Neumarkt in der Oberpfalz, Ale. 89/E4
Neumarkt-Sankt Veit, Ale. 89/F6
Neumünster, Ale. 82/E1
Neung-sur-Beuvron, Fra. 97/G5
Neunkirch, Suiza 99/E2
Neunkirchen, Ale. 87/G5
Neunkirchen, Ale. 87/H2
Neunkirchen, Aus. 91/A4
Neunkirchen-Seelscheid, Ale. 87/G2
Neuquén, Argen. 238/C3
Neuquén (prov.), Argen. 238/C3
Neuquén (río), Argen. 238/C3
Neuruppin, Ale. 90/C2
Neusäss, Ale. 88/D6
Neuse (río), CN,EUA 209/J3
Neuseider (lago), Aus. 110/C2
Neusiedl am See, Aus. 91/A4
Neusiedler (lago), Aus. 83/J5
Neusiedler See (Fertő) (lago), Aus., Hun. 91/A4
Neuss, Ale. 84/D6
Neustadt, Ale. 87/G2
Neustadt, Ale. 90/B6
Neustadt, Ale. 90/C2
Neustadt am Rübenberge, Ale. 85/G4
Neustadt an der Aisch, Ale. 88/D3
Neustadt an der Donau, Ale. 89/E5
Neustadt an der Waldnaab, Ale. 89/F3
Neustadt an der Weinstrasse, Ale. 88/B4
Neustadt bei Coburg, Ale. 88/E2
Neustadt in Holstein, Ale. 82/F1
Neustift im Stubaital, Aus. 99/H3
Neustrelitz, Ale. 82/G2
Neutraubling, Ale. 89/F5
Neu-Ulm, Ale. 88/D6
Neuves-Maisons, Fra. 92/G2
Neuville-aux-Bois, Fra. 97/H4
Neuville-sur-Saône, Fra. 98/A6
Neuwerk (isla), Ale. 85/F1
Neuwied, Ale. 87/G3
Neu Zittau, Ale. 90/D3
Neva (río), Rusia 81/P2
Nevada (mtñas.), Esp. 94/D4
Nevada (est.), E.U.A. 188/C4
Nevada, Ia,EUA 201/H2
Nevada, Mo,EUA 199/G2
Nevada City, Ca,EUA 192/C4
Nevada del Huila, Parq. Nal., Col. 228/C4
Nevado de Toluca, Parq. Nal., Méx. 217/K7
Nevado, Sierra del (mtñas.), Argen. 238/C2
Nevel', Rusia 81/N3
Nevele, Bél. 86/C1
Nevel'sk, Rusia 129/N2
Never, Rusia 129/J1
Nevers, Fra. 92/E3
Nevesinje, Bosn. 110/D4
Nevinnomisk, Rusia 117/L5
Nevis (isla), St.K. 220/F3
Nevis (pico), St.K. 220/F3
Nevola (río), Ita. 105/F5
Nevşehir, Tur. 124/C2
Nevsehir (prov.), Tur. 124/C2
New (río), Az,EUA 195/F4
New (río), CN,EUA 209/J3
New (río), Va, VOcc,EUA 209/G1
New (río), Guy. 229/G4
New (bos.), Ing,R.U. 77/E5
New Albany, In,EUA 208/E1
New Albany, Ms,EUA 208/C3
New Amsterdam, Guy. 229/G3
New Ancholme (río), Ing,R.U. 75/H5
Newark, De,EUA 212/C4
Newark, NJ,EUA 213/D2
Newark (aer.intl), NJ,EUA 213/J9
Newark (bahía), NJ,EUA 213/J9
Newark-on-Trent, Ing,R.U. 75/H5
New Augusta, Ms,EUA 210/D2
Newaygo, Mi,EUA 206/D3
New Bedford, Ma,EUA 204/B5
New Bern, CN,EUA 209/J3
Newberry, CS,EUA 209/G3
Newberry, Mi,EUA 206/D1
New Bloomfield, Pa,EUA 212/A3
New Braintree, Ma,EUA 208/B1
New Braunfels, Tx,EUA 197/E3
Newbridge on Wye, Gales,R.U. 76/C2
New Brighton, Mn,EUA 203/P6
New Britain, Ct,EUA 207/K4
New Brunswick, NJ,EUA 212/D3
New Buildings, IrN,R.U. 74/A2
Newburgh, NY,EUA 207/J4
Newburn, Ing,R.U. 75/G2
Newbury, Ing,R.U. 77/E4
New Canaan, Ct,EUA 213/E1
New Castile (reg.), Esp. 106/C3
Newcastle, Austl. 157/D2
Newcastle, NB,Can. 204/E2
Newcastle, On,Can. 207/G3
New Castle, De,EUA 212/C4
New Castle, In,EUA 206/D5
New Castle, Pa,EUA 206/F4
New Castle, Va,EUA 209/G2
Newcastle, Wy,EUA 200/B2
Newcastle, IrN,R.U. 74/C3
Newcastle, Safr. 181/E2
Newcastle-under-Lyme, Ing,R.U. 75/F5
Newcastle upon Tyne, Ing,R.U. 75/G2
New City, NY,EUA 213/E1
Newcomerstown, Oh,EUA 206/F4
New Cumnock, Es,R.U. 72/B6
New Denver, CB,Can. 190/F3
New Dorp, NY,EUA 213/J9
Newell, Austl. 156/B2
New Ellenton, CS,EUA 209/G4
New England, Parq. Nal., Austl. 157/E1
Newenham (cabo), Ak,EUA 215/F4
Newfane, Vt,EUA 207/K3
New Gloucester, Me,EUA 204/B4
New Gretna, NJ,EUA 212/D4
Newham (mun.inc.), Ing,R.U. 71/P7
New Hampton, Ia,EUA 201/H2
New Haven, Ct,EUA 207/K4
New Haven, In,EUA 206/D4
New Haven, VOcc,EUA 209/G1
Newhaven, Ing,R.U. 77/F5
New Hebron, Ms,EUA 208/C5
New Hope, CN,EUA 209/J3
New Iberia, La,EUA 210/C2
New Kensington, Pa,EUA 207/G4
New Kent, Va,EUA 209/J2
Newkirk, Ok,EUA 199/F2
Newland, CN,EUA 209/G2
New Lexington, Oh,EUA 206/E5
New Lisbon, NJ,EUA 212/D4
New Liskeard, On,Can. 187/J4
New London, Ct,EUA 207/K4
New London, Mo,EUA 199/J1
New Madrid, Mo,EUA 208/C2
Newmains, Es,R.U. 72/C5
Newman, Austl. 154/C2
Newman (pico), Austl. 154/C2
Newman, Ca,EUA 194/B2
Newman, DN,EUA 202/F4
Newman, NM,EUA 216/D1
Newmarket, Austl. 156/F6
Newmarket, On,Can. 207/G2
Newmarket, N.Z. 160/F6
Newmarket, Ing,R.U. 77/G2
New Martinsville, VOcc,EUA 206/F5
New Milford, NJ,EUA 213/D2
New Mills, Ing,R.U. 75/F5
Newnan, Ga,EUA 208/E4
Newnans (lago), Fl,EUA 211/G3
New Norfolk, Austl. 157/C4
New Paltz, NY,EUA 207/J4
New Philadelphia, Oh,EUA 206/F4
New Plymouth, N.Z. 160/C2
Newport, Ar,EUA 199/J3
Newport (bahía), Ca,EUA 214/C3
Newport, In,EUA 206/C5
Newport, Ky,EUA 208/E1
Newport, NH,EUA 207/K3
Newport, Or,EUA 192/A1
Newport, RI,EUA 207/L4
Newport, Tn,EUA 209/F3
Newport, Vt,EUA 207/K2
Newport, Wa,EUA 190/F3
Newport, Gales,R.U. 76/B2
Newport, Gales,R.U. 76/D3
Newport, Ing,R.U. 75/F6
Newport, Ing,R.U. 77/E5
Newport Beach, Ca,EUA 214/C3
Newport Meadows (lago), NJ,EUA 212/C5
Newport News, Va,EUA 209/J2
Newport-on-Tay, Es,R.U. 72/D4
Newport Pagnell, Ing,R.U. 77/F2
New Providence (isla), Bahm. 220/B1
New Providence, NJ,EUA 212/D2
Newquay, Ing,R.U. 76/A6
New Richmond, Qu,Can. 204/E1
New Roads, La,EUA 210/C2
New Rochelle, NY,EUA 213/E2
New Rockford, DN,EUA 202/E4
New Romney, Ing,R.U. 77/G5
New Ross, NE,Can. 204/E3
New Ross, Irl. 78/D5
New Rossington, Ing,R.U. 75/G5
Newry, Austl. 152/C4
Newry, IrN,R.U. 74/B3
Newry (canal), IrN,R.U. 74/B3
New Sarepta, Ab,Can. 191/H1
New Schwabenland (reg.), Ant. 161/Z
New Scone, Es,R.U. 72/C4
New Shoreham (Block Island), RI,EUA 207/L4
New Shrewsbury (Tinton Falls), NJ,EUA 213/D3
New Smyrna Beach, Fl,EUA 211/H3
New Sweden, Me,EUA 204/C2
Newton, CN,EUA 209/G3
Newton, Ga,EUA 211/F2
Newton, Ia,EUA 201/H3
Newton, Il,EUA 206/B5
Newton, Ks,EUA 199/F1
Newton, Ma,EUA 207/L3
Newton, NJ,EUA 212/D1
Newton, Tx,EUA 197/H2
Newton, Es,R.U. 75/E1
Newton, Ing,R.U. 76/D2
Newton Abbot, Ing,R.U. 76/C5
Newton Ferrers, Ing,R.U. 76/B6
Newtongrange, Es,R.U. 72/C5
Newton-le-Willows, Ing,R.U. 75/F5
Newton Mearns, Es,R.U. 72/B5
Newton Stewart, Es,R.U. 74/D2
Newton Tors (colina), Ing,R.U. 72/D5
Newtown, Austl. 157/B3
Newtown, Pa,EUA 212/D3
Newtown, Gales,R.U. 76/C1
Newtownabbey, IrN,R.U. 74/C2
Newtownards, IrN,R.U. 74/C2
Newtownbutler, IrN,R.U. 78/C1
Newtown Square, Pa,EUA 212/C4
New Ulm, Mn,EUA 201/G1
New Waterford, NE,Can. 205/G2
New Westminster, CB,Can. 190/C3
New Zealand (pico), Ant. 161/L
Neyagawa, Japón 131/L10
Neyland, Gales,R.U. 76/B3
Neyrīz, Irán 125/H4
Neyshabur, Irán 125/J2
Neyva (río), Rusia 113/P4
Neyveli, India 142/G3
Neyyāttinkara, India 142/F4
Nezahualcóyotl, Méx. 217/F5
Nez de Jobourg (pta.), Fra. 96/D1
Nezlobnaya, Rusia 115/G3
Nezperce, Id,EUA 190/F4
Nezpique (br.p.), La,EUA 210/B2
Ngabang, Indo. 146/C3
Ngabordamlu (cabo), Indo. 152/D1
Ngabu, Mal. 179/G3
Ngahere, N.Z. 160/B3
Ngambwe (cats.), Zam. 178/E3
Ngami (lago), Bots. 178/D4
Ngamiland (dist.), Bots. 178/D3
Ngamring, China 141/F1
Nganda (pico), Mal. 175/A4
Ngangerabeli (llan.), Kenia 175/C2
Ngangla Ringco (lago), China 134/D5
Ngangzê (lago), China 134/E5
Nganha Montagne de (pico), Cam. 172/B4
Ngaoundéré, Cam. 172/B4
Ngapara, N.Z. 160/B4
Ngarkat, Parq. Nat., Austl. 157/B2
Ngarti, T. Abor., Austl. 155/F2
Ngaruawahia, N.Z. 160/C2
Ngatapa, N.Z. 160/D2
Ngatik (islas), Micr. 158/E4
Ngau (isla), Fidji 159/Z18
Ngauruhoe (vol.), N.Z. 160/C2
Nghia Dan, Vie. 143/D2
Nghia Lo, Vie. 143/D1
Ngiro, Ewaso (río), Kenia 175/A2
Ng'iro, Ewaso (río), Kenia 175/B1
Ngoan Muc (paso), Vie. 143/E4
Ngoc Linh (pico), Vie. 139/J4
Ngoko (río), Cam., Congo 176/C2
Ngolo (cats.), Cafr. 172/D4
Ngom (cats.), Gui.Ec. 176/B2
Ngomeni, Ras (cabo), Kenia 175/C2
Ngong, Kenia 175/B2
Ngonye (cats.), Zam. 178/D3
Ngoring (lago), China 129/D5
Ngorongoro, Parq. Nat., Tan. 175/A2
Ngotwane (río), Safr. 180/N12
Ngounié (prov.), Gabón 176/B3
Ngounié (río), Gabón 176/B3
Ngozi, Bur. 177/G3
Nguigmi, Níger 172/B2
Nguiu, Austl. 152/C2
Ngukurr, Austl. 152/D3
Ngulu (isla), Micr. 158/C4
Ngum (río), Laos 143/C2
Ngumbe Sukani, Ras (pta.), Tan. 175/B4
Ngunza, Ang. 176/C5
Nguru (mtñas.), Tan. 175/B3
Nguyen Binh, Vie. 143/D1
Ngwenya (pico), Swaz. 181/E2
Ngwerere, Zam. 179/F2
Nhamundá, Bras. 230/B3
Nhamundá (río), Bras. 230/B3
Nhandeara, Bras. 234/C4
Nhandugue (río), Moz. 179/G3
Nha Trang, Vie. 143/E3
Nhia (río), Ang. 176/C5
Nhill, Austl. 157/B3
Nhulunbuy, Austl. 153/E3
Niafounké, Malí 168/E3
Niagara (con.), On,Can. 205/S9
Niagara (río), Can., EUA 205/S9
Niagara Cave, Mn,EUA 201/H2
Niagara Falls, On,Can. 207/G3
Niagara Falls, NY,EUA 207/G3
Niagara-on-the-Lake, On,Can. 205/S9
Niamey (cap.), Níger 169/F3
Niamey (dept.), Níger 169/F3
Niandan (río), Gui. 168/C4
Niangara, D.R.Congo 177/F2
Niangay (lago), Malí 168/E3
Niangua (río), Mo,EUA 199/H2
Niangzi Guan (paso), China 135/C3
Niari (reg.), Congo 176/C3
Niari (río), Congo 176/C3
Nias (isla), Indo. 144/B2
Niassa (prov.), Moz. 179/H2
Nibong Tebal, Malay. 144/C1
Nica, Let. 81/J3
Nicaragua 219/E3
Nicaragua (lago), Nic. 219/E4
Nicastro-Sambiase, Ita. 101/C5
Nicatous (lago), Me,EUA 204/C3
Niceville, Fl,EUA 211/E2
Nichelino, Ita. 104/A3
Nichinan, Japón 130/B5